Gör-det-själv-handbok
för BMW 3-serien

Martynn Randall

(SV5555/4782 - 368)

Modeller som behandlas

BMW:s 3-serie sedan (E90) och touring (E91) med 4- och 6-cylindriga motorer
318i, 320i, 325i och 330i bensin och 318d, 320d, 325d och 330d diesel
Bensin: 2,0 liter (1995cc), 2,5 liter (2497cc) & 3,0 liter (2996cc)
Turbodiesel: 2,0 liter (1995cc) & 3,0 liter (2993cc)

Behandlar inte 320Si, 335i, 335d, M3, Coupe, Convertible eller modeller med xDrive
Täcker INTE den "ansiktslyfta" modellserie som introducerades i september 2008

En bok i **Haynes serie Gör-det-själv handböcker**

ISBN **978 1 78521 834 7**

Haynes Group Limited
Haynes North America, Inc

www.haynes.com

Ansvarsfriskrivning

Det finns risker i samband med fordonsreparationer. Förmågan att utföra reparationer beror på individuell skicklighet, erfarenhet och lämpliga verktyg. Enskilda personer bör handla med vederbörlig omsorg samt inse och ta på sig risken som utförandet av bilreparationer medför.

Syftet med den här handboken är att tillhandahålla omfattande, användbar och lättillgänglig information om fordonsreparationer för att hjälpa dig få ut mesta möjliga av ditt fordon. Den här handboken kan dock inte ersätta en professionell certifierad tekniker eller mekaniker. Det finns risker i samband med fordonsreparationer.

Den här reparationshandboken är framtagen av en tredje part och är inte kopplad till någon enskild fordonstillverkare. Om det finns några tveksamheter eller avvikelser mellan den här handboken och ägarhandboken eller fabriksservicehandboken, se fabriksservicehandboken eller ta hjälp av en professionell certifierad tekniker eller mekaniker.

Även om vi har utarbetat denna handbok med stor omsorg och alla ansträngningar har gjorts för att se till att informationen i denna handbok är korrekt, kan varken utgivaren eller författaren ta ansvar för förlust, materiella skador eller personskador som orsakats av eventuell felaktig eller utelämnad information.

Innehåll

Innehåll

REPARATIONER & RENOVERING

Motor och tillhörande system

Växellåda

Bromsar och fjädring

Kaross och utrustning

REFERENS

Den del av BMW:s 3-serie som täcks i denna handbok introducerades i januari 2005 och fanns med DOHC bensinmotorer på 2,0 liter (1995 cc), 2,5 liter (2497 cc) och 3,0 liter (2996 cc) och dieselmotorer på 2,0 liter (1995 cc) eller 3,0 liter (2993 cc). I september 2007 introducerades en ny serie effektiva dieselmotorer. Sedan- (E90) och Tourer-modeller (E91) täcks av denna handbok.

Alla motorerna är utvecklade från de beprövade modeller som BMW använt i många av sina bilar. De motorer som täcks i denna handbok är av typen fyr- och sexcylindriga motorer med dubbla överliggande kamaxlar som är monterade på längden med en växellåda monterad baktill. Växellådan kan vara av såväl manuell som automatisk typ.

Alla modeller har helt oberoende fram- och bakhjulsfjädring med krängningshämmare monterade framtill och baktill.

Det finns ett brett utbud av standard- och tillvalsutrustning som passar de flesta smaker till BMW:s 3-serie, bl.a. centrallås, elektriska fönsterhissar, luftkonditionering, en elektrisk taklucka, en dynamisk stabilitetskontroll och ett antal krockkuddar.

Förutsatt att regelbunden service utförs enligt tillverkarens rekommendationer kommer BMW:n att visa sig pålitlig och mycket ekonomisk. Motorrummet är väl utformat och de flesta komponenter som behöver regelbunden tillsyn är lättåtkomliga.

Handbok BMW:s 3-serie

Syftet med den här handboken är att hjälpa dig att få så stor glädje av din bil som möjligt. Det kan göras på flera sätt. Boken är till hjälp vid beslut om vilka åtgärder som ska vidtas (även då en verkstad anlitas för att utföra själva arbetet). Den ger även information om rutinunderhåll och service, och föreslår arbetssätt för ändamålsenliga åtgärder och diagnos om slumpmässiga fel uppstår. Förhoppningsvis kommer handboken dock att användas till försök att klara av arbetet på egen hand. Vad gäller enklare jobb kan det till och med gå snabbare att ta hand om det själv än att först boka tid på en verkstad och sedan ta sig dit två gånger, en gång för att lämna bilen och en gång för att hämta den. Och kanske viktigast av allt: en hel del pengar kan sparas genom att man undviker de avgifter verkstäder tar ut för att kunna täcka arbetskraft och chefslöner.

Handboken innehåller teckningar och beskrivningar som förklarar de olika komponenternas funktion och utformning. Alla arbetsförfaranden är beskrivna och fotograferade i tydlig ordningsföljd, steg för steg.

Hänvisningar till ”vänster” och ”höger” avser vänster eller höger för en person som sitter i förarsätet och tittar framåt.

Tack till...

Tack till Draper Tools Limited och Auto Service Tools Limited (asttools.co.uk), som stod för en del av verktygen, samt till alla på Sparkford som hjälpte till att producera den här boken.

Att arbeta på din bil kan vara farligt. Den här sidan visar potentiella risker och faror och har som mål att göra dig uppmärksam på och medveten om vikten av säkerhet i ditt arbete.

Allmänna faror

Skållning

• Ta aldrig av kylarens eller expansionskärlets lock när motorn är het.

• Motorolja, automatväxellådsolja och styrservovätska kan också vara farligt varma om motorn just varit igång.

Brännskador

• Var försiktig så att du inte bränner dig på avgassystem och motor. Bromsskivor och -trummor kan också vara heta efter körning.

Lyftning av fordon

• Vid arbete nära eller under ett lyft fordon, använd alltid extra stöd i form av pallbockar eller använd ramper. ***Arbeta aldrig under en bil som endast stöds av en domkraft.***

• När muttrar eller skruvar med högt åtdragningsmoment skall lossas eller dras, bör man lossa dem något innan bilen lyfts och göra den slutliga åtdragningen när bilens hjul åter står på marken.

Brand och brännskador

• Bränsle är mycket brandfarligt och bränsleångor är explosiva.

• Spill inte bränsle på en het motor.

• Rök inte och använd inte öppen låga i närheten av en bil under arbete. Undvik också gnistbildning (elektrisk eller från verktyg).

• Bensinångor är tyngre än luft och man bör därför inte arbeta med bränslesystemet med fordonet över en smörjgrop.

• En vanlig brandorsak är kortslutning i eller överbelastning av det elektriska systemet. Var försiktig vid reparationer eller ändringar.

• Ha alltid en brandsläckare till hands, av den typ som är lämplig för bränder i bränsle- och elsystem.

Elektriska stötar

• Högspänningen i tändsystemet kan vara farlig, i synnerhet för personer med hjärtbesvär eller pacemaker. Arbeta inte med eller i närheten av tändsystemet när motorn går, eller när tändningen är på.

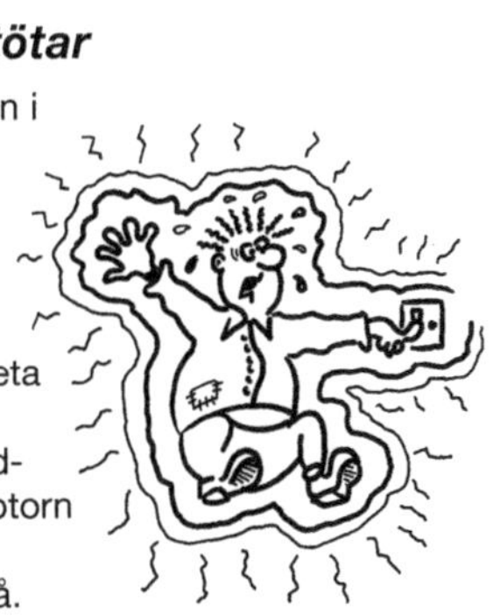

• Nätspänning är också farlig. Se till att all nätansluten utrustning är jordad. Man bör skydda sig genom att använda jordfelsbrytare.

Giftiga gaser och ångor

• Avgaser är giftiga. De innehåller koloxid vilket kan vara ytterst farligt vid inandning. Låt aldrig motorn vara igång i ett trångt utrymme, t ex i ett garage, med stängda dörrar.

• Även bensin och vissa lösnings- och rengöringsmedel avger giftiga ångor.

Giftiga och irriterande ämnen

• Undvik hudkontakt med batterisyra, bränsle, smörjmedel och vätskor, speciellt frostskyddsvätska och bromsvätska. Sug aldrig upp dem med munnen. Om någon av dessa ämnen sväljs eller kommer in i ögonen, kontakta läkare.

• Långvarig kontakt med använd motorolja kan orsaka hudcancer. Bär alltid handskar eller använd en skyddande kräm. Byt oljeindränkta kläder och förvara inte oljiga trasor i fickorna.

• Luftkonditioneringens kylmedel omvandlas till giftig gas om den exponeras för öppen låga (inklusive cigaretter). Det kan också orsaka brännskador vid hudkontakt.

Asbest

• Asbestdamm kan ge upphov till cancer vid inandning, eller om man sväljer det. Asbest kan finnas i packningar och i kopplings- och bromsbelägg. Vid hantering av sådana detaljer är det säkrast att alltid behandla dem som om de innehöll asbest.

Speciella faror

Flourvätesyra

• Denna extremt frätande syra bildas när vissa typer av syntetiskt gummi i t ex O-ringar, tätningar och bränsleslangar utsätts för temperaturer över 400 °C. Gummit omvandlas till en sotig eller kladdig substans som innehåller syran. *När syran väl bildats är den farlig i flera år. Om den kommer i kontakt med huden kan det vara tvunget att amputera den utsatta kroppsdelen.*

• Vid arbete med ett fordon, eller delar från ett fordon, som varit utsatt för brand, bär alltid skyddshandskar och kassera dem på ett säkert sätt efteråt.

Batteriet

• Batterier innehåller svavelsyra som angriper kläder, ögon och hud. Var försiktig vid påfyllning eller transport av batteriet.

• Den vätgas som batteriet avger är mycket explosiv. Se till att inte orsaka gnistor eller använda öppen låga i närheten av batteriet. Var försiktig vid anslutning av batteriladdare eller startkablar.

Airbag/krockkudde

• Airbags kan orsaka skada om de utlöses av misstag. Var försiktig vid demontering av ratt och/eller instrumentbräda. Det kan finnas särskilda föreskrifter för förvaring av airbags.

Dieselinsprutning

• Insprutningspumpar för dieselmotorer arbetar med mycket högt tryck. Var försiktig vid arbeten på insprutningsmunstycken och bränsleledningar.

⚠ ***Varning: Exponera aldrig händer eller annan del av kroppen för insprutarstråle; bränslet kan tränga igenom huden med ödesdigra följder***

Kom ihåg...

ATT

• Använda skyddsglasögon vid arbete med borrmaskiner, slipmaskiner etc, samt vid arbete under bilen.

• Använda handskar eller skyddskräm för att skydda händerna.

• Om du arbetar ensam med bilen, se till att någon regelbundet kontrollerar att allt står väl till.

• Se till att inte löst sittande kläder eller långt hår kommer i vägen för rörliga delar.

• Ta av ringar, armbandsur etc innan du börjar arbeta på ett fordon - speciellt med elsystemet.

• Försäkra dig om att lyftanordningar och domkraft klarar av den tyngd de utsätts för.

ATT INTE

• Ensam försöka lyfta för tunga delar - ta hjälp av någon.

• Ha för bråttom eller ta osäkra genvägar.

• Använda dåliga verktyg eller verktyg som inte passar. De kan slinta och orsaka skador.

• Låta verktyg och delar ligga så att någon riskerar att snava över dem. Torka upp olje- och bränslespill omgående.

• Låta barn eller husdjur leka nära en bil under arbetets gång.

Följande sidor är tänkta att vara till hjälp vid hantering av vanligt förekommande problem. Mer detaljerad information om felsökning finns i slutet av boken, och beskrivningar av reparationer finns i bokens olika huvudkapitel.

Om bilen inte startar och startmotorn inte går runt

- ☐ Om det är en modell med automatväxellåda, se till att växelväljaren står på P eller N.
- ☐ Öppna höger förvaringsutrymme i bagageutrymmet och se till att batteripolerna är rena och åtdragna.
- ☐ Slå på strålkastarna och försök starta motorn. Om strålkastarljuset försvagas mycket under startförsöket är batteriet troligen urladdat. Lös problemet genom att använda startkablar (se nästa sida) och en annan bil.

Om bilen inte startar trots att startmotorn går runt som vanligt

- ☐ Finns det bränsle i tanken?
- ☐ Finns det fukt i elsystemet under motorhuven? Slå av tändningen och torka bort synlig fukt med en torr trasa. Spraya vattenavstötande medel (WD-40 eller liknande) på tändningen och bränslesystemets elektriska kontaktdon av den typ som visas på bilden.

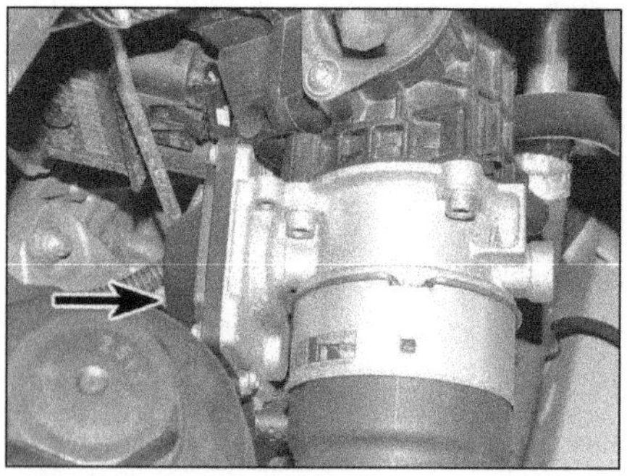

A Kontrollera gasspjällshusets kontaktdon.

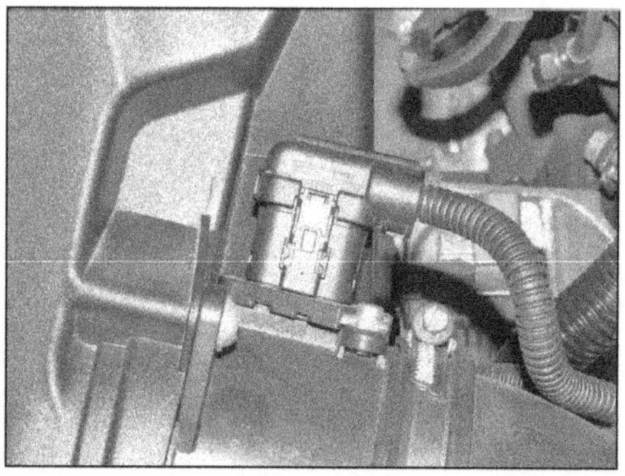

B Kontrollera luftflödesmätarens kontaktdon (i förekommande fall) med tändningen frånslagen.

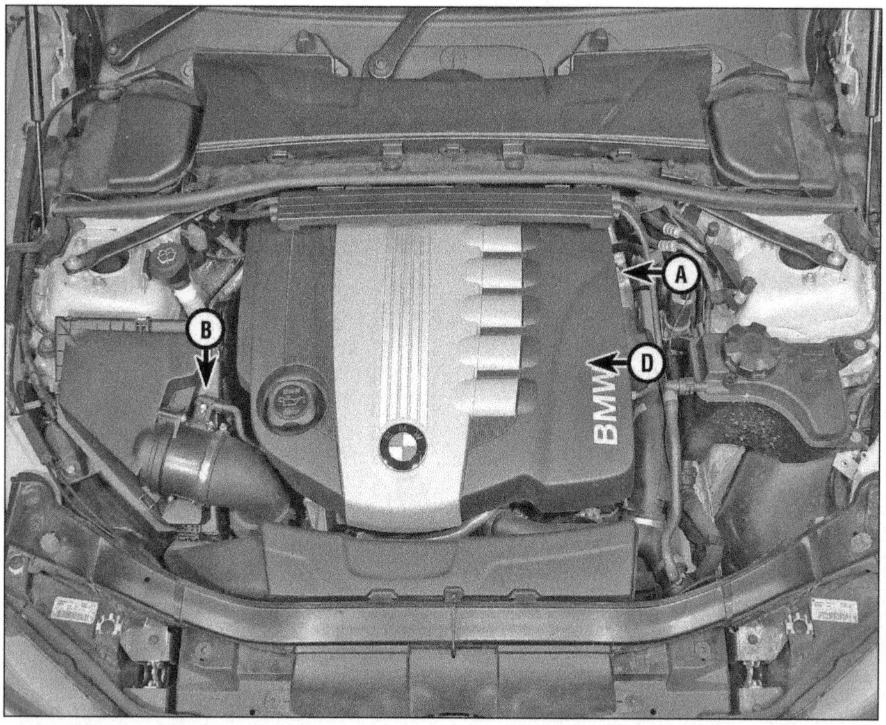

Kontrollera att alla elektriska kopplingar sitter korrekt (med tändningen avstängd) och spraya dem med vattenavstötande medel av typen WD-40 om problemet misstänks bero på fukt. Plastkåporna på motorerna dras antingen upp eller hålls fast av lätt synliga bultar – kontrollera i relevant del av kapitel 2.

C Kontrollera att polerna är i gott skick och sitter stadigt fast på batteriet (detta sitter i bagageutrymmet).

D Kontrollera kontaktdonet till glödstiftets styrenhet (endast dieselmotorer – bakom eller under filterhuset)

Starthjälp

Tänk på följande när en bil startas med hjälp av ett laddningsbatteri:

- ✔ Se till att tändningen är avslagen innan laddningsbatteriet ansluts.
- ✔ Kontrollera att all elektrisk utrustning (strålkastare, värme, vindrutetorkare etc.) är avslagen.
- ✔ Observera eventuella säkerhetsanvisningar på batteriet.
- ✔ Kontrollera att laddningsbatteriet har samma spänning som det urladdade batteriet i bilen.
- ✔ Om batteriet startas med startkablar från en annan bil, får bilarna INTE VIDRÖRA varandra.
- ✔ Se till att växellådan är i neutralläge (eller i parkeringsläge om det är en automatväxellåda).

HAYNES TIPS ***Start med startkablar löser problemet för stunden, men det är viktigt att ta reda på vad som orsakar batteriets urladdning.***

Det finns tre möjliga orsaker:

1 Batteriet har laddats ur på grund av upprepade startförsök eller på grund av att strålkastarna lämnats påslagna.

2 Laddningssystemet fungerar inte som det ska (generatorns drivrem lös eller trasig, generatorkablarna eller själva generatorn defekt)..

3 Batteriet är defekt (elektrolytnivån är låg eller batteriet är utslitet).

1 Lossa plastkåpan från hjälpstartspolen (+) på innerskärmen på höger sida i motorrummet och anslut den röda startkabeln till polen.

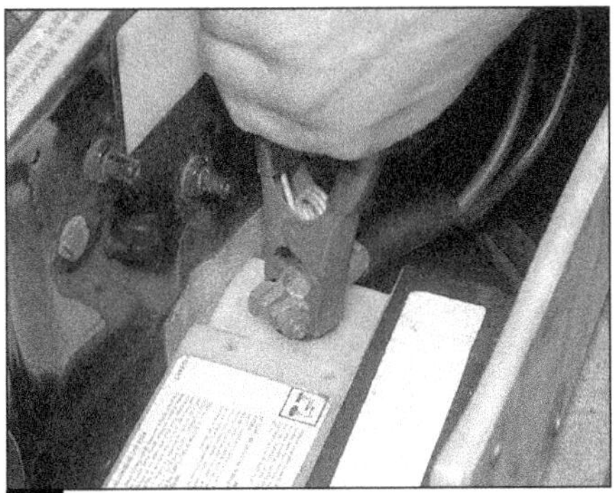

2 Anslut den andra änden av den röda startkabeln till pluspolen (+) på laddningsbatteriet.

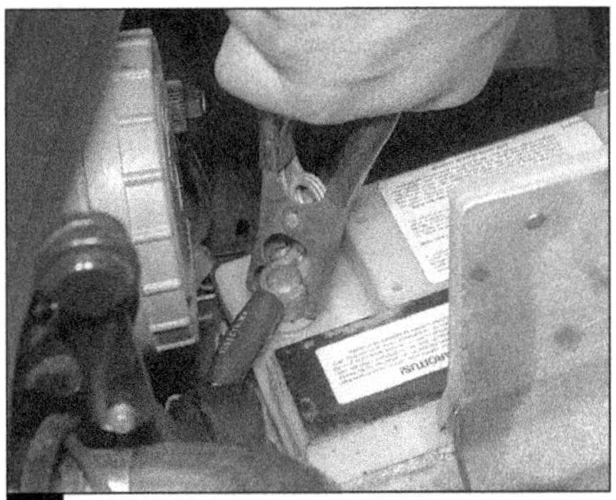

3 Anslut ena änden av den svarta startkabeln till laddningsbatteriets minuspol.

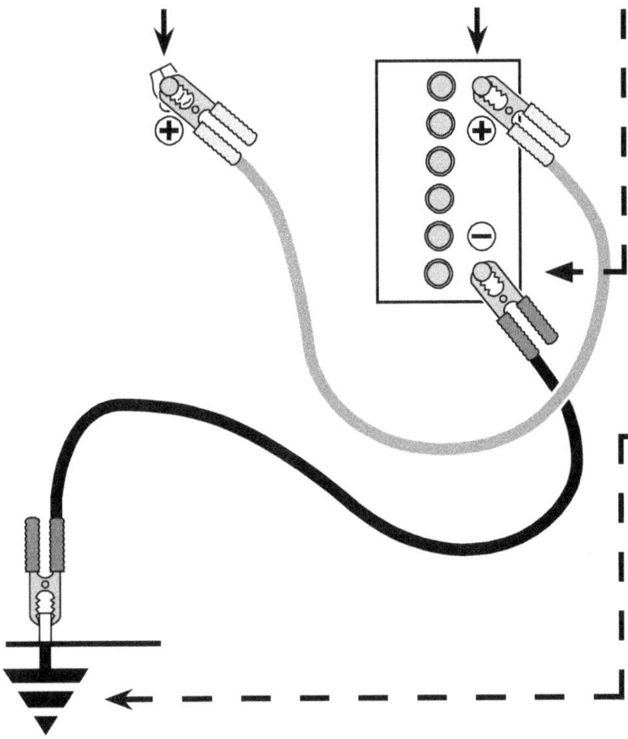

4 Anslut den svarta startkabelns andra ände till starthjälpens minuspol som är placerad på höger innerskärm i motorutrymmet.

5 Se till att startkablarna inte kommer i kontakt med fläkten, drivremmarna eller andra rörliga delar.

6 Starta motorn, lossa sedan startkablarna i omvänd ordning jämfört med anslutningen, dvs. minus (svart) först med motorn på snabbt tomgångsvarvtal. Sätt tillbaka skyddslocket över hjälpstartsanslutningen ordentligt.

Hjulbyte

Alla modeller som täcks av denna handbok är utrustade med runflat däck. Vid en punktering gör däckets struktur och konstruktion det möjligt för bilen att köras med ett punkterat däck i maximalt 80 km/timme.

Det maximala avstånd som kan köras med ett punkterat däck är:

Liten last (1 till 2 personer utan bagage)	*240 km*
Måttlig last (2 personer med bagage, 4 personer utan bagage)	*150 km*
Full last (4 eller fler personer med bagage)	*50 km*

P.g.a. standardmonteringen av runflat däck finns det inget reservhjul och ingen domkraft.

Bogsering

När ingenting annat hjälper kan du behöva bli bogserad hem. Eller kanske är det du som får hjälpa någon annan med bogsering. Hur som helst underlättar det om du vet hur man går tillväga. Bogsering längre sträckor bör överlåtas till verkstäder eller bärgningsfirmor. Kortare sträckor går det utmärkt att låta

en annan privatbil bogsera, men tänk på följande:

☐ Använd en riktig bogserlina – de är inte dyra.

☐ Slå alltid på tändningen när bilen bogseras så att rattlåset släpper och körriktningsvisare och bromsljus fungerar.

☐ Fäst bogserlinan i de befintliga bogseringsöglorna och ingen annanstans. Bogseringsöglan levereras som en del av den verktygslåda som är monterad längst ner i det högra förvaringsområdet i bagageutrymmet. För att montera öglan trycker du in åtkomstluckans övre hörn från den främre/bakre stötfångaren (efter tillämplighet). Skruva öglan på plats och dra åt den ordentligt **(se bild)**.

☐ Lossa handbromsen och lägg växeln i friläge innan bogseringen börjar.

☐ Flytta växelväljaren till läget N i modeller med automatväxellåda. Maximal bogseringshastighet är 70 km/timma och maximal sträcka är 150 km.

☐ Observera att du behöver trycka hårdare än vanligt på bromspedalen när du bromsar eftersom vakuumservon bara fungerar när motorn är igång.

☐ Det krävs även större kraft än vanligt för att vrida på ratten.

☐ Föraren av den bogserade bilen måste vara noga med att hålla bogserlinan spänd hela tiden för att undvika ryck.

☐ Försäkra er om att båda förarna känner till den planerade färdvägen innan ni startar.

☐ Bogsera aldrig längre sträcka än nödvändigt och håll lämplig hastighet (högst 30 km/h). Kör försiktigt och sakta ner mjukt och långsamt innan korsningar.

Att hitta läckor

Pölar på garagegolvet (eller där bilen parkeras) eller våta fläckar i motorrummet tyder på läckor som man måste försöka hitta. Det är inte alltid så lätt att se var läckan är, särskilt inte om motorrummet är mycket smutsigt. Olja eller andra vätskor kan spridas av fartvinden under bilen och göra det svårt att avgöra var läckan egentligen finns.

Varning: De flesta oljor och andra vätskor i en bil är giftiga. Vid spill bör man tvätta huden och byta indränkta kläder så snart som möjligt

HAYNES TIPS ***Lukten kan vara till hjälp när det gäller att avgöra varifrån ett läckage kommer och vissa vätskor har en färg som är lätt att känna igen. Det är en bra idé att tvätta bilen ordentligt och ställa den över rent papper över natten för att lättare se var läckan finns. Tänk på att motorn ibland bara läcker när den är igång.***

Olja från sumpen

Motorolja kan läcka från avtappningspluggen . . .

Olja från oljefiltret

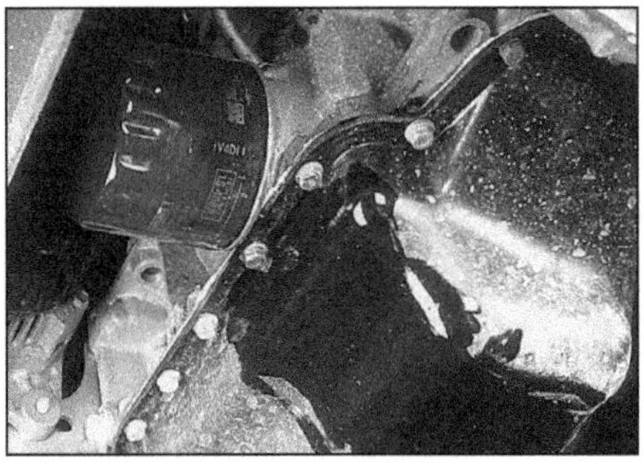

. . . eller från oljefiltrets packning.

Växellådsolja

Växellådsolja kan läcka från tätningarna i ändarna på drivaxlarna.

Frostskydd

Läckande frostskyddsvätska lämnar ofta kristallina avlagringar liknande dessa.

Bromsvätska

Läckage vid ett hjul är nästan alltid bromsvätska.

Servostyrningsvätska

Servostyrningsvätska kan läcka från styrväxeln eller dess anslutningar.

Inledning

Det finns ett antal mycket enkla kontroller som endast tar några minuter i anspråk, men som kan bespara dig mycket besvär och stora kostnader.

Dessa *Veckokontroller* kräver inga större kunskaper eller specialverktyg, och den korta tid de tar att utföra kan visa sig vara väl använd:

☐ Att hålla ett öga på däckens skick och lufttryck förebygger inte bara att de slits ut i förtid utan kan också rädda liv.

☐ Många motorhaverier orsakas av elektriska problem. Batterirelaterade fel är särskilt vanliga och genom regelbundna kontroller kan de flesta av dessa förebyggas.

☐ Om det uppstår en läcka i bromssystemet kanske den upptäcks först när bromsarna slutar att fungera. Vid regelbundna kontroller av bromsoljenivån uppmärksammas sådana fel i god tid.

☐ Om olje- eller kylvätskenivån är för låg är det t.ex. betydligt billigare att laga läckan direkt, än att bekosta dyra reparationer av de motorskador som annars kan uppstå.

Kontrollpunkter i motorrummet

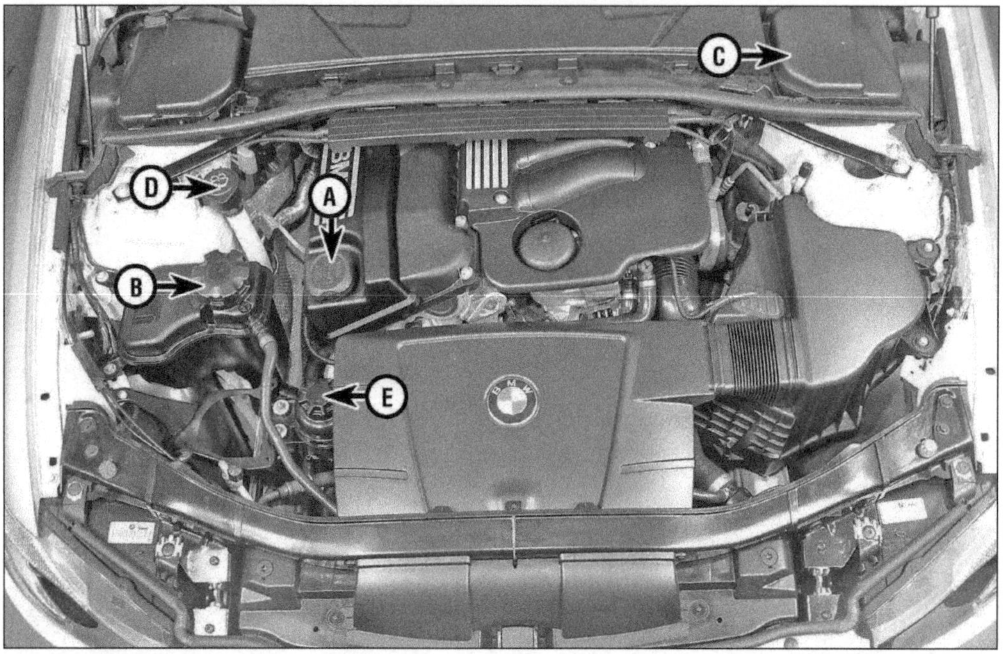

◀ **2.0 liters bensin (N46) motor**

A *Påfyllningslock för motorolja*
B *Expansionskärl*
C *Broms- och kopplingsvätskebehållare (under kåpan)*
D *Spolarvätskebehållare*
E *Servooljebehållare*

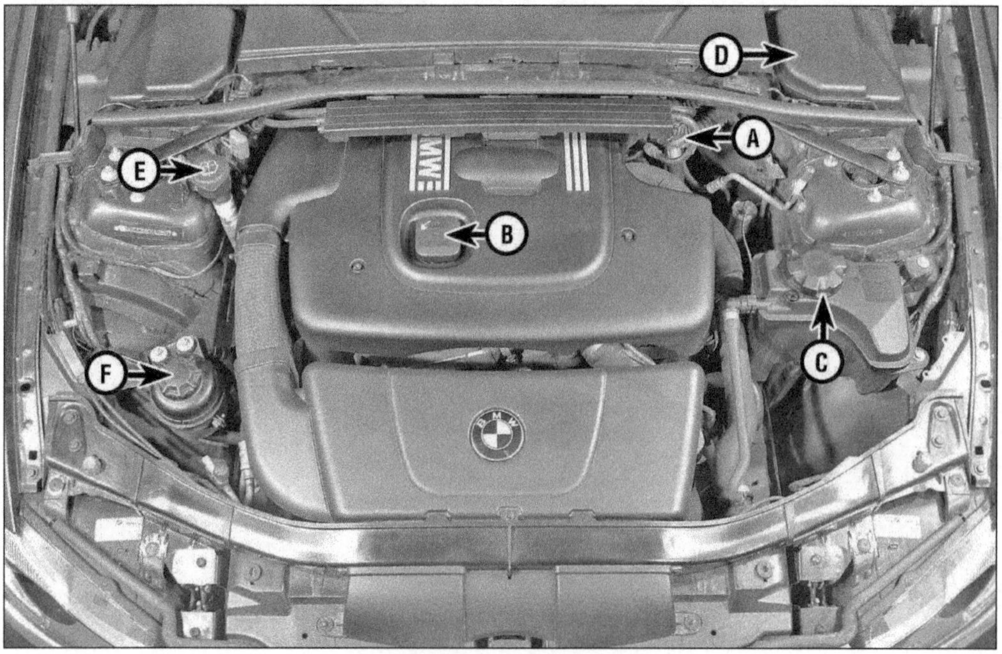

◀ **2.0 liters diesel (M47T2) motor**

A *Mätsticka för motorolja*
B *Påfyllningslock*
C *Expansionskärl*
D *Broms- och kopplingsvätskebehållare (under kåpan)*
E *Spolarvätskebehållare*
F *Servooljebehållare*

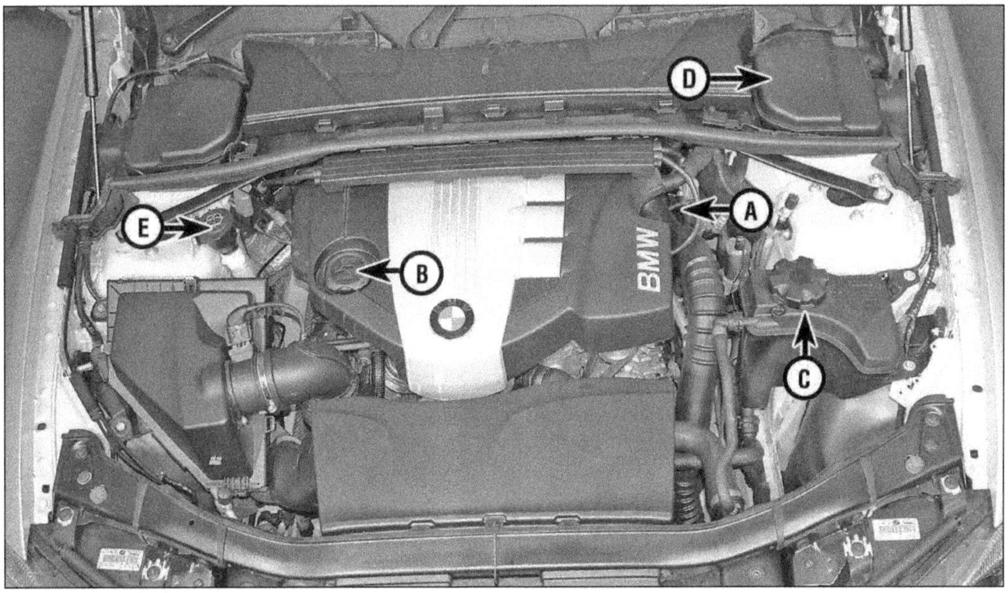

◀ **2.0 liters diesel (N47) motor**

A *Mätsticka*
B *Påfyllningslock*
C *Expansionskärl*
D *Broms- och kopplingsvätskebehållare (under kåpan)*
E *Spolarvätskebehållare*

Motoroljenivå

Innan arbetet påbörjas

✔ Se till att bilen står på plan mark.

✔ Oljenivån måste kontrolleras innan bilen körs, eller tidigast 5 minuter efter det att motorn stängts av.

> **HAYNES TiPS** ***Om oljenivån kontrolleras direkt efter att bilen körts, kommer en del av oljan att vara kvar i den övre delen av motorn. Detta ger felaktig avläsning på mätstickan.***

Korrekt oljetyp

Moderna motorer ställer höga krav på oljans kvalitet. Det är mycket viktigt att man använder en lämplig olja till sin bil (se *Smörjmedel och vätskor*).

Bilvård

● Om oljan behöver fyllas på ofta bör bilen kontrolleras med avseende på oljeläckor Lägg ett rent papper under motorn över natten och se om det finns fläckar på det på morgonen. Om det inte förekommer något läckage kanske motorn bränner olja, eller också läcker det olja enbart när motorn är igång. Observera att bensinmodeller och 4-cylindriga dieselmotorer fr.o.m. 09/2007 inte har en traditionell oljemätsticka. Nivån visas på instrumentklustret i stället. På andra motorer kontrolleras oljenivån med en traditionell mätsticka.

Modeller med mätsticka

● Oljenivån ska alltid vara någonstans mellan oljemätstickans övre och nedre markering (se bild 3). Om oljenivån är för låg kan motorn ta allvarlig skada. Oljetätningarna kan gå sönder om man fyller på för mycket olja.

Modeller utan mätsticka

● Starta motorn, tryck knappen "select" (på blinkersspaken) uppåt eller neråt tills OIL visas i instrumentgruppens display. Tryck på knappen på blinkersspaken så visas oljenivån. Stanna motorn och tillsätt motorolja tills nivån är korrekt om det behövs. Se användarhandboken för information om den elektroniska oljenivåövervakaren.

1 Mätstickans överdel har en ljus färg för att bli lättare att hitta (se Kontrollpunkter i motorrummet för dess exakta placering). Dra upp oljemätstickan.

2 Använd en ren trasa eller en pappershandduk för att ta bort all olja från mätstickan. Stick in den rena mätstickan i röret och dra ut den igen.

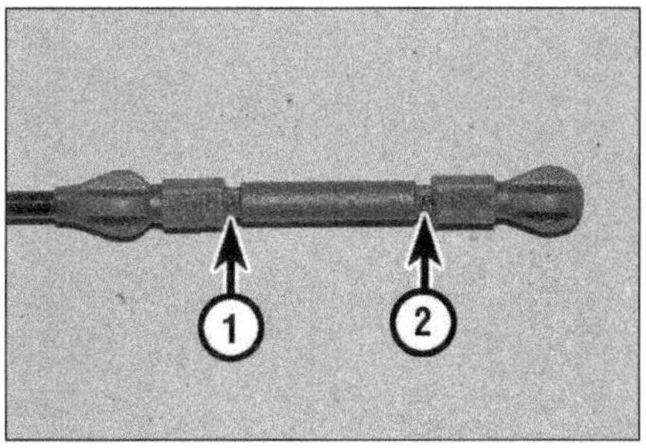

3 Observera oljenivån på mätstickans ände som ska vara mellan det övre maximimärket (1) och det nedre minimimärket (2). Det skiljer ungefär en liter olja mellan minimi- och maximinivån.

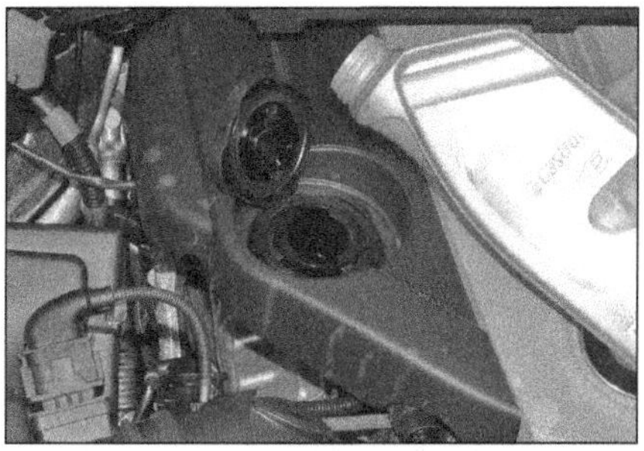

4 Oljan fylls på genom påfyllningslocket. Skruva av locket och fyll på olja; med en tratt minimeras oljespillet. Häll i oljan långsamt och kontrollera på mätstickan så att behållaren fylls med rätt mängd. Fyll inte på för mycket (se *Bilvård*).

Kylvätskenivå

⚠ ***Varning: Skruva ALDRIG av expansionskärlets lock när motorn är varm på grund av risken för brännskador. Låt inte behållare med kylvätska stå öppna eftersom vätskan är giftig.***

Bilvård

- Ett slutet kylsystem ska inte behöva fyllas på regelbundet. Om kylvätskan behöver fyllas på ofta har bilen troligen en läcka i kylsystemet. Kontrollera kylaren, alla slangar och fogytor efter stänk och våta märken och åtgärda eventuella problem.
- Det är viktigt att frostskyddsmedel används i kylsystemet året runt, inte bara under vintermånaderna. Fyll inte på med enbart vatten, då sänks koncentrationen av frostskyddsvätska.

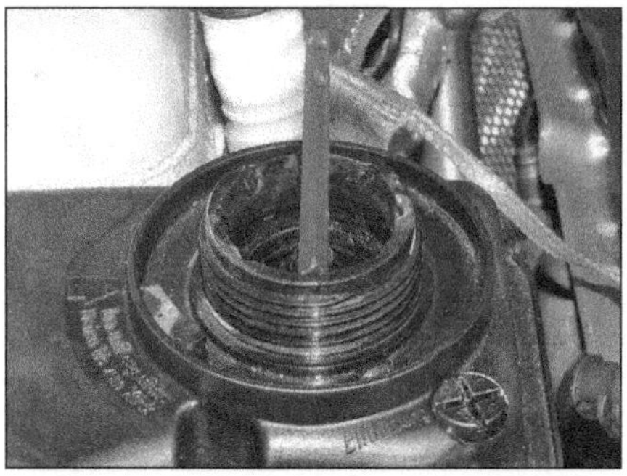

1 Expansionskärl innehåller en flottör som visar kylvätskenivån. När flottörens översta del sticker upp högst 20 mm över påfyllningsröret är nivån rätt. Se informationen på expansionskärlet bredvid påfyllningsröret.

2 Vänta tills motorn är kall om påfyllning är nödvändig. Skruva försiktigt loss locket till expansionskärlet för att släppa ut övertrycket ur kylsystemet, och ta sedan bort det.

3 Fyll på en blandning av vatten och frostskyddsmedel i expansionskärlet tills kylvätskenivån är precis under märket Kalt/Cold eller tills överdelen av indikeringsflottören inte sticker ut mer än 20 mm över påfyllningsröret. Sätt tillbaka locket och dra åt ordentligt.

Broms- och kopplingsvätskenivå

⚠ ***Varning:***
- ***Bromsvätska kan skada ögonen och bilens lack, så var ytterst försiktig vid hanteringen.***
- ***Använd inte vätska ur kärl som har stått öppna en längre tid. Bromsvätska drar åt sig fuktighet från luften vilket kan försämra bromsegenskaperna avsevärt.***

HAYNES TIPS ***Oljenivån i behållaren kommer att sjunka något allt eftersom bromsklossarna slits, men nivån får aldrig hamna under MIN-markeringen.***

Innan arbetet påbörjas

✔ Se till att bilen står på plan mark.

Säkerheten främst!

- Om bromsvätskebehållaren måste fyllas på ofta har bilen fått en läcka i bromssystemet. Detta måste undersökas omedelbart.
- Vid en misstänkt läcka i systemet får bilen inte köras förrän bromssystemet har kontrollerats. Ta aldrig några risker med bromsarna.

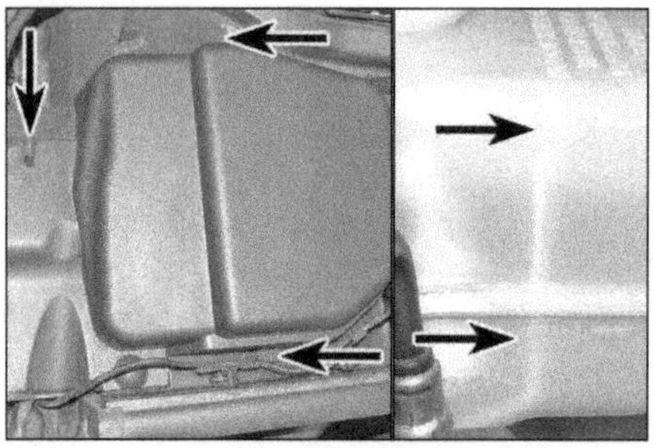

1 Lossa klämmorna (markerade med pil) och lossa locket från den nedre delen av pollenfiltret på förarsidan. MAX- och MIN-markeringarna sitter på behållarens sida. Vätskenivån måste alltid hållas mellan dessa två markeringar.

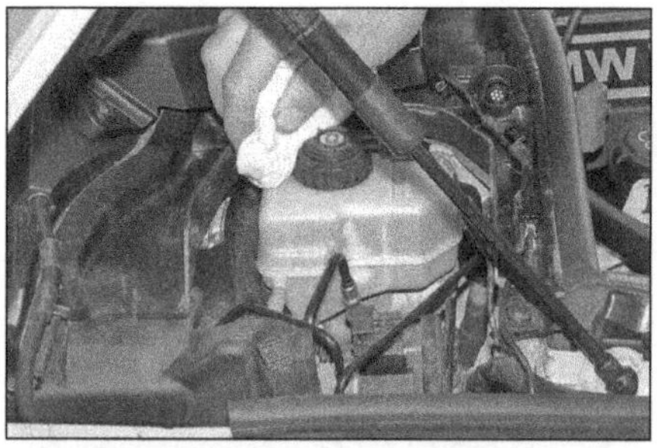

2 Om vätskebehållaren behöver fyllas på bör området runt påfyllningslocket först rengöras för att förhindra att hydraulsystemet förorenas.

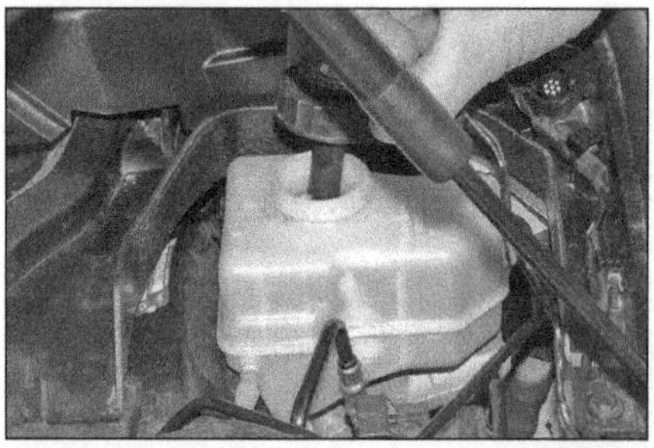

3 Skruva loss behållarlocket och lyft försiktigt bort det från dess plats och var försiktig så att inte nivåbrytarens flottör skadas. Undersök behållaren. Om oljan är smutsig ska hydraulsystemet tappas ur och fyllas på igen (se kapitel 1A eller 1B).

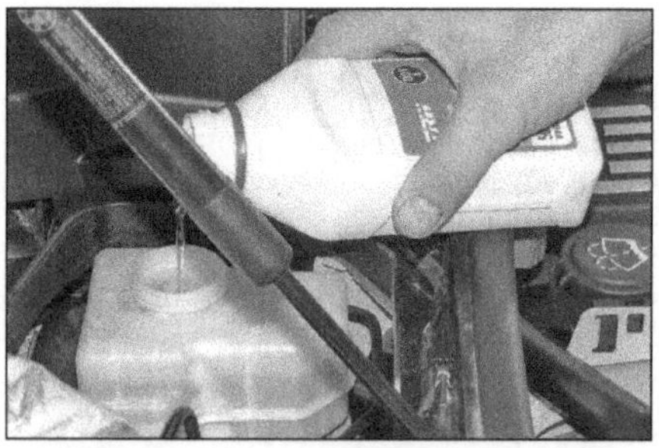

4 Tillsätt vätska försiktigt och se till så att du inte spiller den på omgivande komponenter. Använd bara bromsolja av angiven typ; om olika typer blandas kan systemet skadas. Skruva på locket ordentligt när vätskan är påfylld och torka bort eventuellt spill.

Servostyrningsvätskans nivå

Innan arbetet påbörjas

✔ Parkera bilen på plan mark.
✔ Placera ratten i helt rakt läge.
✔ Motorn ska vara avstängd.

HAYNES TIPS *För att kontrollen ska bli noggrann, får ratten inte vridas medan nivån kontrolleras.*

Säkerheten främst!

● Om styrservovätskan behöver fyllas på ofta betyder det att systemet läcker. Undersök och åtgärda detta omedelbart.

1 Behållaren sitter i motorrummets främre del. Torka rent området runt behållarens påfyllningsrör och skruva sedan loss påfyllningslocket/mätstickan från behållaren.

2 Sätt in mätstickan i behållaren (utan att skriva på locket), ta sedan bort det. Vätskenivån ska ligga mellan MIN och MAX. Fyll på med den vätska som rekommenderas och fyll inte på behållaren för mycket. Dra åt locket ordentligt när rätt oljenivå uppnåtts.

Elsystem

✔ Kontrollera alla yttre lampor samt signalhornet. Se aktuella avsnitt i kapitel 12 för närmare information om någon av kretsarna inte fungerar.

✔ Se över alla tillgängliga kontaktdon, kablar och kabelklämmor så att de sitter ordentligt och inte är skavda eller skadade.

HAYNES TIPS ***Om bromsljus och körriktningsvisare behöver kontrolleras när ingen medhjälpare finns till hands, backa upp mot en vägg eller garageport och sätt på ljusen. Ljuset som reflekteras visar om de fungerar eller inte.***

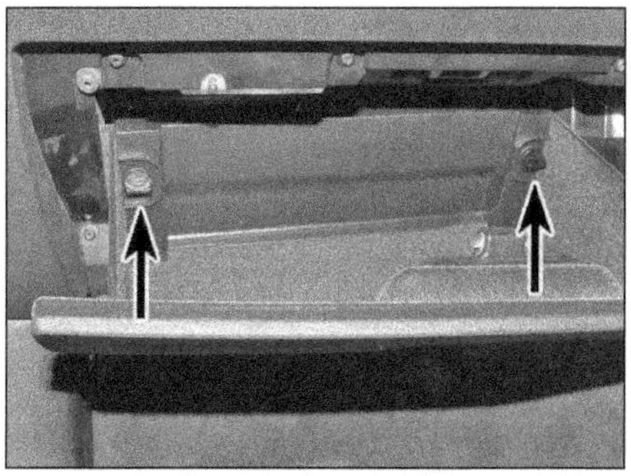

1 Om en blinker, ett bromsljus eller en strålkastare har slutat fungera är det troligt att en glödlampa har gått sönder och måste bytas. Se kapitel 12 för mer information. Om båda bromsljusen har slutat fungera, kan det bero på att brytaren har gått sönder (se kapitel 9).

2 Om mer än en blinker eller ett bakljus inte fungerar bör du kontrollera om en säkring gått eller ett fel uppstått i kretsen (se kapitel 12). Säkringarna sitter i säkringsdosan i handskfacket på passagerarsidan. Vilka kretsar som skyddas av vilka säkringar framgår av kortet i säkringsdosan. Öppna handskfacket, vrid fästena 90° moturs och sänk ner säkringsdosan från handskfackets övre vägg.

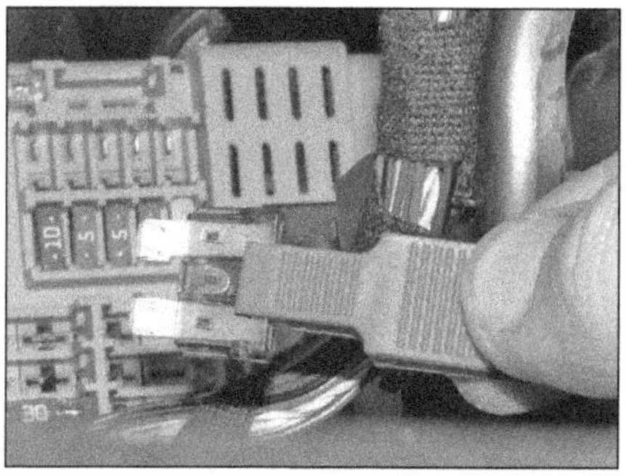

3 För att byta en trasig säkring drar du helt enkelt ut den med den pincett som är fastklämd på säkringsdosan och monterar en ny säkring med kapacitet (se kapitel 12). Om säkringen utlöses igen är det viktigt att du tar reda på varför – ett fullständigt tillvägagångssätt för kontroll finns i kapitel 12.

Däck – skick och tryck

Det är viktigt att däcken är i bra skick och att de har rätt tryck. Om ett däck går sönder vid hög hastighet kan det vara väldigt farligt.

Däckens slitage påverkas av körstil – hårda inbromsningar och accelerationer eller tvära kurvtagningar leder till högt slitage. Generellt sett slits framdäcken ut snabbare än bakdäcken. Axelvis byte mellan fram och bak kan jämna ut slitaget, men om detta är effektivt kan du komma att behöva byta ut alla fyra däcken samtidigt!

Ta bort spikar och stenar som fastnat i däckmönstret så att de inte orsakar punktering. Om det visar sig att däcket är punkterat när en spik tas bort, sätt tillbaka spiken för att märka ut platsen för punkteringen. Byt sedan omedelbart ut det punkterade däcket och lämna in det till en däckverkstad för reparation.

Kontrollera regelbundet däcken med avseende på skador i form av rispor eller bulor, särskilt på däcksidorna. Skruva loss däcken med jämna mellanrum för att rengöra dem invändigt och utvändigt. Undersök hjulfälgarna efter rost, korrosion eller andra skador. Lättmetallfälgar skadas lätt om man kör på trottoarkanten vid parkering. Stålhjul kan också bli buckliga. Om ett hjul är svårt skadat är ett hjulbyte ofta den enda lösningen.

Nya däck ska balanseras när de monteras men de kan också behöva balanseras om i takt med att de slits ut eller om motvikten på hjulfälgen ramlar av. Obalanserade däck slits ut snabbare än balanserade och orsakar dessutom onödigt slitage på styrning och fjädring. Vibrationer är ofta ett tecken på obalanserade hjul, särskilt om vibrationerna förekommer vid en viss hastighet (oftast runt 70 km/tim). Om vibrationerna endast känns genom styrningen är det troligen bara framhjulen som behöver balanseras. Om vibrationerna däremot känns i hela bilen är det antagligen bakhjulen som är obalanserade. Balansering av hjul ska utföras av en lämpligt utrustad verkstad.

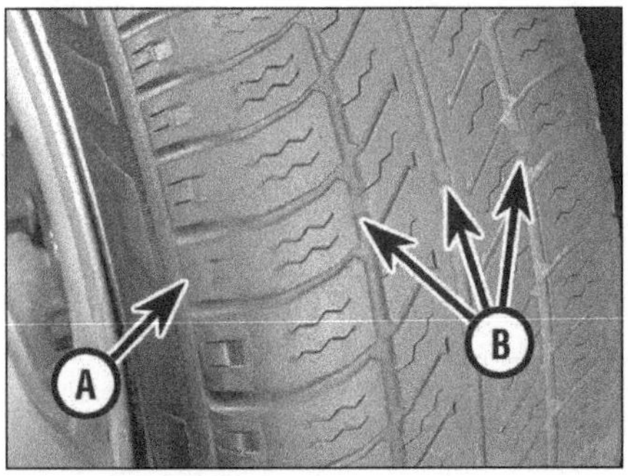

1 *Mönsterdjup - visuell kontroll*
Originaldäcken har slitagevarningsband (B), som blir synliga när däcken slitits ner till ungefär 1,6 mm. En trekantig markering på däcksidan (A) anger bandens placering.

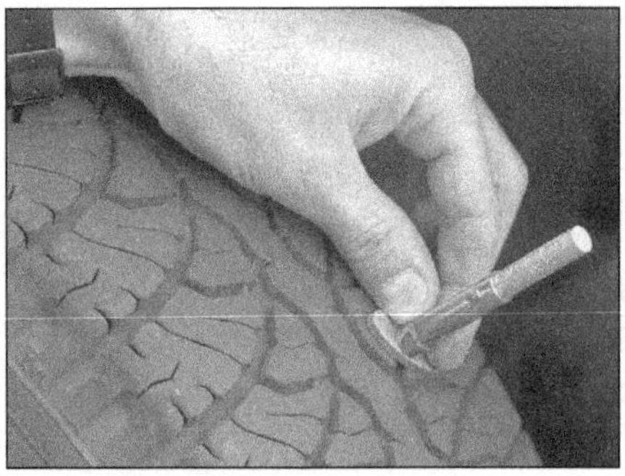

2 *Mönsterdjup - manuell kontroll*
Mönsterdjupet kan också kontrolleras med hjälp av en enkel och billig mönsterdjupsmätare.

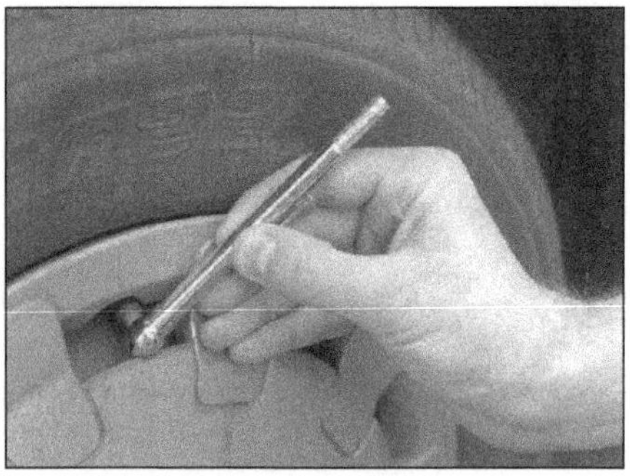

3 *Däcktryck – kontroll*
Kontrollera däcktrycket regelbundet när däcken är kalla. Justera inte däcktrycket omedelbart efter det att bilen har använts, det kommer att resultera i felaktigt tryck.

Däckslitage

Slitage på sidorna

Lågt däcktryck (slitage på båda sidorna)
Är trycket i däcken för lågt kommer däcket att överhettas på grund av för stora rörelser och mönstret kommer att ligga an mot underlaget på ett felaktigt sätt. Det bidrar till sämre väggrepp och betydande slitage och risken för punktering på grund av upphettning ökar.
Kontrollera och justera trycket
Felaktig cambervinkel (slitage på en sida)
Reparera eller byt ut fjädringsdetaljer
Hård kurvtagning
Sänk hastigheten!

Slitage i mitten

För högt däcktryck
För högt lufttryck orsakar snabbt slitage av mittersta delen av däcket, dessutom sämre väggrepp, stötigare gång och risk för stöt-skador i korden.
Kontrollera och justera trycket

Om däcktrycket ibland måste ändras till högre tryck avsett för maximal lastvikt eller ihållande hög hastighet, glöm inte att minska trycket efteråt.

Ojämnt slitage

Framdäcken kan slitas ojämnt på grund av felaktig hjulinställning. De flesta däckåterförsäljare och verkstäder kan kontrollera och justera hjulinställningen till en låg kostnad.
Felaktig camber- eller castervinkel
Reparera eller byt ut fjädringsdetaljer
Defekt fjädring
Reparera eller byt ut fjädringsdetaljer
Obalanserade hjul
Balansera hjulen
Felaktig toe-inställning
Justera framhjulsinställningen
Observera: *Den fransiga ytan i mönstret, ett typiskt tecken på toe-slitage, kontrolleras bäst genom att man känner med handen över ytan.*

Batteri

Varning: Innan något arbete utförs på batteriet, läs föreskrifterna i 'Säkerheten främst!' i början av denna handbok.

✔ Se till att batterilådan är i gott skick och att klämman sitter ordentligt. Rost på plåten, hållaren och batteriet kan avlägsnas med en lösning av vatten och bikarbonat. Skölj noggrant alla rengjorda delar med vatten. Alla rostskadade metalldelar ska först målas med en zinkbaserad grundfärg och därefter lackeras.

✔ Kontrollera regelbundet (ungefär var tredje månad) batteriets skick enligt beskrivningen i kapitel 5A.

✔ Om batteriet är tomt och du måste använda startkablar för att starta bilen, se *Reparationer vid vägkanten*.

HAYNES TiPS

Korrosion på batteriet kan minimeras genom att man stryker lite vaselin på batteriklämmorna och polerna när man dragit åt dem.

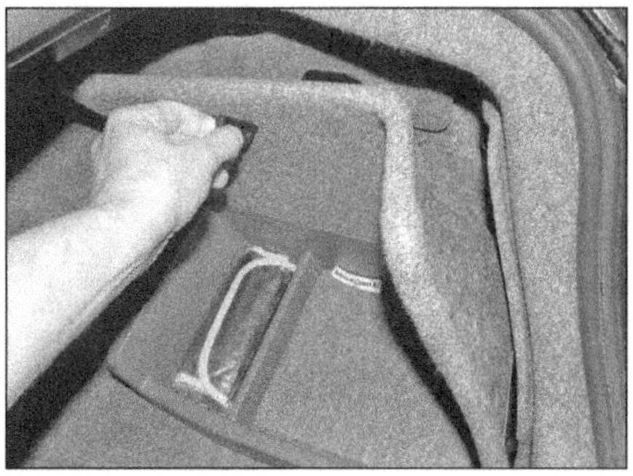

1 Batteriet sitter i det bakre, högra hörnet av bagageutrymmet.

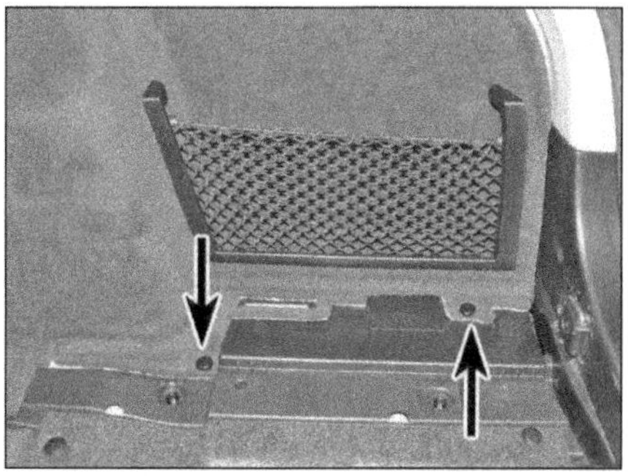

2 Lossa klämman och öppna höger förvaringsutrymme i sedanmodeller.

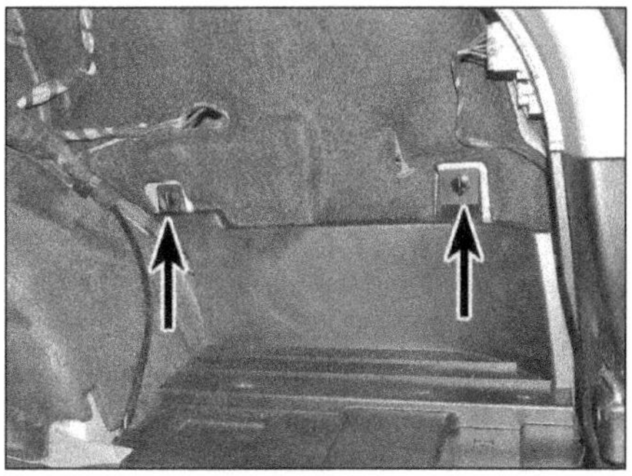

3 Lyft ut bagageutrymmets golv i Tourer-modeller, vrid hållaren 90° moturs och ta bort panelen på bagageutrymmets högra sida, vrid sedan hållarna moturs och lyft ut förvaringsutrymmet.

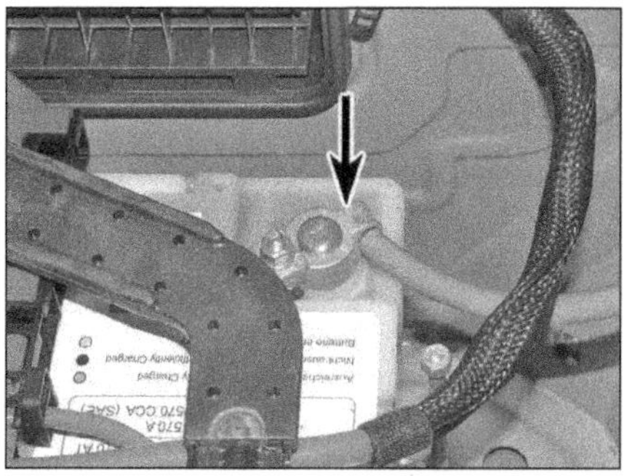

4 Kontrollera att batteriklämmorna är åtdragna för att säkerställa goda elektriska anslutningar. Det ska inte gå att rubba dem. Kontrollera också varje kabel efter sprickor eller fransade ledare.

5 Ta bort kablarna från batteripolerna vid tecken på korrosion (vita porösa avlagringar) och rengör dem med en liten stålborste och montera sedan tillbaka dem. I biltillbehörsbutiker kan man köpa ett särskilt verktyg för rengöring av batteripoler . . .

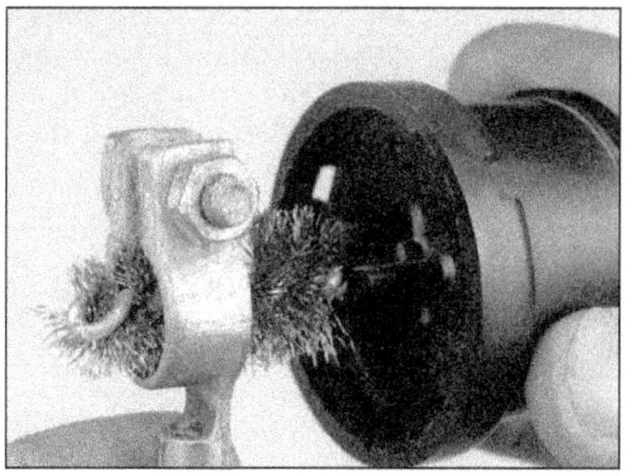

6 . . . samt batteriets kabelfästen

Spolarvätskenivå*

**På modeller med strålkastarspolare används vindrutans spolarvätska även till strålkastarna*

- Spolarvätskekoncentrat rengör inte bara rutan utan fungerar även som frostskydd så att spolarvätskan inte fryser under vintern, då den behövs som mest. Fyll inte på med enbart vatten eftersom spolarvätskan då späds ut för mycket och kan frysa.

Varning: Använd aldrig kylvätska i spolarsystemet. Det kan missfärga eller skada lacken.

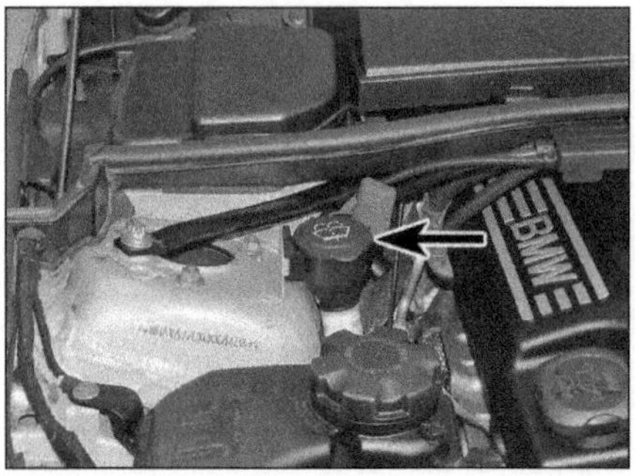

1 Spolarvätskebehållaren är placerad på höger sida.

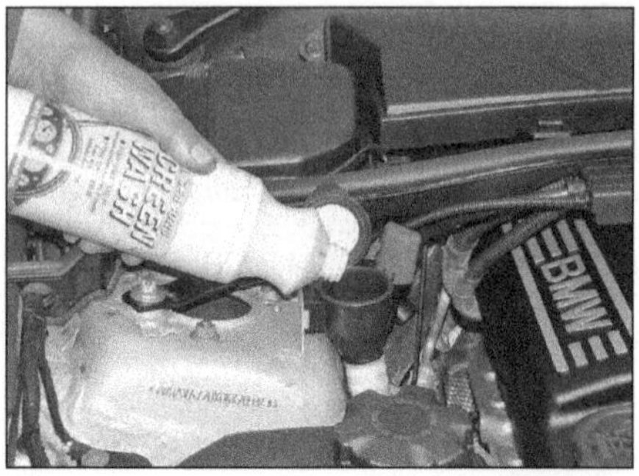

2 Lossa locket. Vid påfyllning ska spolarvätskekoncentrat tillsättas enligt tillverkarens rekommendationer.

Torkarblad

Kontrollera torkarbladens skick; om de är spruckna eller ser slitna ut, eller om rutan inte torkas ordentligt, ska de bytas ut. Torkarbladen ska bytas en gång om året.

1 Ta bort ett torkarblad genom att lyfta upp torkararmen helt från rutan tills det tar stopp. Lossa klämman (markerad med pil) . . .

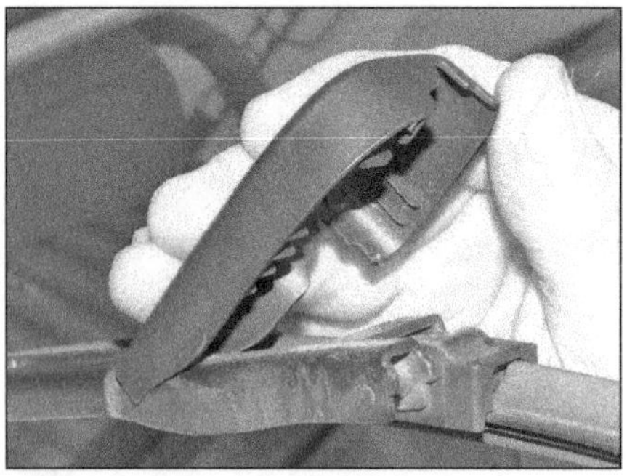

2 . . . och ta bort plastkåpan

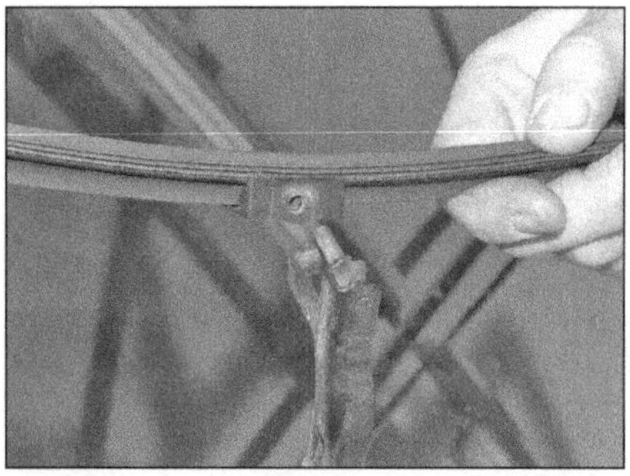

3 Vrid bladet 90° och lossa det från armen.

Smörjmedel och vätskor

Motor	
Bensinmotorer	BMW Long-life 01 eller 04. SAE 0W-40 eller SAE 5W-30 (helsyntetisk)
Dieselmotorer:	
Utom N47 och N57 motorer (fram till 09/2007)	BMW Long-life 01 eller 04. SAE 0W-40 eller SAE 5W-30 (helsyntetisk). Olja med lägre viskositet rekommenderas i länder där yttertemperaturen ofta sjunker under -20° C
Motorerna N47 och N57 (från 09/2007)	BMW Long-life 04. **Observera:** *Denna olja är uttryckligen utformad för motorer med ett partikelfilter.* SAE 0W-40 eller SAE 5W-30 (helsyntetisk)
Kylsystem	Frostskyddsvätska på etylenglykolbas*
Manuell växellåda	
Med gul eller grön märkning bredvid påfyllningspluggen	BMW växellådsolja MTF-LT-2
Med blå märkning bredvid påfyllningspluggen (från 03/2007)	BMW växellådsolja MTF-LT-3
Automatväxellåda	BMW växellådsolja*
Slutväxelenhet	SAE 75W/90 EP*
Bromssystem	Bromsvätska enligt DOT 4
Servostyrning	Ingen information tillgänglig*

**Hör vad din BMW-verkstad rekommenderar för märke och typ*

Däcktryck

Rekommenderade däcktryck anges på en etikett i dörröppningen på förarsidan.

Kapitel 1 Del A:
Rutinunderhåll och service – bensinmodeller

Innehåll

Svårighetsgrad

Enkelt, passar novisen med lite erfarenhet	**Ganska enkelt,** passar nybörjaren med viss erfarenhet	**Ganska svårt,** passar kompetent hemmamekaniker	**Svårt,** passar hemmamekaniker med erfarenhet	**Mycket svårt,** för professionell mekaniker

Smörjmedel och vätskor

Se *Veckokontroller*

Volymer

Motorolja (inklusive filter)	
4-cylindriga motorer	4,25 liter
6-cylindriga motorer	6,5 liter
Kylsystem	
4-cylindriga motorer:	
Manuell växellåda	7,2 liter
Automatväxellåda	8,0 liter
6-cylindriga modeller	8,4 liter
Växellåda	
Manuell växellåda (ungefärlig)	1,4 liter
Automatväxellåda (ungefärlig)	3,0 liter
Slutväxel	
4-cylindriga modeller	1,1 liter
6-cylindriga modeller	1,7 liter
Bränsletank	
Samtliga modeller (cirka)	63 liter

Kylsystem

Frostskyddsblandning	
50 % frostskyddsmedel	Skydd ner till -30 °C

Observera: *Kontakta tillverkaren av frostskyddsvätska för de senaste rekommendationerna.*

Tändningssystem

Tändstift:	
4-cylindriga motor	NGK IZFR6H11 eller Bosch FR7KPP332
6-cylindriga motor:	
Upp till 03/2007	NGK ILZFR6D11 eller Bosch FR7NPP332
Från 03/2007	NGK PLZFR6A11S eller Bosch FR7NPP332
Tändstiftens elektrodgap	Går inte att justera

Bromsar

Minsta tjocklek på bromsklossbeläggen	2,0 mm
Minsta tjocklek på handbromsbackarnas belägg	1,5 mm

Observera: *Slitagevarningssymbolen tänds när belägget har slitits ner till en tjocklek på 3,7 mm.*

Åtdragningsmoment

	Nm
Avtappningsplugg för motorolja:	
M12-plugg	25
M18 plugg	35
M22-plugg	60
Hjulbultar	120
Motorblockets avtappningsplugg för kylvätska	25
Oljefilterkåpa	25
Tändstift:	
M12-gänga	23
M14-gänga	30

Serviceintervallerna skräddarsys beroende på driftförhållanden, körsätt, förfluten tid och körsträcka istället för inställd körsträcka/inställda tidsgränser. Dessa faktorer beaktas och underhållskraven beräknas av bilens ombordsystem varefter en symbol som representerar det objekt som kräver uppmärksamhet visas i instrumentklustret.

Hur brådskande varningen är anges med ett färgkodningssystem – grön, gul eller röd. Följaktligen är de intervall som räknas upp nedan riktlinjer, startvärden/intervallprognoser eller våra rekommendationer. Ytterligare information hittar du i instruktionsboken som medföljer bilen.

Medan bilen är ny skall underhållsservice utföras av auktoriserad verkstad så att garantin ej förverkas. Biltillverkaren kan avslå garantianspråk om du inte kan bevisa att service har utförts på det sätt och vid de tidpunkter som har angivits, och då endast med originalutrustning eller delar som har godkänts som likvärdiga.

Var 400:e km eller en gång i veckan

- ☐ Se *Veckokontroller*

Var 25 000:e km eller vart 2:e år, beroende på vad som kommer först

- ☐ Oljeservice (avsnitt 3)

Observera: *Detta omfattar byte av motorolja, kontroll av handbromsen och byte av pollenfilter.*

- ☐ Återställ serviceindikatorn (avsnitt 4)

Var 40 000:e km

- ☐ Frambroms – service (avsnitt 5)
- ☐ Återställ serviceindikatorn (avsnitt 4)

Var 50 000:e km

- ☐ Bakbroms – service (avsnitt 6)
- ☐ Återställ serviceindikatorn (avsnitt 4)

Var 50 000:e km eller vart 4:e år, beroende på vad som kommer först

- ☐ Bilkontroll (avsnitt 7)
- ☐ Återställ serviceindikatorn (avsnitt 4)

Var 75 000:e km eller vart 6:e år, beroende på vad som kommer först

- ☐ Byt luftfiltret (avsnitt 8)
- ☐ Byt tändstiften (avsnitt 9)

Observera: *I bilar som är tillverkade före 03/2007 bör tändstiften bytas efter maximalt 100 000 km. Tändstiften i bilar fr.o.m. 03/2007 bör bytas vid var tredje oljeservice.*

- ☐ Återställ serviceindikatorn (avsnitt 4)

Vartannat år

- ☐ Byt bromsvätskan (avsnitt 10)
- ☐ Återställ serviceindikatorn (avsnitt 4)

Vart 4:e år

Observera: *Dessa objekt har ingen specifik rekommendation när det gäller kontroll eller byte. Vi anser dock att det är förståndigt att utföra dessa arbeten minst vart fjärde år.*

- ☐ Kontrollera multiremmens skick och justera/byt vid behov (avsnitt 11)
- ☐ Byt bränslefiltret (avsnitt 12)
- ☐ Kylvätska – byte (avsnitt 13)

Översikt över motorrummet på en 4-cylindrig motor

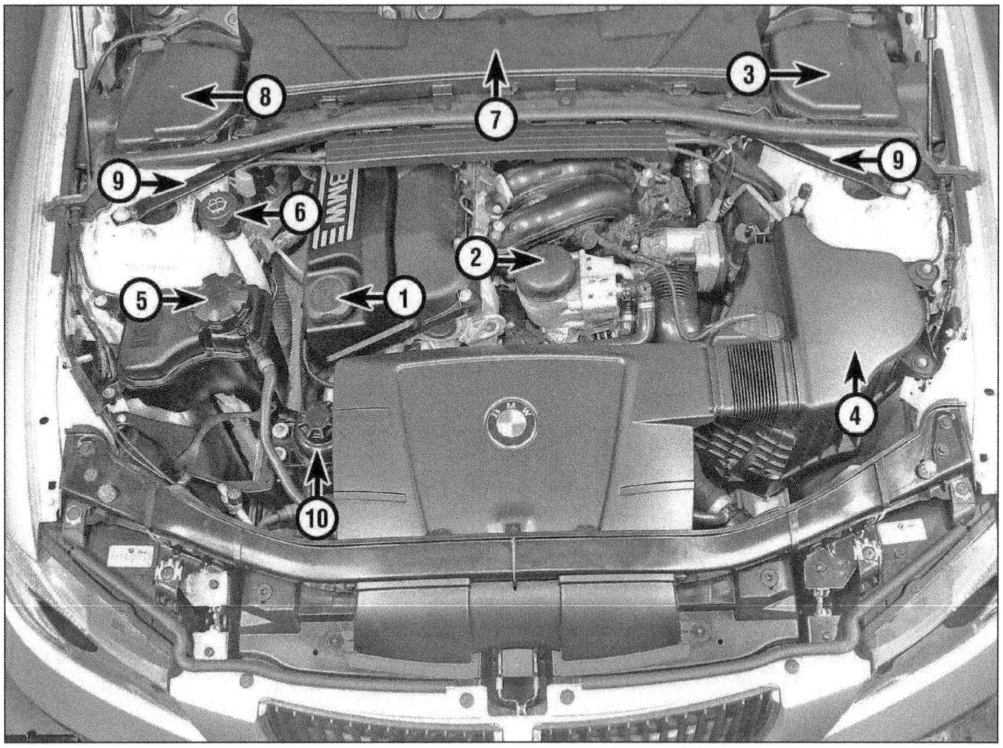

1 Oljepåfyllningslock
2 Oljefilterkåpa
3 Broms- och kopplingsvätskebehållare (under kåpan)
4 Luftrenarhus
5 Expansionskärl
6 Spolarvätskebehållare
7 Pollenfilterkåpa
8 Motorns eldosa (under kåpa)
9 Spännstöd
10 Servooljebehållare

Översikt över motorrummet på en 6-cylindrig motor

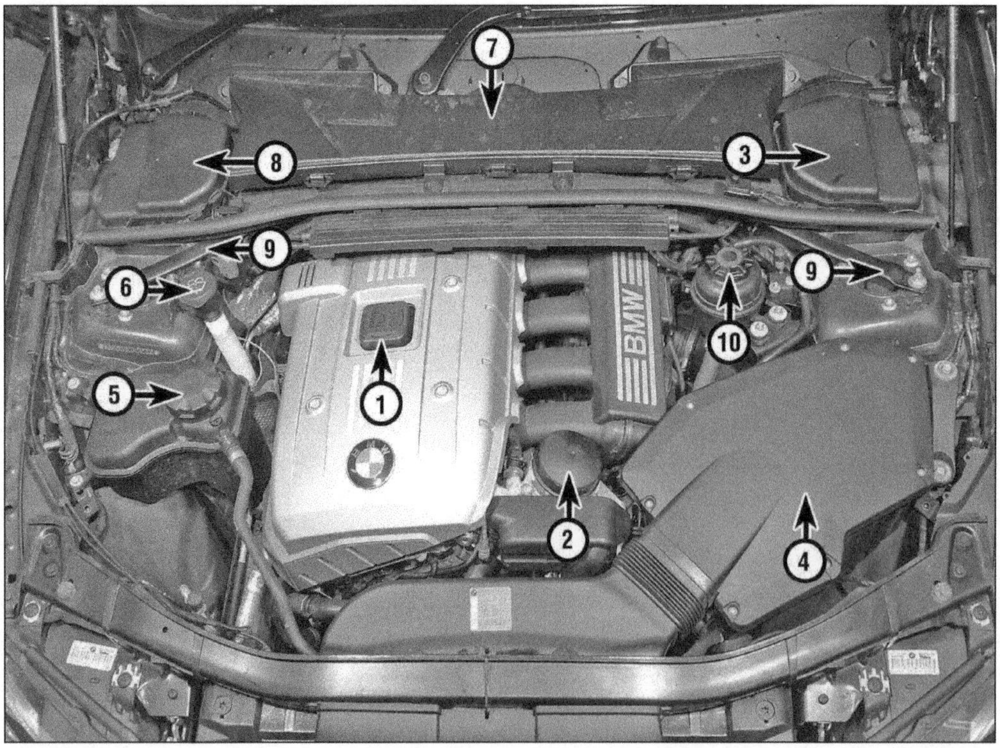

1 Oljepåfyllningslock
2 Oljefilterkåpa
3 Broms- och kopplingsvätskebehållare (under kåpan)
4 Luftrenarhus
5 Expansionskärl
6 Spolarvätskebehållare
7 Pollenfilterkåpa
8 Motorns eldosa (under kåpa)
9 Spännstöd
10 Servooljebehållare

Översikt över det främre underredet

1 *Sumpens avtappningsplugg*
2 *Katalysatorer*
3 *Styrarm*
4 *Spännben*
5 *Styrstag*
6 *Krängningshämmare*
7 *Förstärkningsram*
8 *Kuggstång*
9 *Oljenivågivare*

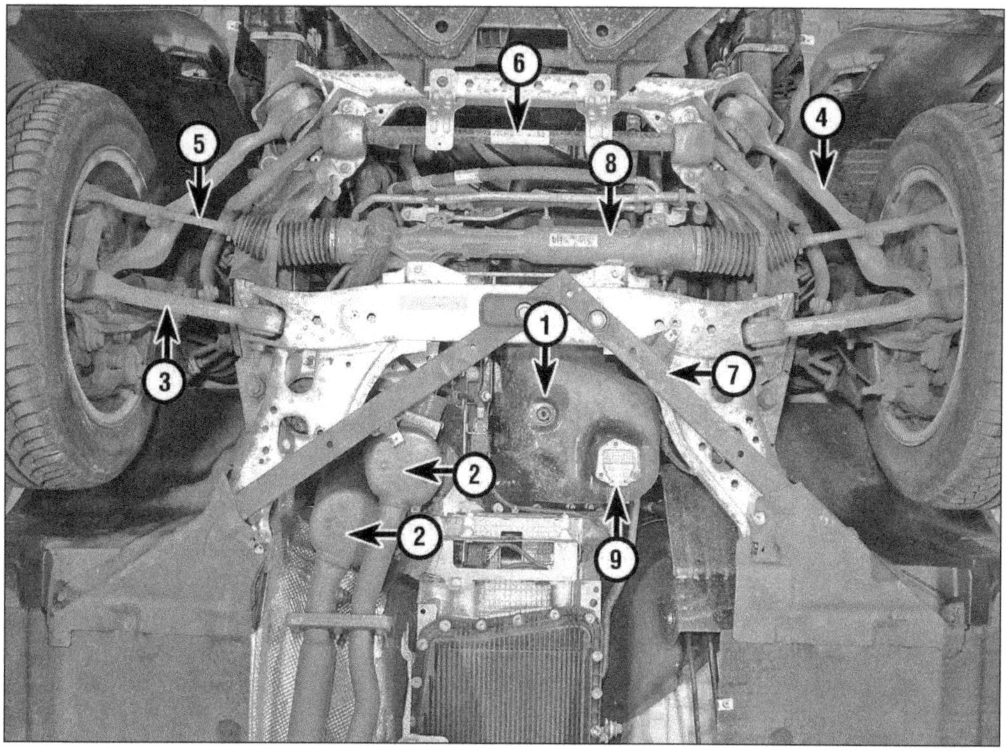

Bakre underrede

1 *Bränsletank*
2 *Bakre ljuddämpare*
3 *Slutväxel*
4 *Drivaxel*
5 *Handbromsvajer*
6 *Hjulinställningsarm*
7 *Hängarm*

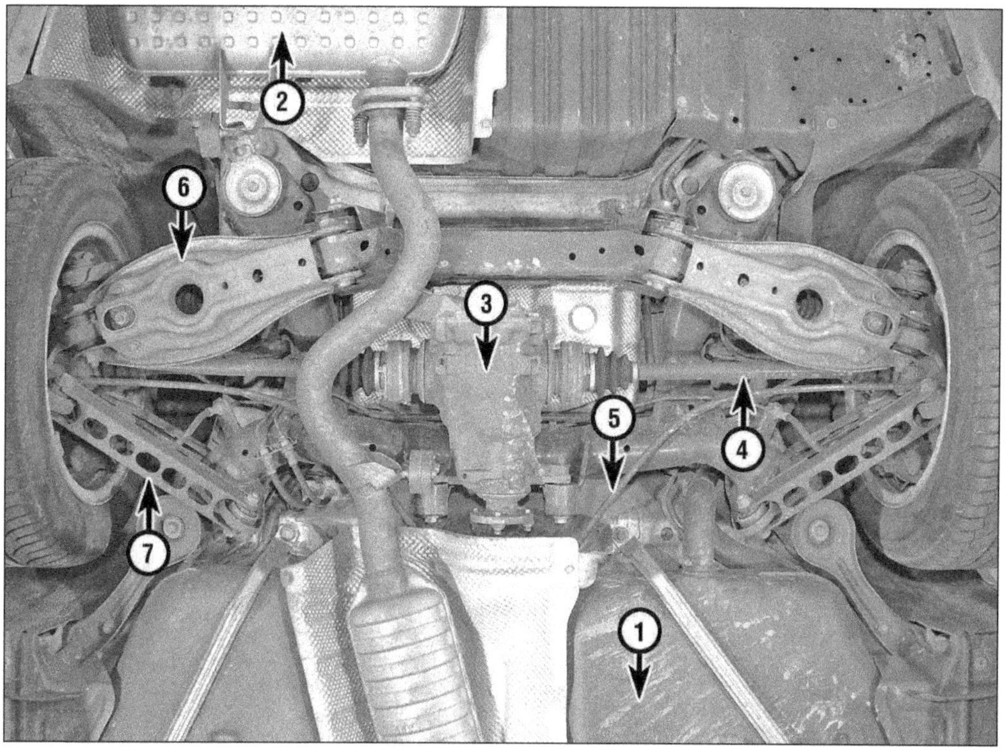

1 Inledning

Allmän information

1 Syftet med det här kapitlet är att hjälpa hemmamekaniker att underhålla sina bilar för att de ska få så bra säkerhet, driftekonomi, livslängd och prestanda som möjligt.

2 Kapitlet innehåller ett underhållsschema samt avsnitt som i detalj behandlar posterna i schemat. Bland annat behandlas användbara saker som kontroller, justeringar och byte av delar. På de tillhörande bilderna av motorrummet och bottenplattan visas de olika delarnas placering.

3 Serviceindikatorn och de följande avsnitten ger dig ett tydligt underhållsprogram som, om du följer det, bidrar till att din bil fungerar både länge och säkert. Planen är heltäckande så om man väljer att bara underhålla vissa delar, men inte andra, vid angivna tidpunkter går det inte att garantera samma goda resultat.

4 Under arbetet med bilen kommer du att upptäcka att många arbeten kan – och bör – utföras samtidigt, antingen för att en viss typ av åtgärd ska utföras eller för att två separata komponenter råkar sitta nära varandra. Om bilen lyfts av någon orsak kan t.ex. avgassystemet kontrolleras samtidigt som styrningen och fjädringen.

5 Det första steget i underhållsprogrammet består av förberedelser innan arbetet påbörjas. Läs igenom relevanta avsnitt. Gör sedan upp en lista på vad som behövs och skaffa fram verktyg och delar. Rådfråga en specialist på reservdelar eller vänd dig till återförsäljarens serviceavdelning om problem uppstår.

Fjärrkontroll batteri

6 Fjärrkontrollens batteri laddas varje gång nyckeln sätts in i tändningskontakten. Det behövs därför inget batteribyte. Om batteriet går sönder måste hela nyckeln bytas. Rådfråga en BMW-verkstad eller specialist.

2 Rutinunderhåll

1 Om underhållsschemat följs noga från det att bilen är ny och om vätske- och oljenivåerna och de delar som är utsatta för stort slitage kontrolleras enligt denna handboks rekommendationer, hålls motorn i bra skick och behovet av extra arbete minimeras.

2 Ibland går motorn dåligt på grund av bristande underhåll. Risken för detta ökar om bilen är begagnad och inte fått tät och regelbunden service. I sådana fall kan extra arbeten behöva utföras, utöver det normala underhållet.

3 Om motorslitage misstänks ger ett kompressionstest (se relevant del i kapitel 2) värdefull information när det gäller de inre huvuddelarnas totala prestanda. Ett kompressionsprov kan användas för att avgöra omfattningen på det kommande arbetet. Om provet avslöjar allvarligt inre slitage är det slöseri med tid och pengar att utföra underhåll på det sätt som beskrivs i detta kapitel, om inte motorn först renoveras.

4 Följande åtgärder är de som oftast behövs för att förbättra effekten hos en motor som går dåligt:

I första hand

a) Rengör, undersök och testa batteriet (se Veckokontroller).
b) Kontrollera alla motorrelaterade oljor och vätskor (se Veckokontroller).
c) Kontrollera drivremmens skick och spänning (avsnitt 11).
d) Byt ut tändstiften (se avsnitt 9).
e) Kontrollera luftfiltrets skick och byt vid behov (se avsnitt 8).
f) Kontrollera bränslefiltret (avsnitt 12).
g) Kontrollera skick på samtliga slangar och leta efter läckor (avsnitt 7).

5 Om ovanstående åtgärder inte har någon inverkan ska följande åtgärder utföras:

Sekundära åtgärder

Allt som anges under *I första hand*, plus följande:

a) Kontrollera laddningssystemet (kapitel 5A).
b) Kontrollera tändningssystemet (se kapitel 5B).
c) Kontrollera bränslesystemet (se kapitel 4A).

Var 25 000:e km eller vart 2:e år, beroende på vad som kommer först

3 Oljeservice

1 Oljeservicen utgörs av fem delar: Byte av motorolja och filter, handbromskontroll, byte av pollenfilter, byte av luftfilterinsats och byte av tändstift. Kontrollen av handbromsen och bytet av pollenfiltret ska utföras varje gång motoroljan och filtret byts medan luftfilterinsatsen och tändstiften ska bytas vid vart tredje byte av motorolja och oljefilter (observera att i bilar som tillverkats före 03/2007 ska tändstiften bytas efter maximalt 100 000 km). Se avsnitt 8 för byte av luftfilter och avsnitt 9 för byte av tändstift.

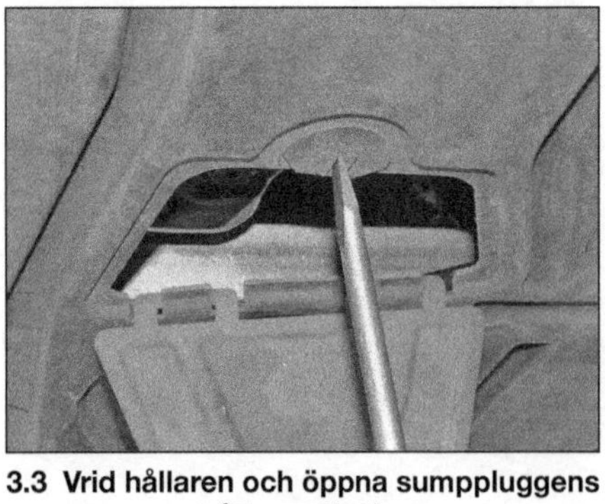

3.3 Vrid hållaren och öppna sumppluggens åtkomstlock

Motorolja och filter – byte

2 Täta olje- och filterbyten är det viktigaste förebyggande underhåll en hemmamekaniker kan utföra. När motoroljan åldras blir den utspädd och förorenad, vilket leder till förtida motorslitage.

3 Innan du börjar arbetet plockar du fram alla verktyg och allt material som behövs. Se även till att ha gott om rena trasor och tidningar till hands för att torka upp eventuellt spill. Motoroljan ska helst vara varm eftersom den rinner ut lättare då och även tar med sig slam. Se dock till att inte vidröra avgassystemet eller andra heta delar vid arbete under bilen. Använd handskar för att undvika att skålla dig och för att skydda huden mot irriterande och på annat sätt skadliga föroreningar i begagnad motorolja. Det blir lättare att komma åt undersidan av bilen om den kan hissas upp med en lyft, köras upp på ramper eller lyftas med domkraft och ställas på pallbockar (se *Lyftning och stödpunkter*). Vilken metod du än väljer, se till att bilen står plant – eller om den lutar, att avtappningspluggen befinner sig vid sumpens lägsta punkt. Det går att komma åt sumppluggen via en borttagbar flik i plattan (se bild).

4 Du hittar oljefilterhuset i motorrummet, på vänster sida av motorn, framför insugsgrenröret.

5 Linda en trasa kring husets nederdel för att suga upp eventuellt oljespill.

6 Använd ett speciellt oljefilterdemonteringsverktyg eller en hylsa för att skruva loss och ta bort kåpan komplett med filterpatronen. På fyrcylindriga motorer går det att ta bort motorkåpans främre fästbult och skruva loss kåpan med en universaldragare

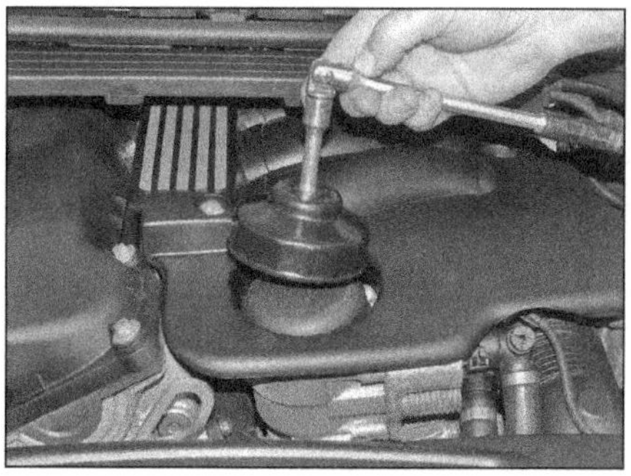
3.6a Skruva loss oljefilterkåpan med ett filterborttagningsverktyg. . .

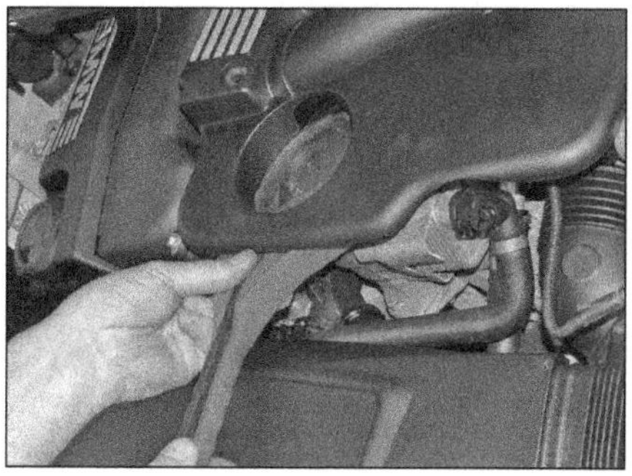
3.6b . . . eller bandtång

3.9 Byt filterkåpans O-ringar (markerade med pilar)

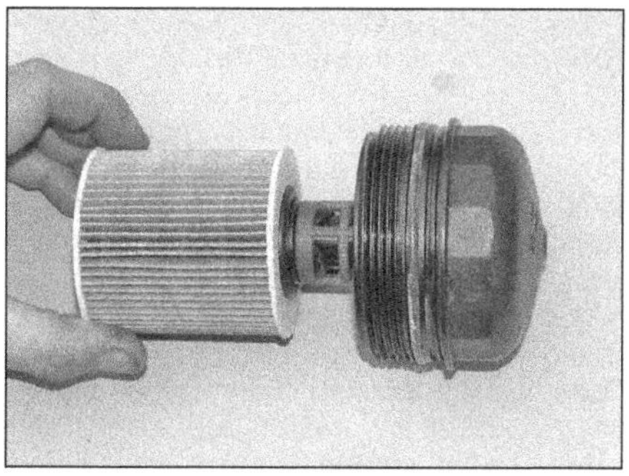
3.10 För det nya filterelementet förbi O-ringarna in i filterkåpan

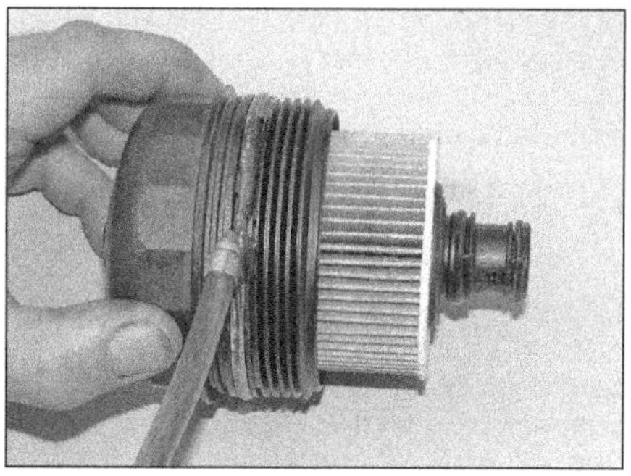
3.11a Smörj O-ringarna med ren motorolja . . .

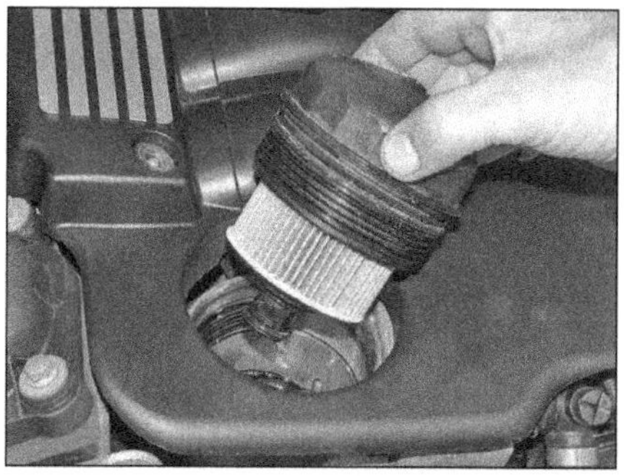
3.11b . . . montera sedan tillbaka dem på filterhuset

(se bilder). När locket tas bort rinner oljan tillbaka från filterhuset till sumpen.

7 Dra bort den gamla filterinsatsen från kåpan och ta bort O-ringarna från kåpan.

8 Torka av fogytorna på huset och locket med en ren trasa.

9 Montera nya O-ringar på locket **(se bild)**. Nya O-ringar följer normalt med det nya filtret – kontrollera med din reservdelsleverantör.

10 Montera den nya filterpatronen på kåpan **(se bild)**.

11 Stryk på lite ren motorolja på O-ringarna, montera tillbaka kåpan och dra åt den till 25 Nm (18 pundfot) vid användning av det speciella filterborttagningsverktyget eller ordentligt vid användning av en bandtång **(se bilder)**.

12 Arbeta under bilen, lossa sumpens dräneringsplugg ungefär ett halvt varv **(se bild)**. Placera avtappningskärlet under avtappningspluggen och skruva ur pluggen helt. Om det går, försök pressa pluggen mot sumpen när den skruvas loss för hand de sista varven.

13 Ta vara på oljepluggens tätningsbricka.

14 Ge den gamla oljan tid att rinna ut, och observera att du kan behöva flytta på behållaren när oljeflödet minskar.

15 Torka av avtappningspluggen med en ren trasa när all olja har runnit ut. Montera en ny tätningsbricka på sumppluggen (följer normalt med det nya filtret). Rengör området kring oljeavtappningshålet och skruva sedan i och dra åt pluggen **(se bilder)**.

16 Avlägsna den gamla oljan och verktygen under bilen och sänk ner bilen.

17 Tillsätt lite mindre än korrekt mängd olja (se volymer i början av detta kapitel) till motorn genom oljepåfyllningslockets öppning, använd korrekt klass och typ av olja (se *Smörjmedel och vätskor*). En oljekanna eller tratt kan minska spillet.

18 Starta motorn och kör den i tre minuter; leta efter läckor runt oljefiltrets tätning och sumpens dräneringsplugg. Observera att det kan ta ett par sekunder innan oljetryckslampan släcks sedan motorn startats första gången efter ett oljebyte. Detta beror på att oljan cirkulerar runt i kanalerna och det nya filtret innan trycket byggs upp.

19 Tryck knappen "select" (på blinkersspaken) uppåt eller neråt tills OIL visas i instrumentgruppens display. Tryck på knappen på blinkersspaken så visas oljenivån. Stanna motorn och tillsätt motorolja tills

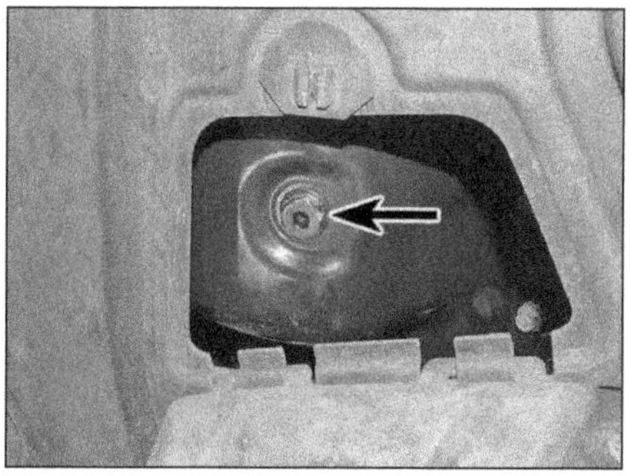
3.12 Lossa sumpens dräneringsplugg (markerad med pil)

3.15a Montera en ny tätningsbricka på sumpens dräneringsplugg. . .

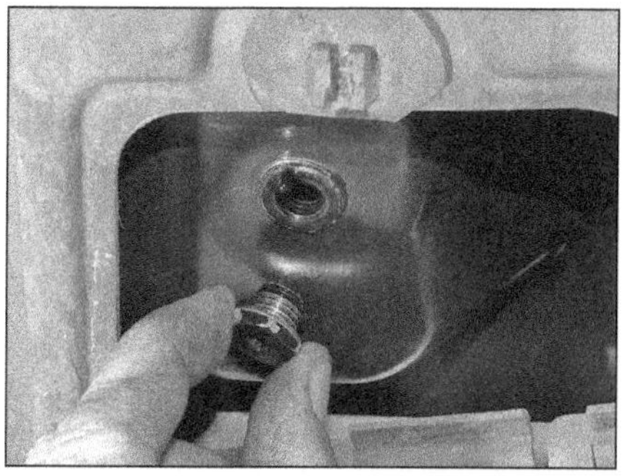
3.15b . . . montera sedan tillbaka pluggen

3.19 **Oljenivåindikator i instrumentklustret**

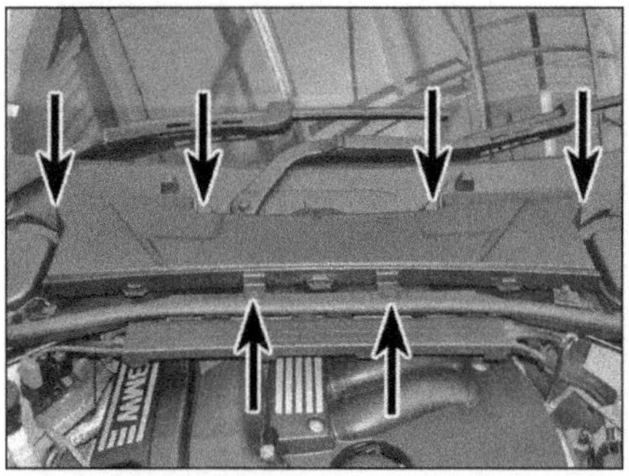

3.22 **Skruva loss bultarna (markerade med pilar) och ta bort pollenfilterkåpan**

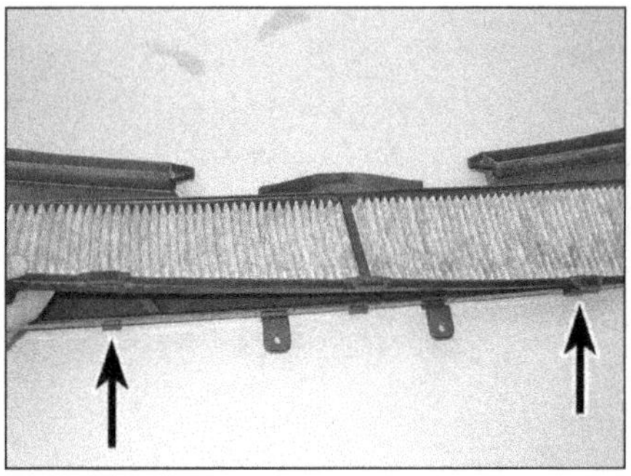

3.23 **Lossa klämmorna (markerade med pilar) och lyft ut pollenfiltret**

nivån är korrekt **(se bild)** om det behövs. Se användarhandboken för information om den elektroniska oljenivåövervakaren.

20 Ta hand om det använda oljefiltret och motoroljan enligt gällande miljöbestämmelser, se Allmänna reparationsanvisningar i avsnittet Referens i den här handboken.

Handbroms - kontroll

21 Kontrollera och justera handbromsen enligt beskrivningen i kapitel 9 om det behövs. Kontrollera att handbromsvajrarna kan röra sig lätt och smörj alla exponerade länksystem/vajerstyrbultar.

Pollenfilter - byte

22 Skruva loss bultarna och ta bort den övre delen av pollenfilterhuset **(se bild)**.

23 Lossa spärrarna på framkanten och ta bort filterinsatsen **(se bild)**.

24 Montera den nya insatsen i huset och se till att den sitter korrekt.

25 Montera tillbaka det övre huset och dra åt fästbultarna ordentligt.

4 Återställning av serviceintervallvisningen (CBS)

1 Kontrollera att alla elektriska förbrukare är avstängda och slå sedan på tändningen. **Observera:** *Starta inte motorn.*

2 Se till att systemets tid och datum ställs in korrekt i enlighet med instruktionerna i ägarhandboken.

3 Varje servicepunkt som kommer upp i instrumentklustrets display kan återställas. Observera att det endast går att återställa en artikel om dess livslängd är under 80 %.

4 Tryck på trippmätarknappen under ungefär 10 sekunder tills den första CBS-punkten (Condition Based Service - villkorsbaserad service) visas i instrumentklustrets display. Observera att den viktigaste punkten visas först. Om detta inte är den önskade punkten väljer du den punkt som ska återställas genom att trycka kortvarigt på knappen igen.

5 När önskat objekt har valts trycker du på knappen igen tills "Reset?" visas i displayen. Observera att återställningen avbryts om du inte trycker på knappen för att bekräfta och väntar på att visningen ska återgå till sitt normala tillstånd.

6 Tryck på knappen igen under ungefär 3 sekunder för att bekräfta återställningen. Observera att det endast går att återställa bromsbeläggsvisningen om beläggets givare fungerar korrekt.

7 Slå av tändningen.

Var 40 000:e km

5 Frambroms - service

Bromsklossar

1 När detta CBS-objekt visas ska tjockleken på de främre bromsbeläggens friktionsmaterial kontrolleras och om något/några närmar sig minimitjockleken bör alla fyra beläggen bytas.

2 Dra åt handbromsen och ställ framvagnen på pallbockar (se *Lyftning och stödpunkter*). Demontera framhjulen.

3 Bromspedalvarningssymbolen i CBS-displayen anger att tjockleken på beläggets friktionsmaterial är slitet och att beläggen måste bytas. Varningen utlöses dessutom om kablaget till och från varje beläggs givare är skadat eller om anslutningarna är dåliga, smutsiga etc. Kontrollera kablaget till och från givaren med avseende på dåliga anslutningar/brott innan beläggen byts.

4 Tjockleken på det friktionsmaterial som återstår på varje bromsbelägg kan mätas genom bromsokets överdel. Om något av beläggen är nedslitet till toleransgränsen eller ännu mer, måste alla fyra beläggen bytas samtidigt. Byte av klossen beskrivs i kapitel 9.

Kontroll av bromsskivan

5 Kontrollera den främre bromsskivans skick och mät skivans tjocklek enligt beskrivningen i kapitel 9. Byt båda främre skivor om det behövs.

Var 50 000:e km

6 Bakbroms - service

Bromsklossar

1 När detta CBS-objekt visas ska tjockleken på de bakre bromsbeläggens friktionsmaterial kontrolleras och om något/några närmar sig minimitjockleken bör alla fyra beläggen bytas.

2 Klossa framhjulen, lyft sedan upp bakvagnen med hjälp av en domkraft och stötta den på pallbockar (se *Lyftning och stödpunkter*). Demontera bakhjulen.

3 Tjockleken på det friktionsmaterial som återstår på varje bromsbelägg kan mätas genom bromsokets överdel. Om något av beläggen är nedslitet till toleransgränsen eller ännu mer, måste *alla* fyra beläggen bytas samtidigt. Byte av klossen beskrivs i kapitel 9.

Kontroll av bromsskivan

4 Kontrollera den främre bromsskivans skick och mät skivans tjocklek enligt beskrivningen i kapitel 9. Byt båda främre skivor om det behövs.

Handbromsbackar - kontroll

5 Kontrollera handbromsbeläggens material enligt beskrivningen i kapitel 9. Om ett beläggs friktionsbelägg har slitits under minimitjockleken ska alla fyra beläggen bytas enligt beskrivningen i kapitel 9.

Var 50 000:e km eller vart 4:e år, beroende på vad som kommer först

7 Fordonskontroll

1 Bilkontrollen består av flera olika uppgifter. Innan CBS-displayen kan återställas måste alla av följande uppgifter vara slutförda.

Instrument och elektrisk utrustning

2 Kontrollera funktionen hos alla instrument och den elektriska utrustningen.

3 Kontrollera att instrumenten ger korrekt information och aktivera all elektrisk utrustning i tur och ordning för att kontrollera att den fungerar som den ska.

Säkerhetsbälte - kontroll

4 Undersök bältesväven noga och leta efter revor, fransningar och tecken på allvarligt åldrande. Dra ut remmen hela vägen och undersök hela remväven.

5 Spänn fast bilbältet och öppna det igen, kontrollera att bältesspännet sitter säkert och att det löser ut ordentligt när det ska. Kontrollera även att upprullningsmekanismen fungerar korrekt när remmen lossas.

6 Kontrollera att de infästningar till säkerhetsbältena som är åtkomliga inifrån bilen, utan att klädsel eller andra detaljer behöver demonteras, sitter säkert.

Spolnings-/torkningssystem - kontroll

7 Kontrollera att inga spolarmunstycken är igensatta och att det kommer en kraftig stråle spolarvätska ur vart och ett av dem. Byt om det är nödvändigt – se kapitel 12.

8 Kontrollera varje torkarblads skick med avseende på skada eller slitage. Allt eftersom tiden går hårdnar bladen, torkförmågan försämras och bullret ökar. Byt bladen om det behövs – se *Veckokontroller*.

Korrosionskontroll på karossen

9 Detta arbete bör utföras av en BMW-verkstad för att bilens garanti ska kunna valideras. Arbetet omfattar en grundlig kontroll av bilens lack och underrede med avseende på skador och korrosion.

Däckkontroll

10 Kontrollera däckens mönsterdjup, yttre skick och tryck. Se *Veckokontroller* för detaljerad information om tillvägagångssätt och däcktryck.

Initiera däckkontrollsystemet

11 Initieringen av däcktryckskontrollsystemet måste utföras när däcktrycken har korrigerats eller om ett däck/hjul har bytts. Systemet initieras enligt följande:

Modeller med iDrive

a) Tryck på iDrive controller för att öppna i-menyn.
b) Välj "Inställningar" och tryck på kontrollen.
c) Välj "Car/Tyres" och tryck på kontrollen.
d) Vrid kontrollen till "Tyres: RPA" väljs, tryck sedan på reglaget.
e) Starta motorn utan att köra iväg.
f) Välj "Confirm tyre pressure" och tryck på kontrollen.
g) Kör iväg. Initieringen slutförs under resan.

Modeller utan iDrive

a) Starta motorn utan att köra iväg.
b) Tryck blinkerspaken uppåt eller nedåt förrän däcktryckssymbolen och RESET visas i instrumentklustrets display.
c) Tryck på knappen på blinkersspakens ände för att bekräfta valet av runflat-indikatorn.
d) Tryck på knappen igen under ungefär 5 sekunder tills en bock kommer fram efter RESET.
e) Kör iväg. Initieringen slutförs under resan.

Batterikontroll

12 Kontrollera batteriets skick och ladda om det vid behov - se kapitel 5A.

Kontroll av kylvätskehalten

13 Använd en hydrometer för att kontrollera frostskyddsmedlets styrka **(se bild)**. Frostskyddsmedlets styrka bör vara ungefär 50 %. Om det är betydligt mindre än detta tappar du ur lite kylvätska från kylaren (se detta kapitel), tillsätter frostskyddsmedel till kylvätskeexpansionskärlet och kontrollerar sedan styrkan igen.

Läckagekontroll slang och vätska

14 Undersök motorns fogytor, packningar och tätningar efter tecken på vatten- eller oljeläckage. Var särskilt noga med områdena runt ventilkåpans, topplockets, oljefiltrets och sumpens fogytor. Tänk på att med tiden är ett litet läckage från dessa områden helt normalt, så leta efter tecken på allvarliga läckor. Om ett läckage påträffas, byt den defekta packningen eller tätningen enligt beskrivning i relevant kapitel i denna handbok.

7.13 Använd en hydrometer för att kontrollera frostskyddsmedlets styrka

15 Kontrollera också att alla motorns rör och slangar sitter ordentligt fast och är i gott skick. Se till att alla buntband och fästklämmor sitter på plats och är i gott skick. Trasiga eller saknade klämmor kan leda till skav på slangar, rör eller kablage. Detta kan i sin tur leda till allvarligare fel i framtiden.

16 Undersök noga alla kylar- och värmeslangar utmed hela deras längd. Byt ut alla slangar som är spruckna, svällda eller åldrade. Sprickor är lättare att se om slangen trycks ihop. Var extra uppmärksam på slangklämmorna som håller fast slangarna vid kylsystemets komponenter. Slangklämmor kan punktera slangarna med läckor i kylsystemet som följd.

17 Undersök kylsystemets alla delar (slangar, fogytor etc.) och leta efter läckor **(se Haynes tips)**. Om problem av den här typen upptäcks i någon del i systemet ska den delen eller packningen bytas ut enligt beskrivningen i kapitel 3.

18 I förekommande fall, kontrollera att slangarna till automatväxeloljans kylare inte är spruckna eller verkar ha åldrats.

19 Hissa upp bilen och kontrollera att det inte finns hål, sprickor eller andra skador på bränsletanken eller påfyllningsröret. Anslutningen mellan påfyllningsröret och tanken är speciellt kritisk. Ibland läcker ett påfyllningsrör av gummi eller en slang beroende på att slangklämmorna är för löst åtdragna eller att gummit åldrats.

20 Undersök noga alla gummislangar och metallrör som leder från bränsletanken. Leta efter lösa anslutningar, åldrade slangar, veckade ledningar och andra skador. Var extra uppmärksam på ventilationsrör och slangar som ofta är lindade runt påfyllningsröret och som kan bli igensatta eller veckade. Följ ledningarna som går till framvagnen och undersök dem noga hela vägen. Byt ut skadade delar vid behov.

En läcka i kylsystemet syns normalt som vita eller frostskydsmedelfärgade avlagringar på området runt läckan

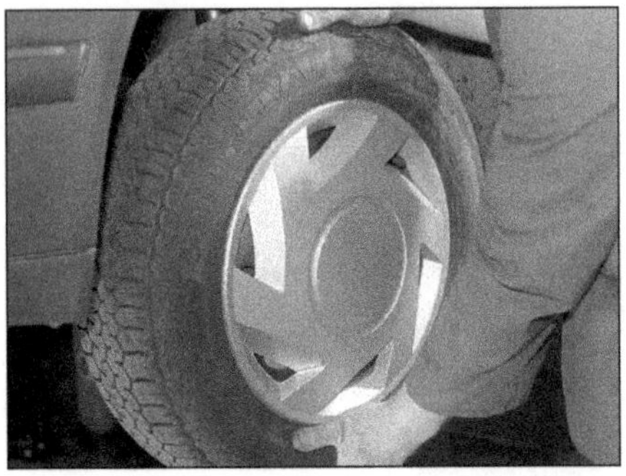

7.27 Kontrollera om navlagren är slitna genom att ta tag i hjulet och försöka vicka på det.

21 Undersök noga bromsrören av metall som löper längs bilens underrede. Visar de tecken på allvarligare korrosionsangrepp eller skador måste de bytas.

22 Se efter i motorrummet att alla bränsleslangsanslutningar och rörskarvar håller tätt, och att bränsleslangarna och vakuumrören inte är klämda, nötta eller åldrade.

23 Kontrollera skicket på slangarna och rören till servostyrningsvätskan.

Kontroll av fjädring och styrning

24 Lyft upp bilens front och stötta den ordentligt på pallbockar (se *Lyftning och stödpunkter*).

25 Kontrollera ledernas dammskydd och styrväxelns damasker. De får inte vara skavda, spruckna eller ha andra defekter. Slitage på någon av dessa delar medför att smörjmedel läcker ut och att smuts och vatten kan komma in, vilket snabbt sliter ut styrlederna eller styrväxeln.

26 Kontrollera servoolja slangarna och leta efter tecken på skavning och åldrande och undersök rör- och slanganslutningar efter oljeläckage. Leta även efter läckor under tryck från styrinrättningens gummidamasker, vilket indikerar trasiga tätningar i styrinrättningen.

27 Ta tag i hjulet upptill och nedtill och försök rucka på det **(se bild)**. Ett ytterst litet spel kan märkas, men om rörelsen är stor krävs en närmare undersökning för att fastställa orsaken. Fortsätt rucka på hjulet medan en medhjälpare trycker på bromspedalen. Om spelet försvinner eller minskar markant är det troligen fråga om ett defekt hjulnavlager. Om spelet finns kvar när bromsen är nedtryckt rör det sig om slitage i fjädringens leder eller fästen.

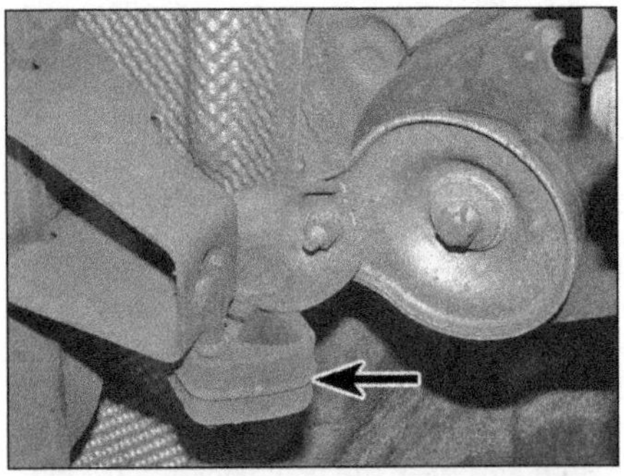

7.34 Kontrollera skicket på avgassystemets fästen (markerade med pil)

28 Greppa sedan hjulet på sidorna och försök rucka på det igen. Märkbart spel beror antingen på slitage på hjulnavlager eller styrstagets spindelleder. Om den inre eller yttre kulleden är sliten kommer den synliga rörelsen att vara tydlig.

29 Använd en stor skruvmejsel eller ett plattjärn och leta efter glapp i fjädringsfästenas bussningar genom att bända mellan relevant komponent och dess fästpunkt. En viss rörelse är att vänta eftersom bussningarna är av gummi, men eventuellt större slitage visar sig tydligt. Kontrollera även skicket på synliga gummibussningar, leta efter bristningar, sprickor eller föroreningar i gummit.

30 Ställ bilen på marken och låt en medhjälpare vrida ratten fram och tillbaka ungefär en åttondels varv åt vardera hållet. Det ska inte finnas något, eller bara ytterst lite, spel mellan rattens och hjulens rörelser. Om spelet är större ska kullederna och fästena som beskrivs ovan undersökas noga. Dessutom ska rattstångens kardanknutar kontrolleras efter tecken på slitage och kuggstångsstyrningens drev kontrolleras.

Kontroll av ben/stötdämpare

31 Leta efter tecken på vätskeläckage kring fjäderben/stötdämpare, eller från gummidamasken runt kolvstången. Om det finns spår av olja är fjäderbenet/stötdämparen defekt och ska bytas. **Observera:** *Fjäderben/stötdämpare måste alltid bytas parvis på samma axel.*

32 Kontrollera funktionen hos fjäderben/stötdämpare genom att trycka ner bilens hörn, ett i taget. I normala fall ska bilen återta planläge och stanna efter en nedtryckning. Om den höjs och återvänder med en studs är troligen fjäderbenet/stötdämparen defekt. Undersök även om fjäderbenets/stötdämparens övre och nedre fästen visar tecken på slitage.

Avgassystem – kontroll

33 När motorn är kall (vänta minst en timme efter att bilen körts), kontrollera hela avgassystemet från motorn till det bakre avgasrörets ände. Avgassystemet kontrolleras enklast med bilen upphissad på en lyft, eller ställd på pallbockar, så att avgassystemets delar går lätt att se och komma åt.

34 Kontrollera om avgasrör eller anslutningar visar tecken på läckage, allvarlig korrosion eller andra skador. Se till att alla fästbyglar och fästen är i gott skick och att relevanta muttrar och bultar är ordentligt åtdragna **(se bild)**. Läckage i någon fog eller annan del visar sig vanligen som en sotfläck i närheten av läckan.

35 Skrammel och andra missljud kan ofta härledas till avgassystemet, speciellt fästen och gummiupphängningar. Försök att rubba rör och ljuddämpare. Om det går att få delarna att nudda vid underredet eller fjädringen, bör systemet förses med nya fästen. Man kan också sära på fogarna (om det går) och vrida rören så att de får tillräckligt stort avstånd.

Gångjärn och lås – smörjning

36 Smörj gångjärnen på motorhuv, dörrar och baklucka med en tunn smörjolja av universaltyp. Smörj på samma sätt alla reglar, lås och låsgrepp. Kontrollera samtidigt att alla lås fungerar och sitter ordentligt och justera dem vid behov (se kapitel 11). Smörj motorhuvens upplåsningsmekanism och vajer med något lämpligt fett.

Landsvägsprov

Fjädring och styrning

37 Kontrollera om bilen uppför sig onormalt i styrning, fjädring, köregenskaper och vägkänsla.

38 Kör bilen och var uppmärksam på ovanliga vibrationer eller ljud.

39 Kontrollera att styrningen känns positiv, utan överdrivet fladder eller kärvningar, och lyssna efter fjädringsmissljud vid kurvtagning och körning över gupp.

Drivaggregat

40 Kontrollera att motorn, kopplingen (i förekommande fall), växellådan och drivaxlarna fungerar.

41 Lyssna efter obekanta ljud från motorn, kopplingen och växellådan.

42 Kontrollera att motorn går jämnt på tomgång, och att den inte tvekar vid acceleration.

43 Kontrollera att kopplingens funktion är mjuk och progressiv, att drivningen tas upp jämnt och att pedalvägen inte är för lång om det är tillämpligt. Lyssna även efter missljud när kopplingspedalen är nedtryckt.

44 På modeller med manuell växellåda kontrollerar du att alla växlar går i mjukt, utan missljud och att växelspakens rörelse är mjuk och inte onormalt obestämd eller ryckig.

45 På modeller med automatväxellåda, kontrollera att alla växlingar är ryckfria, mjuka och fria från ökning av motorvarvet mellan växlar. Kontrollera att alla växelpositioner kan väljas när bilen står stilla. Eventuella problem bör åtgärdas av en BMW-verkstad eller annan specialist med lämplig utrustning.

Kontrollera bromssystemet

46 Kontrollera att bilen inte drar åt ena sidan vid inbromsning och att hjulen inte låses vid hård inbromsning.

47 Kontrollera att ratten inte vibrerar vid inbromsning.

48 Kontrollera att parkeringsbromsen fungerar ordentligt, utan för stort spel i spaken, och att den kan hålla bilen stilla i en backe.

49 Testa bromsservon (om det är tillämpligt) enligt följande. Stäng av motorn, tryck ner bromspedalen 4 eller 5 gånger för att häva vakuumet. Håll bromspedalen nedtryckt och starta motorn. När motorn startar ska pedalen ge efter märkbart medan vakuumet byggs upp. Låt motorn gå i minst två minuter och stäng sedan av den. Om pedalen nu trycks ner ska ett väsande ljud höras från servon. Efter fyra eller fem nedtryckningar ska väsandet upphöra och motståndet i pedalen öka märkbart.

Var 75 000:e km eller vart 6:e år, beroende på vad som kommer först

8 Luftfilter – byte

Observera: *Luftfilterinsatsen bör bytas vid vart tredje byte av motorolja och filter.*

4-cylindriga motorer

1 Skruva loss de tre bultarna, dra bort luftintagskanalen bakåt/uppåt och lossa insugsslangen **(se bild)**.

2 Lyft av gummilocket och lossa luftflödesgivarens anslutningskontakt **(se bilder)**.

3 Lossa klämman och lossa luftutloppsslangen från luftrenarenheten **(se bilder)**.

4 Skruva loss de två bultar som håller fast enheten på innerskärmen, lyft sedan bort den från dess plats **(se bilder)**. Lossa vid behov kylvätskeslangen när enheten tas bort.

5 Skruva loss de fem bultarna och ta bort den nedre delen av luftrenarenheten **(se bild)**.

6 Dra bort filterinsatsen från dess plats.

7 Rengör luftfilterhuset från allt skräp.

8 För den nya filterinsatsen på plats och se till att den placeras korrekt i förhållande till huset **(se bild)**.

9 Resten av monteringen utförs i omvänd ordningsföljd mot demonteringen.

6-cylindriga motorer

10 Lossa insugsslangen från luftrenarhuset.

11 Skruva loss fästbultarna och lyft av luftrenarhusets över sektion från dess plats **(se bild)**.

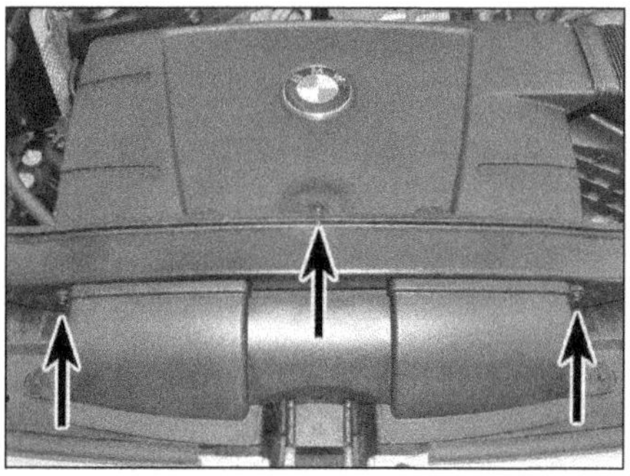

8.1 Skruva loss bultarna (markerade med pilar) och ta bort insugskanalen

8.2a Bänd upp gummilocket, . . .

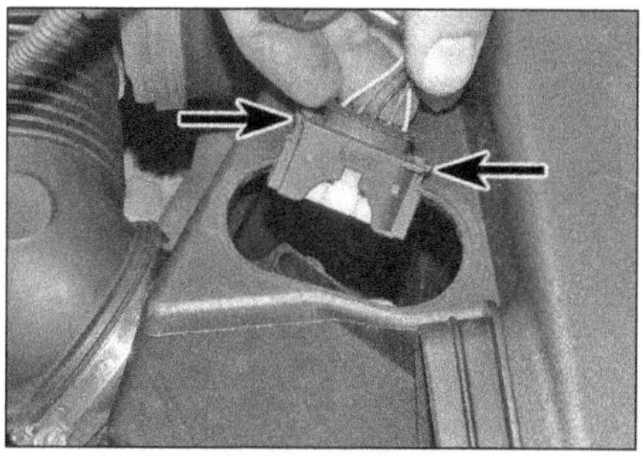

8.2b . . . tryck ihop fästklämmorna (markerade med pilar) och lossa luftflödesmätaren

8.3 Lossa slangklämman (markerad med pil) och slangen

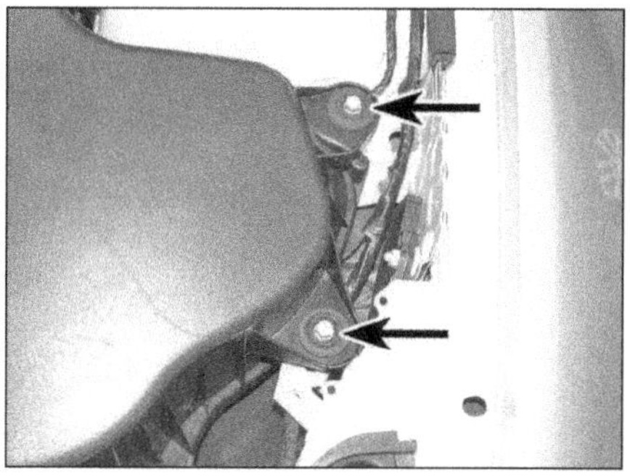

8.4a Skruva loss bultarna (markerad med pilar). . .

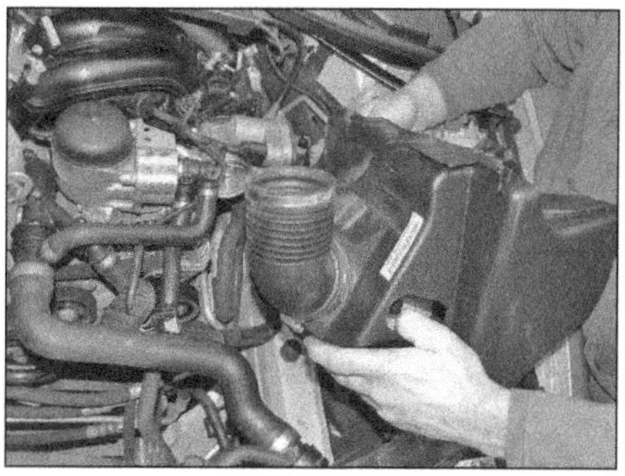

8.4b . . . och lyft av luftfilterenheten från platsen

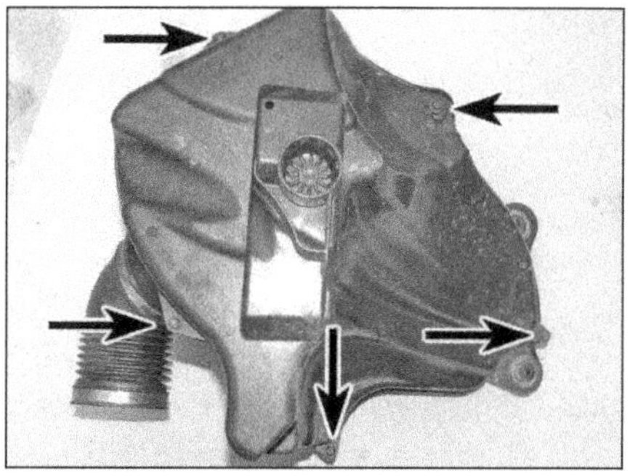

8.5 Skruva loss bultarna (markerade med pilar) och ta bort den nedre sektionen

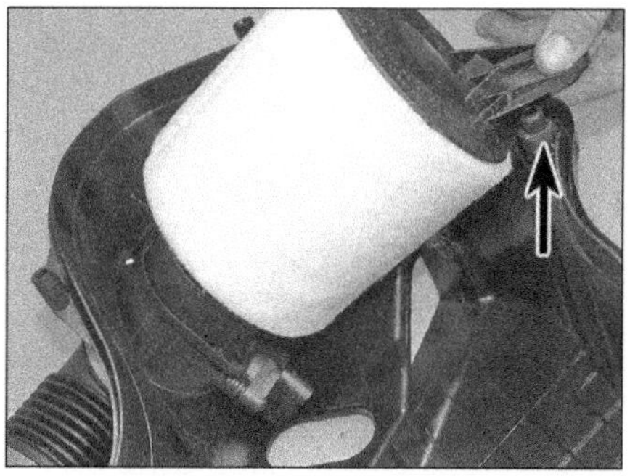

8.8 För den nya filterinsatsen på plats. Observera styrtappen (markerad med pil)

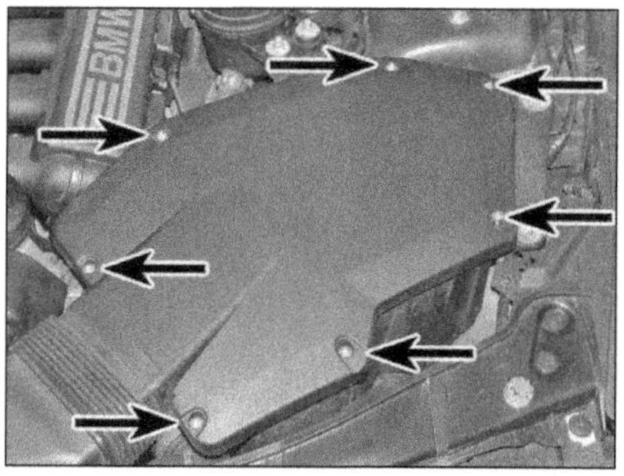

8.11 Bultar till luftfiltrets övre del (markerade med pilar)

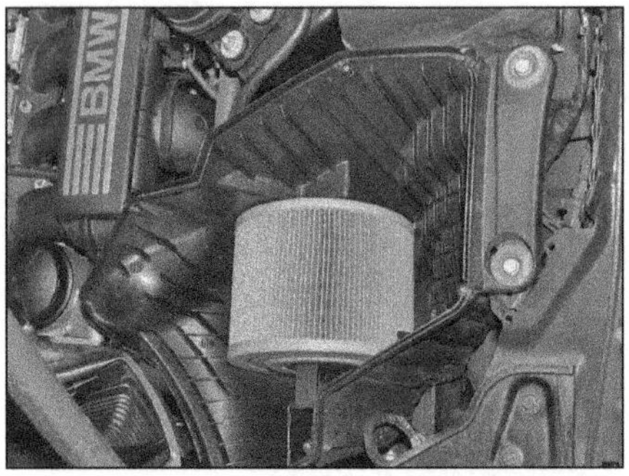

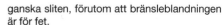

8.12 Luftfilter - 6-cylindriga motorer

12 Lossa klämmorna och för filterelementet från dess plats **(se bild)**.

13 Rengör luftfilterhuset från allt skräp.

14 För den nya filterinsatsen på plats och se till att den hamnar korrekt i huset.

15 Resten av monteringen utförs i omvänd ordningsföljd mot demonteringen.

9 Tändstift - byte

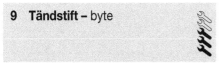

Observera: *I bilar som är tillverkade före 03/2007 bör tändstiften bytas efter maximalt 100 000 km. I bilar fr.o.m. 03/2007 ska tändstiften bytas vid vart tredje byte av olja och oljefilter.*

1 Det är av avgörande betydelse att tändstiften fungerar som de ska för att motorn ska gå jämnt och effektivt. Det är mycket viktigt att de tändstift som används passar till motorn (lämplig typ anges i början av detta kapitel). Om rätt typ används och motorn är i bra skick ska tändstiften inte behöva åtgärdas mellan de schemalagda bytesintervallen. Rengöring av tändstift är sällan nödvändig och ska inte utföras utan specialverktyg, eftersom det är lätt att skada elektrodernas spetsar.

2 Demontera tändspolarna enligt beskrivningen i kapitel 5B.

3 Det är klokt att rengöra tändstiftsbrunnarna med ren borste, dammsugare eller tryckluft innan tändstiften tas bort, så att smuts inte kan falla ner i cylindrarna.

4 Skruva loss tändstiften med hjälp av en tändstiftsnyckel, lämplig ringnyckel eller en djup hylsa och en förlängningsstång **(se bilder)**. Håll hylsan rakt riktad mot tändstiftet – om den tvingas åt sidan kan porslinsisolatorn brytas av. När ett stift skruvats ur ska det undersökas enligt följande.

5 En undersökning av tändstiften ger en god indikation om motorns skick. Om isolatorns spets är ren och vit, utan avlagringar indikerar detta en mager bränsleblandning eller ett stift med för högt värmetal (ett stift med högt värmetal överför värme långsammare från elektroden medan ett med lågt värmetal överför värmen snabbare).

6 Om isolatorns spets är täckt med en hård svartaktig avlagring, indikerar detta att bränsleblandningen är för fet. Om tändstiftet är svart och oljigt är det troligt att motorn är ganska sliten, förutom att bränsleblandningen är för fet.

7 Om isolatorns spets är täckt med en ljusbrun eller gråbrun beläggning är bränsleblandningen korrekt och motorn sannolikt i god kondition.

8 När du köper nya tändstift är det viktigt att du får rätt tändstift för just din motor (se *Specifikationer*).

9 De rekommenderade tändstiften har flera elektroder och avståndet mellan mittelektroden och jordelektroderna går inte att justera. På tändstift med enkelelektroder, däremot, måste avståndet mellan jord- och mittelektroden vara korrekt. Är det för stort eller för litet försämras gnistans verkan avsevärt. Gapet ska ställas in på det värde som anges av tillverkaren.

10 För att justera ett tändstift med enkelelektroder, mät först elektrodavståndet med ett bladmått och böj sedan den yttre elektroden så att avståndet blir riktigt **(se bilder)**. Centrumelektroden får inte böjas eftersom detta kan spräcka isolatorn och förstöra tändstiftet, om inget värre. Om bladmått används ska avståndet vara så stort att det rätta bladet precis ska gå att skjuta in.

11 Specialverktyg för justering av elektrodavståndet finns att köpa i biltillbehörsaffärer eller från tändstiftstillverkaren.

12 Kontrollera att pluggens ytter yta och gängor är rena innan du monterar tändstiften. Det är ofta svårt att placera tändstift i sina hål utan att felgänga dem. Detta kan undvikas genom att man sätter en kort bit gummislang över änden på tändstiftet **(se Haynes tips)**.

13 Ta bort gummislangen (om du har använt en sådan) och dra åt stiftet till angivet moment (se Specifikationer) med hjälp av tändstiftshylsan och en momentnyckel. Montera tillbaka de resterande tändstiften.

14 Sätt tillbaka tändspolarna enligt beskrivningen i kapitel 5B.

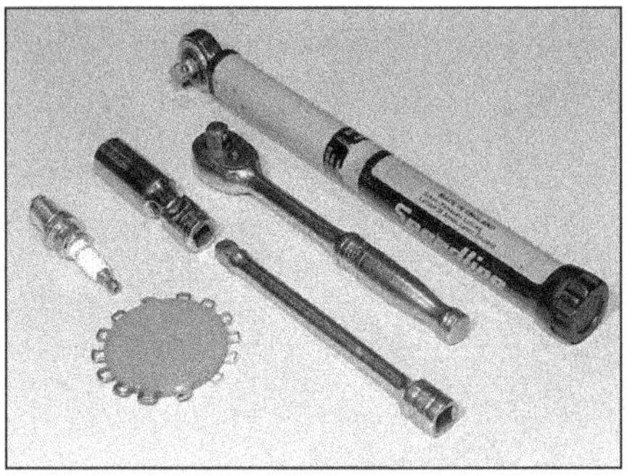

9.4a Verktyg som krävs för demontering av tändstiften, inställning av gapet och återmontering

9.4b Skruva loss tändstiften från topplocket

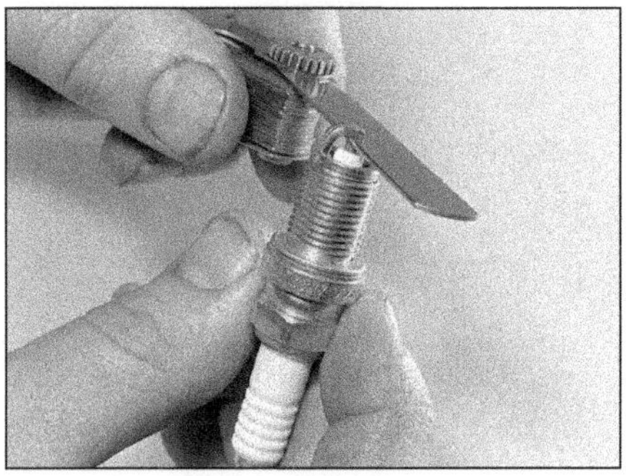

9.10a Mät tändstiftsgapet med ett bladmått . . .

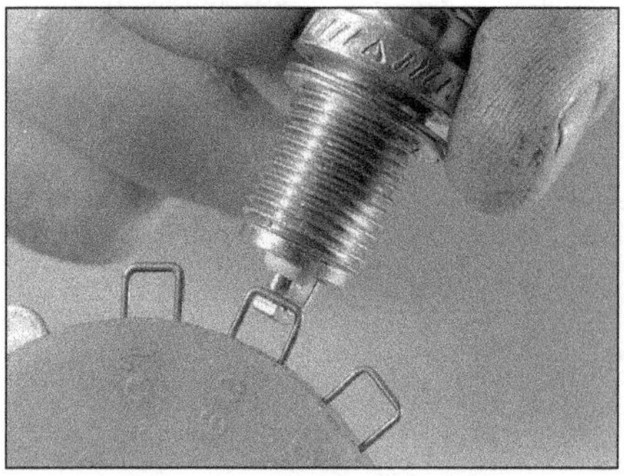

9.10b . . . eller en trådmätare

HAYNES TiPS

Det är ofta svårt att sätta i tändstiften i hålen utan att felgänga dem. För att undvika detta, trä en kort gummi-/plastslang med en inre diameter på 8 mm på tändstiftets ände. Slangen fungerar som en kardanknut och hjälper till att rikta tändstiftet i hålet. Om tändstiftet börjar gänga snett, kommer slangen att glida på tändstiftet och förhindra att gängorna på topplocket förstörs.

Vartannat år

10 Bromsolja – byte

Varning: Hydraulisk bromsolja kan skada ögonen och bilens lack, så var ytterst försiktig vid hanteringen. Använd aldrig olja som stått i ett öppet kärl under någon längre tid eftersom den absorberar fukt från luften. För mycket fukt i bromsoljan kan medföra att bromseffekten minskar, vilket är livsfarligt.

1 Tillvägagångssättet är detsamma som vid luftning av hydraulsystemet enligt beskrivningen i kapitel 9, frånsett att bromsvätskebehållaren först bör tömmas med en hävert. Sätt igång flödet i häverten med en ren bollspruta eller liknande, och se till att den gamla bromsvätskan har någonstans att ta vägen när du luftar en del av kretsen.

2 Arbeta enligt beskrivningen i kapitel 9 och öppna den första luftningsskruven i ordningen, pumpa sedan försiktigt med bromspedalen tills nästan all gammal vätska runnit ut ur huvudcylinderbehållaren.

3 Fyll på vätska upp till MAX-nivån och fortsätt pumpa tills endast den nya vätskan återstår i behållaren och ny vätska kan ses rinna ut från avluftningsskruven. Dra åt skruven och fyll på behållaren upp till MAX-markeringen.

4 Gå igenom resterande avluftningsskruvar i ordningsföljd och pumpa till dess att ny olja kommer ur dem. Var noga med att alltid hålla huvudcylinderbehållarens nivå över MIN-markeringen, annars kan luft tränga in i systemet och då ökar arbetstiden betydligt.

HAYNES TiPS ***Gammal hydraulvätska är vanligen mycket mörkare än ny, vilket gör det enkelt att skilja dem åt.***

5 Kontrollera att alla luftningsskruvar är ordentligt åtdragna och att dammkåporna sitter på plats när du är klar. Tvätta bort allt spill och kontrollera huvudcylinderbehållarens oljenivå en sista gång.

6 Kontrollera bromsarnas funktion innan bilen körs igen.

Vart 4:e år

11 Drivrem – kontroll och byte

Kontroll av drivremmen

1 Drivremmarnas funktion och struktur gör att de slits ut med tiden, så man bör därför undersöka dem med jämna mellanrum för att förebygga problem.

2 Antalet drivremmar på en enskild bil beror på vilka tillbehör som finns monterade. Drivremmar används till att driva kylvätskepumpen, generatorn, servostyrningspumpen och luftkonditioneringens kompressor (om tillämpligt).

3 Ta bort kylfläkten och kåpan enligt beskrivningen i kapitel 3 för att komma åt remmen bättre för kontroll om så önskas.

4 Med motorn avstängd letar du efter sprickor och separerade skikt i drivremmen. Använd fingrarna (och vid behov en ficklampa) och undersök remmen i hela dess längd. Kontrollera också att remmen inte är fransig eller blanksliten. Båda sidor av remmen bör undersökas, vilket innebär att du måste vrida den för att komma åt att kontrollera undersidan. Om så krävs, vrid runt motorn med en nyckel eller hylsa mot vevaxelns remskivebult så att hela remmen kan kontrolleras.

4-cylindriga motorer

5 Öppna motorhuven. Skruva loss de tre bultarna och ta bort luftintagskanalen från motorhuvens stötpanel **(se bild 8.1)**.

6 Ska drivremmen återanvändas, bör du märka ut dess rotationsriktning innan den demonteras.

7 Vrid med hjälp av en nyckel eller hylsa spännarremskivan (medurs) så att spännaren trycks ihop. Dra av drivremmen från remskivorna **(se bild)**.

8 För att underlätta återmonteringen kan du trycka ihop sträckaren helt och låsa den i intryckt läge genom att sticka in en metallstång genom hålen i sträckaren och fästplattan – observera att spännarfjädern är kraftig, så det krävs en stark stång **(se bild)**.

9 Om den gamla remmen ska sättas tillbaka, observera rotationsriktningsmärkningen som gjordes före demonteringen.

10 Tryck in spännaren – om den inte redan är låst i hoptryckt läge – och lägg drivremmen

11.7 Vrid multiremsträckaren medurs

11.8 Sätt in en stav eller ett borrbit (markerad med pil) i hålen för att låsa spänningen i hoptryckt läge

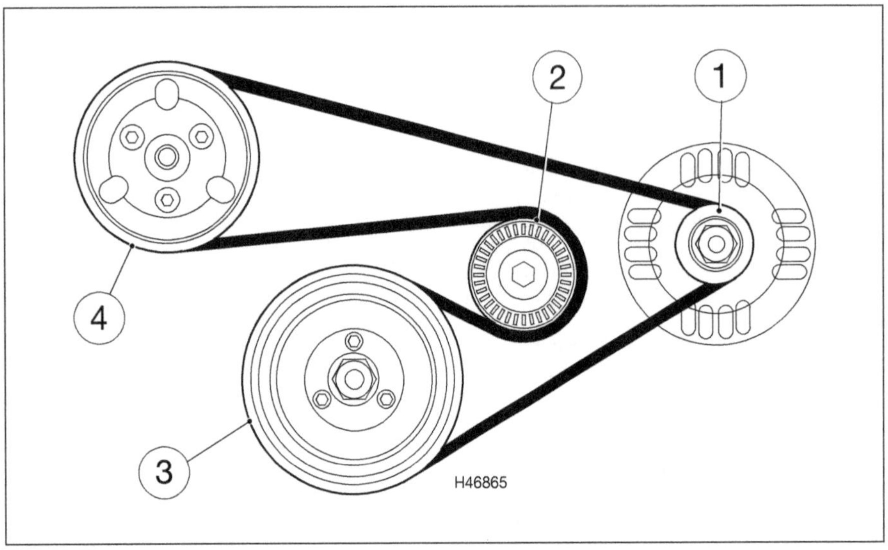

11.10a Drivremmens dragning – modeller utan luftkonditionering

1 Generatorns remskiva
2 Spännhjulet
3 Vevaxelns remskiva
4 Kylvätske-/servostyrningspumpens remskiva

om remskivorna på samma sätt som före demonteringen **(se bilder)**. Se till att remmen griper in som den ska i remskivornas spår.

11 I förekommande fall, tryck samman spännaren så att låsstiftet blir obelastat, dra ut stiftet och släpp efter på spännaren.

12 Montera tillbaka luftintagskåpan på motorhuvens stötpanel.

6-cylindriga motorer

13 Ta bort kylfläkten och kåpan enligt beskrivningen i kapitel 3.

14 Ska drivremmen återanvändas, bör du märka ut dess rotationsriktning innan den demonteras.

15 Använd ett Torxbit eller en Torx-nyckel för att vrida spännarremskivan (medurs) för att trycka ihop spännaren och för av drivremmen från remskivorna **(se bild)**.

16 För att underlätta återmonteringen kan du trycka ihop sträckaren helt och låsa den i intryckt läge genom att sticka in en metallstång genom hålen i sträckaren och fästplattan – observera att spännarfjädern är kraftig, så det krävs en stark stång.

17 Om den gamla remmen ska sättas tillbaka, observera rotationsriktningsmärkningen som gjordes före demonteringen.

18 Tryck in spännaren – om den inte redan är låst i hoptryckt läge – och lägg drivremmen om remskivorna på samma sätt som före demonteringen **(se bild)**. Se till att remmen griper in som den ska i remskivornas spår.

19 I förekommande fall, tryck samman spännaren så att låsstiftet blir obelastat, dra ut stiftet och släpp efter på spännaren.

20 **Montera tillbaka** kylfläkten och kåpan enligt beskrivningen i kapitel 3.

12 Bränslefilter – byte

Observera: *Ett externt bränslefilter är endast monterat på modeller för marknader där bränslekvaliteten kan vara dålig.*

1 Tryckavlasta bränslesystemet (kapitel 4A).

2 Om ett sådant finns är bränslefiltret placerat på en fästbygel som är fäst på vänster chassibalk bredvid växellådan.

3 Lyft upp bilen och ställ den stadigt på pallbockar (se *Lyftning och stödpunkter*). Demontera växellådans undre skyddskåpa.

4 Observera hur de är monterade och fäst slangarna till och från bränslefiltret. Lossa fästklämmorna och lossa slangarna från filtret. Var beredd på spill.

5 Lossa filtrets fästbult eller fästmutter och för ner filtret under bilen.

6 Återmonteringen utförs i omvänd ordningsföljd mot demonteringen men se till att flödesriktningspilen på filtret pekar i bränsleflödets riktning (dvs. mot motorn). Avsluta med att trycksätta bränslesystemet enligt beskrivningen i kapitel 4A.

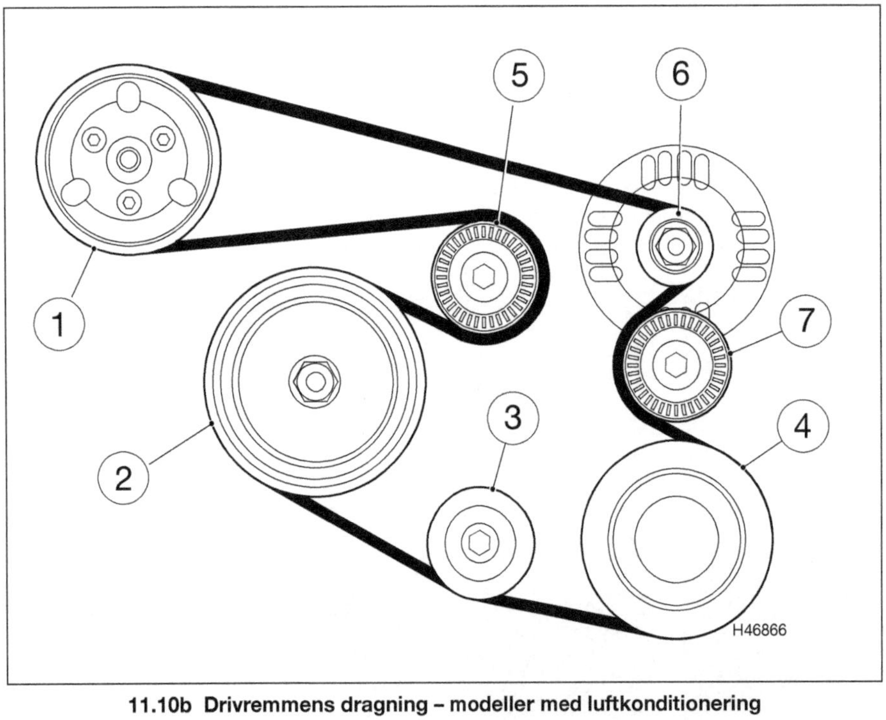

11.10b Drivremmens dragning – modeller med luftkonditionering

1 Remskiva till kylvätske-/servostyrningspumpen
2 Vevaxelns remskiva
3 Tomgångsöverföring
4 Remskiva för luftkonditioneringskompressor
5 Spännhjul
6 Generatorns remskiva
7 Tomgångsöverföring

11.15 Använd ett Torxbit eller en Torx-nyckel i hylsan (markerad med pil) i sträckarens hus

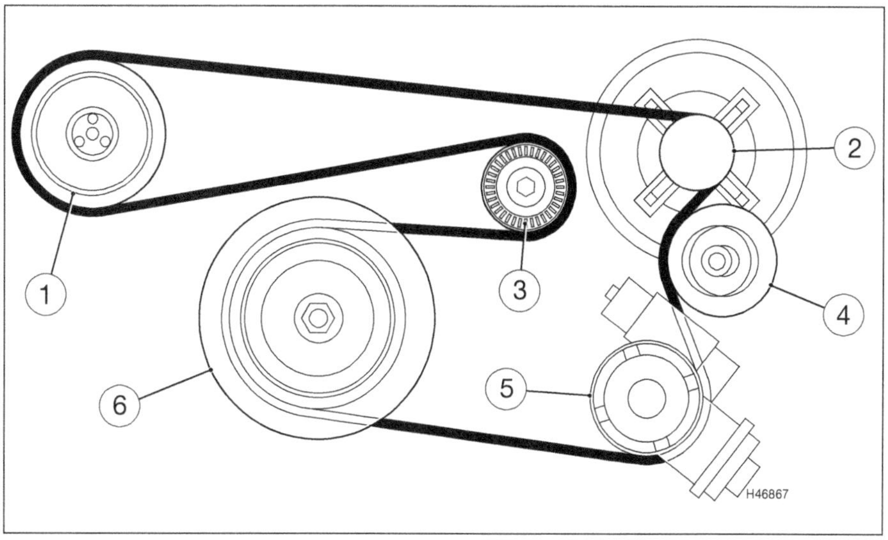

11.18 Drivremmens dragning – 6-cylindriga motorer

1 Servostyrningspumpens remskiva
2 Generatorns remskiva
3 Spännhjul
4 Tomgångsöverföring
5 Remskiva för luftkonditioneringskompressor
6 Vevaxelns remskiva

13 Kylvätska – byte

***Varning:** Vänta till dess att motorn är helt kall innan arbetet påbörjas. Låt inte frostskyddsmedel komma i kontakt med huden eller lackerade ytor på bilen. Spola omedelbart bort eventuellt spill med stora mängder vatten. Lämna aldrig frostskyddsmedel stående i en öppen behållare eller i en pöl på marken eller garagegolvet. Barn och husdjur kan attraheras av den söta doften och frostskyddsmedel kan vara livsfarligt att förtära.*

Avtappning av kylsystemet

1 När motorn är helt kall, täck över expansionskärlets lock med en trasa och vrid långsamt locket moturs för att avlasta trycket i kylsystemet (det kan höras ett väsande ljud). Vänta tills trycket i systemet försvunnit och fortsätt sedan vrida locket tills det går att ta bort.

2 Lossa luftningsskruven på ovansidan av slangarnas grenrör ovanför expansionskärlet. På vissa modeller finns det även en luftningsskruv alldeles intill oljefilterkåpan **(se bilder)**.

3 Skruva loss fästbultarna/klämmorna och ta bort underskydden under motorn och kylaren **(se bilder)**.

4 Placera en lämplig behållare under dräneringspluggen (dräneringspluggarna) på kylarens bas (om en sådan (sådana) finns). Skruva loss avtappningspluggarna och låt kylvätskan rinna ut i kärlet **(se bild)**. I modeller utan en kylardräneringsplugg lossar du klämman och lossar kylarens nedre slang.

5 För att tömma systemet fullständigt måste du också skruva loss dräneringspluggen på höger sida av motorblocket och låta resten av kylvätskan rinna ut i kärlet **(se bild)**. Observera att åtkomsten till dräneringspluggen är extremt begränsad.

6 Om kylvätskan har tappats ur av någon annan anledning än byte kan den återanvändas under förutsättning att den är ren även om detta inte rekommenderas.

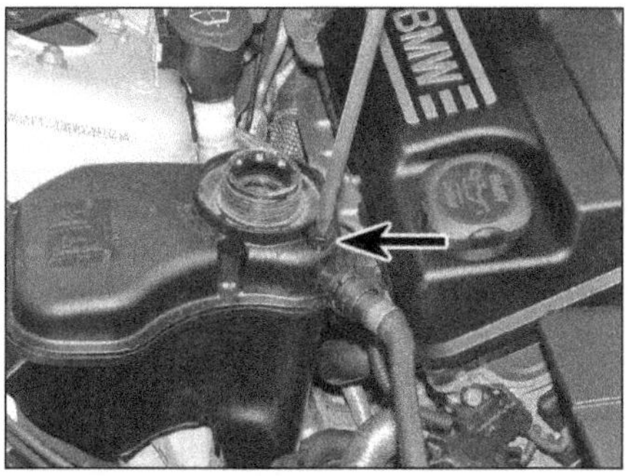

13.2a Lossa luftningsskruven på expansionskärlet (markerad med pil) . . .

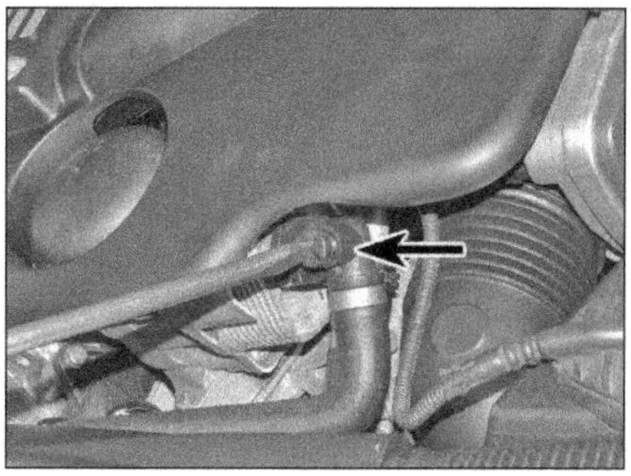

13.2b . . . och den som är bredvid oljefilterkåpan (markerad med pil)

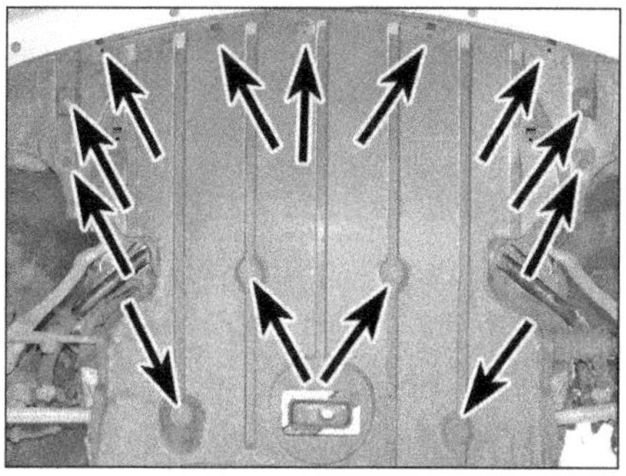

13.3a Underskyddets fästanordningar (markerade med pilar)

13.3b Skruva loss bultarna (markerade med pilar) och ta bort stänkskölden under kylaren

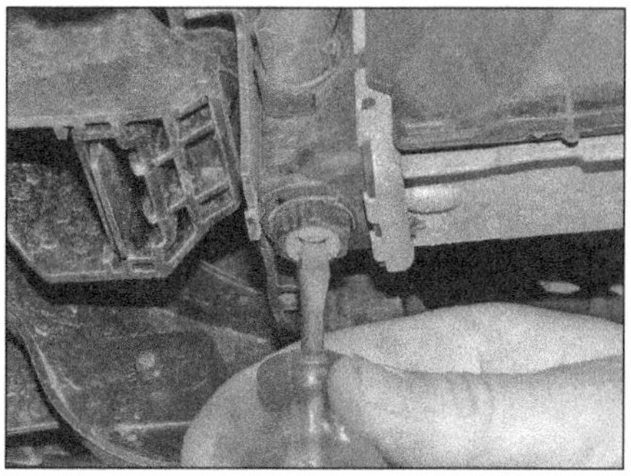

13.4 Lossa kylarens dräneringsplugg

13.5 Motorblockets dräneringsplugg sitter på höger sida (markerad med pil)

13.22 Flottören (markerad med pil) indikerar kylvätskenivån. Se märkena på expansionskärlets överdel

7 När kylvätskan har tappats ur ska du montera en ny tätningsbricka på motorblockets dräneringsplugg och dra åt den till angivet moment.

Spolning av kylsystemet

8 Om kylvätskebyte inte utförts regelbundet eller om frostskyddet spätts ut kan kylsystemet med tiden förlora i effektivitet på grund av att kylvätskekanalerna sätts igen av rost, kalkavlagringar och annat sediment. Kylsystemets effektivitet kan återställas genom att systemet spolas ur.

9 För att slippa onödiga föroreningar bör kylaren spolas losskopplad från motorn.

Spolning av kylare

10 Börja med att koppla loss den övre och nedre kylvätskeslangen och alla andra relevanta slangar från kylaren enligt beskrivningen i kapitel 3.

11 Stick in en trädgårdsslang i det övre kylarinloppet. Spola in rent vatten i kylaren och fortsätt spola till dess att rent vatten rinner ur kylarens nedre utlopp.

12 Om vattnet fortfarande inte är klart efter en rimlig tid kan kylaren spolas ur med ett bra rengöringsmedel för kylsystem. Det är viktigt att tillverkarens anvisningar följs noga. Om kylaren är svårt förorenad, stick in slangen i nedre utloppet och spola ur kylaren baklänges.

Spolning av motor

13 För att spola motorn, demontera termostaten enligt beskrivningen i kapitel 3 och sätt sedan tillbaka termostatkåpan provisoriskt. I modeller där termostaten är integrerad i huset tar du bort huset så att vattnet kan rinna ut.

14 Lossa de övre och nedre kylarslangarna från kylaren och stick in en trädgårdsslang i den övre kylarslangen. Spola in rent vatten i motorn och fortsätt att spola till dess att rent vatten rinner ur nedre slangen.

15 När spolningen är avslutad, montera tillbaka termostaten och anslut slangarna enligt beskrivningen i kapitel 3.

Påfyllning av kylsystemet

16 Innan du försöker fylla på kylsystemet bör du se till att alla slangar och klämmor är i gott skick, samt att klämmorna sitter hårt fast och kylarens och motorblockets avtappningspluggar är ordentligt åtdragna. Observera att frostskyddsblandning måste användas året runt för att förhindra korrosion på motorns komponenter (se följande underavsnitt).

17 Lossa luftningsskruven/skruvarna **(se bilder 13.2a och 13.2b)**.

18 Slå på tändningen (utan att starta motorn) och ställ värmeregleringen på maximal temperatur med fläkthastigheten inställd på ”low”'. Detta gör att värmeventilerna öppnas.

19 Ta bort expansionskärlets påfyllningslock. Fyll systemet genom att långsamt hälla kylvätskan i expansionskärlet så att inga luftfickor bildas.

20 Ska kylvätskan bytas, så börja med att hälla i ett par liter vatten, därefter den föreskrivna mängden frostskyddsmedel och slutligen mer vatten tills systemet är fullt.

21 Dra åt kylarens luftningsskruv(ar) när det kommer ut kylvätska utan luftbubblor.

22 När nivån i expansionskärlet börjar stiga, kan du hjälpa till att driva ut eventuella luftfickor i systemet genom att klämma på den övre och nedre kylarslangen. Fyll på kylvätskenivån tills flottören i expansionskärlet åker uppåt för att indikera maximinivån i Touring-modeller och sätt sedan tillbaka expansionskärlets lock **(se bild)**.

23 Starta motorn och låt den gå tills den uppnått normal arbetstemperatur. Stäng sedan av den och låt den svalna.

24 Leta efter läckor, särskilt vid komponenter som rubbats. Kontrollera kylvätskenivån i expansionskärlet och fyll på mer vätska om det behövs. Observera att systemet måste svalna innan nivån som syns i expansionskärlet är rättvisande. Ska du ta bort expansionskärlets lock medan motorn fortfarande är varm, så täck locket med en tjock trasa och skruva av det långsamt, så att trycket i systemet gradvis utjämnas (vanligen hörs ett väsande ljud). Vänta tills trycket i systemet försvunnit och fortsätt sedan vrida locket tills det går att ta bort.

Frostskyddsblandning

25 Använd endast etylenglykolbaserat frostskyddsmedel som är lämpat för motorer med blandade metaller i kylsystemet. Mängden frostskyddsmedel och olika skyddsnivåer anges i *Specifikationer*.

26 Innan frostskyddsmedlet hälls i ska kylsystemet tappas ur helt och helst spolas igenom. Samtliga slangar ska kontrolleras beträffande kondition och tillförlitlighet.

27 När kylsystemet fyllts med frostskyddsmedel är det klokt att sätta en etikett på expansionskärlet som anger frostskyddsmedlets typ och koncentration, samt datum för påfyllningen. Varje efterföljande påfyllning ska göras med samma typ och koncentration av frostskyddsmedel.

Varning: Använd inte motorfrostskyddsvätska i vindrute- eller bakrutespolarsystemet, eftersom det kommer att skada lacken. Använd spolarvätska i den koncentration som anges på flaskan i spolarsystemet.

Kapitel 1 Del B:
Rutinunderhåll och service – dieselmodeller

Innehåll

Svårighetsgrad

Enkelt, passar novisen med lite erfarenhet	**Ganska enkelt,** passar nybörjaren med viss erfarenhet	**Ganska svårt,** passar kompetent hemmamekaniker	**Svårt,** passar hemmamekaniker med erfarenhet	**Mycket svårt,** för professionell mekaniker

Smörjmedel och vätskor

Se *Veckokontroller*

Volymer

Motorolja (inklusive filter)	
4-cylindriga motorer	5,5 liter
6-cylindriga motorer	7,5 liter
Kylsystem	
4-cylindriga motorer:	
Manuell växellåda	7,2 liter
Automatväxellåda	8,0 liter
6-cylindriga modeller:	
Manuell växellåda	7,8 liter
Automatväxellåda	8,2 liter
Växellåda	
Manuell växellåda (ungefärlig)	1,4 liter
Automatväxellåda (ungefärlig)	3,0 liter
Slutväxel	
4-cylindriga modeller	1,1 liter
6-cylindriga modeller	1,7 liter
Bränsletank	
Samtliga modeller (cirka)	61 liter

Kylsystem

Frostskyddsblandning:	
50 % frostskyddsmedel	Skydd ner till -30 °C

Observera: *Kontakta tillverkaren av frostskyddsvätska för de senaste rekommendationerna.*

Bromsar

Minsta tjocklek på bromsklossbeläggen	2,0 mm
Minsta tjocklek på handbromsbackarnas belägg	1,5 mm

Observera: *Slitagevarningssymbolen tänds när belägget har slitits ner till en tjocklek på 3,7 mm.*

Åtdragningsmoment

	Nm
Avtappningsplugg för motorolja:	
M12-plugg	25
M18 plugg	35
M22-plugg	60
Fjädertorn/spännstöd*:	
M10 (yttre bultar):	
Steg 1	40
Steg 2	Vinkeldra ytterligare 60°
M12 (centrumbult):	
Steg 1	100
Steg 2	Vinkeldra ytterligare 100°
Hjulbultar	120
Motorblockets avtappningsplugg för kylvätska	25
Oljefilterkåpa	25

* *Återanvänds inte*

Serviceintervallerna skräddarsys beroende på driftförhållanden, körsätt, förfluten tid och körsträcka istället för inställd körsträcka/inställda tidsgränser. Dessa faktorer beaktas, underhållskraven beräknas av bilens ombordsystem och en symbol som representerar det objekt som kräver uppmärksamhet visas i instrumentklustret. Hur brådskande varningen är anges med ett färgkodningssystem – grön, gul eller röd. Följaktligen är de intervall som räknas upp nedan riktlinjer, startvärden/intervallprognoser eller våra rekommendationer. Ytterligare information hittar du i instruktionsboken som medföljer bilen.

Medan bilen är ny skall underhållsservice utföras av auktoriserad verkstad så att garantin ej förverkas. Biltillverkaren kan avslå garantianspråk om du inte kan bevisa att service har utförts på det sätt och vid de tidpunkter som har angivits, och då endast med originalutrustning eller delar som har godkänts som likvärdiga.

Var 400:e km eller en gång i veckan

☐ Se *Veckokontroller*

Var 25 000:e km eller vart 2:e år, beroende på vad som kommer först

☐ Oljeservice (avsnitt 3)

Observera: *Detta omfattar byte av motorolja, kontroll av handbromsen och byte av pollenfilter.*

☐ Återställ serviceindikatorn (avsnitt 4)

Var 40 000:e km

☐ Frambroms – service (avsnitt 5)
☐ Återställ serviceindikatorn (avsnitt 4)

Var 50 000:e km

☐ Bakbroms – service (avsnitt 6)
☐ Återställ serviceindikatorn (avsnitt 4)

Var 50 000:e km eller vart 4:e år, beroende på vad som kommer först

☐ Bilkontroll (avsnitt 7)
☐ Återställ serviceindikatorn (avsnitt 4)

Var 75 000:e km eller vart 6:e år, beroende på vad som kommer först

☐ Luftfilter – byte (avsnitt 8)
☐ Huvudbränslefilter – byte (avsnitt 9)
☐ Återställ serviceindikatorn (avsnitt 4)

Var 200 000:e km

☐ Byt dieselpartikelfiltret (avsnitt 10)
☐ Återställ serviceindikatorn (avsnitt 4)

Vartannat år

☐ Byt bromsvätskan (avsnitt 11)
☐ Återställ serviceindikatorn (avsnitt 4)

Vart 4:e år

Observera: *Dessa objekt har ingen specifik rekommendation när det gäller kontroll eller byte. Vi anser dock att det är förståndigt att utföra dessa arbeten minst vart fjärde år.*

☐ Kontrollera drivremmarnas skick och justera/byt vid behov (avsnitt 12)
☐ Kylvätska – byte (avsnitt 13)

Översikt över motorrummet på en 4-cylindriga M47T2 motor

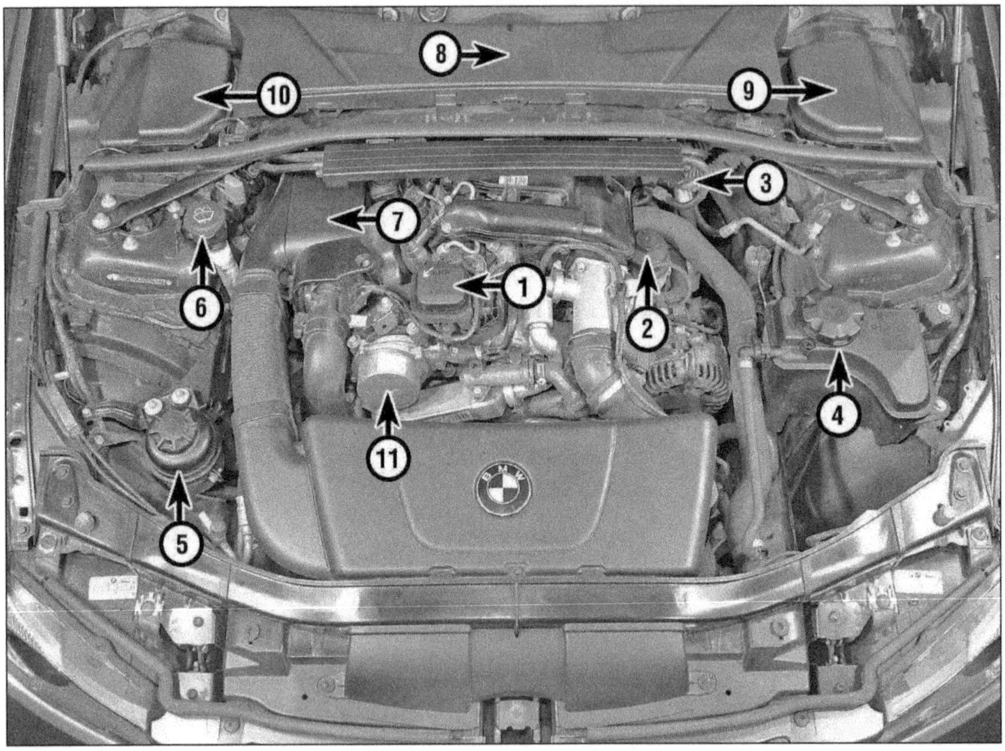

1 Oljepåfyllningslock
2 Oljefilterkåpa
3 Oljemätsticka
4 Expansionskärl
5 Servooljebehållare
6 Spolarvätskebehållare
7 Luftfilterhus
8 Pollenfilterhus
9 Broms- och kopplingsvätskebehållare (under kåpan)
10 Motorns eldosa (under kåpa)
11 Vakuumpump

Översikt över motorrummet på en N47 motor

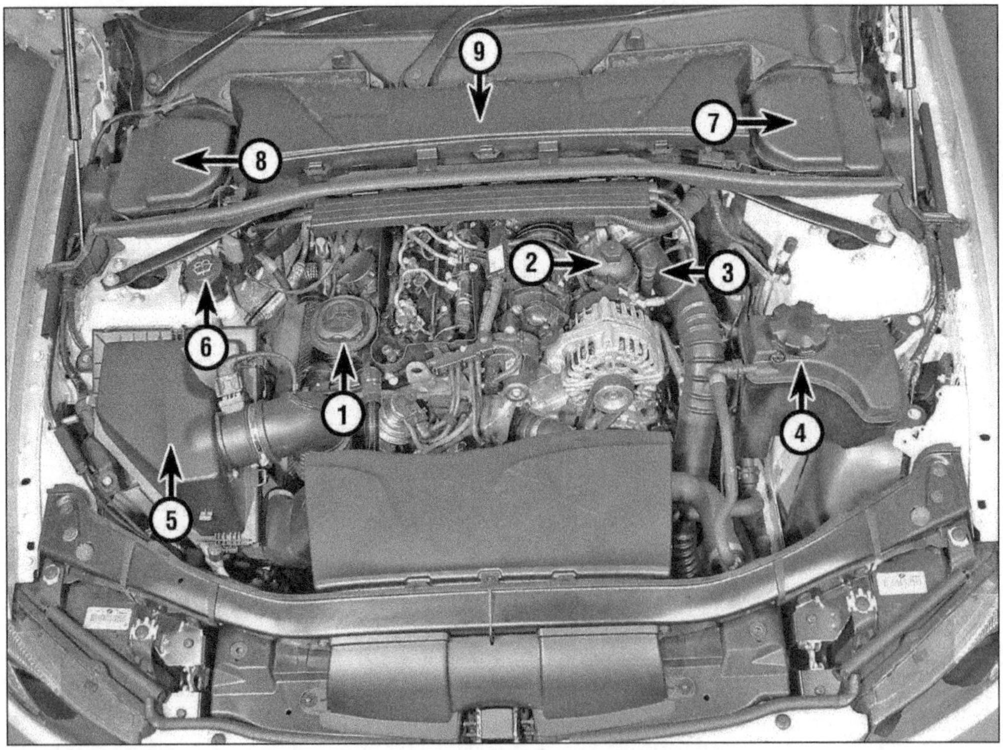

1 Oljepåfyllningslock
2 Oljefilterkåpa
3 Mätsticka för motorolja
4 Expansionskärl
5 Luftfilter
6 Spolarvätskebehållare
7 Broms- och kopplingsvätskebehållare (under kåpan)
8 Motorns eldosa (under kåpa)
9 Pollenfilterhus

Vy främre underrede – motorn N47 visas, andra är liknande

1 *(Sumpens) avtappningsplugg*
2 *Katalysator/partikelfilter*
3 *Styrarm*
4 *Spännben*
5 *Styrstag*
6 *Krängningshämmare*
7 *Förstärkningsram*
8 *Kuggstångens elmotor*
9 *Startmotor*

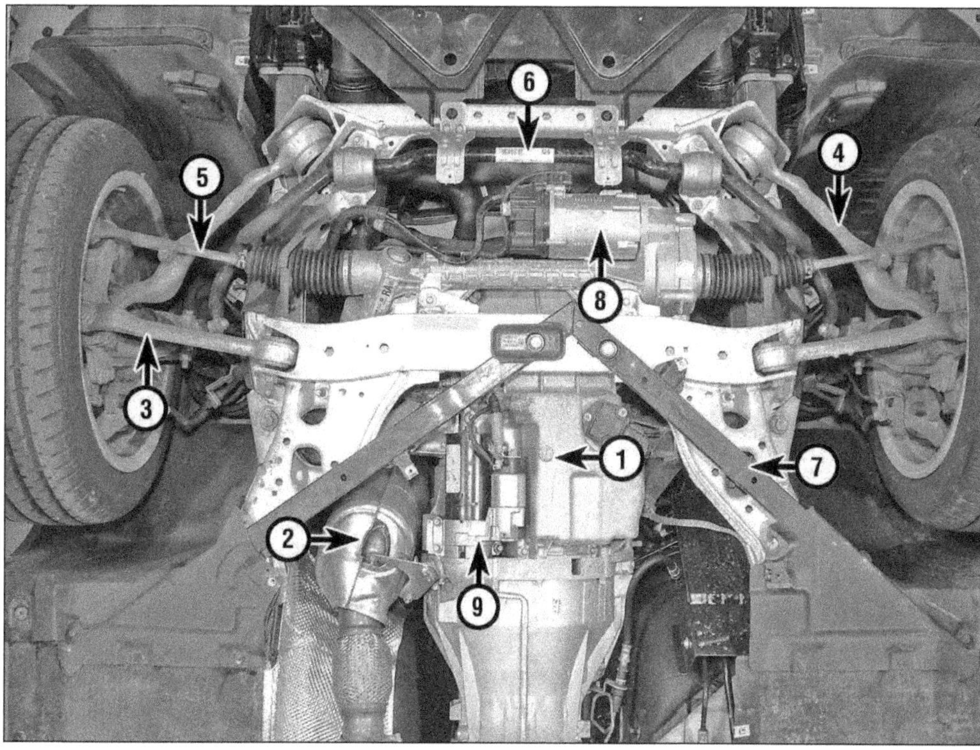

Bakre underrede

1 *Bränsletank*
2 *Bakre ljuddämpare*
3 *Slutväxel*
4 *Drivaxel*
5 *Handbromsvajer*
6 *Hjulinställningsarm*
7 *Hängarm*
8 *Stötdämparens nedre fästmutter*

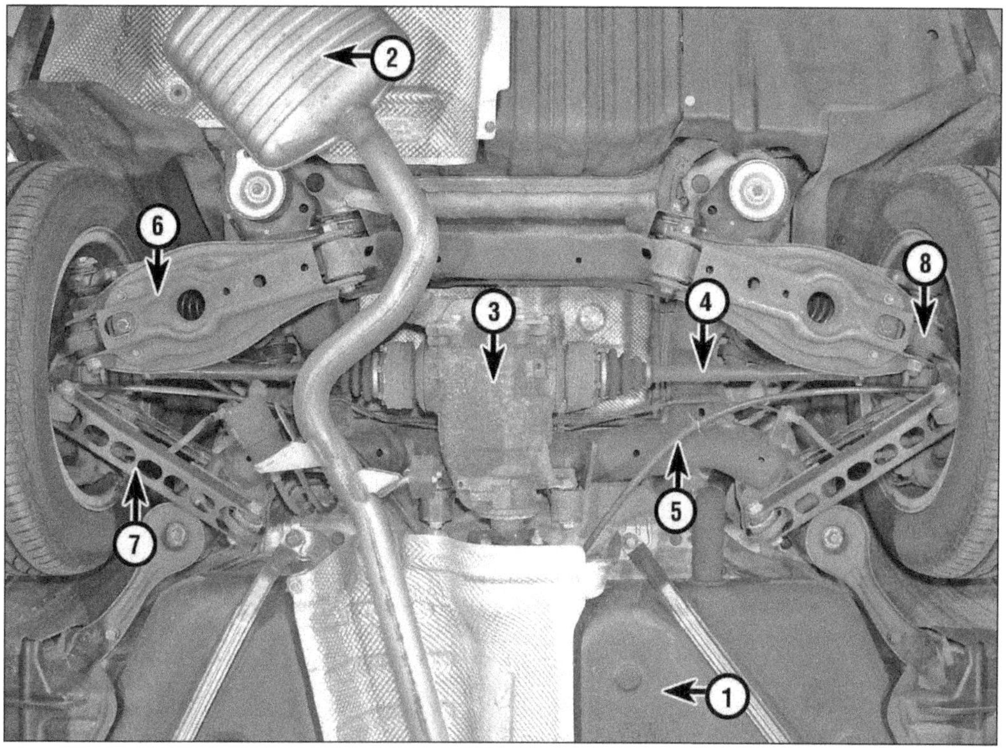

1 Inledning

1 Syftet med det här kapitlet är att hjälpa hemmamekaniker att underhålla sina bilar för att de ska få så bra säkerhet, driftekonomi, livslängd och prestanda som möjligt.

2 Kapitlet innehåller ett underhållsschema samt avsnitt som i detalj behandlar posterna i schemat. Bland annat behandlas användbara saker som kontroller, justeringar och byte av delar. På de tillhörande bilderna av motorrummet och bottenplattan visas de olika delarnas placering.

3 Serviceindikatorn och de följande avsnitten ger dig ett tydligt underhållsprogram som, om du följer det, bidrar till att din bil fungerar både länge och säkert. Planen är heltäckande så om man väljer att bara underhålla vissa delar, men inte andra, vid angivna tidpunkter går det inte att garantera samma goda resultat.

4 Under arbetet med bilen kommer du att upptäcka att många arbeten kan – och bör – utföras samtidigt, antingen för att en viss typ av åtgärd ska utföras eller för att två separata komponenter råkar sitta nära varandra. Om bilen lyfts av någon orsak kan t.ex. avgassystemet kontrolleras samtidigt som styrningen och fjädringen.

5 Det första steget i underhållsprogrammet består av förberedelser innan arbetet påbörjas. Läs igenom relevanta avsnitt. Gör sedan upp en lista på vad som behövs och skaffa fram verktyg och delar. Rådfråga en specialist på reservdelar eller vänd dig till återförsäljarens serviceavdelning om problem uppstår.

Fjärrkontroll batteri

6 Fjärrkontrollens batteri laddas varje gång nyckeln sätts in i tändningskontakten. Det behövs därför inget batteribyte. Om batteriet går sönder måste hela nyckeln bytas. Rådfråga en BMW-verkstad eller specialist.

2 Rutinunderhåll

1 Om underhållsschemat följs noga från det att bilen är ny och om vätske- och oljenivåerna och de delar som är utsatta för stort slitage kontrolleras enligt denna handboks rekommendationer, hålls motorn i bra skick och behovet av extra arbete minimeras.

2 Ibland går motorn dåligt på grund av bristande underhåll. Risken för detta ökar om bilen är begagnad och inte fått tät och regelbunden service. I sådana fall kan extra arbeten behöva utföras, utöver det normala underhållet.

3 Om motorslitage misstänks ger ett kompressionstest (se relevant del i kapitel 2) värdefull information när det gäller de inre huvuddelarnas totala prestanda. Ett kompressionsprov kan användas för att avgöra omfattningen på det kommande arbetet. Om provet avslöjar allvarligt inre slitage är det slöseri med tid och pengar att utföra underhåll på det sätt som beskrivs i detta kapitel, om inte motorn först renoveras.

4 Följande åtgärder är de som oftast behövs för att förbättra effekten hos en motor som går dåligt:

I första hand

a) Rengör, undersök och testa batteriet (se Veckokontroller).
b) Kontrollera alla motorrelaterade oljor och vätskor (Se Veckokontroller).
c) Kontrollera drivremmens skick och spänning (avsnitt 12).
d) Byt huvudbränslefiltret (avsnitt 9).
e) Kontrollera luftfiltrets skick och byt vid behov (avsnitt 8).
f) Kontrollera skicket på samtliga slangar och leta efter läckor (avsnitt 7).

5 Om ovanstående åtgärder inte har någon inverkan ska följande åtgärder utföras:

Sekundära åtgärder

Allt som anges under *I första hand*, plus följande:

a) Kontrollera laddningssystemet (kapitel 5A).
b) Kontrollera glödstiftsystemet (se kapitel 5A).
c) Kontrollera bränslesystemet (se kapitel 4B).

Var 25 000:e km eller vart 2:e år, beroende på vad som kommer först

3 Oljeservice

1 Oljeservicen utgörs av fem delar: byte av motorolja och filter, kontroll av handbromsen, byte av pollenfilter, byte av luftfilter och byte av huvudbränslefilter. Kontrollen av handbromsen och bytet av pollenfiltret ska utföras varje gång motoroljan och oljefiltret byts medan luftfilterinsatsen ska bytas vid vart tredje byte av motorolja och oljefilter. Se avsnitt 8 för byte av luftfilter och avsnitt 9 för byte av huvudbränslefilter.

3.3 Vrid hållaren (markerad med pil) för att komma åt sumpens dräneringsplugg

Motorolja och filter – byte

2 Täta olje- och filterbyten är det viktigaste förebyggande underhåll en hemmamekaniker kan utföra. När motoroljan åldras blir den utspädd och förorenad, vilket leder till förtida motorslitage.

3 Innan du börjar arbetet plockar du fram alla verktyg och allt material som behövs. Se även till att ha gott om rena trasor och tidningar till hands för att torka upp eventuellt spill. Motoroljan ska helst vara varm eftersom den rinner ut lättare då och även tar med sig slam. Se dock till att inte vidröra avgassystemet eller andra heta delar vid arbete under bilen. Använd handskar för att undvika att skålla dig och för att skydda huden mot irriterande och på annat sätt skadliga föroreningar i begagnad motorolja. Det blir lättare att komma åt undersidan av bilen om den kan hissas upp med en lyft, köras upp på ramper eller lyftas med domkraft och ställas på pallbockar (se *Lyftning och stödpunkter*). Vilken metod du än väljer, se till att bilen står plant – eller om den lutar, att avtappningspluggen befinner sig vid sumpens lägsta punkt. Demontera stänkskyddet under motorn om det behövs. På bilar med en främre förstärkningsplåt mellan framfjädringens nedre länkarmar, kommer man åt sumpens avtappningsplugg genom en borttagbar lucka i plåten **(se bild)**.

4 Du hittar oljefilterhuset i motorrummet, på vänster sida av motorn, framför insugsgrenröret. Lossa bultarna (endast motorerna M47T2 och M57T2) och ta bort den ljuddämpande kåpan från motorns överdel **(se bilder)**.

5 Linda en trasa kring oljefilterhusets nederdel för att suga upp eventuellt oljespill.

6 Använd en skiftnyckel eller hylsa för att

3.4a Skruva loss de två skruvarna och dra av plastkåpan från motorns överdel på motorerna M47T2 och M57T2. Observera de bakre styrtapparna (markerade med pilar)

3.4b Dra upp framkanten och för plastkåpan framåt på motorerna N47 och N57

skruva loss och ta bort kåpan, komplett med filterpatron **(se bild)**. När locket tas bort rinner oljan tillbaka från filterhuset till sumpen.

7 Ta loss O-ringarna från locket.

8 Torka av fogytorna på huset och locket med en ren trasa.

9 Montera nya O-ringar på locket **(se bild)**.

10 Montera den nya filterpatronen i kåpan på motorerna M47T2 och M57T2 **(se bild)**. Montera den nya filterinsatsen i filterhuset på motorerna N47 och N57, se till att tappen på insatsernas bas riktas in mot styrhålet i huset **(se bilder)**.

11 Stryk lite ren motorolja på O-ringarna, sätt tillbaka locket och dra åt det till 25 Nm om du använder det särskilda demonteringsverktyget, eller dra åt det ordentligt om du använder en bandnyckel.

12 Lossa sumpens avtappningsplugg ca ett halvt varv från undersidan av bilen **(se bild 3.3)**. Placera avtappningskärlet under avtappningspluggen och skruva ur pluggen helt. Om det går, försök pressa pluggen mot sumpen när den skruvas loss för hand de sista varven. Observera att i en del modeller är det nödvändigt att vrida hållaren och öppna dräneringspluggens åtkomstflik i motorns undre skyddskåpa.

13 Ta vara på oljepluggens tätningsbricka.

14 Ge den gamla oljan tid att rinna ut, och observera att du kan behöva flytta på behållaren när oljeflödet minskar.

15 Torka av avtappningspluggen med en ren trasa när all olja har runnit ut. Kontrollera tätningsbrickans skick och byt den om det behövs. Rengör området kring oljeavtappningshålet och skruva sedan i och dra åt pluggen **(se bild)**.

16 Avlägsna den gamla oljan och verktygen under bilen och sänk ner bilen.

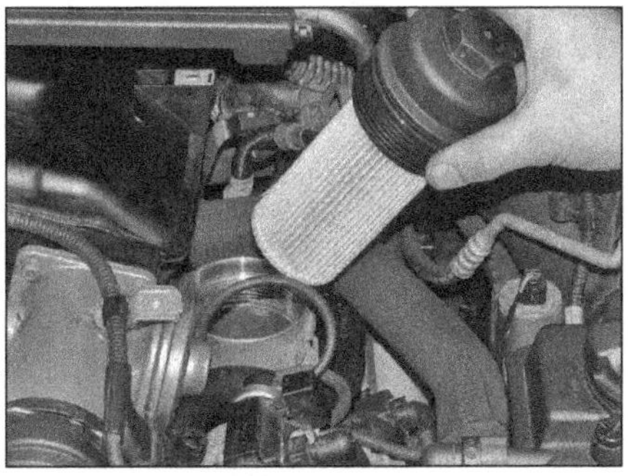

3.6 Skruva loss kåpan och ta bort den helt med filterinsatsen

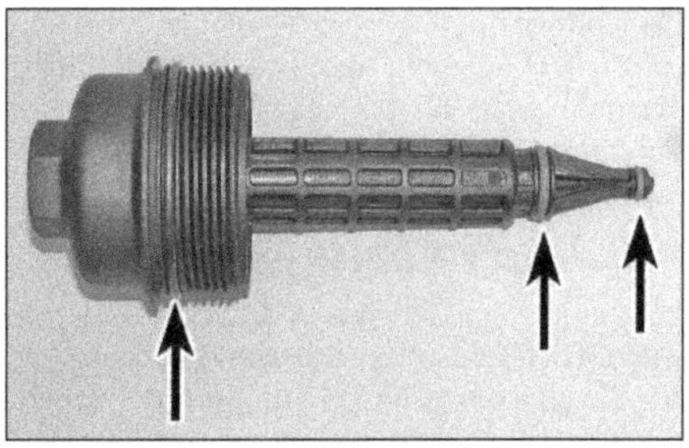

3.9 Byt lockets O-ringstätning (markerad med pil). På M47T2 och M57T2 motorer, byt kåpans O-ringar (markerade med pilar)

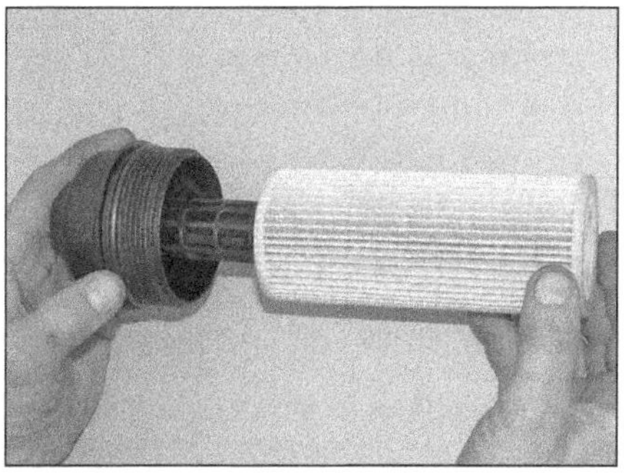

3.10a Montera det nya elementet på kåpan – motorerna M47T2 och M57T2

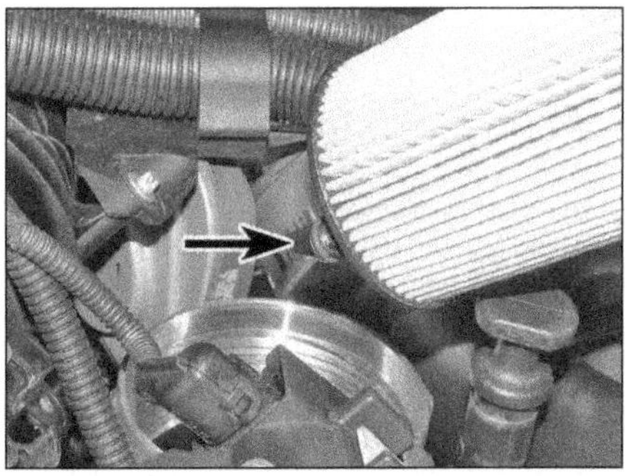

3.10b Rikta in tapparna på filterinsatsens bas (markerade med pilar). . .

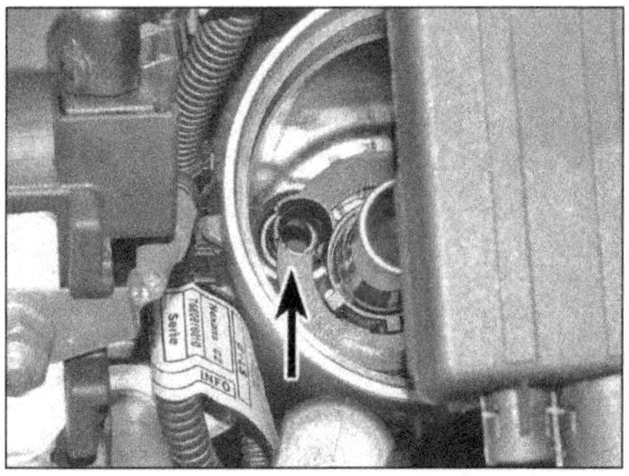

3.10c . . . med placeringshålet (markerat med pil) i huset – motorerna N47 och N57

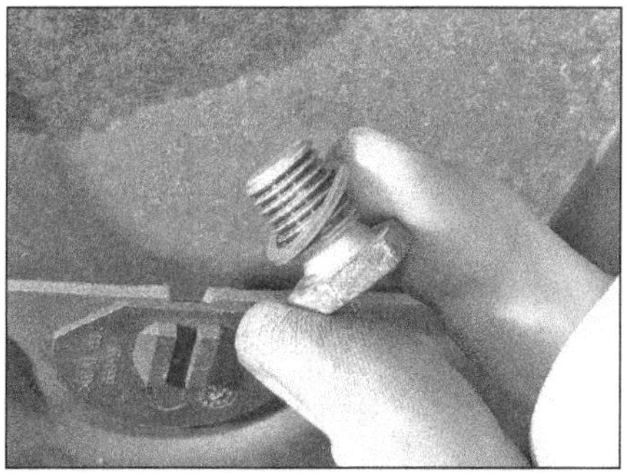

3.15 Byt brickan till sumpens dräneringsplugg om det behövs

3.19 Oljenivåvisning i instrumentklustret

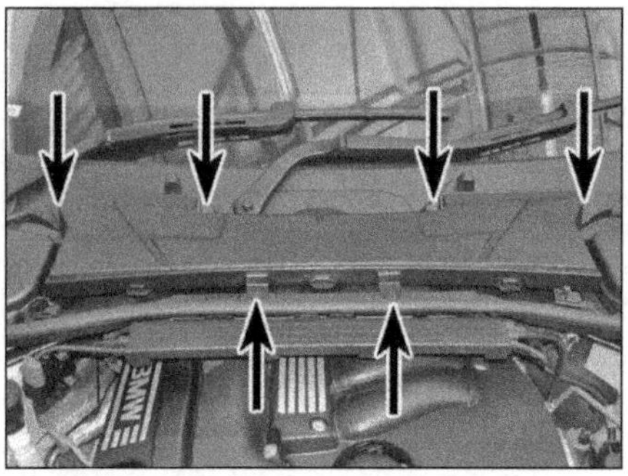

3.25 Skruva loss bultarna (markerade med pilar) och ta bort pollenfilterkåpan

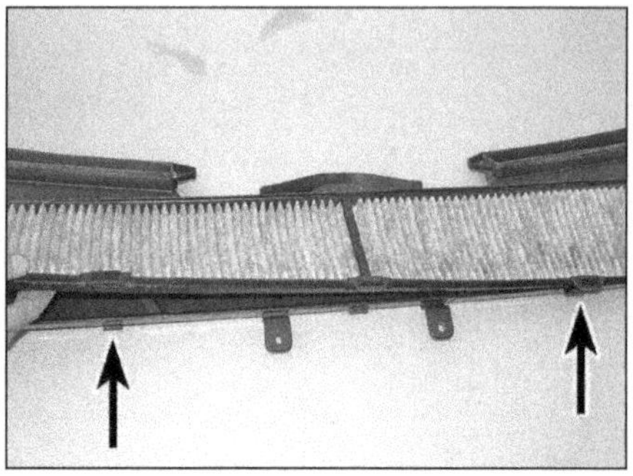

3.26 Lossa klämmorna (markerade med pilar) och lyft ut pollenfiltret

Modeller utan mätsticka

17 Tillsätt lite mindre än korrekt mängd olja (se *Volymer* i början av detta kapitel) till motorn genom oljepåfyllningslockets öppning, använd korrekt klass och typ av olja (se *Smörjmedel och vätskor*). En oljekanna eller tratt kan minska spillet.

18 Starta motorn och kör den i tre minuter; leta efter läckor runt oljefiltrets tätning och sumpens dräneringsplugg. Observera att det kan ta ett par sekunder innan oljetryckslampan släcks sedan motorn startats första gången efter ett oljebyte. Detta beror på att oljan cirkulerar runt i kanalerna och det nya filtret innan trycket byggs upp.

19 Tryck knappen på indikatorn uppåt eller neråt tills arbetet OIL visas i instrumentklustrets display. Tryck på knappen på indikeringstappen så visas oljenivån. Stanna motorn och tillsätt motorolja tills nivån är korrekt **(se bild)** om det behövs. Se användarhandboken för information om den elektroniska oljenivåövervakaren.

Modeller med mätsticka

20 Ta bort oljestickan och skruva sedan av påfyllningslocket från ventilkåpan. Fyll motorn med rätt klass och typ av olja (se *Smörjmedel och vätskor*). En oljekanna eller tratt kan minska spillet. Häll först i hälften av den angivna mängden olja. Vänta sedan några minuter så att oljan hinner rinna ner i sumpen. Fortsätt fylla på små mängder i taget till dess att nivån når det nedre märket på mätstickan. Fyll slutligen på upp till den övre markeringen på oljestickan. Sätt tillbaka oljestickan och påfyllningslocket.

21 Starta motorn och låt den gå några minuter; leta efter läckor runt oljefiltrets tätning och sumpens dräneringsplugg. Observera att det kan ta ett par sekunder innan oljetryckslampan släcks sedan motorn startats första gången efter ett oljebyte. Detta beror på att oljan cirkulerar runt i kanalerna och det nya filtret innan trycket byggs upp.

22 Stäng av motorn och vänta ett par minuter på att oljan ska rinna tillbaka till sumpen. När den nya oljan har cirkulerat runt motorn och fyllt filtret ska oljenivån kontrolleras igen, fyll på mer vid behov.

Alla modeller

23 Ta hand om det använda oljefiltret och motoroljan enligt gällande miljöbestämmelser, se *Allmänna reparationsanvisningar* i kapitlet *Referens* i den här handboken.

Handbroms - kontroll

24 Kontrollera och justera handbromsen enligt beskrivningen i kapitel 9 om det behövs. Kontrollera att handbromsvajrarna kan röra sig lätt och smörj alla exponerade länksystem/vajerstyrbultar.

Pollenfilter - byte

25 Skruva loss bultarna och ta bort den övre delen av pollenfilterhuset **(se bild)**.

26 Lossa spärrarna på framkanten och ta bort filterinsatsen **(se bild)**.

27 Montera den nya insatsen i huset och se till att den sitter korrekt.

28 Montera tillbaka det övre huset och dra åt fästbultarna ordentligt.

4 Återställning av serviceintervallvisningen (CBS)

1 Kontrollera att alla elektriska förbrukare är avstängda och slå sedan på tändningen. **Observera:** *Starta inte motorn.*

2 Se till att systemets tid och datum ställs in korrekt i enlighet med instruktionerna i ägarhandboken. För att CBS-displayen ska fungera korrekt måste bilens tid och datum vara korrekta.

3 Varje servicepunkt som kommer upp i instrumentklustrets display kan återställas. Observera att det endast går att återställa en artikel om dess livslängd är under 80 %.

4 Tryck på trippmätarknappen under ungefär 10 sekunder tills den första CBS-punkten (Condition Based Service - villkorsbaserad service) visas i instrumentklustrets display. Observera att den viktigaste punkten visas först. Om detta inte är den önskade punkten väljer du den punkt som ska återställas genom att trycka kortvarigt på knappen igen.

5 När önskat objekt har valts trycker du på knappen igen tills "Reset?" visas i displayen. Observera att återställningen avbryts om du inte trycker på knappen för att bekräfta och väntar på att visningen ska återgå till sitt normala tillstånd.

6 Tryck på knappen igen under ungefär 3 sekunder för att bekräfta återställningen. Observera att det endast går att återställa bromsbeläggsvisningen om beläggets givare fungerar korrekt.

7 Slå av tändningen.

Var 40 000:e km

5 Frambroms - service

Bromsklossar

1 När detta CBS-objekt visas ska tjockleken på de främre bromsbeläggens friktionsmaterial kontrolleras och om något/några närmar sig minimitjockleken bör alla fyra beläggen bytas.

2 Dra åt handbromsen och ställ framvagnen på pallbockar (se *Lyftning och stödpunkter*). Demontera framhjulen.

3 Bromspedalvarningssymbolen i CBS-displayen anger att tjockleken på beläggets friktionsmaterial är slitet och att beläggen måste bytas. Varningen utlöses dessutom om kablaget till och från varje beläggs givare är skadat eller om anslutningarna är dåliga, smutsiga etc. Kontrollera kablaget till och från givaren med avseende på dåliga anslutningar/brott innan beläggen byts.

4 Tjockleken på det friktionsmaterial som återstår på varje bromsbelägg kan mätas genom bromsokets överdel. Om något av beläggen är nedslitet till toleransgränsen eller ännu mer, måste alla fyra beläggen bytas samtidigt. Byte av klossen beskrivs i kapitel 9.

Bromsskiva - kontroll

5 Kontrollera den främre bromsskivans skick och mät skivans tjocklek enligt beskrivningen i kapitel 9. Byt båda främre skivor om det behövs.

Var 50 000:e km

6 Bakbroms - service

Bromsklossar

1 När detta CBS-objekt visas ska tjockleken på de bakre bromsbeläggens friktionsmaterial kontrolleras och om något/några närmar sig minimitjockleken bör alla fyra beläggen bytas.

2 Klossa framhjulen, lyft sedan upp bakvagnen med hjälp av en domkraft och stötta den på pallbockar (se *Lyftning och stödpunkter*). Demontera bakhjulen.

3 Tjockleken på det friktionsmaterial som återstår på varje bromsbelägg kan mätas genom bromsokets överdel. Om något av beläggen är nedslitet till toleransgränsen eller ännu mer, måste *alla* fyra beläggen bytas samtidigt. Byte av klossen beskrivs i kapitel 9.

Bromsskiva - kontroll

4 Kontrollera den främre bromsskivans skick och mät skivans tjocklek enligt beskrivningen i kapitel 9. Byt båda främre skivor om det behövs.

Handbromsbackar - kontroll

5 Kontrollera handbromsbeläggens material enligt beskrivningen i kapitel 9. Om ett beläggs friktionsbelägg har slitits under minimitjockleken ska alla fyra beläggen bytas enligt beskrivningen i kapitel 9.

Var 50 000:e km eller vart 4:e år, beroende på vad som kommer först

7 Fordonskontroll

1 Bilkontrollen består av flera olika uppgifter. Innan CBS-displayen kan återställas måste alla av följande uppgifter vara slutförda.

Instrument och elektrisk utrustning

2 Kontrollera funktionen hos alla instrument och den elektriska utrustningen.

3 Kontrollera att instrumenten ger korrekt information och aktivera all elektrisk utrustning i tur och ordning för att kontrollera att den fungerar som den ska.

Säkerhetsbälte - kontroll

4 Undersök bältesväven noga och leta efter revor, fransningar och tecken på allvarligt åldrande. Dra ut remmen hela vägen och undersök hela remväven.

5 Spänn fast bilbältet och öppna det igen, kontrollera att bältesspännet sitter säkert och att det löser ut ordentligt när det ska. Kontrollera även att upprullningsmekanismen fungerar korrekt när remmen lossas.

6 Kontrollera att de infästningar till säkerhetsbältena som är åtkomliga inifrån bilen, utan att klädsel eller andra detaljer behöver demonteras, sitter säkert.

Spolnings-/torkningssystem - kontroll

7 Kontrollera att inga spolarmunstycken är igensatta och att det kommer en kraftig stråle spolarvätska ur vart och ett av dem. Byt om det är nödvändigt – se kapitel 12.

8 Kontrollera varje torkarblads skick med avseende på skada eller slitage. Allt eftersom tiden går hårdnar bladen, torkförmågan försämras och bullret ökar. Byt bladen om det behövs – se *Veckokontroller*.

Korrosionskontroll - kontroll

9 Detta arbete bör utföras av en BMW-verkstad för att bilens garanti ska kunna valideras. Arbetet omfattar en grundlig kontroll av bilens lack och underrede med avseende på skador och korrosion.

Däckkontroll

10 Kontrollera däckens mönsterdjup, yttre skick och tryck. Se *Veckokontroller* för detaljerad information om tillvägagångssätt och däcktryck.

Initiera däckkontrollsystemet

11 Initieringen av däcktryckskontrollsystemet måste utföras när däcktrycken har korrigerats eller om ett däck/hjul har bytts. Systemet initieras enligt följande:

Modeller med iDrive

a) Tryck på iDrive controller för att öppna i-menyn.
b) Välj "Inställningar" och tryck på kontrollen.
c) Välj "Car/Tyres" och tryck på kontrollen.
d) Vrid kontrollen till "Tyres: RPA" väljs, tryck sedan på reglaget.
e) Starta motorn utan att köra iväg.
f) Välj "Confirm tyre pressure" och tryck på kontrollen.
g) Kör iväg. Initieringen slutförs under resan.

Modeller utan iDrive

a) Starta motorn utan att köra iväg.
b) Tryck blinkerspaken spak uppåt eller nedåt förrän däcktryckssymbolen och RESET visas i instrumentklustrets display.
c) Tryck på knappen på blinkersspakens ände för att bekräfta valet av runflat indikatorn.
d) Tryck på knappen igen under ungefär 5 sekunder tills en bock kommer fram efter RESET.
e) Kör iväg. Initieringen slutförs under resan.

7.13 Använd en hydrometer för att kontrollera frostskyddsmedlets styrka

Batterikontroll

12 Kontrollera batteriets skick och ladda om det vid behov - se kapitel 5A.

Kontroll av kylvätskehalten

13 Använd en hydrometer för att kontrollera frostskyddsmedlets styrka **(se bild)**. Följ de instruktioner som följer med hydrometern. Frostskyddsmedlets styrka bör vara ungefär 50 %. Om det är betydligt mindre än detta tappar du ur lite kylvätska från kylaren (se detta kapitel), tillsätter frostskyddsmedel till kylvätskeexpansionskärlet och kontrollerar sedan styrkan igen.

Läckagekontroll

14 Undersök motorns fogytor, packningar och tätningar efter tecken på vatten- eller oljeläckage. Var särskilt noga med områdena runt ventilkåpans, topplockets, oljefiltrets och sumpens fogytor. Tänk på att med tiden är ett litet läckage från dessa områden helt normalt, så leta efter tecken på allvarliga läckor. Om ett läckage påträffas, byt den defekta packningen eller tätningen enligt beskrivning i relevant kapitel i denna handbok.

15 Kontrollera också att alla motorns rör och slangar sitter ordentligt fast och är i gott skick. Se till att alla buntband och fästklämmor sitter på plats och är i gott skick. Trasiga eller saknade klämmor kan leda till skav på slangar, rör eller kablage. Detta kan i sin tur leda till allvarligare fel i framtiden.

16 Undersök noga alla kylar- och värmeslangar utmed hela deras längd. Byt ut alla slangar som är spruckna, svällda eller åldrade. Sprickor är lättare att se om slangen trycks ihop. Var extra uppmärksam på slangklämmorna som håller fast slangarna vid kylsystemets komponenter. Slangklämmor kan punktera slangarna med läckor i kylsystemet som följd.

HAYNES TIPS

En läcka i kylsystemet syns normalt som vita eller frostskydsmedelfärgade avlagringar på området runt läckan

17 Undersök kylsystemets alla delar (slangar, fogytor etc.) och leta efter läckor **(se Haynes tips)**. Om problem av den här typen upptäcks i någon del i systemet ska den delen eller packningen bytas ut enligt beskrivningen i kapitel 3.

18 I förekommande fall, kontrollera att slangarna till automatväxeloljans kylare inte är spruckna eller verkar ha åldrats.

19 Hissa upp bilen och kontrollera att det inte finns hål, sprickor eller andra skador på bränsletanken eller påfyllningsröret. Anslutningen mellan påfyllningsröret och tanken är speciellt kritisk. Ibland läcker ett påfyllningsrör av gummi eller en slang beroende på att slangklämmorna är för löst åtdragna eller att gummit åldrats.

20 Undersök noga alla gummislangar och metallrör som leder från bränsletanken. Leta efter lösa anslutningar, åldrade slangar, veckade ledningar och andra skador. Var extra uppmärksam på ventilationsrör och slangar som ofta är lindade runt påfyllningsröret och som kan bli igensatta eller veckade. Följ ledningarna som går till framvagnen och undersök dem noga hela vägen. Byt ut skadade delar vid behov.

21 Undersök noga bromsrören av metall som löper längs bilens underrede. Visar de tecken på allvarligare korrosionsangrepp eller skador måste de bytas.

22 Se efter i motorrummet att alla bränsleslangsanslutningar och rörskarvar håller tätt, och att bränsleslangarna och vakuumrören inte är klämda, nötta eller åldrade.

23 Kontrollera skicket på slangarna och rören till servostyrningsvätskan.

Fjädring och styrning - kontroll

24 Lyft upp bilens front och stötta den ordentligt på pallbockar (se *Lyftning och stödpunkter*).

25 Kontrollera ledernas dammskydd och styrväxelns damasker. De får inte vara skavda, spruckna eller ha andra defekter. Slitage på någon av dessa delar medför att smörjmedel läcker ut och att smuts och vatten kan komma in, vilket snabbt sliter ut styrlederna eller styrväxeln.

26 Kontrollera servoolja slangarna och leta efter tecken på skavning och åldrande och undersök rör- och slanganslutningar efter oljeläckage. Leta även efter läckor under tryck från styrinrättningens gummidamasker, vilket indikerar trasiga tätningar i styrinrättningen.

27 Ta tag i hjulet upptill och nedtill och försök rucka på det **(se bild)**. Ett ytterst litet spel kan märkas, men om rörelsen är stor krävs en närmare undersökning för att fastställa orsaken. Fortsätt rucka på hjulet medan en medhjälpare trycker på bromspedalen. Om spelet försvinner eller minskar markant är det troligen fråga om ett defekt hjulnavlager. Om spelet finns kvar när bromsen är nedtryckt rör det sig om slitage i fjädringens leder eller fästen.

28 Greppa sedan hjulet på sidorna och försök rucka på det igen. Märkbart spel beror antingen på slitage på hjulnavlager eller styrstagets spindelleder. Om den inre eller yttre kulleden är sliten kommer den synliga rörelsen att vara tydlig.

29 Använd en stor skruvmejsel eller ett plattjärn och leta efter glapp i fjädringsfästenas bussningar genom att bända mellan relevant komponent och dess fästpunkt. En viss rörelse är att vänta eftersom bussningarna är av gummi, men eventuellt större slitage visar sig tydligt. Kontrollera även skicket på synliga gummibussningar, leta efter bristningar, sprickor eller föroreningar i gummit.

30 Ställ bilen på marken och låt en medhjälpare vrida ratten fram och tillbaka ungefär en åttondels varv åt vardera hållet. Det ska inte finnas något, eller bara ytterst lite, spel mellan rattens och hjulens rörelser. Om spelet är större ska kullederna och fästena som beskrivs ovan undersökas noga. Dessutom ska rattstångens kardanknutar kontrolleras efter tecken på slitage och kuggstångsstyrningens drev kontrolleras.

Ben/stötdämpare - kontroll

31 Leta efter tecken på vätskeläckage kring fjäderben/stötdämpare, eller från gummidamasken runt kolvstången. Om det finns spår av olja är fjäderbenet/stötdämparen defekt och ska bytas. **Observera:** *Fjäderben/stötdämpare måste alltid bytas parvis på samma axel.*

32 Kontrollera funktionen hos fjäderben/stötdämpare genom att trycka ner bilens hörn, ett i taget. I normala fall ska bilen återta planläge och stanna efter en nedtryckning. Om den höjs och återvänder med en studs är troligen fjäderbenet/stötdämparen defekt. Undersök även om fjäderbenets/stötdämparens övre och nedre fästen visar tecken på slitage.

Avgassystem - kontroll

33 När motorn är kall (vänta minst en timme efter att bilen körts), kontrollera hela avgassystemet från motorn till det bakre avgasrörets ände. Avgassystemet kontrolleras enklast med bilen upphissad på en lyft, eller ställd på pallbockar, så att avgassystemets delar går lätt att se och komma åt.

34 Kontrollera om avgasrör eller anslutningar visar tecken på läckage, allvarlig korrosion eller andra skador. Se till att alla fästbyglar och fästen är i gott skick och att relevanta muttrar och bultar är ordentligt åtdragna **(se bild)**. Läckage i någon fog eller annan del visar sig vanligen som en sotfläck i närheten av läckan.

35 Skrammel och andra missljud kan ofta härledas till avgassystemet, speciellt fästen och gummiupphängningar. Försök att rubba rör och ljuddämpare. Om det går att få delarna att nudda vid underredet eller fjädringen, bör systemet förses med nya fästen. Man kan också sära på fogarna (om det går) och vrida rören så att de får tillräckligt stort avstånd.

Gångjärn och lås - smörjning

36 Smörj gångjärnen på motorhuv, dörrar och baklucka med en tunn smörjolja av universaltyp. Smörj på samma sätt alla reglar, lås och låsgrepp. Kontrollera samtidigt att alla lås fungerar och sitter ordentligt och justera dem vid behov (se kapitel 11). Smörj motorhuvens upplåsningsmekanism och vajer med något lämpligt fett.

Landsvägsprov

Fjädring och styrning

37 Kontrollera om bilen uppför sig onormalt i styrning, fjädring, köregenskaper och vägkänsla.

38 Kör bilen och var uppmärksam på ovanliga vibrationer eller ljud.

39 Kontrollera att styrningen känns positiv,

7.27 Kontrollera om navlagren är slitna genom att ta tag i hjulet och försöka vicka på det.

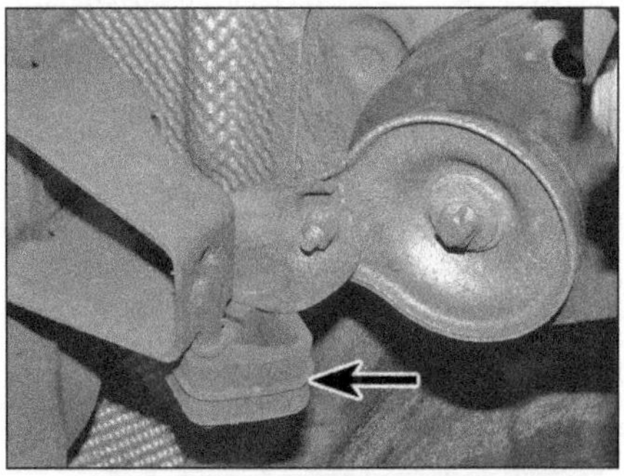

7.34 Kontrollera skicket på avgassystemets fästen (markerade med pil)

utan överdrivet fladder eller kärvningar, och lyssna efter fjädringsmissljud vid kurvtagning och körning över gupp.

Drivaggregat

40 Kontrollera att motorn, kopplingen (i förekommande fall), växellådan och drivaxlarna fungerar.

41 Lyssna efter obekanta ljud från motorn, kopplingen och växellådan.

42 Kontrollera att motorn går jämnt på tomgång, och att den inte tvekar vid acceleration.

43 Kontrollera att kopplingens funktion är mjuk och progressiv, att drivningen tas upp jämnt och att pedalvägen inte är för lång om det är tillämpligt. Lyssna även efter missljud när kopplingspedalen är nedtryckt.

44 På modeller med manuell växellåda kontrollerar du att alla växlar går i mjukt, utan missljud och att växelspakens rörelse är mjuk och inte onormalt obestämd eller ryckig.

45 På modeller med automatväxellåda, kontrollera att alla växlingar är ryckfria, mjuka och fria från ökning av motorvarvet mellan växlar. Kontrollera att alla växelpositioner kan väljas när bilen står stilla. Eventuella problem bör åtgärdas av en BMW-verkstad eller annan specialist med lämplig utrustning.

Kontrollera bromssystemet

46 Kontrollera att bilen inte drar åt ena sidan vid inbromsning och att hjulen inte låses vid hård inbromsning.

47 Kontrollera att ratten inte vibrerar vid inbromsning.

48 Kontrollera att parkeringsbromsen fungerar ordentligt, utan för stort spel i spaken, och att den kan hålla bilen stilla i en backe.

49 Testa bromsservon (om det är tillämpligt) enligt följande. Stäng av motorn, tryck ner bromspedalen 4 eller 5 gånger för att häva vakuumet. Håll bromspedalen nedtryckt och starta motorn. När motorn startar ska pedalen ge efter märkbart medan vakuumet byggs upp. Låt motorn gå i minst två minuter och stäng sedan av den. Om pedalen nu trycks ner ska ett väsande ljud höras från servon. Efter fyra eller fem nedtryckningar ska väsandet upphöra och motståndet i pedalen öka märkbart.

Var 75 000:e km eller vart 6:e år, beroende på vad som kommer först

8 Luftfilter – byte

Observera: *Luftfilterinsatsen bör bytas vid vart tredje byte av motorolja och filter.*

M47T2 4-cylindriga motorer

1 Skruva loss bultarna och ta bort den ljuddämpande kåpan av plast från motorns överdel **(se bild 3.4a)**.

2 Skruva loss bulten och dra bort röret från huset **(se bilder)**.

3 Skruva loss de fyra bultarna och lyft av filterhuset **(se bild)**.

4 Lyft bort filterinsatsen från dess plats **(se bild)**.

5 Observera hur stödet i änden av filterinsatsen är placerat i huset **(se bild)**.

6 Rengör luftfilterhuset från allt skräp.

7 För den nya filterinsatsen på plats, se till att den hamnar korrekt i huset, med den bakre styrtappen i basen.

8 Resten av monteringen sker i omvänd ordningsföljd mot demonteringen.

N47 4-cylindriga och N57 6-cylindriga motorer

9 Skruva loss de tre fästanordningarna och lyft av filterkåpan **(se bild)**.

10 Gör en notering om dess monterade

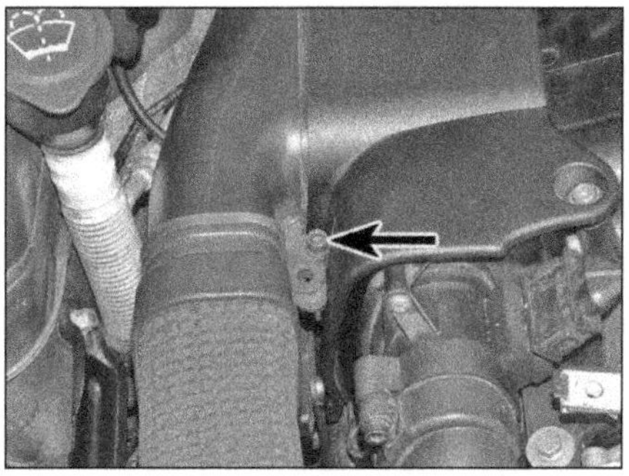

8.2a Skruva loss bulten (markerad med pil) . . .

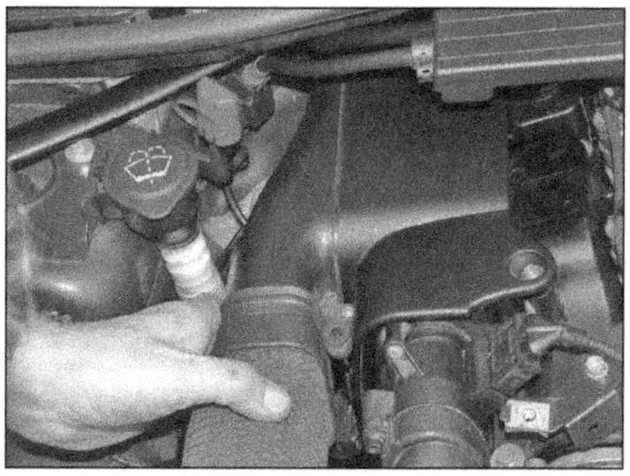

8.2b . . . och dra loss insugsröret från huset

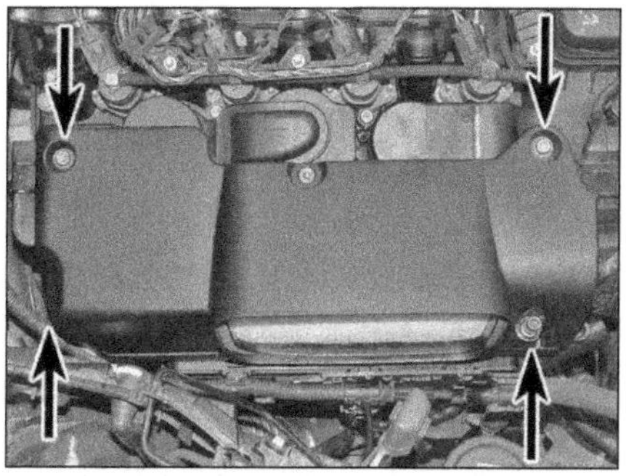

8.3 Skruva loss bultarna (markerade med pilar) och ta bort huset

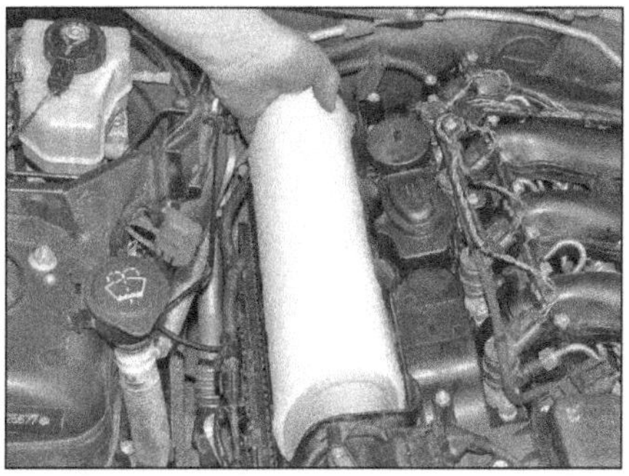

8.4 Lyft av filterinsatsen från dess plats. . .

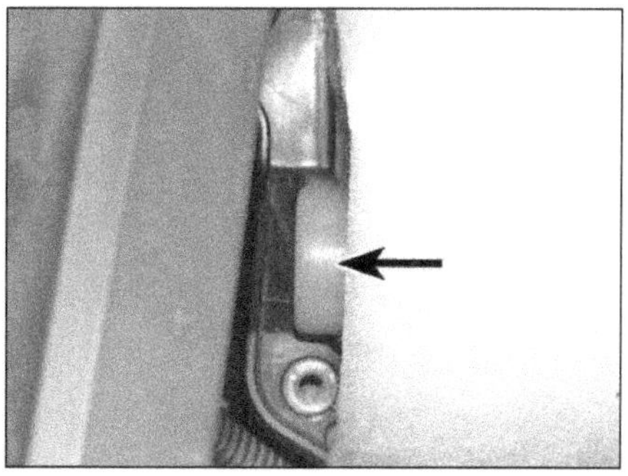

8.5 . . . och observera hur den bakre styrsprinten (markerad med pil) går i ingrepp

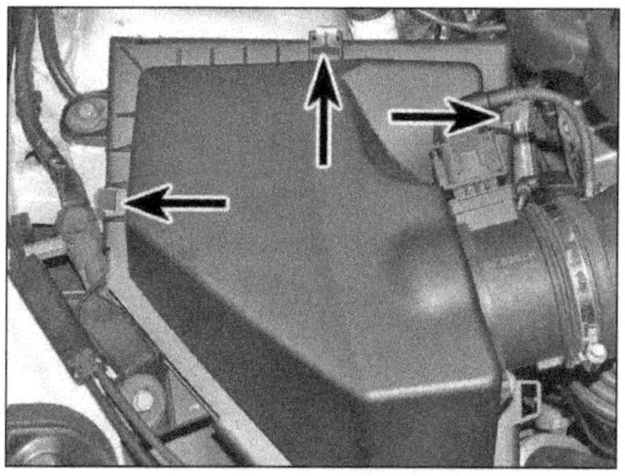

8.9 Lossa de tre fästklämmorna (markerade med pilar)

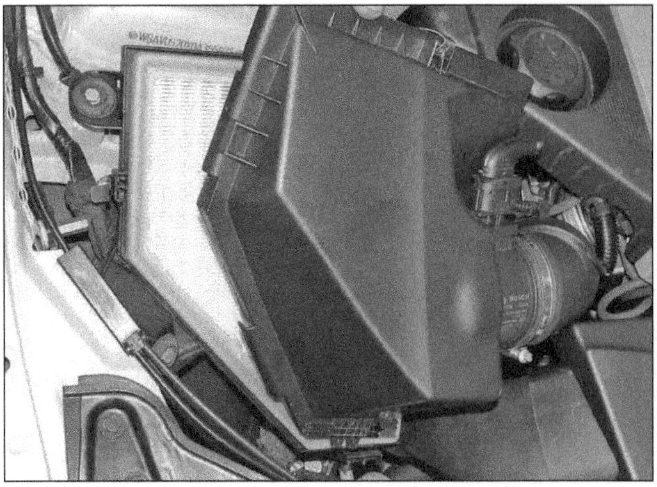

8.10 Lyft av kåpan och ta bort insatsen

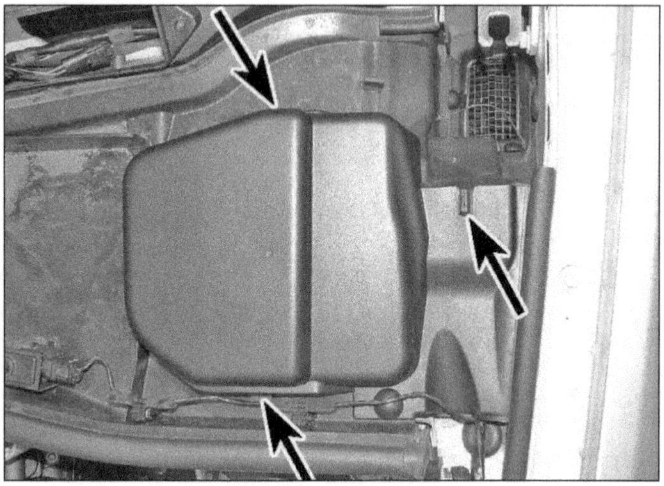

8.15 Lossa klämmorna (markerade med pilar) och ta bort plastkåpan på varje sida

position och lyft ut filterinsatsen från huset **(se bild)**.

11 Rengör luftfilterhuset från allt skräp.

12 Montera den nya filterinsatsen på plats och se till att den hamnar korrekt i huset.

13 Resten av monteringen utförs i omvänd ordningsföljd mot demonteringen.

M57T2 6-cylindriga motorer

14 Skruva loss bultarna och ta bort den övre delen av pollenfilterhuset från den bakre delen av motorrummet **(se bild 3.25)**.

15 Lossa klämmorna och ta bort vänster och höger plastkåpa bakom fjädertornen i motorrummet **(se bild)**.

16 Lossa klämmorna och dra bort kabelstyrningen från pollenfilterhusets kant **(se bild)**.

17 Lossa klämman och bulten på varje sida och dra pollenfilterhusets nedre del framåt och uppåt **(se bilder)**.

18 Skruva loss bultarna och ta bort plastkåpan från motorns överdel **(se bild)**.

19 Bänd ut/skruva loss kåpan från mitten av klädselpanelen, skruva loss den exponerade bulten, skruva sedan loss bulten från varje ände av spännstödet. Dra försiktigt ut varje stöd från genomföringarna i mitten av torpedplåten **(se bilder)**. Observera att nya bultar krävs.

20 Skruva loss de bultar som håller fast

8.16 Lossa klämmorna (markerade med pilar) och dra kabelstyrningen framåt

8.17a Vrid temperaturgivaren och dra bort den från fästbygeln. Lossa motorhuvsbrytaren på passagerarsidan

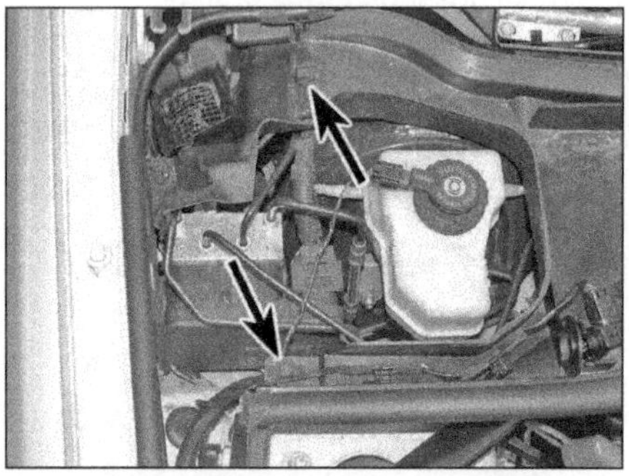

8.17b Skruva loss bulten och lossa klämman på varje sida (markerad med pilar). . .

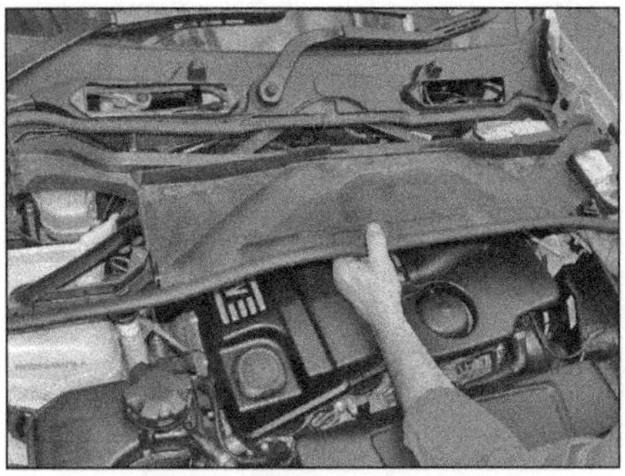

8.17c . . . och dra det nedre pollenfilterhuset framåt

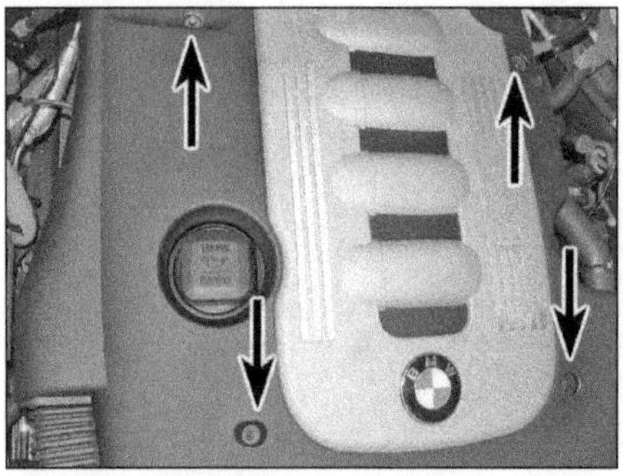

8.18 Skruva loss bultarna (markerade med pilar) och ta bort plastkåpan

8.19a Ta bort plastkåpan från mitten av klädselpanelen

plastkåpan baktill på topplocket **(se bild)**. Observera att det inte är nödvändigt att ta bort kåpan, den behöver bara flyttas lite åt vänster.

21 Lossa insugsslangen från luftrenarhuset.

22 Skruva loss de tre bultarna och för luftfiltrets **insugsröret** framåt **(se bild)**.

23 Skruva loss påfyllningslocket, skruva sedan loss bultarna och ta bort luftfilterkåpan **(se bild)**.

24 Lyft bort filterinsatsen från dess plats och notera hur stödet i filterelementets ände placeras i huset **(se bild 8.4 och 8.5)**.

25 Rengör luftfilterhuset från allt skräp.

26 För den nya filterinsatsen på plats och se till att den hamnar korrekt i huset.

27 Resten av monteringen utförs i omvänd ordningsföljd mot demonteringen.

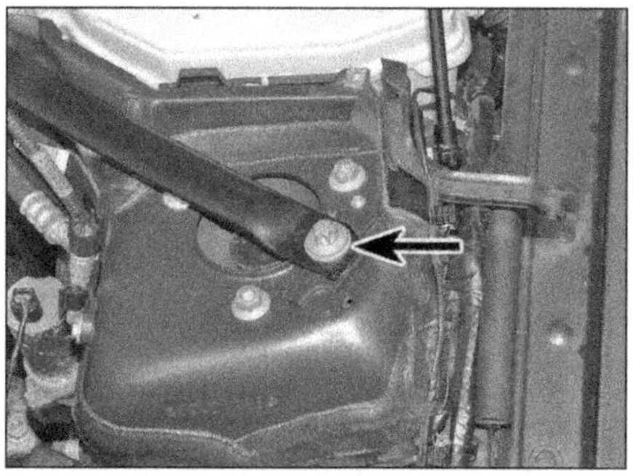

8.19b Skruva loss bulten från varje spännstöds ände (markerad med pil)

8.20 Skruva loss bultarna (markerade med pilar) och flytta kåpan till vänster sida

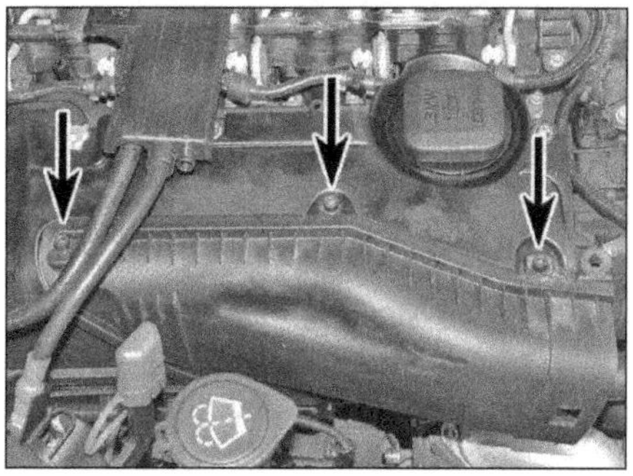

8.22 Skruva loss bultarna (markerade med pilar) och för insugsröret framåt

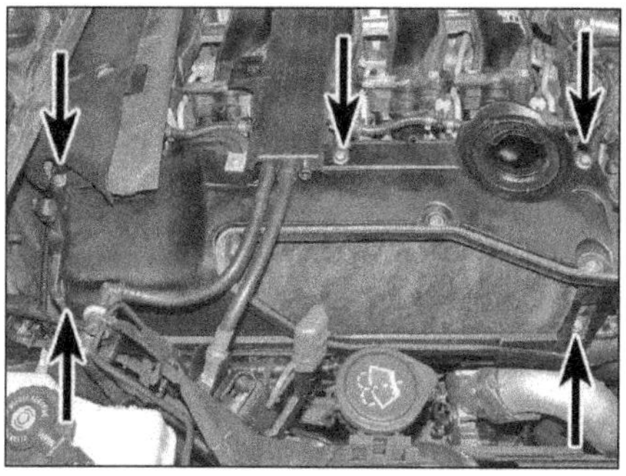

8.23 Luftfilterkåpans bultar (markerade med pilar)

9 Huvudbränslefilter - byte

Observera: *Bränslefiltret bör bytas vid vart tredje byte av motorolja och filter.*

1 Se till att tändningen är avstängd, lyft sedan upp bilens bakre del och stötta den ordentligt på pallbockar (se *Lyftning och stödpunkter*).

2 Skruva loss bultarna och ta bort underreds skyddet på växellådans vänster sida **(se bild)**.

3 Skär av den klämma som håller fast bränsleslangen framför filtret och lossa slangen **(se bilder)**. Var beredd på bränslespill. Uppdatera klämman med en skruvklämma.

4 Skruva loss de bultar som håller fast filterenhetens klämma på bilens kaross **(se bild)**. Klämman måste överföras till det nya filtret.

5 För ut klämman och lossa bränsleförvärmaren från filtrets bakre del **(se bilder)**.

6 Monteringen sker i omvänd ordning. Slå på tändningen och låt den vara på under ungefär 1 minut. Matningspumpen i tanken aktiveras och högtryckspumpen luftas. Starta motorn och leta efter läckor.

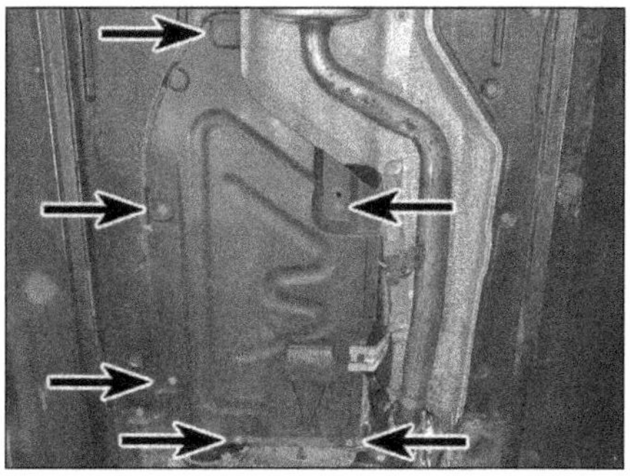

9.2 Skruva loss fästanordningarna (markerade med pilar) och ta bort panelen under växellådan

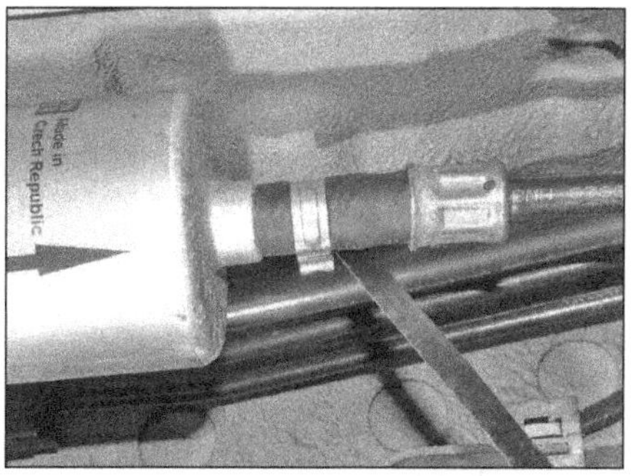

9.3a Skär av originalslangklämman

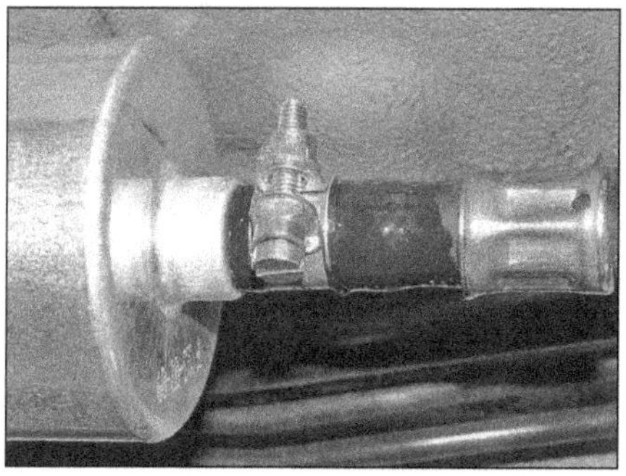

9.3b Uppdatera den ursprungliga med en klämma av skruvtyp vid återmonteringen

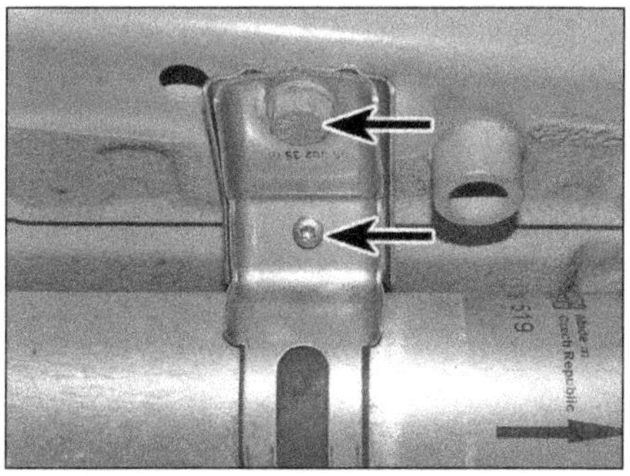

9.4 Skruva loss fästets fästbultar (markerade med pilar)

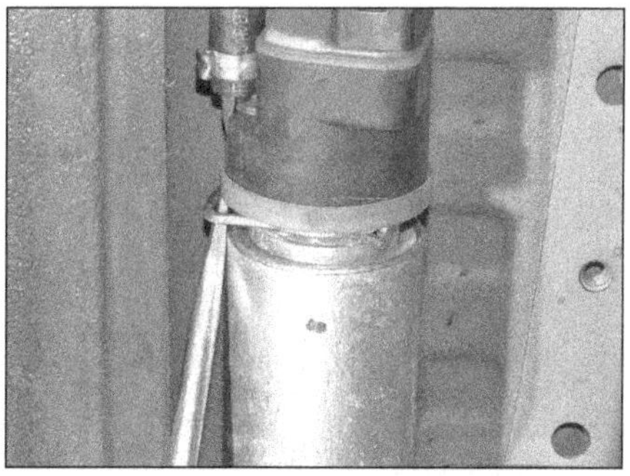

9.5a Skjut ut fästklämman. . .

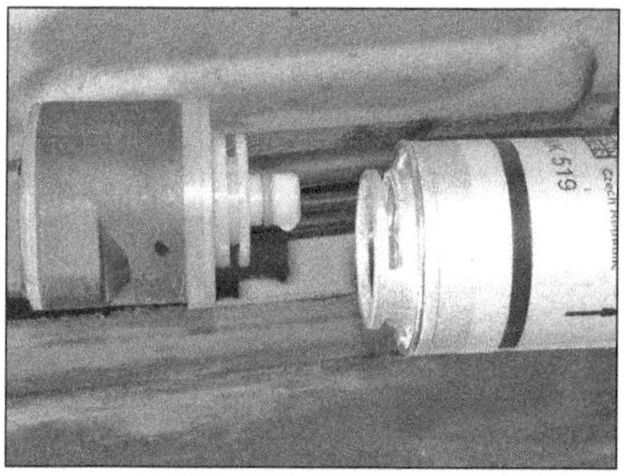

9.5b . . . och dra loss förvärmaren från filtret

Var 200 000:e km

10 Dieselpartikelfilter – byte

Byte av partikelfiltret beskrivs i kapitel 4C.

Vartannat år

11 Bromsolja – byte

Varning: Hydraulisk bromsolja kan skada ögonen och bilens lack, så var ytterst försiktig vid hanteringen. Använd aldrig olja som stått i ett öppet kärl under någon längre tid eftersom den absorberar fukt från luften. För mycket fukt i bromsoljan kan medföra att bromseffekten minskar, vilket är livsfarligt.

1 Tillvägagångssättet är detsamma som vid luftning av hydraulsystemet enligt beskrivningen i kapitel 9, frånsett att bromsvätskebehållaren först bör tömmas med en hävert. Sätt igång flödet i häverten med en ren bollspruta eller liknande, och se till att den gamla bromsvätskan har någonstans att ta vägen när du luftar en del av kretsen.

2 Arbeta enligt beskrivningen i kapitel 9 och öppna den första luftningsskruven i ordningen, pumpa sedan försiktigt med bromspedalen tills nästan all gammal vätska runnit ut ur huvudcylinderbehållaren.

3 Fyll på vätska upp till MAX-nivån och fortsätt pumpa tills endast den nya vätskan återstår i behållaren och ny vätska kan ses rinna ut från avluftningsskruven. Dra åt skruven och fyll på behållaren upp till MAX-markeringen.

4 Gå igenom resterande avluftningsskruvar i ordningsföljd och pumpa till dess att ny olja kommer ur dem. Var noga med att alltid hålla huvudcylinderbehållarens nivå över MIN-markeringen, annars kan luft tränga in i systemet och då ökar arbetstiden betydligt.

HAYNES TiPS ***Gammal hydraulvätska är vanligen mycket mörkare än ny, vilket gör det enkelt att skilja dem åt.***

5 Kontrollera att alla luftningsskruvar är ordentligt åtdragna och att dammkåporna sitter på plats när du är klar. Tvätta bort allt spill och kontrollera huvudcylinderbehållarens oljenivå en sista gång.

6 Kontrollera bromsarnas funktion innan bilen körs igen.

Vart 4:e år

12 Drivremmar – kontroll och byte

Kontroll av drivremmen (drivremmarna)

1 Drivremmarnas funktion och struktur gör att de slits ut med tiden, så man bör därför undersöka dem med jämna mellanrum för att förebygga problem.

2 Antalet drivremmar på en enskild bil beror på vilka tillbehör som finns monterade. Drivremmar används till att driva kylvätskepumpen, generatorn, servostyrningspumpen och luftkonditioneringens kompressor (om tillämpligt).

3 Ta bort kylfläkten och kåpan enligt beskrivningen i kapitel 3 för att komma åt remmen bättre för kontroll om så önskas.

4 Med motorn avstängd letar du efter sprickor och separerade skikt i drivremmen. Använd fingrarna (och vid behov en ficklampa) och undersök remmen i hela dess längd. Kontrollera också att remmen inte är fransig eller blankslíten. Båda sidor av remmen bör undersökas, vilket innebär att du måste vrida den för att komma åt att kontrollera undersidan. Om så krävs, vrid runt motorn med en nyckel eller hylsa mot vevaxelns remskivebult så att hela remmen kan kontrolleras.

4-cylindriga motorer

5 Öppna motorhuven. Ta bort kylfläkten och kåpan enligt beskrivningen i kapitel 3.

M47T2 motor

6 Ska drivremmen återanvändas, bör du märka ut dess rotationsriktning innan den demonteras. Använd en stor platt stång och bänd den nedre kanten på servostyrningspumpens rem framåt och vrid vevaxelns remskiva medurs och ta bort remmen från remskivorna **(se bild)**.

7 Ska drivremmen återanvändas, bör du märka ut dess rotationsriktning innan den demonteras.

8 Använd ett Torxbit för att vrida spännarremskivan (moturs) för att trycka ihop spännaren och för av drivremmen från remskivorna **(se bild)**.

9 Om du vill underlätta återmonteringen kan sträckaren tryckas ihop helt och låsas på plats med en metallstång genom hålet i sträckaren – observera att sträckaren har en kraftfull fjäder så det krävs en stark stång **(se bild)**.

10 Om den gamla remmen ska sättas tillbaka,

12.6 Använd en platt stång för att rikta in servostyrningspumpens rem fel

12.8 Använd en Torxbit (markerad med pil) för att rotera spännaren moturs

12.9 Lås spännaren genom att sätta in en lämplig stång/ett lämpligt borrbit (markerad med pil)

observera rotationsriktningsmärkningen som gjordes före demonteringen.

11 Tryck in spännaren – om den inte redan är låst i hoptryckt läge – och lägg drivremmen om remskivorna på samma sätt som före demonteringen **(se bild)**. Se till att remmen griper in som den ska i remskivornas spår.

12 I förekommande fall, tryck samman spännaren så att låsstiftet blir obelastat, dra ut stiftet och släpp efter på spännaren.

13 Placera servostyrningens rem runt pumpens remskiva och den övre halvan av vevaxelremskivan. Placera BMW:s specialverktyg nr 11 0 330 på vevaxelns remskiva, vrid sedan vevaxeln medurs. När remskivan roterar dras servostyrningspumpens rem på plats. Vi har gjort ett alternativt verktyg med hjälp av stålremsor **(se bilder)**.

N47-motor

14 Ska drivremmen återanvändas, bör du märka ut dess rotationsriktning innan den demonteras.

15 Använd ett Torxbit för att vrida spännaren (medurs) och för av drivremmen från remskivorna **(se bild)**.

16 För att underlätta återmonteringen kan du trycka ihop sträckaren helt och låsa den i intryckt läge genom att sticka in en metallstång genom hålen i sträckaren och fästplattan – observera att spännarfjädern är kraftig, så det krävs en stark stång **(se bild)**.

17 Om den gamla remmen ska sättas tillbaka, observera rotationsriktningsmärkningen som gjordes före demonteringen.

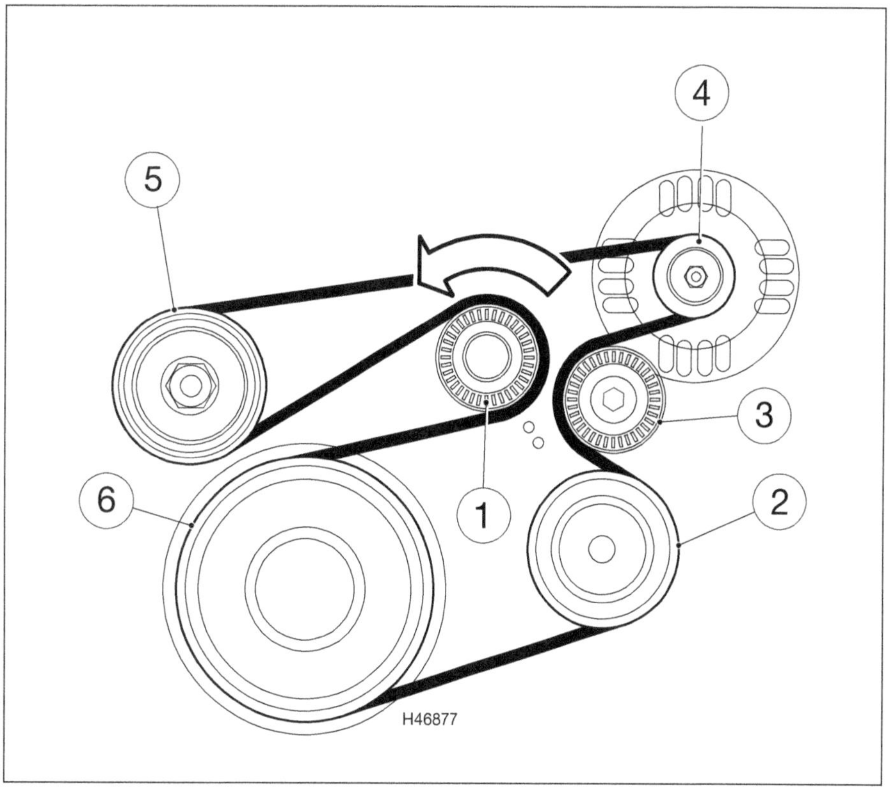

12.11 Multiremsdragning – M47T2 motor

1 Spännhjul
2 Remskiva för luftkonditioneringskompressor
3 Tomgångsöverföring
4 Generatorns remskiva
5 Kylvätskepumpens drev
6 Vevaxelns remskiva

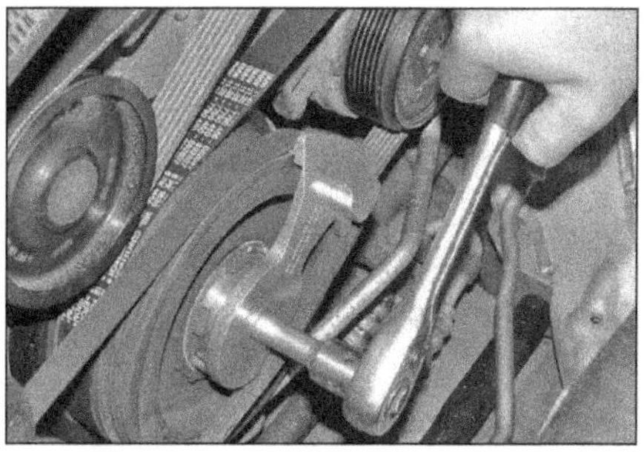

12.13a BMW-verktyget monteras i mitten av remskivan och matar remmen på plats när det vrids runt

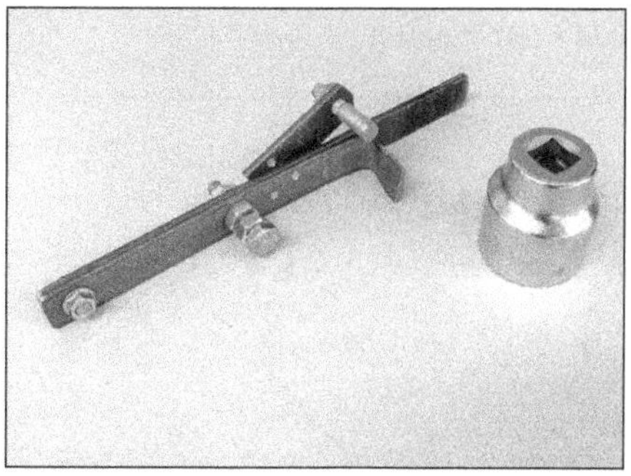

12.13b Vårt verktyg använder bandstål, några bultar och en stor hylsa

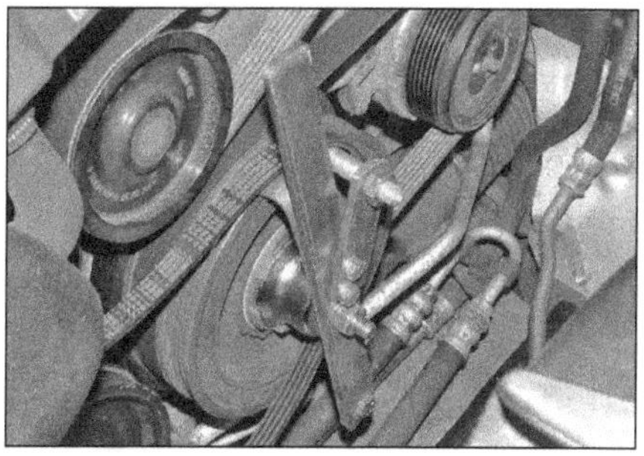

12.13c Placera hylsan i remskivan, montera remmen på verktygets övre kant. . .

12.13d . . . vrid sedan verktyget medurs och placera remmen i remskivans spår

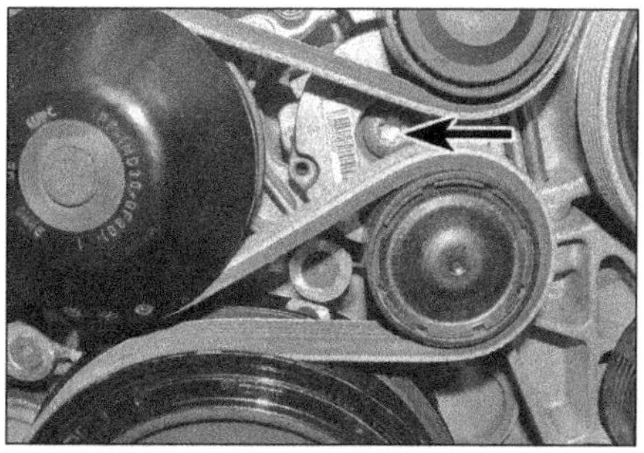

12.15 Sätt in ett Torxbit i skruvhuvudet (markerat med pil) och vrid spännaren medurs

12.16 Lås spännaren med ett borrbit/en borrstång (markerade med pil)

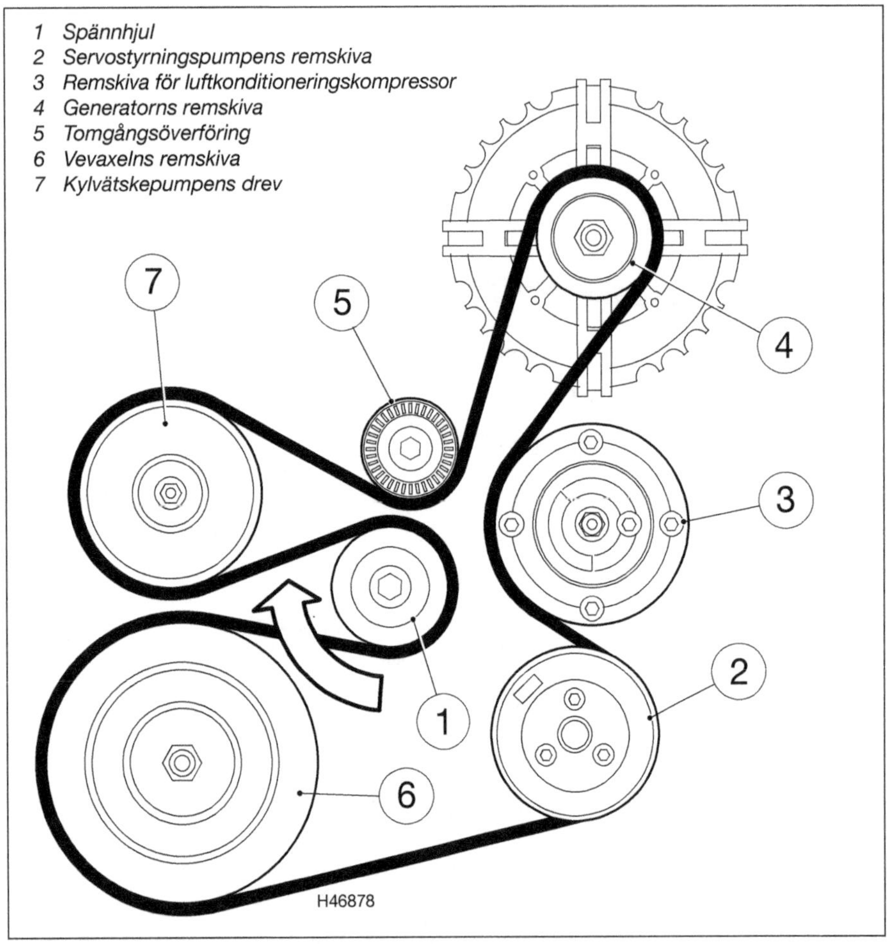

12.18 Multiremsdragning – N47 motorer

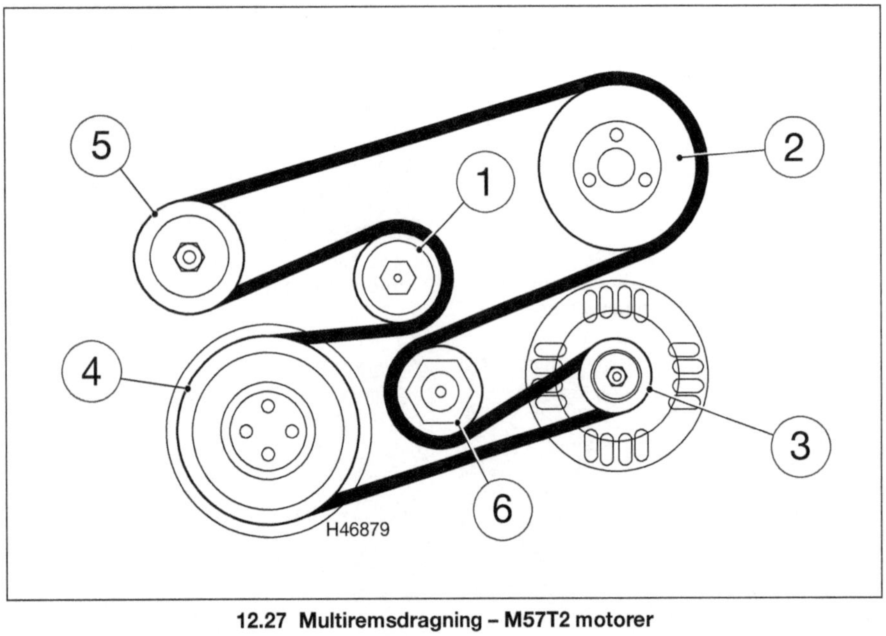

12.27 Multiremsdragning – M57T2 motorer

1 Spännhjul
2 Servostyrningspumpens remskiva
3 Generatorns remskiva
4 Vevaxelns remskiva
5 Kylvätskepumpens drev
6 Tomgångsöverföring

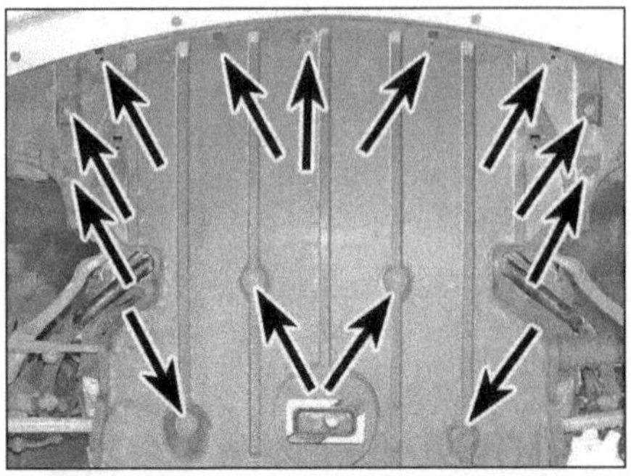

12.21 Skruva loss fästanordningarna (markerade med pilar) och ta bort motorns undre skyddskåpa

18 Tryck in spännaren - om den inte redan är låst i hoptryckt läge - och lägg drivremmen om remskivorna på samma sätt som före demonteringen **(se bild)**. Se till att remmen griper in som den ska i remskivornas spår.

19 I förekommande fall, tryck samman spännaren så att låsstiftet blir obelastat, dra ut stiftet och släpp efter på spännaren.

Alla 4-cylindriga motorer

20 Montera tillbaka kylfläkten och kåpan enligt beskrivningen i kapitel 3.

6-cylindriga motorer

M57T2 motor

21 Ställ framvagnen på pallbockar (se *Lyftning och stödpunkter)*. Lossa fästanordningarna och ta bort motorns undre skyddskåpa, ta sedan bort stänkskyddet under kylaren **(se bild)**.

22 Ta bort kylfläkten och kåpan enligt beskrivningen i kapitel 3.

23 Ta bort luftkonditioneringskompressorns drivrem enligt beskrivningen i del 6 i detta avsnitt.

24 Om drivremmen ska återanvändas bör du märka ut dess rotationsriktning innan den demonteras.

25 Vrid med hjälp av en nyckel eller hylsa spännarremskivan (medurs) så att spännaren trycks ihop. Dra av drivremmen från remskivorna **(se bild 12.15)**.

26 Om den gamla remmen ska sättas tillbaka, observera rotationsriktningsmärkningen som gjordes före demonteringen.

27 Tryck ihop sträckaren och låt remmen gå i ingrepp med remskivorna och se till att den dras på det sätt som noterades före demonteringen **(se bild)**. Se till att remmen griper in som den ska i remskivornas spår.

28 Dra bort luftkonditioneringskompressorns drivrem.

29 Montera tillbaka kylfläkten och kåpan enligt beskrivningen i kapitel 3.

N57-motor

30 Ta bort kylfläkten och kåpan enligt beskrivningen i kapitel 3.

31 Ska drivremmen återanvändas, bör du märka ut dess rotationsriktning innan den demonteras.

13.3a Luftningsskruvarna för kylvätskan kan vara placerade på kylvätskeexpansionskärlet. . .

32 Vrid spännarremskivan (medurs) med hjälp av en skiftnyckel eller hylsa så att sträckaren trycks ihop. Dra av drivremmen från remskivorna **(se bild 12.15)**.

33 För att underlätta monteringen kan du trycka ihop sträckaren helt och låsa den i intryckt läge genom att sticka in ett metallstift genom hålen i sträckaren och stödplattan – sträckarens fjäder är kraftig, så det krävs ett starkt stift **(se bild 12.16)**.

34 Om den gamla remmen ska sättas tillbaka, observera rotationsriktningsmärkningen som gjordes före demonteringen.

35 Tryck in spännaren – om den inte redan är låst i hoptryckt läge – och lägg drivremmen om remskivorna på samma sätt som före demonteringen **(se bild 12.18)**. Se till att remmen griper in som den ska i remskivornas spår.

36 I förekommande fall, tryck samman spännaren så att låsstiftet blir obelastat, dra ut stiftet och släpp efter på spännaren.

37 Montera tillbaka kylfläkten och kåpan enligt beskrivningen i kapitel 3.

13 Kylvätska – byte

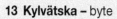

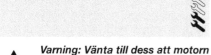

Varning: Vänta till dess att motorn är helt kall innan arbetet påbörjas. Låt inte frostskyddsmedel komma i kontakt med huden eller lackerade ytor på bilen. Spola omedelbart bort eventuellt spill med stora mängder vatten. Lämna aldrig frostskyddsmedel stående i en öppen behållare eller i en pöl på marken eller garagegolvet. Barn och husdjur kan attraheras av den söta doften och frostskyddsmedel kan vara livsfarligt att förtära.

Avtappning av kylsystemet

1 När motorn är helt kall, täck över expansionskärlets lock med en trasa och vrid långsamt locket moturs för att avlasta trycket i kylsystemet (det kan höras ett väsande ljud). Vänta tills trycket i systemet försvunnit och fortsätt sedan vrida locket tills det går att ta bort.

2 Ta bort laddluftkylaren enligt beskrivningen i kapitel 4B.

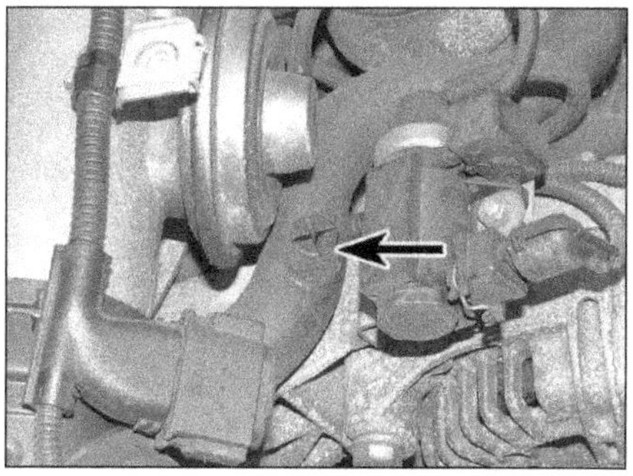

13.3b . . . returslangen (markerad med pil) . . .

3 Luftningsskruvar kan vara monterade på EGR-kylaren, kylvätskereturröret och kylvätskeexpansionskärlet **(se bilder)**. Skruva loss skruvarna (om tillämpligt), ta bort plastkåpan från motorns överdel **(se bild 3.4a eller 3.4b)** och öppna luftningsskruvarna.

4 Placera en lämplig behållare under dräneringspluggen (dräneringspluggarna) på kylarens bas (om en sådan (sådana) finns). Skruva loss avtappningspluggarna och låt kylvätskan rinna ut i kärlet **(se bild)**. I modeller utan en kylardräneringsplugg lossar du klämman och lossar kylarens nedre slang.

5 För att tömma systemet fullständigt måste du också skruva loss dräneringspluggen på höger sida av motorblocket och låta resten av kylvätskan rinna ut i kärlet **(se bild)**. Pluggen är svår att komma åt.

6 Om kylvätskan har tappats ur av någon annan anledning än byte kan den återanvändas under förutsättning att den är ren även om detta inte rekommenderas.

7 När kylvätskan har tappats ur ska du montera en ny tätningsbricka på motorblockets dräneringsplugg och dra åt den till angivet moment.

Spolning av kylsystemet

8 Om frostskyddsmedelsblandningen har spätts ut kan kylsystemet sedan gradvis förlora i effektivitet med tiden eftersom kylvätskekanalerna begränsas på grund av rost, kalkavlagringar och annat sediment. Kylsystemets effektivitet kan återställas genom att systemet spolas ur.

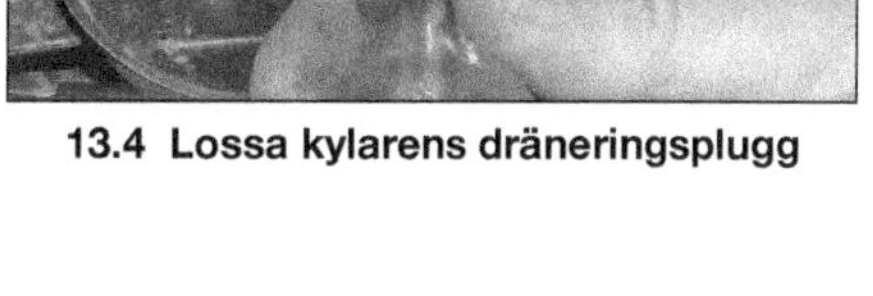

13.4 Lossa kylarens dräneringsplugg

13.3c . . . och EGR-kylaren (markerad med pil) beroende på modell

9 För att slippa onödiga föroreningar bör kylaren spolas losskopplad från motorn.

Spolning av kylare

10 Börja med att koppla loss den övre och nedre kylvätskeslangen och alla andra relevanta slangar från kylaren enligt beskrivningen i kapitel 3.

11 Stick in en trädgårdsslang i det övre kylarinloppet. Spola in rent vatten i kylaren och fortsätt spola till dess att rent vatten rinner ur kylarens nedre utlopp.

12 Om det efter en rimlig tid fortfarande inte kommer ut rent vatten kan kylaren spolas ur med kylarrengöringsmedel. Det är viktigt att tillverkarens anvisningar följs noga. Om kylaren är svårt förorenad, stick in slangen i nedre utloppet och spola ur kylaren baklänges.

Spolning av motor

13 För att spola motorn, demontera termostaten enligt beskrivningen i kapitel 3 och sätt sedan tillbaka termostatkåpan provisoriskt. I modeller där termostaten är integrerad i huset tar du bort huset så att vattnet kan rinna ut.

14 Lossa de övre och nedre kylarslangarna från kylaren och stick in en trädgårdsslang i den övre kylarslangen. Spola in rent vatten i motorn och fortsätt att spola till dess att rent vatten rinner ur nedre slangen.

15 När spolningen är avslutad, montera tillbaka termostaten och anslut slangarna enligt beskrivningen i kapitel 3.

Påfyllning av kylsystemet

16 Innan du försöker fylla på kylsystemet bör

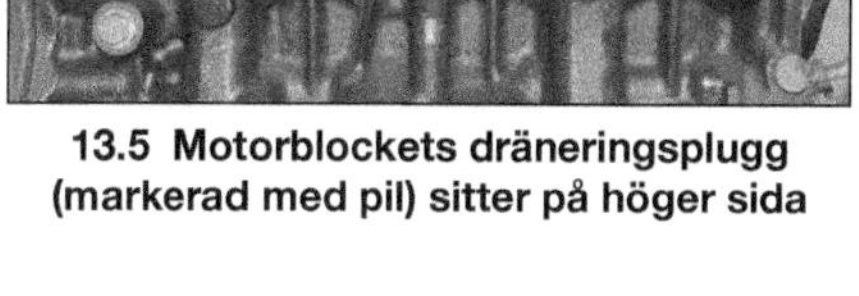

13.5 Motorblockets dräneringsplugg (markerad med pil) sitter på höger sida

13.22 Flottören (markerad med pil) indikerar kylvätskenivån. Se märkena på expansionskärlets överdel

du se till att alla slangar och klämmor är i gott skick, samt att klämmorna sitter hårt fast och kylarens och motorblockets avtappningspluggar är ordentligt åtdragna. Observera att frostskyddsblandning måste användas året runt för att förhindra korrosion på motorns komponenter (se följande underavsnitt).

17 Lossa luftningsskruven/skruvarna **(se bild 13.3a, 13.3b och 13.3c)**.

18 Slå på tändningen och ställ in värmeregleringen på maximal temperatur med fläkthastigheten inställd på "low"'. Detta gör att värmeventilerna öppnas.

19 Ta bort expansionskärlets påfyllningslock. Fyll systemet genom att långsamt hälla kylvätskan i expansionskärlet så att inga luftfickor bildas.

20 Ska kylvätskan bytas, så börja med att hälla i ett par liter vatten, därefter den föreskrivna mängden frostskyddsmedel och slutligen mer vatten tills systemet är fullt.

21 Så snart kylvätska som är utan luftbubblor kommer ut från luftningsskruven (luftningsskruvarna) ska du dra åt skruven (skruvarna) ordentligt.

22 När nivån i expansionskärlet börjar stiga, kan du hjälpa till att driva ut eventuella luftfickor i systemet genom att klämma på den övre och nedre kylarslangen. Fyll på kylvätskenivån tills flottören i expansionskärlet åker uppåt för att indikera maximinivån i Touring-modeller och sätt sedan tillbaka expansionskärlets lock **(se bild)**.

23 Starta motorn och låt den gå tills den uppnått normal arbetstemperatur. Stäng sedan av den och låt den svalna.

24 Leta efter läckor, särskilt vid komponenter som rubbats. Kontrollera kylvätskenivån i expansionskärlet och fyll på mer vätska om det behövs. Observera att systemet måste svalna innan nivån som syns i expansionskärlet är rättvisande. Ska du ta bort expansionskärlets lock medan motorn fortfarande är varm, så täck locket med en tjock trasa och skruva av det långsamt, så att trycket i systemet gradvis utjämnas (vanligen hörs ett väsande ljud). Vänta tills trycket i systemet försvunnit och fortsätt sedan vrida locket tills det går att ta bort.

Frostskyddsblandning

25 Använd endast etylenglykolbaserat frostskyddsmedel som är lämpat för motorer med blandade metaller i kylsystemet. Mängden frostskyddsmedel och olika skyddsnivåer anges i specifikationerna.

26 Innan frostskyddsmedlet hälls i ska kylsystemet tappas ur helt och helst spolas igenom. Samtliga slangar ska kontrolleras beträffande kondition och tillförlitlighet.

27 När kylsystemet fyllts med frostskyddsmedel är det klokt att sätta en etikett på expansionskärlet som anger frostskyddsmedlets typ och koncentration, samt datum för påfyllningen. Varje efterföljande påfyllning ska göras med samma typ och koncentration av frostskyddsmedel.

Varning: Använd inte motorfrostskyddsvätska i vindrute- eller bakrutespolarsystemet, eftersom det kommer att skada lacken. Använd spolarvätska i den koncentration som anges på flaskan i spolarsystemet.

Kapitel 2 Del A:
Reparationer med 4-cylindrig bensinmotor kvar i bilen

Innehåll

Svårighetsgrader

Enkelt, passer novisen med lite erfarenhet	**Ganska enkelt,** passar nybörjaren med viss erfarenhet	**Ganska svårt,** passer kompetent hemmamekaniker	**Svårt,** passer hemmamekaniker med erfarenhet	**Mycket svårt,** för professionell mekaniker

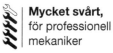

Specifikationer

Allmänt

Motorkod:	
1995 cc motor (Valvetronic) upp till 09/2007	N46 B20
1995 cc motor (Valvetronic) från 09/2007	N46T B20
Lopp	84,00 mm
Slaglängd	90,00 mm
Max. motoreffekt:	
318i:	
Upp till 09/2007	95 kW
Från 09/2007	110 kW
320i:	
Upp till 09/2007	110 kW
Från 09/2007	126 kW
Motorns rotationsriktning	Medurs (sett från bilens framsida)
Placering av cylinder nr 1	Vid kamkedjan
Tändföljd	1-3-4-2
Lägsta kompressionstryck	9,0 till 18,0 bar
Maximal kompressionsskillnad mellan cylindrarna	2,0 bar
Kompressionsförhållande	10.5 : 1

Kamaxlar

Axialspel	0,065 till 0,150 mm

Smörjningssystem

Lägsta oljetryck vid tomgång	1,0 bar

Åtdragningsmoment

Observera: *På vissa fästen kan bultar av olika klasser användas: klassen är graverad på bultskallarna. Se till att varje bult dras åt till korrekt moment för dess klass.*

	Nm
Bult till den excentriska axelgivarens rotor	8
Bult till topplockets kåpplugg	45
Bult till vevaxelremskivans nav/drev*	300
Bultar mellan balansaxelhus och motorhus:*	
Steg 1	25
Steg 2	Vinkeldra ytterligare 90°
Bultar till främre kryssrambalk:*	
M10:	
Steg 1	56
Steg 2	Vinkeldra ytterligare 90°
M12:	
8.8	77
10.9	105
Bultar till vevaxelns bakre packboxhus:	
M6-bultar	10
M8-bultar	22
Bultar vevaxelns vibrationsdämpare på nav	34
Cylinder/kolv kamkedjesträckare	65
Drivplattans bultar*	120
Fjädertorn/spännstöd:*	
M10 (yttre bultar):	
Steg 1	40
Steg 2	Vinkeldra ytterligare 60°
M12 (centrumbult):	
Steg 1	100
Steg 2	Vinkeldra ytterligare 100°
Främre förstärkande V-ram*	
Steg 1	59
Steg 2	Vinkeldra ytterligare 90°
Fästbultar till ramlageröverfallet:*	
Steg 1	20
Steg 2	Vinkeldra ytterligare 70°
Fäste till den excentriska axelns positioneringsmotor	45
Justeringsenhet till kamaxeln:*	
Steg 1	20
Steg 2	Vinkeldra ytterligare 90°
Steg 3	Vinkeldra ytterligare 90°
Kamaxellageröverfallens muttrar:	
M6-muttrar	10
M7-muttrar	15
M8-muttrar	20
Kamaxelns skruvstift	10
Kamaxelns skruvstift	20
Kamkedjekåpa:	
M6-muttrar/bultar	10
M7-muttrar/bultar	15
M8-muttrar/bultar	20
M10 muttrar/bultar	47
Motorfästen:	
Fäste till kryssrambalk:	
M8	28
M10	56
Fäste till stödarm	56
Stödarm till motor	38
Oljenivåkontakt	9
Oljepump till cylinderblock:	
M6	10
M8	25
Oljepumpsdrev	30
Oljepumpskåpa	10
Oljespridarmunstycke	10
Oljetrycksbrytare	27
Plugg till kamkedjespännarens kåpa 40	
Pluggar kamkedjekåpa:	
Nedre plugg	45
Övre/mittre plugg	25

Spännben i motorrum:*	
M10:	
Steg 1	40
Steg 2	Vinkeldra ytterligare 60°
M12:	
Steg 1	100
Steg 2	Vinkeldra ytterligare 90°
Sump*	30
Sumpens oljeavtappningsplugg:	
M12-plugg	25
M18 plugg.	35
M22-plugg	60
Svänghjulets bultar*	130
Termostathus	10
Topplocksbultar:*	
N46 motor:	
Steg 1	30
Steg 2	Vinkeldra ytterligare 90°
Steg 3	Vinkeldra ytterligare 90°
N46T motor:	
M9 bultar:	
Steg 1	30
Steg 2	Vinkeldra ytterligare 90°
Steg 3	Vinkeldra ytterligare 45°
M10-bultar:	
Steg 1	30
Steg 2	Vinkeldra ytterligare 90°
Steg 3	Vinkeldra ytterligare 90°
Steg 4	Vinkeldra ytterligare 45°
Ventilkåpsbultar:	
M6-bultar	10
M7-bultar	15
Vevstakslageröverfallens bultar:*	
Steg 1	20
Steg 2	Vinkeldra ytterligare 70°
Yttre bultar till vevhusets nedre hälft	22

** Återanvänds inte*

1 Allmän information

Vad innehåller detta kapitel

Den här delen av kapitel 2 beskriver de reparationer som kan utföras med motorn monterad i bilen. Om motorn har tagits ur bilen och tagits isär enligt beskrivningen i del E, kan alla preliminära isärtagningsinstruktioner ignoreras.

Observera att även om det är möjligt att fysiskt renovera delar som kolven/vevstaken medan motorn sitter i bilen, så utförs sällan sådana åtgärder separat. Normalt måste flera ytterligare åtgärder utföras (för att inte nämna rengöring av komponenter och smörjkanaler); Av den anledningen klassas alla sådana åtgärder som större renoveringsåtgärder, och beskrivs i del E i det här kapitlet.

Del E beskriver demontering av motor/växellåda från bilen samt tillvägagångssättet för de renoveringar som då kan utföras med motorn/växellådan demonterad.

Motorbeskrivning

De fyrcylindriga motorerna i detta kapitel har en konstruktion med dubbla överliggande kamaxlar med 16 ventiler som är monterade in-line med växellådan fastbultat i den bakre änden. Även om de är märkta med 318i och 320i är båda dessa modeller utrustade med en motor på 1995 cc.

Tidsinställningen för både avgas- och insugsventilerna är variabel tack vare hydrauliska inställningsenheter i änden av varje kamaxel – BMW kallar detta för ett "Vanos"-system. Dessa enheter varierar förhållandet mellan kamkedjan/dreven och kamaxlarna. Insugskamaxelns öppningstider och lyfthöjd varieras också med hjälp av en elmotordriven excenteraxel, som effektivt varierar vridpunkten hos en lyftarm som verkar mellan kamaxeln och vipparmen. Styrintervallet kan erhållas genom detta så att motorlasten styrs av varierande ventillyft och ventiltid snarare än gasspjällventilens läge.

Vevaxeln vilar i fem ramlager av vanlig skåltyp. Axialspelet kontrolleras med trycklagerskålar på ramlager nr 4 eller 5 (beroende på modell). Motorn är utrustad med motroterande vevaxeldrivna balansaxlar.

Kolvarna har matchande vikt och innehåller helt flytande kolvbultar som hålls av låsringar.

Oljepumpen sitter på framsidan av motorn. Den är av rotortyp och drivs direkt av vevaxeln.

Reparationer med motorn kvar i bilen

Följande åtgärder kan utföras utan att du måste ta bort motorn från bilen.

a) Demontering och montering av topplocket.
b) Demontering och montering av kamkedja och drev.
d) Demontering och montering av kamaxlarna.
d) Demontering och montering av sumpen.
*e) Demontering och montering av ramlagren, vevstakarna och kolvarna.**
f) Demontering och montering av oljepumpen.
g) Byte av motorns/växellådans fästen.
h) Demontering och montering av svänghjulet/drivplattan.

** Även om det teoretiskt går att demontera dessa komponenter med motorn kvar i bilen, talar renlighets- och åtkomlighetsskäl starkt för att den ändå bör lyftas ut.*

3.4 Vrid kamaxeln tills kamaxelflänsens böjda yta (markerad med pil) är överst

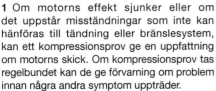

2 Kompressionsprov – beskrivning och tolkning

1 Om motorns effekt sjunker eller om det uppstår misständningar som inte kan hänföras till tändning eller bränslesystem, kan ett kompressionsprov ge en uppfattning om motorns skick. Om kompressionsprov tas regelbundet kan de ge förvarning om problem innan några andra symptom uppträder.

2 Motorn måste vara uppvärmd till normal arbetstemperatur, batteriet måste vara fulladdat och alla tändstift måste vara urskruvade (kapitel 1A). Dessutom behövs en medhjälpare.

3 Deaktivera tändningen och bränsleinsprutningssystemet genom att ta bort motorstyrningens säkring och bränslepumpens säkring som är placerade i huvudsäkringsdosan i handskfacket på passagerarsidan (se kapitel 12).

4 Sätt i en kompressionsprovare i tändstiftshålet på cylinder nr 1 – helst den typ av provare som skruvas fast i tändstiftsgängan.

5 Låt medhjälparen trampa gaspedalen i botten och dra runt motorn med startmotorn. Efter ett eller två varv bör kompressionstrycket byggas upp till maxvärdet och sedan stabiliseras. Anteckna det högsta värdet.

6 Upprepa testet på återstående cylindrar och anteckna trycket i var och en.

7 Trycket i alla cylindrarna bör hamna på i stort sett samma värde. en skillnad på mer än 2 bar mellan två av cylindrarna indikerar

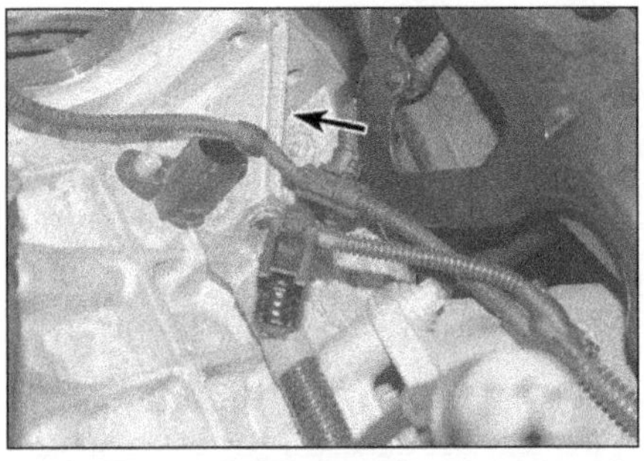

3.5b Dra ut täckpluggen (markerad med pil - i förekommande fall) från startmotorns undersida (borttagen för ökad tydlighet)

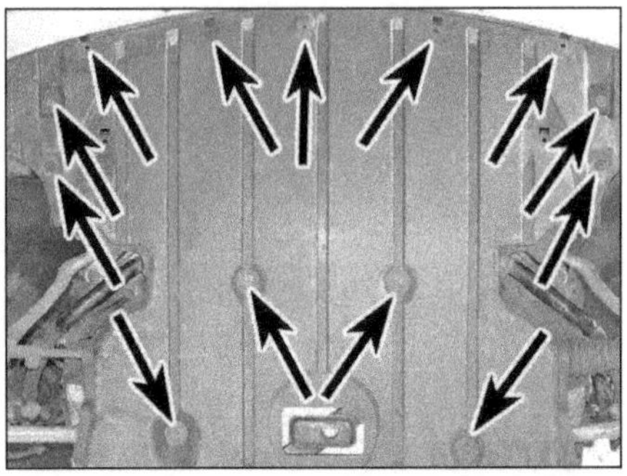

3.5a Skruva loss bultarna (markerade med pilar) och ta bort motorns undre skyddskåpa

ett fel. Observera att kompressionen ska byggas upp snabbt i en fungerande motor; om kompressionen är låg i det första kolvslaget och sedan ökar gradvis under följande slag är det ett tecken på slitna kolvringar. Lågt tryck som inte höjs är ett tecken på läckande ventiler eller trasig topplockspackning (eller ett sprucket topplock). Avlagringar på undersidan av ventilhuvudena kan också orsaka dålig kompression.

8 De av BMW rekommenderade kompressionsvärdena anges i Specifikationer.

9 Om trycket i en cylinder är mycket lägre än i de andra kan följande kontroll utföras för att hitta orsaken. Häll i en tesked ren olja i cylindern genom tändstiftshålet och upprepa provet.

10 Om tillförsel av olja tillfälligt förbättrar kompressionen är det ett tecken på att det är slitage på kolvringar eller lopp som orsakar tryckfallet. Om ingen förbättring sker tyder det på läckande/brända ventiler eller trasig topplockspackning.

11 Lågt tryck i två angränsande cylindrar är med stor säkerhet ett tecken på att topplockspackningen mellan dem är trasig. Om det finns kylvätska i motoroljan bekräftar detta felet.

12 Om en cylinder har omkring 20 % lägre tryck än de andra och motorns tomgång är något ojämn, kan detta orsakas av en sliten kamlob.

13 Om kompressionen som avläses är anmärkningsvärt hög är förbränningskammaren antagligen täckt med sotavlagringar. I så fall bör topplocket demonteras och sotas.

14 Avsluta med att montera tillbaka säkringarna.

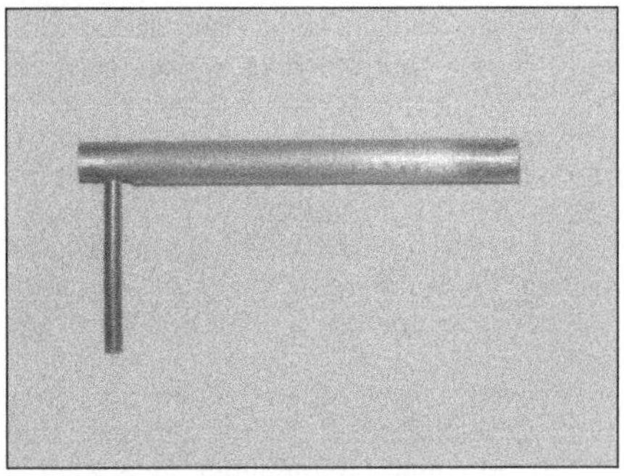

3.6 Låsverktyg för vevaxeln

3 Övre dödpunkt (ÖD) för kolv nr 1 – positionering

Observera: *För att låsa motorn i ÖD och kontrollera kamaxellägena krävs specialverktyg. Vissa av dessa verktyg går att improvisera ihop – se texten.*

1 Den övre dödpunkten (ÖD) är den högsta punkt som kolven når i cylindern under sin uppåt-nedåtgående rörelse när vevaxeln roterar. Kolven når ÖD både i slutet av kompressionstakten och i slutet av avgastakten, men med ÖD avses vanligen kolvläget i kompressionstakten. Kolv nr 1 sitter i kamkedjeänden av motorn.

2 Att ställa kolv nr 1 i ÖD är en viktig del av många arbeten, exempelvis vid demontering av kamkedjan och kamaxlarna.

3 Demontera ventilkåpan enligt beskrivningen i avsnitt 4.

4 Sätt en nyckel eller hylsa om vevaxelns remskivebult och vrid vevaxeln medurs tills den avrundade sidan på kamaxelns ändfläns pekar uppåt **(se bild)**.

5 Dra bort täckpluggen (om sådan finns) från hålet för kontroll av ventiltider i motorblockets bakre, vänstra hörnfläns nedanför startmotorn. Flänsen är svår att komma åt. Ta bort motorns undre skyddskåpa så att du kommer åt flänsen under bilen eller ta bort insugsgrenröret (se kapitel 4A) så att du kommer åt flänsen uppifrån (se bilder) om det behövs.

6 För att fixera vevaxeln i rätt läge krävs nu ett specialverktyg. BMW-verktyg nr 11 9 190 (motorerna N46) eller verktyg nr 11 5 120 (motorerna N46T) kan användas men ett alternativ kan ordnas genom användning av en 8 mm stång som är ungefär 80 mm lång. För att kunna dra ut stången ur hålet för kontroll av ventiltider borrade vi ett hål i ena änden av den och knackade in en kullagertapp **(se bild)**.

7 Stick in stången genom hålet för kontroll av ventiltider. Om det behövs, vrid lite på vevaxeln tills det går att föra in stången i svänghjulets ÖD-hål **(se bild)**. **Observera:** *På modeller med automatväxellåda är det möjligt att av misstag sticka in stången i ett större hål i drivplattan. Kontrollera att det inte går att rubba vevaxeln det minsta när stången har stuckits in.*

8 Vevaxeln är nu låst i sitt läge med kolv nr 1 i ÖD.

9 Kamaxlarnas inställningsanordning gör det nödvändigt att kontrollera att kamaxlarna står i "startläge" genom att man försöker vrida deras resp. ovansidor mot varandra. Använd ett plattjärn eller liknande för att vrida insugskamaxeln, och en öppen nyckel för att gripa om avgaskamaxelns sexkantiga del. Går det att vrida någon av kamaxlarna så fortsätt tills det tar stopp. När kamaxeln/kamaxlarna slutar rotera – eller om de över huvud taget inte gick att vrida – befinner de sig i "utgångsläge"och justeringsenheterna är låsta.

10 I detta läge ska det gå att passa in

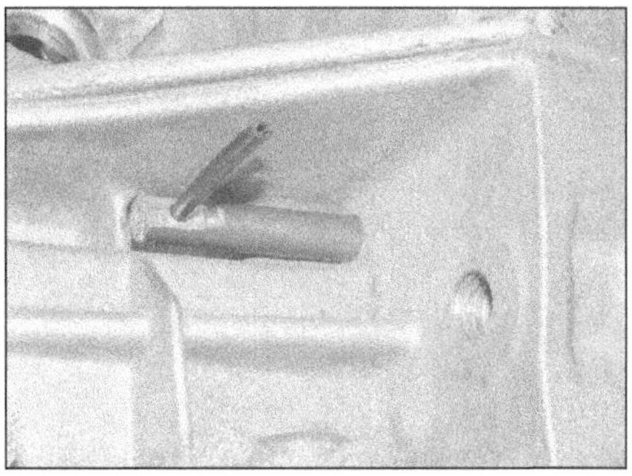

3.7 Sätt i låsverktyget

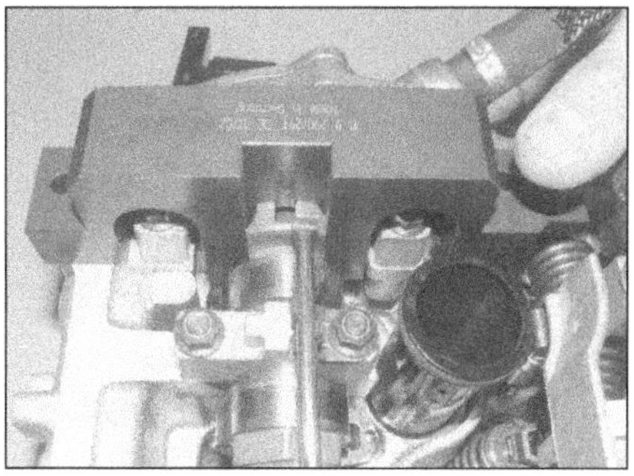

3.10a Passa in verktyget över avgaskamaxeln . . .

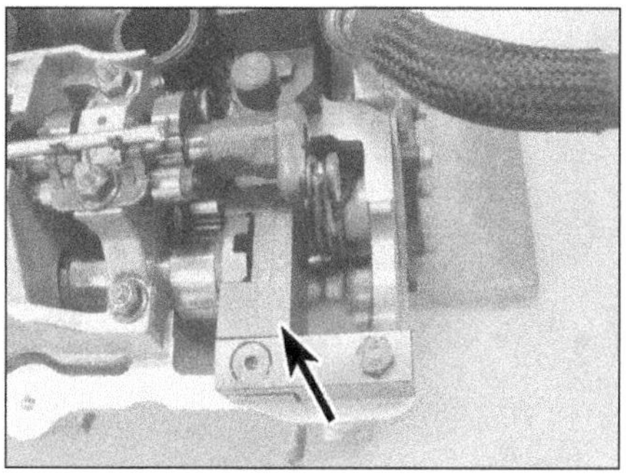

3.10b . . . sätt sedan i låsverktyget för insugskamaxeln (markerad med pil)

BMW:s specialverktyg 11 9 292 över insugskamaxelns ände och specialverktyg 11 9 291 över änden på avgaskamaxeln. När kamaxlarna står i rätt läge ska verktygen ligga an mot topplockets ovanyta utan någon glipa. Lås fast avgaskamaxelverktyget med fästbultarna och dra åt de två bultar som fixerar insugskamaxelverktyget **(se bilder)**. Syftet med dessa verktyg är att hålla de plana ytorna hos kamaxeländarna i exakt 90 graders vinkel mot topplockets övre packningsyta.

11 Försök inte dra runt motorn när svänghjulet eller kamaxeln är låst, eftersom det kan leda till skador på motorn. Om motorn ska fortsätta att vara "låst" under någon längre tid, är det klokt att sätta ut lämpliga varningsmeddelanden i kupén och i motorrummet. Det minskar risken för att motorn dras runt med startmotorn av misstag.

4 Ventilkåpan – demontering och montering

Demontering

1 Koppla loss batteriets minusdelare enligt beskrivningen i kapitel 5A.

2 Arbeta i bakre delen av motorrummet, skruva loss bultarna och ta bort pollenfilterkåpan **(se bild)**. Skjut bort filtret från huset. Om det behövs, se Kapitel 1A.

3 Lossa spärrarna och ta bort vänster och höger plastkåpa bakom fjädertornet på varje sida av motorrummet. Lossa kablaget om tillämpligt **(se bilder)**.

4 Tryck in klämmorna och dra kabelstyrningen framåt från den nedre delen av pollenfilterhuset **(se bild)**.

5 Lossa spärren och skruva loss bulten på varje sida, för sedan den nedre delen av pollenfilterhuset framåt och för bort den från platsen **(se bilder)**.

Modeller med fjädertornstöd

6 Ta bort plastkåpan från mitten av klädselpanelen. Två olika typer av lock är monterade: en med ett centralt spår som tas bort genom att det vrids 45° moturs och en utan centralt spår som bänds upp från

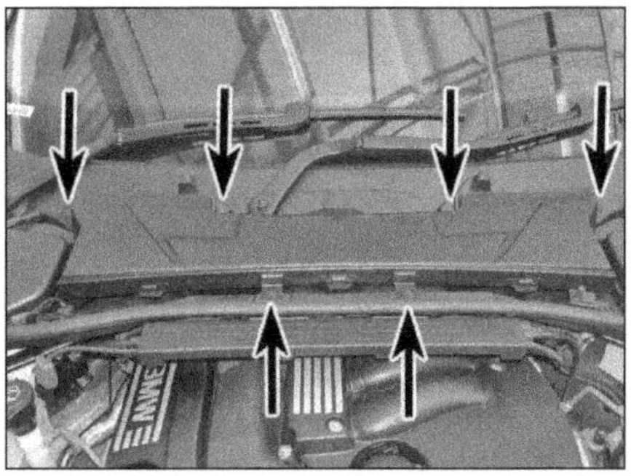

4.2 Skruva loss bultarna (markerade med pilar) och ta bort pollenfilterkåpan

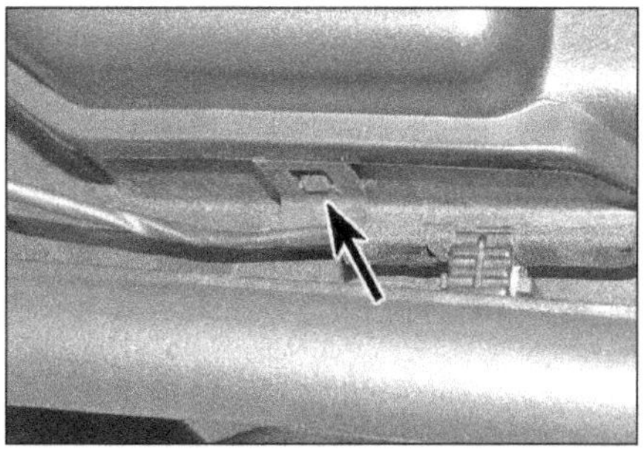

4.3a Lossa klämman (markerad med pil) på fram- och bakkanten på kåpan bakom fjädertornen. . .

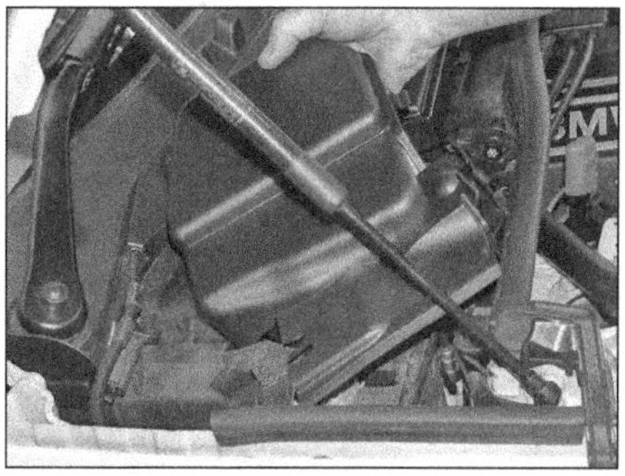

4.3b . . . och lyft bort dem

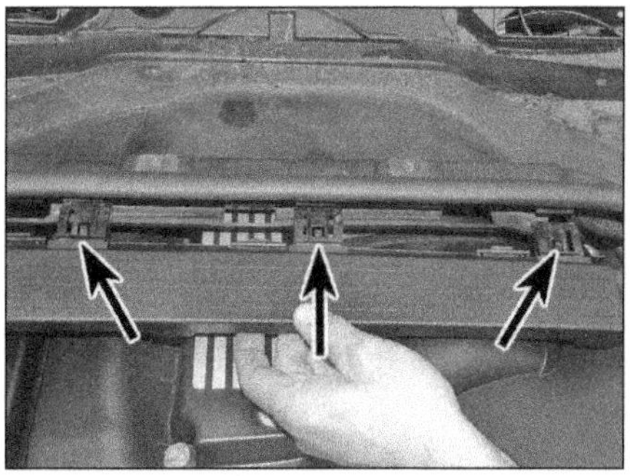

4.4 Tryck in klämman (markerad med pilar) och dra kabelstyrningen framåt

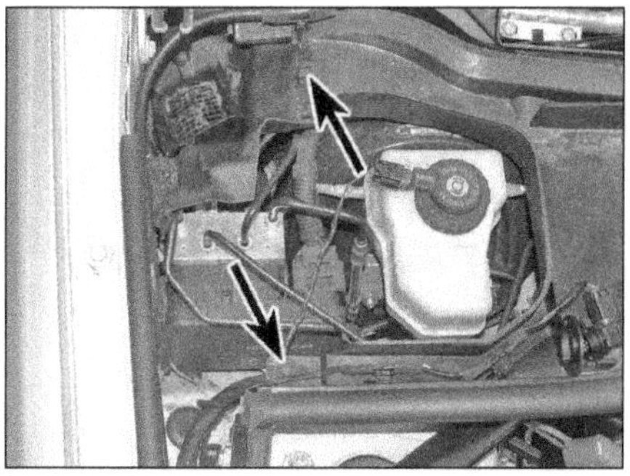

4.5a Lossa klämman och skruva loss bulten på varje sida (markerad med pilar). . .

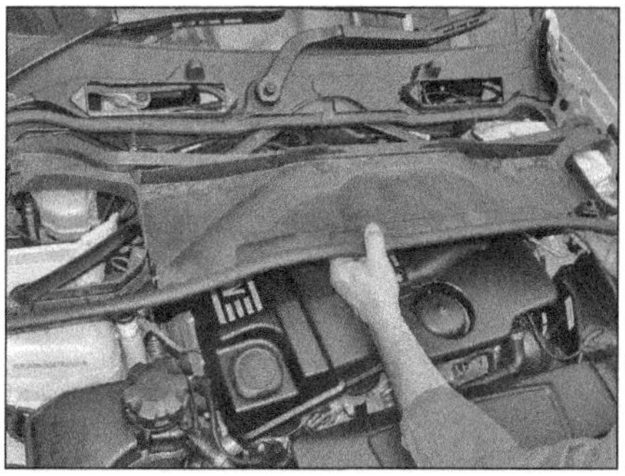

4.5b . . . för sedan pollenfilterhusets nedre del framåt

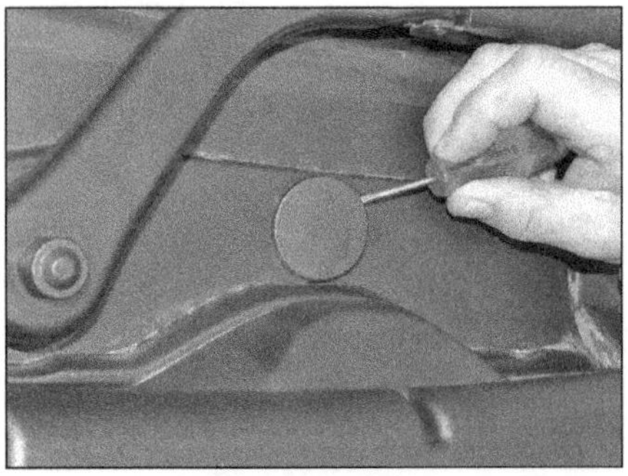
4.6 Ta bort kåpan från klädselpanelen (se text)

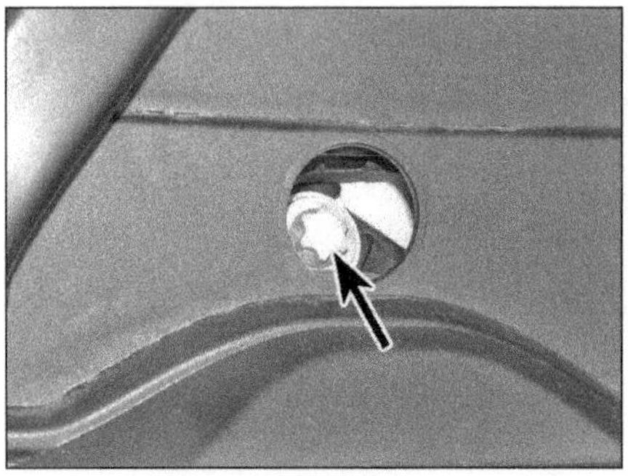
4.7 Skruva loss bulten (markerad med pil) i mitten av ventilpanelen

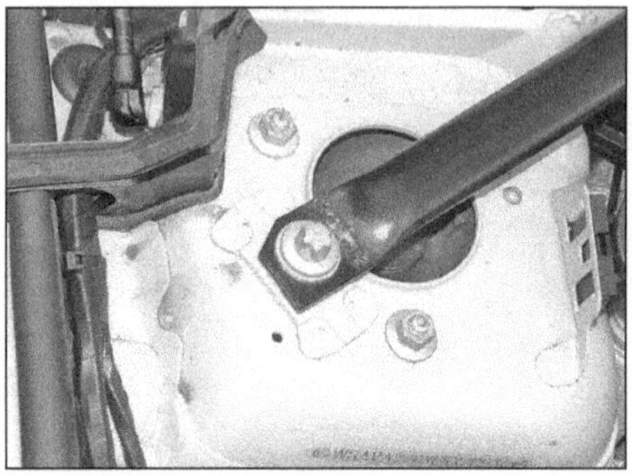
4.8 Skruva loss bulten från varje ände av stöden

sin placering **(se bild)**. Observera om kåpan eller tätningen är skadad, de måste bytas. Underlåtenhet att göra detta kan leda till att vatten tränger in.

7 Skruva loss den bult i mitten av torpedplåten som exponeras vid demonteringen av kåpan **(se bild)**. Kasta bulten – eftersom en ny en måste användas.

8 Skruva loss bulten på stödens respektive ytterände, håll sedan gummigenomföringen på plats och för stöden utåt från platsen **(se bild)**. Låt inte genomföringen rubbas. Kasta bultarna och använd nya vid återmonteringen.

Alla modeller

9 Skruva loss och ta bort de tre bultarna och ta bort intagskåpan från motorrummets främre del **(se bild)**.

10 Skruva loss oljefilterkåpan, dra sedan bort tändspolens plastkåpa från fästgenomföringarna av gummi. Sätt tillbaka oljepåfyllningslocket.

11 Bänd upp plastkåpornas högra kant över tändspolarna (över tändstiften) och lossa spolarnas anslutningskontakter **(se bild)**. Dra bort de losskopplade tändspolarna från tändstiften.

12 Koppla loss ställmotorns anslutningskontakt och excenteraxelns givarkontakt. Lossa sedan tändspolens kablage från klämmorna på ventilkåpan och lägg det åt sidan. Observera de två jordanslutningarna som sitter på ventilkåpan **(se bilder)**.

13 Notera hur de sitter monterade, lossa sedan anslutningskontakterna från Vanos-magnetventilerna, insugs- och avgaskamaxelgivarna och termostaten, lossa sedan de bultar som håller fast kabelhärvans styrning på motorns främre del och lossa kabelklämmorna **(se bild)**.

14 Bänd bort plastkåpan, skruva sedan loss de muttrar som håller fast plusanslutningarna på höger innerskärm **(se bild)**. Flytta hela kabelhärvan över till motorrummets vänstra sida.

15 Kläm ihop kontaktdonets sidor och koppla loss ventilationsslangen från kåpan.

16 Skruva loss de två bultarna och ta bort excenteraxelgivarens krage **(se bild)**.

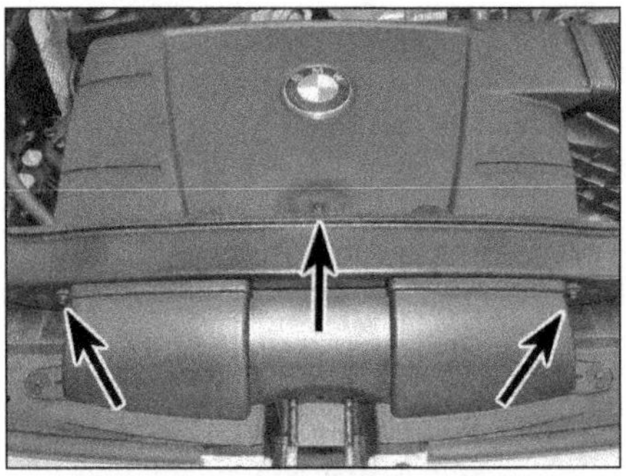
4.9 Bultar till luftintagskåpan (markerad med pilar)

4.11 Fäll upp plastkåporna och koppla loss anslutningskontakterna

4.12a Lossa den excentriska axelpositionsgivaren

4.12b Observera jordanslutningarna (markerade med pilar) på varje sida av positioneringsmotorn

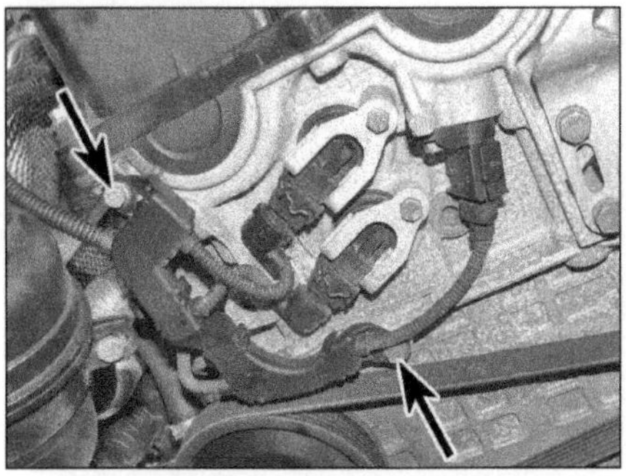
4.13 Kabelhärvstyrningens fästbultar (markerade med pilar)

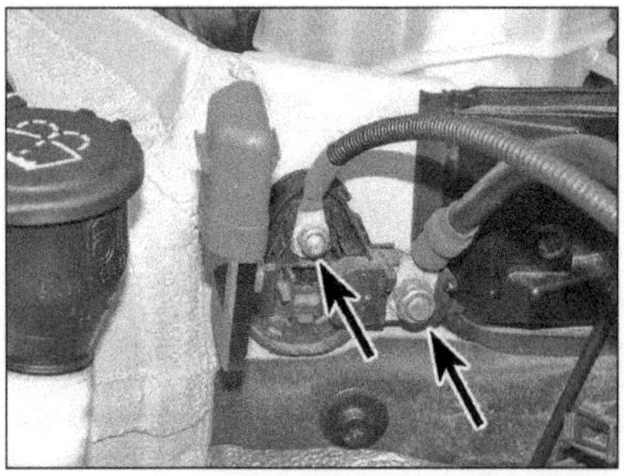
4.14 Skruva loss de två plusanslutningarna (markerade med pilar)

4.16 Lossa bultarna och ta bort givarens krage

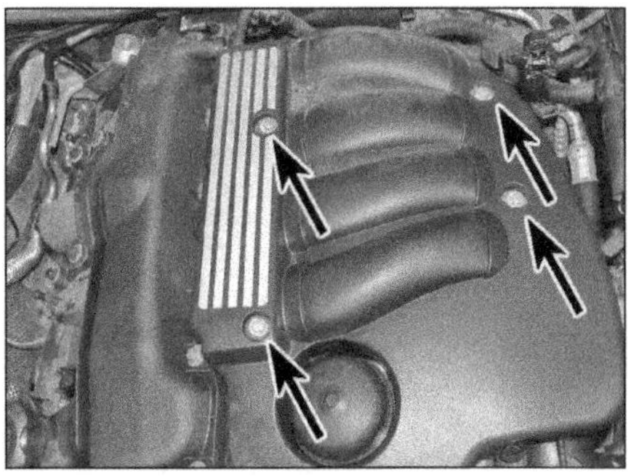

4.17 Bultar grenrörskåpa (markerade med pilar)

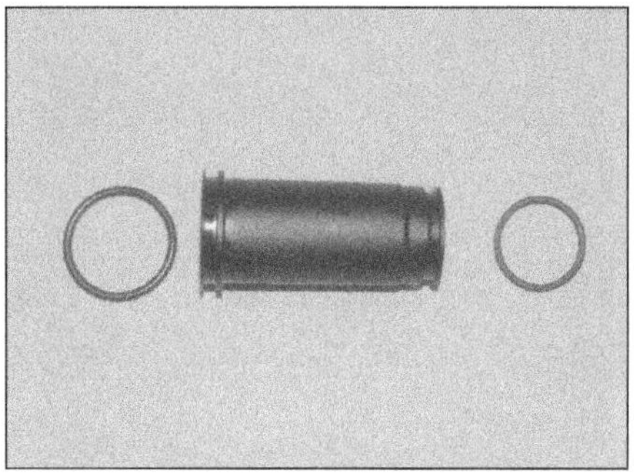

4.20 Observera att tändstiftsrörets O-ringar är olika stora

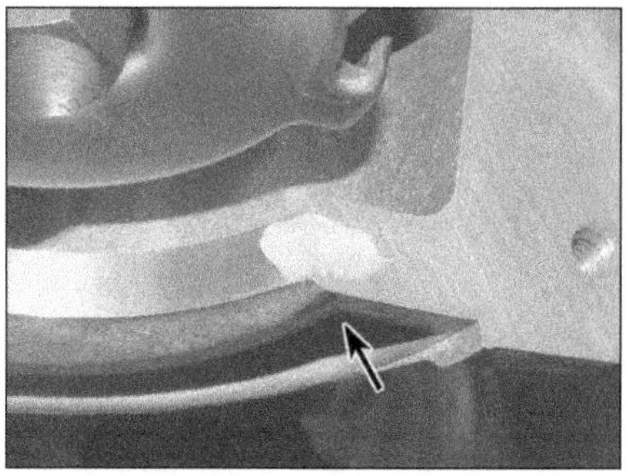

4.21 Stryk tätningsmedel på de halvcirkelformade tätningsytorna i främre och bakre änden av topplocket (markerad med pil)

17 Skruva loss bultarna och ta bort plastkåpan på insugsgrenröret **(se bild)**.

18 Skruva loss fästbultarna och ta bort topplockskåpan. Observera bultarnas längd när de tas bort – vissa av dem är längre än övriga. **Observera:** *Kåppackningen kanske endast kan erhållas komplett med topplockskåpa och bultar. Om tätningen är skadad kanske hela kåpan måste bytas. Hör efter med din lokala BMW-återförsäljare.*

19 Dra bort tändstiftens tätningsrör, om det behövs.

Montering

20 Sätt tillbaka tändstiftsrörens O-ringar. Stryk först ren motorolja på dem och tryck dem sedan på plats i topplocket **(se bild)**.

21 Stryk en tunn sträng tätningsmedel av typen Drei Bond 1209 (finns hos BMW-verkstäder) på de halvcirkelformade tätningsytorna framtill och baktill på topplocket **(se bild)**.

22 Sätt tillbaka ventilkåpan med gummitätningen på plats och dra åt bultarna, med fingerkraft på det här stadiet.

23 Stryk lite ren motorolja på O-ringstätningen och montera tillbaka den excentriska axelgivarens krage. Dra bara åt bultarna med fingerkraft på det här stadiet.

24 Kontrollera att ventilkåpans packning sitter ordentligt på plats hela vägen runt och dra sedan åt bultarna i diagonal ordningsföljd till angivet moment.

5.2 Vibrationsdämparens/remskivans bultar

25 Dra åt fästbultarna till excenteraxelgivarens krage ordentligt.

26 Resten av monteringen utförs i omvänd ordningsföljd mot demonteringen.

5 Vevaxelns vibrationsdämpare/ remskiva och remskivenav – demontering och montering

Observera: *Om remskivenavet demonteras måste en ny fästbult användas vid monteringen. Då behövs också en momentnyckel som klarar 300 Nm.*

Demontering

1 Ta bort generatorns drivrem enligt beskrivningen i kapitel 1A.

2 Skruva loss de tre fästbultarna och ta bort vibrationsdämparen/remskivan från navet. Om det behövs, håll emot navet med en hylsa eller nyckel om navbulten **(se bild)**.

3 Fästbulten måste skruvas bort för att navet ska gå att demontera.

Varning: Om vevaxelns navbult lossas kommer kamkedjans/oljepumpens/ balansaxlarnas drev inte längre att vara låsta i förhållande till vevaxeln, utan kan rotera oberoende av denna. Följaktligen ska vevaxeln och kamaxlarna låsas i position enligt beskrivningen i avsnitt 3 när navbulten har lossats.

Varning: Fästbulten till vevaxelns remskivenav sitter mycket hårt. Det krävs ett verktyg för att hålla emot navet när bulten skruvas loss. Ett specialverktyg (nr 11 8 180) kan erhållas från BMW. Försök inte utföra arbetet med dåliga eller slarvigt improviserade verktyg, eftersom det nästan säkert leder till att du skadar dig själv eller bilen.

4 Tillverka ett verktyg att hålla remskivan med. Det går att tillverka ett lämpligt verktyg av ett par bandjärn som sätts ihop med en stor ledbult. Skruva fast hållarverktyget i remskivenavet med bultarna som fäster remskivan vid navet. Om du använder BMW-verktyget sätter du in verktyget genom hålet i basen på växellådans balanshjulskåpa.

5 Lossa remskivans navbult med en hylsa med långt handtag. Observera att bulten sitter mycket hårt.

6 För navet från vevaxelns ände och lossa den från kedjorna med bulten borttagen. Kasta bulten – eftersom en ny en måste användas. Passa på att byta packboxen i den inre kamkedjekåpan enligt beskrivningen i avsnitt 16.

Montering

7 Monteringen utförs i omvänd ordningsföljd mot demonteringen och kom ihåg att dra åt alla fästanordningar till angivet moment om det är tillämpligt.

6 Kamkedja – demontering, kontroll och montering

Demontering

1 Ta bort luftfilterhuset med luftflödesgivaren enligt beskrivningen i kapitel 4A.

2 Se till att motorn har ställts i ÖD enligt beskrivningen i avsnitt 3.

3 Demontera excenteraxelns ställmotor enligt beskrivningen i avsnitt 10.

4 Ta bort vevaxelns vibrationsdämpare/ remskiva och nav enligt beskrivningen i avsnitt 5. **Observera:** *När navbulten lossas kommer vevaxeln inte längre att vara låst vid kamkedjans/oljepumpens/balansaxlarnas drev. Vrid inte kamaxlarna eller vevaxeln när bulten väl har lossats.*

5 Hissa upp bilens framvagn och stötta den på pallbockar (se *Lyftning och stödpunkter)*.

6 Bär upp motorns vikt med hjälp av en motorlyft eller en motorlyftbalk som sätts an mot innerskärmarna och en lyftkedja som fästs i lyftöglan längst fram på motorn.

7 Sänk ner den främre kryssrambalken enligt beskrivningen i avsnitt 13. Observera att det inte finns något behov att lossa kuggstången från hjälpramen. Skruva loss klämbulten till rattstångens böjliga led och skilj kugghjulet från rattstången.

8 Demontera sumpen enligt beskrivningen i avsnitt 11.

9 Lås kamaxlarna enligt beskrivningen i

6.9 Skruva loss respektive kamaxeljusterares bult (se pil)

6.10 Skruva loss kedjespännaren (se pil)

6.11 Observera att kamaxeljusterarna är märkta EX respektive IN

avsnitt 3 och lossa bulten till respektive justeringsenhet för avgas- och insugskamaxeln **(se bild)**.

10 Lossa kedjespännaren framtill på motorblockets högersida **(se bild)**. Var beredd på oljespill. Kasta tätningsbrickan, du måste sätta dit en ny. Om kolven ska återanvändas, håll den lodrätt och tryck långsamt in den för att tömma ut all olja.

11 Skruva loss bulten till avgaskamaxelns justeringsenhet helt och ta bort hela enheten, komplett med kamaxelgivarens ring och drev. Gör samma sak på insugskamaxeln. Observera att enheterna är märkta EX (avgas) och IN (insug). Förväxla inte delarna **(se bild)**.

12 Använd en sexkantsnyckel för att ta bort pluggen till höger och över vevaxelns främre oljetätning och skruva loss kamkedjestyrningens nedre stift **(se bild)**.

13 Kläm ihop flikarna och koppla ifrån anslutningskontakten till insugskamaxelns lägesgivare.

14 Skruva loss pluggen bakom insugskamaxelgivaren och skruva loss kamkedjestyrningens övre stift **(se bild)**.

15 Ta bort kedjestyrningens övre bult från topplocket **(se bild)**.

16 Lossa bultarna till magnetventilerna till insugs- och avgaskamaxelns justeringsenheter och dra bort magnetventilerna från topplocket **(se bild)**. Kasta O-ringstätningarna, nya tätningar måste användas vid återmonteringen.

17 Ta bort pluggen från vänster sida av kamkedjekåpan och skruva loss den vänstra kamkedjestyrningens övre fäststift **(se bild)**.

18 Dra upp kamkedjan och lyft bort den tillsammans med styrningarna och vevaxeldrevet.

19 Dra ner kedjan från styrningarna och ta loss vevaxeldrevet från kedjan.

20 Bänd försiktigt isär de nedre kanterna på kamkedjestyrningen och dra ut kedjan **(se bild)**.

Kontroll

21 Kedjan bör bytas om dreven eller kedjan är slitna (märks på överdrivet sidospel mellan kedjelänkarna och slammer under gång). Det är klokt att byta kedjan i vilket fall, när motorn ändå är isärtagen för översyn. Observera att rullarna på en svårt sliten kedja kan ha blivit lätt spåriga. Byt kedjan om det finns minsta tvivel om dess skick, så slipper du framtida bekymmer.

22 Undersök om drevens kuggar verkar slitna. Varje kugg har formen av ett V. Är

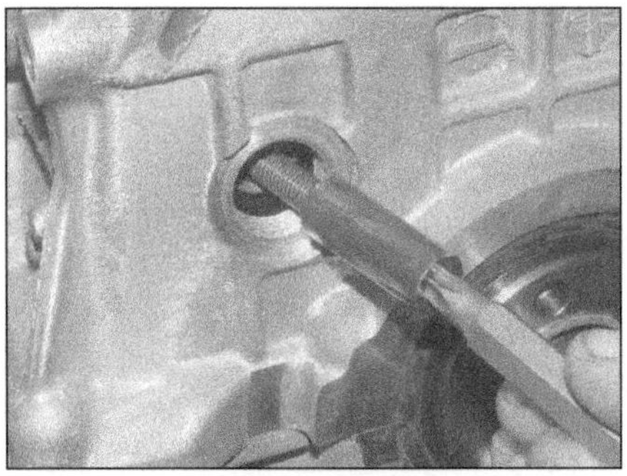

6.12 Skruva bort täckpluggen och skruva loss kamkedjestyrningens nedre stift

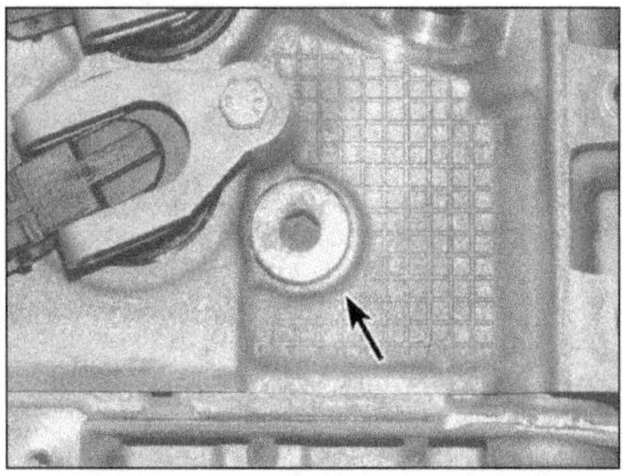

6.14 Ta bort täckpluggen (se pil) och skruva loss kamkedjestyrningens övre stift

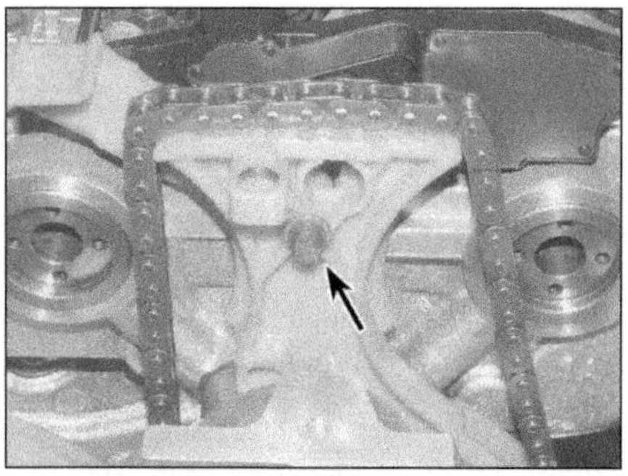

6.15 Skruva loss kedjestyrningens övre bult (markerad med pil)

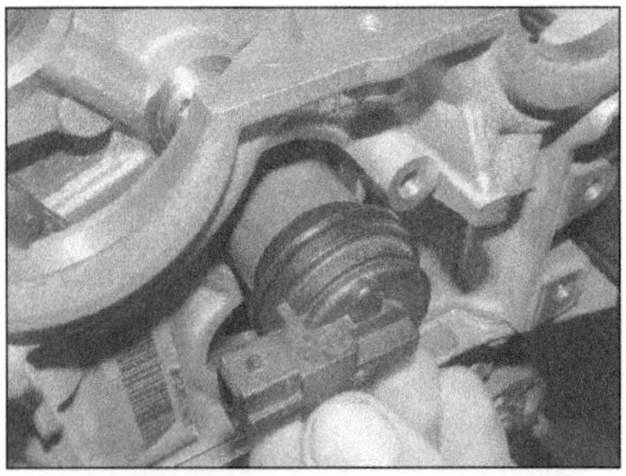

6.16 Dra bort magnetventilerna från topplocket och kassera O-ringstätningarna

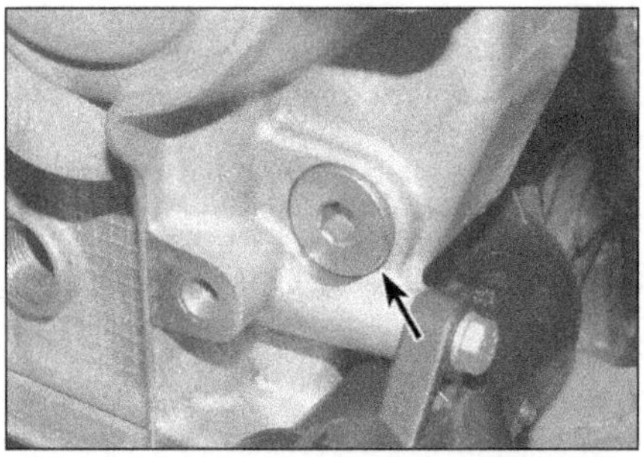

6.17 Ta bort pluggen och skruva loss den vänstra kedjestyrningens övre fäststift (se pil)

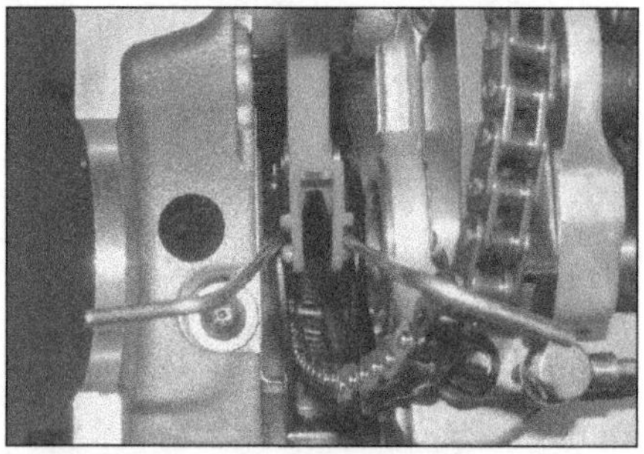

6.20 Bänd isär nederkanterna och ta bort kedjan från styrningen (använd svetsstänger)

6.24 Lägg vevaxeldrevet mot kedjan, med drevets krage vänd mot vevaxeln (se pil)

6.30a Vrid balansaxlarna så att de plana ytorna blir parallella (det bredare spåret uppåt) . . .

kuggen sliten har den sida som belastas en lätt urgröpt form jämfört med den andra sidan (dvs. kuggen ser lite krökt ut). Verkar kuggarna slitna måste drevet bytas. Kontrollera också om kontaktytorna på kedjestyrningen och spännskenan verkar slitna – byt vid behov de slitna komponenterna.

Montering

23 Bänd försiktigt isär de nedre kanterna på kamkedjestyrningen och mata igenom kedjan **(se bild 6.20)**.

24 Placera vevaxeldrevet i kedjans nedre bukt. Observera att kragen på drevet ska vara vänd mot vevaxeln **(se bild)**.

25 Dra kamkedjan uppåt genom styrningen tills styrningens nedre kant fångar in drevet i rätt läge. Håll kedjan/styrningen/drevet i detta läge.

26 Sänk ner enheten genom kamkedjetunneln och trä drevet på kamaxeländen.

27 Sätt i kamkedjestyrningens nedre stift genom hålet i framsidan av kamkedjekåpan och dra åt det stadigt. Sätt tillbaka kåpans plugg med en ny tätningsring och dra åt till angivet moment.

28 Sätt i kamkedjestyrningens övre stift genom hålet i kamkedjekåpan och dra åt det stadigt. Sätt tillbaka kåpans plugg med en ny tätningsring och dra åt till angivet moment.

29 Montera vevaxelns remskivenav men dra bara åt bulten med fingerkraft på det här stadiet.

Version 1

30 Arbeta från undersidan av bilen och vrid balansaxlarnas ändar så att deras plana sidor blir parallella och sidan med det bredare spåret vänds uppåt **(se bild)**. Fixera axlarna i detta läge med två bitar plattjärn och ett par låstänger **(se bild)**.

Version 2

31 Arbeta under bilen, vrid balansaxlarnas ändar så att balansvikternas platta ytor är parallella med vevaxelns fogyta så kan BMW:s specialverktyg nr 11 5 140 sättas in mellan balansvikterna och fogytan **(se bild)**. Om specialverktyg saknas använder du en metallremsa.

Alla modeller

32 Se till att vevaxelns låsverktyg fortfarande sitter på plats och dra åt vevaxeldrevets navbult men inte till mer än 60 Nm (44 pundfot). Vid större åtdragningsmoment kan verktyget och/eller motorblocket skadas.

33 Ta bort den remsa (de remsor) av metall som låser/riktar in balansaxlarna på plats.

34 Sätt tillbaka magnetventilerna med nya O-ringstätningar i insugs- och avgaskamaxelns justeringsenheter framtill på topplocket. Dra åt fästbultarna ordentligt och återanslut anslutningskontakterna.

35 Sätt tillbaka den övre kamkedjestyrningens

6.30b . . . och fixera dem i det läget

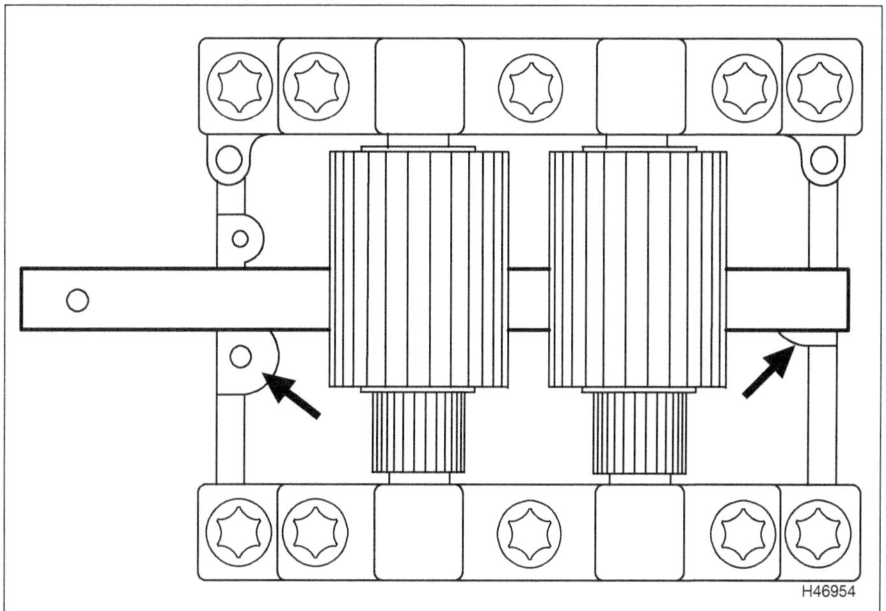

6.31 Montera specialverktyget mellan balansaxelns vikter och de bearbetade kontaktpunkterna (markerade med pilar)

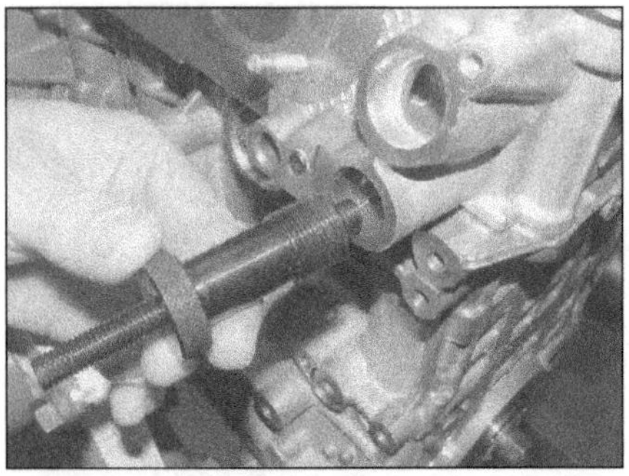

6.38 Montera verktyg 11 9 340 i hålet för spännaren

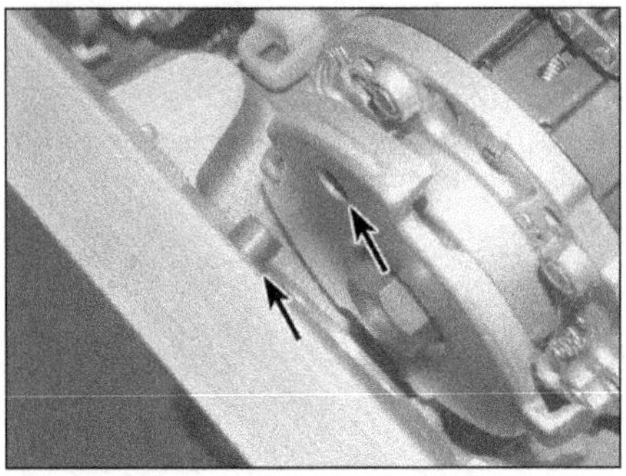

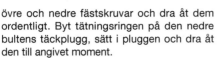

6.39b Se till att stiften på verktyget griper in som de ska i hålen i givarringarna (se pilar)

övre och nedre fästskruvar och dra åt dem ordentligt. Byt tätningsringen på den nedre bultens täckplugg, sätt i pluggen och dra åt den till angivet moment.

36 Återanslut anslutningskontakten till insugskamaxelns lägesgivare.

37 Lyft kamkedjan och håll den sträckt. Lägg kedjan om insugskamaxelns justeringsenhet och placera denna på kamaxeländen, komplett med givarringen. Håll enheten/ringen på plats med en ny bult som skruvas fast hårt nog för att det inte ska finnas något glapp, men inte mer. Gör samma sak med avgaskamaxelns justeringsenhet. Observera att givarringarna är identiska, även om justeringsenheterna är märkta IN och EX.

38 Se till att kamkedjan vilar korrekt mot spännararmen. Montera BMW:s verktyg 11 9 340 i hålet för spännkolven och vrid sedan justerskruven på verktyget tills skruvens ände vidrör spännskenan utan att spänna kedjan **(se bild)**.

39 Montera BMW-verktyg nr 11 9 350 på topplockets ände och se till att verktygets styrsprintar går korrekt i ingrepp med motsvarande hål i givarens krondrev **(se bilder)**. Skruva fast verktyget i topplocket med de två medföljande M6-bultarna.

40 Använd en lämplig hylsa och lossa bultarna som håller fast justeringsenheterna/givarringarna ett halvt varv. Dra sedan åt dem igen så att de bara nuddar vid givarringarna utan glapp.

41 Förspänn kedjespännarens styrning

6.39a Montera verktyg 11 9 350 på topplocket

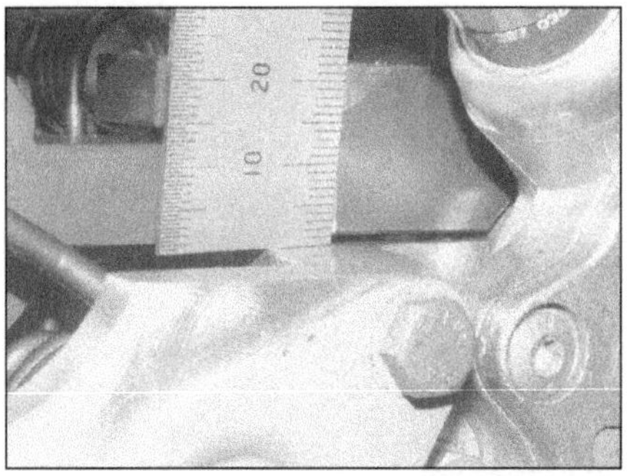

6.46 Avgaskamaxelns tidsinställning är korrekt om gapet är mindre än 1,0 mm

genom att skruva in verktygets justeringsskruv med en momentnyckel till ett värde på 0,6 Nm. Saknar du en momentnyckel med så fin kalibrering får du dra åt justerskruven för hand, men bara så hårt att inget slack längre märks i kedjan.

42 Dra åt kamaxeljusterarnas fästbultar till angivet moment.

43 Skruva loss fästbultarna och ta bort verktyg nr 11 9 350 från topplockets ände.

44 Lossa justeringsskruven och ta bort verktyg nr 11 9 340 från sträckarens kolvöppning.

45 Se till att kamkedjespännarkolven har tömts helt, sätt sedan tillbaka den i öppningen i motorblocket med en ny tätningsring. Dra åt den till angivet moment.

46 Ta bort vevaxelns och kamaxlarnas låsverktyg och använd en skiftnyckel eller en hylsa på vevaxelremskivans navbult, vrid vevaxeln 720° medurs och kontrollera att kamaxelns och vevaxelns låsverktyg kan monteras tillbaka. Observera att ett avstånd på upp till 1,0 mm (avgaskamaxelns verktyg) respektive 0,5 mm (insugskamaxelns verktyg) är tillåtet mellan sidan mot insugsgrenröret på kamaxellåsverktygen och topplockets övre packningsyta **(se bild)**.

47 Ta bort låsverktygen och dra åt vevaxelremskivans navbult till angivet moment och håll emot den med den metod som används vid demonteringen med tidsinställningen korrekt.

48 Resten av monteringen sker i omvänd ordningsföljd mot demonteringen.

7 Kamdrev och kamkedjespännare – demontering och montering

Kamdrev

1 Arbetet beskrivs som en del av demonteringen av kamkedjan i avsnitt 6.

Kamkedjespännare

2 Kamkedjespännaren är en hydrauliskt manövrerad kolv som påverkar den högra kedjespännarstyrningen. Skruva loss kolven från motorns högra, främre sida **(se bild 6.10)**. Var beredd på spill. Kasta tätningsringen, du måste sätta dit en ny.

3 Ska kolven monteras tillbaka, håller du enheten lodrätt med det sexkantiga huvudet mot handflatan och trycker sedan långsamt in kolven mot en hård, slät yta för att pressa ut all olja som finns kvar. Upprepa proceduren.

4 Sätt tillbaka kolven med en ny tätningsring och dra åt till angivet moment.

8 Variabel ventilstyrning – beskrivning och byte av komponenter

Beskrivning

1 Motorn är utrustad med ett variabelt styrsystem för insugsventilerna – Valvetronic – för att förbättra effekten och ekonomin och samtidigt minska utsläppen. Med detta system regleras öppningslyftet och insugsventilernas tid av den elektroniska styrmodulen och det är så variabelt att den traditionella spjällventilen i gasspjällhuset har utelämnats vilket eliminerar de pumpförluster i insugskanalen som associeras med gasspjällsanordningen. Valvetronic-systemet består av en mellanhävarm mellan kamaxelloben och insugsventilens vipparm, en excenteraxel och lägesgivare, en ställmotor och en elektronisk styrmodul. Mellanhävarmen överför kamaxellobens lyftrörelse till vipparmen, medan ställmotorn ändrar läget hos excenteraxeln, vilket i sin tur förskjuter vridpunkten för mellanhävarmen **(se bild)**.

Byte

Ställmotor

2 Demontera ventilkåpan enligt beskrivningen i avsnitt 4.

3 Skruva loss de två fästmuttrarna **(se bild)**.

4 Vrid motoraxeln medurs för hand och dra samtidigt motorn bakåt. Kasta gummitätningen, du måste sätta dit en ny.

5 Sätt tillbaka motorn med en ny tätning på plats och vrid axeln moturs tills motorn vilar mot fästbygeln. Dra åt fästmuttrarna ordentligt.

6 Montera ventilkåpan enligt beskrivningen i avsnitt 4.

Excenteraxel

7 Demontera insugskamaxeln enligt beskrivningen i avsnitt 9.

8 När kamaxeln är demonterad, skruvar du loss de tre bultarna och tar bort excenteraxelns lägesgivare från lagerhållaren **(se bild)**.

9 Skruva loss bulten och ta bort magnetrotorn från axeländen **(se bild)**. Rotorn är väldigt magnetisk och därför ska den placeras i en plastpåse för att skydda den mot magnetiska filspån som dras till den.

10 Skruva loss oljematningsrörets banjobult, lossa lageröverfallens fästmuttrar på överfall nr 2 och 4 och ta bort oljematningsröret **(se bild)**. Observera att överfallen är märkta E1 till E4, med nr 1 längst mot kamkedjan

11 Lossa de återstående lageröverfallen och lyft bort excenteraxeln från lagerhållaren.

12 Dra isär axelns nålrullager väldigt försiktigt och ta bort dem. Observera att lagren mycket lätt bryts av om de böjs ut för mycket **(se bild)**.

13 Demontera lagerskålarna från lageröverfallen om det behövs.

14 Vid återmonteringen, placera de nya lagerskålarna i lagerhållaren och överfallen. Se till att styrstiften griper in som de ska i motsvarande smörjkanaler/styrstiftshål och att lagerskålarnas ändar griper in på rätt sätt i varandra **(se bild)**.

15 Öppna nålrullagren mycket försiktigt och sätt dem på excenteraxelns lagertappar. Observera att lagren mycket lätt bryts av om de böjs ut för mycket.

16 Smörj nålrullagren och lagerskålarna med ren motorolja. Lägg excenteraxeln i lagerhållaren och sätt tillbaka lageröverfallen på deras platser. Fingerdra muttrarna som fäster lageröverfall nr 1 och 3.

17 Montera tillbaka oljematningsröret, dra åt de muttrar som håller fast lageröverfall nummer 2 och 4.

18 Sätt i oljematningsrörets banjobult och dra åt den ordentligt.

19 Se till att lageröverfallen är korrekt inriktade men slutdra inte muttrarna förrän lagerhållarenheten har monterats tillbaka på topplocket.

20 Sätt tillbaka magnetrotorn på axeländen så att dess styrklack griper in i motsvarande spår i axeländen. Sätt in den "antimagnetiska" bulten och dra åt den till angivet moment.

21 Sätt tillbaka excenteraxelns lägesgivare och dra åt fästbulten ordentligt.

22 Resten av monteringen utförs i omvänd ordningsföljd mot demonteringen.

Mellanhävarmar

23 Hur mellanhävarmarna demonteras och monteras beskrivs som en del av demonteringen av insugskamaxeln (se avsnitt 9). Om de ska återanvändas, se till att hävarmarna monteras på sina gamla platser.

Excenteraxelns lägesgivare

24 Demontera ventilkåpan enligt beskrivningen i avsnitt 4.

25 Skruva loss bultarna och ta bort givaren **(se bild 8.8)**.

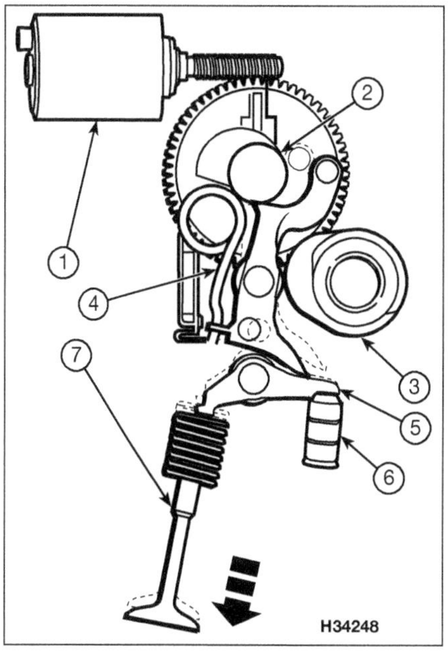

8.1 Valvetronic variabel ventilstyrning

1 Ställmotor
2 Excenteraxel
3 Kamaxel
4 Spännfjäder
5 Vipparm
6 Hydraulisk kompensator
7 Insugsventil

26 Monteringen utförs i omvänd ordningsföljd mot demonteringen, och dra åt givarens bultar ordentligt.

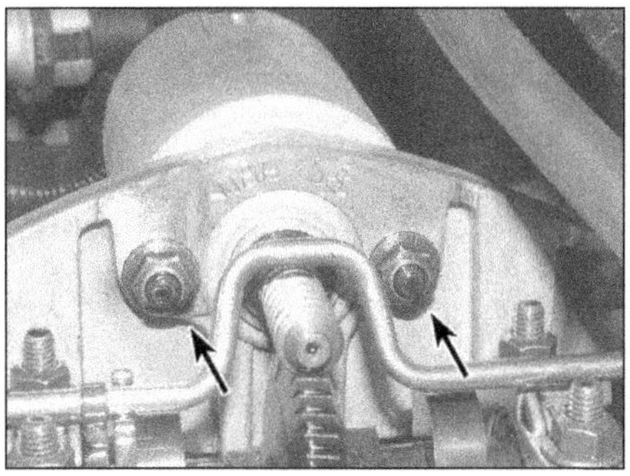

8.3 Skruva loss ställmotorns två muttrar (se pilar)

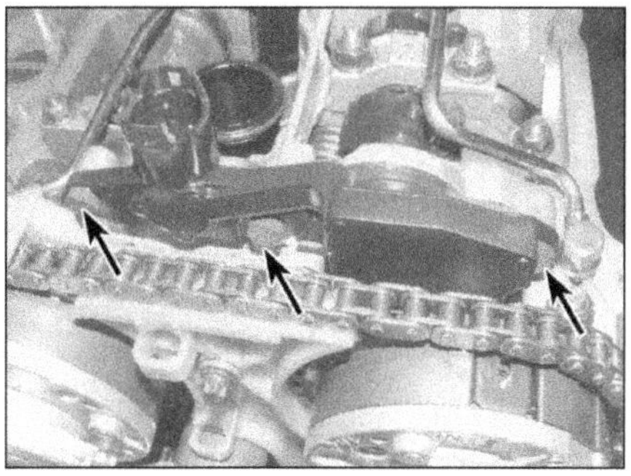

8.8 Bultar till den excentriska axelns lägesgivare (markerade med pilar)

8.9 Demontera magnetrotorn från axeländen

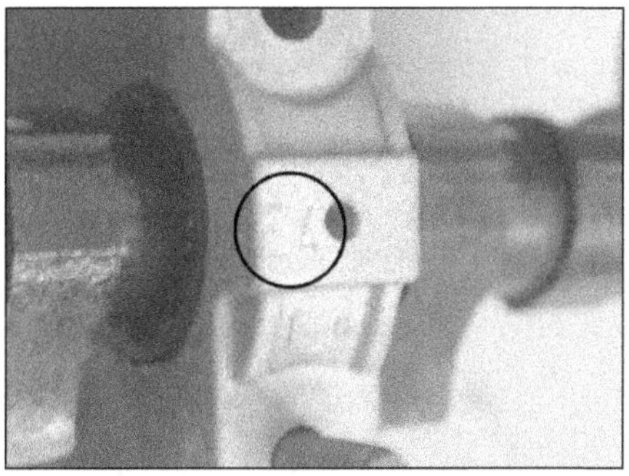

8.10 Märken på den excentriska axelns kåpa (inringade)

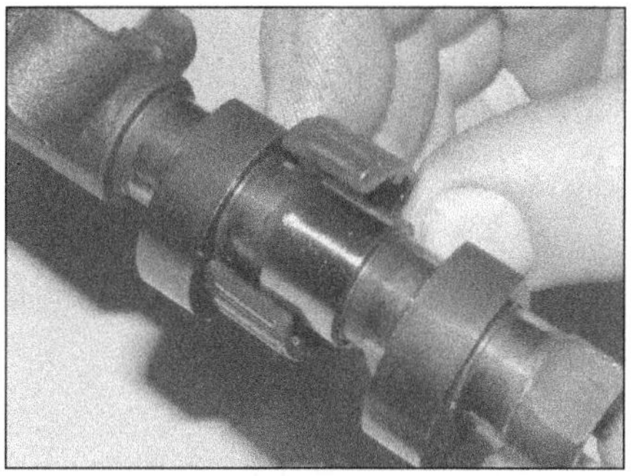

8.12 Ta försiktigt isär lagerburen

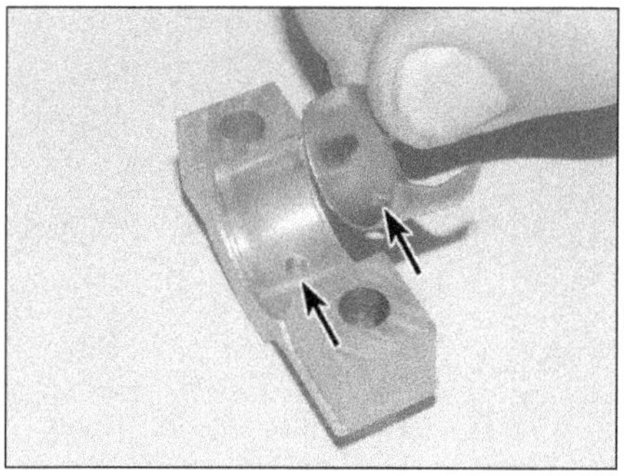

8.14 Se till att styrstiften hakar i hålen som de ska (se pilar)

9.4 Skruva loss kamaxeljusterarens bult

9.8a Skruva loss den övre kamkedjestyrningens bult . . .

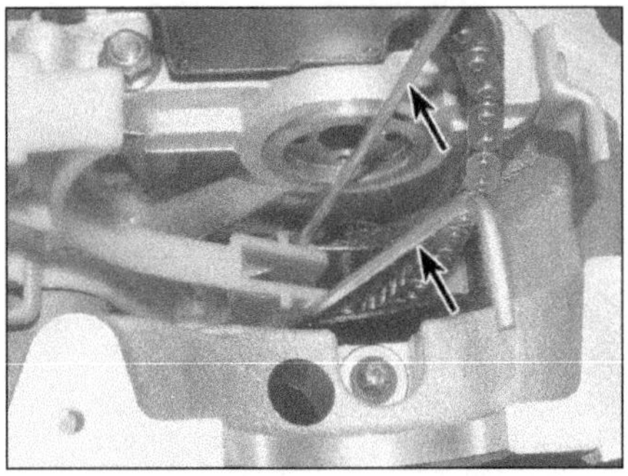

9.8b . . . och sära på den översta delen av den vänstra styrningen med hjälp av två metallstänger (se pilar) så att styrningarna skiljs åt

9.11 Vrid excenteraxeln så att fjädern (se pil) blir så slack som möjligt

9.12 Använd ett buntband (eller liknande) för att dra loss fjädern från armen (se pil)

9.13 Vrid excenteraxeln till läget för minsta utslag

9.14 Montera BMW-verktyg 11 9 302 (markerat med pil) över kamaxelns ände och håll den på plats med bulten (BMW-verktyg 11 9 303)

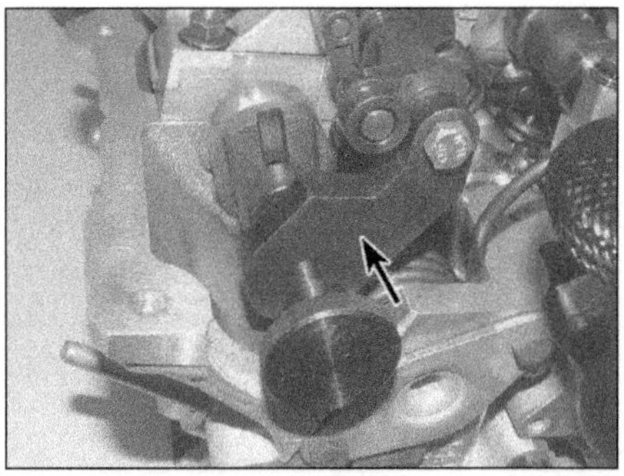

9.15 Lås kamaxeln vid excenteraxeln med BMW:s verktyg 11 9 301 (se pil)

9 Kamaxlar och ventillyftare – demontering och montering

Insugskamaxel

Observera: *Demontering av insugskamaxeln kräver tillgång till flera av BMW:s specialverktyg.*

Demontering

1 Ställ motorn i ÖD-läge för cylinder nr 1 enligt beskrivningen i avsnitt 3.

2 Lossa bultarna till avgas- och insugskamaxelns justeringsenhet med kamaxlarna låsta på plats **(se bild 6.9)**.

3 Lossa kedjespännarkolven framtill på motorblockets högersida **(se bild 6.10)**. Var beredd på oljespill. Kasta tätningsbrickan, du måste sätta dit en ny. Om kolven ska återanvändas, håll den lodrätt och tryck långsamt in den för att tömma ut all olja.

4 Skruva loss bulten till avgaskamaxelns justeringsenhet helt och ta bort hela enheten, komplett med kamaxelgivarens ring och drev. Gör samma sak på insugskamaxeln. Observera att enheterna är märkta EX (avgas) och IN (insug). Förväxla inte delarna **(se bild)**. Se till att kedjan hålls sträckt – bind upp eller stötta den med ståltråd så att den inte faller ner i kamkedjehuset.

5 Demontera excenteraxelns ställmotor enligt beskrivningen i avsnitt 8.

6 Kläm ihop låsflikarna och koppla bort kamaxelgivarens anslutningskontakt från kamkedjekåpans framsida.

7 Skruva loss pluggen bakom insugskamaxelns lägesgivare och skruva loss den högra kamkedjestyrningens övre stift **(se bild 6.14)**.

8 Ta bort den övre kamkedjestyrningens bult, dra försiktigt isär överdelen på den vänstra kedjestyrningen och lossa den nedre delen på den övre styrningen. Demontera den övre kamkedjestyrningen **(se bilder)**.

9 Skruva loss banjobulten på avgaskamaxelns oljematningsrör och dra röret ca 20 mm bakåt.

10 Ta bort kamaxellåsverktygen.

11 Håll en öppen nyckel mot den sexkantiga delen och vrid excenteraxeln så att belastningen på vridfjädern i änden av axeln blir så liten som möjligt **(se bild)**.

12 Dra med hjälp av ett buntband eller liknande vridfjäderns ände uppåt och bakåt så att den släpper från armen med rullen på excenteraxeln **(se bild)**.

13 Vrid den excentriska axeln så att den är i det minsta kolvslagsläget **(se bild)**.

14 Montera BMW:s specialverktyg nr 11 9 302 på insugskamaxelns främre ände och fäst den på plats med specialverktyg nr 11 9 303. Detta fäster kamaxeln i lagerhållaren **(se bild)**.

15 Fäst excenteraxeln på kamaxelns bakre ände med BMW:s specialverktyg 11 9 301 **(se bild)**. Dra åt tumvredet för hand för att hindra kamaxeln från att rotera.

9.16 Fäst BMW-verktygen (se pilar) vid oljematningsröret och undersidan av mellanhävarmarna

9.17 Skruva loss muttrarna (se pilar) och lyft bort lagerhållaren

9.18 Spänn fast BMW-verktyget 11 9 320 (se pil) i ett skruvstycke och placera lagerhållaren på verktyget i uppochnedvänt läge

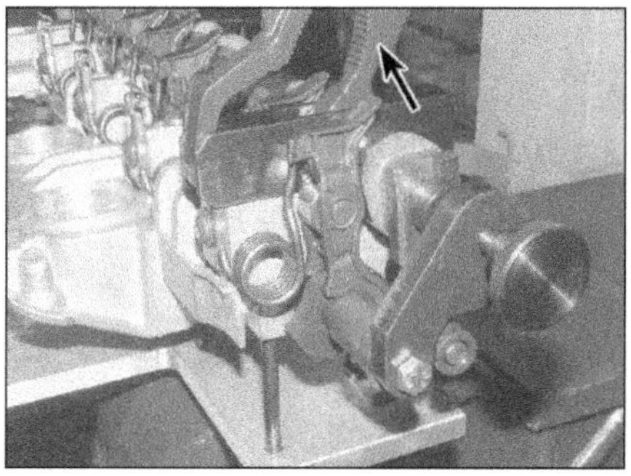
9.20a Placera BMW-verktyget 11 9 390 (se pil) mellan fjäderns två halvor . . .

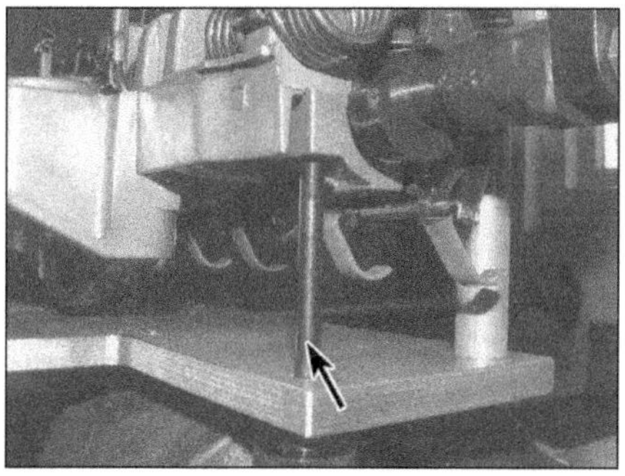
9.20b . . . och dra åt fästbulten med fingerkraft

16 Fäst BMW:s specialverktyg nr 11 9 310 vid oljematningsröret och på undersidan av alla mellanhävarmar för att hålla dem på plats **(se bild)**.

17 Lagerhållaren är fäst med 13 muttrar. Lossa muttrarna stegvis och jämnt och ta bort lagerhållaren **(se bild)**.

18 Innan kamaxeln demonteras måste spänningen i vridfjädrarna mellan excenteraxeln och mellanhävarmen avlastas med BMW:s specialverktyg 11 9 390 och 11 9 320 på följande sätt. Spänn fast specialverktyg 11 9 320 i ett skruvstycke. Vänd lagerhållarenheten upp och ned och placera den på specialverktyget **(se bild)**.

19 Dra ut tändstiftsrören ur enheten. Kasta rörens O-ringstätningar, du måste sätta dit nya.

20 Placera specialverktyg 11 9 390 över kamaxeln, mellan vridfjäderns två halvor vid cylinder nr 4. Fixera det med den medföljande bulten **(se bilder)**.

21 Se till att verktygets käft är korrekt placerad längst upp på fjäderspännbrickan med verktyget fäst på plats och tryck ihop verktygets käftar. Skruva loss spännbrickans fästskruv och öppna långsamt verktygets käftar för att ge efter på spänningen i fjädern **(se bilder)**.

Varning: Försök inte ta bort vridfjädern utan BMW-verktyget. Fjädrarna är hårt spända så det finns risk att du skadar dig.

22 Ta bort vridfjädern tillsammans med spännbrickan.

23 Ta bort verktyget 11 9 390 och upprepa proceduren på de återstående vridfjädrarna.

24 Ta bort verktygen som håller fast mellanhävarmarna vid oljematningsröret. Ta bort mellanhävarmarna och förvara dem i rätt inbördes ordning. Om de ska återanvändas är det mycket viktigt att de sätts tillbaka på sina gamla platser.

25 Demontera verktygen som låser kamaxelns båda ändar. Lyft bort kamaxeln.

26 Om det behövs, lyft bort vipparmarna tillsammans med de hydrauliska justerarna som sitter ovanför insugsventilerna. Om vipparmarna ska återanvändas är det mycket viktigt att de sätts tillbaka på sina gamla platser. Skilj vipparmarna från justerarna. Förvara dem i rätt inbördes ordning. De hydrauliska justerarna bör förvaras i en fackindelad ask, nedsänkta i ren motorolja.

27 Ta bort kompressionsringarna på kamaxelns ände om det behövs genom att

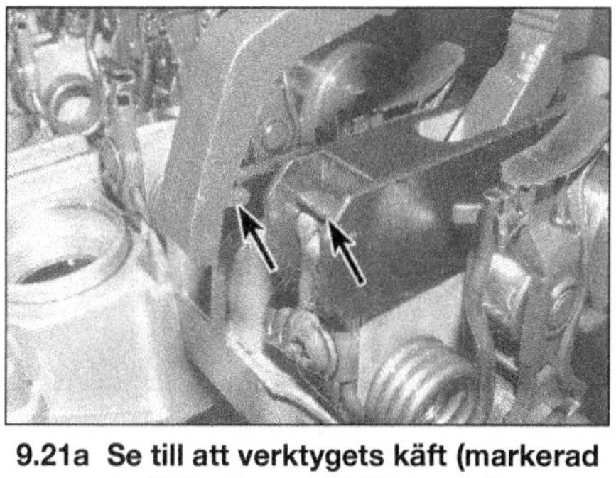
9.21a Se till att verktygets käft (markerad med pil) är placerad i fjäderplattans överdel (markerad med pil)

9.21b Skruva loss fjäderplattans fästbult med verktygskäften hopklämd

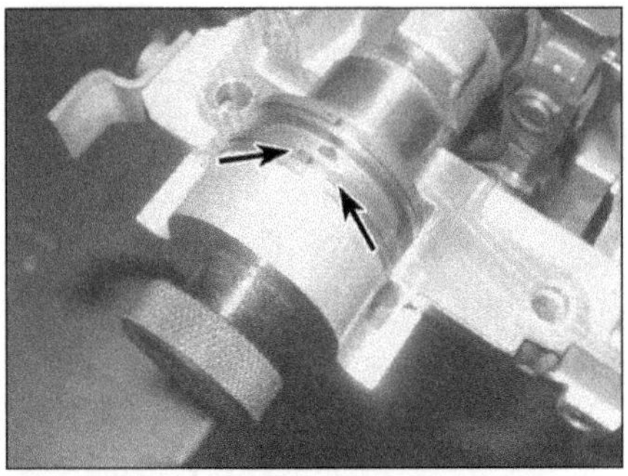

9.27 Tryck ner den ena änden av ringen och lyft den andra (se pilar)

9.30 Den böjda ytan (markerad med pil) på kamaxelns bakdel måste peka nedåt

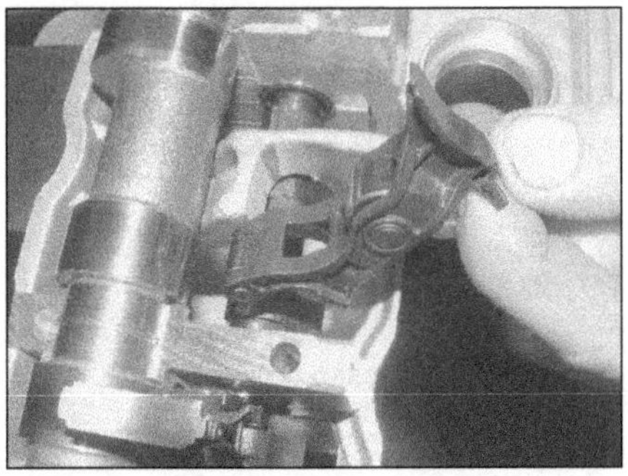

9.33a Sätt mellanhävarmarna . . .

9.33b . . . på plats

trycka ner ena änden av ringen i spåret, dra upp den andra ringen och haka loss den **(se bild)**. Var försiktig eftersom ringarna lätt går sönder.

Kontroll

28 Rengör samtliga delar, inklusive lagerytorna i gjutgodset och lageröverfallen. Undersök delarna noga med avseende på slitage och skador. Leta särskilt efter repor och punktkorrosion på kamaxelns/kamaxlarnas lagerytor och lober. Undersök om ventilvippornas och mellanhävarmarnas anliggningsytor verkar slitna eller skadade. Byt ut komponenterna om det behövs.

Montering

29 Medan lagerhållarenheten fortfarande är uppochnedvänd och inpassad på BMW-verktyg 11 9 320 som hålls fast i ett skruvstycke smörjer du kamaxelns lagerytor med ren motorolja.

30 Placera insugskamaxeln i lagerhållaren, med den avrundade sidan på bakre kamaxeländen vänd nedåt **(se bild)**.

31 Se till att öppningarna på kompressionsringarna i den främre änden av kamaxeln pekar uppåt **(se bild 9.27)**.

32 Montera verktyg nr 11 9 302 och 11 9 303 framtill på kamaxeln och 11 9 301 baktill på kamaxeln. När verktygen är på plats är kamaxeln låst mot lagerhållaren och excenteraxeln. Se till att excenteraxeln är placerad i rätt läge.

33 Smörj lagerytorna på mellanhävarmarna och sätt i dem på deras platser mellan kamaxeln och excenteraxeln **(se bilder)**.

34 Använd BMW:s specialverktyg nr 11 9 310 för att sätta oljematningsröret och mellanhävarmarna på plats.

35 Montera BMW-verktyget 11 9 390 över kamaxeln på samma sätt som vid demonteringen (börja i enhetens bakre ände) mitt emellan lägena för vridfjäderns två halvor. Sätt vridfjädern på plats, och se till att änden på dess spännbricka hakar i nederkanten av verktygets käft **(se bild)**.

36 Knip försiktigt samman verktygskäftarna och spänn fjädern. Montera tillbaka fjäderfästplattans bult och dra åt den ordentligt. Upprepa detta tillvägagångssätt på de resterande torsionsfjädrarna.

37 Montera nya O-ringstätningar på tändstiftsrören och observera att tätningarna med mindre diameter är monterade på rören. Stryk ren motorolja på tätningarna och sätt tillbaka tändstiftsrören i topplocket.

38 Om vipparmarna har demonterats, sätt tillbaka dem i sina ursprungliga lägen vid insugsventilerna.

9.35 Se till att verktyget griper in som det ska i fjäderns spännbricka (se pil)

39 Montera lagerhållarenheten på topplocket, men dra bara åt de 13 fästmuttrarna med fingerkraft än så länge.

40 Arbeta från mitten och utåt och dra först åt lagerhållarens fästmuttrar jämnt till 5 Nm. Dra sedan åt en gång till i samma ordningsföljd, nu till 10 Nm. Om excenteraxeln tidigare har demonterats, är det nu dags att slutdra dess lageröverfall till angivet moment.

41 Ta bort verktygen som fixerar mellanhävarmarna vid oljematningsröret och kamaxeln vid lagerhållaren/excenteraxeln. Dra avgaskamaxelns oljematningsrör framåt, sätt i och dra åt banjobulten ordentligt (observera frånvaron av tätningsbricka).

42 Vrid med en öppen nyckel excenteraxeln så att du kan dra vridfjädern i bakre änden av kamaxeln bakåt (med hjälp av t.ex. ett buntband) och placera den i spåret i rullen på excenteraxelns arm. Vrid excenteraxeln så att vridfjädern spänns maximalt.

43 Montera verktygen för låsning av kamaxeln vid ÖD-läge i cylinder 1, enligt beskrivningen i avsnitt 3.

44 Resten av monteringen utförs i omvänd ordningsföljd mot demonteringen.

Avgaskamaxel

Demontering

45 Ta bort lagerhållarenheten enligt beskrivningen under punkt 1 till 17 i detta avsnitt.

46 Skruva loss de tre bultarna och ta bort vakuumpumpen från bakre änden av avgaskamaxeln (se kapitel 9). Kasta O-ringstätningen, du måste sätta dit en ny.

47 Dra bort avgaskamaxelns oljematningsrör från fästklämmorna på lageröverfallen.

48 Lossa lageröverfallens fästbultar gradvis och jämnt. Observera att överfallen från insugssidan sett är märkta A1, A2, A3 och A4, med A1 längst mot kamkedjan. Ta bort överfallen. Oljematningsrörets fästklämmor sitter på överfall nr 1 och 4.

49 Lyft bort kamaxeln från topplocket. Demontera vid behov kompressionsringarna i änden av kamaxeln genom att trycka ner den ena änden av ringen i spåret, lyfta upp den andra änden och haka loss ringen **(se bild 9.27)**. Var försiktig eftersom ringarna lätt går sönder.

50 Om det behövs, lyfter du bort vipparmarna tillsammans med de hydrauliska justerarna som sitter ovanför avgasventilerna. Skilj vipparmarna från justerarna. Förvara dem i rätt inbördes ordning, så att de kan monteras i sina gamla lägen om de ska återanvändas. De hydrauliska justerarna bör förvaras i en fackindelad ask, nedsänkta i ren motorolja.

Kontroll

51 Se punkt 28.

Montering

52 Smörj kamaxelns lagerytor med ren motorolja.

9.54 Den rundade sidan på kamaxelns bakände ska peka uppåt

9.55 Ringens ändar ska sitta på ovansidan

9.60 Flänsen på pumpens drivaxel passar in i skåran i kamaxeländen (se pilar)

53 Om vipparmarna har demonterats, montera tillbaka dem ovanför avgaskamaxeln.

54 Lägg kamaxeln på plats, med den rundade sidan på fyrkantsflänsen i kamaxelns bakre ände vänd uppåt **(se bild)**.

55 Se till att öppningarna på kompressionsringarna i den främre änden av kamaxeln pekar uppåt **(se bild)**.

56 Smörj lageröverfallen med ren motorolja och sätt överfallen på plats över kamaxeln. Observera hur överfallen är märkta och hur de ska sitta – se punkt 48.

57 Fäst oljematningsrörets fästklämmor vid lageröverfall nr 1 och 4. Sätt sedan tillbaka muttrarna och dra åt dem gradvis och jämnt tills undersidan på överfallen vidrör topplocket.

58 Arbeta från mitten och utåt och dra åt muttrarna ett halvt varv i taget, tills angivet moment uppnås.

59 Sätt tillbaka oljematningsröret i fästklämmorna och tryck röret ca 20 mm bakåt.

60 Montera vakuumpumpen med en ny O-ringstätning, så att flänsen på pumpens drivaxel griper in i skåran i kamaxelns bakände **(se bild)**.

61 Börja med att montera lagerhållarenheten och fortsätt med resten av monteringen i omvänd ordningsföljd mot demonteringen.

10 Topplock – demontering och montering

Observera: *Använd nya topplocksbultar och en ny topplockspackning vid monteringen.*

Demontering

1 Montera tillbaka batteriet och batterilådan enligt beskrivningen i kapitel 1A, och luftrenaren enligt beskrivningen i kapitel 5A.

2 Ställ motorn i ÖD-läge för cylinder nr 1 enligt beskrivningen i avsnitt 3.

3 Lossa bultarna till avgas- och insugskamaxelns justeringsenhet med kamaxlarna låsta på plats **(se bild 6.9)**.

4 Lossa kedjespännarkolven framtill på motorblockets högersida **(se bild 6.10)**. Var beredd på oljespill. Kasta tätningsbrickan, du måste sätta dit en ny. Om kolven ska återanvändas håller du den vertikalt och trycker in kolven långsamt för att tömma ut alla olja.

5 Skruva bort bulten till avgaskamaxelns justeringsenhet och ta bort hela enheten med kamaxelns givarring och drev **(se bild 9.4)**. Gör samma sak på insugskamaxeln. Observera att enheterna är märkta EX (avgas) och IN (insug). Undvik att blanda delarna **(se bild 6.11)**. Se till att kedjan hålls sträckt – bind upp eller stötta den med ståltråd så att den inte faller ner i kamkedjehuset.

6 Ta bort insugs- och avgasgrenrören enligt beskrivningen i kapitel 4A.

7 Demontera excenteraxelns ställmotor enligt beskrivningen i avsnitt 8.

8 Kläm ihop låsflikarna och koppla bort anslutningskontakten till insugskamaxelns lägesgivare från kamkedjekåpans framsida.

9 Skruva loss pluggen bakom insugskamaxelns lägesgivare och skruva loss den högra kamkedjestyrningens övre stift **(se bild 6.14)**. Var försiktig så att du inte tappar ner stiftet i kamkedjekåpan.

10 Ta bort den övre kamkedjestyrningens bult, dra försiktigt isär överdelen på den vänstra kedjestyrningen och lossa den nedre delen på den övre styrningen. Ta bort den övre kamkedjestyrningen **(se bild 9.8a och 9.8b)**.

11 Arbeta vid motorns främre del, skruva loss fästbygelns bultar och dra bort kamaxelns justeringsmagnetventiler från motorblocket **(se bild 6.16)**.

12 Ta bort pluggen på vänster sida av kamkedjekåpan (bakom lyftöglan), och skruva ut den vänstra kamkedjestyrningens övre fäststift med ett torxbit **(se bild 6.17)**.

13 Ta bort kamaxellåsverktygen.

14 Koppla loss alla elektriska anslutningar från topplocket, men anteckna först hur de ska sitta och kablarnas dragning.

10.15 Vrid excenteraxeln så att kvadranten hamnar på insugssidan

15 Använd en öppen nyckel på dess sexkantiga avsnitt och vrid den excentriska axeln så att dess tandade kvadrant är på insugssidan **(se bild)**. I detta läge blir insugssidans topplocksbultar åtkomliga.

16 Skruva loss de två bultarna i kamkedjetunneln som fäster topplocket vid motorblocket **(se bild)**.

17 Skruva loss täckpluggen från stödfästet till excenteraxelns ställmotor.

18 Arbeta utifrån och inåt i omvänd ordning jämfört med den sekvens som visas i bild 10.32 och skruva loss topplocksbultarna jämnt och gradvis. Bultarna på plats nr 7 till 10 har M9-gänga och E10-huvud, medan bultarna 1 till 6 har M10-gänga och E12-huvud. Observera att bult nr 10 är kortare än de övriga.

19 Vicka på topplocket så att det släpper från motorblocket och styrstiften. Bänd inte mellan kontaktytorna på topplocket och blocket eftersom det kan skada packningsytorna.

20 Helst bör nu två medhjälpare hjälpa till med att lyfta av topplocket. Låt en av medhjälparna hålla upp kamkedjan, så att den inte är i vägen för topplocket och hela tiden hålls sträckt. Lyft sedan med hjälp av den andra medhjälparen av topplocket från motorblocket – försiktigt, topplocket är tungt. Fäst upp kamkedjan från motorblocket med en bit ståltråd.

21 Ta bort topplockspackningen.

Kontroll

22 Fogytorna mellan topplocket och

10.16 Skruva loss de två bultarna i kamkedjetunneln (markerade med pilar)

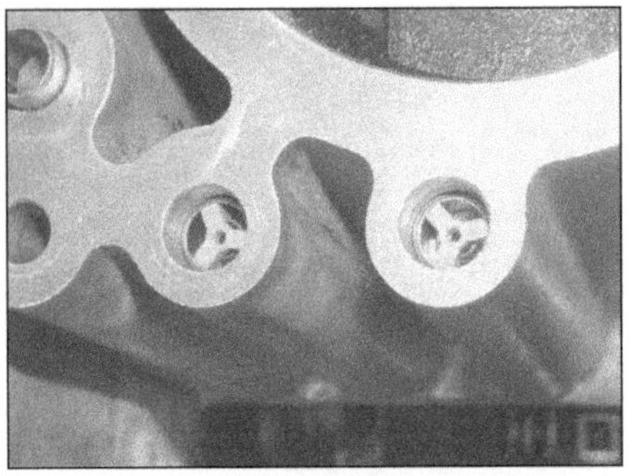

10.27a Oljematningskanalernas backventiler

motorblocket måste vara noggrant rengjorda innan topplocket monteras. Använd en skrapa för att avlägsna alla spår av packning och sot. Rengör även kolvtopparna. Var särskilt försiktig med topplocket i aluminium, den mjuka metallen skadas lätt. Se också till att det inte kan komma in något skräp i olje- och vattenkanalerna. Försegla vattenkanaler, oljekanaler och bulthål i motorblocket med tejp och papper. Lägg lite fett i gapet mellan kolvarna och loppen för att hindra sot från att tränga in. För varje kolv som rengjorts, vrid vevaxeln så att kolven rör sig **nedåt** i loppet och torka ur fettet och sotet med en trasa.

23 Leta efter hack, djupa repor och andra skador i motorblockets/topplockets fogytor. Är de mycket små, kan de försiktigt filas bort från motorblocket. Allvarligare skador kan eventuellt slipas bort, men detta är ett jobb för specialister.

24 Misstänker du att topplocket är skevt kan du kontrollera detta med en stållinjal enligt beskrivningen i kapitel 2E.

25 Rengör bulthålen i motorblocket med piprensare, eller med en tunn trasa och skruvmejsel. Se till att de töms fullständigt på olja och vatten, annars finns det risk för att motorblocket spräcks av det hydrauliska trycket när bultarna dras åt.

26 Undersök om det finns skador på bultarnas gängor eller på gängorna i motorblocket. Rensa vid behov gängorna i motorblocket med en gängtapp i rätt storlek.

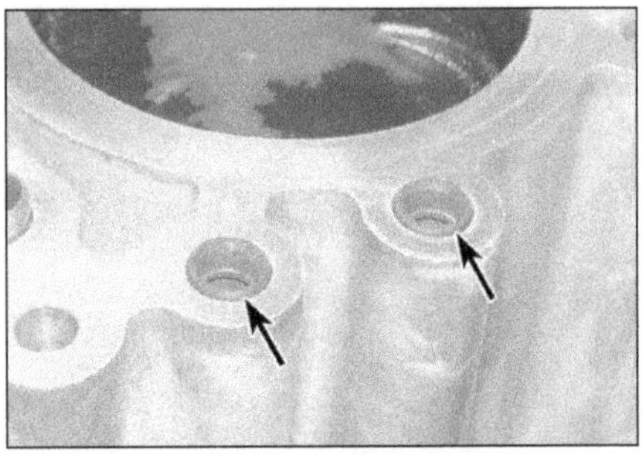

10.27b Oljebackventilernas gummitätningar (se pilar) ska sticka ut något från packningsytan

27 I framkanten på motorblockets fogyta sitter backventilerna och gummidistanserna till insugs- och avgaskamaxelns oljematningskanaler. Om ventilerna är kraftigt nedsmutsade, bänd ut gummidistanserna och ventilerna och byt dem (dra ut ventilhylsorna med en liten magnet). Observera att gummidistanserna ska sticka ut lite över motorblockets packningsyta när de sitter som de ska **(se bilder)**.

Montering

28 Se till att fogytorna på motorblocket, kamkedjehuset och topplocket är fullständigt rena, samt att topplocksbultarnas gängor är rena och torra och kan skruvas in och ut utan att kärva.

29 Kontrollera att topplockets styrstift sitter på plats i motorblocket.

⚠ ***Varning: För att undvika all risk för kontakt mellan kolvkronor och ventiler vid monteringen av topplocket, får ingen av kolvarna stå i ÖD. Innan du går vidare bör du, om det inte redan gjorts, vrida vevaxeln så att kolv nr 1 står i ÖD (kontrollera att låsstången kan skjutas in i svänghjulet, ta sedan bort den) och sedan vrida vevaxeln ca 45° moturs med en nyckel eller hylsa mot navbulten till vevaxelns remskiva.***

30 Lägg en ny topplockspackning på motorblocket och passa in den över styrstiften **(se bild)**. Se till att rätt sida är vänd uppåt. Observera att det finns packningar som är 0,3 mm tjockare än standard som ska användas om topplocket har maskinbearbetats (se kapitel 2E).

31 Sänk ner topplocket på dess plats ovanpå den nya packningen.

32 Stryk ett tunt skikt ren motorolja på de nya topplocksbultarnas gängor och kontaktytor för brickorna. Sätt sedan i bultarna med brickor på deras rätta platser. Observera att bultarna på plats nr 1 till 6 har M10-gänga och torxhuvud E12, medan bultarna 7 till 10 har M9-gänga och torxhuvud E10. Observera att bult nr 10 är kortare än de övriga. Dra åt bultarna i tur och ordning (se bild) och i de steg som anges i specifikationerna – dvs. dra åt bultarna i ordningsföljd till momentsteg 1, dra sedan åt alla bultarna i ordningsföljd till momentsteg 2 och så vidare. Observera att alla bultar ska dras åt till samma moment på motorerna N46.

33 Sätt i de två skruvarna i kamkedjetunneln i främre änden av topplocket och dra åt dem ordentligt.

34 Montera tillbaka kåppluggen på den excentriska axelns ställmotor med en ny tätningsring monterad och dra åt till angivet moment.

35 Rikta in vänster kedjestyrning och sätt i det övre fäststiftet. Dra åt stiftet ordentligt. Sätt tillbaka täckpluggen med en ny tätning och dra åt till angivet moment.

36 Håll excenteraxeln med en öppen nyckel om den sexkantiga delen och vrid den så att ändfjädern spänns maximalt.

37 Montera kamaxellåsverktygen – se avsnitt 3.

38 Vrid tillbaka vevaxeln till ÖD och montera vevaxellåsverktyget.

39 Montera nya O-ringstätningar på kamaxeljusteringens magnetventiler och sätt tillbaka dem på framsidan av

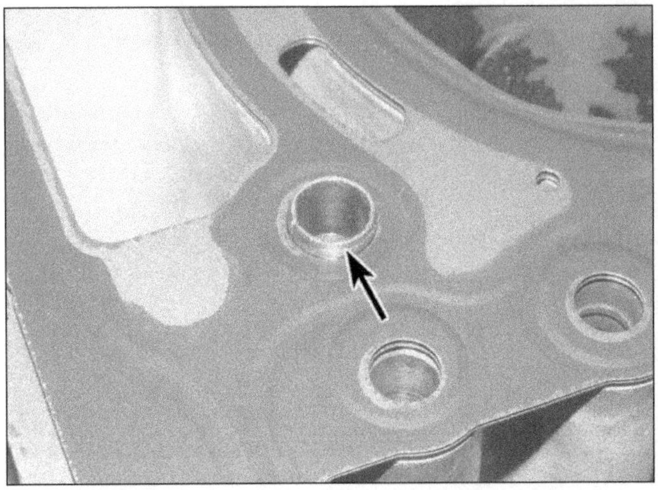

10.30 Montera en ny packning på stiften (markerad med pil)

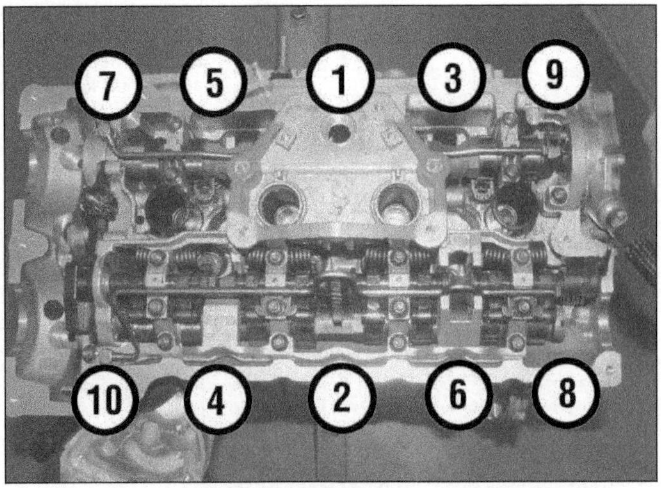

10.32 Ordningsföljd för åtdragning av topplocksbultar

motorn. Dra kamkedjan uppåt och isär och sätt i magnetventilerna genom den. Sätt tillbaka magnetventilernas fästbyglar och dra åt bultarna ordentligt. Återanslut magnetventilernas anslutningskontakter.

40 Dra kamkedjan uppåt och montera den övre kedjestyrningen. Bänd försiktigt isär överdelen på den vänstra styrningen och tryck in den övre styrningen så att den hakar i styrhålen **(se bild)**.

41 Sätt tillbaka den övre kamkedjestyrningens övre fästbult och dra åt den, med fingerkraft på det här stadiet.

42 Sätt tillbaka den övre kamkedjestyrningens nedre bult och dra åt både den övre och den nedre bulten ordentligt. Sätt tillbaka bultens täckplugg i huset och dra åt den till angivet moment.

43 Montera kamkedjan, dreven och kamaxeljusterarna enligt beskrivningen i avsnitt 6.

44 Resten av monteringen utförs i omvänd ordningsföljd mot demonteringen.

11 Sump – demontering och montering

Demontering

1 Tappa ur motoroljan (se kapitel 1A).

2 Demontera luftrenarhuset enligt beskrivningen i kapitel 4A.

3 Sänk ner den främre kryssrambalken enligt beskrivningen i avsnitt 13.

4 Lossa alla eventuella slangar från oljestickans styrrör och dess stödfäste. Skruva loss stödfästets fästbult och dra ut styrröret ur sumpen med en skruvande rörelse medurs. Kontrollera O-ringstätningen och byt den om så behövs.

5 Koppla loss oljenivågivarens anslutningskontakt.

6 Klipp av buntbandet som fäster kablaget vid växellådans nedre skyddsplåt. Skruva loss bultarna och ta bort skyddsplåten.

7 Lossa de två skruvarna och ta bort drivremmens styrremsskiva (om en sådan finns) på motorns framsida.

8 Skruva loss sumpens fästbultar. Sänk ner sumpen och lirka ut den bakåt. Om det behövs, sänk ner kryssrambalken ytterligare med domkraften för att få tillräckligt svängrum. Om det behövs, skruva likaså loss oljeupptagarröret för att underlätta demonteringen av sumpen.

9 Ta bort sumpens packning och kasta den.

Montering

10 Börja med att rengöra sumpens och motorblockets fogytor noga.

11 Lägg en ny packning på sumpen **(se bild)**.

12 Montera tillbaka sumpen, sätt in de nya fästskruvarna och dra åt dem till angivet moment.

13 Resten av återmonteringen sker i omvänd ordning mot demonteringen. Tänk på följande:

a) Dra åt alla hållare till angivet moment (där sådant angetts).

b) Fyll på olja i motorn enligt beskrivningen i kapitel 1.

c) Där så är tillämpligt, sätt tillbaka drivremmen enligt beskrivningen i kapitel 1A.

d) Använd nya bultar vid monteringen av kryssrambalken.

e) Använd nya muttrar vid monteringen av motorfästbyglarna.

12 Främre förstärkningsram – demontering och montering

Demontering

1 Dra åt handbromsen, lyft upp framvagnen och ställ den på pallbockar (se *Lyftning och stödpunkter*). Skruva loss bultarna och ta bort motorns undre skyddskåpa **(se bild 3.5a)**.

2 Skruva loss bultarna/muttrarna och ta bort förstärkningskåporna under bilen **(se bild)**.

3 Skruva loss de sex bultarna och ta bort förstärkningsramen **(se bilder)**. Kasta bultarna och använd nya vid återmonteringen.

Montering

4 Placera förstärkningen under kryssrambalken och sätt i de nya bultarna.

5 Dra åt bultarna till angivet moment.

6 Montera tillbaka förstärkningskåpan på varje sida och dra åt bultarna/muttrarna ordentligt.

10.40 Tryck in den övre styrningen i den nedre styrningens styrhål (se pil)

7 Montera motorns undre skyddskåpa och sänk ner bilen.

13 Främre kryssrambalk – nedsänkning, demontering och montering

Nedsänkning

1 Den främre kryssrambalken måste sänkas ner för att möjliggöra vissa arbeten, inklusive demontering av sumpen. Börja med att demontera den främre förstärkningsplåten/ramen enligt beskrivningen i föregående avsnitt.

2 Arbeta i den bakre delen av motorrummet, skruva loss bultarna och ta bort pollenfilterkåpan. Skjut bort filtret från huset. Om det behövs, se Kapitel 1A.

3 Lossa spärrarna och ta bort vänster och

11.11 Montera en ny sumppackning

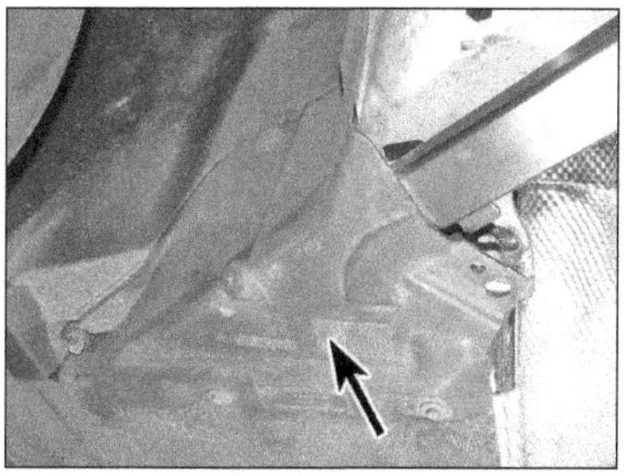

12.2 Ta bort kåpan (markerad med pil) på varje sida

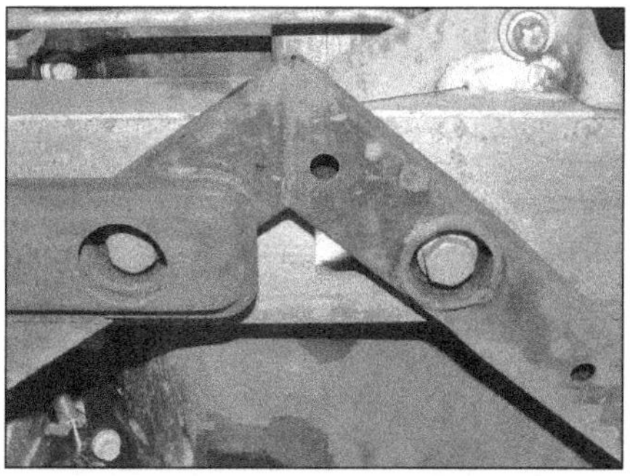

12.3a Den främre förstärkningsramen är fäst med två bultar i mitten. . .

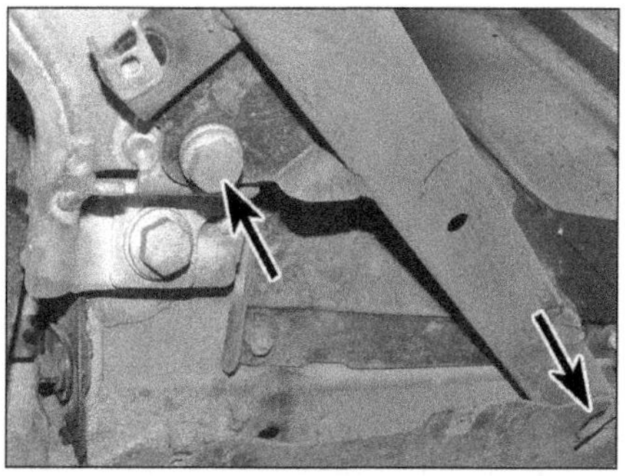

12.3b . . . och två på varje sida (markerade med pilar)

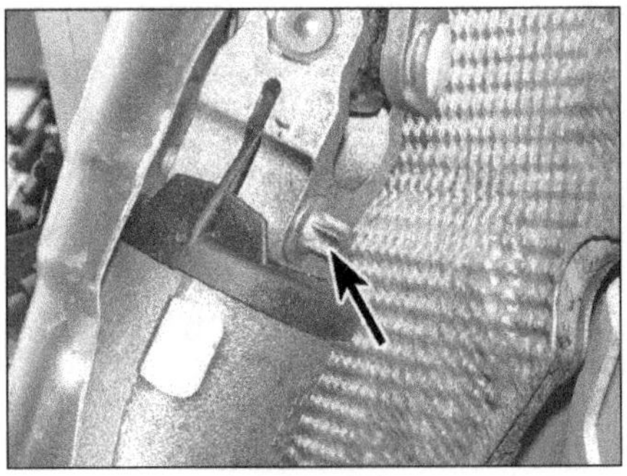

13.9 Rattstångsledens klämbult (markerad med pil)

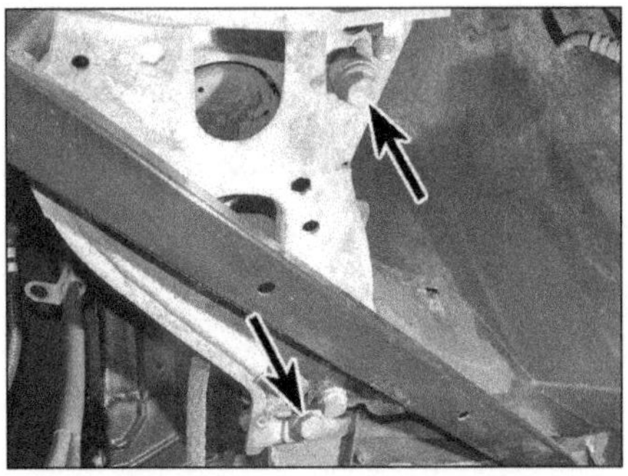

13.11a Hjälpramen är fäst på varje sida med två bultar baktill (markerade med pilar). . .

13.11b . . . och en framtill (markerad med pil)

höger plastkåpa bakom fjädertornet på varje sida av motorrummet. Lossa slangen från vänster kåpa **(se bilder 4.3a och 4.3b)**.

4 Tryck in klämmorna och dra bort kabelstyrningen framåt från pollenfilterhusets nedre del **(se bild 4.4)**.

5 Lossa spärren och skruva loss bulten på varje sida, för sedan den nedre delen av pollenfilterhuset framåt och för bort den från platsen **(se bilder 4.5a och 4.5b)**.

6 Placera en lyft med talja ovanför motorrummet och fäst taljan i motorns främre lyftbygel.

7 Skruva loss de bultar som håller fast det högra och vänstra motorfästet på hjälpramen.

8 Rikta ratten och framhjulen "rakt fram" och aktivera rattlåset.

9 Skruva loss klämbulten från rattstångens universalknut och skilj knuten från kuggstångsdrevet **(se bild)**.

10 Stötta kryssrambalkens mittsektion med en domkraft och en träkloss.

11 Skruva loss hjälpramens fästbultar, sänk sedan ner hjälpramen något med hjälp av domkraften **(se bilder)**.

Varning: Sträck inte servostyrningens slangar.

12 Återmonteringen av kryssrambalken utförs i omvänd ordningsföljd mot nedsänkningen. Tänk på följande:

a) *Dra åt kryssrambalkens bakre fästbultar först.*

b) *Använd nya fästbultar till hjälpramen och förstärkningsramen.*

c) *Dra åt alla hållare till angivet moment (där sådant angetts).*

Demontering

Observera: *När den främre kryssrambalken monterats tillbaka, är det viktigt att hjulinställningen kontrolleras av en BMW-verkstad eller annan specialist med lämplig utrustning.*

13 Ta bort pollenfilterhuset enligt beskrivningen i punkt 2 till 5.

14 Placera en lyft med talja ovanför motorrummet och fäst taljan i motorns främre lyftbygel.

15 Skruva loss de bultar som håller fast det högra och vänstra motorfästet på hjälpramen.

16 Rikta ratten och framhjulen "rakt fram" och aktivera rattlåset.

17 Lossa fästmuttrarna och lossa markhöjdsgivaren från den främre hjälpramen i modeller som är utrustade med xenonstrålkastere.

18 På alla modeller, skruva loss fästbultarna till fjädringens nedre länkarmar, sära på lederna och ta bort länkarmarna (se kapitel 10 om det behövs).

19 Ta bort kuggstången enligt beskrivningen i kapitel 10.

20 Lossa krängningshämmarna från länkarna enligt beskrivningen i kapitel 10.

21 Skruva loss de bultar som håller fast kylvätskeröret från den främre delen av hjälpramen om tillämpligt.

22 Stötta kryssrambalkens mittsektion med en domkraft och en träkloss.

23 Ta bort kryssrambalkens fästbultar, och sänk ner den **(se bilder 13.11a och 13.11b)**.

Montering

24 Monteringen sker i omvänd ordningsföljd mot demonteringen. Tänk på följande:

a) *Montera kryssrambalken med nya fästbultar.*

b) *Dra åt kryssrambalkens bakre fästbultar först.*

c) *Dra åt alla hållare till angivet moment (där sådant angetts).*

d) *Låt en BMW-verkstad eller annan specialist kontrollera hjulinställningen så snart som möjligt.*

14 Balansaxlar - information

1 Dessa motorer är utrustade med balansaxlar för att dämpa eventuella motorvibrationer. Dessa motroterande axlar drivs via en kedja från vevaxeldrevet och sitter ihop med oljepumpen. För närmare uppgifter om demontering och montering av balansaxlarna, se avsnittet om demontering av oljepumpen.

15 Oljepump - demontering, kontroll och återmontering

Demontering

1 På dessa motorer är oljepumpen sammanbyggd med balansaxelhuset. De får inte skiljas åt eller tas isär i sina delar. Ta bort sumpen enligt beskrivningen i avsnitt 11.

2 Skruva loss de två fästbultarna och vrid ut oljeupptagarröret ut oljepumpen och dra det nedåt **(se bild)**. Kasta O-ringstätningen, du måste sätta dit en ny.

3 Håll en hylsa mot vevaxelns remskivsbult, vrid vevaxeln till ÖD (se avsnitt 3) och fixera den i läge med vevaxelns låsverktyg.

4 Skruva loss oljepumpsdrevets fästmutter. **Observera:** *Denna mutter är **vänstergängad**.*

5 Tryck bort oljepumpens kedjespännare från kedjan och lås den i läge genom att sticka in en metallstång genom hålet i styrningen **(se bild)**.

6 Skruva loss bultarna som fäster den

15.2 Skruva loss bultarna (markerade med pilar) och ta bort oljepumpens upptagarrör

15.5 Lås spännarmen med en bit metallstång

15.7 Dra av drevet med hjälp av ståltråd

15.8 Torxbultar till oljepumps-/balansaxelhuset (se pilar)

nedre kedjestyrningen vid oljepumps-/ balansaxelhuset.

7 Dra med hjälp av en bit ståltråd eller metallstång av drevet från oljepumpsaxeln och lossa det från axelns splines **(se bild)**.

8 Låt en medhjälpare stötta upp huset. Skruva sedan loss de åtta bultarna, dra lätt nedåt i husets bakre del och för det bakåt från dess plats **(se bild)**. Lirka loss kedjespännarstyrningen från dess styrstift när enheten demonteras. Vi rekommenderar inte att du tar isär enheten.

9 För att byta oljepumpens drivkedja demonterar du kamkedjan enligt beskrivningen i avsnitt 6. Skruva bort täckpluggen till höger om vevaxeln och skruva loss skruven som håller fast den övre delen av oljepumpens drivkedjesträckare/kedjestyrning **(se bild)**.

10 För ner kedjespännaren/kedjestyrningen från dess plats och lyft upp kedjan. Observera att spännaren endast kan tas bort från styrningen när enheten har demonterats.

Montering

11 Om de har demonterats, montera tillbaka oljepumpens drivkedja och kamkedjan på vevaxeln (se avsnitt 6).

12 För kedjestyrningen/kedjesträckaren på plats och dra åt fästbultarna för hand på detta stadium.

13 Kontrollera att styrstiften fortfarande sitter på plats, stick in balansaxeln/oljepumpshusets axel i kedjedrevet och passa in drevet på styrstiften. Olja in gängorna och sätt i de nya fästbultarna. Dra åt bultarna till angivet moment.

14 Dra med hjälp av en bit ståltråd eller metallstång bort drevet från pumpen, så att det släpper från axelns splines **(se bild 15.7)**.

Version 1

15 Arbeta under bilen och vrid balansaxlarnas ändar så att axlarnas platta ytor är inriktade mot varandra och med de bredare spåren upptill och så att balansvikterna pekar neråt **(se bild 6.30a)**. Fixera axlarna i detta läge med två bitar plattjärn och ett par låstänger **(se bild 6.30b)**.

Version 2

16 Arbeta under bilen, vrid balansaxlarnas ändar så att balansvikternas platta ytor är parallella med vevaxelns fogyta så kan BMW:s specialverktyg nr 11 5 140 sättas in mellan balansvikterna och fogytan **(se bild 6.31)**. Om specialverktyg saknas använder du en metallremsa som håller balansvikternas platta sidor parallellt med fogytan.

Alla versioner

17 Kontrollera att vevaxeln fortfarande är låst i ÖD (se avsnitt 3) och skjut in drevet på axelns splines. Dra ut stången som håller kedjespännaren på plats och kontrollera att balansaxeländarna fortfarande är parallella. I annat fall, eller om drevets och axelns splines inte verkar stämma överens, får du dra av drevet från axeln, vrida balansaxlarna 360° och försöka igen. Ibland kan det krävas upp till sju försök för att få drevets och axelns lägen att stämma med varandra.

18 Se till att axeländarna är parallellställda och att drevet sitter fast på räfflorna. Sätt sedan i sträckarens/styrningens fästskruvar och dra åt dem ordentligt, om du inte redan gjort det. Sätt tillbaka täckpluggen i främre sidan av motorhuset.

19 Sätt tillbaka drevmuttern och dra åt till angivet moment. **Observera:** *Muttern är* ***vänstergängad***.

20 Sätt tillbaka oljepumpens upptagarrör med en ny O-ringstätning. Dra åt fästbulten ordentligt.

21 Ta bort låsverktyget från vevaxeln och montera sumpen enligt beskrivningen i avsnitt 11.

16 Oljetätningar - byte

Vevaxelns främre packbox

1 Ta bort vevaxelns vibrationsdämpare/ remskiva enligt beskrivningen i avsnitt 5. Ta inte bort remskivans nav.

2 Anteckna hur djupt packboxen sitter i motorblocket. På den motor vi undersökte låg packboxens främre kant jäms med framkanten på packboxsätet i motorblocket.

3 Dra ut packboxen från motorblocket med ett krokverktyg. Du kan också borra tre små hål i packboxen och skruva in självgängande skruvar i hålen. Dra sedan ut packboxen med tång **(se bild)**. Stryk lite fett på borret så att borrspånorna fastnar. Var mycket försiktig så att du inte skadar remskivenavet eller motorblockets tätningsyta. Fungerar ingen av

15.9 Skruva loss kåpans plugg och skruva loss styrbulten (markerad med pil)

16.3 Borra några hål och sätt in självgängande skruvar

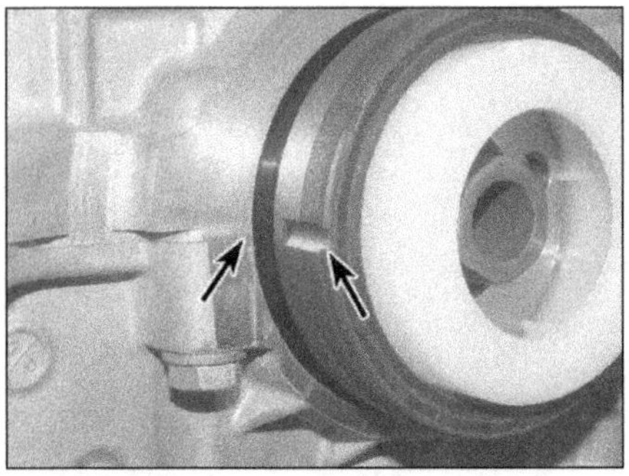

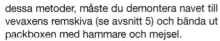

16.6a Rikta in de två spåren i packboxens ytterkant mot skarven i motorblocket (se pilar) . . .

16.6b . . . driv sedan in den till det ursprungliga djupet med en rörformig dorn

16.8 Spruta in tätningsmedel i båda spåren

dessa metoder, måste du demontera navet till vevaxens remskiva (se avsnitt 5) och bända ut packboxen med hammare och mejsel.

4 Rengör packboxhuset och navets tätningsyta. Stryk lite ren motorolja på navets yta.

5 Nya packboxar levereras med en stödhylsa för att underlätta monteringen. Skjut in hylsan över navet med packboxen påmonterad.

6 Rikta in de två spåren i packboxens ytterkant mot den horisontella skarven i motorblocket **(se bild)**. Pressa/knacka försiktigt in packboxen i huset till samma djup som tidigare. Använd ett rörstycke eller en hylsa som vilar jämnt mot packboxens hårda ytterkant **(se bild)**.

7 Använd BMW:s tätningssats (innehåller Loctite tätningsmedel, primer och spruta) och tryck in den medföljande penseln i spåren i packboxen för att täcka ytorna med primer.

8 Fyll båda spåren i packboxen med tätningsmedel med hjälp av sprutan **(se bild)**. Täck sedan spåröppningarna med primer.

9 Sätt tillbaka vevaxelns vibrationsdämpare/remskiva enligt beskrivningen i avsnitt 5.

Vevaxelns bakre packbox

10 Demontera svänghjulet enligt beskrivningen i avsnitt 17.

11 Mät och anteckna hur djupt packboxen sitter.

12 Borra flera små hål i packboxen och skruva in självgängande skruvar. Dra ut skruvarna så att packboxen följer med ur motorblocket **(se bild 16.3)**.

13 Rengör oljetätningshuset och vevaxeln. Stryk ett tunt lager ren motorolja på vevaxelns tätningsyta.

14 Nya packboxar levereras med en stödhylsa för att underlätta monteringen. Skjut in hylsan över vevaxeln med packboxen påmonterad.

15 Rikta in de två spåren i packboxens ytterkant mot den horisontella skarven i motorblocket **(se bild 16.6a)**. Pressa/knacka försiktigt in packboxen i huset till samma djup som tidigare. Använd ett rörstycke eller en hylsa som vilar jämnt mot packboxens hårda ytterkant **(se bild 16.6b)**.

16 Använd BMW:s tätningssats (innehåller Loctite tätningsmedel, primer och spruta) och tryck in den medföljande penseln i spåren i packboxen för att täcka ytorna med primer.

17 Fyll båda spåren i packboxen med tätningsmedel med hjälp av sprutan **(se bild 16.8)**. Täck sedan spåröppningarna med primer.

18 Montera svänghjulet enligt beskrivningen i avsnitt 17.

17 Svänghjul/drivplatta - demontering och montering

Tillvägagångssättet är samma som beskrivs för 6-cylindriga motorer i kapitel 2B, avsnitt 15.

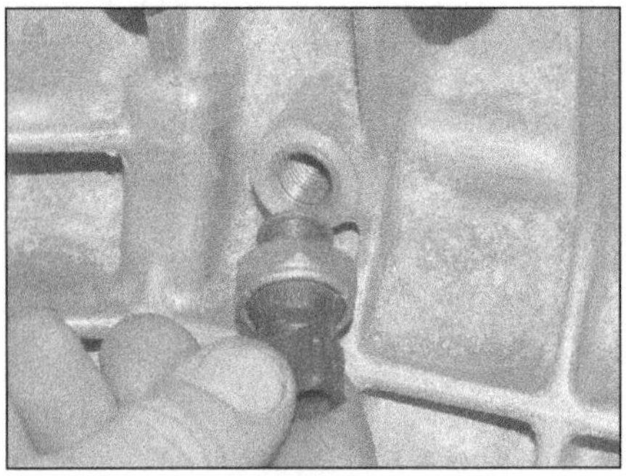

20.2 Oljetryckskontakt

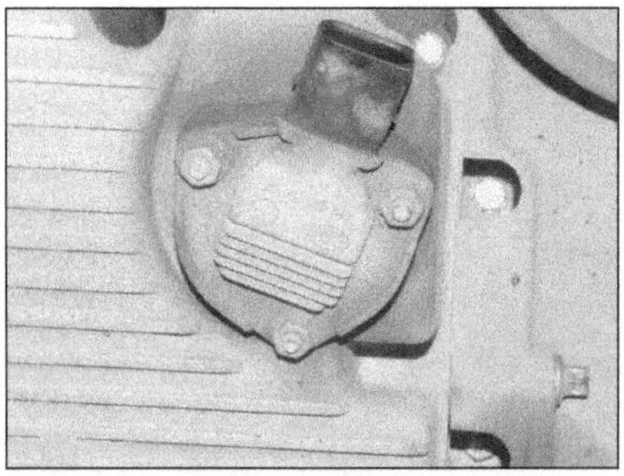

20.6 Skruva loss muttrarna och ta bort oljenivåkontakten

18 Vevaxelns tapplager - byte

Tillvägagångssättet är samma som beskrivs för 6-cylindriga motorer i kapitel 2B, avsnitt 16.

19 Motorns/växellådans fästen - kontroll och byte

Tillvägagångssättet är samma som beskrivs för 6-cylindriga motorer i kapitel 2B, avsnitt 17.

20 Oljetrycks- och nivåkontakter - demontering och montering

Oljetryckkontakt

1 Oljetryckskontakten sitter på vänster sida av motorblocket, bakom generatorn. Demontera generatorn enligt beskrivningen i kapitel 5A.

2 Koppla loss anslutningskontakten och skruva loss kontakten från motorblocket **(se bild)**. Var beredd på oljespill.

3 Monteringen utförs i omvänd ordningsföljd mot demonteringen. Använd en ny tätningsbricka och dra åt kontakten till angivet moment.

Oljenivåkontakt

4 Tappa ur motoroljan enligt beskrivningen i kapitel 1A.

5 Skruva loss bultarna och ta bort motorns undre skyddskåpa.

6 Koppla loss anslutningskontakten, skruva loss de tre fästmuttrarna och ta bort nivåkontakten **(se bild)**.

7 Se till att fogytorna mellan sump och kontakt är rena.

8 Montera den nya oljenivåtätningen komplett med en ny tätning, applicera lite gänglåsningsmedel och dra åt fästmuttrarna till angivet moment.

9 Montera tillbaka motorns undre skyddskåpa och fyll på ny motorolja enligt beskrivningen i kapitel 1A.

Kapitel 2 Del B: Reparationer med 6-cylindrig bensinmotor kvar i bilen

Innehåll

Svårighetsgrader

Enkelt, passer novisen med lite erfarenhet	**Ganska enkelt,** passar nybörjaren med viss erfarenhet	**Ganska svårt,** passer kompetent hemmamekaniker	**Svårt,** passer hemmamekaniker med erfarenhet	**Mycket svårt,** för professionell mekaniker

Specifikationer

Allmänt

Motorkod:	
2497 cc motor upp till 08/2007	N52 B25A
2996 cc motor upp till 08/2007	N52 B30A
2996 cc motor från 09/2007	N52K B30A
Lopp:	
2,5-liters motor	82.00 mm
3,0-liters motor	85,00 mm
Kolvslag:	
2,5-liters motorer	79.00 mm
3,0-liters motor	88,00 mm
Max. motoreffekt:	
2,5-liters motorer	165 kW
3,0-liters motorer:	
N52	190 kW
N52K	Uppgift saknas
Motorns rotationsriktning	Medurs (sett från bilens framsida)
Placering av cylinder nr 1	Vid kamkedjan
Tändföljd	1-5-3-6-2-4
Kompressionsförhållande:	
2,5-liters motorer	11.0 : 1
3,0-liters motor	10,7 : 1
Minsta kompressionstryck	9,0 bar
Maximal avvikelse mellan cylindrarna	2,0 bar

Kamaxlar

Axialspel	0,020 till 0,162 mm

Smörjningssystem

Lägsta oljetryck vid tomgång	1,5 bar
Reglerat oljetryck	4,0 bar

Åtdragningsmoment

Åtdragningsmoment	Nm
Bultar oljedeflektor på nedre delen av vevhuset:*	
Steg 1	4
Steg 2	Vinkeldra ytterligare 90°
Bultar ställmotor på topplock:*	
Steg 1	4
Steg 2	Vinkeldra ytterligare 90°
Bultar växellådans täckplatta på vevhus:*	
Steg 1	4
Steg 2	Vinkeldra ytterligare 45°
Drivplattans bultar*	130
Extra remskiva till generatorn	40
Extra remspännare på cylinderblocket:*	
Steg 1	25
Steg 2	Vinkeldra ytterligare 90°
Fjädertorn/spännstöd:*	
M10:	
Steg 1	40
Steg 2	Vinkeldra ytterligare 60°
M12:	
Steg 1	100
Steg 2	Vinkeldra ytterligare 100°
Främre kryssrambalkens bultar:*	
M10	47
M12	105
Fundament huvudlager:	
N52:*	
M8:	
Steg 1	10
Steg 2	Vinkeldra ytterligare 90°
M10:	
Steg 1	15
Steg 2	Vinkeldra ytterligare 90°
N52K:*	
M8 x 37 mm:	
Steg 1	8
Steg 2	Vinkeldra ytterligare 90°
M10 x 100 mm:	
Steg 1	20
Steg 2	Vinkeldra ytterligare 70°
M10 x 27 och 41 mm:	
Steg 1	15
Steg 2	Vinkeldra ytterligare 90°
Kamaxellageröverfall (insug)	9
Kamaxellageröverfallets bultar:	
Steg 1	8
Steg 2	Vinkeldra ytterligare 60°
Kedjans drivmodul på topplocket	8
Kedjespännare på topplocket	50
Kedjestyrning på topplocket	14
Kedjestyrningens skena på motorblocket	20
Ljuddämpande kåpa på topplockskåpan:*	
Steg 1	4
Steg 2	Vinkeldra ytterligare 90°
Motorfästen:	
Fäste till kryssrambalk:	
M8	28
M10	56
Fäste till stödarm	56
Stödarm till motor:*	
Steg 1	25
Steg 2	Vinkeldra ytterligare 105°
Navbult vevaxelremskiva:*	
Steg 1	100
Steg 2	Vinkeldra ytterligare 360°
Oljefilterhus och oljerör på vevhuset:	
M8	22
M20	40

Oljefilterkåpa på oljefilterhus	25
Oljepump på vevhusets nedre del (fundament):	
M8 x 123 mm:*	
Steg 1	10
Steg 2	Vinkeldra ytterligare 180°
M8 x 31 och 37 mm:*	
Steg 1	10
Steg 2	Vinkeldra ytterligare 90°
Oljepumpens upptagarrör:*	
Steg 1	4
Steg 2	Vinkeldra ytterligare 100°
Oljepumpsdrev:	
Steg 1	20
Steg 2	Vinkeldra ytterligare 45°
Oljepumpskedjemodul:*	
Steg 1	4
Steg 2	Vinkeldra ytterligare 45°
Oljespridarmunstycken	10
Oljetillstånds-/oljenivågivare	9
Oljetryckskontakt/temperaturgivare:	
Steg 1	20
Steg 2	Vinkeldra ytterligare 16°
Pluggar till kedjekåpan	25
Ramlageröverfallets fästbultar:*	
Steg 1	20
Steg 2	Vinkeldra ytterligare 70°
Storändens lageröverfall bultar:*	
Steg 1	20
Steg 2	Vinkeldra ytterligare 120°
Sump:	
M8 x 24 och 26 mm:	
Steg 1	8
Steg 2	Vinkeldra ytterligare 90°
M8 x 92 och 112 mm:	
Steg 1	8
Steg 2	Vinkeldra ytterligare 180°
Sumpens oljedräneringsplugg	25
Svänghjulets bultar*	120
Topplocksbultar:*	
M7 bultar (N52 motor):	
Steg 1	7
Steg 2	Vinkeldra ytterligare 90°
M9 stålbultar:	
Steg 1	30
Steg 2	Vinkeldra ytterligare 90°
Steg 3	Vinkeldra ytterligare 45°
M9 aluminiumbultar:	
Steg 1	10
Steg 2	Vinkeldra ytterligare 90°
M10-bultar:	
Steg 1	30
Steg 2	Vinkeldra ytterligare 90°
Steg 3	Vinkeldra ytterligare 90°
Steg 4	Vinkeldra ytterligare 45°
Valvetronic-inställningar:	
Den excentriska axelns lageröverfall på topplocket*	9
Stoppskruv excentrisk axel på topplocket	10
Elektrisk servodrivning på topplocket	9
Elektrisk servodrivning på topplockskåpan	9
Styrblock på topplock	10
Oljespridarmunstycke på öppning	10
Returfjäder till topplock	10
Vanos icke returventil på topplock	13
Vanos magnetventil	9
Vanos-inställningsenhet på kamaxeln:*	
Steg 1	20
Steg 2	Vinkeldra ytterligare 180°

Åtdragningsmoment (forts.)	Nm
Ventilkåps bultar:	
M6-bultar	10
M7 stålbultar	15
M7 aluminiumbultar:*	
N52 motor:	
Steg 1	7
Steg 2	Vinkeldra ytterligare 90°
N52K motor	9
Vevaxel vibrationsdämparbult:	
N52	25
N52K	35

** Återanvänds inte*

Varning: Alla aluminiumfästen måste bytas. Försök att dra till dig bultarna med en magnet om du är osäker. Aluminium är inte magnetiskt.

1 Allmän information

Vad innehåller detta kapitel

Den här delen av kapitel 2 beskriver de reparationer som kan utföras med motorn monterad i bilen. Om motorn har tagits ur bilen och tagits isär enligt beskrivningen i del E, kan alla preliminära isärtagningsinstruktioner ignoreras.

Observera att även om det är möjligt att fysiskt renovera delar som kolven/vevstaken medan motorn sitter i bilen, så utförs sällan sådana åtgärder separat. Normalt måste flera ytterligare åtgärder utföras (för att inte nämna rengöring av komponenter och smörjkanaler). Av den anledningen klassas alla sådana åtgärder som större renoveringsåtgärder, och beskrivs i del E i det här kapitlet.

Del E beskriver demontering av motor/växellåda från bilen samt tillvägagångssättet för de renoveringar som då kan utföras med motorn/växellådan demonterad.

Motorbeskrivning

Allmänt

N52- och N5K-motorerna har 6 cylindrar i rad, dubbla överliggande kamaxlar och växellådan fäst med bultar mot den bakre änden. Skillnaderna mellan de två motorerna är minimal. Till exempel är N52K utrustad med en temperaturgivare för kylvätska på kylarens utlopp.

Cylinderblocket och kamaxelkåpan är tillverkade av magnesium-/aluminiumkomposit. Aluminiumbultar används huvudsakligen eftersom stålbultar/stålpinnbultar skulle fungera dåligt tillsammans med magnesium. Aluminiumbultar får aldrig återanvändas.

En kamkedja från vevaxeln driver både avgas- och insugskamaxlarna. Mellan kamaxlarna och ventilerna sitter hydrauliska ventillyftare. Varje kamaxel vilar i sju lager i en gjuten lagerbrygga som är monterad på topplocket.

Tidsinställningen för både avgas- och insugsventilerna är variabel tack vare hydrauliska inställningsenheter i änden av varje kamaxel – BMW kallar detta för ett ”Vanos”-system. Dessa enheter varierar förhållandet mellan kamkedjan/dreven och kamaxlarna. Insugskamaxelns öppningstider och lyfthöjd varieras också med hjälp av en elmotordriven excenteraxel, som effektivt varierar vridpunkten hos en lyftarm som verkar mellan kamaxeln och vipparmen. Styrintervallet kan erhållas genom detta så att motorlasten styrs av varierande ventillyft och ventiltid snarare än gasspjällventilens läge. Detta eliminerar så gott som alla pumpförluster, förbättrar motorns effekt och reducerar avgasutsläppen.

Vevaxeln löper i sju ramlager av vanlig skåltyp. Axialspelet kontrolleras med trycklager vid ramlager nr 4.

Kolvarna har matchande vikt och innehåller helt flytande kolvbultar som hålls av låsringar.

Oljepumpen och vakuumpumpen är kedjedrivna från vevaxelns främre del.

Vanos-styrning variabel kamaxeltidsinställning

Alla modeller är utrustade med ett system för variabel ventilstyrning, kallat Vanos. Vanos-systemet använder data från DME motorstyrningssystemet (se kapitel 4A) för att ställa in insugs- och avgaskamaxeln oberoende av varandra via ett hydrauliskt styrsystem (där motoroljan används som hydraulvätska). Kamaxlarnas inställning varieras med motorvarvtalet så att ventilerna öppnas senare vid låga och höga varvtal, detta för att förbättra körbarheten vid låg hastighet respektive öka toppeffekten. Vid medelhöga varvtal ställs kamaxelsynkroniseringen fram (ventilerna öppnas tidigare) för att ge bättre vridmoment i mellanvarvsregistret och minska avgasutsläppen.

Reparationer med motorn kvar i bilen

Följande åtgärder kan utföras utan att du måste ta bort motorn från bilen.

a) Demontering och montering av topplocket.
b) Demontering och montering av kamkedja och drev.
c) Demontering och montering av kamaxlarna.
d) Demontering och montering av sumpen.
*e) Demontering och montering av ramlagren, vevstakarna och kolvarna.**
f) Demontering och montering av oljepumpen.
g) Byte av motorns/växellådans fästen.
h) Demontering och montering av svänghjulet/drivplattan.

** Även om det går att demontera dessa komponenter med motorn kvar i bilen, talar renlighets- och åtkomlighetsskäl starkt för att den ändå bör lyftas ut.*

2 Kompressionsprov – beskrivning och tolkning

1 Om motorns effekt sjunker eller om det uppstår misständningar som inte kan hänföras till tändning eller bränslesystem, kan ett kompressionsprov ge en uppfattning om motorns skick. Om kompressionsprov tas regelbundet kan de ge förvarning om problem innan några andra symptom uppträder.

2 Motorn måste vara uppvärmd till normal arbetstemperatur, batteriet måste vara fulladdat och alla tändstift måste vara urskruvade (kapitel 1A). Dessutom behövs en medhjälpare.

3 Ta bort bränslepumpens säkring (sitter i passagerarutrymmets säkringsdosa). Starta sedan, om möjligt, motorn och låt den gå tills inget restbränsle längre finns kvar i systemet. I annat fall finns det risk att katalysatorn skadas.

4 Sätt i en kompressionsprovare i tändstiftshålet på cylinder nr 1 – helst den typ av provare som skruvas fast i tändstiftsgängan.

5 Låt medhjälparen ge full gas och dra runt motorn med startmotorn. Efter ett eller två varv bör kompressionstrycket byggas upp till maxvärdet och sedan stabiliseras. Anteckna det högsta värdet.

6 Upprepa testet på återstående cylindrar och anteckna trycket i var och en.

7 Trycket i alla cylindrarna bör hamna på i stort sett samma värde. en skillnad på mer än 2 bar mellan två av cylindrarna indikerar ett fel. Observera att kompressionen ska byggas upp snabbt i en fungerande motor; om kompressionen är låg i det första kolvslaget och sedan ökar gradvis under följande slag är det ett

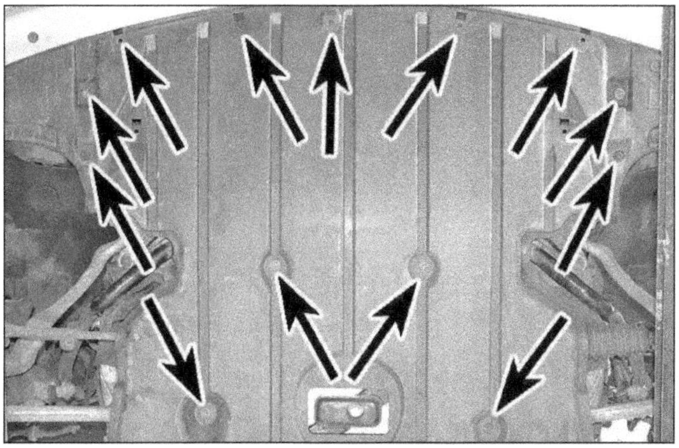

3.4 Fästanordningar till motorns undre skyddskåpa (markerad med pilar)

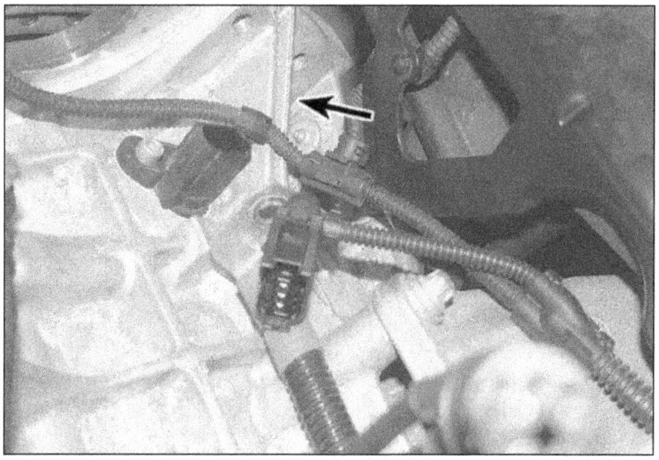

3.6 Dra av täckpluggen (markerad med pil) från cylinderblocket

tecken på slitna kolvringar. Lågt tryck som inte höjs är ett tecken på läckande ventiler eller trasig topplockspackning (eller ett sprucket topplock). Avlagringar på undersidan av ventilhuvudena kan också orsaka dålig kompression.

8 De av BMW rekommenderade kompressionsvärdena anges i Specifikationer.

9 Om trycket i en cylinder är mycket lägre än i de andra kan följande kontroll utföras för att hitta orsaken. Häll i en tesked ren olja i cylindern genom tändstiftshålet och upprepa provet.

10 Om tillförsel av olja tillfälligt förbättrar kompressionen är det ett tecken på att det är slitage på kolvringar eller lopp som orsakar tryckfallet. Om ingen förbättring sker tyder det på läckande/brända ventiler eller trasig topplockspackning.

11 Lågt tryck i två angränsande cylindrar är med stor säkerhet ett tecken på att topplockspackningen mellan dem är trasig. Om det finns kylvätska i motoroljan bekräftar detta felet.

12 Om en cylinder har omkring 20 % lägre tryck än de andra och motorns tomgång är något ojämn, kan detta orsakas av en sliten kamlob.

13 Om kompressionen som avläses är anmärkningsvärthögärförbränningskammaren antagligen täckt med sotavlagringar. I så fall bör topplocket demonteras och sotas.

14 Avsluta provet med att sätta tillbaka tändstiften (se kapitel 1A) och bränslepumpssäkringen.

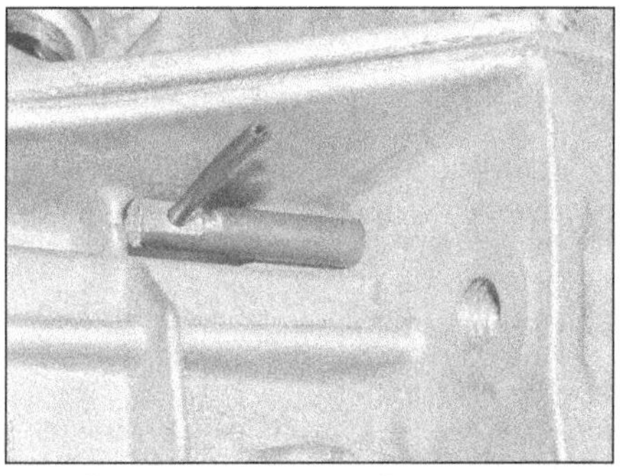

3.8 Sätt in vevaxelns inställningsverktyg genom inställningshålet i fördjupningen i svänghjulet

3 Övre dödpunkt (ÖD) för kolv nr 1 - positionering

1 Den övre dödpunkten (ÖD) är den högsta punkt som kolven når i cylindern under sin uppåt-nedåtgående rörelse när vevaxeln roterar. Kolven når ÖD både i slutet av kompressionstakten och i slutet av avgastakten, men med ÖD avses vanligen kolvläget i kompressionstakten. Kolv nr 1 sitter i kamkedjeänden av motorn.

2 Att ställa kolv nr 1 i ÖD är en viktig del av många arbeten, exempelvis vid demontering av kamkedjan och kamaxlarna.

3 Demontera ventilkåpan enligt beskrivningen i avsnitt 4.

4 Hissa upp bilens framvagn och stötta den på pallbockar (se *Lyftning och stödpunkter*). Lossa fästanordningarna och ta bort motorns undre skyddskåpa (om en sådan finns) **(se bild)**.

5 Använd en hylsa eller skiftnyckel på vevaxelremskivans bult för att vrida motorn medurs minst två fulla varv tills spetsarna på de främre kamloberna (cylinder nr 1) på insugskamaxeln börjar peka åt vänster.

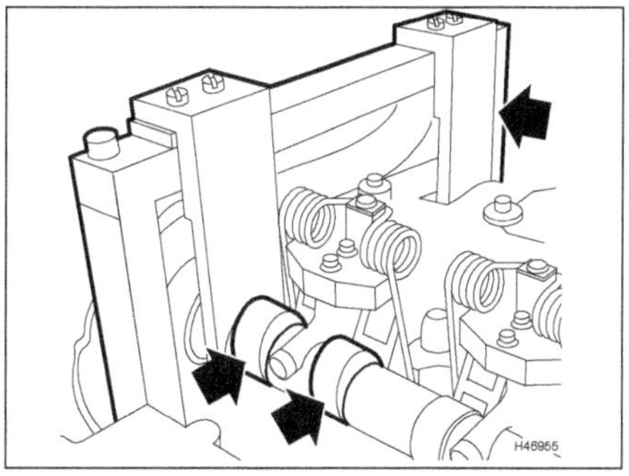

3.10a Montera specialverktygen (markerade med pil) över de parallella platta ytorna på kamaxlarna och vidrör topplockets övre yta. Observera att insugskamloberna till cylinder 1 pekar uppåt (markerade med pilar)

6 Dra bort täckpluggen (om en sådan finns) från inställningshålet i på flänsen på motorblockets bakre vänstra hörn **(se bild)**.

7 För att fixera vevaxeln i rätt läge krävs nu ett specialverktyg. BMW-verktyg nr 11 0 300 kan användas men det finns alternativ.

8 Stick in verktyget genom hålet för kontroll av ventiltider. Vrid vevaxeln medurs tills stången kommer till ÖD-hålet i svänghjulet **(se bild)**. **Observera:** *På modeller med automatväxellåda är det möjligt att av misstag sticka in stången i ett större hål i drivplattan. Kontrollera att det inte går att rubba vevaxeln det minsta när stången har stuckits in.*

9 Vevaxeln är nu låst i sitt läge med kolv nr 1 i ÖD.

10 I denna position ska det vara möjligt att montera BMW:s specialverktyg nr 11 4 283, 11 4 282 och 11 4 281 (eller likvärdiga verktyg) över kamaxelns parallella platta ytor. När kamaxlarna står i rätt läge ska verktygen ligga an mot topplockets ovanyta utan någon glipa **(se bilder)**. Syftet med dessa verktyg är att hålla de plana ytorna hos kamaxeländarna i exakt 90 graders vinkel mot topplockets övre packningsyta. I detta läge ska loberna på insugskamaxeln till cylinder 1 peka uppåt i en vinkel, loberna på avgaskamaxeln till cylinder 6 ska peka neråt i en vinkel och kamaxelns artikelnummer ska synas uppifrån. Observera att fyrkantsflänsarna i bakänden

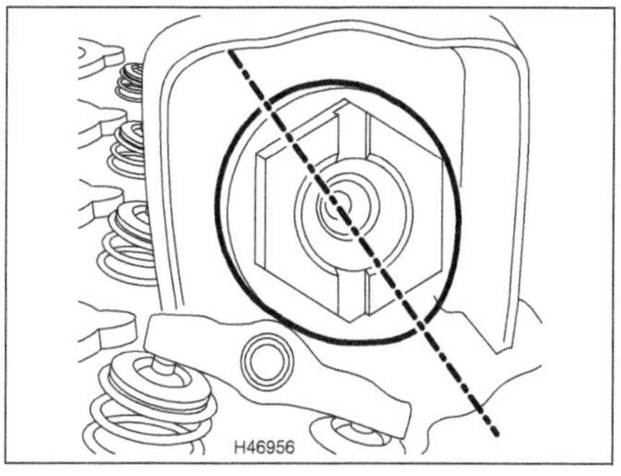

3.10b Avgaskamloben till cylinder nr 6 ska peka nedåt i en vinkel

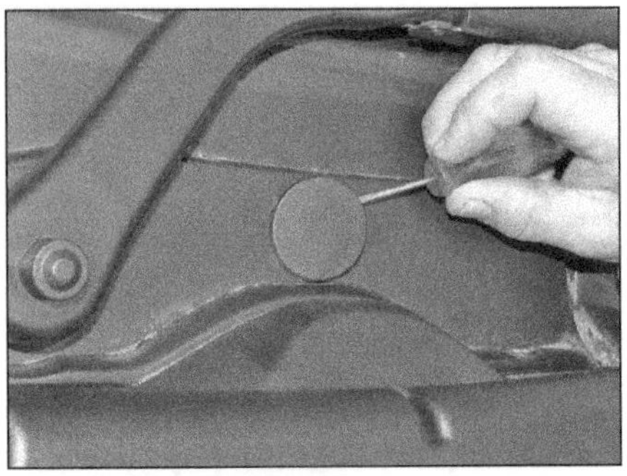

4.1a Bänd ut . . .

4.1b . . . eller lossa plastkåpan i mitten av klädselpanelen

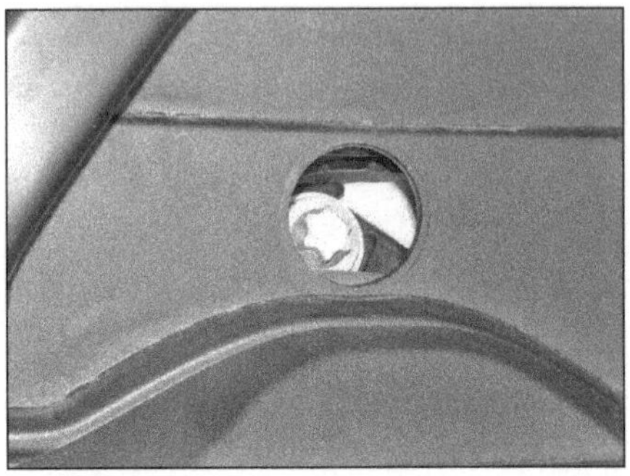

4.2 Skruva loss bulten under kåpan

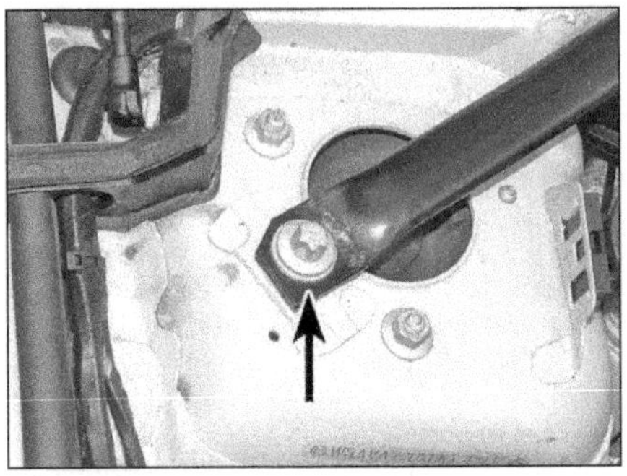

4.3 Ta bort bulten (markerad med pil) i änden av varje stöd

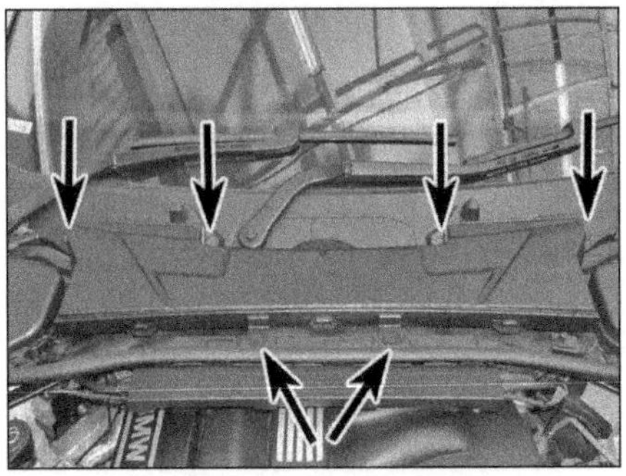

4.4 Övre bultar till pollenfilterhuset (markerade med pilar)

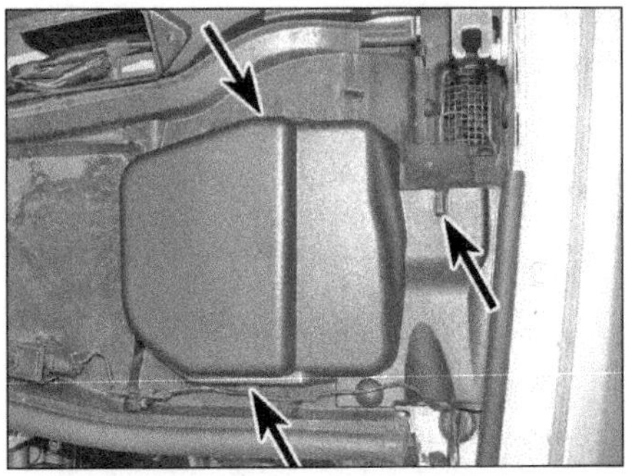

4.5 Lossa klämmorna (markerade med pilar) och ta bort plastkåpan på varje sida

på kamaxlarna ska stå med de raka sidorna i exakt rät vinkel mot topplockets ovanyta.

11 Försök inte dra runt motorn när svänghjulet eller kamaxeln är låst, eftersom det kan leda till skador på motorn. Om motorn ska fortsätta att vara "låst" under någon längre tid, är det klokt att sätta ut lämpliga varningsmeddelanden i kupén och i motorrummet. Det minskar risken för att motorn dras runt med startmotorn av misstag.

4.6 Lossa klämmorna (markerade med pilar) och för kabelstyrningen framåt

4.7a Vrid temperaturgivaren och lossa den från fästbygeln. Lossa motorhuvsbrytaren på passagerarsidan

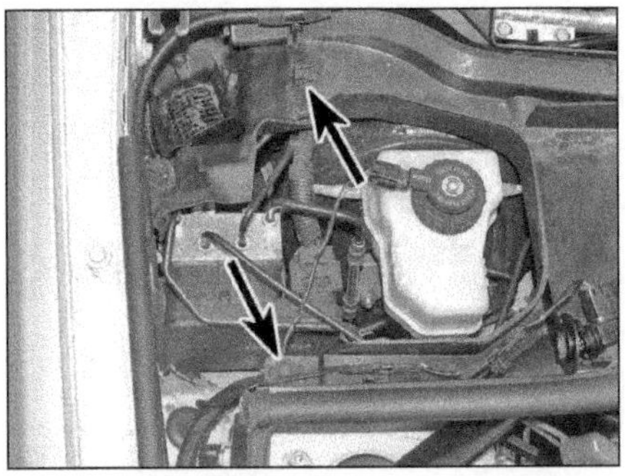

4.7b Skruva loss bulten och lossa klämman (markerad med pilar) på varje sida. . .

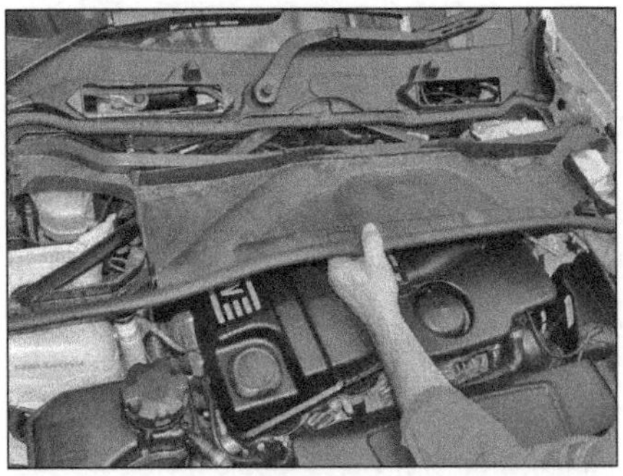

4.7c . . . för sedan pollenfiltrets nedre hus framåt

4 Ventilkåpan – demontering och montering

Observera: *Kamaxelkåpan är tillverkad av en magnesiumlegering. Inga bultar/pinnbultar av stål får användas i kåpan. I annat fall blir följden kraftig korrosion.*

Demontering

1 Ta bort plastkåpan från mitten av klädselpanelen. Två olika typer av lock är monterade: en med ett centralt spår som tas bort genom att det vrids 45° moturs och en utan centralt spår som bänds upp från sin placering **(se bilder)**. Observera om kåpan eller tätningen är skadad, de måste bytas. Underlåtenhet att göra detta kan leda till att vatten tränger in.

2 Skruva loss den bult i mitten av torpedplåten som exponerades vid borttagningen av kåpan **(se bild)**. Kasta bulten – eftersom en ny en måste användas.

3 Skruva loss bulten på stödens respektive ytterände, håll sedan gummigenomföringen på plats och för stöden utåt från platsen **(se bild)**. Låt inte genomföringen rubbas. Kasta bultarna och använd nya vid återmonteringen.

4 Arbeta i bakre delen av motorrummet, skruva loss bultarna och ta bort pollenfilterkåpan **(se bild)**. Skjut bort filtret från huset.

5 Lossa spärrarna och ta bort vänster och höger plastkåpa bakom fjädertornet på varje sida av motorrummet. Lossa slangen från vänster kåpa **(se bild)**.
6 Tryck in klämmorna och dra kabelstyrningen framåt från den nedre delen av pollenfilterhuset **(se bild)**.
7 Lossa spärren och skruva loss bulten på varje sida, för sedan den nedre delen av pollenfilterhuset framåt och för bort den från platsen **(se bilder)**.
8 Demontera tändspolarna enligt beskrivningen i kapitel 5B.
9 Lossa kabelhärvan till bränsleinjektorerna. Se till att allt kablage vid topplockskåpan flyttas till ena sidan. Observera de olika anslutningskontakternas placering innan du lossar dem.
10 Koppla loss motorventilationsslang från topplockskåpan **(se bild)**.
11 Skruva loss bultarna och ta bort Valvetronics ställmotor.
12 Skruva loss muttrarna och ta bort den sekundära insprutningsventilen (om en sådan finns).
13 Skruva loss bultarna och ta bort topplockskåpan **(se bild)**. Byt packningarna. Kasta bultarna och använd nya vid återmonteringen.
14 BMW insisterar på att de spårade hylsorna för styrning av spolarna in i topplocket måste bytas på motorerna N52K insisterar **(se bild)**.

Montering

15 Börja återmonteringen genom att byta alla tätningar och packningar **(se bild)**.
16 Rengör topplockets och topplockskåpans packnings-/tätningsytor.
17 Lägg ventilkåpan på plats utan att rubba packningarna.
18 Montera de nya fästbultarna och dra åt dem till angivet moment.
19 Monteringen utförs i omvänd ordningsföljd mot demonteringen.

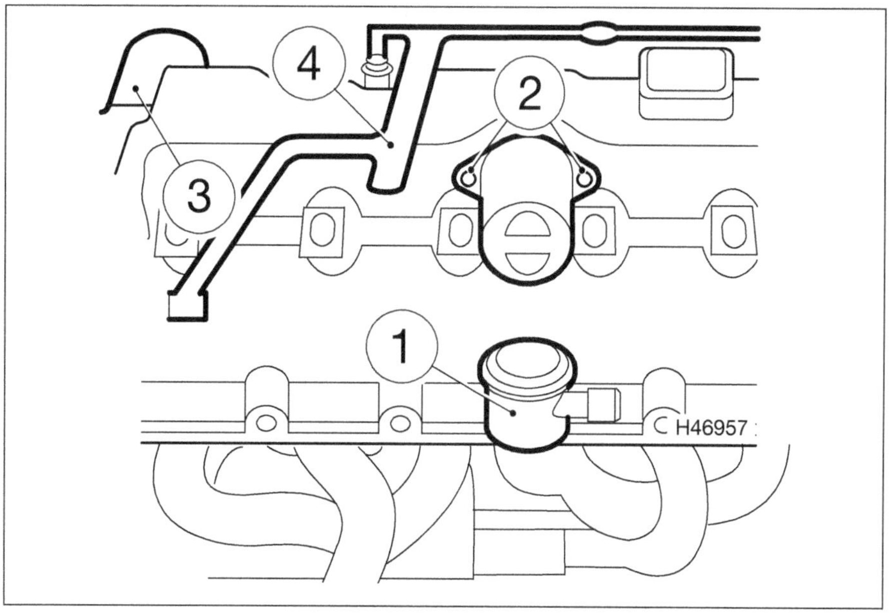

4.10 Topplockskåpans detaljer

1 Sekundär luftinsprutningsventil
2 Bultar till Valvetronics servomotor
3 Ventilationsslang
4 Metallfästbygel

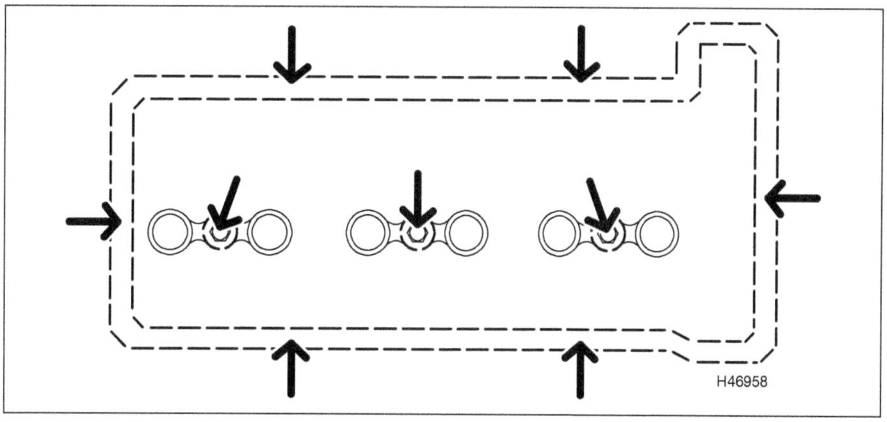

4.13 Skruva loss de yttre bultarna först, följt av de inre bultarna (markerade med pilar)

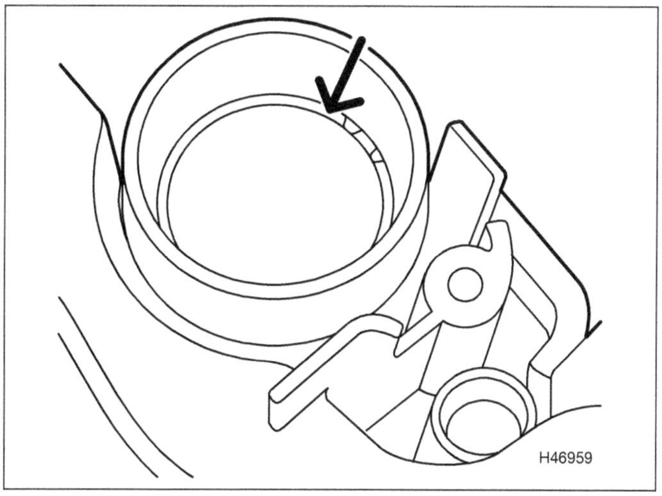

4.14 Byt hylsorna med spår (markerade med pil) på motorerna N52K

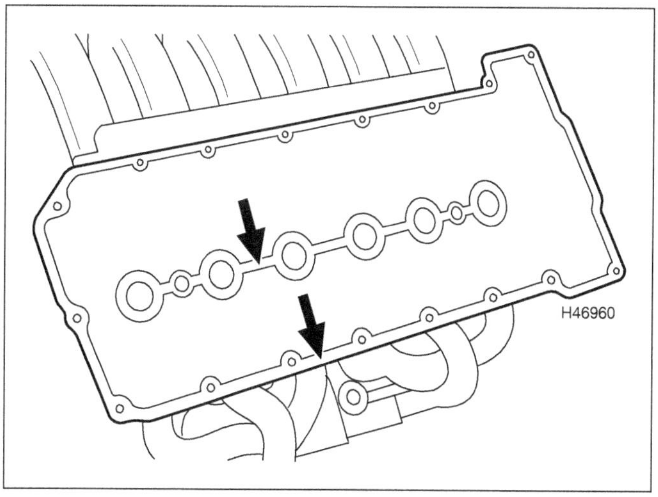

4.15 Byt tätningarna (markerade med pilar)

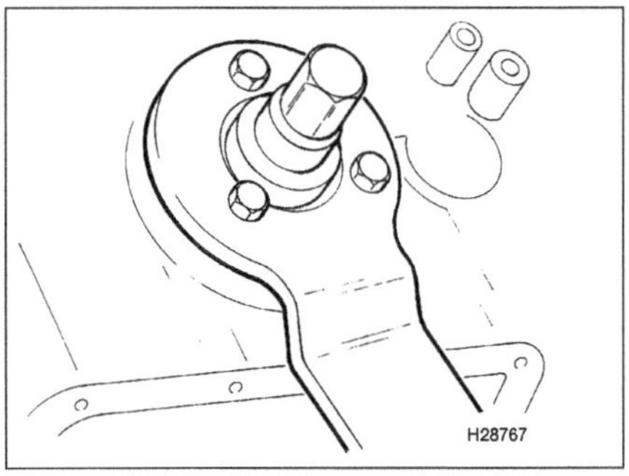

6.8 Ett BMW specialverktyg används för att hålla vevaxelns remskiva

5 Vevaxelns vibrationsdämpare - demontering och montering

Demontering

1 Ställ framvagnen på pallbockar (se *Lyftning och stödpunkter*). Lossa fästanordningarna och ta bort motorns undre skyddskåpa (om en sådan finns) **(se bild 3.4)**.

2 Ta bort drivremmen (drivremmarna) enligt beskrivningen i kapitel 1A.

3 Skruva loss fästbultarna och ta bort vibrationsdämparen/remskivan från navet. Håll emot navet med en hylsa eller nyckel om navets fästbult om det behövs.

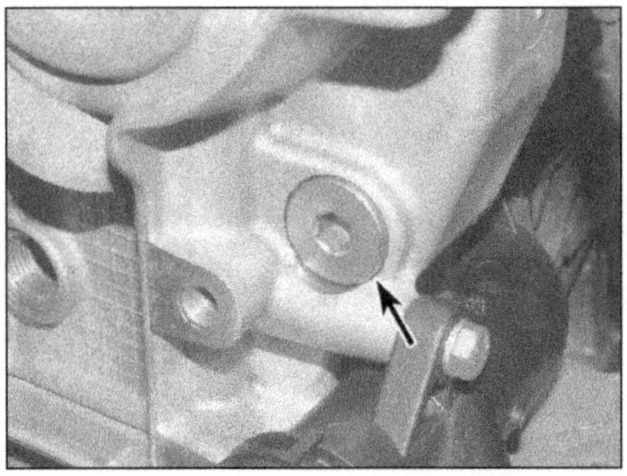

6.11a Skruva loss pluggen (markerad med pil) från det vänstra hörnet. . .

Montering

4 Montera tillbaka de bultar som håller fast dämparen och dra åt dem till angivet moment. Håll emot remskivan om det behövs när bultarna dras åt.

5 Montera tillbaka drivremmarna enligt beskrivningen i kapitel 1A.

6 Montera motorns undre skyddskåpa om tillämpligt.

6 Kamkedja - demontering, kontroll och återmontering

Demontering

1 Demontera ventilkåpan enligt beskrivningen i avsnitt 4.

2 Ta bort vevaxelns främre oljetätning enligt beskrivningen i avsnitt 13.

3 Ta bort drivremmen (drivremmarna) enligt beskrivningen i kapitel 1A.

4 Skruva loss fästbulten och ta bort drivremssträckaren. Observera att bulten är av aluminium, den måste bytas.

5 Fäst motorn med cylinder nr 1 i ÖD enligt beskrivningen i avsnitt 3.

6 Skruva loss och ta bort kamkedjesträckaren från topplockets främre högra hörn. En ny tätningsring måste användas

7 Vevaxelremskivans nav får inte lossas. Detta nav fångar vevaxelns kamkedjedrev mot vevaxelns ansats. Följaktligen kan drevet vridas runt när navbulten har lossats. Se till att svänghjulets och kamaxelns låsverktyg är på plats.

Varning: Fästbulten till vevaxelns remskivenav sitter mycket hårt. Det krävs ett verktyg för att hålla emot navet när bulten skruvas loss. Försök inte utföra arbetet med dåliga eller slarvigt improviserade verktyg, eftersom det nästan säkert leder till att du skadar dig själv eller bilen.

8 Tillverka ett verktyg att hålla remskivan med. Det går att tillverka ett lämpligt verktyg av ett par bandjärn som sätts ihop med en stor ledbult. Skruva fast hållarverktyget i remskivenavet med bultarna som fäster remskivan vid navet. Du kan också använda specialverktyg 11 9 280 som går att köpa från BMW återförsäljare och specialbutiker för bilverktyg **(se bild)**.

9 Lossa remskivans navbult med en hylsa med långt handtag. Observera att bulten sitter mycket hårt. Skruva loss remskivans navbult. Kasta bulten, du måste sätta dit en ny.

10 Ta bort navet från vevaxeländen. Om navet sitter hårt får du dra loss det med en avdragare.

11 Skruva loss pluggen från kamkedjekåpans övre vänstra hörn och pluggen från det nedre högra hörnet **(se bilder)**.

12 Skruva loss de två sprintar som håller fast kamkedjestyrningarna som nu går att komma åt genom pluggöppningarna.

13 Skruva loss fästbultarna och ta bort Vanos justeringsenheter. Se avsnitt 7 om det behövs.

14 Skruva loss de två mittre skruvarna och lyft upp kamkedjemodulen komplett med kedja och vevaxeldrev från dess plats **(se bilder)**. Observera att kragen på drevet ska vara vänd mot vevaxelsidan.

15 Lossa kedjan från drevet och dra den uppåt från modulen om det behövs.

6.11b . . . och skruva loss kamkedjestyrningens sprintar

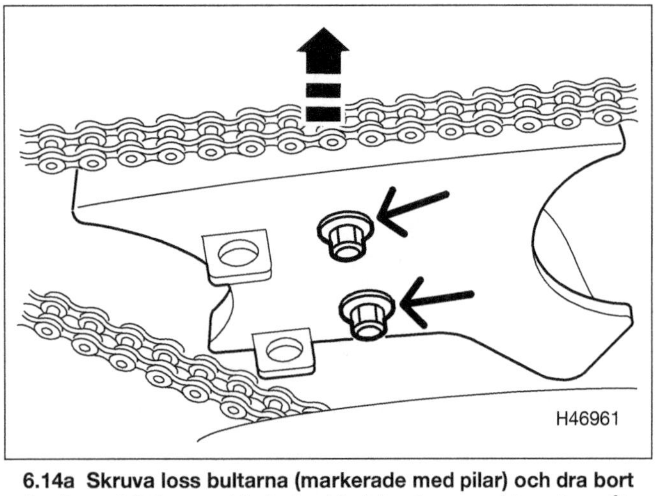

6.14a Skruva loss bultarna (markerade med pilar) och dra bort kedjan, sträckarens blad, styr bladet och vevaxeldrevet uppåt som en enhet

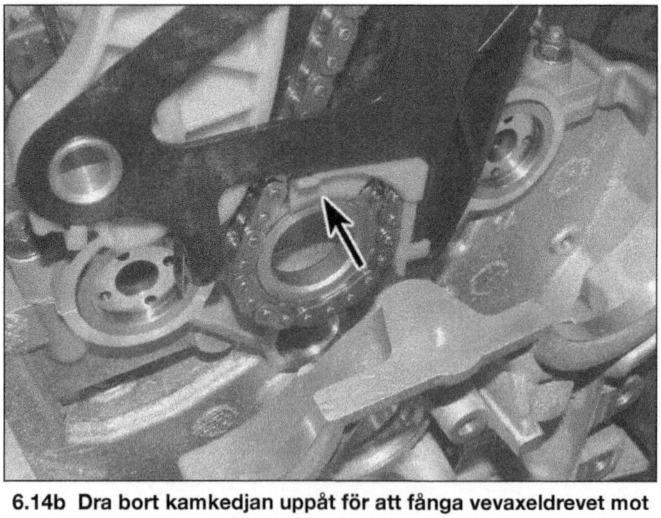

6.14b Dra bort kamkedjan uppåt för att fånga vevaxeldrevet mot styrningen (markerad med pil)

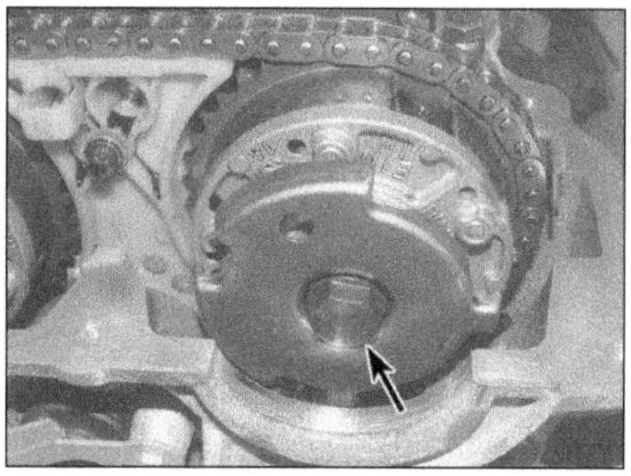

7.3 **Vanos justeringsenhetens fästbult (markerad med pil)**

Montering

16 Se till att vevaxeln fortfarande är låst med kolv nr 1 i ÖD, och med vevaxlarna och kamaxlarna i läge som beskrivs i avsnitt 3.

17 Börja med att lägga kedjan runt vevaxeldrevet. Observera att kragen på drevet ska vara vänd mot vevaxelsidan. Dra kedjan uppåt i modulen för att så att den får ett fast grepp och drevet.

18 Sänk ner kamkedjan och modulen på plats och mata vevaxelremskivans nav genom drevets mitt.

19 Sätt in den nya vevaxelremskivans fästbult. BMW-verktyg nr 11 5 200 måste nu monteras runt centrumbulten och måste dras åt på navet med hjälp av de medföljande bultarna. Dra åt bulten till angivet moment. Håll emot navet med samma metod som användes under demonteringen.

20 Ta bort verktyget från navet och montera en ny oljetätning enligt beskrivningen i avsnitt 13.

21 Montera tillbaka de två bultar som håller fast kamkedjestyrningen, och montera tillbaka de två pluggar

22 Montera tillbaka Vanos-justeringsenheter på kamaxelns ändar enligt beskrivningen i avsnitt 7.

23 Håll sträckaren upprätt och tryck ihop den några gånger för att tömma ut eventuellt

7.4 **Vanos-enheterna är märkta med AUS/ EX för avgas och EIN/IN för insug**

kvarvarande olja. Montera tillbaka och dra åt kedjespännaren med en ny tätningsbricka.

24 Ta bort låsverktyget för svänghjulet och kamaxeln, vrid sedan vevaxeln två fullständiga varv medurs. Kontrollera att svänghjulet och kamaxelns låsverktyg fortfarande går att sätta in. Om inte upprepar du Vanos tillvägagångssätt vid montering av justeringsenheter.

25 Återstoden av monteringen utförs i omvänd ordning mot demonteringen. Tänk på följande:

a) Byt alla packningar och tätningar.

b) Byt alla aluminiumbultar.

c) Dra åt alla hållare till angivet moment (där sådant angetts).

d) Montera tillbaka drivremmen (drivremmarna) enligt beskrivningen i kapitel 1A.

7 Den variabla ventilstyrningens (VANOS) delar - demontering, kontroll och montering

Vanos-inställningsenheter

Demontering

1 Vrid vevaxeln och kamaxlarna så att kolv nr 1 ställs i ÖD, enligt beskrivningen i avsnitt 3.

2 Skruva loss kamkedjespännaren från topplockets främre högra hörn. Kasta tätningsringen, du måste sätta dit en ny.

3 Skruva loss fästbultarna i mitten av Vanos-justeringsenheterna **(se bild)**.

4 Vrid givarens drev så att utskärningarna pekar neråt (för att underlätta demontering), dra sedan bort enheterna från kamaxels ändar. Lossa kedjorna från enheterna när de är borttagna **(se bild)**.

Kontroll

5 För att kunna kontrollera funktionen hos Vanos-justeringsenheten behöver man specialutrustning. Testningen måste därför överlåtas till en BMW-verkstad.

Montering

6 Se till att kolv nr 1 fortfarande befinner sig i ÖD, enligt beskrivningen i avsnitt 3.

7 PlaceraVanos-enheternapåkamaxeländarna och observera identifieringsmärkena **(se bild 7.4)**. Observera att givarringarna är identiska, även om justeringsenheterna är märkta IN och EX.

8 Montera Vanos-justeringsenhetens fästbultar och dra åt dem för hand tills de precis vidrör givarringens yta utan spel.

9 Se till att kamkedjan vilar korrekt mot spännararmen. Montera BMW:s verktyg 11 9 340 i hålet för spännkolven och vrid sedan justerskruven på verktyget tills skruvens ände vidrör spännskenan utan att spänna kedjan **(se bild)**.

10 Montera BMW-verktyg nr 11 4 290 på topplockets ände och se till att verktygets styrsprintar går korrekt i ingrepp med motsvarande hål i givarens krondrev **(se bild)**. Skruva fast verktyget på topplocket med hjälp av två gamla bultar till topplockskåpan.

11 Förspänn kedjespännarens styrning genom att skruva in verktygets justeringsskruv med en momentnyckel till ett värde på 0,6 Nm. Saknar du en momentnyckel med så fin kalibrering får du dra åt justerskruven för

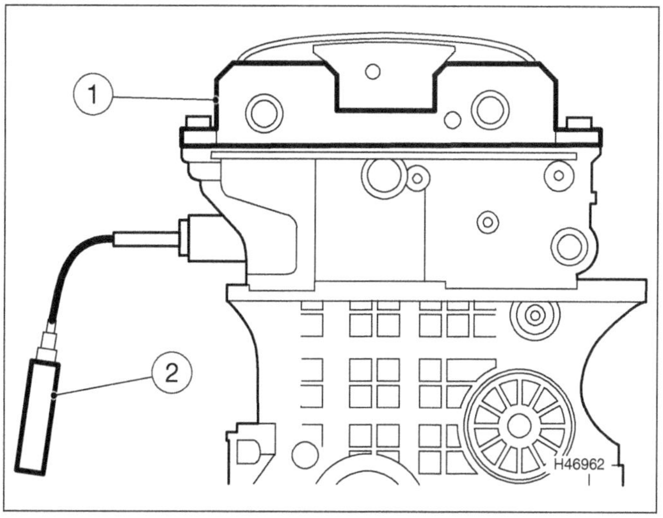

7.9 **Specialverktyg nr 11 4 290 (1) och sträckarens justeringsverktyg nr 11 9 340 (2)**

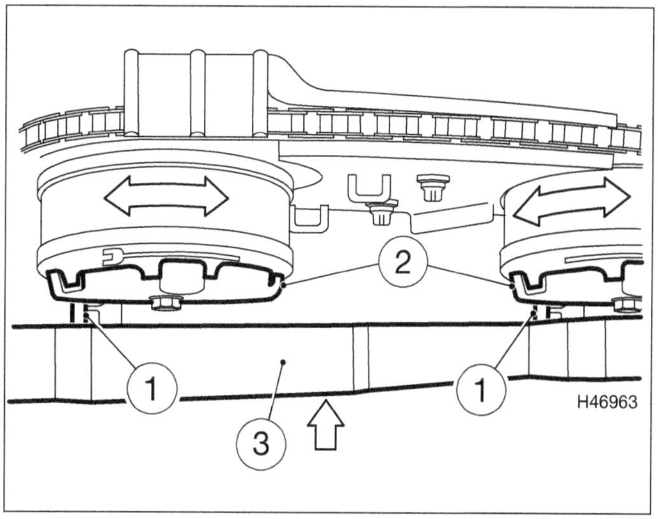

7.10 **Montera specialverktyg nr 11 4 290 (3) på topplocket och lägg i sprintarna (1) i motsvarande hål i krondrevet (2)**

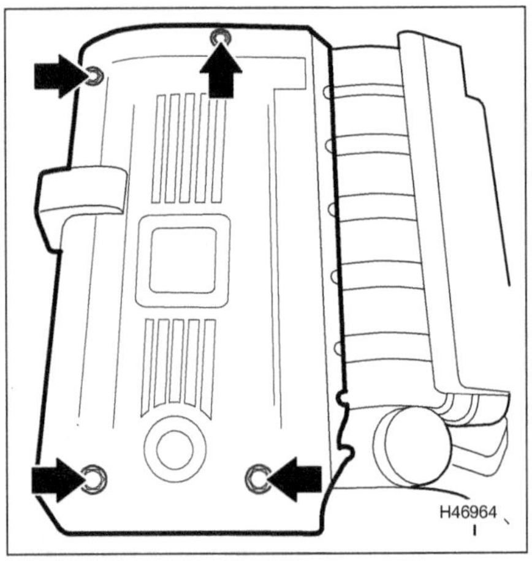

7.24 Skruva loss bultarna (markerade med pilar) och ta bort kåpan från motorns överdel

hand, men bara så hårt att inget slack längre märks i kedjan.

12 Dra åt kamaxeljusterarnas fästbultar till angivet moment.

13 Skruva loss fästbultarna och ta bort verktyg nr 11 4 290 topplockets ände.

14 Lossa justeringsskruven och ta bort verktyg nr 11 9 340 från sträckarens kolvöppning.

15 Se till att kamkedjesträckarens kolv har tömts helt, montera sedan tillbaka den i öppningen i topplocket med en ny tätningsring. Dra åt den till angivet moment.

16 Återstoden av monteringen utförs i omvänd ordning mot demonteringen. Tänk på följande:

a) Sätt tillbaka ventilkåpan enligt beskrivningen i avsnitt 4.

b) Se till att vevaxelns låsverktyg tas bort innan motorn startas.

Vanos magnetventiler

Observera: *Använd en ny tätningsring vid återmonteringen.*

Demontering

17 Ta bort plastkåpan från mitten av klädselpanelen. Två olika typer av lock är monterade: en med ett centralt spår som tas

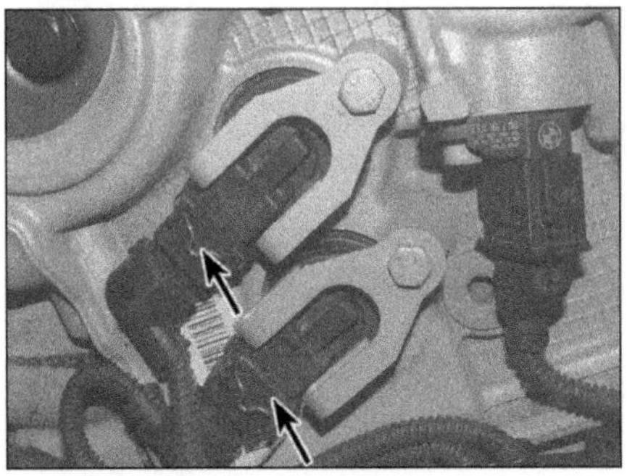

7.26 Anslutningskontakter till Vanos magnetventiler (markerade med pilar)

bort genom att det vrids 45° moturs och en utan centralt spår som bänds upp från sin placering **(se bilder 4.1a and 4.1b)**. Observera om kåpan eller tätningen är skadad, de måste bytas. Underlåtenhet att göra detta kan leda till att vatten tränger in.

18 Skruva loss den bult i mitten av torpedplåten som exponerades vid borttagningen av kåpan **(se bild 4.2)**. Kasta bulten – eftersom en ny en måste användas.

19 Skruva loss bulten på stödets respektive ytterände, håll sedan gummigenomföringen på plats och för stöden utåt från platsen **(se bild 4.3)**. Låt inte genomföringen rubbas. Kasta bultarna och använd nya vid återmonteringen.

20 Arbeta i motorrummets bakre del och vrid fästena 90° moturs och ta bort pollenfilterkåpan. För ut filtret från huset **(se bild 4.4)**

21 Lossa spärrarna och ta bort vänster och höger plastkåpa bakom fjädertornet på varje sida av motorrummet. Lossa slangen från vänster kåpa **(se bild 4.5)**.

22 Tryck in klämmorna och dra bort kabelstyrningen framåt från pollenfilterhusets nedre del **(se bild 4.6)**.

23 Lossa spärren och skruva loss bulten på varje sida, för sedan den nedre delen av pollenfilterhuset framåt och för den från dess plats **(se bilder 4.7a, 4.7b och 4.7c)**.

24 Skruva loss fästskruvarna och lyft av den ljuddämpande kåpan från motorn **(se bild)**. I och med att skruvarna är av aluminium måste de bytas. **Observera:** *Undersök skruvarna*

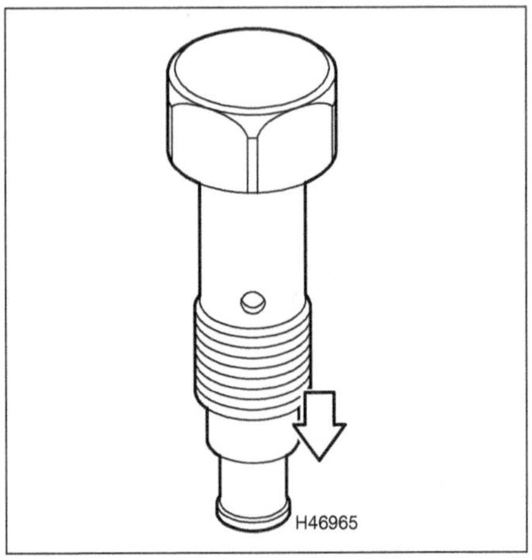

7.27 Håll sträckaren upprätt och tryck in kolven några gånger för att tömma ut oljan

noggrant – på en del motorer är de falska – skruvskallarna är en del av plastgjutningen och kåpan dras helt enkelt loss från sin plats.

25 Lossa magnetventilernas kontaktdon. Observera deras placeringar, de måste monteras på sina ursprungsplatser.

26 Skruva loss fästbyglarnas bultar och ta bort magnetventilerna **(se bild)**. Byt tätningsringarna.

Montering

27 Monteringen utförs i omvänd ordning mot demonteringen, men använd nya tätningsringar. **Observera:** *Håll kedjespännaren upprätt och tryck in kolven några gånger för att tömma ut eventuell olja före återmonteringen* ***(se bild).***

8 Kamaxlar och ventillyftare – demontering, kontroll och återmontering

Observera: *Det krävs många specialverktyg för att slutföra följande tillvägagångssätt. Se till att lämpliga verktyg finns innan arbetet påbörjas.*

Demontering

1 Ta bort Vanos-justeringsenheterna enligt beskrivningen i avsnitt 7.

Insugskamaxel

2 För att ta bort insugskamaxeln är det nödvändigt att ta bort Valvetronics mellanarmar enligt följande:

3 Använd en skiftnyckel på den sexkantiga delen och vrid den excentriska axeln så att loberna ger minst lyft.

4 Skruva loss banjobulten och ta bort oljesprutmunstycket från cylinder nr 3.

5 Fäst BMW:s specialverktyg nr 11 4 270 på styrblocket med en självlåsande tång **(se bild)**.

6 Fäst lagersprintarna på returfjädern genom att vrida den räfflade ratten på specialverktyget **(se bild)**.

7 Lyft upp specialverktygets handtag så mycket det går för att hålla mellanarmens returfjäder på plats, skruva sedan loss den

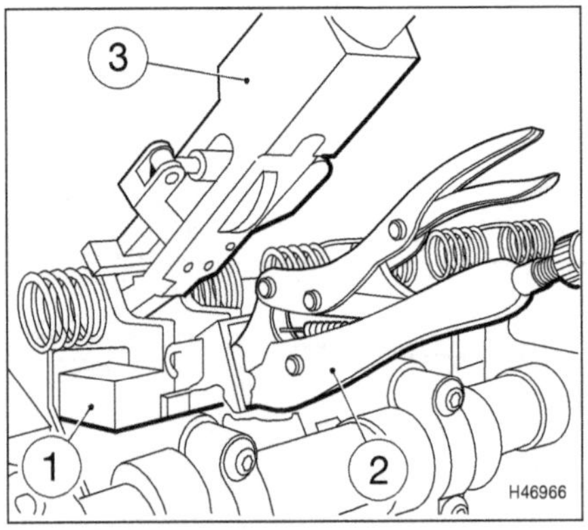

8.5 Fäst specialverktyget (3) på styrblocket (1) med en självgripande tång (2)

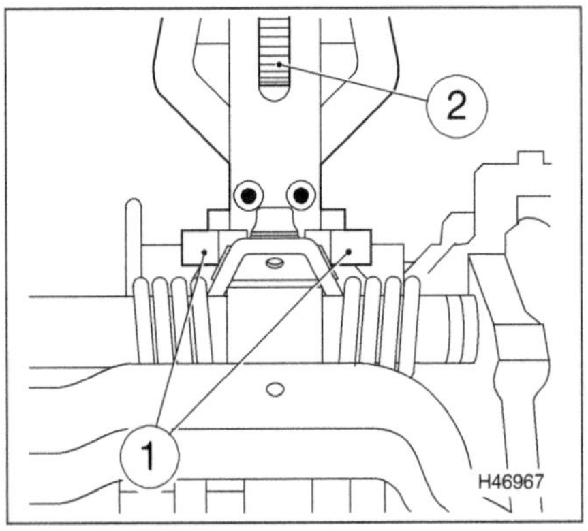

8.6 Fäst lagersprintarna (1) på returfjädern genom att rotera det räfflade hjulet (2)

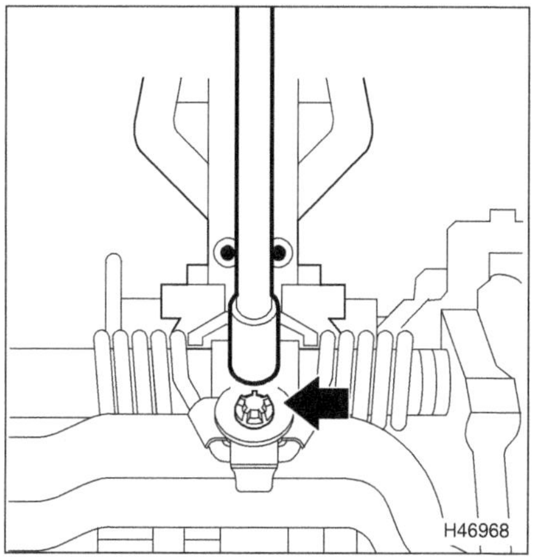

8.7 Returfjäderns fästbult (markerad med pil)

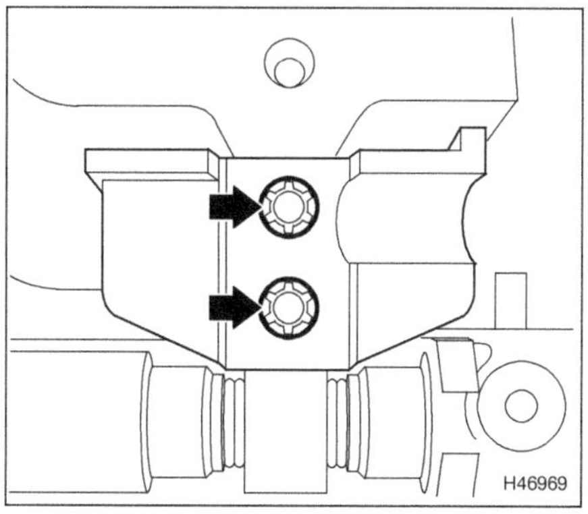

8.9 Skruva loss bultarna (markerad med pilar) och ta bort styrblocken

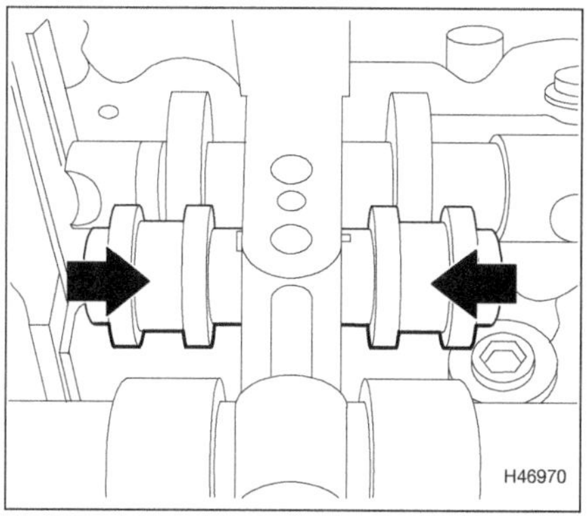

8.10 Lyft ut mellanhävarmarna (markerade med pilar)

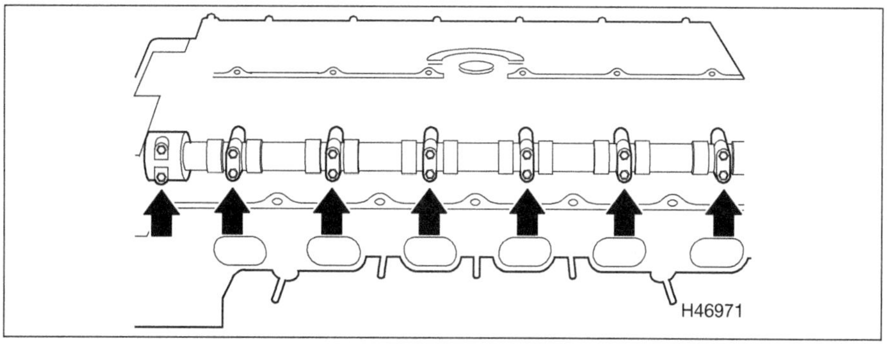

8.11 Lageröverfall till insugskamaxeln (markerade med pilar)

bult som håller fast returfjädern **(se bild)**. Lossa gradvis fjäderspänningen genom att sänka ner specialverktygets handtag.

Varning: Lossa fjäderspänningen gradvis eftersom det finns risk för personskador.

8 Tvinga isär spiralerna och ta bort returfjädrarna. Upprepa detta tillvägagångssätt på alla returfjädrar. Det är absolut nödvändigt att Valvetronics fjädrar, spak och styrblock etc. monteras tillbaka på sina ursprungliga platser. Lägg alla komponenterna i ordning på en ren, torr yta så att de kan identifieras och monteras tillbaka på sina ursprungliga positioner.

9 Skruva loss de två bultarna och ta bort varje styrblock **(se bild)**. Lägg återigen ut styrblocken i rätt ordning på en ren yta på det sätt som beskrivs i föregående avsnitt. Det är ytterst viktigt att de monters tillbaka på sina ursprungliga platser.

10 Lyft ut mellanspakarna **(se bild)**. Lägg återigen ut de mellanliggande spakarna i rätt ordning på en ren yta enligt beskrivningen i avsnitt 8. Det är ytterst viktigt att de monters tillbaka på sina ursprungliga platser.

11 Skruva loss fästbultarna stegvis och jämnt, ta bort lageröverfallen och lyft ut kamaxeln. Observera att lageröverfall nr 1 har en tryckbricka. Lägg ut lageröverfallen i ordning på en ren yta, det är ytterst viktigt att de monteras tillbaka på sina ursprungliga platser **(se bild)**. Kontrollera kamaxellageröverfallen med avseende på identifieringsmarkeringar. Överfallen är numrerade från motorns kamkedjeände, och märkningen brukar gå att läsa från motorns avgassida. Insugskamaxelkåporna är märkta E1 till E7.

12 Ta bort kompressionsringen på kamaxelns ände om det behövs genom att trycka ner ena änden av ringen i spåret, dra upp den andra ringen och haka loss den **(se bild)**. Var försiktig eftersom ringarna lätt går sönder.

13 Lyft av vipparmarna från deras platser och lägg ut dem på en ren yta. Dra bort de hydrauliska justerarna från platsen och lägg ut dem på en ren yta. Det är verkligen ytterst viktigt att komponenterna monteras tillbaka på sina ursprungliga platser **(se bilder)**.

Avgaskamaxel

14 Demontera ventilkåpan enligt beskrivningen i avsnitt 4.

15 Arbeta utifrån och inåt för att skruva stegvist och jämnt loss de bultar som håller fast det övre och nedre kamaxellagrets gjutningar **(se bild)**. Lyft upp gjutningarna från platsen komplett med kamaxeln.

16 Separera de övre och nedre gjutningarna försiktigt och ta sedan bort kamaxeln.

17 Ta bort kompressionsringen på kamaxelns ände om det behövs genom att trycka ner ena änden av ringen i spåret, dra upp den andra ringen och haka loss den **(se bild 8.12)**. Var försiktig eftersom ringarna lätt går sönder.

18 Lyft av vipparmarna från deras platser

8.12 Tryck ned ringens ena ände och dra upp den andra änden (markerad med pilar)

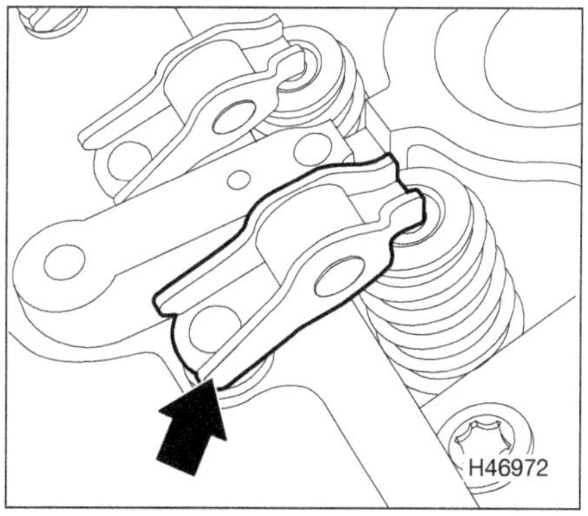

8.13a Ta bort vipparmarna (markerade med pil) . . .

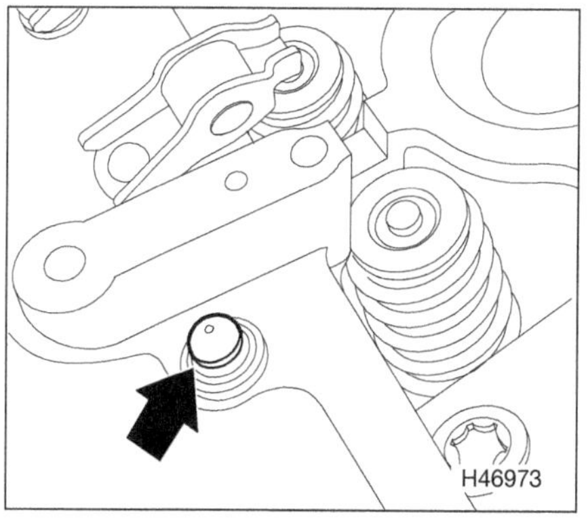

8.13b . . . följt av de hydrauliska ventillyftarna (markerade med pil)

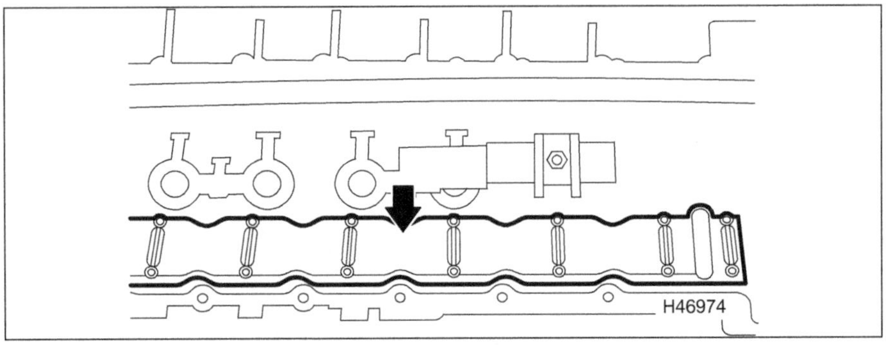

8.15 Skruva loss bultarna och ta bort gjutgodset

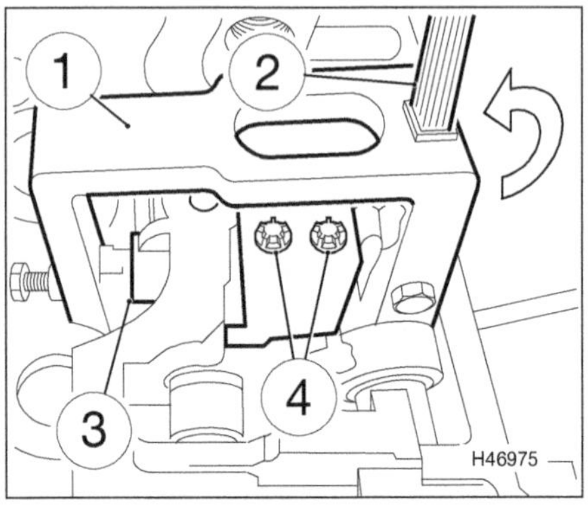

8.27 Specialverktyg (1), verktygsarm (2), bultförband (3) och styrblockets bultar (4) – se text

och lägg ut dem på en ren yta. Dra bort de hydrauliska justerarna från platsen och lägg ut dem på en ren yta. Det är verkligen ytterst viktigt att komponenterna monteras tillbaka på sina ursprungliga platser **(se bilder 8.13a och 8.13b)**.

Kontroll

19 Rengör samtliga delar, inklusive lagerytorna i gjutgodset och lageröverfallen. Undersök delarna noga med avseende på slitage och skador. Leta särskilt efter repor och punktkorrosion på kamaxelns/kamaxlarnas lagerytor och lober. Undersök om ventilvippornas anliggningsytor verkar slitna eller skadade. Byt ut komponenterna om det behövs.

Montering

Insugskamaxel

20 Montera tillbaka de hydrauliska justerarna och vipparmarna på deras ursprungsplatser.

21 Se till att svänghjulet fortfarande är låst i ÖD-läget.

22 Smörj kamaxelns lagerytor med ren motorolja.

23 Montera tillbaka kamaxeln så att loberna till cylinder nr 1 pekar uppåt och så att kamaxelns artikelnummer är överst. Montera specialverktyg nr 11 4 821 på kamaxeln enligt beskrivningen i avsnitt 3.

24 Montera tillbaka lageröverfallen i deras ursprungliga lägen och dra åt fästbultarna till angivet moment.

25 Montera tillbaka mellanarmarna på deras ursprungliga platser.

26 Montera tillbaka styrblocken på deras ursprungsplatser, montera fästbultarna, dra åt dem för hand och lossa dem sidan 90°.

27 Montera specialverktyg nr 11 4 450 på bultkopplingen till Valvetronics excentriska axel och lyft upp verktygets spak för att spänna styrblocken **(se bild)**. Dra åt blockets fästskruvar till deras angivna moment. Upprepa det här tillvägagångssättet på de återstående styrblocken. **Observera:** *Styrblocket på cylinder nr 3 kan endast monteras med en bult tills returfjädern har monterats tillbaka senare i processen.*

28 Montera tillbaka returfjädrarna på deras ursprungliga läge. Se till att fjädrarna går i ingrepp korrekt med de mellanliggande spakarna **(se bild)**.

29 Fäst specialverktyg nr 11 4 270 på styrblocket, fäst sedan lagersprintarna i returfjäderspiralerna och dra upp verktygsarmen för att spänna fjädern. Montera fjäderns fästbult och dra åt den till angivet moment **(se bilder 8.5 och 8.6)**. Upprepa detta tillvägagångssätt på alla returfjädrar.

30 Montera tillbaka oljesprutmunstycket på cylinder nr 3 och dra åt bulten till angivet moment. Se till att munstyckena pekar exakt mot kvadrantens kuggar **(se bild)**.

Avgaskamaxel

31 Montera tillbaka de hydrauliska justerarna och vipparmarna på deras ursprungsplatser.

32 Avgasventilerna i cylinder 2 måste tryckas in något före återmonteringen av kamaxel- och lagergjutningarna. Anslut specialverktyg nr 11 4 462 till topplocket med de två medföljande specialbultarna. Se till att verktygets fingrar får kontakt med vipparmarna över ventilerna **(se bild)**.

33 Tryck försiktigt ihop vipparmarna/ventilerna något genom att dra åt muttern på verktygsspindeln.

34 Montera tillbaka avgaskamaxeln i den nedre lagerbryggan. Loberna på kamaxeln i cylinder 1 måste peka uppåt i en vinkel och artikelnumret på kamaxeln måste vara riktat uppåt **(se bild)**. Placera gjutningen/kamaxeln över vipparmarna.

35 Montera den övre lagerbryggan över kamaxeln. Sätt in fästbultarna och dra åt dem till 8 Nm (6 fotpund), skruva sedan loss alla fästbultar 90°.

36 De sex frästa ytorna längs med den övre och nedre lagerbryggan måste riktas in exakt. Anslut specialverktyg nr 11 4 461 till de frästa ytorna på det sätt som visas **(se bild)**. Börja med att fingerdra bultarna. Observera att bultarna ska vara på insidan med undantag av cylinder nr 2 där bulten måste vara på utsidan.

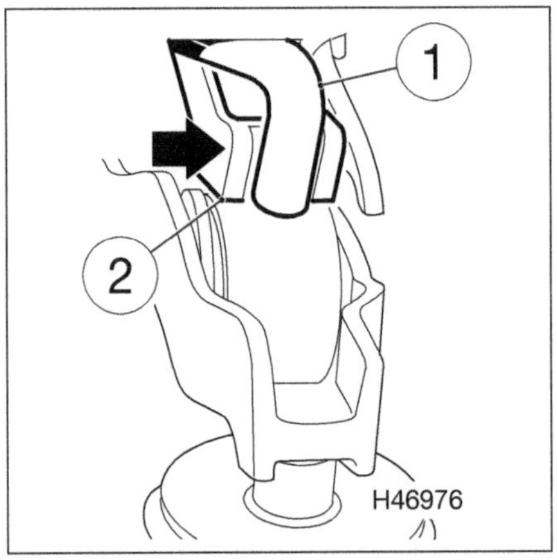

8.28 Kontrollera att returfjädern (1) går i ingrepp korrekt med mellanhävarmen (2)

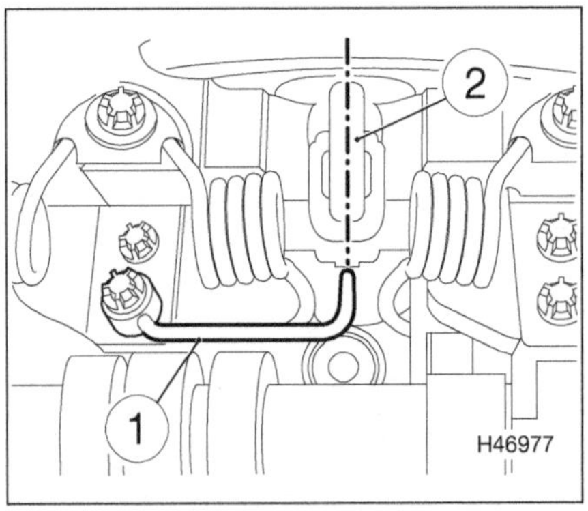

8.30 Oljesprutmunstycket (1) bör peka exakt mot kvadrantens kuggar (2)

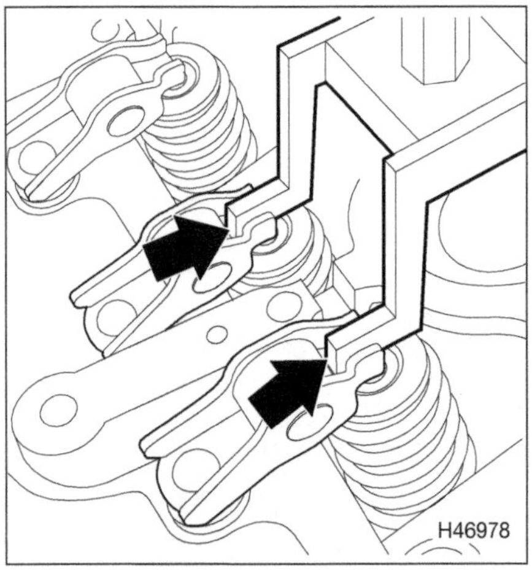

8.32 Se till att verktygets fingrar (markerade med pilar) har kontakt med vipparmarna

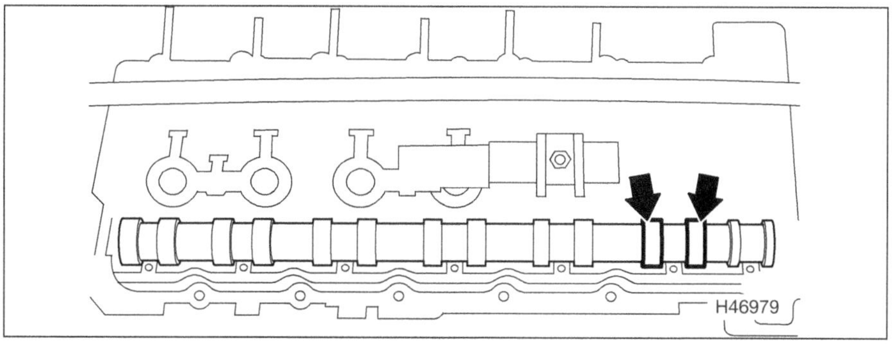

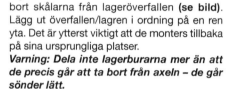

8.34 Montera tillbaka kamaxeln så att loberna på cylinder nr 1 (markerad med pilar) pekar uppåt

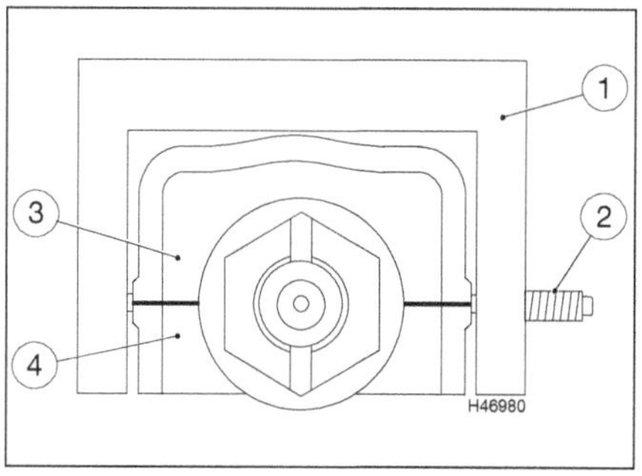

8.36 Specialverktyg (1), riktbult (2), övre gjutgods (3) och nedre gjutgods (4) – se text

37 Dra åt bryggans fästbultar gradvis och jämnt till angivet moment med lagerbryggorna ordentligt fästa.

38 Ta bort de specialverktyg som håller fast gjutningarna och det verktyg som trycker ner ventilerna på cylinder nr 2.

Båda kamaxlar

39 Montera tillbaka Vanos-justeringsenheterna enligt beskrivningen i avsnitt 7.

9 Valvetronic-komponenter – demontering och montering

Excenteraxel

Demontering

1 Ta bort insugsventilens mellanarmar enligt beskrivningen i punkt 1 till 10 i föregående avsnitt.

2 Vrid den excentriska axeln med en skiftnyckel på den sexkantiga delen tills dess lober är i det minst upplyfta läget.

3 Skruva loss fästbultarna och ta bort lageröverfallen. Lägg ut överfallen i ordning på en ren yta. Det är ytterst viktigt att de monters tillbaka på sina ursprungliga platser **(se bild)**. Kasta bultarna och använd nya vid återmonteringen.

4 För försiktigt den excentriska axeln bort från dess plats.

5 Skruva loss bulten och ta bort det magnetiska givarhjulet från axelns ände om det behövs **(se bild)**.

6 Dra försiktigt isär lagerburarna och ta bort lagren från axlarna om det behövs, ta sedan bort skålarna från lageröverfallen **(se bild)**. Lägg ut överfallen/lagren i ordning på en ren yta. Det är ytterst viktigt att de monters tillbaka på sina ursprungliga platser.

Varning: Dela inte lagerburarna mer än att de precis går att ta bort från axeln – de går sönder lätt.

Montering

7 Montera lagerskålarna på deras ursprungsplatser i lageröverfallen om de har demonterats. Den inre skålen måste monteras med den spetsiga änden riktad neråt och den yttre skålen med den spetsiga änden uppåt **(se bild)**.

8 Montera tillbaka det magnetiska givarhjulet på axeln och dra åt bulten ordentligt om hjulet har demonterats.

9 Montera tillbaka lagren på deras ursprungsplatser på den excentriska axeln om de har demonterats.

10 Smörj lagerytorna med ren motorolja, montera sedan tillbaka den excentriska axeln i minsta lyftposition.

11 Montera tillbaka lageröverfallen och dra åt

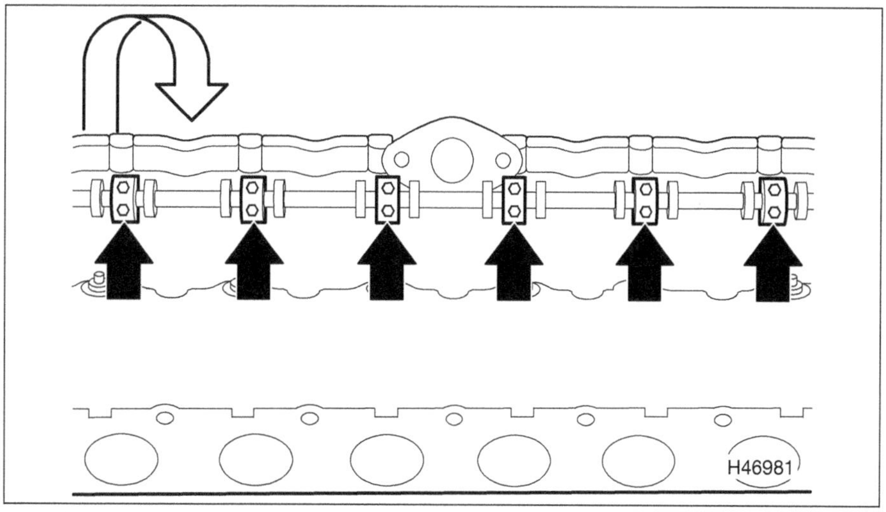

9.3 Skruva loss bultarna (markerade med pilar), ta bort lageröverfallen och lyft sedan ut den excentriska axeln

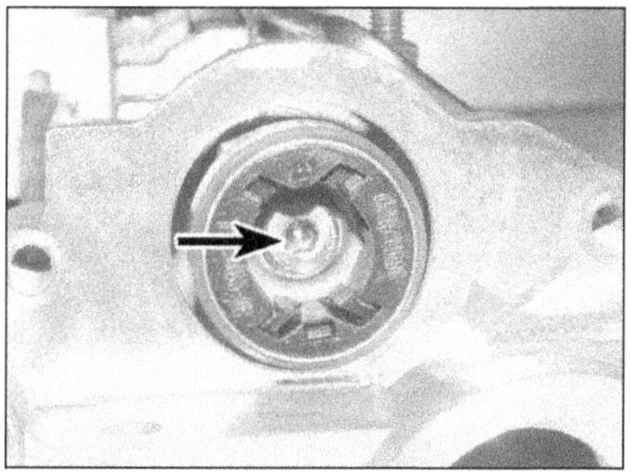

9.5 Skruva loss bulten (markerad med pil) och ta bort det magnetiska givarhjulet

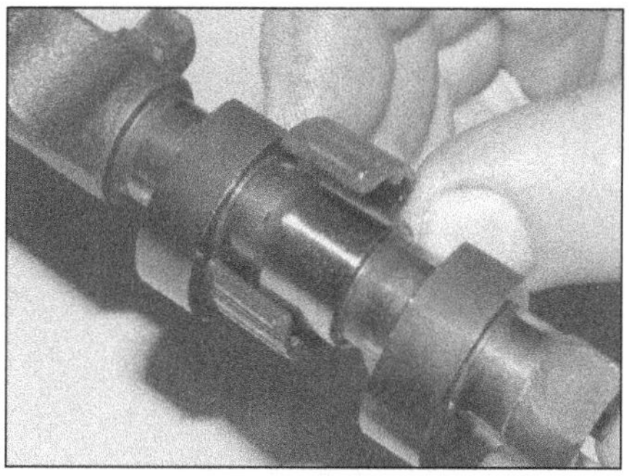

9.6 Ta försiktigt isär lagerburen

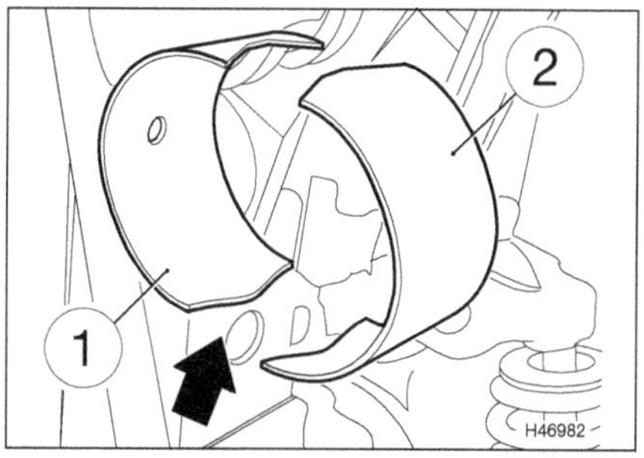

9.7 Montera den inre skålen (1) med den spetsiga änden nedåt och den yttre skålen (2) med den spetsiga änden uppåt

9.21 Bultar till den excentriska axelns lägesgivare (markerade med pilar)

de nya fästbultarna till angivet moment.

12 Montera tillbaka mellanhävarmarna enligt beskrivningen i föregående avsnitt.

Ställmotor

Demontering

13 Ta bort ställmotorns två tändspolar enligt beskrivningen i kapitel 5B.

14 Koppla loss anslutningskontakten från lägesmotorn.

15 Använd ett sexkantsbit och en spärranordning för att vrida änden av ställmotorns axel medurs tills spänningen på den excentriska axeln har lättat.

16 Skruva loss de 3 bultarna och ta bort motorn – Observera den 3:a bult under motorn. Kasta bultarna och använd nya vid återmonteringen.

Montering

17 Placera motorn i öppningen i topplockskåpan, vrid sedan motoraxeln moturs med ett insexnyckel och dra motorn på plats mot flänsen. Sätt i och dra åt bultarna till angivet åtdragningsmoment.

18 Resten av monteringen utförs i omvänd ordningsföljd mot demonteringen.

Lägesgivare

Demontering

19 Demontera ventilkåpan enligt beskrivningen i avsnitt 4.

20 Koppla loss givarens anslutningskontakt.

21 Lossa givarens fästbultar **(se bild)**. Observera att bultarna är integrerade med givaren – försök inte skruva loss dem från givaren. Om bultarna skruvas ut helt faller de ut.

22 Ta bort givaren

Montering

23 Monteringen sker i omvänd ordningsföljd mot demonteringen.

10 Topplock – demontering och montering

Observera: *Använd nya topplocksbultar och en ny topplockspackning vid monteringen.*

Demontering

1 Dränera kylsystemet enligt beskrivningen i kapitel 1A.

2 Ta bort insugs- och avgasgrenrören enligt beskrivningen i kapitel 4.

3 Observera hur de är monterade, lossa sedan klämmorna och lossa de olika kylslangarna från topplocket.

4 Ta bort Vanos-justeringsenheterna enligt beskrivningen i avsnitt 7.

5 Skruva loss de två fästbultarna, lossa sedan kamkedjemodulen från vänster styrskena och ta bort modulen från dess plats uppåt **(se bild 6.14a)**. Sätt försiktigt ned kamkedjan i motorblocket. Det är absolut nödvändigt att vevaxeln inte vrids eftersom kamkedjan följer med.

6 Skruva loss de tre fästskruvarna och dra den excentriska axelns lägesgivare framåt från dess placering (se avsnitt 9), skruva sedan loss fästbulten och ta bort det magnetiska givarhjulet från den excentriska axelns ände **(se bild 9.5)**. Var försiktig så att du inte tappar bulten. Bulten är inte magnetisk.

7 Använd en skiftnyckel på den sexkantiga delen, vrid den excentriska axeln så att loberna pekar uppåt, ta sedan bort den excentriska axelns stoppskruv M6 mellan cylinder 1 och 2.

8 Skruva loss M9 och M7 bultarna på topplockets kamkedjeände

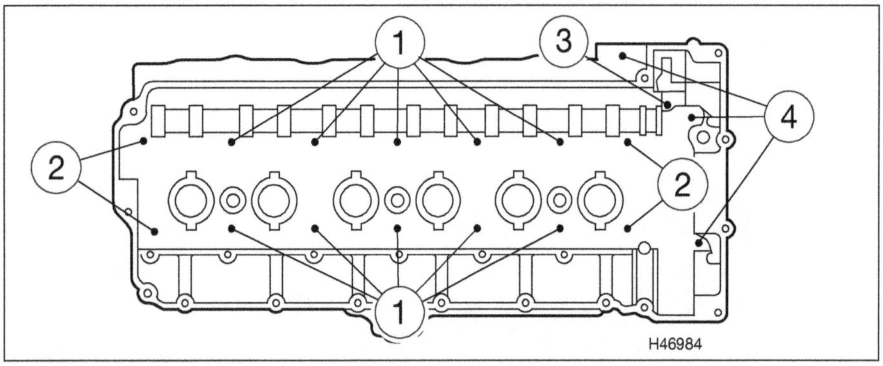

10.9 Topplock M10 bultar (1) och M9 bultar (2). Skruva loss M9 bulten (3) och M7 bultarna (4) på motorns kamkedjeände

9 Använd lämpliga Torxdrivbits, skruva loss topplocksbultarna, arbeta utifrån och inåt **(se bild)**. Observera att det finns M9 och M10 Torxbultar att ta bort. Observera M9-bultarnas placering - de är olika långa.

10 Det krävs nu en medhjälpare för att hjälpa till att ta bort topplocket. Lyft av topplocket från blocket - var försiktig eftersom topplocket är tungt (ungefär 40 kg). Mata in kamkedjan genom öppningen framtill på topplocket när du lyfter bort detta, och häng sedan upp kedjan i motorblocket med ståltråd.

Varning: Sätt inte ner topplocket på tätningsytan. Ventilerna sticker ut över ytan och kan skadas.

11 Ta bort topplockspackningen, täta sedan oljepumpens kanalöppningar i motorblockets tätningsyta med gummi-/plastpluggar i lämplig storlek.

Kontroll

12 Se kapitel 2E för information om isärtagning och hopsättning av topplocket.

13 Fogytorna mellan topplocket och motorblocket måste vara noggrant rengjorda innan topplocket monteras. Använd en skrapa för att avlägsna alla spår av packning och sot. Rengör även kolvtopparna. Var särskilt försiktig med tätningsytorna, den mjuka metallen skadas lätt. Se också till att det inte kan komma in något skräp i olje- och vattenkanalerna. Försegla vattenkanaler, oljekanaler och bulthål i motorblocket med tejp och papper. Lägg lite fett i gapet mellan kolvarna och loppen för att hindra sot från att tränga in.

14 Leta efter hack, djupa repor och andra skador i motorblockets/topplockets fogytor. Är de mycket små, kan de försiktigt filas bort från motorblocket. Allvarligare skador kan eventuellt slipas bort, men detta är ett jobb för specialister.

15 Vid misstanke om att topplocket är skevt ska en stållinjal användas för att kontrollera skevheten enligt beskrivningen i kapitel 2E.

16 Rengör bulthålen i motorblocket med piprensare, eller med en tunn trasa och skruvmejsel. Se till att de töms fullständigt på olja och vatten, annars finns det risk för att motorblocket spräcks av det hydrauliska trycket när bultarna dras åt.

17 Undersök om det finns skador på bultarnas gängor eller på gängorna i motorblocket. Rensa vid behov gängorna i motorblocket med en gängtapp i rätt storlek.

Montering

18 Se till att fogytorna på motorblocket och topplocket är fullständigt rena, samt att topplocksbultarnas gängor är rena och torra och kan skruvas in och ut utan att kärva.

19 Kontrollera att topplockets styrstift sitter på plats i motorblocket.

20 Se till att svänghjulet fortfarande är låst i ÖD-läget enligt beskrivningen i avsnitt 3.

21 Lägg en ny topplockspackning på motorblocket och passa in den över styrstiften. Se till att rätt sida är vänd uppåt. Observera att det finns packningar som är tjockare än standard som ska användas om topplocket har maskinbearbetats (se kapitel 2E).

22 Sänk ner topplocket på motorblocket så att det hamnar över styrstiften.

23 Nyatopplocksbultarlevererasförbestrukna. Applicera inte något smörjmedel på bultarna och torka inte heller bort beläggningen. Sätt in de nya bultarna, komplettera med brickor vid behov och dra åt bultarna så långt det går för hand. Se till att brickorna sitter som de ska i sina säten i topplocket.

Observera: *Sätt inte brickor på bultar som ska sitta på platser där det redan finns en fångbricka i topplocket. Monteras ett nytt topplock (utan fångbrickor) så var noga med att sätta nya brickor på alla bultar.*

24 Dra åt bultarna i tur och ordning enligt momentinställning steg 1 som anges i specifikationerna **(se bild)**. Observera att lämpliga T50 och T60 Torxbits kan erhållas från BMW (artikelnummer 11 5 190 och 11 4 420).

25 Dra nu åt alla topplocksbultar till vinkeln i steg 2 med en vinkelmätare.

26 Dra åt bultar 1 till 10 to till steg 3 vinkel.

27 Dra slutligen åt topplocksbultarna M10 till den senaste vinkelinställningen.

28 Montera nya aluminiumbultar M7 och M9 på deras platser på kamkedjeänden på topplocket och dra åt dem till angivet moment.

29 Montera tillbaka skruven till den excentriska axelns stopp och dra åt den till angivet moment.

30 Montera tillbaka det magnetiska givarhjulet på den excentriska axeln och dra åt fästbulten ordentligt.

31 Montera tillbaka den excentriska axelns lägesgivare och dra åt bultarna ordentligt.

32 Dra upp kamkedjan genom topplocket med en ståltråd som krok och montera den i kamkedjemodulen. Kläm fast modulen på den vänstra styrningen, sätt in fästbultarna och dra åt dem till angivet moment.

33 Montera tillbaka Vanos-justeringsenheterna enligt beskrivningen i avsnitt 7.

34 Resten av monteringen utförs i omvänd ordning mot demonteringen. Avsluta med att fylla på kylsystemet enligt beskrivningen i kapitel 1A.

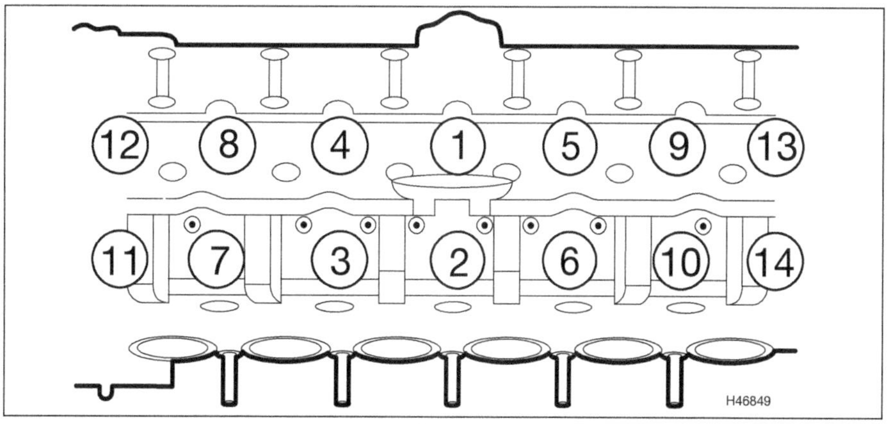

10.24 Ordningsföljd för åtdragning av topplocksbultar

11 Sump – demontering och montering

Demontering

1 Ta bort plastkåpan från mitten av klädselpanelen. Två olika typer av lock är monterade: en med ett centralt spår som tas bort genom att det vrids 45° moturs och en utan centralt spår som bänds upp från sin placering **(se bilder 4.1a and 4.1b)**. Observera om kåpan eller tätningen är skadad, de måste bytas. Underlåtenhet att göra detta kan leda till att vatten tränger in.

2 Skruva loss den bult i mitten av torpedplåten som exponerades vid borttagningen av kåpan **(se bild 4.2)**. Kasta bulten – eftersom en ny en måste användas.

3 Skruva loss bulten på stödens respektive ytterände, håll sedan gummigenomföringen på plats och för stöden utåt från platsen **(se bild 4.3)**. Låt inte genomföringen rubbas. Kasta bultarna och använd nya vid återmonteringen.

4 Arbeta i bakre delen av motorrummet, skruva loss bultarna och ta bort pollenfilterkåpan. För filtret från huset **(se bild 4.4)**.

5 Lossa spärrarna och ta bort vänster och höger plastkåpa bakom fjädertornet på varje sida av motorrummet. Lossa slangen från vänster kåpa **(se bild 4.5)**.

6 Tryck in klämmorna och dra bort kabelstyrningen framåt från pollenfilterhusets nedre del **(se bild 4.6)**.

7 Lossa spärren och skruva loss bulten på varje sida, för sedan den nedre delen av pollenfilterhuset framåt och för den från dess plats **(se bilder 4.7a, 4.7b och 4.7c)**.

8 Lossa luftflödesgivaren, lossa sedan klämman och lossa luftinsugsslangen.

9 Ta bort luftfilterhuset enligt beskrivningen i kapitel 4A.

10 Ta bort kåpan över tändspolarna.

11 Skruva loss de tre bultarna och ta bort mellanväggens genomföringshus **(se bild)**.

12 Motorn måste stöttas upp på plats med en motorlyft eller en motortvärbalk. Anslut lyften/tvärbalken till motorlyftöglorna framtill och baktill på motorn. Ta upp motorns tyngd med domkraften.

13 Skruva loss den mutter på varje sida som håller fast motorfästenas stödfästbyglar på fästena, lyft sedan upp motorn ungefär 10 mm.

14 Skruva loss fästanordningarna och ta bort underredspanelen på varje sida vid förstärkningsstödet under hjälpramen **(se bild)**.

15 Skruva loss muttrarna/bultarna och ta bort förstärkningsstödet från varje sida

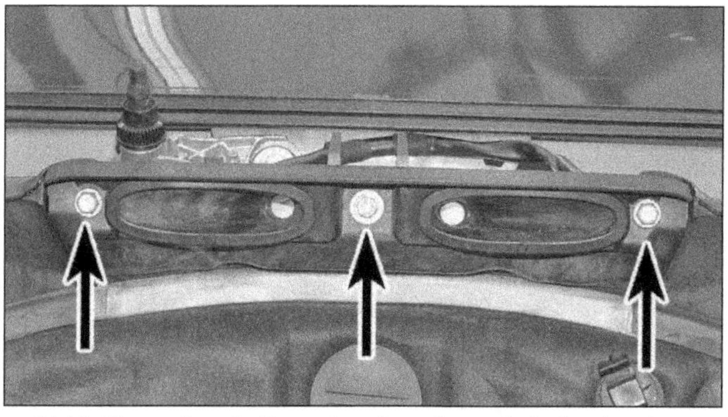

11.11 Skruva loss bultarna (markerade med pilar) och ta bort genomföringen i mellanväggen

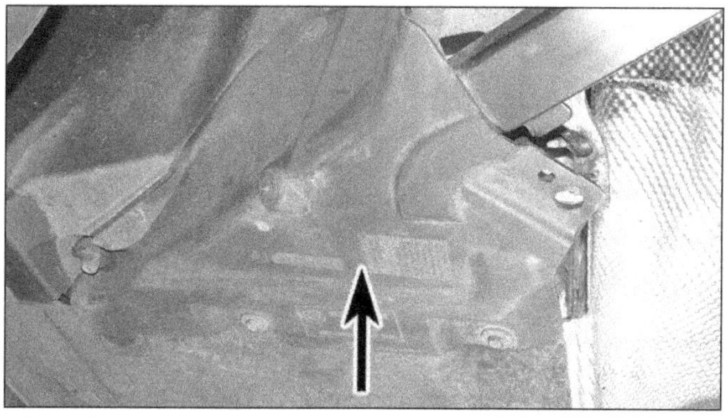

11.14 Ta bort underredets paneler (markerade med pil) på varje sida

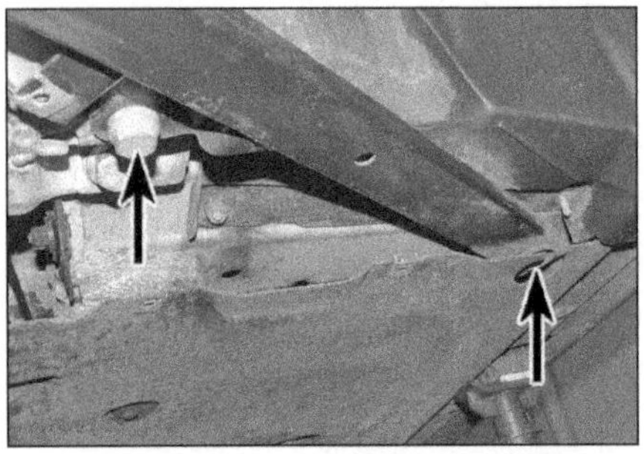

11.15a Skruva loss bultarna (markerade med pil) i varje ände på det främre förstärkningsstödet. . .

11.15b . . . och bultarna i mitten

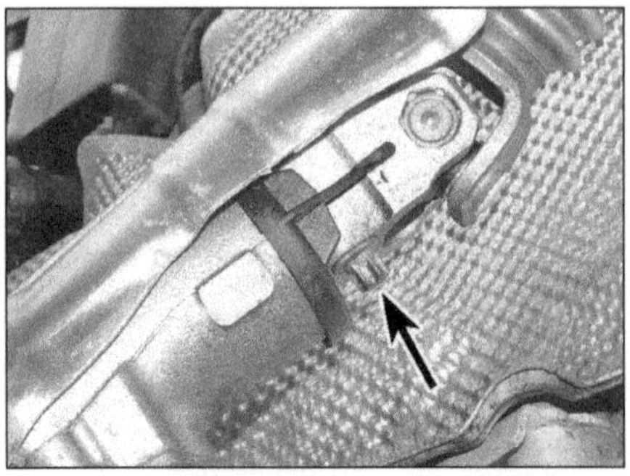

11.16 Rattstångens nedre klämbult (markerad med pil)

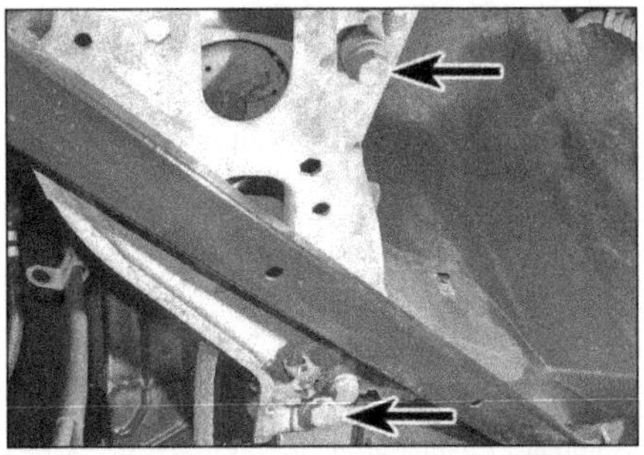

11.19a Den främre hjälpramen är fäst med två bultar baktill på varje sida (markerad med pilar). . .

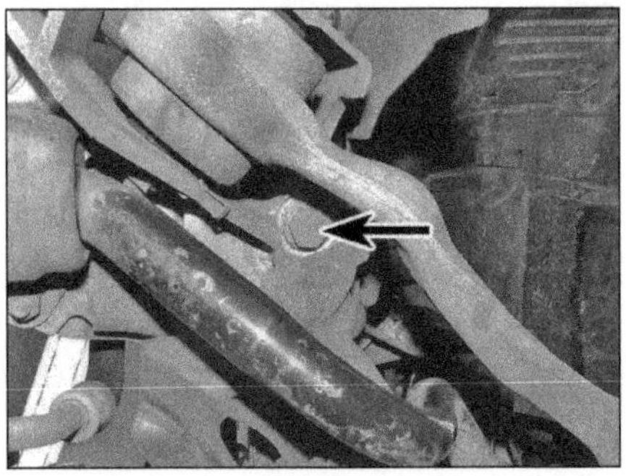

11.19b . . . och en framtill (markerad med pil)

under den främre hjälpramen **(se bilder)**. Kasta muttrarna/bultarna – använd nya vid återmonteringen.

16 Ta bort rattstångens nedre universalled och lyft av rattstångsaxeln uppåt från kuggstångens kugghjul **(se bild)**. Kasta klämbulten – eftersom en ny en måste användas.

Varning: Se till att ratten/rattstången inte vrids runt när universalleden är lossad från kuggstångens kugghjul. Följden kan bli skador på stången.

17 Lossa anslutningskontakterna från markhöjdsgivarna (om sådana finns), lossa sedan vakuumslangarna från motorfästena.

18 Skär av buntbandet som håller fast kabelhärvan på hjälpramen i modeller med elektrisk servostyrning.

19 Stötta upp den främre hjälpramen med hjälp av en garagedomkraft och några träbitar etc., skruva sedan loss de tre bultarna på varje sida och sänk försiktigt ner hjälpramen maximalt 10 cm **(se bilder)**. Observera servostyrningsslangarna/servostyrningsrören när hjälpramen sänks ner – låt dem inte böjas eller dras. Observera att hjälpramens bultar framtill är 90 mm långa, de mittre bultarna är 145 mm långa och de bakersta är 53 mm långa. Dra åt de främre bultarna först vid återmonteringen.

20 Lossa oljereturslangen (oljereturslangarna) från sumpen **(se bild)**.

21 Notera hur de är monterade, lossa sedan de olika anslutningskontakterna från givaren (givarna) på sumpen.

22 Lossa och ta bort de bultar som håller fast växellådshuset.

23 Lossa de bultar som håller fast sumpen på motorblockets bas stegvis och ta bort dem. Kasta bultarna och använd nya vid återmonteringen.

24 Lossa sumpen genom att slå på den med handflatan och dra den sedan nedåt och ta bort den under bilen. Kasta tätningen, eftersom en ny måste användas vid återmonteringen.

25 Ta tillfället i akt att kontrollera oljepumpens insugsrör med avseende på tecken på tilltäppning eller delningar när sumpen är demonterad. Skruva loss insugsröret och ta bort det från motorn tillsammans med dess packning **(se bild)**. Silen kan sedan rengöras lätt i ett lösningsmedel. Undersök silens maskor med avseende på tilltäppning eller delningar och byt vid behov. Bultarna och tätningsringen måste bytas.

26 Ta bort sumpens packning.

Montering

27 Börja med att rengöra sumpens och motorblockets fogytor noga.

28 Sätt packningen på plats på sumpflänsen.

29 Passa in sumpen på motorblocket, se till att packningen sitter kvar och sätt tillbaka sumpens fästbultar samt dra åt dem med fingerkraft på det här stadiet.

30 Dra åt bultarna sump på växellåda/växellåda på motor till angivet moment.

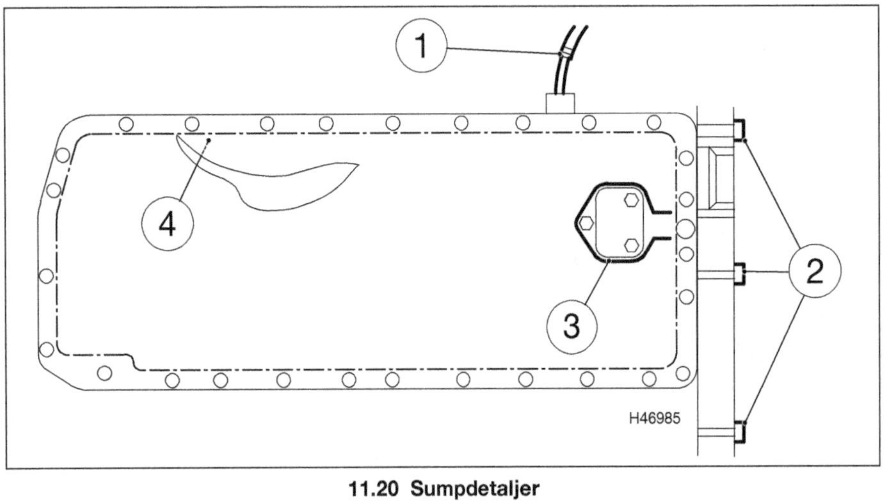

11.20 Sumpdetaljer

1 Oljereturslangen
2 Bultar mellan växellådan och sumpen
3 Oljenivågivare
4 Sumpens fästbultar

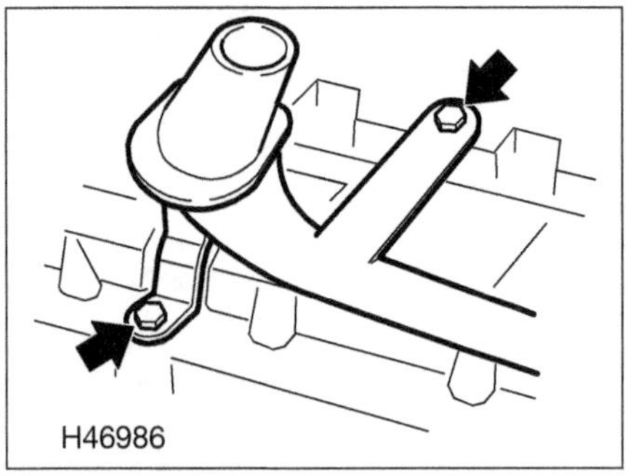

11.25 Fästbultar till oljepumpens insugsrör (markerade med pilar)

31 Dra stegvis åt bultarna mellan sumpen och motorblocket till angivet moment.

32 Den fortsatta återmonteringen utförs i motsatt ordning mot demontering. Tänk på följande:

a) *När du lyfter upp kryssrambalken i läge, se till att inga rör, slangar och/eller kablage kommer i kläm.*

b) *Byt kryssrambalken och förstärkningsramens/plattans bultar.*

c) *Dra åt motorfästets muttrar till angivet moment.*

d) *Avsluta med att fylla på olja i motorn enligt beskrivningen i kapitel 1A.*

e) *På modeller med automatväxellåda, kontrollera växellådans oljenivå enligt beskrivningen i kapitel 7B.*

12 Oljepump och drivkedja – demontering, kontroll och återmontering

Oljepump

Demontering och montering

1 Ta bort sumpen och oljeupptagarröret enligt beskrivningen i avsnitt 11.

2 Skruva loss den bult som håller fast drevet på oljepumpaxeln men låt drevet vara i ingrepp med drivkedjan.

3 Dra drevet och kedjan från oljepumpsaxeln.

4 Skruva loss de två bultar som håller fast drivkedjemodulen på pumpen **(se bild)**.

5 Skruva loss fästbultarna och ta bort oljepumpen. Observera bultarnas olika längd. Kasta bultarna och använd nya vid återmonteringen.

Kontroll

6 Det finns inga separata delar till pumpen. Om pumpen är skadad, måste pumpen bytas som en enhet.

Montering

7 Monteringen sker i omvänd ordningsföljd mot demonteringen. Tänk på följande:

a) *Byt alla aluminiumbultar.*

b) *Dra åt alla hållare till angivet moment (där sådant angetts).*

Oljepumpens drivkedja

Demontering

8 Demontera drivremmen enligt beskrivningen i kapitel 1A.

9 Skruva loss bulten och ta bort drivremssträckaren.

10 Vakuumpumpens tätningskåpa måste nu tas bort. BMW specificerar användning av flera specialverktyg (nr 11 9 200, 11 4 362, 11 4 361 och 11 4 364) för demontering och montering av kåpan. Det går dock att försiktigt bända upp kåpan från platsen med en skruvmejsel och montera en ny kåpa utan att använda specialverktyg **(se bild)**.

11 Vrid vevaxelremskivans bult medurs tills de tre hålen i vakuumpumpens drev är inriktade mot pumpens fästbultar.

12 Pumpens drev måste nu fästas på plats innan fästbulten tas bort. BMW specificerar användning av verktyg nr 11 4 362 och 11 0 290 **(se bild)**.

13 Skruva loss vakuumpumpdrevets fästbult.

14 Använd en skruvmejsel för att trycka drivkedjesträckaren mot höger sida och lås den i denna position med en lämplig stång eller ett lämpligt borrbit **(se bild)**.

15 Dra drevet och kedjan från vakuumpumpsaxeln.

16 Ta bort vibrationsdämparen enligt beskrivningen i avsnitt 5.

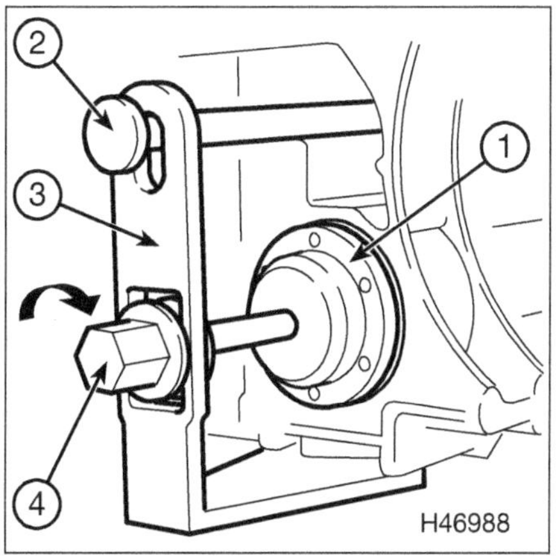

12.10 Borttagningsmetod pumptätningskåpa

1 *BMW-verktyg nr 11 9 200 – fästs på tätningskåpan med självgängande skruvar*
2 *BMW verktyg nr 11 4 362*
3 *BMW verktyg nr. 11 4 361*
4 *BMW-verktyg nr 11 4 364 – vrid medurs för att ta loss tätningskåpan*

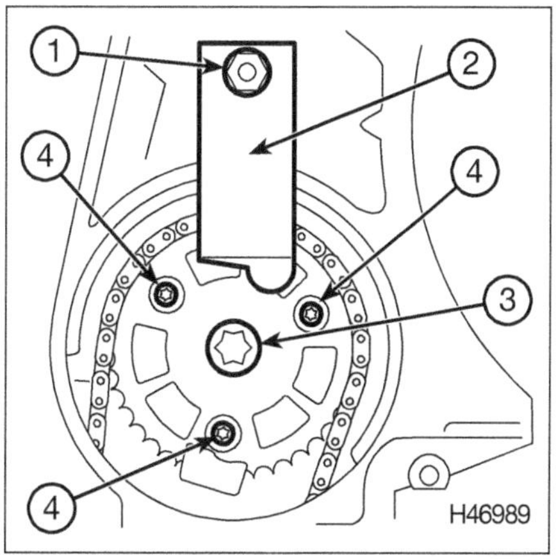

12.12 Vakuumpumpens monteringsdetaljer

1 *BMW verktyg No 11 4 362*
2 *BMW verktyg nr 11 0 290*
3 *Drevets fästbult*
4 *Pumpens fästbultar*

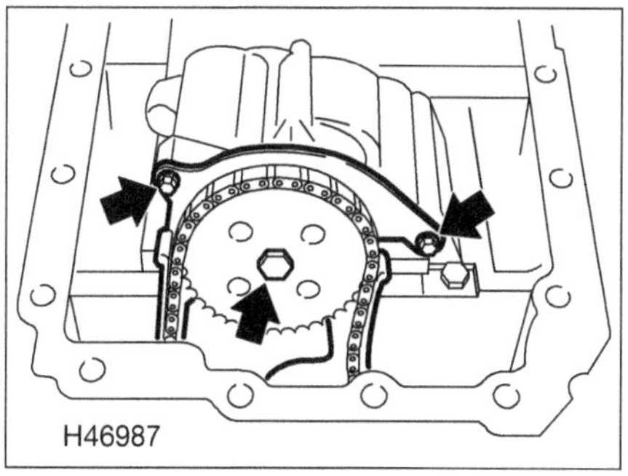

12.4 Bult till oljepumpsdrevet och bultar till drivkedjemodulen (markerad med pilar)

17 Skruva loss den bult som håller fast drevet på oljepumpaxeln men låt drevet vara i ingrepp med drivkedjan.

18 Dra drevet och kedjan från oljepumpsaxeln.

19 Skruva loss de två bultar som håller fast drivkedjemodulen på pumpen **(se bild 12.4)**.

20 Fäst motorn med cylinder nr 1 i ÖD enligt beskrivningen i avsnitt 3.

21 Vevaxelremskivans nav får inte lossas. Detta nav fångar vevaxelns kamkedjedrev mot vevaxelns ansats. Följaktligen kan drevet vridas runt när navbulten har lossats. Se till att svänghjulets och kamaxelns låsverktyg är på plats.

Varning: Fästbulten till vevaxelns remskivenav sitter mycket hårt. Det krävs ett verktyg för att hålla emot navet när bulten skruvas loss. Försök inte utföra arbetet med dåliga eller slarvigt improviserade verktyg, eftersom det nästan säkert leder till att du skadar dig själv eller bilen.

22 Tillverka ett verktyg att hålla remskivan med. Det går att tillverka ett lämpligt verktyg av ett par bandjärn som sätts ihop med en stor ledbult. Skruva fast hållarverktyget i remskivenavet med bultarna som fäster remskivan vid navet. Du kan också använda specialverktyg 11 9 280 som går att köpa från

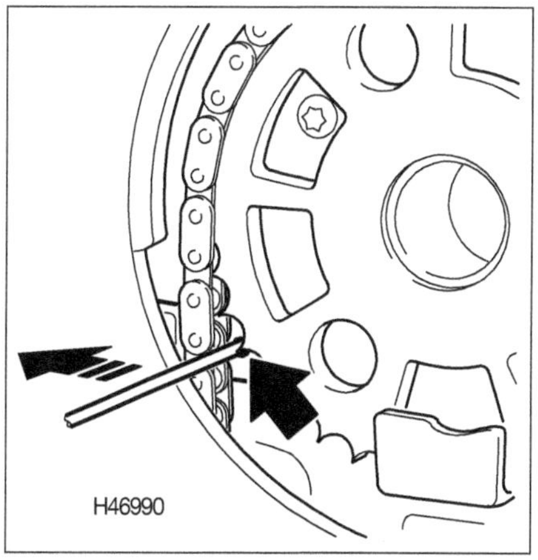

12.14 Tryck kedjespännaren mot höger sida och sätt in ett borrbit eller en stav på 4,0 mm (markerad med pil)

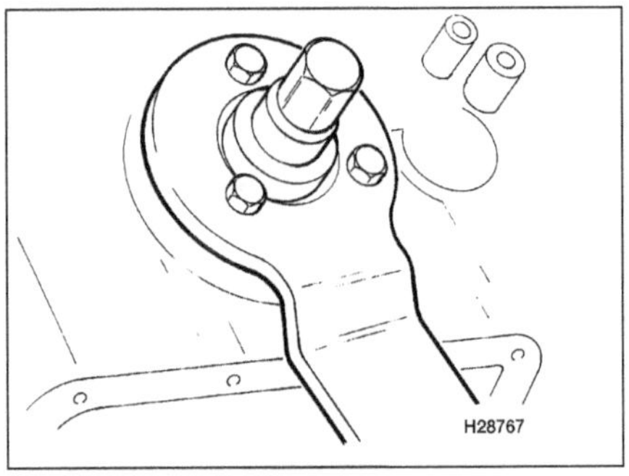

12.22 BMW-verktyget används för att förhindra att vevaxeln roterar när navbulten lossas

BMW-återförsäljare och specialbutiker för bilverktyg **(se bild)**.

23 Lossa remskivans navbult med en hylsa med långt handtag. Observera att bulten sitter mycket hårt. Skruva loss remskivans navbult. Kasta bulten, du måste sätta dit en ny.

24 Ta bort navet från vevaxeländen. Om navet sitter hårt får du dra loss det med en avdragare.

25 Skruva loss pluggen från kamkedjekåpan och skruva loss den bult som håller fast oljepumpens drivkedjemodul på motorblocket. Kasta bulten – eftersom en ny en måste användas.

Montering

26 Monteringen sker i omvänd ordningsföljd mot demonteringen. Tänk på följande:

a) Byt alla aluminiumbultar.

b) Dra åt alla hållare till angivet moment (där sådant angetts).

13 Oljetätningar – byte

Vevaxelns främre packbox

1 Ta bort vibrationsdämparen enligt beskrivningen i avsnitt 5.

2 Bänd försiktigt loss oljetätningen från motorblocket med en flatbladig skruvmejsel eller något liknande. Var mycket försiktig så att du inte skadar vevaxelns eller motorblockets tätningsyta.

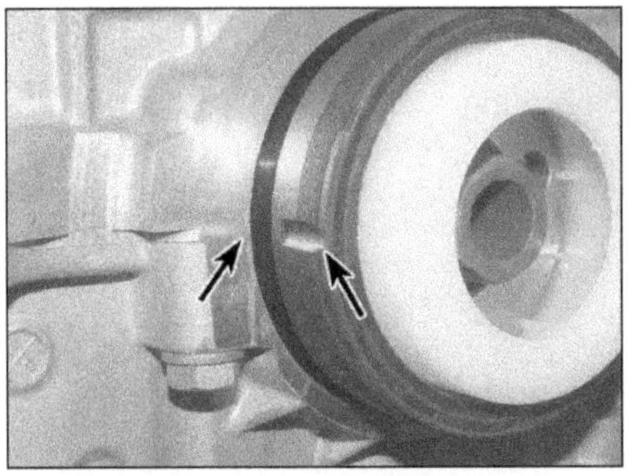

13.5 Rikta in spåren i tätningen mot kullederna i cylinderblocket (markerade med pilar)

3 Rengör grundligt vevaxelnavets och topplockets tätningsytor, applicera sedan en lätt beläggning av ren motorolja på vevaxelnavets tätningsyta.

4 Original BMW tätningssatser levereras med en styrhylsa som redan är monterad i tätningen med Loctite tätningsmassa (nr 128357) och primer (nr 171000).

5 Placera tätningen och styrhylsan på vevaxelnavet, rikta in spåren i tätningens yttre omkrets mot fogen i motorblocket **(se bilder)**.

6 Använd den medföljande penseln, bestryk båda sidorna på den yttre tätningen med den medföljande Loctite primer. Låt grundfärgen torka minst 1 minut innan du fortsätter.

7 Använd en rörformig distansbricka för att driva oljetätningen på plats i så rät vinkel som möjligt tills dess ytterkant är i jämnhöjd.

8 Använd den medföljande borsten för att tvinga in Loctite-primern så långt som möjligt i spåret på varje sida av tätningen.

9 Använd den spruta som finns med i satsen för att spruta in Loctite tätningsmassa i spåret på varje sida av tätningen, bestryk sedan tätningsmassans yta med primer **(se bild)**.

10 Montera tillbaka vevaxelns vibrationsdämpare enligt beskrivningen i avsnitt 5.

Vevaxelns bakre packbox

11Demontera svänghjulet/drivplattan enligt beskrivningen i avsnitt 14.

12 Bänd försiktigt loss oljetätningen från motorblocket med en flatbladig skruvmejsel eller något liknande. Var mycket försiktig så att du inte skadar vevaxelns eller motorblockets tätningsyta. Borra alternativt två små hål mitt emot varandra i tätningens hårda ytteryta, sätt in två självgängande skruvar och använd fjäderklämmor för att dra tätningen från sin plats.

13 Rengör vevaxelnavets och topplockets tätningsytor grundligt, applicera sedan en lätt beläggning av ren motorolja på vevaxelnavets tätningsyta.

14 Original BMW tätningssatser levereras med en styrhylsa som redan är monterad i tätningen med Loctite tätningsmassa (nr 128357) och primer (nr 171000).

15 Placera tätningen och styrhylsan på vevaxelnavet, rikta in spåren i tätningens yttre omkrets mot fogen i motorblocket **(se bild)**.

16 Använd den medföljande penseln, bestryk båda sidorna på den yttre tätningen med den medföljande Loctite primer. Låt grundfärgen torka minst 1 minut innan du fortsätter.

17 Använd en lämplig rörformig distansbricka eller en träbit för att driva in oljetätningen på plats i så rät vinkel som möjligt tills dess ytterkant är jäms.

18 Använd den medföljande borsten för att tvinga in primern så långt som möjligt i spåret på varje sida av tätningen.

19 Använd den spruta som finns med i satsen för att spruta in Loctite tätningsmassa i spåret på varje sida av tätningen, bestryk sedan tätningsmassans yta med primer **(se bild 13.9)**.

20 Montera svänghjulet/drivplattan enligt beskrivningen i avsnitt 14.

14 Svänghjul/drivplatta – demontering och montering

Svänghjul

Observera: *Nya fästbultar måste användas till svänghjulet vid återmonteringen.*

Demontering

1 Demontera kopplingen enligt beskrivningen i kapitel 6.

2 Förhindra att svänghjulet roterar genom att låsa krondrevets kuggar med en anordning som liknar det som visas **(se bild)**. Alternativt,

13.9 Spruta in tätningsmassa i spåret på varje sida

14.2 Kuggat verktyg som används för att låsa svänghjulet på plats

skruva fast en remsa mellan svänghjulet och motorblocket/vevhuset.

3 Lossa och ta bort fästbultarna och ta bort svänghjulet och observera dess styrstift. Tappa det **inte**, det är mycket tungt! Kasta bultarna, eftersom de måste bytas om de har rörts.

Kontroll

4 Om fogytan svänghjul på koppling är djupt skårad, sprucken eller skadad på något annat sätt måste svänghjulet bytas om det inte går att slipa ytan. Ta hjälp av en BMW-verkstad eller en specialist på motorrenoveringar.

5 Om krondrevet är kraftigt slitet eller saknar kuggar måste det bytas. Det är bäst att låta en BMW-verkstad en specialist på motorrenoveringar utföra arbetet.

6 Dessa bilar är utrustade med tvåmassesvänghjul. Så länge BMW inte publicerar några kontrollmetoder vrider du den inre vikten moturs för hand, markerar dess placering i förhållande till den yttre vikten, vrider den medurs för hand och mäter vägen. Som en allmän regel gäller att om rörelsen är mer än 30 mm eller mindre än 15 mm ska du konsultera en BMW-verkstad eller en växellådsspecialist för att få reda på om det behövs en ny enhet.

Montering

7 Rengör svänghjulets och vevaxelns fogytor och ta bort alla spår av låsmassa från vevaxelns gängade hål.

8 Montera svänghjulet på vevaxeln, gör så att den går i ingrepp med vevaxelns styrstift och montera de nya fästbultarna. **Observera:** *Om de nya bultarna inte levereras förbelagda med låsmassa applicerar du några droppar innan du monterar bultarna.*

9 Lås svänghjulet med den metod som användes vid isärtagningen, dra sedan åt alla fästbultarna till angivet moment och arbeta i diagonal ordningsföljd.

10 Montera tillbaka kopplingen enligt beskrivningen i kapitel 6.

Drivplatta:

Observera: *Nya fästbultar måste användas till drivplattan vid återmonteringen.*

Demontering

11 Ta bort automatväxellådan och momentomvandlaren enligt beskrivningen in kapitel 7B.

12 Förhindra att drivplattan vrids genom att låsa krondrevet med en liknande anordning som den som visas **(se bild 14.2)**. Alternativt, skruva fast en remsa mellan drivplattan och motorblocket/vevhuset.

13 Lossa och ta bort fästbultarna och ta bort drivplattan, och observera dess styrstift. Kasta bultarna, eftersom de måste bytas om de har rörts.

Kontroll

14 Om krondrevet är kraftigt slitet eller saknar kuggar måste det bytas. Det är bäst att låta en BMW-verkstad en specialist på motorrenoveringar utföra arbetet.

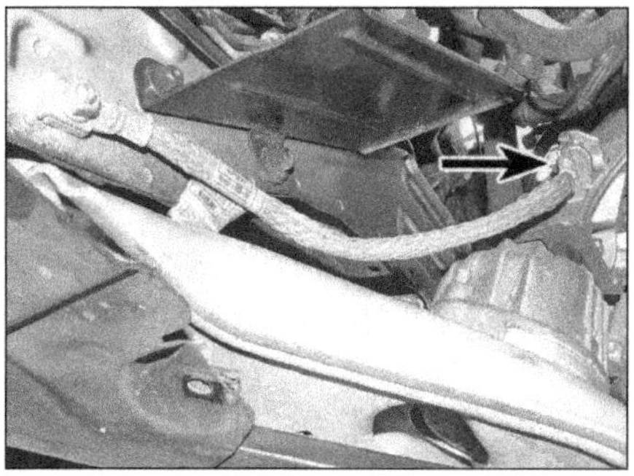

15.7 En jordningsledning monteras till motorns vänstra fäste

Montering

15 Rengör drivplattans och vevaxelns fogytor och ta bort alla spår av låsmassa från vevaxelns gängade hål.

16 Montera drivplattan på vevaxeln, gör så att den går i ingrepp med vevaxelns styrstift och montera de nya fästbultarna. **Observera:** *Om de nya bultarna inte levereras förbelagda med låsmassa applicerar du några droppar innan du monterar bultarna.*

17 Lås drivplattan med den metod som användes vid isärtagningen, dra sedan åt alla fästbultarna till angivet moment och arbeta i diagonal ordningsföljd.

18 Montera tillbaka momentomvandlaren och automatväxellådan enligt beskrivningen i kapitel 7B.

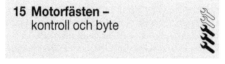

15 Motorfästen – kontroll och byte

Kontroll

1 Två motorfästen används, ett på vardera sidan av motorn.

2 Om du behöver komma åt bättre, lyft upp framvagnen och stötta den ordentligt på pallbockar (se *Lyftning och stödpunkter*). Skruva loss hållarna och ta bort motorns undre skyddskåpa.

3 Kontrollera gummifästet för att se om det har spruckit, hårdnat eller släppt från metallen någonstans. Byt fästet vid sådana tecken på skador eller åldrande.

16.3 Tryck styrlagret från svänghjulets motorsida

4 Kontrollera att fästenas hållare är hårt åtdragna.

5 Använd en stor skruvmejsel eller ett bräckjärn och leta efter slitage i fästet genom att försiktigt försöka bända det för att leta efter fritt spel. Där detta inte är möjligt, låt en medhjälpare vicka på motorn/växellådan framåt/bakåt och i sidled, medan du granskar fästet. Visst spel finns även hos nya komponenter, men kraftigt slitage märks tydligt. Om för stort spel förekommer, kontrollera först att hållarna är tillräckligt åtdragna, och byt sedan vid behov slitna komponenter.

Byte

6 Stötta upp motorn antingen med en lyft och talja anslutna till motorlyftfästbyglarna (se *Motor – demontering och montering* i del E i detta kapitel) eller genom att placera en domkraft och även stoppa in en träkloss under sumpen. Se till att motorn har tillräckligt stöd innan du fortsätter.

7 Skruva loss muttrarna som håller fast vänster och höger motorfästbygel på gummifästena, skruva sedan loss fästbyglarna från motorblocket och ta bort fästena. Koppla loss motorns jordledningar från fästena (om en sådan finns) **(se bild)**.

8 Skruva loss de muttrar som håller fast fästena på hjälpramen, ta sedan bort fästena. Lossa vakuumslangarna från fästena när de är borttagna (om tillämpligt).

9 Monteringen sker i omvänd ordningsföljd mot demonteringen. Dra åt alla hållare till angivet moment (där sådant angetts).

16 Svänghjulets styrlager – inspektion, demontering och montering

Kontroll

1 Styrlagret är monterat i mitten av tvåmassesvänghjulet och ger stöd för den fria änden av växellådans ingående axel i bilar med manuell växellåda. Det kan inte undersökas förrän kopplingen (kapitel 6) har demonterats. Använd ett finger för att vrida den inre lagerbanan och kontrollera med avseende på ojämnheter, kärvning eller löshet i lagret. Om något av dessa förhållanden är uppenbart måste lagret bytas.

Demontering

2 Demontera svänghjulet enligt beskrivningen i avsnitt 14.

3 Lagret måste tryckas ut med hjälp av en hydraulisk press med en dorn som endast bärs upp av den inre lagerringen. Lagret trycks från svänghjulets motorsida och ut ur kopplingens sida **(se bild)**. Observera att uttryckning av lagret gör det oanvändbart - det måste bytas.

Montering

4 Använd en lämplig rörformig distansbricka som enbart vilar på lagrets hårda ytterkant,

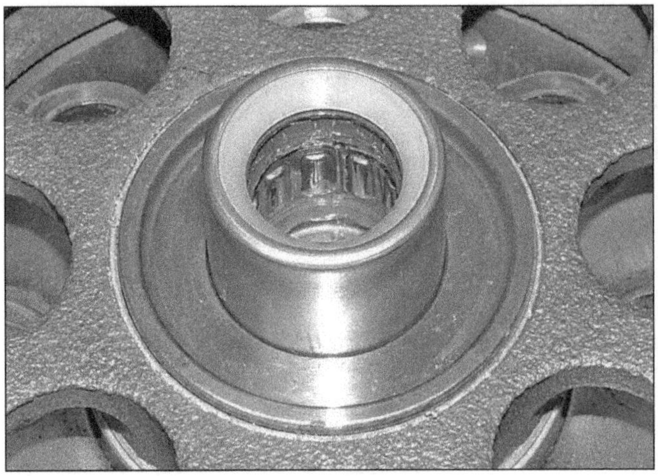

16.4a Placera lagret . . .

16.4b . . . och tryck dit den på plats

tryck in det nya lagret i svänghjulet tills det kommer i kontakt med ansatsen **(se bilder)**.

5 Montera svänghjulet enligt beskrivningen i avsnitt 14.

17 Oljetrycks- och nivåkontakter - demontering och montering

Oljetryck/temperaturkontakt

1 Oljetryckskontakten är placerad på vänster sida av motorblocket bakom oljefilterhuset.

2 Koppla loss anslutningskontakten och skruva loss kontakten från motorblocket **(se bild)**. Var beredd på oljespill.

3 Monteringen utförs i omvänd ordningsföljd mot demonteringen. Använd en ny tätningsbricka och dra åt kontakten till angivet moment. Fyll på motorolja.

Oljetillstånds-/oljenivåbrytare

4 Tappa ur motoroljan enligt beskrivningen i kapitel 1A.

5 Skruva loss fästanordningarna och ta bort motorns undre skyddskåpa.

6 Lossa anslutningskontakten, skruva loss de tre fästmuttrarna och ta bort brytaren från sumpens bas.

7 Se till att fogytorna mellan sump och kontakt är rena.

8 Montera brytaren komplett med en ny tätning, applicera lite gänglåsningsmedel och dra åt fästmuttrarna till angivet moment.

9 Montera tillbaka motorns undre skyddskåpa och fyll på ny motorolja enligt beskrivningen i kapitel 1A.

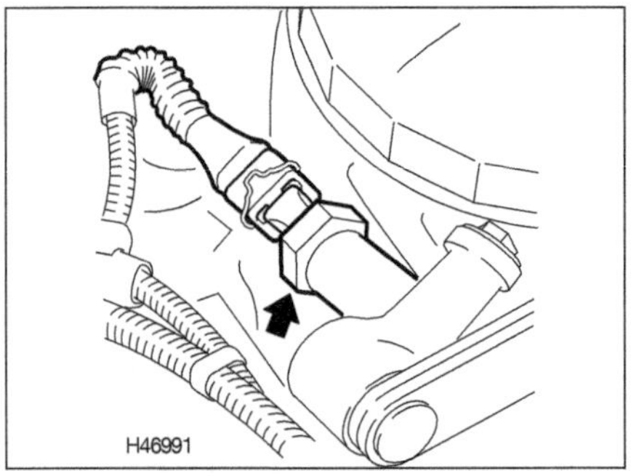

17.2 Oljetryckskontakten (markerad med pil) sitter bakom oljefilterhuset

Kapitel 2 Del C: Reparationer med dieselmotorn (M47T2 och M57T2) kvar i bilen

Innehåll

Svårighetsgrader

Enkelt, passer novisen med lite erfarenhet	**Ganska enkelt,** passar nybörjaren med viss erfarenhet	**Ganska svårt,** passer kompetent hemmamekaniker	**Svårt,** passer hemmamekaniker med erfarenhet	**Mycket svårt,** för professionell mekaniker

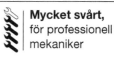

Specifikationer

Allmänt

Motortyp:	
M47T2	Fyra cylindrar i rad, dubbla överliggande kamaxlar, 16 ventiler, fyra takter, vätskekyld
M57T2	Sex cylindrar i rad, dubbla överliggande kamaxlar, 24 ventiler, fyra takter, vätskekyld
Lopp	84,00 mm
Slaglängd	90,00 mm
Volym:	
Fyrcylindriga motorer	1995 cc
Sexcylindriga motorer	2993 cc
Vevaxelns rotationsriktning	Medurs (sett framifrån motorn)
Kompressionsförhållande:	
M47T2	17.0 : 1
M57T2	16.5 : 1
Kompressionstryck:	
Minimal	10 bar

Smörjningssystem

Minimalt systemtryck:	
Tomgångsvarvtal (varm motor)	1,3 bar
3500 varv/minut (varm motor)	4,0 till 6,0 bar

Åtdragningsmoment

Åtdragningsmoment	Nm
Bult(ar) till vevaxelns remskiva/vibrationsdämpare:*	
M47T2 motor:	
Steg 1	100
Steg 2	Vinkeldra ytterligare 150°
M57T2 motor:	
Steg 1	40
Steg 2	Vinkeldra ytterligare 120°
Bultar ljuddämpande kåpa på motorn	8
Bultar oljekylare på oljefilterhus	22
Bultar oljematningens styrskena	10
Bultar servostyrningspumpens remskiva	32
Bultar till kolvens oljespridarmunstycken	10
Bultar till vevaxelns bakre packboxhus:	
M6	10
M8	22
Bultar topplock på kamkåpa:	
M7	15
M8	20
Bultar turboaggregat på avgasgrenrör	50
Bultplugg kamkedjekåpa:	
M30	70
M40	30
Fjädertorn/spännstöd:*	
M10 (yttre bultar):	
Steg 1	40
Steg 2	Vinkeldra ytterligare 60°
M12 (centrumbult):	
Steg 1	100
Steg 2	Vinkeldra ytterligare 100°
Främre kryssrambalkens fästbultar:*	
M10:	
Steg 1	56
Steg 2	Vinkeldra ytterligare 90°
M12	108
Fästmutter till bränsleinsprutningspumpens drev	65
Förstärkningsstag till kryssrambalk:*	
Steg 1	56
Steg 2	Vinkeldra ytterligare 90°
Hjulbultar	120
Kamaxeldrev på kugghjul (insugskamaxel)*	14
Kamaxelkåpans bultar:	
M6	10
M7	15
Kamaxellageröverfallets bultar:	
M6	10
M7	15
Kamkedjekåpans bultar:	
M6	10
M7	15
M8	22
Kamkedjesträckarens bultar	10
Motorfästen:	
Fäste till främre kryssrambalk:	
M8	28
M10	56
Fäste till motorns stödfästbygel	56
Oljefilterhus	25
Oljefilterhusets bultar	25
Oljenivåkontakt	8
Oljepump:	
Driv drevet mot drivaxeln:	
M6	10
M7	25
Fästbultar:	
M6	14
M7	25
Kåpans bultar	10
Intagsrör	10

Oljetrycksbrytare	28
Ramlageröverfallets fästbultar:*	
M47T2 motor:	
Steg 1	23
Steg 2	Vinkeldra ytterligare 90°
M57T2 motor:	
Steg 1	50
Steg 2	Vinkeldra ytterligare 90°
Servostyrningspumpens bultar:	
M6	10
M8	25
Sumpens bultar:	
M6	10
M8	19
Sumpens räneringsplugg:	
M12	25
M18	35
Svänghjulet/drivplattans bultar*	120
Topplocksbultar:*	
Steg 1	80
Steg 2	Lossa 180°
Steg 3	50
Steg 4	Vinkeldra ytterligare 90°
Steg 5	Vinkeldra ytterligare 90°
Vakuumpumpens bultar*	22
Vevstakslageröverfallets bultar:*	
Steg 1	5
Steg 2	20
Steg 3	Vinkeldra ytterligare 70°

* *Återanvänds inte*

Varning: Alla aluminiumfästen måste bytas. Försök att dra till dig bultarna med en magnet om du är osäker. Aluminium är inte magnetiskt.

1 Allmän information och föreskrifter

Vad innehåller detta kapitel

Den här delen av kapitel beskriver de reparationer som kan utföras med motorn monterad i bilen. Om motorn har tagits ur bilen och tagits isär enligt beskrivningen i del E, kan alla preliminära isärtagningsinstruktioner ignoreras.

Observera att det kan vara fysiskt möjligt att renovera objekt som kolv-/vevstakenheter men att sådana arbeten normalt inte utförs som separata arbeten och vanligtvis kräver att flera olika tillvägagångssätt utförs (för att inte glömma rengöringen av komponenter och oljekanaler). Av den anledningen klassas alla sådana åtgärder som större renoveringsåtgärder, och beskrivs i del E i det här kapitlet.

Motorbeskrivning

Detta kapitel täcker fyr- och sexcylindriga dieselmotorer som är monterade i modellerna E90 och E91 i 3-serien från september 2007. Dessa motorer är identiska i de flesta avseenden med undantag av antalet cylindrar.

Motorblocket av gjutjärn är av torrfodrad typ. Vevaxeln stöttas inom motorblocket på fem huvudlager av skåltyp. Tryckbrickor är integrerade i huvudlagerskål nr 4 (fyrcylindrig motor) eller nr 6 (sexcylindrig motor) för att reglera lagerskålens axialspel.

Topplocket är konstruerad med dubbla överliggande kamaxlar, fyra ventiler per cylinder – två insugs- och två avgasventiler per cylinder. Ventilerna drivs av en insugskamaxel och en insugskamaxel via vipparmsfingrar. En ände av varje finger påverkar ventilskaftet och den andra änden svänger på en stödstolpe. Ventilspelen upprätthålls automatiskt av hydrauliska kompensationselement (ventillyftare) som är inbyggda i stödstolparna. För att uppnå en hög förbränningseffektivitet ha topplocket två insugsöppningar för varje cylinder. En del är perifer men den andra är spiralformad.

Vevstakarnas storändar roterar i horisontellt delade lager av skåltyp. Kolvarna är fästa på vevstakarna med kolvbultar som är fästa på plats med låsringar. Lättmetallkolvarna är monterade med tre kolvringar – två kompressionsringar och en oljekontrollring.

Insugs- och avgasventilerna stängs med spiralfjädrar och arbetar i styrningar som trycks in i topplocket. Ventilstyrningar kan inte bytas.

En kamkedja, som drivs av vevaxeln, driver högtrycksbränslepumpens drev som i sin tur driver insugskamaxeln. Kamaxlarna är hopkuggade. Vakuumpumpen är monterad framför topplocket och drivs av avgaskamaxeln. Kylvätskepumpen drivs av drivremmen.

På sexcylindriga motorer utförs smörjningen med hjälp av en pump med excentrisk rotor som drivs av vevaxeln via en Simplex-kedja. Pumpen drar olja genom en sil som är placerad i sumpen och tvingar den sedan igenom ett utvändigt monterad fullflödes oljefilterinsats av papper till kanalerna i motorblocket/vevhuset varifrån den distribueras till vevaxeln (huvudlagren), kamkedjan (sprutas med ett munstycke) och kamaxlarna. Storändslagren levereras med olja via interna borrhål i vevaxeln samtidigt som kamaxellagren och lyftarna får en trycksatt matning via topplocket. Kamloberna och ventilerna smörjs av oljestänk på samma sätt som övriga motorkomponenter. En oljekylare (som är inbyggd i oljefilterhuset) är monterad för att hålla oljetemperaturen stabil under svåra driftförhållanden.

På fyrcylindriga motorer drivs oljepumpen med ett drev som är integrerat i vevaxelns bakre del. Oljepumpsdrevet driver dessutom en balansaxelenhet som är monterad på motorblockets bas.

Reparationer med motorn kvar i bilen

Följande arbeten kan utföras med motorn monterad i bilen:

a) *Kompressionstryck – kontroll.*
b) *Kamaxelkåpa – demontering och montering.*
c) *Vevaxelns remskiva – demontering och montering.*
d) *Balansaxelhus – demontering och montering.*
e) *Kamaxlar och ventillyftare – demontering och montering.*
f) *Topplock – demontering och montering.*
g) *Topplock och kolvar – sotning.*
h) *Sump – demontering och montering.*
i) *Oljepump – demontering, renovering och återmontering.*
j) *Oljefilterhus/kylare – demontering och montering.*
k) *Vevaxelns oljetätningar – byte.*
l) *Motor-/växellådsfästen – kontroll och byte*
m) *Svänghjul/drivplatta – demontering, kontroll och montering.*

Observera: *Även om det går att demontera kamkåpan och kamkedjorna med motorn monterad är åtkomsten i praktiken extremt begränsad och topplocket och sumpen måste demonteras. Följaktligen är det lämpligt att motorn tas ut innan kamkåpan och kamkedjorna demonteras.*

2 Kompressionsprov – beskrivning och tolkning

Kompressionsprov

Observera: *För detta prov måste en kompressionsprovare speciellt avsedd för dieselmotorer användas.*

1 Om motorns prestanda sjunker, eller om misständningar uppstår som inte kan hänföras till bränslesystemet, kan ett kompressionsprov ge en uppfattning om motorns skick. Om kompressionsprov tas regelbundet kan de ge förvarning om problem innan några andra symptom uppträder.

2 En kompressionsprovare speciellt avsedd för dieselmotorer måste användas eftersom trycket är högre. Provaren är ansluten till en adapter som är inskruvad i glödstifts- eller insprutningshålet. Det är inte troligt att det är ekonomiskt försvarbart att köpa en sådan provare för sporadiskt bruk, men det kan gå att låna eller hyra en. Om detta inte är möjligt, låt en verkstad utföra kompressionsprovet.

3 Såvida inte specifika instruktioner som medföljer provaren anger annat ska följande iakttagas:

a) *Batteriet ska vara väl laddat, luftfiltret måste vara rent och motorn ska hålla normal arbetstemperatur.*
b) *Alla glödstift ska tas bort innan provet påbörjas (se kapitel 5A).*

4 Det finns ingen anledning att hålla gaspedalen nedtryckt under provet, eftersom en dieselmotors luftintag inte är strypt.

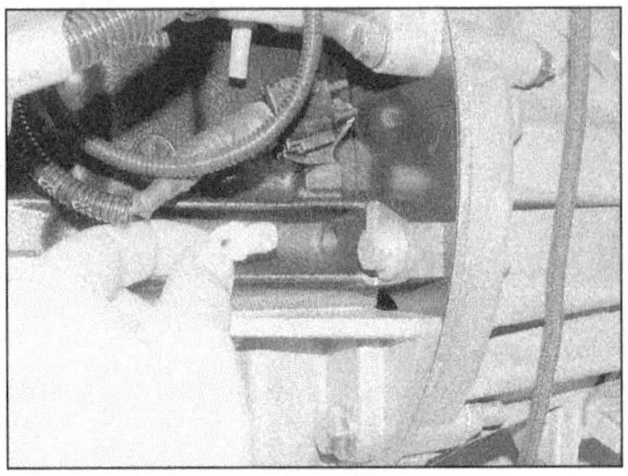

3.5 Dra ut täckpluggen från synkroniseringsstiftets hål i motorblocket

5 Dra runt motorn med startmotorn. Efter ett eller två varv bör kompressionstrycket byggas upp till maxvärdet och sedan stabiliseras. Anteckna det högsta värdet.

6 Upprepa testet på återstående cylindrar och anteckna trycket i var och en.

7 Trycket i alla cylindrarna bör hamna på i stort sett samma värde. en skillnad på mer än 2 bar mellan två av cylindrarna indikerar ett fel. Observera att kompressionen ska byggas upp snabbt i en fungerande motor; om kompressionen är låg i det första kolvslaget och sedan ökar gradvis under följande slag är det ett tecken på slitna kolvringar. Lågt tryck som inte höjs är ett tecken på läckande ventiler eller trasig topplockspackning (eller ett sprucket topplock). Avlagringar på undersidan av ventilhuvudena kan också orsaka dålig kompression. **Observera:** *Orsaken till dålig kompression är svårare att fastställa på en dieselmotor än en bensinmotor. Effekten av att föra in olja i cylindrarna (våttestning) är inte helt tillförlitlig, eftersom det finns risk att oljan fastnar i virvelkammaren eller i skåran i kolvkronan istället för att passera till ringarna.*

8 Rådfråga en BMW-verkstad eller annan specialist om du är osäker på om ett visst tryckvärde är godtagbart.

9 Avsluta med att montera tillbaka glödstiften enligt beskrivningen i kapitel 5A.

Tryckförlusttest

10 Ett tryckförlusttest mäter hur snabbt trycket sjunker på tryckluft som förs in i cylindern. Det är ett alternativ till kompressionsprov som på många sätt är överlägset, eftersom den utströmmande luften anger var tryckfallet uppstår (kolvringar, ventiler eller topplockspackning).

3.7 Sätt in synkroniseringsstiftet genom motorblockets fläns i fördjupningen på svänghjulet

11 Den utrustning som krävs för tryckförlusttest är som regel inte tillgänglig för hemmamekaniker. Om dålig kompression misstänks måste detta prov därför utföras av en verkstad med lämplig utrustning.

3 Motorenhet/ventiltidsinställningar – allmän information och användning

Observera: *BMW-verktyg nr 11 5 180 (4-cylindrig motor) eller 11 6 080 (6-cylindrig motor) eller en lämplig egentillverkad motsvarighet krävs för att låsa vevaxeln på plats och komma åt BMW-verktyg nr 11 6 321 och 11 6 322 eller också krävs egentillverkade motsvarigheter för att placera kamaxlarna.*

1 Svänghjulet är försett med en fördjupning som är inriktad mot ett hål i motorblocket när kolv nr 1 är i ÖD (övre dödpunkt). Om kolv nr 1 är i ÖD i sin kompressionstakt i detta läge går det att montera BMW:s specialverktyg (nr 11 6 321) eller ett egentillverkat likvärdigt verktyg över de fyrkantiga avsnitten på insugskamaxeln (så att alla fyra kamaxelloberna på cylinder nr 1 pekar mot höger sida). **Observera:** *Som vi förklarar i början av denna handbok avser alla hänvisningar åt vänster och höger en person som sitter i förarsätet och är vänd framåt.*

2 Dra åt handbromsen ordentligt, lyft sedan upp bilens främre del och stötta upp den ordentligt på pallbockar (se *Lyftning och stödpunkter*).

3 Skruva loss fästbultarna/klämmorna och ta bort motorns undre skyddskåpa (om en sådan finns)

4 Ta bort kamaxelkåpan och packningen enligt beskrivningen i avsnitt 4.

5 Dra ut täckpluggen från synkroniseringsstiftets hål i motorblocket **(se bild)**. Pluggen går lättare att komma åt underifrån.

6 Använd en hylsa och en förlängningsstång på en av vevaxelremskivans mittbultar, vrid vevaxeln medurs samtidigt som du håller ett öga på kamaxelloberna i cylinder 1. **Observera:** *Vrid inte runt motorn moturs.*

7 Vrid vevaxeln medurs tills kamaxelloberna till cylinder nr 1 närmar sig den punkt där alla fyra loberna pekar uppåt. Låt en medhjälpare sätta in BMW-verktyg nr 11 5 180 (4-cylindrig motor) eller 11 6 080 (6-cylindrig motor) eller en egentillverkad motsvarighet i synkroniseringsstiftets hål och tryck stiftet försiktigt mot svänghjulet. Fortsätt att vrida vevaxeln långsamt tills du känner att stiftet går i ingrepp i svänghjulet och att vevaxeln låses **(se bild)**.

8 Med vevaxeln i detta läge bör alla fyra kamlober till cylinder 1 peka åt höger. Montera BMW-verktyg nr 11 6 321 över de platta ytorna på insugskamaxelns krage bredvid lageröverfallet till kamaxel nr 1. Om kamaxeln

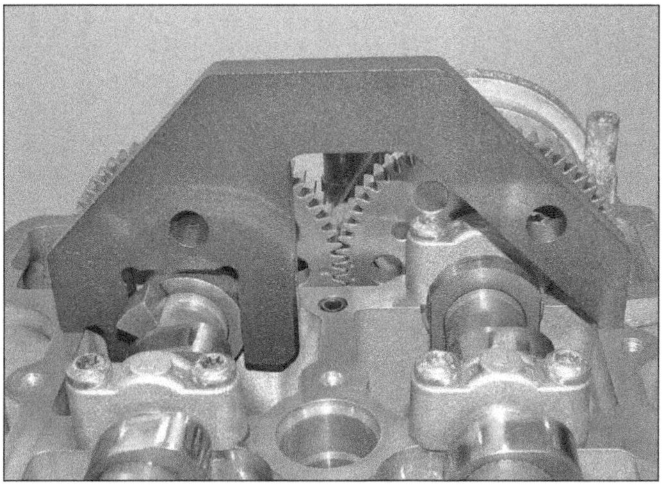

3.8 Montera specialverktyget över de platta ytorna på insugskamaxelns krage. Verktyget måste ha kontakt med båda sidorna av kamaxelkåpans packningsyta på topplocket

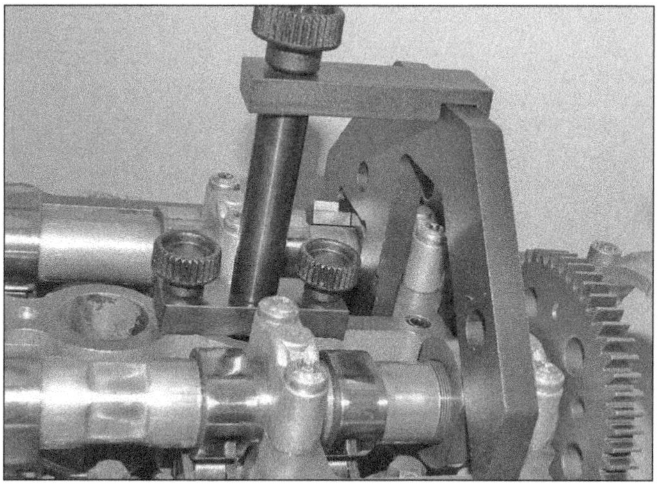

3.9 Använd klämman för att låsa kamaxelverktyget på plats

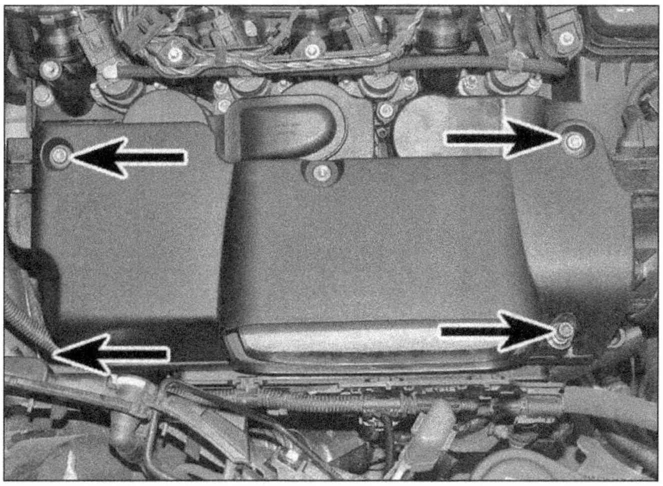

4.4 Skruva loss luftfilterhusets täckkåpor (markerade med pilar)

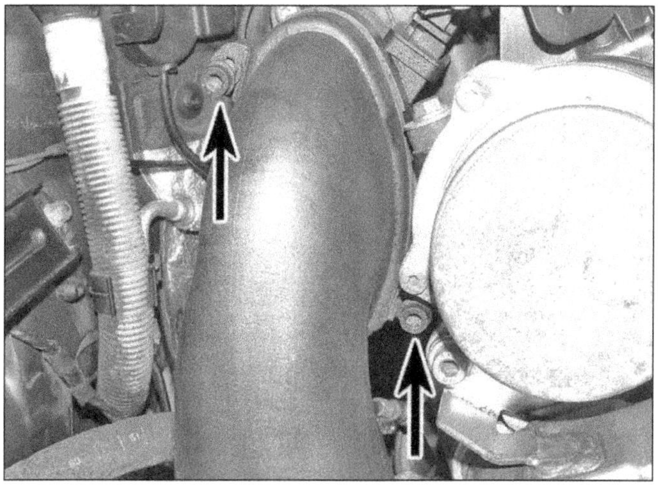

4.5 Luftkanalens fästbultar (markerade med pilar)

är korrekt inställd kommer verktyget att få kontakt med båda sidorna av kamaxelkåpans packningsyta på topplocket **(se bild)**.

9 Montera BMW-verktyg nr 11 6 322 för att låsa kamaxeln i detta läge. Detta verktyg fäster verktyg nr 11 6 321 på plats och förhindrar att verktyget rör sig. Observera att avgaskamaxeln är växlad mot insugskamaxeln och det går inte att göra några justeringar **(se bild)**.

4 Kamaxelkåpa – demontering och montering

Demontering

1 Koppla loss batteriets minusdelare (se kapitel 5A).

2 Ta bort bränsleinjektorerna enligt beskrivningen i kapitel 4B.

3 Skruva loss bulten och lossa luftintagskanalen från luftfilterhuset.

4 Skruva loss de fyra bultarna och ta bort luftfilterhuskåpan **(se bild)**. Ta bort filterelement.

5 Skruva loss de två bultarna och dra bort luftkanalen från luftfilterhuset **(se bild)**.

6 Lossa anslutningskontakterna från kamaxelläget och luftflödes-/luftintagstemperaturgivarna **(se bilder)**.

7 Skruva loss de två bultar som håller fast bränslefördelarskenan på topplocket.

8 För ut det rektangulära kontaktdonet, använd sedan en lite flatbladig skruvmejsel för att lyfta av fästklämmorna och dra kabelhärvan uppåt och lossa den från kamaxelkåpans högra kant. Lyft av klämman och för ut

4.6a Lossa anslutningskontakten från luftflödesgivaren. . .

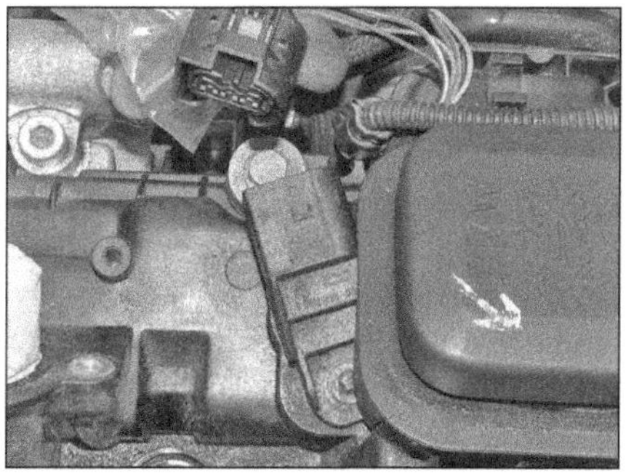

4.6b . . . och kamaxelgivaren

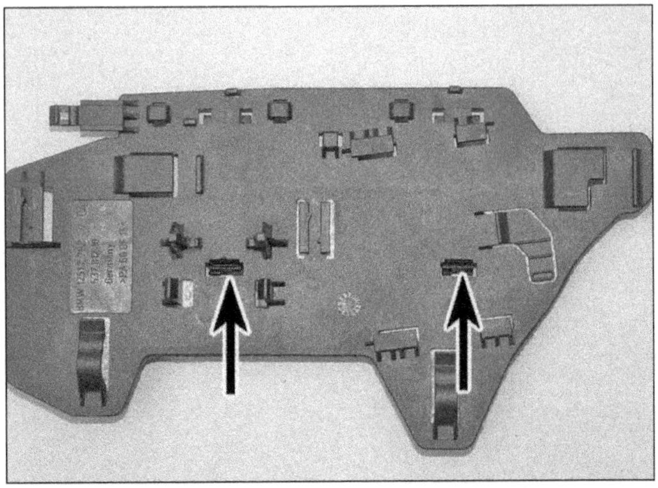

4.8 Lyft av de två klämmorna (markerade med pilar) och för kabelknippets styrplatta uppåt från kamaxelkåpans högra kant

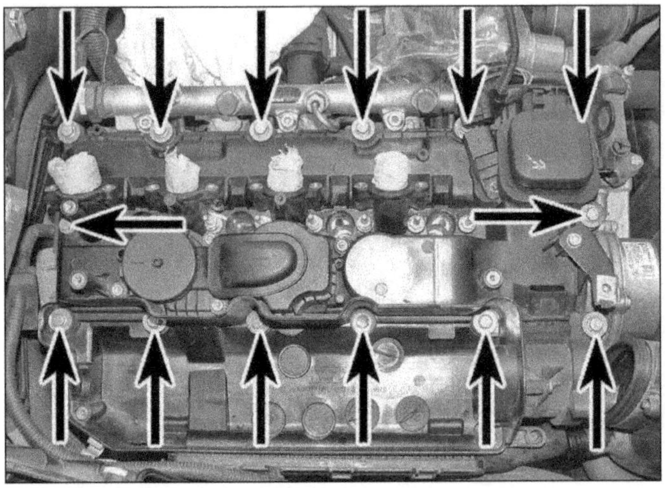

4.9a Kamaxelkåpans bultar (markerade med pilar) – 4-cylindrig motor

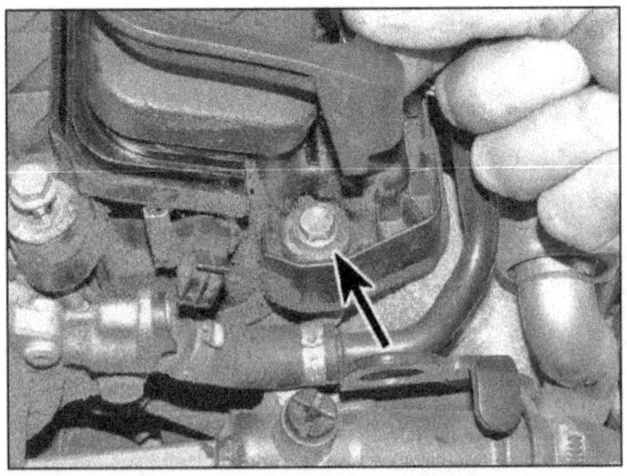

4.9b Observera bulten (markerad med pil) under påfyllningslockets infattning

4.12 Applicera en droppe tätningsmedel på de områden som visas (markerade med pilar)

kabelknippets fästklämma baktill på kanten på liknande sätt **(se bild)**.

9 Arbeta utifrån och inåt, lossa och ta bort de bultar som håller fast kamaxelkåpan på topplocket jämnt. Observera bulten i kåpans främre vänstra hörn under oljepåfyllningslockets infattningsisolering **(se bilder)**.

10 Skjut försiktigt bort bränslefördelarskenan, ta bort kåpan samt kassera dess packning. Observera att när packningen är borttagen faller bultarna ner från kåpan.

Montering

11 Se till att fogytorna är rena och torra och montera en ny packning på kåpan. Sätt in bultarna i packningen.

12 Applicera en 2 mm sträng av tätningsmedel (Drei Bond 1209) på topplockets fogyta på det sätt som visas **(se bild)**.

13 Sätt tillbaka tändstiften och skruva in ventilkåpans pinnbultar i topplocket.

14 Sätt i kåpans fästbultar och fingerdra dem. När alla bultar är på plats ska de dras åt till angiven momentinställning med början från insidan och utåt.

15 Resten av monteringen utförs i omvänd ordningsföljd mot demonteringen.

5 Vevaxelns remskiva/ vibrationsdämpare – demontering och montering

Demontering

1 Dra åt handbromsen, lyft sedan upp bilens främre del och stötta den på pallbockar (se *Lyftning och stödpunkter*).

2 Ta bort drivremmen (drivremmarna) enligt beskrivningen i kapitel 1B.

3 Om ytterligare isärtagning ska utföras (utöver demontering av remskivan) ska motorenhetens inställningar/ventiltidsinställningarna riktas enligt beskrivningen i avsnitt 3.

4 Lossa vevaxelremskivans fästbult(ar). Remskivans fästbult sitter extremt hårt. På den fyrcylindriga motorn har vi upptäckt att det är omöjligt att skruva loss bulten utan att applicera värmen på remskivans bult och användning av BMW-verktyg nr 11 8 182/183 och 11 8 185 (endast manuell växellåda) för att förhindra att vevaxeln roterar. Detta verktyg monteras genom hålet längst ner i balanshjulskåpan och går i ingrepp med startmotorns krondrev. Lossa bulten med en drivhylsa på 3/4" **(se bilder)**. På sexcylindriga motorer måste vevaxeln hindras att rotera med hjälp av BMW-verktyg

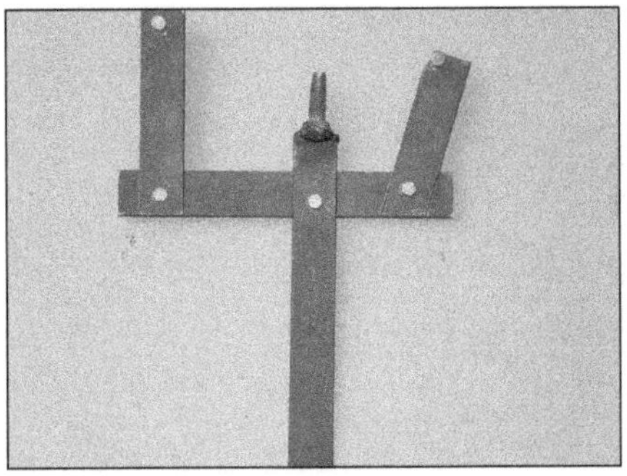

5.4a Vi tillverkade ett verktyg. . .

5.4b . . . som är fastbultad på balanshjulskåpan och sätts på plats genom ett hål och går i ingrepp med svänghjulets startkrondrev

5.4c Den del av verktyget som går i ingrepp med krondrevet är en gammal bult som har slipats i änden för att matcha krondrevskuggarnas profil. Bulten måste sitta fast ordentligt i balanshjulskåpan

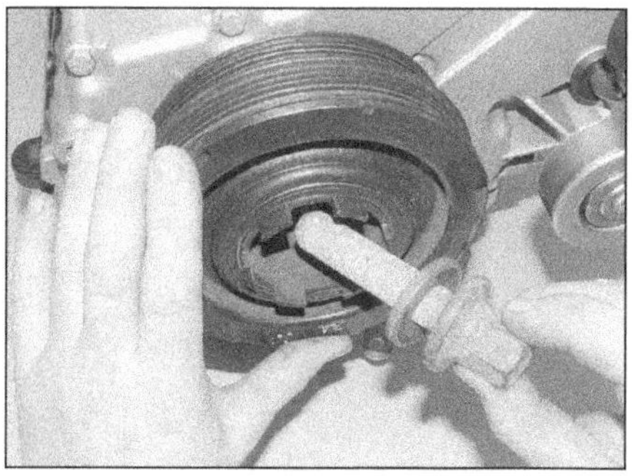
5.5a Ta bort fästbulten och brickan . . .

5.5b . . . och ta bort vevaxelns remskiva

5.7 Använd färg för att göra inställningsmärken mellan bulthuvudet och remskivan före åtdragningen

nr 11 8 182/183 som monteras genom hålet i balanshjulskåpans bas enligt beskrivningen den fyrcylindriga motorn – vibrationsdämparen hålls fast av fyra bultar. Om motorn är uttagen från bilen är det nödvändigt att låsa svänghjulet (se avsnitt 13).

Varning: Frestas inte att använda vevaxelns låsstift (se avsnitt 3) för att förhindra rotation när mittbulten lossas.

5 Skruva loss fästbulten (fästbultarna) och brickan (om tillämpligt) och ta bort remskivan från vevaxeln **(se bilder)**.

Montering

6 Montera remskivan på vevaxeln och skruva in fästbulten (fästbultarna) med brickan monterad (om tillämpligt).

7 Lås vevaxeln med den metod som används vid demontering och dra åt remskivans fästbult (fästbultar) till angiven momentinställning steg 1, dra sedan åt bulten (bultarna) genom angivet steg 2 med en hylsa och förlängningsstång. Det är lämpligt att en vinkelmätare används under de slutliga stegen av åtdragningen för att säkerställa exakthet. Om du inte har tillgång till en mätare använder du färg för att göra inställningsmärken mellan bultskallen (bultskallarna) och remskivan före åtdragningen. markeringarna kan sedan användas för att kontrollera att bulten har vridits till rätt vinkel vid åtdragningen **(se bild)**.

8 Montera tillbaka drivremmen (drivremmarna) enligt beskrivningen i kapitel 1B.

9 Sätt tillbaka hjulet och sänk sedan ner bilen.

6 Kamaxlar, vipparmar och ventillyftar - demontering, kontroll och återmontering

Demontering

1 Ta bort topplockskåpan enligt beskrivningen i avsnitt 4, och vakuumpumpen enligt beskrivningen i kapitel 9.

2 Dra åt handbromsen. Lyft upp framvagnen och ställ den på pallbockar (se *Lyftning och stödpunkter*).

3 Skruva loss fästanordningarna och ta bort motorns undre skyddskåpa (om en sådan finns).

4 Använd en hylsa och ett spärrhandtag för att vrida vevaxelns remskiva medurs tills loberna på kamaxeln till cylinder nr 1 pekar neråt **(se bild)**.

6.4 Med loberna på cylinder nr 1 nedåt . .

5 Skruva loss och ta bort den övre bult som håller fast drevet på kamaxeln **(se bild)**.

6 Ta bort pluggen i kamkedjekåpan **(se bild)**.

7 Montera en öppen nyckel på den sexkantiga delen av avgaskamaxeln och vrid kamaxeln moturs en aning för att tvinga kedjesträckaren att **tryckas ihop (se bild)**.

8 Samtidigt som spännaren är hoptryckt sätter du in en stång/ett borrbit på 4,0 mm genom plugghålet i kamkåpan för att låsa spännaren på plats **(se bild)**.

9 Dra ut täckpluggen från synkroniseringsstiftets hål i motorblocket **(se bild 3.5)**.

10 Använd en hylsa och en förlängningsstång på en av vevaxelremskivans mittbultar, vrid vevaxeln medurs samtidigt som du håller ett öga på kamaxelloberna i cylinder 1.

11 Vrid vevaxeln medurs tills kamaxelloberna till cylinder nr 1 närmar sig den punkt där alla

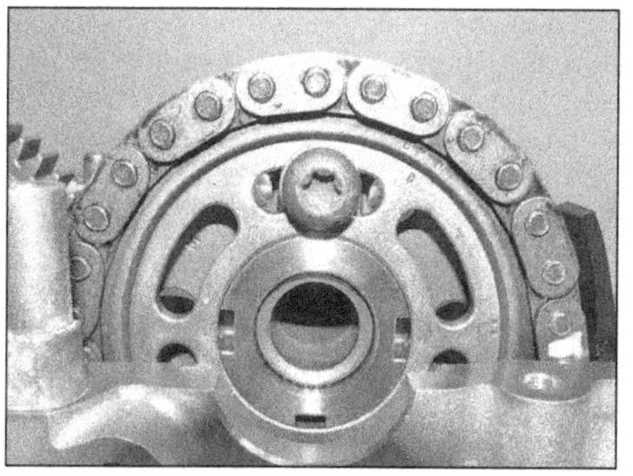
6.5 . . . ta bort kamaxeldrevets övre bult

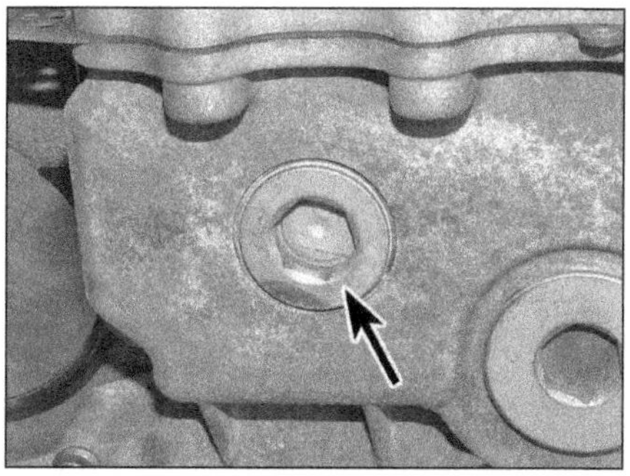
6.6 Skruva loss pluggen (markerad med pil) från kamkedjekåpan

6.7 Använd en öppen nyckel på avgaskamaxelns sexkantiga del (markerad med pil)

6.8 Sätt in ett 4,0 mm borrbit/en 4, mm borrstång i sträckaren (markerad med pil)

6.12 Ta bort kamaxeldrevets bultar

6.13 Skruva loss kamkedjestyrningslagrets sprintar (markerade med pilar)

6.14a Dra bort drevet från kamaxeln, håll det mot höger sida. . .

6.14b . . . dra sedan vänster kedjestyrning uppåt

6.16 Kamaxellageröverfallen är markerade med E för insug, A för avgas och numrerade från kamkedjeänden (markerad med pil)

fyra loberna pekar uppåt. Låt en medhjälpare sätta in BMW-verktyg nr 11 5 180 (4-cylindrig motor) eller 11 6 080 (6-cylindrig motor) eller en egentillverkad motsvarighet i synkroniseringsstiftets hål och tryck stiftet försiktigt mot svänghjulet – se avsnitt 3. Fortsätt att vrida vevaxeln långsamt tills du känner att stiftet går i ingrepp i fördjupningen i svänghjulet och att vevaxeln låses **(se bild 3.7)**.

12 Skruva loss de två bultarna som håller fast drevet på insugskamaxeln **(se bild)**.

13 Skruva loss kamkedjestyrningens lagersprintar från kamkåpan **(se bild)**. Lossa vid behov bultarna och ta bort lyftöglans fästbygel för att komma åt sprinten på vänster sida.

14 Dra drevet från insugskamaxeln, håll det tvärs över mot höger sida, dra sedan vänster kamkedjestyrning uppåt från kamkåpan **(se bilder)**.

6.23 Montera tillbaka varje hydraulisk ventillyftare på dess ursprungliga plats

15 Lossa drevet från kamkedjan, lägg sedan kedjan på topplockets vänstra sida. Fäst kedjan på plats med tejp etc. för att förhindra att den galler in i kamkåpan.

16 Identifiera kamaxellageröverfallen för att säkerställa att de monteras tillbaka på sina ursprungsplatser. Avgaskamaxeln är märkt A och därför ska avgaskamaxelns lageröverfall märkas som A1, A2, A3 etc. med början med överfallet framtill på motorn. Insugskamaxeln är märkt E och därför ska tillvägagångssättet upprepas för insugskamaxeln med början med E1 bredvid kamkedjan **(se bild)**.

17 Lossa och ta bort fästskruvarna jämnt och stegvis samt ta bort kamaxellageröverfallen. **Observera:** *Skruva inte loss de bultar som håller fast vakuumpumpens styrning på topplocket.*

18 Ta bort kamaxlarna från topplocket.

6.24 Montera tillbaka vipparmarna, se till att de placeras korrekt ovanpå ventillyftarna

19 Lyft av vipparmarna från topplocket och lägg ut dem i ordning på en ren yta så att de kan monteras tillbaka på sina ursprungliga platser – om de ska återanvändas.

20 Skaffa 16 (fyrcylindriga motorer) eller 24 (sexcylindriga motorer) små, rena plastbehållare och märk dem för identifiering. Du kan även dela in en större behållare i 16 avdelningar. Ta bort varje hydraulisk ventillyftare i tur och ordning och placera den i sin respektive behållare som sedan bör fyllas med ren olja.

Varning: Byt inte ut ventillyftarna mot varandra och låt inte ventillyftarna förlora olja eftersom det tar för lång tid att fylla dem med olja när motorn startas igen vilket kan leda till felaktiga ventilspel. Absolut renlighet är avgörande hela tiden vid hanteringen av ventillyftarna.

Kontroll

21 Undersök kamaxellagrets yta och kamloberna efter tecken på slitage och repor. Byt kamaxeln om några fel hittas. Undersök lagerytornas skick, både på kamaxeltapparna och i topplocket. Om ytorna i topplocket är mycket slitna, måste topplocket bytas.

22 Undersök vipparmarnas lagerytor som kommer i kontakt med kamaxelloberna med avseende på slitna spår och sprickor. Om motorns ventilspel har låtit bullrigt, i synnerhet om bullret fortsätter efter en kallstart, finns det anledning att misstänka en defekt ventillyftare. Om en ventillyftare tros vara defekt eller är synligt sliten ska den bytas.

Montering

23 Smörj ventillyftarna med ren motorolja och sätt in var och en av dem försiktigt på dess ursprungliga plats i topplocket om de har tagits bort **(se bild)**.

24 Montera tillbaka vipparmarna på deras ursprungliga läge och se till att de är korrekt inriktade **(se bild)**.

25 Ta bort vevaxelns låsverktyg och vrid vevaxeln 45° moturs (om du inte redan har gjort det) för att förhindra kontakt mellan kolv och ventil av misstag. Se till att kamkedjan inte faller in i kamkåpan eller trycker mot vevaxeldrevet.

26 Låt drevet på avgaskamaxeln gå i ingrepp med drevet på insugskamaxeln så att de två punkterna på den bakre delen av avgaskamaxelns drev är på vardera sidan om punkten på insugskamaxelns drev, lägg sedan kamaxlarna på plats på topplocket så att punkterna är i jämnhöjd med topplockets övre yta **(se bilder)**.

27 Smörj kamaxelns lagerytor med ren motorolja, montera sedan tillbaka lageröverfallen på deras ursprungsplatser.

28 Sätt in lageröverfallsbultarna, dra sedan åt fästbultarna jämnt och gradvis för att dra ner lageröverfallen i rät vinkel så att de kommer i kontakt med topplocket. När kåporna är i kontakt med topplocket ska fästbultarna dras åt till angivet moment.

Varning: Om lageröverfallets bultar dras åt slarvigt kan överfallen gå sönder. Om kåporna går sönder måste hela topplocket bytas. Kåporna matchas mot topplocket och de kan inte erhållas separat.

29 Med kamaxlarna i detta läge bör det vara möjligt att montera BMW-verktyg nr 11 6 321 (eller något likvärdigt) över den platta ytan i kragen på insugskamaxeln enligt beskrivningen i avsnitt 3. Om så inte är fallet justerar du kamaxelns läge något med en öppen nyckel på avgaskamaxelns sexkantiga del.

30 Vrid vevaxeln 45° medurs (tillbaka till ÖD) samtidigt som kamaxlarna hålls på plats så att det går att sätta in låsverktyget för svänghjulet. Se till att kamkedjan inte faller inne i kåpan eller trycker mot vevaxeldrevet.

31 Sänk ner vänster kamkedjestyrning på plats.

32 Låt kamkedjan gå i ingrepp med drevet och placera drevet på insugskamaxelns ände så att bulthålen är inriktade mot varandra **(se bild)**. Montera de nya fästbultarna men dra endast åt dem för hand på det här stadiet – drevet måste kunna rotera oberoende av kamaxeln.

33 Applicera lite gänglåsningsmedel, montera sedan tillbaka och dra åt kamkedjestyrningens lagersprintar.

34 Ta bort den stång/det borrbit som låser kamkedjesträckaren

6.26a De två punkterna på avgaskamaxeldrevets bakre del måste vara inriktade mot punkten på insugsdrevet

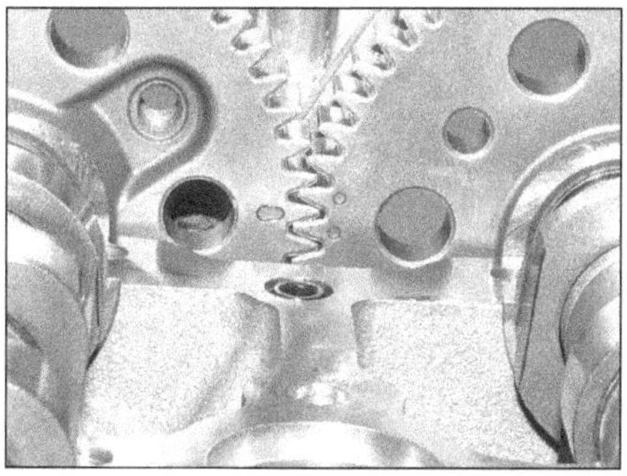

6.26b Punkterna på dreven måste vara ungefär i jämnhöjd med topplockets övre yta

35 Dra åt det nya drevets fästbultar till angivet moment.

36 Ta bort svänghjulets och kamaxelns låsverktyg, vrid sedan vevaxeln så att den återstående drevbulten kan sättas in och dras åt.

37 Montera tillbaka pluggen på kamkedjekåpan.

38 Vrid vevaxeln medurs tills den tredje kamaxeldrevbulten kan sättas in och dras åt.

39 Resten av monteringen utförs i omvänd ordningsföljd mot demonteringen.

7 Topplock – demontering och montering

Demontering

1 Ta bort kamaxlarna, vipparmarna och ventillyftarna enligt beskrivningen i avsnitt 6, lyft sedan ut höger övre kamkedjestyrning.

2 Dränera kylsystemet enligt beskrivningen i kapitel 1B.

3 Ta bort EGR kylaren enligt beskrivningen i kapitel 4C.

4 Lossa bränsletryckgivarens anslutningskontakt och lossa kabelknippets genomföring från topplocket.

6.32 Rikta in drevet mot bulthålen

5 Lossa anslutningskontakten till temperaturgivaren för kylvätska.

6 Skruva loss högtrycksbränsleröranslutningarna, ta bort röret från pumpen till bränslefördelarskenan, skruva sedan bort bultarna och ta bort fördelarskenan. Lossa anslutningskontakterna och returslangen när common rail är borttaget (se bild). Observera att du måste sätta dit ett nytt högtrycksrör.

7 Dra försiktigt bort kontaktdonen från glödstiften.

8 Skruva loss de tre fästbultarna och dra bort kylvätskeslangens kontaktdon från topplocket på fyrcylindriga motorer **(se bild)**.

9 Lossa fästklämmorna och lossa de olika kylvätskeslangarna från topplocket.

7.6 Fästbultar till common rail (markerade med pilar)

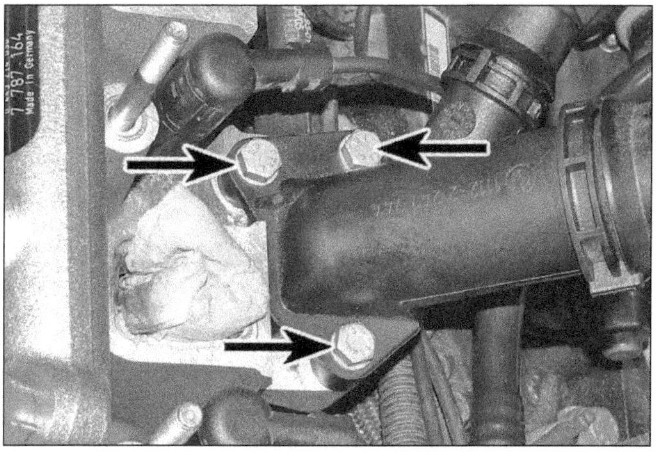

7.8 Skruva loss de tre bultarna (markerade med pilar) och ta bort kylvätskeslangens kontaktdon

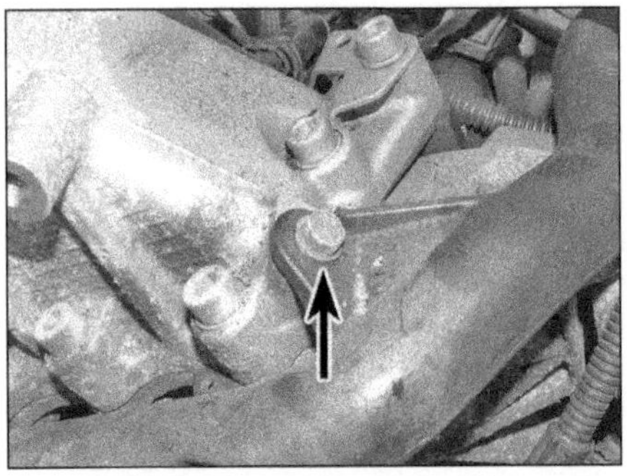

7.10a Kylvätskeröret är fäst med en bult framtill (markerad med pil). . .

7.10b . . . och en baktill (markerad med pil)

10 Skruva loss de bultar som håller fast kylvätskeröret, lossa klämmorna och för kylvätskeröret åt ena sidan **(se bilder)**.

4-cylindriga motorer

11 Skruva loss de tre bultar som håller fast turboaggregatet på avgasgrenröret och kassera packningen.

6-cylindriga motorer

12 Lossa de bultar som håller fast turboaggregatet på motorblocket.

13 Lossa den klämma som håller fast turboaggregatet i grenröret. Montera tillbaka klämman när topplocket har demonterats.

14 Skruva loss de två bultar som håller fast kablagestyrningen och fästet på topplockets bakre del.

Alla motorer

15 Skruva loss de bultar som håller fast topplocket på kamkåpan **(se bild)**.

16 Gör en slutkontroll för att se till att alla relevanta slangar, rör och kablar etc. har lossats.

17 Arbeta i omvänd ordning jämfört med åtdragningsföljden **(se bilder 7.34a eller 7.34b)** och lossa topplocksbultarna stegvis en tredjedels varv åt gången tills alla bultar går att skruva ut för hand. Kasta bultarna och använd nya vid återmonteringen.

18 Lyft bort topplocket från motorblocket. Knacka försiktigt på topplocket med en mjuk klubba för att lossa det från blocket om det behövs men bänd inte mot fogytorna.

19 Om leden är sönder lyfter du bort topplocket och tar sedan bort packningen. Observera de två styrstiftens placering och ta bort dem för säker förvaring om de är lösa. Spara packningen för identifieringsändamål (se punkt 25).

Varning: Lägg inte huvudet på dess nedre fogyta. Stötta upp topplocket på träblock och se till att varje block kommer i kontakt med topplockets fogytor och inte tändstiften. Glödstiftet sticker ut genom topplockets underdel och de skadas om topplocket placeras direkt på en bänk.

20 Se relevanta delar av del E i detta kapitel om topplocket ska tas isär.

Förberedelser för montering

21 Fogytorna mellan topplocket och motorblocket måste vara noggrant rengjorda innan topplocket monteras. Använd en skrapa för att avlägsna alla spår av packning och sot. Rengör även kolvtopparna. Var särskilt försiktig med aluminiumytorna eftersom mjuk metall lätt skadas. Se dessutom till att skräp inte kommer in i olje- och vattenkanalerna - detta är särskilt viktigt för oljekretsen eftersom sot kan blockera oljetillförseln till kamaxel- eller vevaxellagren. Försegla vattenkanaler, oljekanaler och bulthål i motorblocket med tejp och papper. Lägg lite fett i gapet mellan kolvarna och loppen för att hindra sot från att tränga in. För varje kolv som rengjorts, vrid vevaxeln så att kolven rör sig nedåt i loppet och torka ur fettet och sotet med en trasa. Rengör kolvkronorna på samma sätt.

22 Leta efter hack, djupa repor och andra skador i motorblockets/topplockets fogytor. Om det är ringa kan de tas bort försiktigt med en fil. Allvarligare skador kan eventuellt slipas bort, men detta är ett jobb för specialister.

23 Kontrollera topplockspackningens yta med en stållinjal om den misstänks vara skev. Se del E i detta kapitel om det behövs.

24 Se till att topplocksbulthålen i vevhuset är rena och fria från olja. Sug upp olja som är kvar i bulthålen med ett lämpligt redskap. Detta är mycket viktigt för att korrekt åtdragningsmoment ska kunna användas för bultarna och för att förhindra risken att blocket spricker på grund av hydraultrycket när bultarna dras åt.

25 På dessa motorer styrs spelet mellan topplocket och kolven genom montering av topplockspackningar av olika tjocklek. Kolvarnas utstick representeras av antalet hål i packningen bredvid kamkedjan **(se bild)**.

4-cylindriga motorer

Hål i packning	Största kolven utsprång
Ett hål	*0,72 till 0,83 mm*
Två hål	*0,83 till 0,93 mm*
Tre hål	*0,93 till 1,04 mm*

6-cylindriga motorer

Hål i packning	Största kolven utsprång
Ett hål	*0,77 till 0,92 mm*
Två hål	*0,92 till 1,03 mm*
Tre hål	*1,03 till 1,18 mm*
Noll hål	*mer än 1,18 mm*

Välj den nya packning som har samma tjocklek/antal hål som originalet om inte nya kolv- och vevstaksenheter har monterats. I så fall väljs den korrekta packningstjocklek som

7.15 Skruva loss de bultar (markerade med pilar) som håller fast kamkedjekåpan

7.25 Muttrar till topplockspackningens identifikationshål (markerade med pil)

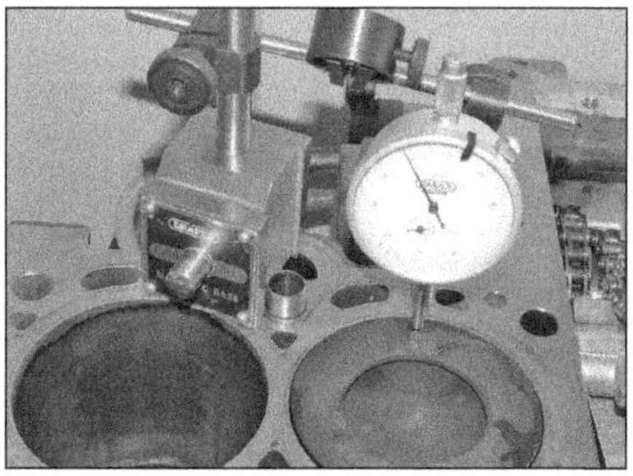

7.27 Mät kolvens utbuktning med en mätklocka

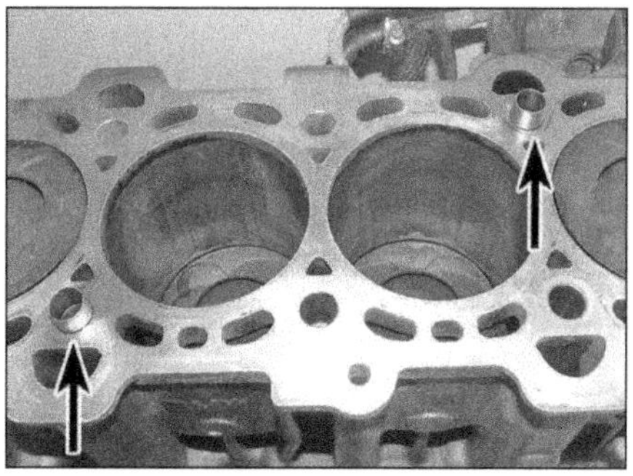

7.30 Se till att stiften är på plats (markerade med pilar)

7.33 Sätt de nya bultarna och brickorna på plats

krävs genom mätning av kolvens utbuktning på följande sätt.

26 Ta bort låssprinten från svänghjulet och montera en indikatorklocka på blocket så att dess markering går att svänga lätt mellan kolvkronan och blockets fogyta.

27 Se till att kolv nr 1 är exakt i ÖD och nollställ sedan indikatorklockan på motorblockets packningsyta. Flytta försiktigt indikatorn över kolv nr 1 och gör mätningar i linje med kolvbultens axel, mät utsprången både på kolvens vänstra och högra sida **(se bild)**. **Observera:** *Se till att kamkedjan inte kläms fast i kamkåpan när du vrider runt vevaxeln.*

28 Vrid vevaxeln för att få de återstående kolvarna till ÖD. Se till att vevaxeln är korrekt placerad, mät sedan de återstående kolvarnas utsprång, gör två mätningar på varje kolv. När alla kolvar har mätts vrider du vevaxeln så att kolv nr 1 kommer tillbaka till ÖD. Vrid den sedan 45° moturs.

29 Använd tabellen i punkt 25 för att välja relevant packning.

Montering

30 Torka rent topplockets fogytor och blockera dem och se till att de två styrstiften är på plats på topplocks-/vevaxelytan **(se bild)**.

31 Montera den nya packningen på

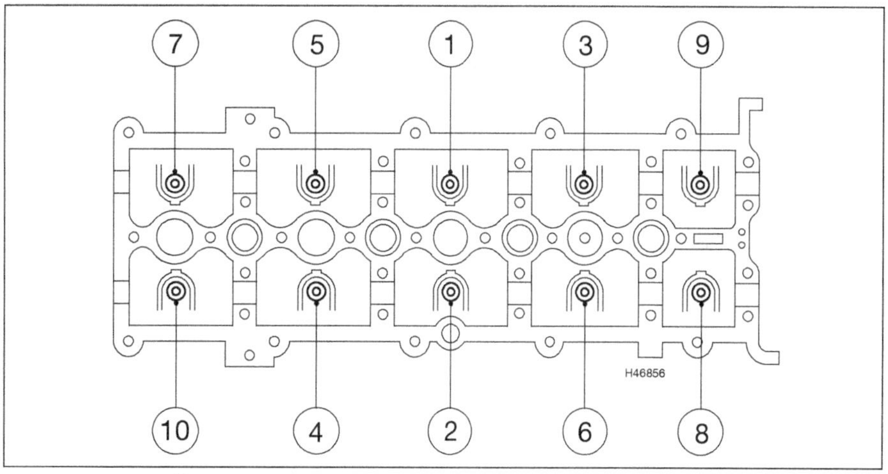

7.34a Åtdragningsföljd för topplocksbultarna - 4-cylindriga motorer

motorblocket och se till att den passar korrekt över styrstiften.

32 Montera försiktigt tillbaka topplocket och placera det på stiften. Se till att kamkedjan kan dras upp genom topplockstunneln.

33 De nya topplocksbultarna levereras förbestrukna - tvätta inte bort bestrykningen eller applicera fett/olja på dem. Sätt försiktigt in huvudbultarna (1 till 10 för 4-cylindriga motorer eller 1 till 14 för 6-cylindriga motorer) i hålen och skruva in dem för hand **(se bild)**. ***Varning: Undvik att tappa bultarna i deras hål.***

34 Arbeta stegvis och i ordningsföljd och dra först åt alla topplocksbultar till steg 1 i momentinställning **(se bilder)**.

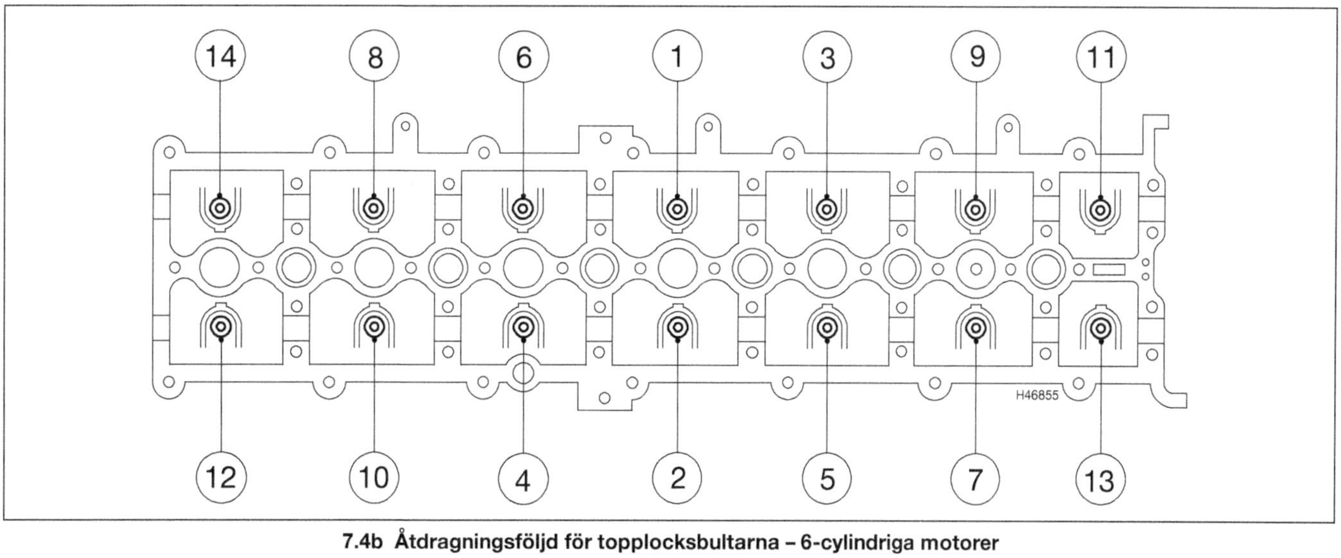

7.4b Åtdragningsföljd för topplocksbultarna - 6-cylindriga motorer

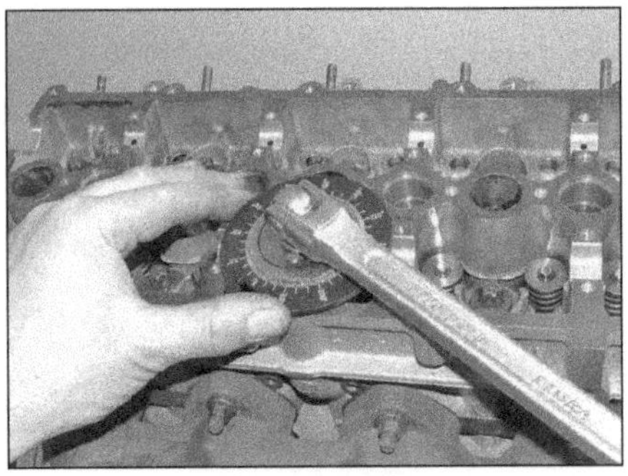

7.36 Använd en vinkelmätare för att dra åt bultarna korrekt

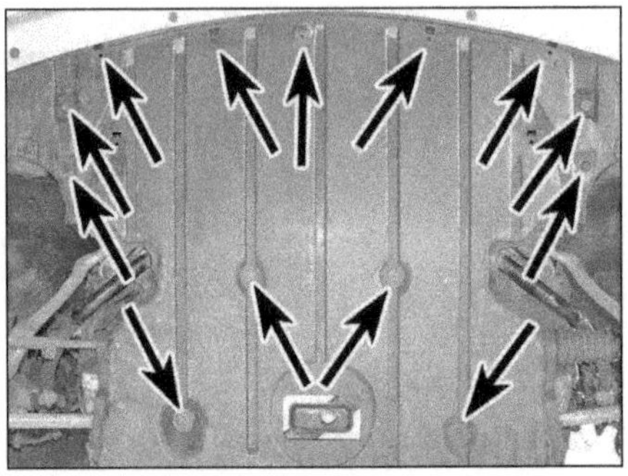

8.3 Skruva loss fästanordningarna (markerade med pilar) och ta bort motorns undre skyddskåpa

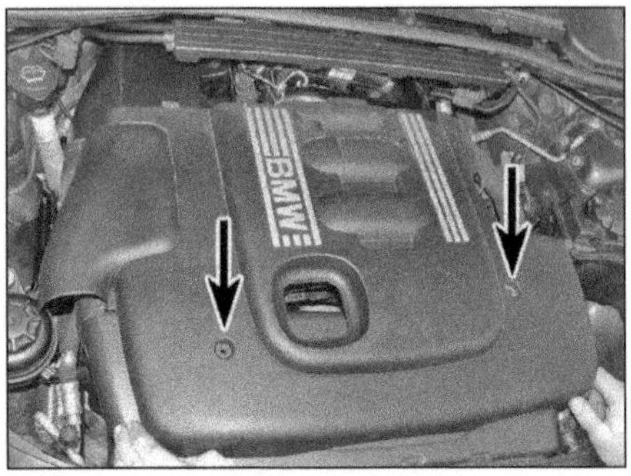

8.4 Skruva loss bultarna (markerade med pilar) och dra den ljuddämpande kåpan framåt

35 Lossa alla bultar ett halvt varv (180°), dra sedan åt dem i ordningsföljd till steg 3 i inställningen.

36 Vinkeldra dem till 90° igen i ordningsföljd (steg 4) och ytterligare 90° (steg 5) med hjälp av en vinkelmätare **(se bild)**.

37 Montera och dra åt de bultar som håller fast topplocket på kamkåpan till angivet moment. **Observera:** *Var försiktig så att du inte tappar ner den inre bulten i kamkedjetunneln* **(se bild 7.15)**.

38 Återstoden av monteringen utförs i omvänd ordning mot demonteringen. Tänk på följande:

a) Byt alla packningar/tätningar som rubbats under demonteringen.

b) Montera tillbaka den övre högra kamkedjestyrningen före monteringen av kamaxlarna.

c) Dra åt alla hållare till angivet moment (där sådant angetts).

d) Fyll på kylsystemet enligt beskrivningen i kapitel 1B.

8 Sump – demontering och montering

Demontering

1 Tappa ur motoroljan och ta bort oljefiltret enligt beskrivningen i kapitel 1B. Montera tillbaka sumppluggen med en ny bricka och dra åt pluggen till angivet moment.

2 På fyrcylindriga modeller kan det precis gå att ta bort sumpen utan att sänka ner hjälpramen. Vi rekommenderar dock att den främre hjälpramen sänks ner lite på följande sätt:

3 Hissa upp bilens framvagn och stötta den på pallbockar (se *Lyftning och stödpunkter*). Ta bort fästbultarna och fästanordningarna och ta bort motorns undre skyddskåpa **(se bild)**.

4 Skruva loss bultarna och ta bort den främre delen av den ljuddämpande kåpan från motorns överdel **(se bild)**.

Modeller med fjädertornstöd

5 Ta bort plastkåpan från mitten av klädselpanelen. Två olika typer av lock är monterade: en med ett centralt spår som tas bort genom att det vrids 45° moturs och en utan centralt spår som bänds upp från sin placering **(se bild)**. Observera om kåpan eller tätningen är skadad, de måste bytas. Underlåtenhet att göra detta kan leda till att vatten tränger in.

6 Skruva loss den bult i mitten av torpedplåten som exponeras vid demonteringen av kåpan **(se bild)**. Kasta bulten – eftersom en ny en måste användas.

7 Skruva loss bulten på stödens respektive ytterände, håll sedan gummigenomföringen på plats och för stöden utåt från platsen **(se bild)**. Låt inte genomföringen rubbas. Kasta bultarna och använd nya vid återmonteringen.

Alla modeller

8 Arbeta i bakre delen av motorrummet, skruva loss bultarna och ta bort pollenfilterkåpan

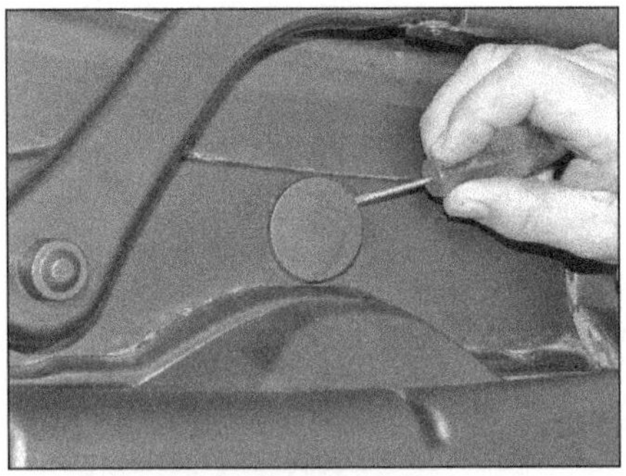

8.5 Ta bort kåpan i mitten av klädselpanelen. . .

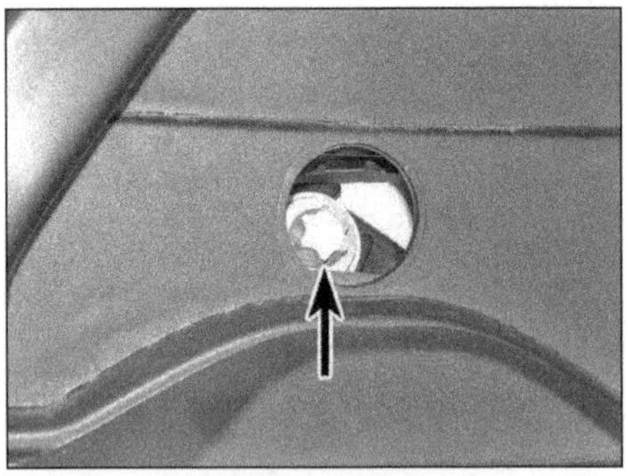

8.6 . . . och skruva loss bulten (markerad med pil) i mitten. . .

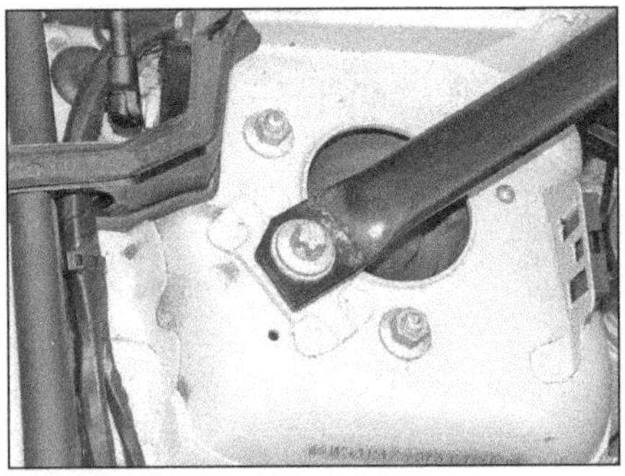

8.7 . . . och den på varje ände

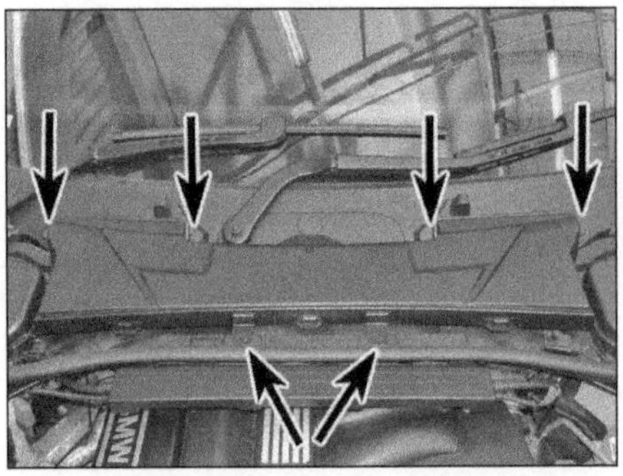

8.8 Skruva loss bultarna (markerade med pilar) och ta bort pollenfiltrets övre kåpa

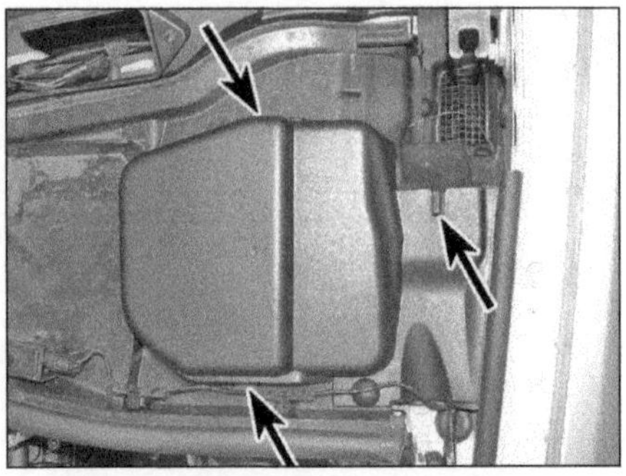

8.9 Lossa klämmorna (markerade med pilar) och ta bort kåpan på varje sida

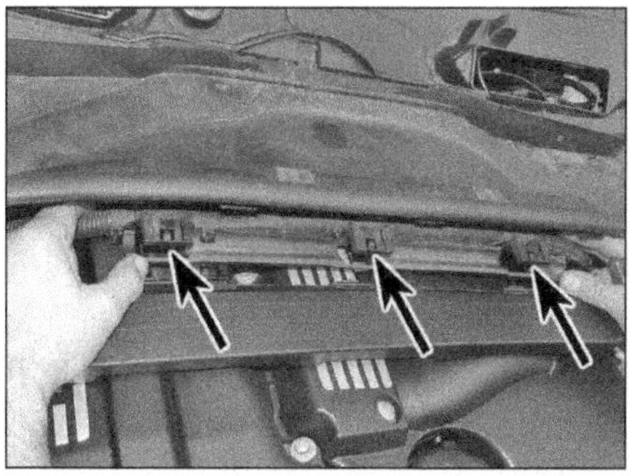

8.10 Lossa klämmorna (markerade med pilar) och dra bort kabelstyrningen framåt

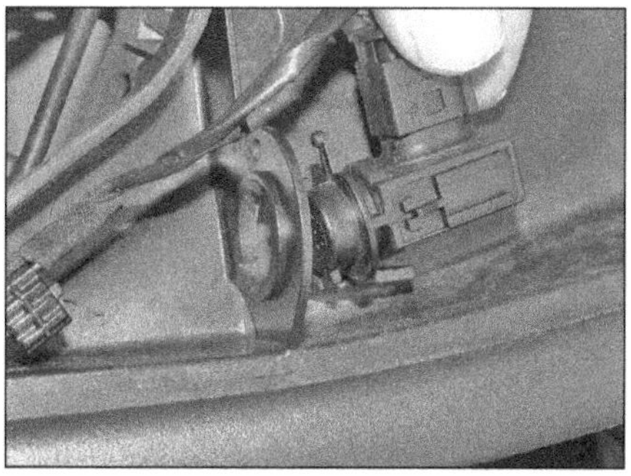

8.11a Vrid temperaturgivaren och lossa den från fästbygeln

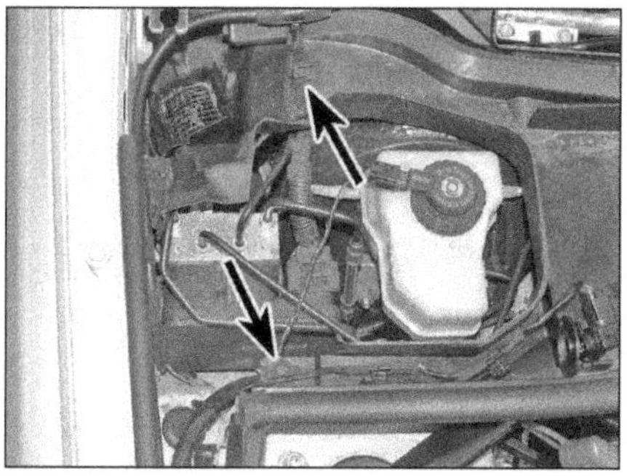

8.11b Skruva loss bulten och lossa klämman på varje sida (markerad med pilar)

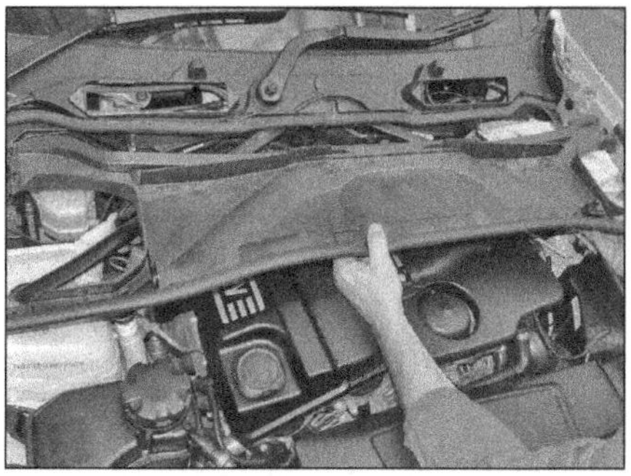

8.11c Dra pollenfiltrets nedre hus framåt

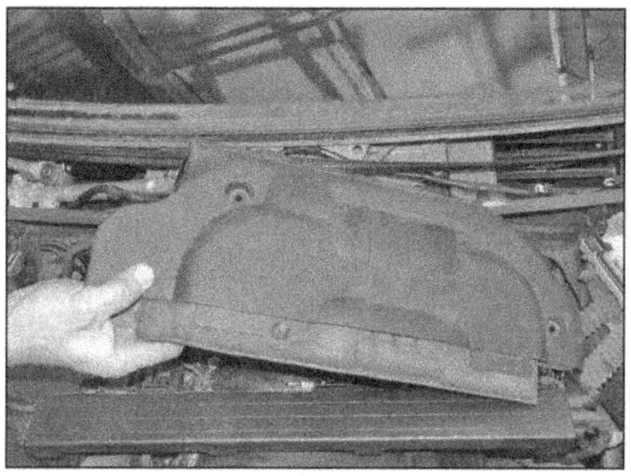

8.12 Ta bort motorkåpans bakre sektion

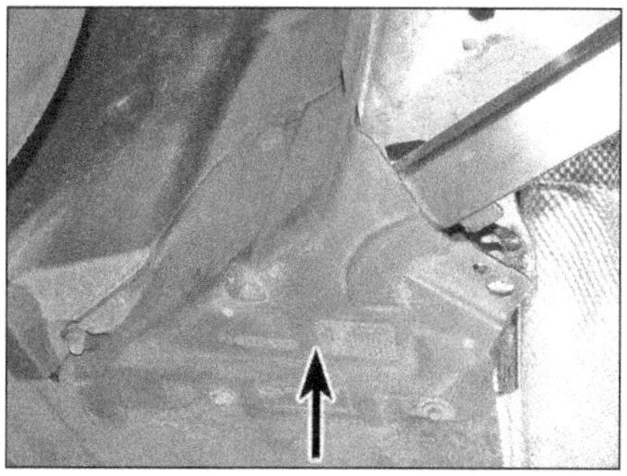

8.16 Ta bort panelen (markerad med pil)

(se bild). Skjut bort filtret från huset. Om det behövs, se Kapitel 1B.

9 Lossa spärrarna och ta bort vänster och höger plastkåpa bakom fjädertornet på varje sida av motorrummet **(se bild)**.

10 Tryck in klämmorna och dra kabelstyrningen framåt från den nedre delen av pollenfilterhuset **(se bild)**.

11 Lossa spärren och skruva loss bulten på varje sida, för sedan den nedre delen av pollenfilterhuset framåt och för bort det från platsen **(se bilder)**.

12 Skruva loss de två bultarna och ta bort den ljuddämpande kåpans bakre sektion på motorns överdel **(se bild)**.

13 På 6-cylindriga modeller, ta bort insugsgrenröret enligt beskrivningen i kapitel 4B.

14 Motorn måste stöttas upp på plats med en motorlyft eller en motortvärbalk. Anslut lyften/tvärbalken till motorlyftöglorna framtill och baktill på topplocket. Ta upp motorns tyngd med domkraften.

15 Skruva loss den mutter på varje sida som håller fast motorfästets stödfästbyglar på fästena, lyft sedan motorn ungefär 10 mm.

16 Skruva loss fästanordningarna och ta bort underredspanelen på varje sida vid förstärkningsstödet under hjälpramen **(se bild)**.

17 Skruva loss muttrarna/bultarna och ta bort förstärkningsstödet från varje sida under den främre hjälpramen **(se bilder)**. Kasta muttrarna/bultarna – använd nya vid återmonteringen.

18 Ta bort rattstångens nedre universalled och lyft av rattstångsaxeln uppåt från kuggstångens kugghjul **(se bild)**. Kasta klämbulten – eftersom en ny en måste användas.

Varning: Se till att ratten/rattstången inte vrids runt när universalleden är lossad från kuggstångens kugghjul. Följden kan bli skador på stången.

19 Lossa anslutningskontakterna från markhöjdsgivarna (om sådana finns), lossa sedan vakuumslangarna (om sådana finns) från motorfästena.

20 Skär av buntbandet som håller fast kabelhärvan på hjälpramen i modeller med elektrisk servostyrning.

21 Stötta upp den främre hjälpramen med hjälp av en garagedomkraft och några träbitar etc., skruva sedan loss de tre bultarna på

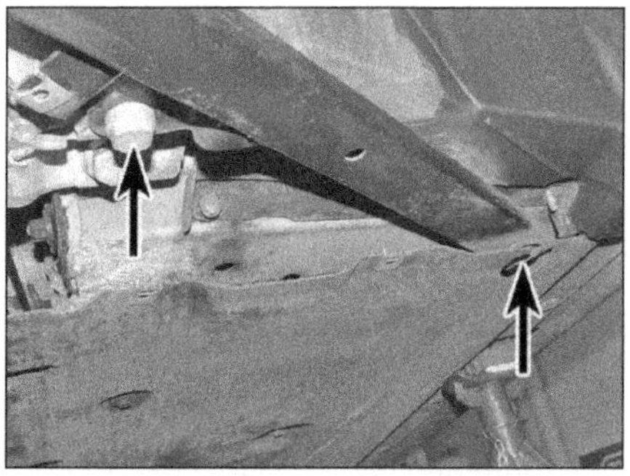

8.17a Ta bort förstärkningsstödets bultar på varje sida (markerade med pilar). . .

8.17b . . . och de två i mitten

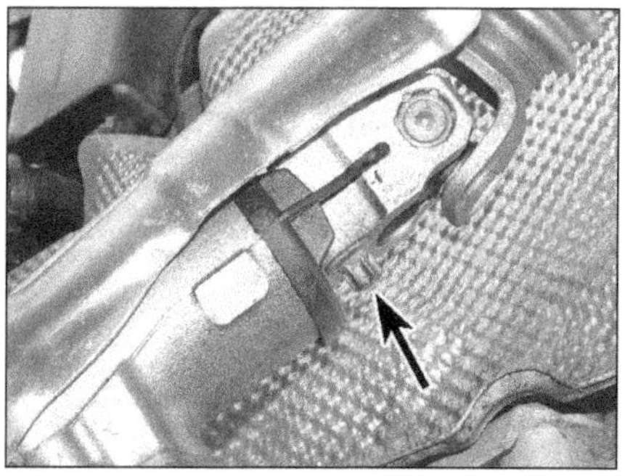

8.18 Rattstångens klämbult (markerad med pil)

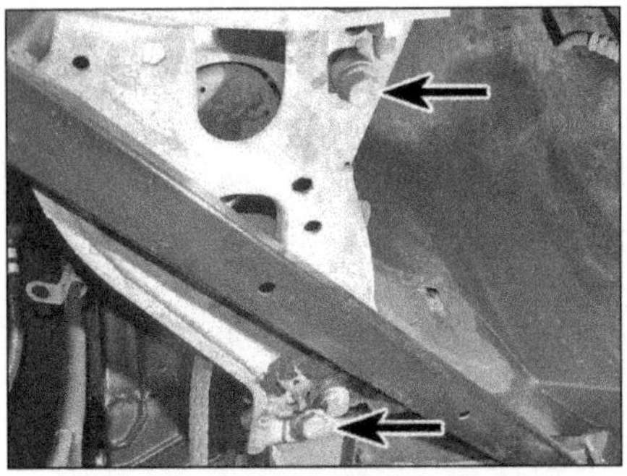

8.21a Den främre hjälpramens bakre bultar (markerade med pilar). . .

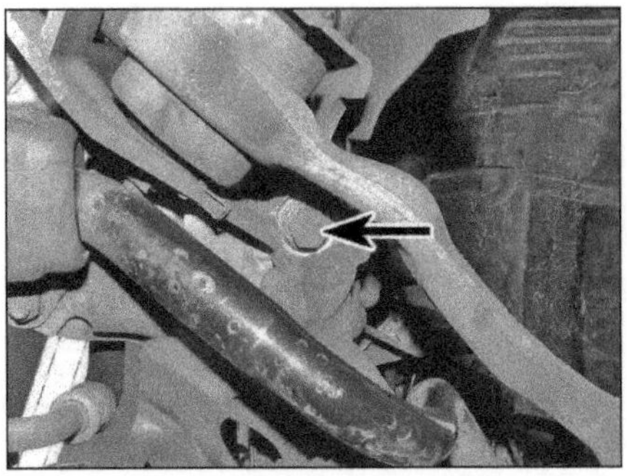

8.21b . . . och den främre bult (markerad med pil)

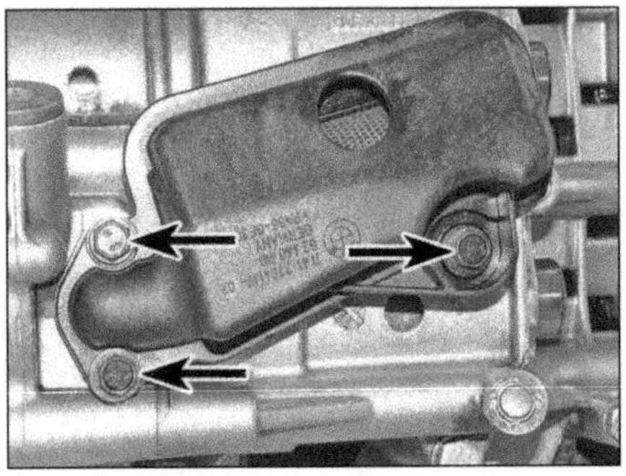

8.27 Bultar till oljepumpens upptagningsrör/oljepumpens sil (markerade med pilar)

8.30a Applicera en droppe tätningsmedel på de angivna områdena – 4-cylindriga motorer

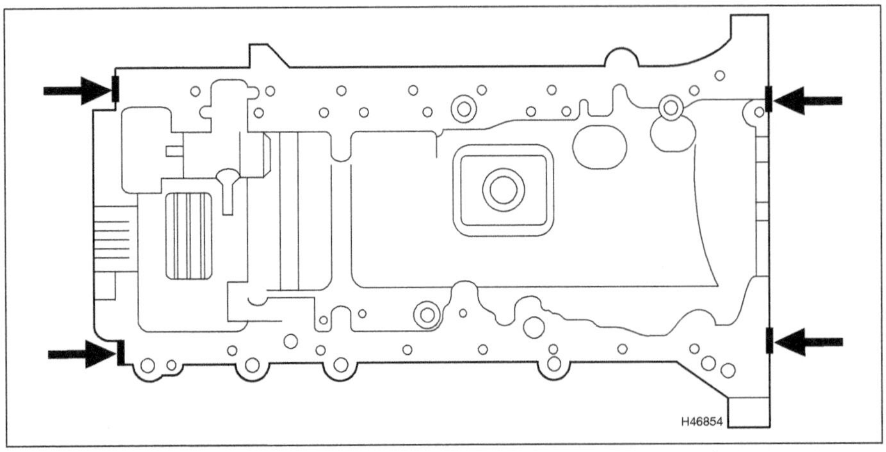

8.30b Applicera en 2 mm bred droppe med tätningsmedel i de områden som är markerade med pilar – 6-cylindriga motorer

8.31 Passa in sumpen på plats och sätt in några fästbultar

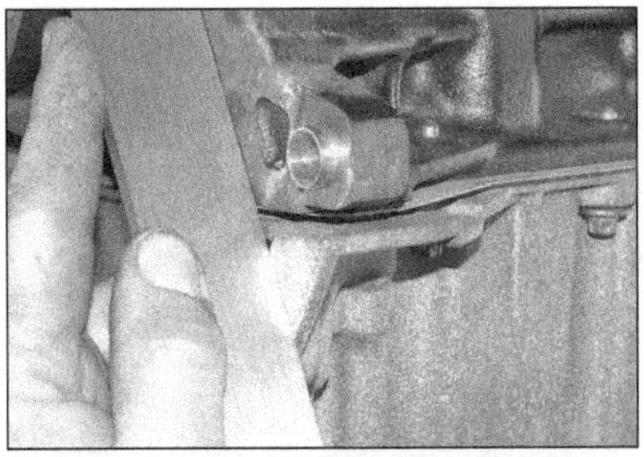

8.32 Använd en stållinjal för att se till att sumpens gjutgods är jäms med motorblockets ände

varje sida och sänk försiktigt ner hjälpramen maximalt 10 cm **(se bilder)**. Observera servostyrningsslangarna/servostyrningsrören när hjälpramen sänks ner – låt dem inte böjas eller dras. Observera att hjälpramens bultar framtill är 90 mm långa, de mittre bultarna är 145 mm långa och de bakersta är 53 mm långa. Dra åt de främre bultarna först vid återmonteringen.

22 Skruva loss bultarna som håller fast mätstickans styrhylsa och dra bort röret från sumpen. Byt styrhylsans O-ringstätning.

23 Koppla loss oljenivågivarens anslutningskontakt.

24 Lossa och ta bort de bultar som håller fast växellådshuset på sumpen.

25 Lossa de bultar som håller fast sumpen på motorblockets bas stegvis och ta bort dem.

26 Lossa sumpen genom att slå på den med handflatan och dra den sedan nedåt och ta bort den under bilen. Kasta tätningen, eftersom en ny måste användas vid återmonteringen.

27 Passa på att kontrollera oljepumpens oljeupptagare/sil efter tecken på igensättning eller sprickor medan sumpen är borttagen. Skruva loss upptagaren/silen och ta bort den från motorn tillsammans med dess packning om det behövs **(se bild)**. Silen kan sedan rengöras lätt i ett lösningsmedel. Undersök silens maskor med avseende på tilltäppning eller delningar och byt vid behov. Om upptagarens/silens bultar är skadade måste de bytas.

Montering

28 Ta bort alla spår av tätningsmedel från motorblockets/vevhusets och sumpens fogytor, rengör sedan sumpen och motorn invändigt med en ren trasa.

29 Montera vid behov en packning på oljepumpens upptagningsrör/sil och montera sedan försiktigt tillbaka röret. Sätt i fästbultarna och dra åt dem till angivet moment.

30 Applicera en sträng med lämpligt tätningsmedel (Drei Bond 1209 kan erhållas hos din BMW-verkstad) på motorblockets/kamkåpans fogyta i de områden som visas **(se bilder)**.

31 Montera packningen på sumpen, bänd sedan upp sumpen på motorblocket/vevhuset **(se bild)**. Montera tillbaka sumpens fästbultar och dra åt bultarna med bara fingrarna.

32 Montera de bultar som håller fast sumpen på växellådan. För att rikta in den bakre sumpens fläns mot växellådan drar du åt bultarna något och lossar dem sedan. Om sumpen monteras tillbaka på motorn med växellådan uttagen ska du använda en stållinjal för att se till att sumpens gjutgods är jäms med motorblockets ände **(se bild)**.

33 Dra åt bultarna sump på motorblock och sedan bultarna sump på växellåda till angivet moment.

34 Montera tillbaka oljemätstickans rör med en ny O-ring och dra åt bultarna ordentligt.

35 Återstoden av monteringen utförs i omvänd ordningsföljd mot demonteringen. Tänk på följande:

9.1 Plastkåpans fästbultar (markerade med pilar)

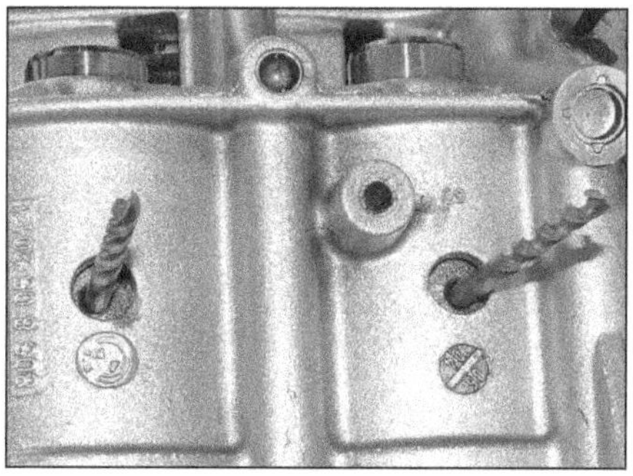

9.7 Sätt in två 5,0 mm borrbits/borrstänger i hålen i balansaxelenheten

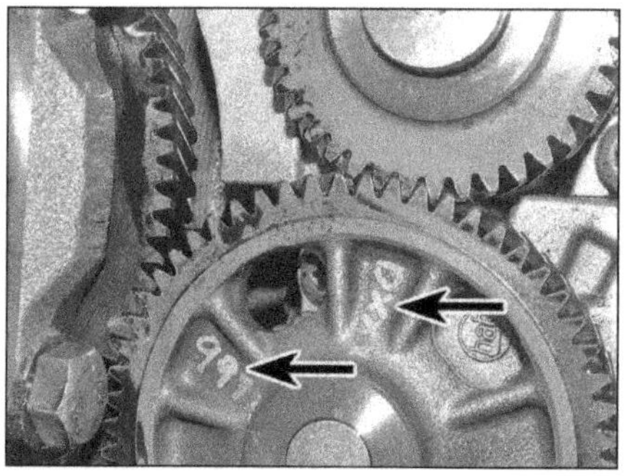

9.8 De målade markeringarna (markerade med pilar) måste peka mot de övriga dreven

a) Byt alla packningar/tätningar som rubbats.

b) Dra åt alla hållare till angivet moment (där sådant angetts).

c) Byt motoroljan och filtret på det sätt som beskrivs i kapitel 1B.

d) Låt en BMW-verkstad eller en lämpligt utrustad specialist kontrollera framhjulsinställningen.

9 Oljepump – demontering, kontroll och återmontering

4-cylindriga motorer

Observera: *BMW insisterar på att en demonterad oljepump inte får monteras tillbaka: den måste bytas. Den nya pumpens drev är belagt med färg för att säkerställa korrekt justering av spelet.*

Demontering

1 Ta bort sumpen enligt beskrivningen i avsnitt 8, skruva sedan loss bultarna och ta bort plastkåpan från pumpen **(se bild)**.

2 Skruva loss fästbultarna och ta bort oljepumpen. Kasta bultarna och använd nya vid återmonteringen.

Kontroll

3 Inga delar är tillgängliga till oljepumpen i skrivande stund. Om pumpen är skadad, måste den bytas som en enhet. Kontakta en BMW-verkstad eller specialist.

Montering

4 Se till att oljepumpens och motorblockets fogytor är rena och torra. Se till att alla fästhål är rena och fria från olja.

5 Dra ut täckpluggen från synkroniserings-stiftets hål i motorblocket **(se bild 3.5)**.

6 Använd en hylsa och förlängningsstång på vevaxelremskivans mittre bult, vrid vevaxeln medurs och sätt in BMW-verktyg nr 11 5 180 eller ett likvärdigt hemmatillverkat verktyg i synkroniseringsstifthålet och tryck stiftet försiktigt mot svänghjulet. Fortsätt att vrida vevaxeln långsamt tills du känner att stiftet går i ingrepp i fördjupningen i svänghjulet och att vevaxeln låses **(se bild 3.7)**.

7 Sätt in 5,0 mm stänger eller stift i hålen i balansaxelenhetens bas för att låsa axlarna på plats **(se bild)**.

8 Passa in oljepumpen på plats och se till att drevet går i ingrepp med vevaxelns drev och balansaxelns drev. Markeringarna på oljepumpens drev måste peka uppåt mot de andra dreven **(se bild)**. Sätt i fästbultarna och fingerdra dem. Det måste gå att flytta pumpen fortfarande.

9 Tryck pumpen på plats framåt samtidigt som du håller den mot balansaxelns och vevaxelns drev.

10 Dra åt pumpens fästskruvar till angivet moment i ordningsföljd **(se bild)**.

11 Montera sumpen enligt beskrivningen i avsnitt 8.

6-cylindriga motorer

Demontering

12 Demontera sumpen enligt beskrivningen i avsnitt 8.

13 Skruva loss den bult som håller fast drevet på oljepumpens axel **(se bild)**.

14 Skruva loss bultarna och ta bort oljeupptagarrör enheten. Kasta O-ringstätningen, du måste sätta dit en ny.

15 Skruva loss fästbultarna och ta bort oljepumpen.

Kontroll

16 Inga delar är tillgängliga till oljepumpen i skrivande stund. Om pumpen är skadad, måste den bytas som en enhet. Kontakta en BMW-verkstad eller specialist.

Montering

17 Passa in pumpen på plats och låt drevet gå i ingrepp (med kedjan fortfarande på plats) med pumpens drivaxel.

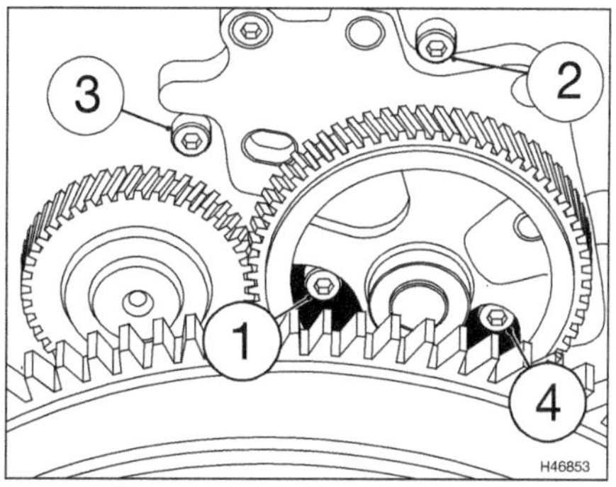

9.10 Åtdragningsföljd för oljepumpens bultar

18 Sätt i och dra åt skruvarna till angivet åtdragningsmoment.

19 Montera tillbaka drevets fästbult och dra åt den till angivet moment.

20 Montera en ny O-ringstätning på upptagarröret och montera tillbaka det. Dra åt bultarna ordentligt.

21 Montera sumpen enligt beskrivningen i avsnitt 8.

10 Balansaxelenhet – demontering och montering

Observera: *Endast den fyrcylindriga motorn är utrustad med en balansaxelenhet.*

Demontering

1 Ta bort oljepumpen enligt beskrivningen i avsnitt 9.

2 Skruva loss bultarna och lossa balansaxelenheten från motorblockets bas. Observera att det inte finns några separata delar till balansaxelenheten – vid defekter måste hela enheten bytas.

Montering

3 Se till att balansaxelenhetens och motorblockets fogyta är ren, placera sedan enheten på motorblocket och dra åt bultarna ordentligt.

4 Montera tillbaka oljepumpen enligt beskrivningen i avsnitt 9.

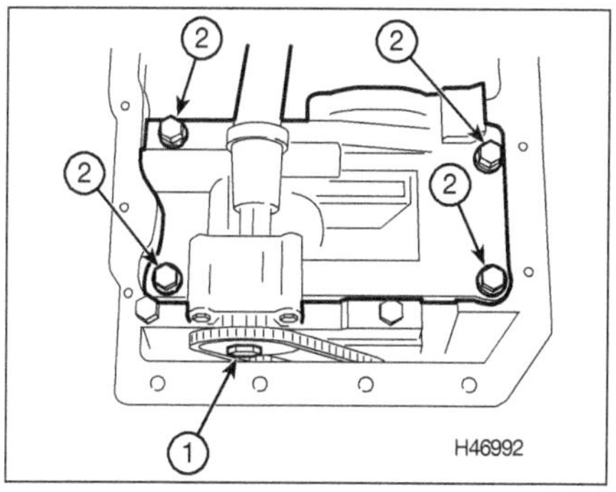

9.13 Oljepumpdrevets bult (1) och fästbultar (2)

11.12 Glödstiftstyrenhetens fästbultar (markerade med pilar)

11.13 Oljekylarbultar (markerade med pilar)

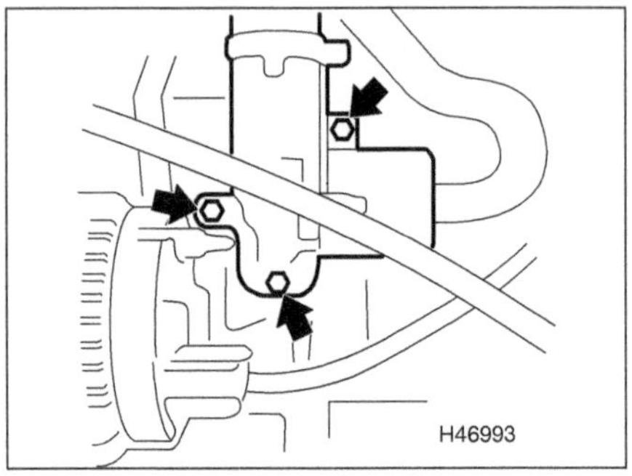

11.16 Oljefilterhusets fästbultar (markerade med pilar)

11 Oljekylare - demontering och montering

Demontering - 4-cylindriga motorer

1 Tappa ur kylvätskan, motoroljan, och ta bort oljefiltret enligt beskrivningen i kapitel 1B.

2 Skruva loss bultarna och ta bort den främre delen av den ljuddämpande kåpan från motorns överdel **(se bild 8.4)**.

Modeller med fjädertornstöd

3 Ta bort plastkåpan från mitten av klädselpanelen. Två olika typer av lock är monterade: en med ett centralt spår som tas bort genom att det vrids 45° moturs och en utan centralt spår som bänds upp från sin placering **(se bild 8.5)**. Observera om kåpan eller tätningen är skadad, de måste bytas. Underlåtenhet att göra detta kan leda till att vatten tränger in.

4 Skruva loss den bult i mitten av torpedplåten som exponerades vid borttagningen av kåpan **(se bild 8.6)**. Kasta bulten – eftersom en ny en måste användas.

5 Skruva loss bulten på stödens respektive ytterände, håll sedan gummigenomföringen på plats och för stöden utåt från platsen **(se bild 8.7)**. Låt inte genomföringen rubbas. Kasta bultarna och använd nya vid återmonteringen.

Alla modeller

6 Arbeta i bakre delen av motorrummet, skruva loss bultarna och ta bort pollenfilterkåpan. Skjut bort filtret från huset. Om det behövs, se Kapitel 1B.

7 Lossa spärrarna och ta bort vänster och höger plastkåpa bakom fjädertornet på varje sida av motorrummet **(se bild 8.9)**.

8 Tryck in klämmorna och dra bort kabelstyrningen framåt från pollenfilterhusets nedre del **(se bild 8.10)**.

9 Lossa spärren och skruva loss bulten på varje sida, för sedan den nedre delen av pollenfilterhuset framåt och för bort den från platsen **(se bilder 8.11a och 8.11b)**.

10 Skruva loss de två bultarna och ta bort den ljuddämpande kåpans bakre sektion på motorns överdel **(se bild 8.12)**.

11 Lossa klämman, och lossa slangen från oljekylaren.

12 Skruva loss bultarna och flytta glödstiftsstyrenheten och fästbygeln till ena sidan **(se bild)**. Styrenheten är placerat under oljekylaren.

13 Skruva loss bultarna och ta bort oljekylaren från oljefilterhuset. Kasta packningen. Var beredd på vätskespill **(se bild)**.

Demontering - 6-cylindriga motorer

14 Tappa ur kylvätskan, motoroljan, och ta bort oljefiltret enligt beskrivningen i kapitel 1B.

15 Lossa klämman och lossa kylvätskeslangen från oljekylaren.

16 Lossa klämmorna, lossa givarens anslutningskontakt och ta bort laddluftkylarens utloppsrör från motorns vänstra sida **(se bild)**.

17 Skruva loss bultarna och lossa oljekylaren från filterhuset. Byt packningen.

Montering

18 Se till att oljekylarens och oljefilterhusets fogytor är rena, har en ny packning och montera kylaren på huset. Dra åt bultarna till angivet moment.

19 Resten av monteringen sker i omvänd ordningsföljd mot demonteringen.

12.2 Ta bort vevaxelns oljetätning med en självgängande skruv

12.4 Tryck tätningen på plats i rät vinkel tills den är i jämnhöjd med kamkedjekåpan

12 Vevaxelns oljetätningar - byte

Ändtätning kamkedja

1 Ta bort vevaxelns vibrationsdämpare/remskiva enligt beskrivningen i avsnitt 5.

2 Stansa eller borra väldigt försiktigt två små hål mitt emot varandra i oljetätningen. Skruva i självgängande skruvar i hålen och dra i skruvarna med tänger för att få ut tätningen **(se bild)**.

Varning: Var mycket försiktig så att kamaxeln inte skadas.

3 Rengör tätningshuset och polera bort eventuellt borrskägg eller upphöjda kanter som kan ha varit den ursprungliga orsaken till att tätningen gick sönder.

4 Skjut försiktigt den nya tätningen på plats på axelns ände – olja inte in packboxarnas kanter. Tryck tätningen på plats i rät vinkel tills den är i jämnhöjd med huset. Om det behövs kan en lämplig rörformig dorn, t.ex. en hylsa som bär endast på tätningens hårda ytterkant, användas för att knacka tätningen på plats. Var försiktig så att inte packboxarnas kanter skadas under monteringen och se till att packboxarna är riktade inåt **(se bild)**.

5 Montera vevaxelns remskiva enligt beskrivningen i avsnitt 5.

Oljetätning svänghjuls-/drivplattsänden

6 Demontera svänghjulet eller drivplattan enligt beskrivningen i avsnitt 13.

12.7 Ta bort kåpan från vevaxeländen

12.8 Skruva loss bulten (markerad med pil) och dra bort vevaxelns lägesgivare

12.9 Skruva loss bultarna och dra bort tätningshuset från motorblocket. Var noga med att inte skada sumppackningen

7 Ta försiktigt bort kåpan från vevaxelns ände **(se bild)**.

8 Skruva loss bulten och dra bort vevaxelslägesgivaren från oljetätningshuset **(se bild)**.

9 Skruva loss fästbultarna, lossa sedan försiktigt oljetätningshuset från motorblocket utan att skada sumppackningen **(se bild)**. Om packningen är skadad måste sumpen tas bort enligt beskrivningen i avsnitt 8. Observera att oljetätningen är inbyggd i huset.

10 Den nya tätnings- och husenheten levereras med ett tätningsskydd monterat. Placera tätningens skydd, komplett med tätning, över vevaxelns ände och skjut försiktigt tätningen och huset över vevaxelns klack **(se bilder)**. Olja inte vevaxelns yta.

11 Montera tillbaka oljetätningshusets bultar, och dra åt dem till angivet moment.

12 Montera tillbaka vevaxelns lägesgivare och dra åt bulten ordentligt.

13 Se till att stiftet monteras korrekt i vevaxelns ände och montera tillbaka överfallet.

14 Tvätta bort eventuell olja och montera sedan tillbaka svänghjulet/drivplattan enligt beskrivningen i avsnitt 13.

13 Svänghjul/drivplatta – demontering, kontroll och återmontering

Svänghjul

Observera: *Nya fästbultar måste användas till svänghjulet vid återmonteringen.*

Demontering

1 Demontera kopplingen enligt beskrivningen i kapitel 6.

2 Förhindra att svänghjulet roterar genom att låsa krondrevets kuggar med en anordning som liknar det som visas **(se bild)**. Alternativt, skruva fast en remsa mellan svänghjulet och motorblocket/vevhuset.

3 Lossa och ta bort fästbultarna och ta bort svänghjulet och observera dess styrstift **(se bild)**. Tappa det **inte**, det är mycket tungt! Kasta bultarna, eftersom de måste bytas om de har rörts.

12.10a Med tätningsskyddet (markerat med pil) monterad. . .

12.10b . . . placera enheten över vevaxelns ände

Kontroll

4 Om fogytan svänghjul på koppling är djupt skårad, sprucken eller skadad på något annat sätt måste svänghjulet bytas om det inte går att slipa ytan. Ta hjälp av en BMW-verkstad eller en specialist på motorrenoveringar.

5 Om krondrevet är kraftigt slitet eller saknar kuggar måste det bytas. Det är bäst att låta en BMW-verkstad en specialist på motorrenoveringar utföra arbetet.

6 Dessa bilar är utrustade med tvåmassesvänghjul. Så länge BMW inte publicerar några kontrollmetoder vrider du den inre vikten moturs för hand, markerar dess placering i förhållande till den yttre vikten, vrider den medurs för hand och mäter vägen. Som en allmän regel gäller att om rörelsen är mer än 30 mm eller mindre än 15 mm ska du konsultera en BMW-verkstad eller en växellådsspecialist för att få reda på om det behövs en ny enhet.

Montering

7 Rengör svänghjulets och vevaxelns fogytor och ta bort alla spår av låsmassa från vevaxelns gängade hål.

8 Montera svänghjulet på vevaxeln, gör så att den går i ingrepp med vevaxelns styrstift och montera de nya fästbultarna. **Observera:** *Om de nya bultarna inte levereras förbelagda med låsmassa applicerar du några droppar innan du monterar bultarna.*

9 Lås svänghjulet med den metod som användes vid isärtagningen, dra sedan åt alla fästbultarna till angivet moment och arbeta i diagonal ordningsföljd.

10 Montera tillbaka kopplingen enligt beskrivningen i kapitel 6.

Drivplatta:

Observera: *Nya fästbultar måste användas till drivplattan vid återmonteringen.*

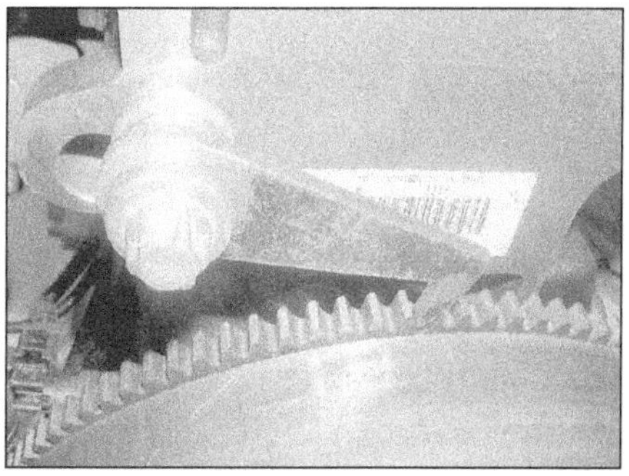

13.2 Lås svänghjulet med ett liknande verktyg.

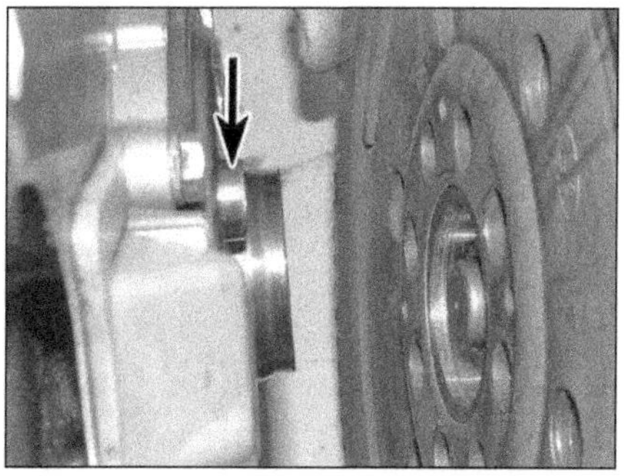

13.3 Observera styrstiftet (markerad med pil)

Demontering

11 Ta bort automatväxellådan och momentomvandlaren enligt beskrivningen in kapitel 7B.

12 Förhindra att drivplattan vrids genom att låsa krondrevet med en liknande anordning som den som visas **(se bild 13.2)**. Alternativt, skruva fast en remsa mellan drivplattan och motorblocket/vevhuset.

13 Lossa och ta bort fästbultarna och ta bort drivplattan, och observera dess styrstift. Kasta bultarna, eftersom de måste bytas om de har rörts.

Kontroll

14 Om krondrevet är kraftigt slitet eller saknar kuggar måste det bytas. Det är bäst att låta en BMW-verkstad en specialist på motorrenoveringar utföra arbetet.

Montering

15 Rengör drivplattans och vevaxelns fogytor och ta bort alla spår av låsmassa från vevaxelns gängade hål.

16 Montera drivplattan på vevaxeln, gör så att den går i ingrepp med vevaxelns styrstift och montera de nya fästbultarna. **Observera:** *Om de nya bultarna inte levereras förbelagda med låsmassa applicerar du några droppar innan du monterar bultarna.*

17 Lås drivplattan med den metod som användes vid isärtagningen, dra sedan åt alla fästbultarna till angivet moment och arbeta i diagonal ordningsföljd.

18 Montera tillbaka momentomvandlaren och automatväxellådan enligt beskrivningen i kapitel 7B.

14 Motorfästen – kontroll och byte

Kontroll

1 Två motorfästen används, ett på vardera sidan av motorn.

2 Om du behöver komma åt bättre, lyft upp framvagnen och stötta den ordentligt på pallbockar (se *Lyftning och stödpunkter*). Skruva loss hållarna och ta bort motorns undre skyddskåpa.

3 Kontrollera gummifästet för att se om det har spruckit, hårdnat eller släppt från metallen någonstans. Byt fästet vid sådana tecken på skador eller åldrande.

4 Kontrollera att fästenas hållare är hårt åtdragna.

5 Använd en stor skruvmejsel eller ett bräckjärn och leta efter slitage i fästet genom att försiktigt försöka bända det för att leta efter fritt spel. Där detta inte är möjligt, låt en medhjälpare vicka på motorn/växellådan framåt/bakåt och i sidled, medan du granskar fästet. Ett visst spel är att vänta även från nya delar medan ett större slitage märks tydligt. spel Om för stort spel förekommer, kontrollera först att hållarna är tillräckligt åtdragna, och byt sedan vid behov slitna komponenter.

Byte

6 Stötta upp motorn antingen med en lyft och talja anslutna till motorlyftfästbyglarna (se *Motor – demontering och montering* i del E i detta kapitel) eller genom att placera en domkraft och även stoppa in en träkloss under sumpen. Se till att motorn har tillräckligt stöd innan du fortsätter.

7 Skruva loss de muttrar som håller fast vänster och höger motorfästbygel på fästgummina, skruva sedan loss fästbyglarna från motorblocket och ta bort dem. Koppla loss motorns jordledningar från fästena (om en sådan finns) **(se bilder)**.

8 Skruva loss de muttrar som håller fast fästena på hjälpramen, ta sedan bort fästena. Lossa vakuumslangarna från fästena när de är borttagna (om tillämpligt)

9 Monteringen sker i omvänd ordningsföljd mot demonteringen. Dra åt alla hållare till angivet moment (där sådant angetts).

14.7a Koppla loss jordledningen (markerad med pil) från fästbygeln

14.7b Fästbultar till motorfästbygeln (tre bultar markerade med pilar– en bult dold)

15 Svänghjulets styrlager – inspektion, demontering och montering

Kontroll

1 Styrlagret är monterat i mitten av tvåmassesvänghjulet och ger stöd för den fria änden av växellådans ingående axel i bilar med manuell växellåda. Det kan inte undersökas förrän kopplingen (kapitel 6) har demonterats. Använd ett finger för att vrida den inre lagerbanan och kontrollera med avseende på ojämnheter, kärvning eller löshet i lagret. Om något av dessa förhållanden är uppenbart måste lagret bytas.

Demontering

2 Demontera svänghjulet enligt beskrivningen i avsnitt 13.

3 Helst ska lagret tryckas ut med hjälp av en hydraulisk press. Vi lyckades dock ta bort det gamla lagret och montera det nya med en hammare, en dorn och en hylsa. Placera svänghjulet över en 27 mm hylsa som vilar på svänghjulets mitt omedelbart i närheten av lagret. Driv sedan ut lagret från svänghjulet med en dorn. Lagret drivs från svänghjulets motorsida och ut ur kopplingens sida **(se bild)**. Observera att uttryckning av lagret gör det oanvändbart - det måste bytas.

Montering

4 Använd en lämplig rörformig distansbricka som enbart vilar på lagrets hårda ytterkant, tryck in det nya lagret i svänghjulet tills det kommer i kontakt med ansatsen **(se bilder)**.

15.3 Driv ut svänghjulets styrlager från motorsidan

15.4a Placera lagret . . .

15.4b . . . använd sedan en rörformig distansbricka eller hylsa

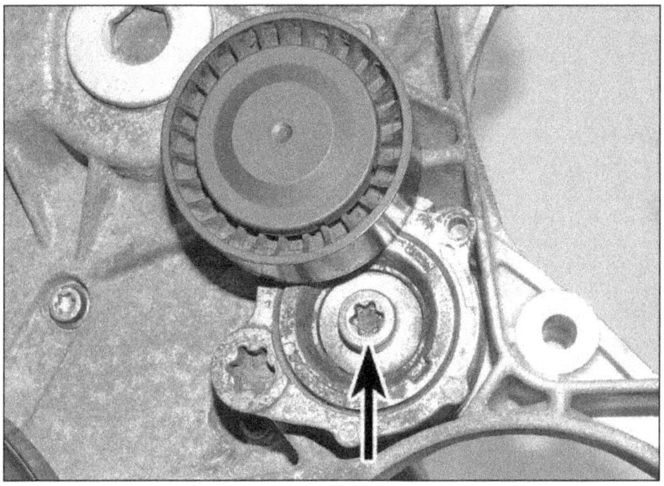

16.6 Drivremsspännarens bult (markerad med pil)

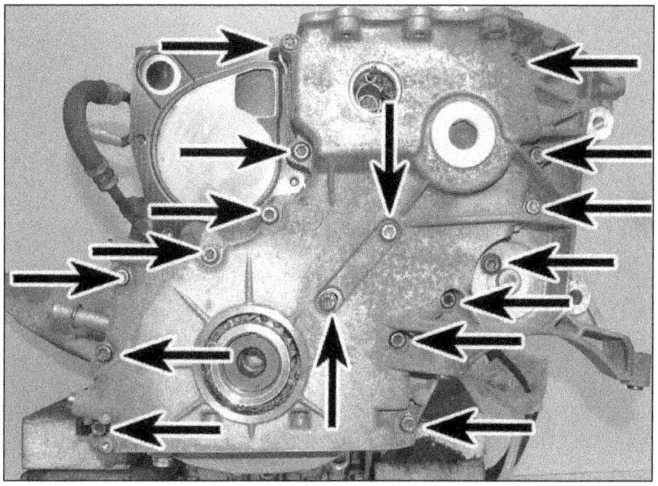

16.9 Kamkedjekåpans bultar (markerade med pilar)

5 Montera svänghjulet enligt beskrivningen i avsnitt 13.

16 Kamkedjor och kåpa – demontering och montering

Demontering

1 Demontera topplocket enligt beskrivningen i avsnitt 7.
2 Demontera sumpen enligt beskrivningen i avsnitt 8.
3 Ta bort oljetätningen från vevaxelns kamkedjeände enligt beskrivningen i avsnitt 12.
4 Skruva loss de tre bultar som håller fast remskivan på servostyrningspumpen, lossa sedan de tre fästbultarna och flytta pumpen till ena sidan i modeller med konventionell servostyrning. Du behöver inte lossa slangarna/rören
5 Ta bort generatorn enligt beskrivningen i kapitel 5A.
6 Skruva loss bulten och ta bort generatorns drivremsspännare **(se bild)**.
7 Ta bort kylvätskepumpen enligt beskrivningen i kapitel 3.

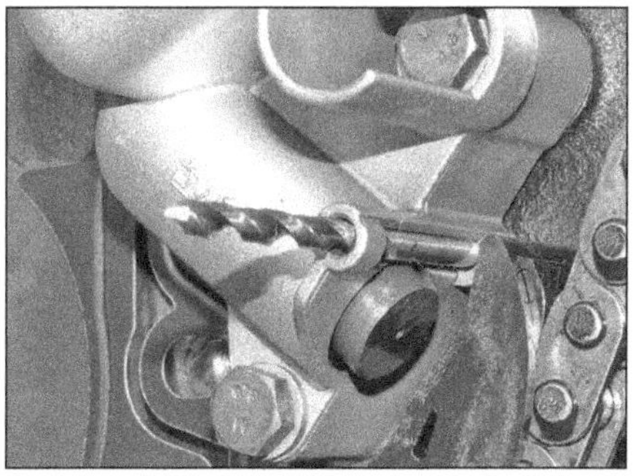

16.11 Tryck sträckarens kolv bakåt, lås den sedan på plats med ett borrbit på 4,0 mm

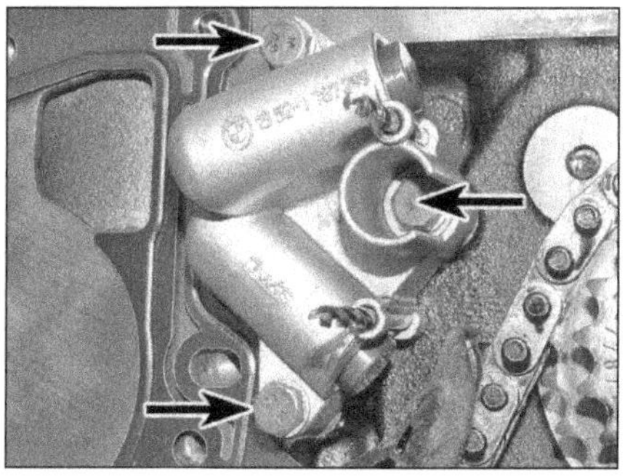

16.12a Sträckarens fästbultar (markerade med pilar)

8 Skruva loss de två bultar som håller fast EGR-magnetventilens fästbygel på kamkåpan.
9 Skruva loss bultarna och dra bort kamkåpan från platsen **(se bild)**.
10 För att kunna byta tidsinställningskåpans packning måste kamkedjan från vevaxeln till bränsleinsprutningspumpen tas bort enligt följande:
11 Tryck ihop kamkedjesträckaren för hand och lås den på plats med ett borrbit på 4.0 mm **(se bild)**.
12 Skruva loss bultarna och ta bort kedjespännaren och den övre styrskenan **(se bilder)**.
13 Skruva loss den mutter som håller fast drevet på bränsleinsprutningspumpen **(se bild)**.
14 Dra försiktigt bort kamkedjorna och dreven från vevaxelns och

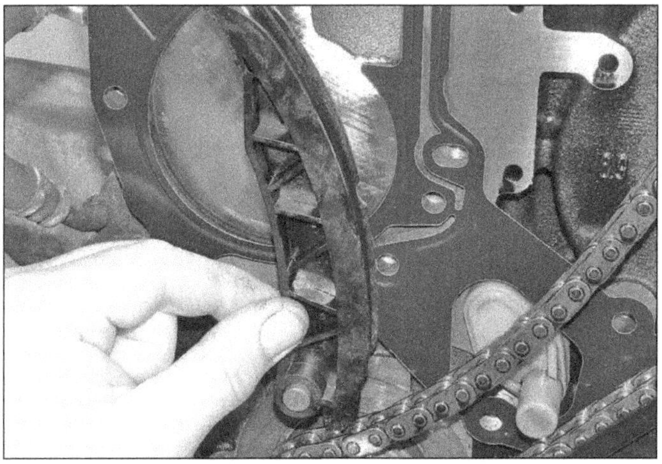

16.12b För den övre styrskenan från platsen

16.13 Skruva loss muttern till bränsleinsprutningspumpens drev

16.14a Ta bort kedjedreven och den nedre styrskenan

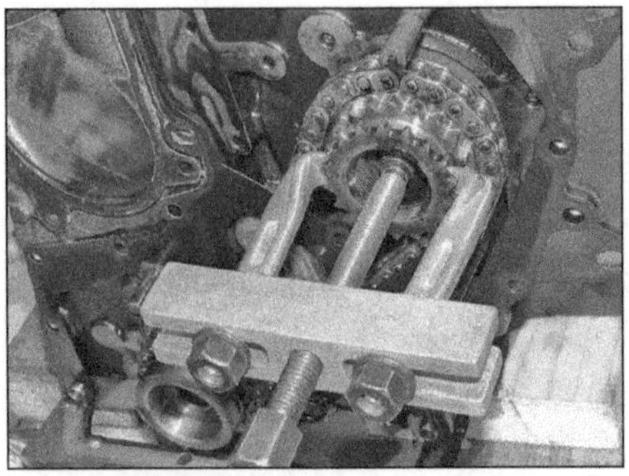

16.14b Använd en avdragare för att ta loss bränslepumpens drev om det behövs

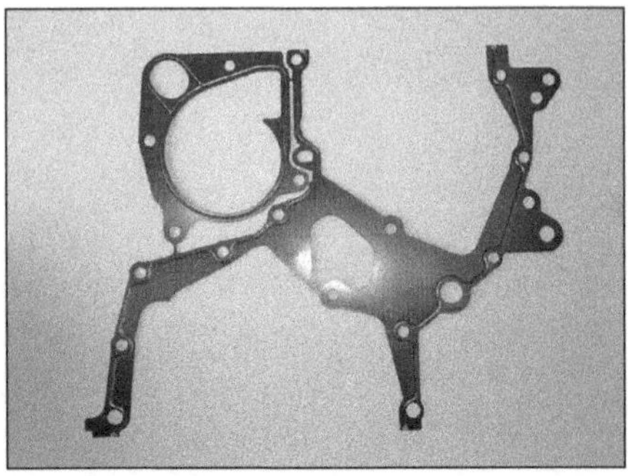

16.17 Placera den nya packningen över stiften på motorblocket

16.18 Se till att drevet placeras över vevaxelkilen

bränsleinsprutningspumpens axel samt den nedre styrskenan från platsen. Använd en tvåbent tång för att lossa bränslepumpens drev från axelkonan om det behövs **(se bilder)**.

15 Ta bort den gamla packningen.

Montering

16 Se till att kamkedjekåpan och motorblockets fogytor är rena och torra. Se till att stiften i motorblocket är oskadade och på plats.

17 Placera den nya packningen över stiften på motorblocket **(se bild)**.

18 Dra försiktigt bort kamkedjorna och dreven från vevaxelns och bränsleinsprutningspumpens axel samt den nedre styrskenan från platsen. Se till att vevaxeldrevet placeras korrekt över axelkilen **(se bild)**.

19 Dra åt bränsleinsprutningspumpdrevets fästbult till angivet moment.

20 Montera tillbaka den övre kamkedjestyrskenan och sträckare. Dra åt fästanordningarna till angivet moment, och dra bort borrbitet.

21 Applicera lite tätningsmedel (Drei Bond 1209) på varje sida av packningens bas **(se bild)**, montera sedan tillbaka kamkedjekåpan över stiften i topplocket.

22 Sätt in kamkedjekåpans bultar och dra åt dem jämnt till angivet moment.

23 Montera en ny vevaxel/kamkåpa oljetätning enligt beskrivningen i avsnitt 12.

24 Resten av monteringen utförs i omvänd ordningsföljd mot demonteringen.

17 Oljetrycks- och nivåkontakter - demontering och montering

Oljetryckkontakt

1 Oljetryckskontakten är placerad på vänster sida av motorblocket bakom oljefilterhuset. Ta bort oljefiltret enligt beskrivningen i kapitel 1B. Detta gör det möjligt för oljan att tömmas ut från huset vilket förhindrar ett kraftigt oljeläckage när brytaren tas bort.

2 Lossa anslutningskontakten, och skruva loss brytaren **(se bild)**. Var beredd på oljespill.

3 Monteringen utförs i omvänd ordningsföljd mot demonteringen. Använd en ny tätningsbricka och dra åt kontakten till angivet moment. Fyll på motorolja.

Oljenivåkontakt

4 Tappa ur motoroljan enligt beskrivningen i kapitel 1B.

5 Skruva loss fästanordningarna och ta bort motorns undre skyddskåpa.

6 Lossa anslutningskontakten, skruva loss de tre fästmuttrarna och ta bort brytaren **(se bild)**.

7 Se till att fogytorna mellan sump och kontakt är rena.

8 Montera brytaren komplett med en ny tätning, applicera lite gänglåsningsmedel och dra åt fästmuttrarna till angivet moment.

9 Montera tillbaka motorns undre skyddskåpa och fyll på ny motorolja enligt beskrivningen i kapitel 1B.

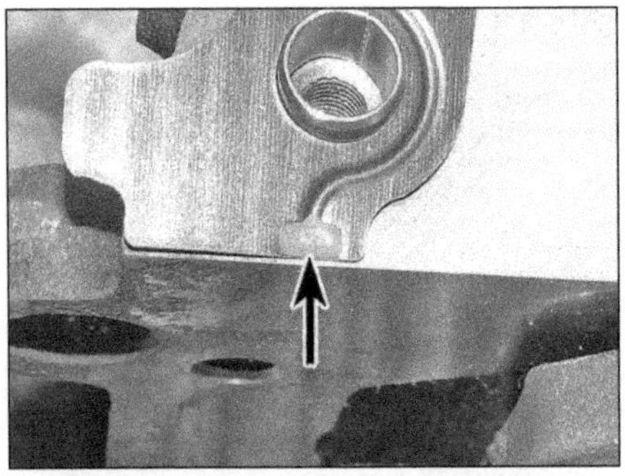

16.21 Applicera lite tätningsmedel på packningens bas på varje sida (markerad med pil)

17.3 Oljetryckskontakt (markerad med pil)

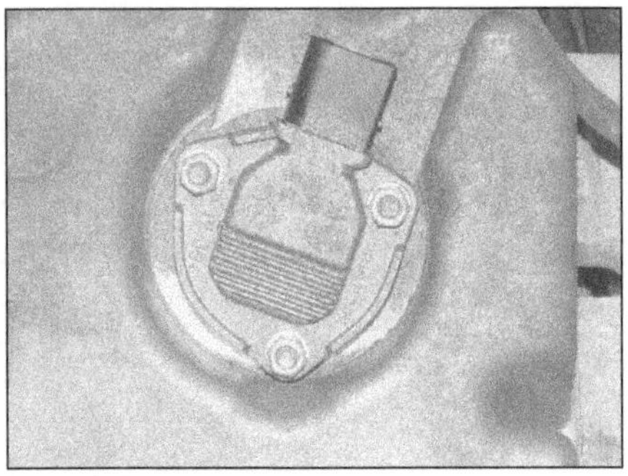

17.6 Oljenivåbrytaren hålls fast av tre muttrar

Kapitel 2 Del D:
Reparationer med dieselmotorn (N47 och N57) kvar i bilen

Innehåll

Svårighetsgrader

Enkelt, passer novisen med lite erfarenhet	**Ganska enkelt,** passar nybörjaren med viss erfarenhet	**Ganska svårt,** passer kompetent hemmamekaniker	**Svårt,** passer hemmamekaniker med erfarenhet	**Mycket svårt,** för professionell mekaniker

Specifikationer

Allmänt

Motortyp:	
N47	Fyra cylindrar i rad, dubbla överliggande kamaxlar, 16 ventiler, fyra takter, vätskekyld
N57	Sex cylindrar i rad, dubbla överliggande kamaxlar, 24 ventiler, fyra takter, vätskekyld
Lopp	84,00 mm
Slaglängd	90,00 mm
Volym:	
Fyrcylindriga motorer	1995 cc
Sexcylindriga motorer	2993 cc
Vevaxelns rotationsriktning	Medurs (sett framifrån motorn)
Kompressionsförhållande:	
N47	16,0 : 1
N57	16,5 : 1
Kompressionstryck:	
Minimal	16 bar

Smörjningssystem

Minimalt systemtryck:	
Tomgångsvarvtal (varm motor)	1,3 bar
3500 varv/minut (varm motor)	4,0 till 6,0 bar

Åtdragningsmoment

	Nm
Bultar oljekylare på oljefilterhus	22
Bultar till kolvens oljespridarmunstycken	10
Bultar till vevaxelns remskiva/vibrationsdämparen:*	
Steg 1	40
Steg 2	Vinkeldra ytterligare 120°
Bultar topplock på kamkåpa:	
M7	15
M8	20
Bultplugg kamkedjekåpa:	
M34	20
M40	30
Fjädertorn/spännstöd:*	
M10 (yttre bultar):	
Steg 1	40
Steg 2	Vinkeldra ytterligare 60°
M12 (centrumbult):	
Steg 1	100
Steg 2	Vinkeldra ytterligare 100°
Främre kryssrambalkens fästbultar:*	
M10:	
Steg 1	56
Steg 2	Vinkeldra ytterligare 90°
M12	108
Fästbult till bränsleinsprutningspumpens drev	65
Förstärkningsstag till kryssrambalk:*	
Steg 1	56
Steg 2	Vinkeldra ytterligare 90°
Hjulbultar	120
Kamaxeldrev på kugghjul (insugskamaxel)	14
Kamaxelhållare till topplock	13
Kamaxelkåpans bultar:	
M6	10
M7	15
Kamaxellageröverfall bultar	10
Kamkedjekåpa till bränslepump	11
M6	10
M7	15
M8	22
Kamkedjekåpans bultar:	
M6:	
Steg 1	8
Steg 2	Vinkeldra ytterligare 90°
Kamkedjesträckare:	
Nedre bultar	10
Övre bultar	70
Motorblockets dräneringsplugg	25
Motorblockets förstärkningsplatta (endast N57)	19
Motorfästen:	
Fäste till främre kryssrambalk:	
M8	28
M10	56
Fäste till motorns stödfästbygel	56
Motorns stödfästbygel på motorn	38
Nedre styrsprintar kamkedja	20
Oljefilterhus	25
Oljefilterhusets bultar	25
Oljenivåkontakt	8
Oljepump:	
N47 motor:	
M7	25
M8:*	
Steg 1	15
Steg 2	Vinkeldra ytterligare 90°
N57 motor	20

Oljepumpens intagsrör	20
Oljepumpsdrev **(vänstergängad)**:	
Steg 1	5
Steg 2	Vinkeldra ytterligare 50°
Oljetrycksbrytare	28
Ramlageröverfallets fästbultar:*	
Steg 1	25
Steg 2	50
Steg 3	Vinkeldra ytterligare 60°
Steg 4	Vinkeldra ytterligare 60°
Sumpens bultar:	
M6	10
M8	25
Sumpens dräneringsplugg	25
Svänghjulet/drivplattans bultar*	120
Topplocksbultar:*	
Steg 1	70
Steg 2	Lossa 180°
Steg 3	50
Steg 4	Vinkeldra ytterligare 120°
Steg 5	Vinkeldra ytterligare 120°
Vevstakslageröverfallets bultar:*	
Steg 1	5
Steg 2	20
Steg 3	Vinkeldra ytterligare 70°

* *Återanvänds inte*

Varning: Alla aluminiumfästen måste bytas. Försök att dra till dig bultarna med en magnet om du är osäker. Aluminium är inte magnetiskt.

1 Allmän information och föreskrifter

Vad innehåller detta kapitel

Den här delen av kapitel beskriver de reparationer som kan utföras med motorn monterad i bilen. Om motorn har tagits ur bilen och tagits isär enligt beskrivningen i del E, kan alla preliminära isärtagningsinstruktioner ignoreras.

Observera att det kan vara fysiskt möjligt att renovera objekt som kolv-/vevstakenheter men att sådana arbeten normalt inte utförs som separata arbeten och vanligtvis kräver att flera olika tillvägagångssätt utförs (för att inte glömma rengöringen av komponenter och oljekanaler). Av den anledningen klassas alla sådana åtgärder som större renoveringsåtgärder, och beskrivs i del E i det här kapitlet.

Motorbeskrivning

Detta kapitel täcker fyr- och sexcylindriga dieselmotorer som är monterade i modellerna E90 i 3-serien från september 2007. Dessa motorer är identiska i de flesta avseenden med undantag av antalet cylindrar.

Motorblocket av aluminium är av torrfodrad typ. Vevaxeln stöttas inom motorblocket på fem huvudlager av skåltyp. Tryckbrickor är integrerade i huvudlagerskål nr 3 (fyrcylindrig motor) eller nr 4 (sexcylindrig motor) för att reglera lagerskålens axialspel.

Topplocket är konstruerad med dubbla överliggande kamaxlar, fyra ventiler per cylinder – två insugs- och två avgasventiler per cylinder. Ventilerna drivs av en insugskamaxel och en insugskamaxel via vipparmsfingrar. En ände av varje finger påverkar ventilskaftet och den andra änden svänger på en stödstolpe. Ventilspelen upprätthålls automatiskt av hydrauliska kompensationselement (ventillyftare) som är inbyggda i stödstolparna. För att uppnå en hög förbränningseffektivitet måste topplocket ha två insugsöppningar för varje cylinder. En del är perifer men den andra är spiralformad.

Vevstakarnas storändar roterar i horisontellt delade lager av skåltyp. Kolvarna är fästa på vevstakarna med kolvbultar som är fästa på plats med låsringar. Lättmetallkolvarna är monterade med tre kolvringar – två kompressionsringar och en oljekontrollring.

Insugs- och avgasventilerna stängs med spiralfjädrar och arbetar i styrningar som trycks in i topplocket. Ventilstyrningar kan inte bytas.

En kamkedja baktill på motorn, som drivs av vevaxeln, driver högtrycksbränslepumpens drev som i sin tur driver insugskamaxeln. Kamaxlarna är hopkuggade. Vakuumpumpen är inbyggd i oljepumpen. Kylvätskepumpen drivs av drivremmen.

På alla motorer utförs smörjningen med hjälp av en pump med excentrisk rotor som drivs av vevaxeln via en Simplex-kedja. Pumpen drar olja genom en sil som är placerad i sumpen och tvingar den sedan igenom ett utvändigt monterad fullflödes oljefilterinsats av papper till kanalerna i motorblocket/vevhuset varifrån den distribueras till vevaxeln (huvudlagren), kamkedjan (sprutas med ett munstycke) och kamaxlarna. Storändslagren levereras med olja via interna borrhål i vevaxeln samtidigt som kamaxellagren och lyftarna får en trycksatt matning via topplocket. Kamloberna och ventilerna smörjs av oljestänk på samma sätt som övriga motorkomponenter. En oljekylare (som är inbyggd i oljefilterhuset) är monterad för att hålla oljetemperaturen stabil under svåra driftförhållanden.

På fyrcylindriga motorer är motorblocket monterat med motroterande balansaxlar som drivs av ett drev på vevaxeln.

Reparationer som kan utföras med motorn i bilen

Följande arbeten kan utföras med motorn monterad i bilen:

a) Kompressionstryck – kontroll.
b) Kamaxelkåpa – demontering och montering.
c) Vevaxelns remskiva – demontering och montering.
d) Kamaxlar och ventillyftare – demontering och montering.
e) Topplock – demontering och montering.
f) Topplock och kolvar – sota.
g) Sump – demontering och montering.
h) Oljepump – demontering, renovering och montering.
i) Oljefilterhus/kylare – demontering och montering.
j) Vevaxelns oljetätningar – byte.

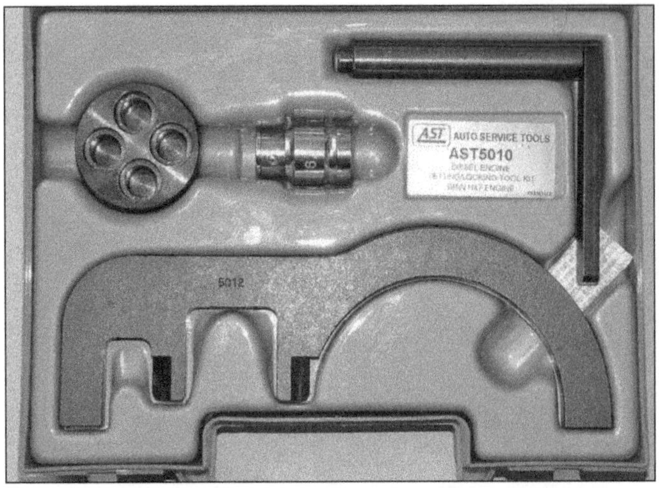

3.1 Satser som denna från Auto Service Tools Ltd består av inställningsverktyg till vevaxeln och kamaxeln tillsammans med ett verktyg som monteras över remskivans bultar för att underlätta vevaxelns rotation

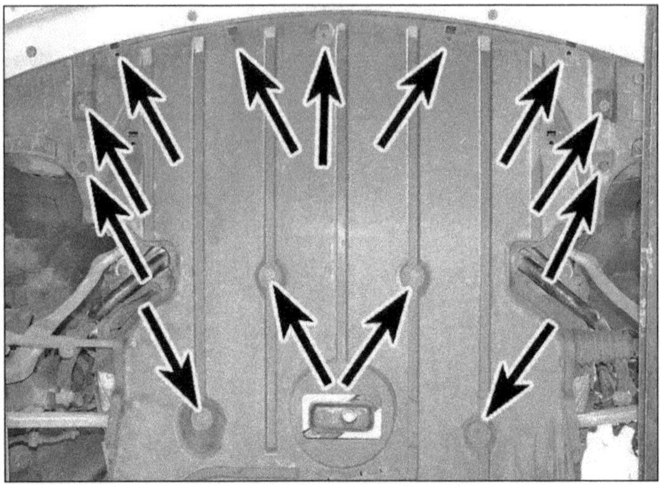

3.3 Skruva loss fästanordningarna (markerade med pilar) och ta bort motorns undre skyddskåpa

k) Motor-/växellådsfästen – kontroll och byte.

l) Svänghjul/drivplatta – demontering, kontroll och montering.

Observera: *Även om det går att montera kamkåpan och kamkedjorna med motorn monterad är åtkomsten i praktiken extremt begränsad och topplocket och sumpen måste demonteras. Följaktligen är det lämpligt att motorn tas ut innan kamkåpan och kamkedjorna demonteras.*

2 Kompressionstest – beskrivning och tolkning

Kompressionsprov

Observera: *För detta prov måste en kompressionsprovare speciellt avsedd för dieselmotorer användas.*

1 Om motorns prestanda sjunker, eller om misständningar uppstår som inte kan hänföras till bränslesystemet, kan ett kompressionsprov ge en uppfattning om motorns skick. Om kompressionsprov tas regelbundet kan de ge förvarning om problem innan några andra symptom uppträder.

2 En kompressionsprovare speciellt avsedd för dieselmotorer måste användas eftersom trycket är högre. Provaren är ansluten till en adapter som är inskruvad i glödstifts- eller insprutningshålet. Det är inte troligt att det är ekonomiskt försvarbart att köpa en sådan provare för sporadiskt bruk, men det kan gå att låna eller hyra en. Om detta inte är möjligt, låt en verkstad utföra kompressionsprovet.

3 Såvida inte specifika instruktioner som medföljer provaren anger annat ska följande iakttagas:

a) Batteriet ska vara väl laddat, luftfiltret måste vara rent och motorn ska hålla normal arbetstemperatur.

b) Alla glödstift ska tas bort innan provet påbörjas (se kapitel 5A).

c) Lossa anslutningskontakterna från insprutningsventilerna (se kapitel 4B).

4 Det finns ingen anledning att hålla gaspedalen nedtryckt under provet, eftersom en dieselmotors luftintag inte är strypt.

5 Dra runt motorn med startmotorn. Efter ett eller två varv bör kompressionstrycket byggas upp till maxvärdet och sedan stabiliseras. Anteckna det högsta värdet.

6 Upprepa testet på återstående cylindrar och anteckna trycket i var och en.

7 Trycket i alla cylindrarna bör hamna på i stort sett samma värde. en skillnad på mer än 2 bar mellan två av cylindrarna indikerar ett fel. Observera att kompressionen ska byggas upp snabbt i en fungerande motor; om kompressionen är låg i det första kolvslaget och sedan ökar gradvis under följande slag är det ett tecken på slitna kolvringar. Lågt tryck som inte höjs är ett tecken på läckande ventiler eller trasig topplockspackning (eller ett sprucket topplock). Avlagringar på undersidan av ventilhuvudena kan också orsaka dålig kompression. **Observera:** *Orsaken till dålig kompression är svårare att fastställa på en dieselmotor än en bensinmotor. Effekten av att föra in olja i cylindrarna (våttestning) är inte helt tillförlitlig, eftersom det finns risk att oljan fastnar i virvelkammaren eller i skåran i kolvkronan istället för att passera till ringarna.*

8 Rådfråga en BMW-verkstad eller annan specialist om du är osäker på om ett visst tryckvärde är godtagbart.

9 Montera tillbaka glödstiften enligt beskrivningen i kapitel 5A och återanslut insprutningsventilens anslutningskontakter när testet slutförs.

Tryckförlusttest

10 Ett tryckförlusttest mäter hur snabbt trycket sjunker på tryckluft som förs in i cylindern. Det är ett alternativ till kompressionsprov som på många sätt är överlägset, eftersom den utströmmande luften anger var tryckfallet uppstår (kolvringar, ventiler eller topplockspackning).

11 Den utrustning som krävs för tryckförlusttest är som regel inte tillgänglig för hemmamekaniker. Om dålig kompression misstänks måste detta prov därför utföras av en verkstad med lämplig utrustning.

3 Motorenhet/ventiltidsinställningar – allmän information och användning

Observera: *BMW-verktyg nr 11 5 320 eller ett lämpligt likvärdigt verktyg krävs för att låsa fast vevaxeln på plats och åtkomst till BMW-verktyg nr 11 8 760 eller ett likvärdigt verktyg krävs för att placera kamaxlarna.*

1 Svänghjulet är försett med en fördjupning som är inriktad mot ett hål i motorblocket när kolv nr 1 är i ÖD (övre dödpunkt). Om kolv nr 1 är i ÖD i sin kompressionstakt i detta läge går det att montera BMW:s specialverktyg (nr 11 8 760) eller ett likvärdigt verktyg över de fyrkantiga avsnitten på avgaskamaxeln (så att alla fyra kamaxelloberna på cylinder nr 1 pekar mot höger sida) **(se bild)**.

2 Dra åt handbromsen ordentligt, lyft sedan upp bilens främre del och stötta upp den ordentligt på pallbockar (se *Lyftning och stödpunkter*).

3 Skruva loss bultarna/klämmorna och ta bort motorns undre skyddskåpa (om en sådan finns) **(se bild)**.

4 Ta bort kamaxelkåpan och packningen enligt beskrivningen i avsnitt 4.

5 Dra ut täckpluggen från

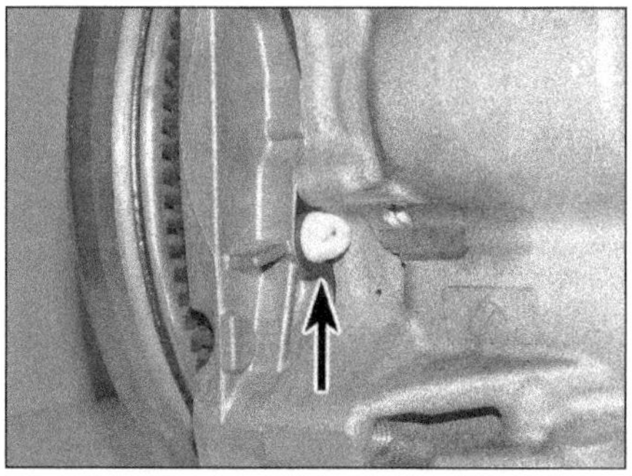

3.5 Dra bort täckpluggen (markerad med pil) från synkroniseringsstiftets hål

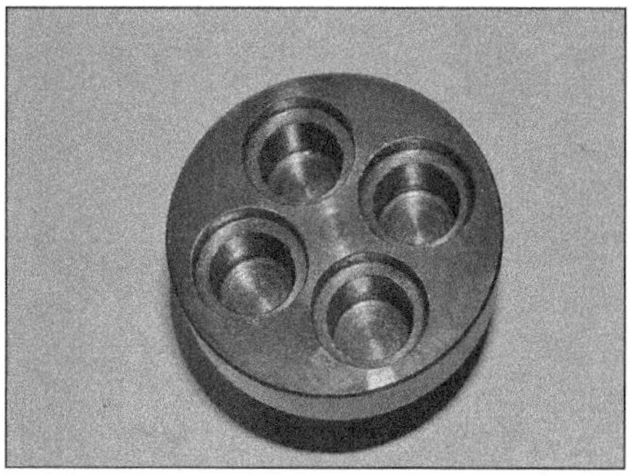

3.6 Verktygen monteras över huvudena på remskivans bultar

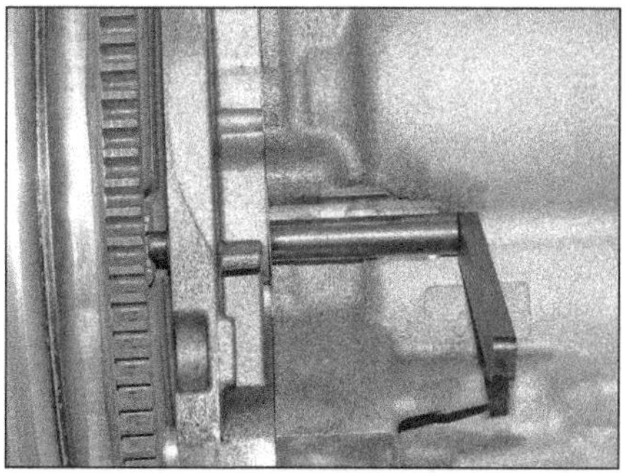

3.7 Sätt in vevaxelns synkroniseringsstift och se till att det ligger i fördjupningen på svänghjulet

3.8a Märkena på drevets fogytor måste vara inriktade

3.8b Montera inställningsverktyget över de platta ytorna på avgaskamaxelns krage

synkroniseringsstiftets hål i motorblocket ovanpå startmotorn **(se bild)**. Åtkomsten är begränsad – vi tog bort pluggen med en bit svetsstång men det var svårt. För att förbättra åtkomligheten, ta bort katalysatorn/partikelfiltret enligt beskrivningen i kapitel 4C.

6 Använd en hylsa och en förlängningsstång på en av vevaxelremskivans mittbultar, vrid vevaxeln medurs samtidigt som du håller ett öga på kamaxelloberna i cylinder 1. BMW-verktyg nr 11 6 480 eller ett likvärdigt verktyg är tillgängligt för att vrida vevaxelremskivans bultar. Verktyget ska monteras över alla fyra bultarna **(se bild)**. **Observera:** *Vrid inte runt motorn moturs.*

7 Vrid vevaxeln medurs tills kamaxelloberna till cylinder nr 1 närmar sig den punkt där alla fyra loberna pekar uppåt. Låt en medhjälpare sätta in BMW-verktyg nr 11 5 180 eller en egentillverkad motsvarighet i synkroniseringsstiftets hål och tryck stiftet försiktigt mot svänghjulet. Fortsätt att vrida vevaxeln långsamt tills du känner att stiftet går i ingrepp i svänghjulet och att vevaxeln låses **(se bild)**.

8 Med vevaxeln i detta läge bör alla fyra kamlober till cylinder 1 peka åt höger. Kontrollera att de två märkena framtill på avgaskamaxelns drev är inriktade mot märket framtill på insugskamaxelns drev. Montera BMW-verktyg nr 11 8 760 eller ett likvärdigt verktyg över de platta ytorna på avgaskamaxelns krage bredvid kamaxellageröverfall nr 1. Om kamaxeln är korrekt inställd kommer verktyget att få kontakt med båda sidorna av kamaxelkåpans packningsyta på topplocket **(se bilder)**. **Observera:** *Kom ihåg att kamkedjan och dreven är monterade baktill på motorn för att undvika förvirring.*

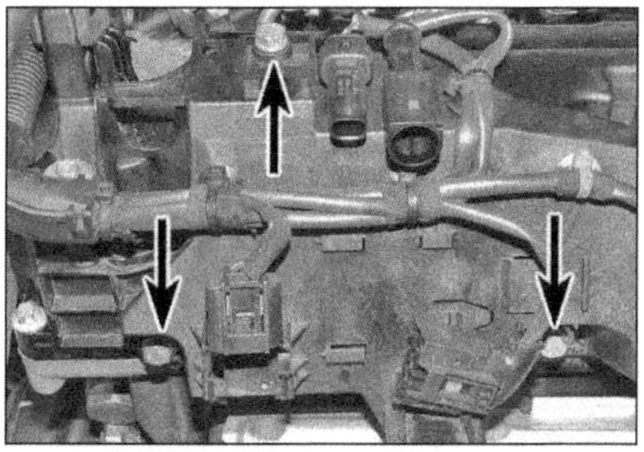

4.3a Kabelhållaren på höger sida av topplocket hålls fast av tre bultar (markerade med pilar) på 4-cylindriga motorer. . .

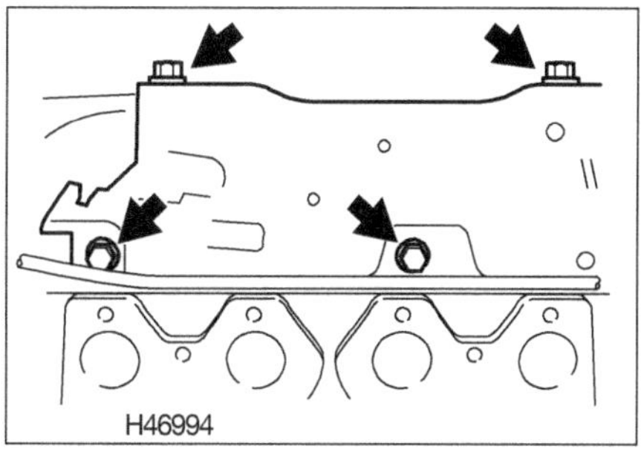

4.3b . . . medan den hålls fast av fyra bultar (markerade med pilar) på 6-cylindriga motorer

4 Kamaxelkåpa – demontering och montering

Demontering

1 Koppla loss batteriets minusdelare (se kapitel 5A).

2 Ta bort insugsgrenröret, bränslefördelarskenan och bränsleinjektorerna enligt beskrivningen i kapitel 4B.

3 Observera hur de är monterade och dragna, skruva sedan loss bultarna och flytta kabelhärvan och kabelhållarna åt ena sidan **(se bilder)**. Observera att det finns tre bultar som håller fast kabelhållaren på kamaxelkåpans högra sida. Lossa anslutningskontakterna om

4.4 Fästbult till oljepåfyllningsrör (markerad med pil)

4.5a Lossa ventilröret från den främre delen av kamaxelkåpan (markerade med pil)

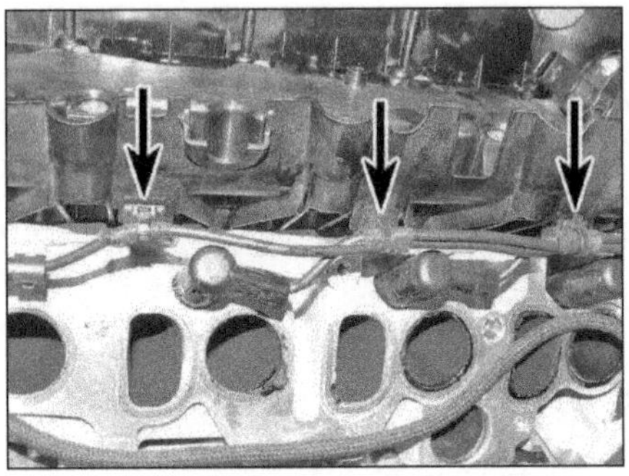

4.5b Lossa klämmorna till glödstiftets kabelknippe (markerade med pilar)

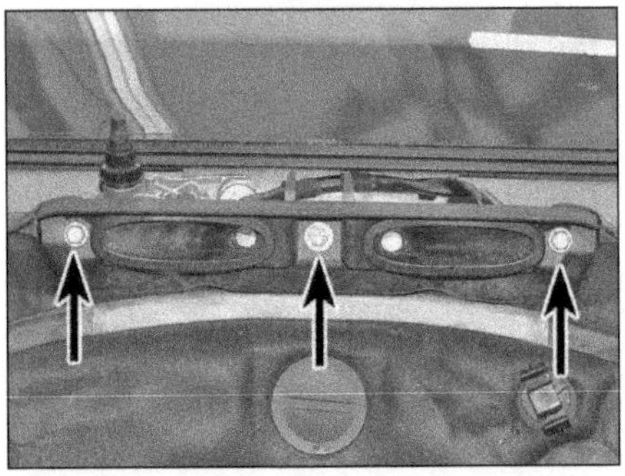

4.6 Skruva loss bultarna (markerade med pilar) och ta bort genomföringen

4.8 Rikta in märkena (markerade med pilar) på oljepåfyllningslocket, flänsen och röret

4.11 Glöm inte att byta tätningarna runt insprutningsventilens öppningar

det är nödvändigt och placera kabelhärvenheten över motorrummets vänstra sida.

4 Skruva loss bulten, vrid oljepåfyllningsröret moturs för att stoppa och ta bort det från kamaxelkåpan **(se bild)** i modeller med xenonstrålkastare.

5 Lossa klämmorna och lossa motorns ventilationsslang från kamaxelkåpan och glödstiftets kabelhärva från fästklämmorna på kåpan **(se bilder)**.

6-cylindriga motorer

6 Skruva loss de tre bultarna, tryck mellanväggens genomföringshus neråt och dra bort det framåt för att ta bort det **(se bild)**.

7 Arbeta i omvänd ordning jämfört med den ordningsföljd som visas i bild 4.14, skruva gradvis loss fästbultarna och ta bort kamaxelkåpan. Kasta packningarna.

4-cylindriga motorer

8 Öppna oljepåfyllningslocket, vrid det tills märkena är inriktade och ta bort det. Lossa klämmorna på undersidan och ta bort påfyllningslockfläns gummitätning **(se bild)**.

9 Arbeta utifrån och inåt, lossa och ta bort de bultar som håller fast kamaxelkåpan på topplocket jämnt.

10 Ta bort kåpan och kassera packningarna.

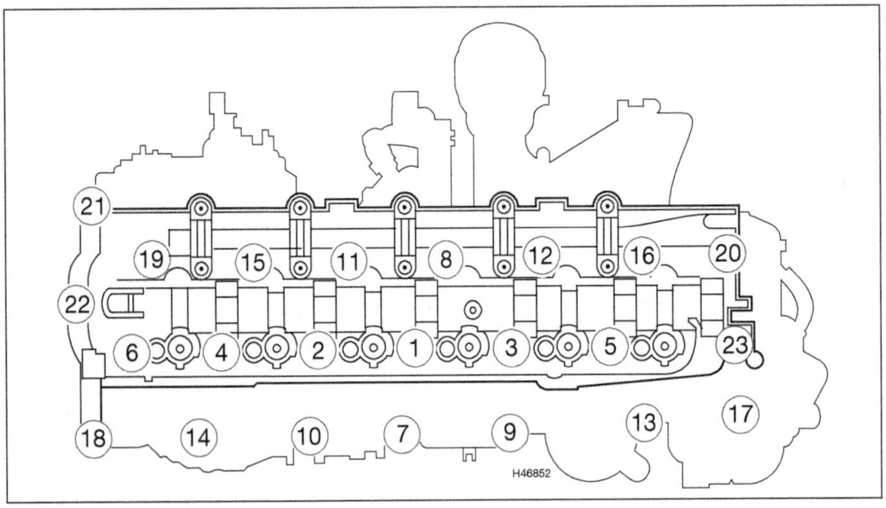

4.14 Ordningsföljd för åtdragning av kamaxelkåpans bultar – 6-cylindriga motorer

Montering

11 Se till att fogytorna är rena och torra och montera nya packningar på kåpan**(se bild)**.

12 Sätt tillbaka tändstiften och skruva in ventilkåpans pinnbultar i topplocket.

4-cylindriga motorer

13 Sätt i kåpans fästbultar och fingerdra dem. När alla bultar är på plats ska de dras åt till angiven momentinställning med början från insidan och utåt.

6-cylindriga motorer

14 Sätt i kåpans fästbultar och fingerdra dem. Dra åt bultarna till angivet moment i ordningsföljd när de är på plats **(se bild)**.

Alla motorer

15 Resten av monteringen utförs i omvänd ordningsföljd mot demonteringen.

5 Vevaxelns remskiva/ vibrationsdämpare – demontering och montering

Demontering

1 Dra åt handbromsen ordentligt, lyft sedan upp bilens främre del och stötta den ordentligt på pallbockar (se *Lyftning och stödpunkter*).

2 Ta bort kylfläkten och kåpan enligt beskrivningen i kapitel 3.

3 Ta bort drivremmen (drivremmarna) enligt beskrivningen i kapitel 1B.

4 Om ytterligare isärtagning ska utföras (utöver demontering av remskivan) ska motorenhetens inställningar/ventiltidsinställningarna riktas in enligt beskrivningen i avsnitt 3.

5 Lossa vevaxelremskivans fästbultar. För att förhindra vevaxelrotation (remskivans fästbultar sitter extremt hårt) tar du bort startmotorn enligt beskrivningen i kapitel 5A och ber en medhjälpare att sätta in en skruvmejsel med brett blad mellan krondrevet och balanshjulskåpan samtidigt som du lossar remskivans fästbultar. Om motorn är uttagen från bilen är det nödvändigt att låsa svänghjulet (se avsnitt 13).

Varning: Frestas inte att använda vevaxelns låsstift (se avsnitt 3) för att förhindra rotation när mittbulten lossas.

6 Skruva loss fästbultarna och ta bort remskivan från vevaxeln **(se bild)**. Kasta bultarna och använd nya vid återmonteringen.

Montering

7 Montera remskivan på vevaxeln och skruva in de nya fästbultarna.

8 Lås vevaxeln med den metod som används vid demontering och dra åt remskivans fästbultar till angiven momentinställning steg 1, dra sedan åt bultarna genom angivet steg 2 vinkel med en hylsa och förlängningsstång. Det är lämpligt att en vinkelmätare används under de slutliga stegen av åtdragningen för att säkerställa exakthet. Om du inte har tillgång till en mätare använder du färg för att göra inställningsmärken mellan bultskallen (bultskallarna) och remskivan före åtdragningen. Markeringarna kan sedan användas för att kontrollera att bulten har vridits till rätt vinkel vid åtdragningen.

9 Montera tillbaka drivremmen (drivremmarna) enligt beskrivningen i kapitel 1B.

10 Montera tillbaka kylfläkten och kåpan enligt beskrivningen i kapitel 3.

11 Sätt tillbaka hjulet och sänk sedan ner bilen.

6 Kamaxlar, vipparmar och ventillyftar - demontering, kontroll och återmontering

Demontering

1 Demontera ventilkåpan enligt beskrivningen i avsnitt 4.

2 Dra åt handbromsen. Lyft upp framvagnen och ställ den på pallbockar (se *Lyftning och stödpunkter*).

3 Skruva loss fästanordningarna och ta bort motorns undre skyddskåpa (om en sådan finns) **(se bild 3.3)**.

4 Ställ motorn i ÖD på cylinder nr 1 enligt beskrivningen i avsnitt 3. Sätt in svänghjulets låsverktyg utan att montera låsningsverktyget för kamaxeln.

5 Skruva loss och lossa kamkedjesträckaren **(se bild)**. Kasta packningen, eftersom en ny en måste användas.

6 Skruva loss och ta bort de bultar som håller fast drevet på kamaxeln. Dra drevet från kamaxeln och placera kedjan i topplocket **(se bilder)**.

7 Identifiera kamaxellageröverfallen för att säkerställa att de monteras tillbaka på sina ursprungsplatser. Avgaskamaxeln är märkt A och därför ska avgaskamaxelns lageröverfall märkas som A1, A2, A3 etc. med början med överfallet framtill på motorn. Insugskamaxeln är märkt E och därför ska tillvägagångssättet upprepas för insugskamaxeln med början med E1 på motorns framsida **(se bild)**.

8 Lossa och ta bort fästskruvarna jämnt och stegvis samt ta bort kamaxellageröverfallen.

9 Ta bort kamaxlarna från topplocket.

10 Arbeta utifrån och inåt för att skruva loss bultarna och ta bort kamaxelhållaren **(se bild)**. Byt tätningarna mellan hållaren och topplocket

11 Lyft av vipparmarna från topplocket och

5.6 Fästbultar till vevaxelns remskiva

6.5 Skruva loss kamkedjesträckaren

6.6a Skruva loss drevets fästbultar. . .

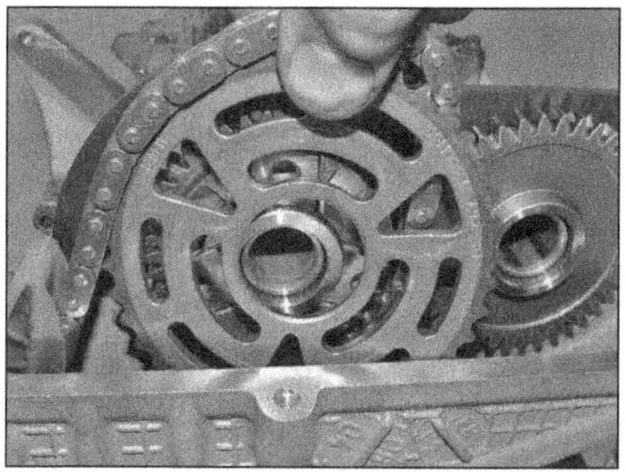

6.6b . . . ta sedan bort drevet och lägg kedjan åt ena sidan

6.7 Kamaxellageröverfallen är märkta A för avgas och E för insug. Nr 1 är framtill i motorn, kamkedjan är baktill

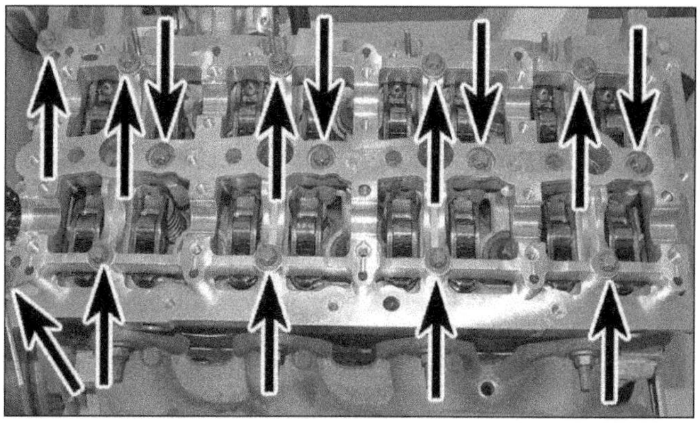

6.10 Lossa kamaxelhållarens bultar (markerade med pilar) genom att arbeta från utsidan och inåt

6.15 Montera tillbaka de hydrauliska ventillyftarna och vipparmarna på deras ursprungliga platser

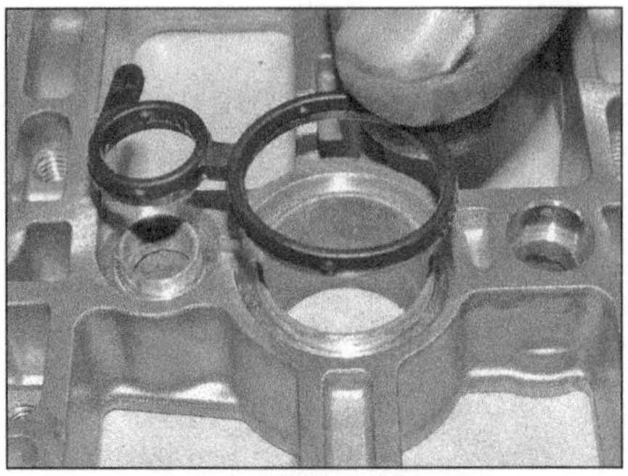

6.17 Byt tätningarna mellan kamaxelhållaren och topplocket

6.22a Vrid avgaskamaxeln med hjälp av ett 10 mm insexnyckel. . .

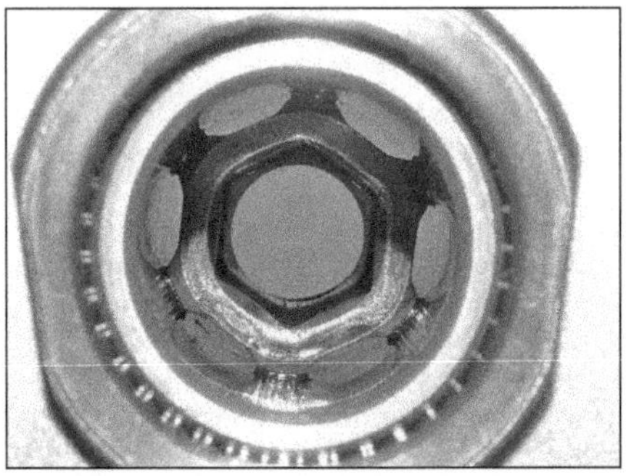

6.22b . . . i det sexkantiga avsnittet av kamaxelns mitt

lägg ut dem i ordning på en ren yta så att de kan monteras tillbaka på sina ursprungliga platser - om de ska återanvändas. Observera att vipparmarna är fastklämda på ventillyftarna - om det inte är nödvändigt finns det inget behov av att separera de två - lyft av vipparmarna och ventillyftarna tillsammans.

12 Skaffa sexton (fyrcylindriga motorer) eller 24 (sexcylindriga motorer) små, rena plastbehållare och märk dem för identifiering. Du kan även dela in en större behållare i 16 avdelningar. Ta bort varje hydraulisk ventillyftare i tur och ordning och placera den i sin respektive behållare som sedan bör fyllas med ren olja.

Varning: Byt inte ut ventillyftarna mot varandra och låt inte ventillyftarna förlora olja eftersom det tar för lång tid att fylla dem med olja när motorn startas igen vilket kan leda till felaktiga ventilspel.

Absolut renlighet är avgörande hela tiden vid hanteringen av ventillyftarna.

Kontroll

13 Undersök kamaxellagrets yta och kamloberna efter tecken på slitage och repor. Byt kamaxeln om några fel hittas. Undersök lagerytornas skick, både på kamaxeltapparna och i topplocket. Om ytorna i topplocket är mycket slitna, måste topplocket bytas.

14 Undersök vipparmarnas lagerytor som kommer i kontakt med kamaxelloberna med avseende på slitna spår och sprickor. Om motorns ventilspel har låtit bullrigt, i synnerhet om bullret fortsätter efter en kallstart, finns det anledning att misstänka en defekt ventillyftare. Om en ventillyftare tros vara defekt eller är synligt sliten ska den bytas.

Montering

15 Smörj ventillyftarna med ren motorolja och sätt in var och en av dem på dess ursprungliga plats i topplocket om de har tagits bort **(se bild)**.

16 Montera tillbaka vipparmarna på deras ursprungliga platser, se till att de riktas in korrekt och kläms fast på (om de har demonterats).

17 Se till att kamaxelhållarens och topplockets fogytor är rena, montera sedan tillbaka kamaxelhållaren med nya tätningar. Dra åt bultarna till angivet moment och börja arbeta från mitten och utåt **(se bild)**.

18 Ta bort vevaxelns låsverktyg och vrid vevaxeln 45° moturs för att förhindra kontakt mellan kolv och ventil av misstag. Se till att kamkedjan inte faller in i kamkåpan eller trycker mot vevaxeldrevet.

19 Låt drevet gå i ingrepp med insugskamaxeln så att det två punkterna på insugskamaxeldrevets främre del är på varje sida av punkten på avgaskamaxeldrevet, lägg sedan kamaxeln på plats i topplocket så att punkterna är i jämnhöjd med topplockets övre yta **(se bild 3.8a)**.

20 Smörj kamaxelns lagerytor med ren motorolja, montera sedan tillbaka lageröverfallen på deras ursprungsplatser.

21 Sätt in lageröverfallsbultarna, dra sedan åt fästbultarna jämnt och gradvis för att dra ner lageröverfallen i rät vinkel så att de kommer i kontakt med topplocket. När kåporna är i kontakt med topplocket ska fästbultarna dras åt till angivet moment.

Varning: Om lageröverfallets bultar dras åt slarvigt kan överfallen gå sönder. Om kåporna går sönder måste hela topplocket bytas. Kåporna matchas mot topplocket och de kan inte erhållas separat.

22 Med kamaxeln i detta läge bör det vara möjligt att montera BMW-verktyg nr 11 8 760 (eller något likvärdigt) över kamaxelns kantiga del enligt beskrivningen i avsnitt 3. Om inte vrider du kamaxlarna med en 10 mm insexnyckel i den sexkantiga delen i mitten av avgaskamaxeln **(se bilder)**.

23 Vrid vevaxeln 45° medurs (tillbaka till ÖD) samtidigt som kamaxlarna hålls på plats så att det går att sätta in låsverktyget för svänghjulet. Se till att kamkedjan inte faller inne i kåpan eller trycker mot vevaxeldrevet.

24 Låt kamaxelkedjan gå i ingrepp med drevet och placera drevet på insugskamaxelns ände så att bulthålen är i mitten av spåren **(se bild)**.

25 Montera drevets fästbultar i hålen och dra åt dem till 10 Nm (7 pundfot), lossa dem sedan 90° var.

26 Oljan i kedjespännaren måste tömmas. Håll sträckaren på en hård, jämn yta och tryck ihop den långsamt för att klämma ut oljan **(se bild)**. Upprepa detta tillvägagångssätt två gånger. Montera tillbaka kedjespännaren med en ny tätning monterad och dra åt den till angivet moment.

27 Gör en slutlig kontroll för att se till att kamaxeln och svänghjulets låsverktyg är korrekt monterade, dra sedan åt kamaxeldrevets bultar till angivet moment.

6.24 Hålen för drevbultarna ska vara nästan i mitten av spåren

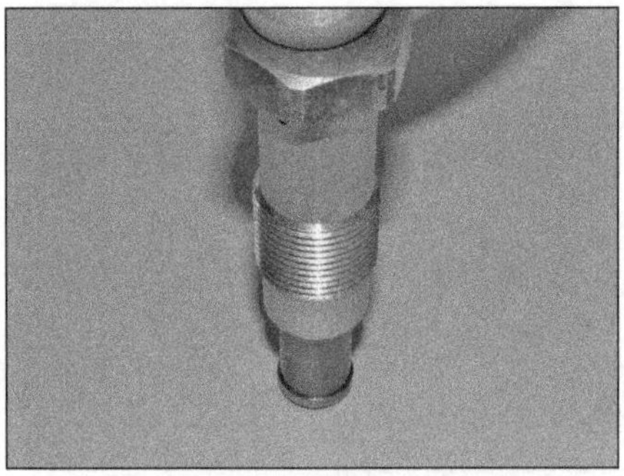

6.26 Tryck ihop sträckarens kolv för att tömma ut eventuell olja

28 Ta bort kamaxelns och svänghjulets låsverktyg, vrid sedan vevaxeln två hela varv medurs och kontrollera att kamaxel- och svänghjulsverktygen fortfarande kan monteras. Om inte upprepar du remmonteringsåtgärden från punkt 24.

29 Resten av monteringen sker i omvänd ordningsföljd mot demonteringen.

7 Topplock - demontering och montering

Demontering

1 Ta bort kamaxlarna, vipparmen och hydrauliska ventillyftarna enligt beskrivningen i avsnitt 6.

2 Dränera kylsystemet enligt beskrivningen i kapitel 1B.

3 Ta bort turboaggregatet enligt beskrivningen i kapitel 4B.

4 Ta bort EGR kylaren enligt beskrivningen i kapitel 4C.

5 Lossa fästklämmorna och lossa de olika kylvätskeslangarna från topplocket **(se bild)**.

6 Skruva loss pluggen på höger sida av motorblocket och tappa ur kylvätskan **(se bild)**. Montera en ny tätningsbricka och dra åt dräneringspluggen till angivet moment.

7 Skruva loss de två bultarna baktill på topplocket **(se bild)**. Lossa de tre bultarna och ta bort kabelhärvans stödfästbygel från topplocket och höger motorfäste om tillämpligt.

8 Skruva loss de tre bultarna från det vänstra bakre hörnet på topplocket **(se bild)**.

9 Gör en slutkontroll för att se till att alla relevanta slangar, rör och kablar etc. har lossats.

10 Arbeta i omvänd ordning jämfört med åtdragningsföljden **(se bild 7.27a eller 7.27b)** och lossa topplocksbultarna stegvis en tredjedels varv åt gången tills alla bultar går att skruva ut för hand. Kasta bultarna och använd nya vid återmonteringen.

11 Lyft bort topplocket från motorblocket. Knacka försiktigt på topplocket med en mjuk klubba för att lossa det från blocket om det behövs men bänd inte mot fogytorna.

12 Om leden är sönder lyfter du bort topplocket och tar sedan bort packningen.

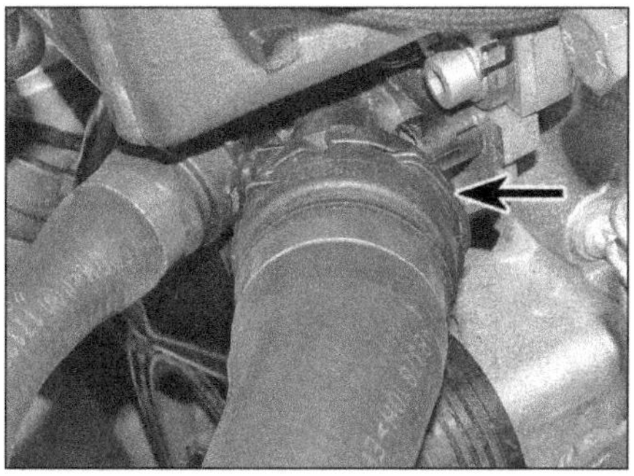

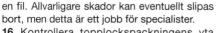

7.5 Bänd ut klämmorna (markerade med pil) och lossa de olika kylvätskeslangarna från topplocket

7.6 Motorblockets dräneringsplugg (markerad med pil) sitter på blockets högra sida

Observera de två styrstiftens placering och ta bort dem för säker förvaring om de är lösa. Spara packningen för identifieringsändamål (se punkt 18).

Varning: Lägg inte huvudet på dess nedre fogyta. Stötta upp topplocket på träblock och se till att varje block kommer i kontakt med topplockets fogytor och inte tändstiften. Glödstiftet sticker ut genom topplockets underdel och de skadas om topplocket placeras direkt på en bänk.

13 Se relevanta delar av del E i detta kapitel om topplocket ska tas isär.

Förberedelser för montering

14Fogytorna mellan topplocket och motorblocket måste vara noggrant rengjorda innan topplocket monteras. Använd en skrapa för att avlägsna alla spår av packning och sot. Rengör även kolvtopparna. Var särskilt försiktig med aluminiumytorna eftersom mjuk metall lätt skadas. Se dessutom till att skräp inte kommer in i olje- och vattenkanalerna - detta är särskilt viktigt för oljekretsen eftersom sot kan blockera oljetillförseln till kamaxel- eller vevaxellagren. Försegla vattenkanaler, oljekanaler och bulthål i motorblocket med tejp och papper. Lägg lite fett i gapet mellan kolvarna och loppen för att hindra sot från att tränga in. För varje kolv som rengjorts, vrid vevaxeln så att kolven rör sig nedåt i loppet och torka ur fettet och sotet med en trasa. Rengör kolvkronorna på samma sätt.

15Leta efter hack, djupa repor och andra skador i motorblockets/topplockets fogytor. Om det är ringa kan de tas bort försiktigt med en fil. Allvarligare skador kan eventuellt slipas bort, men detta är ett jobb för specialister.

16 Kontrollera topplockspackningens yta med en stållinjal om den misstänks vara skev. Se del E i detta kapitel om det behövs.

17 Se till att topplocksbulthålen i vevhuset är rena och fria från olja. Sug upp olja som är kvar i bulthålen med ett lämpligt redskap. Detta är mycket viktigt för att korrekt åtdragningsmoment ska kunna användas för bultarna och för att förhindra risken att blocket spricker på grund av hydraultrycket när bultarna dras åt.

18 På dessa motorer styrs spelet mellan topplocket och kolven genom montering av topplockspackningar av olika tjocklek. Kolvarnas utstick representeras av antalet hål i packningen bredvid kamkedjan **(se bild)**.

Hål i packning	**Största kolven utsprång**
Ett hål	*Till 0,92 mm*
Två hål	*0,92 till 1,03 mm*
Tre hål	*1,03 till 1,18 mm*

Välj den nya packning som har samma tjocklek/antal hål som originalet om inte nya kolv- och vevstaksenheter har monterats. I så fall väljs den korrekta packningstjocklek som krävs genom mätning av kolvens utbuktning på följande sätt.

19 Ta bort låssprinten från svänghjulet och montera en indikatorklocka på blocket så att dess markering går att svänga lätt mellan kolvkronan och blockets fogyta.

20 Se till att kolven är exakt i ÖD, nollställ sedan indikatorklockan på motorblockets

7.7 Skruva loss de 2 bultarna på topplockets baksida (markerad med pilar) . . .

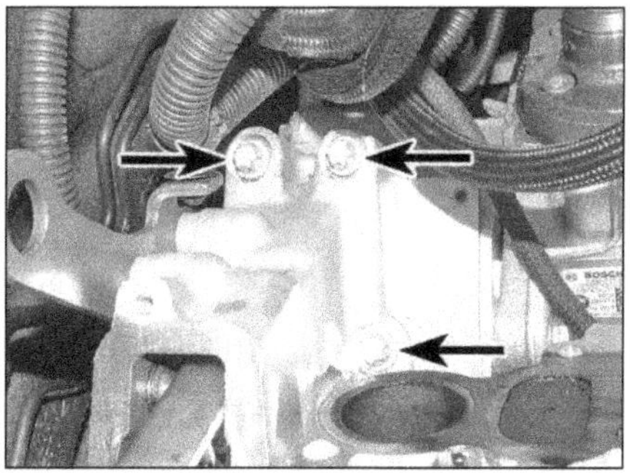

7.8 . . . och de tre i det bakre, högra hörnet (markerade med pilar)

7.18 Topplockspackningens identifieringshål (markerade med pilar – se text)

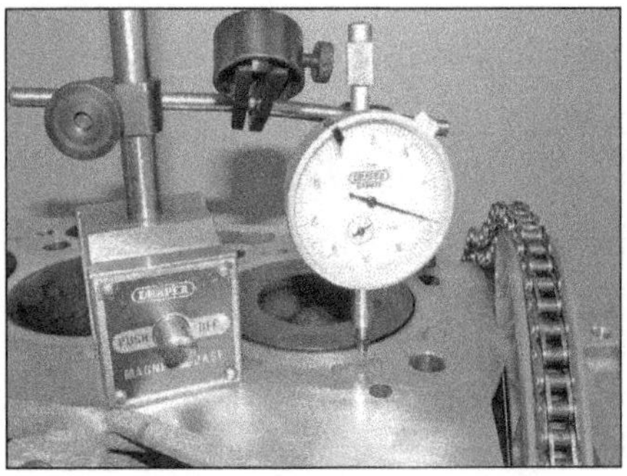

7.20 **Mät kolvens utbuktning med en DTI klocka**

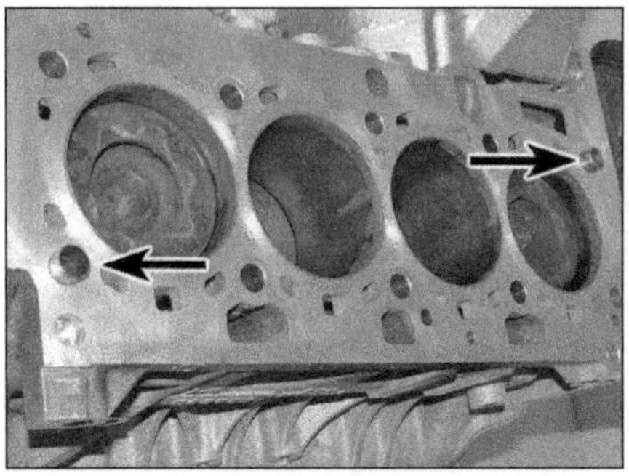

7.23 **Se till att styrstiften är på plats (markerade med pilar)**

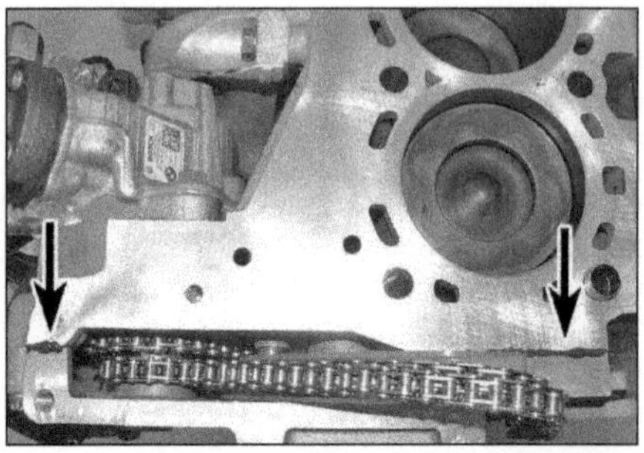

7.24 **Applicera tätningsmedel på den plats där motorblocket möter kamkedjekåpan (markerad med pilar)**

packningsyta. Flytta försiktigt indikatorn över kolv nr 1 och gör mätningar i linje med kolvbultens axel, mät utsprången både på kolvens vänstra och högra sida **(se bild)**. **Observera:** *Se till att kamkedjan inte kläms fast i kamkåpan när du vrider runt vevaxeln.*

21 Vrid vevaxeln för att få de återstående kolvarna till ÖD. Se till att vevaxeln är korrekt placerad, mät sedan de återstående kolvarnas utsprång, gör två mätningar på varje kolv. När alla kolvar har mätts vrider du vevaxeln så att kolv nr 1 kommer tillbaka till ÖD. Vrid den sedan 45° moturs.

22 Använd tabellen i punkt 18 för att välja relevant packning.

Montering

23 Torka rent topplockets fogytor och blockera dem och se till att de två styrstiften är på plats på topplocks-/vevaxelytan **(se bild)**.

24 För på lite tätningsmedel (Drei Bond 1209) på det område där kamkedjekåpan möter motorblocket **(se bild)**, montera sedan den nya packningen på motorblocket och se till att den passar korrekt över styrstiften.

25 Montera försiktigt tillbaka topplocket och

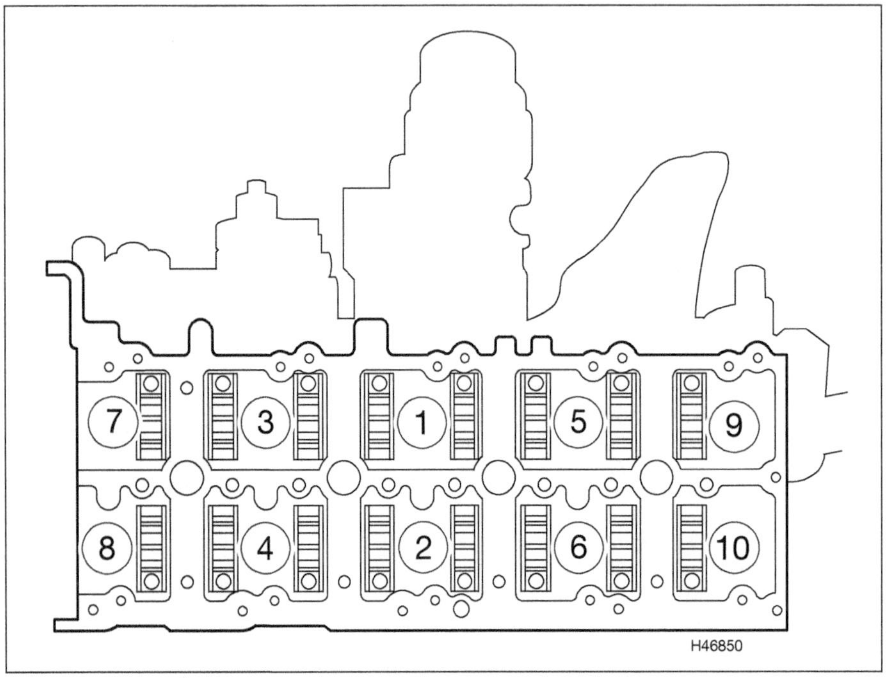

7.27a **Åtdragningsföljd för topplocksbultarna – 4-cylindriga motorer**

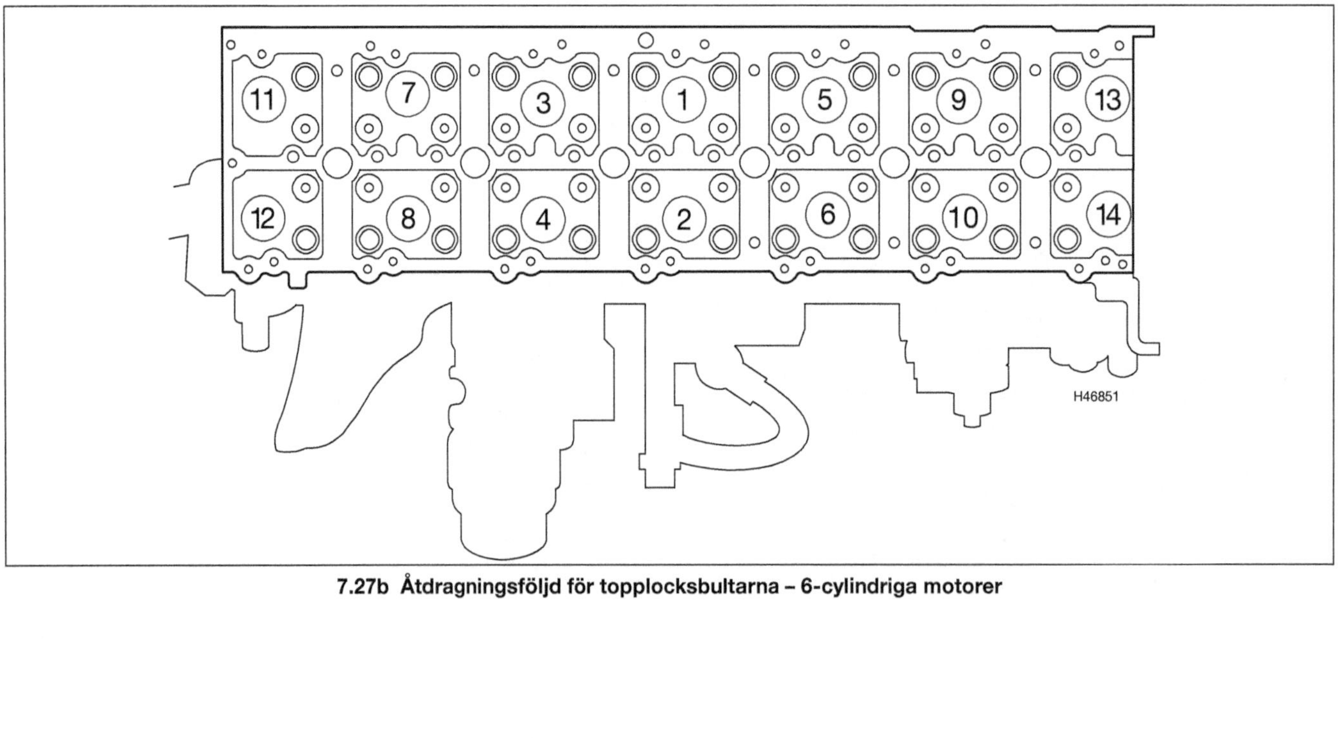

7.27b **Åtdragningsföljd för topplocksbultarna – 6-cylindriga motorer**

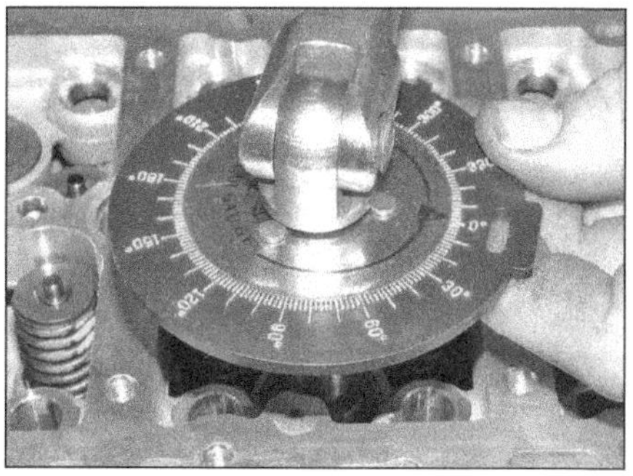

7.29 Dra åt topplocksbultarna med en vinkelmätare

placera det på stiften. Se till att kamkedjan kan dras upp genom topplockstunneln.

26 De nya topplocksbultarna levereras förbestrukna - tvätta inte bort bestrykningen eller applicera fett/olja på dem. Sätt försiktigt in huvudbultarna (1 till 10 i 4-cylindriga motorer eller 1 till 14 i 6-cylindriga motorer) i hålen och skruva in dem för hand.

Varning: Undvik att tappa bultarna i deras hål.

27 Arbeta stegvis och i ordningsföljd och dra först åt alla topplocksbultar till steg 1 i momentinställning **(se bilder)**.

28 Lossa alla bultar ett halvt varv (180°), dra sedan åt dem i ordningsföljd till steg 3 i inställningen.

29 Vinkeldra dem till steg 4 och sedan steg 5 i ordningsföljd med en vinkelmätare **(se bild)**.

30 Montera tillbaka och dra åt bultarna baktill/på hörnet som håller fast topplocket på kamkåpan till angivet moment **(se bilder 7.7 och 7.8)**.

31 Återstoden av monteringen utförs i omvänd ordning mot demonteringen. Tänk på följande:

a) Byt alla packningar/tätningar som rubbats under demonteringen.
b) Dra åt alla hållare till angivet moment (där sådant angetts).
c) Fyll på kylsystemet enligt beskrivningen i kapitel 1B.

8 Sump - demontering och montering

Demontering

1 Tappa ur motoroljan och ta bort oljefiltret enligt beskrivningen i kapitel 1B. Montera tillbaka sumppluggen med en ny bricka och dra åt pluggen till angivet moment.

2 Ta bort den ljuddämpande kåpan från motorns överdel **(se bild)**.

3 Ta bort kylfläkten och kåpan enligt beskrivningen i kapitel 3.

4 På fyrcylindriga modeller kan det precis gå att ta bort sumpen utan att sänka ner hjälpramen. Vi rekommenderar dock att den främre hjälpramen sänks ner lite på följande sätt:

5 Hissa upp bilens framvagn och stötta den på pallbockar (se *Lyftning och stödpunkter*). Ta bort fästbultarna och fästanordningarna och ta bort motorns undre skyddskåpa.

6 Ta bort avgassystemet enligt beskrivningen i kapitel 4B.

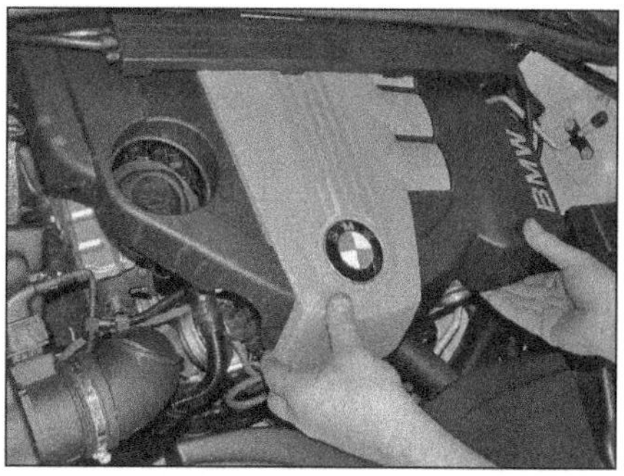

8.2 Dra upp framkanten och för den ljuddämpande kåpan framåt

7 Ta bort motorhuven enligt beskrivningen i kapitel 11.

8 Ta bort torkararmarna enligt beskrivningen i kapitel 12.

9 Skruva loss bultarna och ta bort den övre delen av pollenfilterhuset **(se bild)**.

10 Lossa klämmorna och ta bort vänster och höger platskåpa bakom fjädertornen på varje sida **(se bild)**.

11 Lossa klämmorna och lossa kabelstyrning från framkanten på den nedre delen av pollenfilterhuset **(se bild)**.

12 Skruva loss bultarna, lossa klämmorna och för pollenfiltrets nedre hus framåt och uppåt **(se bilder)**.

13 Lossa slangen och anslutningskontakterna, och ta sedan bort ventilpanelen.

Modeller med fjädertornstöd

14 Ta bort plastkåpan från mitten av klädselpanelen. Två olika typer av lock är monterade: en med ett centralt spår som tas

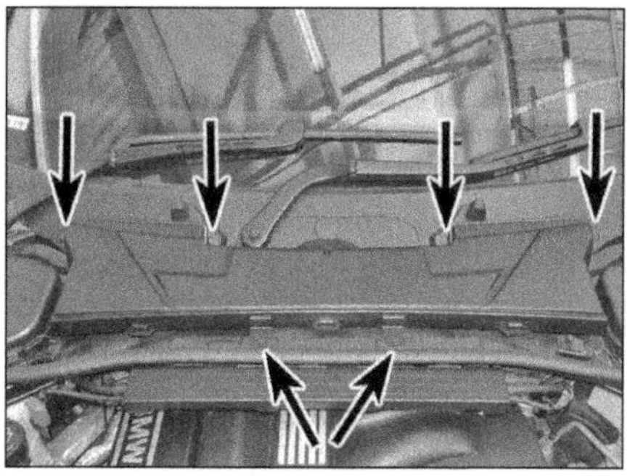

8.9 Övre fästbultar till pollenfilterhuset (markerade med pilar)

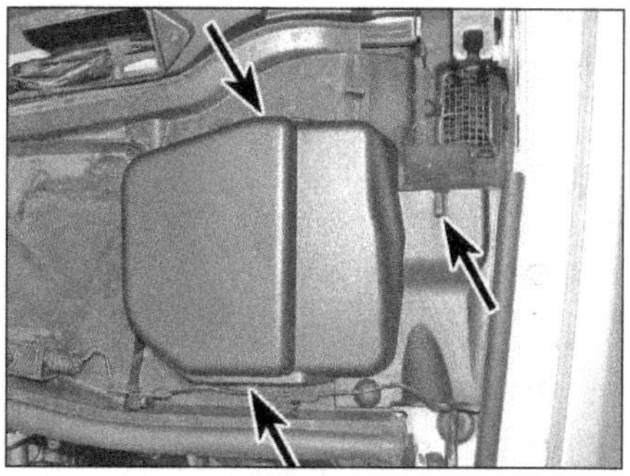

8.10 Lossa klämmorna (markerade med pilar) och ta bort plastkåpan på varje sida

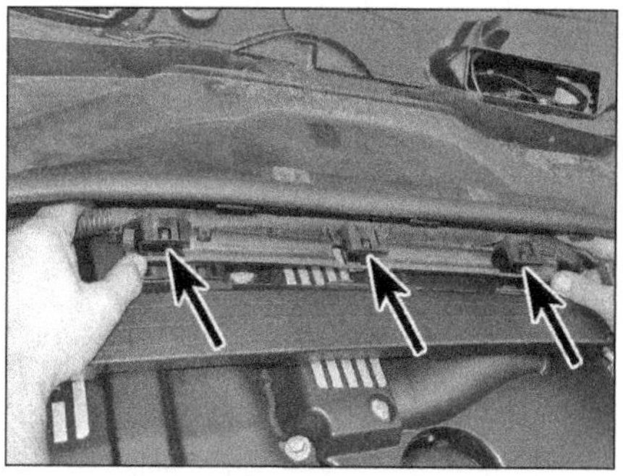

8.11 Lossa klämmorna (markerade med pilar) och för kabelstyrningen framåt

8.12a Vrid temperaturgivaren och dra av den från fästbygeln. Lossa motorhuvsbrytaren på passagerarsidan

8.12b Skruva loss bulten, lossa klämman (markerad med pilar). . .

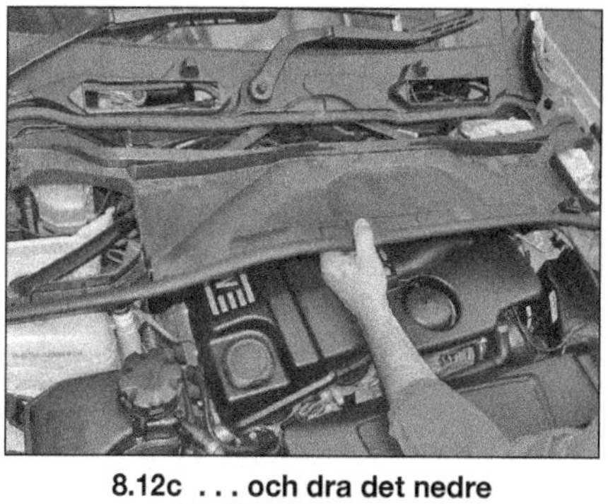

8.12c . . . och dra det nedre pollenfilterhuset framåt

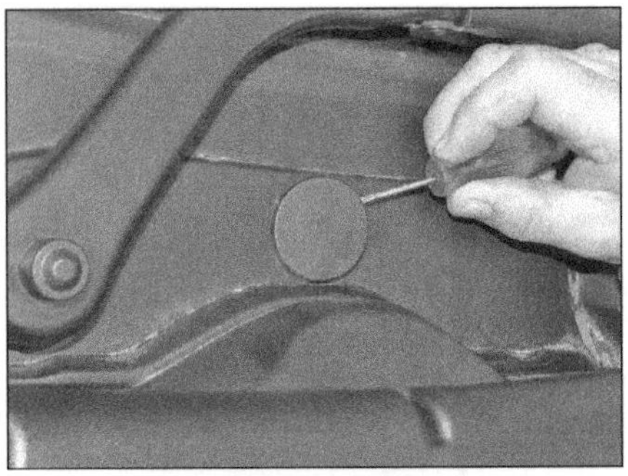
8.14a Bänd upp kåpan . . .

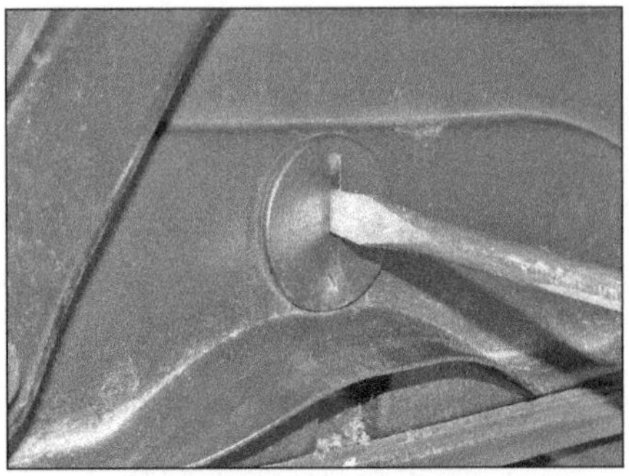
8.14b . . . eller vrid den moturs

8.15 Skruva loss bulten i mitten av panelen . . .

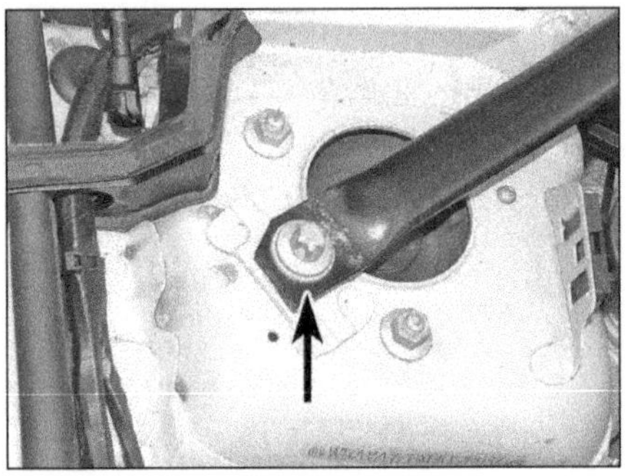
8.16 . . . och bulten i änden av varje stöd (markerad med pil)

bort genom att det vrids 45° moturs och en utan centralt spår som bänds upp från sin placering **(se bilder)**. Observera om kåpan eller tätningen är skadad, de måste bytas. Underlåtenhet att göra detta kan leda till att vatten tränger in.

15 Skruva loss den bult i mitten av torpedplåten som exponeras vid demonteringen av kåpan **(se bild)**. Kasta bulten – eftersom en ny en måste användas.

16 Skruva loss bulten på stödets respektive ytterände, håll sedan gummigenomföringen på plats och för stöden utåt från platsen **(se bild)**. Låt inte genomföringen rubbas. Kasta bultarna och använd nya vid återmonteringen.

Alla modeller

17 Skruva loss de tre bultarna och ta bort genomföringshuset från mellanväggen **(se bild 4.6)**.

18 Motorn måste stöttas upp på plats med en motorlyft eller en motortvärbalk. Anslut lyften/tvärbalken till motorlyftöglorna framtill och baktill på motorn. Ta upp motorns tyngd med domkraften.

19 Skruva loss den mutter på varje sida som håller fast motorfästets stödfästbyglar på fästena, lyft sedan motorn ungefär 10 mm.

20 Skruva loss fästanordningarna och ta bort underredspanelen på varje sida vid förstärkningsstödet under hjälpramen **(se bild)**.

21 Skruva loss muttrarna/bultarna och ta bort förstärkningsstödet från varje sida under den främre hjälpramen **(se bilder)**. Kasta muttrarna/bultarna – använd nya vid återmonteringen.

22 Ta bort rattstångens nedre universalled och lyft av rattstångsaxeln uppåt från kuggstångens kugghjul **(se bild)**. Kasta klämbulten – eftersom en ny en måste användas.

Varning: Se till att ratten/rattstången inte vrids runt när universalleden är lossad från kuggstångens kugghjul. Följden kan bli skador på stången.

23 Lossa anslutningskontakterna från markhöjdsgivarna (om sådana finns), lossa sedan vakuumslangarna (om sådana finns) från motorfästena.

24 Skär av buntbandet som håller fast kabelhärvan på hjälpramen i modeller med elektrisk servostyrning.

25 Stötta upp den främre hjälpramen med hjälp av en garagedomkraft och några träbitar etc., skruva sedan loss de tre bultarna på varje sida och sänk försiktigt ner hjälpramen maximalt 10 cm **(se bilder)**. Observera servostyrningsslangarna/servostyrningsrören när hjälpramen sänks ner – låt dem inte böjas eller dras. Observera att hjälpramens bultar

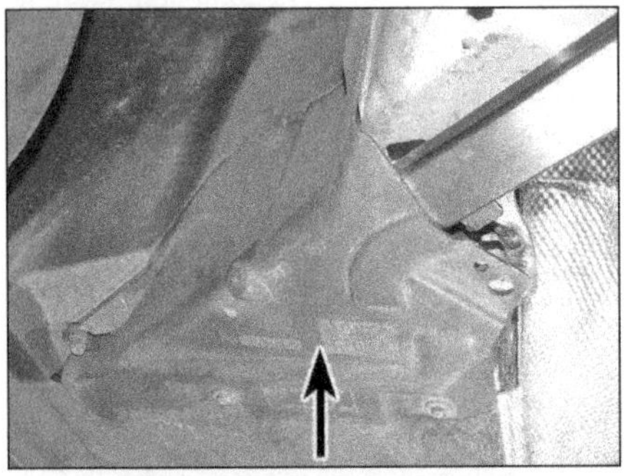
8.20 Ta bort underredets paneler (markerade med pil) på varje sida

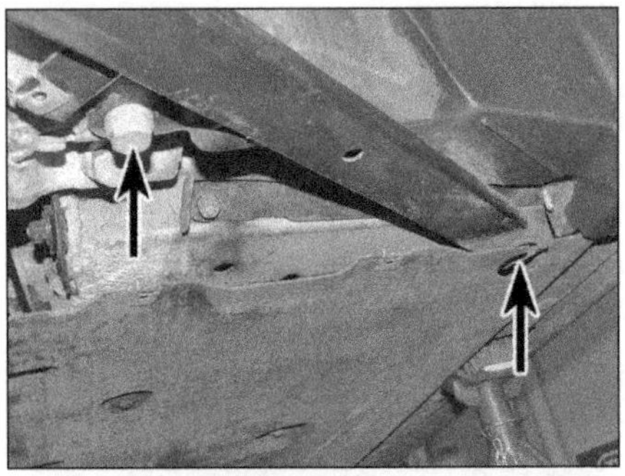
8.21a Skruva loss bultarna (markerade med pilar) på varje sida. . .

8.21b . . . och de två i mitten av förstärkningsstödet

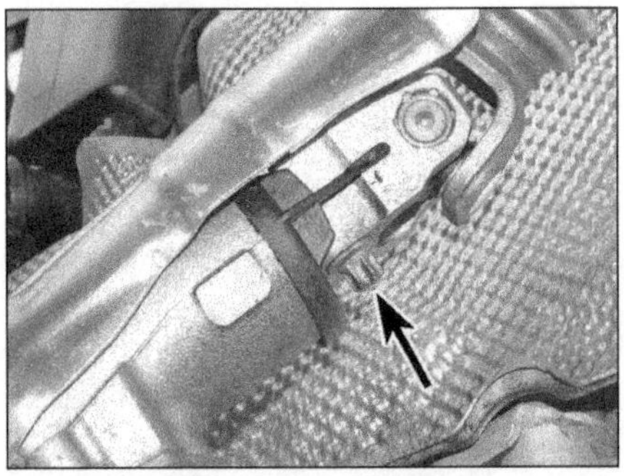
8.22 Klämbult till rattstångens universalled (markerad med pil)

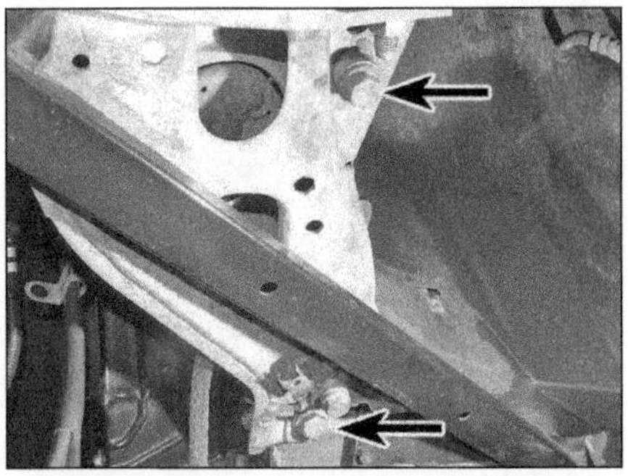
8.25a Den främre hjälpramen är fäst med två bultar (markerade med pilar) på varje sida. . .

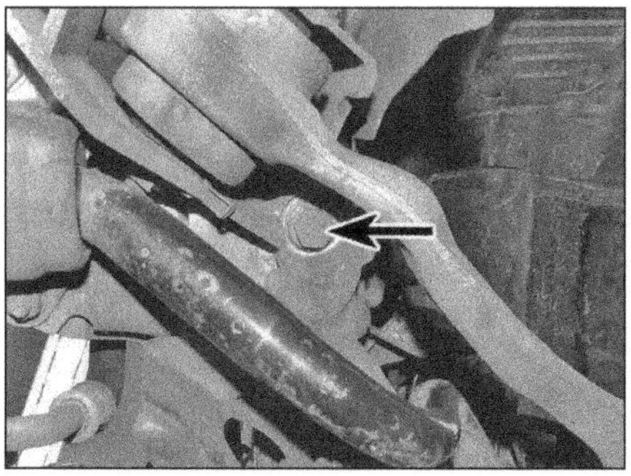

8.25b . . . och en (markerad med pil) framtill

8.27 Oljemätstickans styrhylsa är fäst på oljefilterhuset med bultar

8.32 Bultar till oljepumpens insugsrör (markerade med pilar)

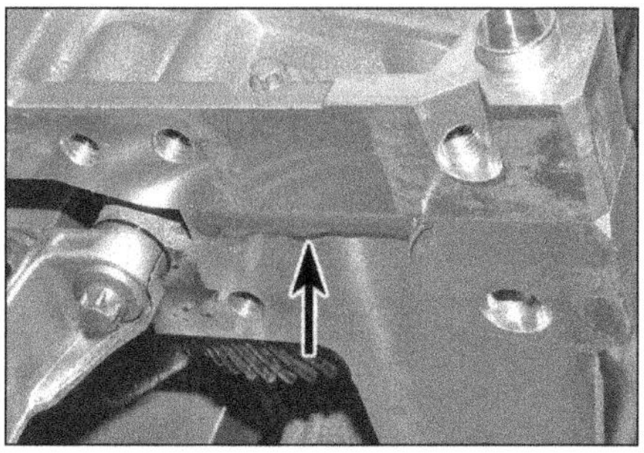

8.35 Applicera tätningsmedel i det område där motorblocket möter kamkedjekåpan (markerat med pil)

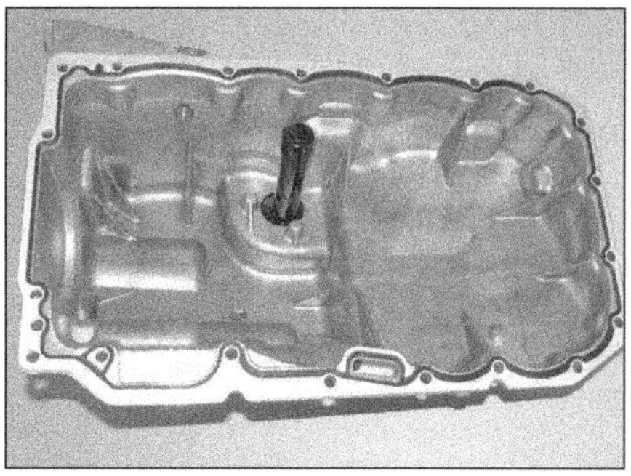

8.36 Montera den nya packningen på sumpen

8.37 Använd en stållinjal för att se till att sumpen är jäms med motorblocket

framtill är 90 mm långa, de mittre bultarna är 145 mm långa och de bakersta är 53 mm långa. Dra åt de främre bultarna först vid återmonteringen.

26 Ta bort startmotorn enligt beskrivningen i kapitel 5A.

27 Skruva loss bultarna som håller fast mätstickans styrhylsa och dra bort röret från sumpen **(se bild)**. Byt styrhylsans O-ringstätning.

28 Koppla loss oljenivågivarens anslutningskontakt.

29 Lossa och ta bort de bultar som håller fast växellådshuset på sumpen.

30 Lossa de bultar som håller fast sumpen på motorblockets bas stegvis och ta bort dem.

31 Lossa sumpen genom att slå på den med handflatan och dra den sedan nedåt och ta bort den under bilen. Kasta tätningen, eftersom en ny måste användas vid återmonteringen.

32 Ta tillfället i akt att kontrollera oljepumpens insugsrör med avseende på tecken på tilltäppning eller delningar när sumpen är demonterad. Skruva loss insugsröret och ta bort det från motorn tillsammans med dess packning **(se bild)**. Silen kan sedan rengöras lätt i ett lösningsmedel. Undersök silens maskor med avseende på tilltäppning eller delningar och byt vid behov. Om insugsrörets bultar är skadade måste de bytas.

Montering

33 Ta bort alla spår av packningen från motorblockets/vevhusets och sumpens fogytor, rengör sedan sumpen och motorn invändigt med en ren trasa.

34 Montera vid behov en ny tätning på oljepumpens insugsrör, montera sedan försiktigt tillbaka röret. Sätt i fästbultarna och dra åt dem till angivet moment.

35 Applicera en sträng med lämpligt tätningsmedel (Drei Bond 1209 finns hos din BMW-verkstad) på det område där topplocket möter kamkåpan **(se bild)**.

36 Montera packningen på sumpen, bänd sedan upp sumpen på motorblocket/vevhuset **(se bild)**. Montera tillbaka sumpens fästbultar och dra åt bultarna med bara fingrarna.

37 Montera de bultar som håller fast sumpen på växellådan. För att rikta in den bakre sumpens fläns mot växellådan drar du åt bultarna något och lossar dem sedan. Om sumpen monteras tillbaka på motorn med växellådan uttagen ska du använda en stållinjal för att se till att sumpens gjutgods är jäms med motorblockets ände **(se bild)**.

38 Dra åt bultarna sump på motorblock och sedan bultarna sump på växellåda till angivet moment.

39 Montera tillbaka oljemätstickans rör med en ny O-ring och dra åt bultarna ordentligt.

40 Återstoden av monteringen utförs i omvänd ordning mot demonteringen. Tänk på följande:

a) *Byt alla packningar/tätningar som rubbats.*
b) *Dra åt alla hållare till angivet moment (där sådant angetts).*
c) *Byt motoroljan och filtret på det sätt som beskrivs i kapitel 1B.*
d) *Låt en BMW-verkstad eller en lämpligt utrustad specialist kontrollera framhjulsinställningen.*

9 Olje-/vakuumpump – demontering, kontroll och återmontering

4-cylindriga motorer

Observera: *BMW insisterar på att en demonterad oljepump inte får monteras tillbaka: den måste bytas. Den nya pumpens drev är belagt med färg för att säkerställa korrekt justering av spelet.*

Demontering

1 Ta bort sumpen och oljepumpens intagsrör enligt beskrivningen i avsnitt 8.

2 Skruva loss de tre bultarna neråt längs pumpens mittlinje, ta sedan bort distansbrickorna genom att vrida dem moturs **(se bild)**. Kasta bultarna och använd nya vid återmonteringen.

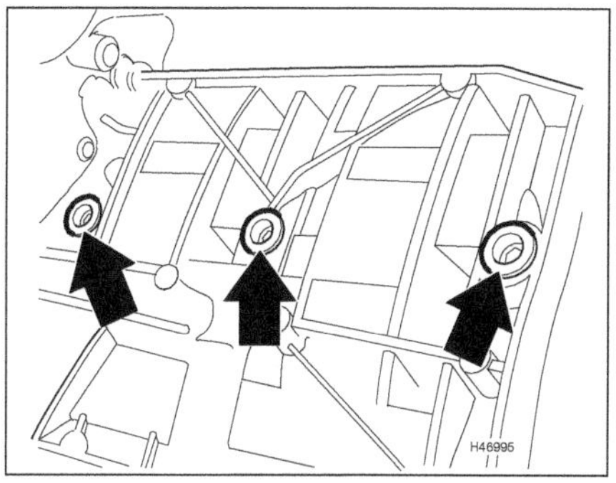

9.2 Vrid distansbrickorna (markerade med pilar) och ta bort dem

3 Skruva loss pumpens åtta fästbultar.
4 Lyft upp pumpenhetens främre ände och för ut drevet från kedjan.

Kontroll

5 Inga nya delar är tillgängliga till olje-/vakuumpumpen i skrivande stund. Om pumpen är skadad, måste den bytas som en enhet. Kontakta en BMW-verkstad eller specialist.

Montering

6 Se till att oljepumpens och motorblockets fogytor är rena och torra. Se till att alla fästhål är rena och fria från olja.
7 Låt pumpens drev gå i ingrepp med kedjan och sätt in de åtta fästbultarna med pumpen på plats.
8 Montera tillbaka de tre distansbrickorna på pumpen genom att vrida dem medurs, montera sedan tillbaka de tre bultarna på pumpens mittlinje **(se bild 9.2)**.
9 Dra åt pumpens fästbultar till deras angivna moment.
10 Montera sumpen enligt beskrivningen i avsnitt 8.

6-cylindriga motorer

Demontering

11 Demontera sumpen enligt beskrivningen i avsnitt 8.
12 Skruva loss de fyra fästbultar och lyft pumpens främre kant. Mata ut drivningsdrevet från kedjan och ta bort oljepumpen.
13 Om det behövs, kan du ta bort drevet från axeln. Skruva loss den fästbult som är vänstergängad och dra bort drevet från axeln.
14 Skruva loss de två bultarna och ta bort oljepumpens insugsrör/sil om det behövs. Byt O-ringstätningarna.

Kontroll

15 Inga nya delar är tillgängliga till oljepumpen i skrivande stund. Om pumpen är skadad, måste den bytas som en enhet. Kontakta en BMW-verkstad eller specialist.

Montering

16 Montera tillbaka oljeinsugsröret och drevet om tillämpligt. Dra åt bultarna till angivet moment.
17 Låt drevet gå i ingrepp med kedjan och placera pumpen över styrstiften. Sätt i och dra åt skruvarna till angivet åtdragningsmoment.

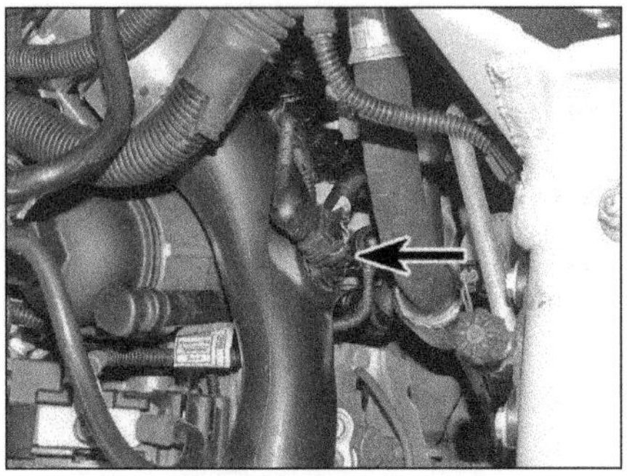

11.3 Lossa lufttemperaturgivaren (markerad med pil) från intagsröret

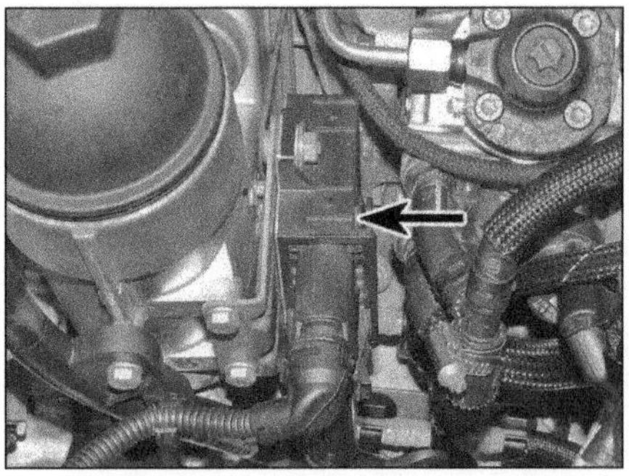

11.4 Glödstiftets styrenhet (markerad med pil) är placerad bakom oljefilterhuset

18 Montera sumpen enligt beskrivningen i avsnitt 8.

10 Balansaxelenhet – allmän information

Endast den fyrcylindriga motorn N47 är utrustad med balansaxlar. Dessa axlar monteras i motorblocket på vardera sidan av vevaxeln och drivs av vevaxelns drev. För att ta bort balansaxlarna måste vevaxeln först tas bort. Se kapitel 2E.

11 Oljekylare – demontering och montering

Demontering

1 Tappa ur kylvätskan, motoroljan, och ta bort oljefiltret enligt beskrivningen i kapitel 1B.
2 Ta bort plastkåpans främre del från motorns överdel.
3 Lossa insugslufttemperaturgivarens anslutningskontakt, lossa sedan klämman i varje ände och lossa luftintagskanalen från gasspjällhuset/insugsgrenröret **(se bild)**. Kontrollera tätningarnas tillstånd i varje ände av luftkanalen. Om tätningarna eller kanalens tätningsläppar på något sätt är skadade/slitna ska de bytas.
4 Lossa anslutningskontakten från glödstiftets styrenhet **(se bild)**.
5 Lossa det buntband som håller fast kabelhärvan, skruva sedan loss bulten och dra bort motoroljemätstickans styrhylsa från dess plats **(se bild 8.27)**. Byt styrhylsans O-ringstätning.
6 Lossa oljetryckbrytarens anslutningskontakt.
7 Skruva loss bultarna och ta bort oljefilterhuset **(se bild)**. Kasta packningen.

4-cylindriga motorer

8 Skruva loss bultarna och lossa oljekylaren från oljefilterhuset. Byt tätningarna **(se bilder)**.

6-cylindriga motorer

9 Lossa klämmorna och dra bort oljekylaren från filterhuset. Byt tätningarna.

Montering

10 Se till att oljekylarens och oljefilterhusets fogytor är rena, har en ny packning och montera kylaren på huset. Dra åt bultarna ordentligt eller kläm fast kylaren i huset efter tillämplighet.
11 Resten av monteringen utförs i omvänd ordningsföljd mot demonteringen.

12 Vevaxelns oljetätningar – byte

Oljetätning främre ände

1 Ta bort vevaxelns vibrationsdämpare/remskiva enligt beskrivningen i avsnitt 5.
2 Bänd ut tätningen med en flatbladig skruvmejsel (eller något liknande).
Varning: Var mycket försiktig så att kamaxeln inte skadas.

11.7 Oljefilterhusets bultar (markerade med pilar)

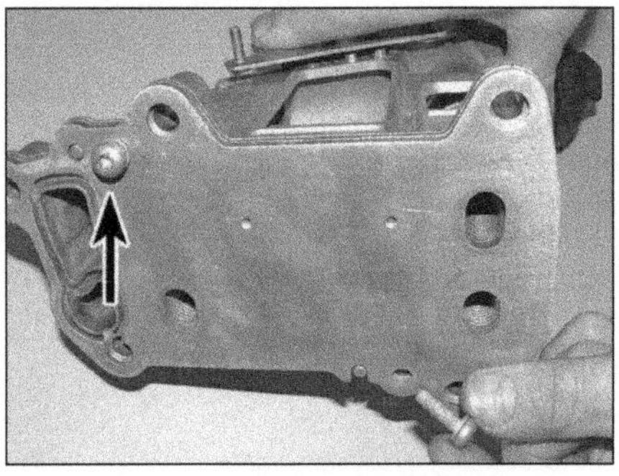

11.8a Skruva loss bultarna (markerade med pil) . . .

11.8b . . . och dra loss kylaren från huset

3 Rengör tätningshuset och polera bort eventuellt borrskägg eller upphöjda kanter som kan ha varit den ursprungliga orsaken till att tätningen gick sönder.
4 Smörj inte den nya tätningen med motorolja eller smörjmedel – tätningen måste monteras torr. BMW specificerar ett specialverktyg (nr 11 8 501) för att styra tätningen över vevaxelklackarna. Det går dock att försiktigt montera tätningen utan verktyget. Se till att tätningarnas läppar går runt vevaxelns ytterkant. Tryck tätningen på plats i rät vinkel tills den är i jämnhöjd med huset. Om det behövs kan en lämplig rörformig dorn, t.ex. en hylsa som bär endast på tätningens hårda ytterkant, användas för att knacka tätningen på plats. Var försiktig så att inte packboxarnas kanter skadas under monteringen och se till att packboxarna är riktade inåt.
5 Montera vevaxelns remskiva enligt beskrivningen i avsnitt 5.

Oljetätning svänghjuls-/ drivplattsänden

6 Ta bort svänghjulet eller drivplattan enligt beskrivningen i avsnitt 13, ta sedan bort överfallet **(se bild)**. Undvik att vidröra överfallets ytterkant med fingrarna eftersom vevaxelpositionsgivarens hjul är inbäddat i gummi.
7 Bänd ut tätningen med en flatbladig skruvmejsel (eller något liknande) **(se bild)**.
Varning: Var mycket försiktig så att kamaxeln inte skadas.
8 Smörj inte den nya tätningen med motorolja eller smörjmedel – tätningen måste monteras torr. BMW specificerar ett specialverktyg (nr 11 8 515) för att styra tätningen över vevaxelklackarna. Det går dock att försiktigt montera tätningen utan verktyget **(se bild)**.
9 Tryck tätningen på plats i rät vinkel tills den är i jämnhöjd med huset. Montera den nya tätningen med en rörformig dorn, t.ex. en hylsa, som endast vilar på tätningens hårda yttre kant användas för att knacka tätningen på plats. Var försiktig så att inte packboxarnas kanter skadas under monteringen och se till att packboxarna är riktade inåt **(se bild)**. BMW specificerar verktyg nr 11 8 11 8 811, 11 8 812, 11 8 813 och 11 8 814, om du har tillgång till dem, för att dra tätningen på plats i kamkedjekåpan. Det är inte nödvändigt att använda dessa verktyg även om det är önskvärt.
10 Montera tillbaka överfallet, följt av svänghjulet/drivplattan enligt beskrivningen i avsnitt 13.

12.7 Ta bort kåpan från vevaxeln

12.7 Bänd ut tätningen med ett fasthakat verktyg eller en skruvmejsel

12.8 Styr packboxarnas kanter över vevaxelns klackar. . .

12.9 . . . tryck den sedan på plats tills den är i plan med huset

13 Svänghjul/drivplatta – demontering, kontroll och återmontering

Svänghjul

Observera: *Nya fästbultar måste användas till svänghjulet vid återmonteringen.*

Demontering

1 Demontera kopplingen enligt beskrivningen i kapitel 6.
2 Förhindra att svänghjulet roterar genom att låsa krondrevets kuggar med en anordning som liknar det som visas **(se bild)**. Alternativt, skruva fast en remsa mellan svänghjulet och motorblocket/vevhuset.
3 Lossa och ta bort fästbultarna och ta bort svänghjulet och observera dess styrstift **(se bilder)**. Tappa det **inte**, det är mycket tungt! Kasta bultarna, eftersom de måste bytas om de har rörts.

Kontroll

4 Om fogytan svänghjul på koppling är djupt skårad, sprucken eller skadad på något annat sätt måste svänghjulet bytas om det inte går att slipa ytan. Ta hjälp av en BMW-verkstad eller en specialist på motorrenoveringar.
5 Om krondrevet är kraftigt slitet eller saknar kuggar måste det bytas. Det är bäst att låta en BMW-verkstad en specialist på motorrenoveringar utföra arbetet.
6 Dessa bilar är utrustade med tvåmassesvänghjul. Så länge BMW inte publicerar några kontrollmetoder vrider du

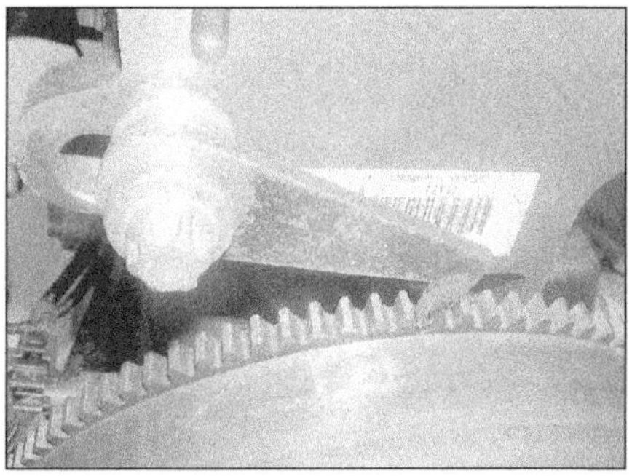

13.2 Lås svänghjulet med ett liknande verktyg.

13.3a Observera styrstiftet (markerad med pil) . . .

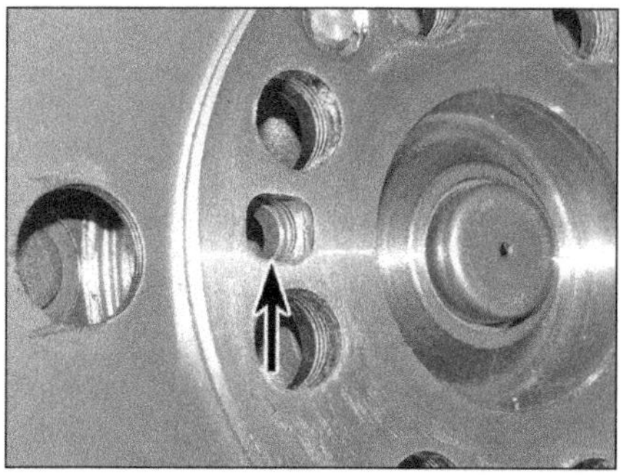

13.3b . . . som överensstämmer med hålet (markerat med pil) i svänghjulet

13.8a Rengör gängorna till vevaxelns svänghjulsbult med en gammal bult med ett sågsnitt tvärs över

13.8b De nya bultarna ska bestrykas med gänglåsningsmedel före

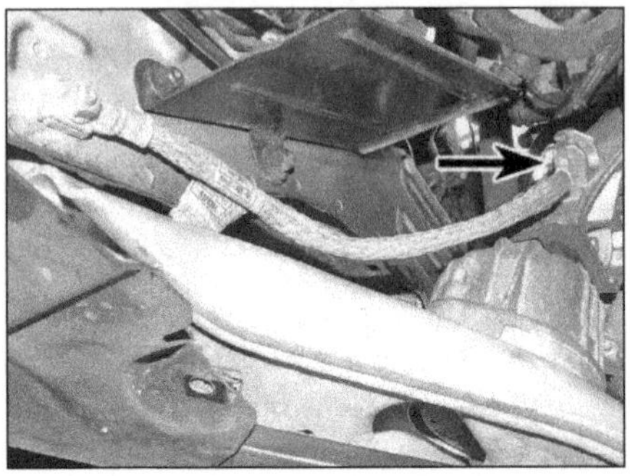
14.7 En jordremsa är fäst på vänster motorfästbygel (markerad med pil)

den inre vikten moturs för hand, markerar dess placering i förhållande till den yttre vikten, vrider den medurs för hand och mäter vägen. Som en allmän regel gäller att om rörelsen är mer än 30 mm eller mindre än 15 mm ska du konsultera en BMW-verkstad eller en växellådsspecialist för att få reda på om det behövs en ny enhet.

Montering

7 Rengör svänghjulets och vevaxelns fogytor och ta bort alla spår av låsmassa från vevaxelns gängade hål.

8 Montera svänghjulet på vevaxeln, gör så att den går i ingrepp med vevaxelns styrstift och montera de nya fästbultarna **(se bilder)**. **Observera:** *Om de nya bultarna inte levereras förbelagda med låsmassa applicerar du några droppar innan du monterar bultarna.*

9 Lås svänghjulet med den metod som användes vid isärtagningen, dra sedan åt alla fästbultarna till angivet moment och arbeta i diagonal ordningsföljd.

10 Montera tillbaka kopplingen enligt beskrivningen i kapitel 6.

Drivplatta:

Observera: *Nya fästbultar måste användas till drivplattan vid återmonteringen.*

Demontering

11 Demontera automatväxellådan enligt beskrivningen i kapitel 7B.

12 Förhindra att drivplattan vrids genom att låsa krondrevet med en liknande anordning som den som visas **(se bild 13.2)**. Alternativt, skruva fast en remsa mellan drivplattan och motorblocket/vevhuset.

13 Lossa och ta bort fästbultarna och ta bort drivplattan, och observera dess styrstift. Kasta bultarna, eftersom de måste bytas om de har rörts.

Kontroll

14 Om krondrevet är kraftigt slitet eller saknar kuggar måste det bytas. Det är bäst att låta en BMW-verkstad en specialist på motorrenoveringar utföra arbetet.

Montering

15 Rengör drivplattans och vevaxelns fogytor och ta bort alla spår av låsmassa från vevaxelns gängade hål.

16 Montera drivplattan på vevaxeln, gör så att den går i ingrepp med vevaxelns styrstift och montera de nya fästbultarna. **Observera:** *Om de nya bultarna inte levereras förbelagda med låsmassa applicerar du några droppar innan du monterar bultarna.*

17 Lås drivplattan med den metod som användes vid isärtagningen, dra sedan åt alla fästbultarna till angivet moment och arbeta i diagonal ordningsföljd.

18 Montera tillbaka automatväxellådan enligt beskrivningen i kapitel 7B.

14 Motorfästen – kontroll och byte

Kontroll

1 Två motorfästen används, ett på vardera sidan av motorn.

2 Om du behöver komma åt bättre, lyft upp framvagnen och stötta den ordentligt på pallbockar (se *Lyftning och stödpunkter*). Skruva loss hållarna och ta bort motorns undre skyddskåpa.

3 Kontrollera gummifästet för att se om det har spruckit, hårdnat eller släppt från metallen någonstans. Byt fästet vid sådana tecken på skador eller åldrande.

4 Kontrollera att fästenas hållare är hårt åtdragna.

5 Använd en stor skruvmejsel eller ett bräckjärn och leta efter slitage i fästet genom att försiktigt försöka bända det för att leta efter fritt spel. Där detta inte är möjligt, låt en medhjälpare vicka på motorn/växellådan framåt/bakåt och i sidled, medan du granskar fästet. Visst spel finns även hos nya komponenter, men kraftigt slitage märks tydligt. Om för stort spel förekommer, kontrollera först att hållarna är tillräckligt åtdragna, och byt sedan vid behov slitna komponenter.

Byte

6 Stötta upp motorn antingen med en lyft och talja anslutna till motorlyftfästbyglarna (se *Motor – demontering och montering* i del E i detta kapitel) eller genom att placera en domkraft och även stoppa in en träkloss under sumpen. Se till att motorn har tillräckligt stöd innan du fortsätter.

7 Skruva loss muttrarna som håller fast vänster och höger motorfästbygel på gummifästena, skruva sedan loss fästbyglarna från motorblocket och ta bort fästena. Koppla loss motorns jordledningar från fästena (om en sådan finns) **(se bild)**.

8 Skruva loss de muttrar som håller fast fästena på hjälpramen, ta sedan bort fästena. Lossa vakuumslangarna från fästena när de är borttagna (om tillämpligt)

9 Monteringen sker i omvänd ordningsföljd mot demonteringen. Dra åt alla hållare till angivet moment (där sådant angetts).

15 Svänghjulets styrlager – inspektion, demontering och montering

Kontroll

1 Styrlagret är monterat i mitten av tvåmassesvänghjulet och ger stöd för den fria änden av växellådans ingående axel i bilar med manuell växellåda. Det kan inte undersökas förrän kopplingen (kapitel 6) har demonterats. Använd ett finger för att vrida den inre lagerbanan och kontrollera med avseende på ojämnheter, kärvning eller löshet i lagret. Om något av dessa förhållanden är uppenbart måste lagret bytas.

Demontering

2 Demontera svänghjulet enligt beskrivningen i avsnitt 13.

3 Lagret måste tryckas ut med hjälp av en hydraulisk press med en dorn som endast bärs upp av den inre lagerringen. Lagret trycks från

15.3 Driv ut svänghjulets styrlager från motorsidan

15.4a Placera lagret . . .

15.4b . . . använd sedan en rörformig distansbricka eller hylsa

svänghjulets motorsida och ut ur kopplingens sida **(se bild)**. Observera att uttryckning av lagret gör det oanvändbart - det måste bytas.

Montering

4 Använd en lämplig rörformig distansbricka som enbart vilar på lagrets hårda ytterkant, tryck in det nya lagret i svänghjulet tills det kommer i kontakt med ansatsen **(se bilder)**.
5 Montera tillbaka svänghjulet enligt beskrivningen i avsnitt 13.

16 Kamkedjor och kåpa – allmän information

På dessa motorer är kamkedjorna monterade baktill på motorn. För att ta bort kamkedjorna eller kamkåpan är det nödvändigt att ta ut motorn först. Följaktligen beskrivs byte av kamkedjan och kåporna i kapitel 2E.

17 Oljetrycks- och nivåkontakter – demontering och montering

Oljetryckkontakt

1 Oljetryckskontakten är monterad i oljefilterhusets bas. Ta bort oljefiltret enligt beskrivningen i kapitel 1B. Detta gör det möjligt för oljan att tömmas ut från huset vilket förhindrar ett kraftigt oljeläckage när brytaren tas bort.
2 Lossa anslutningskontakten, och skruva loss brytaren **(se bild)**. Var beredd på oljespill.
3 Monteringen utförs i omvänd ordningsföljd mot demonteringen. Använd en ny tätningsbricka och dra åt kontakten till angivet moment. Fyll på motorolja

Oljenivåkontakt

4 Tappa ur motoroljan enligt beskrivningen i kapitel 1B.
5 Skruva loss fästanordningarna och ta bort motorns undre skyddskåpa **(se bild 3.3)**.
6 Lossa anslutningskontakten, skruva loss de tre fästmuttrarna och ta bort brytaren från sumpens bas.
7 Se till att fogytorna mellan sump och kontakt är rena.
8 Montera brytaren komplett med en ny tätning, applicera lite gänglåsningsmedel och dra åt fästmuttrarna till angivet moment.
9 Montera tillbaka motorns undre skyddskåpa och fyll på ny motorolja enligt beskrivningen i kapitel 1B.

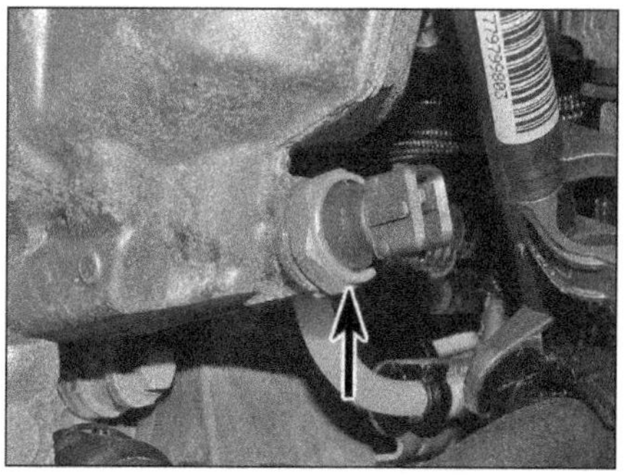

17.2 Oljetryckskontakt (markerad med pil)

Kapitel 2 Del E:
Allmän motorrenovering

Innehåll

Svårighetsgrader

Enkelt, passer novisen med lite erfarenhet	**Ganska enkelt,** passar nybörjaren med viss erfarenhet	**Ganska svårt,** passer kompetent hemmamekaniker	**Svårt,** passer hemmamekaniker med erfarenhet	**Mycket svårt,** för professionell mekaniker

Specifikationer

Motorkoder

Bensinmotorer:	
4-cylindriga:	
Upp till 09/2007	N46
Från 09/2007	N46T
6-cylindriga:	
2.5 liter	N52
3,0 liter	N52K
Dieselmotorer:	
4-cylindriga	M47T2 och N47
6-cylindriga	M57T2 och N57

Topplock

Max. förändring av packningsyta	0,050 mm
Ny topplockshöjd:	
Bensinmotorer:	
4-cylindriga	143,30 mm
6-cylindriga	112,00 mm
Dieselmotorer:	
4-cylindriga	Uppgift saknas
6-cylindriga:	
M57T2	130,70 ± 0.05 mm
N57	Uppgift saknas
Minimal topplockhöjd efter bearbetning:	
Bensinmotorer:	
4-cylindriga	143,00 ± 0,07 mm
6-cylindriga	111,70 mm
Dieselmotorer	Uppgift saknas

Ventiler

Ventilhuvuddiameter:	
4-cylindriga bensinmotorer:	
N46:	
Intag	32,00 mm
Avgas	29,00 mm
N46T	Uppgift saknas
6-cylindriga bensinmotorer:	
2,5 liter:	
Intag	32,20 mm
Avgas	27,00 mm
3,0 liter:	
Intag	34,20 mm
Avgas	29,00 mm
4-cylindriga dieselmotorer	Uppgift saknas
6-cylindriga dieselmotorer:	
M57T2:	
Intag	25,90 mm
Avgas	25,90 mm
N57	Uppgift saknas

Motorblock

Cylinderloppens diameter:	
Bensinmotorer:	
4-cylindriga	84,00 mm (nominal)
Sexcylindriga:	
2,5 liter	82,00 mm (nominal)
3,0 liter	85,00 mm (nominal)
Dieselmotorer	84,00 mm (nominal)
Max. ovalitet, cylinderlopp	0,005 mm
Max. gängtapp, cylinderlopp	0,010 mm

Vevaxel

Axialspel (alla motorer)	0 060 till 0 250 mm

Kolvringar

Ringgap:	
4-cylindriga bensinmotorer:	
N46:	
Övre kompressionsring	0,10 till 0,30 mm
Andra kompressionsring	0,20 till 0,40 mm
Oljekontrollring	0,40 till 1,40 mm
N46T:	
Övre kompressionsring	0,15 till 0,30 mm
Andra kompressionsring	0,20 till 0,40 mm
Oljekontrollring	Ingen uppgift
6-cylindriga bensinmotorer:	
2,5 liter:	
Övre kompressionsring	0,18 till 0,33 mm
Andra kompressionsring	0,30 till 0,50 mm
Oljekontrollring	Ingen uppgift
3,0 liter:	
Övre kompressionsring	0,15 till 0,30 mm
Andra kompressionsring	0,30 till 0,50 mm
Oljekontrollring	Ingen uppgift
Dieselmotorer:	
M47T2 och M57T2:	
Övre kompressionsring	0,20 till 0,35 mm
Andra kompressionsring	0,30 till 0,45 mm
Oljekontrollring	Ingen uppgift
N47 och N57	Uppgift saknas

Åtdragningsmoment

Se kapitel 2A, 2B, 2C eller 2D Specifikationer, efter tillämplighet

1 Allmän information

I den här delen av kapitel 2 beskrivs hur man tar bort motorn/växellådan från bilen och hur man renoverar topplocket, motorblocket/ vevhuset och andra delar i motorn.

Informationen omfattar allt från råd om hur man förbereder en renovering och hur man köper ersättningsdelar, till detaljerade steg-för-steg procedurer som behandlar demontering, inspektion, renovering och montering av motorns inre komponenter.

Från och med avsnitt 5 bygger alla instruktioner på antagandet att motorn har tagits ut ur bilen. Information om hur man reparerar motorn när den sitter kvar i bilen, och även hur man demonterar och monterar de externa delar som krävs för översynen, finns i del A, B, C eller D i detta kapitel, och i avsnitt 5. Hoppa över de isärtagningsinstruktioner i del A, B, C eller D som är överflödiga när motorn demonterats från bilen.

Förutom åtdragningsmomenten, som anges i början av del A, B, C och D, finns alla specifikationer för motoröversynen i början av den här delen av kapitel 2.

2 Motorrenovering – allmän information

1 Det är inte alltid lätt att bestämma när, eller om, en motor ska totalrenoveras eftersom ett antal faktorer måste tas med i beräkningen.

2 En lång körsträcka är inte nödvändigtvis ett tecken på att bilen behöver renoveras, lika lite som att en kort körsträcka garanterar att det inte behövs någon översyn. Förmodligen är servicefrekvensen den viktigaste faktorn. En motor som är föremål för regelbundna och täta olje- och filterbyten, liksom annat nödvändigt underhåll, ska kunna köras driftsäkert i många tusen kilometer. En vansköt motor kan däremot behöva en översyn redan på ett tidigt stadium.

3 Onormalt stor oljeåtgång är ett symptom på att kolvringar, ventiltätningar och/ eller ventilstyrningar behöver åtgärdas. Kontrollera att oljeåtgången inte beror på oljeläckage innan du drar slutsatsen att ringarna och/eller styrningarna är slitna. Utför ett kompressionstest, enligt beskrivningen i del A, B, C, eller D i det här kapitlet (efter tillämplighet), för att avgöra vad som är den troliga orsaken till problemet.

4 Kontrollera oljetrycket med en mätare som monteras på platsen för oljetryckskontakten och jämför med det angivna värdet. Om trycket är mycket lågt är troligen ram- och vevstakslagren och/eller oljepumpen utslitna.

5 Minskad motorstyrka, hackig körning, knackningar eller metalliska motorljud, kraftigt ventilregleringsljud och hög bensinkonsumtion är också tecken på att en översyn kan behövas, i synnerhet om dessa symptom visar sig samtidigt. Om en grundlig service inte hjälper, kan en större mekanisk genomgång vara den enda lösningen.

6 En fullständig motorrenovering innebär att alla interna delar återställs till de specifikationer som gäller för en ny motor. Vid en fullständig översyn byts kolvarna och kolvringarna och cylinderloppen renoveras. Nya ram- och vevlagerändar sätts in; om det behövs kan vevaxeln slipas för att kompensera för slitaget i tapparna. Även ventilerna måste gås igenom, eftersom de vid det här laget sällan är i perfekt kondition. Var alltid mycket uppmärksam på oljepumpens skick när du renoverar motorn och byt den om du tvivlar på dess skick. Slutresultatet bör bli en motor som nästan är i nyskick och som kan gå många problemfria mil.

7 Viktiga delar i kylsystemet, t.ex. slangar, termostat och vattenpump, ska också gås igenom i samband med att motorn renoveras. Kylaren ska kontrolleras noggrant så att den inte är tilltäppt eller läcker. Det är dessutom lämpligt att byta ut oljepumpen när motorn renoveras.

8 Innan du påbörjar renoveringen av motorn bör du läsa igenom hela beskrivningen för att bli bekant med omfattningen och förutsättningarna för arbetet. Det är inte svårt att renovera en motor om du följer alla instruktioner noggrant, har tillgång till de verktyg och den utrustning som krävs, och är uppmärksam på alla specifikationer. Däremot kan arbetet ta tid. Räkna med att bilen inte kommer att kunna köras under minst två veckor, särskilt om delar måste tas till en verkstad för reparation eller renovering. Kontrollera att det finns reservdelar tillgängliga och att alla nödvändiga specialverktyg och utrustning kan erhållas i förväg. Större delen av arbetet kan utföras med vanliga handverktyg, även om ett antal precisionsmätverktyg krävs för att avgöra om delar måste bytas ut. Ofta kan en verkstad åta sig att ansvara för kontrollen av delar och ge råd om renovering eller utbyte.

9 Vänta alltid tills motorn är helt demonterad och tills alla delar (speciellt motorblocket/ vevhuset och vevaxeln) har inspekterats, innan du fattar beslut om vilka service- och reparationsåtgärder som måste överlåtas till en verkstad. Skicket på dessa komponenter är avgörande för beslutet att renovera den gamla motorn eller att köpa en färdigrenoverad motor. Köp därför inga delar och utför inte heller något renoveringsarbete på andra delar, förrän dessa delar noggrant har kontrollerats. Generellt sett är tiden den största utgiften vid en renovering, så det lönar sig inte att betala för att sätta in slitna eller undermåliga delar.

10 Kom slutligen ihåg att den renoverade motorn kommer att få längsta möjliga livslängd med minsta möjliga problem om monteringen utförs omsorgsfullt i en absolut ren miljö.

3 Motor demontering – metoder och rekommendationer

1 Om motorn måste demonteras för översyn eller omfattande reparationsarbeten ska flera förebyggande åtgärder vidtas.

2 Det är mycket viktigt att ha tillgång till en lämplig arbetsplats. Tillräckligt med arbetsutrymme behövs, samt plats för att förvara bilen. Om en verkstad eller ett garage inte finns tillgängligt krävs åtminstone en plan och ren arbetsyta.

3 Om motorrummet och motorn/växellådan rengörs innan motorn demonteras blir det lättare att hålla verktygen rena och i ordning.

4 Det behövs även en motorlyft eller en A-ram. Kontrollera att utrustningen har högre kapacitet än motorns vikt. Säkerheten är av största vikt. Arbetet med att lyfta ut motorn ur bilen innehåller flera farliga moment.

5 Om det är första gången du tar bort en motor ska du helst ha en medhjälpare med dig. Råd och hjälp från en mer erfaren person är också bra. Många moment under arbetet med att lyfta ut motorn ur bilen kan inte utföras på ett säkert sätt av bara en person.

6 Planera arbetet i förväg. Skaffa alla verktyg och all utrustning som behövs innan arbetet påbörjas. En del av den utrustning som behövs för att demontera och montera motorn/ växellådan på ett säkert och förhållandevis enkelt sätt är (tillsammans med en motorhiss) följande: en kraftig garagedomkraft, kompletta uppsättningar skruvnycklar och hylsnycklar (se *Verktyg och arbetsutrymmen*), träblock och många trasor och rengöringslösningsmedel för att samla upp spilld olja, kylvätska och bränsle. Se till att vara ute i god tid om motorhissen måste hyras, och utför alla arbeten som går att göra utan den i förväg. Det sparar både pengar och tid.

7 Räkna med att bilen inte kan köras under en längre tid. Vissa av uppgifterna måste utföras av en professionell verkstad, som har tillgång till den specialutrustning som krävs. Verkstäder är ofta fullbokade, så det är lämpligt att fråga hur lång tid som kommer att behövas för att renovera eller reparera de komponenter som ska åtgärdas redan innan motorn demonteras.

8 Var alltid mycket försiktig vid demontering och montering av motorn/växellådan. Oförsiktighet kan leda till allvarliga skador. Planera i förväg och låt arbetet få ta den tid som behövs, då kan även omfattande arbeten utföras framgångsrikt.

9 För alla modeller gäller att motorn tas bort genom att man först tar bort växellådan och sedan lyfter ut motorn från bilens ovansida.

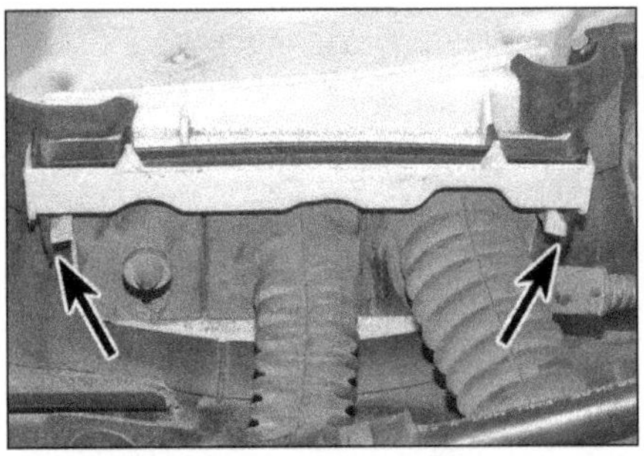

4.7a Tryck ut fästklämmorna (markerade med pilar) och dra upp låsspärren av svart plast i varje ände. . .

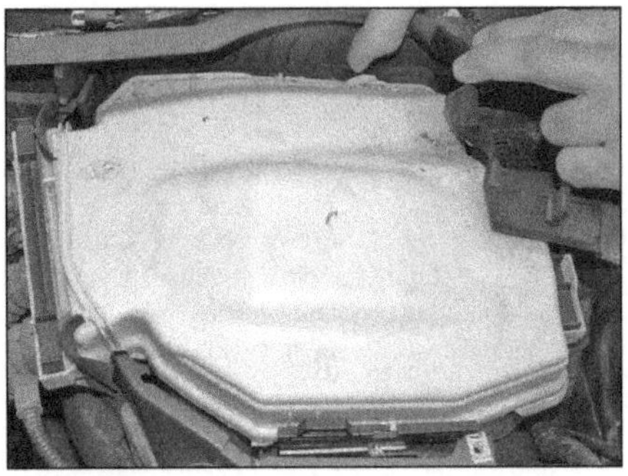

4.7b . . . för den främre och bakre låsklämman mot läget "lås upp"

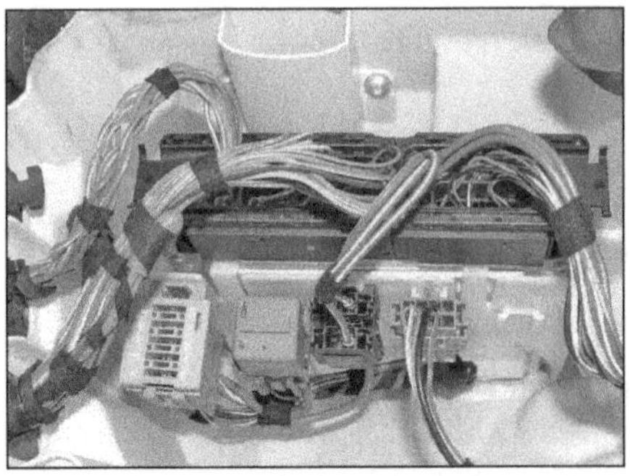

4.7c Lossa motorkablagets kontakter

4 Motor – demontering och montering

Observera: *Detta är en komplicerad uppgift. Läs igenom anvisningarna noggrant innan du börjar, och se till att du har tillgång till de lyftverktyg och den domkrafts-/stödutrustning som behövs. Gör anteckningar vid isärtagningen för att säkerställa att alla kablage/slangar och fästbyglar sätts tillbaka på rätt plats och dras rätt vid återmonteringen.*

Demontering

1 Ta bort motorhuven enligt beskrivningen i kapitel 11.

2 Tryckutjämna bränslesystemet enligt beskrivningen i kapitel 4A i bensinmodeller. Lossa batteriets minusledning (se kapitel 5A).

3 Dränera kylsystemet enligt beskrivningen i kapitel 1A eller 1B.

4 Tappa ur motoroljan, se kapitel 1A eller 1B.

5 Ta bort den manuella växellådan (kapitel 7A) eller automatväxellådan (kapitel 7B), efter tillämplighet.

6 Ta bort drivremmen (drivremmarna) enligt beskrivningen i kapitel 1A eller 1B, skruva sedan loss luftkonditioneringskompressorn från motorn, lossa rören från fästklämmorna och stötta upp kompressorn utanför arbetsområdet enligt beskrivningen i kapitel 3.

Varning: Koppla inte loss kylmedierören – se kapitel 3 för information om de föreskrifter som ska följas.

7 Montera hur de är monterade, lossa sedan kontakterna till kablarna till motorn från eldosan **(se bilder)**.

8 Ta bort insugsgrenröret och luftrenarenheten enligt beskrivningen i kapitel 4A eller 4B.

9 Ta bort kylaren, kylfläkten och kåpan enligt beskrivningen i kapitel 3.

10 Gör en notering av deras monterade positioner, lossa sedan de olika kylvätskeslangarna från motorn.

Bensinmotorer

11 Ta bort kylvätskepumpen enligt beskrivningen i kapitel 3.

12 Ta bort bränsleinjektorns matningsrör på sexcylindriga motorer enligt beskrivningen i kapitel 4A.

13 Skruva loss servostyrningspumpen och flytta den åt ena sidan på sexcylindriga motorer – det finns inget behov att lossa vätskeslangarna – se kapitel 10.

Dieselmotorer

14 Om du inte redan har gjort det ska du lossa och ta bort inlopps- och utloppsslangarna från laddluftkylaren – se kapitel 4B.

15 Arbeta under bilen och lossa bränslematnings- och bränslereturrören **(se bild)**. Täpp igen öppningarna för att hindra smuts från att tränga in.

16 Ta bort katalysatorn/partikelfiltret enligt beskrivningen i kapitel 4C.

17 Ta bort servostyrningspumpen enligt beskrivningen i kapitel 10 i modeller med konventionell servostyrning. Observera att det inte finns något behov att lossa slangarna – placera pumpen på ena sidan.

Alla motorer

18 Om du inte har tillgång till en lyft som kan lyfta ut motorn över bilens främre del när bilen är upphissad, måste du nu ta bort pallbockarna och sänka ner bilen. Se till att motorn har tillräckligt med stöd under nedsänkningen.

19 Skruva loss jordledningen (jordledningarna) från motorfästets fästbygel (fästbyglar) och jordledningen från topplocket till höger innerskärm (om en sådan finns) **(se bilder)**.

20 Gör en sista kontroll för att säkerställa att alla berörda slangar, rör och kablage har kopplats loss från motorn och lagts åt sidan så att motorn kan tas bort.

21 Placera taljan och stötta upp motorn både från lyftöglan i det bakre vänstra hörnet av motorblocket och från lyftfästöglan framtill på topplocket.

22 Lyft upp lyften för att ta bort motorns vikt.

Bensinmotorer

23 Skruva loss fästanordningarna och ta bort underredsskydds panelerna för att komma åt förstärkningsramens bultar på varje sida. Skruva loss bultarna och ta bort ramen **(se bild)**. Kasta bultarna och använd nya vid återmonteringen.

24 Skruva loss de muttrar som håller fast det vänstra motorfästets fästbygel på fästgummit/fästblocket, skruva loss fästbygeln från

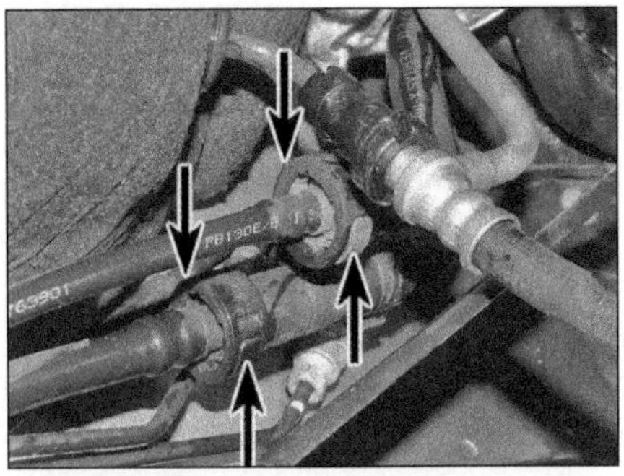

4.15 Tryck in lossningsknapparna på varje sida (markerade med pilar) och lossa bränslerören

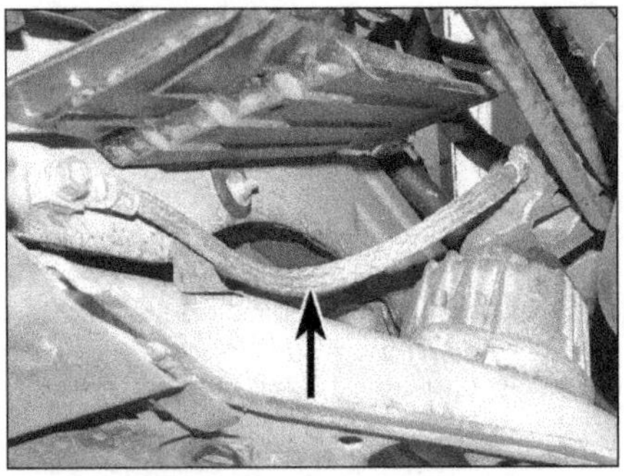

4.19a Lossa jordledningen från fästet till karossen (markerad med pil). . .

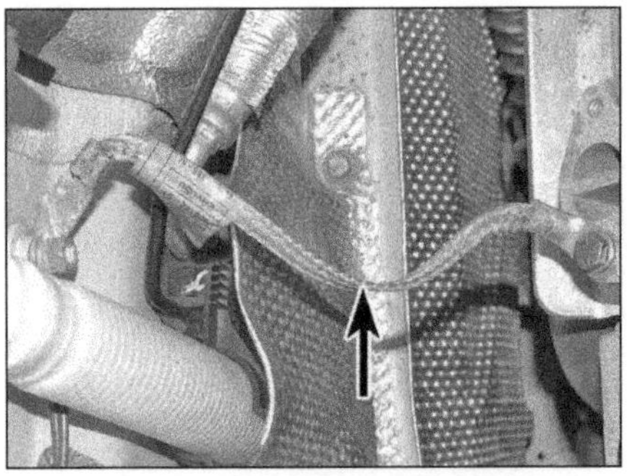

4.19b . . . och jordledningen från topplocket (markerad med pil)

motorblocket och ta bort fästbygeln. Skruva loss de bultar som håller fast höger fäste/block på hjälpramen **(se bild)**. Lossa slangarna/rören från fästena.

Dieselmotorer

25 Skruva loss de muttrar som håller fast motorfästena på fästbygeln på varje sida, skruva sedan loss bultarna och ta bort höger fästbygel från motorblocket.

Alla motorer

26 Hissa upp lyften och lyft ut motorn från motorrummet med hjälp av en medhjälpare. Åtkomsten är begränsad - var försiktig så att du inte skadar kablage, slangar etc. när motorn demonteras.

Montering

27 Monteringen utförs i omvänd ordningsföljd. Tänk på följande:

a) Dra åt alla fästen till angivet moment, om sådant finns.
b) Se till att alla kablage, slangar och fästbyglar sitter rätt och är dragna enligt de anteckningar som gjordes vid demonteringen.
c) Sätt tillbaka drivremmen enligt beskrivningen i kapitel 1A eller 1B.
d) Montera tillbaka insugningsgrenröret enligt beskrivningen i kapitel 4A eller 4B.
e) Sätt tillbaka kylaren, se kapitel 3.
f) Sätt tillbaka den manuella eller automatiska växellådan enligt beskrivningen i kapitel 7A eller 7B.
g))Avsluta med att fylla på motorolja och fylla på kylsystemet enligt beskrivningen i kapitel 1A eller 1B.

5 Motoröversyn – ordningsföljd vid isärtagning

1 Det är betydligt enklare att demontera och arbeta med motorn om den placeras i ett portabelt motorställ. Sådana ställ kan oftast hyras från en verkstad. Innan motorn monteras i stället ska svänghjulet/drivplattan demonteras så att ställets bultar kan dras ända in i motorblocket/vevhuset.

2 Om det inte finns något ställ tillgängligt går det att ta isär motorn om man pallar upp den på en rejäl arbetsbänk eller på golvet. Var noga med att inte välta eller tappa motorn om du jobbar utan ställ.

3 Om du ska skaffa en renoverad motor ska alla yttre komponenter demonteras först, för att kunna överföras till den nya motorn (på exakt samma sätt som om du skulle utföra en fullständig renovering själv). Detta inkluderar följande komponenter:

a) Hjälpenhetens fästbyglar (oljefilter, startmotor, generator, servostyrningspump etc.).
b) Termostat och huset (kapitel 3).
c) Alla elektriska brytare och givare.

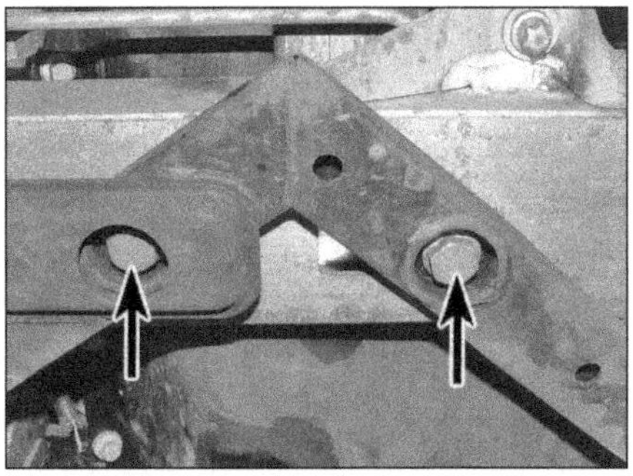

4.23 Skruva loss förstärkningsbultarna (de mittre bultarna är markerade med pilar)

d) Insugnings- och avgasgrenrör – om tillämpligt (kapitel 4A eller 4B).
e) Tändspolarna och tändstiften – efter tillämplighet (kapitel 1A och 5B).
f) Svänghjul/drivplatta (del A, B, C eller D i detta kapitel).

Observera: *Var noga med att notera detaljer som kan vara till hjälp eller av vikt vid återmonteringen när de externa komponenterna demonteras från motorn. Anteckna monteringslägen för packningar, tätningar, distanser, stift, brickor, bultar och andra smådelar.*

4 Om du har en "kort" motor (som består av motorblocket/vevhuset, vevaxeln, kolvarna och vevstakarna ihopsatta) måste även topplocket, sumpen, oljepumpen och kamkedjan tas bort.

5 Om du planerar att genomföra en komplett renovering kan motorn tas isär och de interna komponenterna tas bort i den ordning som anges nedan enligt del A eller B i detta kapitel om inget annat anges.

a) Insugnings- och avgasgrenrör – om tillämpligt (kapitel 4A eller 4B).
b) Kamkedjor, drev och spännare.
c) Topplock.
d) Svänghjul/drivplatta.
e) Sump.
f) Oljepump.
g) Kolvar/vevstakar (avsnitt 9).
h) Vevaxel (avsnitt 10).

6 Kontrollera att alla nödvändiga verktyg finns innan demonteringen och renoveringen inleds. Se *Verktyg och arbetsutrymmen* för ytterligare information.

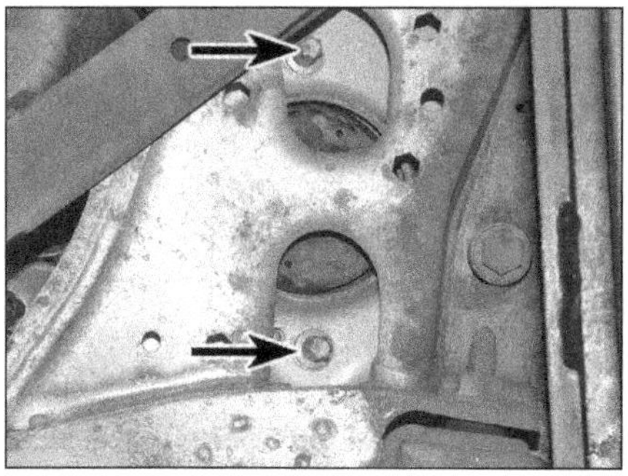

4.24 Skruva loss de bultar (markerade med pilar) som håller fast fästet på hjälpramen

6 Topplock – isärtagning

Observera: *Nya och renoverade topplock finns att köpa hos tillverkaren, och från specialister på motorrenoveringar. Kom ihåg att vissa specialverktyg är nödvändiga för isärtagning och kontroller, och att nya komponenter kanske måste beställas i förväg. Det kan därför vara mer praktiskt och ekonomiskt för en hemmamekaniker att köpa ett färdigrenoverat topplock än att ta isär och renovera det ursprungliga topplocket. En ventilfjäderkompressor behövs för detta arbete.*

1 Ta bort kamaxlarna, ventilvipporna/vipparmarna och de hydrauliska justerarna enligt beskrivningen i del A, B, C or D i detta kapitel.

2 Använd en ventilfjäderkompressor för att trycka ihop fjädern på varje ventil i tur och ordning tills knastren kan tas bort. Observera att det finns fjädrar som har en större diameter i ena änden och att denna ände måste placeras mot topplocket vid återmonteringen. Lossa kompressorn och lyft bort fjäderhållaren och fjädern. Använd en tång och ta försiktigt bort ventilskaftets oljetätning från styrningens ovandel **(se bilder)**.

3 Om fjäderhållaren vägrar att lossna och exponera de delade insatshylsorna när ventilfjäderkompressorn är nedskruvad, knacka försiktigt på verktygets ovansida, precis över hållaren, med en lätt hammare. Då lossnar hållaren.

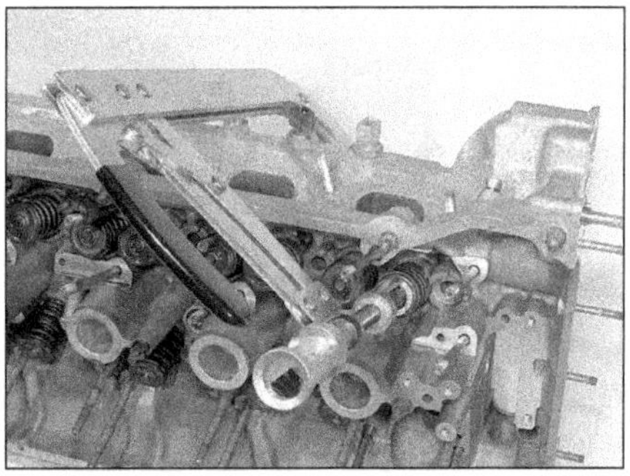

6.2a Tryck ihop ventilfjädrarna med en fjäderkompressor

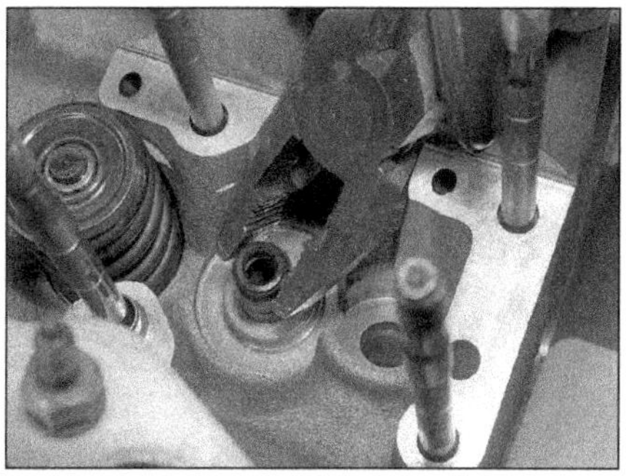

6.2b Ta bort ventilskaftets oljetätningar

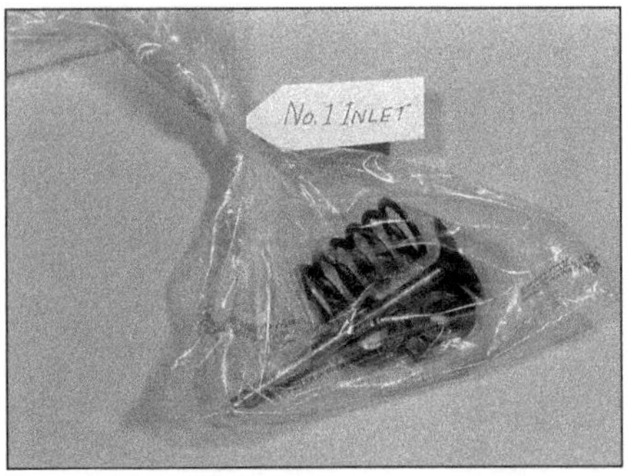

6.5 Placera varje ventil och dess tillhörande komponenter i en märkt plastpåse

4 Ta bort ventilen genom förbränningskammaren.

5 Det är mycket viktigt att varje ventil förvaras tillsammans med sina hylsor, hållare, fjädrar och fjädersäten. Ventilerna bör även förvaras i samma ordning som de är placerade, om de inte är i så dåligt skick att de måste bytas ut. Om ventilerna ska återanvändas, förvara ventilkomponenterna i märkta plastpåsar eller liknande behållare **(se bild)**. Observera att ventil nr 1 är framtill i motorn – vevaxelremskivsänden.

7 Topplock och ventiler– rengöring och kontroll

1 Om topplock och ventilkomponenter rengörs noga och sedan inspekteras blir det lättare att avgöra hur mycket arbete som måste läggas ner på ventilerna under motorrenoveringen. **Observera:** *Om motorn har blivit mycket överhettad har topplocket troligen blivit skevt – kontrollera noggrant om så är fallet.*

Rengöring

2 Skrapa bort alla spår av gamla packningsrester från topplocket.

3 Skrapa bort sot från förbränningskammare och portar och tvätta topplocket noggrant med fotogen eller lämpligt lösningsmedel.

4 Skrapa bort eventuella sotavlagringar från ventilerna och använd sedan en eldriven stålborste för att ta bort avlagringar från ventilhuvuden och skaft.

Kontroll

Observera: *Var noga med att utföra hela granskningsproceduren nedan innan beslut fattas om en verkstad behöver anlitas för någon åtgärd. Gör en lista med alla komponenter som behöver åtgärdas.*

Topplock

5 Undersök topplocket noggrant: Sök efter sprickor, tecken på kylvätskeläckage och andra skador. Förekommer sprickor måste topplocket bytas ut.

6 Använd en stållinjal och ett bladmått för att kontrollera att topplockets yta inte är skev **(se bild)**. Om topplocket är skevt kan det bearbetas under förutsättning att det inte har slipats ner till under den angivna minimihöjden. **Observera:** *Om 0,3 mm arbetas bort från topplocket, måste man sätta dit en 0,3 mm tjockare topplockspackning när motorn monteras ihop. Den nya packningen behövs för att de korrekta måtten mellan ventilhuvudena, ventilstyrningarna och topplockspackningens yta ska behållas.*

7 Undersök ventilsätena i förbränningskamrarna. Om de är mycket gropiga, spruckna eller brända måste de bytas ut eller skäras om av en specialist på motorrenoveringar. Om de endast är lite gropiga kan det räcka med att slipa till ventilhuvuden och säten med fin ventilslipmassa enligt beskrivningen senare i detta avsnitt.

8 Kontrollera om ventilstyrningarna är slitna genom att sätta in den berörda ventilen och kontrollera dess rörelser från sida till sida. En mycket liten rörelse kan accepteras. Om rörelsen verkar för stor, byt ventilen. Det finns inga separata ventilstyrningar att köpa, men man kan köpa olika grader (storlekar) av ventiler (skaft).

9 Undersök lagerytorna i topplocket eller de gjutna lagerfästena (efter tillämplighet) och lageröverfallen och kontrollera om de uppvisar tecken på skador eller slitage.

10 Kontrollera om tillämpligt kamaxellagrens gjutna fogytor på topplocket med avseende på skevhet.

Ventiler

⚠ ***Varning: Avgasventilerna som vissa motorer har är fyllda med natrium för att förbättra värmeöverföringen. Natrium är ett mycket reaktivt material som antänds eller exploderar spontant vid kontakt med vatten (inklusive vattenånga i luften). Dessa ventiler får INTE kastas som vanligt avfall. Be om råd från en BMW-handlare eller din kommuns miljöförvaltning när du ska kasta ventilerna.***

11 Undersök varje ventils huvud och leta efter tecken på gropbildning, brännmärken, sprickor och allmänt slitage. Kontrollera om ventilskaftet blivit spårigt eller slitet. Vrid ventilen och kontrollera om den verkar böjd. Leta efter gropar eller onormalt slitage på spetsen av varje ventilskaft. Byt ut alla ventiler som visar tecken på slitage eller skador.

12 Om en ventil verkar vara i gott skick ska ventilskaftet mätas på flera punkter med en mikrometer **(se bild)**. Stora skillnader mellan de avlästa värdena indikerar att ventilskaftet är slitet. I båda dessa fall måste ventilen/ventilerna bytas ut.

13 Om ventilerna är i någorlunda gott skick ska de poleras i sina säten för att garantera en smidig och gastät tätning. Om sätet endast är lätt anfrätt, eller om det har gängats om, ska *endast* fin slipningsmassa användas för att få fram den nödvändiga ytan. Grov ventilslipmassa ska *inte* användas, om inte ett säte är svårt bränt eller har djupa gropar; Om så är fallet ska topplocket och ventilerna undersökas av en expert som avgör om ventilsätena ska skäras om eller om ventilen eller sätesinsatsen måste bytas ut.

14 Ventilslipning går till på följande sätt. Placera topplocket upp och ner på en bänk.

15 Smörj en aning lagom grov ventilslipmassa på sätesytan och tryck ner ett sugslipningsverktyg över ventilhuvudet **(se bild)**. Slipa ventilhuvudet med en roterande rörelse ner till sätet. Lyft ventilen ibland för att omfördela slipmassan. Om en lätt fjäder placeras under ventilen går det lättare.

16 Om grov slipmassa används, arbeta tills ventilhuvudet och fästet får en matt, jämn yta. Torka sedan bort den använda slipmassan och upprepa arbetet med fin slipmassa. När en mjuk, obruten ring med ljusgrå matt yta uppstått på både ventilen och sätet är inslipningen färdig. *Slipa inte* in ventilerna längre än vad som är absolut nödvändigt, då kan sätet sjunka in i topplocket för tidigt.

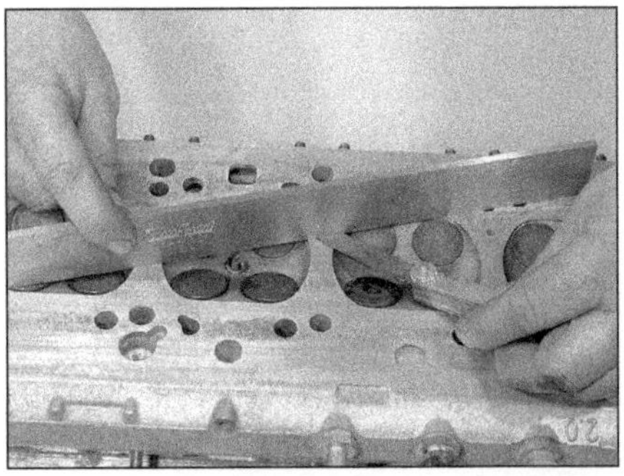

7.6 Kontrollera om topplockspacknings yta är vriden

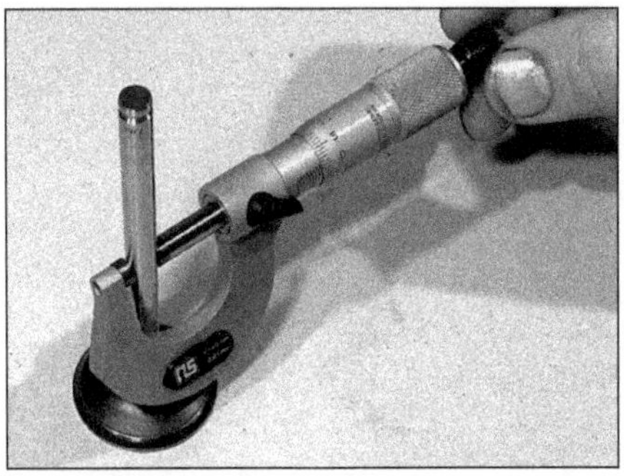

7.12 Mät ventilskaftets diameter med en mikrometer

7.15 Slipa in en ventil

8.1 Smörj in ventilskaftet

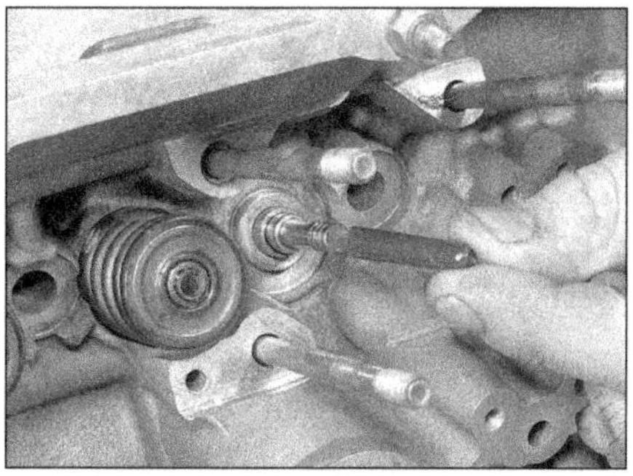

8.2a Sätt dit den skyddande hylsan på ventilskaftet . . .

8.2b . . . och sätt sedan dit oljetätningen med hjälp av en hylsa

17 När samtliga ventiler har blivit inslipade måste *alla* spår av slipmassa försiktigt tvättas bort med fotogen eller annat lämpligt lösningsmedel innan topplocket sätts ihop.

Ventilkomponenter

18 Undersök om ventilfjädrarna visar tecken på skador eller är missfärgade. BMW har inte angivit någon minsta fri längd, så det enda sättet att bedöma ventilfjäderns slitage är att jämföra den med en ny komponent.

19 Ställ varje ventil på en plan yta och kontrollera att den är rätvinklig. Om någon fjäder är skadad, skev eller har förlorat spänsten, skaffa en hel uppsättning med nya fjädrar. Det är normalt att byta ventilfjädrarna som en standardåtgärd om man gör en större motorrenovering.

20 Byt ut ventilskaftens oljetätningar, oavsett deras aktuella kondition.

8 Topplock - hopsättningen

Observera: *Nya ventilskafts oljetätningar ska monteras, och det behövs en ventilfjäderkompressor för detta arbete.*

1 Smörj in ventilskaften och montera ventilerna på deras ursprungliga platser **(se bild)**. Om nya ventiler monteras ska de sättas på de platser där de slipats in.

2 Arbeta på den första ventilen och doppa den nya ventilskaftstätningen i ny motorolja. Nya tätningar levereras normalt med skyddande hylsor som ska placeras ovanpå ventilskaften för att förhindra att knastrens spår skadar oljetätningarna. Om det inte följde med några hylsor, linda lite tejp runt ventilskaftens övre del för att skydda tätningarna. Passa försiktigt in tätningen över ventilen och på styrningen. Var noga med att inte skada tätningen när den förs över ventilskaftet. Använd en lämplig hylsa eller metallrör för att trycka fast tätningen på styrningen ordentligt **(se bilder)**.

3 Placera ventilfjädern ovanpå sätet, montera sedan tillbaka fjäderhållaren. Om fjäderdiametern är olika i de båda ändarna, ska ventilfjäderänden med den största diametern ligga an mot sätet på topplocket **(se bilder)**.

8.3a Montera ventilfjädern. . .

4 Tryck ihop ventilfjädern/fjädrarna och passa in de delade insatshylsorna i spåren i ventilskaftet. Lossa kompressorn och upprepa proceduren på resten av ventilerna.

5 När alla ventiler är installerade, stötta upp topplocket på klossar och knacka på änden av varje ventilskaft med hammare och träblock, så att delarna sätter sig på plats.

6 Montera tillbaka topplocket enligt beskrivningen i del A, B, C eller D i detta kapitel.

9 Kolv/vevstake - demontering

Varning: På motorer som har oljemunstyckena på motorblocket måste du vara försiktig så att du inte skadar munstyckena när du tar bort kolv-/vevstaksenheterna. BMW insisterar på att om munstyckena är böjda måste de bytas.

1 Ta bort topplocket, sumpen och balansaxel-/oljepumphuset på motorerna N46, N46T och M47T2 efter tillämplighet enligt beskrivningen i del A eller C i detta kapitel.

2 Ta bort topplocket, sumpen och olje-/vakuumpumpen enligt beskrivningen i del D i detta kapitel på motorerna N47 och N57.

3 Ta bort topplocket, sumpen och

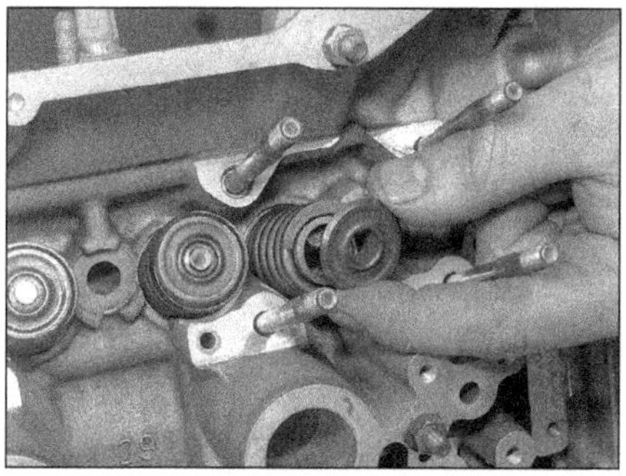

8.3b . . . och därefter fjäderhållaren

oljepumpen enligt beskrivningen i del B eller C i detta kapitel på motorerna N52, N52K och M57T2.

4 Skruva loss förstärkningsplattan från motorblockets nederkant på motorerna N57 **(se bild)**.

5 Om cylinderloppens övre delar har tydliga slitagespår ska de tas bort med skrapa eller skavstål innan kolvarna demonteras eftersom spåren kan skada kolvringarna. Ett sådant spår är ett tecken på överdrivet slitage på cylinderloppet.

6 Kontrollera om vevstakarna och vevstakslageröverfallen har ID-markeringar. Både stakarna och överfallen ska vara märkta med cylindernumret. Observera att cylinder nr 1 är på vevaxelremskivsänden av motorn. Om det inte finns några markeringar, använd en hammare och en körnare, färg eller liknande, och märk varje vevstake och vevstakslageröverfall med respektive

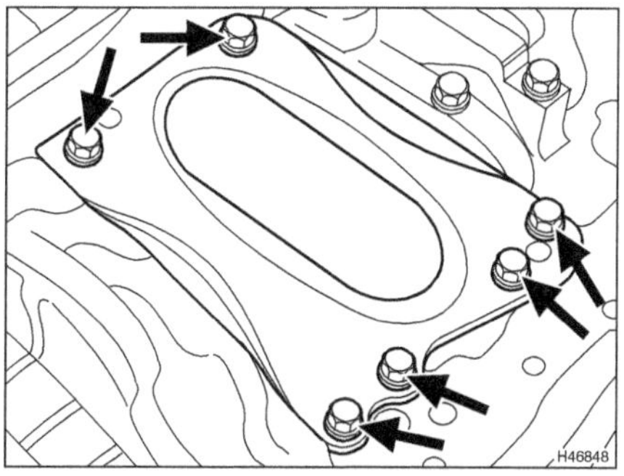

9.4 Skruva loss bultarna (markerade med pilar) och ta bort förstärkningsplattan

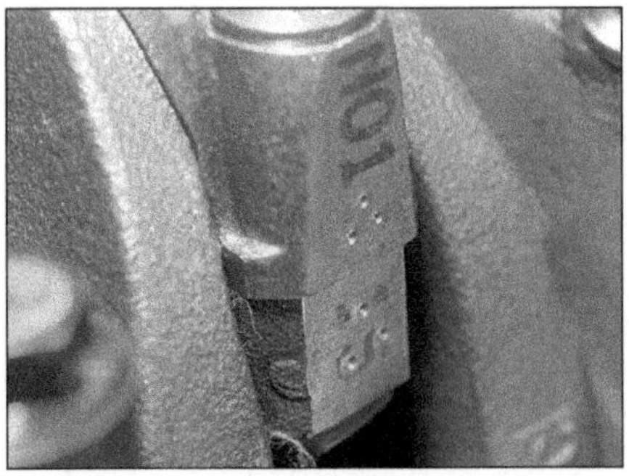

9.6 Märken på lageröverfallens stora ände

cylindernummer på den plana bearbetade ytan **(se bild)**.

7 Vrid vevaxeln så att kolvarna 1 och 4 (fyrcylindrig motor) eller 1 och 6 (sexcylindrig motor) förs till ND (nedre dödpunkt) efter tillämplighet.

8 Skruva loss bultarna från vevstakslageröverfall nummer 1. Ta bort lageröverfallet och den nedre halvan av lagerskålen **(se bild)**. Om lagerskålarna ska återanvändas, tejpa ihop överfallet och skålen med varandra.

9 Använd ett hammarskaft för att skjuta upp kolven genom loppet och ta bort den från motorblocket. Ta loss lagerskålen och tejpa fast den på vevstaken så den inte kommer bort. Var försiktig så att du inte skadar oljemunstyckena.

10 Placera lageröverfallet löst på vevstaken och fäst det med bultarna – på så sätt blir det lättare att hålla komponenterna i rätt ordning.

11 Ta bort kolvenhet nr 4 (fyrcylindriga motorer) eller kolvenhet nr 6 (sexcylindriga motorer) på samma sätt efter tillämplighet.

12 Vrid vevaxeln så mycket som behövs för att föra de återstående kolvarna till ND och ta bort dem på samma sätt.

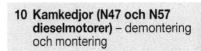

10 Kamkedjor (N47 och N57 dieselmotorer) – demontering och montering

Observera: *Motorn måste tas bort för att det ska gå att komma åt kamkedjorna.*

Demontering

1 Ta bort topplocket, svänghjulet och sumpen enligt beskrivningen i kapitel 2D.

2 Skruva loss bultarna och ta bort kamkåpan från motorn **(se bild)**.

3 Ta bort metallpackningen från motorblockets bakre del. Kontrollera att styrstiften är i bra skick och korrekt placerade.

9.8 Ta bort vevstakslageröverfallet

4 Skruva loss den bult som håller fast drevet på oljepumpens axel. Observera att bulten är **vänstergängad (se bild)**. Dra bort drevet och kedjan från axeln.

5 För den övre kamkedjestyrskenan från styrsprinten **(se bild)**.

6 Fäst vevaxeln så att den inte kan rotera och lossa bränslepumpens mittre bult **(se bild)**.

7 Använd BMW-verktyg nr 11 8 740 eller en lämplig avdragare för att lossa bränslepumpsdrevet från axeln **(se bild)**.

8 Tryck in kedjespännarens kolv och sätt i en

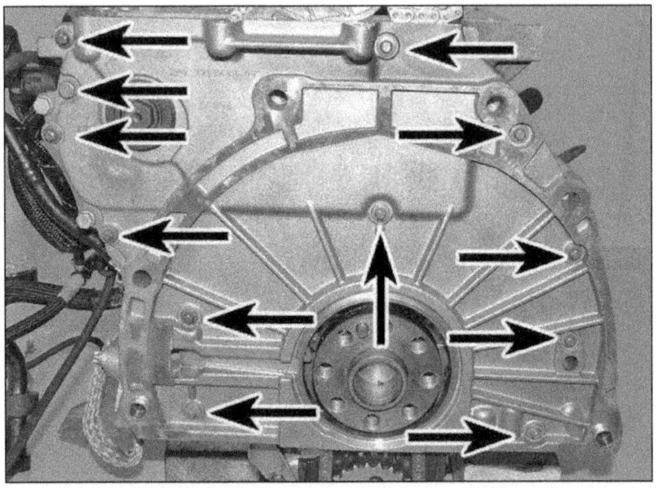

10.2 Kamkåpans fästbultar (markerade med pilar)

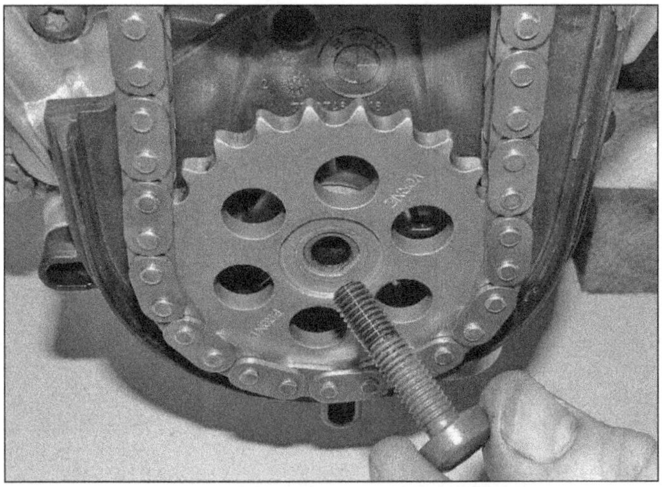

10.4 Oljepumpdrevets bult är vänstergängad.

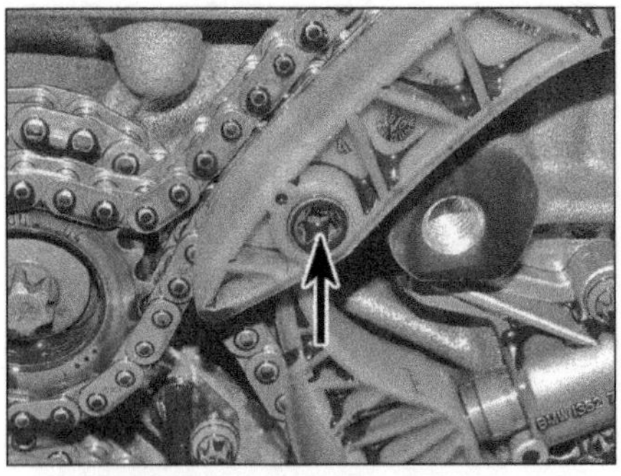

10.5 För den övre kedjestyrningen från bulten (markerad med pil)

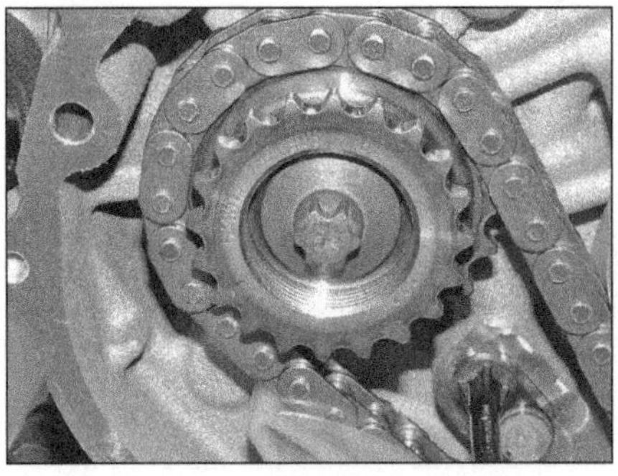

10.6 Lossa bränslepumpens drevbult

10.7 Använd en avdragare för att ta bort bränslepumpsdrevet

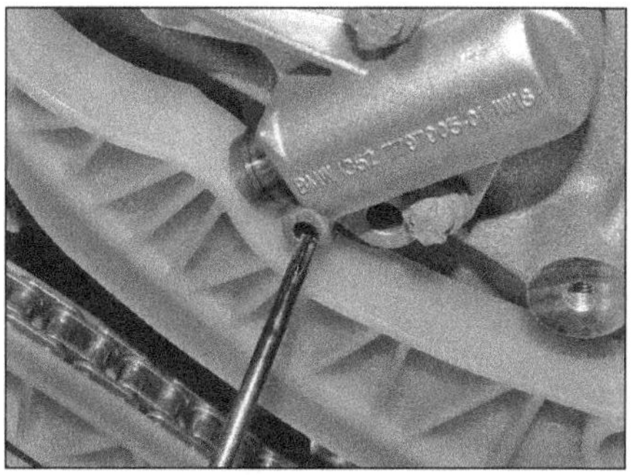

10.8 Tryck in kolven, använd sedan ett borrbit/en borrstång för att fästa den på plats

stång/ett borrbit med lämplig diameter för att låsa kolven på plats **(se bild)**.

9 För bort styrskenorna från respektive sida av pumpens drivkedja när kedjan och bränslepumpen tas bort **(se bild)**.

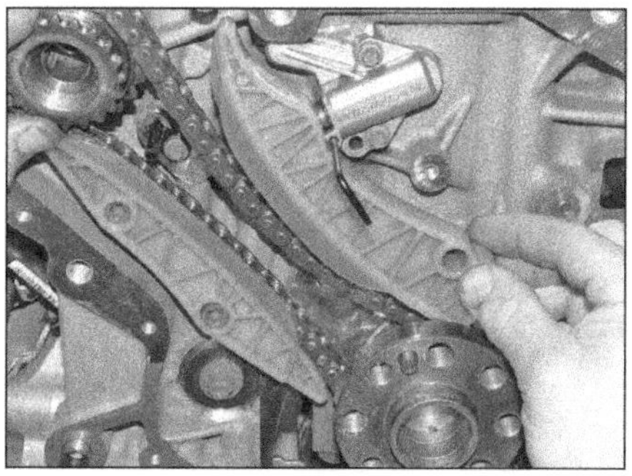

10.9 Ta bort kamkedjan, pumpdrevet och styrskenan tillsammans

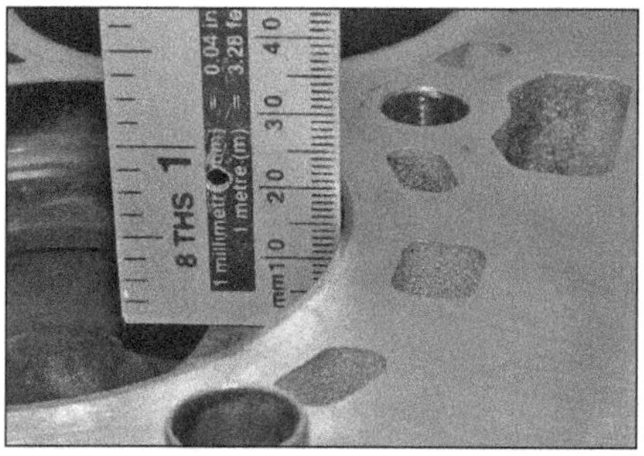

10.10 När vevaxeln är korrekt placerad ska avståndet från kolven till packningens yta vara 16 mm

Montering

10 Placera vevaxeln så att kolv nr 1 är 45° efter den övre dödpunkten (ÖD). Detta kan verifieras genom mätning av avståndet från motorblockets övre packningsyta till kolvens överdel. Om vevaxeln är korrekt placerad bör avståndet vara 16 mm **(se bild)**.

11 Med vevaxeln rätt placerad måste spåret i bränslepumpens axel vara inriktat mot märket på motorblocket **(se bild)**.

12 Montera bränslepumpens drev i kedjan, montera sedan kedjan runt vevaxeldrevet. Placera drevet på bränslepumpsaxeln och observera märket och sprinten på drevet (som är inriktat mot spåret på pumpaxeln) som måste vara inriktat mot märket på motorblocket **(se bild)**. Tryck på drevet på pumpaxeln och montera samtidigt tillbaka styrskenorna.

13 Dra åt bränslepumpsaxelns bult till angivet moment med vevaxeln stilla.

14 Dra ut låsstången/borrbitet från sträckaren för att lossa sträckarens kolv.

15 Låt den övre kamkedjan gå i ingrepp med bränslepumpens drev och den nedre kedjan med oljepumpens drev och vevaxeldrevet. Montera drevet på oljepumpen och observera att den platta ytan på pumpens axel måste vara inriktad mot den platta ytan i drevets fästhål **(se bild)**.

16 Hindra vevaxeln från att vridas runt och dra åt oljepumpsdrevets fästbult till angivet moment. Observera att bulten är **vänstergängad**.

17 Montera den nya packningen över styrstiften, montera sedan tillbaka kamkåpan på den bakre delen av topplocket. Dra åt fästbultarna till angivet moment.

18 Resten av monteringen utförs i omvänd ordningsföljd mot demonteringen.

11 Vevaxel – demontering

Observera: *För att ta bort vevaxeln på de fyrcylindriga dieselmotorerna N47 måste balansaxlarna först tas bort. Detta är en komplex uppgift som kräver användning av flera BMW-specialverktyg. Följaktligen är det lämpligt att denna uppgift överlåts åt en BMW-verkstad eller en motorrenoveringsspecialist med lämplig utrustning.*

1 Ta bort sumpen, kamkedjan, balansaxelhuset/oljepumpen, svänghjulet/drivplattan och vevaxelns oljetätningar på motorerna N46, N46T och M47T2 efter tillämplighet enligt beskrivningen i del A eller C i detta kapitel.

2 På 6-cylindriga motorer, ta bort sumpen, oljepumpen, kamkedjan, svänghjulet/drivplattan och vevaxelns packboxar, enligt beskrivningen i del B, C eller D i detta kapitel

3 Ta bort kolvarna och vevstakarna enligt beskrivningen i avsnitt 9. Om inget arbete ska utföras på kolvarna eller vevstakarna är det ingen idé att ta bort topplocket eller trycka ut kolvarna ur cylinderloppen.

Varning: Om kolvarna trycks upp i loppen och topplocket sitter kvar, ska du vara försiktig så att du inte tvingar in kolvarna i de öppna ventilerna.

Bensinmotorer

4-cylindriga

4 Kolvarna bör bara tryckas tillräckligt långt in i hålen så att de går fria från vevaxeltapparna.

5 Kontrollera vevaxelns axialspel enligt beskrivningen i avsnitt 14, och utför sedan följande arbete.

6 Lagerskålarna är monterade i vevhusets nedre halva. Börja utifrån och gå inåt, lossa fästbultarna och lyft bort det nedre vevhuset. Observera att nya bultar till huvudlagret/vevhusets nedre halva måste monteras.

7 Ta loss lagerskålarna från deras placering i vevhuset nedre halva. Observera att tryckbrickan är inbyggd i lagerskålen i lagerposition 4 eller 5

6-cylindriga

8 Skruva loss bultarna och ta bort oljedeflektorn från basen på topplockets fundament. Observera att nya fästbultar krävs.

9 Kolvarna bör bara tryckas tillräckligt långt in i hålen så att de går fria från vevaxeltapparna.

10 Kontrollera vevaxelns axialspel enligt beskrivningen i avsnitt 14, och utför sedan följande arbete.

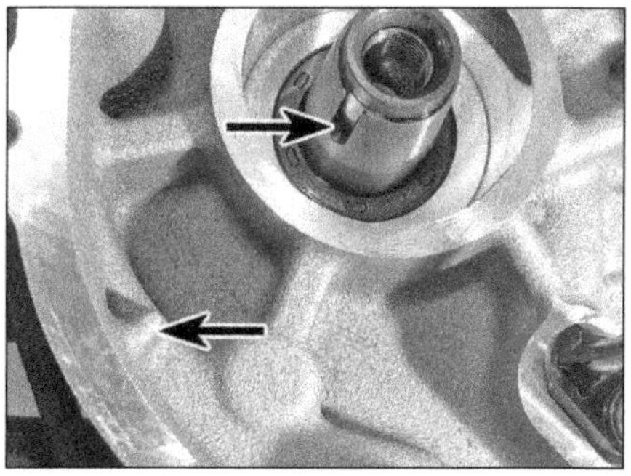

10.11 Spåret på pumpaxeln måste vara inriktat mot märket på blocket (markerat med pilar)

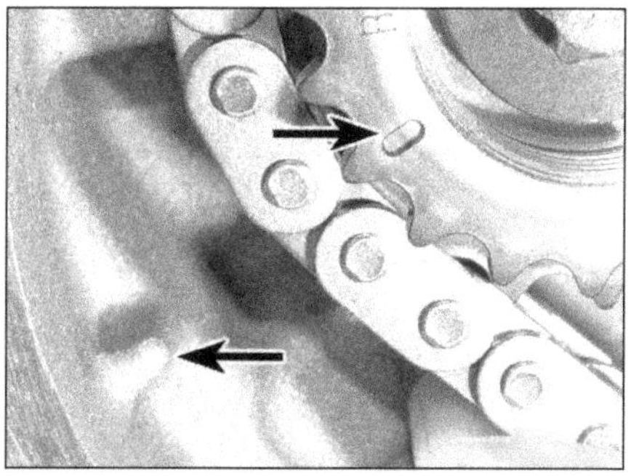

10.12 Märket på drevet måste också vara inriktat med märket på blocket (markerat med pilar)

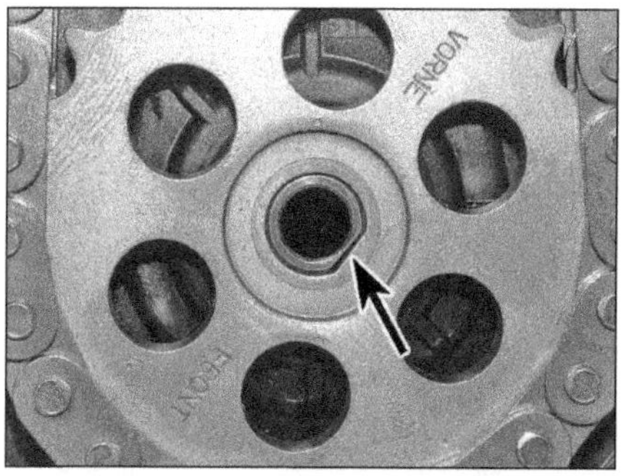

10.15 Den platta delen av oljepumpens axel är inriktad mot den platta delen i monteringshålet (markerad med pil)

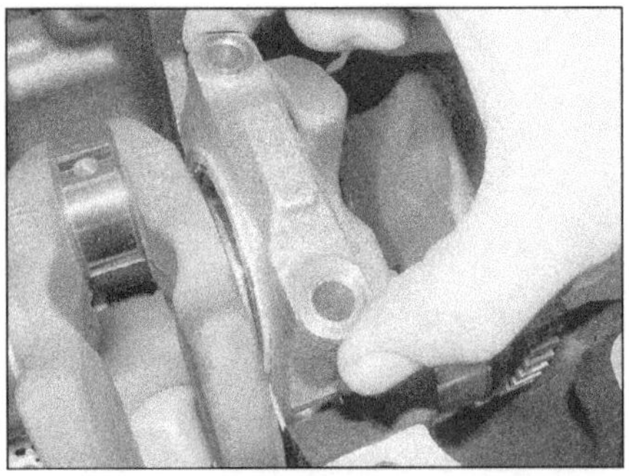

11.16 Ta försiktigt bort varje kåpa från motorblocket

11 Lagerskålarna är monterade i ett "fundament". Börja utifrån och gå inåt, lossa fästbultarna och lyft bort fundamentet. Observera att nya bultar till lagret/fundamentet måste monteras.

12 Ta loss lagerskålarna från deras placering i vevhuset nedre halva. Observera att tryckbrickan är inbyggd i lagerskålen i lagerposition nr 4.

Dieselmotorer

4-cylindriga

13 Kolvarna bör bara tryckas tillräckligt långt in i hålen så att de går fria från vevaxeltapparna.

14 Kontrollera vevaxelns axialspel enligt beskrivningen i avsnitt 14, och utför sedan följande arbete.

15 Ramlageröverfallen bör numreras 1 till 5 från motorns kamkedjeände. Om lageröverfallen inte är märkta ska de markeras enligt ovan med en körnare.

16 Lossa och ta bort ramlageröverfallets bultar och lyft bort varje lageröverfall **(se bild)**. Ta loss de nedre ramlagerskålarna och tejpa fast dem på deras kåpor så de inte kommer bort. Observera att ramlageröverfallets fästbultar måste bytas.

17 Observera att den nedre trycklagerskålen som reglerar vevaxelns axialspel kan monteras på ramlagersäte nr 4 eller 5. Den korrekta placeringen kan identifieras genom det bearbetade område som trycklagren ska passa på.

6-cylindriga M57T2

18 Skruva loss bultarna och ta bort förstärkningsplattan från motorblocket.

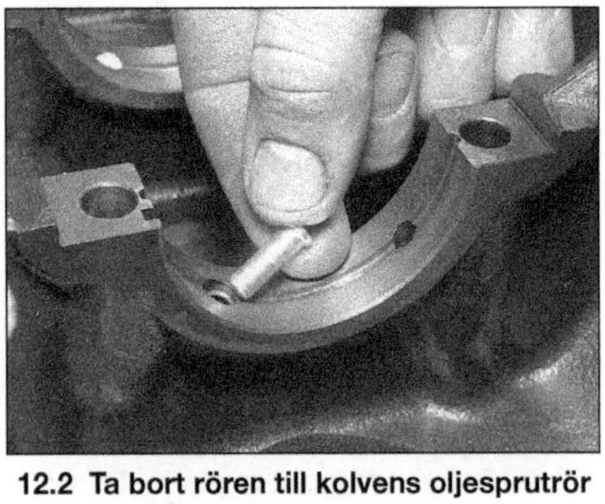

12.2 Ta bort rören till kolvens oljesprutrör från ramlagrens platser

11.30 Lyft upp de övre ramlagerskålarna från motorblocket

19 Kolvarna bör bara tryckas tillräckligt långt in i hålen så att de går fria från vevaxeltapparna.

20 Kontrollera vevaxelns axialspel enligt beskrivningen i avsnitt 14, och utför sedan följande arbete.

21 Ramlageröverfallen bör numreras 1 till 7 från motorns kamkedjeände. Om lageröverfallen inte är märkta ska de markeras enligt ovan med en körnare.

22 Lossa och ta bort ramlageröverfallets fästbultar och lyft bort varje lageröverfall **(se bild 11.16)**. Ta loss de nedre ramlagerskålarna och tejpa fast dem på deras kåpor så de inte kommer bort. Observera att ramlageröverfallets fästbultar måste bytas.

23 Observera att den nedre trycklagerskålen, som reglerar vevaxelns axialspel, kan monteras på ramlagersäte nr 6. Den korrekta placeringen kan identifieras genom det bearbetade område som trycklagren ska passa på.

6-cylindriga N57

24 Istället behöver kolvarna bara tryckas in så långt i loppen att de inte är i vägen för vevaxeltapparna.

25 Kontrollera vevaxelns axialspel enligt beskrivningen i avsnitt 14, och utför sedan följande arbete.

26 Ramlageröverfallen bör numreras 1 till 7 från motorns kamkedjeände. Om lageröverfallen inte är märkta ska de markeras enligt ovan med en körnare.

27 Lossa och ta bort ramlageröverfallets fästbultar och lyft bort varje lageröverfall **(se bild 11.16)**. Ta loss de nedre ramlagerskålarna och tejpa fast dem på deras kåpor så de inte kommer bort. Observera att ramlageröverfallets fästbultar måste bytas.

28 Observera att den nedre trycklagerskålen, som reglerar vevaxelns axialspel, kan monteras på ramlagersäte nr 4. Den korrekta placeringen kan identifieras genom det bearbetade område som trycklagren ska passa på.

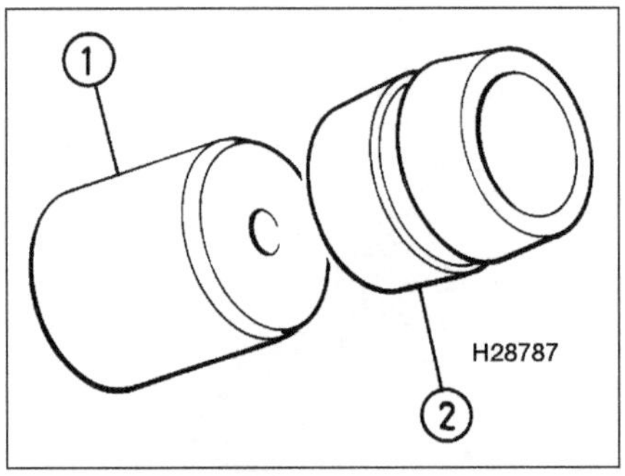

12.3a Kalibrerat oljetryck för munstyckskomponenter

1 Munstycke *2 Distanshylsa*

Alla motorer

29 Lyft bort vevaxeln från dess plats. Var försiktig, vevaxeln är tung!

30 Ta loss de övre lagerskålarna från motorblocket **(se bild)**. Observera även här hur den övre trycklagerskålen sitter.

12 Motorblock/vevhus – rengöring och kontroll

Rengöring

Varning: På motorer som har oljemunstyckena på motorblocket mellan lagerplatserna ska du vara försiktig så att munstyckena inte skadas när du arbetar med motorblocket/vevhuset. BMW insisterar på att om munstyckena är böjda måste de bytas.

1 Ta bort alla utvändiga komponenter och elektriska kontakter/givare från motorblocket. För en fullständig rengöring ska hylspluggarna helst tas bort. Borra ett litet hål i pluggarna, och skruva sedan i en självgängande skruv. Dra ut pluggen genom att dra i skruven med en tång eller använd draghammare.

2 Om tillämpligt dra bort/skruva loss kolvens oljesprutrör från lagersätena i motorblocket **(se bild)**.

3 Ta bort backventilen för oljetryck från motorblockets ovansida på fyrcylindriga motorer. En backventil med en gummifodrad distansbricka över är monterad **(se bilder)**.

4 Skrapa bort alla packningsrester från motorblocket/vevhuset. Var försiktig så att du inte skadar packnings-/tätningsytorna.

5 Ta bort alla pluggar från oljeledningarna, i förekommande fall. Pluggarna sitter ofta mycket hårt och kan behöva borras ut så att

12.3b Dra bort backventilen från packningsytan

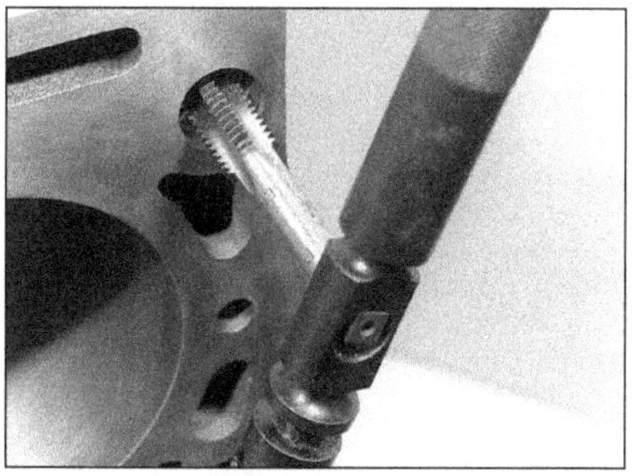

12.9 Rengör motorblockets gängade hål med en lämplig gängtapp

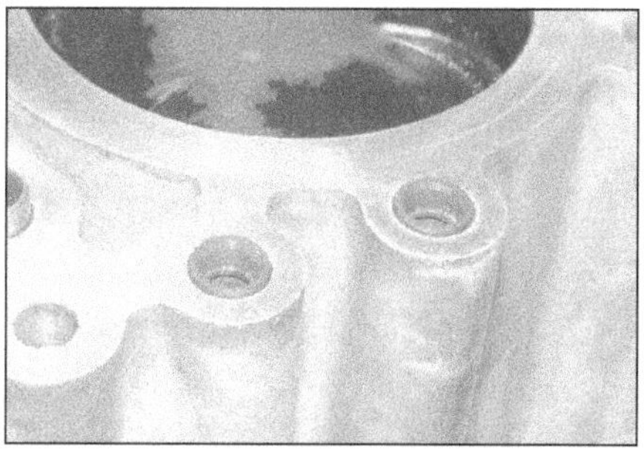

12.13 I förekommande fall ska de rörformade distanserna sticka ut lite från motorblockets packningsyta

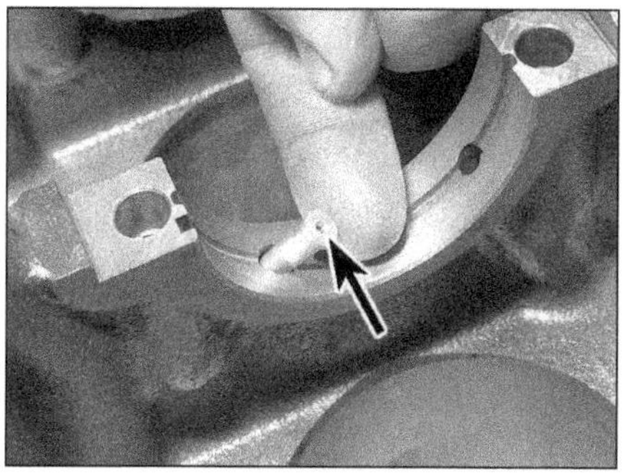

12.14 Rengör hålen (se pil) i oljespridarrören

hålen måste gängas om. Använd nya pluggar när motorn monteras ihop.

6 Om någon av gjutningarna är extremt nedsmutsad bör alla ångtvättas.

7 När gjutningarna returneras, rengör alla oljehål och oljegallerier en gång till. Spola alla interna passager med varmt vatten till dess att rent vatten rinner ut. Torka noga och lägg på en tunn oljefilm på alla fogytor för att förhindra rost. Olja även in cylinderloppen. Använd tryckluft om det finns tillgängligt, för att skynda på torkningen och blås ur alla oljehål och ledningar.

Varning: Bär skyddsglasögon vid arbete med tryckluft.

8 Om gjutdelarna inte är alltför smutsiga går det att göra ett godtagbart tvättjobb med hett tvålvatten (så hett du klarar av) och en styv borste. Var noggrann vid rengöringen. Oavsett vilken rengöringsmetod som används så är det viktigt att alla hål och ledningar rengörs mycket noggrant och att alla komponenter torkas ordentligt. Skydda cylinderloppen enligt beskrivningen ovan för att förhindra rostbildning.

9 Alla gängade hål måste vara rena för att säkerställa att vridmomentsavläsningarna blir korrekta vid återmonteringen. Rengör gängorna med en gängtapp i korrekt storlek införd i hålen, ett efter ett, för att avlägsna rost, korrosion, gänglås och slam. Det återställer även eventuella skadade gängor **(se bild)**. Använd om möjligt tryckluft för att rengöra hålen från det avfall som uppstår vid detta arbete.

HAYNES TiPS

Ett bra alternativ är att spraya in vattenavstötande smörjmedel i varje hål. Använd den långa pip som vanligtvis medföljer.

Varning: Använd ögonskydd om du använder den här metoden för att rengöra dessa hål.

Varning: På sexcylindriga bensinmotorer är motorblocket tillverkat av en magnesiumlegering. Alla aluminiumbultar måste bytas. Om gängreparationer är nödvändiga ska du låta en lämpligt utrustad specialist utföra dem.

10 Se till att alla gängade hål i motorblocket är torra.

11 När du har smort in fogytorna på de nya hylspluggarna med lämpligt tätningsmedel ska de monteras på motorblocket. Se till att de förs in rakt och sitter rätt, annars kan det uppstå läckage.

HAYNES TiPS

En stor hylsa med en ytterdiameter som precis passar i hylspluggen kan användas för att driva hylspluggarna på plats.

12 Stryk på lämpligt tätningsmedel på de nya oljeledningspluggarna och sätt in dem i hålen i motorblocket. Dra åt ordentligt.

13 Om tillämpligt rengör du oljetrycksventilen ordentligt (se avsnitt 3), monterar sedan backventilen och distansbrickan på motorblockets packningsyta **(se bild)**.

14 Rengör om det behövs kolvarnas oljespridarrör (de sitter i lagerplatserna i motorblocket) ordentligt och sätt sedan tillbaka rören **(se bild)**.

15 Se till att tätningsmedelsspåren i den nedre delen av vevhuset/fundamentet och motorblocket är rena och fria från tätningsmedelsrester. Kasta munstyckena till tätningsmedelspåren, du måste sätta dit nya.

16 Om motorn inte ska monteras ihop på en gång ska den täckas med en stor plastpåse för att undvika att den smutsas ner. skydda alla fogytor och cylinderloppen för att förhindra rost (enligt beskrivningen ovan)

Kontroll

17 Undersök gjutningarna och leta efter sprickor och korrosion. Leta efter skadade gängor i hålen. Om det har förekommit internt vattenläckage kan det vara värt besväret att låta en renoveringsspecialist kontrollera motorblocket/vevhuset med specialutrustning. Om defekter upptäcks ska de repareras om möjligt, annars ska enheten bytas ut.

18 Kontrollera att cylinderloppen inte är slitna eller repiga. Kontrollera om det finns slitspår ovanpå cylindern. Det är i så fall ett tecken på att loppet är överdrivet slitet.

19 Låt en BMW-verkstad eller annan motorverkstad mäta loppen i motorblocket. Om loppens slitage överskrider det godkända gränsvärdet, eller om loppens väggar är mycket nötta eller spåriga, måste cylindrarna borras om. Låt en BMW-verkstad eller annan motorverkstad utföra arbetet, de kan även tillhandahålla lämpliga kolvar och ringar i överstorlek.

13 Kolv/vevstake - kontroll

1 Innan kontrollen påbörjas måste kolvarna/vevstakarna rengöras, och de ursprungliga kolvringarna tas bort från kolvarna.

2 Dra försiktigt bort de gamla ringarna från kolvarna. Använd två eller tre gamla bladmått för att hindra att ringarna ramlar ner i tomma spår **(se bild)**. Var noga med att inte repa kolven med ringkanterna. Ringarna är sköra och går sönder om de töjs för mycket. De är också mycket vassa - skydda händer och fingrar. Observera att den tredje ringen har en förlängare. Ta alltid bort ringarna från kolvens överdel. Förvara uppsättningarna med ringar tillsammans med respektive kolv om de gamla ringarna ska återanvändas. Observera åt vilket håll ringarna är monterade.

3 Skrapa bort alla spår av sot från kolvens överdel. En handhållen stålborste (eller finkornig smärgelduk) kan användas när de flesta avlagringar skrapats bort.

4 Ta bort sotet från ringspåren i kolven med hjälp av en gammal ring. Bryt ringen i två delar (var försiktig så du inte skär dig – kolvringar är vassa). Var noga med att bara ta bort sotavlagringarna – ta inte bort någon metall och gör inga hack eller repor i sidorna på ringspåren.

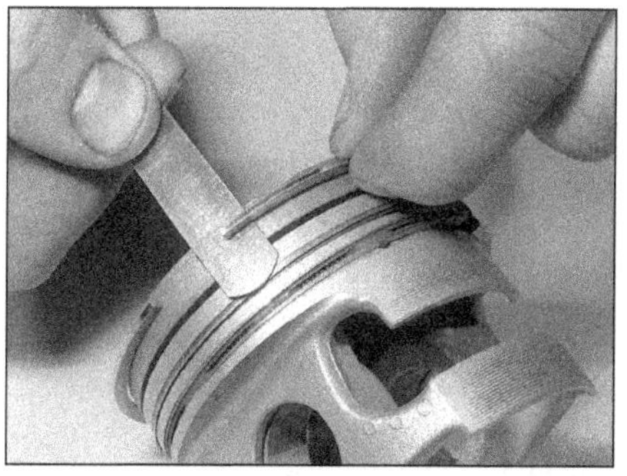

13.2 Ta bort kolvringarna med hjälp av bladmått

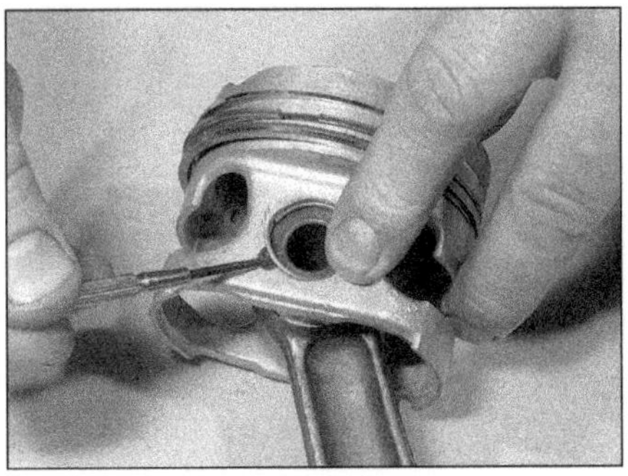

13.13a Bänd ut låsringarna . . .

5 När avlagringarna har tagits bort, rengör kolven/vevstaken med fotogen eller annat lämpligt lösningsmedel och torka ordentligt. Kontrollera att oljereturhålen i ringspåren är rena.

6 Om kolvarna och cylinderloppen inte är skadade eller påtagligt slitna, och om motorblocket inte behöver borras om, kan originalkolvarna monteras tillbaka. Märk kolvdiametrarna och kontrollera att de ligger inom gränsvärdet för motsvarande loppdiametrar. Om spelet mellan kolven och loppet är för stort måste motorblocket borras om, och nya kolvar och ringar monteras. Normalt kolvslitage visar sig som jämnt vertikalt slitage på kolvens stödytor, och som att den översta ringen sitter något löst i sitt spår. Nya kolvringar ska alltid användas när motorn sätts ihop igen.

7 Undersök varje kolv noga med avseende på sprickor runt manteln, runt kolvbultshålen och på områdena mellan kolvringsspåren.

8 Leta efter spår och repor på kolvmanteln,

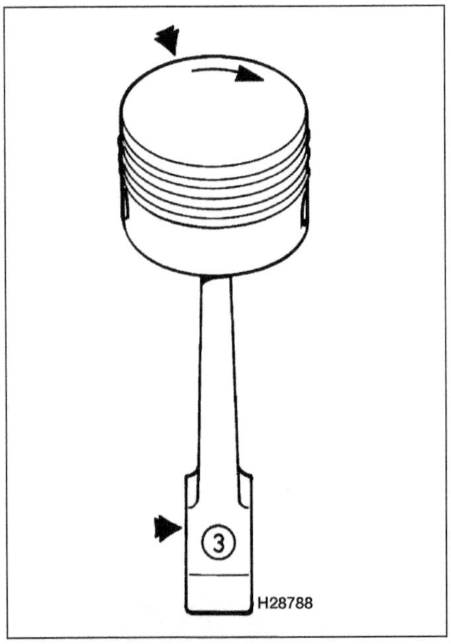

13.17a Cylindernummermärkningen ska vara på avgasgrenrörssidan av motorn och pilen på kolvkronan ska peka mot den sida av motorn där vevaxelns remskiva befinner sig

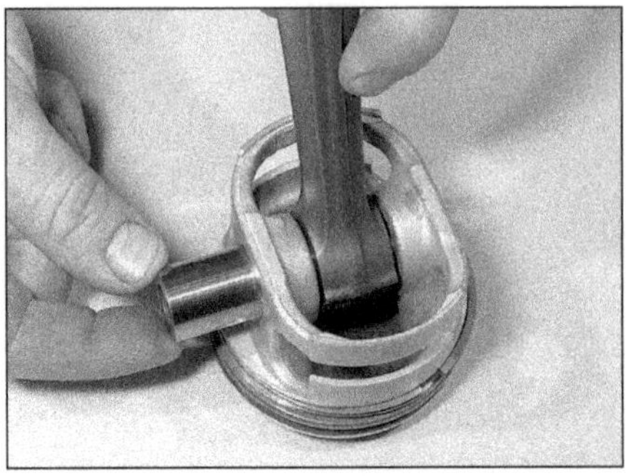

13.13b . . . och ta bort kolvtapparna från kolvarna

hål i kolvkronan och brända områden på kolvänden. Om manteln är repad eller skavd kan motorn ha varit utsatt för överhettning och/eller onormal förbränning vilket orsakade höga arbetstemperaturer. I dessa fall bör kylnings- och smörjningssystemen kontrolleras noggrant. Brännmärken på kolvsidorna visar att genomblåsning har ägt rum. Ett hål i kolvkronan eller brända områden i kolvkronans kant är tecken på att onormal förbränning (förtändning, tändningsknack eller detonation) har förekommit. Vid något av ovanstående problem måste orsakerna undersökas och åtgärdas, annars kommer skadan att uppstå igen. Orsakerna kan bland annat vara felaktig tändningsinställning, insugsluftläckor eller felaktig luft-/bränsleblandning.

9 Punktkorrosion på kolven är tecken på att kylvätska har läckt in i förbränningskammaren och/eller vevhuset. Även här måste den bakomliggande orsaken åtgärdas, annars kan problemet bestå i den ombyggda motorn.

10 Du kan köpa nya kolvar från en BMW-återförsäljare.

11 Undersök varje vevstake noga efter tecken på skador, som sprickor runt vevlagret och den övre vevstaksändens lager. Kontrollera att vevstaken inte är böjd eller skev. Skador på vevstaken inträffar mycket sällan, om inte motorn har skurit ihop eller överhettats allvarligt. En noggrann undersökning av vevstaken kan endast utföras av en BMW-verkstad eller motorrenoveringsspecialist med tillgång till nödvändig utrustning. Observera att vevstakarna endast kan bytas som en komplett, passande sats på alla motorer.

13.17b Installationsriktningspil på 6-cylindriga motorers kolvkrona

12 Kolvtapparna är av flottörtyp och hålls på plats med två låsringar. Kolvarna och dragstängerna kan separeras på följande sätt. Observera att kolvbultarna passar till kolvarna och de kan inte erhållas separat.

13 Använd en liten spårskruvmejsel och bänd ut låsringarna, och tryck ut kolvtappen **(se bilder)**. Det ska räcka med handkraft för att få ut kolvbulten. Märk kolven och vevstaken för att garantera korrekt ihopsättning. Kasta låsringarna – nya ***måste*** användas vid monteringen. Observera att BMW rekommenderar att kolvtapparna inte ska bytas separat – de passar ihop med respektive kolv.

14 Undersök kolvtapparna och vevstaksändens lager och leta efter tecken på slitage eller skador. Man ska kunna trycka kolvtappen genom vevstaken för hand, utan märkbart spel. Slitage kan endast åtgärdas genom att man byter både tappen och kolven.

15 Själva vevstakarna ska inte behöva bytas, förutsatt att de inte kärvar eller att det inte har uppstått något annat större mekaniskt problem. Undersök vevstakarnas inställning. Om vevstakarna inte är raka ska de överlåtas till en specialist på motorrenoveringar för en mer detaljerad kontroll.

16 Undersök alla komponenter och införskaffa eventuella nya delar från en BMW-handlare. Nya kolvar levereras komplett med kolvbultar och låsringar. Låsringar kan även köpas separat.

17 Placera kolven i förhållande till vevstaken så att cylindrarnas ID-nummer på vevstaken och vevstakslageröverfallet är placerade på motorns avgasgrenrörssida och installationens riktningspil på kolvkronan pekar mot motorns kamkedjeände när enheten återmonteras på motorn **(se bilder)**.

18 Stryk på ett lager ren motorolja på kolvtappen. Tryck in den i kolven, genom vevstakens lillände. Kontrollera att kolven svänger fritt på vevstaken, fäst sedan kolvbulten i sitt läge med två nya låsringar. Se till att alla låsringar placeras i rätt kolvspår.

14 Vevaxel – kontroll

Kontroll av vevaxelns axialspel

1 Om vevaxelns axialspel ska kontrolleras måste detta göras när vevaxeln fortfarande sitter i motorblocket/vevhuset, men kan röra sig.

2 Kontrollera axialspelet med hjälp av en mätklocka som ligger an mot vevaxeländen. Tryck vevaxeln helt åt ena hållet och nollställ mätklockan. Tryck vevaxeln helt åt andra hållet och kontrollera axialspelet. Resultatet kan jämföras med den angivna mängden, och fungerar som en indikation om det behövs nya trycklagerskålar eller inte **(se bild)**.

3 Om du inte har tillgång till en mätklocka kan du använda bladmått. Tryck först vevaxeln helt mot motorns svänghjulsände, använd

sedan ett bladmått för att mäta gapet mellan vevaxelns skuldra och trycklagerskålen **(se bild)**.

14.2 Mät vevaxelns axialspel med en mätklocka . . .

14.3 . . . eller ett bladmått

Kontroll

4 Rengör vevaxeln med fotogen eller annat lämpligt lösningsmedel och torka den. Använd helst tryckluft om det finns tillgängligt. Var noga med att rengöra oljehålen med piprensare eller någon liknande sond för att se till att de inte är igentäppta.

⚠ ***Varning: Bär skyddsglasögon vid arbete med tryckluft.***

5 Kontrollera ramlagertappar och vevlagertappar beträffande ojämnt slitage, repor, gropigheter eller sprickor.
6 Slitage på vevstakslagret följs av tydliga metalliska knackningar när motorn körs (märks särskilt när motorn drar från låg fart) och viss minskning av oljetrycket.
7 Slitage i ramlagret åtföljs av starka motorvibrationer och ett dovt ljud – som ökar i takt med att motorns varvtal ökar – samt minskning av oljetrycket.
8 Kontrollera om lagertapparna är sträva genom att dra fingret försiktigt över lagerytan. Förekommer ojämnheter (tillsammans med tydligt lagerslitage) är det ett tecken på att vevaxeln måste slipas om (om det är möjligt) eller bytas ut.
9 Om vevaxeln har borrats om, kontrollera om det finns borrskägg runt vevaxelns oljehål (hålen är oftast fasade, så borrskägg bör inte vara något problem om inte omborrningen har skötts slarvigt). Ta bort eventuella borrskägg med en fin fil eller skrapa och rengör oljehålen noga enligt beskrivningen ovan.
10 Låt en BMW-verkstad eller annan motorverkstad mäta vevaxeltapparna. Om vevaxeln är nött eller skadad kan de borra om tapparna och tillhandahålla lagerskålar av passande understorlek. Om inga skålar av överstorlek är tillgängliga och vevaxelns nötning överstiger den tillåtna gränsen måste den bytas ut. Kontakta din BMW-verkstad eller motorrenoveringsspecialist för mer information om tillgängliga delar.

15 Ram- och vevlager- kontroll

1 Även om ramlagren och vevstakslagren bör bytas ut under motorrenoveringen bör de gamla lagren behållas för närmare undersökning eftersom de kan ge värdefull information om motorns skick. Lagerskålarna klassas efter tjocklek, som anges med hjälp av färgmarkeringar.
2 Lagerfel kan uppstå på grund av bristande smörjning, förekomst av smuts eller främmande partiklar, överbelastning av motorn eller korrosion **(se bild)**. Oavsett vilken orsaken är måste den åtgärdas (om det går) innan motorn sätts ihop, för att förhindra att lagerhaveriet inträffar igen.
3 När du undersöker lagerskålarna, ta bort dem från motorblocket, vevstakarna och vevstakslageröverfallen. Lägg ut dem på en ren yta i samma positioner som de har i motorn. Därigenom kan man se vilken vevaxeltapp som orsakat lagerproblemen. *Vidrör inte* någon skåls inre lageryta med fingrarna vid kontrollen eftersom den ömtåliga ytan kan repas.
4 Smuts och andra främmande partiklar kan komma in i motorn på många sätt. Smuts kan t.ex. finnas kvar i motorn från ihopsättningen, eller komma in genom filter eller vevhusventilationssystemet. Det kan hamna i oljan, och därmed tränga in i lagren. Metallspån från slipning och normalt slitage förekommer ofta. Slipmedel finns ibland kvar i motorn efter en renovering, speciellt om delarna inte rengjorts noga på rätt sätt. Oavsett var de kommer ifrån hamnar dessa främmande föremål ofta som inbäddningar i lagermaterialet och är där lätta att känna igen. Större partiklar bäddas inte in i lagret och orsakar repor på lager och axeltappar. Det bästa sättet att förebygga den här orsaken till lagerhaveri är att rengöra alla delar noggrant och att hålla allting skinande rent vid återmonteringen av motorn. Täta och regelbundna oljebyten är också att rekommendera.

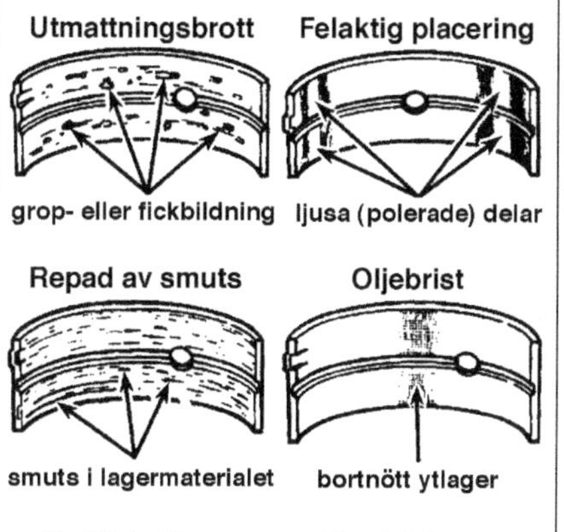

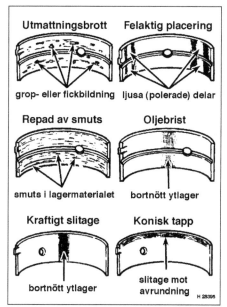

15.2 Typiska lagerskador

5 Oljebrist har ett antal relaterade orsaker. Överhettning (som tunnar ut oljan), överbelastning (som tränger undan olja från lagerytan) och oljeläckage (på grund av för stora lagerspel, sliten oljepump eller höga motorvarv) kan orsaka problemet. Igentäppta oljepassager, som oftast resulterar ur felinställda oljehål i en lagerskål, leder också till oljebrist, med uttorkade och förstörda lager som följd. Om ett lagerhaveri beror på oljebrist, slits eller pressas lagermaterialet bort från lagrets stålstödplatta. Temperaturen kan stiga så mycket att stålplattan blir blå av överhettning.
6 Körvanorna kan påverka lagrens livslängd betydligt. Körning med gasen i botten vid låga varvtal belastar lagren mycket hårt så att oljelagret riskerar att klämmas ut. Dessa belastningar kan få lagren att vika sig, vilket leder till fina sprickor i lagerytorna (utmattningsfel). Till sist kommer lagermaterialet att gå i bitar och slitas bort från stålplattan.
7 Korta körsträckor leder till korrosion i lagren därför att det inte alstras nog med värme i motorn för att driva ut kondensvatten och frätande gaser. Dessa produkter samlas istället i motoroljan och bildar syra och slam. När oljan sedan leds till motorlagren angriper syran lagermaterialet.
8 Felaktig lagerinställning vid ihopmonteringen av motorn leder också till lagerhaveri. Tättsittande lager lämnar för lite lagerspel och resulterar i oljebrist. Smuts eller främmande partiklar som fastnat bakom en lagerskål kan resultera i högre punkter på lagret, som i sin tur leder till haveri.
9 *Rör inte* vid lagerskålarnas lageryta med fingrarna vid monteringen. det finns risk att du repar den känsliga ytan, eller lämnar smutspartiklar på den.
10 Som nämndes i början av det här avsnittet bör lagerskålarna normalt bytas vid motorrenovering. Att inte göra det är detsamma som dålig ekonomi.

16 Översynsdata för motorn – ordningsföljd vid ihopsättning

1 Innan återmonteringen påbörjas, se till att alla nya delar och nödvändiga verktyg finns tillgängliga. Läs igenom hela arbetsbeskrivningen och kontrollera att allt som behövs verkligen finns tillgängligt. Förutom alla vanliga verktyg och delar kommer även fästmassa för gängor att behövas. Det krävs dessutom ett lämpligt tätningsmedel (kan erhållas från BMW-verkstäder).

2 För att spara tid och undvika problem kan hopsättningen av motorn utföras i följande ordning med hänvisning till relevant del i detta kapitel om inte något annat anges:

a) Vevaxel (avsnitt 18).
b) Kolv-/vevstaksenheter (avsnitt 19).
c) Oljepump/balansaxelhus.
d) Sump.
e) Svänghjul/drivplatta.
f) Topplock.
g) Kamkedja, spännare och drev.
h) Motorns utvändiga komponenter.

3 På det här stadiet ska alla motorns komponenter vara helt rena och torra och alla fel reparerade. Komponenterna ska läggas ut (eller finnas i individuella behållare) på en fullständigt ren arbetsyta.

17 Kolvringar – återmontering

1 Innan de nya kolvringarna monteras ska deras öppningar kontrolleras på följande sätt.

2 Lägg ut kolvarna/vevstakarna och de nya kolvringarna så att ringarna paras ihop med samma kolv och cylinder såväl vid mätning av ändgapen som vid efterföljande ihopsättning av motorn.

3 Montera den övre ringen i den första cylindern och tryck ner den i loppet med överdelen av kolven. Då hålls ringen garanterat vinkelrätt mot cylinderns väggar. Placera ringen nära cylinderloppets botten, vid den nedre gränsen för ringrörelsen. Observera att den övre ringen skiljer sig från den andra ringen. Den andra ringen kan lätt identifieras med hjälp av avsatsen på dess nedre yta, och genom att dess yttre yta är konisk.

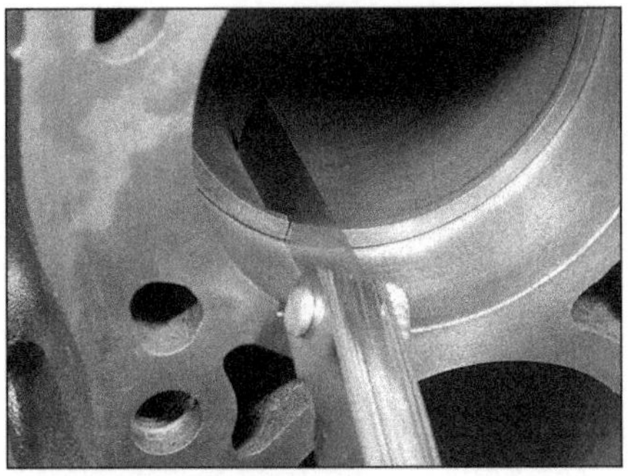

17.5 Mät kolvringarnas ändgap

4 Mät ändgapet med hjälp av bladmått.

5 Upprepa proceduren med ringen längst upp i cylinderloppet, vid övre gränsen för dess rörelse **(se bild)** och jämför värdena med dem i Specifikationer.

6 Om öppningen är för liten (inte troligt om äkta BMW-delar används) måste den förstoras, annars kommer ringändarna i kontakt med varandra medan motorn körs och omfattande skador uppstår. Helst ska nya kolvringar med korrekt ändgap monteras. Som en sista utväg kan ändgapen förstoras genom att ringändarna försiktigt filas ner med en fin fil. Fäst filen i ett skruvstäd med mjuka käftar, dra ringen över filen med ändarna i kontakt med filen och rör ringen långsamt för att slipa ner materialet i ändarna. Var försiktig, kolvringar är vassa och går lätt sönder.

7 Med nya kolvringar är det inte troligt att öppningen är för stor. Om gapen är för stora, kontrollera att det är rätt sorts ringar för motorn och den aktuella cylinderloppsstorleken.

8 Upprepa kontrollen av alla ringar i cylinder nr 1 och sedan av ringarna i de återstående cylindrarna. Kom ihåg att hålla ihop de ringar, kolvar och cylindrar som hör ihop.

9 När ringarnas ändgap har kontrollerats, och eventuellt justerats, kan de monteras på kolvarna.

10 Montera kolvringarna med samma teknik som användes vid demonteringen. Montera den nedersta ringen (oljeskrapringen) först och fortsätt uppåt. När du sätter dit en tredelad oljeskrapring, sätt först in expandern och sätt sedan dit den nedre skenan med dess öppning placerad 120° från expanderöppningen. Sätt sedan dit den övre skenan med dess öppning placerad 120° från den nedre skenan. När du sätter dit en tvådelad oljeskrapring, sätt först in expandern och sätt sedan dit skrapringen med öppningen placerad 180° från expanderöppningen. Se till att den nedre kompressionsringen sitter med rätt sida uppåt, med ID-märket (antingen en färgprick eller ordet TOP instansat i ring ytan) uppåt, och ytan med avsatsprofilen längst ner **(se bilder)**. Placera öppningarna på den övre och den nedre kompressionsringen 120° på var sida om oljeskrapringens öppning, men se till att ingen av ringarnas öppningar är placerad över kolvtappshålet. **Observera:** *Följ alltid instruktionerna som medföljer de nya uppsättningarna med kolvringar – olika tillverkare kan ange olika tillvägagångssätt. Blanda inte ihop den övre och den andra kompressionsringen. De har olika tvärsnittsprofiler.*

18 Vevaxel – återmontering

Val av lagerskålar

1 Låt en BMW-verkstad eller annan motorverkstad undersöka och mäta vevaxeln. De kan utföra eventuell omslipning/reparationsarbete och tillhandahålla lämpliga ram- och vevlagerskålar.

Vevaxel – återmontering

Observera: *Du måste använda nya ramlageröverfall/nedre vevhusbultar när du återmonterar vevaxeln.*

2 Se i förekommande fall till att oljemunstyckena monteras på lagerplatserna i motorblocket.

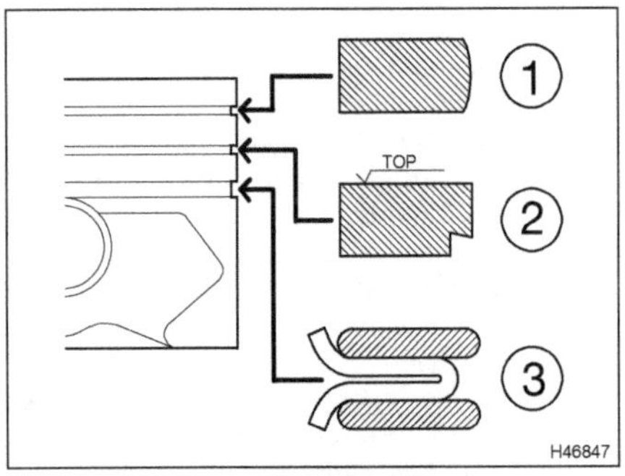

17.10a 4-cylindriga bensinmotor kolvringar

1 Övre kompressionsring
2 Andra kompressionsring
3 Tredelad oljekontrollring

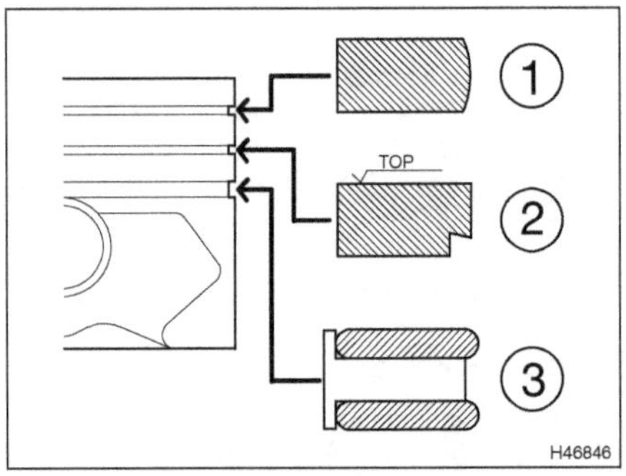

17.10b 6-cylindriga bensinmotor kolvringar

1 Övre kompressionsring
2 Andra kompressionsring
3 Tredelad oljekontrollring

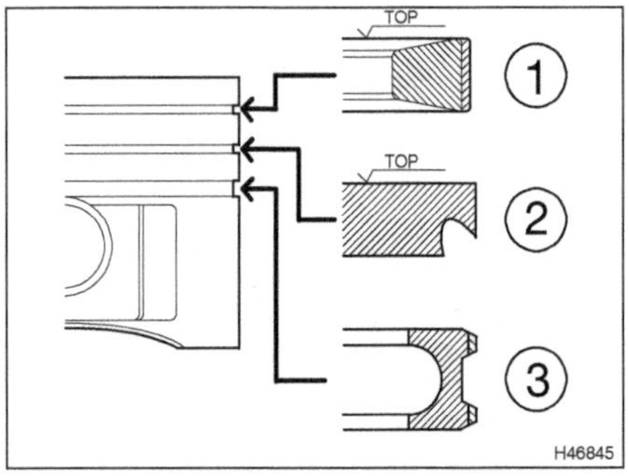

17.10c Dieselmotor kolvringar

1 Övre kompressionsring
2 Andra kompressionsring
3 Oljekontrollring

3 Rengör lagerskålarnas baksidor och lagerplatserna i både motorblocket/vevhuset och ramlageröverfallen/det nedre vevhuset/ fundamentet.

4 Tryck in lagerskålarna på deras platser, se till att fliken på varje skål hakar i hacket i motorblocket/vevhuset eller lageröverfallet/ det nedre vevhuset. Var noga med att inte vidröra skålarnas lagerytor med fingrarna. Observera att de övre lagerskålarna har ett oljespår som löper längs lagerytans hela längd på bensinmotorer. På dieselmotorer behöver endast kåporna med ett gult färgmärke på baksidan, eller ett smörjningsspår, monteras på vevaxeln/motorblocket. Trycklagerskålarna passar i lagerplats nr 4 eller nr 5 på 4-cylindriga motorer, eller plats nr 6 på 6-cylindriga motorer **(se bild)**. Se till att alla spår av skyddande fett tas bort med hjälp av fotogen. Torka skålarna med en luddfri trasa. Smörj in varje lagerskål i motorblocket och överfallen/det nedre vevhuset med en rejäl mängd ren motorolja **(se bild)**.

5 Sänk ner vevaxeln på plats så att cylindervevtapparna nr 1 och nr 4 (fyrcylindriga motorer) eller nr 1 och nr 6 (sexcylindriga motorer), efter tillämplighet, är i ND, redo för montering av kolv nr 1. Kontrollera vevaxelns axialspel enligt beskrivningen i avsnitt 14.

Bensinmotorer

6 Montera de nedre ramlagerskålarna på deras platser i den nedre delen av vevhuset/ fundamentet. Se till att styrtapparna på skålarna är i ingrepp med motsvarande urtag i kåporna.

7 Kontrollera att styrstiften är på plats och montera tillbaka den nedre delen av vevhuset/ fundamentet. Rengör de **nya** ramlagerbultarna ordentligt och olja in gängorna lite. Sätt sedan in bultarna och dra endast åt dem lätt i detta skede.

8 Dra åt bultarna till deras angivna momentinställningar i ordningsföljd på sexcylindriga motorer **(se bild)**.

9 Dra åt bultarna till deras angivna momentinställningar, arbeta inifrån och utåt på fyrcylindriga motorer.

10 Montera en ny vevaxelpackbox, enligt beskrivningen i del A eller B i detta kapitel. Se till att packboxarnas är linjerade med fogen mellan det nedre vevhuset och motorblocket.

11 Skaffa servicekitet för insprutningspackningar från en BMW-verkstad. I detta kit ingår Loctite-primer. Använd den inbyggda borsten för att stryka på primer på insidan av spåren/packningen.

12 Driv in de nya "munstyckena" i hålen på varje sida av vevhusets/motorblockets nedre del. Ett BMW-verktyg med nr 11 9 360 finns för detta arbete, men du kan även använda en körnare/dorn med lämplig form **(se bild)**.

13 Använd den insprutare som medföljer och tvinga in tätningsmedlet genom munstycket tills du ser att det kommer ut från spåren i den främre och bakre vevaxelpackboxen **(se bild)**. Upprepa arbetet på andra sidan.

14 Använd den inbyggda borsten igen och smörj in tätningsmedelsytorna på packboxarna med primer för att binda tätningsmedlet.

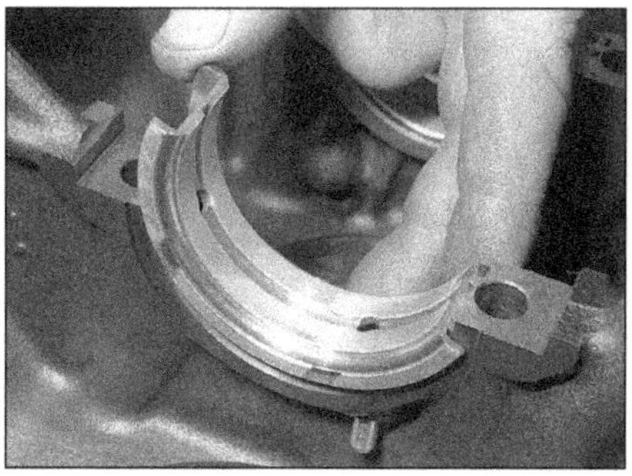

18.4a Montera trycklagerskålen på korrekt plats - se texten

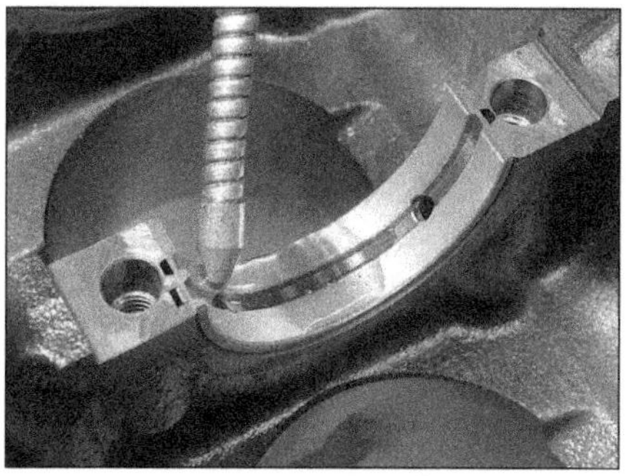

18.4b Smörj lagerkåporna

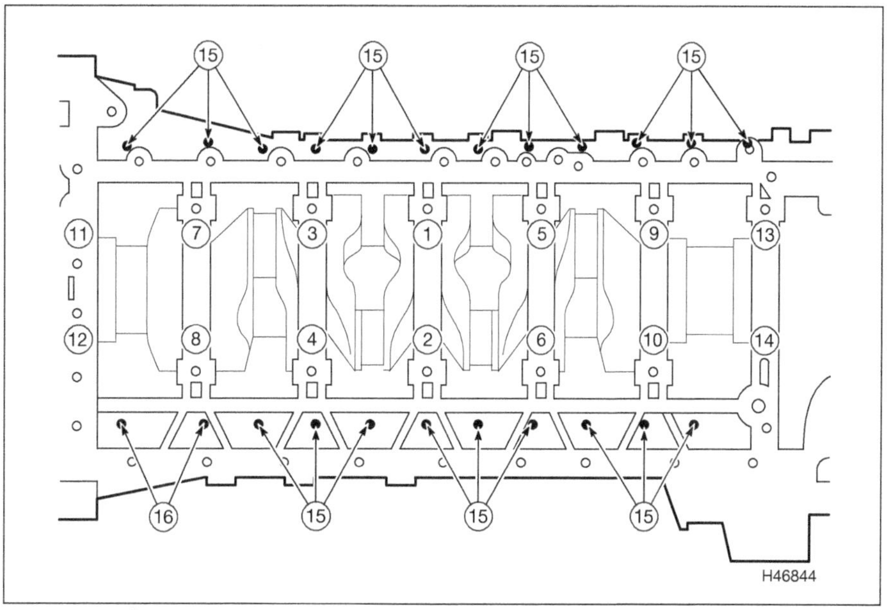

18.8 Åtdragningsföljd för huvudlagrets bultar - 6-cylindriga bensinmotorer

Dieselmotorer

15 Smörj in de nedre lagerskålarna i ramlageröverfallen med ren motorolja. Se till att styrtapparna på skålarna hakar i spåren i överfallen.

16 Sätt dit ramlageröverfallen på rätt plats. Se till att de är rättvända (lagerskålens flikspår i motorblocket och överfallen måste vara på samma sida).

17 Dra åt ramlageröverfallets fästbultar till angivet moment i de steg som anges i specifikationerna.

Alla motorer

18 Kontrollera att vevaxeln roterar fritt.

19 Sätt tillbaka kolv-/vevstaksenheterna enligt beskrivningen i avsnitt 19.

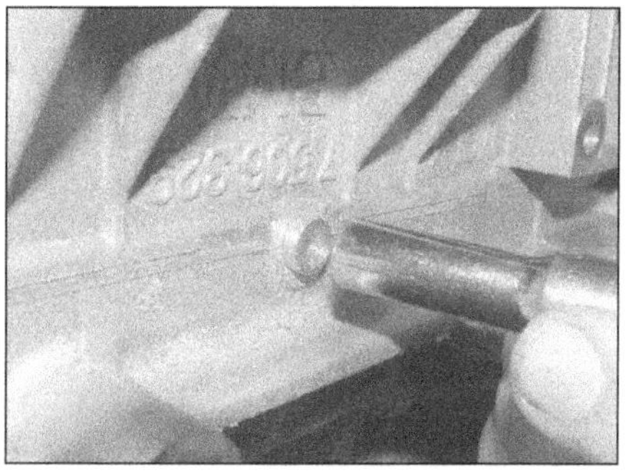

18.12 Driv de nya munstyckena på plats

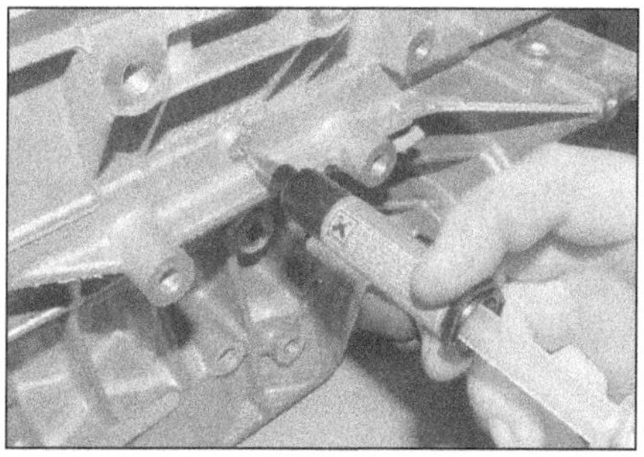

18.13 Tvinga in tätningsmedlet genom munstyckena tills det kommer från spåren längs med vevaxelns packbox

19.7a Sätt i kolv-/vevstaksenheten i cylinderloppet . . .

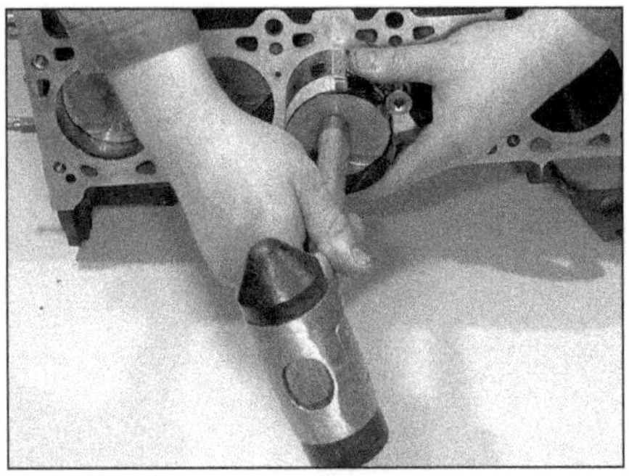

19.7b . . . och knacka sedan försiktigt in enheten i cylindern

19 Kolv/vevstake – återmontering

⚠ ***Varning: På motorer som har oljemunstyckena på motorblocket mellan lagerplatserna ska du vara försiktig så att munstyckena inte skadas när du arbetar med motorblocket/vevhuset. BMW insisterar på att om munstyckena är böjda måste de bytas.***

Val av lagerskålar

1 Det finns ett antal olika storlekar på vevlagerskålar från BMW. En standardstorlek som ska användas tillsammans med standardvevaxeln, och överstorlekar som används när vevaxeltapparna har slipats om.

2 Låt en BMW-verkstad eller annan motorverkstad undersöka och mäta vevaxeln. De kan utföra eventuell omslipning/reparationsarbete och tillhandahålla lämpliga ram- och vevlagerskålar.

Kolv/vevstake – återmontering

Observera: *Du måste använda nya bultar till vevstakslageröverfallen när du slutligen sätter tillbaka kolv-/vevstaksenheterna. Det behövs en kolvringskompressor för detta arbete.*

3 Observera att följande metod förutsätter att ramlageröverfallen sitter på plats (se avsnitt 18).

4 Tryck in lagerskålarna på sina platser och se till att skålarnas flikar hakar i hacken på vevstaken och överfallet. På fyrcylindriga bensinmotorer samt dieselmotorerna M57T2 och N47 ska du montera skålen med det röda märket med baksidan i lageröverfallet och den som har det blå märket (eller S-märket) i vevstaken. På dieselmotorerna N57 är skålarna olika till kåpan och stången men de passar bara på ett sätt. Var noga med att inte vidröra skålarnas lagerytor med fingrarna. Se till att alla spår av skyddande fett tas bort med hjälp av fotogen. Torka skålarna och vevstakarna med en luddfri trasa.

5 Smörj in cylinderloppen, kolvarna och kolvringarna och placera sedan varje enhet med kolvar/vevstakar på rätt plats .

6 Börja med enhet nr. 1. Se till att kolvringarnas ändavstånd fortfarande stämmer med beskrivningen i avsnitt 17. Kläm sedan fast dem med en kolvringskompressor.

7 Sätt in kolvstångs-/vevstaksenheten i överdelen på cylinder nr 1. Se till att pilen på kolvkronan pekar mot motorns vevaxelremskivsände och att de identifierande markeringarna på vevstakarna och vevstakslageröverfallen placeras som noterats före demonteringen. Använd en träkloss eller ett hammarhandtag mot kolvkronan och knacka in enheten i cylindern tills kolvkronan är jäms med cylinderns ovansida **(se bilder)**.

8 Se till att lagerskålen har monterats korrekt. Smörj vevstakstappen och de båda lagerskålarna med rikligt med ren motorolja. Var försiktig så att du inte repar cylinderloppen och dra kolv-/vevstaksenheten nedför loppet och på vevtappen. Sätt tillbaka vevstakslageröverfallet. Observera att lagerskålarnas styrflikar måste ligga an mot varandra.

9 Sätt dit **nya** fästbultar till lageröverfallet och dra sedan åt bultarna jämnt och stegvis till angivet åtdragningsmoment för steg 1. När båda bultarna har dragits åt till värdet för steg 1, vinkeldra dem till den vinkel som anges för steg 2 med hjälp av en hylsnyckel. En vinkelmätare rekommenderas till steg 3 för exakthet. Om du inte har någon vinkelmätare kan du måla inställningsmarkeringar mellan bulten och lageröverfallet med vit färg innan du drar åt. Markeringarna kan sedan användas för att kontrollera att bulten har roterats till rätt vinkel vid åtdragningen.

10 När lageröverfallsbultarna har dragits åt som de ska vrider du på vevaxeln. Kontrollera att den snurrar fritt. lite stelhet är normalt med nya delar, men den ska inte kärva eller ta i.

11 Montera de återstående enheterna med kolvar/vevstakar på samma sätt.

12 Om det är tillämpligt monterar du tillbaka oljeskvalpplåten/oljedeflektorn längst ner på motorblocket.

13 Montera topplocket, balansaxelhuset/oljepumpen/vakuumpumpen och sumpen på fyrcylindriga motorer enligt beskrivningen i del A, C eller D i detta kapitel.

14 Montera tillbaka topplocket, oljepumpen/vakuumpumpen och sumpen enligt beskrivningen i del B, C eller D i detta kapitel.

20 Motor – första start efter översyn

1 Dubbelkolla motoroljenivån och kylvätskenivån när motorn har monterats tillbaka i bilen. Kontrollera en sista gång att allt har återanslutits och att det inte ligger några verktyg eller trasor kvar i motorrummet.

2 Avaktivera tänd- och bränsleinsprutningssystemen genom att ta bort motorstyrningsreläet (sitter i motorns eldosa) och bränslepumpens säkring (sitter i huvudsäkringsdosan – se kapitel 12), kör sedan runt motorn med startmotorn tills varningslampan för oljetryck slocknar.

3 Sätt tillbaka reläerna (och kontrollera att bränslepumpen är monterad), och slå på tändningen för att flöda bränslesystemet.

4 Starta motorn. Tänk på att detta kan ta lite längre tid än normalt eftersom bränslesystemets komponenter har rörts.

Varning: När du startar motorn första gången efter en översyn och det hörs ett skallrande ljud från ventilstyrningen, beror detta antagligen på att de hydrauliska ventillyftarna töms delvis. Om skallrandet kvarstår, låt inte motorvarvtalet gå över 2 000 varv/minut innan skallrandet har upphört.

5 Låt motorn gå på tomgång och undersök om det förekommer läckage av bränsle, vatten eller olja. Bli inte orolig om det luktar konstigt eller ryker från delar som blir varma och bränner bort oljeavlagringar.

6 Förutsatt att allt är bra, fortsätt att låta motorn gå på tomgång tills du känner att det cirkulerar varmt vatten genom den övre slangen, stäng sedan av motorn.

7 Kontrollera oljan och kylvätskan igen efter några minuter enligt beskrivningen i *Veckokontroller* och fyll på om det behövs.

8 Om nya kolvar, kolvringar eller vevaxellager monterats ska motorn behandlas som en ny och köras in de första 500 kilometerna. *Ge inte* full gas, och växla noga så att motorn inte behöver gå med låga varvtal. Vi rekommenderar att oljan och oljefiltret byts efter denna period.

Kapitel 3
Kyl-, värme- och ventilationssystem

Innehåll

Svårighetsgrad

Enkelt, passar novisen med lite erfarenhet	**Ganska enkelt,** passar nybörjaren med viss erfarenhet	**Ganska svårt,** passar kompetent hemmamekaniker	**Svårt,** passar hemmamekaniker med erfarenhet	**Mycket svårt,** för professionell mekaniker

Specifikationer

Motorkoder

Bensinmotorer:	
4-cylindriga:	
Upp till 09/2007	N46
Från 09/2007	N46T
6-cylindriga:	
2.5 liter	N52
3,0 liter	N52K
Dieselmotorer:	
4-cylindriga	M47T2 och N47
6-cylindriga	M57T2 och N57

Allmänt

Öppningstryck expansionskärlets lock:	
4-cylindriga bensinmotorer	2,0 ± 0,2 bar
6-cylindriga bensinmotorer	1.4 ± 0.2 bar
Dieselmotorer	1,4 ± 0,2 bar
Luftkonditioneringens kylmedelsvolym:*	
320d med M47T2 motor	500 ± 15g
Alla övriga	590 ± 10g

* *Se dekalen under motorhuven*

Termostat

Öppningstemperaturer	Uppgift saknas

Åtdragningsmoment

	Nm
Generatorns fästbultar:	
Alla utom 6-cylindriga motorer bensinmotorer	20
6-cylindriga bensinmotorer:*	
M8 x 52 mm:	
Steg 1	10
Steg 2	Vinkeldra ytterligare 90°
M8 x 87 mm:	
Steg 1	10
Steg 2	Vinkeldra ytterligare 180°
Instrumentbrädans tvärbalk:	
Ändmuttrar	21
Till rattstångens fäste	19
Kylfläktens viskokoppling till kylvätskepump (**vänstergängad**)	40
Kylvätskepump på servostyrningspump (4-cylindriga bensinmotorer)	32
Kylvätskepumpens muttrar/bultar (utom 4-cylindriga bensinmotorer):	
6-cylindriga bensinmotorer:*	
Steg 1	10
Steg 2	Vinkeldra ytterligare 90°
Dieselmotorer:	
M6	10
M7	13
M8	22
Röranslutningar köldmedel	20
Temperaturgivare för kylvätska	13
Termostathus	10
Termostatkåpans bultar	10

* *Återanvänds inte*

Varning: Alla aluminiumfästen måste bytas. Försök att dra till dig bultarna med en magnet om du är osäker. Aluminium är inte magnetiskt.

1 Allmän information och föreskrifter

Kylsystemet är trycksatt, och består av en pump, en kylare i aluminium med vattengenomströmning i horisontalled, en kylfläkt och en termostat. Systemet fungerar enligt följande. Kall kylvätska från kylaren passerar genom bottenslangen till kylvätskepumpen. Därifrån pumpas kylvätskan runt i motorblocket och motorns huvudutrymmen. När cylinderloppen, förbränningsytorna och ventilsätena kylts når kylvätskan undersidan av termostaten, som är stängd. Kylvätskan går genom värmeenheten och sedan tillbaka genom motorblocket till kylvätskepumpen.

När motorn är kall cirkulerar kylvätskan endast genom motorblocket, topplocket, expansionskärlet och värmeenheten. När kylvätskan uppnår en angiven temperatur öppnas termostaten och kylvätskan passerar till kylaren. På vissa modeller styrs öppning och stängning av termostaten av motorstyrmodulen genom ett värmeelement inuti termostatens vaxkapsel. Detta möjliggör detaljstyrning av motorns arbetstemperatur, vilket ger mindre utsläpp och bättre bränsleförbrukning. När kylvätskan cirkulerar genom kylaren kyls den ner av luftströmmen som kommer in när bilen rör sig framåt. Luftströmmen kompletteras av kylfläkten. När kylvätskan når kylaren är vätskan nedkyld och cykeln upprepas.

Beroende på modell används en av två olika fläktkonfigurationer. På en del motorer är fläkten elektriskt driven och monterad på den sida av kylaren som vetter mot motorn. På andra är en remdriven kylfläkt monterad. Remmen drivs av vevaxelns remskiva via en viskokoppling. Viskokopplingen varierar fläkthastigheten enligt motortemperaturen. Vid låga temperaturer ger kopplingen mycket litet motstånd mellan fläkten och pumpremskivan, vilket gör att endast en liten del av drivningen överförs till kylfläkten. Allt eftersom temperaturen i kopplingen stiger, ökar även dess interna motstånd vilket ökar drivningen till kylfläkten.

På fyrcylindriga bensinmotorer är kylvätskepumpen remdriven och är kopplad till servostyrningspumpen. På sexcylindriga bensinmotorer drivs kylvätskepumpen av en integrerad elmotor som styrs av motorstyrmodulen. På dieselmotorer drivs kylvätskepumpen av drivremmen från vevaxelns remskiva.

Se avsnitt 11 för information om luftkonditioneringssystemet.

Varning: Försök inte ta bort expansionskärlets påfyllningslock eller på annat sätt göra ingrepp i kylsystemet medan motorn är varm. Risken för allvarliga brännskador är mycket stor. Om expansionskärlets påfyllningslock måste tas bort innan motorn och kylaren har svalnat helt (även om detta inte rekommenderas), måste övertrycket i kylsystemet först släppas ut. Täck locket med ett tjockt lager tyg för att hindra skållning. Skruva sedan långsamt upp påfyllningslocket tills ett svagt väsande hörs. När pysandet har upphört, vilket tyder på att trycket minskat, fortsätt att långsamt skruva loss locket tills det kan tas loss helt. Hörs fler pysljud väntar du tills de slutat innan du lyfter bort locket. Håll dig alltid på ett säkert avstånd från påfyllningsöppningen.

- ***Låt inte frostskyddsmedel komma i kontakt med huden eller lackerade ytor på bilen. Spola omedelbart bort eventuellt spill med stora mängder vatten. Lämna aldrig frostskyddsmedel i en öppen behållare, i en pöl på uppfarten eller på garagegolvet. Barn och djur kan lockas av dess söta lukt. Frostskyddsmedel är livsfarligt att förtära.***
- ***Se även föreskrifterna för arbete på modeller med luftkonditionering i avsnitt 11.***

2 Kylsystemets slangar – ifrånkoppling och byte

Observera: *Se föreskrifterna i avsnitt 1 i detta kapitel innan arbetet påbörjas.*

1 Om de kontroller som beskrivs i kapitel 1A eller 1B avslöjar en defekt slang, måste den bytas enligt följande.

2 Tappa först ur kylsystemet (se kapitel 1A eller 1B). Om det inte är dags att byta kylvätskan kan den vätska som du tömmer ut återanvändas, förutsatt att den samlas upp i en ren behållare.

3 När du ska koppla loss en slang, bänd upp fästklämman och dra loss slangen från dess fäste **(se bilder)**. Vissa slangar kan vara fästa med traditionella slangklämmor. För att lossa dessa slangar lossar du skruvväxelns skruv, flyttar dem sedan längs slangen så att de går fritt från relevant inlopps-/utloppsanslutning. Lossa slangen försiktigt. Även om slangarna kan tas bort relativt lätt när de är nya eller varma, ska du **inte** försöka koppla loss någon del av systemet när det är varmt.

4 Observera att kylarinlopps- och utloppsanslutningarna är känsliga. Använd inte onödigt mycket kraft när du ska ta bort slangarna. Om en slang är svår att ta bort, försök att lossa den genom att vrida slangändarna innan du försöker att ta loss den **(se Haynes tips)**.

> HAYNES TiPS
> ***Skär upp slangen med en vass kniv om ingenting annat hjälper. Slitsa den sedan så att den kan skalas av i två delar. Detta kan verka dyrbart om slangen i övrigt är felfri, men det är mycket billigare än att tvingas köpa en ny kylare.***

5 När du ska sätta tillbaka en slang, tryck änden över beslaget tills fästklämman hakar i och låser slangen på plats. Dra i slangen för att vara säker på att den är låst på plats. Om du sätter dit en slang med traditionella slangklämmor, skjut först på klämmorna på slangen och passa sedan in slangen på plats. Om slangen är stel kan lite tvålvatten användas som smörjmedel, eller så kan slangen mjukas upp med ett bad i varmvatten. Passa in slangen, kontrollera att den är korrekt dragen, och skjut sedan varje klämma längs med slangen tills de har passerat den utvidgade änden av den berörda insugs-/utloppsanslutningen, innan du fäster den på plats med fästklämman.

2.3a Bänd upp låsklämman . . .

6 Fyll på kylsystemet enligt beskrivningen i kapitel 1A eller 1B.

7 Kontrollera noggrant om det finns några läckor så snart som möjligt efter det att någon del av kylsystemet har rubbats.

3 Kylare – demontering, kontroll och återmontering

Demontering

1 Dränera kylsystemet enligt beskrivningen i kapitel 1A eller 1B.

2 Skruva loss bultarna och ta bort luftintagskanalen bakåt och uppåt från sin placering **(se bild)**.

2.3b . . . och dra loss slangen från beslaget

> HAYNES TiPS
> ***Om orsaken till att kylaren demonteras är läckage, tänk på att mindre läckor ofta kan tätas med kylartätningsmedel med kylaren monterad.***

3 Ta bort luftfilterhuset enligt beskrivningen i kapitel 4A i modeller med bensinmotor.

4 Ta bort den elektriska kylfläkten och kåpan enligt beskrivningen i avsnitt 6.

5 Bänd ut trådklämmorna och lossa kylarens övre och nedre kylvätskeslangar **(se bilder)**. Om tillämpligt, lossa kylvätskeslangen från vätskekylaren.

6 Skruva loss bulten och lossa vätskekylarslangen från kylaren i dieselmodeller med automatväxellåda.

7 Skruva loss de övre fästbultarna, dra sedan kylarens överdel bakåt och uppåt från dess placering **(se bilder)**.

3.2 Skruva loss bultarna (markerade med pilar) och ta bort insugskanalen

3.5a Bänd upp klämman (markerad med pil) och lossa den övre. . .

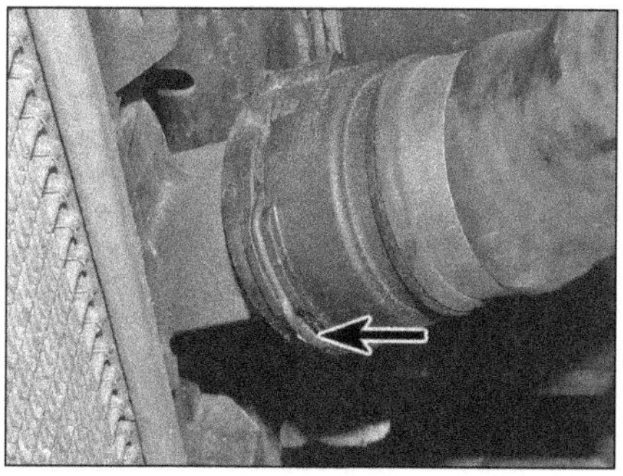

3.5b . . . och nedre kylarslangarna

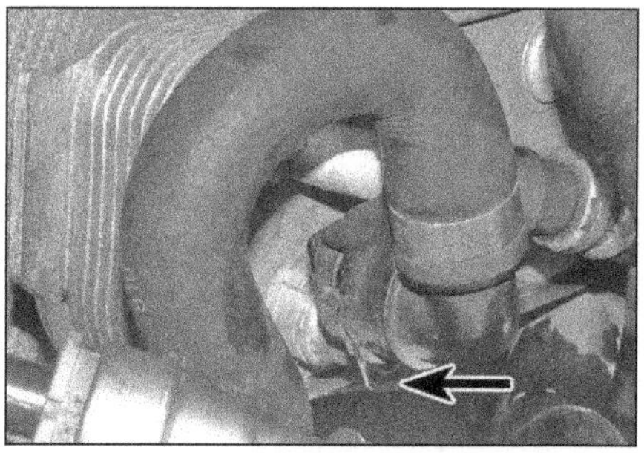

3.5c Bänd ut klämman (markerad med pil) och lossa kylvätskeslangen från den automatiska växellådans vätskekylare

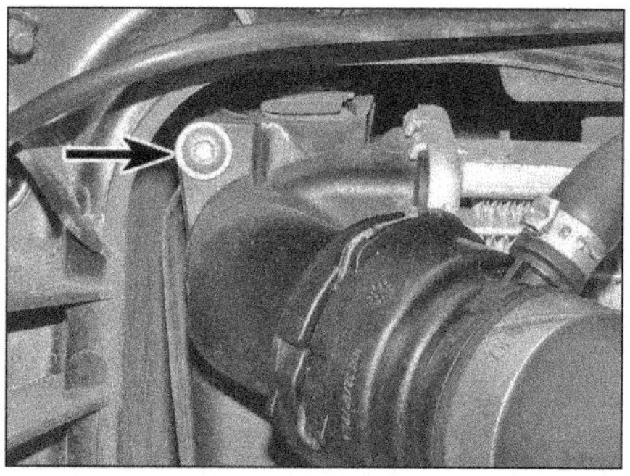

3.7a Skruva loss kylarens fästbult i det vänstra övre hörnet (markerad med pil). . .

3.7b . . . och det övre högra hörnet (markerat med pil)

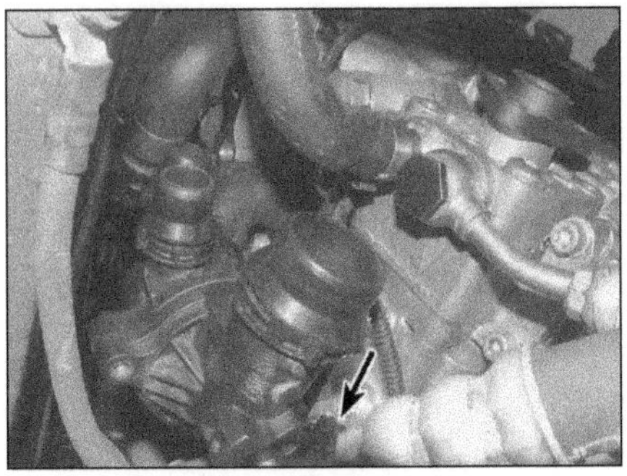

4.2 Lossa den nedre slangen från termostathuset, koppla sedan loss kontaktdonet (markerat med pil) – visas underifrån

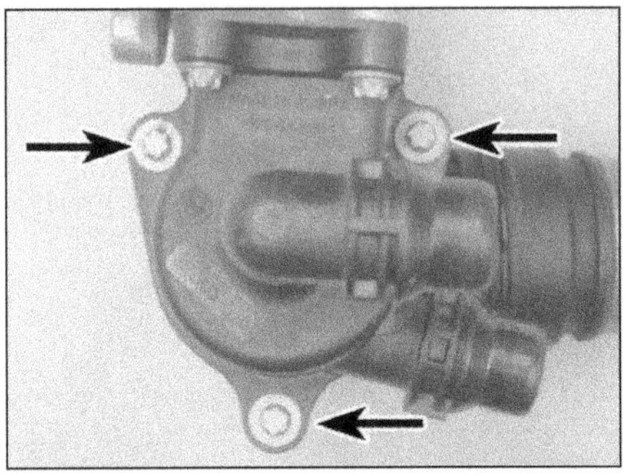

4.3 Skruva loss torxbultarna (markerade med pilar) och ta bort termostatkåpan

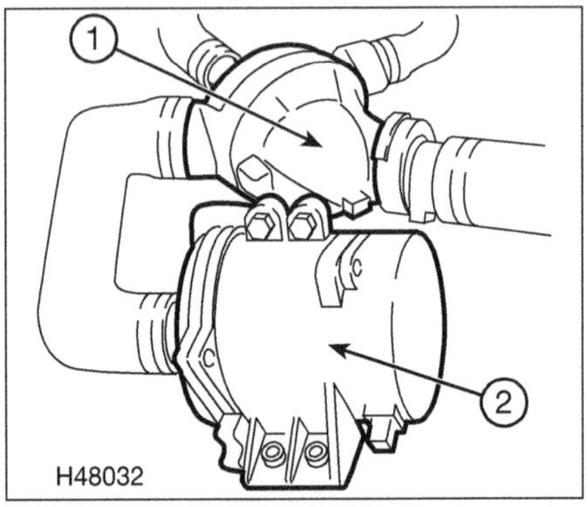

4.5 Termostathus (1) och kylvätskepump (2) – 6-cylindriga bensinmotorer

Kontroll

8 Om kylaren har demonterats på grund av misstänkt stopp, ska den backspolas enligt beskrivningen i kapitel 1A eller 1B. Rensa bort smuts och skräp från kylflänsarna med hjälp av tryckluft (bär skyddsglasögon i så fall) eller en mjuk borste. Var försiktig eftersom flänsarna är vassa och lätt kan skadas.

9 Vid behov kan en kylarspecialist utföra ett flödestest på kylaren för att ta reda på om den är igensatt.

10 En läckande kylare måste lämnas till en specialist för permanent lagning. Försök inte att svetsa eller löda ihop en läckande kylare, då kan det uppstå skador.

11 Kontrollera att kylarens nedre gummifästen inte är skadade eller slitna och byt dem vid behov.

Montering

12 Monteringen sker i omvänd ordningsföljd mot demonteringen, och tänk på följande.

a) *Sänk ned kylaren på plats, lägg i den i fästena och fäst den på plats med fästbultarna.*

b) *Se till att fläktkåpan sitter rätt i förhållande till tapparna på kylaren, och fäst den med klämmorna.*

c) *Återanslut slangarna och se till att fästklämmorna hakar i ordentligt.*

e) *Kontrollera att O-ringstätningarna på kylarbeslagen är i gott skick. Byt de som eventuellt är felaktiga.*

e) *Avsluta med att fylla på kylsystemet (se kapitel 1A eller 1B).*

4 Termostat – demontering och montering

Observera: *Det behövs en ny termostattätningsring och (i förekommande fall) huspackning/tätning vid återmonteringen.*

Demontering

1 Dränera kylsystemet enligt beskrivningen i kapitel 1A eller 1B.

4-cylindriga bensinmotorer

2 Dra ut låsklämman och koppla loss den nedre slangen från termostathuset **(se bild)**. Koppla i förekommande fall loss termostatens anslutningskontakt.

3 Skruva loss Torxbultarna och ta bort termostatkåpan (komplett med termostat) nedåt **(se bild)**. Observera att termostaten är inbyggd i kåpan och kan endast bytas som en enhet. Kasta O-ringstätningen, du måste sätta dit en ny.

6-cylindriga bensinmotorer

4 Skruva loss fästanordningarna och ta bort motorns undre skyddskåpa – om du inte redan har gjort det.

5 Lossa klämmorna/bänd ut klämmorna och lossa de fyra kylvätskeslangarna från termostathuset som är placerat över kylvätskepumpen i motorblockets främre högra hörn **(se bild)**.

6 Lossa anslutningskontakten från termostathusets bas.

7 Skruva loss de två bultarna och ta bort termostathuset. Observera att termostathuset endast är tillgängligt som en komplett enhet.

M47T2 och M57T2 dieselmotorer

8 Skruva loss de två bultarna, ta bort den ljuddämpande kåpan från motorns överdel, skruva sedan loss fästanordningarna och ta bort motorns undre skyddskåpa.

9 Lossa klämmorna, lossa givarens anslutningskontakt och ta bort laddluftkylarens utloppsrör från motorns vänstra sida **(se bild)**.

10 Demontera drivremmarna enligt beskrivningen i kapitel 1B.

11 Ta bort kylfläkten och viskokopplingen enligt beskrivningen i avsnitt 5 på sexcylindriga motorer (i förekommande fall).

12 Skruva loss bultarna, lossa klämman och ta bort EGR-röret **(se bild)**. På modeller med automatväxellåda, demontera EGR-kylaren enligt beskrivningen i kapitel 4C.

13 Bänd ut klämmorna och lossa kylvätskeslangarna från termostathuset.

14 Skruva loss bultarna och ta bort termostathuset **(se bild)**. Observera att termostaten är inbyggd i huset och endast kan bytas som en komplett enhet. Kasta O-ringstätningen, du måste sätta dit en ny.

N47 dieselmotorer

15 Ta bort EGR kylaren enligt beskrivningen i kapitel 4C.

16 Ta bort luftfilterhuset enligt beskrivningen i kapitel 4B.

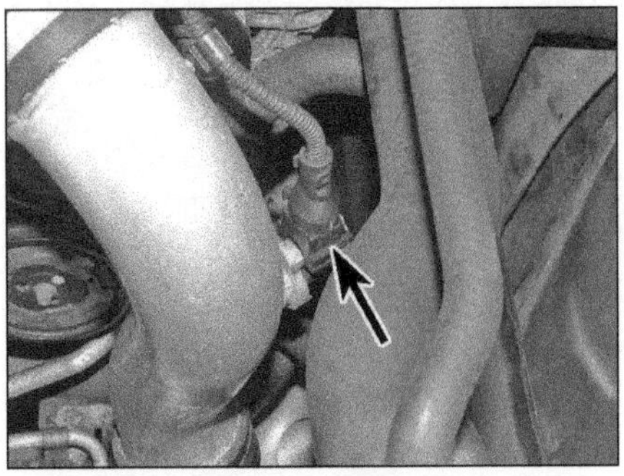

4.9 Lossa givarens anslutningskontakt (markerad med pil)

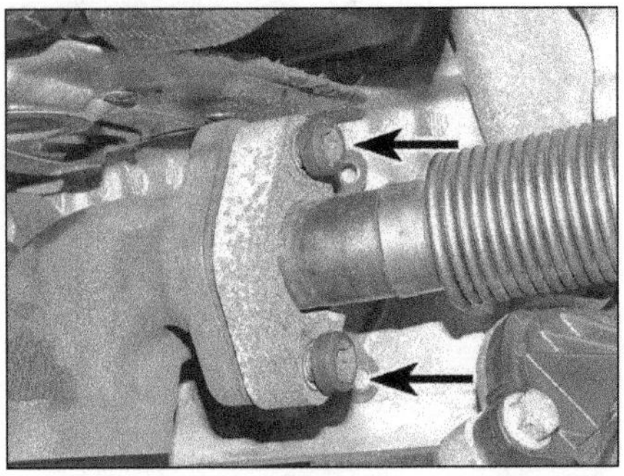

4.12 Skruva loss de bultar som håller fast EGR-röret på avgasgrenröret (markerade med pilar)

4.14 Termostathusets bultar (markerade med pilar)

4.17a För att lossa denna typ trycker du på anslutningen och bänder sedan ut klämman (markerad med pil)

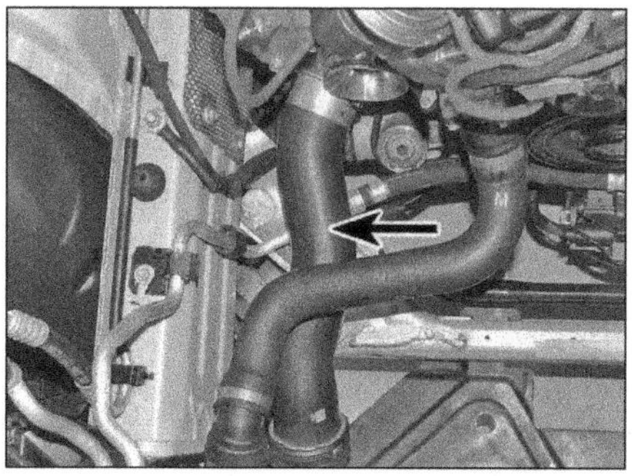

4.17b Lossa slangen från turboaggregatet till laddluftkylaren (markerad med pil)

4.19a Skruva loss termostathusets bultar

17 Lossa klämmorna och ta bort luftslangen från turboaggregatet till laddluftkylaren på motorns högra sida **(se bilder)**.

18 Lossa klämman och lossa kylvätskeslangen från termostathuset.

19 Skruva loss bultarna och ta bort termostathuset **(se bilder)**. Dra bort termostaten från huset. Kasta O-ringstätningen, du måste sätta dit en ny.

N57 dieselmotorer

20 Ta bort kylfläkten och kåpan enligt beskrivningen i kapitel 6.

21 Lossa klämmorna och ta bort luftslangen mellan laddluftkylaren och turboaggregatet på höger sida av motorn **(se bilder 4.17a och 4.17b)**.

22 Lossa klämman och lossa kylvätskeslangen från termostathuset.

23 Skruva loss bultarna och ta bort termostathuset **(se bilder 4.19a, 4.19b och 4.19c)**. Observera att termostaten är inbyggd i huset och endast kan bytas som en komplett enhet. Kasta O-ringstätningen, du måste sätta dit en ny.

Montering

24 Monteringen utförs i omvänd ordningsföljd. Tänk på följande:

a) Byt termostatkåpans O-ringstätning.

b) Dra åt termostatkåpans bultar till angivet moment.

c) Avsluta med att fylla på kylsystemet enligt beskrivningen i kapitel 1A eller 1B.

5 Kylfläkt och viskokoppling – demontering och montering

Observera: *Denna viskokoppling och fläkt är bara monterad på vissa sexcylindriga dieselmodeller.*

Demontering

1 Ta bort bultarna och ta bort plastkåpan från dess plats ovanför kylaren.

2 Lossa fläktskyddets övre fästklämmor genom att dra ut dess centrumsprintar och sedan lyfta bort skyddet uppåt.

3 Använd en lämplig öppen nyckel för att skruva

4.19b Dra bort termostaten från huset

loss viskokopplingen från kylvätskepumpen och ta bort kylfläkten. **Observera:** *Viskokopplingen är **vänstergängad**.* Om det behövs kan du använda en metallbit som fästs på drivremskivan för att hålla emot muttern.

4 Skruva vid behov loss och ta bort fästbultarna och skilj kylfläkten från kopplingen, observera hur fläkten är monterad.

Montering

5 Sätt tillbaka fläkten på viskokopplingen om det behövs och dra åt fästbultarna ordentligt. Se till att fläkten sätts in åt rätt håll. **Observera:** *Om fläkten monteras åt fel håll minskar kylsystemets effekt betydligt.*

6 Sätt tillbaka fläkten och skyddet. Skruva fast fläkten på kylvätskepumpen och dra åt den till angivet moment. Haka fast fläktskyddet i tapparna på kylaren och fäst det med fästklämmorna.

7 Återanslut kylkanalerna (i förekommande

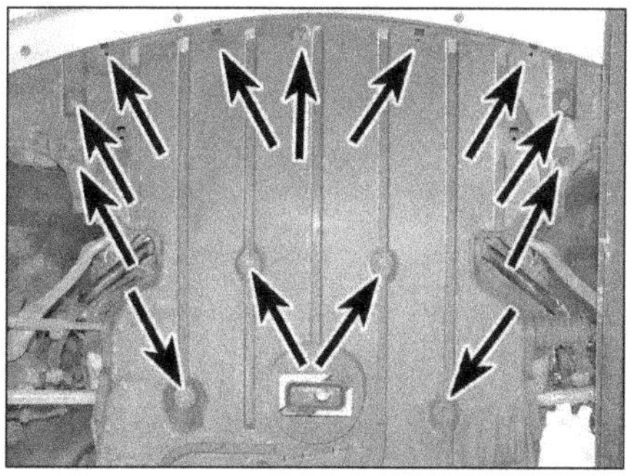

6.2a Skruva loss fästanordningarna (markerade med pilar) och ta bort motorns undre skyddskåpa

4.19c Byt termostathusets tätning

fall) på kåpan och sätt sedan tillbaka plastkåpan på motorhuvens tvärbalk och dra åt dess fästskruvar ordentligt.

6 Elektrisk kylfläkt och kåpa – demontering och montering

Demontering

1 Skruva loss bultarna och ta bort luftintagskanalen från mitten av motorhuvens stötpanel **(se bild 3.2)**. Lossa insugsslangen när kåpan är borttagen.

2 Lossa fästanordningarna, ta bort motorns undre skyddskåpa, skruva sedan loss bulten och lossa växellådskylaren från fläktkåpan i modeller med automatväxellåda **(se bilder)**. Du behöver inte lossa slangarna.

3 Lossa fläktmotorns anslutningskontakt och

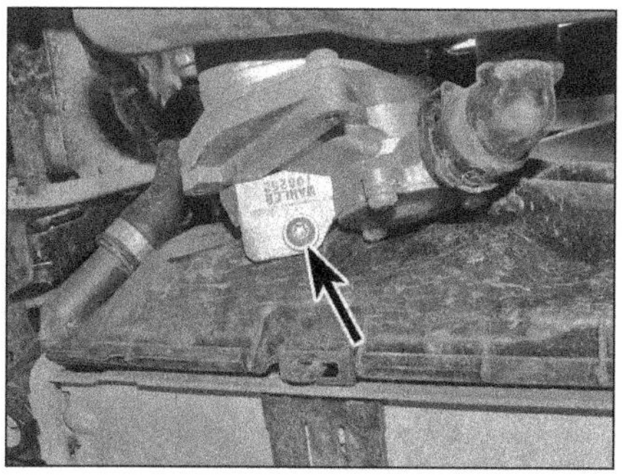

6.2b Oljekylarens fästbultar (markerade med pil)

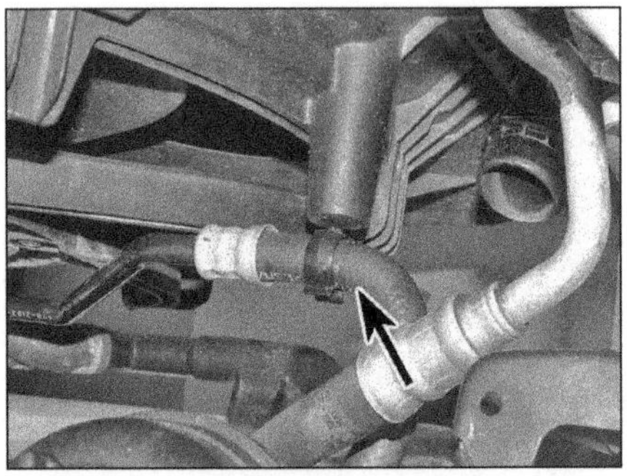

6.3 Lossa servostyrningsslangarna (markerad med pil) från fläktskyddet

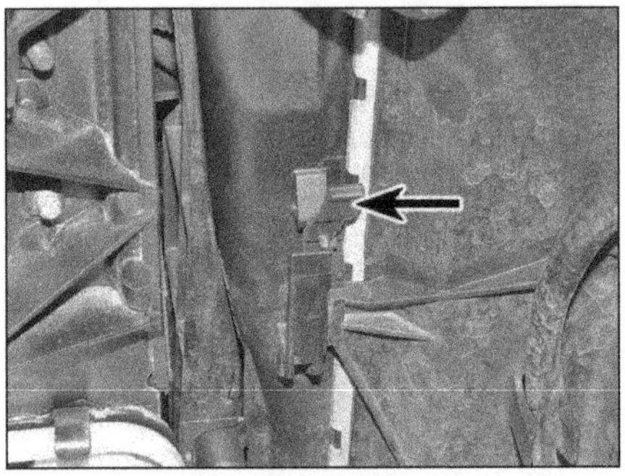

6.5a Dra klämman bakåt (markerad med pil). . .

lossa kylvätskeslangen från kåpans överdel och servostyrningsrören **(se bild)**.

4 Lossa kabelhärvan, skruva sedan loss bulten från kåpans övre högra kant **(se bild)**.

5 Dra klämman på vänster sida bakåt och lossa den samt lyft av kåpan från dess plats **(se bilder)**.

Montering

6 Monteringen utförs i omvänd ordningsföljd mot demonteringen. Se till att tapparna på skyddets nedre kant hakar i motsvarande spår på kylarkanten.

7 Kylsystemets elektriska brytare – kontroll, demontering och montering

Kontroll

1 Test av brytarna/givarna bör överlåtas åt en BMW-verkstad eller en lämpligt utrustad specialist.

Kylaruttag termostatkontakt

Observera: Inte *alla modeller är utrustade med en termostatkontakt vid kylarens utlopp.*

2 Brytaren sitter i kylarens nedre slang. Motorns och kylaren måste därför vara kall innan brytaren tas bort.

3 Koppla loss batteriets minusdelare (se kapitel 5A).

4 Antingen tömmer du kylsystemet till en nivå under brytaren (enligt beskrivningen i kapitel 1) eller också har du en lämplig plugg

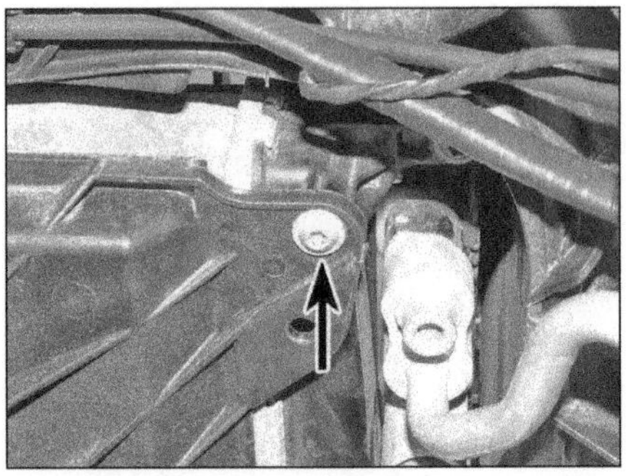

6.4 Skruva loss bulten (markerad med pil) i det högra övre hörnet av kåpan

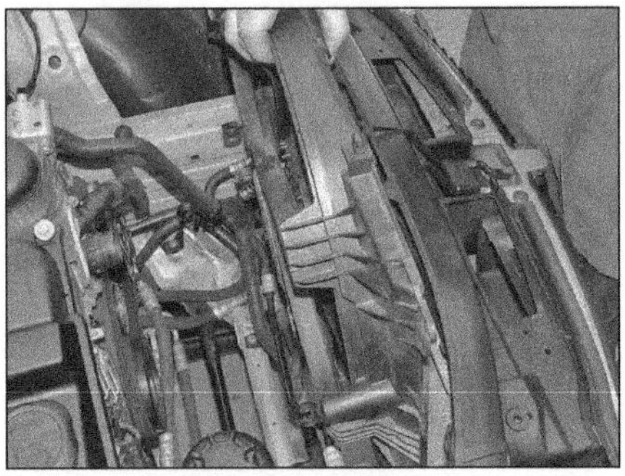

6.5b . . . lyft sedan av fläkten och kåpan från platsen

till hands som kan användas för att täppa till brytaröppningen i kylaren medan kontakten tas bort. Om du använder en plugg, var försiktig så att du inte skadar kylaren och använd inte något som kan föra in främmande partiklar i kylaren.

5 Koppla loss anslutningskontakten från brytaren **(se bild)**.

6 Lossa fästklämman och ta bort brytaren. Ta vara på tätningen.

7 Monteringen utförs i omvänd ordningsföljd mot demonteringen, använd en ny tätningsbricka. Avsluta med att fylla kylsystemet enligt beskrivningen i kapitel 1A eller 1B eller fylla på enligt anvisningarna i *Veckokontroller*.

8 Starta motorn och låt den gå tills den uppnår normal arbetstemperatur. Låt motorn fortsätta att gå och kontrollera att kylfläkten aktiveras och fungerar som den ska.

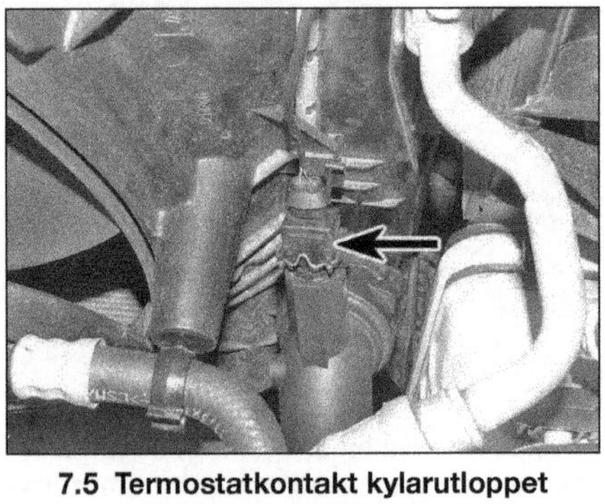

7.5 Termostatkontakt kylarutloppet (markerad med pil)

Temperaturgivare för kylvätska

4-cylindriga bensinmotorer

9 Antingen tömmer du kylsystemet delvis till en nivå under givaren (enligt beskrivningen i kapitel 1A) eller också har du en lämplig plugg till hands som kan användas för att täppa till givaröppningen i kylaren medan givaren tas bort. Om du använder en plugg, var försiktig så att du inte skadar givarenhetens öppning och använd inte något som kan föra in främmande partiklar i kylsystemet.

10 Givaren sitter på motorblockets vänstra sida, under insugsgrenröret **(se bild)**. För att komma åt givaren, ta bort generatorn enligt beskrivningen i kapitel 5A.

11 Koppla loss anslutningskontakten och skruva loss givaren från motorblocket. Ta vara på tätningen.

12 Byt tätningsringen och montera tillbaka givaren, dra åt den till angivet moment.

13 Återanslut kablagekontaktdonet, fyll sedan på kylsystemet enligt beskrivningen i kapitel 1A eller fyll på enligt beskrivningen i *Veckokontroller*. Kontrollera att det inte förekommer något läckage.

6-cylindriga bensinmotorer

14 Antingen tömmer du kylsystemet delvis, till en nivå under givaren (enligt beskrivningen i kapitel 1A), eller också har du en lämplig plugg till hands som kan användas för att täppa till givaröppningen i kylaren medan givaren tas bort. Om du använder en plugg, var försiktig så att du inte skadar givarenhetens öppning och använd inte något som kan föra in främmande partiklar i kylsystemet.

15 Skruva loss bultarna och ta bort luftintagskanalen från mitten av motorhuvens stötpanel **(se bild 3.2)**. Lossa insugsslangen när kåpan är borttagen.

16 Givaren skruvas in i topplockets framsida. Lossa klämman och ta bort kablaget från givaren.

17 Skruva loss givarenheten från topplocket **(se bild)**.

18 Applicera lite tätningsmedel på givarenhetens gängor, montera tillbaka givaren och dra åt den till angivet moment.

19 Återanslut kablagekontaktdonet, fyll sedan på kylsystemet enligt beskrivningen i kapitel 1A eller fyll på enligt beskrivningen

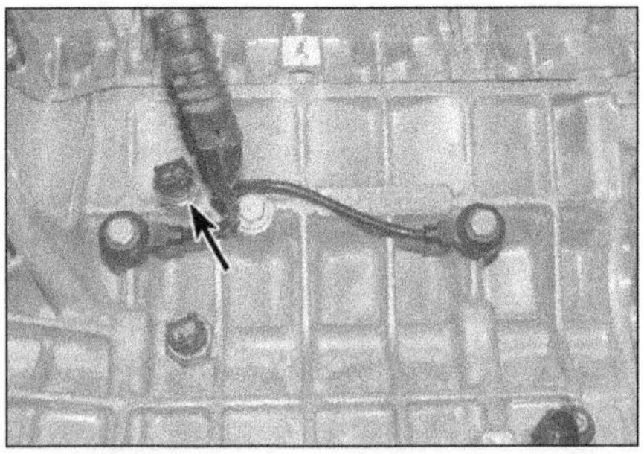

7.10 Motorns temperaturgivare för kylvätska (markerad med pil) är placerad under insugsgrenröret - 4-cylindriga bensinmotorer

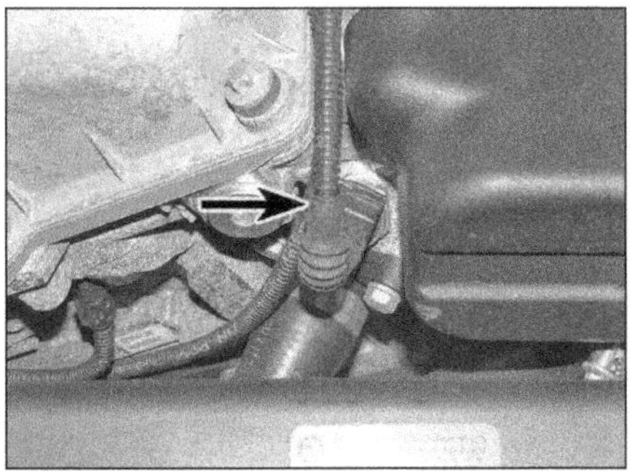

7.17 Temperaturgivare för kylvätska (markerad med pil) - 6-cylindriga bensinmotorer

i *Veckokontroller*. Kontrollera att det inte förekommer något läckage.

47T2 och M57T2 dieselmotorer

20 Antingen tömmer du kylsystemet delvis, till en nivå under givaren (enligt beskrivningen i kapitel 1B), eller också har du en lämplig plugg till hands som kan användas för att täppa till givaröppningen i kylaren medan givaren tas bort. Om du använder en plugg, var försiktig så att du inte skadar givarenhetens öppning och använd inte något som kan föra in främmande partiklar i kylsystemet.

21 Givaren är placerad under insugsgrenröret baktill på vänster sida av topplocket. Ta bort insugsgrenröret enligt beskrivningen i kapitel 4B.

22 Lossa klämman och lossa anslutningskontakten från givaren.

23 Skruva loss givaren från topplocket **(se bild)**.

24 Applicera lite tätningsmedel på givarenhetens gängor, montera tillbaka givaren och dra åt den till angivet moment.

25 Återanslut kontaktdonet och fyll sedan kylsystemet enligt beskrivningen i kapitel 1B eller fyll på enligt anvisningarna i *Veckokontroller*. Kontrollera att det inte förekommer något läckage.

N47 och N57 dieselmotorer

26 Antingen tömmer du kylsystemet delvis, till en nivå under givaren (enligt beskrivningen i kapitel 1B) eller så har du en lämplig plugg till hands som kan användas för att täppa till givaröppningen i kylaren medan den tas bort. Om du använder en plugg, var försiktig så att

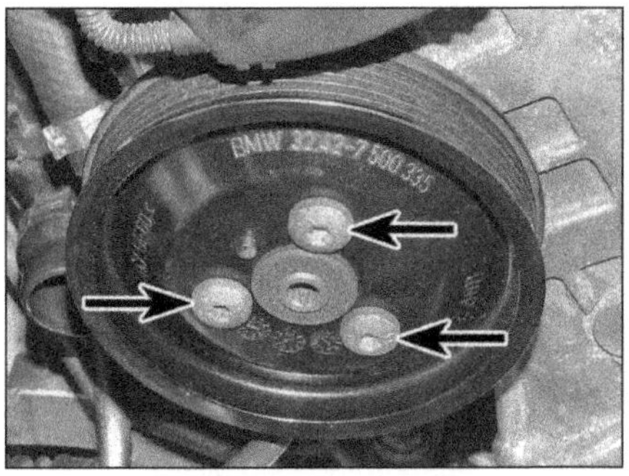

8.3a Remskivan är fäst på servostyrningspumpen med tre bultar (markerade med pilar)

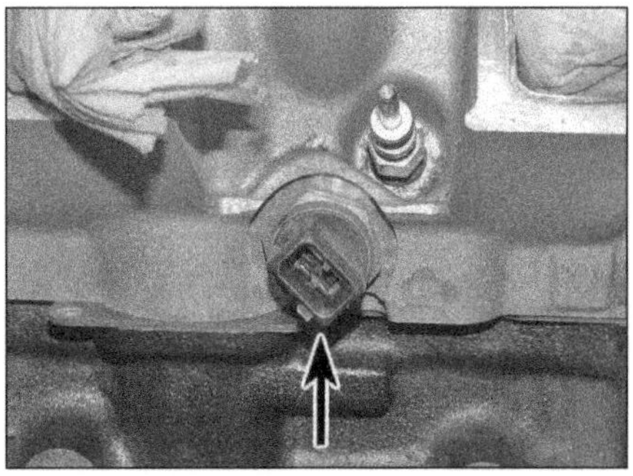

7.23 Temperaturgivare för kylvätska (markerad med pil) - dieselmotorerna M47T2 och M57T2

7.28 Temperaturgivare för kylvätska (markerad med pil) - N47 och N57 dieselmotorer

du inte skadar givarenhetens öppning och använd inte något som kan föra in främmande partiklar i kylsystemet.

27 Lyft upp den främre kanten, för sedan den ljuddämpande kåpan från motorns överdel **(se bild)**.

28 Givaren är placerad framtill på topplocket. För upp låsklämman och lossa anslutningskontakten från givaren **(se bild)**.

29 Skruva loss givaren från topplocket med en djup hylsa.

30 Applicera lite tätningsmedel på givarenhetens gängor, montera tillbaka givaren och dra åt den till angivet moment.

31 Återanslut kontaktdonet och fyll sedan kylsystemet enligt beskrivningen i kapitel 1B eller fyll på enligt anvisningarna i *Veckokontroller*. Kontrollera att det inte förekommer något läckage.

8.3b Bultar servostyrningspump på kylvätskepump (markerade med pilar)

7.27 Dra upp framkanten och för motorkåpan framåt

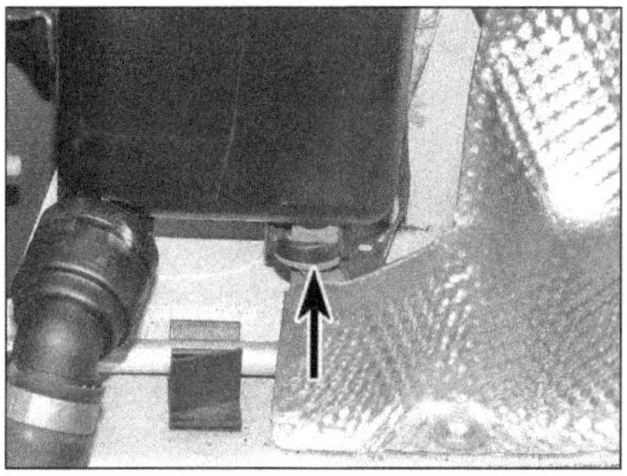

7.32 Nivåbrytaren är placerad i expansionskärlets bas (markerad med pil)

Kylvätskenivåbrytare

32 Nivåbrytaren är monterad i kylvätskeexpansionskärlets bas. Lossa nivåbrytarens anslutningskontakt **(se bild)**.

33 Skruva loss de två fästbultarna och lyft upp kylvätskebehållaren. Du behöver inte lossa slangarna.

34 Luta expansionskärlet så att brytaren är överst, vrid sedan brytaren moturs och dra sedan bort den från kärlet.

35 Monteringen sker i omvänd ordningsföljd mot demonteringen. Fyll på kylvätska enligt beskrivningen i *Veckokontroller*.

8 Kylvätskepump - demontering och montering

Observera: *Använd en ny tätningsring vid återmonteringen.*

Demontering

1 Dränera kylsystemet enligt beskrivningen i kapitel 1A eller 1B.

4-cylindriga bensinmotorer

2 Lossa servostyrningspumpremskivans bultar, ta sedan bort drivremmen enligt beskrivningen i kapitel 1A. Håll emot remskivan med en insexnyckel i mitten om det behövs.

3 Kylvätskepumpen är fastbultad på servostyrningspumpen och båda objekten måste tas bort tillsammans. Ta bort servostyrningspumpens remskiva, lossa sedan de två bultar som håller fast servostyrningspumpen på kylvätskepumpen **(se bilder)**.

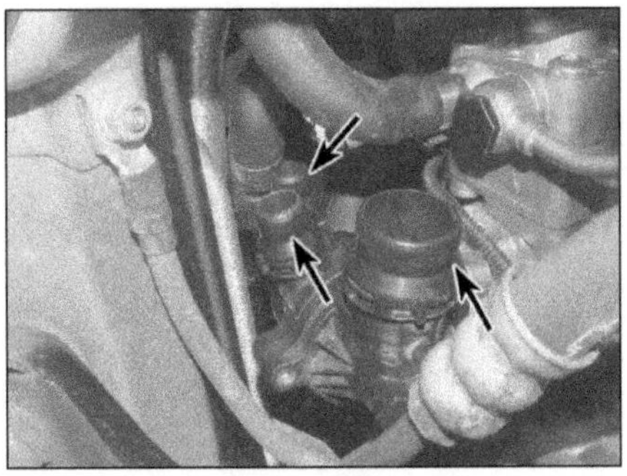

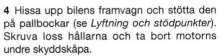

8.5 Lossa de tre slangarna (markerade med pilar) från termostathuset

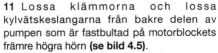

8.7 Bänd ut anslutningsstycket mellan pumpen och motorblocket

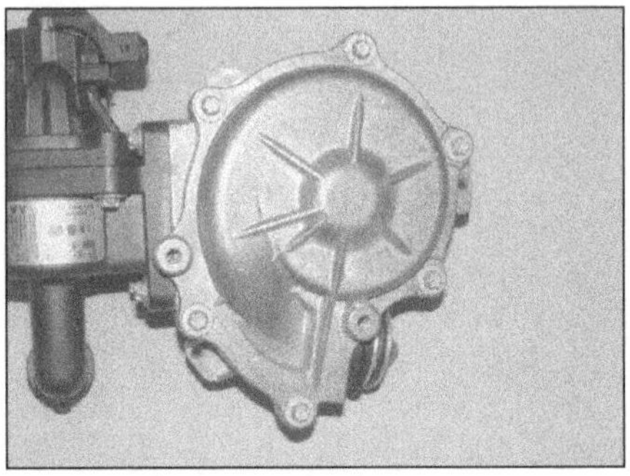

8.9 Skruva loss bultarna och skilj pumpens båda halvor åt

4 Hissa upp bilens framvagn och stötta den på pallbockar (se *Lyftning och stödpunkter*). Skruva loss hållarna och ta bort motorns undre skyddskåpa.

5 Bänd upp låskabelklämmorna och koppla loss de tre slangarna från termostathuset **(se bild)**. Observera att servostyrningspumpens slangar ska förbli frånkopplade.

6 Skruva loss de fyra skruvarna och skilj servostyrningspumpen från motorblocket. Skruva loss bulten och ta bort fästbygeln som stöder servostyrningsrören på motorblockets främre del (i förekommande fall).

7 Ta bort de båda bultar som sitter mellan kylvätskepumpen och servostyrningspumpen som lossades tidigare och ta bort kylvätskepumpen. Kassera anslutningsstycket mellan pumpen och blocket – ett nytt måste monteras **(se bild)**.

8 Om det behövs, kan kylvätskepumpen skiljas från termostathuset genom att du tar bort huskåpan (tillsammans med termostaten), och skruvar loss de fyra bultarna som fäster huset på pumphuset.

9 Kylvätskepumpen kan öppnas och tätningen bytas genom att du tar bort de sex bultarna och separerar pumpens båda halvor. Kasta gummitätningen, du måste sätta dit en ny **(se bild)**.

6-cylindriga bensinmotorer

10 På dessa modeller är en elektrisk kylpump monterad. Ta bort termostaten enligt beskrivningen i avsnitt 4.

11 Lossa klämmorna och lossa kylvätskeslangarna från bakre delen av pumpen som är fastbultad på motorblockets främre högra hörn **(se bild 4.5)**.

12 Lossa anslutningskontakten från brytarens baksida.

13 Lossa och ta bort pumpens fästbultar och ta bort pumpen. Kasta fästbultarna och använd nya vid återmonteringen.

M47T2 och M57T2 dieselmotorer

14 Ta bort termostaten enligt beskrivningen i avsnitt 4.

15 Skruva loss fästbultarna och ta bort kylvätskepumpen **(se bild)**.

16 Kylvätskepumpens packning var ursprungligen integrerad med kamkåpans nedre packning. För att ta bort pumpens packning skär du på det ställe där packningarna är hopfogade **(se bild)**.

N47 och N57 dieselmotorer

17 Ta bort termostaten enligt beskrivningen i avsnitt 4.

18 Skruva loss fästbultarna och ta bort pumpen **(se bild)**. Kasta pumptätningen.

Montering

4-cylindriga bensinmotorer

19 Om pumpen har öppnats, byt gummitätningen och sätt ihop halvorna igen. Dra åt de sex bultarna ordentligt.

20 Om du har tagit bort termostathuset och kåpan, sätt tillbaka dem och använd nya O-ringstätningar. Dra åt bultarna ordentligt.

21 Byt kopplingsstycket mellan pumpen och motorblocket. Sätt dit anslutningsstycket på pumpen.

22 Smörj in pumpens drivningstappar med fett och linjera dem med de motsvarande tapparna på servostyrningspumpen.

23 Montera kylvätskepumpen på servostyrningspumpen, dra endast åt bultarna för hand i detta skede.

24 Montera servostyrningspumpen på motorblocket, se till att kylvätskepumpens anslutningsstycke hakar i motsvarande hål i motorblocket ordentligt. Dra åt servostyrningspumpens fästbultar ordentligt.

25 Dra åt bultarna mellan kylvätskepumpen och servostyrningspumpen till angivet moment.

26 Resten av monteringen utförs i omvänd ordningsföljd mot demonteringen.

6-cylindriga bensinmotorer

27 Placera pumpen mot motorblocket, montera sedan de nya fästbultarna och dra åt dem till angivet moment.

28 Montera tillbaka slangarna på pumpens bakre del och dra åt klämmorna ordentligt.

29 Återanslut pumpens anslutningskontakt.

30 Montera tillbaka termostaten enligt beskrivningen i avsnitt 4.

M47T2 och M57T2 dieselmotorer

31 Skär av kylvätskepumpens packning

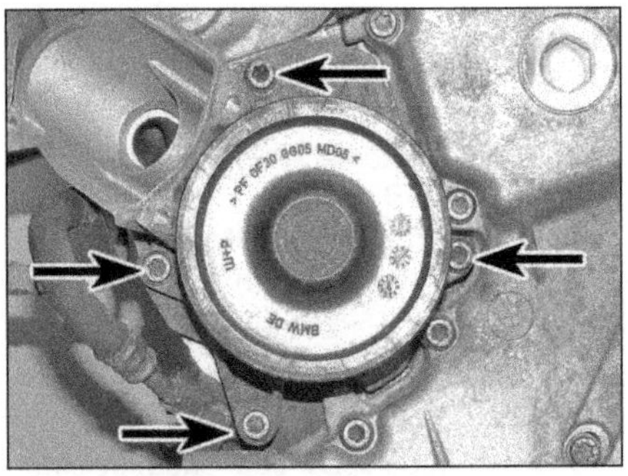

8.15 Kylvätskepumpens fästbultar (markerade med pilar)

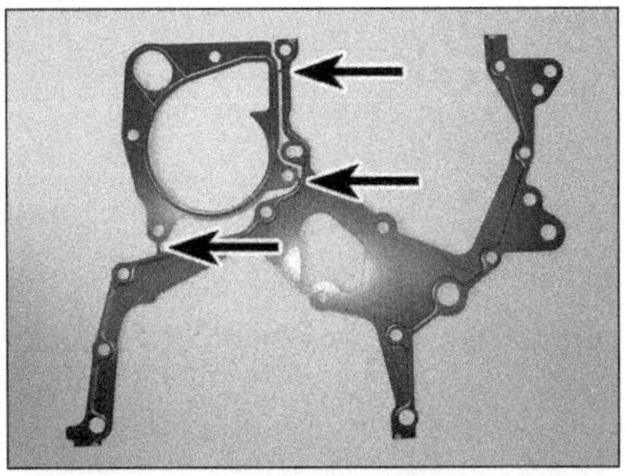

8.16 Kylvätskepumpens ursprungliga packning var en del av kamkedjekåpans packning. Skär där det är markerat med pilar för att separera de två

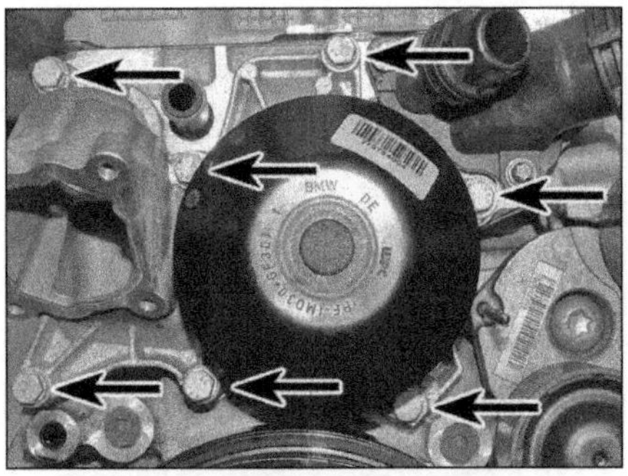

8.18 Kylvätskepumpens fästbultar (markerade med pilar)

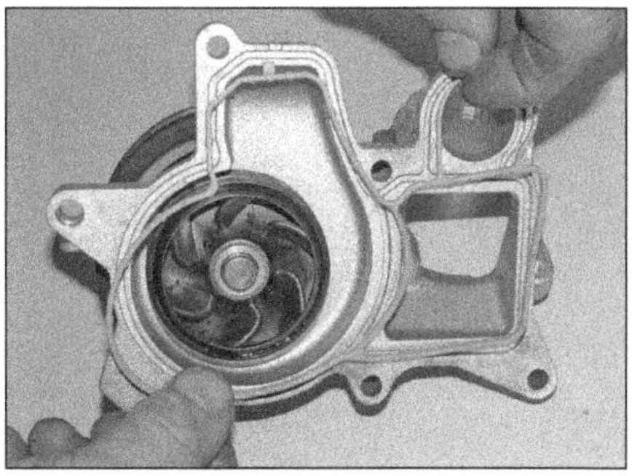

8.34 Byt pumptätningen

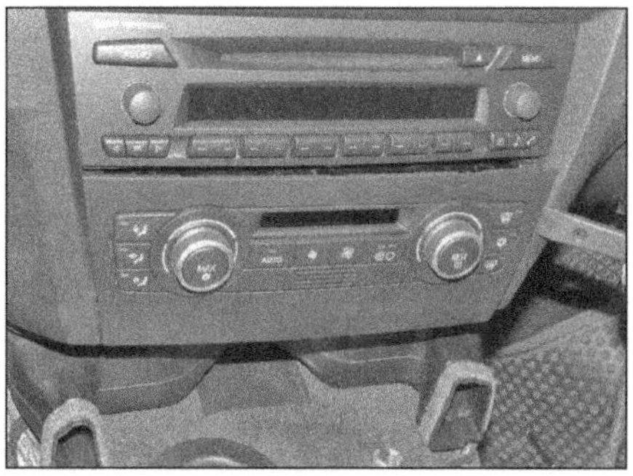

10.2a Bänd försiktigt loss styrenheten från instrumentbrädan

10.2b Bänd över spärrarna och lossa anslutningskontakterna

från den nya nedre kamkåpas packning. Se till att den placeras korrekt på motorblocket. Observera att nya kylvätskepumptätningar nu kan erhållas separat från kamkåpans packning.

32 Placera pumpen, sätt in fästbultarna och dra åt dem till angivet moment.

33 Montera tillbaka termostaten enligt beskrivningen i avsnitt 4.

N47 och N57 dieselmotorer

34 Montera en ny tätning på pumpen, montera sedan pumpen och dra åt bultarna till angivet moment **(se bild)**.

35 Montera tillbaka termostaten enligt beskrivningen i avsnitt 4.

9 Värme- och ventilationssystem - allmän information

1 Värme-/ventilationssystemet består av en fläktmotor med flera hastigheter, luftmunstycken i huvudhöjd i mitten av och på varje ände av instrumentbrädan, samt luftkanaler till de främre och bakre fotutrymmena.

2 Reglageenheten sitter i instrumentbrädan och reglagen styr klaffventiler som böjs och blandar luften som strömmar genom de olika delarna av värme-/ventilationssystemet. Klaffarna är placerade i luftfördelningshuset som fungerar som central fördelningsenhet och leder luften till de olika kanalerna och munstyckena.

3 Kalluft kommer in i systemet genom gallret i motorrummets bakre del. Det sitter ett pollenfilter i inloppet för att filtrera bort damm, sporer och sot från den inkommande luften.

4 Om det behövs, förstärks luftflödet av kompressorn och flödar sedan genom de olika kanalerna i enlighet med kontrollernas inställningar. Gammal luft pressas ut genom trummor placerade baktill i bilen. Om varm luft behövs, leds den kalla luften via värmepaketet, som värms upp av motorns kylvätska.

5 Du kan stänga av intaget av luft utifrån, och återcirkulera luften inuti bilen. Den här funktionen är bra för att förhindra otrevlig lukt från att tränga in i bilen utifrån, men den bör endast användas under kortare perioder eftersom den återcirkulerade luften i bilen snart blir dålig.

6 Vissa modeller kan vara utrustade med uppvärmda framsäten. Värmen produceras av eluppvärmda mattor i sätets och ryggstödets kuddar (se kapitel 12). Temperaturen styrs automatiskt av en termostat och kan ställas in på en av tre nivåer, vilket styrs av reglagen på instrumentbrädan.

10 Värme-/ventilationskomponenter - demontering och montering

Styrenhet värme/luftkonditionering/ventilation

1 Koppla loss batteriets minusdelare (se kapitel 5A).

2 Använd ett trubbigt verktyg med platt blad för att försiktigt bända upp styrenheten från instrumentbrädan och lossa klämman på varje sida av enheten **(se bilder)**. Notera monteringsläget för de olika anslutningskontakterna och koppla från dem när enheten tas bort.

3 Lossa försiktigt klädselpanelinfattningen från styrenheten.

4 Montering sker i omvänd ordningsföljd. Om du monterar en ny styrmodul måste den programmeras med särskild testutrustning från BMW. Låt en BMW-verkstad eller annan specialist utföra denna uppgift.

Värmarsats

5 Låt en specialist med rätt utrustning tömma ut luftkonditioneringens kylmedium.

6 Arbeta i bakre delen av motorrummet, skruva loss bultarna och ta bort pollenfilterkåpan **(se bild)**. Skjut bort filtret från huset. Om det behövs, se kapitel 1A eller 1B.

7 Lossa spärrarna och ta bort vänster och höger plastkåpa bakom fjädertornet på varje sida av motorrummet. Lossa kablaget om tillämpligt **(se bild)**.

8 Tryck in klämmorna och dra kabelstyrningen framåt från den nedre delen av pollenfilterhuset **(se bild)**.

9 Lossa spärren och skruva loss bulten

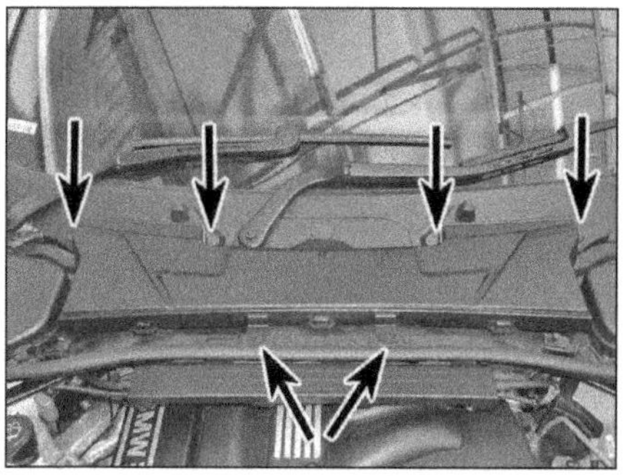

10.6 Skruva loss bultarna (markerad med pilar) och ta bort pollenfilterkåpan

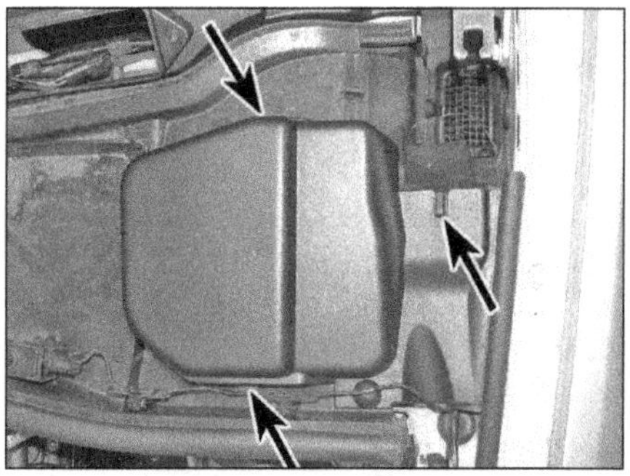

10.7 Lossa klämmorna (markerade med pilar) och ta bort plastkåporna

10.8 Lossa klämmorna (markerade med pilar) och för kabelstyrningen framåt

10.9a Vrid temperaturgivaren och dra bort den från fästet. Lossa motorhuvsbrytaren på passagerarsidan

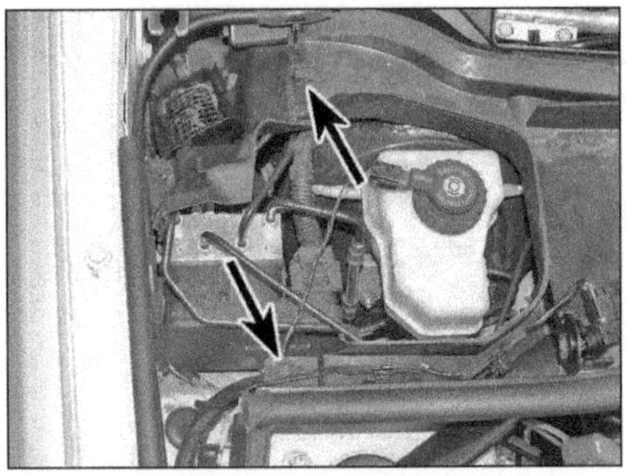

10.9b Skruva loss bulten, lossa klämmorna på varje sida. . .

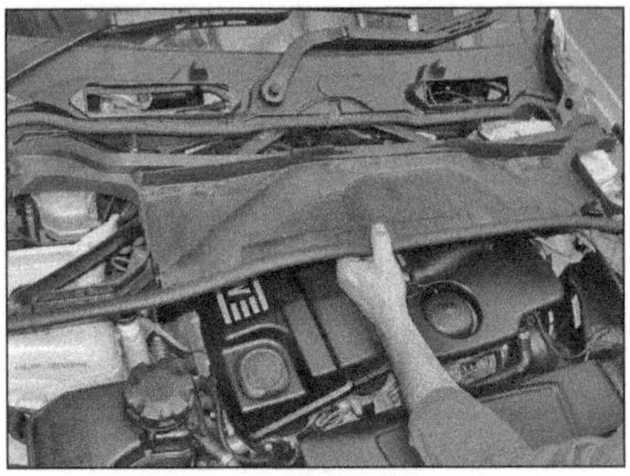

10.9c . . . och dra det nedre pollenfilterhuset framåt

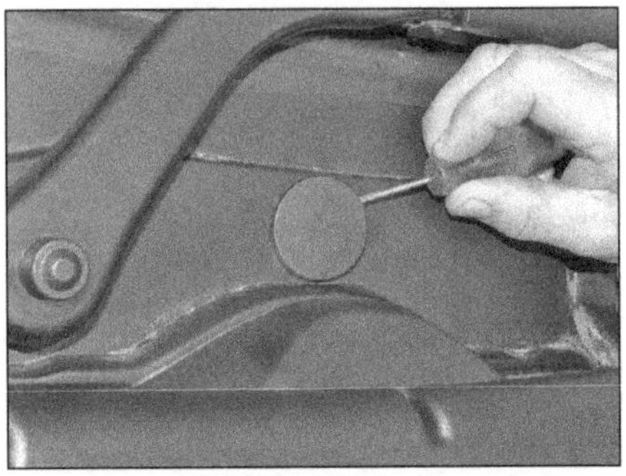

10.10 Ta bort kåpan i mitten av klädselpanelen

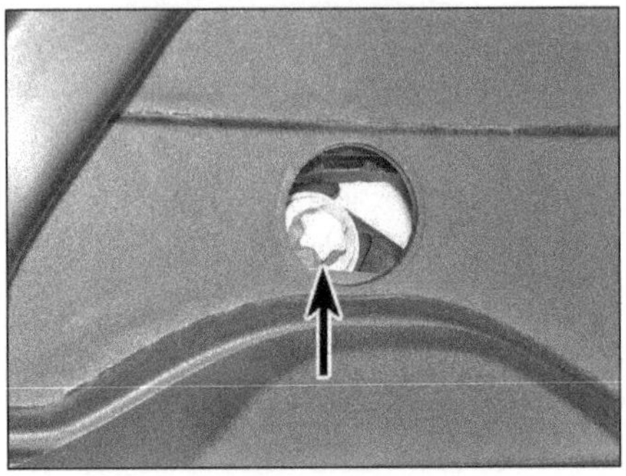

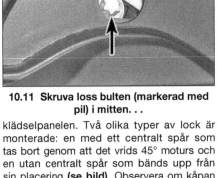

10.11 Skruva loss bulten (markerad med pil) i mitten. . .

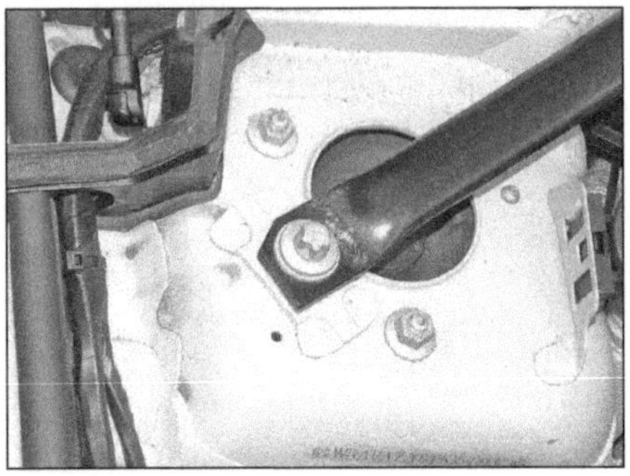

10.12 . . . och bulten i varje ände av stöden

på varje sida, för sedan den nedre delen av pollenfilterhuset framåt och för bort den från platsen **(se bilder)**.

Modeller med fjädertornstöd

10 Ta bort plastkåpan från mitten av klädselpanelen. Två olika typer av lock är monterade: en med ett centralt spår som tas bort genom att det vrids 45° moturs och en utan centralt spår som bänds upp från sin placering **(se bild)**. Observera om kåpan eller tätningen är skadad, de måste bytas. Underlåtenhet att göra detta kan leda till att vatten tränger in.

11 Skruva loss bulten i mitten av torpedplåten som exponeras vid demonteringen av kåpan **(se bild)**. Kasta bulten – eftersom en ny en måste användas.

12 Skruva loss bulten på stödets respektive ytterände, håll sedan gummigenomföringen på plats och för stöden utåt från platsen **(se bild)**. Låt inte genomföringarna i mellanväggen rubbas. Kasta bultarna och använd nya vid återmonteringen.

Alla modeller

13 Skruva loss de två bultarna och lossa kylmedierören från expansionsventilen på motorrummets mellanvägg **(se bild)**. Kasta rörtätningarna, du måste sätta dit nya vid monteringen.

14 Skruva loss de två bultarna och ta bort expansionsventilen **(se bild)**. Ta loss plattan bakom ventilen.

15 Demontera hela instrumentbrädan enligt beskrivningen i kapitel 11.

16 Lossa plastkåpan från motorrummets mellanvägg, lossa sedan bulten **(se bild)**.

17 Lossa luftkanalerna i vänster och höger fotutrymme från värmeenheten.

18 Fäst de båda värmeslangarna med klämmor så nära mellanväggen som möjligt för att minska kylvätskeförlusten. Dränera kylsystemet enligt beskrivningen i kapitel 1A eller 1B.

19 Lossa värmeslangarna vid mellanväggen **(se bilder)**. Använd om möjligt tryckluft som appliceras på ett av värmepaketets rör för att tömma ut kylvätska från värmaren.

20 Skruva loss de fyra muttrar som håller fast

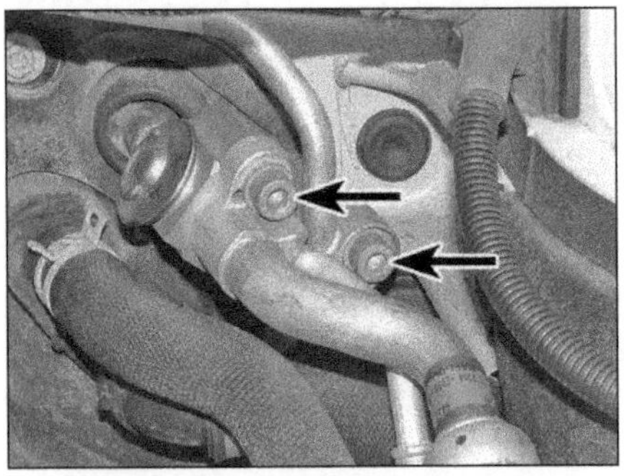

10.13 Fästbultar köldmedelsrör (markerade med pilar)

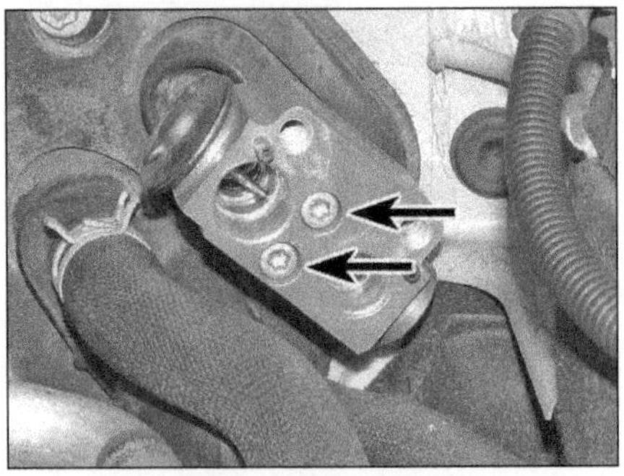

10.14 Expansionsventilens fästbultar (markerade med pilar)

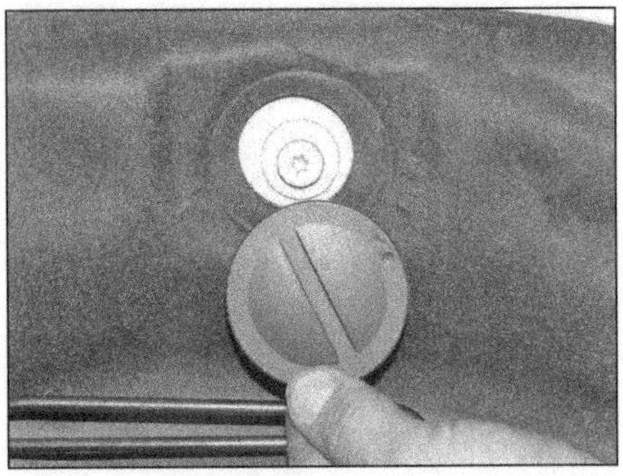

10.16 Ta bort kåpan och skruva loss den exponerade bulten

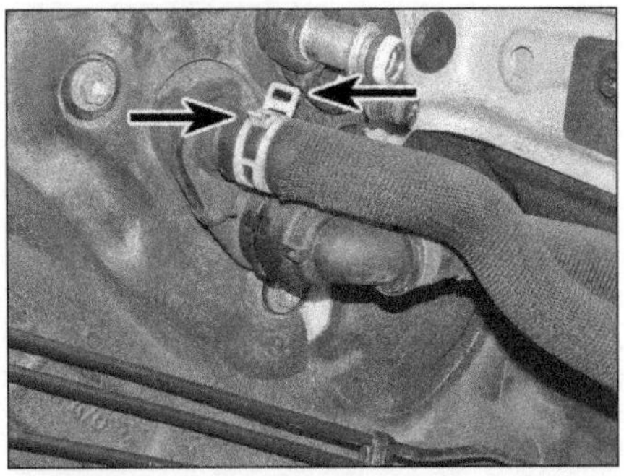

10.19a Tryck ihop flikarna (markerade med pilar) och lossa den övre slangklämman. . .

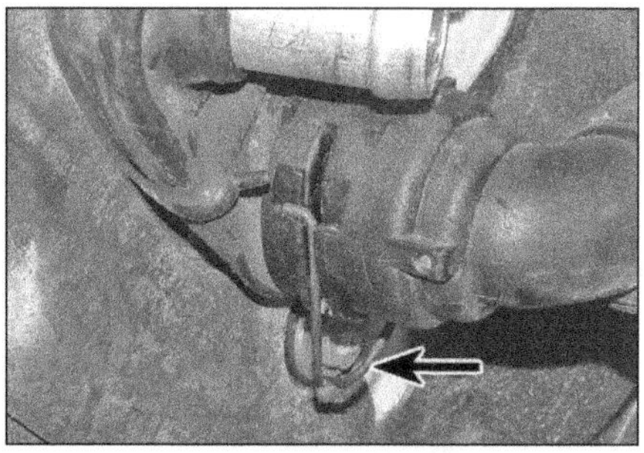

10.19b . . . bänd ut trådklämman (markerad med pil) och dra loss den nedre slangen från röret

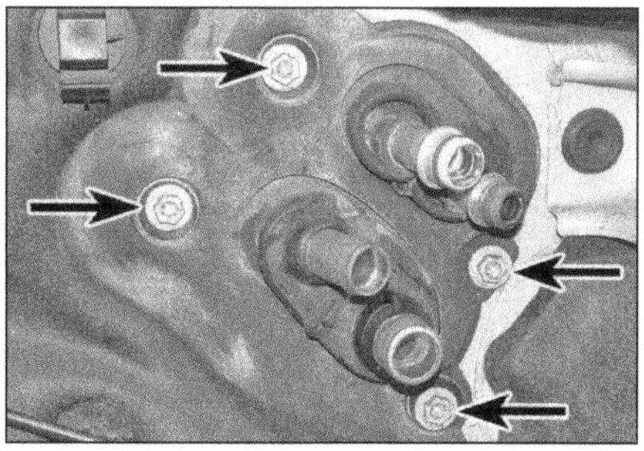

10.20 Skruva loss muttrarna (markerade med pilar) och ta sedan bort tätningsplattan och gummit

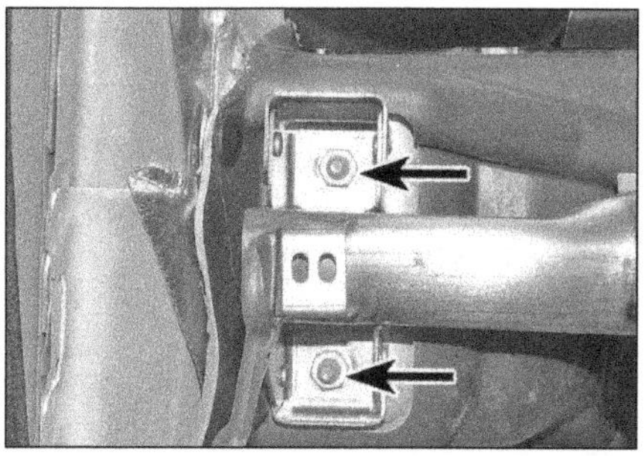

10.22a Instrumentbrädans tvärbalk är fäst med två muttrar i varje ände (markerade med pilar). . .

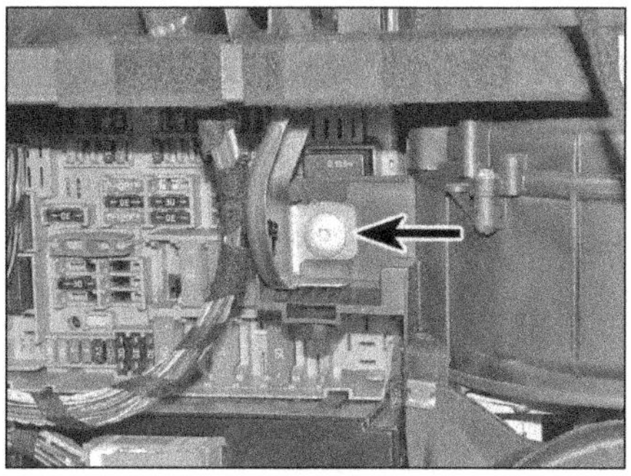

10.22b . . . en bult (markerad med pil) bredvid säkringsdosan. . .

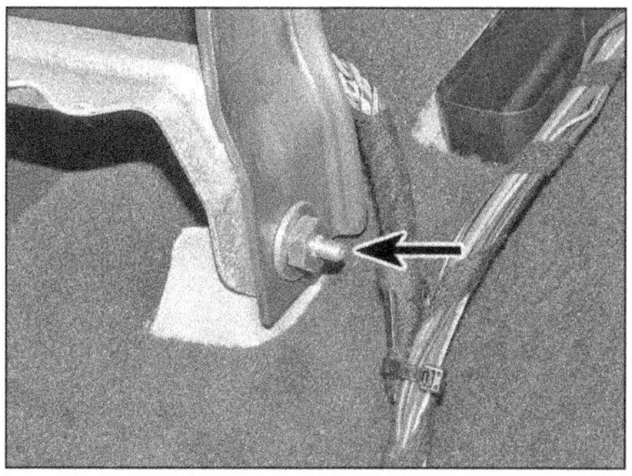

10.22c . . . en bult (markerad med pil) på kardantunneln. . .

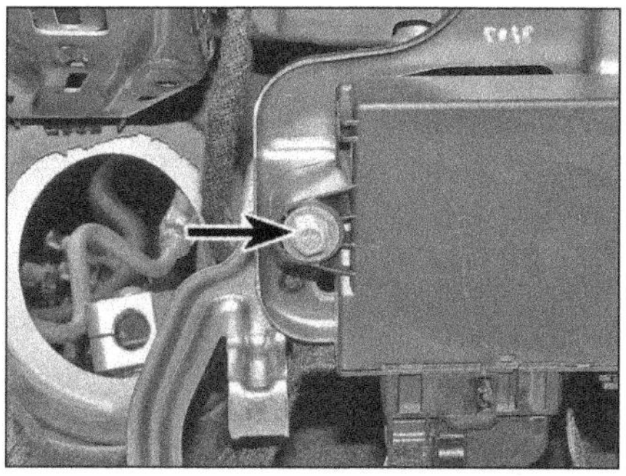

10.22d . . . en bult över pedalerna (markerad med pil). . .

värmeenheten på kylvätskeanslutningarna, ta sedan försiktigt bort tätningsplattan **(se bild)**.

21 Notera hur de är monterade, lossa sedan kabelhärvan/kabelkanalerna från instrumentbrädans tvärbalk.

22 Skruva loss de olika muttrarna och bultarna och för instrumentbrädans tvärbalk från passagerarutrymmet med hjälp av en medhjälpare **(se bilder)**.

Varning: Instrumentbrädans tvärbalk har många vassa kanter - det är förståndigt att använda handskar.

23 Ta bort värmarsats från bilen. Observera förångarens urtappningsgenomföring i golvet **(se bild)**.

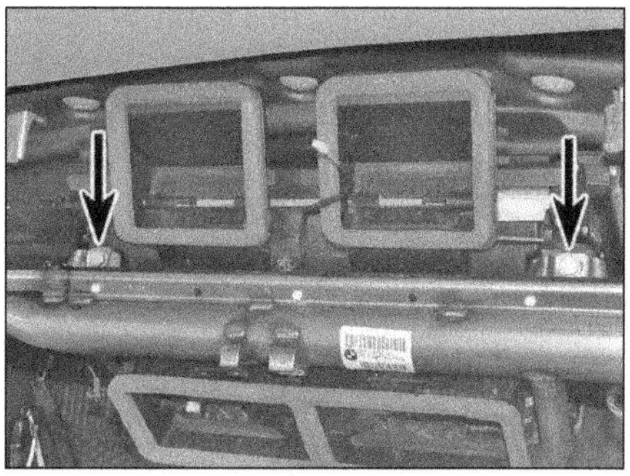

10.22e . . . Två bultar (markerade med pilar) i mitten. . .

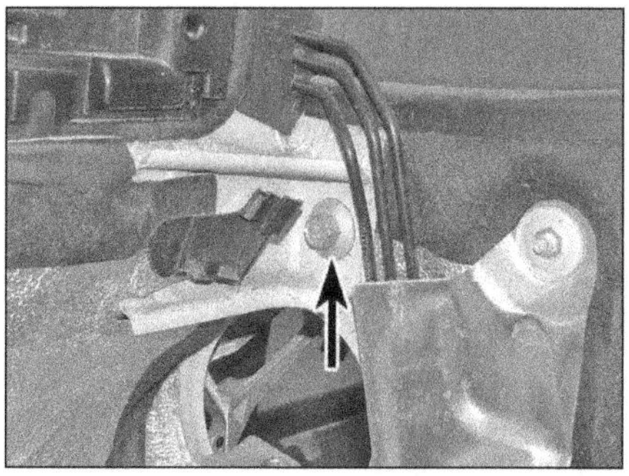

10.22f . . . en bult i motorrummet över hålet för rattstången (markerad med pil). . .

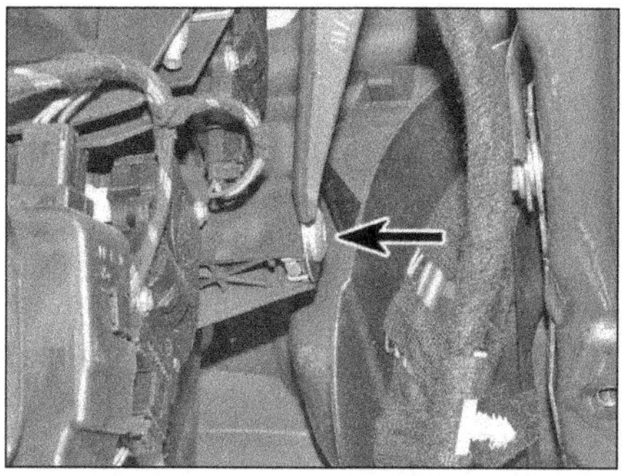

10.22g . . . en bult på höger sida av värmarhuset (markerad med pil) . . .

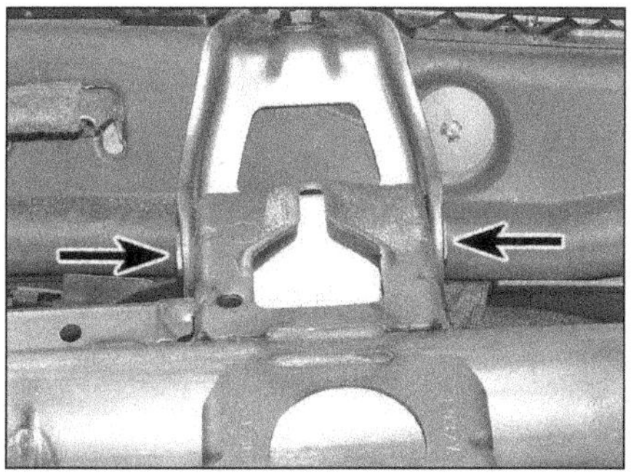

10.22h . . . Två bultar (markerade med pilar) över tvärbalken på förarsidan. . .

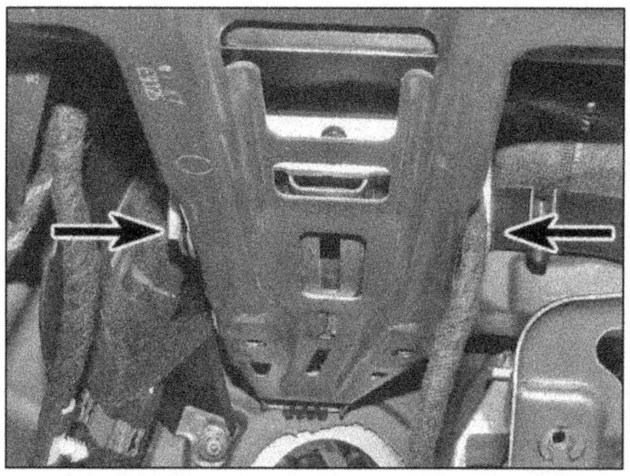

10.22i . . . och en på varje sida av fästbygeln över rattstången (markerad med pilar)

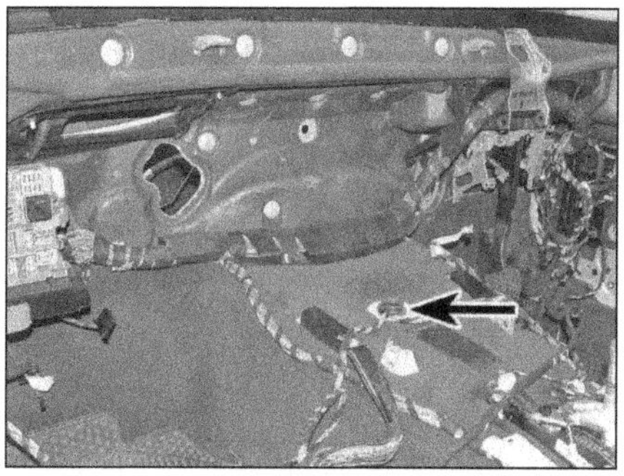

10.23 Förångarens tömningsgenomföring (markerad med pil)

10.26a Skala bort genomföringen. . .

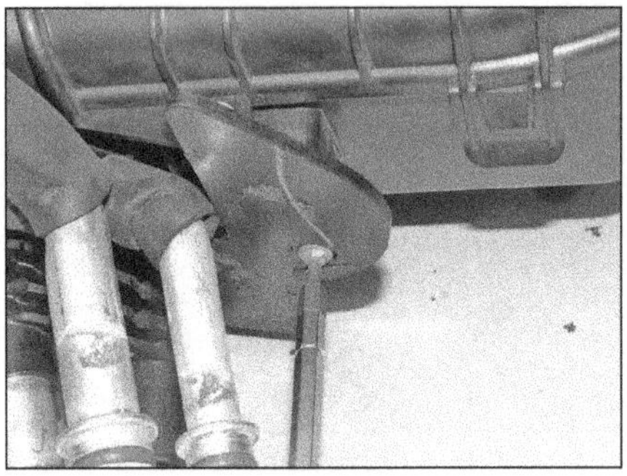

10.26b . . . och skruva loss plattans fästbult

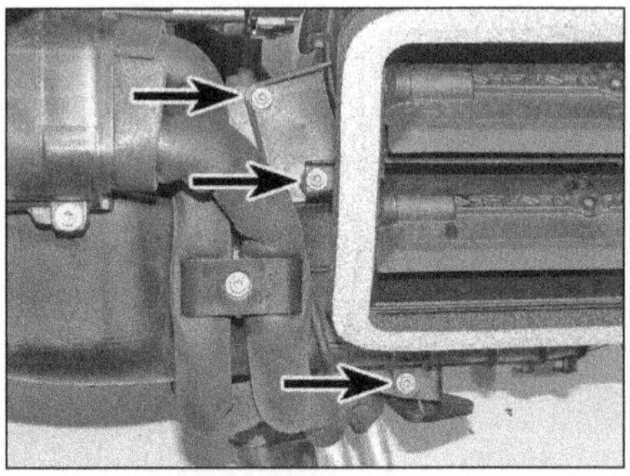

10.28a Skruva loss de tre bultarna (markerade med pilar) . . .

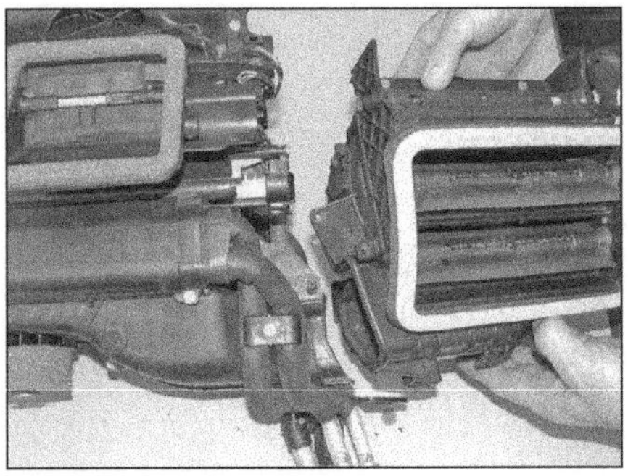

10.28b . . . och för fläktmotorhuset uppåt

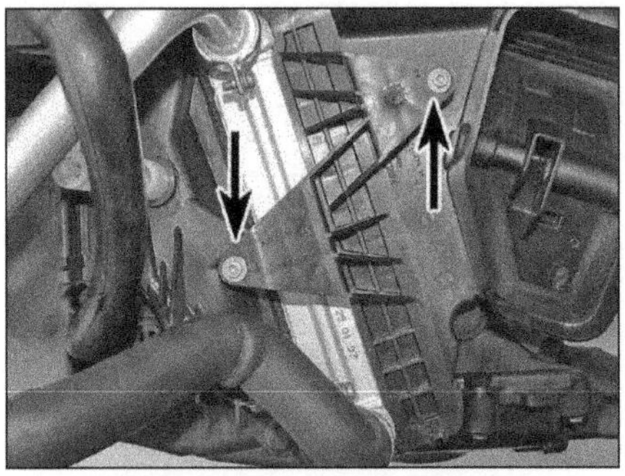

10.29 Värmepaketets fästbultar (markerade med pilar)

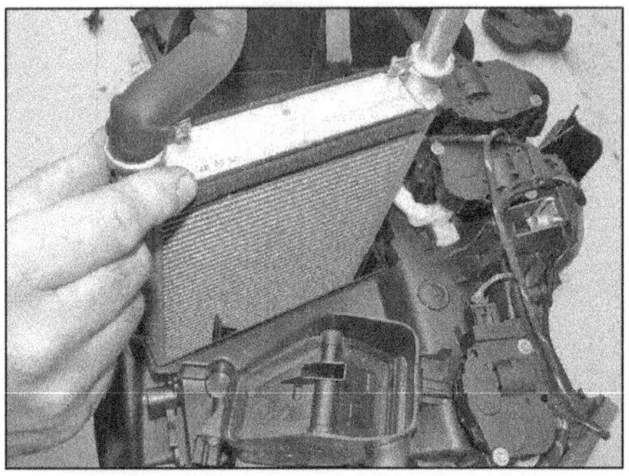

10.30 Skjut bort värmepaketet från huset

24 Monteringen sker i omvänd ordningsföljd mot demonteringen. Tänk på följande:

a) Dra åt alla hållare till angivet moment (där sådant angetts).

b) Byt alla packningar och tätningar.

c) Låt en lämpligt utrustad specialist ladda om kylmediekretsen.

d) Fyll på kylsystemet enligt beskrivningen i kapitel 1A eller 1B.

Värmeväxlare

25 Demontera värmeenheten enligt beskrivningen tidigare i detta avsnitt.

26 Skala av gummigenomföringen runt rören och skruva loss den bult som håller fast fästplattan runt rören **(se bilder)**.

27 Lossa anslutningskontakten från luft återcirkuleringens servomotor ovanpå värmefläktens motorhus och lossa kabelhärvan från fästklämmorna.

28 Skruva loss de tre bultarna och för värmefläktens motorhus uppåt från huvudvärmehuset (se bilder).

29 Skruva loss bultarna till värmepaketets kåpa och ta bort den **(se bild)**. På dieselmodeller med ett elektriskt uppvärmningselement lossar du anslutningskontakten och skjuter ut elementet **(se bild 13.4)**.

30 Skruva loss den bult som håller fast klämmorna till luftkonditioneringens förångarrör, för sedan bort värmepaketet och rören från värmarenheten **(se bild)**. Var beredd på att kylvätska läcker ut.

31 Om det behövs, ska du lossa fästbultarna och lossa rören från värmepaketet **(se bild)**. Kasta tätningsringarna, du måste använda nya vid monteringen.

32 Monteringen sker i omvänd ordningsföljd mot demonteringen. Tänk på följande:

a) Använd alltid nya tätningsringar mellan rören och värmepaketet.

b) Vid montering av värmepaketet måste utloppsanslutningen (något större - markerad med en svart punkt) vara längst upp.

c) Fyll på kylsystemet enligt beskrivningen i kapitel 1A eller 1B.

Värmefläktens motor

33 Skruva loss de två bultarna och för klädselpanelen under passagerarsidans handskfack neråt och bakåt **(se bild)**. Lossa fotutrymmets lampa när panelen tas bort.

34 Lossa fläktmotorns anslutningskontakt.

35 Lyft upp fästklämman något, vrid fläktmotorn moturs och för den bort från huset **(se bilder)**.

36 Återmonteringen görs i omvänd ordning jämfört med demonteringen och se till att motorn är korrekt fäst i huset.

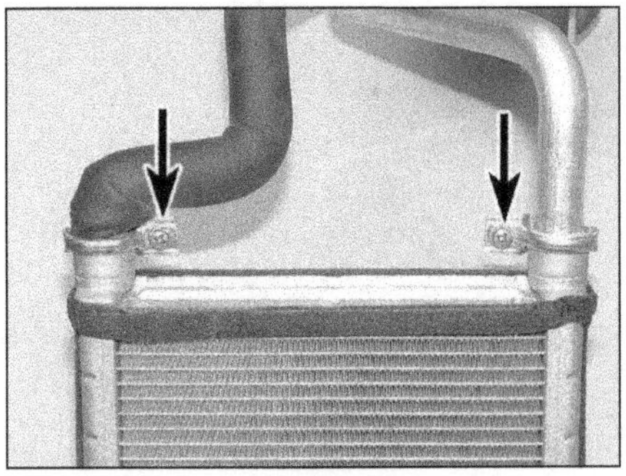

10.31 Lossa rörets fästbultar (markerade med pilar)

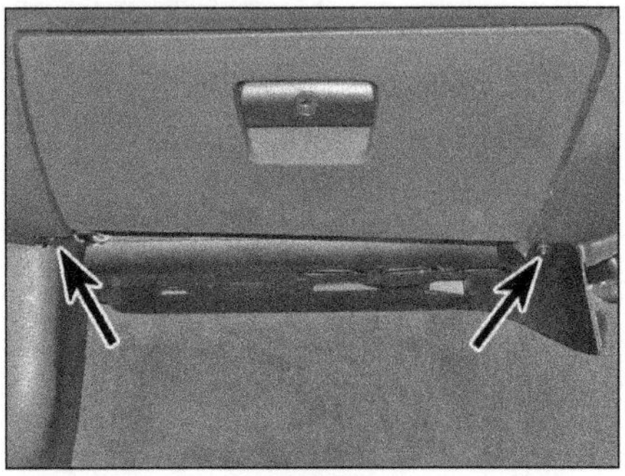

10.33 Panelens fästbultar (markerade med pilar)

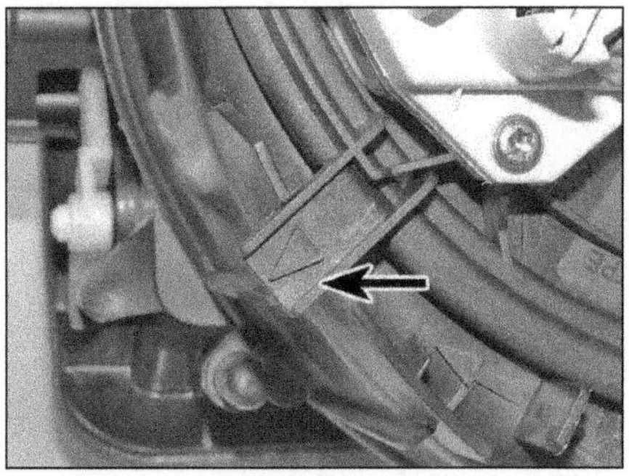

10.35a Lyft av fästklämman (markerad med pil) . . .

10.35b . . . vrid fläktmotorn moturs och ta bort den

Värmefläktmotorns resistor

37 Ta bort värmefläktens motor enligt beskrivningen i detta avsnitt.

38 Skruva loss de två bultarna och ta bort resistorn **(se bild)**.

39 Montera i omvänd ordningsföljd mot demonteringen.

11 Luftkonditioneringssystem - allmän information och föreskrifter

Allmän information

1 Ett luftkonditioneringssystem gör att den inkommande luftens temperatur kan sänkas och det avfuktar luften vilket underlättar snabb dimma borttagning och ger ökad komfort.

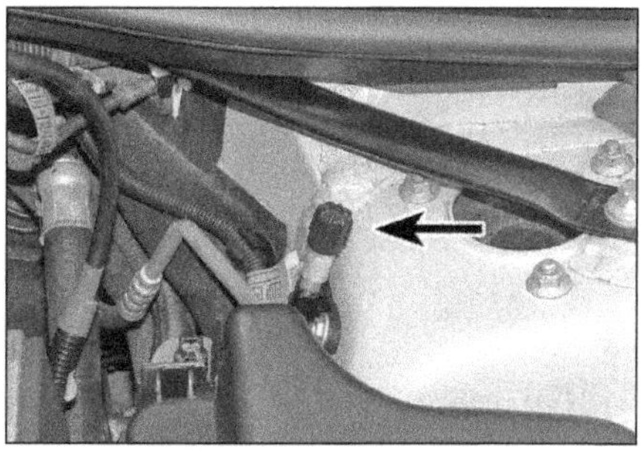

11.5a Köldmedelskretsens serviceöppningar är placerade på vänster innerskärm (markerad med pil). . .

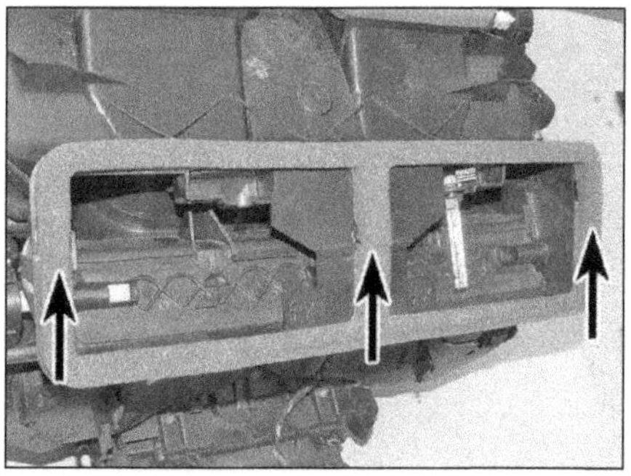

12.3 Skär igenom skummet vid de punkter som är markerade med pilar

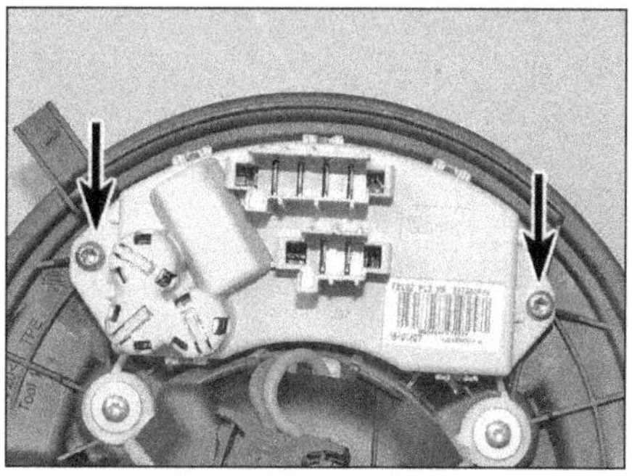

10.38 Bultar till fläktmotorns resistor (markerade med pilar)

2 Kyldelen av systemet fungerar på samma sätt som i ett vanligt kylskåp. Kylgas dras in i en remdriven kompressor och leds in i en kondensor i kylarens främre del, där temperaturen sänks och gasen omvandlas till vätska. Vätskan passerar genom en expansionsventil till en förångare där den omvandlas från vätska under högt tryck till gas under lågt tryck. Denna förändring åtföljs av ett temperaturfall som kyler ner förångaren. Kylmediet återvänder till kompressorn och cykeln börjar om.

3 Luft som blåses genom förångaren går vidare till luftfördelarenheten, där den blandas med varm luft som blåser genom värmepaketet för att skapa den temperatur som önskas i passagerarutrymmet.

4 Systemets drift styrs av en elektronisk styrmodul med ett självdiagnossystem. Eventuella problem med systemet ska överlåtas till en BMW-verkstad eller annan specialist.

5 Hög- och lågtrycksserviceluckorna till luftkonditioneringens köldmedelskrets är placerade i motorrummet **(se bilder)**.

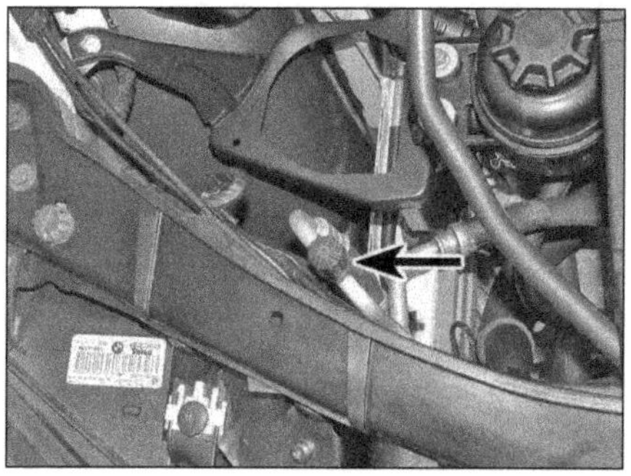

11.5b . . . och bakom höger strålkastare (markerad med pil)

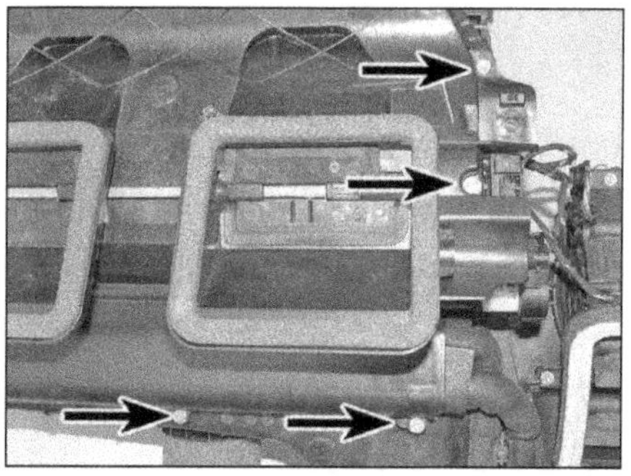

12.4a Skruva loss bultarna på vänster sida (markerade med pilar) . . .

Föreskrifter

6 Om bilen har ett luftkonditioneringssystem måste man respektera särskilda föreskrifter om man hanterar någon del av systemet, dess tillhörande komponenter och delar som kräver att systemet kopplas ifrån. Om systemet av någon anledning måste kopplas ifrån ska detta överlåtas till en BMW-verkstad eller till en specialist med lämplig utrustning.

7 Använd inte luftkonditioneringssystemet om det innehåller för lite kylmedium eftersom detta kan skada kompressorn.

Varning: Kylmediet kan vara farligt och får endast hanteras av kvalificerade personer. Om det stänker på huden kan det orsaka köldskador. Det är inte giftigt i sig, men utvecklar en giftig gas om den kommer i kontakt med en oskyddad låga (inklusive en tänd cigarrett). Okontrollerat utsläpp av kylmediet är farligt och skadligt för miljön.

12 Luftkonditioneringssystemets komponenter - demontering och montering

Varning: Försök inte att öppna kylmediekretsen. Se föreskrifterna som anges i avsnitt 11.

Förångare

1 Ta bort värmaren enligt beskrivningen i avsnitt 10.

2 Skala av gummigenomföringen från rören och lossa den bult som håller fast rörklämman **(se bilder 10.26a och 10.26b)**.

3 Skär försiktigt igenom skumtätningen ovanpå värmeenheten **(se bild)**.

4 Skruva loss bultarna och ta bort den övre delen av värmehuset **(se bilder)**. Lossa positioneringsmotorns anslutningskontakter och kontakten till utloppstemperaturgivaren när huset är borttaget.

5 Lyft ut plastluckan, lyft sedan förångaren

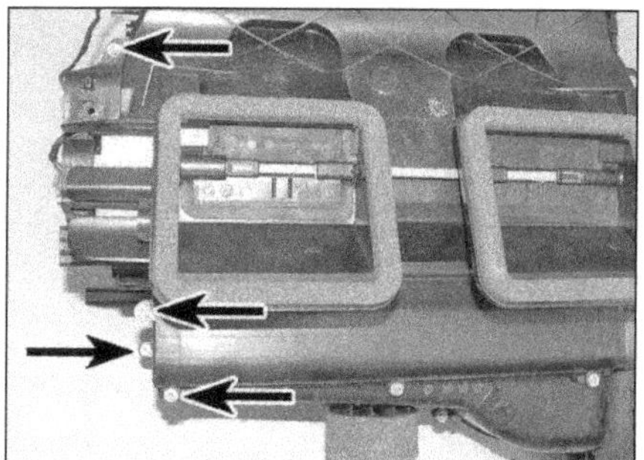

12.4b . . . och på höger sida av värmarhuset (markerad med pilar) . . .

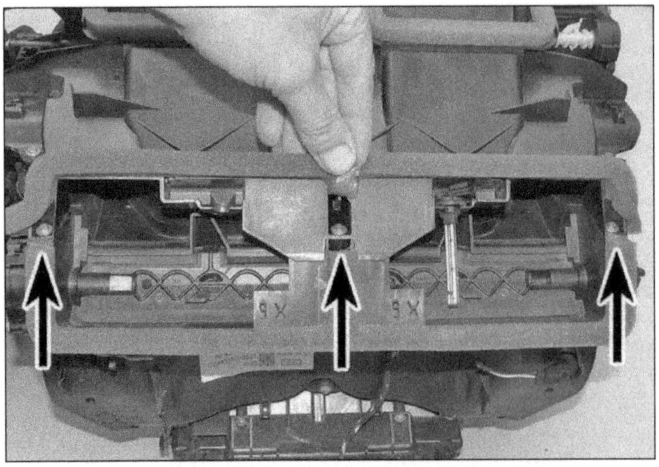

12.4c ... och de tre i mitten (markerade med pilar)...

12.4d ... och lyft bort det övre värmarhuset

från huset. Ta loss plastkåpan från förångarens nedre kant **(se bilder)**.

6 Monteringen sker i omvänd ordning. Låt en BMW-verkstad eller en specialist ladda om köldmedlet och fyll på kylvätskenivån enligt beskrivningen i kapitel 1A eller 1B.

Expansionsventil

7 Låt en specialist med rätt utrustning tömma ut luftkonditioneringens kylmedium.

Modeller med fjädertornstöd

8 Ta bort plastkåpan från mitten av klädselpanelen. Två olika typer av lock är monterade: en med ett centralt spår som tas bort genom att det vrids 45° moturs och en utan centralt spår som bänds upp från sin placering **(se bild 10.10)**. Observera om kåpan eller tätningen är skadad, de måste bytas. Underlåtenhet att göra detta kan leda till att vatten tränger in.

9 Skruva loss den bult i mitten av torpedplåten som exponerades vid borttagningen av kåpan **(se bild 10.11)**. Kasta bulten – eftersom en ny en måste användas.

10 Skruva loss bulten på stödets respektive ytterände, håll sedan gummigenomföringen på plats och för stöden utåt från platsen **(se bild 10.12)**. Låt inte genomföringen rubbas. Kasta bultarna och använd nya vid återmonteringen.

Alla modeller

11 Arbeta i bakre delen av motorrummet, skruva loss bultarna och ta bort pollenfilterkåpan. För filtret från huset **(se bild 10.6)**.

12 Lossa spärrarna och ta bort vänster och höger plastkåpa bakom fjädertornet på varje sida av motorrummet. Lossa slangen från vänster kåpa **(se bild 10.7)**.

13 Tryck in klämmorna och dra bort kabelstyrningen framåt från pollenfilterhusets nedre del **(se bild 10.8)**.

14 Lossa spärren och skruva loss bulten på varje sida, för sedan den nedre delen av pollenfilterhuset framåt och för bort den från platsen **(se bilder 10.9a och 10.9b)**.

15 Skruva loss de två bultarna och lossa kylmedierören från expansionsventilen och motorrummets mellanvägg **(se bild 10.13)**. Kasta rörtätningarna, du måste sätta dit nya vid monteringen.

16 Skruva loss de två bultarna och ta bort expansionsventilen **(se bild 10.14)**. Kasta O-ringstätningarna, nya tätningar måste användas vid återmonteringen.

17 Monteringen sker i omvänd ordningsföljd mot demonteringen. Låt en BMW-verkstad eller en specialist ladda om köldmedlet och fyll på kylvätskenivån enligt beskrivningen i kapitel 1A eller 1B.

Mottagare/torkare

18 Behållaren/avfuktaren ska bytas när:

a) Det finns smuts i luftkonditioneringssystemet.

b) Kompressorn har bytts ut.

c) Kondensorn eller förångaren har bytts ut.

d) En läcka har tömt luftkonditioneringssystemet.

e) Luftkonditioneringssystemet har varit öppet i mer än 24 timmar.

19 Ta bort kondensatorn, enligt beskrivningen tidigare i detta avsnitt.

20 Skruva loss kåpan från kondensorn **(se bild)**.

21 Ta bort den låsring som håller fast mottagaren/torkinsatsen.

12.5a Lyft ut plastfliken...

12.5b ... och ta bort förångaren

12.5c Ta loss plastkåpan från den nedre kanten

12.20 Skruva loss kåpan ...

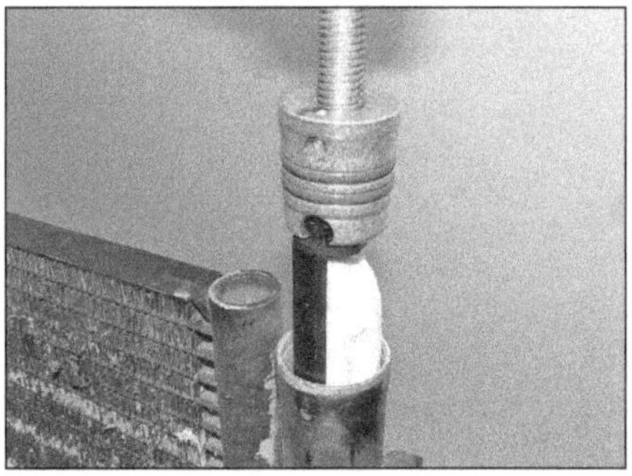

12.22 . . . ta bort låsringen och använd en gammal bult för att ta loss mottagaren/ torkaren

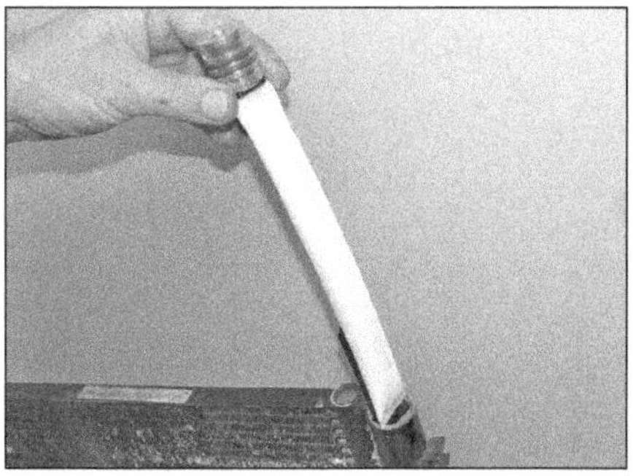

12.23 Montera torkmedelspåsen i insatsen

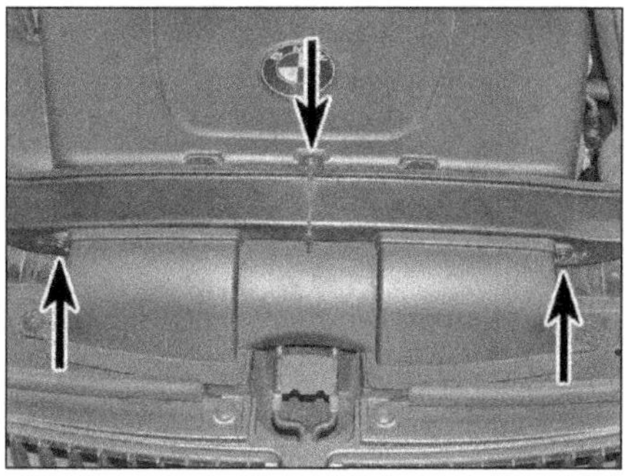

12.26 Skruva loss de tre bultarna (markerade med pilar) och ta bort luftintagskåpan

12.40 Förångarens temperaturgivare (markerad med pil)

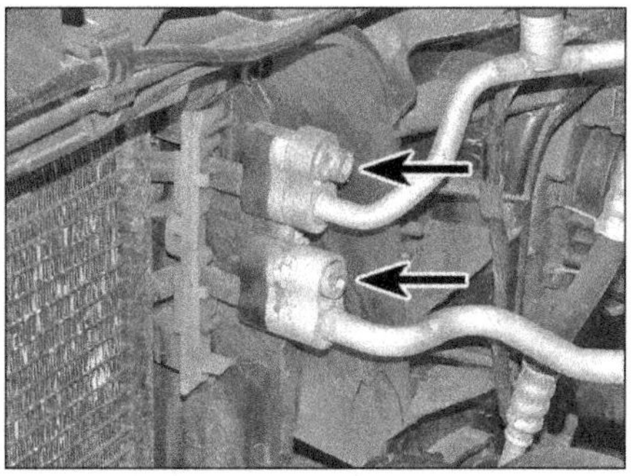

12.48 Bultar köldmedelsrör (markerade med pilar)

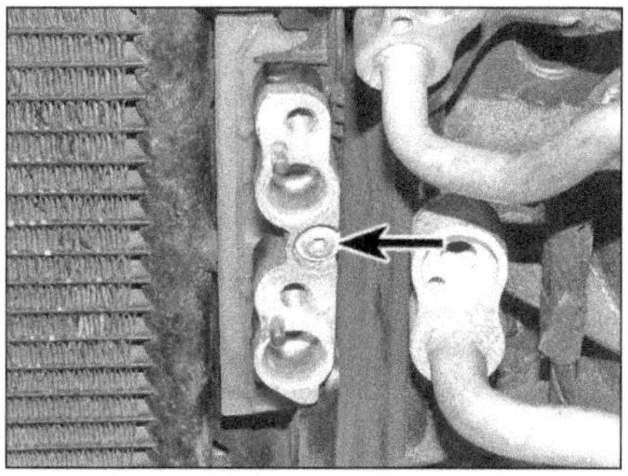

12.49 Skruva loss kondensatorns fästbult (markerad med pil)

22 Använd den gamla bulten för att dra bort inlägget från mottagaren torken **(se bild)**.

23 Montera den nya torkmedelspåsen i det nya inlägget och montera det på kondensorn **(se bild)**. Resten av monteringen sker i omvänd ordningsföljd mot demonteringen.

Kompressor

24 Låt en BMW-verkstad eller annan lämplig specialist tömma ut luftkonditioneringssystemets kylmedium.

25 På 4-cylindriga -motorer, ta bort luftrenarhuset enligt beskrivningen i kapitel 4A.

26 Skruva loss de tre bultarna och ta bort luftintagskåpan från motorhuvens stötpanel på dieselmotorerna M47T2 **(se bild)**.

27 Ta bort kylfläkten och kåpan från dieselmotorerna M57T2 enligt beskrivningen i avsnitt 5.

28 Lossa givarens anslutningskontakt, lossa klämmorna och ta bort laddluftkylarens utloppsrör från motorns högra sida på motorerna N57.

29 Ta bort generatorn på dieselmotorerna N47 och N57 enligt beskrivningen i kapitel 5A.

30 Ta bort termostaten enligt beskrivningen i avsnitt 4 på sexcylindriga motorer.

31 Skruva loss de två bultarna och lossa luftkonditioneringsrören från kompressorn i alla modeller. Kasta O-ringstätningarna, nya tätningar måste användas vid återmonteringen. Täpp igen öppningarna för att hindra smuts från att tränga in.

32 Ta bort drivremmen (drivremmarna) enligt beskrivningen i kapitel 1A eller 1B (om du inte redan har gjort det).

33 Koppla loss kompressorns anslutningskontakt.

34 Dra åt handbromsen ordentligt, hissa upp framvagnen och ställ den på pallbockar. Skruva loss hållarna och ta bort motorns undre skyddskåpa.

35 Arbeta under bilen, skruva loss fästbultarna och ta bort kompressorn.

36 Monteringen utförs i omvänd ordningsföljd mot demonteringen. Tänk på följande:

a) *Innan du sätter tillbaka kompressorn är det viktigt att du fyller på rätt mängd kylmedium – kontakta din återförsäljare för rätt mängd och specifikationer.*

b) *Använd alltid nya tätningar när du återansluter kylmedierören.*

c) *Avsluta med att låta en BMW-verkstad eller annan specialist fylla på kylmedium.*

Solsensor

37 Använd ett trubbigt verktyg med platt blad och bänd försiktigt upp givaren från instrumentbrädans mitt. Lossa anslutningskontakten och fäst kabelknippet med tejp så att det inte faller in i instrumentbrädan.

38 Montering sker i omvänd ordningsföljd.

Förångarens temperaturgivare

39 Skruva loss de tre bultarna, dra sedan bort klädselpanelen under instrumentbrädan på passagerarsidan neråt och bakåt **(se bild 10.33)**. Lossa anslutningskontakten till fotutrymmets lampa när panelen tas bort.

40 Lossa givarens anslutningskontakt, ta sedan bort givaren från värmehuset **(se bild)**.

41 Monteringen sker i omvänd ordningsföljd mot demonteringen.

Tryckgivare

42 Tryckgivaren är monterad på köldmedieröret på motorrummets vänstra sida. Låt en BMW-verkstad eller annan lämplig specialist tömma ut luftkonditioneringssystemets kylmedium.

43 Skruva loss bultarna och flytta värmeskyddet åt ena sidan.

44 Koppla loss givarens anslutningskontakt och skruva loss givaren. Täpp igen öppningarna för att hindra smuts från att tränga in.

45 Monteringen utförs i omvänd ordningsföljd mot demonteringen. Dra åt givaren ordentligt och låt en BMW-verkstad eller annan specialist fylla på kylmedium.

Kondensor

46 Låt en BMW-verkstad eller annan lämplig specialist tömma ut luftkonditioneringssystemets kylmedium.

47 Kondensorn sitter framför kylaren. Ta bort kylaren enligt beskrivningen i avsnitt 3.

48 Skruva loss de båda bultarna och koppla loss kylmedierören från kondensorn **(se bild)**. Kasta O-ringstätningarna, nya tätningar måste användas vid återmonteringen.

49 Skruva loss fästbulten, bänd ut spännbrickan och dra bort kondensorns högra sida bakåt **(se bild)**. För kondensorn från platsen.

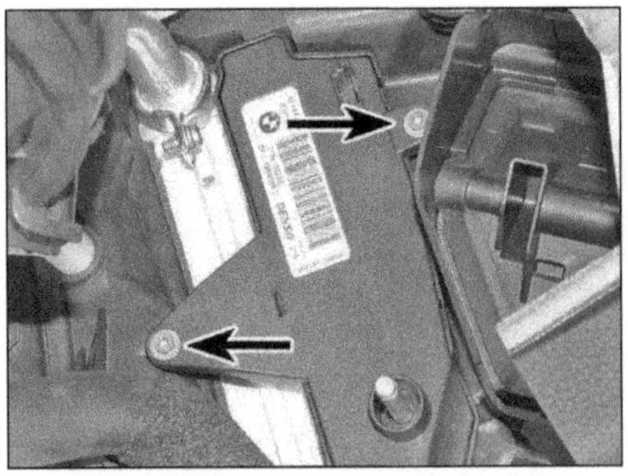

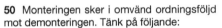

13.4 Fästbultar elektriskt värmeelement (markerade med pilar)

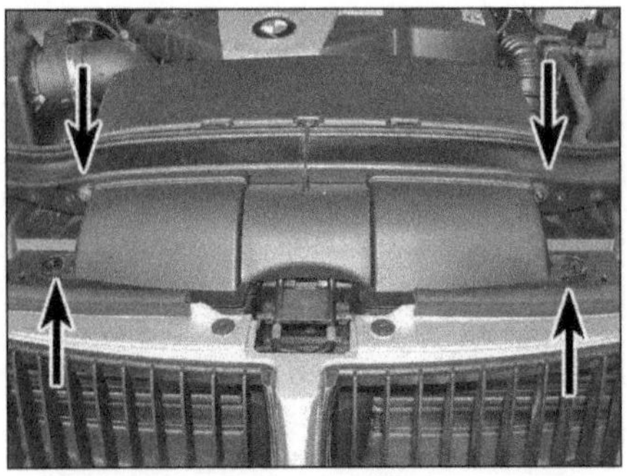

14.2a Skruva loss de 2 bultarna, och ta bort plastexpansionsnitarna (markerade med pilar)

14.2b Bänd upp centrumsprintarna och bänd ut expandernitarna

50 Monteringen sker i omvänd ordningsföljd mot demonteringen. Tänk på följande:

a) Innan du sätter tillbaka kondensorn är det viktigt att du fyller på rätt mängd kylmedium – kontakta din återförsäljare för rätt mängd och specifikationer.

b) Använd alltid nya tätningar när du återansluter kylmedierören.

c) Avsluta med att låta en BMW-verkstad eller annan specialist fylla på kylmedium.

13 Extra elektriskt värmeelement – demontering och montering

Observera: *Det elektriska extra värmeelementet är endast monterat i vissa dieselmodeller.*

1 Ta bort värmaren enligt beskrivningen i avsnitt 10.

2 Lossa anslutningskontakten från luft återcirkuleringens servomotor ovanpå värmefläktens motorhus och lossa kabelhärvan från fästklämmorna.

3 Lossa de tre bultarna och för värmarefläktmotorns hus uppåt från huvudvärmarens hus **(se bilder 10.28a och 10.28b).**

4 Skruva loss och dra bort elementet från värmeenheten **(se bild)**.

5 Montera tillbaka i omvänd ordningsföljd mot demonteringen.

14 Reglerklaffar och motor för kylarens luftflöde – demontering och montering

1 Demontera den främre stötfångaren enligt beskrivningen i kapitel 11.

2 Bänd upp de mittre sprintarna, bänd ut plastexpansionsnitarna, skruva sedan loss de två bultarna och ta bort insugskanalerna från motorhuvens stötpanel **(se bilder)**.

3 Skruva loss de tre torxbultarna och ta bort stötfångarbalkens stag **(se bild)**.

4 Skruva loss de två torxbultarna, lossa anslutningskontakten och dra bort kontrolluck-senheten framåt från dess plats **(se bilder)**.

5 Montera tillbaka i omvänd ordningsföljd mot demonteringen.

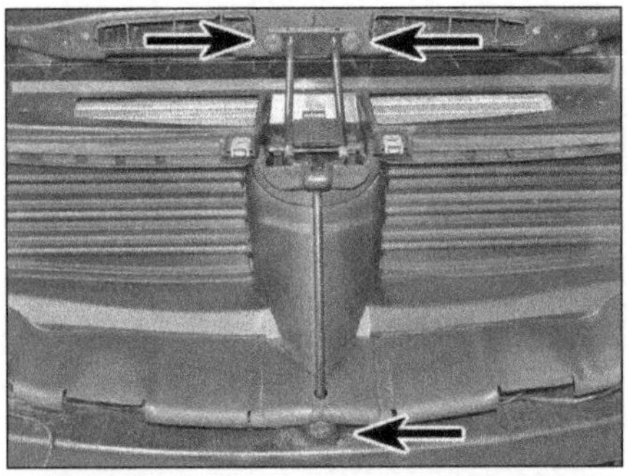

14.3 Skruva loss torxbultarna (markerade med pilar) och ta bort stötfångarbalkens stag

14.4a Ta bort Torxbulten (markerad med pil) på varje sida. . .

14.4b . . . och ta bort styrfliksenheten

Kapitel 4 Del A: Bränsle- och avgassystem – bensinmodeller

Innehåll

Svårighetsgrad

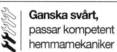

Enkelt, passar novisen med lite erfarenhet	**Ganska enkelt,** passar nybörjaren med viss erfarenhet	**Ganska svårt,** passar kompetent hemmamekaniker	**Svårt,** passar hemmamekaniker med erfarenhet	**Mycket svårt,** för professionell mekaniker

Specifikationer

Systemtyp

4-cylindriga motorer	DME (Digital Motor Electronics) 17.2.1 motorstyrning
6-cylindriga motorer	DME (Digital Motor Electronics) MSV80 motorstyrning

Bränslesystemdata

Bränslepump typ	Elektrisk, nedsänkt i bränsletanken
Bränsletryck:	
4-cylindriga motorer	3,5 ± 0,2 bar
6-cylindriga motorer	5,0 ± 0,02 bar
Resistans tanknivågivare:	
Tom tank	59 Ω
Full tank	992 Ω

Åtdragningsmoment

	Nm
Avgasgrenrörets muttrar:*	
M6-muttrar	10
M7-muttrar	20
M8-muttrar	22
Bultar mellan bränslefördelarskenan och insugsgrenröret	10
Insugsgrenrör:	
M6	10
M7	15
M8	22
Kamaxelgivare, bult	7
Spännben motorrum:*	
M10:	
Steg 1	40
Steg 2	Vinkeldra ytterligare 60°
M12:	
Steg 1	100
Steg 2	Vinkeldra ytterligare 90°
Temperaturgivare för kylvätska	13
Vevaxelns lägesgivare bult:	
4-cylindriga motorer	10
6-cylindriga motorer:*	
Steg 1	3
Steg 2	Vinkeldra ytterligare 45°
Växellådstunnelns förstärkningsplatta	24

** Återanvänds inte*

2.1 Skruva loss bultarna (markerade med pilar) och dra insugskanalen bakåt

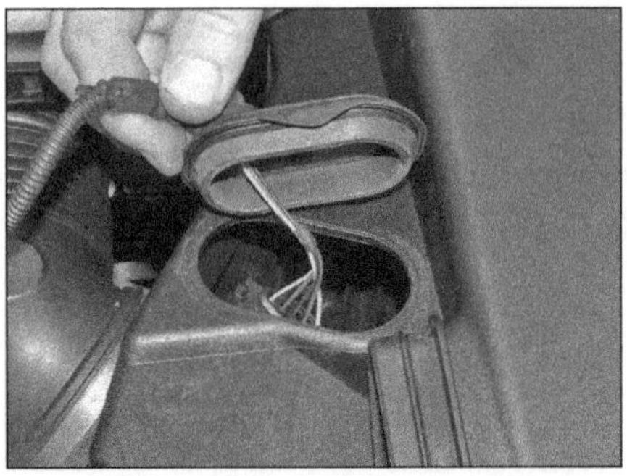

2.2 Bänd upp gummikåpan och lossa luftflödesgivarens anslutningskontakt

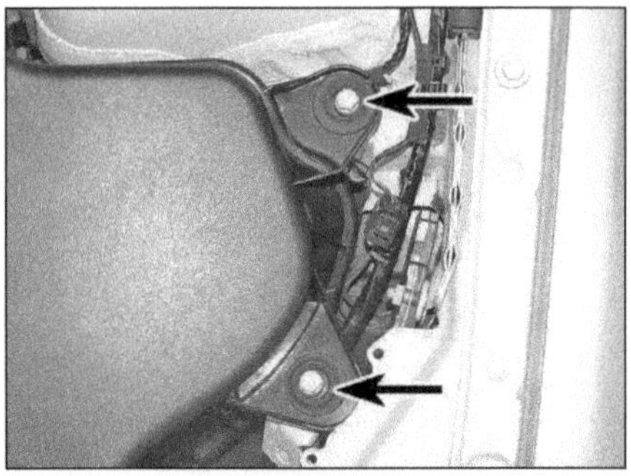

2.4 Luftrenarens fästbultar (markerade med pilar)

1 Allmän information och föreskrifter

Bränsletillförselsystemet består av en bensintank (som sitter under bilens bakdel, med en nedsänkt elektrisk bränslepump), ett bränslefilter samt bränsletillförsel- och returledningar. Högtrycksbränslepumpen levererar bränsle till bränslefördelarskenan och därefter till de elektroniskt styrda insprutningsventilerna som sprutar in bränsle i insugningsgrenrör. Ett bränslefilter och en trycklös regulator är inbyggd i vänster bränslenivågivare. Bränslepumpen har sin styrenhet placerad bakom baksätets ryggstöd på höger sida.

Se avsnitt 5 för mer information om bränsleinsprutningssystemets funktion, och avsnitt 12 för information om avgassystemet.

Varning: Många av åtgärderna i det här kapitlet kräver att bränsleledningarna och anslutningarna kopplas bort, något som kan leda till bränslespill. Innan du utför arbeten i bränslesystemet, läs föreskrifterna i "Säkerheten främst!" och följ dem till punkt och pricka. Bensin är en ytterst brandfarlig vätska och säkerhetsföreskrifterna för hantering kan inte nog betonas.

- ***Det finns tryck kvar i bränsleledningarna långt efter det att bilen har använts senast. Innan du kopplar från några bränsleledningar måste du tryckutjämna bränslesystemet enligt beskrivningen i avsnitt 6.***

2 Luftrenare – demontering och montering

Demontering

4-cylindriga motorer

1 Skruva loss de tre bultarna och dra bort luftintagskanalen bakåt **(se bild)**.

2 Lyft av gummilocket och lossa luftflödesgivarens anslutningskontakt **(se bild)**.

3 Lossa klämman och lossa luftutloppsslangen från luftrenarenheten.

4 Skruva loss de två bultar som håller fast enheten på innerskärmen, lyft sedan bort den från dess plats **(se bild)**. Lossa vid behov kylvätskeslangen när enheten tas bort.

6-cylindriga motorer

5 Lossa luftflödesgivarens anslutningskontakt bakom luftfilterhuset.

6 Lossa klämman och lossa utloppsslangen från luftflödesgivaren.

7 Skruva loss de båda fästbultarna och ta bort luftrenarhuset från motorrummet. Lossa det från insugskanalerna när det tas bort **(se bild)**.

Montering

8 Monteringen utförs i omvänd ordningsföljd mot demonteringen men se till att det nedre fästet går i ingrepp med plasttappen på karossen och om en gummitätning är monterad mellan insugsslangen och huset applicerar du lite syrafritt fett på tätningen för att underlätta återmonteringen.

3 Bränsletank – demontering och montering

Demontering

1 Koppla loss batteriets minusdelare enligt beskrivningen i kapitel 5A.

2 Innan du tar bort bränsletanken ska allt bränsle tömmas ut från tanken. Eftersom bensintanken inte har någon avtappningsplugg bör demonteringen ske när bilen har körts tills tanken är så gott som tom.

3 Ta bort baksätets sätesdyna enligt beskrivningen i kapitel 11.

4 Hissa upp bilens bakvagn och stötta den på pallbockar (se *Lyftning och stödpunkter*). Ta bort höger bakhjul.

5 Ta bort kardanaxeln enligt beskrivningen i kapitel 8.

6 Koppla loss handbromsvajrarna från handbromsspaken enligt beskrivningen i kapitel 9.

7 Dra bort handbromsvajrarna från styrhylsorna, skruva sedan loss bultarna och ta bort styrhylsorna **(se bild)**.

8 Höger hjulhusfoder hålls fast av en

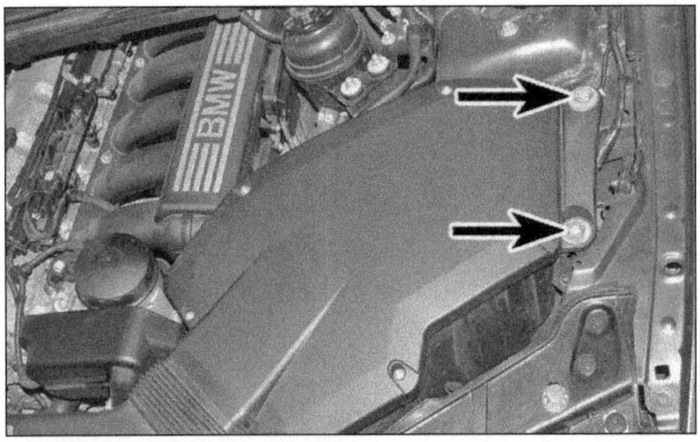

2.7 Luftrenarenhetens monteringsskruvar (markerade med pilar) – 6-cylindriga motorer

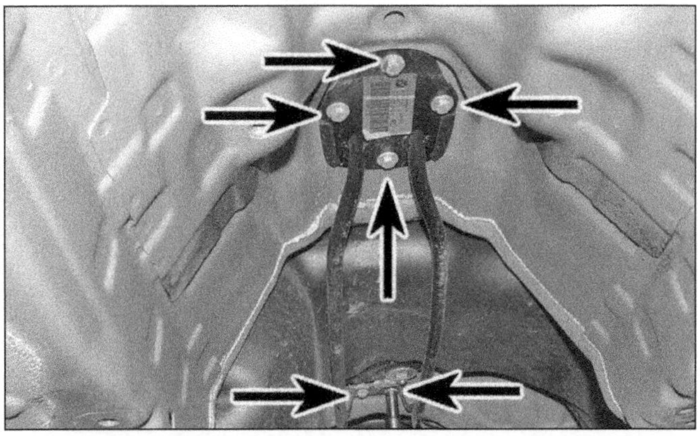

3.7 Skruva loss bultarna (markerade med pilar) och ta bort styrhylsorna

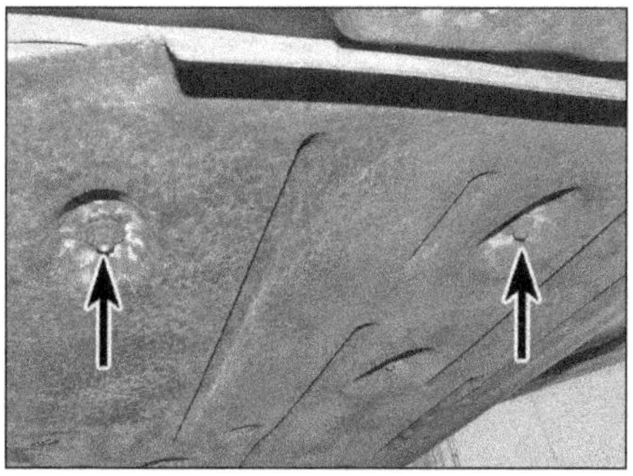

3.9a Skruva loss muttrarna och sänk panelerna framför tanken

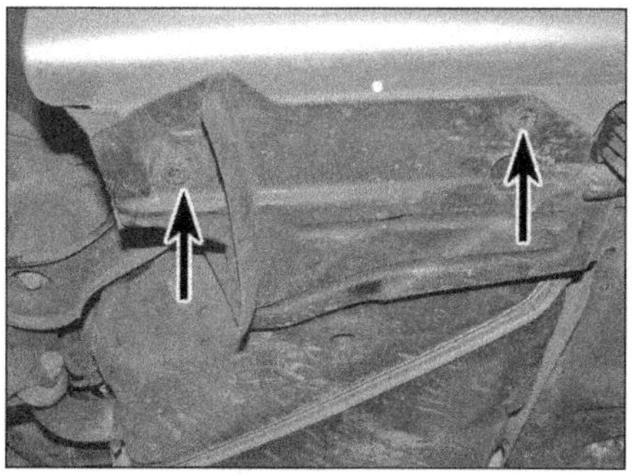

3.9b Ta bort fästanordningarna (markerade med pilar) och ta bort tröskelpanelerna

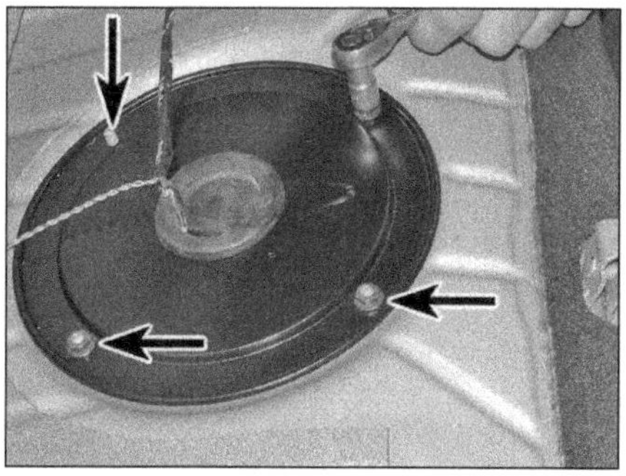

3.10 Skruva loss de fyra muttrarna (markerade med pilar) och ta bort åtkomstluckan

kombination av bultar och plastexpansionsnitar. Ta bort dessa fästanordningar och för hjulhusfodret från dess plats.

9 Arbeta under bilen, bänd upp de mittre sprintarna och ta bort plastexpansionsnitarna, lossa klämmorna, skruva loss muttrarna, ta sedan bort klädselpanelen under tankens vänstra sida och tröskelns klädselpanel **(se bilder)**. Upprepa denna procedur på tankens högra sida.

10 Arbeta inne i bilen, skruva loss de fyra muttrarna och ta bränsletankens åtkomstluckor från vänster och höger sida på golvpanelen under placeringen av baksätesdynan **(se bild)**.

11 Lossa anslutningskontakten från vänster givarenhet, dra sedan bort låskragen och lossa bränslematningsröret **(se bild 7.15)**.

12 Lossa anslutningskontakterna som går att komma åt genom åtkomsthålet till höger givare/pump, tryck sedan ihop lossningsknappen och lossa luftröret från givar-/pumpenhetens kåpa **(se bilder 7.6a och 7.6b)**.

13 Lossa slangklämman och koppla sedan loss bränslepåfyllningsslangen från tankröret **(se bild)**.

14 Arbeta i hjulhuset, lossa kontaktdonet och lossa ventilationsslangen från påfyllningsröret **(se bild)**.

15 Stötta bränsletanken med en garagedomkraft och en bit träkloss emellan.

16 Lossa fästmuttern i mitten i bakre delen av tanken och de bultar som håller fast tankens fästremmar. Sänk ner tanken och ta bort den från bilens undersida.

Montering

17 Monteringen sker i omvänd ordningsföljd mot demonteringen. Observera att när tanken har monterats måste man fylla på minst 5 liter bränsle för att bränslesystemet ska fungera som det ska.

4 Gaspedal – demontering och montering

1 Bänd upp locket, skruva sedan loss bulten vid gaspedalenhetens bas **(se bild)**.

2 Lyft av gasspjällenheten, och lossa anslutningskontakten. Observera att gaspedalen endast är tillgänglig som en komplett enhet som omfattar lägesgivaren. Om pumpen är skadad, måste den bytas som en enhet.

3 Monteringen sker i omvänd ordningsföljd mot demonteringen.

5 Bränsleinsprutningssystem – allmän information

1 Alla modeller har ett inbyggt motorstyrningssystem som kallas DME (Digital Motor Electronics). Systemet styr all bränsleinsprutning och tändsystemets funktion med hjälp av en central styrmodul (ECM, Electronic Control Module).

2 På alla modeller har systemet en katalysator med sluten slinga och ett system för avdunstningsreglering, och det uppfyller alla de senaste bestämmelserna angående avgasrening. Se kapitel 5B för information om tändningsdelen av systemet. Bränsledelen av systemet fungerar enligt följande.

3 Bränslepumpen (som är nedsänkt i bränsletanken) tillför bränsle från tanken till bränslefördelarskenan. Bränslematningstrycket regleras av tryckregulatorn som är inbyggd i bränslenivågivarmodulen. När bränslesystemets optimala arbetstryck överskrids gör regulatorn det möjligt för överskottsbränsle att återgå till tanken.

4 Det elektriska styrsystemet består av styrmodulen och följande givare:

a) Massluftflödets givare/insugsluftens temperaturgivare – förser styrmodulen om information om massa och temperatur hos den luft som förs in i insugskanalen.
b) Gaspedalens lägesgivare – förser styrmodulen med information om gasspjällets läge och gasspjällets öppnings-/stängningshastighet.
c) Temperaturgivare för kylvätska – informerar styrmodulen om motortemperaturen.
d) Vevaxelns lägesgivare – informerar styrmodulen om vevaxelns läge och rotationshastighet.
e) Kamaxelgivare – informerar styrmodulen om kamaxelns/kamaxlarnas läge.
f) Lambdasonder – informerar ECU:n om syrehalten i avgaserna (förklaras närmare i del C i detta kapitel).
g) Kopplingspedalens positionsgivare – skickar information till styrmodulen om kopplingspedalens läge.
h) Oljetemperatur – informerar styrmodulen om motoroljans temperatur.

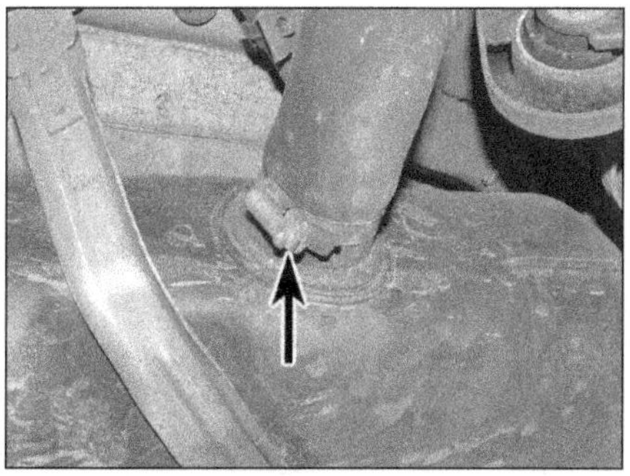

3.13 Lossa påfyllningsrörets slangklämma (markerad med pil)

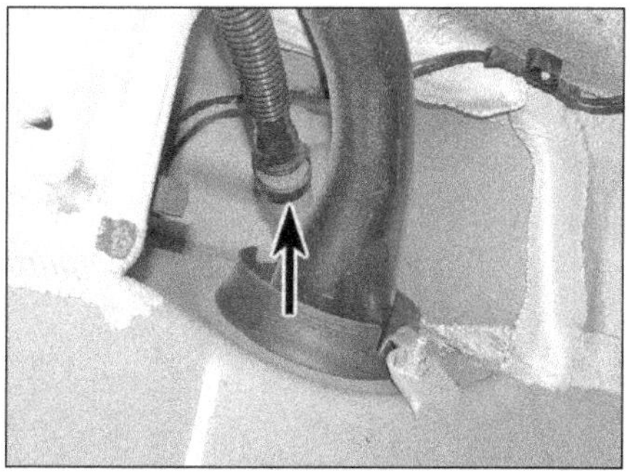

3.14 Tryck ihop kragens sidor (markerade med pil) och lossa ventilationsslangen

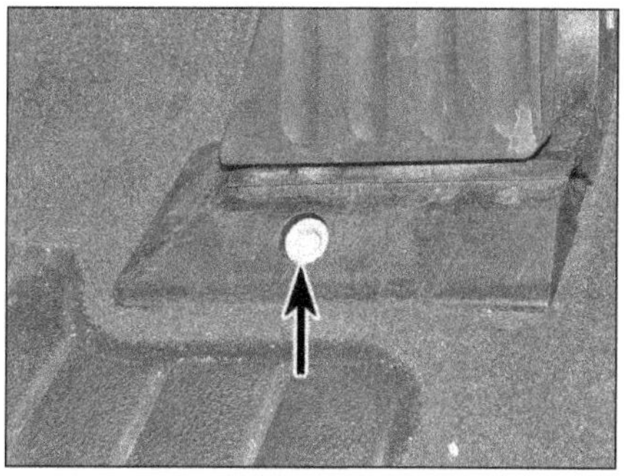

4.1 Skruva loss bulten (markerad med pil) från gaspedalenhetens bas

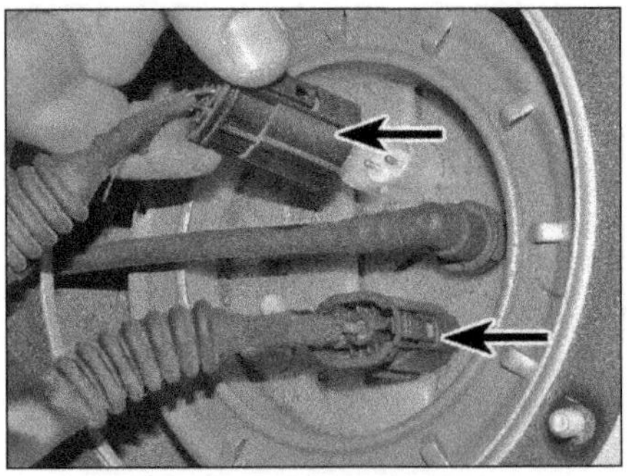

7.6a Lossa anslutningskontakterna (markerade med pilar). . .

5 Alla ovanstående signaler analyseras av styrmodulen som väljer en bränslenivå som passar dessa värden. Styrmodulen styr bränsleinsprutarna (varierar pulslängd – den tid som insprutningsventilerna hålls öppna – för att ge en magrare eller fetare blandning, efter behov). Styrmodulen varierar hela tiden blandningen för att ge bästa inställning för motorstart (med antingen varm eller kall motor), uppvärmning, tomgång, körning i marschfart och acceleration.

6 Styrmodulen har dessutom fullständig kontroll över motorns tomgångsvarvtal via en motor som är ansluten till gasspjällhus ventilen.

7 Styrmodulen styr avgas- och avdunstningsregleringssystemen som beskrivs i del C i detta kapitel.

8 Alla motorer har ett luftinsugningssystem som kallas DISA (Differential Air Inlet System). Insugskanaler med olika längd är inbyggda i insugsgrenröret och styrs av en spjällventil enligt motorvarvtalet och belastningen. Detta förbättrar motorns vridmoment vid låga och medelhöga motorvarvtal. Spjällventilen styrs av ett vakuumställdon som sitter under grenröret.

9 Styrmodulen reglerar dessutom följande system:

a) Insugskamaxelns Valvetronic-system (se kapitel 2A eller 2B).
b) Motortemperaturen via de elektriska kylfläktarna och den elektriska termostaten.
c) Elektrisk kylvätskepump (endast 6-cylindriga motorer).
d) Avdunstningsregleringssystem (se kapitel 4C).
e) Elektrisk reglering av luftfliken (kylargaller).
f) Bränslepump (via separat ECM).
g) Fartpilot.
h) Generator.
i) Kamaxelläge (Vanos system – se kapitel 2A eller 2B).

10 Om det förekommer något onormalt i avläsningarna från någon av givarna, övergår styrmodulen till backup-läget. I detta fall ignorerar styrmodulen den onormala givarsignalen och antar ett förprogrammerat värde som gör det möjligt för motorn att fortsätta arbeta (dock med minskad effektivitet). Om styrmodulen går in i detta

7.6b . . . tryck sedan in lossningsknappen (markerad med pil) och lossa ventilationsslangen

backup-läge sparas den relevanta felkoden i styrmodulens minne.

11 Om ett fel misstänks föreligga ska bilen lämnas in till en BMW-verkstad så snart som möjligt. Då kan ett fullständigt test av motorstyrningssystemet utföras med hjälp av en särskild elektronisk testenhet som helt enkelt ansluts till systemets diagnosuttag. OBD-uttaget med 16 stift är placerat under instrumentbrädan på förarsidan medan BMW:s diagnosuttag är placerat i motorrummets högra hörn eller under instrumentbrädan på förarsidan **(se bild 8.2)**.

6 Bränsleinsprutningssystem – tryckutjämning och snapsning

Tryckutjämning

1 Ta bort bränslepumps säkring från säkringsdosan. Säkringen sitter i huvudsäkringsdosan i handskfacket på passagerarsidan, dess exakta placering anges på säkringsdosans lock (se kapitel 12).

2 Starta motorn och vänta tills den tjuvstannar. Slå av tändningen.

3 Ta bort bränslepåfyllningslocket.

4 Bränslesystemet är nu tryckutjämnat. **Observera:** *Placera en trasa runt bränsleledningarna innan de kopplas loss för att förhindra att det spills bränsle på motorn.*

5 Koppla loss batteriets minusdelare innan du arbetar med någon del av bränslesystemet (se kapitel 5A).

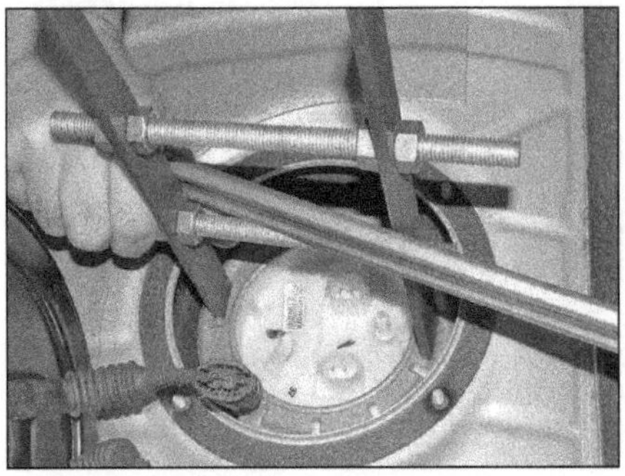

7.7 Ett hemmagjort verktyg används för att skruva loss låsringen

Snapsning

6 Sätt dit bränslepumps säkring, slå sedan på tändningen och vänta några sekunder för att bränslepumpen ska gå igång och bygga upp bränsletrycket. Slå av tändningen om motorn inte ska startas.

7 Bränslepump/ bränslenivågivare – demontering och montering

Demontering

1 Det finns två nivågivare i bränsletanken – en på vänster sida och en på höger sida. Pumpen är inbyggd i den högra givaren och kan i skrivande stund endast bytas som en komplett enhet. Kontakta en BMW-verkstad eller specialist.

Höger givare/bränslepump

2 Innan du tar bort bränslenivågivaren/ pumpen ska allt bränsle tömmas ut från tanken. Eftersom bensintanken inte har någon avtappningsplugg bör demonteringen ske när bilen har körts tills tanken är så gott som tom.

3 Ta bort baksätets sätesdyna enligt beskrivningen i kapitel 11.

4 Fäll isoleringsmaterialet bakåt för att exponera åtkomstluckan.

5 Skruva loss de fyra muttrarna och ta bort åtkomstkåpan från golvet **(se bild 3.10)**.

6 Lossa de två anslutningskontakterna genom åtkomsthålet, tryck sedan in lossningsknappen och lossa ventilationsslangen från sändaren/ pumpkåpan **(se bilder)**. Var beredd på bränslespill.

7 Skruva loss bränslepumps- och nivågivarenhetens låsring och ta bort den från tanken. BMW-verktyget 16 1 020 är ämnat för denna uppgift, men du kan också använda en tång med stora käftar för att trycka på de båda upphöjda ränderna på låsringen. Du kan även tillverka ett eget verktyg som du hakar i de upphöjda ränderna på låsringen. Vrid ringen moturs tills den kan skruvas loss för hand. Gör ett inställningsmärke mellan kragen och tanken för att underlätta hopsättningen **(se bild)**.

8 Lyft försiktigt av bränslepumpens/ nivågivarens kåpa från tanken. Lossa ventilationsslangens anslutningskontakter från kåpans bas. Observera hur stängerna i kåpans bas placeras i pump-/givarenheten **(se bild)**.

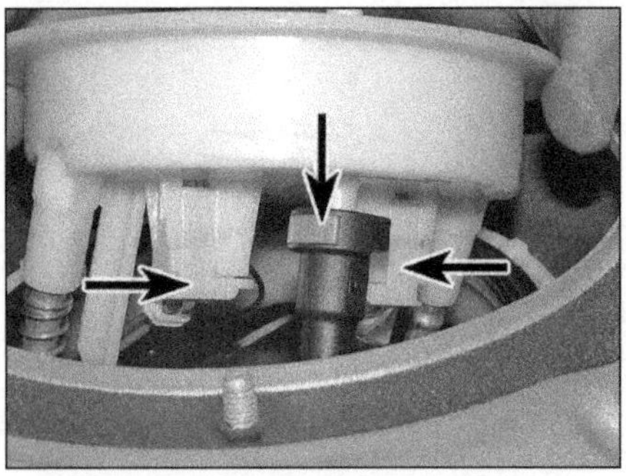

7.8 Lossa anslutningskontakterna och ventilationsslangen (markerad med pilar)

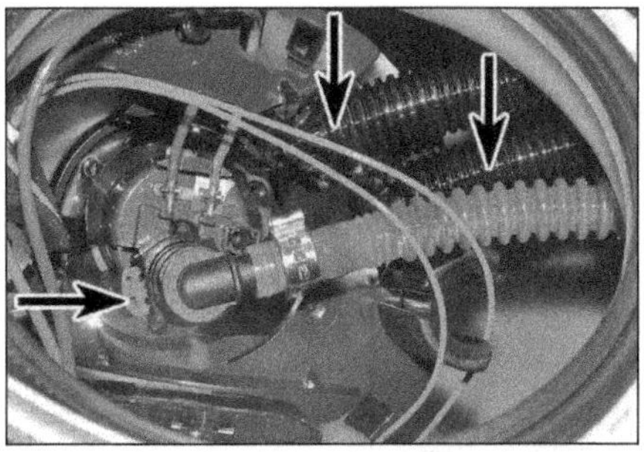

7.9 Tryck in knappen, lossa huvudslangen, lossa sedan de resterande slangarna (markerade med pilar)

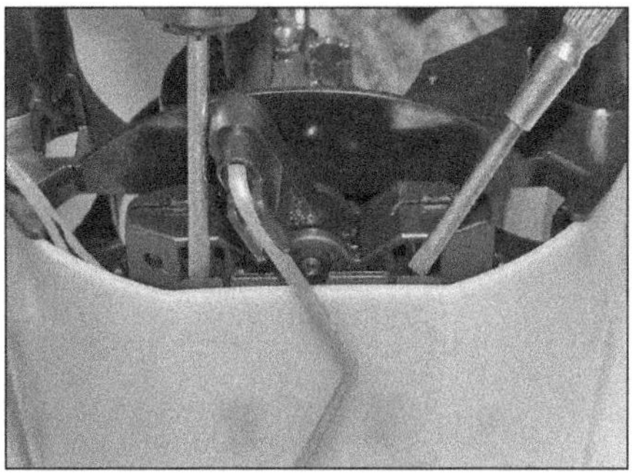

7.11 Lossa klämmorna och för nivågivaren uppåt

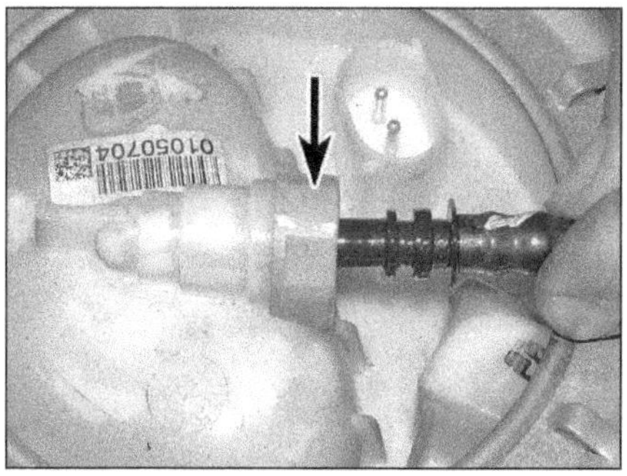

7.15 Dra bort låskragen (markerad med pil) och lossa röret

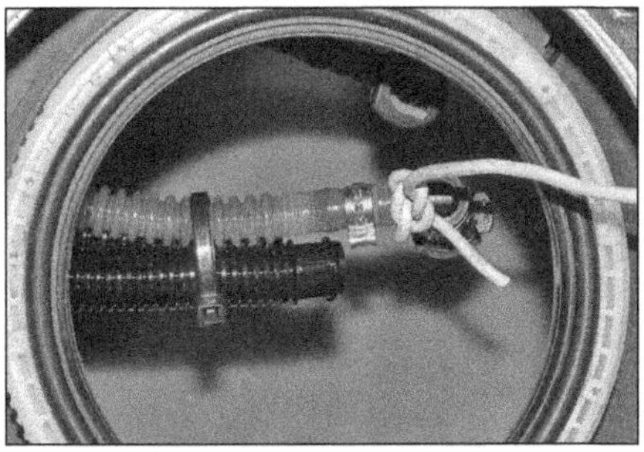

7.17 Montera ett buntband runt slangarna, fäst sedan bandet på huvudslangen för att underlätta återmonteringen

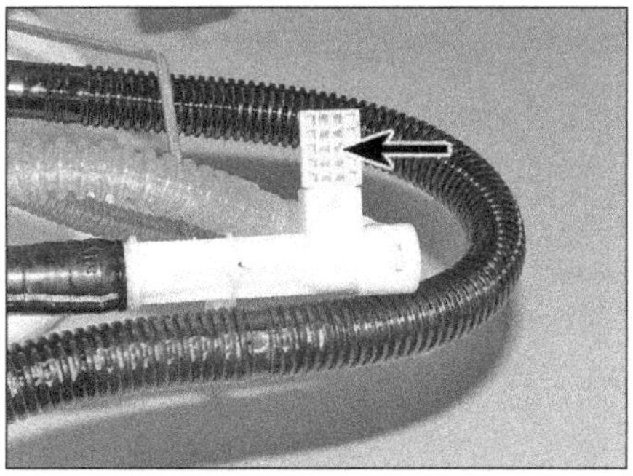

7.18 Bränsleupptagningshålet har ett grovfilter (markerat med pil)

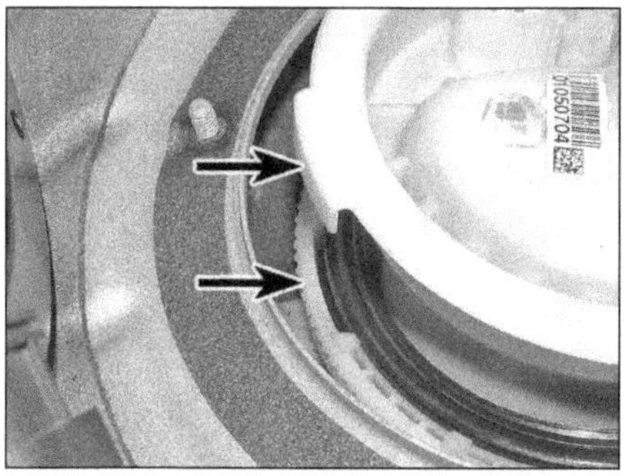

7.19 Tappen måste gå i ingrepp med spåret på tankens krage (markerad med pilar)

Lossa inte den svarta plasttrådsanslutningen mellan kåpan och pumpenheten – det är ytterst viktigt att förhindra att pumpenheten flyter iväg under hopsättningen.

9 Observera hur slangarna är monterade och lossa dem från pumpenheten **(se bild)**.

10 För försiktigt pumpen/givarenheten från tanken. Var försiktig att inte böja/skada flottörens arm när enheten tas bort.

11 Nivågivaren kan lossas från pumpenheten (se bild) om det behövs.

Vänster givare

12 Ta bort höger givare/bränslepump enligt tidigare beskrivning.

13 Vrid isoleringsmaterialet bakåt för att exponera åtkomstluckan.

14 Skruva loss de fyra muttrarna och ta bort åtkomstkåpan från golvet **(se bild 3.10)**.

15 Lossa anslutningskontakten från givarenhetens kåpa, dra sedan bort låskragen och lossa bränslematningsröret **(se bild)**.

16 Skruva loss bränslepumps- och nivågivarenhetens låsring och ta bort den från tanken. BMW-verktyget 16 1 020 är ämnat för denna uppgift, men du kan också använda en tång med stora käftar för att trycka på de båda upphöjda ränderna på låsringen. Du kan även tillverka ett eget verktyg som du hakar i de upphöjda ränderna på låsringen. Vrid ringen moturs tills den kan skruvas loss för hand **(se bild 7.7)**.

17 Bind en bit snöre/kabel runt de lossade slangarna genom höger tankåtkomsthål i och med att dessa slangar tas bort med vänster givar-/filterenhet **(se bild)**. Tanken är att dra in snöret/kabeln i tanken när givar-/filterenheten tas bort och sedan lämna kvar det/den på plats för att underlätta återmonteringen.

18 Lyft försiktigt av givaren/filterenheten från behållaren **(se bild)**. Lösgör snöret/kabeln och lämna kvar den.

Montering

19 Monteringen sker i omvänd ordningsföljd mot demonteringen. Tänk på följande:

a) Använd en ny tätningsring.

b) För att enheten ska gå igenom öppningen i bränsletanken, tryck flottörarmen mot bränsleupptagarens sil.

*c) När en enhet monteras måste styrtappen på enheten haka i motsvarande spår i bränsletankens krage **(se bild)**.*

d) Styrstängerna till höger givarenhet måste vara inriktade mot motsvarande hål i pump-/givarenheten.

e) Låsringen måste dras åt tills skåran på ringen är inriktad med märket på tanken.

8 Bränsleinsprutningssystem – kontroll och justering

Kontroll

1 Om ett fel uppstår i bränsleinsprutningsdelen av motorstyrningssystemet ska alla kontaktdon kontrolleras så att de sitter som de ska och inte visar tecken på korrosion. Kontrollera att felet inte beror på bristande underhåll; dvs. kontrollera att luftfiltret är rent, att tändstiften är i gott skick och har korrekt avstånd, att cylinderkompressionstrycken är korrekta, att tändningsinställningen är korrekt samt att motorns ventilationsslangar inte är igentäppta eller skadade. Se de berörda delarna av kapitel 1, 2 och 5 för mer information.

2 Om dessa kontroller inte avslöjar orsaken till problemet bör bilen lämnas in för provning hos en BMW-verkstad eller en specialist som har den rätta utrustningen. Det sitter ett kablagekontaktdon i motorstyrningskretsen, där ett särskilt elektroniskt diagnostestverktyg kan anslutas. EOBD-uttaget (European On-Board Diagnostic) med 16 stift sitter under instrumentbrädan på förarsidan **(se bild)**. Testverktyget ska snabbt och lätt hitta felet och då slipper man kontrollera alla systemkomponenter enskilt, något som är tidskrävande och medför stora risker för att skada styrmodulen.

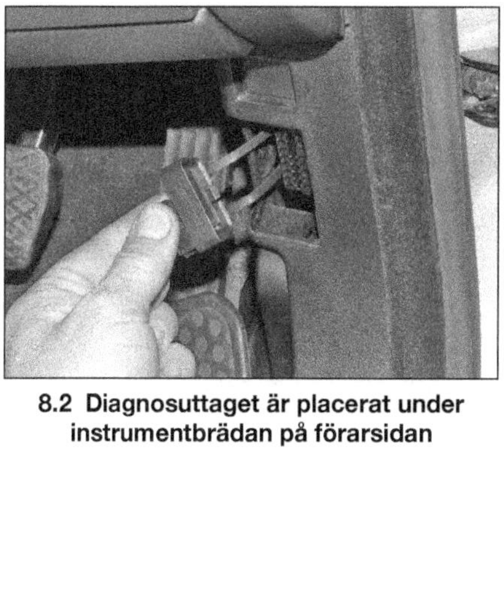

8.2 Diagnosuttaget är placerat under instrumentbrädan på förarsidan

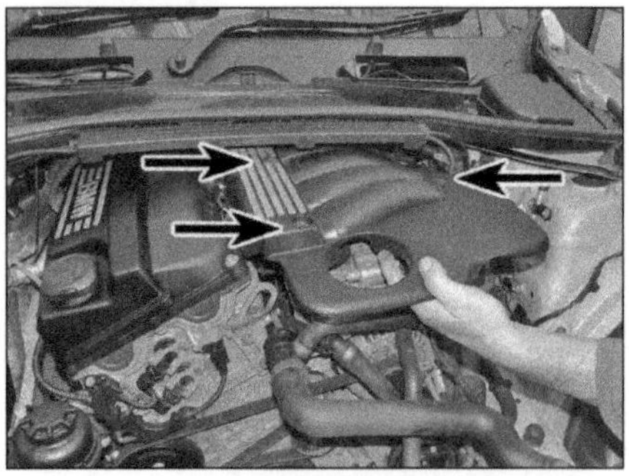

9.1 Skruva loss bultarna/muttrarna (markerade med pilar) och ta bort plastkåpan

9.4a Tryck in klämman (markerad med pil) och lossa anslutningskontakten. . .

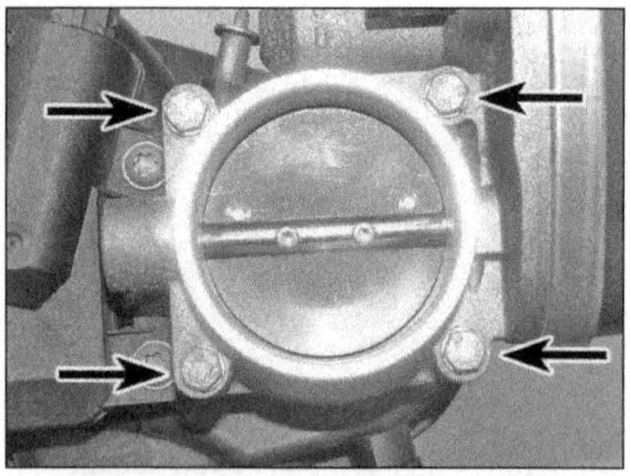

9.4b . . . skruva sedan loss bultarna (markerade med pilar) och ta bort gasspjällshuset

Justering

3 Erfarna hemmamekaniker med stora kunskaper och gott om utrustning (inklusive en varvräknare och en korrekt kalibrerad avgasanalyserare) kan kontrollera CO-nivån i avgaserna och tomgångsvarvtalet. Men om dessa värden måste justeras *måste* bilen lämnas in hos en BMW-verkstad eller annan specialist för fler test.

9 Gasspjällshus – demontering och montering

4-cylindriga motorer

Demontering

1 Skruva loss bultarna och ta bort plastkåpan från motorns överdel **(se bild)**.

2 Ta bort luftrenarhuset enligt beskrivningen i avsnitt 2.

3 Lossa klämman och lossa luftinsugsslangen från gasspjällshuset.

4 Lossa anslutningskontakten, skruva loss de fyra bultarna och ta bort gasspjällshuset **(se bilder)**.

Montering

5 Undersök O-ringstätningen mellan gasspjällshuset och insugsgrenröret. Om den är i bra skick kan den återanvändas. Sätt tillbaka gasspjällshuset på grenröret och dra åt de fyra bultarna ordentligt.

6 Montera tillbaka luftinsugsslangen, luftrenarenheten och plastkåpan.

7 Avsluta med att låta en BMW-verkstad eller specialist undersöka motorstyrningens självdiagnossystem och radera eventuella sparade felkoder.

6-cylindriga motorer

Demontering

8 Skruva loss bultarna och ta bort den övre delen av pollenfilterhuset **(se bild)**.

9 Lossa klämmorna och ta bort plastkåpan bakom vänster fjädertorn i motorrummet **(se bild)**. Upprepa detta tillvägagångssätt för plastkåpan bakom höger fjädertorn.

10 Lossa de två klämmorna och lossa kabelstyrningen från fronten på den nedre delen av pollenfilterhuset **(se bild)**.

11 Skruva loss bulten och lossa klämman på varje sida, dra sedan bort pollenfilterhusets nedre sektion framåt och för det från platsen **(se bilder)**.

12 Ta bort luftrenarhuset enligt beskrivningen i avsnitt 2.

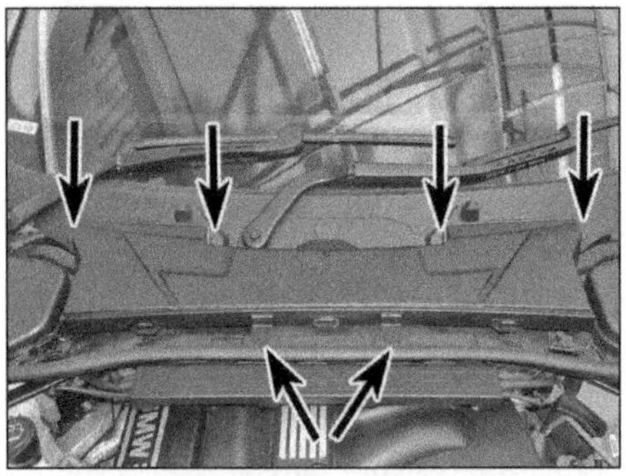

9.8 Skruva loss bultarna (markerade med pilar) och ta bort pollenfilterkåpan

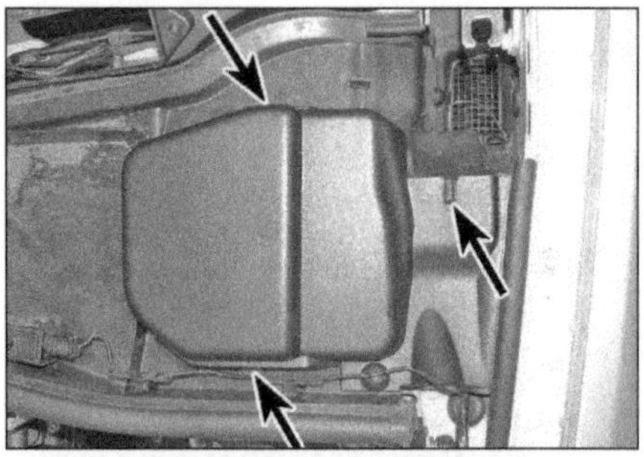

9.9 Lossa klämmorna (markerade med pilar) och ta bort plastkåpan på varje sida bakom fjädertornen

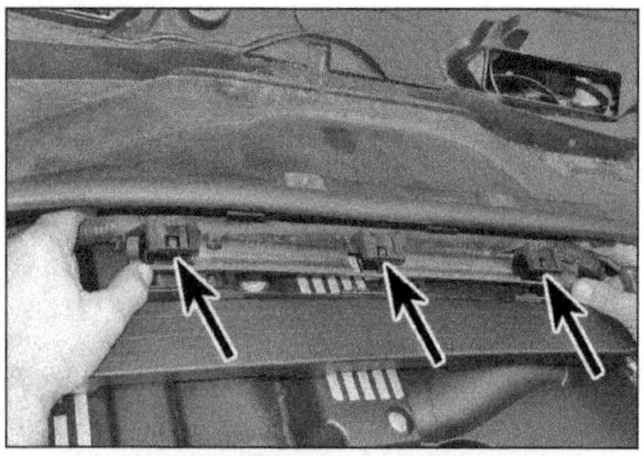

9.10 Tryck in klämmorna (markerade med pilar) och för kabelstyrningen (kabelstyrningarna) framåt

9.11a Vrid temperaturgivaren moturs och dra bort den från fästbygeln på pollenfiltrets nedre kåpa

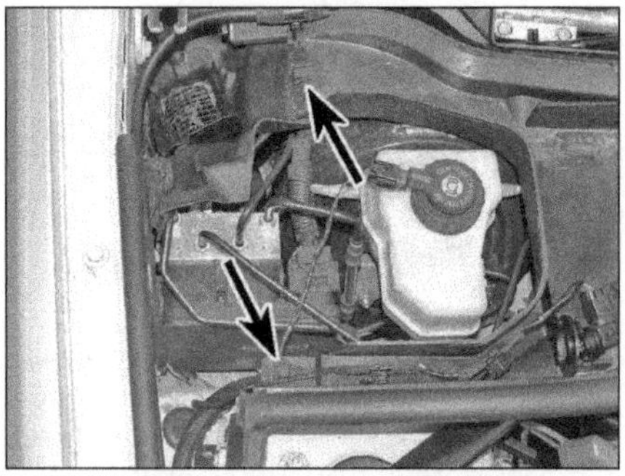

9.11b Lossa spärren och skruva loss bulten på varje sida (markerad med pilar). . .

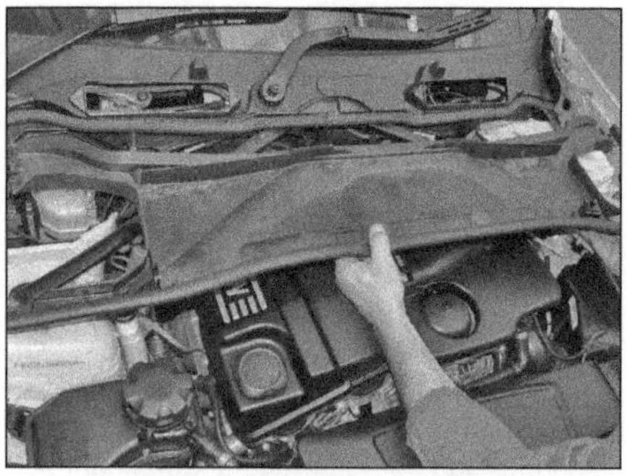

9.11c . . . och dra det nedre pollenfilterhuset framåt

13 Lossa klämman och lossa luftintagskanalen från gasspjällhuset **(se bild)**.

14 Lossa gasspjällshusets anslutningskontakt, skruva loss bultarna och ta bort gasspjällshuset.

Montering

15 Undersök O-ringstätningen mellan gasspjällshuset och insugsgrenröret. Om den är i bra skick kan den återanvändas. Sätt tillbaka gasspjällshuset på grenröret och dra åt de fyra bultarna ordentligt.

16 Resten av monteringen sker i omvänd ordningsföljd mot demonteringen. Avsluta med att låta en BMW-verkstad eller specialist undersöka motorstyrningens självdiagnossystem och radera eventuella sparade felkoder.

10 Bränsleinsprutnings systems komponenter - demontering och montering

Elektronisk styrmodul (ECM)

1 Koppla loss batteriets minusdelare enligt beskrivningen i kapitel 5A. **Observera:** *När batteriet kopplas ifrån raderas alla felkoder som har sparats i styrmodulen. Vi rekommenderar att felkod minnet i modulen undersöks med hjälp av en särskild testutrustning innan du kopplar loss batteriet. Låt en BMW-verkstad eller annan specialist utföra denna uppgift.*

2 Skruva loss bultarna och ta bort den övre delen av pollenfilterhuset **(se bild 9.8)**.

3 Lossa klämmorna och ta bort plastkåpan bakom vänster fjädertorn i motorrummet **(se bild 9.9)**. Upprepa detta tillvägagångssätt för plastkåpan bakom höger fjädertorn.

4 Lossa de två klämmorna och lossa kabelstyrningen från fronten på den nedre delen av pollenfilterhuset **(se bild 9.10)**.

5 Skruva loss bulten och lossa klämman på varje sida, dra sedan den nedre delen av pollenfilterhuset framåt och för bort den från dess plats **(se bilder 9.11a, 9.11b och 9.11c)**.

6 Skruva loss de två bultarna, lossa muttern och lyft ut värme ändplattan på sexcylindriga motorer i vänsterstyrda bilar.

7 Arbeta i motorrummets vänstra hörn, lossa låsklämmorna och ta bort kåpan från eldosan **(se bilder)**.

8 För ut låselementen, lossa modulens anslutningskontakter, lossa sedan kontakterna bakom styrmodulen **(se bild)**.

9 Lossa fästklämmorna framtill, för sedan styrmodulen uppåt från dess plats **(se bild)**.

10 Monteringen sker i omvänd ordningsföljd mot demonteringen. När batteriet har återanslutits måste bilen köras i flera kilometer så att styrmodulen lär in sina grundinställningar. Om motorn fortfarande går ojämnt kan grundinställningarna behöva göras om av en BMW-verkstad eller annan specialist med en särskild diagnosutrustning. **Observera:** *Om du har monterat en ny modul måste den kodas med en särskild testutrustning. Låt en BMW-verkstad eller annan specialist utföra denna uppgift.*

Bränslefördelarskena och insprutningsventiler – 4-cylindriga motorer

Varning: Se varningen i avsnitt 1 innan du fortsätter.

Observera: *Bränsleinsprutarna ska förses med nya O-ringar vid återmonteringen.*

11 Arbeta i bakre delen av motorrummet och skruva loss bultarna och ta bort pollenfilterkåpan **(se bild 9.8)**. Skjut bort filtret från huset. Om det behövs, se Kapitel 1A.

12 Lossa spärrarna och ta bort vänster och höger plastkåpa bakom fjädertornet på varje sida av motorrummet. Lossa kablaget om tillämpligt **(se bild 9.9)**.

13 Tryck in klämmorna och dra bort

9.13 Insugskanalernas klämma (markerad med pil)

kabelstyrningen framåt från pollenfilterhusets nedre del **(se bild 9.10)**.

14 Lossa spärren och skruva loss bulten på varje sida, för sedan den nedre delen av pollenfilterhuset framåt och för den från dess plats **(se bilder 9.11a, 9.11b och 9.11c)**.

Modeller med fjädertornstöd

15 Ta bort plastkåpan från mitten av klädselpanelen. Två olika typer av lock är monterade: en med ett centralt spår som tas bort genom att det vrids 45° moturs och en utan centralt spår som bänds upp från sin placering **(se bild)**. Observera om kåpan eller tätningen är skadad, de måste bytas. Underlåtenhet att göra detta kan leda till att vatten tränger in.

16 Skruva loss bulten i mitten av torpedplåten som exponeras vid demonteringen av kåpan

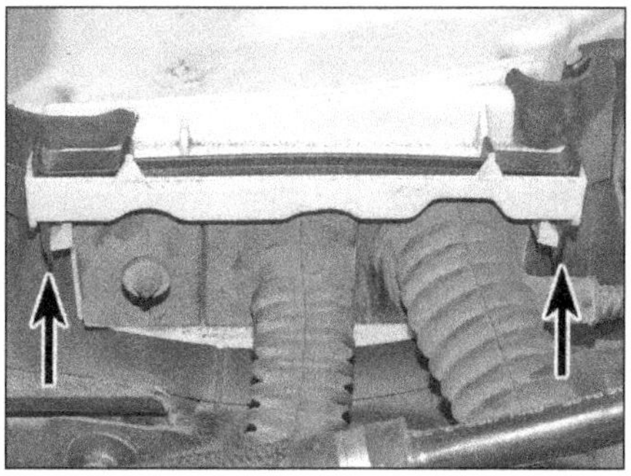

10.7a Tryck ihop klämmorna (markerade med pilar) och dra den svarta plastklämman uppåt

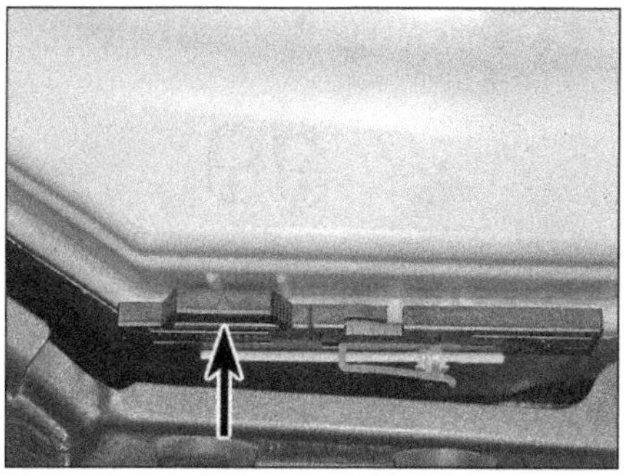

10.7b För spärren (markerad med pil) till läget "lås upp"

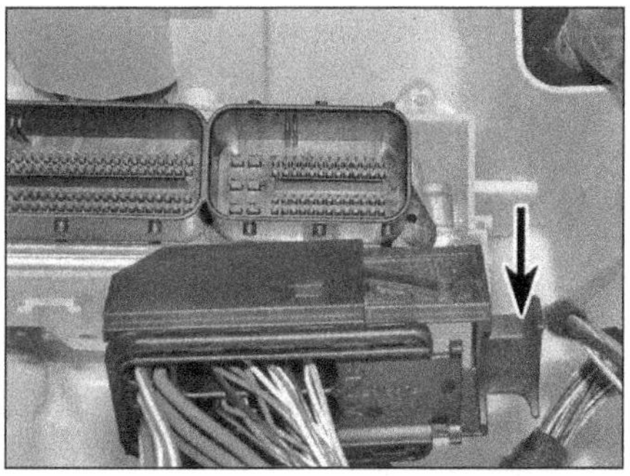

10.8 Skjut ut låselementet (markerat med pil)

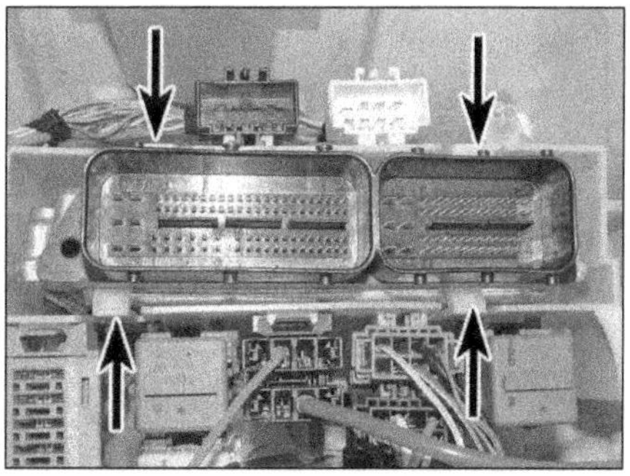

10.9 Lossa klämmorna (markerade med pilar) och dra styrmodulen uppåt

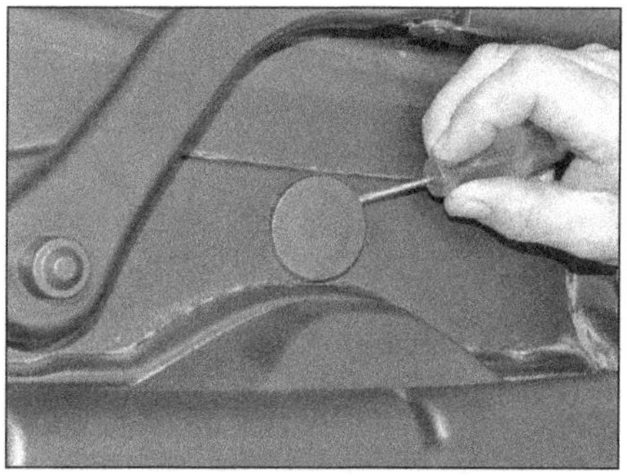

10.15 Ta bort plastkåpan från mitten av ventilpanelen. . .

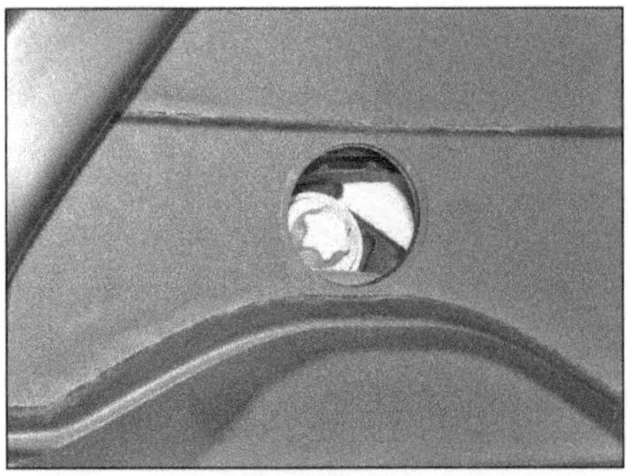

10.16 . . . och skruva loss den exponerade bulten

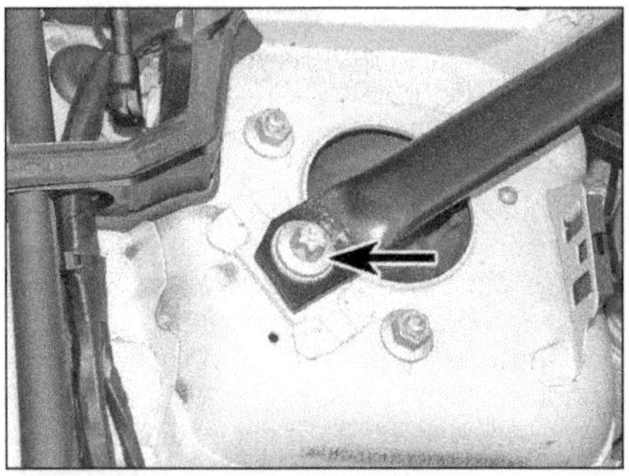

10.17 Skruva loss bulten (markerad med pil) i änden av varje stöd

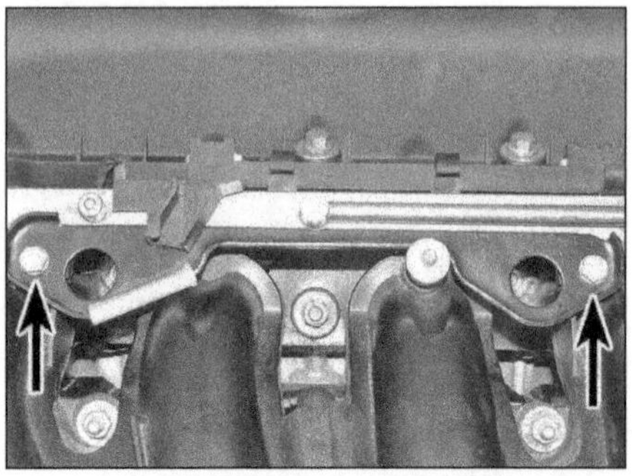

10.20a Bränslefördelarskenans fästbultar (markerade med pilar)

10.20b Tryck in kragen (markerad med pil) i kopplingen

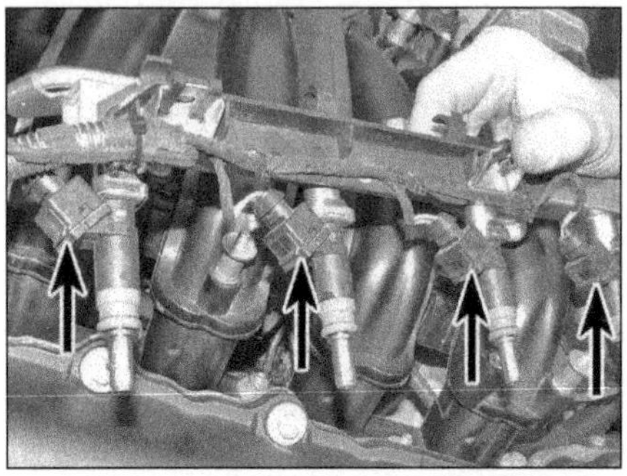

10.21a Bänd ut klämmorna (markerade med pilar) och lossa anslutningskontakterna

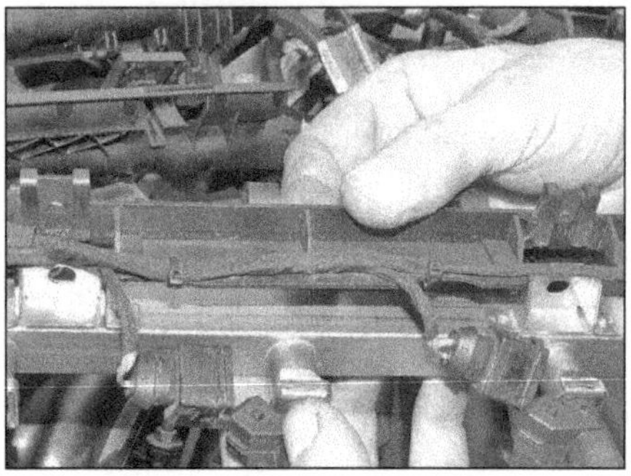

10.21b Lossa kabelstyrningen

(se bild). Kasta bulten – eftersom en ny en måste användas.

17 Skruva loss bulten på stödets respektive ytterände, håll sedan gummigenomföringen på plats och för stöden utåt från platsen **(se bild)**. Låt inte genomföringen rubbas. Kasta bultarna och använd nya vid återmonteringen.

Alla modeller

18 Skruva loss bultarna och ta bort plastkåpan från motorns överdel **(se bild 9.1)**.

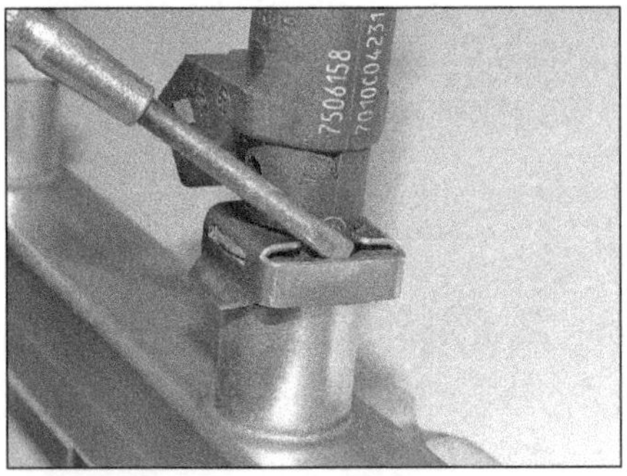

10.22 Bänd ut insprutningsventilens fästklämmor

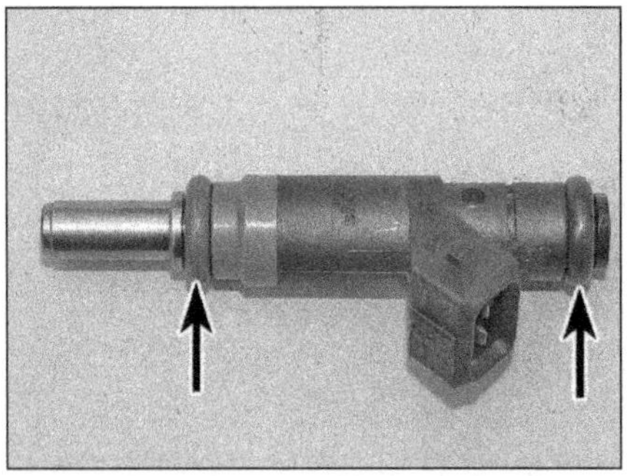

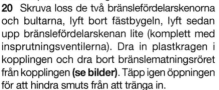

10.23 Kontrollera i vilket skick O-ringarna är (markerade med pilar)

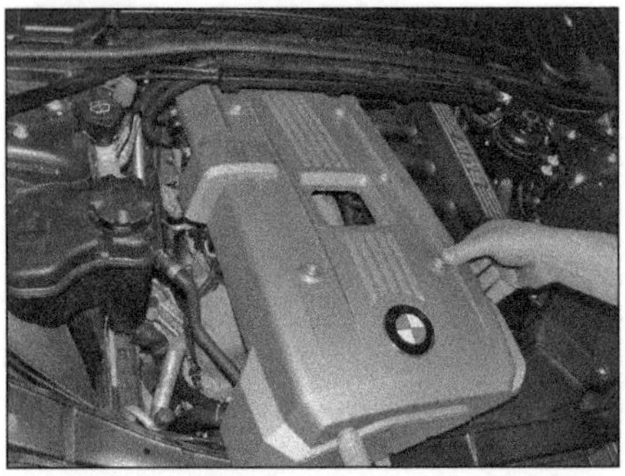

10.27 Dra plastkåpan uppåt - bultskallarna är falska

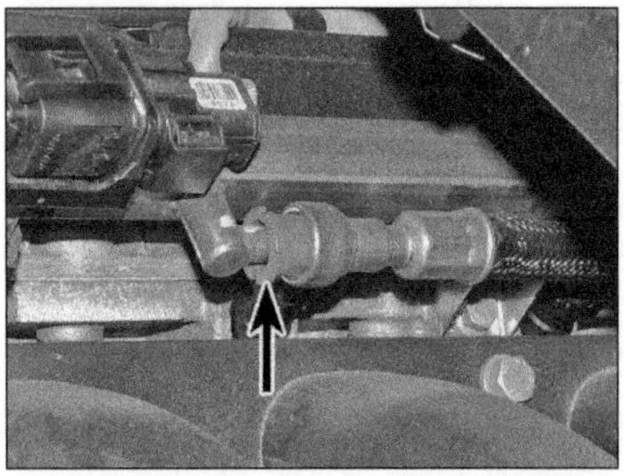

10.29 Tryck in kragen (markerad med pil) och lossa bränslematningsröret

19 Lossa motorns luftningsslang från ventilkåpans anslutning.

20 Skruva loss de två bränslefördelarskenorna och bultarna, lyft bort fästbygeln, lyft sedan upp bränslefördelarskenan lite (komplett med insprutningsventilerna). Dra in plastkragen i kopplingen och dra bort bränslematningsröret från kopplingen **(se bilder)**. Täpp igen öppningen för att hindra smuts från att tränga in.

21 Bänd ut trådklämman på varje sida och lossa anslutningskontakterna, lossa sedan kabelstyrningen från bränslefördelarskenan **(se bilder)**.

22 Bänd ut fästklämmorna och ta bort insprutningsventilerna från bränslefördelarskenan **(se bild)**. Kontrollera skicket på O-ringstätningarna och byt dem vid behov.

23 Smörj bränsleinjektorernas O-ringar med lite vaselin eller syrafritt fett **(se bild)**.

24 Sätt tillbaka insprutningsventilerna på bränslefördelarskenan och fäst dem genom att trycka in klämmorna i spåren.

25 Vidare montering utförs i omvänd ordningsföljd mot demonteringen.

Bränslefördelarskena och insprutningsventiler – 6-cylindriga motorer

26 Fortsätt enligt beskrivningen i punkt 11 till 17 i detta avsnitt.

27 Ta bort plastkåpan från motorn **(se bild)**.

28 Lossa anslutningskontakterna och lossa kablage ledningen från bränslefördelarskenan på motorerna N52K.

29 Tryck in låskragen och lossa bränslematningsröret från skenan **(se bild)**.

10.31 Bränslefördelarskenans fästbultar (markerade med pilar)

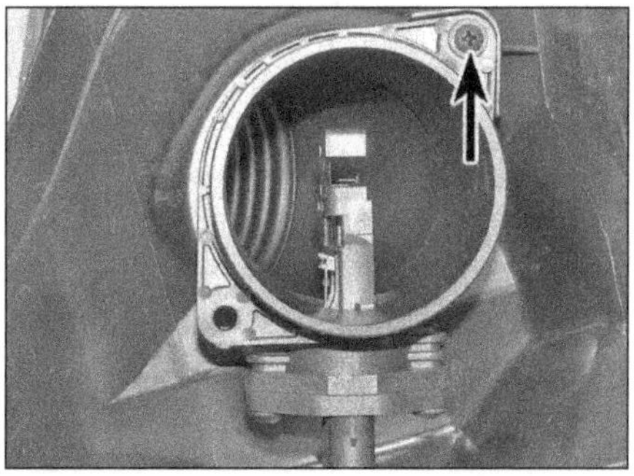

10.37 Skruva loss bulten (markerad med pil) och ta bort luftflödesgivaren

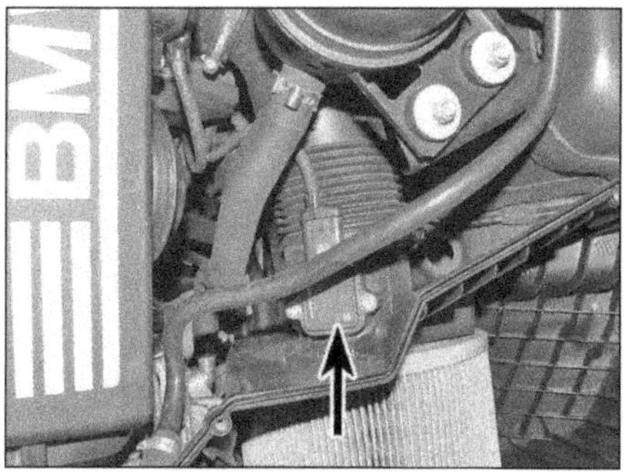

10.39 Luftflödesgivaren (markerad med pil) - 6-cylindriga motorer

30 Lossa och ta bort anslutningskontaktens remsa från insprutningsventilerna/bränslefördelarskenan.

31 Skruva loss fästbultarna och dra bränslefördelarröret komplett med insprutningsventiler från sin placering **(se bild)**.

32 När du ska ta bort en bränsleinsprutare från bränslefördelarskenan, följ nedanstående anvisningar.

a) Bänd bort metallfästklämman med en skruvmejsel.

b) Dra loss bränsleinsprutaren från bränslefördelarskenan.

33 Smörj bränsleinjektorernas O-ringar med lite vaselin eller syrafritt fett **(se bild 10.23)**.

34 Sätt tillbaka insprutningsventilerna på bränslefördelarskenan och fäst dem genom att trycka in klämmorna i spåren.

35 Vidare montering utförs i omvänd ordningsföljd mot demonteringen.

Luftflödes-/insugslufttemperatur givare

4-cylindriga motorer

36 Ta bort luftrenarens filterinsats enligt beskrivningen i kapitel 1A.

37 Skruva loss fästbulten och ta bort givaren från luftrenarhuset **(se bild)**.

38 Montering sker i omvänd ordningsföljd.

6-cylindriga motorer

39 Koppla loss anslutningskontakten från givaren **(se bild)**.

40 Skruva loss de två fästbultarna och dra bort givaren från luftrenarkanalen.

41 Monteringen sker i omvänd ordningsföljd mot demonteringen.

Gaspedalens lägesgivare

42 Gaspedallägesgivaren är inbyggd i gaspedalen och kan inte bytas separat. Se avsnitt 4.

Differentialtryckgivare lufttryck

43 Skruva loss bultarna/muttrarna och ta bort plastkåpan över motorn **(se bild 9.1)**

44 Fortsätt enligt beskrivningen i punkt 11 till 17 i detta avsnitt på sexcylindriga motorer.

45 Skruva loss de två fästbultarna, lossa anslutningskontakten och ta bort givaren från luftintagsgrenröret **(se bilder)**.

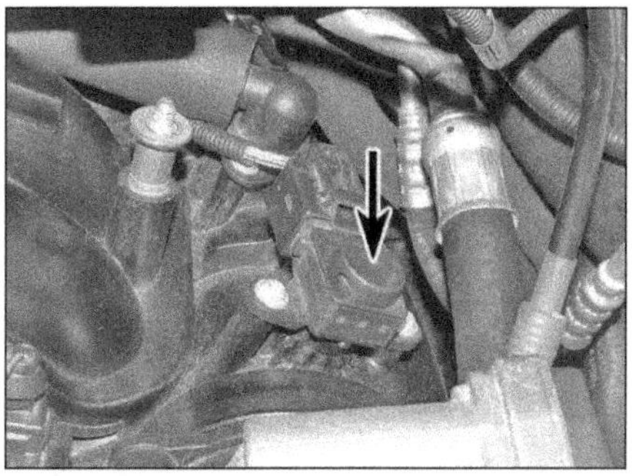

10.45a Differensgivare lufttryck (markerad med pil) - 4-cylindriga motorer. . .

10.45b . . . och 6-cylindriga motorer

46 Monteringen sker i omvänd ordningsföljd mot demonteringen.

Temperaturgivare för kylvätska

47 Demonteringen av givaren beskrivs i kapitel 3.

Vevaxelns lägesgivare

48 Givaren sitter under startmotorn. Ta bort insugsgrenröret enligt beskrivningen i avsnitt 11.

49 Koppla loss givarens anslutningskontakt, skruva loss fästskruven och ta bort givaren **(se bild)**. Ta loss tätningen. **Observera:** *Fästbulten är av aluminium på sexcylindriga motorer och den får inte återanvändas.*

50 Kontrollera tätningsringens skick och byt den vid behov. Sätt tillbaka givaren och dra åt fästbulten till angivet moment.

51 Resten av monteringen utförs i omvänd ordningsföljd mot demonteringen.

Kamaxelgivare

52 Skruva loss bultarna och ta bort luftintagskanalen från motorhuvens stödpanel **(se bild 2.1)**. Lossa luftslangen när kanalen tas bort.

53 Givarna sitter på topplockets framsida, under respektive kamaxelände. Se till att tändningen är avstängd.

54 Tryck ihop låsklackarna och koppla loss givarens anslutningskontakt **(se bild)**.

55 Skruva loss fästbulten och ta bort givaren. Ta loss tätningen.

56 Monteringen sker i omvänd ordningsföljd mot demonteringen. Kontrollera tätningens skick och byt den vid behov.

Lambdasonde

57 Se kapitel 4C.

10.49 Vevaxelns lägesgivare (markerad med pil)

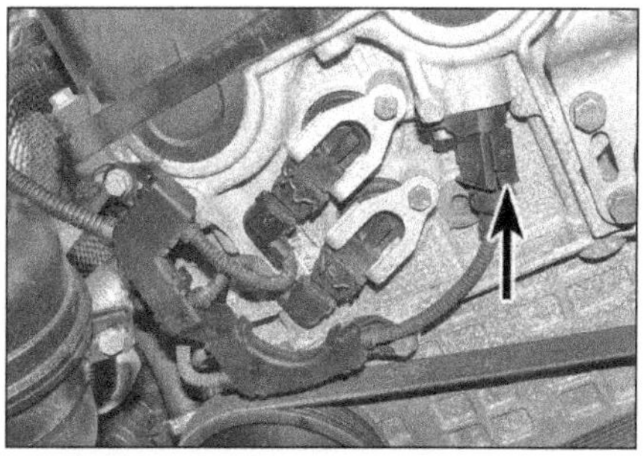

10.54 Tryck in klämman (markerad med pil) och lossa kamaxelgivarens anslutningskontakt

11.4 Tryck ihop kragens sidor (markerade med pilar) och lossa slangen från grenröret

11.5 Grenrörets stödfäste och bränsletankens luftningsventil (markerad med pilar) – visas med grenröret borttaget för tydligheten

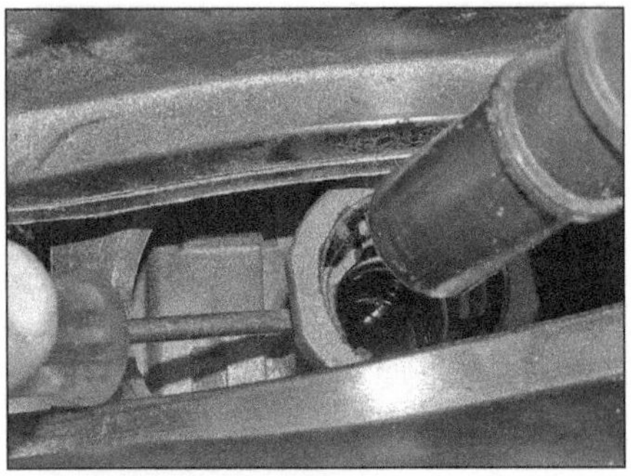

11.6 Tryck ned klämmornas nedre kant och dra ventilslangen uppåt

11 Grenrör – demontering och montering

Insugningsgrenrör

4-cylindriga motorer

1 Se till att tändningen är avslagen och ta bort luftrenarhuset enligt beskrivningen i avsnitt 2.

2 Ta bort bränslefördelarskenan enligt beskrivningen i avsnitt 10.

3 Notera var de sitter och koppla sedan loss alla anslutningskontakter från gasspjällshuset/grenröret, och lossa kablaget/vajrarna från fästklämmorna på grenröret. Lossa batteriets pluskabel från fästklämman på grenröret.

4 Lossa fästklämman och lossa bränsletankens luftningsventilslang från grenrörets främre undersida **(se bild)**.

5 Skruva loss de Torxbultar som håller fast stödfästbygeln på grenrör **(se bild)**. Bultarna är lättare att komma åt underifrån, med undantag för bilar med luftkonditionering där den främre bulten nås ovanifrån.

6 Tryck ner klämmornas nederkant och dra bort ventilationsslangen från grenrörets överdel **(se bild)**.

7 Skruva loss de båda muttrarna som håller fast oljeavskiljaren på grenrörets undersida **(se bild)**.

8 Skruva loss bultarna/muttrarna, lossa bränsleröret och kabelhärvan från grenröret, och lyft av det från topplocket. Ta loss tätningarna.

9 Kontrollera grenrörstätningarnas skick och byt dem vid behov.

10 Monteringen sker i omvänd ordningsföljd mot demonteringen. Tänk på följande:

a) Se till att oljeavskiljaren placeras korrekt på styrskenorna på grenrörets undersida.

b) Dra åt grenrörets bultar ordentligt.

6-cylindriga motorer

11 Ta bort bränsleinsprutarna enligt beskrivningen i avsnitt 10.

12 Ta bort luftrenarhuset enligt beskrivningen i avsnitt 2.

13 Notera var de sitter och koppla sedan loss alla anslutningskontakter från gasspjällshuset/grenröret, och lossa kablaget/vajrarna från fästklämmorna på grenröret.

14 Tryck ihop låskragens sidor och lossa ventilationsslangen från grenröret.

15 Skruva loss grenrörets fästbultar och de bultar som håller fast grenrörets stödfästbygel på motorblocket (under grenröret) och lyft sedan grenröret ungefär 10 cm.

16 Lossa fästklämman och lossa slangen från basen på tankens luftningsventil **(se bild 11.4)**.

17 Anteckna var de sitter och lossa eventuella kablage från fästklämmorna på grenröret och stödfästet (under grenröret).

18 Ta bort grenröret från topplocket. Ta loss tätningarna.

19 Kontrollera tätningarnas skick och byt dem vid behov.

20 Monteringen sker i omvänd ordningsföljd mot demonteringen.

Avgasgrenrör

4-cylindriga motorer

21 Även om BMW föreslår att grenröret kan tas bort med motorn på plats har vi funnit det omöjligt på grund av begränsad åtkomst. Följaktligen rekommenderar vi att motorn tas ut enligt beskrivningen i kapitel 2E.

22 Lossa lambdasondens kabelhärva från fästklämmorna på motorfästets fästbygel och sumpens fästbygel.

23 Skruva loss de muttrar som håller fast värmeskyddet och avgasgrenröret på topplocket **(se bild)**. Kasta packningen. Några

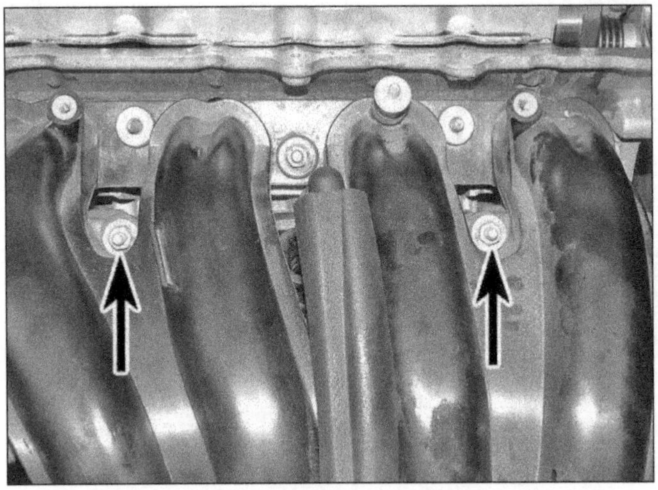

11.7 Oljeseparatorns fästmuttrar (markerade med pilar)

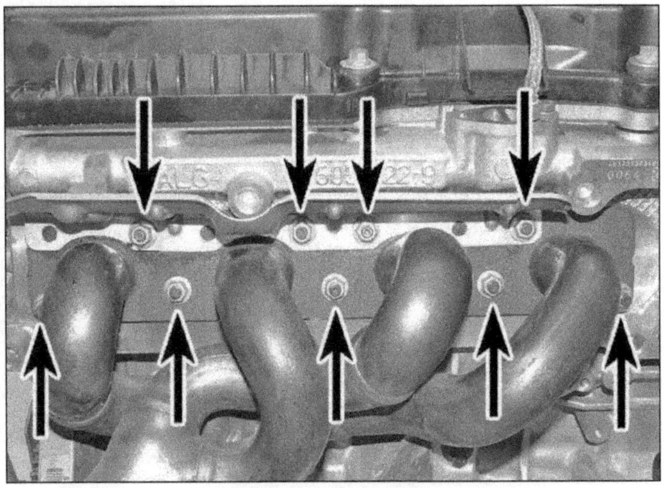

11.23 Avgasgrenrörets fästmuttrar (markerade med pilar) – 4-cylindriga motorer

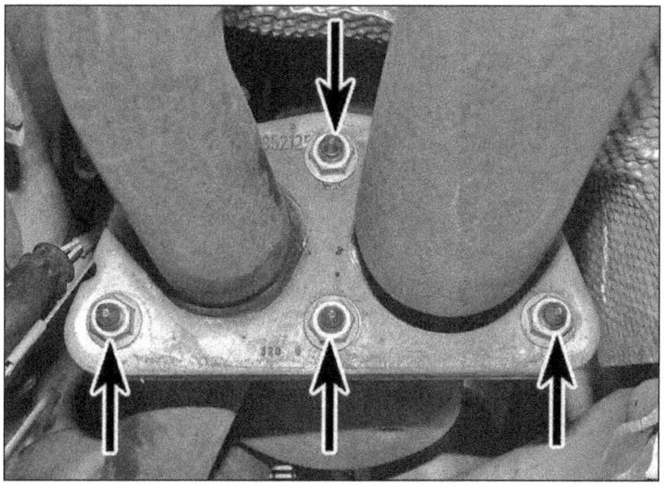

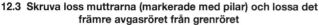

12.3 Skruva loss muttrarna (markerade med pilar) och lossa det främre avgasröret från grenröret

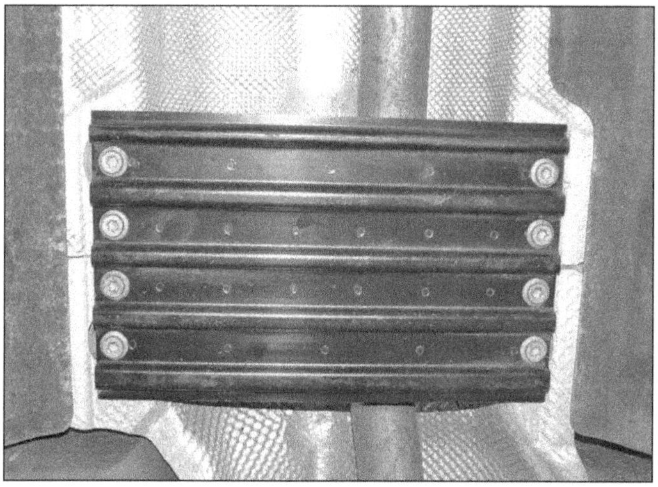

12.6 Förstärkningsplatta växellådstunnel

av grenrörets pinnbultar kan skruvas loss från topplocket när grenrörets fästmuttrar skruvas loss. Om så är fallet ska pinnbultarna skruvas tillbaka i topplocket när grenrören har tagits bort, med hjälp av två grenrörsmuttrar som låses ihop.

24 Monteringen utförs i omvänd ordningsföljd mot demonteringen, men använd nya packningar och nya fästmuttrar till grenröret.

6-cylindriga motorer

25 Hissa upp bilens framvagn och stötta den på pallbockar (se *Lyftning och stödpunkter*). Skruva loss hållarna och ta bort motorns undre skyddskåpa.

26 Demontera avgassystemet enligt beskrivningen i avsnitt 12.

27 Spåra lambdasondens kablage bakåt och lossa anslutningskontakterna. Märk dem för att säkerställa att de återansluts rätt.

28 Börja med det främre avgasgrenröret, skruva loss muttrarna och för grenröret från motorrummet. Var försiktig så att du inte skadar lambdasonden som är fäst på grenröret. Kasta packningen.

29 Skruva loss muttrarna och ta bort det bakre avgasgrenröret. Var mycket försiktig även här så att du inte skadar lambdasonden. Kasta packningen.

30 Monteringen sker i omvänd ordningsföljd mot demonteringen. Tänk på följande:

a) *Stryk på lite antikärvningsfett för höga temperaturer på grenrörets pinnbultar.*
b) *Byt alltid grenrörspackningarna.*
c) *Dra åt grenrörets muttrar till angivet moment.*

12 Avgassystem – demontering och montering

Observera: *Vid återmonteringen behövs det nya packningar mellan avgassystemets främre del och grenröret och nya fästmuttrar.*

Demontering

1 Lyft upp bilen och stötta den på pallbockar (se *Lyftning och stödpunkter*). Skruva loss hållarna och ta bort motorns undre skyddskåpa.

2 Skruva loss bultarna och ta bort de bakre spännbenen (om sådana finns) under bakaxeln i Touring-modeller. Kasta bultarna och använd nya vid återmonteringen.

3 Skruva loss fästmuttrarna och lossa avgassystemets främre del från grenröret. Ta bort packningen **(se bild)**.

4 Stötta upp avgassystemet med en garagedomkraft etc. Den är väldigt tung.

5 Skruva loss de fästmuttrar som håller fast de olika fästbyglarna på bilens undersida.

6 Skruva loss bultarna och ta bort förstärkningsplattan tvärs över växellådstunneln **(se bild)**.

7 Ta bort hela avgassystemet från bilens undersida.

8 När du ska ta bort värmeskölden, skruva loss muttrarna och bultarna och sänk sedan ner den.

Montering

9 Monteringen utförs i omvänd ordningsföljd. Tänk på följande:

a) *Använd nya packningar när du återansluter avgassystemets främre del till grenröret. Använd även nya muttrar och stryk på kopparpasta på de nya muttrarnas gängor.*
b) *Kontrollera avgasrörens placering i förhållande till utskärningen i den bakre plåten. Justera vid behov avgassystemets fästen för att skapa tillräckligt med spel mellan systemet och plåten.*

Kapitel 4 del B:
Bränsle- och avgassystem – dieselmotorer

Innehåll

Svårighetsgrad

Enkelt, passar novisen med lite erfarenhet	**Ganska enkelt,** passar nybörjaren med viss erfarenhet	**Ganska svårt,** passar kompetent hemmamekaniker	**Svårt,** passar hemmamekaniker med erfarenhet	**Mycket svårt,** för professionell mekaniker

Specifikationer

Motorkoder

4-cylindriga	M47T2 och N47
6-cylindriga	M57T2 och N57

Allmänt

Systemtyp	Bränslefördelarskena för direktinsprutning med Bosch högtryckspump och Electronic Diesel Control med styrmodulen DDE 6.0
Tryck bränslematningspump	3,5 till 4,5 bar
Insprutningstryck	250 to 1600 bar

Åtdragningsmoment

	Nm
Anslutningsmuttrar till bränsleröret	23
Avgasgrenrör till topplock:	
M47T2 och M57T2 motorer*	20
N47 och N57 motorer*	13
Bakre förstärkningsplatta	45
Bakre spännstöd:*	
M10	50
M12:	
Steg 1	100
Steg 2	Vinkeldra ytterligare 90°
Bränsleinsprutningspumpens fäste:	
Muttrar	25
Bultar:	
M6	8
M8	19
Bränsletryckgivare:	
M47T2 och M57T2 motorer	70
N47 motorer	70
Bränsletrycksregulator:	
M47T2 och M57T2 motorer	85
N47 motorer	85
Bultar mellan bränslefördelarskenan och topplocket	25
Bultar turboaggregatet till avgasgrenröret:	
M47T2 motor	50
N47 motorer	25
Fästbult till bränsleinsprutningspumpens drev	65
Fästbultar till bränsleinjektorer (motorerna N47 och N57)	26
Insugsgrenrör:	
M6	10
M7	15
M8	22
Klämmuttrar/klämbultar (motorerna M47T2 och M57T2)	10
Spännstöd motorrum:*	
M10:	
Steg 1	40
Steg 2	Vinkeldra ytterligare 60°
M12:	
Steg 1	100
Steg 2	Vinkeldra ytterligare 100°
Turboaggregat oljematning banjobultar	22
Vevaxelns lägesgivare	8
Åtkomstplugg kamkedja (bränslepump)	30

* *Återanvänds inte*

1 Allmän information och föreskrifter

Bränslet hämtas från en tank under bilens bakre del av en elektrisk pump som är nedsänkt i tanken, det passerar sidan en filterenhet som är monterad under höger hjulhus och tvingas sedan genom ett filter till bränslepumpen. Den kedjedrivna insprutningspumpen tillför bränsle med väldigt högt tryck till den gemensamma bränslefördelarskenan som är ansluten till varje individuell insprutningsventil. Insprutningsventilerna styrs av solenoider som i sin tur styrs av styrmodulen, baserat på information från olika givare. Motorns styrmodul styr även förvärmningssidan av systemet – se kapitel 5A för ytterligare information.

Funktionenhosbränsleinsprutningssystemet beskrivs detaljerat i avsnitt 5.

Systemet för elektronisk dieselstyrning innefattar ett "drive-by-wire"-system, där den konventionella gasvajern är utbytt mot en lägesgivare för gaspedalen. Information om gaspedalens läge och förändringstakt skickas av lägesgivaren till styrmodulen, som sedan justerar bränsleinsprutarna så att rätt mängd bränsle matas och förbränningens verkningsgrad blir optimal

Avgassystemet har ett turboaggregat, ett partikelfilter (beroende på modell) och ett avgasåterföringssystem. Ytterligare information om avgasreningssystemet hittar du i kapitel 4C.

Föreskrifter

- Vid arbete med dieselsystemets komponenter måste absolut renlighet iakttas, och ingen smuts eller främmande föremål får komma in i bränsleledningarna eller andra komponenter.
- När du utfört ett arbete som involverar urkoppling av bränsleledningarna bör du kontrollera att inte anslutningarna läcker; trycksätt systemet genom att dra runt motorn flera gånger.
- Elektroniska styrmoduler är mycket känsliga komponenter och vissa försiktighetsåtgärder måste vidtas för att enheterna inte ska skadas.

a) Vid svetsningsarbeten med elektrisk svetsutrustning ska batteriet och växelströmsgeneratorn vara urkopplade.

b) Även om moduler monterade under motorhuven normalt tål villkoren under motorhuven kan de påverkas av överdriven hetta eller fukt. Om svetsutrustning eller högtryckstvätt används i närheten av en elektronisk styrmodul får värmen eller vatten-/ångstrålarna inte riktas direkt mot modulen. Om detta inte går att undvika ska modulen tas bort från bilen och dess anslutningskontakt skyddas med en plastpåse.

c) Kontrollera alltid att tändningen är avstängd innan några kablar kopplas loss eller komponenter demonteras.
d) Försök inte skynda på feldiagnoser med en kontrollampa eller multimeter. Det kan ge bestående skador på systemet.
e) Vid avslutat arbete med bränsleinsprutningens eller motorstyrningssystemets komponenter, se till att alla kablar ansluts ordentligt innan batteriet återansluts eller tändningen slås på.

2 Luftrenare – demontering och montering

M47T2 och M57T2 motorer

1 Luftrenarhuset är inbyggt i topplockskåpan – se kapitel 2C.

N47 och N57 motorer

2 Lossa luftflödesgivarens anslutningskontakt **(se bild)**.
3 Lossa klämman och dra bort luftutloppslangen från luftrenarkåpan.
4 Skruva loss luftrenarenhetens två fästbultar **(se illustration)**.
5 Dra bart insugs snorkeln från intagskåpan, dra sedan bort luftrenarenheten uppåt från dess plats.
6 Monteringen sker i omvänd ordning.

2.2 Lossa luftflödesgivarens anslutningskontakt

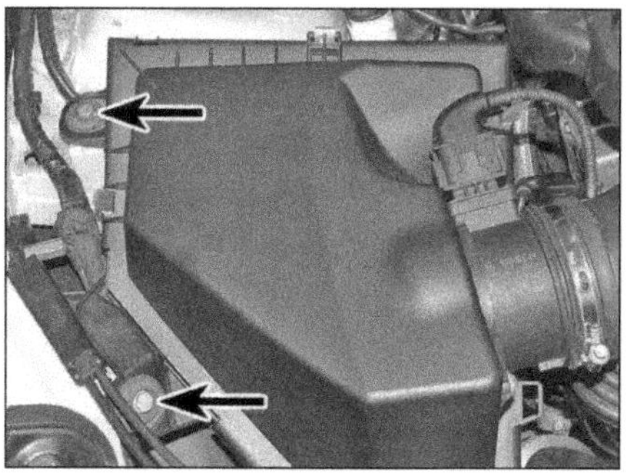

2.4 Luftrenarens fästbultar (markerade med pilar)

3 Bränsletank – demontering och montering

Demontering

1 Koppla loss batteriets minusdelare enligt beskrivningen i kapitel 5A.
2 Innan du tar bort bränsletanken ska allt bränsle tömmas ut från tanken. Eftersom bensintanken inte har någon avtappningsplugg bör demonteringen ske när bilen har körts tills tanken är så gott som tom. Det återstående bränslet kan sedan sugas upp med en hävert eller handpumpas från tanken.
3 Ta bort baksätets sätesdyna enligt beskrivningen i kapitel 11.
4 Hissa upp bilens bakvagn och stötta den på pallbockar (se *Lyftning och stödpunkter*). Ta bort höger bakhjul.
5 Koppla loss handbromsvajrarna från handbromsspaken enligt beskrivningen i kapitel 9.
6 Dra bort handbromsvajrarna från styrhylsorna, skruva sedan loss bultarna och ta bort styrhylsorna.
7 Ta bort kardanaxeln enligt beskrivningen i kapitel 8.
8 Höger hjulhusfoder hålls fast av en kombinationavbultarochplastexpansionsnitar. Ta bort dessa fästanordningar och för hjulhusfodret från dess plats.
9 Arbeta under bilen, bänd upp de mittre sprintarna och ta bort plastexpansionsnitarna, lossa klämmorna, skruva loss muttrarna, ta sedan bort klädselpanelen under tankens vänstra sida och tröskelns klädselpanel **(se bilder)**. Upprepa denna procedur på tankens högra sida.
10 Arbeta inne i bilen, skruva loss de fyra muttrarnaochtabränsletankensåtkomstluckor från vänster och höger sida på golvpanelen under placeringen av baksätesdynan **(se bild)**.
11 Lossa anslutningskontakten från vänster givarenhet, lås sedan upp snabbkopplingen och lossa bränsleрören **(se bild)**.
12 Lossa anslutningskontakterna som går att komma åt genom åtkomsthålet till höger givare/pump.
13 Lossa slangklämman och koppla sedan loss bränslepåfyllningsslangen från tankröret **(se bild)**.
14 Arbeta i hjulhuset, lossa kontaktdonet och

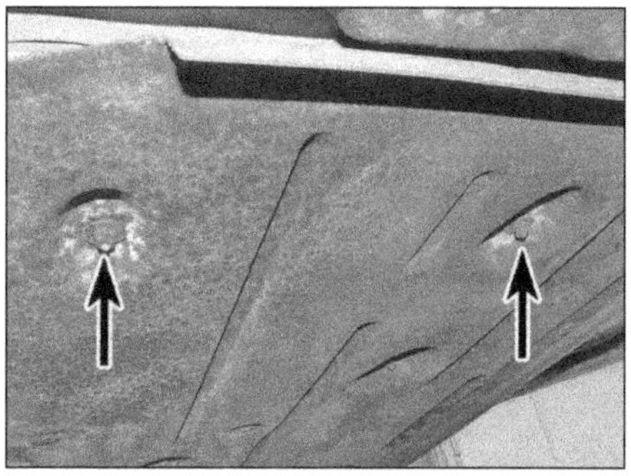

3.9a Skruva loss muttrarna och sänk panelerna framför tanken

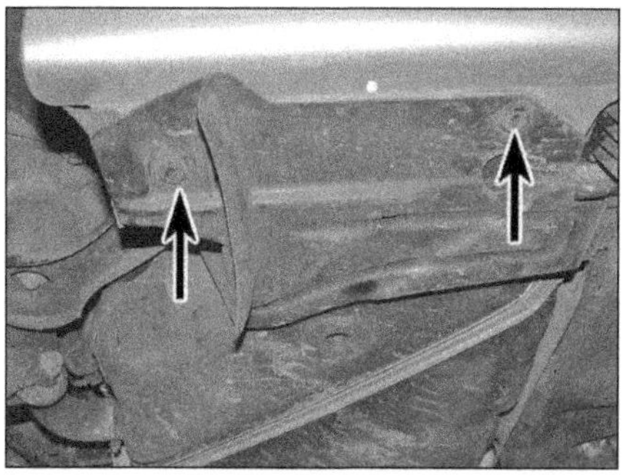

3.9b Ta bort fästanordningarna (markerade med pilar) och ta bort tröskelpanelerna

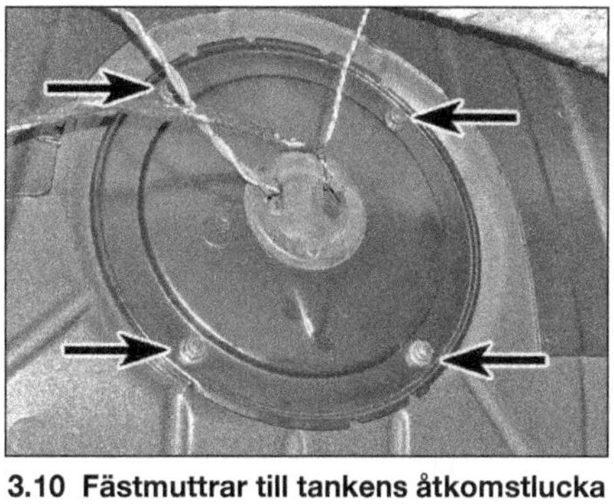

3.10 Fästmuttrar till tankens åtkomstlucka (markerade med pilar)

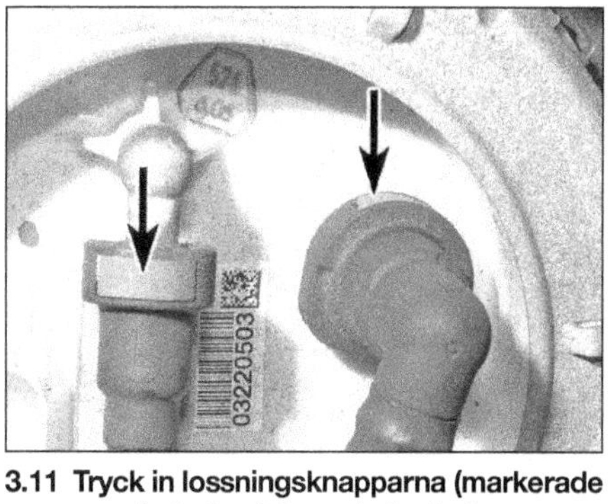

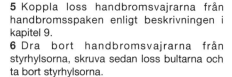

3.11 Tryck in lossningsknapparna (markerade med pilar) och lossa bränsleрören

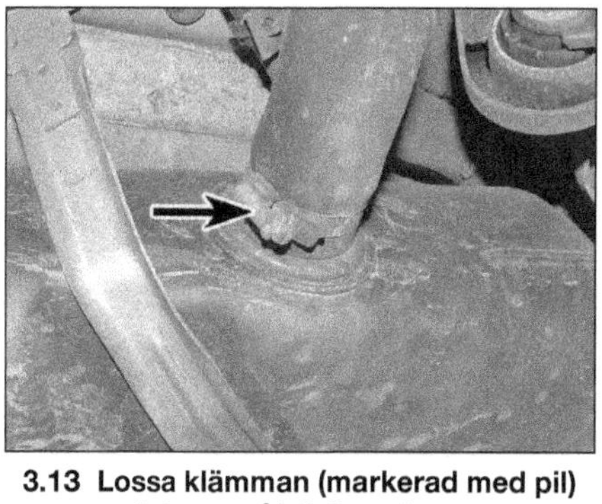

3.13 Lossa klämman (markerad med pil) och lossa påfyllningsslangen

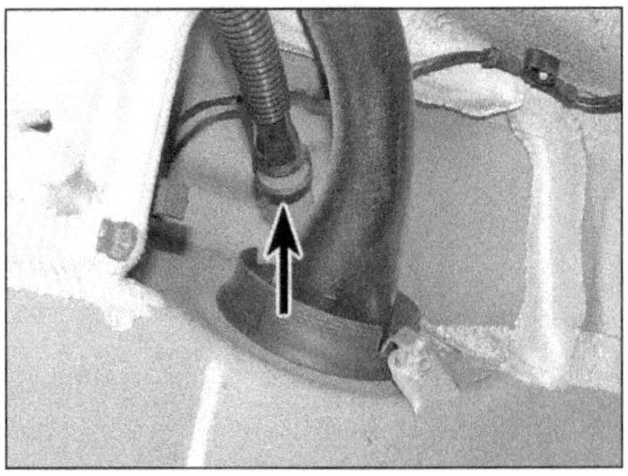

3.14 Tryck ihop kragens sidor (markerade med pil) och lossa ventilationsslangen

lossa ventilationsslangen från påfyllningsröret **(se bild)**.

15 Stötta bränsletanken med en garagedomkraft och en bit träkloss emellan.

16 Skruva loss de bultar som håller fast tankens fästremmar. Sänk ner tanken och ta bort den från bilens undersida.

Montering

17 Monteringen sker i omvänd ordningsföljd mot demonteringen. Observera att när tanken har monterats måste man fylla på minst 5 liter bränsle för att bränslesystemet ska fungera som det ska.

4 Gaspedal – demontering och montering

1 Bänd upp locket, skruva sedan loss gaspedalenhetens bas **(se bild)**.

2 Lyft av gasspjällenheten, och lossa anslutningskontakten. Observera att gaspedalen endast kan erhållas som komplett enhet som omfattar lägesgivaren. Om pumpen är skadad, måste den bytas som en enhet.

3 Monteringen sker i omvänd ordningsföljd mot demonteringen.

5 Bränsleinsprutningssystem – allmän information

Systemet styrs övergripande av det elektroniska dieselstyrningssystemet, vilket

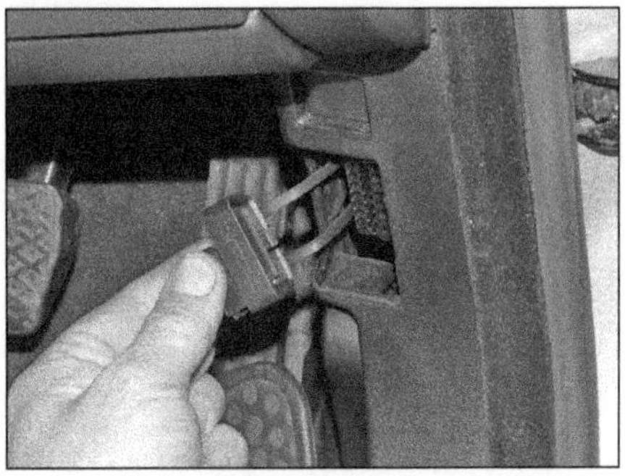

5.8 Lossa kåpan så att du kommer åt diagnoskontakten

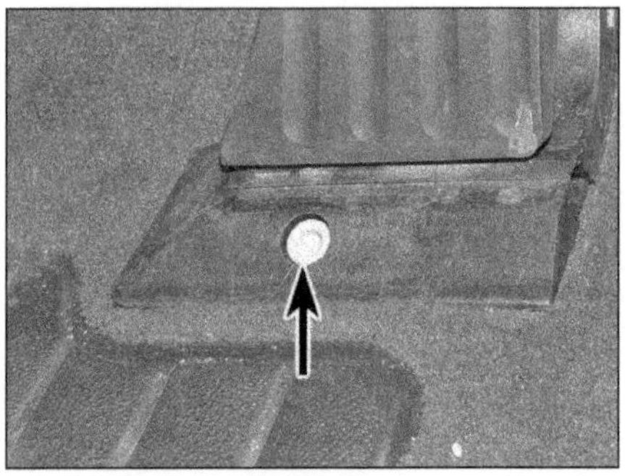

4.1 Gaspedalenhetens fästbult (markerad med pil)

även styr förvärmningen (se kapitel 5A).

Bränsle tillförs från den bakre bränsletanken, via en eldriven pump och ett bränslefilter till bränsleinsprutningspumpen. Bränsleinsprutningspumpen tillför bränsle under högt tryck till common rail systemet. Bränslefördelarskenan utgör en behållare med bränsle under tryck som är redo att matas av insprutningsventilerna direkt till förbränningskammaren. De olika bränsleinsprutarna innehåller solenoider som, när de är aktiva, låter högtrycksbränslet sprutas in. Magnetventilerna styrs av styrmodulen. Bränsleinsprutningspumpen tillför enbart högtrycksbränsle. Insprutningens synkronisering och varaktighet styrs av styrmodulen, baserat på information från de olika givarna. För att kunna öka förbränningens verkningsgrad och minimera förbränningsljudet ("dieselknackningarna"), sprutas en liten mängd bränsle in innan huvudinsprutningen sker – detta kallas förinsprutning eller pilotinsprutning.

Dessutom aktiverar styrmodulen avgasåterföringssystemet (EGR-systemet) (se kapitel 4C).

Systemet använder följande givare.

a) Vevaxelgivaren – förser styrmodulen med information om vevaxelns hastighet och läge.
b) Motorns temperaturgivare för kylvätska informerar den elektroniska styrenheten om motorns temperatur.
c) Luftflödesgivare – förser styrmodulen om information om massa och temperatur hos den luft som förs in i insugskanalen.
d) Hjulhastighetsgivaren – förser styrmodulen med information om bilens hastighet.
e) Gaspedalens lägesgivare – förser styrmodulen med information om gasspjällets läge och gasspjällets öppnings-/stängningshastighet
f) Bränsletryckgivare – förser styrmodulen med information om trycket hos bränslet i common rail systemet.
g) Bränsletemperaturgivare – informerar styrmodulen om temperaturen på det bränsle som kommer tillbaka till tanken.
h) Bränsletrycksregulator – reglerar det tryck som genereras av högtrycksbränslepumpen.
i) Kamaxelgivare – förser styrmodulen med information om kamaxelns läge så att motorns tändningssekvens kan fastställas.
j) Bromsljuskontakten – informerar styrmodulen om när bromsarna används
k) Turboaggregatets laddtryckgivare – informerar styrmodulen om det laddtryck som genereras av turboaggregatet.
l) Insugslufttemperaturgivare – informerar styrmodulen om vilken temperatur den luft har som kommer in i insugsgrenröret.

Signalerna från de olika givarna bearbetas av styrmodulen och en optimal bränslemängd och insprutningsinställning väljs ut för motorns rådande driftsförhållanden.

Ett avgasåterföringssystem (EGR) är monterat för att ytterligare reducera emissionerna. Information om detta och annan avgasreningsutrustning finns i kapitel 4C.

Om avvikelser registreras från någon av givarna aktiveras styrmodulens säkerhetsläge. Om detta händer ignorerar styrmodulen den avvikande signalen från givaren och fortsätter med ett förprogrammerat värde så att motorn kan fortsätta att gå (dock med minskad verkningsgrad). Om styrmodulens säkerhetsläge aktiveras tänds varningslampan på instrumentbrädan och relevant felkod lagras i styrmodulens minne.

Om varningslampan tänds ska bilen köras till en BMW-verkstad eller en specialist så snart som möjligt. Då kan den elektroniska dieselstyrningen kontrolleras ordentligt med hjälp av en särskild elektronisk testenhet som enkelt kopplas till systemets diagnosuttag **(se bild)**. Kontaktdonet sitter under instrumentbrädan på förarsidan. För att komma åt kontaktdonet lossar du hylskåpan.

6 Bränslesystemet – snapsning och luftning

1 Bränslematningssystemet är utformat för att lufta sig självt. Om bränslesystemet har rubbats gör du så här.

2 Slå på tändningen och låt den vara på ungefär 1 minut. Försök inte ta starta motorn. Under denna tid aktiveras den elektriska bränslepumpen och systemet luftas.

3 Trampa ner gaspedalen mot golvet, starta sedan motorn normalt (detta kan ta längre tid än vanligt, i synnerhet om bränslesystemet har fått gå torrt – dra runt startmotorn tio gånger med fem sekunders vila mellan varje gång). Kör motorn på snabbtomgång i ungefär en minut så att eventuell kvarvarande luft i bränsleledningarna drivs ut. När du gjort detta bör motorns tomgång vara jämn med konstant hastighet.

4 Om motorns tomgång är ojämn finns det fortfarande luft som är fångad i systemet. Öka motorhastigheten igen under ytterligare en minut eller så och kontrollera sedan tomgångsvarvtalet igen. Upprepa detta tillvägagångssätt om det är nödvändigt tills motorn går jämnt på tomgång.

5 Fortsätt på följande sätt om tillvägagångssättet ovan misslyckas med att få motorn att starta på motorerna N47 och N57:

6 Ta bort plastkåpan från motorns överdel enligt beskrivningen i kapitel 2D.

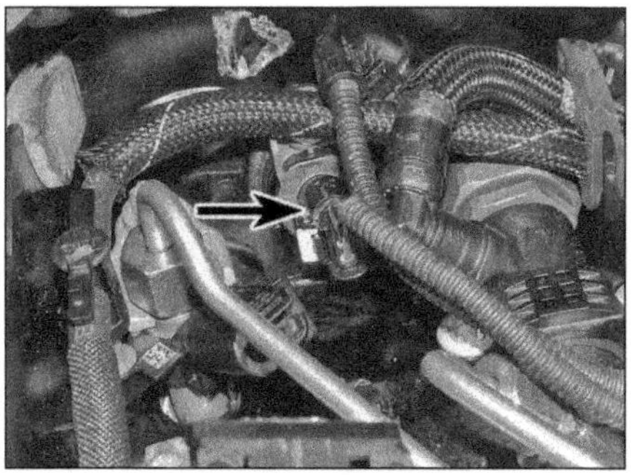

6.7 Lossa kamaxelgivarens anslutningskontakt baktill på topplocket (markerad med pil)

7 Lossa kamaxelgivarens anslutningskontakt **(se bild)**.

8 Tryck in lossningsknappen och lossa bränslereturslangen från bränslefördelarskenan **(se bild)**.

9 Anslut en handhållen vakuumpump till returöppningen på bränslefördelarskenan och manövrera pumpen tills klart bränsle utan bubblor kommer fram **(se bild)**.

10 Återanslut bränslereturslangen på common rail, och montera tillbaka kamaxelgivarens anslutningskontakt.

11 Montera tillbaka motorkåpan, och fortsätt enligt beskrivningen i avsnitt 2.

7 Bränslepump/nivågivare och styrenhet – demontering och montering

Bränslepump/nivågivare demontering

1 Det finns två nivågivare i bränsletanken – en på vänster sida och en på höger sida. Pumpen är integrerad med givaren på höger sida och i skrivande stund kan endast nivågivaren erhållas separat. Kontakta en BMW-verkstad eller specialist.

Höger givare/bränslepump

2 Innan du tar bort bränslenivågivaren/pumpen ska allt bränsle tömmas ut från tanken. Eftersom bensintanken inte har någon avtappningsplugg bör demonteringen ske när bilen har körts tills tanken är så gott som tom.

3 Ta bort baksätets sätesdyna enligt beskrivningen i kapitel 11.

4 Fäll isoleringsfogen bakåt för att exponera åtkomstluckan.

5 Skruva loss de fyra muttrarna och ta bort åtkomstkåpan från golvet **(se bild 3.10)**.

6 Lossa anslutningskontakten (anslutningskontakterna) genom åtkomsthålet.

7 Skruva loss bränslepumps- och nivågivarenhetens låsring och ta bort den från tanken. BMW-verktyget 16 1 020 är ämnat för denna uppgift, men du kan också använda en tång med stora käftar för att trycka på de båda upphöjda ränderna på låsringen. Du kan även tillverka ett eget verktyg som du hakar i de upphöjda ränderna på låsringen. Vrid ringen moturs tills den kan lossas för hand **(se bild)**.

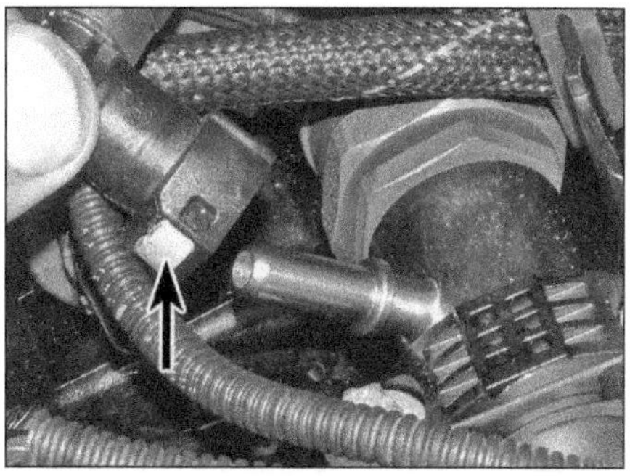

6.8 Tryck in knappen (markerad med pil) och lossa bränslereturslangen från common rail

8 Lyft försiktigt av bränslepumpens/nivågivarens kåpa från tanken. Observera bränsleslangarnas placeringar och lossa dem sedan vid snabbkopplingarna **(se bild)**. Observera hur stängerna i kåpans bas placeras i pump-/givarenheten.

9 För försiktigt pumpen/givarenheten från tanken. Var försiktig att inte böja/skada flottörens arm när enheten tas bort.

10 Lossa klämman om det behövs och för nivågivaren uppåt från platsen **(se bild)**. Vid återmontering måste givaren klämmas tillbaka på plats.

11 Nivågivaren kan lossas från pumpenheten om det behövs. Vid fullständig nedböjning var givarens resistans 993 Ω och vid noll nedböjning var resistansen Ω.

Vänster givare

12 Ta bort höger givare/bränslepump enligt tidigare beskrivning.

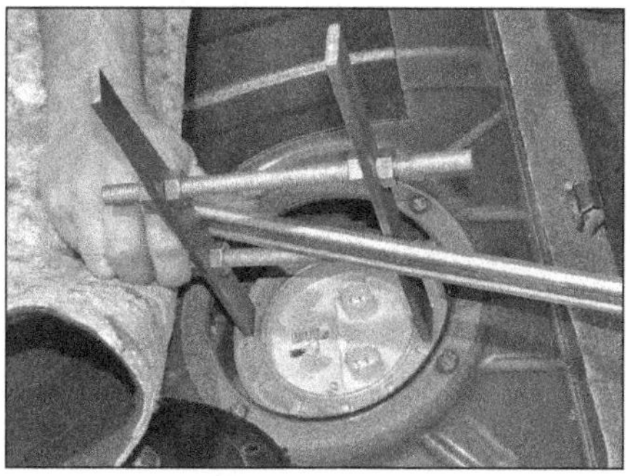

7.7 Ett hemmagjort verktyg används för att skruva loss låsringen

7.10 Lossa klämman på varje sida och för givaren uppåt

6.9 Anslut en handhållen vakuumpump och sug ut bränslet

13 Fäll isoleringsfogen bakåt för att exponera åtkomstluckan.

14 Skruva loss de fyra muttrarna och ta bort åtkomstkåpan från golvet **(se bild 3.10)**.

15 Lossa anslutningskontakten från givarenhetens kåpa, tryck in lossningsknappen och lossa bränsleрören.

16 Skruva loss bränslepumps- och nivågivarenhetens låsring och ta bort den från tanken. BMW-verktyget 16 1 020 är ämnat för denna uppgift, men du kan också använda en tång med stora käftar för att trycka på de båda upphöjda ränderna på låsringen. Du kan även tillverka ett eget verktyg som du hakar i de upphöjda ränderna på låsringen. Vrid ringen moturs tills den kan skruvas loss för hand **(se bild 7.7)**.

17 Bind en bit snöre/kabel runt de lossade slangarna genom höger tankåtkomsthål **(se bild)**. I och med att dessa slangar tas bort

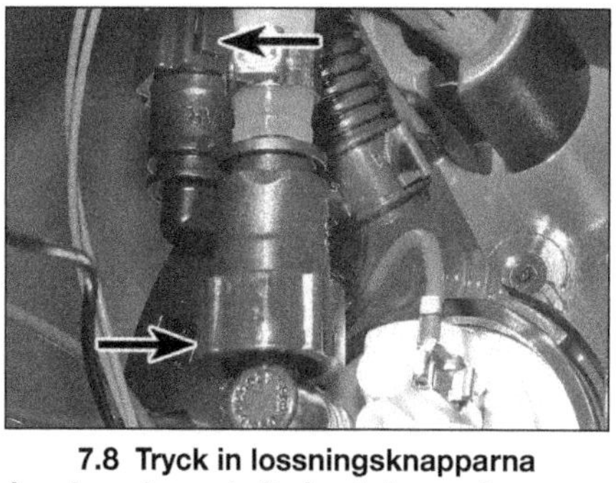

7.8 Tryck in lossningsknapparna (markerade med pilar) och lossa slangarna från pump-/sändarenheten

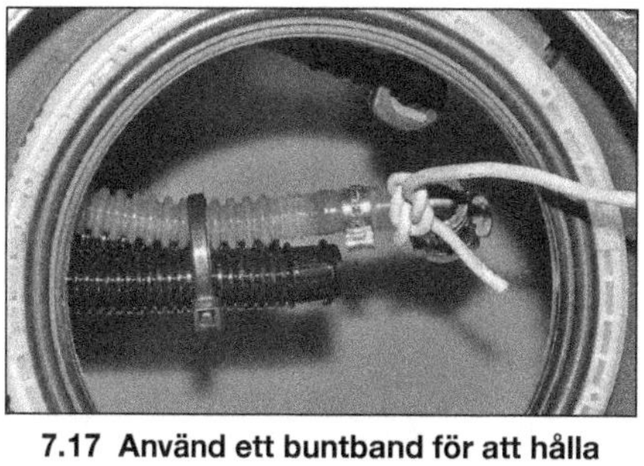

7.17 Använd ett buntband för att hålla ihop slangarna, bind sedan en bit band/kabel runt slangarna för att underlätta återmonteringen – se text

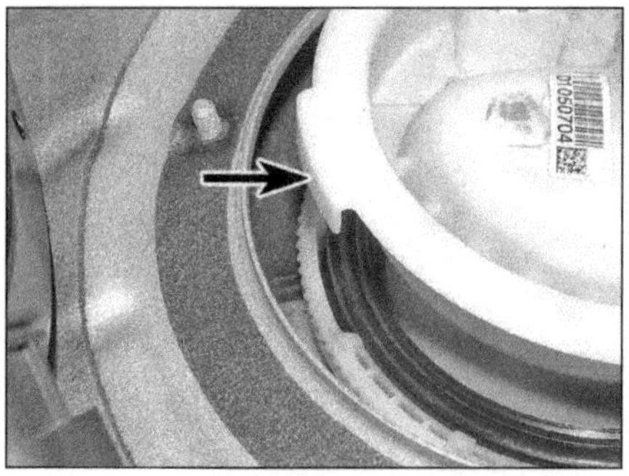
7.19 Tappen (markerad med pil) måste gå i ingrepp med spåret i kragen

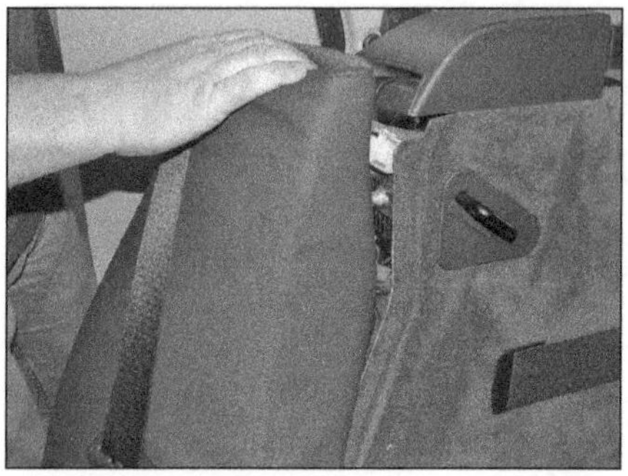
7.21 Dra sidoryggstödets överkant framåt

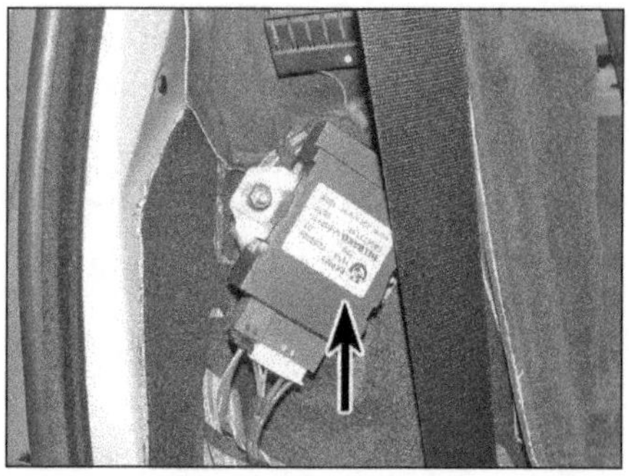
7.22 Bränslepumpens styrenhet (markerad med pil)

med vänster givare/filterenhet är tanken att dra in snöret/kabeln i tanken när givaren/filterenheten tas bort och sedan lämna det/den på plats för att underlätta återmonteringen.

18 Lyft försiktigt av givaren/filterenheten från behållaren. Lösgör snöret/kabeln och lämna kvar den.

Återmontering av bränslepumpen/nivågivarna

19 Monteringen sker i omvänd ordningsföljd mot demonteringen. Tänk på följande:

a) Använd en ny tätningsring.

b) För att enheten ska gå igenom öppningen i bränsletanken, tryck flottörarmen mot bränsleupptagarens sil.

c) När en enhet monteras måste styrtappen på enheten haka i motsvarande spår i bränsletankens krage ***(se bild).***

d) Styrstängerna till höger givarenhet måste vara inriktade mot motsvarande hål i pump-/givarenheten.

e) Låsringen måste dras åt tills skåran på ringen är inriktad med märket på tanken.

Bränslepumpens styrenhet

Demontering

20 Ta bort det bakre ryggstödet i sedanmodeller enligt beskrivningen i kapitel 11.

21 Fäll ner baksätets ryggstöd, dra sedan den övre kanten av det högra ryggstödet framåt för att lossa klämman och ta bort den **(se bild)**. Var beredd på att klämman går sönder - byt den om det behövs.

22 Lossa anslutningskontakten, skruva loss de 2 fästmuttrarna och ta bort styrenheten **(se bild)**.

Montering

23 Monteringen sker i omvänd ordningsföljd mot demonteringen. Om du monterar en ny styrmodul måste den programmeras med särskild testutrustning från BMW. Låt en BMW-verkstad eller annan specialist utföra denna uppgift.

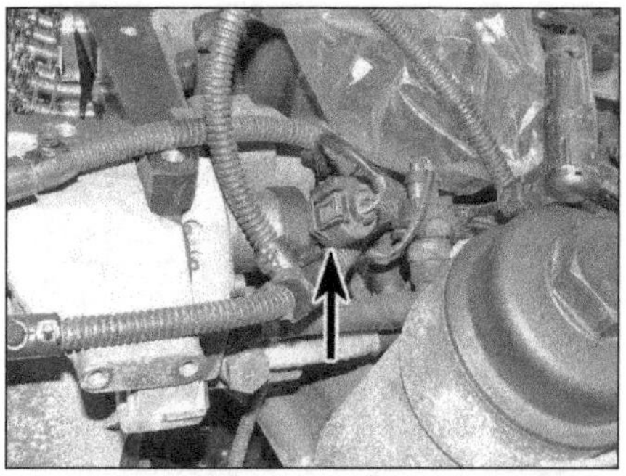
9.3 Lossa anslutningskontakten (markerad med pil) från regulatorn på pumpen

9.4 Bränslematnings- (1) och returrör (2)

8 Bränsleinsprutningssystem – test och justering

Kontroll

1 Om ett fel uppstår i bränsleinsprutningssystemet, se först till att alla systemets kontaktdon är ordentligt anslutna och fria från korrosion. Kontrollera att felet inte beror på bristande underhåll; dvs. kontrollera att luftfiltret är rent, att cylinderkompressionstrycken är korrekta (se kapitel 2C eller 2D) och att motorns ventilationsslangar är rena och hela (se kapitel 4C).

2 Om motorn inte startar, kontrollera glödstiftens skick (se kapitel 5A).

3 Om du inte hittar orsaken till problemet med hjälp av dessa kontroller bör bilen köras till en BMW-verkstad eller en specialist som kan utföra test med särskild elektronisk utrustning som ansluts till diagnosuttaget (se avsnitt 5). Testaren kommer att hitta felet lätt och snabbt vilket minskar behovet av enskilda kontroller av alla systemets komponenter, något som är både tidskrävande och som kan innebära skador på ECU:n.

Justering

4 Motorns tomgångsvarvtal och det maximala varvtalet regleras av styrmodulen. Även om det teoretiskt är möjligt att kontrollera alla inställningar måste bilen köras till en BMW-verkstad eller lämpligt utrustad specialist om en justering blir nödvändig. Dessa har den diagnostikutrustning som behövs och kan (om möjligt) justera inställningarna.

9 Bränsleinsprutningspump – demontering och montering

Varning: Var noga med att inte släppa in smuts i insprutningspumpen eller insprutningsventilrören när du utför detta.

1 Koppla loss batteriets minusdelare (se kapitel 5A).

M47T2 och M57T2 motorer

Demontering

2 Se avsnitt 16 och ta bort insugsgrenröret.

3 Lossa anslutningskontakten från tryckregulatorn på pumpen **(se bild)**.

4 Lossa klämman och lossa bränslematningsröret från pumpen **(se bild)**. Täpp igen öppningarna så att inte smuts kommer in.

5 Skruva loss banjobulten och lossa bränslereturröret från pumpen.

6 Observera gummifästets position, skruva sedan loss anslutningarna och lossa högtrycksbränsleröret mellan pumpen och fördelarskenan. Kasta röret, eftersom en ny en måste användas.

7 Skruva loss de tre muttrar som håller fast insprutningspumpen på motorblocket **(se bild)**.

8 Ta bort drivremmen enligt beskrivningen i kapitel 1B.

9 Skruva loss locket från kamkedjekåpan **(se bild)**. Kasta packningen, eftersom en ny en måste användas.

9.7 Pumpens fästmuttrar (markerade med pilar)

10 Lossa och ta bort muttern till bränslepumpens drev.

11 Skruva in BMW-verktyg nr 13 5 192 i kamkedjekåpan, skruva sedan in BMW-verktyg nr 13 5 191 i bränslepumpens drev. Dra försiktigt åt centrumbulten och lossa pumpens axel från drevet **(se bilder)**. Ta inte bort verktyg nr 13 5 192 när axeln är lossad från drevet eftersom tidsinställningen då går förlorad. Om de speciella BMW-verktygen inte är tillgängliga är det enda återstående alternativet att ta bort kamkedjorna och dra av drevet från axeln enligt beskrivningen i kapitel 2C. Även om det teoretiskt skulle gå att lossa drevet från axeln med en dorn eller något liknande skulle drevets placering och kamkedjornas spänning gå förlorad.

12 Ta bort panelen. Kasta packningen, eftersom en ny en måste användas.

Montering

13 Se till att pumpens och motorns fogytor är rena och torra och montera den nya pumppackningen.

14 Skruva loss redskap 13 5 191 från redskap No 13 5 192.

15 Placera bränslepumpen på motorblocket. Observera att pumpaxelns placering i förhållande till vevaxelns placering inte är viktig.

16 Montera pumpens fästmuttrar och dra åt dem till angivet moment.

17 Montera det nya högtrycksbränsleröret med gummifästet. Dra åt anslutningarna till angivet moment.

18 Återanslut bränsleslangarna till pumpen. Använd en ny banjobultstätning.

9.9 Skruva loss kåpan (markerad med pil) från kamkedjekåpan

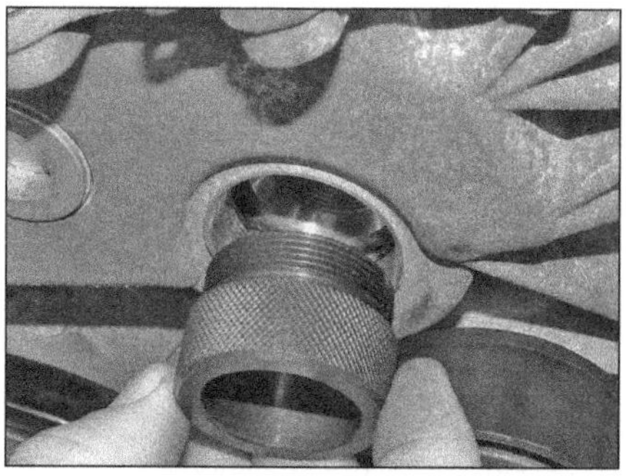

9.11a Skruva in verktyget i kamkåpan. . .

9.11b . . . skruva sedan in specialverktyget i pumpdrevet

9.11c Dra åt mittbulten för att lossa pumpens axel från drevet

19 Återanslut anslutningskontakten till bränslepumpen.

20 Om BMW:s specialverktyg har använts för att lossa bränslepumpens drev och hålla drevet på plats skruvar du loss verktygen, monterar och drar åt drevets fästmutter till angivet moment. Om verktygen inte är tillgängliga monterar du tillbaka kamkedjorna, dreven och kåporna enligt beskrivningen i kapitel 2C.

21 Se till att kamkåpans åtkomstplugg är ren, montera den nya tätningen och dra åt den till angivet moment.

22 Sätt tillbaka drivremmen enligt beskrivningen i kapitel 1B.

23 Se avsnitt 16 och ta bort insugsgrenröret.

24 Återanslut batteriets minusdelare enligt beskrivningen i kapitel 5A.

25 Lufta bränslesystemet enligt beskrivningen i avsnitt 6.

N47-motorer

Demontering

26 Dra upp den främre kanten på den ljuddämpande kåpan på motorns överdel, för den sedan framåt och ta bort den.

27 Ta bort luftintagsgrenröret enligt beskrivningen i avsnitt 16.

28 Lossa anslutningskontakten, ta sedan bort glödstiftsstyrenheten **(se bild)**.

29 Lås vevaxeln/svänghjulet i ÖD på cylinder nr 1 enligt beskrivningen i kapitel 2D.

30 Lossa låsspärren och lossa anslutningskontakten från doseringsenheten på insprutningspumpen **(se bild)**.

31 Lossa klämmorna och lossa bränslematnings- och returrören från pumpen **(se bild)**. Täpp igen öppningarna så att inte smuts kommer in.

32 Observera hur gummifästena är monterade, skruva sedan loss anslutningsmuttrarna

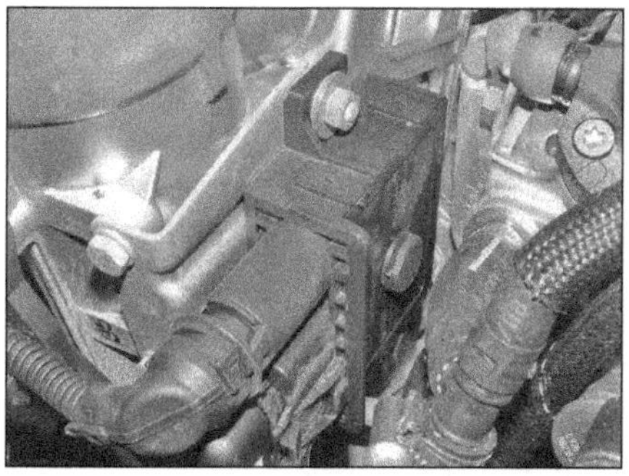

9.28 Glödstiftets styrenhet är placerad baktill på oljefilterhuset

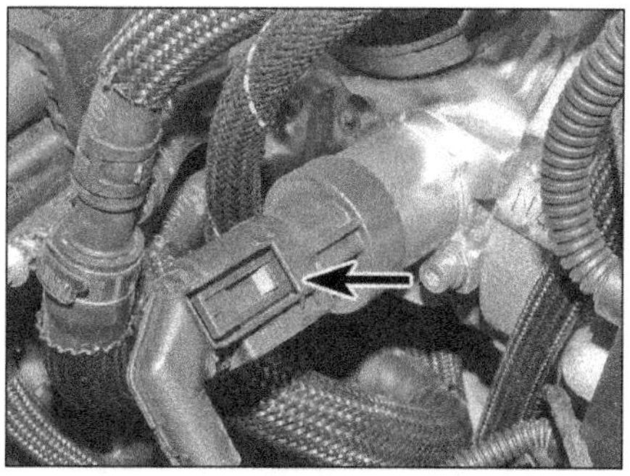

9.30 Lossa anslutningskontakten (markerad med pil) från doseringsenheten

9.31 Observera bränslematnings- och bränslereturslangarnas placering och lossa dem sedan från pumpen

9.32 Observera gummigenomföringarna (markerade med pilar) högtrycksmatningsledningen

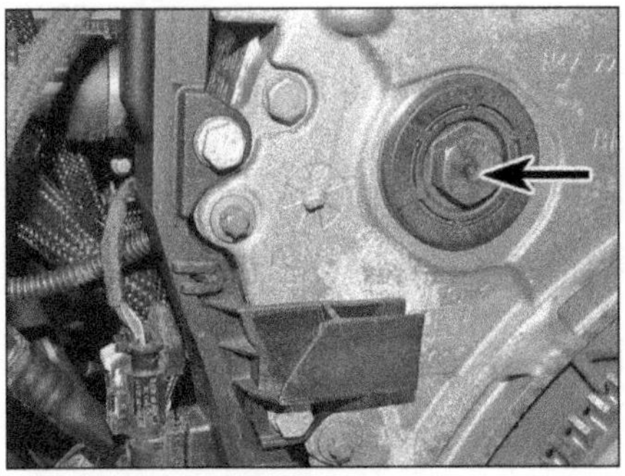
9.33 Skruva loss kåpan (markerad med pil) baktill på motorn

9.34 Skruva in specialverktyget i kamkedjekåpan

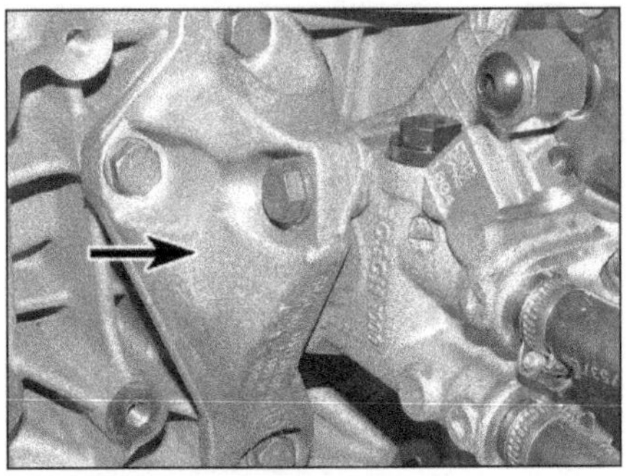
9.35 Ta bort stödfästet (markerad med pil) från den främre delen av pumpen

9.38 Ta bort pumpen från motorblocket

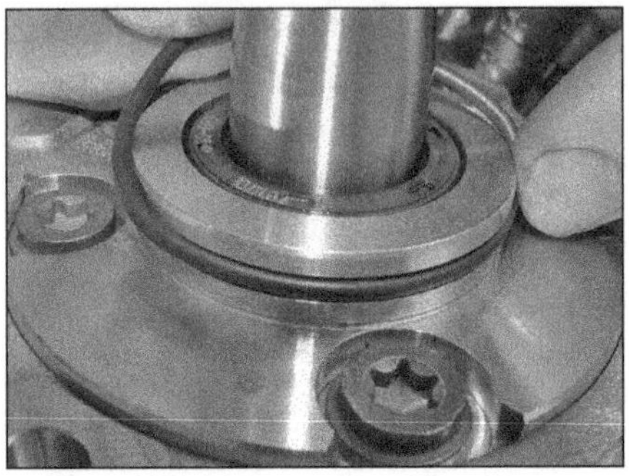
9.40 Byt oljepumpens O-ringstätning

och ta bort högtrycksbränsleröret mellan insprutningspumpen och bränslefördelarskenan **(se bild)**.

33 Skruva loss tätningskåpan i kamkåpan baktill på motorn **(se bild)**. Kasta tätningsringen, du måste sätta dit en ny.

34 Skruva in BMW:s specialverktyg nr 11 8 741 i lockhålet i kamkedjekåpan **(se bild)**. Detta verktyg fångar upp bränslepumpens drev och kedja på plats. Underlåtenhet att fästa drevet leder till att kamaxelns tidsinställning förloras. Om verktyget inte är tillgänglig tar du ut motorn och kamkedjan enligt beskrivningen i kapitel 2E.

35 Skruva loss fästbultarna och ta bort stödfästbygeln från pumpens front **(se bild)**.

36 Skruva loss de bultar som håller fast pumpen på kamkedjekåpan. Observera att det inte är nödvändigt att ta bort bultarna från sina placeringar.

37 Skruva loss de bultar som håller fast drivkedjedrevet på pumpaxeln. Observera att bulten förblir på plats i drevet.

38 Ta bort pumpen från dess plats **(se bild)**.

Montering

39 Se till att pumpens och cylinderblockets fogytor är rena, rikta sedan in kilspåret på pumpaxeln mot kilen i det koniska hålet i pumpens drev.

40 Montera en ny O-ringstätning, passa sedan in pumpen på plats **(se bild)**.

41 Låt axeln gå i ingrepp med drevet. Se till att kilen och kilspåret går i ingrepp korrekt.

42 Dra åt de bultar som håller fast pumpen på motorblocket/kamkedjekåpan lätt.

43 Montera tillbaka pumpens stödfästbygel, arbeta sedan i ordningsföljd, dra åt bultarna med handkraft och sedan till deras angivna moment **(se bild)**.

44 Dra åt drevets fästbult till angivet moment.

45 Skruva loss specialverktyget, montera sedan tillbaka tätningslocket med en ny tätning. Dra åt locket till angivet moment.

46 Ta bort vevaxelns/svänghjulets låsverktyg enligt beskrivningen i kapitel 2D.

47 Montera det nya högtrycksröret mellan pumpen och bränslefördelarskenan, dra åt muttrarna till angivet moment, montera sedan tillbaka gummifästet.

48 Återstoden av monteringen utförs i omvänd ordning mot demonteringen. Tänk på följande:

a) *Dra åt alla hållare till angivet moment (där sådant angetts).*
b) *Återanslut batteriets jordledning enligt beskrivningen i kapitel 5A.*
c) *Lufta bränslesystemet enligt beskrivningen i avsnitt 6.*

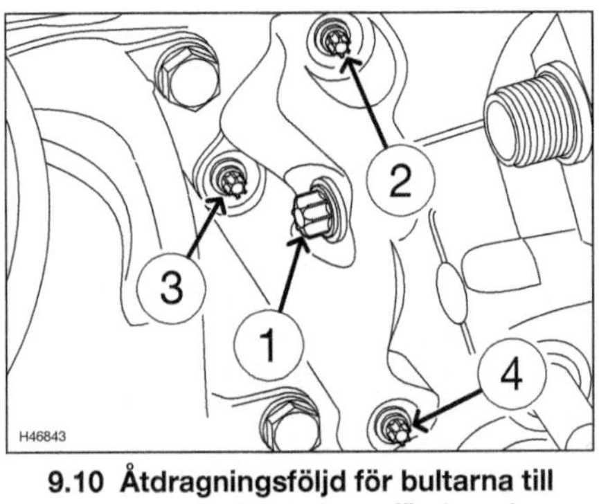

9.10 Åtdragningsföljd för bultarna till insprutningspumpens fästbygel

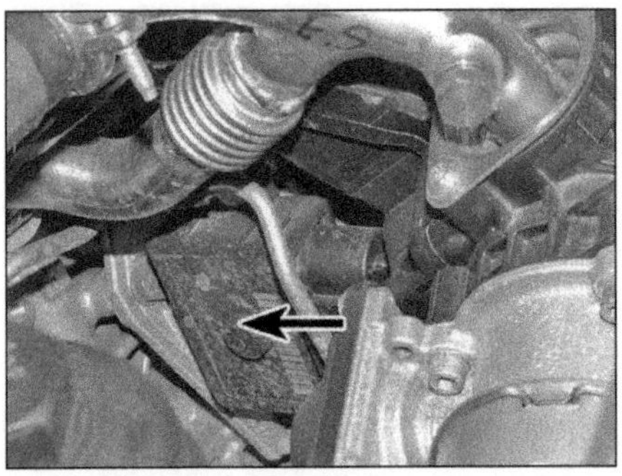
9.50 Glödstiftets styrenhet (markerad med pil) är fäst på motorfästet

N57-motorer

Demontering

49 Ta bort luftintagsgrenröret enligt beskrivningen i avsnitt 16.

50 Lossa anslutningskontakten, ta sedan bort glödstiftsstyrenheten **(se bild)**.

51 Observera hur gummifästena är monterade, skruva sedan loss anslutningsmuttrarna och ta bort högtrycksbränsleröret mellan insprutningspumpen och bränslefördelarskenan. Täpp igen öppningarna så att inte smuts kommer in.

52 Demontera växellådan enligt beskrivning i kapitel 7A eller 7B.

53 Lås vevaxeln/svänghjulet i ÖD på cylinder nr 1 enligt beskrivningen i kapitel 2D.

54 Lossa låsspärren och lossa anslutningskontakten från doseringsenheten på insprutningspumpen **(se bild 9.30)**.

55 Lossa bränslematnings- och returrören från pumpen **(se bild 9.31)**. Täpp igen öppningarna så att inte smuts kommer in.

56 Skruva in BMW:s specialverktyg nr 11 8 741 i lockhålet i kamkedjekåpan **(se bild 9.34)**. Detta verktyg fångar upp bränslepumpens drev och kedja på plats. Underlåtenhet att fästa drevet leder till att kamaxelns tidsinställning förloras. Om verktyget inte är tillgänglig tar du ut motorn och kamkedjan enligt beskrivningen i kapitel 2E.

57 Skruva loss fästbultarna och ta bort stödfästbygeln från pumpens front **(se bild 9.35)**.

58 Skruva loss de två bultar som håller fast pumpen på kamkedjekåpan/motorblocket. Observera att det inte är nödvändigt att ta bort kamkåpans bult från dess placering.

59 Skruva loss de bultar som håller fast drivkedjedrevet på pumpaxeln. Observera att bulten förblir på plats i drevet.

60 Ta bort pumpen från dess placering.

Montering

61 Se till att pumpens och cylinderblockets fogytor är rena, rikta sedan in kilspåret på pumpaxeln mot kilen i det koniska hålet i pumpens drev.

62 Passa in pumpen på plats och låt axeln gå i ingrepp med drevet och se till att kilen och kilspåret går i ingrepp korrekt.

63 Dra åt de bultar som håller fast pumpen på motorblocket/kamkedjekåpan lätt.

64 Montera tillbaka pumpens stödfästbygel, arbeta sedan i ordningsföljd, dra åt bultarna med handkraft och sedan till deras angivna moment **(se bild 9.43)**.

65 Dra åt drevets fästbult till angivet moment.

66 Skruva loss specialverktyget, montera sedan tillbaka tätningslocket med en ny tätning. Dra åt locket till angivet moment.

67 Ta bort vevaxelns/svänghjulets låsverktyg enligt beskrivningen i kapitel 2D.

68 Montera det nya högtrycksbränsleröret mellan pumpen och bränslefördelarskenan, dra åt muttrarna till angivet moment, montera sedan tillbaka gummifästet.

69 Återstoden av monteringen utförs i omvänd ordning mot demonteringen. Tänk på följande:

a) Dra åt alla hållare till angivet moment (där sådant angetts).

b) Montera tillbaka växellådan enligt beskrivningen i kapitel 7A eller 7B.

c) Återanslut batteriets jordledning enligt beskrivningen i kapitel 5A.

d) Lufta systemet enligt beskrivningen i avsnitt 6.

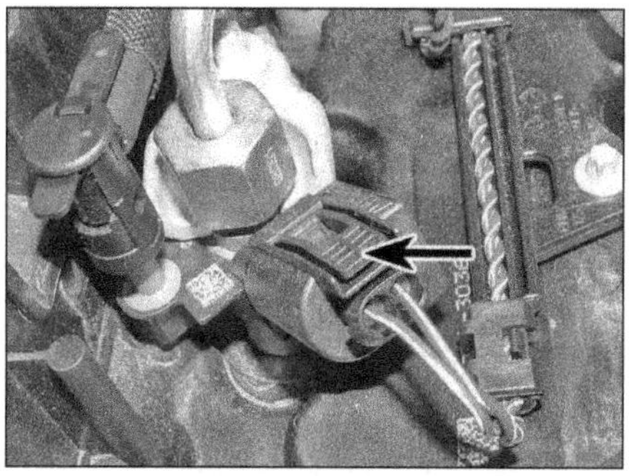

10.3 Tryck ner klämman (markerad med pil) och dra bort anslutningskontakten från insprutningsventilen

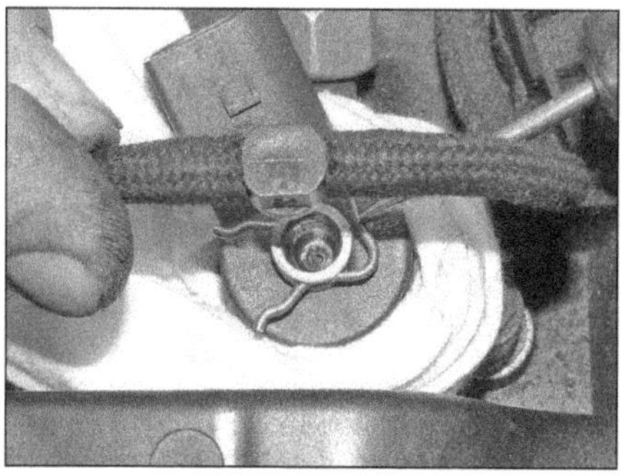

10.4 Tryck in klämmans stängda ände och dra returslangen uppåt

10 Bränsleinjektorer – demontering och montering

Varning: Var noga med att inte släppa in smuts i insprutningspumpen eller insprutningsventilrören när du utför detta. Täpp igen öppningarna så att inte smuts kommer in.

Demontering

1 Koppla loss batteriets minusdelare enligt beskrivningen i kapitel 5A.

2 På M47T2 och M57T2 motorer, ta bort insugsgrenröret enligt beskrivningen i avsnitt 16.

3 Lossa anslutningskontakterna från insprutningsventilerna (om du inte redan har gjort det) **(se bild)**.

4 Två olika typer av returslanganslutningar kan förekomma. På den första typen trycker du in klämmans stängda ände och tar bort bränslereturslangarna från insprutningsventilerna **(se bild)**. Om gummitätningarna är skadade måste hela returslangsenheten bytas. Täpp igen öppningen för att hindra smuts från att tränga in.

5 Bänd försiktigt upp låslocket, dra sedan bort returslanganslutningen från varje insprutningsmunstyckes överdel på den andra typen av kontaktdon **(se bilder)**. Kontrollera tätningsringarnas skick och byt dem vid behov. Täpp igen öppningen för att hindra smuts från att tränga in.

6 Lossa röranslutningarna (håll om möjligt emot anslutningen på bränslefördelarskenan och insprutningsventilen) och ta bort relevant insprutningsventilrör **(se bild)**. Täpp igen öppningen för att hindra smuts från att tränga in.

M47T2 och M57T2 motorer

Observera: *Högtrycksrören från bränslefördelarskenan till insprutningsventilerna och pumpen måste bytas.*

7 Skruva loss de två muttrar som håller fast varje insprutningsventils fäste. Använd en torxhylsa för att skruva loss pinnbultarna och tvinga insprutningsventilerna uppåt från platsen. Kasta tätningsbrickorna, du måste använda nya vid monteringen. Om insprutningsventilerna ska monteras tillbaka måste de förvaras upprätt och märkas så att

10.5a Bänd upp låskåpan . . .

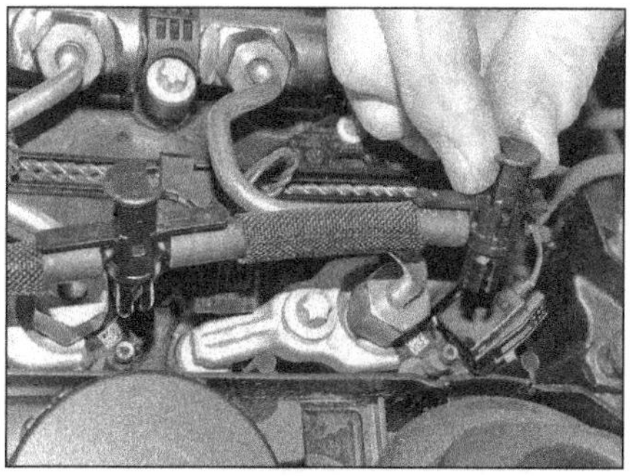

10.5b . . . och dra loss returslang anslutningen uppåt

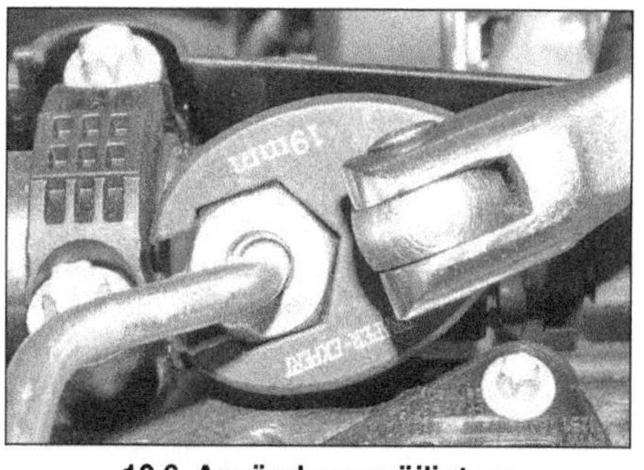

10.6 Använd om möjligt en kråkfotadapter för att lossa och dra åt högtrycksröranslutningarna

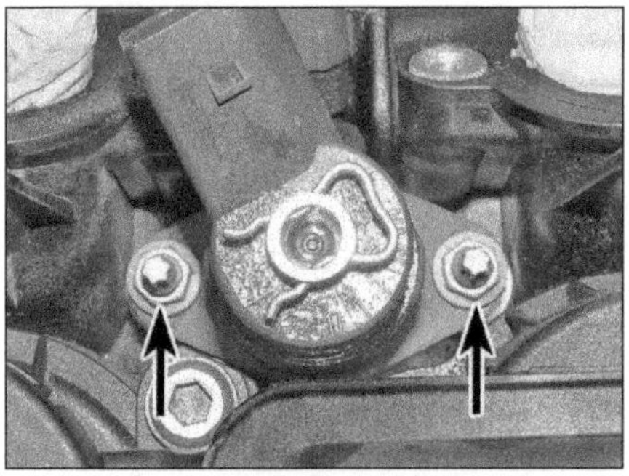

10.7a Skruva loss insprutningsventilens fästmuttrar (markerade med pilar) . . .

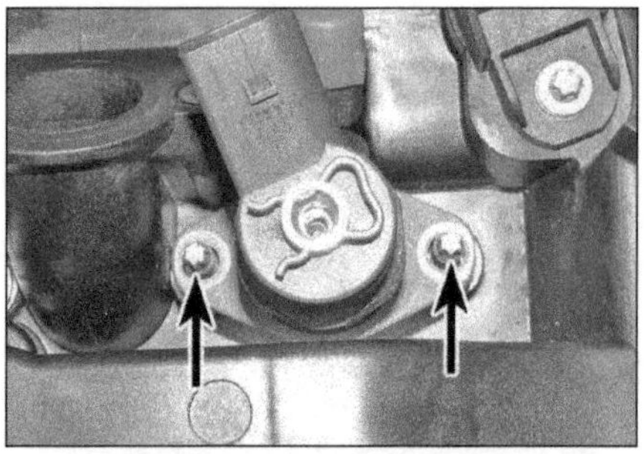

10.7b . . . lossa Torx-bultarna (markerade med pilar) för att tvinga insprutningsventilen uppåt. . .

10.7c . . . ta sedan bort klämkäften och insprutningsventilen

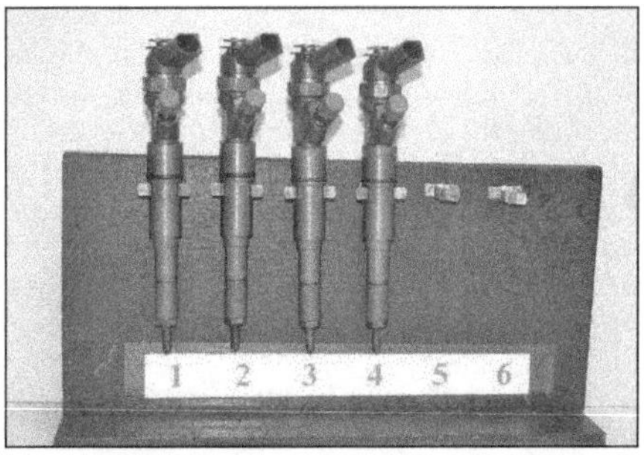

10.7d Förvara insprutningsventilerna uppåt och märk dem så att de kan monteras tillbaka på sina ursprungliga platser

10.8a Skruva loss insprutningsventilens fästbult och ta bort klämkäften

10.8b Använd en skiftnyckel för att vrida insprutningsventilen några grader om det behövs. . .

de kan monteras tillbaka på sina ursprungliga platser **(se bilder)**.

N47 och N57 motorer

Observera: *Högtrycksbränslerören från bränslefördelarskenan till insprutningsventilerna och pumpen måste bytas på motorerna N47.*

10.8c . . . och dra bort den

BMW anger att rören kan återanvändas tre gånger och sedan bytas på motorerna N57.

8 Skruva loss fästbulten, ta bort klämman och ta bort insprutningsventilerna. Om insprutningsventilerna har svårt att röra sig vrider du dem några grader åt vardera hållet för att lossa dem **(se bilder)**. Kasta tätningsbrickorna, du måste använda nya vid monteringen. Om insprutningsventilerna ska monteras tillbaka måste de förvaras upprätt och märkas så att de kan monteras tillbaka på sina ursprungliga platser **(se bild 10.7d)**.

9 Om bränslefördelarskenan ska tas bort måste insugsgrenröret tas bort enligt beskrivningen i avsnitt 16. Lossa anslutningarna och ta bort högtryckbränsleröret mellan pumpen och skenan när grenröret har tagits bort.

10 Skruva loss fästbultarna och ta bort common rail klämmorna **(se bild)**.

11 Lyft bort skenan, tryck in lossningsknappen och lossa returslangen från skenan **(se bild)**.

Montering

12 Montera bränslefördelarskenan och klämmorna, dra sedan åt bultarna till angivet moment på motorerna N47 och N57. Montera det nya högtrycksröret (se kommentaren ovan) mellan pumpen och skenan samt dra åt anslutningarna till angivet moment. Observera att de gummihylsor som är monterade på bränslefördelarskenans placeringar i kamaxelkåpan och klämmorna.

13 Se till att insprutningsventilerna och sätena i topplocket är rena och torra.

14 Om någon av insprutningsventilerna ska bytas gör du en notering av det sex- eller sjusiffriga justeringsvärdet som är ingraverat längst upp på insprutningsventilen **(se bilder)**. För att insprutningsventilen ska fungera med maximal effektivitet måste detta nummer programmeras in i motorstyrningen (ECM) med BMW:s diagnosutrustning. Låt en BMW-verkstad eller annan specialist utföra denna uppgift.

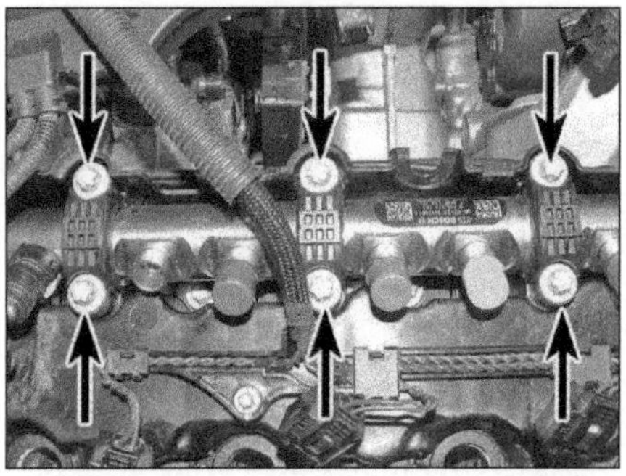

10.10 Fästbultar common rail (markerade med pilar)

10.11 Tryck ner lossningsknappen (markerad med pil) och lossa returslangen

10.14a Insprutningsventilens justeringsvärde (markerat med pil) – motorerna M47T2 och M57T2

10.14b Insprutningsventilens justeringsvärde (markerat med pil) – N47 och N57 motorer

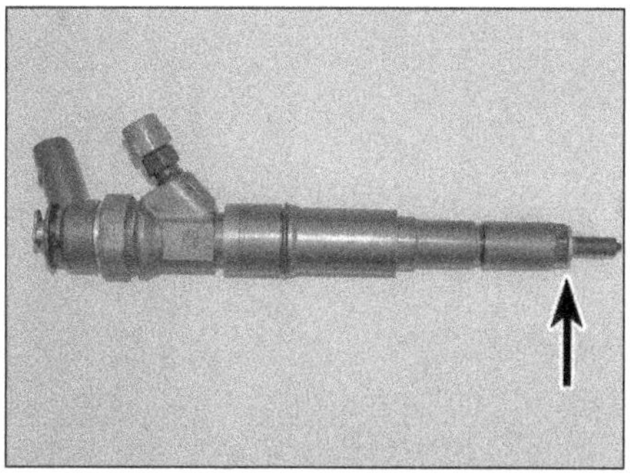

10.15a Byt insprutningsventilens tätningsbrickor (markerad med pil) . . .

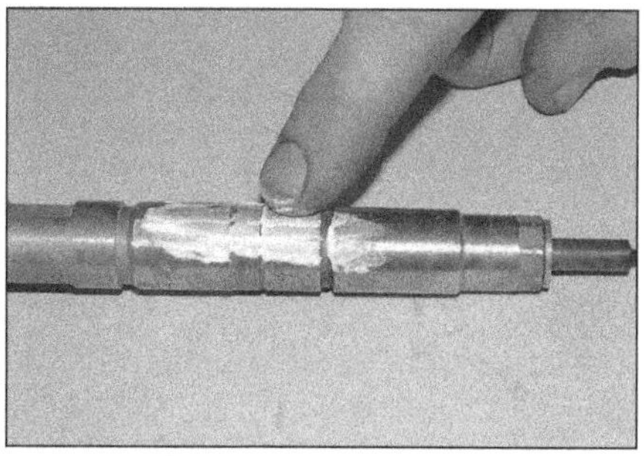

10.15b . . . och applicera lite antikärvningsfett för höga temperaturer på insprutningsventilernas spindlar

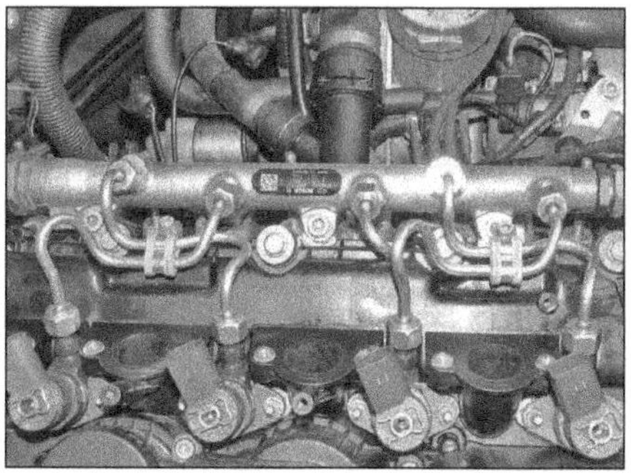

10.16a Montera tillbaka insprutarens högtrycksrör – motorn M47T2. . .

10.16b . . . och N47 motor

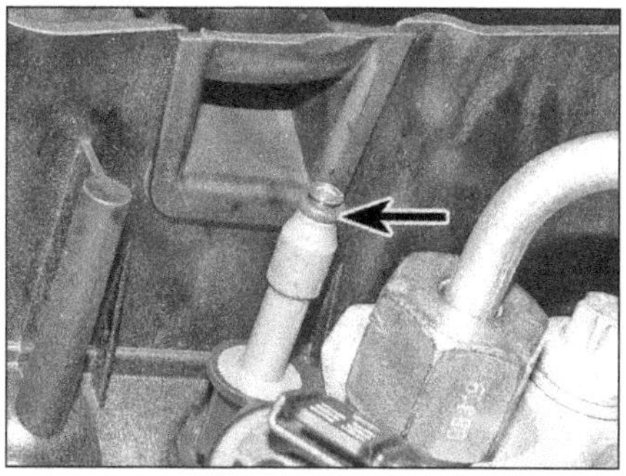

10.18 Byt tätningsringen (markerad med pil)

15 Montera nya tätningsbrickor på insprutningsventilerna, applicera lite antikärvningsfett för höga temperaturer (BMW artikel nr 83 23 0441 070 eller Copperslip) på insprutningsventilernas skaft och montera dem med klämmorna **(se bilder)**. Om du inte monterar nya insprutningsventiler är det absolut nödvändigt att de monteras tillbaka på sina ursprungliga platser. På M47T2 och M57T2 motorer, dra åt klämmuttrarna till angivet moment. Montera tillbaka klämkäften, sätt in fästbulten och dra åt till angivet moment på motorerna N47 och N57.

16 Montera tillbaka insprutningsröret (insprutningsrören) och dra åt anslutningarna med bara fingrarna och sedan till angivet moment. Montera tillbaka rörets fästklämmor **(se bilder)**.

17 Tryck ihop klämmornas öppna ändar och montera tillbaka bränslereturslangarna i insprutningsventilerna på den första typen av slanganslutning.

18 Tryck ner returslangsanslutningarna på insprutningsventilerna, tryck sedan ner låskåporna på den andra typen av returslanganslutning med de nya tätningsringarna monterade **(se bild)**.

19 Återanslut anslutningskontakterna till insprutningsventilerna på alla motorer.

20 Montera tillbaka insugsgrenröret enligt beskrivningen i avsnitt 16 (om tillämpligt)

21 Återanslut batteriets minusdelare enligt beskrivningen i kapitel 5A.

11 Elektroniska dieselstyrningens komponenter – demontering och montering

Vevaxelgivare

M47T2 och M57T2 motorer

1 Givaren är monterad på vänster sida av motorblocket. För att förbättra åtkomligheten, ta bort startmotorn enligt beskrivningen i kapitel 5A.

2 Koppla loss kontaktdonet från givaren.

3 Lossa och ta bort fästbulten och ta försiktigt bort givaren från motorn **(se bild)**.

4 Återmonteringen görs i omvänd ordning jämfört med demonteringen och fästbulten ska dras åt till angivet moment.

N47 och N57 motorer

5 Ställ framvagnen på pallbockar (se *Lyftning och stödpunkter*).

6 Lossa fästanordningarna och ta bort motorns undre skyddskåpa **(se bild)**.

7 Givaren är placerad under bränsleinsprutningspumpen baktill på motorn. Koppla loss givarens anslutningskontakt.

8 Skruva loss fästbulten och dra bort givaren **(se bild)**.

9 Monteringen sker i omvänd ordningsföljd mot demonteringen.

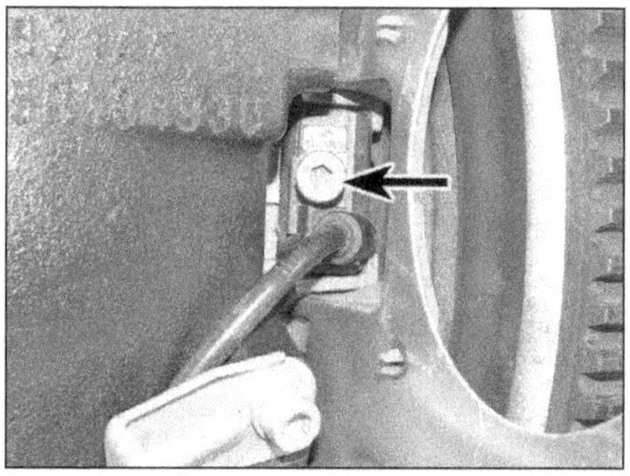

11.3 Vevaxelgivarens fästbult (markerad med pil)

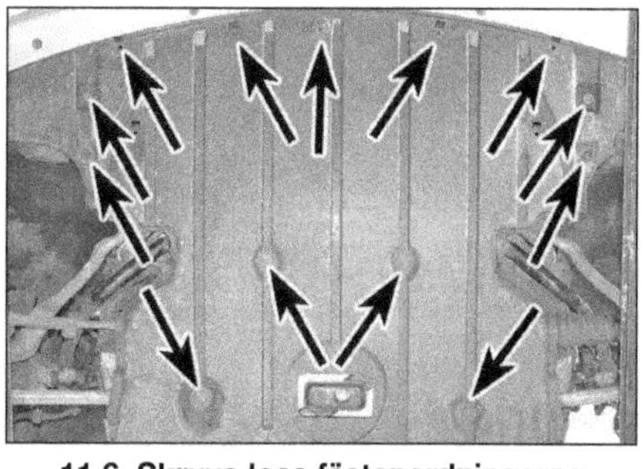

11.6 Skruva loss fästanordningarna (markerade med pilar) och ta bort motorns undre skyddskåpa

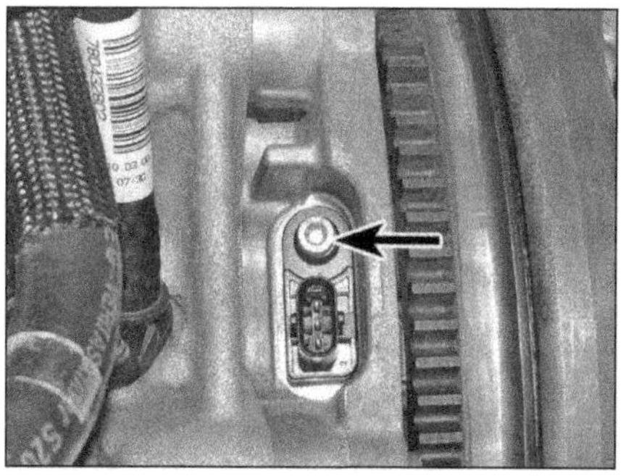

11.8 Vevaxelgivarens fästbult (markerad med pil)

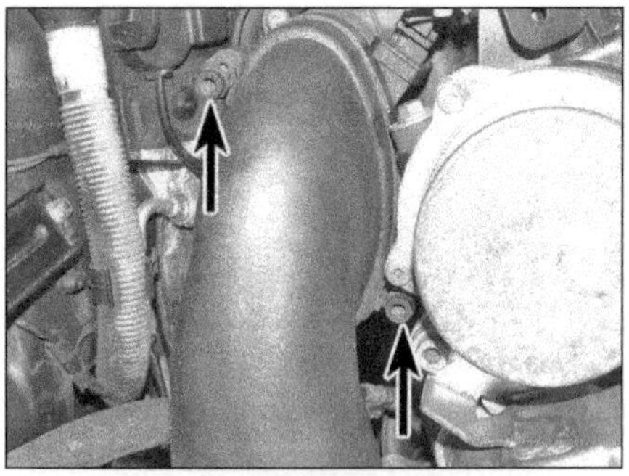

11.13 Skruva loss bultarna (markerad med pilar) och dra intagsröret framåt

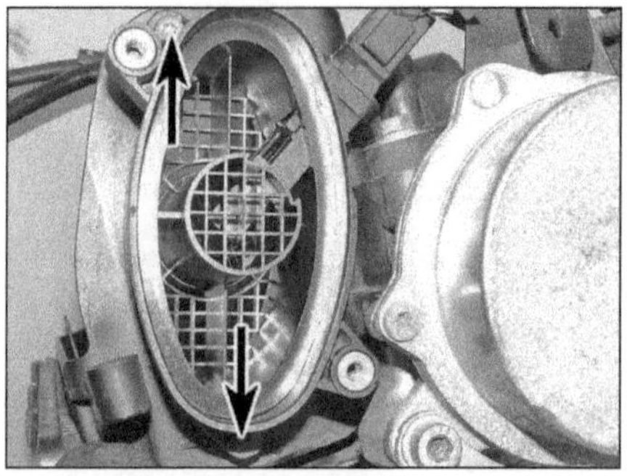

11.15 Skruva loss bultarna (markerade med pilar) och ta bort luftflödesgivaren

11.17 Luftflödesgivarens anslutningskontakt (markerad med pil)

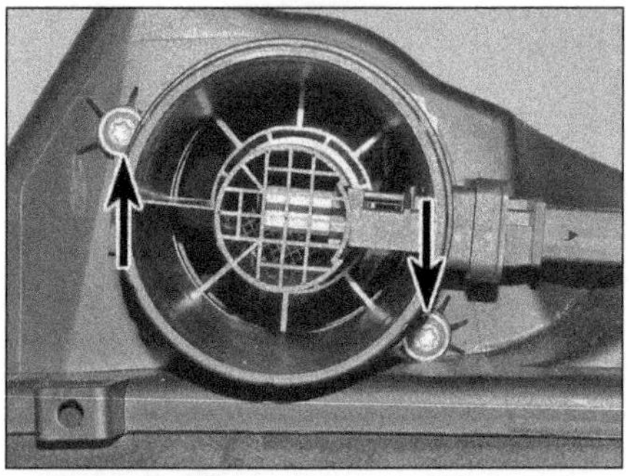

11.19 Skruva loss bultarna (markerade med pilar) och ta bort luftflödesgivaren

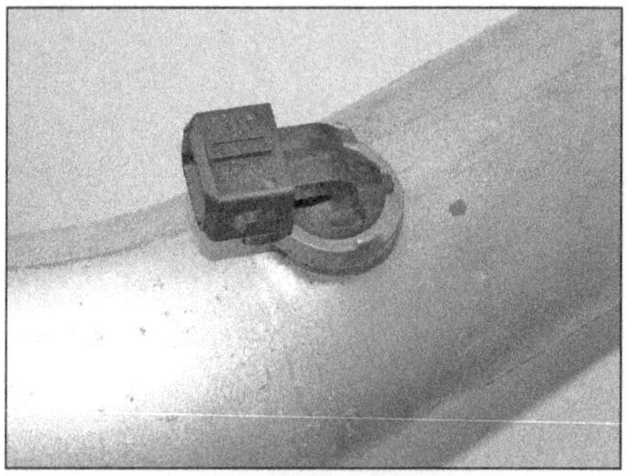

11.22 För att ta bort denna typ av lufttemperaturgivare vrider du den 45° moturs

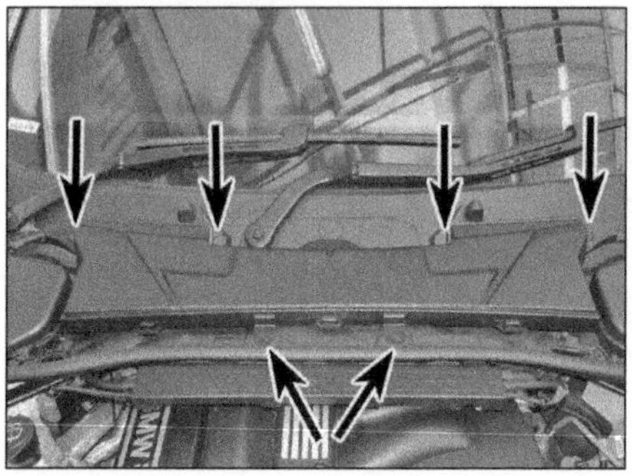

11.26 Pollenfilterhusets bultar (markerade med pilar)

Temperaturgivare för kylvätska:

10 Givaren skruvas in direkt i topplocket. Se kapitel 3 för demonterings- och monteringsdetaljer.

Gaspedalens lägesgivare

11 Lägesgivaren är inbyggt i gaspedalen – se avsnitt 4.

Luftflödesgivare

M47T2 och M57T2 motorer

12 Ta bort den ljuddämpande kåpan från motorns överdel genom att skruva loss bultarna, dra upp framkanten och föra den framåt.

13 Skruva loss de två bultarna, lossa slangen och dra insugsröret framåt från givaren **(se bild)**.

14 Koppla loss anslutningskontakten från givaren.

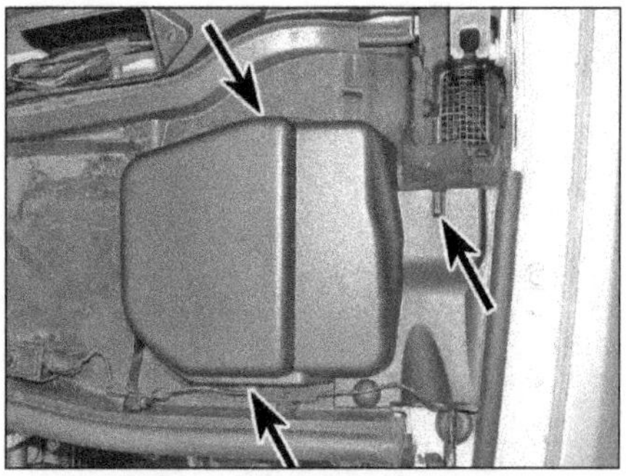

11.27 Lossa klämmorna (markerade med pilar) och ta bort plastkåporna

15 Skruva loss torxbultarna och ta bort givaren **(se bild)**.

16 Monteringen sker i omvänd ordningsföljd mot demonteringen.

N47 och N57 motorer

17 Luftflödesgivaren är placerad under luftfilterkåpans utloppskanal. Koppla loss givarens anslutningskontakt **(se bild)**.

18 Lossa luftslangens klämma och lossa slangen.

19 Skruva loss de 2 bultarna och ta bort luftflödesgivaren från filterkåpan **(se bild)**.

20 Monteringen sker i omvänd ordningsföljd mot demonteringen.

Insugsluftens temperaturgivare:

21 Insugslufttemperaturgivaren är placerad i insugskanalerna på motorns vänstra sida. Koppla loss givarens anslutningskontakt.

22 Två olika typer av givare kan monteras.

11.28 Lossa klämmorna (markerade med pilar) och för kabelstyrningen framåt

På den första typen måste en fästklämma dras bort från platsen innan givaren tas bort genom att den vrids 45° moturs **(se bild)**. På den andra typen är ingen klämma monterad.

23 Monteringen sker i omvänd ordningsföljd mot demonteringen.

Bromsljusbrytare

24 Motorstyrmodulen mottar en signal från bromsljuskontakten som signalerar när bromsarna används. Information om demontering och montering av bromsljuskontakten finns i kapitel 9.

Elektronisk styrmodul (ECM)

Observera: *Om en ny styrmodul ska monteras är det nödvändigt att överlåta denna uppgift till en BMW-verkstad eller till en specialist. Efter monteringen är det nödvändigt att programmera styrmodulen för att den ska fungera korrekt. Detta kan endast göras med den speciella BMW-utrustning som kopplas in i diagnosstickkontaktdonet (se avsnitt 5).*

25 Koppla loss batteriets minusdelare (se kapitel 5A).

26 Skruva loss bultarna och ta bort pollenfilterhusets övre del **(se bild)**.

27 Lossa spärrarna och ta bort vänster och höger plastkåpa bakom fjädertornet på varje sida av motorrummet. Lossa kablage medan du tar bort kåporna **(se bild)**.

28 Tryck in klämmorna och dra kabelstyrningen framåt från den nedre delen av pollenfilterhuset **(se bild)**.

29 Lossa spärren och skruva loss bulten på varje sida, för sedan den nedre delen av

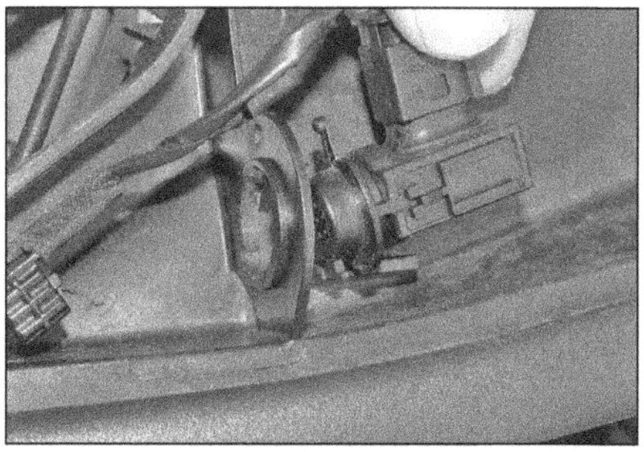

11.29a Vrid temperaturgivaren och ta bort den. Lossa motorhuvsbrytaren på passagerarsidan

pollenfilterhuset framåt och för bort den från platsen **(se bilder)**.

30 Lossa klämmorna och ta bort den elektriska dosans lock som är placerad på motorrummets vänstra sida **(se bilder)**.

31 Observera hur de är monterade och lossa anslutningskontakterna från styrmodulen. För att lossa dessa pluggar för du ut låselementet och lossar pluggarna från styrmodulen **(se bild)**.

32 Lossa de två fästklämmorna och ta bort styrmodulen **(se bild)**.

33 Monteringen utförs i omvänd ordningsföljd mot demonteringen.

Turboaggregatets laddtryckgivare – motorerna M47T2 och M57T2

34 Skruva loss bultarna och ta bort den övre delen av pollenfilterhuset **(se bild 11.26)**.

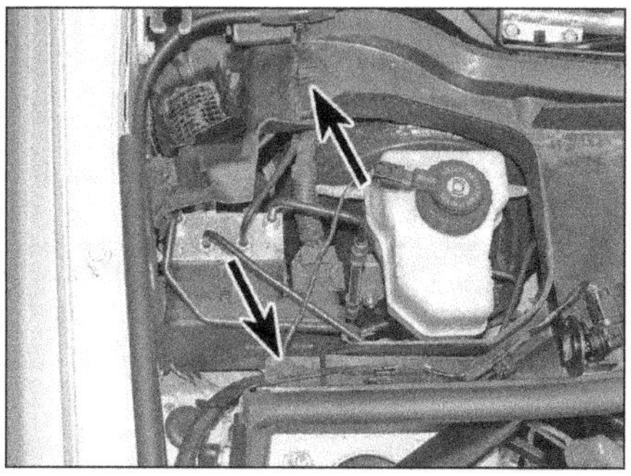

11.29b Skruva loss bulten, lossa klämman (markerad med pilar) på varje sida. . .

35 Lossa spärrarna och ta bort vänster och höger plastkåpa bakom fjädertornet på varje sida av motorrummet. Lossa slangen från vänster kåpa **(se bild 11.27)**.

36 Tryck in klämmorna och dra bort kabelstyrningen framåt från pollenfilterhusets nedre del **(se bild 11.28)**.

37 Lossa spärren och skruva loss bulten på varje sida, för sedan den nedre delen av pollenfilterhuset framåt och för den från dess plats **(se bilder 11.29a, 11.29b och 11.29c)**.

4-cylindriga motorer

38 Ta bort den ljuddämpande kåpan från motorns överdel genom att skruva loss bultarna och dra upp framkanten och föra kåpan framåt.

39 Skruva loss de två bultarna och ta bort den bakre delen av den ljuddämpande kåpan av plast ovanpå motorn.

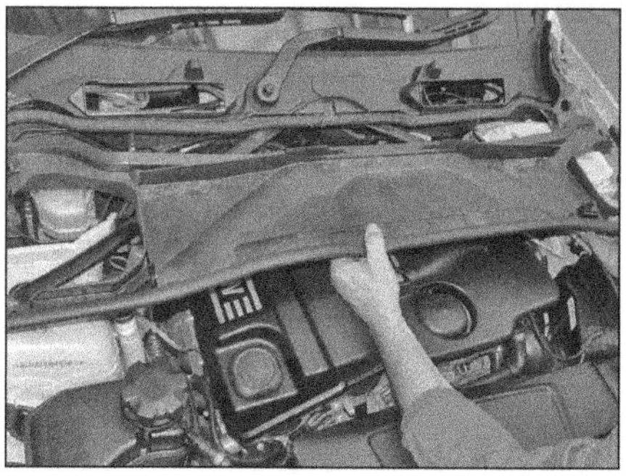

11.29c . . . för sedan pollenfiltrets nedre hus framåt

40 Givaren är placerad på insugsgrenröret. Bänd ut låsklämman och lossa givarens anslutningskontakt.

41 Skruva loss fästbulten och ta bort sensorn **(se bild)**.

42 Kontrollera givartätningens skick och byt den om det behövs.

43 Smörj givartätningen med vaselin vid återmonteringen, montera den sedan på grenröret och dra åt fästbulten ordentligt.

6-cylindriga motorer

44 Skruva loss bultarna och ta bort plastkåpan från motorns överdel.

45 Lossa givarens anslutningskontakt, dra sedan bort den från grenröret **(se bild)**.

46 Kontrollera tätningens skick och byt den vid behov.

47 Smörj givartätningen med vaselin, tryck sedan in den i hålen i grenröret vid återmonteringen.

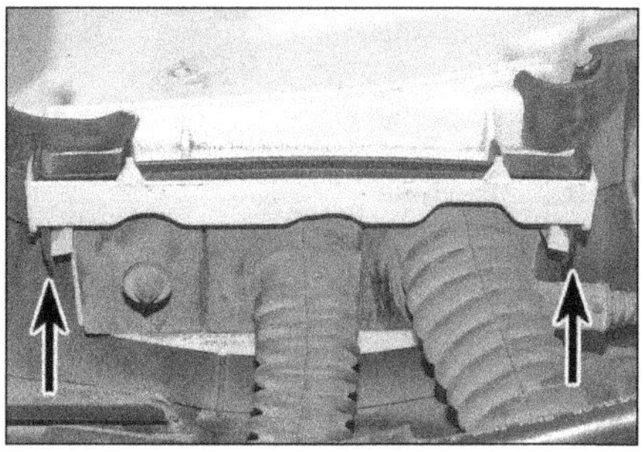

11.30a Tryck ihop klämmorna (markerade med pilar) och dra de svarta plastklämmorna uppåt

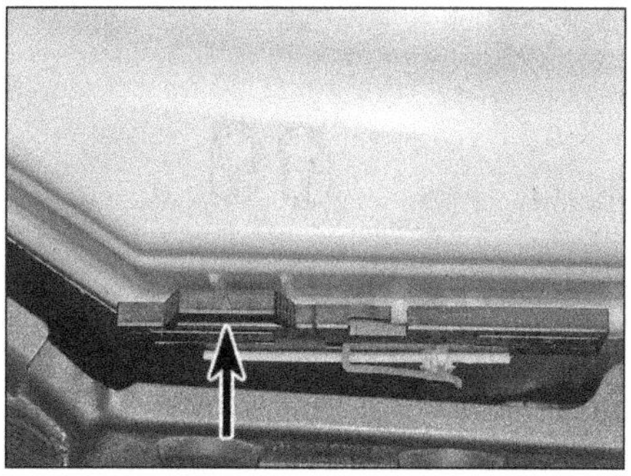

11.30b För spärren (markerad med pil) till läget "Lås upp"

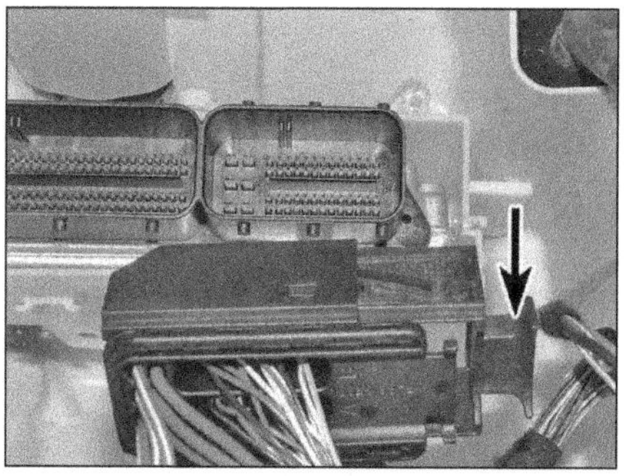

11.31 Skjut ut låselementet (markerat med pil)

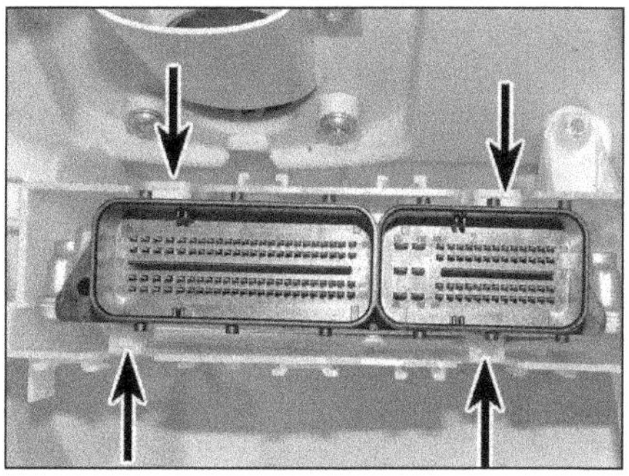

11.32 Lossa klämmorna (markerade med pilar) och lyft ut styrmodulen

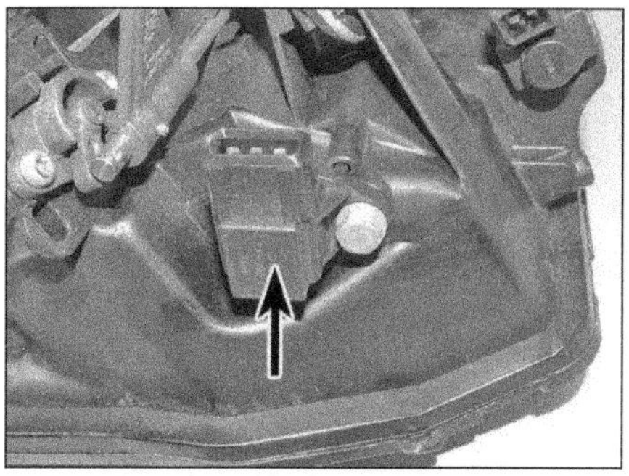

11.41 Laddtryckgivare (markerad med pil) - M47T2 motor

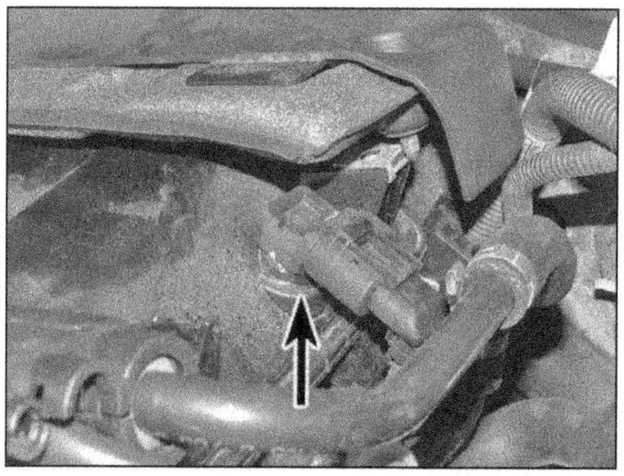

11.45 Laddtryckgivare (markerad med pil) - M57T2 motor

11.51 Laddtryckgivare (markerad med pil) - N47 och N57 motorer

Alla motorer

48 Återanslut givarens anslutningskontakt.

49 Resten av monteringen utförs i omvänd ordningsföljd mot demonteringen.

Turboaggregatets laddtryckgivare - motorerna N47 och N57

50 Ta bort den ljuddämpande kåpan av plast från motorns överdel genom att dra upp framkanten och föra den framåt.

51 Givaren är placerad framför insugsgrenröret. Koppla loss givarens anslutningskontakt **(se bild)**.

52 Skruva loss fästbulten och dra bort givaren från grenröret. Kontrollera tätningsringens skick och byt den vid behov.

53 Smörj givartätningen med vaselin vid återmonteringen, montera den sedan på grenröret och dra åt fästbulten ordentligt vid återmonteringen.

Bränsletryckgivare

M47T2 och M57T2 motorer

54 Ta bort den ljuddämpande kåpan av plast från motorns överdel genom att ta bort fästbultarna och föra den framåt på fyrcylindriga motorer.

55 Bränsletryckgivaren är placerad på bränslefördelarskenans framände. Se till att tändningen är avslagen och koppla loss givarens anslutningskontakt.

56 Håll emot givaren med en skiftnyckel för att förhindra rotation, skruva sedan loss låsmuttern.

57 Se till att givarens och fördelarrörets fogytor är rena och torra, bulta sedan fast givaren på plats, håll emot den med en skiftnyckel för att förhindra rotation och dra åt låsmuttern till angivet moment.

58 Resten av monteringen utförs i omvänd ordningsföljd mot demonteringen. Observera att om en ny givare har monterats måste det medelanpassningsvärde som sparats i styrmodulen återställas med BMW:s diagnosutrustning. Låt en BMW-verkstad eller annan specialist utföra denna uppgift.

N47-motorer

59 Ta bort den ljuddämpande kåpan av plast från motorns överdel genom att dra upp framkanten och föra den framåt.

60 Lossa anslutningsmuttrarna och ta bort tryckbränslerören från bränslefördelarskenan till insprutningsventilerna och till högtryckspumpen. Det är ytterst viktigt att alla öppningar pluggas igen för att förhindra förorening. Observera att rören inte får återanvändas - de måste bytas.

61 Lossa anslutningskontakterna från tryckgivaren och regulatorn på bränslefördelarskenan **(se bild)**.

62 Tryck in lossningsknappen och lossa bränslereturröret från bränslefördelarskenan **(se bild 6.8)**.

63 Skruva loss fästbultarna och ta bort bränslefördelarskenan.

64 Sätt försiktigt fast bränslefördelarskenan i ett skruvstäd, skruva sedan loss givaren från dess plats.

65 Applicera lite fett på givarens gängor, dra sedan åt den till angivet moment vid återmonteringen.

66 Resten av monteringen utförs i omvänd ordningsföljd mot demonteringen. Observera att om en ny givare har monterats måste det medelanpassningsvärde som sparats i styrmodulen återställas med BMW:s diagnosutrustning. Låt en BMW-verkstad eller annan specialist utföra denna uppgift.

N57-motorer

67 Ta bort insugsgrenröret enligt beskrivningen i avsnitt 16.

68 Lossa anslutningsmuttrarna och ta bort högtrycksbränslerören från bränslefördelarskenan till insprutningsventilerna och till högtryckspumpen. Det är ytterst viktigt att alla öppningar pluggas igen för att förhindra förorening. Observera att rören endast kan användas tre gånger. Efter detta måste de bytas.

69 Lossa anslutningskontakterna från tryckgivaren och regulatorn på bränslefördelarskenan **(se bild)**.

70 Lossa bränslereturröret från bränslefördelarskenan **(se bild 6.8)**.

71 Skruva loss fästbultarna och ta bort bränslefördelarskenan.

72 Sätt försiktigt fast bränslefördelarskenan i ett skruvstäd, skruva sedan loss givaren från dess plats.

73 Applicera lite fett på givarens gängor, dra sedan åt den till angivet moment vid återmonteringen.

74 Resten av monteringen utförs i omvänd ordningsföljd mot demonteringen. Observera att om en ny givare har monterats måste det medelanpassningsvärde som sparats i styrmodulen återställas med BMW:s diagnosutrustning. Låt en BMW-verkstad eller annan specialist utföra denna uppgift.

Bränsletrycksregulator

M47T2 och M57T2 motorer

Observera: *BMW insisterar på att regulatorn endast kan användas en gång. Om den tas bort måste den bytas.*

75 Ta bort insugsgrenröret enligt beskrivningen i avsnitt 16.

76 Lossa anslutningskontakten från regulatorn som är placerad baktill på bränslefördelarskenan.

77 Använd en skiftnyckel för att hålla emot regulatorn, lossa sedan regulatorns låsmutter.

78 Se till att bränslefördelarrörets och regulatorns fogytor är rena, skruva sedan fast regulatorn på plats. Håll emot den med en skiftnyckel och dra åt låsmuttern till angivet moment.

79 Montera tillbaka grenröret enligt beskrivningen i avsnitt 16.

N47-motorer

Observera: *BMW insisterar på att regulatorn endast kan användas en gång. Om den tas bort måste den bytas.*

80 Ta bort den ljuddämpande kåpan av plast från motorns överdel genom att dra upp framkanten och föra den framåt.

81 Lossa anslutningsmuttrarna och ta bort högtrycksbränslerören från bränslefördelarskenan till insprutningsventilerna och till högtryckspumpen. Det är ytterst viktigt att alla öppningar pluggas igen för att förhindra förorening. Observera att rören inte får återanvändas - de måste bytas.

82 Lossa anslutningskontakterna från tryckgivaren och tryckregulatorn på bränslefördelarskenan.

83 Tryck in lossningsknappen och lossa bränslereturröret från bränslefördelarskenan.

84 Skruva loss fästbultarna och ta bort bränslefördelarskenan.

85 Spänn försiktigt fast bränslefördelarskenan i ett skruvstäd.

86 Observera hur regulatorn är monterad i förhållande till bränslefördelarskenan. Håll

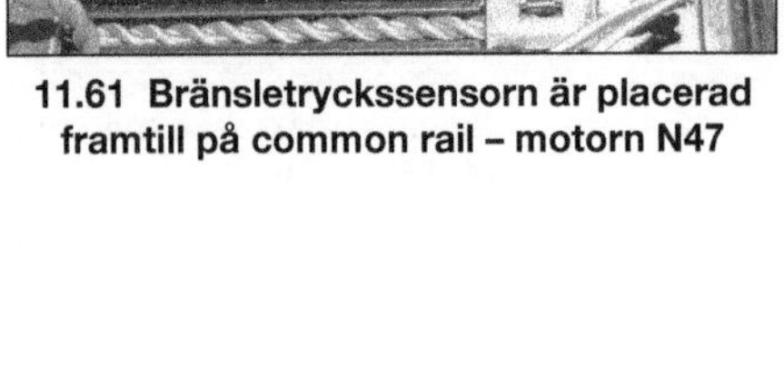

11.61 Bränsletryckssensorn är placerad framtill på common rail - motorn N47

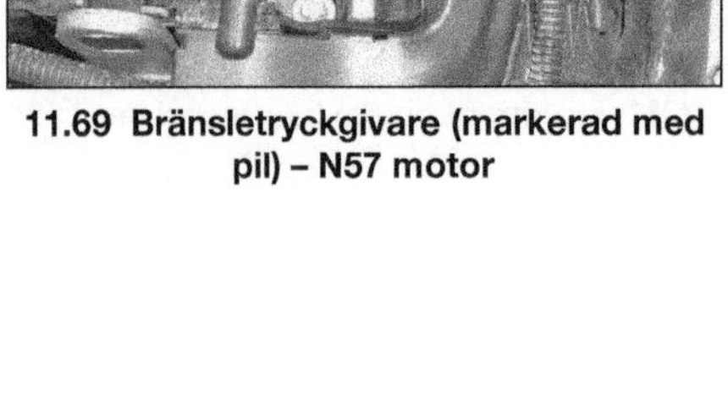

11.69 Bränsletryckgivare (markerad med pil) - N57 motor

emot regulatorn med en skiftnyckel, lossa sedan låsmuttern. Skruva loss givaren.

87 Se till att bränslefördelarskenans och regulatorns fogytor är rena, skruva sedan fast regulatorn på plats. Håll emot den med en skiftnyckel och dra åt låsmuttern till angivet moment.

88 Resten av monteringen utförs i omvänd ordningsföljd mot demonteringen. Observera att om en ny regulator har monterats måste det medelanpassningsvärde som sparats i styrmodulen återställas med BMW:s diagnosutrustning. Låt en BMW-verkstad eller annan specialist utföra denna uppgift.

N57-motorer

89 Ta bort insugsgrenröret enligt beskrivningen i avsnitt 16.

90 Lossa anslutningsmuttrarna och ta bort högtrycksbränslerören från bränslefördelarskenan till insprutningsventilerna och till högtryckspumpen. Det är ytterst viktigt att alla öppningar pluggas igen för att förhindra förorening. Observera att rören endast kan användas tre gånger. Efter detta måste de bytas.

91 Lossa anslutningskontakterna från tryckgivaren och regulatorn på bränslefördelarskenan.

92 Lossa bränslereturröret från bränslefördelarskenan **(se bild 6.8)**.

93 Skruva loss fästbultarna och ta bort bränslefördelarskenan.

94 Spänn försiktigt fast bränslefördelarskenan i ett skruvstäd.

95 Observera hur regulatorn är monterad i förhållande till bränslefördelarskenan. Håll emot regulatorn med en skiftnyckel, lossa sedan låsmuttern. Skruva loss givaren.

96 Se till att bränslefördelarskenans och regulatorns fogytor är rena, skruva sedan fast regulatorn på plats. Håll emot den med en skiftnyckel och dra åt låsmuttern till angivet moment.

97 Resten av monteringen utförs i omvänd ordningsföljd mot demonteringen. Observera att om en ny regulator har monterats måste det medelanpassningsvärde som sparats i styrmodulen återställas med BMW:s diagnosutrustning. Låt en BMW-verkstad eller annan specialist utföra denna uppgift.

Kamaxelgivare

M47T2 motor

98 Ta bort den ljuddämpande kåpan från motorns överdel genom att dra och skruva loss de två fästbultarna och föra den framåt.

99 Ta bort påfyllningslocket för motorolja och den omgivande gummitätningen.

100 Lossa kamaxelgivarens anslutningskontakt **(se bild)**.

101 Skruva loss fästbulten och ta bort givaren.

102 Smörj tätningsringen med vaselin, montera tillbaka givaren och dra åt fästskruven ordentligt vid återmonteringen.

M57T2 motorer

103 Skruva loss bultarna och ta bort plastkåpan från motorns överdel.

11.100 Kamaxelgivaren är placerad bakom oljepåfyllningslocket (markerat med pil) – motorn M47T2

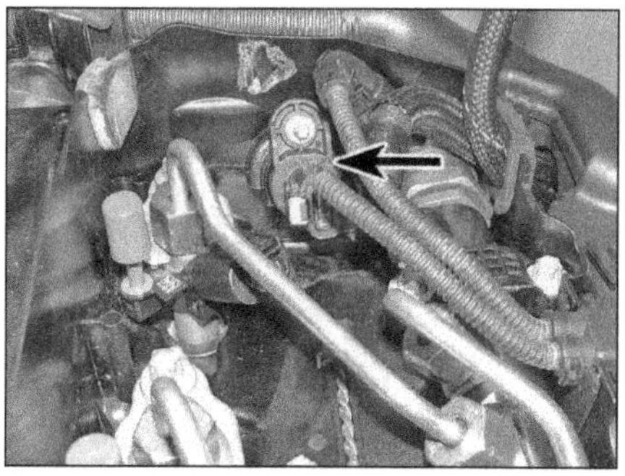

11.112 Kamaxelgivare (markerad med pil) – N47 och N57 motorer

104 Lossa anslutningskontakten, skruva loss fästbulten och dra bort givaren från topplockskåpans främre del. Kontrollera tätningsringens skick och byt den vid behov.

105 Smörj tätningsringen med vaselin, montera tillbaka givaren och dra åt fästskruven ordentligt vid återmonteringen.

N47 och N57 motorer

106 Ta bort den ljuddämpande kåpan av plast från motorn genom att dra upp framkanten och föra den framåt.

107 Skruva loss bultarna och ta bort den övre delen av pollenfilterhuset **(se bild 11.26)**.

108 Lossa spärrarna och ta bort vänster och höger plastkåpa bakom fjädertornet på varje sida av motorrummet. Lossa slangen från vänster kåpa **(se bild 11.27)**.

109 Tryck in klämmorna och dra kabelstyrningen framåt från den nedre delen av pollenfilterhuset **(se bild 11.28)**.

110 Lossa spärren och skruva loss bulten på varje sida, för sedan den nedre delen av pollenfilterhuset framåt och för det från dess plats **(se bilder 11.29a, 11.29b och 11.29c)**.

111 Bänd upp de mittre sprintarna, bänd ut expandernitarna av plast, ta sedan bort isoleringsmaterialet från den bakre delen av topplocket (i förekommande fall).

112 Lossa anslutningskontakten från kamaxelgivaren, skruva sedan loss fästbulten och dra bort givaren **(se bild)**.

113 Smörj givarens tätning med vaselin, montera sedan tillbaka den och dra åt fästbulten ordentligt vid återmonteringen.

114 Resten av monteringen utförs i omvänd ordningsföljd mot demonteringen.

12 Turboaggregat – beskrivning och föreskrifter

Ett turboaggregat är monterat på alla dieselmotorer. Det ökar motorns verkningsgrad genom att höja trycket i insugningsgrenröret över atmosfäriskt tryck. I stället för att luft bara sugs in i cylindrarna tvingas den dit. Extra bränsle tillförs av insprutningspumpen, proportionellt mot det ökade luftintaget.

Turboaggregatet drivs av avgaserna. Gasen flödar genom ett specialutformat hus (turbinhuset) där den får turbinhjulet att snurra. Turbinhjulet sitter på en axel och i änden av axeln sitter ett till vingförsett hjul, kompressorhjulet. Kompressorhjulet snurrar i sitt eget hus och komprimerar insugsluften på väg till insugningsgrenröret.

Tryckluften passerar genom en laddluftkylare. Detta är en luftkyld värmeväxlare som monteras ihop med kylaren i framvagnen. Laddluftkylarens uppgift är att kyla ner insugsluften, som värmts upp när den tryckts ihop. Eftersom kallare luft är tätare, ökar effektiviteten hos motorn ytterligare när luften kyls av.

Turboaggregatet har ett reglerbart skovelhjul som styr avgasflödet till turbinen. Bladen vrids av styrmotorn för laddtryck (inbyggd i turboaggregatet) som styrs av motorstyrningen (styrmodul). Vid lägre motorvarvtal slås skovlarna ihop, vilket minskar ingångsöppningen för avgaser och därför ökar gasens hastighet, vilket leder till ett ökat laddtryck vid låga motorvarvtal. Vid höga motorvarvtal snurrar skovlarna så att ingångsöppningen för avgaserna blir större, gasens hastighet minskar och laddtrycket hålls på så vis relativt konstant över motorns varvtalsintervall.

Turboaxeln trycksmörjs av ett oljematarrör från huvudoljeledningarna. Axeln flyter på en "kudde" av olja. Ett avtappningsrör för tillbaka oljan till sumpen.

Föreskrifter

- Turboaggregatet arbetar vid extremt höga hastigheter och temperaturer. Vissa säkerhetsåtgärder måste vidtas för att undvika personskador och skador på turboaggregatet.
- Kör inte turboaggregatet när dess komponenter är oskyddade. Om ett föremål skulle falla ner på de roterande vingarna kan det orsaka omfattande materiella skador och (om det skjuts ut) personskador.
- Varva inte motorn direkt efter starten, särskilt inte om den är kall. Låt oljan cirkulera i några sekunder.
- Låt alltid motorn gå ned på tomgång innan den stängs av – varva inte upp motorn och vrid av tändningen, eftersom aggregatet då inte får någon smörjning.
- Låt motorn gå på tomgång i flera minuter innan den stängs av efter en snabb körtur.
- Observera de rekommenderade intervallerna för påfyllning av olja och byte av oljefilter och

13.3 Skruva loss bultarna (markerade med pilar) och ta bort luftintagskåpan

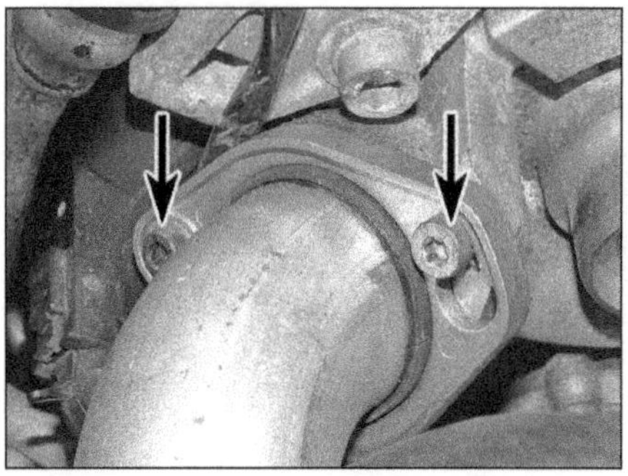

13.6 Lossa den övre bulten, ta bort den nedre bult, och lossa slangen

13.7 Banjobult till turboaggregatets oljematning (markerad med pil)

använd olja av rätt märke och kvalitet (se *Smörjmedel och vätskor*). Bristande oljebyten eller användning av begagnad olja eller olja av dålig kvalitet kan orsaka sotavlagringar på turboaxeln med driftstopp som följd.

13 Turboaggregat – demontering och montering

M47T2 motor

1 Ta bort luftfiltret enligt beskrivningen i kapitel 1B.

2 Ta bort den ljuddämpande plastkåpan från motorns överdel genom att ta bort bultarna, dra bort framkanterna uppåt och föra den framåt.

3 Skruva loss de tre bultarna och ta bort luftintagskanalen från motorhuvens stötpanel (se bild).

4 Skruva loss de två bultarna, ta bort luftintagskanalen från luftflödesgivaren och lossa kanalen från turboaggregatet **(se bild 11.13)**.

5 Ta bort katalysatorn/partikelfiltret enligt beskrivningen i kapitel 4C.

6 Ta bort den nedre bulten, lossa den övre bulten, vrid fästet moturs och lossa laddtrycksslangen från turboaggregatets bas **(se bild)**. Täpp igen öppningen för att hindra smuts från att tränga in.

7 Skruva loss och ta bort banjobulten till turboaggregatets oljematning från turboaggregatet **(se bild)**. Kasta tätningsbrickorna, du måste använda nya vid monteringen. Täpp igen öppningen för att hindra smuts från att tränga in. Var beredd på spill.

8 Tryck ihop sidorna för att lossa klämmorna, lossa sedan anslutningskontakten till turboaggregatets laddningsstyrmotor.

9 Skruva loss bultarna och ta bort stödfästet från turboaggregatets bas.

10 Lossa klämmorna och ta bort oljereturslangen från turboaggregatets bas och från topplocket. Täpp igen öppningarna för att hindra smuts från att tränga in.

11 Lossa klämman och dra ut tätningskåpan från värmeskyddet, bänd sedan ut de tre gummipluggarna från topplockskåpan **(se bilder)**. Om tillämpligt, lossa rörfästet från turboaggregatet.

12 Skruva loss de tre fästbultar och ta bort turboaggregatet underifrån bilen **(se bild)**. Kasta packningen – eftersom en ny en måste användas.

13 Monteringen sker i omvänd ordningsföljd mot demonteringen. Tänk på följande:

a) Se till att alla fogytor är rena och torra.
b) Byt alla O-ringar, tätningar och packningar.
c) Dra åt alla hållare till angivet moment (där sådant angetts).

M57T2 motorer

14 Ta bort katalysatorn/partikelfiltret enligt beskrivningen i kapitel 4C.

15 Lossa bultarna, vrid klämman och lossa laddtrycksslangen från turboaggregatet **(se bild)**. Täpp igen öppningen för att hindra smuts från att tränga in.

16 Skruva loss och ta bort banjobulten till turboaggregatets oljematning från turboaggregatet. Kasta tätningsbrickorna, du måste använda nya vid monteringen. Täpp igen öppningen för att hindra smuts från att tränga in.

17 Lås upp och lossa anslutningskontakten till turboaggregatets laddningsstyrmotor **(se bild)**.

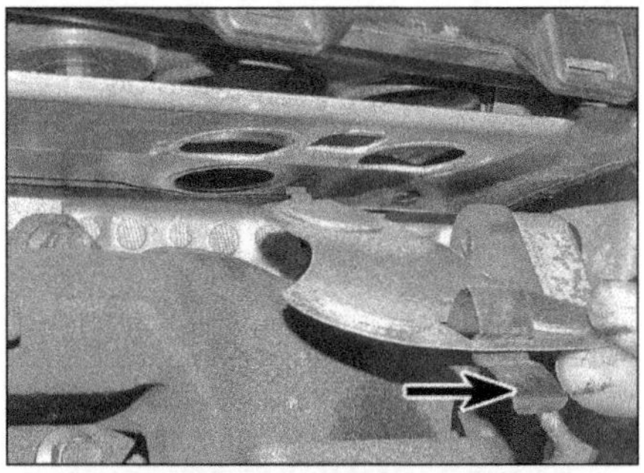

13.11a Tryck in klämman (markerad med pil) och för skölden utåt

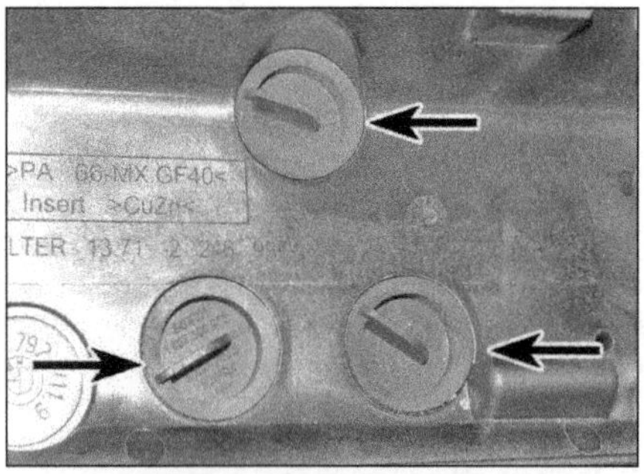

13.11b Bänd ut gummipluggarna (markerade med pilar)

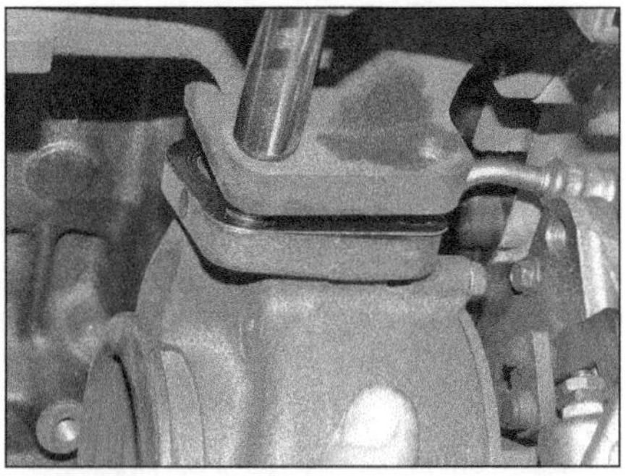

13.12 Skruva loss 3 bultarna och sänk ner turboaggregatet

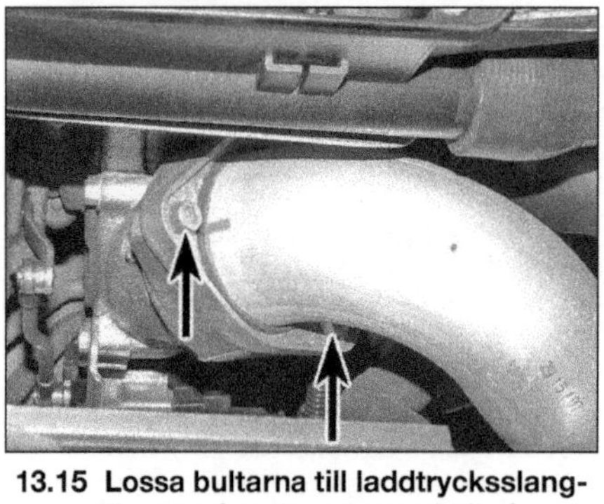

13.15 Lossa bultarna till laddtrycksslang-klämman (markerade med pilar)

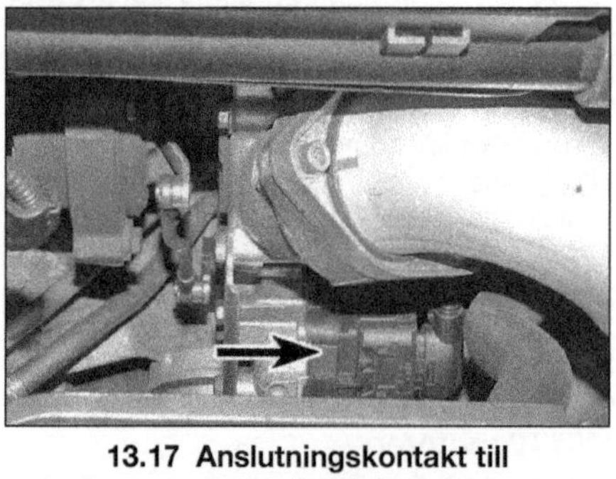

13.17 Anslutningskontakt till turboaggregatets laddningsstyrmotor (markerad med pil)

13.26 Tryck på slangen på turboaggregatet och bänd ut klämman (markerad med pil)

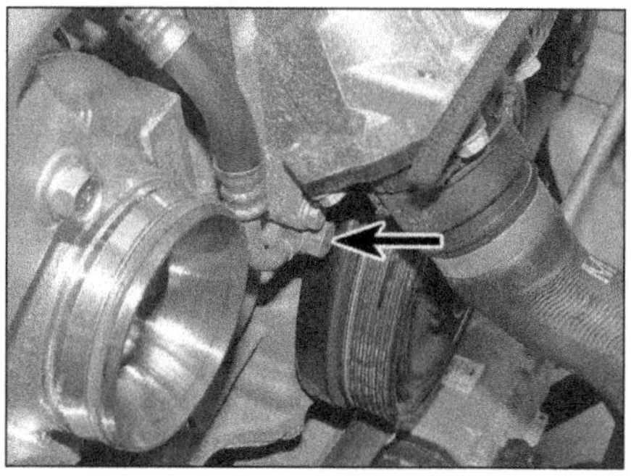

13.31 Banjobult till turboaggregatets oljematning (markerad med pil)

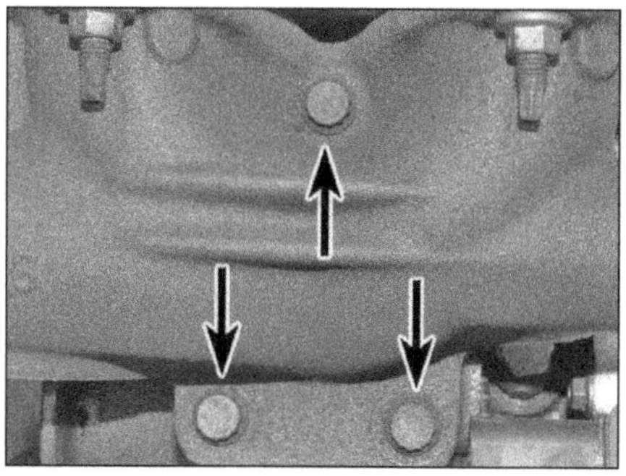

13.34 Bultar mellan turboaggregatet och grenröret (markerad med pilar) – N47 motor

18 Skruva loss fästbulten och lossa oljereturslangen från turboaggregatet. Täpp igen öppningarna för att hindra smuts från att tränga in.

19 Lossa de två fästbultar, och lossa turboaggregatets kanal från luftflödesgivaren. Ta bort kanalen. Ta loss kanaltätningen och ventilrörets kontaktdon.

20 Lossa den klämma som håller fast turboaggregatet i grenröret. Observera att en ny klämma kommer att behövas.

21 Skruva loss fästbultarna och för turboaggregatet från dess plats.

22 Monteringen sker i omvänd ordningsföljd mot demonteringen. Tänk på följande:

a) Se till att alla fogytor är rena och torra.
b) Byt alla O-ringar, tätningar och packningen.
c) Dra åt alla hållare till angivet moment (där sådant angetts).

N47 och N57 motorer

23 Ta bort plastkåpan från motorns överdel.

24 Ta bort kylfläkten och kåpan enligt beskrivningen i kapitel 3.

25 Demontera luftrenaren enligt beskrivningen i avsnitt 2.

26 Lossa klämmorna och ta bort laddtrycksslangen mellan laddluftkylaren och turboaggregatet **(se bild)**.

27 Ta bort EGR-kylaren och katalysatorn/partikelfiltret enligt beskrivningen i kapitel 4C.

28 Bänd ut låsklämman, skruva loss bulten och lossa luftintagsröret från turboaggregatet.

29 Lossa anslutningskontakten från turboaggregatets laddningsstyrmotor.

30 Skruva loss bultar och ta bort värmeskyddet från avgasgrenröret. Observera fästbulten på grenrörets baksida.

31 Skruva loss banjobulten och lossa oljematningsröret från motorblocket **(se bild)**. Kasta rörtätningarna, du måste sätta dit nya vid monteringen. Täpp igen öppningarna för att hindra smuts från att tränga in.

32 Lossa klämman, skruva loss de två fästbultarna och ta bort oljereturröret från turboaggregatets bas, lossa sedan klämman och lossa röret från slangen på motorblocket. Kasta packningen. Täpp igen öppningarna för att hindra smuts från att tränga in.

33 Skruva loss och ta bort stödfästbygeln från turboaggregatets och motorblockets bas.

4-cylindriga motorer

34 Skruva loss bultarna och ta loss turboaggregatet från avgasgrenröret **(se bild)**. Byt packningen.

35 Monteringen sker i omvänd ordningsföljd mot demonteringen. Tänk på följande:

a) Se till att alla fogytor är rena och torra.
b) Byt alla O-ringar, tätningar och packningen.
c) Dra åt alla hållare till angivet moment (där sådant angetts).

6-cylindriga motorer

36 Lossa klämman och lossa turboaggregatet från avgasgrenröret. Observera styrsprinten på turboaggregatets fläns. Kasta packningen, eftersom en ny en måste användas.

37 Monteringen sker i omvänd ordningsföljd mot demonteringen. Tänk på följande:

a) Se till att alla fogytor är rena och torra.
b) Byt alla O-ringar, tätningar och packningen.
c) Dra åt alla hållare till angivet moment (där sådant angetts).

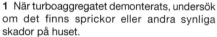

14 Turboaggregat – undersökning och renovering

1 När turboaggregatet demonterats, undersök om det finns sprickor eller andra synliga skador på huset.

2 Vrid runt turbinen eller kompressorhjulet för att kontrollera att axeln är hel och för att känna om den går för skakigt eller ojämnt. Ett visst spel är normalt eftersom axeln "flyter" på en oljefilm när den är i rörelse. Kontrollera att hjulskovlarna inte är skadade.

3 Den varierande turbinbladsenheten och manöverdonet är inbyggda i turboaggregatet och kan inte kontrolleras eller bytas separat. Konsultera en BMW-verkstad eller en annan specialist om du tror att det varierande turbinbladet kan vara defekt.

4 Om avgas eller induktionspassager är förorenade med olja har turboladdarens axel förmodligen gått sönder. (På insugssidan har även laddluftkylaren (om sådan finns) smutsats ned och bör vid behov spolas av med ett lämpligt lösningsmedel).

5 Du kan inte reparera turbon själv. Enheten kan finnas som reservdel.

15 Mellankylare – demontering och montering

Demontering

1 Ställ framvagnen på pallbockar (se *Lyftning och stödpunkter*). Ta bort motorns undre skyddskåpa **(se bild 11.6)**.

2 Skruva loss fästena och ta bort underskyddet under kylaren.

3 Lossa klämmorna och lossa laddluftkylarens insugs- och utloppsslangar **(se bild)**. Undersök slangtätningarna och byt dem vid behov.

4 Skruva loss de två fästbultarna och sänk ner laddluftkylaren från dess plats **(se bild)**.

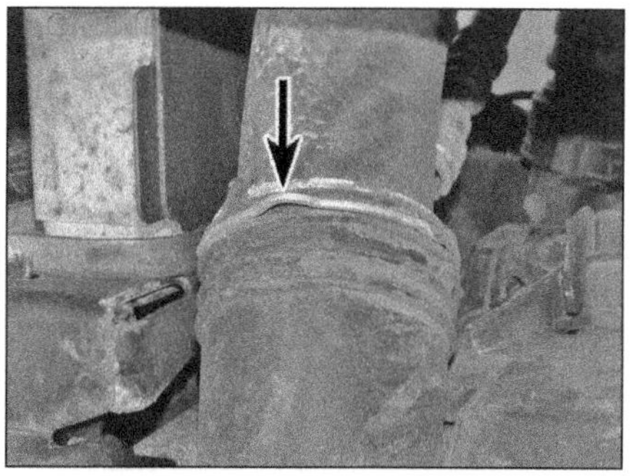

15.3 Bänd ut klämman (markerad med pil) och lossa laddluftkylarens slangar

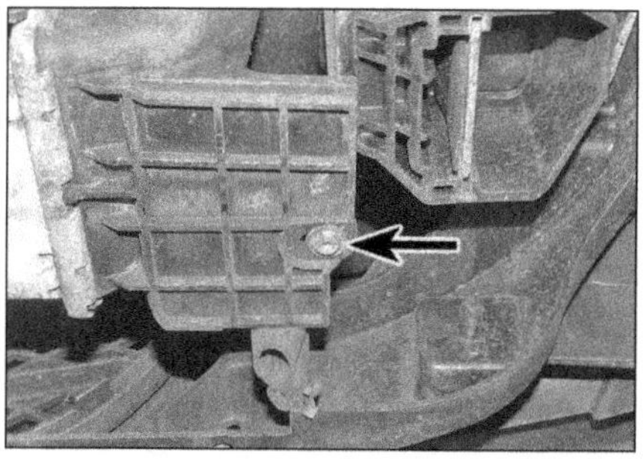

15.4 Skruva loss bultarna på varje sida (markerade med pil) och sänk ner laddluftkylaren

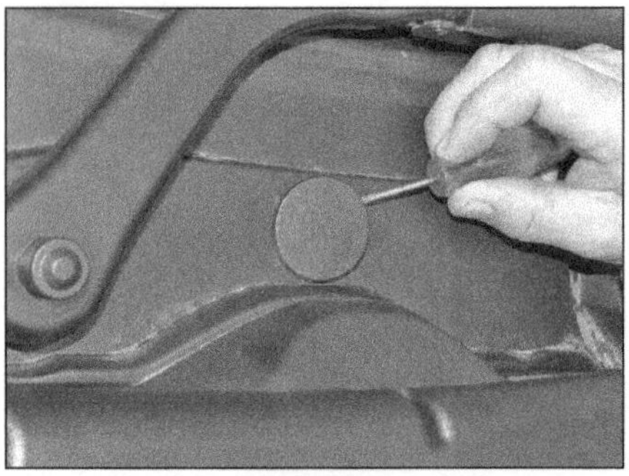

16.6 Ta bort plastkåpan i mitten av ventilpanelen

16.7 Skruva loss bulten i mitten av panelen . . .

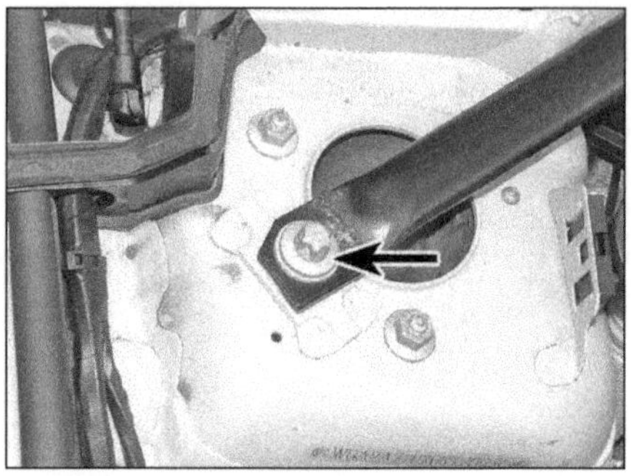

16.8 . . . och den i änden av varje stöd (markerad med pil)

Montering

5 Monteringen utförs i omvänd ordningsföljd mot demonteringen. Applicera lite vaselin på inlopps- och utloppsslangarnas tätningar för att underlätta återmonteringen.

16 Grenrör – demontering och montering

Insugningsgrenrör

M47T2 och M57T2 motorer

1 Koppla loss batteriets minusdelare enligt beskrivningen i kapitel 5A.

2 Skruva loss bultarna och ta bort den övre delen av pollenfilterhuset **(se bild 11.26)**.

3 Lossa spärrarna och ta bort vänster och höger plastkåpa bakom fjädertornet på varje sida av motorrummet **(se bild 11.27)**.

4 Tryck in klämmorna och dra bort kabelstyrningarna framåt från pollenfilterhusets nedre del **(se bild 11.28)**.

5 Lossa spärren och skruva loss bulten på varje sida, för sedan den nedre delen av pollenfilterhuset framåt och för den från dess plats **(se bilder 11.29a, 11.29b och 11.29c)**. Lossa yttertemperaturgivaren, spolarslangen och motorhuvsbrytarens anslutningskontakt från huset när det tas bort.

6 Ta bort plastkåpan från klädselpanelens mitt i modeller med spännstöd i eller nära motorrummet. Två olika typer av lock är monterade: en med ett centralt spår som tas bort genom att det vrids 45° moturs och en utan centralt spår som bänds upp från sin placering **(se bild)**. Observera om kåpan eller tätningen är skadad, de måste bytas. Underlåtenhet att göra detta kan leda till att vatten tränger in.

7 Skruva loss den bult i mitten av torpedplåten som exponeras vid demonteringen av kåpan **(se bild)**. Kasta bulten – eftersom en ny en måste användas.

8 Skruva loss bulten på stödens respektive ytterände, håll sedan gummigenomföringen på plats och för stöden utåt från platsen **(se bild)**. Låt inte genomföringen rubbas. Kasta bultarna och använd nya vid återmonteringen.

9 Ta bort torkararmarna enligt beskrivningen i kapitel 12.

10 Skala bort gummitätningen på framkanten, dra sedan bort klädselpanelen uppåt från vindrutans bas. Lossa spolarmunstyckets anslutningskontakter när panelen är borttagen.

11 Skruva loss de tre bultarna och ta bort spännstödets genomföringshus från mellanväggen **(se bild)**.

12 Bänd bort plastkåpan, skruva loss muttern och lossa plusanslutningen från höger innerskärm. Trampa ner klämman, lossa servovakuumslangen och lägg kabeln/slangen på motorrummets vänstra sida.

13 Skruva loss bultarna och dra ljuddämpande kåpor från motorns överdel.

14 Skruva loss den bult som håller fast oljemätstickans styrhylsa på grenröret **(se bild)**.

15 Tryck in klämmorna, lossa insprutningsventilens anslutningskontakter, skruva sedan loss bultarna, lossa klämman och placera insprutningsventilens kabelhärva/styrning på ena sidan **(se bild)**.

16 Observera var de är monterade och lossa anslutningskontakterna/kabelknippena/vakuumslangarna från insugsgrenröret/gasspjällhuset/avgasåterföringsventilen/map-givare och grenrörets magnetventil med variabel geometri.

17 Lossa klämman som håller fast EGR-röret på gasspjällshuset.

18 Bänd ut klämman och lossa laddluftröret från gasspjällshuset.

19 Skruva loss muttrarna/bultarna och lossa insugsgrenröret från topplocket **(se bilder)**. Kasta tätningarna.

20 Se till att insugsgrenrörets och topplockets fogytor är rena. Byt grenrörets tätningar.

21 Placera grenröret mot topplocket, montera

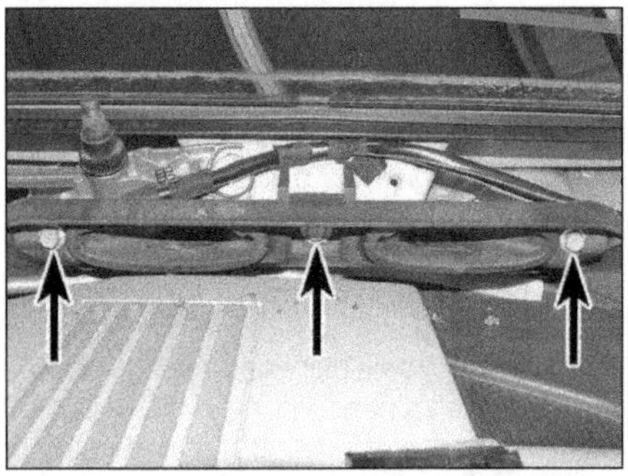

16.11 Lossa bultarna (markerade med pilar) och ta bort genomföringshuset

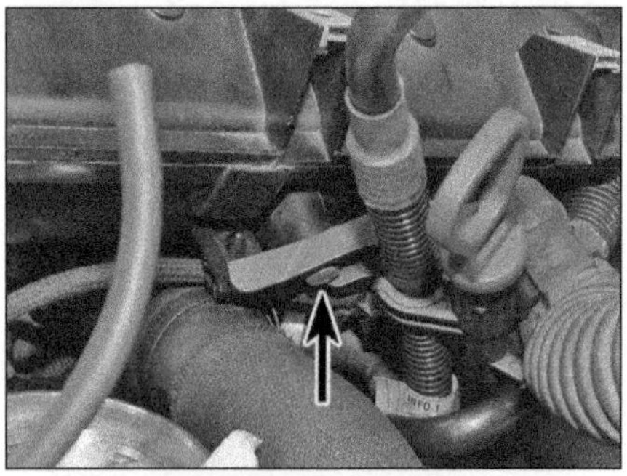

16.14 Styrhylsa till oljemätstickan (markerad med pil)

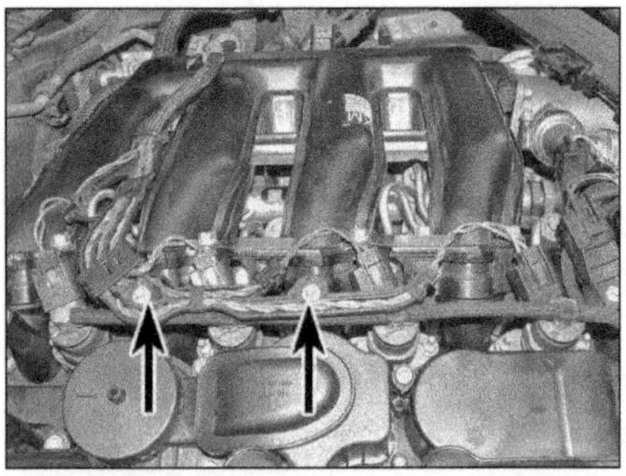

16.15 Styrbultar till insprutningsventilens kabelhärva (markerade med pilar)

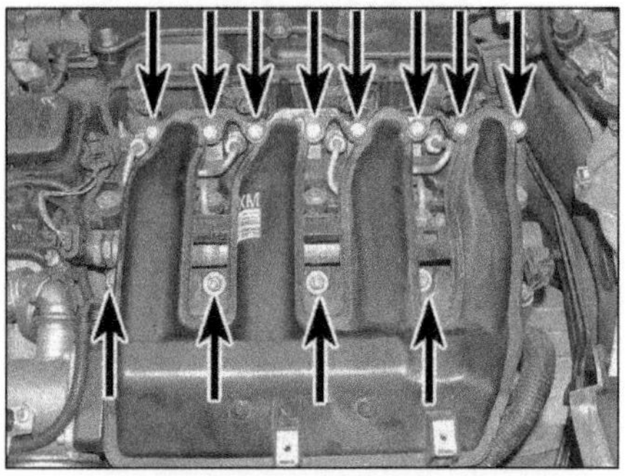

16.19a Insugsgrenrörets fästbultar (markerade med pilar)

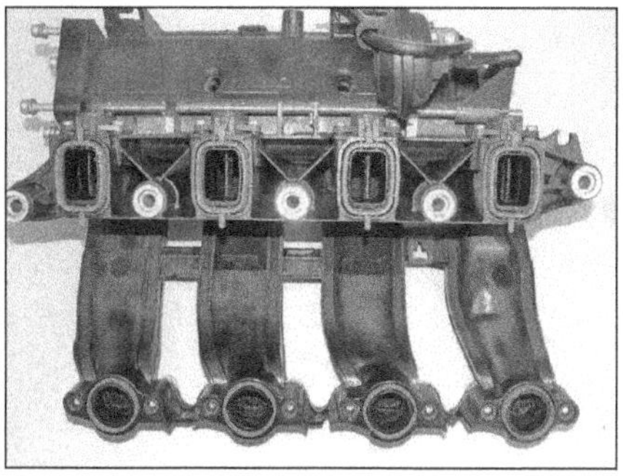

16.19b Byt grenrörets tätningar

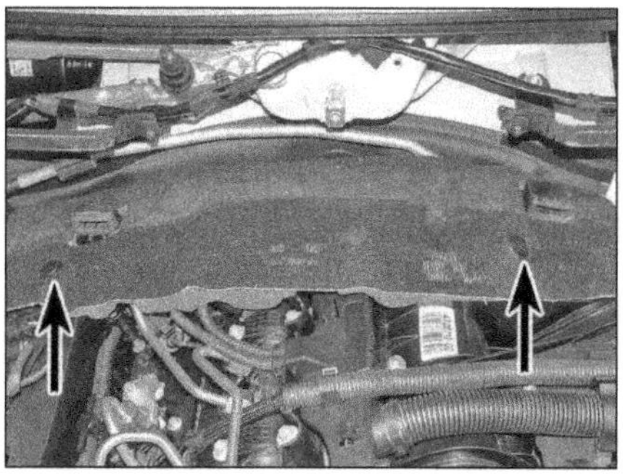

16.26 Ta bort klämmorna (markerade med pilar) och lyft av panelen

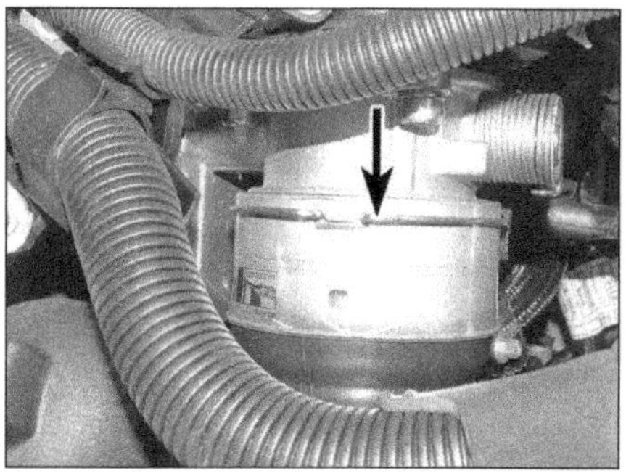

16.29 Tryck på röret på gasspjällhuset, bänd sedan ut klämman (markerad med pil)

tillbaka muttrarna/bultarna och dra åt dem till deras angivna moment.

22 Resten av monteringen utförs i omvänd ordningsföljd mot demonteringen.

N47-motorer

23 Fortsätt enligt beskrivningen i punkt 1 till 11.

24 Dra den ljuddämpande kåpan av plast uppåt och framåt från motorns överdel.

25 Skruva loss muttern och lossa plusanslutningen från den bakre delen av generatorn, tryck sedan in frigöringsspärren och lossa vakuumslangen på motorns vänstra sida. Lägg kabelstyrningen åt sidan.

26 Bänd upp de mittre sprintarna, ta bort plastexpansionsnitarna och ta bort isoleringen från den bakre delen av topplocket **(se bild)**.

27 Observera hur anslutningskontakterna är monterade, lossa dem sedan från luftflödesgivaren, ställmotorn till turboaggregatets övertrycksventil, avgasåterföringsventilens lägesgivare, avgasåterföringsventilens styrmagnetventil, ställmotorn till virvelklaffen, styrmagnetventilen till turbovakuumet, bränslefördelarskenans bränsletrycksgivare och temperaturgivaren för kylvätskan. Lossa eventuella fästklämmor till kabelknippet och de bultar som håller fast kabelkanalen framtill på topplockskåpan.

28 Dra bort bränsleinjektorernas kabelhärva från fästklämmorna, lossa klämmorna, öppna styrmodullådans lock och dra bort kabelknippets genomföring från lådan och flytta den åt ena sidan.

29 Lossa insugslufttemperaturgivaren, tryck sedan laddtrycksröret mot gasspjällhuset, bänd ut fästklämman tills den låses på plats och dra bort laddluftsröret från gasspjällshuset. Bänd vid behov ut klämman och lossa röret från laddluftkylaren och för den sedan från motorrummet **(se bild)**.

30 Lossa anslutningskontakterna från kamaxelgivaren, laddtryckgivaren, oljetrycksgivaren, luftkonditioneringskompressorn och bränslefördelarskenans regulator.

31 Lossa kabelhärvan från klämmorna över grenröret och flytta den åt ena sidan.

32 Koppla loss anslutningskontakten från gasspjällshuset.

33 Lossa kabelhärvan och servovakuumslangen från eventuella fästklämmor baktill på/på sidan av grenröret.

34 Skruva loss bultarna och för bort grenröret **(se bild)**. Byt grenrörets/EGR rörets tätningar.

35 Se till att insugsgrenrörets och topplockets fogytor är rena. Byt grenrörets tätningar.

36 Placera grenröret mot topplocket, montera tillbaka bultarna och dra åt dem till deras angivna moment.

37 Resten av monteringen utförs i omvänd ordningsföljd mot demonteringen.

N57-motorer

38 Fortsätt enligt beskrivningen i punkt 1 till 12.

39 Ta bort de ljuddämpande kåporna av plast från motorns överdel, bänd sedan upp sprintarna i mitten, ta bort plastnitarna, lyft upp kåpan baktill på motorn, ta sedan bort skumisoleringspanelen från motorns överdel.

40 Skruva loss de tre bultarna och ta bort mellanväggens genomföringshus **(se bild 16.11)**.

41 Lossa klämman och lossa luftintagsröret från gasspjällhuset.

42 Lossa anslutningskontakterna från gasspjällventilens manöverdon, turboaggregatets laddtryckgivare, oljetryckskontakten och luftkonditioneringskompressorn.

43 Skruva loss den bult som håller fast motoroljemätstickans styrhylsa på grenröret.

44 Skruva loss de tre bultarna och flytta kabelhärvans styrning över grenröret åt ena sidan.

45 Lossa klämman, skruva loss de två bultarna och ta bort EGR-röret. Skruva loss de 2 bultarna som håller fast röret på grenröret **(se bild)**.

46 Skruva loss fästbultarna gradvis och jämnt och lyft av grenröret från dess placering. Lossa klämman och lossa magnetventilen från grenrörets undersida när det tas bort.

47 Se till att insugsgrenrörets och topplockets fogytor är rena. Byt grenrörets tätningar.

48 Placera grenröret mot topplocket, montera tillbaka bultarna och dra åt dem till deras angivna moment.

49 Resten av monteringen utförs i omvänd ordningsföljd mot demonteringen.

Avgasgrenrör

M47T2 och M57T2 motorer

50 Ta bort kylfläkten och kåpan enligt beskrivningen i kapitel 3.

51 Ta bort luftrenarinsatsen enligt beskrivningen i kapitel 1B.

52 Ta bort katalysatorn/partikelfiltret enligt beskrivningen i kapitel 4C.

53 Skruva loss de två fästskruvarna och lossa luftintagsröret från luftrenarhuset.

54 Lossa klämman, skruva loss bultarna och ta bort EGR-röret från topplockets främre del. Demontera kylaren enligt beskrivningen i kapitel 4C i modeller med EGR-kylare.

55 Lossa de två bultarna som håller fast laddluftröret på turboaggregatet och vrid fästkragen medurs.

56 Bänd ut klämman och lossa laddluftröret från turboaggregatet med snabbkopplingen på laddluftkylaren och ta bort röret. Täpp igen öppningen för att hindra smuts från att tränga in.

57 Bänd ut tätningslocken från

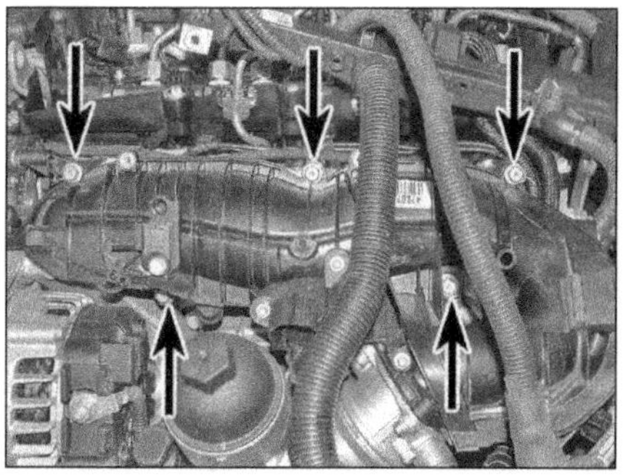

16.34 Grenrörets fästbultar (markerade med pilar)

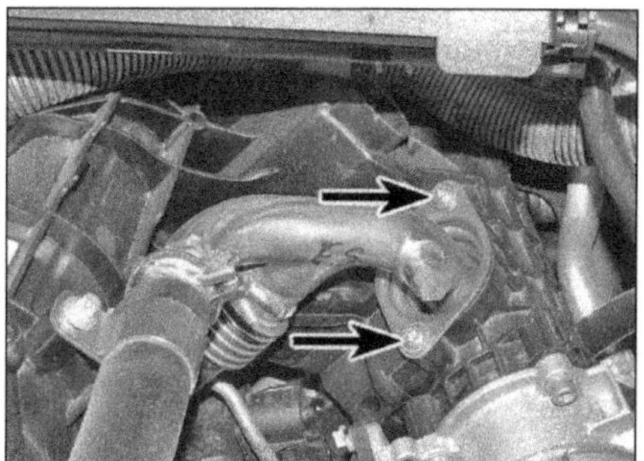

16.45 EGR rörets fästbultar (markerade med pilar)

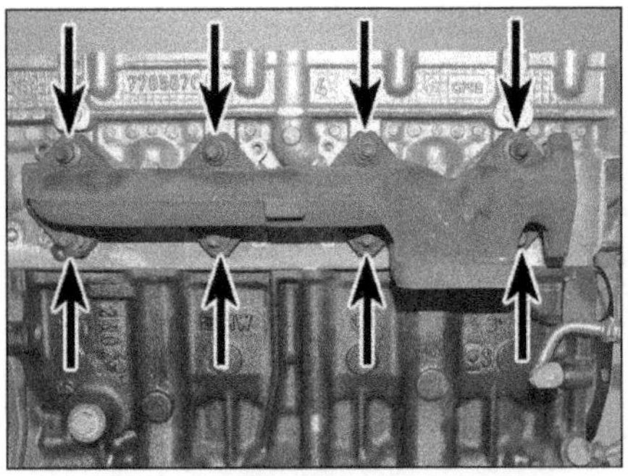

16.60 Avgasgrenrörets muttrar (markerade med pilar)

värmeskyddet, ta sedan bort de tre pluggarna från topplockskåpan **(se bilder 13.11a och 13.11b)**.

58 Skruva loss de tre fästbultar som håller fast turboaggregatet på grenröret **(se bild 13.12)**.

59 Lossa de två bultar som håller fast stödfästbygeln på turboaggregatets undersida och sänk ner turboaggregatet något. Kassera packningen mellan grenröret och turboaggregatet - en ny måste monteras.

60 Skruva loss fästbultarna och ta bort grenröret från pinnbultarna **(se bild)**. Kasta muttrarna och packningen då nya måste användas vid hopsättningen.

61 Undersök om det finns tecken på skada eller korrosion på någon av grenrörets pinnbultar. Ta bort alla korrosionsspår och laga eller byt ut alla skadade pinnbultar.

62 Se till att fogytorna på avgasgrenröret och topplocket är rena och torra. Sätt dit en ny packning och montera avgasgrenröret på topplocket.

63 Applicera lite antikärvningsfett för höga temperaturer (Copperslip) på pinnbultarna, dra sedan åt de nya muttrarna till angivet moment.

64 Resten av monteringen utförs i omvänd ordningsföljd mot demonteringen.

N47 och M57 motorer

65 Demontera turboaggregatet enligt beskrivningen i avsnitt 13.

66 Skruva loss bultarna och ta bort avgasåterföringsröret från avgasåterföringsventilen **(se bild)**.

67 Skruva loss bultarna och ta bort fästbygeln till startmotorns kabelhärva från motorns högra sida.

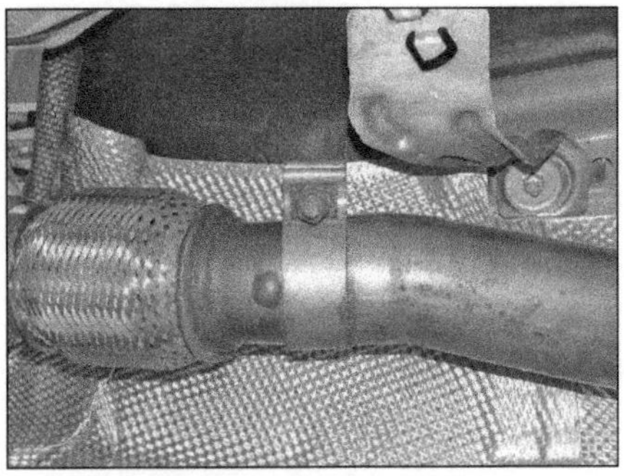

17.5 Spreja lite inträngningsvätska runt avgassystemets fästen

16.66 Bultar mellan EGR röret och grenröret (markerade med pilar)

68 Skruva loss bultarna och ta bort grenrörets värmeskydd **(se bild)**.

69 Skruva loss banjobulten och lossa avgastryckröret på sexcylindriga motorer.

70 Skruva loss fästmuttrarna och ta bort avgasgrenröret från topplockets pinnbultar. Ta loss packningarna.

71 Undersök om det finns tecken på skada eller korrosion på någon av grenrörets pinnbultar. Ta bort alla korrosionsspår och laga eller byt ut alla skadade pinnbultar.

72 Se till att fogytorna på avgasgrenröret och topplocket är rena och torra. Den nya packningen mellan grenröret och topplocket har en grafitbeläggning på ena sidan. Denna sida av packningen måste vara riktad mot grenröret. Sätt dit en ny packning och montera avgasgrenröret på topplocket.

73 Applicera lite antikärvningsfett för höga temperaturer (Copperslip) på pinnbultarna, dra sedan åt de nya muttrarna till angivet moment.

74 Resten av monteringen utförs i omvänd ordningsföljd mot demonteringen.

17 Avgassystem – allmän information och byte

Allmän information

1 Avgassystemet består av flera sektioner som kan tas bort individuellt eller som ett komplett system.

17.6 Ta bort förstärkningsplattan (markerad med pil - observera spännstöden)

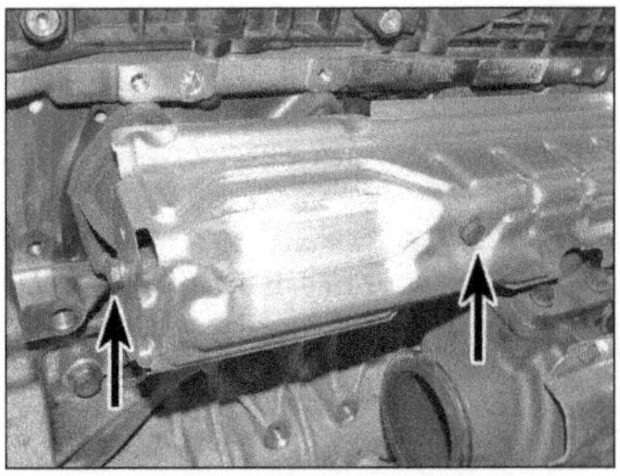

16.68 Värmeskyddets fästbultar (markerade med pilar)

2 Avgasröret är en hylsa som är monterad över mellanrörets ände som är en hylsa som är monterad på katalysatorn/partikelfiltret och systemet är upphängt i gummifästen över hela sin längd.

Demontering

3 Varje avgasdel kan tas bort separat. Man kan också ta bort hela systemet som en enda enhet. Även om endast en del av systemet behöver åtgärdas är det ofta lättare att ta bort hela systemet och separera delarna på arbetsbänken.

4 Om systemet eller en del av detta ska demonteras börjar du med att lyfta upp fram- eller bakvagnen och stötta upp den ordentligt på pallbockar (se *Lyftning och stödpunkter*). Eller så kan bilen ställas över en smörjgrop eller på ramper.

5 Spruta lite inträngningsvätska runt avgasrörsklämmorna, lossa sedan fästbultarna/fästmuttrarna **(se bild)**.

6 Skruva loss bultarna och ta bort de bakre spännstöden (om sådana finns) och förstärkningsplattan under bilen **(se bild)**.

7 Be en medhjälpare att stötta upp avgassystemet eller placera en garagedomkraft på lämpligt sätt för att göra detta, lossa sedan de bultar/muttrar som håller fast avgassystemets fästbyglar på bilens undersida.

8 För systemet underifrån bilen.

9 Värmeskyddet (värmeskydden) är monterat (monterade) på undersidan av bilens kaross. Varje sköld kan tas bort när fästbultarna har skruvats loss.

Montering

10 Varje del monteras i omvänd ordning, och notera följande punkter:

a) Undersök gummifästena efter tecken på skador eller åldrande och byt ut dem om det behövs.

b) Kontrollera innan avgassystemets fästen dras åt till angivet moment att alla gummiupphängningar är korrekt placerade och att det finns tillräckligt med mellanrum mellan avgassystemet och underredet.

c) Montera de bakre spännstöden med nya bultar om det är nödvändigt och dra åt dem till angivet moment.

Kapitel 4 Del C: Avgasreningssystem

Innehåll

Svårighetsgrad

Enkelt, passar novisen med lite erfarenhet	**Ganska enkelt,** passar nybörjaren med viss erfarenhet	**Ganska svårt,** passar kompetent hemmamekaniker	**Svårt,** passar hemmamekaniker med erfarenhet	**Mycket svårt,** för professionell mekaniker

Specifikationer

Motorkoder

Bensinmotorer:	
4-cylindriga:	
Upp till 09/2007	N46
Från 09/2007	N46T
6-cylindriga:	
2.5 liter	N52
3,0 liter	N52K
Dieselmotorer:	
4-cylindriga	M47T2 och N47
6-cylindriga	M57T2 och N57

Åtdragningsmoment

Åtdragningsmoment	Nm
Avgasåterföringskylare (EGR) på topplocket	25
Bultar till avgasåterföringsventilen/avgasåterföringsrören (EGR):	
M6-bultar	10
M8-bultar	25
Lambdasonde	50

1 Allmän information

Alla bensinmotorer körs på blyfri bensin och har även många andra inbyggda funktioner i bränslesystemet som hjälper till att minska de skadliga utsläppen. De är utrustade med ett emissionsstyrsystem för vevhuset, en katalysator och ett avdunstningsregleringssystem för att hålla bränsleånga/avgasutsläpp på lägsta möjliga nivå.

Alla dieselmotormodeller är dessutom utformade för att uppfylla stränga utsläppskrav. De är utrustade med ett emissionsstyrsystem för vevhuset, en katalysator och ett avgasåterföringssystem (EGR) för att hålla avgaserna på en så låg nivå som möjligt. I en del modeller är en kombinerad katalysator och partikelfilter monterad.

Avgasreningssystemen fungerar på följande sätt.

Bensinmodeller

Vevhusventilation

För att minska utsläppen av oförbrända kolväten från vevhuset ut i atmosfären tätas motorn, och genomblåsningsgaserna och oljan dras ut från vevhuset genom en nätbands oljeavskiljare och in i insugningssystemet för att förbrännas under den normala förbränningen.

Vid förhållanden med högt undertryck i grenröret (tomgång, retardation) sugs gaserna ut positivt från vevhuset genom ett rör med liten diameter och in i insugskanalen. Ett rör med större diameter "uppströms" gasspjället gör att frisk luft kan dras bakåt in i vevhuset och blandas med vevhusgaserna. När lågt undertryck råder i insugsröret (acceleration, fullgaskörning), tvingas gaserna ut ur vevhuset av det (relativt) högre trycket i vevhuset. och dras genom båda rören "uppströms och nedströms" gasspjällventilen.

Avgasrening

För att minimera mängden föroreningar som släpps ut i atmosfären är alla modeller försedda med en katalysator i avgassystemet. Systemet är av typen sluten slinga där två lambdasonder förser motorstyrningssystemet (styrmodul) med en spänningssignal som gör det möjligt för styrmodulen att justera blandningen så att katalysatorn får bästa möjliga förhållanden att arbeta i. Två lambdasonder är monterade per katalysator. En monterad på avgasgrenröret (förkatalysatorgivare) och en "nedströms" katalysatorn (efterkatalysatorgivare). Lambdasonden har ett inbyggt värmeelement som styrs av styrmodulen. Värmeelementet används för att värma givaren när motorn är kall och för att snabbt få upp den till en effektiv arbetstemperatur.

Sondens spets är känslig för syre och skickar en varierande spänning till styrmodulen i enlighet med syrehalten i avgaserna; ju magrare blandningen luft/bränsle är desto högre syreinnehåll och desto lägre spänning från givaren (givarna). Om den ingående luft-/bränsleblandningen är för fet, är avgasernas syrehalt låg och då skickar sonden en högspänningssignal. Maximal omvandlingseffekt för alla större föroreningar uppstår när bränsleblandningen hålls vid den kemiskt korrekta kvoten för fullständig förbränning av bensin, som är 14,7 delar (vikt) luft till 1 del bensin (den stökiometriska kvoten). Sondens signalspänning ändras ett stort steg vid denna punkt och styrmodulen använder detta som referens och korrigerar bränsleblandningen efter detta genom att modifiera insprutningens pulsbredd.

Avdunstningsreglering

För att minimera utsläpp av oförbrända kolväten, har alla modeller ett avdunstningsregleringssystem. Bränsletankens påfyllningslock och kolfilter är monterade precis bakom höger bakhjul. Kolkanistern samlar upp de bensinångor som genereras i tanken när bilen parkeras och lagrar dem tills de kan tömmas ut från kolkanistern (styrt av motorstyrningssystemet - styrmodul) via avluftningsventilen till insugskanalen så att de bränns upp av motorn under normal förbränning.

För att motorn ska fungera bra när det är kallt och/eller vid tomgång, samt för att skydda katalysatorn från skador vid en alltför mättad blandning, öppnar inte motorns elektroniska styrsystem rensstyrventilerna förrän motorn är uppvärmd och under belastning; magnetventilen öppnas och stängs då så att ångorna kan dras in i insugskanalen.

Dieselmodeller

Vevhusventilation

För att minska utsläppen av oförbrända kolväten från vevhuset ut i atmosfären tätas motorn, och genomblåsningsgaserna och oljan dras ut från vevhuset genom en nätband oljeavskiljare och in i insugningssystemet för att förbrännas under den normala förbränningen. Vevhusgaserna dras ut via en vakuumbegränsningsventil. Ventilen stängs stegvis när motorvarvtalet ökar och begränsar därigenom det maximala undertrycket i vevhuset.

Avgasrening

För att minimera mängden föroreningar som släpps ut i atmosfären är alla modeller försedda med en katalysator i avgassystemet.

Katalysatorn består av en kanister med ett finmaskigt nät som är impregnerat med ett katalyserande material. De heta gaserna passerar över nätet. Katalysatorn snabbar på oxideringen av skadligt kolmonoxid, icke-förbrända kolväten och sot, vilket effektivt minskar mängden skadliga ämnen som släpps ut i atmosfären med avgaserna.

Partikelfilter

Denna enhet är utformad för att fånga upp sotpartiklar som produceras under förbränningen. Partikelfiltret är kombinerat med katalysatorn. För att förhindra blockering av filtret är det utrustat med tryck- och temperaturgivare. Under normala körförhållanden i hög hastighet bränns sotpartiklarna bort i filtret genom avgasernas höga temperatur. Om körförhållandena emellertid är sådana att avgaserna inte är tillräckligt höga sprutar motorstyrningssystemet in bränsle i cylindrarna efter förbränningspunkten. Dessa kallas efterinsprutningar och höjer avgasernas temperatur samt gör att sotpartiklarna i filtret bränns bort.

Avgasåterföringssystem

Systemets syfte är att återcirkulera små avgasmängder till insuget och vidare in i förbränningsprocessen. Denna process reducerar nivån av oförbrända kolväten som finns i avgaserna innan de når katalysatorn. Systemet styrs av motorstyrningssystemet (ECM) med hjälp av information från dess olika givare via avgasåterföringsventilen som är monterad på det metallrör som ansluter insugs- och avgasgrenrören. I en del modeller kyls avgaserna innan de kommer in i insugsgrenröret genom att de passerar genom en kylare som är monterad på sidan av avgasåterföringsventilen. Motorkylvätskan cirkulerar genom kylaren.

2 Bensinmotor avgasreningssystem - kontroll och byte av komponenter

Vevhusventilation

1 Inga komponenter i det här systemet behöver tillsyn, förutom slangen/slangarna som måste kontrolleras regelbundet så att de inte är igentäppta eller skadade.

Avdunstningsreglering

Kontroll

2 Om systemet misstänks vara defekt, koppla loss slangarna från kolkanistern och rensventilen och kontrollera att de inte är igentäppta genom att blåsa i dem. Ett fullständigt test av motorstyrningssystemet utföras med hjälp av en särskild elektronisk testenhet som helt enkelt ansluts till systemets diagnosuttag (se kapitel 4A). Om rensventilen eller kolkanistern misstänks vara defekta måste de bytas ut.

Kolfilter - byte

3 Kolkanistern är placerad under bilen, alldeles bakom det högre bakhjulet. Lyft upp bilens bakre del och stötta upp den ordentligt på pallbockar (se *Lyftning och stödpunkter*).

4 Observera hur rören är placerade. Tryck ihop kragens sidor och lossa tanken, luft- och avluftningsrören från kolkanistern **(se bild)**.

5 Skruva loss de två bultarna och ta bort kolkanistern **(se bild)**.

6 Återmonteringen utförs i omvänd ordning jämfört med demonteringen men se till att slangarna återansluts korrekt och säkert.

Avluftningsventil - byte

7 Ventilen är placerad på en fästbygel på insugsgrenrörets undersida **(se bild)**.

8 Lossa luftinsugsslangen från gasspjällshuset, skruva loss de fyra bultarna och flytta gasspjällshuset åt ena sidan på motorerna N52 - se kapitel 4A om det behövs.

9 Se till att tändningen är avslagen och lossa givarens anslutningskontakt från ventilen.

10 Lossa snabbkopplingen från ventilen, och lossa slangen.

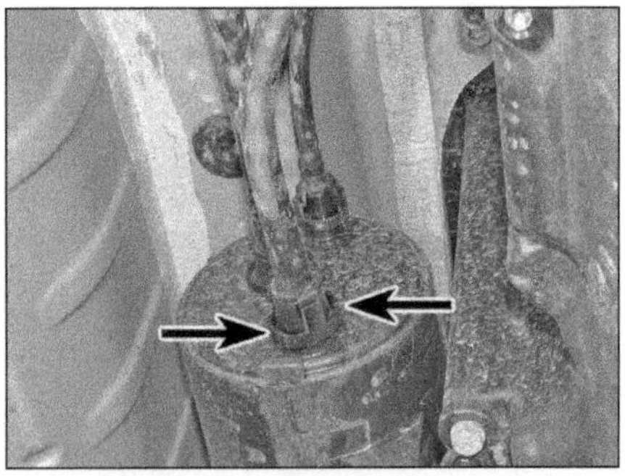

2.4 Tryck ihop kragens sidor (markerade med pilar) och dra av slangen från kolkanistern

2.5 Kolkanisterns fästbultar (markerade med pilar)

2.7 Avluftningsventilen (markerad med pil) är placerad på insugsgrenrörets undersida - 4-cylindrig motor

11 Lossa klämman och för ventilen från fästet.

12 Monteringen sker i omvänd ordningsföljd mot demonteringen. Se till att ventilen och slangen hålls ordentligt av fästklämmorna.

Avgasrening

Kontroll

13 Katalysatorns funktion kan endast kontrolleras genom att man mäter avgaserna med en välkalibrerad avgasanalyserare av bra kvalitet.

14 Om CO-nivån i avgasröret är för hög bör bilen tas till en BMW-verkstad eller till en specialist så att hela bränsleinsprutningssystemet och tändningssystemet, inklusive lambdasonden kan kontrolleras ordentligt med speciella diagnosinstrument. När dessa har kontrollerats och inte har några fel måste felet finnas i katalysatorn som måste bytas.

Katalysator – byte

15 Katalysatorn är inbyggd i avgasgrenröret (avgasgrenrören) – se kapitel 4A.

Lambdasonde – byte

Observera: *Lambdasonden är ömtålig och går sönder om den tappas i golvet eller stöts till, om dess strömförsörjning bryts eller om den kommer i kontakt med rengöringsmedel.*

16 Ta bort avgassystemet enligt beskrivningen i kapitel 4A om givarna för cylinder 4 till 6 ska bytas på sexcylindriga motorer.

17 Se till att tändningen är av och spåra sedan kablaget tillbaka från lambdasonden. Lossa kontaktdonet från dess fästklämma och lossa kontaktdonets två halvor. Observera att givaren till cylinder 1 till 3 är svart medan givaren till de övriga cylindrarna är grå på 6-cylindriga motorer.

18 Skruva loss givaren och ta bort den från grenröret. Observera att användning av en speciell djup, delad hylsa rekommenderas **(se bilder)**. Ta loss givarens tätningsbricka och kassera den. Du måste sätta dit en ny vid monteringen.

19 Monteringen sker i omvänd ordningsföljd mot demonteringen. Använd en ny tätningsbricka. Applicera lite antikärvningsmassa för höga temperaturer (Copperslip) på gängorna, dra sedan åt givaren till angivet moment och se till att kablaget är korrekt draget utan risk för att komma i kontakt med antingen avgasgrenröret eller motorn.

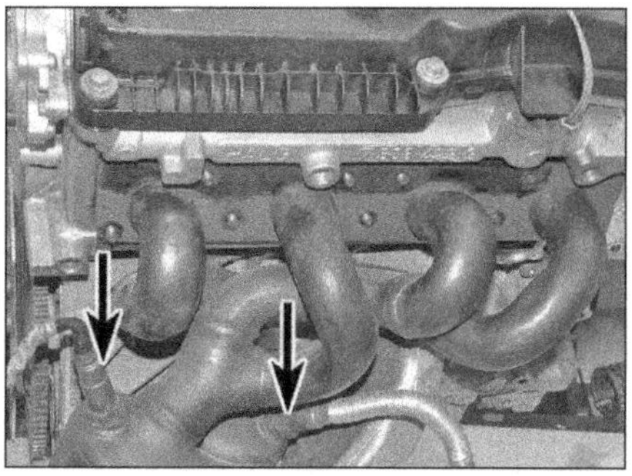

2.18a På 4-cylindriga motorer är det väldigt besvärligt att komma åt de främre lambdasonderna (markerade med pilar)

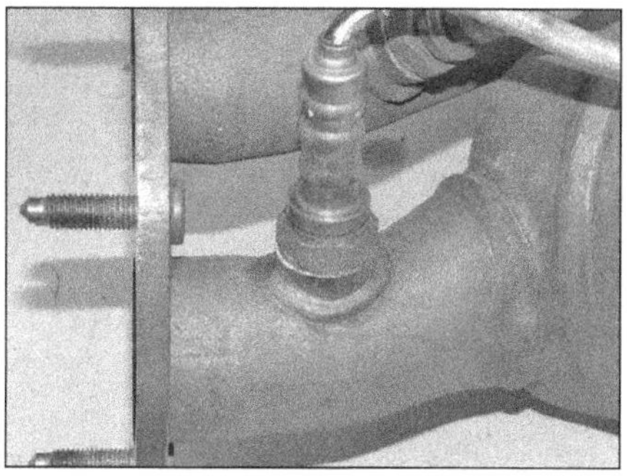

2.18b Lambdasonden efter katalysatorn är monterad alldeles framför skarvflänsen

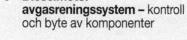

3 Dieselmotor avgasreningssystem – kontroll och byte av komponenter

Vevhusventilation

Kontroll

1 Inga komponenter i det här systemet behöver tillsyn, förutom slangen/slangarna som måste kontrolleras regelbundet så att de inte är igentäppta eller skadade. Om du tror att systemet är felaktigt ska du byta vevhusets tryckbegränsningsventil enligt följande.

Byte av begränsningsventil vevhustryck

2 Ta bort plastkåpan från motorns överdel.

3 Lossa insprutningsventilens anslutningskontakter, skruva loss de tre fästskruvarna och flytta insprutningsventilen åt ena sidan.

4 Skruva loss de fyra bultarna och ta bort vakuumbegränsningsventilen komplett med filter **(se bild)**.

5 Se till att fogytorna är rena och torra, byt tätningarna och montera tillbaka ventilhuset. Dra åt bultarna ordentligt.

6 Resten av monteringen utförs i omvänd ordningsföljd mot demonteringen.

Avgasrening

Kontroll

7 Katalysatorns funktion kan endast kontrolleras genom att man mäter avgaserna med en välkalibrerad avgasanalyserare av bra kvalitet.

8 Innan du antar att katalysatorn är defekt är det värt att kontrollera om problemet inte beror på en defekt insprutningsventil (defekta insprutningsventiler). Rådfråga din BMW-verkstad eller specialist om du behöver ytterligare information.

Katalysator/partikelfilter – byte

9 Ställ framvagnen på pallbockar (se *Lyftning och stödpunkter*). Lossa fästanordningarna och ta bort motorns/växellådans undre skyddskåpor.

10 Lossa den klämma som håller fast avgassystemets främre sektion på katalysatorn/partikelfiltret, skruva loss avgassystemets fästbultar och för systemet bakåt.

11 Spåratemperaturgivarens/lambdasondens kablage tillbaka till deras kontaktdon och koppla loss dem. Observera kabelhärvans dragning och lossa sedan härvan från alla fästklämmor.

12 Skruva loss bulten och ta bort katalysatorn/partikelfiltrets fästen **(se bilder)**.

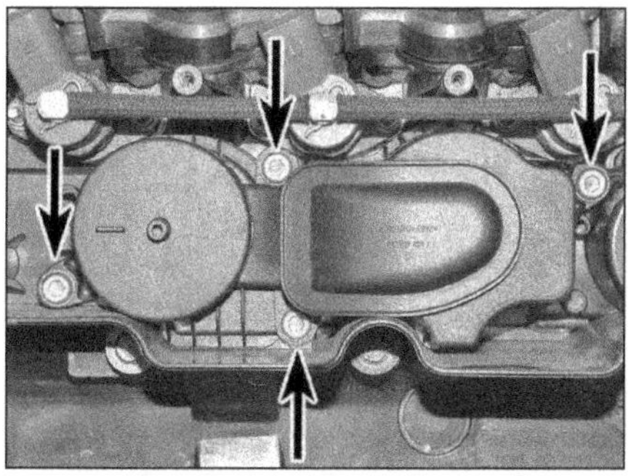

3.4 Skruva loss bultarna (markerade med pilar) och ta bort vakuumbegränsningsventilen

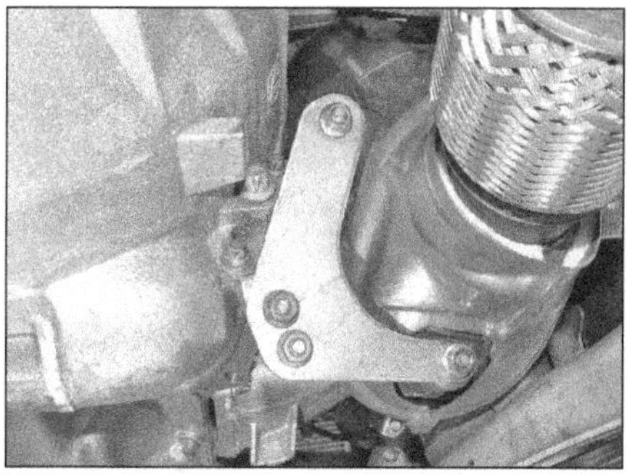

3.12a Ta bort stödfästbygeln – N47 motor . . .

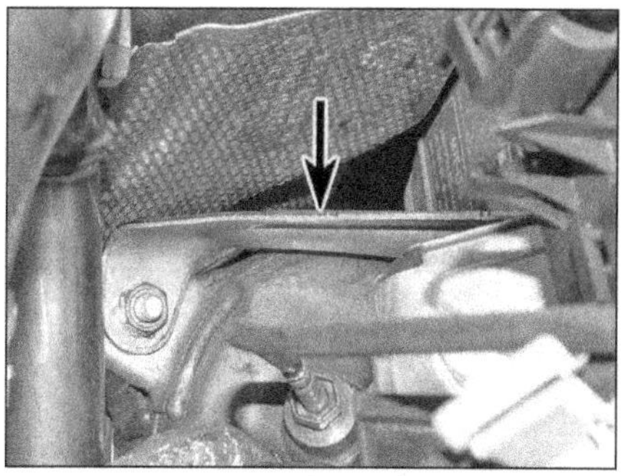

3.12b . . . och på en del modeller fästbygeln ovanför (markerad med pil) – motorn N47

3.13 Tryckutsläppsslang till partikelfiltret (markerad med pil)

3.14 Fästbult katalysator/partikelfilter på turboaggregat (markerad med pil)

3.17 Bänd ut klämman (markerad med pil) och dra av insugskanalen från EGR-ventilen/gasspjällhuset

13 Notera hur de sitter monterade och lossa tryckutsläppsslangen från partikelfiltret (om tillämpligt) **(se bild)**.

14 Lossa den klämma som håller fast katalysatorn på turboaggregatet och för katalysatorn från dess plats **(se bild)**.

15 Monteringen sker i omvänd ordningsföljd mot demonteringen. Observera att om ett nytt partikelfilter har monterats måste motorstyrmodulens anpassningsräknare återställas med BMW:s diagnosverktyg. Låt en BMW-verkstad eller annan specialist utföra denna uppgift.

Avgasåterföringssystem

Kontroll

16 En omfattande kontroll av systemet kan endast utföras med hjälp av speciell elektronisk utrustning som ansluts till insprutningssystemets diagnos kontakt (se kapitel 4B). Om EGR-ventilen tros vara defekt måste den bytas enligt följande.

EGR-ventil – byte – motorerna M47T2 och M57T2

17 Lossa klämman och lossa luftintagskanalen från gasspjällhuset **(se bild)**.

18 Lossa vakuumslangen från avgasåterföringsventilen **(se bild)**.

19 Lossa klämbulten helt och lossa EGR-röret från ventilen **(se bild)**.

20 Skruva loss de fyra fästbultarna och ta bort avgasåterföringsventilen.

21 Monteringen utförs i omvänd ordningsföljd mot demonteringen. Använd en ny tätningsbricka och dra åt fästbultarna till angivet moment.

EGR-ventil – byte – motorerna N47 och N57

22 Lossa anslutningskontakten och vakuumslangen från ventilen **(se bild)**.

23 Skruva loss de 2 bultar och lossa ventilen från röret **(se bild)**. Byt packningen – om en sådan finns.

24 Monteringen sker i omvänd ordningsföljd mot demonteringen.

EGR-magnetventil – byte

25 Lossa anslutningskontakten från magnetventilen **(se bilder)**.

26 Skruva loss de två bultar som håller fast magnetventilens fäste på motorblocket. Observera vakuumslangarnas placeringar och lossa dem sedan. Om det behövs kan magnetventilen skiljas från fästbygeln genom att de två fästmuttrarna skruvas loss.

27 Montering sker i omvänd ordningsföljd.

EGR-kylare – byte – motorerna M47T2 och M57T2

28 Ta bort plastkåpan från motorns överdel.

3.18 Lossa vakuumventilen (markerad med pil)

3.19 Lossa klämman (markerad med pil) som håller fast röret till EGR ventilen

3.22 Lossa EGR ventilens anslutningskontakt och vakuumslangen (markerad med pilar)

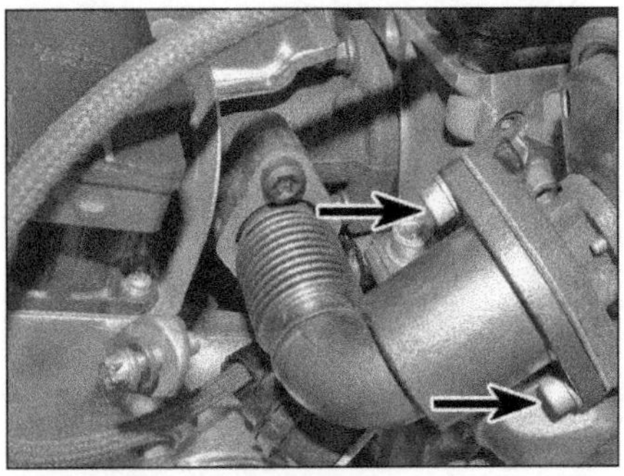

3.23 EGR ventilens fästbultar (markerade med pilar)

3.25a Lossa EGR-magnetventilen (markerad med pil) – motorerna M47T2 och M57T2

3.25b EGR magnetventil (markerad med pil) – N47 och N57 motor

29 Lossa den klämma helt som håller fast EGR-röret på kylaren och ta bort den.
30 Skruva loss de bultar som håller fast EGR-kylaren på avgasgrenröret
31 Skruva loss de tre bultar som håller fast EGR-kylaren på topplocket **(se bild)**.
32 Var beredd på spill av kylvätska och lossa kylvätskeslangarna från kylaren. Var beredd på att kylvätska läcker ut - plugga igen öppningarna.
33 Monteringen sker i omvänd ordningsföljd mot demonteringen. Fyll på kylvätska enligt beskrivningen i *Veckokontroller*.

EGR-kylare – byte – motorerna N47 och N57

34 Skruva loss bultarna som håller fast EGR-röret på avgasgrenröret.
35 Skruva loss de två bultar som håller fast EGR-utloppsröret på topplocket.
36 Lossa den svarta vakuumslangen från ventilen över kylaren **(se bild)**.
37 Skruva loss de två bultar som håller fast vakuummagnetventilens fästbygel på topplocket över kylaren **(se bild)**.
38 Ta bort den återstående fästbulten och för bort kylaren från dess plats **(se bild)**. Var beredd på att kylvätska läcker ut - plugga igen öppningarna.
39 Montering sker i omvänd arbetsordning. Fyll på kylvätska enligt beskrivningen i *Veckokontroller*.

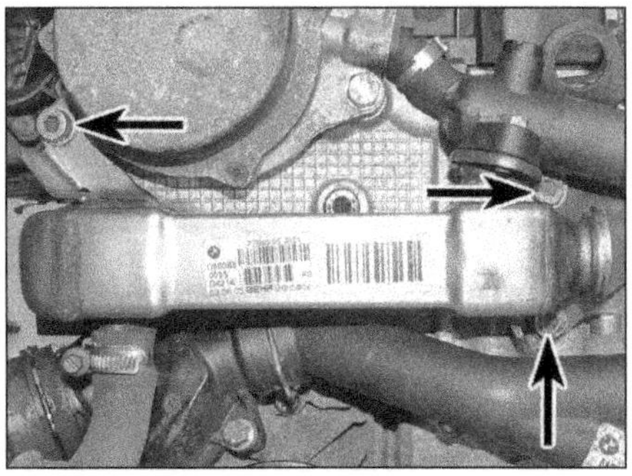

3.31 EGR-kylarens fästbultar (markerade med pilar)

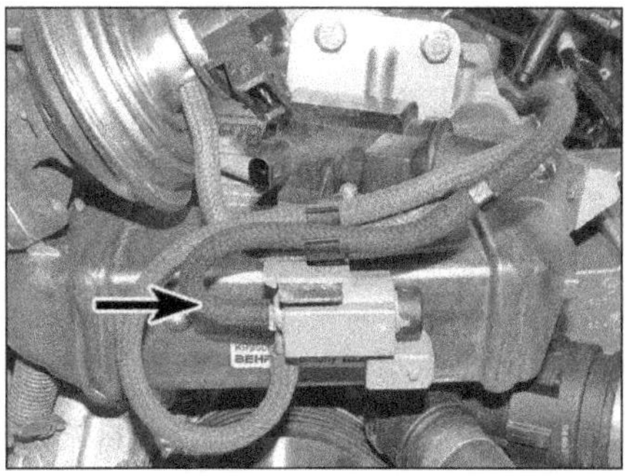

3.36 Lossa den svarta vakuumslangen (markerad med pil) från ventilen

3.37 Skruva loss fästbygelns fästbultar (markerade med pilar)

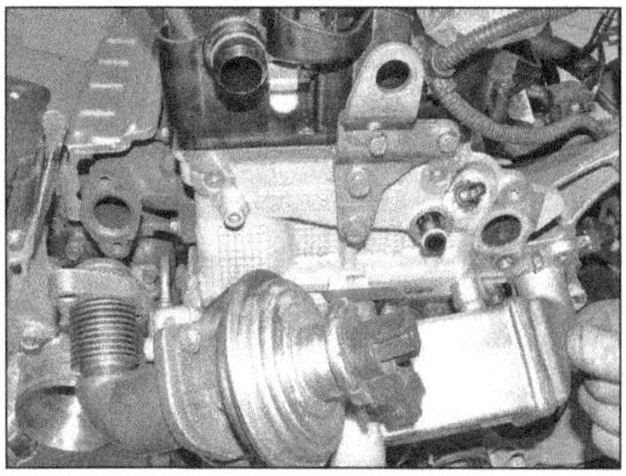

3.38 För EGR-kylaren från dess placering

4 Katalysator – allmän information och föreskrifter

1 Katalysatorn är en tillförlitlig och enkel anordning som inte kräver något underhåll. Det finns dock några punkter som bör uppmärksammas för att katalysatorn skall fungera ordentligt under hela sin livslängd.

Bensinmotor

a) Använd inte blyad bensin – blyet täcker över ädelmetallerna, reducerar katalysförmågan och förstör med tiden hela katalysatorn.
b) Underhåll alltid tänd- och bränslesystemen noga och regelbundet enligt tillverkarens underhållsschema.
c) Om motorn börjar misstända ska bilen inte köras alls (eller kortast möjliga sträcka) förrän felet är åtgärdat.
d) Starta inte bilen genom att knuffa eller bogsera igång den – då dränks katalysatorn i oförbränt bränsle, vilket leder till att den överhettas då motorn inte startar.
e) Slå inte av tändningen vid höga motorvarv.
f) Använd inte tillsatser i olja eller bensin. Dessa kan innehålla ämnen som skadar katalysatorn.
g) Kör inte bilen om motorn bränner så mycket olja att den avger synlig blårök.
h) Kom ihåg att katalysatorn arbetar vid mycket höga temperaturer. Parkera inte bilen i torr undervegetation, över långt gräs eller lövhögar.
i) Tänk på att katalysatorn är ömtålig – slå inte på den med verktyg vid arbete.
j) I vissa fall kan en svaveldoft (liknande ruttna ägg) märkas från avgasröret. Detta är vanligt med många katalysatorförsedda bilar och bör försvinna efter några hundratal mil.
k) Katalysatorn bör på en välvårdad bil hålla i mellan 80 000 och 160 000 km – om katalysatorn inte längre är effektiv måste den bytas.

Dieselmotor

2 Se den information som ges i del f, g, h och i och den information om bensinmotorer som ges ovan.

Kapitel 5 Del A: Start- och laddningssystem

Innehåll

Svårighetsgrad

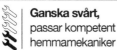

Enkelt, passar novisen med lite erfarenhet	**Ganska enkelt,** passar nybörjaren med viss erfarenhet	**Ganska svårt,** passar kompetent hemmamekaniker	**Svårt,** passar hemmamekaniker med erfarenhet	**Mycket svårt,** för professionell mekaniker

Specifikationer

Motorkoder

Bensinmotorer:	
4-cylindriga:	
Upp till 09/2007	N46
Från 09/2007	N46T
6-cylindriga:	
2.5 liter	N52
3,0 liter	N52K
Dieselmotorer:	
4-cylindriga	M47T2 och N47
6-cylindriga	M57T2 och N57

Systemtyp

Systemtyp	12 volt, negativ jord

Generator

Reglerad spänning	13,5 till 14,2 volt (vid ett motorvarvtal på 1500 varv/minut utan någon elektrisk utrustning påslagen)

Åtdragningsmoment

	Nm
Fästbult till generatorns remskiva:	
Bosch generator	65
Valeo generator	75
Generator till motorblock:	
4-cylindriga bensinmotorer	21
6-cylindriga bensinmotorer*:	
Steg 1	10
Steg 2	Vinkeldra ytterligare 180°
Dieselmotorer	38
Glödstift	18
Startmotorn till växellådan, muttrar och bultar:	
4-cylindriga bensinmotorer	47
6-cylindriga bensinmotorer*:	
Steg 1	20
Steg 2:	
M10 x 85 mm	Vinkeldra ytterligare 180°
M10 x 30 mm	Vinkeldra ytterligare 90°
M47T2 och M57T2 dieselmotorer	45
N47 och N57 dieselmotorer	19

** Återanvänds inte*

1 Allmän information och föreskrifter

Motorns elsystem består i huvudsak av laddnings- och startsystemen. På grund av deras motorrelaterade funktioner behandlas dessa komponenter separat från karossens elektriska enheter, som instrument och belysning etc. (Dessa tas upp i kapitel 12.) Se del B i det här kapitlet för information om tändsystemet.

Elsystemet är av typen 12 V negativ jord.

Batteriet är antingen av typen lågunderhåll eller "underhållsfritt" (livstidsförseglat) och laddas av generatorn, som drivs med en rem från vevaxelns remskiva.

Startmotorn är föringreppad med en inbyggd solenoid. Vid start trycker solenoiden kugghjulet mot kuggkransen på svänghjulet innan startmotorn ges ström. När motorn startat förhindrar en envägskoppling att motorankaret drivs av motorn tills kugghjulet släpper från kuggkransen.

Föreskrifter

Detaljinformation om de olika systemen ges i relevanta avsnitt i detta kapitel. Även om vissa reparationer beskrivs här, är det normala tillvägagångssättet att byta ut defekta komponenter.

Det är nödvändigt att iaktta extra försiktighet vid arbete med elsystem för att undvika skador på halvledarenheter (dioder och transistorer) och personskador. Utöver de säkerhetsföreskrifter som anges i *Säkerhet först!* i början av den här handboken, iaktta följande vid arbete med systemet.

- Ta alltid av ringar, klocka och liknande innan något arbete utförs på elsystemet. En urladdning kan inträffa även med batteriet urkopplat, om en komponents strömstift jordas genom ett metallföremål. Detta kan ge stötar och allvarliga brännskador.
- Kasta inte om batteripolerna. Komponenter som växelströmsgeneratorer, elektroniska styrenheter och andra komponenter med halvledarkretsar kan totalförstöras så att de inte går att reparera.
- Om motorn ska startas med startkablar och ett laddningsbatteri, använd de inbyggda anslutningspunkterna för starthjälp (se *Starthjälp* i början av denna handbok). Detta gäller även vid inkoppling av batteriladdare.
- Koppla aldrig loss batteripolerna, generatorn, elektriska kablar eller några testinstrument med motorn igång.
- Låt aldrig motorn dra runt generatorn när den inte är ansluten.
- Testa aldrig växelströmsgeneratorn genom att "gnistra" strömkabeln mot jord.
- Testa aldrig kretsar eller anslutningar med en ohmmätare av den typ som har en handvevad generator.
- Kontrollera alltid att batteriets jordkabel är urkopplad innan arbete med elsystemet inleds.
- Koppla ur batteriet, generatorn och komponenter som bränsleinsprutningens/tändningens elektroniska styrenhet för att skydda dem från skador, innan elektrisk bågsvetsningsutrustning används på bilen.

Om bilen har en radio-/kassett-/CD-spelare med en inbyggd stöldskyddskod, observera följande föreskrifter. Om strömmen till enheten bryts aktiveras stöldskyddssystemet. Även om strömmens återansluts direkt kommer ljudenheten inte att fungera förrän den korrekta stöldskyddskoden knappats in. Om du inte kan den korrekta stöldskyddskoden för ljudenheten ska du således inte lossa batteriets jordledning från batteriet eller ta bort ljudenheten från bilen.

2 Felsökning av elsystemet – allmän information

Se kapitel 12.

3 Batteri – kontroll och laddning

Observera: *Följande är endast avsett som riktlinjer. Följ alltid tillverkarens rekommendationer (finns ofta på en tryckt etikett på batteriet) vid laddning av ett batteri.*

1 Alla modeller får ett underhållsfritt batteri vid tillverkningen, vilket inte kräver något underhåll vid normala användningsvillkor.

2 Om du misstänker att det är något fel på batteriet, ta bort det enligt beskrivningen i avsnitt 4 och kontrollera att elektrolytnivån i varje cell når upp till MAX-märket på utsidan av batteriet (cirka 5,0 mm ovanför plattornas ovansidor i cellerna). Om det behövs kan du fylla på elektrolytnivån genom att ta bort cellpluggarna från batteriets ovansida och fylla på destillerat vatten (**inte** syra).

3 Du kan göra en enklare kontroll av batteriets skick genom att kontrollera elektrolyt densiteten med hjälp av följande anvisningar.

4 Använd en hydrometer vid kontrollen och jämför resultatet med följande tabell. De temperaturer som anges är temperatur på den omgivande luften. Observera att densitetsmätningarna förutsätter en elektrolyttemperatur på 15 °C. Dra bort 0,007 för varje 10 °C under 15 °C. Lägg till 0,007 för varje 10°C ovan 15°C.

	Över 25°C	Under 25°C
Fulladdat	*1,210 till 1,230*	*1,270 till 1,290*
70 % laddat	*1,170 till 1,190*	*1,230 till 1,250*
Urladdat	*1,050 till 1,070*	*1,110 till 1,130*

5 Om batteriet misstänks vara defekt, kontrollera först elektrolytens densitet i varje cell. En variation över 0,040 mellan celler indikerar förlust av elektrolyt eller nedbrytning av plattor.

6 Om densiteten har avvikelser på 0,040 eller mer ska batteriet bytas ut. Om variationen mellan cellerna är tillfredsställande men batteriet är urladdat ska det laddas enligt tillverkarens anvisningar.

7 Om det monterade batteriet är livstidsförseglat och underhållsfritt kan elektrolyten inte testas eller fyllas på. Batteriets skick kan därför bara kontrolleras med en batteriindikator eller en voltmätare.

8 Modellerna kan vara utrustade med ett batteri med en inbyggd laddningsindikator. Indikatorn är placerad ovanpå batterihöljet och anger batteriets skick genom att ändra färg. Om indikatorn visar grönt är batteriet i gott skick. Om indikatorn mörknar, möjligen ända till svart, behöver batteriet laddas enligt beskrivning längre fram i detta avsnitt. Om indikatorn visar klar/gul är elektrolytnivån i batteriet för låg för att tillåta fortsatt användning och batteriet måste då bytas. Försök inte ladda eller hjälpstarta ett batteri då indikatorn är ofärgad eller gul.

9 Om du kontrollerar batteriet med hjälp av en voltmeter, anslut den över batteripolerna. Ett fulladdat batteri ska ge ett avläst värde på 12,5 volt eller högre. För att kontrollen ska ge korrekt utslag får batteriet inte ha laddats på något sätt under de senaste sex timmarna. Om så inte är fallet, tänd strålkastarna under 30 sekunder och vänta 5 minuter innan batteriet kontrolleras. Alla andra kretsar ska vara frånslagna, så kontrollera att dörrar och baklucka verkligen är stängda när kontrollen görs.

10 I allmänhet är batteriet urladdat om den uppmätta spänningen är under 12,2 volt. En spänning mellan 12,2 och 12,4 volt anger att batteriet är delvis urladdat.

11 Om batteriet ska laddas med en droppladdare lokaliserar du laddnings-punkterna i motorrummet och ansluter laddarens ledningar till anslutningarna **(se bilder)**. Om du använder

3.11a Ta bort det röda locket och anslut plusledningen från laddaren

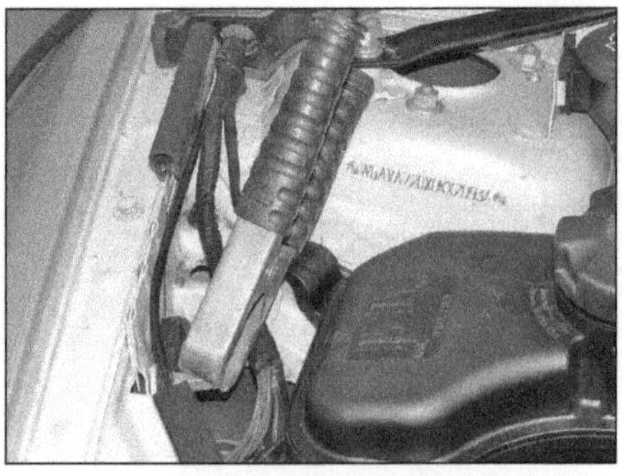

3.11b Anslut minusledningen till jordningspunkten på innerskärmen

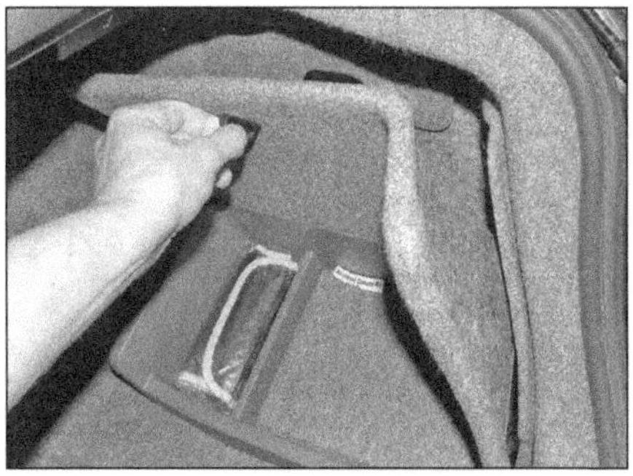

4.2a Vrid spärren och lyft ut panelen – sedanmodeller

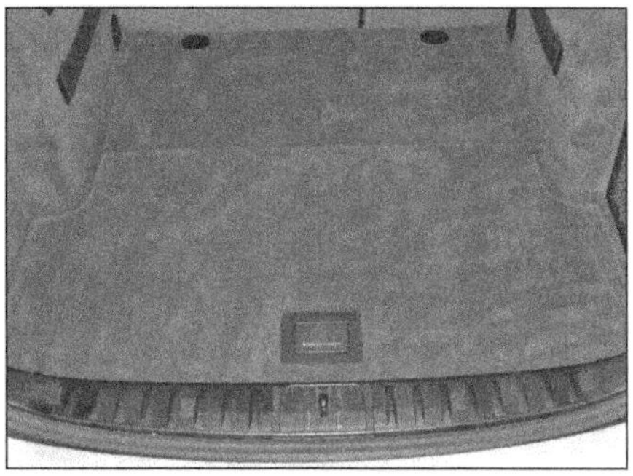

4.2b Lyft av handtaget och ta bort bagageutrymmets golvpanel

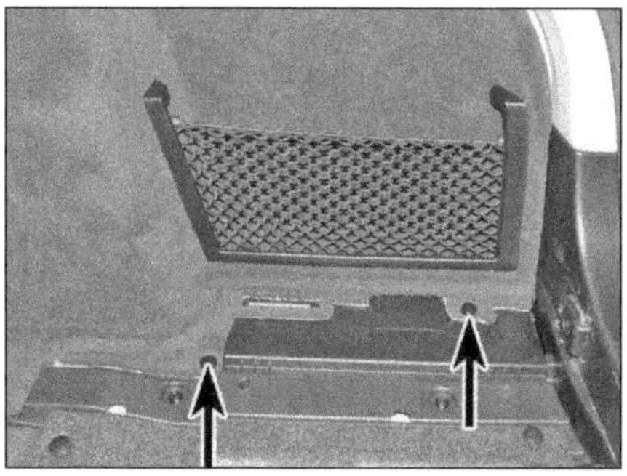

4.2c Vrid fästanordningarna (markerade med pilar) 90°. . .

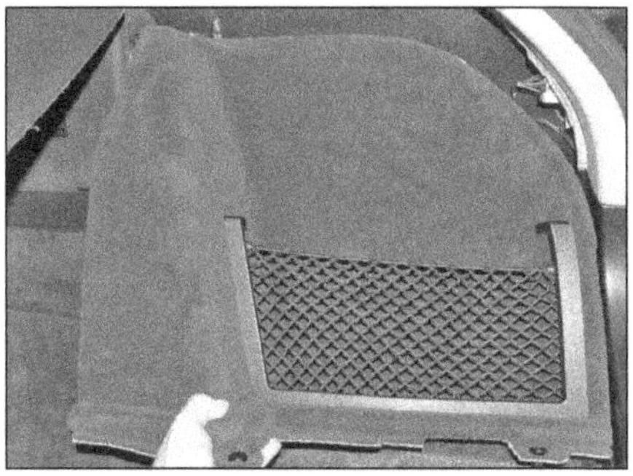

4.2d . . . och lyft panelens bas inåt för att ta bort den

4.2e Vrid fästanordningarna (markerade med pilar) 90°. . .

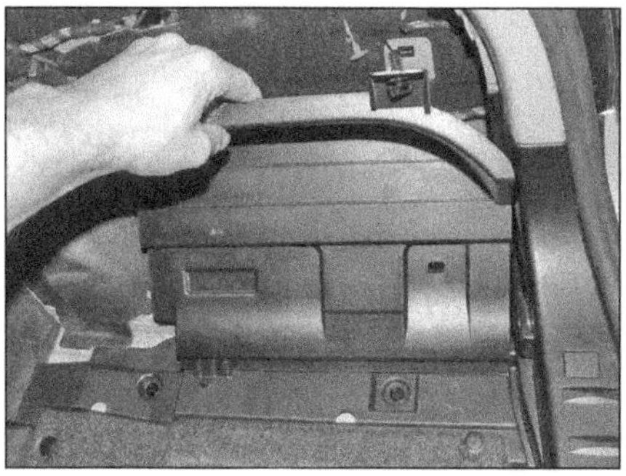

4.2f . . . och lyft panelen över batteriet

en snabbladdare (eller är osäker på vilken typ av laddare du har), ta bort batteriet från bilen (avsnitt 4) och ladda det enligt tillverkarens instruktioner.

4 Batteri – frånkoppling, demontering och montering

Observera: *När batteriet kopplas ifrån kommer alla felkoder i motorstyrmodulens minne att raderas. Om du misstänker fel, koppla inte ifrån batteriet innan en BMW-verkstad eller annan specialist har läst av felkoderna. Om bilen har en radioanläggning som skyddas av en säkerhetskod, se ägarhandboken.*

Frånkoppling

1 Batteriet sitter under en kåpa på bagageutrymmets högra sida.

2 Lyft spärren och ta bort sidoklädselpanelen på bagageutrymmets vänstra sida över batteriet **(se bild)** i sedanmodeller. Lyft ut bagageutrymmets golvpanel, lossa de två fästanordningarna och lyft ut sidopanelen, vrid sedan fästanordningarna 90° moturs och lyft ut klädselpanelen över batteriet (se bilder) i Touring-modeller.

3 Lossa klämmuttern och lossa klämman från batteriets minuspol (jord) **(se bilder)**. Placera jordledningen på avstånd från batteriet så att det inte finns någon risk för kontakt av misstag mellan den och batteripolen. Täck den lossade ledningsklämman med en trasa eller gummihandske för extra skydd.

Demontering

4 Lossa batteriets jordledning enligt den tidigare beskrivningen.

5 Skruva loss de 2 bultarna och ta bort stödfästbygeln **(se bild).**

6 Bänd upp plastkåpan och skruva loss den mutter som håller fast kontaktdons enhet på plusklämman **(se bild)**.

7 Använd en flatbladig skruvmejsel för att bända isär fästklämman på varje sida och lyfta upp kontaktdons enhet från batteriets överdel

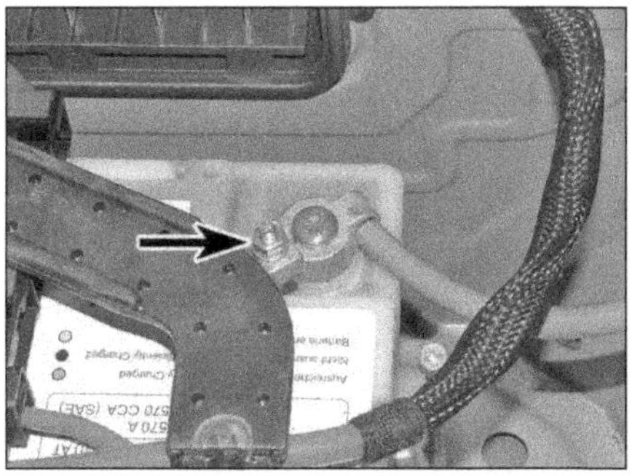

4.3 Lossa muttern (markerad med pil) och lossa minusledningens klämma

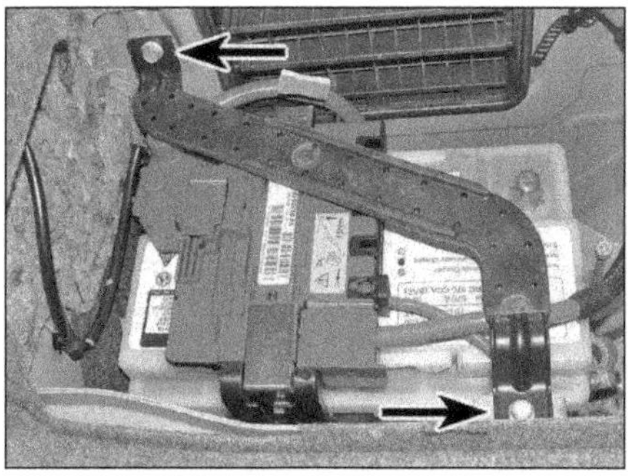

4.5 Skruva loss de två bultarna (markerade med pilar) och ta bort fästbygeln över batteriet

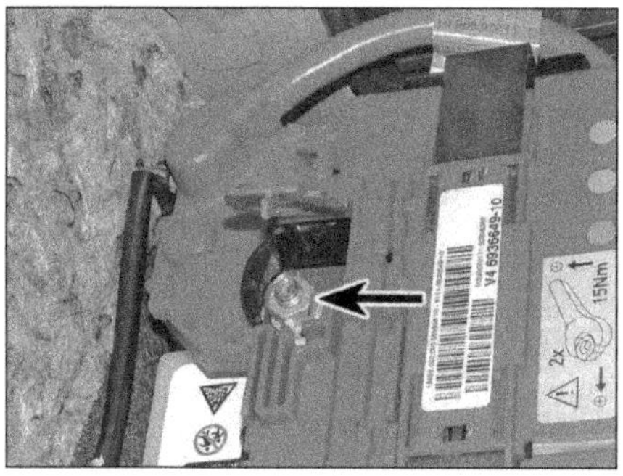

4.6 Bänd upp kåpan, skruva loss muttern (markerad med pil). . .

4.7a . . . bänd isär fästklämman på varje sida. . .

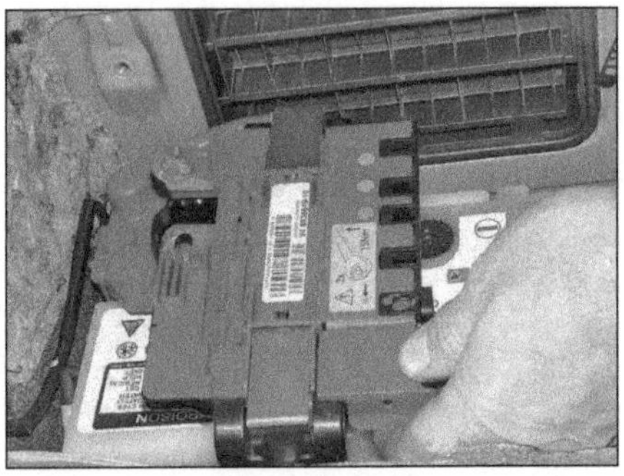

4.7b . . . och lyft av kontaktdons enhet

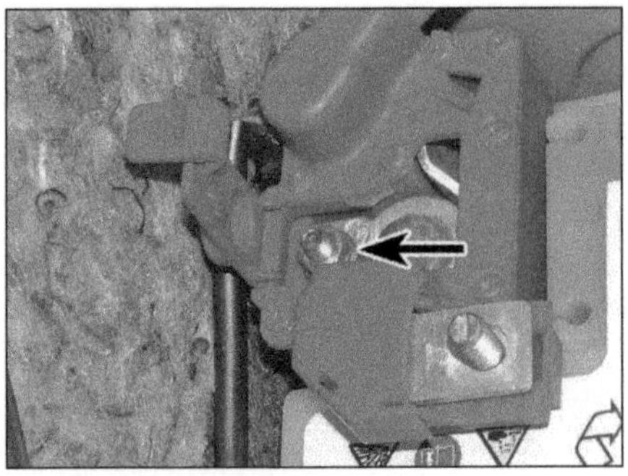

4.8a Bänd upp plastkåpan, lossa muttern (markerad med pil). . .

4.8b . . . och dra upp plusfästet

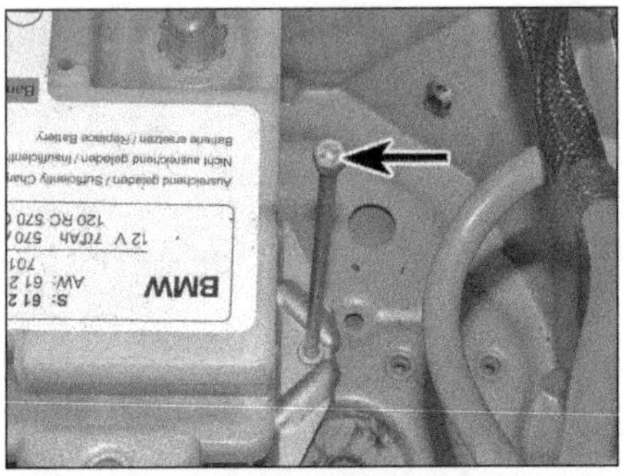

4.9 Skruva loss bulten (markerad med pil) och ta bort batteriets fästklämma

(se bilder). Placera kontaktdons enhet på ena sidan.

8 Bänd upp plastkåpan, lossa muttern och dra bort plusklämenheten från polen på batteriet **(se bilder)**.

9 Skruva loss bulten och ta bort batteriets fästklämma **(se bild)**.

10 Lyft upp batteriet från dess hus och koppla loss ventilationsslangen när batteriet tas bort **(se bilder)**. Var försiktig, batteriet är tungt.

Montering

11 Monteringen sker i omvänd ordningsföljd mot demonteringen. Återanslut alltid plusdelaren först och sedan minusdelaren.

12 Efter återanslutningen av batteriet behöver flera av bilens styrmoduler tid för att lära om vissa värden. Detta slutförs normalt inom ett normalt körsätt på 25 km (ungefär). Dessutom kan flera system kräva återinitiering enligt följande:

Taklucka

1) När batteriet har återanslutits och med tändningen på, tryck takluckans brytare till lutande läge och håll kvar den där.

2) När takluckan nått lutande läge, håll kvar brytaren i samma läge i ca 20 sekunder. När bakdelen av takluckan lyfts lätt en gång till är initieringen klar.

Elektriska fönsterhissar

1) Tryck på knappen så att rutan stängs helt, fortsätt sedan att hålla knappen intryckt minst 1 sekund för att ”normalisera” säkerhetsstoppfunktionen.

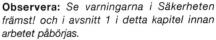

5 Laddningssystem – kontroll

Observera: *Se varningarna i Säkerheten främst! och i avsnitt 1 i detta kapitel innan arbetet påbörjas.*

1 Om tändningens varningslampa inte tänds när tändningen slås på, kontrollera först att generatorns kabelanslutningar sitter ordentligt. Om de är felfria, kontrollera att inte glödlampan har gått sönder och att glödlampssockeln sitter väl fast i instrumentbrädan. Om lampan fortfarande inte tänds, kontrollera att ström går genom ledningen från generatorn till lampan. Om allt är som det ska är det fel på generatorn, som måste bytas eller tas till en bilelektriker för kontroll och reparation. Observera att i en del modeller styrs generatorns funktion av motorstyrmodulen och ingår därför i bilens självdiagnossystem. Om ett fel uppstår ska systemet undersökas med en kodläsare eller skanner.

2 Om tändningens varningslampa tänds när motorn är igång, stanna bilen och kontrollera att drivremmen är korrekt spänd (se kapitel 1A eller 1B) och att generatorns anslutningar sitter ordentligt. Om allt är som det ska så långt, måste generatorn tas till en bilelektriker för kontroll och reparation. Se kommentaren i föregående punkt.

3 Om generatorns arbetseffekt misstänks vara felaktig även om varningslampan fungerar som den ska, kan regulatorspänningen kontrolleras på följande sätt.

4 Anslut en voltmeter till batteripolerna och starta motorn.

5 Öka motorvarvtalet tills voltmätarutslaget är stabilt. Den bör visa cirka 12 till 13 volt och inte mer än 14,2 volt.

6 Sätt på så många elektriska tillbehör som möjligt (t.ex. strålkastare, bakrutedefroster, och värmefläkt) och kontrollera att generatorn håller regulatorspänningen runt 13 till 14 volt.

7 Om regulatorspänningen ligger utanför de angivna värdena kan felet bero på utslitna generatorborstar, svaga borstfjädrar, en defekt spänningsregulator, en defekt diod, en bruten fasledning eller slitna eller skadade släpringar. Generatorn måste bytas eller lämnas till en bilelektriker för kontroll och reparation.

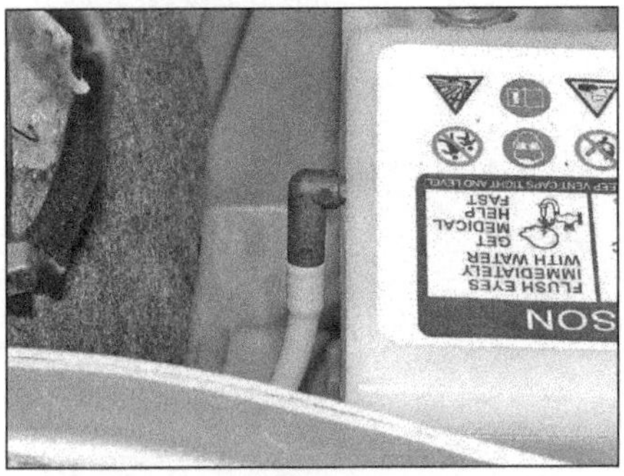

4.10a Dra av ventilationsslangen från batteriets sida. . .

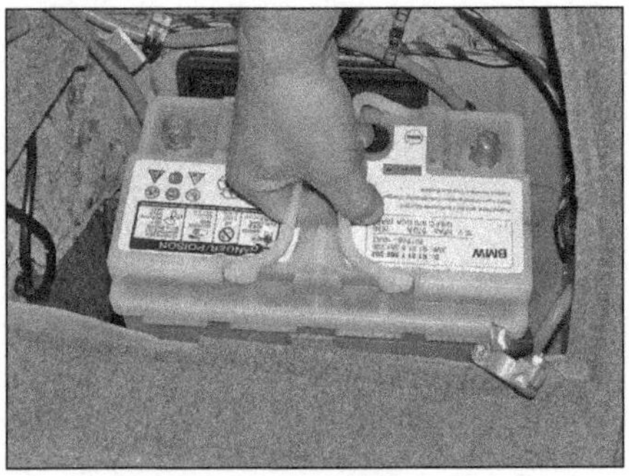

4.10b . . . och lyft bort den

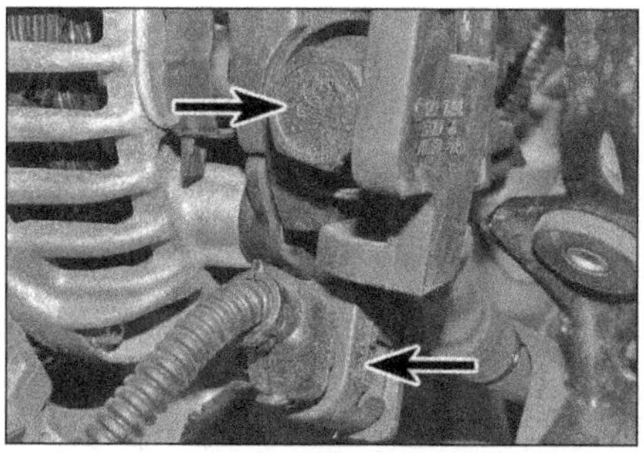

7.4 Lossa anslutningskontakten, skruva sedan loss den mutter som håller fast plusledningen (markerad med pilar)

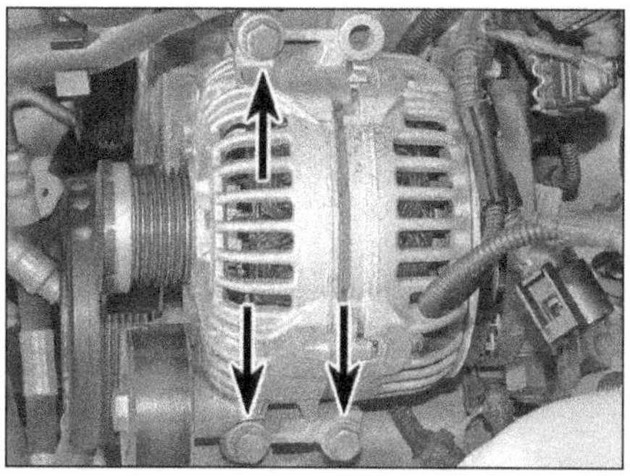

7.5 Generatorns fästbultar (markerade med pilar) – 4-cylindriga bensinmotorer

7.6a Sätt in specialverktygen i mitten av generatorns axel och remskiva

7.6b Håll generatorns axel och lossa remskivans mitt. . .

7.6c . . . och skjut bort remskivan från axeln

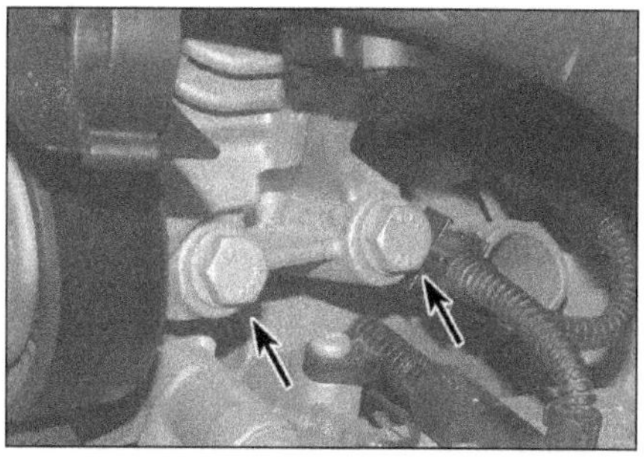

7.9 Lossa anslutningskontakten, och skruva loss fästbultarna (nedre bultar markerade) – 6-cylindriga bensinmotorer

6 Generatorns drivrem – demontering, återmontering och spänning

Uppgifter om drivremmen finns i kapitel 1A eller 1B.

7 Generator – demontering och montering

Demontering

1 Koppla loss batteriets minusdelare (se avsnitt 4).

2 Ta bort generatorns drivrem enligt beskrivningen i kapitel 1A eller 1B.

4-cylindriga bensinmotorer

3 Ta bort luftrenarhuset enligt beskrivningen i kapitel 4A.

4 Lås upp och koppla loss anslutningskontakten, skruva sedan loss muttern och koppla loss batterikabeln från generatorns baksida **(se bild)**.

5 Skruva loss bultarna och för bort generatorn från motorrummet **(se bild)**.

6 Bänd bort plastkåpan, sedan kan remskivan tas bort genom att verktyg nr 12 7 121 sätts in i remskivans mitt och genom att man håller fast generatorns axel med verktyg nr 12 7 122 **(se bilder)** för att ta bort generatorns remskiva i modeller med en automatisk koppling. Lossa remskivans mitt samtidigt som du håller generatoraxeln stilla. Lämpliga alternativa verktyg kan erhållas från verktygstillverkare för eftermarknaden.

6-cylindriga bensinmotorer

7 Ta bort luftrenarhuset enligt beskrivningen i kapitel 4A.

8 Lås upp och lossa anslutningskontakten, skruva sedan loss muttern och lossa batteriledningen från generatorns bakre del.

9 Skruva loss de övre och nedre fästbultarna, ta sedan bort generatorn **(se bild)**. **Observera:** *På grund av vevhus av magnesium är generatorns fästbultar gjorda av aluminium och de kan inte återanvändas. Montera nya bultar.*

10 För att ta bort generatorremskivan i modeller med en automatisk koppling fäster du generatorn i ett skruvstäd, bänder bort plastkåpan, sedan kan remskivan tas bort genom att du sätter in verktyg nr 12 7 121 i remskivans mitt och samtidigt håller generatorns axel med verktyg nr 12 7 122 **(se bilder 7.6a, 7.6b och 7.6c)**. Lossa remskivans mitt samtidigt som du håller generatoraxeln stilla. Lämpliga alternativa verktyg kan erhållas från verktygstillverkare för eftermarknaden.

M47T2 och M57T2 dieselmotorer

11 Lås upp och koppla loss anslutningskontakten, skruva sedan loss muttern och koppla loss batterikabeln från generatorns baksida **(se bild)**.

12 Skruva loss bulten och ta bort drivremmens tomgångsremskiva **(se bild)**.

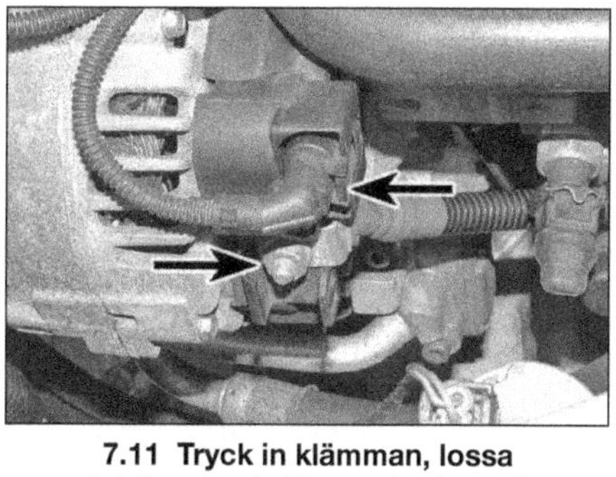

7.11 Tryck in klämman, lossa anslutningskontakten, och skruva loss muttern och lossa batteriledningen (markerad med pilar)

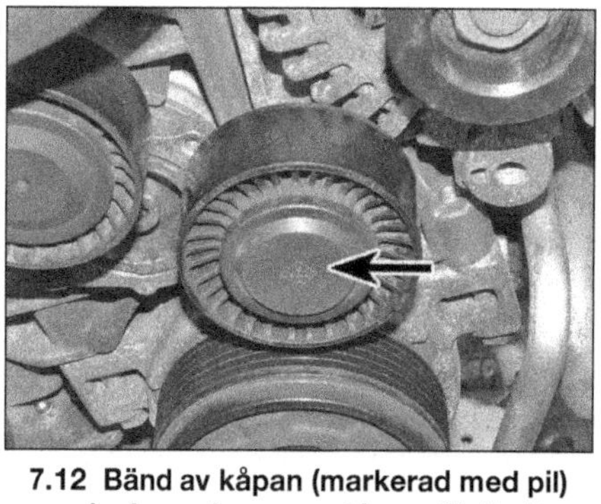

7.12 Bänd av kåpan (markerad med pil) och skruva loss remskivans fästbult

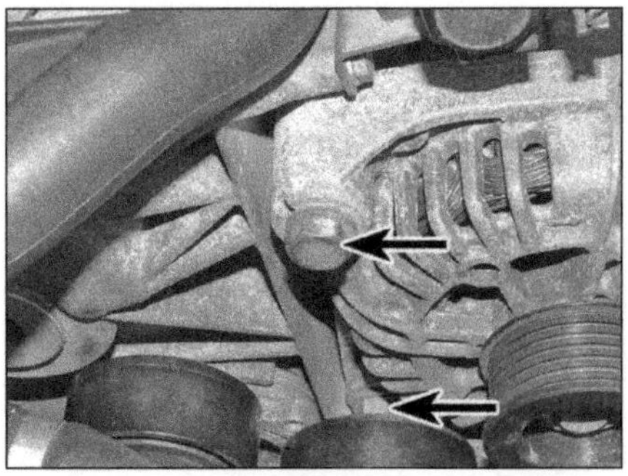

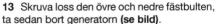

7.13 Generatorns fästbultar (markerade med pilar) - dieselmotorerna M47T2 och M57T2

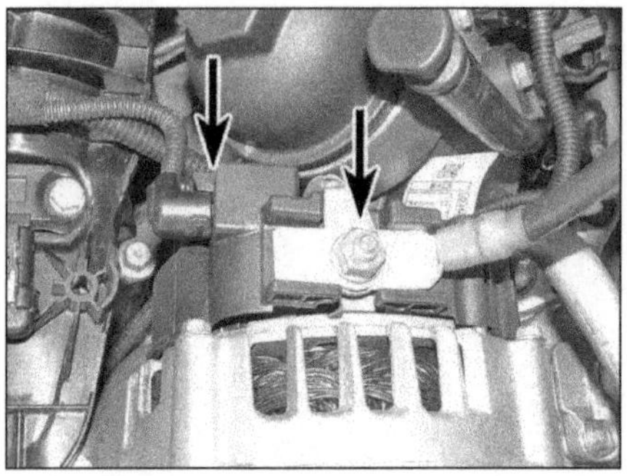

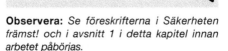

7.15 Lossa kablaget från generatorns bakre del (markerat med pilar)

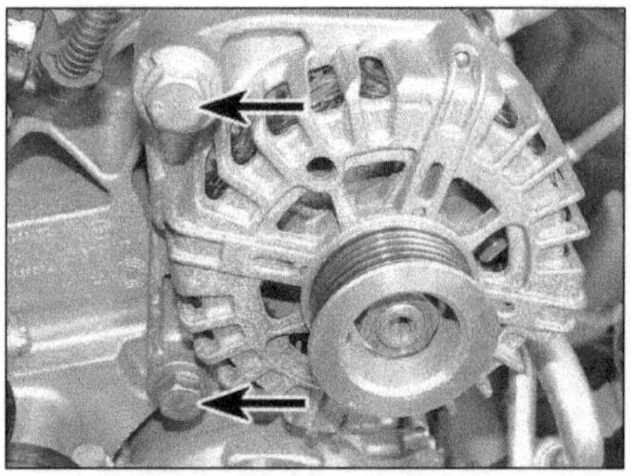

7.16 Generatorns fästbultar (markerade med pilar) - dieselmotorerna N47 och N57

13 Skruva loss den övre och nedre fästbulten, ta sedan bort generatorn **(se bild)**.

14 För att ta bort generatorns remskiva i modeller med en automatisk koppling fäster du generatorn i ett skruvstäd varefter remskivan kan tas bort genom att man sätter in verktyg nr 12 7 110 i remskivans mitt och lossar fästbulten med en ett lämpligt insex- eller Torxbit efter tillämplighet. Lämpliga alternativa verktyg kan erhållas från verktygstillverkare för eftermarknaden. Dra bort remskivan från generatorns axel.

N47 och N57 dieselmotorer

15 Lås upp och koppla loss anslutningskontakten, skruva sedan loss muttern och koppla loss batterikabeln från generatorns baksida **(se bild)**.

16 Skruva loss den övre och nedre fästbulten, ta sedan bort generatorn **(se bild)**.

17 För att ta bort generatorremskivan i modeller med en automatisk koppling fäster du generatorn i ett skruvstäd, bänder bort plastkåpan, sedan kan remskivan tas bort genom att du sätter in verktyg nr 12 7 121 i remskivans mitt och samtidigt håller generatorns axel med verktyg nr 12 7 122 **(se bilder 7.6a, 7.6b och 7.6c)**. Lossa remskivans mitt samtidigt som du håller generatoraxeln stilla. Lämpliga alternativa verktyg kan erhållas från verktygstillverkare för eftermarknaden.

Montering

18 Monteringen utförs i omvänd ordningsföljd mot demonteringen och kom ihåg att dra åt alla fästanordningar till angivet moment om det är tillämpligt.

8 Generator - kontroll och renovering

Om generatorn misstänks vara defekt måste den demonteras och tas till en bilelektriker för kontroll. De flesta bilverkstäder kan erbjuda och montera borstar till överkomliga priser. Kontrollera dock reparationskostnaderna först, det kan vara billigare med en ny eller begagnad generator.

9 Startsystem - kontroll

Observera: *Se föreskrifterna i Säkerheten främst! och i avsnitt 1 i detta kapitel innan arbetet påbörjas.*

1 Om startmotorn inte arbetar när tändningsnyckeln vrids till startläget kan något av följande vara orsaken:

a) Batteriet är defekt.
b) De elektriska anslutningarna mellan strömbrytare, solenoid, batteri och startmotor har ett fel någonstans som gör att ström inte kan passera från batteriet till jorden genom startmotorn.
c) Solenoiden är defekt.
d) Startmotorn har ett mekaniskt eller elektriskt fel.

2 Kontrollera batteriet genom att tända strålkastarna. Om de försvagas efter ett par sekunder är batteriet urladdat. Ladda (se avsnitt 3) eller byt batteri. Om strålkastarna lyser klart, vrid om startnyckeln. Om strålkastarna då försvagas betyder det att strömmen når startmotorn, vilket anger att felet finns i startmotorn. Om strålkastarna lyser klart (och inget klick hörs från solenoiden) indikerar detta ett fel i kretsen eller solenoiden - se följande punkter. Om startmotorn snurrar långsamt, trots att batteriet är i bra skick, indikerar detta antingen ett fel i startmotorn eller ett kraftigt motstånd någonstans i kretsen.

3 Vid ett misstänkt fel på kretsen, koppla loss batterikablarna (inklusive jordningen till karossen), startmotorns/solenoidens kablar och motorns/växellådans jordledning. Rengör alla anslutningar noga och anslut dem igen. Använd sedan en voltmätare eller testlampa och kontrollera att full batterispänning finns vid strömkabelns anslutning till solenoiden och att jordförbindelsen är god. Smörj in batteripolerna med vaselin så att korrosion undviks - korroderade anslutningar är en av de vanligaste orsakerna till elektriska systemfel.

4 Om batteriet och alla anslutningar är i bra skick, kontrollera kretsen genom att lossa ledningen från solenoidens flatstift. Anslut en voltmätare eller testlampa mellan ledningen och en bra jord (t.ex. batteriets minuspol) och kontrollera att ledningen är strömförande när tändningsnyckeln vrids till startläget. Är den det, fungerar kretsen. Om inte, kan kretsen kontrolleras enligt beskrivningen i kapitel 12.

5 Solenoidens kontakter kan kontrolleras med en voltmätare eller testlampa mellan strömkabeln på solenoidens startmotorsida och jord. När tändningsnyckeln vrids till start ska mätaren ge utslag eller lampan tändas. Om inget sker är solenoiden defekt och måste bytas.

6 Om kretsen och solenoiden fungerar måste felet finnas i startmotorn. I det fallet kan det vara möjligt att låta en specialist renovera motorn, men kontrollera först pris och tillgång på reservdelar, eftersom det mycket väl kan vara billigare att köpa en ny eller begagnad startmotor.

10 Startmotor - demontering och montering

Demontering

1 Koppla loss batteriets minusdelare (se avsnitt 4).

Bensinmotorer

2 Demontera insugsgrenröret enligt beskrivningen i kapitel 4A.

3 Notera var de sitter och skruva sedan loss muttrarna och koppla loss ledningarna från startmotorns solenoid **(se bild)**.

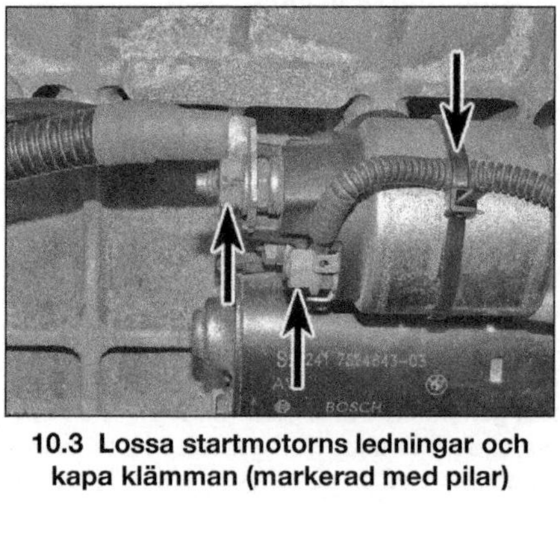

10.3 Lossa startmotorns ledningar och kapa klämman (markerad med pilar)

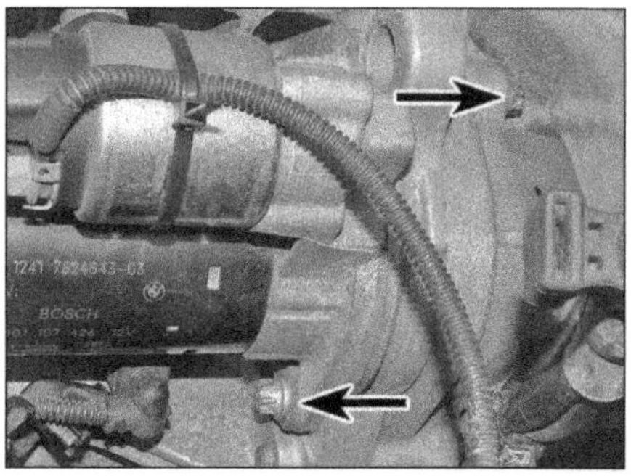

10.4 Startmotorns fästbultar (markerade med pilar) - bensinmotorer

10.6a Skruva loss muttern (markerad med pil), och lossa den yttre ledningen . . .

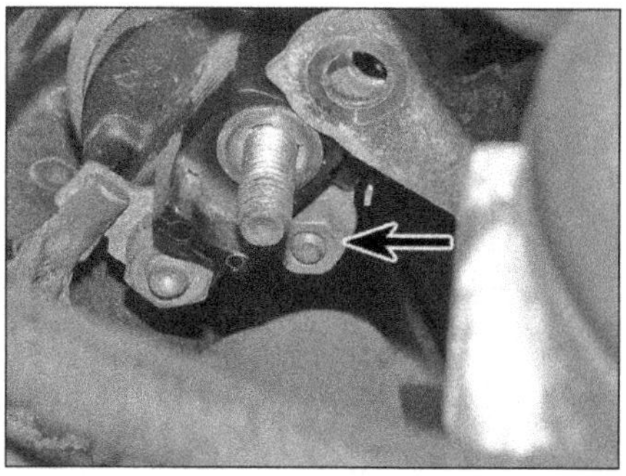

10.6b . . . för att komma åt den mindre anslutningen (markerad med pil)

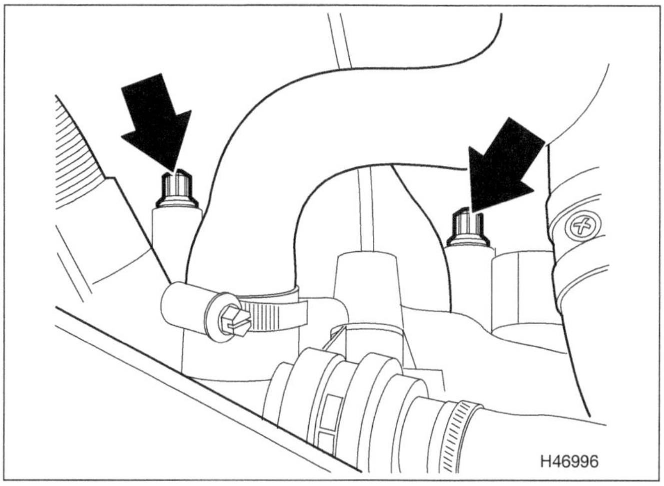

10.12 Startmotorns fästbultar (markerade med pilar - sett uppifrån och neråt baktill på motorn) - dieselmotorerna M57T2

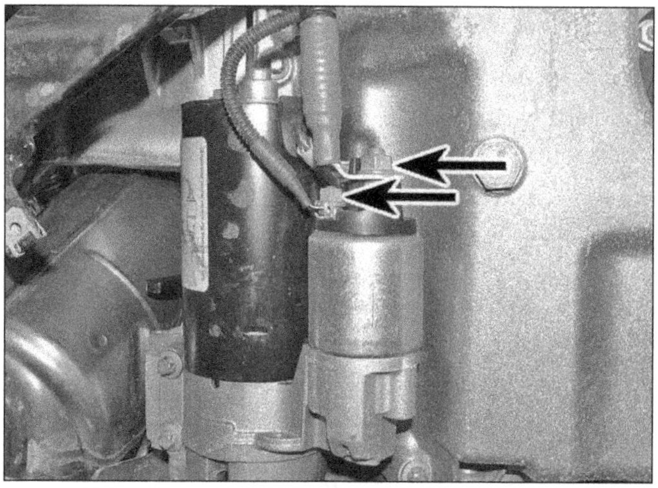

10.15 Skruva loss muttrarna och lossa startmotorns kablage (markerad med pilar)

4 Skruva loss de två bultar och ta bort startmotorn **(se bild)**. **Observera:** *På grund av vevhusen av magnesium är startmotorns fästbultar gjorda av aluminium på sexcylindriga motorer och de får inte återanvändas. Montera nya bultar.*

M47T2 dieselmotor

5 Ta bort luftintagsgrenröret enligt beskrivningen i kapitel 4B.

6 Skruva loss muttrarna och lossa kablaget från startmotorn **(se bilder)**. Observera att den mindre anslutningsmuttern går att komma åt så snart den större, yttre anslutningen har lossats.

7 Använd en hylsnyckel, spärrhake och en lång förlängningsarm för att skruva loss startmotorns fästbultar från balanshjulskåpan.

8 Dra motorn framåt och flytta den nedåt, var försiktig så att du inte skadar bränsleslangarna.

M57T2 dieselmotor

9 Ställ framvagnen på pallbockar (se *Lyftning och stödpunkter*).

10 Skruva loss fästanordningarna och ta bort motorns/växellådans underskydd.

11 Kassera anslutningskontakten, lossa sedan den mutter som håller fast kablaget baktill på startmotorn **(se bilder 10.6a och 10.6b)**.

12 Skruva loss de två bultarna och ta bort startmotorn **(se bild)**.

N47 och N57 dieselmotorer

13 Ställ framvagnen på pallbockar (se *Lyftning och stödpunkter*).

14 Skruva loss fästanordningarna och ta bort motorns/växellådans underskydd.

15 Skruva loss de muttrar som håller fast kablaget på startmotorns bakre del **(se bild)**.

16 Skruva loss de 3 bultar och ta bort startmotorn **(se bild)**. **Observera:** *Dra åt de yttre fästbultarna innan den inre dras åt vid återmontering av startmotorn.*

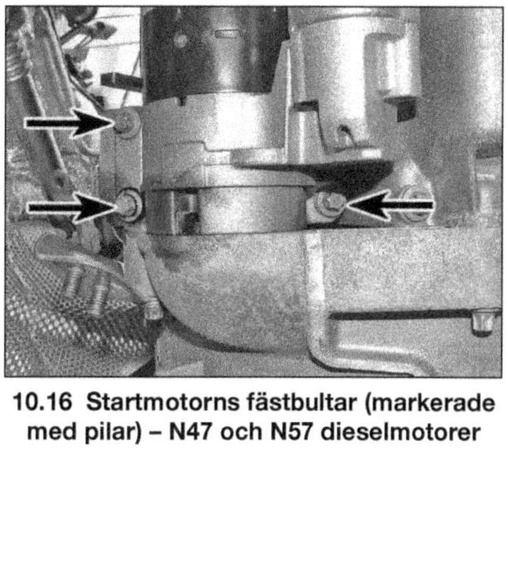

10.16 Startmotorns fästbultar (markerade med pilar) - N47 och N57 dieselmotorer

Montering

17 Monteringen sker i omvänd ordningsföljd mot demonteringen. Dra åt startmotorns fästbultar till angivet moment.

11 Startmotor - test och renovering

Om startmotorn misstänks vara defekt måste den demonteras och tas till en bilelektriker för kontroll. De flesta bilverkstäder kan erbjuda och montera borstar till överkomliga priser. Kontrollera dock reparationskostnaderna först, eftersom det kan vara billigare med en ny eller begagnad motor.

12 Förvärmningssystem diesel - beskrivning och testning

Beskrivning

1 För att underlätta kallstart är dieselmodeller utrustade med ett förvärmningssystem som består av fyra glödstift (ett per cylinder), en glödstiftsreläenhet, en varningslampa på instrumentbrädan, motorstyrsystemets styrmodul samt tillhörande kablage.

2 Glödstiften är elektriska värmeelement i miniatyr, inkapslade i ett metallhölje med en spets i ena änden och en kontakt i den andra. Varje förbränningskammare har ett glödstift gängat i sig, med spetsen direkt i skottlinjen för den inkommande bränsleinsprutningen. När glödstiftet spänningsmatas värms det snabbt upp, vilket gör att bränslet som passerar över glödstiftet värms upp till sin optimala temperatur, och är redo för förbränning. Dessutom antänds en del av det bränsle som passerar över glödstiftet och detta hjälper till att starta förbränningsprocessen.

3 Förvärmningssystemet aktiveras så snart startnyckeln vrids till det andra läget, men endast om motorns kylvätsketemperatur är under 20 °C och motorn går med mer än 70 varv/minut. En varningslampa på instrumentbrädan meddelar föraren när förvärmning pågår. Lampan slocknar när tillräcklig förvärmning skett för att starta motorn, men glödstiften är aktiva till dess att motorn startar. Om inga försök görs för att starta motorn stängs strömförsörjningen till glödstiften av efter 10 sekunder för att förhindra att batteriet tar slut och att glödstiften blir utbrända.

4 I de elektroniskt styrda dieselinsprutningssystem som modellerna i den här handboken har styrs glödstiftsreläenheten av motorstyrningssystemets (styrmodul) som bestämmer vilken förvärmningstid som behövs baserat på indata från de olika systemgivarna. Systemet övervakar temperaturen i insugsluften och ändrar därefter förvärmningstiden (hur länge glödstiften spänningsmatas) så att den passar förhållandena.

5 Eftervärmningen sker efter det att startnyckeln har lämnat "startläget" men endast om motorns kylvätsketemperatur är under 20 °C, det insprutade bränslets flöde ligger under en viss hastighet och motorvarvtalet är under 2000 varv/minut. Glödstiften fortsätter att vara aktiva i maximalt 60 sekunder, vilket hjälper till att förbättra bränsleförbränningen när motorn värmer upp och leder till tystare, smidigare körning och minskade avgasutsläpp.

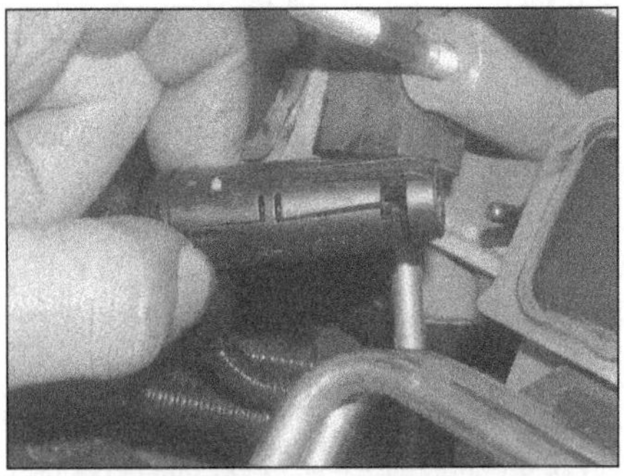

12.12 Tryck ihop kontaktdonets ändar och dra bort det från glödstiftet

Kontroll

6 Om systemet inte fungerar som det ska utföras test genom att man sätter in delar som man vet fungerar, men vissa förberedande kontroller kan göras enligt följande. Observera att förvärmningen ingår i bilens självdiagnossystem. Följaktligen ska systemet undersökas med en felkodsläsare eller skanner via bilens diagnosuttag – se kapitel 4B.

7 Ansluten voltmätare eller en kontrollampa på 12 volt mellan glödstiftets matningskabel och jord (motor eller metalldel i bilen). Kontrollera att den strömförande anslutningen hålls borta från motorn och karossen.

8 Be en medhjälpare slå på tändningen och kontrollera att glödstiften spänningsmatas. Observera hur länge kontrollampan lyser, och den totala tid som spänningen överförs innan systemet slås av. Slå av tändningen.

9 Varningslampans tid stiger med lägre temperaturer och sjunker med högre temperaturer.

10 Om det inte finns någon matning alls är det fel på styrenheten eller tillhörande kablage.

11 Se kapitel 4B för att komma åt glödstiften för ytterligare provning och ta bort insugsgrenröret.

12 Tryck ihop sidan för att lossas klämmorna, dra sedan bort det elektriska kontaktdonet från varje tändstift **(se bild)**.

13 Använd en kontinuitetsmätare, eller en kontrollampa på 12 volt som är ansluten till batteriets pluspol för att kontrollera förbindelsen mellan alla glödstiftsanslutningar och jord. Resistansen i ett glödstift i gott skick är mycket låg (mindre än 1 ohm), så om kontrollampan inte tänds eller om kontinuitetsmätaren visar en hög resistans, är det fel på glödstiftet.

14 Om du har tillgång till en amperemätare kan du kontrollera strömförbrukningen i varje enskilt glödstift. Efter en inledande topp på 15 till 20 ampere ska varje stift dra 12 ampere. Glödstift som drar mycket mer eller mycket mindre än detta är troligtvis defekt.

15 Gör en sista kontroll genom att ta bort glödstiften och undersöka dem visuellt enligt beskrivningen i nästa avsnitt. Montera tillbaka de komponenter som du eventuellt har tagit bort för att komma åt.

13.3 Skruva loss och ta bort glödstiftet

13 Glödstift – demontering, kontroll och återmontering

Varning: Om förvärmningssystemet precis har strömmatas, eller om motorn har varit igång, är glödstiften mycket varma.

Demontering

1 Se till att tändningen är avstängd. För att komma åt glödstiften tar du bort insugsgrenröret enligt beskrivningen i kapitel 4B.

2 Tryck ihop sidan för att lossa klämmorna, dra sedan bort det elektriska kontaktdonet från varje glödstift **(se bild 12.12)**.

3 Skruva loss glödstift(-et) och ta bort från topplocket **(se bild)**.

Kontroll

4 Undersök glödstiften efter tecken på skador. Brända eller nedslitna glödstiftspetsar kan bero på felaktigt sprutmönster hos insprutningsventilerna. Be en mekaniker undersöka insprutningsventilerna om den här typen av skador förekommer.

5 Om glödstiften är i bra fysiskt skick kontrollerar du dem elektriskt med en kontrollampa på 12 volt eller en kontinuitetsmätare enligt beskrivningen i föregående avsnitt.

6 Glödstiften kan strömmatas med 12 volt för att kontrollera att de värms upp jämnt och inom den tid som krävs. Följ följande föreskrifter.

a) Spänn fast glödstiftet i ett skruvstycke eller med självlåsande tänger. Tänk på att det är glödhett.

b) Kontrollera att strömförsörjningen eller testsladden har en säkring eller överbelastningsbrytare för att skydda mot skador vid kortslutning.

c) Efter testet låter du glödstiftet svalna i flera minuter innan du försöker hantera det.

7 Ett glödstift i gott skick börjar glöda rött i spetsen efter ett ha dragit ström i cirka 5 sekunder. Stift som tar längre tid på sig att börja glöda eller som börjar glöda i mitten istället för i spetsen är förmodligen defekta.

Montering

8 Monteringen sker i omvänd ordningsföljd mot demonteringen. Applicera kopparbaserat antikärvningsfett på glödstiftets gängor. Dra sedan åt glödstiftet till angivet moment. Dra inte åt för hårt eftersom detta kan skada glödstiftet.

9 Montera tillbaka de komponenter som du eventuellt har tagit bort för att komma åt.

14 För-/eftervärmningssystemets reläenhet – demontering och montering

Demontering

M47T2 motor

1 Ställ framvagnen på pallbockar (se *Lyftning och stödpunkter*). Skruva loss hållarna och ta bort motorns undre skyddskåpa.

14.2 Lossa anslutningskontakten, skruva loss muttrarna och ta bort glödstiftstyrenheten (markerad med pilar) – M47T2 motor

2 Reläet/styrenheten är placerat/placerad på en fästbygel som är fäst på vänster motorfäste. Lossa anslutningskontakten, lossa muttrarna och ta bort enheten **(se bild)**.

M57T2 motor

3 Reläet är placerat alldeles framför startmotorn. Lossa reläets anslutningskontakter **(se bild)**.

4 Skruva loss de två muttrarna och ta bort reläet.

N47-motor

5 Reläet är placerat alldeles bakom oljefilterhuset. Lyft upp framkanten och dra bort plastkåpan från motorns överdel.

6 Lossa klämman och lossa luftmatningsröret från gasspjällventilen.

7 Lossa anslutningskontakten och ta bort glödstiftets styr-/reläenhet **(se bild)**.

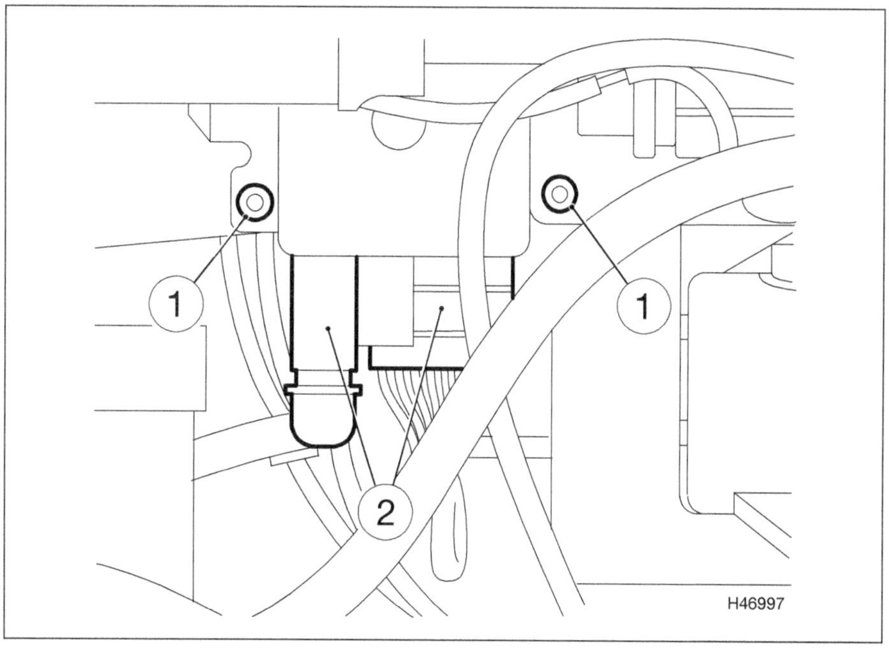

14.3 Fästmuttrar (1) och anslutningskontakter (2) till glödstiftsenheten – motorn M57T2

N57-motor

8 Lyft upp framkanten och dra bort plastkåpan från motorns överdel.

9 Lossa insugslufttemperaturgivarens anslutningskontakt, bänd ut låsklämmorna och lossa luftmatningsröret från gasspjällsventilen.

10 Lossa klämman och lossa anslutningskontakten från styrenheten **(se bild)**.

11 Skruva loss de 2 bultarna och ta bort styrenheten.

Montering

12 Monteringen utförs i omvänd ordningsföljd mot demonteringen, och kontrollera att anslutningskontakterna sitter ordentligt.

14.7 Glödstiftstyrenheten (markerad med pil) sitter bakom oljefilterhuset – N47 motor

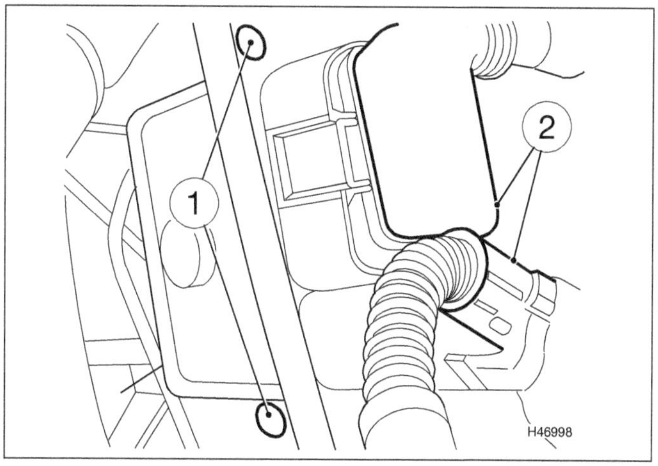

14.10 Fästmuttrar (1) till glödstiftets styrenhet och anslutningskontakter (2) – motorn N57

Kapitel 5 Del B: Tändsystem

Innehåll

Svårighetsgrad

Enkelt, passar novisen med lite erfarenhet	**Ganska enkelt,** passar nybörjaren med viss erfarenhet	**Ganska svårt,** passar kompetent hemmamekaniker	**Svårt,** passar hemmamekaniker med erfarenhet	**Mycket svårt,** för professionell mekaniker

Specifikationer

Tändföljd

4-cylindrig motor	1-3-4-2
6-cylindrig motor	1-5-3-6-2-4

Tändningsinställning

Tändningsinställning	Elektroniskt styrd av digital motorelektronik (DME) – kan inte justeras

Åtdragningsmoment

Åtdragningsmoment	**Nm**
Bultar till den ljuddämpande kåpan (endast 6-cylindriga motorer):*	
Steg 1	7
Steg 2	Vinkeldra ytterligare 90°
Knackgivarens fästbult:	
4-cylindriga motorer	20
6-cylindriga motorer:*	
Steg 1	10
Steg 2	Vinkeldra ytterligare 90
Tändstift:	
M12-gänga	23
M14-gänga	30

* *Återanvänds inte*

1 Allmän information och föreskrifter

Tändsystemet styrs av motorstyrningssystemet (se kapitel 4A), som kallas DME (digital motorelektronik). DME-systemet styr alla tändnings- och bränsleinsprutningsfunktioner med hjälp av en central elektronisk styrmodul (ECM).

Tändningsinställningen baseras på inkommande information till styrmodulen från olika givare som ger upplysningar om motorbelastning, motorvarvtal, kylvätsketemperatur och insugsluftens temperatur (se kapitel 4A).

Vissa motorer har knacksensorer som känner av "knackningar" (kallas även "spikning" eller förtändning). Knacksensorerna är känsliga för vibrationer och registrerar knackningarna som uppstår när en cylinder börjar förtända. Knacksensorn skickar en signal till styrmodulen, som i sin tur fördröjer tändningsförställningen tills knackningarna upphör.

Ett fördelarlöst tändsystem med en separat tändspole för varje cylinder används. Det finns ingen fördelare och spolarna ger en högspänningssignal direkt till varje tändstift.

Styrmodulen använder information från de olika givarna för att beräkna vilken tändningsförställning som krävs samt spolladdningstiden.

Föreskrifter

- Se föreskrifterna i kapitel 5A.
- Kontroll av tändsystemets komponenter ska överlåtas till en BMW-handlare. Improviserade kontrolltekniker är tidskrävande och riskerar att skada motorstyrmodulen.

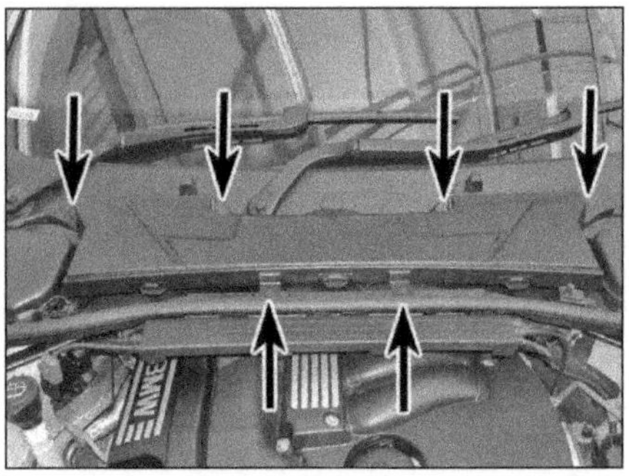

3.1 Skruva loss bultarna (markerade med pilar) och ta bort pollenfiltrets övre hus

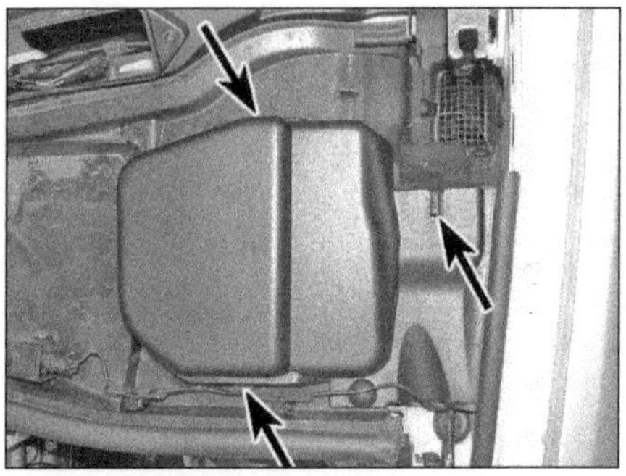

3.2 Lossa klämmorna (markerade med pilar) och ta bort plastkåpan på varje sida

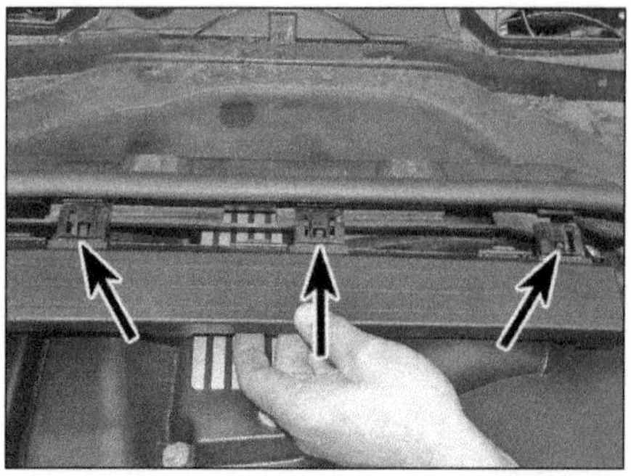

3.3 Lossa klämmorna (markerade med pilar) och för kabelstyrningen framåt

2 Tändsystem - test

1 Om det uppstår ett fel i motorstyrningssystemet (bränsle/insprutning), se först till att felet inte beror på en dålig elektrisk anslutning eller bristande underhåll, dvs. kontrollera att luftfiltret är rent, att tändstiften är i gott skick och har korrekta mellanrum, och att motorns ventilationsslangar är rena och hela.

2 Kontrollera kompressionstrycket enligt beskrivningen i kapitel 2A eller 2B om motorn går väldigt ojämnt.

3 Om dessa kontroller inte avslöjar orsaken till problemet bör bilen lämnas in för provning hos en BMW-verkstad eller en specialist som har den rätta diagnostikutrustningen. Styrmodulen innehåller en självdiagnosfunktion som sparar felkoder i systemets minne (observera att sparade felkoder raderas om batteriet kopplas ifrån). Dessa felkoder kan läsas av med hjälp av lämplig BMW-diagnosutrustning. Improviserade kontrolltekniker är tidskrävande och riskerar att skada motorstyrmodulen.

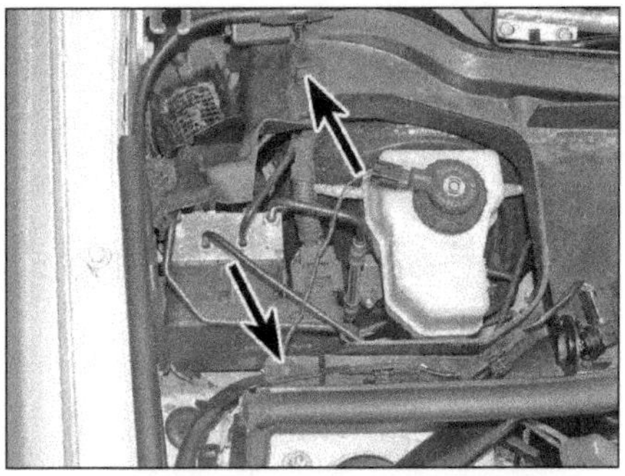

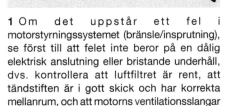

3.4a Skruva loss bulten och lossa klämman på varje sida (markerad med pilar). . .

3 Tändspole - demontering och montering

4-cylindriga motorer

1 Arbeta i bakre delen av motorrummet, skruva loss bultarna och ta bort pollenfilterkåpan. För filtret från huset **(se bild)**. Om det behövs, se kapitel 1A.

3.4b . . . och för det nedre pollenfilterhuset framåt

2 Lossa spärrarna och ta bort vänster och höger plastkåpa bakom fjädertornet på varje sida av motorrummet. Lossa slangen från vänster kåpa **(se bild)**.

3 Tryck in klämmorna och dra kabelstyrningen framåt från den nedre delen av pollenfilterhuset **(se bild)**.

4 Lossa spärren och skruva loss bulten på varje sida, för sedan den nedre delen av pollenfilterhuset framåt och för bort den från platsen **(se bilder)**.

Modeller med fjädertornstöd

5 Ta bort plastkåpan från mitten av klädselpanelen. Två olika typer av lock är monterade: en med ett centralt spår som tas bort genom att det vrids 45° moturs och en utan centralt spår som bänds upp från sin placering **(se bild)**. Observera om kåpan eller tätningen är skadad, de måste bytas. Underlåtenhet att göra detta kan leda till att vatten tränger in.

6 Skruva loss den bult i mitten av torpedplåten som exponeras vid demonteringen av kåpan **(se bild)**. Kasta bulten – eftersom en ny en måste användas.

7 Skruva loss bulten på stödens respektive ytterände, håll sedan gummigenomföringen på plats och för stöden utåt från platsen **(se bild)**. Låt inte genomföringen rubbas. Kasta bultarna och använd nya vid återmonteringen.

Alla modeller

8 Ta bort oljepåfyllningslocket, dra

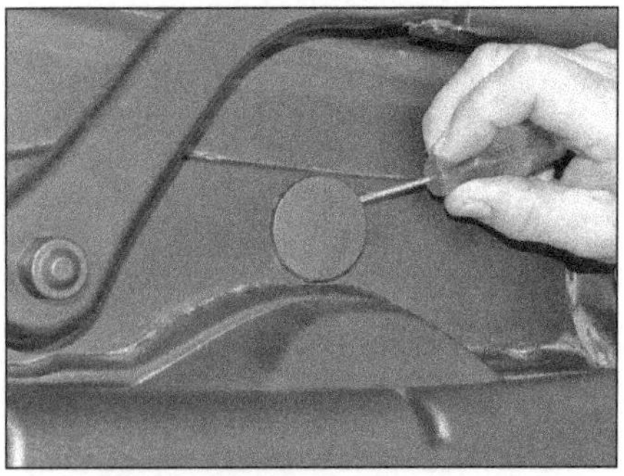

3.5 Ta bort kåpan från mitten av klädselpanelen. . .

3.6 . . . och ta bort den exponerade bulten (markerad med pil)

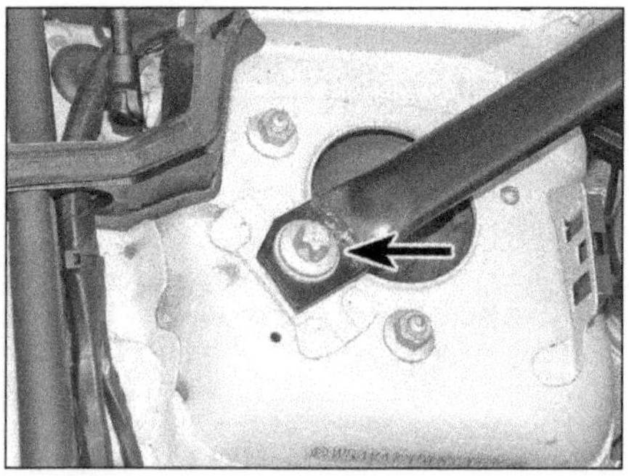

3.7 Skruva loss bulten (markerad med pil) i varje ände av spännstödet

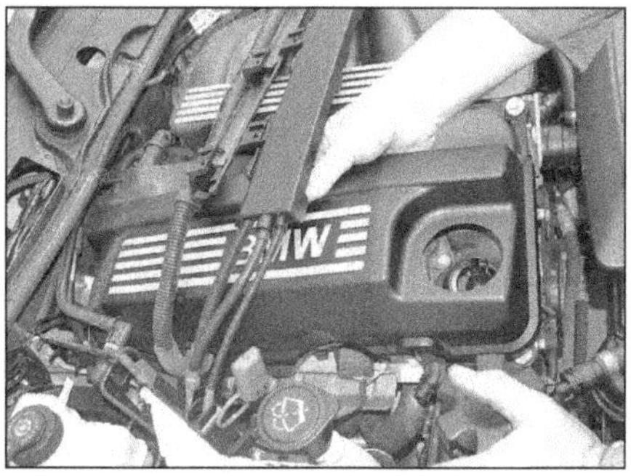

3.8 Dra plastkåpan uppåt för att lossa den från gummifästena

3.9a Lyft av kåpan och lossa spolens anslutningskontakt

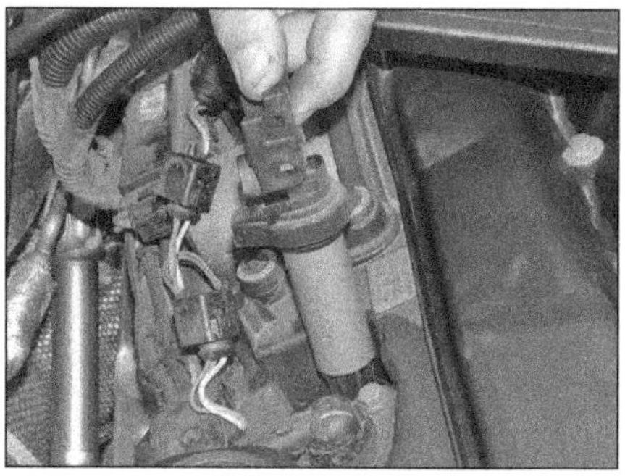

3.9b Dra bort spolen från tändstiftets överdel

sedan bort tändspolens plastkåpa från fästgenomföringarna av gummi **(se bild)**.

9 Bänd upp plastkåpornas högra kant över tändspolarna (över tändstiften) och lossa spolarnas anslutningskontakter **(se bilder)**. Dra bort de tändspolarna från tändstiften.

10 Monteringen utförs i omvänd ordningsföljd mot demonteringen, men se till att eventuella jordledningar och fästbyglar monteras på samma platser som tidigare.

6-cylindriga motorer

11 Tillvägagångssättet beskrivs i punkt 1 till 7.

12 Skruva loss oljefilterkåpan, skruva sedan loss bultarna och ta bort plastkåpan från motorns överdel. Observera att kamaxelkåpan är tillverkad av en magnesiumlegering, plastkåpans bultar är av aluminium och får inte återanvändas.

13 Bänd upp plastkåpornas högra kant över tändspolarna (över tändstiften) och lossa spolarnas anslutningskontakter **(se bilder 3.9a och 3.9b)**. Dra bort de tändspolarna från tändstiften.

14 Monteringen utförs i omvänd ordningsföljd mot demonteringen, men se till att eventuella jordledningar och fästbyglar monteras på samma platser som tidigare.

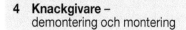

4 Knackgivare – demontering och montering

4-cylindriga motorer

Demontering

1 Koppla loss batteriets minusdelare enligt beskrivningen i kapitel 5A.

2 Demontera insugsgrenröret enligt beskrivningen i kapitel 4A.

3 Det finns två knacksensorer. Den bakre knacksensorn skyms av startmotorn. För att komma åt den bakre sensorn skruvar du loss startmotorns fästbultar, drar loss startmotorn från dess fäste och vrider den nedåt **(se bild)**.

4 Följ kablaget bakåt från sensorerna och koppla loss anslutningskontakterna.

5 Skruva loss bulten/bultarna och ta bort sensorn/sensorerna **(se bild)**.

Montering

6 Monteringen utförs i omvänd ordningsföljd mot demonteringen. Se till att kontaktytan mellan sensorn och motorblocket är ren och dra åt sensorns bult till angivet moment.

6-cylindriga motorer

Demontering

7 Den här modellen har två knacksensorer, de är fästa med skruvar på motorblockets vänstra sida. En sensor registrerar knackningar i cylinder 1 till 3, och den andra sensorn känner av knackningar i cylinder 4 till 6.

8 Koppla loss batteriets minusdelare (se kapitel 5A).

9 Demontera insugsgrenröret enligt beskrivningen i kapitel 4A.

10 Letaredapåsensoranslutningensfästbygel, den sitter under tomgångsstyrningsventilen.

Varning: Om du ska ta bort båda knacksensorerna, märk kontaktdonen för att underlätta återmonteringen. Felaktig återanslutning kan leda till motorskador.

11 Lossa anslutningen från fästklämman och koppla loss givarens kontaktdon.

12 Skruva loss fästbulten och ta bort knacksensorn, notera hur kablaget är draget. Givaren till cylinder 1 till 3 sitter under temperaturgivaren i topplocket **(se bild)**. Sensorn för cylinder 4 till 6 sitter på baksidan av fästbygeln till sensorns kontaktdon. Kasta sensorns fästbult – eftersom en ny en måste användas.

4.5 Den främre knackgivaren (markerad med pil) är placerad bredvid temperaturgivaren för kylvätska

Montering

13 Börja med att rengöra sensorns och motorblockets fogytor noga.

14 Sätt tillbaka givaren på motorblocket och dra åt den nya fästbulten till angivet moment.

15 Dra kablaget enligt tidigare anteckningar, återanslut sedan kontaktdonet/donen och fäst kontaktdonet på fästbygeln. Se till att kontaktdonen sitter likadant som före demonteringen.

Varning: Se till att kontaktdonen är korrekt anslutna enligt de anteckningar som gjordes tidigare. Om kontaktdonen är felaktigt anslutna (omkastade) kan det uppstå motorskador.

16 Montera tillbaka insugningsgrenröret enligt beskrivningen i kapitel 4A.

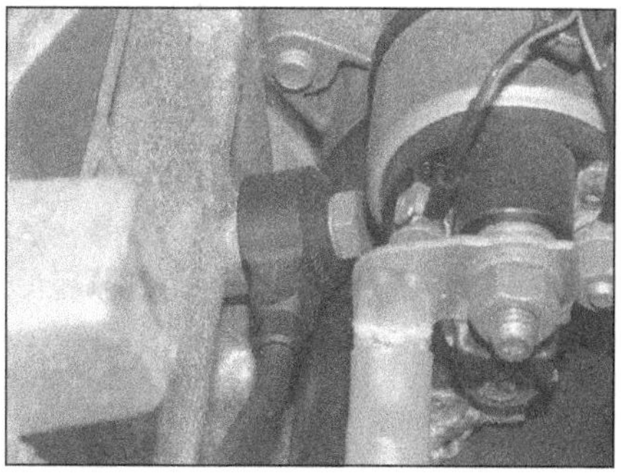

4.3 Den bakre knacksensorn skyms av startmotorn

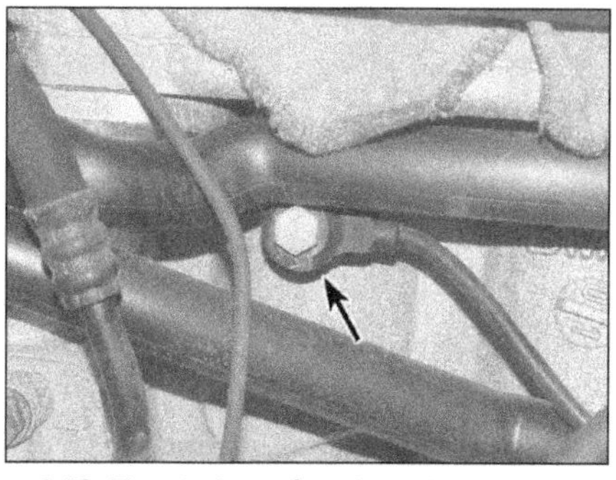

4.12 Knackgivare (markerad med pil) – 6-cylindriga motorer

Kapitel 6
Koppling

Innehåll

Svårighetsgrad

Enkelt, passar novisen med lite erfarenhet	**Ganska enkelt,** passar nybörjaren med viss erfarenhet	**Ganska svårt,** passar kompetent hemmamekaniker	**Svårt,** passar hemmamekaniker med erfarenhet	**Mycket svårt,** för professionell mekaniker

Specifikationer

Typ	Enkel torrlamell med tallriksfjäder, hydraulikstyrd
Drivplatta:	
Minsta beläggtjocklek över nithuvud	1,0 mm
Diameter:	
Bensinmotorer	228 mm
Dieselmotorer	240 mm

Åtdragningsmoment	**Nm**
Observera: *På vissa fästen kan bultar av olika klasser användas: klassen är graverad på bultskallarna. Se till att varje bult dras åt till korrekt moment för dess klass.*	
Bultar tryckplatta på svänghjul:	
M8:	
8.8*	24
10.9*	34
ZNS bultar*:	
Steg 1	15
Steg 2	Vinkeldra ytterligare 90°
Hydraulrör, anslutningsbultar	20
Kopplingens huvudcylinderbultar	22
Kopplingens slavcylindermuttrar	22

* *Återanvänds inte*

1 Allmän information

Samtliga modeller har en torrlamellkoppling, som består av fem huvudkomponenter: lamell, tryckplatta, tallriksfjäder, kåpa och urtrampningslager.

Lamellen kan glida längs med spåren på växellådans ingående axel, och hålls på plats mellan svänghjulet och tryckplattan av det tryck som tryckplattan utsätts för från tallriksfjädern. Friktionsbelägget är fastnitat på båda sidor av lamellen. Alla modeller har en självjusterande koppling (SAC), som kompenserar för slitage på lamellen genom att ändra placeringen av tallriksfjäderns fingrar via en fjädrande mekanism inuti tryckplattans kåpa. Detta ger en konsekvent kopplingskänsla under kopplingens livslängd.

Tallriksfjädern är fäst på stift och hålls på plats i kåpan av ringformiga stödpunktsringar.

Urtrampningslagret sitter på en styrhylsa på växellådans framsida, och lagret kan glida på hylsan. Det påverkas av urtrampningsarmen som vrider sig inuti kopplingens svänghjulskåpa.

Urtrampningsmekanismen styrs av kopplingspedalen, som använder hydrauliskt tryck. Pedalen påverkar den hydrauliska huvudcylinderns tryckstång och en slavcylinder, som sitter på växellådans svänghjulskåpa, styr urtrampningsarmen via en tryckstång.

När kopplingspedalen trycks ner trycker urtrampningsarmen urtrampningslagret framåt, så att det ligger an mot tallriksfjäderns mitt, och på så sätt trycks mitten av tallriksfjädern inåt. Tallriksfjädern påverkar stödpunktsringarna i kåpan och när fjäderns mitt trycks in trycks fjäderns utsida ut, vilket gör att tryckplattan kan flyttas bakåt, bort från lamellen.

När kopplingspedalen släpps tvingar tallriksfjädern tryckplattan att ligga an mot friktionsbeläggen på lamellen och trycker samtidigt lamellen framåt i dess spår, vilket tvingar den mot svänghjulet. Lamellen sitter nu säkert mellan tryckplattan och svänghjulet, och kraften tas upp.

2 Koppling - demontering, kontroll och återmontering

Varning: Dammet från kopplingsslitage som avlagrats på kopplingskomponenterna kan innehålla hälsovådlig asbest. Blås inte bort dammet med tryckluft och andas inte in det. Använd inte bensin (eller andra petroleumbaserade lösningsmedel) för att avlägsna dammet. Rengöringsmedel för bromssystem eller T-sprit bör användas för att spola ner dammet i en lämplig behållare. När kopplingens komponenter har torkats rena med trasor måste trasorna och rengöringsmedlet kastas i en tät, märkt behållare.

Demontering

1 Ta bort växellådan enligt beskrivningen i kapitel 7A.

2 Om originalkopplingen ska återmonteras ska inställningsmärken göras mellan kopplingstryckplattan och svänghjulet så att kopplingen kan återmonteras i ursprungsläget.

3 Skruva loss de bultar som håller fast kopplingskåps-/tryckplattsenheten på svänghjulet stegvis och ta loss brickorna om tillämpligt.

4 Ta bort kopplingens tryckplatta från svänghjulet. Var beredd på att fånga kopplingslamellen, som kan ramla ut ur kåpan när den tas bort, och notera hur lamellen sitter - skivans båda sidor är normalt märkta med "Engine side" och "Transmission side". Navets större, utskjutande sida är vänd bort från svänghjulet.

Kontroll

5 Med kopplingen demonterad, torka bort allt kopplingsdamm med en torr trasa. Även om de flesta lameller numera har asbestfria belägg gäller det inte alla, och det är bra att vara försiktig: *asbestdamm är skadligt och får inte inandas.*

6 Undersök om lamellernas belägg är slitna och har lösa nitar, och kontrollera om skivan är skev, sprucken eller har slitna spår. Lamell ytorna kan vara blankslitna, men så länge friktionsbeläggets mönster syns tydligt är allt som det ska. Om det finns tecken på oljenedsmutsning, vilket visar sig genom glansiga, svarta fläckar, måste skivan bytas. Orsaken till nedsmutsningen måste spåras upp och åtgärdas innan du monterar nya kopplingskomponenter. normalt beror det på en läckande bakre vevaxel oljetätning eller en oljetätning till växellådans ingående axel – eller båda – (tillvägagångssätt vid byte finns i relevant del i kapitel 2 och kapitel 7A). Skivan måste också bytas ut om beläggningen slitits ner till nithuvudena eller strax över. Observera att BMW anger en minsta beläggtjocklek ovanför nithuvudena (se Specifikationer).

7 Kontrollera de maskinslipade ytorna på svänghjulet och tryckplattan. Om de är spåriga eller djupt repade måste de bytas. Tryckplattan måste också bytas om den är sprucken, eller om tallriksfjädern är skadad eller du misstänker att dess tryck är felaktigt.

8 När kopplingen är borttagen rekommenderar vi att du kontrollerar urtrampningslagrets skick enligt beskrivningen i avsnitt 3.

9 Kontrollera tapplagret i vevaxeländen. Se till att det går smidigt och tyst. Om kontaktytan mot lagret på växellådans ingående axel är sliten eller skadad ska du montera ett nytt lager enligt beskrivningen i kapitel 2A eller 2B.

Montering

10 Om du ska montera nya kopplingskomponenter, se i förekommande fall till att alla rester av antikorrosionsmedel tas bort från skivans belägg och tryckplattans kontaktytor.

11 Det är viktigt att se till att det inte kommer någon olja eller något fett på lamellernas belägg, på tryckplattans eller svänghjulets ytor. Se till att du har rena händer när du återmonterar kopplingsenheten och att du torkar av tryckplattans och svänghjulets ytor med en ren trasa innan monteringen påbörjas.

12 Passa in lamellen på svänghjulet med den större utskjutande sidan av navet riktad bort från svänghjulet (de flesta lameller har en markering "motorsida" eller "växellådssida" som ska vara riktad mot svänghjulet eller växellådan efter tillämplighet) **(se bild)**. Använd ett lämpligt BMW-verktyg eller ett lämpligt alternativ som är tillverkat av en bilverktygsspecialist för att centrera friktionsskivan i svänghjulet **(se bild)**.

13 Om den ursprungliga tryckplattan och kåpan ska monteras tillbaka bringar du benen till BMW-verktyget 21 2 170 i ingrepp med kåpan vid justeringsfjädrarna. Skruva ner den räfflade kragen för att spärra benen och dra sedan åt spindeln nedåt för att trycka ihop tallriksfjädern. Använd en skruvmejsel för att återställa den självjusterande mekanismen genom att trycka justeringsringens tryckstycken helt moturs samtidigt som du skruvar loss specialverktygets spindel så mycket att justeringsringen kan flyttas. Med justeringsringen återställd, dra åt specialverktygsspindeln nedåt för att trycka ihop fjäderfingrarna, samtidigt som du hindrar justeringsringens tryckdelar från att röra sig

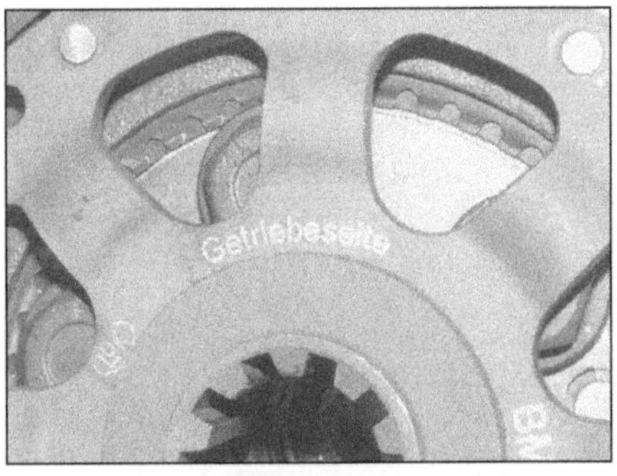

2.12a Lamellen kan vara märkt med "Getriebeseite" vilket betyder "växellådssida"

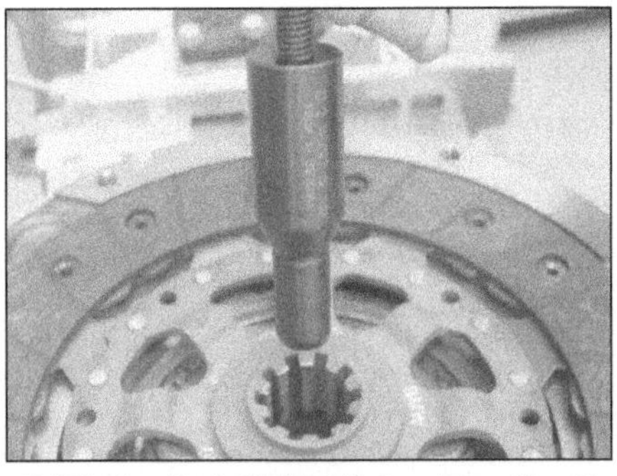

2.12b Använd ett lämpligt verktyg för att centrera lamellen

2.13a Använd BMW-verktyg 21 2 170 för att trycka ihop tallriksfjädern

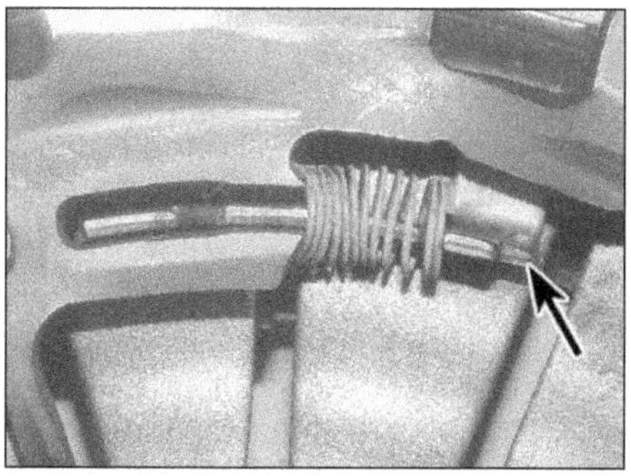

2.13b Tryck justeringsringens tryckdelar (markerade med pil) helt moturs. . .

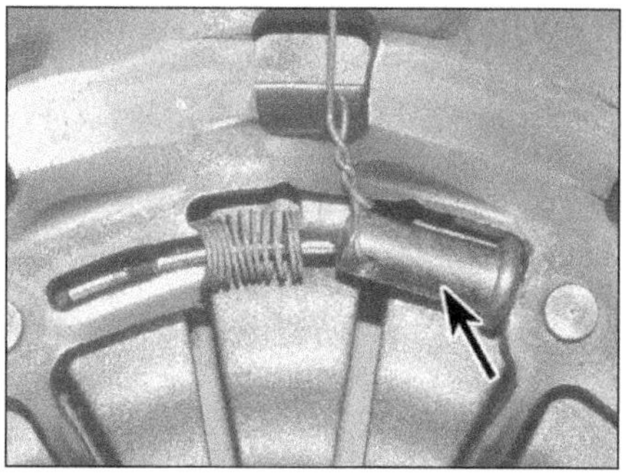

2.13c . . . och sätt in metallbrickor mellan tryckdelarna och kåpan

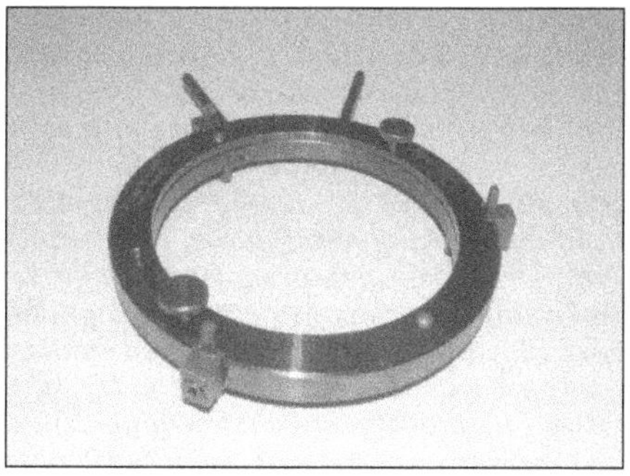

2.13d Ett speciellt BMW-verktyg finns för återställning av justeringsringens tryckdelar

2.14 Se till att kåpan passar på svänghjulets pinnar

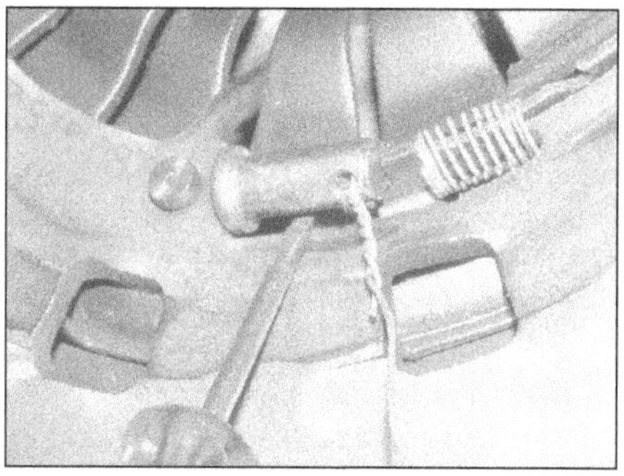

2.16 Håll alla fingrar borta när du tar bort metallbrickorna

genom att föra in metallbrickor i mellanrummet mellan tryckdelarna och kåpan. Observera att det finns ett specialverktyg från BMW som ska användas för att återställa justeringsringen **(se bilder)**.

14 Montera kopplingskåpenheten och rikta in märkena på svänghjulet och kopplingens tryckplatta. Se till att kopplingens tryckplatta placeras över stiften på svänghjulet **(se bild)**. Sätt i fästbultarna och brickorna och dra åt dem till angivet moment.

15 Om du har monterat en ny tryckplattekåpa, sätt in en insexnyckel på 14 mm mitt i tallriksfjäderns låsdel och vrid den medurs och ta bort den för att lossa fjädern.

16 Om du har återmonterat den ursprungliga tryckplattekåpan, skruva loss spindeln och den räfflade kragen och ta sedan bort kompressionsverktyget från kåpan. Bänd ut

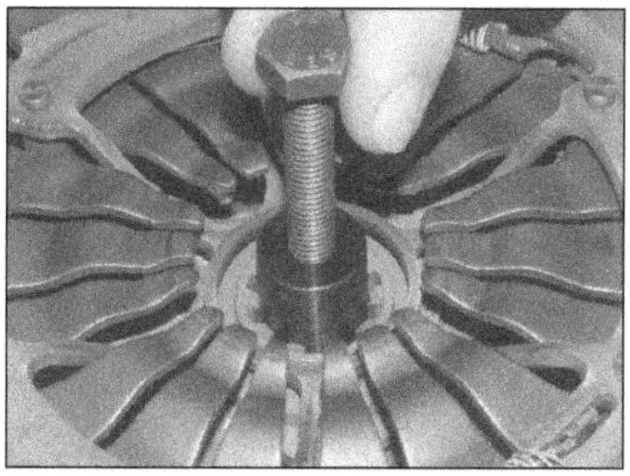

2.17 Gänga in bulten i centreringsverktygets ände och dra ut det

metallbrickorna som håller justeringsringens tryckdelar på plats **(se bild)**.

Varning: När den sista brickan tas bort kan justeringsbrickan fjädra på plats. Se till att du inte håller några fingrar i området.

17 Ta bort verktyget genom att skruva in en 10 mm bult i dess ände och dra ut det med fjäderklämmor eller något liknande om BMW:s centreringsverktyg har använts **(se bild)**.

18 Montera tillbaka växellådan enligt beskrivningen i kapitel 7A.

3 Urtrampningslager och arm
- demontering, kontroll och återmontering

Varning: Dammet från kopplingsslitage som avlagrats på kopplingskomponenterna kan innehålla hälsovådlig asbest. Blås inte bort dammet med tryckluft och andas inte in det. Använd inte bensin (eller andra petroleumbaserade lösningsmedel) för att avlägsna dammet. Rengöringsmedel för bromssystem eller T-sprit bör användas för att spola ner dammet i en lämplig behållare. När kopplingens komponenter har torkats rena med trasor måste trasorna och rengöringsmedlet kastas i en tät, märkt behållare.

Demontering

1 Ta bort växellådan enligt beskrivningen i kapitel 7A.

2 Skjut urtrampningsarmen i sidled för att lossa den från spärrfjäderklämman och tappen och dra sedan armen framåt från styrhylsan **(se bild)**.

3 Lossa inte urkopplingslagret från spaken. Lagret är endast tillgängligt som en komplett enhet med spak.

Kontroll

4 Snurra på urtrampningslagret och kontrollera om det är för ojämnt. Håll i den yttre lagerbanan och försök att flytta den i sidled mot den inre lagerbanan. Om du märker av för stora rörelser eller ojämnheter, byt lagret. Om du har monterat en ny koppling är det bra att också byta urtrampningslagret.

5 Undersök om kontaktytorna på urtrampningslagret, tappen och slavcylinderns tryckstång mot urtrampningsarmen är slitna. Byt armen om den är uppenbart sliten.

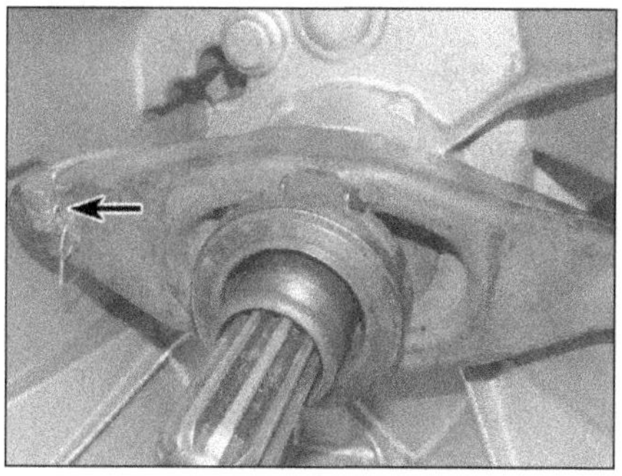

3.2 För urtrampningsarmen åt sidan för att lossa den från fästklämman (markerad med pil)

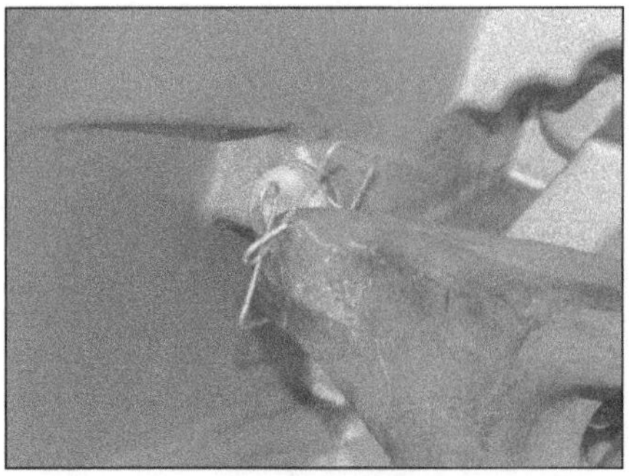

3.8 Se till att spaken går i ingrepp korrekt med fästklämman

6 Kontrollera urtrampningsarmens spärrfjäderklämma och byt vid behov. Vi rekommenderar att du alltid byter klämman.

Montering

7 Rengör urkopplingslagrets kontaktytor mot urtrampningsarmen och styrhylsan. Applicera inte något fett eller smörjmedel på lagrets eller styrhylsans glidytor.

8 Skjut urtrampningsarmen/lagerenheten på plats över styrhylsan, tryck sedan armens ände över styrbulten och se till att spärrfjäderklämman hakar i urtrampningsarmens ände korrekt **(se bild)**.

9 Sätt tillbaka växellådan, se kapitel 7A.

4 Hydraulisk slavcylinder – demontering, kontroll och återmontering

Varning: Hydraulolja är giftig; tvätta noggrant bort oljan omedelbart vid hudkontakt och sök omedelbar läkarhjälp om olja sväljs eller hamnar i ögonen. Vissa hydrauloljor är lättantändliga och kan självantända om de kommer i kontakt med heta komponenter. vid arbete med hydraulsystem är det alltid säkrast att anta att oljan ÄR brandfarlig, och att vidta samma försiktighetsåtgärder mot brand som när bensin hanteras. Hydraulolja är ett kraftigt färglösningsmedel och angriper även plaster; vid spill ska vätskan sköljas bort omedelbart med stora mängder rent vatten. Hydraulolja är också hygroskopisk (den absorberar luftens fuktighet) och gammal olja kan vara förorenad och oduglig för användning. Vid påfyllning eller byte ska alltid rekommenderad typ användas och den måste komma från en nyligen öppnad förseglad förpackning.

Demontering

1 Ta bort bromsvätskebehållarens lock och sug ut tillräckligt mycket hydraulvätska för att vätskenivån ska sjunka under nivån för behållarens slanganslutning till kopplingens huvudcylinder (bromsvätskebehållaren matar både broms- och kopplings-hydraulsystem). Töm **inte** behållaren, eftersom det då kommer in luft i bromshydraulkretsarna.

2 För att förbättra åtkomligheten, hissa upp bilen och stötta den på pallbockar (se *Lyftning och stödpunkter*).

3 Lossa bultarna och ta bort underreds skyddet (om ett sådant finns,) för att komma åt växellådans balanshjulskåpa.

Slavcylinder av metall

4 Ställenbehållareunderhydraulröranslutningen på kopplingens slavcylinder för att fånga upp eventuellt hydraulvätskespill. Skruva loss anslutningsmuttern och lossa bränsleröret **(se bild)**

5 Skruva loss fästmuttrarna och ta bort slavcylindern från pinnbultarna på balanshjulskåpan.

Slavcylinder av plast

6 Skruva loss de två fästmuttrarna och ta bort slavcylindern från pinnbultarna på växellådan.

7 Bänd ut fästklämman och lossa vätskeröret från cylindern **(se bild)**.

Kontroll

8 Undersök slavcylindern och leta efter läckor och skador, byt den vid behov. Det finns inga reservdelar till slavcylindern, så om det är fel på den måste man byta hela enheten. Kontrollera med en verkstad eller en specialist.

Montering

9 På modeller med manuell växellåda återansluter du kopplingens vätskematarslang och fyller sedan behållaren med ny bromsvätska. Fyll på vätskebehållaren, dra sedan ut och tryck in kolven i cylindern fem gånger samtidigt som du håller cylindern vertikalt.

10 Resten av monteringen utförs i omvänd ordning mot demonteringen. Tänk på följande:

a) Före monteringen ska slavcylinderns tryckstångsände rengöras och smörjas in med lite fett.

b) Dra åt fästmuttrarna till angivet moment.

c) Avsluta med att fylla på hydraulvätska och lufta kopplingens hydraulkrets enligt beskrivningen i avsnitt 6.

5 Hydraulisk huvudcylinder – demontering, kontroll och återmontering

Varning: Hydraulolja är giftig; tvätta noggrant bort oljan omedelbart vid hudkontakt och sök omedelbar läkarhjälp om olja sväljs eller hamnar i ögonen. Vissa hydrauloljor är lättantändliga och kan självantända om de kommer i kontakt med heta komponenter. vid arbete med hydraulsystem är det alltid säkrast att anta att oljan ÄR brandfarlig, och att vidta samma försiktighetsåtgärder mot brand som när bensin hanteras. Hydraulolja är ett kraftigt färglösningsmedel och angriper även plaster; vid spill ska vätskan sköljas bort omedelbart med stora mängder rent vatten. Hydraulolja är också hygroskopisk (den absorberar luftens fuktighet) och gammal olja kan vara förorenad och oduglig för användning. Vid påfyllning eller byte ska alltid rekommenderad typ användas och den måste komma från en nyligen öppnad förseglad förpackning.

Demontering

1 Lossa fästena och ta bort klädselpanelen ovanför pedalerna **(se bild)**. Koppla loss eventuella anslutningskontakter innan du tar bort panelen.

2 Lossa klämmorna, ta bort plastkåpan, ta sedan bort bromsvätskebehållarens lock och sug ut tillräckligt mycket hydraulvätska så att vätskenivån är under nivån i behållarens vätskeslanganslutning till kopplingens huvudcylinder (bromsvätskebehållaren matar både bromsens och kopplingens hydraulsystem). Töm **inte** behållaren, eftersom det då kommer in luft i bromshydraulkretsarna.

3 Koppla loss kopplingens huvudcylinderslang från bromsvätskebehållaren. Var beredd på vätskespill, och plugga igen slangens öppna ände för att förhindra att det kommer in smuts.

4.4 Anslutningsmutter till vätskerör (markerad med pil)

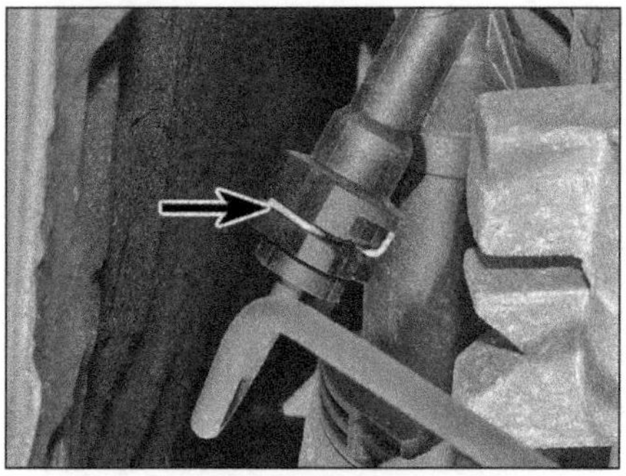

4.7 Bänd ut klämman (markerad med pil) och lossa vätskeröret

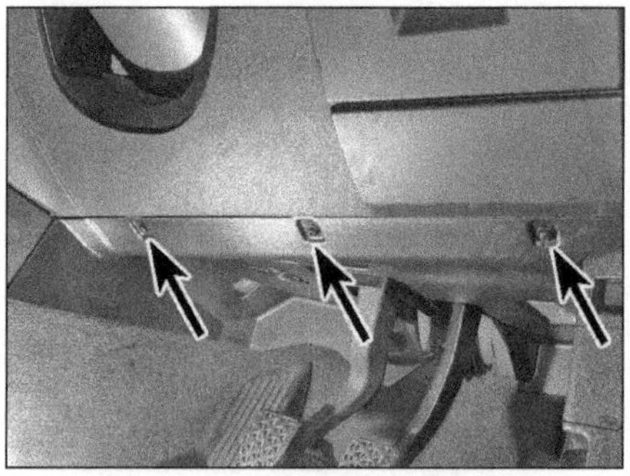

5.1 Panelens fästbultar (markerade med pilar)

4 Skruva loss de två muttrarna och tryck de två bultar som håller fast huvudcylindern på pedalbygeln bakåt in i fotutrymmet **(se bild)**.

5 Använd en 8 mm hylsa för att trycka ihop sprintens ändar, tryck sedan ut svängtappen till huvudcylinderns tryckstång från kopplingspedalen **(se bilder)**.

6 Använd en liten skruvmejsel och bänd ut fästklämman, dra sedan loss huvudcylindern från hydraultryckröret **(se bild)**. Ta bort huvudcylindern och flytta vätskematningsslangen genom torpedväggens genomföring. Var försiktig så att du inte belastar röret. Dra inte slangen helt genom genomföringen. Var beredd på spill.

7 Dra bort matarslangen från huvudcylinderns överdel och lämna kvar slangen på plats i genomföringen i mellanväggen för hopsättningen. Var beredd på spill.

8 Tryck in spärrfliken och lossa huvudcylinderbrytarens anslutningskontakt (om en sådan finns). Lossa försiktigt klämmorna och lossa brytaren från cylindern om det behövs.

Kontroll

9 Undersök huvudcylindern och leta efter läckor och skador, byt den vid behov. Det finns inga reservdelar till huvudcylindern, så om det är fel på den måste man byta hela enheten. Kontrollera med närmast verkstad eller reservdelsleverantör.

Montering

10 Monteringen utförs i omvänd ordningsföljd. Tänk på följande:

a) *Var försiktig så att du inte belastar huvudcylinderns vätskerör vid återmonteringen.*

b) *Avsluta med att fylla på bromsvätskebehållaren och lufta sedan kopplingens hydraulsystem (se avsnitt 6).*

6 Hydraulsystem – luftning

Varning: Hydraulolja är giftig; tvätta noggrant bort oljan omedelbart vid hudkontakt och sök omedelbar läkarhjälp om olja sväljs eller hamnar i ögonen. Vissa hydrauloljor är lättantändliga och kan självantända om de kommer i kontakt med heta komponenter. vid arbete med hydraulsystem är det alltid säkrast att anta att oljan ÄR brandfarlig, och att vidta samma försiktighetsåtgärder mot brand som när bensin hanteras. Hydraulolja är ett kraftigt färglösningsmedel och angriper även plaster; vid spill ska vätskan sköljas bort omedelbart med stora mängder rent vatten. Hydraulolja är också hygroskopisk (den absorberar luftens fuktighet) och gammal olja kan vara förorenad och oduglig för användning. Vid påfyllning eller byte ska alltid rekommenderad typ användas och den måste komma från en nyligen öppnad förseglad förpackning.

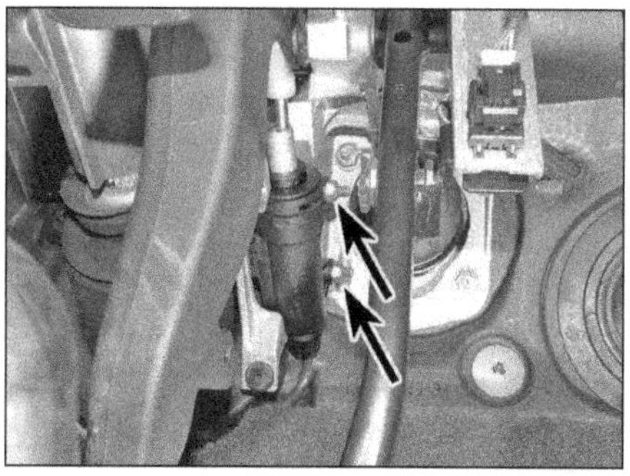

5.4 Skruva loss muttrarna (markerade med pilar) och tryck bultarna åt vänster

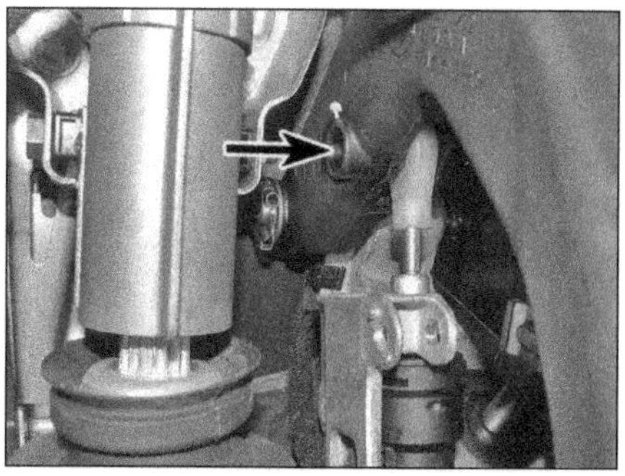

5.5a Placering av tryckstångens svängtapp (markerad med pil)

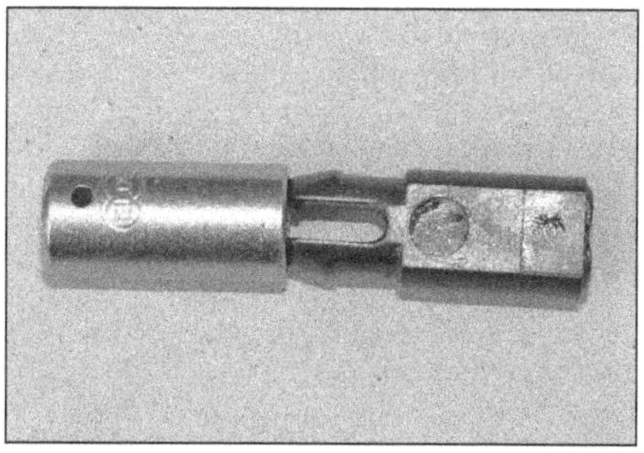

5.5b Tryck på en 8,0 mm hylsa på sprinten för att trycka ihop fästklämmorna och tryck bort sprinten från dess plats

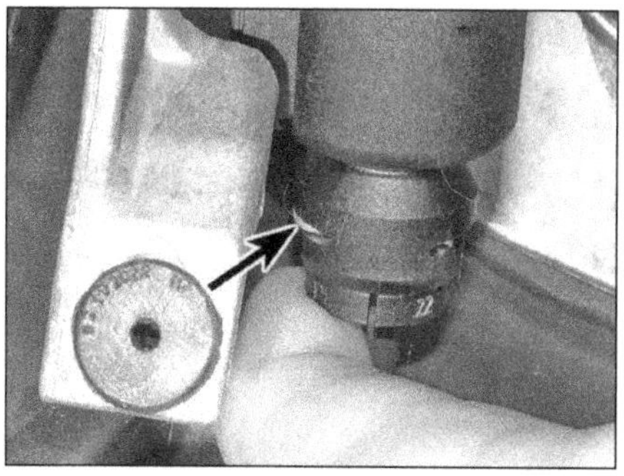

5.6 Bänd ut klämman (markerad med pil) och lossa röret

Observera: *BMW rekommenderar att man använder luftningsutrustning för att lufta kopplingens hydraulsystem.*

Allmänt

1 Ett hydraulsystem kan inte fungera som det ska förrän all luft har avlägsnats från komponenterna och kretsen. Detta uppnås genom att man luftar systemet.

2 Tillsätt endast ren, oanvänd hydraulvätska av rekommenderad typ under luftningen. Återanvänd aldrig gammal vätska som tömts ur systemet. Se till att ha tillräckligt med olja till hands innan arbetet påbörjas.

3 Om det finns en risk för att fel typ av vätska finns i systemet måste bromsarnas och kopplingens komponenter och kretsar spolas ur helt med ren vätska av rätt typ, och alla tätningar måste bytas.

4 Om hydraulvätska har läckt ur systemet eller om luft har trängt in på grund av en läcka måste läckaget åtgärdas innan arbetet fortsätter.

5 För bättre åtkomlighet, dra åt handbromsen och hissa sedan upp bilens framvagn och stötta den på pallbockar (se *Lyftning och stödpunkter*).

6 Skruva loss bultarna och ta bort underredsskyddet (om ett sådant finns) för att komma åt växellådans balanshjulskåpa.

7 Kontrollera att kopplingens hydraulrör och slang(ar) sitter säkert, att anslutningarna är ordentligt åtdragna och att luftningsskruven på baksidan av kopplingens slavcylinder (sitter under bilen på den nedre vänstra delen av växellådans svänghjulskåpa) är stängd. Ta bort eventuell smuts från området runt luftningsskruven **(se bild)**.

8 Lossa klämmorna, ta bort plastkåpan över behållaren **(se bild)**, skruva sedan loss bromsvätskebehållarens lock och fyll på vätska upp till MAX-nivålinjen Montera locket

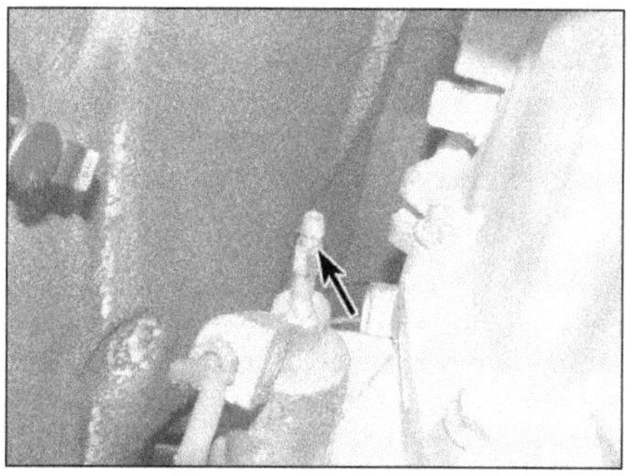

6.7 Luftningsskruv till kopplingens slavcylinder (se pil)

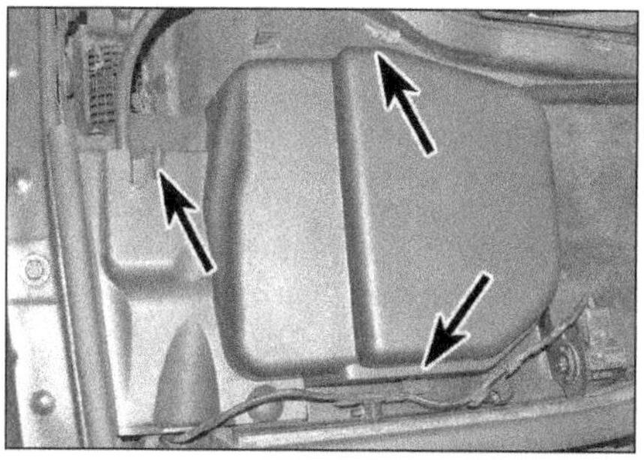

6.8 Lossa klämmorna (markerade med pilar) och ta bort plastkåpan från motorrummets högra sida

7.3 Kopplingspedalens returfjäder (markerad med pil)

löst. Kom ihåg att vätskenivån aldrig får sjunka under MIN-nivån under arbetet, annars är det risk för att ytterligare luft tränger in i systemet. Observera att bromsvätskebehållaren matar både bromsarnas och kopplingens hydraulsystem.

9 Du rekommenderas att använda luftningsutrustning för att lufta systemet. Det finns ett antal enmans gör-det-själv-luftningssatser att köpa i motortillbehörsbutiker. Dessa satser förenklar luftningen betydligt, och minskar risken för att det stöts ut luft och att vätska dras tillbaka in i systemet. Om en sådan sats inte finns tillgänglig måste grundmetoden (för två personer) användas, den beskrivs i detalj nedan.

10 Om en luftningssats eller en gör-det-själv-sats ska användas, förbered bilen enligt beskrivningen ovan och följ sedan luftningssatstillverkarens instruktioner, eftersom metoden kan variera något mellan olika luftningssatser. De flesta typerna beskrivs nedan i de aktuella avsnitten.

11 Oavsett vilken metod som används måste grundmetoden för luftning följas för att systemet garanterat ska tömmas på all luft.

Luftning

Grundmetod (för två personer)

12 Skaffa en ren glasburk, en lagom längd plast- eller gummislang som sluter tätt över avluftningsskruven och en ringnyckel som passar skruven. Dessutom krävs assistans från en medhjälpare.

13 Ta i förekommande fall bort dammkåpan från luftningsskruven. Trä nyckel och slang på luftningsskruven och för ner andra slangänden i glasburken. Häll i tillräckligt med hydraulolja för att väl täcka slangänden.

14 Se till att behållarens vätskenivå överstiger linjen för miniminivå under hela arbetets gång.

15 Låt medhjälparen trycka ner kopplingspedalen helt flera gånger för att öka trycket, håll sedan kvar trycket vid den sista nedtryckningen.

16 Med pedalen fortsatt nedtryckt, skruva loss luftningsskruven (ungefär ett varv) och låt den komprimerade vätskan och luften flöda in i behållaren. Medhjälparen måste hålla trycket på pedalen, ända ner till golvet om så behövs, och inte släppa förrän du säger till. När flödet stannat upp, dra åt luftningsskruven, låt medhjälparen sakta släppa upp pedalen och kontrollera sedan nivån i oljebehållaren.

17 Upprepa stegen i punkt 15 och 16 till dess att inga bubblor finns kvar i vätskan som kommer ut från luftningsskruven.

18 När det inte kommer fler bubblor, dra åt luftningsskruven ordentligt. Dra inte åt luftningsskruven för hårt.

19 Koppla tillfälligt loss luftningsröret från luftningsskruven och flytta vätskebehållaren åt sidan.

20 Skruva loss de båda fästmuttrarna och ta bort slavcylindern från svänghjulskåpan. Var försiktig så att du inte belastar vätskeröret.

21 Återanslut luftningsröret till luftningsskruven och sänk ner röränden i vätskebehållaren.

22 Med luftningsskruven riktad vertikalt uppåt, skruva loss luftningsskruven (cirka ett varv) och tryck långsamt slavcylinderns tryckstång in i cylindern tills det inte syns fler luftbubblor i vätskan.

23 Håll tryckstången på plats och dra åt luftningsskruven.

24 Låt tryckstången långsamt återgå till sitt viloläge. Låt inte tryckstången gå tillbaka för snabbt, då kommer det in luft i slavcylindern.

25 Ta bort röret och nyckeln och sätt tillbaka dammkåpan på luftningsskruven.

26 Montera slavcylindern på svänghjulskåpan och dra åt fästmuttrarna till angivet moment.

Med hjälp av en luftningssats med backventil

27 Dessa luftningssatser består av en bit slang försedd med en envägsventil för att förhindra att luft och vätska dras tillbaka in i systemet. Vissa satser innehåller en genomskinlig behållare som kan placeras så att luftbubblorna lättare kan ses flöda från änden av slangen .

28 Satsen ansluts till luftningsskruven, som sedan öppnas. Återvänd till förarsätet, tryck ner kopplingspedalen mjukt och stadigt och släpp sedan långsamt upp den igen. Det här upprepas tills all olja som rinner ur slangen är fri från luftbubblor.

29 Observera att dessa luftningssatser underlättar arbetet så mycket att man lätt glömmer behållarens vätskenivå. Se till att nivån hela tiden överstiger MIN-markeringen genom hela luftningsproceduren.

Med hjälp av en tryckluftssats

30 Dessa satser drivs ofta av tryckluften i reservdäcket. Observera dock att trycket i däcket troligen måste minskas till under normaltryck. Se instruktionerna som följer med luftningssatsen.

31 Om man ansluter en trycksatt, vätskefylld behållare till vätskebehållaren kan luftningen utföras genom att man helt enkelt öppnar luftningsskruven och låter vätskan flöda tills den inte längre innehåller några luftbubblor.

32 En fördel med den här metoden är att den stora vätskebehållaren ytterligare förhindrar att luft dras tillbaka in i systemet under luftningen.

Alla metoder

33 Om du efter att ha följt anvisningarna misstänker att det fortfarande finns luft i hydraulsystemet, ta bort slavcylindern (avsnitt 4) utan att koppla loss hydraulrören, tryck in cylinderkolven så långt det går och håll cylindern med luftningsskruven uppåt, och lufta systemet igen. **Observera:** *Du måste vidta åtgärder för att se till att slavcylinderns kolv inte hoppar ut under luftningen. Om det behövs kan du använda en metallbit och två gängade stag för att tillverka ett verktyg som håller in kolven.*

34 När luftningen är avslutad och pedalen känns fast, tvätta bort eventuellt vätskespill, kontrollera att luftningsskruven är ordentligt åtdragen och montera dammskyddet.

35 Kontrollera hydrauloljenivån i behållaren och fyll på vid behov (se *Veckokontroller*). Montera tillbaka plastkåpan på behållaren.

36 Kassera all hydraulvätska som har tappats ur systemet. Den går inte att återanvända.

37 Kontrollera känslan i kopplingspedalen. Om den känns det minsta svampig finns det fortfarande luft i systemet som måste luftas ytterligare. Om systemet inte är helt luftat efter ett rimligt antal upprepningar av luftningen kan det bero på slitna huvud- eller slavcylindertätningar.

38 Montera tillbaka underreds skyddet (om ett sådant finns) och sänk ner bilen på marken.

7 Kopplingspedal – demontering och montering

Demontering

1 Ta bort rattstången enligt beskrivningen i kapitel 10.

2 Tryck ihop stiftets ändar, tryck sedan ut svängtappen till huvudcylinderns tryckstång från kopplingspedalen **(se bilder 5.5a och 5.5b)**.

3 Bänd bort klämman som håller fast pedalen på styrbultsaxeln, för sedan bort pedalen från axeln. Ta loss styrbussningarna om de är lösa. Lossa returspiralfjädern i förekommande fall. **Observera:** *Det går att ta bort returfjädern med pedalen på plats. Använd en bit tråd/kabel för att dra fjäderns ände från pedalen, lossa den sedan från fästbygeln* ***(se bild)****.*

Montering

4 Kontrollera pivå bussningarnas skick innan du monterar pedalen på pivå axeln och byt dem vid behov. Stryk på lite fett på bussningarna.

5 Montera tillbaka i omvänd ordningsföljd mot demonteringen. Se till att kopplingsbrytarens tryckkolv är helt utsträckt före återmonteringen.

Kapitel 7 Del A:
Manuell växellåda

Innehåll

Svårighetsgrad

Enkelt, passar novisen med lite erfarenhet	**Ganska enkelt,** passar nybörjaren med viss erfarenhet	**Ganska svårt,** passar kompetent hemmamekaniker	**Svårt,** passar hemmamekaniker med erfarenhet	**Mycket svårt,** för professionell mekaniker

Specifikationer

Typ

4-cylindriga bensinmotorer	GS6-17BG/DG
6-cylindriga bensinmotorer	GS6-37BZ/DZ
4-cylindriga dieselmotorer:	
M47T2	GS6-37BZ/DZ
N47	GS6-17BG/DG eller 37BZ/DZ
6-cylindriga dieselmotorer	GS6-53BZ/DZ

Åtdragningsmoment

	Nm
Backljuskontakt	21
Bultar mellan växellåda och motor:	
Bultar med sexkantigt huvud:	
M8	25
M10	49
M12	74
Torxbultar:	
M8	22
M10	43
M12	72
Mutter utgående fläns på utgående axel:*	
GS6-17 och GS6-37 växellådor:	
Steg 1	170
Steg 2	Lossa helt
Steg 3	120
GS6-53 växellåda:	
Steg 1	200
Steg 2	Lossa helt
Steg 3	140
Oljepåfyllnings-/nivå- och dräneringspluggar:	
GS6-17 växellåda	45
GS6-37 växellåda:	
M12	25
M18	35
GS6-53 växellåda	35
Växellåda – bultar mellan tvärbalk och kaross:	
M8	21
M10	42
Växellåda – muttrar mellan fäste och växellåda:	
M8	21
M10	42

* *Stryk in gängorna på muttern med gänglåsningsmedel.*

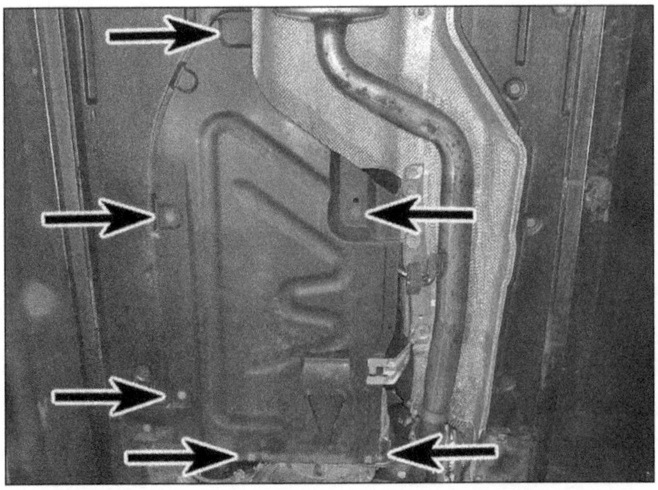

2.1 Fästanordningar till växellådans underskydd (markerade med pilar)

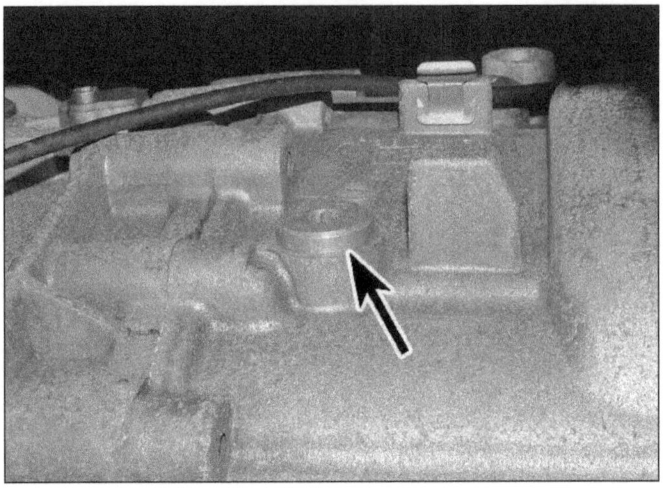

2.2 Oljenivå/påfyllningsplugg (markerade med pil)

1 Allmän information

Växellådan är en 5- eller 6-växlad enhet och sitter i ett gjutet hölje fäst på motorns baksida.

Drivningen överförs från vevaxeln via kopplingen till den ingående axeln, som har en räfflad förlängning för att kunna gå i ingrepp med kopplingslamellen. Den utgående axeln överför drivningen via kardanaxeln till bakre differential.

Den ingående axeln körs i linje med den utgående axeln. Kugghjulen till den ingående och utgående axeln är i konstant ingrepp med kuggdreven på överföringsaxeln. Växling sker genom glidande synkroniseringsnav, som låser rätt drev på den utgående axeln.

Växlarna väljs via en golvmonterad spak och väljarmekanism eller, beroende på modell, reglage som sitter på ratten. Vissa modeller har en sekventiell sportlåda (Sports Sequential Gearbox) som tillval, där växlingarna kan utföras sekventiellt med den golvmonterade spaken, eller "paddlarna" på ratten. På modeller med den utrustningen kan växlingarna utföras automatiskt, där den elektroniska styrmodulen (ECM) kontrollerar växlingarna och kopplingen (via hydrauliska kontroller), allt i enlighet med körstil och vägförhållanden. Vissa modeller har funktionen "launch control", där man med en knapptryckning låter styrmodulen styra motorvarvtalet, kopplingen och växlingarna, för att få maximal acceleration – läs instruktionsboken för mer information.

Väljarmekanismen gör att lämplig väljargaffel rör sin synkroniseringshylsa längs med axeln, för att låsa växeldrevet på synkroniseringsnavet. Eftersom synkroniseringsnaven är räfflade på den utgående axeln låses kugghjulet på axeln så att drivningen kan överföras. För att säkerställa att växlingen kan utföras snabbt och tyst har alla framåtgående växlar ett synkroniserat system som består av balkringar och fjäderbelastade fingrar, liksom växelkugghjulen och synkroniseringsnav. Synkroniseringskonorna formas på balkringarnas och kugghjulens fogytor.

Växellådan fylls med olja vid tillverkningen, och anses sedan vara "fylld för livet". BMW har inga rekommendationer angående byte av vätskan.

2 Manuell växellåda – kontroll av oljenivå

1 För att förbättra åtkomligheten, hissa upp bilen och stötta den på pallbockar (se *Lyftning och stödpunkter*). Se till att bilen står plant. Lossa fästanordningarna och ta bort motorns undre skyddskåpa nedanför växellådan (om en sådan finns) **(se bild)**.

2 Skruva loss växellådans oljenivå/påfyllningsplugg från höger sida av växellådshuset **(se bild)**.

3 Oljenivån ska nå nederdelen av påfyllnings-/nivåpluggshålet.

4 Om det behövs, använd rätt typ av olja (se *Smörjmedel och vätskor*) och fyll a tills det rinner ut olja från påfyllnings-/nivåpluggshålet.

5 Torka bort eventuellt oljespill och sätt sedan tillbaka påfyllnings-/nivåpluggen och dra åt den till angivet moment.

3.3 Oljedräneringsplugg (markerad med pil)

6 Montera tillbaka växellådans underskydd (om ett sådant finns) och sänk ner bilen på marken.

3 Manuell växellåda – oljebyte

Observera: *Det kan behövas nya tätningsringar till växellådans oljeavtappningsplugg och till oljepåfyllnings-/nivåpluggen vid återmonteringen.*

1 Växellådsoljan ska tömmas ut när växellådan har normal arbetstemperatur. Om bilen precis har körts minst 30 km kan växellådan anses vara varm.

2 Parkera bilen på en plan yta direkt efter att den har körts, och dra åt handbromsen. Om det behövs kan du hissa upp bilen och stötta den med pallbockar (se *Lyftning och stödpunkter*) för att förbättra åtkomligheten, men se till att bilen inte lutar. Ta bort växellådans undre skyddskåpa (i förekommande fall).

3 Arbeta under bilen och lossa växellådans oljeavtappningsplugg cirka ett halvt varv **(se bild)**. Placera dräneringsbehållaren under dräneringspluggen och ta därefter bort pluggen helt. Försök att trycka in pluggen i växellådan samtidigt som du skruvar loss den för hand de sista varven.

HAYNES TiPS ***Dra snabbt bort pluggen när den släpper från gängorna, så att oljan hamnar i kärlet och inte i tröjärmen!***

4 Ta i förekommande fall bort tätningsringen från avtappningspluggen.

5 Sätt tillbaka avtappningspluggen, tillsammans med en ny tätningsring om det behövs, och dra åt till angivet moment.

6 Skruva loss oljepåfyllnings-/nivåpluggen från växellådans sida och ta loss tätningsringen om tillämpligt **(se bild 2.2)**.

7 Fyll på växellådan med den angivna

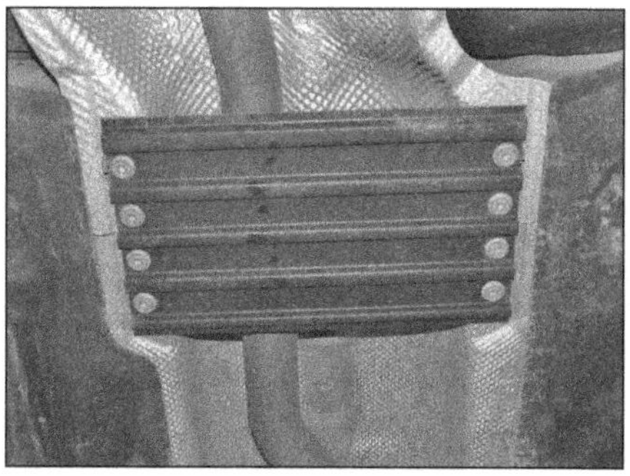

4.2 Ta bort förstärkningsplattan under avgassystemet

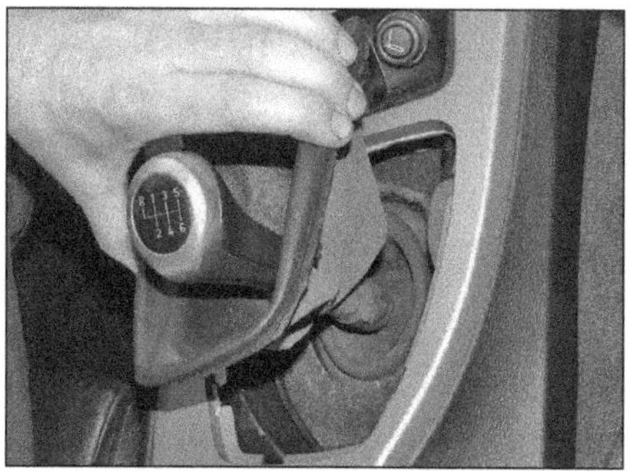

4.4 Tryck ihop sidorna och ta bort växelspaksdamasken

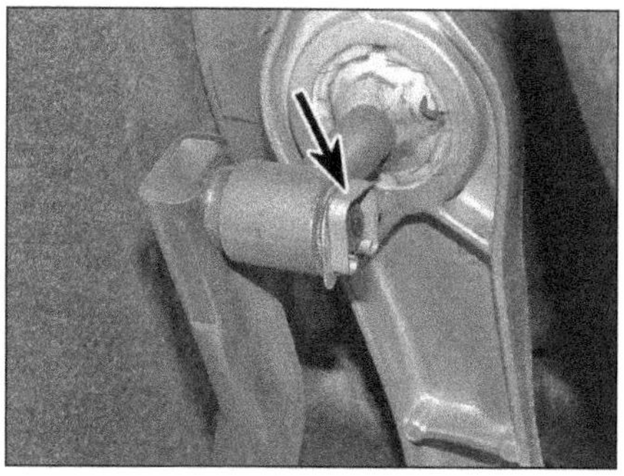

4.6 För fästklämman (markerad med pil) från väljarstagstiftet

mängden och typen av olja genom påfyllnings-/nivåplugghålet (se kapitel 1A eller 1B) tills olja rinner ut från påfyllnings-/nivåplugghålet.

8 Sätt tillbaka påfyllnings-/nivåpluggen, använd en ny tätningsring om det behövs, och dra åt till angivet moment.

9 Sänk ner bilen till marken om det är tillämpligt.

4 Växlingsdelar – demontering och montering

Manuell växelspaksenhet

Observera: *Det behövs ett nytt växelspakslager vid monteringen.*

1 Lyft upp bilen och stötta den på pallbockar (se *Lyftning och stödpunkter*). Lossa fästanordningarna och ta bort motorns undre skyddskåpa nedanför växellådan (om en sådan finns) **(se bild 2.1)**.

2 Skruva loss fästena, och ta bort förstärkningsplattan underifrån bilen **(se bild)**.

3 Skruva loss fästanordningarna och ta bort värmeskyddet under kardanaxeln.

4 Börja med den främre vänstra kanten, tryck in sidorna och frigör växelspakens damask från mittkonsolen. Observera att i modeller fr.o.m. 03/07 är damasken integrerad med växelspaksknoppen **(se bild)**.

5 Stötta upp växellådan med en garagedomkraft eller växellådsdomkraft, skruva sedan loss bultarna/muttrarna och ta bort tvärbalken från växellådans bakre del.

6 Bänd bort fästklämman från växelväljarstångens stiftände. Ta bort väljarstagsstiftet från öglan på växelspakens ände **(se bild)**.

7 Nu måste du lossa växelspakens nedre lagerfasthållningsring från växelväljararmen. Det finns ett specialverktyg för detta, men du kan använda två skruvmejslar med spetsarna ihakade i de motsatta spåren i lagerringen istället. När du ska låsa upp lagerringen, vrid den ett kvarts varv moturs **(se bild)**.

8 Lagret kan nu tryckas upp genom huset, och växelspaken kan tas bort från bilen.

9 Om du vill kan du ta bort lagerskålen från växelspakens ledkula genom att trycka den nedåt. Om du vill ta bort lagret över spakens ögla, vrid på lagret tills öglan går igenom spåren i lagret.

10 Sätt dit ett nytt lager i omvänd ordningsföljd mot borttagningen. Se till att lagret trycks säkert på plats på växelspakskulan.

11 Sätt tillbaka spaken i omvänd ordning mot demonteringen, och tänk på följande.

a) Smörj in lagrets kontaktytor före monteringen.

b) Sänk ner växelspaken på plats och se till att pilen på växelspaksgenomföringen pekar mot bilens främre del.

*c) Se till att växelspaksgenomföringen hakar i växelväljararmen och öppningen i bilens golv som den ska **(se bild)**.*

d) När du hakar i lagret med väljararmen, se till att pilarna eller flikarna (efter tillämplighet) på lagrets ovansida pekar på bilens bakre del.

e) För att låsa lagret på plats i väljararmen, tryck nedåt ovanpå lagrets fästfliksplaceringar tills du hör att flikarna klickar på plats.

f) Smörj in väljarstagsstiftet innan du hakar i det i växelspaksöglan.

Automatisk växling (SMG)

12 Det fanns ingen tillgänglig information i skrivande stund.

5 Packboxar – byte

Ingående axelns packbox

1 Med växellådan borttagen enligt beskrivningen i punkt 7 utför du följande arbeten.

2 Ta bort urtrampningslagret och armen enligt beskrivningen i kapitel 6.

3 Skruva loss fästbultarna och ta bort urtrampningslagrets styrhylsa från växellådans svänghjulskåpa **(se bild)**.

4 Notera hur djupt den ingående axelns packbox sitter monterad.

5 Borra ett litet hål i tätningen (det ska finnas två små styrhål på motsatta punkter på tätningen). Smörj in borrbits ände med fett för

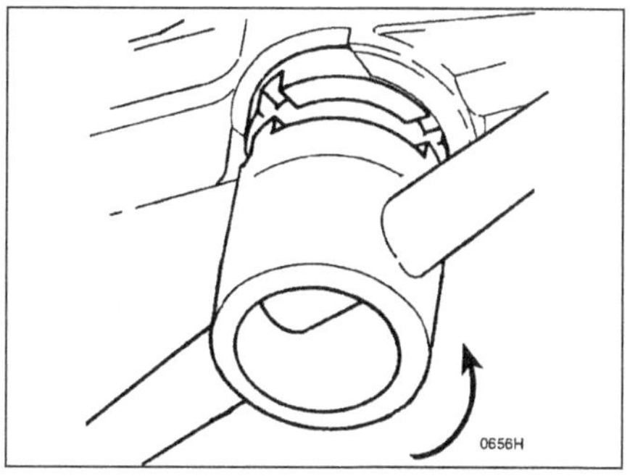

4.7 Vrid lagerringen moturs – specialverktyg visas

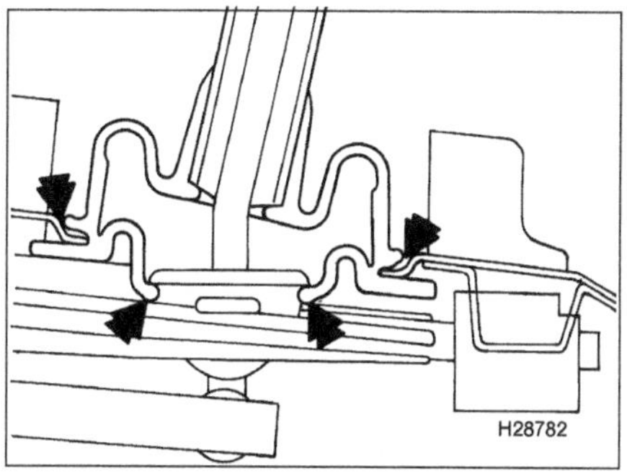

4.11 Växelspakens genomföring korrekt ihakad med väljararmen och bilens golv

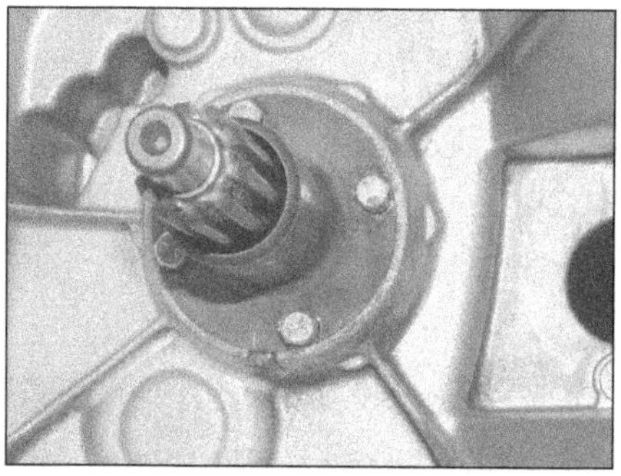

5.3 Skruva loss de bultar som håller fast urkopplingslagrets styrhylsa

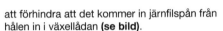

5.5 Borra ett litet hål i packboxen

5.7 Sätt in en självgängande skruv i hålet och dra bort tätningen från dess plats med en tång

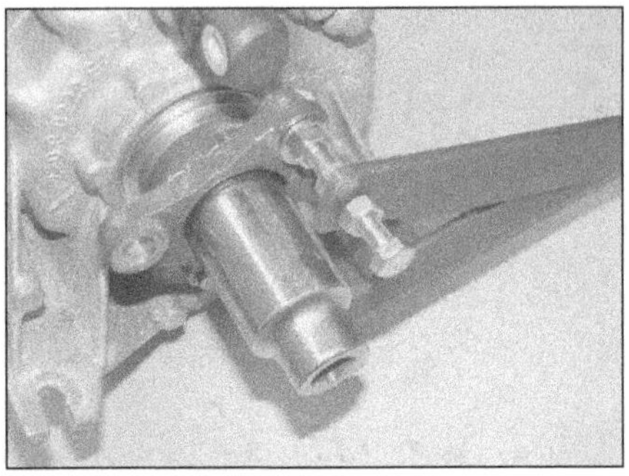

5.17 Håll emot den utgående flänsen och skruva loss muttern med hjälp av en djup hylsa

att förhindra att det kommer in järnfilspån från hålen in i växellådan **(se bild)**.

6 Använd en liten dorn och knacka in packboxens ena sida (motsatt sida mot hålet) in i svänghjulskåpan så långt det går.

7 Skruva i en liten självgängande skruv i packboxens motsatta sida och använd en tång för att dra ut packboxen **(se bild)**.

8 Rengör packboxens sätes yta.

9 Smörj in den nya packboxens läppar med lite ren växellådsolja och skjut sedan försiktigt packboxen över den ingående axeln så att den hamnar på plats i svänghjulskåpan.

10 Knacka packboxen på plats i svänghjulskåpan till det djup som du antecknade tidigare.

11 Sätt tillbaka styrhylsan på växellådshuset och dra åt fästbultarna ordentligt. Använd en droppe fästmassa på bultarnas gängor.

12 Sätt tillbaka urtrampningsarmen och lagret enligt beskrivningen i kapitel 6.

13 Sätt tillbaka växellådan enligt beskrivningen i avsnitt 7 och kontrollera sedan växellåds oljenivån enligt beskrivningen i avsnitt 2.

Utgående flänsens packbox

Observera: *Det behövs gänglåsningsmedel till växellådsflänsens mutter vid återmonteringen.*

14 Lyft upp bilen och stötta den på pallbockar (se *Lyftning och stödpunkter*).

15 Koppla loss kardanaxeln från växellådsflänsen och häng upp den en bit från växellådan med hjälp av vajer eller snöre. Se kapitel 8 för mer information.

16 Bänd i förekommande fall bort växellådsflänsens mutterskyddsplåt från flänsen med hjälp av en skruvmejsel. Kasta skyddsplåten – den behövs inte vid återmonteringen. Om det behövs kan du stötta växellådan och ta bort växellådans tvärbalk för att komma åt bättre.

17 Håll emot växellådsflänsen genom att sätta ett delat eller tvåbent verktyg i två av flänsbulthålen, och sedan skruva loss flänsens fästmutter med hjälp av en hylsnyckel **(se bild)**.

18 Använd en avdragare och dra loss flänsen från växellådans utgående axelände **(se bild)**. Var beredd på oljespill.

19 Observera oljetätningens monteringsdjup, dra/bänd sedan bort oljetätningen från växellådshuset (se bild) med hjälp av en oljetätningsavdragare (var försiktig för att undvika skador på växellådans utgående axel).

20 Rengör packboxens sätes yta.

21 Smörj in den nya oljetätningens läppar med lite ren växellådsolja och knacka sedan försiktigt in tätningen i växellådshuset till det djup som noterades tidigare med hjälp av en rörformig distansbricka eller hylsa **(se bild)**.

22 Sätt tillbaka flänsen på den utgående axeln. **Observera:** *För att underlätta återmonteringen av flänsen kan du sänka ner den i varmt vatten i några minuter och sedan montera den på axeln.*

23 Dra åt flänsmuttern till åtdragningsmomentet för steg ett och skruva sedan bort muttern (steg två). Smörj in flänsmutterns gängor med gänglåsningsmedel och dra sedan åt muttern till åtdragningsmomentet för steg tre. Håll emot flänsen som vid demonteringen.

24 Om flänsmuttern hade en skyddsplåt ska den kastas. Man måste inte sätta tillbaka skyddsplåten vid återmonteringen.

25 Återanslut kardanaxeln på växellådsflänsen enligt beskrivningen i kapitel 8. Kontrollera sedan växellåds oljenivån enligt beskrivningen i avsnitt 2 och sänk ner bilen.

Växelväljaraxelns packbox

Observera: *Det behövs en ny valstapp för att fästa väljaraxelöglan vid återmonteringen.*

26 Lyft upp bilen och stötta den på pallbockar (se *Lyftning och stödpunkter*).

27 Koppla loss kardanaxeln från växellådsflänsen och häng upp den en bit från växellådan med hjälp av vajer eller snöre. Se kapitel 8 för mer information. För att förbättra åtkomligheten kan du stötta växellådan och ta bort växellådans tvärbalk.

28 Skjut låskragen bakåt och skjut sedan ut stiftet som fäster växelväljaraxelöglan i växelväljaraxelns ände.

29 Dra loss växelväljaraxelöglan (tillsammans med växellänkaget) från väljaraxeländen och flytta bort länkaget från väljaraxeln.

30 Använd en liten spårskruvmejsel och bänd loss väljaraxelns packbox från växellådshuset.

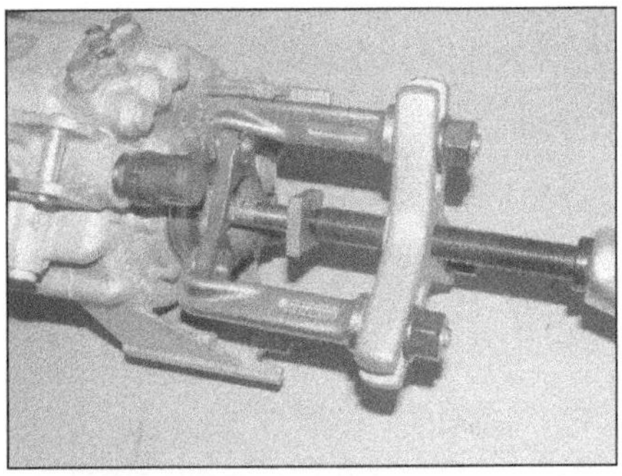

5.18 Använd en trearmad avdragare för att ta bort den utgående flänsen

5.19 Dra försiktigt bort packboxen

5.21 Knacka packboxen på plats med hjälp av en rörformig distans eller hylsa som endast ska ligga an mot packboxens hårda yttre kant

31 Rengör packboxens sätes yta och knacka sedan den nya packboxen på plats med en liten hylsa eller ett litet rör med rätt diameter **(se bild)**.

32 Kontrollera gummibrickans skick på väljaraxelöglans ände och byt den vid behov.

33 Tryck tillbaka väljaraxelöglan på väljaraxeln, och linjera sedan hålen i öglan och axeln och fäst öglan på axeln med hjälp av stiftet.

34 Skjut låskragen på plats över valstappen.

35 Återanslut kardanaxeln på växellådsflänsen enligt beskrivningen i kapitel 8.

36 Kontrollera växellådans oljenivå enligt beskrivningen i avsnitt 2 och sänk sedan ner bilen.

6 Backljuskontakt - kontroll, demontering och montering

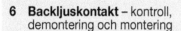

Kontroll

1 Backljuskretsen styrs av en brytare av tryckkolvstyp som skrivs in i höger sida av växellådshuset. Om det uppstår ett fel i kretsen, kontrollera först att säkringen inte är trasig.

2 När du ska kontrollera kontakten, koppla loss kontaktdonet och använd en multimeter (inställd på resistansfunktionen) eller en testkrets med batteri och glödlampa för att kontrollera att det endast finns förbindelse mellan kontaktens poler när backväxeln har valts. Om så inte är fallet, och det inte finns några uppenbara brott eller andra skador på ledningarna, är det fel på brytaren och den måste bytas.

Demontering

3 Lyft upp bilen och stötta den på pallbockar (se *Lyftning och stödpunkter*).

4 Koppla loss kontaktdonet och skruva sedan loss kontakten från växellådshuset **(se bild)**.

Montering

5 Skruva in kontakten på plats igen i växellådshuset och dra åt den ordentligt. Återanslut kontaktdonet och kontrollera att kretsen fungerar som den ska.

6 Sänk ner bilen.

7 Manuell växellåda - demontering och montering

Observera: *Detta är en komplicerad uppgift. Läs igenom anvisningarna noggrant innan du börjar, och se till att du har tillgång till de lyftverktyg och/eller den domkrafts-/stödutrustning som behövs.*

Demontering

1 Koppla loss batteriets minusdelare (se kapitel 5A).

2 Lyft upp bilen och stötta den på pallbockar (se *Lyftning och stödpunkter*). Observera att bilen måste vara tillräckligt högt upplyft för att växellådan ska kunna tas bort från bilens undersida. Lossa bultarna och ta bort motorns/växellådans undre skyddskåpor.

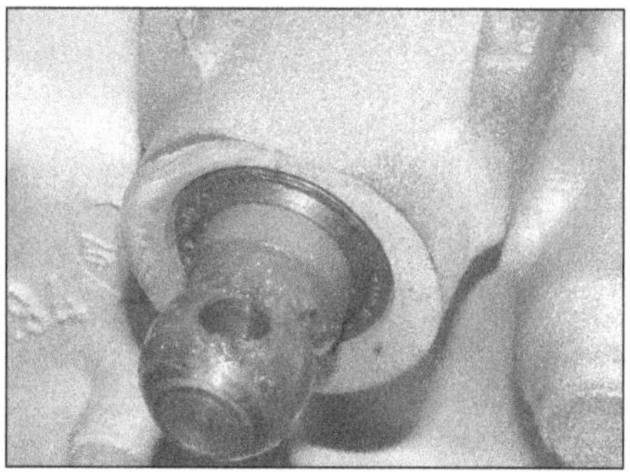

5.31 Knacka in väljaraxelns nya packbox på plats

3 Ta bort startmotorn enligt beskrivningen i kapitel 5A.

4 Ta bort kardanaxeln enligt beskrivningen i kapitel 8.

5 Skruva loss muttern och ta bort underskyddets fästbygel från växellådans längdsida.

6 Arbeta under bilen, bänd upp fästklämmorna och ta loss sprinten på varje sida som håller fast växelspakens stödfästbygel på växellådshuset **(se bild)**. Lossa väljarstagsstiftet från växelspakens ände på liknande sätt **(se bild 4.6)**.

7 Arbeta vid växellådans svänghjulskåpa och skruva loss muttrarna och ta bort kopplingens slavcylinder från pinnbultarna på svänghjulskåpan. Stötta slavcylindern en bit bort från arbetsområdet, men belasta inte slangen.

8 Notera var de sitter och koppla sedan loss alla anslutningskontakter och lossa eventuella kablage från växellådshuset.

9 På vissa dieselmodeller, ta bort avgassystemets fäste från växellådshuset.

10 Skruva i förekommande fall loss bulten som håller fast motor-/växellådsadapterplattan på höger sida av växellådans svänghjulskåpa och/eller ta bort svänghjulens nedre skyddsplåt **(se bild)**.

11 Stötta motorn med en garagedomkraft och en stor träkloss under sumpen. När

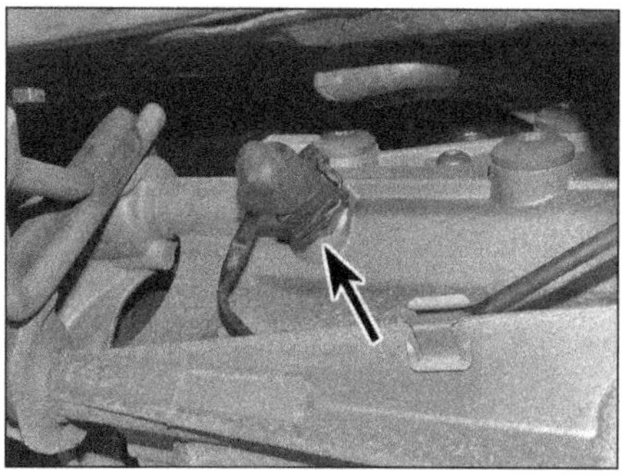

6.4 Backljuskontakten (markerad med pil) sitter på växellådans högra sida

växellådan har demonterats har motorn en tendens att tippa framåt.

12 Placera en garagedomkraft under växellådshuset, precis bakom svänghjulskåpan. Använd en träkloss för att sprida belastningen och hissa sedan upp domkraften så att den precis tar upp växellådans tyngd.

13 Ta bort tvärbalken och fästena från växellådans bakre del och låt växellåds-/motorenheten sänkas ner något.

14 Skruva loss bultarna mellan motorn och växellådan.

15 För växellådan bakåt för att lossa den ingående axeln från kopplingen. Var försiktig när du utför detta arbete och se till att växellådans tyngd inte hänger på den ingående axeln.

Montering

16 Börja återmonteringen genom att kontrollera att kopplingslamellen är centraliserad enligt beskrivningen i kapitel 6 (*kopplingsenhet - demontering, kontroll och återmontering*).

17 Före återmonteringen av växellådan är det lämpligt att undersöka kopplingens urkopplingslager och arm enligt beskrivningen i kapitel 6.

18 Återstoden av monteringen utförs i omvänd ordning mot demonteringen. Tänk på följande:

a) *Kontrollera att växellådans styrstift sitter säkert på plats på motorns baksida.*
b) *Dra åt alla fästen till det angivna momentet.*

7.6 Bänd upp klämmorna (markerade med pilar) och för bort sprinten på varje sida från huset

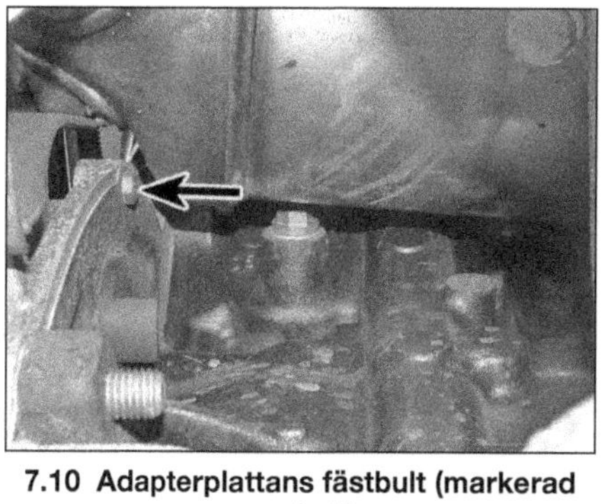

7.10 Adapterplattans fästbult (markerad med pil)

c) Smörj in växelväljararmens svängtapp och växelväljarstångens stift med lite fett före monteringen.

d) Återanslut kardanaxeln på växellådsflänsen enligt beskrivningen i kapitel 8.

e) Montera tillbaka startmotorn enligt beskrivningen i kapitel 5A.

8 Manuell växellåda översyn – allmän information

Renovering av en manuell växellåda är svårt att utföra för en hemmamekaniker. Arbetet omfattar isärtagning och ihopsättning av många små delar. Dessutom måste ett stort antal avstånd mätas exakt och vid behov justeras med mellanlägg och distansbrickor. Inre komponenter till växellådor är ofta svåra att få tag på och, i många fall, mycket dyra. Därför är det bäst att överlåta växellådan till en specialist eller byta ut den om den går sönder eller börjar låta illa. Du bör vara medveten om att vissa reparationer av växellådor kan utföras med växellådan kvar i bilen.

Trots allt är det inte omöjligt för en erfaren hemmamekaniker att renovera en växellåda, förutsatt att specialverktyg finns att tillgå och att arbetet utförs på ett metodiskt sätt så att ingenting glöms bort.

Inre och yttre låsringstänger, lageravdragare, en hammare, en uppsättning stiftdornar, en indikatorklocka och eventuellt en hydraulpress är några av de verktyg som behövs vid en renovering. Dessutom krävs en stor, stadig arbetsbänk och ett skruvstäd.

Anteckna noga hur alla komponenter sitter medan växellådan tas isär, det underlättar en korrekt återmontering.

Innan du tar isär växellådan hjälper det om du har en uppfattning om i vilket område felet ligger. Vissa problem kan härledas till specifika områden i växellådan, vilket kan underlätta undersökning och byte av komponenter. Se avsnittet *Felsökning* i slutet av den här handboken för mer information.

Kapitel 7 Del B:
Automatväxellåda

Innehåll

Svårighetsgrad

Enkelt, passar novisen med lite erfarenhet	**Ganska enkelt,** passar nybörjaren med viss erfarenhet	**Ganska svårt,** passar kompetent hemmamekaniker	**Svårt,** passar hemmamekaniker med erfarenhet	**Mycket svårt,** för professionell mekaniker

Specifikationer

Växellådstyp

4-cylindriga bensinmotorer:	
N46 motor	GA6HP19Z
N46T motor	GA6L45R
6-cylindriga bensinmotorer:	
N52 motor	GA6HP19Z
N52K motor	GA6L45R
4-cylindriga dieselmotorer	GA6HP19Z
6-cylindriga dieselmotorer:	
M57T2 motor	GA6HP26Z
N57 motor	Uppgift saknas

Åtdragningsmoment

Observera: *På vissa fästen kan bultar av olika klasser användas: klassen är graverad på bultskallarna. Se till att varje bult dras åt till korrekt moment för dess klass.*

	Nm
Bultar mellan momentomvandlare och drivplatta:	
M8	26
M10:	
8.8	49
10.9	56
Bultar mellan motor och växellåda:	
Alla utom 6-cylindriga bensinmotorer:	
Sexkantsbultar:	
M8	24
M10	45
M12	82
Torxbultar:	
M8	21
M10	42
M12	72
6-cylindriga bensinmotorer:*	
M10 x 30 mm:	
Steg 1	20
Steg 2	Vinkeldra ytterligare 90°
M10 x 85 mm:	
Steg 1	20
Steg 2	Vinkeldra ytterligare 180°
M12:	
Steg 1	25
Steg 2	Vinkeldra ytterligare 130°
Bultar växellådans tvärbalk på kaross:	
M8	21
M10	42
Muttrar växellådsfäste på växellåda:	
M8	21
M10	42
Utgående flänsens mutter:*	
Steg 1	190
Steg 2	Lossa 360°
Steg 3	120
Växellådans dräneringsplugg*	8
Växellådsoljans påfyllnings-/nivåplugg:	
M18	35
M30	80

**Återanvänds inte.*

Varning: Alla aluminiumfästen måste bytas. Försök att dra till dig bultarna med en magnet om du är osäker. Aluminium är inte magnetiskt.

1 Allmän information

Beroende på modell kan bilen ha en fem- eller sexväxlad automatväxellåda, bestående av en momentomvandlare, planetväxelns kugghjulsdrivna kraftöverföring och hydrauliskt styrd kopplingar och bromsar.

Momentomvandlaren är en hydraulisk koppling mellan motorn och växellådan och fungerar som en koppling samtidigt som den ger viss momentökning vid acceleration.

Den kugghjulsöverföringen har antingen fem/sex eller en backutväxling beroende på vilken av dess komponenter som hålls stilla eller får rotera. Komponenterna i den kugghjulsdrivna kraftöverföringen hålls eller släpps via bromsar och kopplingar som aktiveras av en hydraulisk styrenhet. En oljepump inuti växellådan ger nödvändigt hydrauliskt tryck för att bromsarna och kopplingarna ska gå att styra.

Föraren sköter växlingen med hjälp av en växelväljare med fyra lägen. Växellådan har lägena "park", "reverse", "neutral" och "drive". Körläget "drive" (D) innebär automatisk växling mellan alla framåtgående växlar, och är det läge som normalt används vid körning. En automatisk kick-downkontakt växlar ner växellådan ett läge när gaspedalen trycks i botten.

Vissa modeller har Steptronic-växling där föraren kan framkalla växlingar genom en enkel rörelse med växelväljarspaken – framåt för att växla upp och bakåt för att växla ner.

På grund av automatväxellådans komplexitet måste alla renoverings- och reparationsarbeten överlämnas till en BMW-verkstad eller annan specialist med nödvändig specialutrustning för feldiagnoser och reparationer. Följande avsnitt innehåller därför endast allmän information och sådan underhållsinformation och instruktioner som ägaren kan ha nytta av.

2 Växelväljarspak – demontering och montering

Demontering

1 Lyft upp bilen och stötta den på pallbockar (se *Lyftning och stödpunkter*). Se till att växelväljaren är i läget P.

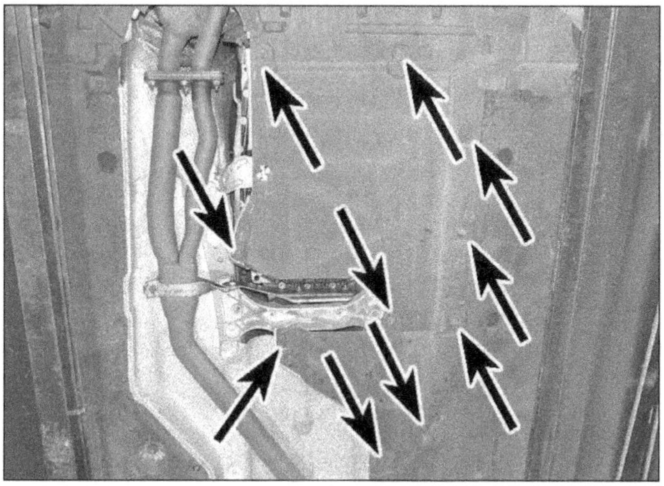

2.1 Skruva loss fästanordningarna (markerade med pilar) och ta bort underskyddet

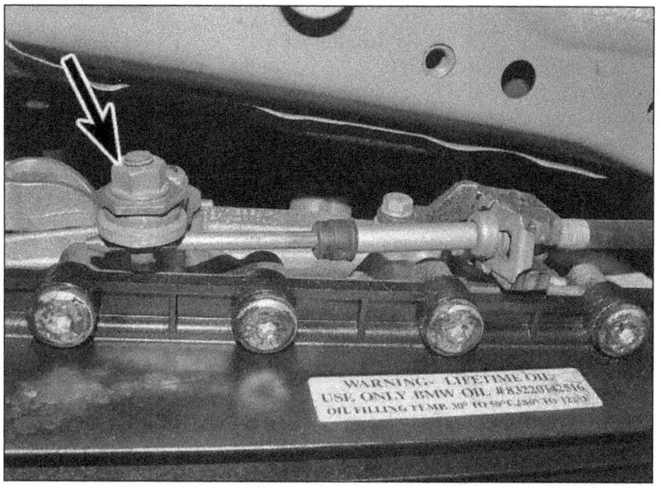

2.3 Skruva loss kabelns fästmutter (markerad med pil)

2 Arbeta under bilen och skruva loss fästanordningarna och ta bort växellådans underskydd **(se bild)**.

3 Lossa växelvajerns fästmutter från växelförararmen **(se bild)**.

4 Skruva loss låsmuttern som fäster växelvajerhöljet och ta bort vajern från stödfästet på växellådan.

5 Demontera mittkonsolen enligt beskrivningen i kapitel 11.

6 Observera hur de är monterade, lossa sedan eventuella anslutningskontakter som är anslutna till växelspaksenheten.

7 Skruva loss de tre bultar som håller fast spakenheten på golvet, för upp enheten från dess placering **(se bild)**. Observera att spakenheten endast är tillgänglig som en komplett enhet med växelvajern. Vi rekommenderar ingen vidare isärtagning.

Montering

8 Monteringen sker i omvänd ordningsföljd mot demonteringen. Tänk på följande:

a) Innan du sätter tillbaka växelknoppen, tryck ner damasken runt spaken tills låsspåret i spaken syns.

b) Avsluta med att justera växelvajern enligt beskrivningen i avsnitt 3.

3 Växelväljarvajer – demontering, återmontering och justering

Demontering och montering

1 Växelvajern kan endast bytas komplett med växelväljarenheten. Demonteringen beskrivs i kapitel 2.

Justering

2 Flytta växelväljarspaken till läge P. För att flytta spaken när batteriet är lossat bänder du upp spakens damask och trycker ner frigöringsspärren **(se bild)**.

3 Om du inte redan har gjort det ska du lossa den fästmutter som håller fast kabeln på ändbeslaget (bilen ska vara upphissad för åtkomst).

4 Tryck styrarmen på växellådan bort från vajerfästbygeln på växellådan (mot läget "Park").

5 Tryck kabeländen i motsatt riktning (dvs. mot kabelfästbygeln), lossa sedan kabeln, håll emot klämman och dra åt fästmuttern **(se bilder)**.

6 Kontrollera att vajern är korrekt justerad genom att starta motorn, lägga i bromsarna ordentligt och flytta växelväljaren mellan alla växlar.

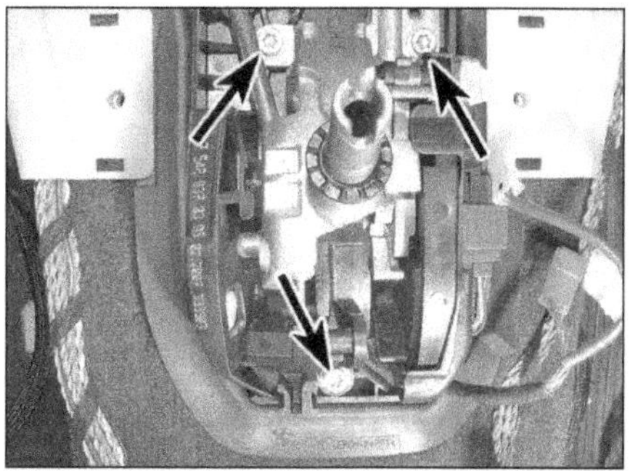

2.7 Skruva loss bultarna (markerade med pilar)

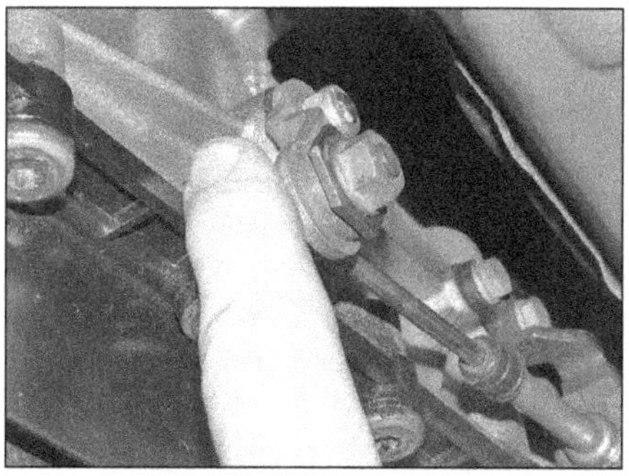

3.5a Tryck försiktigt kabeln mot fästbygeln. . .

4 Vätsketätningar – byte

Momentomvandlarens tätning

1 Ta bort växellådan och momentomvandlaren enligt beskrivningen i avsnitt 5.

2 Använd ett böjt verktyg och bänd loss den gamla packboxen från balanshjulskåpan. Eller borra ett litet hål och skruva sedan i en självgängande skruv i packboxen och använd en tång för att dra ut den.

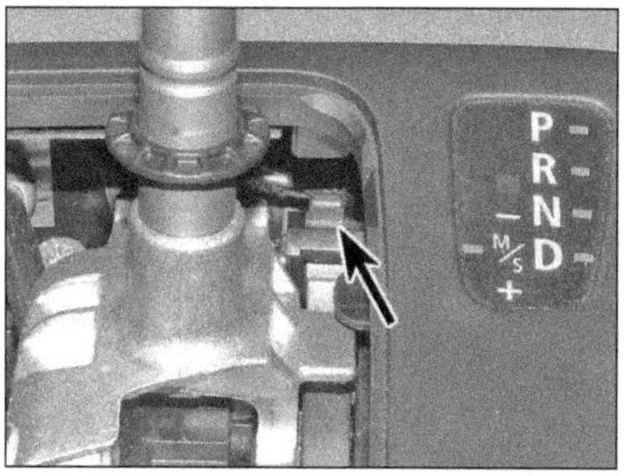

3.2 Tryck in spärren (markerad med pil) för att lossa spaken när batteriet är lossat

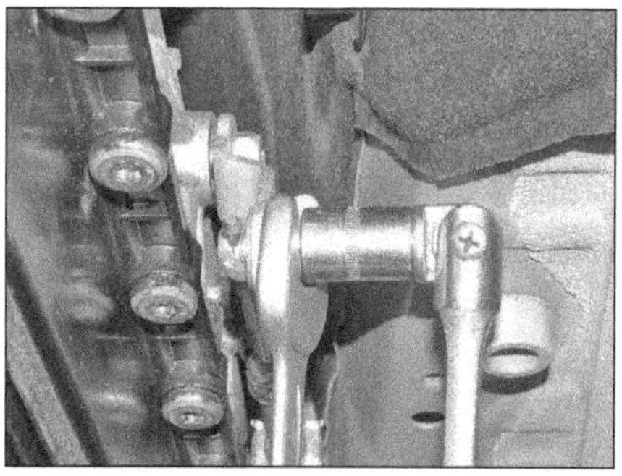

3.5b . . . och dra åt fästmuttern

3 Smörj in den nya packboxens läpp med ren vätska, och sätt den sedan försiktigt på plats med en stor hylsa eller ett stort rör.

4 Ta bort den gamla O-ringstätningen från den ingående axeln och sätt dit en ny. Stryk på ett lager vaselin på den nya O-ringen.

5 Sätt tillbaka momentomvandlaren och växellådan enligt beskrivningen i avsnitt 5.

Utgående flänsens packbox

6 Byte av oljetätningen innebär delvis isärtagning av växellådan vilket är ett komplext arbete - se avsnitt 6. Byte av oljetätning bör överlåtas till en BMW-verkstad eller specialist.

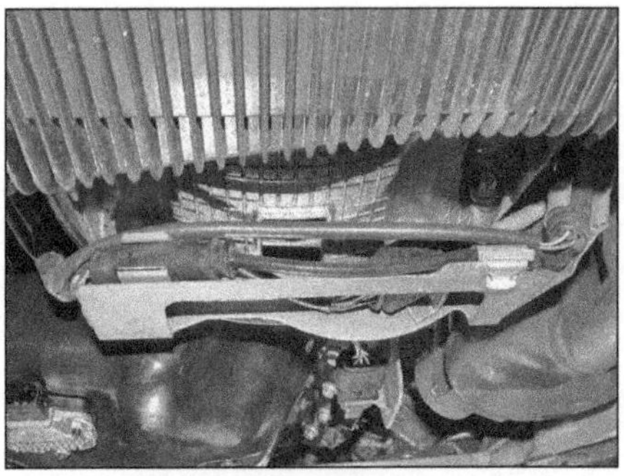

5.8a Lossa kabelhärvan och kontakterna. . .

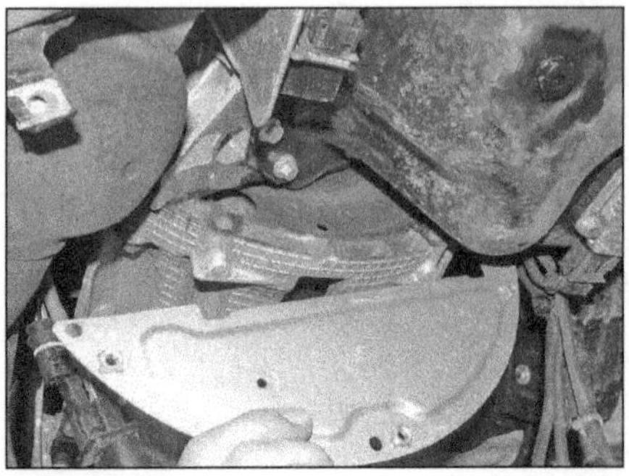

5.8b . . . skruva sedan loss bultarna och ta bort täckplattan

5 Automatväxellåda - demontering och montering

Observera: Detta är en komplicerad uppgift. Läs igenom anvisningarna noggrant innan du börjar, och se till att du har tillgång till de lyftverktyg och/eller den domkrafts-/stödutrustning som behövs. Det krävs ett lämpligt verktyg för att linjera momentomvandlaren när du sätter tillbaka växellådan, och det kan behövas nya O-ringar till vätskerören.

5.9 Skruva loss momentomvandlarens bultar

5.10 Ta bort fästbyglarna (markerade med pilar) bredvid växellådan

Demontering

1 Koppla loss batteriets minusdelare – se kapitel 5A.

2 Lyft upp bilen och stötta den på pallbockar (se *Lyftning och stödpunkter*). Observera att bilen måste vara tillräckligt högt upplyft för att växellådan ska kunna tas bort från bilens undersida. Skruva loss bultarna och ta bort motorn/växellådans undre skydd från bilen.

3 Skruva loss bultarna och ta bort det främre förstärkningsstödet/plattan från växellådans undersida.

4 Ta bort startmotorn enligt beskrivningen i kapitel 5A.

5 Ta bort avgassystemet och värmeskyddet (se kapitel 4A eller 4B), skruva sedan loss avgassystemfästets tvärbalk under bilen.

6 Ta bort kardanaxeln enligt beskrivningen i kapitel 8.

7 Koppla loss växelvajern från växellådan enligt beskrivningen i avsnitt 3.

8 Lossa anslutningskontakterna under den främre delen av balanshjulskåpan, lossa kabelhärvan, skruva sedan loss de tre bultarna och ta bort **täckplattan (se bilder)**.

9 Skruva loss momentomvandlarens tre bultar och vrid vevaxeln med en skiftnyckel eller en hylsa på remskivans navbult för att komma åt varje bult i tur och ordning **(se bild)**.

10 Skruva loss muttrarna och ta bort fästbyglarna från växellådssumptrågets högra sida, lossa sedan de tre bultarna och ta bort värmeskyddet (om tillämpligt) **(se bild)**.

11 Stötta upp växellådan med en garagedomkraft och en bit träkloss emellan **(se bilder)**. Växellådssumpen är av plast - se till att växellådan stöttas runt sumptrågets kant.

Varning: Växellådan är tung, se till att den har tillräckligt med stöd.

12 Skruva loss bultarna/muttrarna och ta bort tvärbalken från växellådan **(se bild)**.

13 Placera en lämplig träbit mellan motorns sumphus och kuggstången. När växellådan har tagits bort blir motorn framtung.

14 Sänk ner växellådan något, vrid sedan kragen moturs och dra bort anslutningskontakten från växellådshuset **(se bild)**. Lossa kabelhärvans klämmor från växellådshuset.

15 Skruva loss vätskekylarrörets fästbyglar

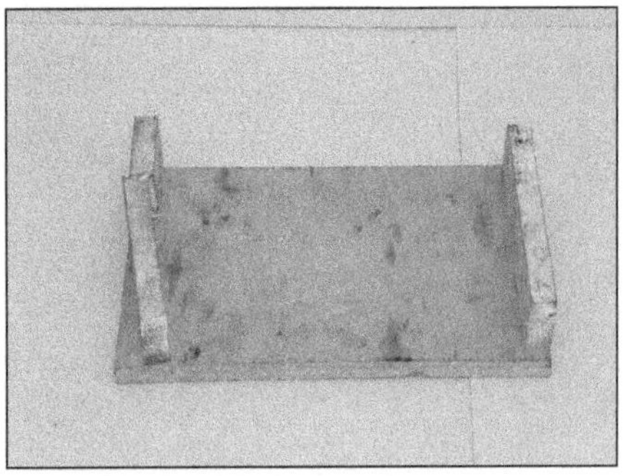

5.11a Vi gjorde en träplattform. . .

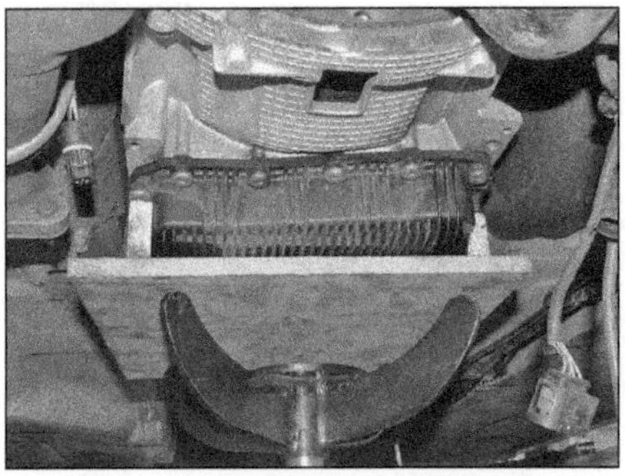

5.11b . . . som stöd för växellådan på sumpens fläns på varje sida

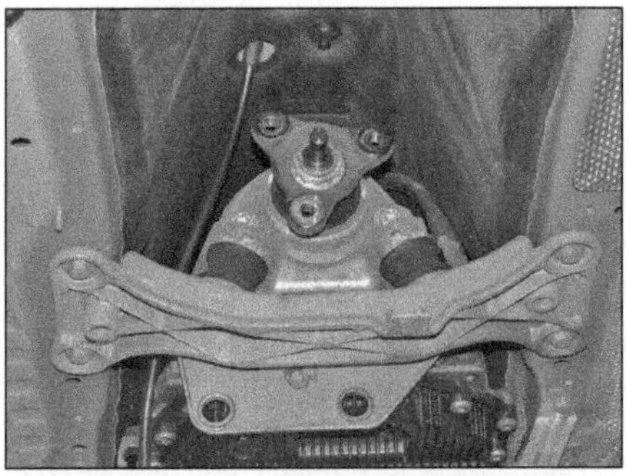

5.12 Ta bort tvärbalken från växellådans bakre del

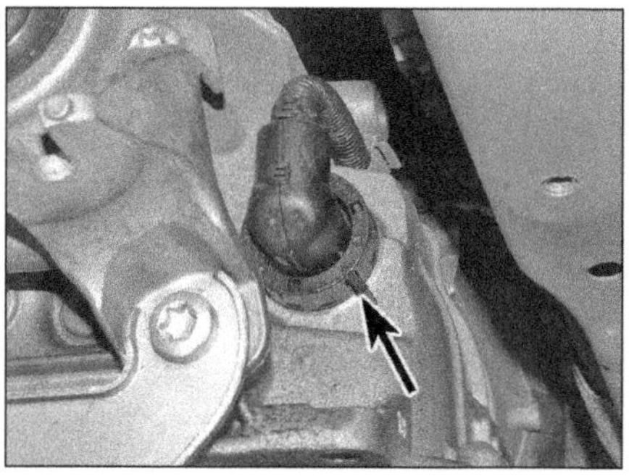

5.14 Vrid kragen (markerad med pil) moturs och sätt in anslutningskontakten från huset

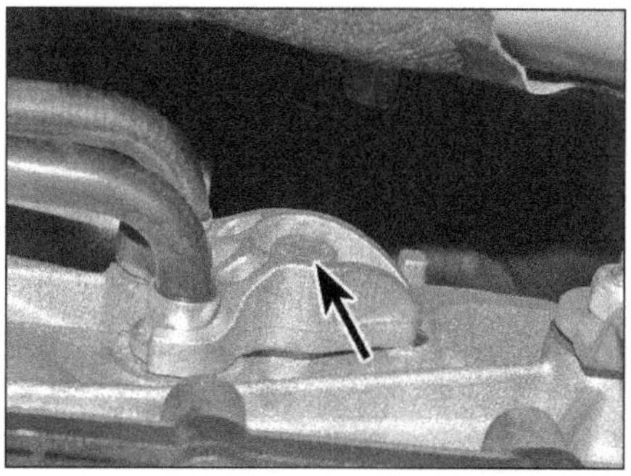

5.15 Fästbult till vätskekylarens rör (markerad med pil)

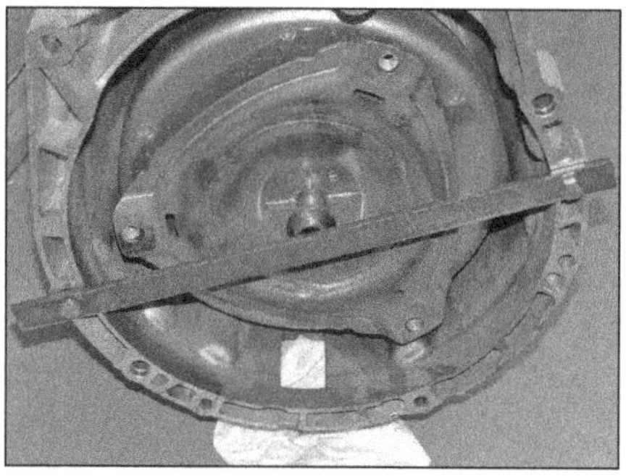

5.18 Vi bultade fast en metallstång över balanshjulskåpans öppning för att förhindra att momentomvandlaren glider framåt

och klämmor. Skruva loss fästbulten och lossa vätskerören - var beredd på vätskespill **(se bild)**. Täpp igen öppningarna för att hindra smuts från att tränga in.

16 Skruva loss bultarna mellan motorn och växellådan och ta bort brickorna. Skjut sedan växellådan bakåt. Se till att momentomvandlaren kommer bort från drivplattan och stannar kvar på plats i växellådan.

17 Sätt in en lämplig metall- eller träspak genom urtaget längst ner på svänghjulskåpan för att hålla kvar momentomvandlaren. När växellådan lossas från motorn är det nödvändigt att se till att motorn stöttas på ett adekvat sätt och att inga slangar fastnar.

18 Sänk ner växellådan och ta försiktigt bort den från bilens undersida, se till att momentomvandlaren hållas på plats. Om växellådan ska vara borttagen en längre tid, se till att motorn har tillräckligt stöd i motorrummet. Vidta åtgärder för att se till att momentomvandlaren förhindras från att glida framåt **(se bild)**.

Montering

19 Se till att växellådans styrstift sitter där de ska på motorn.

20 Innan du fogar samman växellådan med motorn är det viktigt att momentomvandlaren är perfekt linjerad med drivplattan.

21 Vänd på drivplattan för att rikta in ett av bulthålen mellan momentomvandlare och drivplatta.

22 Se till att växellådan har tillräckligt med stöd och sätt den på plats under bilen.

23 Sätt tillbaka och dra åt bultarna.

24 Montera tillbaka bulten momentomvandlare på drivplatta. Dra åt bulten till angivet moment.

25 Vrid vevaxeln som vid borttagningen för att komma åt de återstående två bultarna mellan momentomvandlaren och drivplattan. Sätt tillbaka och dra åt bultarna.

26 Resten av monteringen utförs i omvänd ordningsföljd mot demonteringen. Tänk på följande:

a) Dra åt alla fästen till angivet moment, i förekommande fall.

b) Kontrollera att O-ringarna på växellåds oljerören är i gott skick och byt dem vid behov.

c) Sätt tillbaka kardanaxeln (se kapitel 8).

d) Sätt tillbaka startmotorn (se kapitel 5A).

e) Återanslut och justera växelvajern enligt beskrivningen i avsnitt 3.

f) Avsluta med att fylla på växellådan med olja enligt beskrivningen i avsnitt 8.

6 Översyn av automatväxellåda - allmän information

Om ett fel uppstår i växellådan måste man först avgöra om felet är elektriskt, mekaniskt eller hydrauliskt, och för att göra detta krävs specialutrustning. Om växellådan misstänks vara defekt måste arbetet därför överlåtas till en BMW-verkstad eller annan specialist.

Ta inte bort växellådan från bilen för en möjlig reparation förrän en professionell feldiagnos har utförts eftersom de flesta tester kräver att växellådan är kvar i bilen.

7 Elektroniska komponenter/givare - demontering och montering

Turbinvarvtalsgivaren, givaren för utgående varvtal, växellådslägesbrytaren och den elektroniska styrmodulen (ECM) finns i växellådshuset. Demontering av komponenterna innebär demontering av sumpen och partiell isärtagning av växellådan. Därför bör byte av dessa komponenter överlåtas åt en BMW-verkstad eller en specialist med lämplig utrustning.

8.3 Påfyllningspluggen (markerad med pil) sitter på växellådans vänstra ände

8 Automatväxelolja - nivåkontroll

Observera: *Det finns ingen rekommendation i BMW:s serviceschema om kontroll eller byte av växellådsoljan. Det kan dock vara förståndigt att kontrollera vätskenivån med några års mellanrum – i synnerhet om bilen mest används till kortare resor eller för bogsering. Vätskenivån kan endast kontrolleras på ett riktigt sätt med BMW:s diagnosutrustning. Följande tillvägagångssätt säkerställer att växellådan har tillräckligt med olja för att bilen ska kunna köras försiktigt till en BMW-verkstad eller en lämpligt utrustad specialist där nivån kan kontrolleras på ett riktigt sätt.*

1 Vätskenivån kontrolleras genom borttagning av påfyllnings-/nivåpluggen från växellådshusets sida. Om det behövs kan du hissa upp bilen och stötta den med pallbockar (se *Lyftning och stödpunkter*) för att förbättra åtkomligheten, men se till att bilen inte lutar.

2 Skruva loss bultarna och ta bort underskyddet nedanför växellådan **(se bild 2.1)**.

3 Placera en behållare under växellådsoljetråget, skruva sedan loss påfyllnings-/nivåpluggen **(se bild)**. Ta loss tätningsringen (om en sådan finns).

4 Oljenivån ska nå den nedre kanten av påfyllnings-/nivåpluggshålet.

5 Om det behövs, kan du fylla på olja tills det rinner över kanten på hålet.

6 Starta motorn och låt den gå på tomgång. Växla igenom växlarna och återgå till Park med bromspedalen nertrampad. Oljenivån måste kontrolleras med motorn igång och med växellådsoljan upp till den temperatur som anges på en dekal som är fäst på växellådshuset bredvid påfyllningshålet. På de bilar som vi har undersökt var temperaturintervallet mellan 30 °C och 50 °C. Denna temperatur tar man reda på genom att ansluta lämplig diagnosutrustning till bilarnas EOBD-kontaktdon som är placerat i förarsidans fotutrymme (se kapitel 4A eller 4B). Om lämplig utrustning saknas eller för att vara extra försiktig kontrollerar du nivån innan motorn/växellådan uppnår normal arbetstemperatur och låter sedan en BMW-verkstad eller en lämpligt utrustad specialist kontrollera nivån igen.

7 Fyll på olja tills det börjar rinna ut olja ur påfyllningshålet. Trampa ner bromspedalen och kontrollera nivån igen.

8 Montera tillbaka påfyllnings-/nivåpluggen med en ny tätningsring (om en sådan finns). Dra åt den till angivet moment.

9 Automatväxelolja - byte

Observera: *Det finns ingen rekommendation i BMW:s serviceschema om kontroll eller byte av växellådsoljan. Det kan dock vara förståndigt att fylla på vätskan med några års mellanrum – i synnerhet om bilen mest används till kortare resor eller för bogsering.*

1 Växellådsoljan ska tömmas ut när växellådan har uppnått arbetstemperatur. Om bilen precis har körts minst 32 km kan växellådan anses vara varm.

2 Parkera bilen på en plan yta direkt efter att den har körts, och dra åt handbromsen. Om det behövs kan du hissa upp bilen och stötta den med pallbockar (se *Lyftning och stödpunkter*) för att förbättra åtkomligheten, men se till att bilen inte lutar.

3 Skruva loss bultarna och ta bort underskyddet under växellådan **(se bild 2.1)**.

4 Lossa växellådsoljetråget ungefär ett halvt varv **(se bild)**. Placera dräneringsbehållaren under dräneringspluggen och ta därefter bort pluggen helt. Försök att trycka pluggen in mot oljetråget samtidigt som du skruvar loss den för hand de sista varven.

> **HAYNES TIPS** *Dra snabbt bort pluggen när den släpper från gängorna, så att oljan hamnar i kärlet och inte i tröjärmen!*

5 Kassera dräneringspluggen - BMW insisterar på att en ny måste monteras.

6 Montera den nya dräneringspluggen och dra åt till angivet moment.

7 Fyll växellådan med den angivna mängden av korrekt typ av olja (se kapitel 1A eller 1B) enligt beskrivningen i avsnitt 8 – fyll växellådan genom påfyllnings-/nivåplugghålet.

9.4 Växellådans vätskedräneringsplugg (markerad med pil)

8 Kontrollera vätskenivån enligt beskrivningen i avsnitt 8. Kom ihåg att den nya oljan ännu inte har uppnått arbetstemperatur.

9 Starta motorn och kör den på tomgång några minuter för att värma upp den nya vätskan, kontrollera sedan vätskenivån enligt beskrivningen i avsnitt 8 med handbromsen åtdragen. Observera att det kan bli nödvändigt att tappa av lite vätska när den nya vätskan har nått arbetstemperatur.

Kapitel 8
Slutväxel, drivaxlar och kardanaxel

Innehåll

Svårighetsgrad

Enkelt, passar novisen med lite erfarenhet	**Ganska enkelt,** passar nybörjaren med viss erfarenhet	**Ganska svårt,** passar kompetent hemmamekaniker	**Svårt,** passar hemmamekaniker med erfarenhet	**Mycket svårt,** för professionell mekaniker

Specifikationer

Slutväxel

Typ .... Ofjädrad, fäst på bakfjädringens tvärbalk

Drivaxel

Typ .... Stålaxel med drivknutar av kulhållartyp i var ände
Drivknutarnas fettvolym .... 80 g i varje knut

Kardanaxel

Typ .... Tvådelad rörformig axel med mittenlager, mellersta och bakre universalknut. Den främre knuten är antingen en gummikoppling eller universalknut (beroende på modell)

Åtdragningsmoment

Observera: *På vissa fästen kan bultar av olika klasser användas: klassen är graverad på bultskallarna. Se till att varje bult dras åt till korrekt moment för dess klass.*

Slutväxel	**Nm**
Fästbultar:	
Bakre bultar	165
Främre bult	100
Oljepåfyllningsplugg	60
Vibrationsdämpare på fästbygel (i förekommande fall)	68
Drivaxel	
Bultar axel på slutväxelfläns:*	
M8	52
M10	70
M12	120
Drivaxelns fästmutter:*	
M24	250
M27	300
Kardanaxel	
Axel/koppling på slutväxel:*	
M10:	
Med flänsade kuggar under topplocket:	
Steg 1	40
Steg 2	Vinkeldra ytterligare 45°
Utan flänsade kuggar under topplocket:	
Steg 1	20
Steg 2	Vinkeldra ytterligare 90°
M12:	
Steg 1	55
Steg 2	Vinkeldra ytterligare 90°
Flexibel skiva på växellådan:*	
M10:	
8.8	48
10.9	64
ZNS (utvändig Torx) bultar/muttrar:	
M10:	
Steg 1	20
Steg 2	Vinkeldra ytterligare 90°
M12:	
Steg 1	55
Steg 2	Vinkeldra ytterligare 90°
Stödlagrets fästbygelmuttrar/bultar	21
Hjul	
Hjulbultar	120

**Återanvänds inte*

1 Allmän information

Kraften överförs från växellådan till bakaxeln genom en tvådelad kardanaxel, som är fäst bakom mittenlagret med en "glidled"' - en glidande, räfflad koppling. Tack vare glidleden kan kardanaxeln röra sig lite fram och tillbaka. Kardanaxelns främre ände är fäst på växellådans utgående fläns med en flexibel gummikoppling. På vissa modeller sitter det en vibrationsdämpare mellan kardanaxelns främre del och kopplingen. Kardanaxelns mitt stöttas av mittenlagret, som är fäst med bultar på bilens kaross. Det sitter universalknutar på mittenlagret och längst bak på kardanaxeln, för att kompensera för växellådans och differentialens rörelser på sina respektive fästen samt för eventuell rörelse i chassit.

Slutväxelenheten innehåller drevet, krondrev, differentialen och de utgående flänsarna. Drevet, som driver krondrevet, kallas även för differentialens ingående axel och är ansluten till kardanaxeln via en ingående fläns. Differentialen är fäst med bultar på krondrevet och driver bakhjulen via ett par utgående flänsar som är fästa på drivaxlarna med drivknutar i varje ände. Differentialen gör att hjulen kan snurra med olika hastighet vid kurvtagning.

Drivaxlarna levererar kraft från slutväxelenhetens utgående flänsar till bakhjulen. Drivaxlarna har drivknutar i varje ände. De inre drivknutarna är fästa på differentialflänsarna och de yttre drivknutarna hakar i räfflorna på hjulnaven, och fästs med en stor mutter.

Större reparationer av komponenterna i differentialenheten (drev, ring och drev, samt differentialen) kräver många specialverktyg och en hög nivå av kunnande, och därför bör hemmamekanikern inte ge sig på detta arbete. Om det krävs större reparationer rekommenderar vi att de utförs av en BMW-verkstad eller annan lämplig servicetekniker.

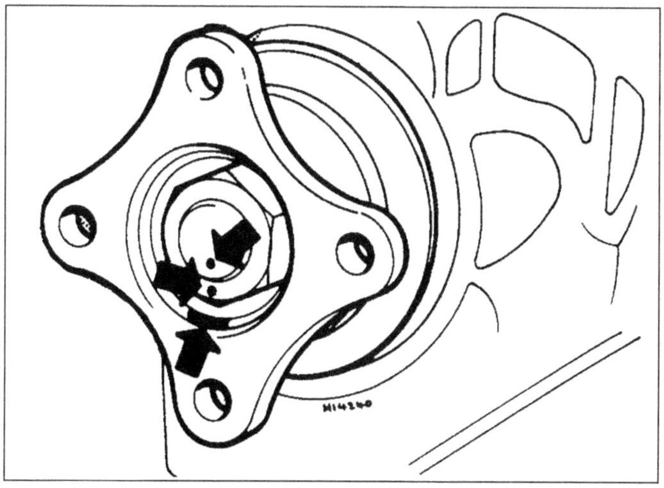

3.2 Gör inställningsmarkeringar (se pilar) på flänsen, kuggstången och muttern för att säkerställa korrekt återmontering

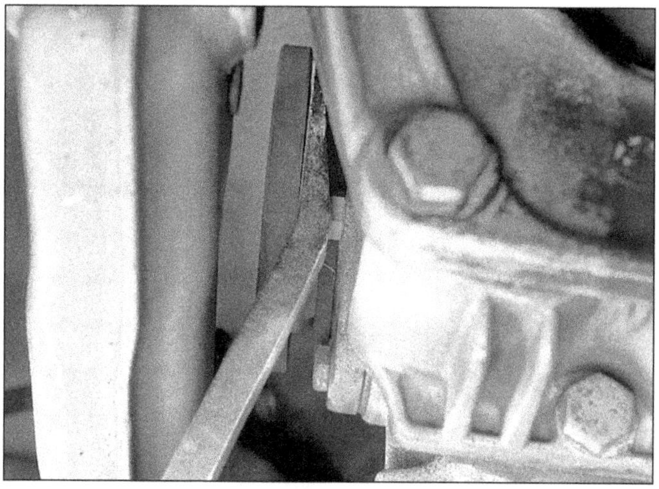

3.11 Använd en lämplig hävarm för att ta bort drivaxelflänsen från slutväxelenheten

2 Slutväxelenhet – demontering och montering

Observera: *Det behövs nya bakre kopplingsmuttrar till kardanaxeln och nya fästbultar till drivaxeln vid återmonteringen.*

Demontering

1 Klossa framhjulen. Lyft upp bakvagnen och ställ den på pallbockar (se *Lyftning och stödpunkter*). Demontera båda bakhjulen.

2 Använd färg eller en lämplig märkpenna och gör inställningsmarkeringar mellan kardanaxeln och slutväxelenhetens fläns. Skruva loss muttrarna som fäster kardanaxeln på slutväxelenheten och kasta dem. du måste sätta dit nya vid monteringen.

3 Skruva loss fästbultarna och plattorna som håller fast höger drivaxel på slutväxelenhetens fläns, och stötta drivaxeln genom att binda fast den på bilens underrede med en vajer. **Observera:** *Låt inte drivaxeln hänga fritt med hela sin tyngd eftersom drivknuten kan skadas.* Kasta bultarna, du måste använda nya vid återmonteringen.

4 Koppla loss vänster drivaxel från slutväxeln enligt beskrivningen i punkt 3.

5 Skruva loss muttrarna/bultarna och ta bort värmesköldspanelen från benets vänstra ände, under flänsen på slutväxelns ingående axel.

6 Ställ en domkraft på plats, lägg en träkloss emellan och hissa upp domkraften så att den bär upp slutväxelenhetens tyngd.

7 Se till att slutväxelenheten är säkert stöttad, lossa och ta bort de två bultar som håller fast enhetens främre del på plats och den bult som håller fast enhetens bakre del på plats.

8 Sänk försiktigt ner slutväxelenheten och ta bort den från bilens undersida. Kontrollera om slutväxelenhetens gummifästen verkar slitna eller skadade och byt dem vid behov.

Montering

9 Monteringen utförs i omvänd ordningsföljd mot demonteringen. Tänk på följande:

a) Lyft upp slutväxelenheten och haka i den med kardanaxelns bakre knut. Se till att markeringarna som du gjorde före demonteringen är korrekt linjerade.

b) Sätt in slutväxelenhetens främre fästbultar, sedan den bakre bulten.

c) Dra åt slutväxelenhetens främre fästskruvar till angivet moment följt av den bakre bulten.

d) Sätt dit kardanaxelns nya knutmuttrar och dra åt dem till angivet moment.

e) Sätt dit drivaxelknutens nya fästbultar och plattor, och dra åt dem till angivet moment.

f) Avsluta med att fylla på slutväxelenheten med olja enligt beskrivningen i kapitel 10.

3 Slutväxelenhetens packboxar – byte

Kardanaxelns flänstätning

Observera: *Det behövs en ny spännbricka till flänsmuttern.*

1 Ta bort slutväxelenheten enligt beskrivningen i avsnitt 2 och fäst enheten i ett skruvstäd.

2 Ta bort spännbrickan och gör inställningsmarkeringar mellan kardanflänsens mutter, drivflänsen och drevet **(se bild)**. Kasta spännbrickan, du måste använda en ny vid sättningen.

3 Håll drivflänsen stilla genom att fästa en bit metallstag på den med en bult, skruva sedan loss muttern och anteckna exakt hur många varv det krävs för att ta bort den.

4 Använd en lämplig avdragare och dra drivflänsen från drevet och ta bort dammkåpan. Om dammkåpan visar tecken på slitage ska den bytas.

5 Bänd loss packboxen från slutväxelns hölje med en skruvmejsel. Torka rent packboxens säte.

6 Smörj in den nya packboxens tätningsläpp med lite olja och tryck den sedan rakt in i höljet tills den ligger jäms med den yttre ytan. Om det behövs kan du knacka packboxen på plats med ett metallrör som ligger an mot dess hårda yttre kant.

7 Sätt dit dammkåpan och passa in drivflänsen på drevet, linjera markeringarna som du gjorde vid demonteringen. Sätt tillbaka flänsmuttern, skruva in den exakt det antal varv som det behövdes för att ta bort den, så att inställningsmarkeringarna är korrekt placerade.

Varning: Dra inte åt flänsmuttern för hårt. Om muttern dras åt för hårt kommer den hopfällbara mellanläggsbrickan bakom flänsen att bli deformerad, vilket gör att den måste bytas. Det är en svår uppgift som kräver att slutväxelenheten tas isär.

8 Fäst muttern med den nya spännbrickan, knacka in den rakt.

9 Sätt tillbaka slutväxelenheten enligt beskrivningen i avsnitt 2 och fyll på med olja enligt beskrivningen i avsnitt 10.

Drivaxelflänsens oljetätning

Observera: *det behövs nya fästbultar till drivaxelknuten och en ny låsring till drivaxelflänsen.*

10 Skruva loss bultarna som håller fast drivaxelns drivknut på slutväxelenheten och ta bort spännbrickorna. Placera drivaxeln en bit bort från flänsen och bind fast den i fordonets underrede med en bit vajer. **Observera:** *Låt inte drivaxeln hänga fritt med hela sin tyngd eftersom drivknuten kan skadas.*

11 Använd en lämplig hävarm och bänd försiktigt bort drivaxelflänsen från slutväxelenheten. Var försiktig så att du inte skadar dammtätningen eller höljet **(se bild)**.

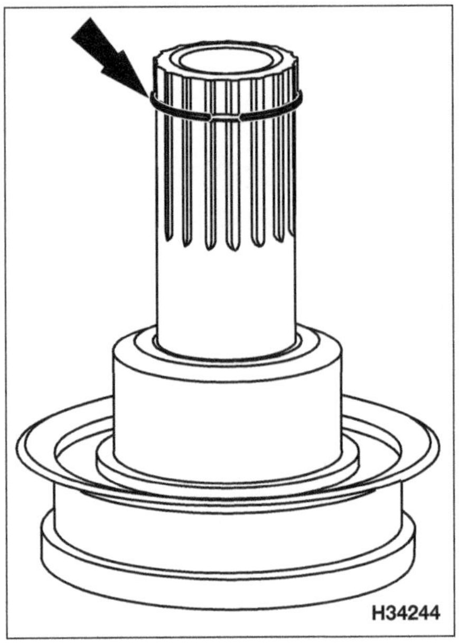

3.13 Byt den utgående flänsens låsring (se pil)

Ta bort flänsen och dammtätningen. Om dammtätningen verkar sliten ska den bytas.

12 Bänd försiktigt loss packboxen från slutväxelenheten. Torka rent packboxens säte.

13 Med flänsen borttagen, bänd ut låsringen från den räfflade axelns ände **(se bild)**.

14 Montera en ny låsring och se till att den är korrekt placerad i det spårade axelspåret.

15 Smörj in den nya packboxens tätningsläpp med lite slutväxelolja, tryck den sedan rakt in i höljet tills det tar stopp. Om det behövs kan du knacka packboxen på plats med ett metallrör som ligger an mot dess hårda yttre kant **(se bild)**.

16 Sätt dit dammkåpan och sätt in drivflänsen. Tryck drivflänsen helt på plats och kontrollera att den hålls fast ordentligt med låsringen.

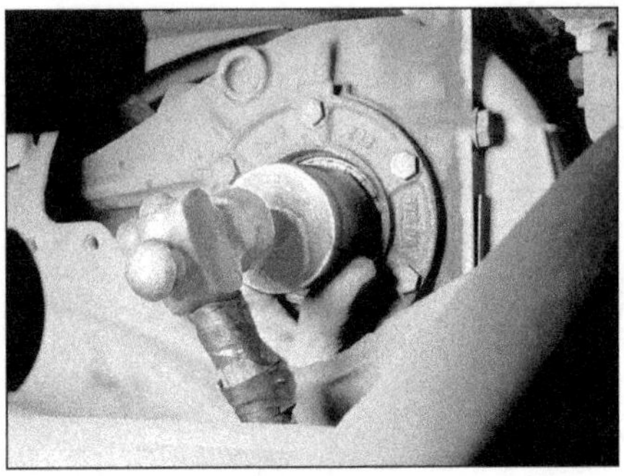

3.15 Montera den nya tätningen med en hylsa som endast håller fast tätningens hårda ytterkant

17 Linjera drivaxeln med flänsen och sätt tillbaka de nya fästbultarna och plattorna. Dra åt dem till angivet moment.

18 Fyll på slutväxelenheten med olja enligt beskrivningen i avsnitt 10.

4 Drivaxel - demontering och montering

Observera: *Drivaxeln behöver en ny fästmutter och bultar vid monteringen.*

Demontering

1 Ta bort navkapseln (efter tillämplighet) och lossa drivaxelns fästmutter när bilen står på hjulen. Lossa även hjulbultarna.

2 Klossa framhjulen, lyft sedan upp bakvagnen med hjälp av en domkraft och stötta den på pallbockar (se *Lyftning och stödpunkter*).

3 Ta bort det berörda bakhjulet.

4 Om vänster drivaxel ska demonteras tar du bort avgasröret för att komma åt bättre (se relevant del av kapitel 4).

5 Skruva loss vänster och höger krängningshämmarfäste och vrid staget nedåt (se kapitel 10).

6 Skruva loss drivaxelmuttern.

7 Gör inställningsmarkeringar, lossa och ta sedan bort bultarna som håller fast drivaxelns drivknut på slutväxelenheten och ta bort spännbrickorna (i förekommande fall) **(se bild)**. Placera drivaxeln en bit bort från flänsen och bind fast den i fordonets underrede med en bit vajer. **Observera:** *Låt inte drivaxeln hänga fritt med hela sin tyngd eftersom drivknuten kan skadas.*

8 Ta bort drivaxelns yttre drivknut från navenheten. Den yttre drivknuten sitter hårt, knacka ut den ur navet med hjälp av en mjuk klubba. Om detta inte lyckas, måste du trycka ut knuten med hjälp av ett lämpligt verktyg som fästs på navet.

9 Ta bort drivaxeln från bilens undersida.

Montering

10 Monteringen utförs i omvänd ordningsföljd mot demonteringen, men observera följande.

a) Smörj kontaktytan för muttern på hjullagret och dra sedan åt muttern till angivet moment. Olja inte gängorna. Om det behövs kan du vänta tills bilen är nedsänkt på marken igen och då dra åt muttern till angivet moment. När den är åtdragen, använd en hammare och körnare för att få fast muttern ordentligt ***(se bild)****.*

b) Sätt dit den inre drivknutens nya fästbultar och plattor (efter tillämplighet), och dra åt dem till angivet moment.

5 Drivaxeldamasker - byte

1 Ta bort drivaxeln (se avsnitt 4).

2 Rengör drivaxeln och spänn fast den i ett skruvstäd.

3 Lossa de båda fästklämmorna från den

4.7 Gör inställningsmarkeringar (se pil) och ta sedan bort torxbultarna

4.10 När drivaxelmuttern har dragits åt ska den kilas fast med en körnare

5.3 Lossa damaskens fästklämmor och skjut damasken nedför axeln

5.4 Ta försiktigt bort tätningskåpan från knutens inre ände

5.5 Ta bort den inre drivknutens låsring från drivaxeln

inre drivknuten och lossa damasken och dammkåpan från knuten **(se bild)**.

4 Bänd bort tätningskåpan från den inre drivknutens ände **(se bild)**.

5 Gräv ut överflödigt fett och ta bort den inre drivknutens låsring från drivaxeländen **(se bild)**.

6 Stötta den inre drivknutens led ordentligt och knacka loss drivaxeln från dess läge med hjälp av en hammare och en lämplig dorn **(se bild)**. Om drivknuten sitter hårt behövs det en lämplig avdragare för att dra bort knuten. Ta inte isär den inre drivknuten.

7 När drivknuten är borttagen, skjut av den inre damasken och dammkåpan från drivaxeländen **(se bild)**.

8 Lossa den yttre damaskens fästklämmor och skjut sedan damasken längs med axeln och ta bort den.

9 Rengör drivknutarna med fotogen, eller lämpligt lösningsmedel, och torka ordentligt. Utför en okulärbesiktning på följande sätt.

10 Flytta den inre räfflade leden från sida till sida för att visa en kula i taget längst upp i dess spår. Undersök kulorna och leta efter sprickor, flata delar eller gropar.

11 Undersök kulspåren på de inre och yttre delarna. Om spåren är slitna, sitter kulorna inte längre riktigt tätt. Undersök samtidigt kulhållarens fönster och leta efter tecken på slitage eller sprickbildning mellan fönstren.

12 Om någon av drivknutarnas komponenter verkar vara skadade eller slitna måste de bytas ut. Den inre drivknuten kan köpas separat, men om den yttre drivknuten är sliten måste hela knut- och drivaxelenheten bytas.

5.20a Fyll den inre drivknuten med det fett som medföljer . . .

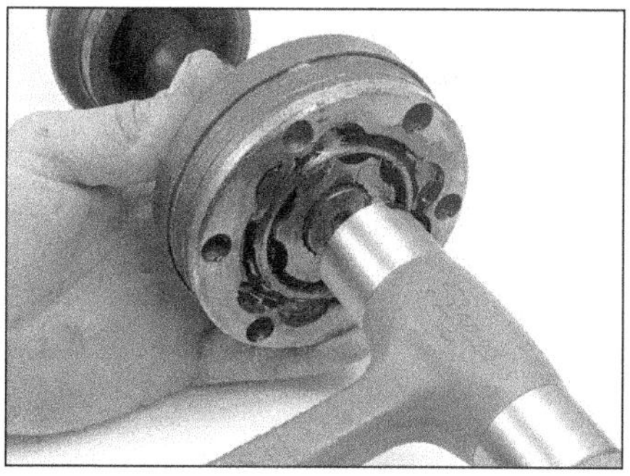

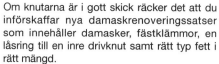

5.6 Stötta den inre drivknutens inre led och knacka sedan loss drivaxeln . . .

Om knutarna är i gott skick räcker det att du införskaffar nya damaskrenoveringssatser som innehåller damasker, fästklämmor, en låsring till en inre drivknut samt rätt typ fett i rätt mängd.

13 Tejpa över räfflorna på drivaxeländen.

14 Skjut den nya yttre damasken över drivaxeländen.

15 Fyll den yttre knuten med fettet från damasksatsen. Arbeta in fettet ordentligt i lagerspåren samtidigt som du vrider på knuten, och fyll på gummidamasken med eventuellt överskott.

16 Passa in damasken över knuten och se till att damaskens läppar sitter korrekt på både drivaxeln och drivknuten. Lyft upp damaskens yttre tätningsläpp för att jämna ut lufttrycket i damasken.

17 Sätt dit den stora metallfästklämman på damasken. Dra åt fästklämman ordentligt och

5.20b . . . och arbeta in det i lagerspåren

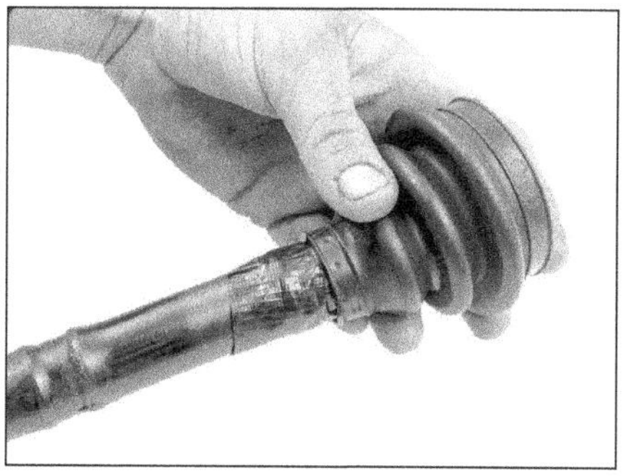

5.7 . . . och skjut bort damasken

böj den sedan bakåt för att fästa den på plats, kapa eventuell överbliven klämma. Fäst den lilla fästklämman på samma sätt.

18 Haka i den nya inre damasken med dess dammkåpa och skjut på enheten på drivaxeln.

19 Ta bort tejpen från räfflorna och sätt dit den inre drivknuten. Tryck på knuten helt på axeln och fäst den på plats med en ny låsring.

20 Arbeta in det fett som medföljde i den inre knuten och fyll damasken med eventuellt överflödigt fett **(se bilder)**.

21 Skjut den inre damasken på plats och tryck fast dammkåpan på knuten. Se till att fästbultshålen är korrekt linjerade. Lyft upp damaskens yttre tätningsläpp för att jämna ut lufttrycket i damasken, och sätt den på plats med fästklämmorna.

22 Stryk på ett lager lämpligt tätningsmedel (BMW rekommenderar BMW:s tätningsgel) och tryck på den nya tätningskåpan helt på den inre drivknutens ände.

23 Kontrollera att de båda drivknutarna kan röra sig lätt och sätt sedan tillbaka drivaxeln enligt beskrivningen i avsnitt 4.

6 Kardanaxel – demontering och montering

Demontering

1 Klossa framhjulen. Lyft upp bakvagnen och ställ den på pallbockar (se *Lyftning och stödpunkter*).

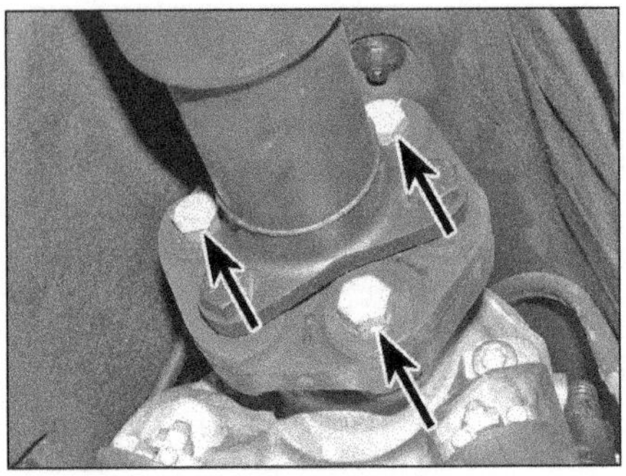

6.3 Skruva loss de tre bultarna/muttrarna (markerade med pilar)

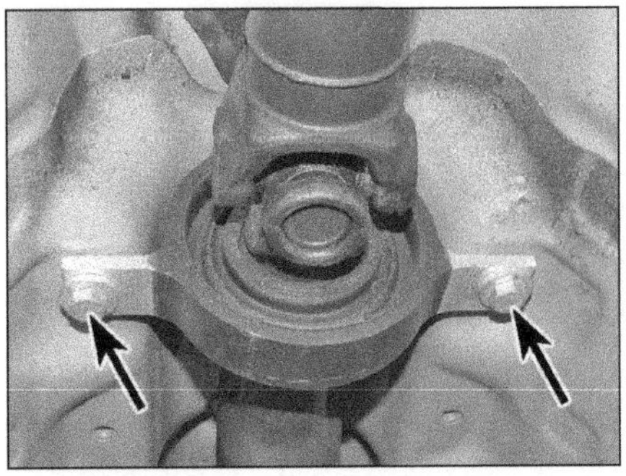

6.5 Fästbygeln till det mittre stödlagret är fäst med två bultar (markerade med pilar)

2 Ta bort avgassystemet och värmeskölden enligt beskrivningen i kapitel 4A. Skruva vid behov bort avgassystemets fästbygel/byglar för att få det utrymme som behövs för att ta bort kardanaxeln.

3 Gör inställningsmärken mellan axeln, växellådans fläns och gummikopplingen. Skruva loss muttrarna och bultarna som håller fast kopplingen på växellådan **(se bild)**. Kasta bultarna och muttrarna – du måste använda nya vid återmonteringen.

4 Använd färg eller en lämplig märkpenna för att göra inställningsmärken mellan kardanaxeln (eller gummikopplingen på dieselmodeller) och slutväxelenhetens fläns. Skruva loss de bultar som håller fast kardanaxeln (eller gummikoppling på dieselmodeller) på slutväxeln och kassera dem. nya måste användas vid återmonteringen **(se bilder)**.

5 Ta någon till hjälp som kan stötta kardanaxeln, skruva sedan loss fästmuttrarna till det mellersta stödlagrets fästbygel **(se bild)**. Sänk ner mitten av axeln och lossa den från växellådan och slutväxelenheten. Ta bort axeln från bilens undersida. **Observera:** *Skilj inte de båda axelhalvorna åt utan att först göra inställningsmarkeringar. Om axlarna fogas samman på fel sätt kan kardanaxelenheten bli obalanserad, vilket leder till oljud och vibrationer vid användning.*

6 Kontrollera gummikopplingen (om en sådan finns), stödlagret och axelns kardanknutar enligt beskrivningen i avsnitt 7, 8 och 9. Undersök växellådsflänsens styrsprint och kardanaxelns bussning med avseende på slitage eller skador och byt om det är nödvändigt.

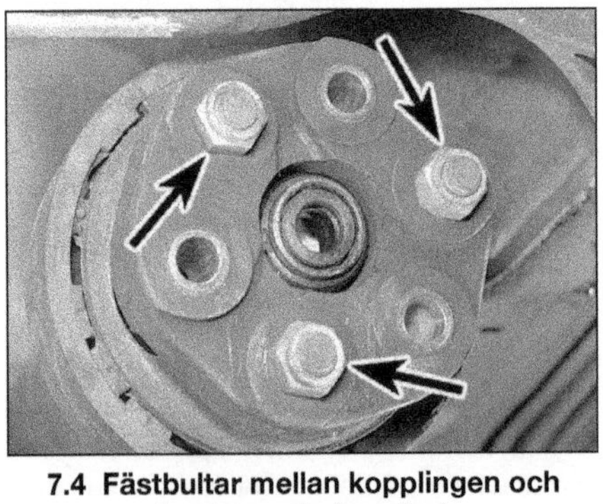

7.4 Fästbultar mellan kopplingen och kardanaxeln (se pilar)

6.4a Skruva loss de bultar som håller fast slutväxelns fläns på kardanaxeln

6.7 Stryk på molybdendisulfidfett på växellådans stift

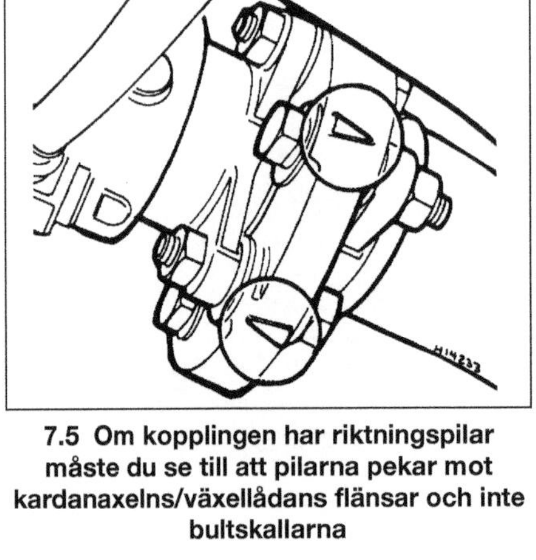

7.5 Om kopplingen har riktningspilar måste du se till att pilarna pekar mot kardanaxelns/växellådans flänsar och inte bultskallarna

6.4b På dieselmodeller är en gummikoppling monterad mellan kardanaxeln och slutväxelns fläns

Montering

7 Applicera lite molybdendisulfidfett (BMW rekommenderar Molykote Longterm 2) på växellådssprinten och axelbussningen och för axeln på plats **(se bild)**.

8 Linjera markeringarna som du gjorde före demonteringen och haka i axeln i växellådans och slutväxelenhetens flänsar. När markeringarna är korrekt linjerade sätter du tillbaka stödfästets fästbultar, dra endast åt dem lite grann i detta skede.

9 Sätt dit nya fästbultar på kardanaxelns bakre koppling och dra åt dem till angivet moment.

10 Sätt in nya bultar och montera de nya fästbultarna. Dra åt dem till angivet moment. Observera att muttern/bulten endast ska roteras på flänssidan för att undvika belastning på gummikopplingen.

11 Dra åt stödfästbygelns bultar till angivet moment.

12 Sätt tillbaka avgassystemet och tillhörande komponenter enligt beskrivningen i kapitel 4A eller 4B.

7 Kardanaxelns gummikoppling – kontroll och byte

Kontroll

1 Dra åt handbromsen hårt, lyft upp framvagnen och ställ den på pallbockar (se *Lyftning och stödpunkter*).

2 Undersök gummikopplingen som förbinder kardanaxeln med växellådan ordentligt. Leta efter tecken på skador som sprickbildning eller revor eller tecken på allmänt slitage. Om det behövs byter du kopplingen på följande sätt.

Byte

3 Ta bort kardanaxeln enligt beskrivningen i avsnitt 6.

4 Skruva loss muttrarna som håller fast kopplingen på axeln och ta bort den **(se bild)**.

5 Sätt dit den nya gummikopplingen, observera att pilarna på kopplingens sida måste peka mot kardanaxeln/växellådans flänsar **(se bild)**. Sätt dit de nya fästmuttrarna och dra åt dem till angivet moment.

6 Sätt tillbaka kardanaxeln enligt beskrivningen i avsnitt 6.

8.4a Dra damasken bakåt, dra sedan isär axelns halvor

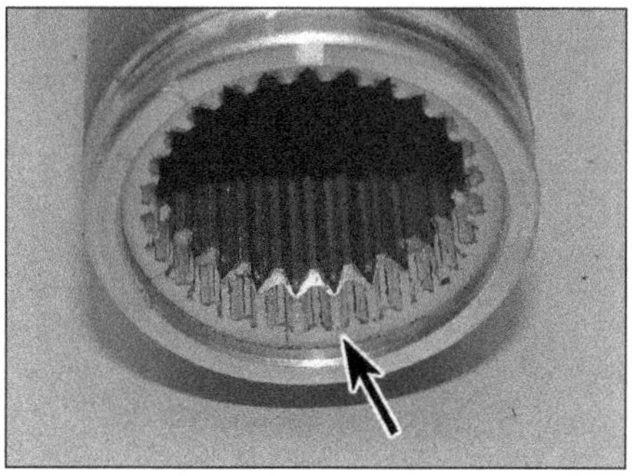

8.4b Ta loss dämparringen (markerad med pil)

10.2 Slutväxelns påfyllningsplugg (markerad med pil)

8 Kardanaxelns stödlager - kontroll och byte

Kontroll

1 Slitage på stödlagret leder till oljud och vibrationer när bilen körs. Det är enklast att kontrollera lagret när kardanaxeln är borttagen (se avsnitt 6). För att komma åt lagret när axeln är kvar, ta bort avgassystemet och värmesköldarna enligt beskrivningen i relevant del av kapitel 4.

2 Vrid lagret och kontrollera att det roterar jämnt utan tecken på spel. Om det är svårvridet, eller om det känns som om det kärvar, ska det bytas. Undersök även gummidelen. Om den är sprucken eller skadad ska den bytas ut.

Byte

3 Ta bort kardanaxeln enligt beskrivningen i avsnitt 6.

4 Gör inställningsmärken mellan de främre och bakre avsnitten av kardanaxeln, lossa sedan gummidamasken från spåret på axeln och dra isär axelns två halvor. Ta loss dämparringen från axelns ände **(se bilder)**.

5 Lossa gummidamasken från spåret på lagerstödet.

6 Dra av lagret och stödfästbygeln från kardanaxeln med en lämplig avdragare och en hydraulisk press.

7 Stötta stödlagret ordentligt och tryck ut lagret med en lämplig rörformad distans.

8 Sätt dit det nya lagret på fästbygeln och tryck det på plats med en rörformad distans som endast ska ligga an mot lagrets yttre lagerbana.

9 Tryck på stödlagret helt på kardanaxeln med en rörformig distansbricka som endast ska ligga an mot den inre lagerbanan. Kragen måste peka i färdriktningen.

10 Montera gummidamaskens mindre diameter i spåret på mittlagret.

11 Applicera molybdendisulfitfett (BMW rekommenderar Molykote Longterm 2) på räfflorna och se till att dämpningsringen är på plats.

12 Linjera de markeringar som du gjorde innan halvorna delades och sätt ihop kardanaxelns främre och bakre delar. Montera tillbaka gummidamasken på spåret på kardanaxeln.

13 Sätt tillbaka kardanaxeln enligt beskrivningen i avsnitt 6.

9 Kardanaxelns universalknutar - kontroll och byte

Kontroll

1 Slitage i universalknutarna kännetecknas av vibrationer i växellådan, oljud vid acceleration och metalliska gnisslanden och raspande ljud när lagren går sönder. Knutarna kan kontrolleras när kardanaxeln sitter kvar på bilen men då måste du ta bort avgassystemet och värmesköldarna (se kapitel 4A eller 4B) för att komma åt dem.

2 Om kardanaxeln sitter på plats, försök att vrida kardanaxeln samtidigt som du håller i växellådans/slutväxelns fläns. Fritt spel mellan kardanaxeln och de främre eller bakre flänsarna tyder på för stort slitage.

3 Om du redan har tagit bort kardanaxeln kan du kontrollera universalknutarna genom att hålla axeln i ena handen och vrida oket eller flänsen med den andra. Om axeln rör sig för mycket ska kardanaxeln bytas.

Byte

4 I skrivande stund finns det inga reservdelar för byte av universalknutar. Om någon av knutarna visar tecken på skador eller slitage måste därför hela kardanaxelenheten bytas. Kontakta din BMW-återförsäljare för den senaste informationen om vilka delar som finns tillgängliga.

5 Om du måste byta kardanaxeln kan det vara värt att be en bilreparationsspecialist om råd. De kanske kan reparera den ursprungliga axlenheten eller sälja en renoverad axel.

10 Slutväxelenhet - oljenivåkontroll

1 BMW har beskrivit slutväxeln som "livstidsfylld". Det finns inget krav på kontroll eller byte av slutväxeloljan i serviceschemat. Det kan dock vara klokt att kontrollera oljenivån efter några år enligt följande:

2 Skruva loss påfyllningspluggen från den bakre delen av slutväxelhuset med bilen vågrätt **(se bild)**.

3 Oljenivån ska vara upp till påfyllningshålets nederkant. Om så inte är fallet tillsätter du den specificerade vätskan tills nivån når upp till påfyllningshålets botten.

4 Montera tillbaka oljepåfyllningspluggen och dra åt den till angivet moment.

Kapitel 9
Bromssystem

Innehåll

Svårighetsgrad

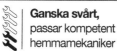

Enkelt, passar novisen med lite erfarenhet	**Ganska enkelt,** passar nybörjaren med viss erfarenhet	**Ganska svårt,** passar kompetent hemmamekaniker	**Svårt,** passar hemmamekaniker med erfarenhet	**Mycket svårt,** för professionell mekaniker

Specifikationer

Främre bromsar

Typ av bromsok	Teves eller ATE flytande bromsok
Minsta tjocklek på bromsklossbeläggen	2,0 mm
Skivdiameter	292 till 348 mm (beroende på modell)
Skivtjocklek:	
Ny:	
292 mm diameter	22,0 mm
300, 312 och 330 mm diameter	24,0 mm
338 mm diameter	26,0 mm
348 mm diameter	30,0 mm
Minimum	2,4 mm tunnare än som ny
Maximalt kast	0,2 mm

Bakre bromsar

Minsta tjocklek på bromsklossbeläggen	2,0 mm
Skivdiameter:	
Solid skiva	296 mm
Ventilerad skiva	300 till 336 mm (beroende på modell)
Skivtjocklek:	
Ny:	
Solid skiva	10,0 mm
Ventilerad skiva:	
300 mm diameter	20,0 mm
324 och 336 mm diameter	22,0 mm
Minimum	1,6 mm tunnare än som ny
Maximalt kast	0,2 mm

Handbroms

Trumdiameter	160 till 180 mm (beroende på modell)
Minsta tjocklek på beläggens friktionsmaterial	1,5 mm

Åtdragningsmoment

	Nm
ABS-hjulgivarens fästbultar	8
ABS-tryckgivare till huvudcylinder	19
Bakre bromsok:	
Bultar mellan fäste och fästbygel*	67
Styrsprintbultar	35
Bromsskivans fästbult	16
Bromsslangsanslutningar:	
M10-gänga	17
M12-gänga	19
Bult vakuumpumpens drev (sexcylindrig bensinmotor)	65
Främre bromsok:	
Fästbygelns bultar	110
Styrsprintar:	
Hylshuvud	30
Sexkantigt huvud	35
Hjulbultar	120
Huvudcylinderns fästmuttrar*	26
Servoenhetens fästmuttrar*	22

** Återanvänds inte*

1 Allmän information

Bromssystemet är av servoassisterad tvåkretstyp. Under normala förhållanden arbetar båda kretsarna samtidigt. Men om det uppstår ett hydraulfel i en av kretsarna finns det ändå full bromskraft på två av hjulen.

Alla modeller har skivbromsar fram och bak. ABS är standard (se avsnitt 19 för mer information om ABS-funktionen). Observera: *I modeller som är utrustade med dynamisk stabilitetskontroll (DSC) driver ABS-systemet även antispinndelen av systemet.*

De främre skivbromsarna har bromsok med enkla glidkolvar, som säkerställer att varje bromsbelägg belastas med lika stort tryck.

Alla modeller har skivbromsar bak med enkla glidkolvar, med en separat trumbroms för handbromsen mitt på bromsskivan.

Observera: *När man underhåller någon del i systemet måste man arbeta försiktigt och metodiskt. Var också mycket noggrann med renligheten när du renoverar någon del av hydraulsystemet. Byt alltid ut komponenter som är i tvivelaktigt skick (axelvis om det är tillämpligt). Använd endast BMW-reservdelar eller åtminstone delar av erkänt god kvalitet. Observera de varningar som ges i "Säkerheten främst" och i relevanta punkter i detta kapitel när det gäller risker med asbestdamm och hydraulvätska.*

2 Hydraulsystem - luftning

Varning: Hydraulolja är giftig; tvätta noggrant bort oljan omedelbart vid hudkontakt och sök omedelbar läkarhjälp om olja sväljs eller hamnar i ögonen. Vissa typer av hydraulvätska är brandfarlig och kan antändas vid kontakt med varma komponenter. När någon del av hydraulsystemet servas är det säkrast att alltid anta att hydraulvätskan ÄR brandfarlig, och att vidta brandsäkerhetsåtgärder på samma sätt som när bränsle hanteras. Hydraulolja är ett kraftigt färglösningsmedel och angriper även plaster; vid spill ska vätskan sköljas bort omedelbart med stora mängder rent vatten. Hydraulolja är också hygroskopisk (den absorberar luftens fuktighet) och gammal olja kan vara förorenad och oduglig för användning. Vid påfyllning eller byte ska alltid rekommenderad typ användas och den måste komma från en nyligen öppnad förseglad förpackning.

Varning: Om högtrycks hydraulsystemet som kopplar huvudcylindern, hydraulenheten och (om en sådan finns) ackumulatorn har rubbats ska luftningen av bromsarna överlåtas till en BMW-verkstad eller till en specialist. De har tillgång till ett speciellt testverktyg som krävs för att driva ABS-modulatorpumpen och lufta högtrycks hydraulsystemet på ett säkert sätt.

Allmänt

1 Ett hydraulsystem kan inte fungera som det ska förrän all luft har avlägsnats från komponenterna och kretsen. Detta uppnås genom att man luftar systemet.

2 Tillsätt endast ren, oanvänd hydraulvätska av rekommenderad typ under luftningen. Återanvänd aldrig gammal vätska som tömts ur systemet. Se till att ha tillräckligt med olja till hands innan arbetet påbörjas.

3 Om det finns någon möjlighet att fel typ av vätska finns i systemet måste bromsarnas komponenter och kretsar spolas ur helt med ren vätska av rätt typ, och alla tätningar måste bytas.

4 Om hydraulvätska har läckt ur systemet eller om luft har trängt in på grund av en läcka måste läckaget åtgärdas innan arbetet fortsätter.

5 Parkera bilen på plant underlag, stäng av motorn och lägg i ettans växel eller backen. Klossa sedan hjulen och lossa handbromsen.

6 Kontrollera att alla rör och slangar sitter säkert, att anslutningarna är ordentligt åtdragna och att luftningsskruvarna är stängda. Avlägsna all smuts från områdena kring luftningsskruvarna.

7 Skruva loss huvudcylinderbehållarens lock och fyll på behållaren till maxmarkeringen. Montera locket löst. Kom ihåg att vätskenivån aldrig får sjunka under MIN-nivån under arbetet, annars är det risk för att ytterligare luft tränger in i systemet.

8 Det finns ett antal enmans gör-det-själv-luftningssatser att köpa i motortillbehörsbutiker. Vi rekommenderar att en sådan sats används, eftersom den i hög grad förenklar arbetet och dessutom minskar risken för att avtappad vätska och luft sugs tillbaka in i systemet. Om en sådan sats inte finns tillgänglig måste grundmetoden (för två personer) användas, den beskrivs i detalj nedan.

9 Om en luftningssats ska användas, förbered bilen enligt beskrivningen ovan och följ sedan luftningssatstillverkarens instruktioner, eftersom metoden kan variera något mellan olika luftningssatser. De flesta typerna beskrivs nedan i de aktuella avsnitten.

10 Oavsett vilken metod som används måste ordningen för luftning (se punkt 11 och 12) följas för att systemet garanterat ska tömmas på all luft.

Ordningsföljd vid luftning av bromsar

11 Om systemet endast har kopplats loss delvis, och du har vidtagit lämpliga åtgärder för att minimera vätskeförlusten, ska du endast behöva lufta den aktuella delen av systemet.

12 Om hela systemet ska luftas ska det göras i följande ordningsföljd:

a) Höger bakbroms.
b) Vänster bakbroms.
c) Höger frambroms.
d) Vänster frambroms.

Varning: I modeller med dynamisk stabilitetskontroll (DSC) bör bromssystemets funktion kontrolleras av en BMW-verkstad eller av en lämpligt utrustad specialist efter luftning.

Luftning

Grundmetod (för två personer)

13 Skaffa en ren glasburk, en lagom längd plast- eller gummislang som sluter tätt över avluftningsskruven och en ringnyckel som passar skruven. Dessutom krävs assistans från en medhjälpare.

14 Ta bort dammkåpan från den första skruven i ordningen. Trä nyckel och slang på luftningsskruven och för ner andra slangänden i glasburken. Häll i tillräckligt med hydraulolja för att väl täcka slangänden.

15 Se till att oljenivån i huvudcylinderbehållaren överstiger linjen för miniminivå under hela arbetets gång.

16 Låt medhjälparen trycka ner bromspedalen helt flera gånger för att öka trycket, håll sedan kvar trycket vid den sista nedtryckningen.

17 Med pedaltrycket intakt, skruva loss luftningsskruven (ungefär ett varv) och låt den komprimerade vätskan och luften flöda in i behållaren. Medhjälparen måste hålla trycket på pedalen, ända ner till golvet om så behövs, och inte släppa förrän du säger till. När flödet stannat upp, dra åt luftningsskruven, låt medhjälparen sakta släppa upp pedalen och kontrollera sedan nivån i oljebehållaren.

18 Upprepa stegen i punkt 16 och 17 till dess att inga bubblor finns kvar i oljan som kommer ut från luftningsskruven. Om huvudcylindern har tömts och fyllts på igen och den luftas via den första skruven i ordningsföljden, låt det gå ungefär fem sekunder mellan cyklerna innan huvudcylindern går över till påfyllning.

19 Dra åt luftningsskruven ordentligt när inga fler bubblor förekommer. Ta sedan bort slangen och nyckeln, och montera dammkåpan. Dra inte åt luftningsskruven för hårt.

20 Upprepa proceduren på de kvarvarande skruvarna i ordningsföljden tills all luft har tömts ur systemet och bromspedalen känns fast igen.

Med hjälp av en luftningssats med backventil

21 Dessa luftningssatser består av en bit slang försedd med en envägsventil för att förhindra att luft och vätska dras tillbaka in i systemet. Vissa satser levereras även med en genomskinlig behållare som kan placeras så att luftbubblorna lättare ses flöda från slangänden **(se bild)**.

22 Satsen ansluts till luftningsskruven, som sedan öppnas. Återvänd till förarsätet, tryck ner bromspedalen mjukt och stadigt och släpp sedan långsamt upp den igen. Det här upprepas tills all olja som rinner ur slangen är fri från luftbubblor.

23 Observera att dessa luftningssatser underlättar arbetet så mycket att man lätt glömmer huvudcylinderbehållarens vätskenivå. Se till att nivån hela tiden överstiger MIN-markeringen genom hela luftningsproceduren.

Med hjälp av en tryckluftssats

24 De tryckluftsdrivna avluftningssatserna drivs ofta av tryckluften i reservdäcket. Observera dock att trycket i däcket troligen måste minskas till under normaltryck. Se instruktionerna som följer med luftningssatsen.

Observera: *BMW anger att ett tryck på 2 bar inte bör överskridas i bromsarnas hydraulsystem.*

25 Om man ansluter en trycksatt, vätskefylld behållare till huvudcylinderbehållaren kan luftningen utföras genom att man helt enkelt öppnar skruvarna i tur och ordning (i den angivna ordningsföljden) och låter vätskan flöda ut tills den inte längre innehåller några luftbubblor.

26 En fördel med den här metoden är att den stora vätskebehållaren ytterligare förhindrar att luft dras tillbaka in i systemet under luftningen.

27 Luftning med tryckluftssats lämpar sig särskilt för luftning av "svåra" system eller för luftning av hela system vid rutinmässiga vätskebyten.

Alla metoder

28 När luftningen är avslutad och pedalen känns fast, tvätta bort eventuellt oljespill, dra åt avluftningsskruvarna ordentligt och montera dammskydden.

29 Kontrollera hydrauloljenivån i huvudcylinderbehållaren och fyll på om det behövs (se *Veckokontroller*).

30 Kassera all hydraulvätska som har tappats ur systemet. Den går inte att återanvända.

31 Kontrollera känslan i bromspedalen. Om den känns det minsta svampig finns det fortfarande luft i systemet som måste luftas ytterligare. Om fullständig luftning inte uppnåtts efter ett rimligt antal luftningsförsök kan detta bero på slitna tätningar i huvudcylindern.

3 Hydraulrör och slangar – byte

Varning: Hydraulrören/hydraulslangarna som kopplar ihop huvudcylindern, hydraulenheten och (om en sådan finns) ackumulatorn ska under inga omständigheter rubbas. Om dessa anslutningar påverkas och det kommer in luft i högtrycks hydraulsystemet kan det endast luftas på ett säkert sätt av en BMW-verkstad eller annan lämplig specialist med hjälp av det särskilda testverktyget.

Observera: *Innan du påbörjar arbetet, läs varningarna i början av avsnitt 2.*

1 Om ett rör eller en slang måste bytas ut, minimera vätskespillet genom att först ta bort huvudcylinderbehållarens lock och sedan skruva på det igen över en bit plastfolie så att

2.21 Luftning av ett bakre bromsok med hjälp av en envägsventilsats

det blir lufttätt. Alternativt kan slangklämmor användas på slangar för att isolera delar av kretsen; bromsrörsanslutningar av metall kan pluggas igen (var försiktig så att inte smuts tränger in i systemet) eller täckas över så fort de kopplas loss. Placera trasor under de anslutningar som ska lossas för att fånga upp eventuellt oljespill.

2 Om en slang ska kopplas loss, skruva loss muttern till bromsrörsanslutningen innan fjäderklämman som fäster slangen i fästet tas bort.

3 Använd helst en bromsrörsnyckel av lämplig storlek när anslutningsmuttrarna skruvas loss. De finns att köpa i välsorterade motortillbehörsbutiker. Om en bromsrörsnyckel inte finns tillgänglig går det att använda en öppen nyckel av rätt storlek, men om muttrarna sitter hårt eller är korroderade kan de runddras. Skulle det hända är ofta en självlåsande tång det enda sättet att skruva loss en envis anslutning, men i så fall måste röret och de skadade muttrarna bytas ut vid ihopsättningen. Rengör alltid anslutningen och området kring den innan den skruvas loss. Om en komponent med mer än en anslutning demonteras, anteckna noga hur anslutningarna är monterade innan de lossas.

4 Om ett bromsrör måste bytas ut kan ett nytt köpas färdigkapat, med muttrar och flänsar monterade, hos en BMW-verkstad. Allt som då behöver göras är att kröka röret med det gamla röret som mall, innan det monteras. Alternativt kan de flesta tillbehörsbutiker bygga upp bromsrör av satser men det kräver noggrann uppmätning av originalet för att utbytesdelen ska hålla rätt längd. Det säkraste alternativet är att ta med det gamla bromsröret till verkstaden som mall.

5 Dra inte åt anslutningsmuttrarna för hårt vid återmonteringen. Det är **inte** nödvändigt att bruka våld för att få en säker anslutning.

6 Se till att rören och slangarna dras korrekt, utan veck, och att de monteras ordentligt i klämmor och fästen. Ta bort plastfolien från behållaren och lufta bromsarnas hydraulsystem enligt beskrivningen i avsnitt 2 efter monteringen. Skölj bort eventuell utspilld vätska och undersök noga om det finns vätskeläckage.

4 Främre bromsklossar - byte

⚠ ***Varning: Byt ut båda främre bromsklossuppsättningarna på en gång - byt aldrig bromsklossar bara på ena hjulet eftersom det kan ge ojämn bromsverkan. Notera att dammet från bromsklossarnas slitage kan innehålla asbest vilket är hälsovådligt. Blås aldrig bort det med tryckluft och andas inte in det. En godkänd ansiktsmask bör bäras vid arbete med bromsarna. Använd inte bensin eller bensinbaserade lösningsmedel för att rengöra bromskomponenter. använd endast bromsrengöringsmedel eller T-sprit.***

1 Dra åt handbromsen, och lossa sedan framhjulets muttrar. Lyft upp framvagnen och ställ den på pallbockar (se *Lyftning och stödpunkter*). Demontera båda framhjulen.

2 Följ de understödjande fotografierna **(bilder 4.2a till 4.2p)** för det faktiska tillvägagångssättet vid byte av belägg. Följ den rekommenderade ordningen och läs texten under varje bild och notera följande:

a) Nya klossar kan ha klisterfolie på baksidan. Ta bort folien före monteringen.

b) Rengör bromsokets styrningsytor grundligt och applicera lite bromsmonteringsfett (BMW beläggpasta 83 23 9 407 830 eller Copperslip).

c) När man skjuter tillbaka bromsokskolven för att ge plats åt de nya klossarna måste man hålla ett öga på vätskenivån i behållaren.

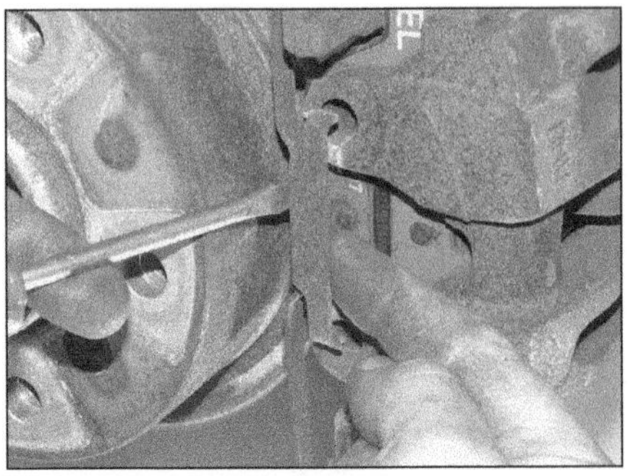

4.2a Bänd bort armen från navet och ut från bromsoket - Teves bromsok. . .

d) BMW insisterar på att bromskloss slitagegivaren måste bytas om den har tagits bort.

4.2b . . . och ATE bromsoket

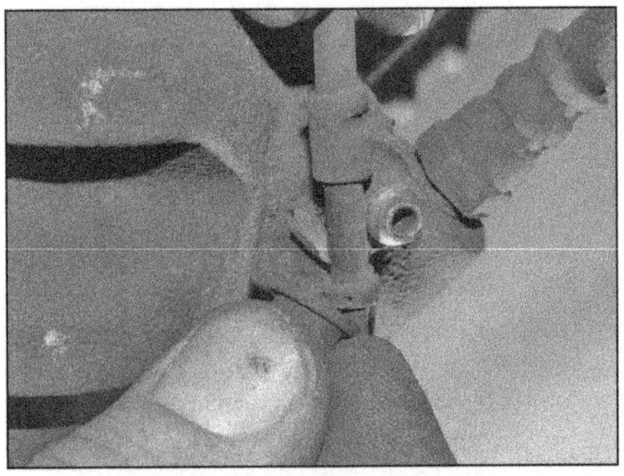

4.2c Lossa kablaget till beläggets slitagegivare från gummiklämman

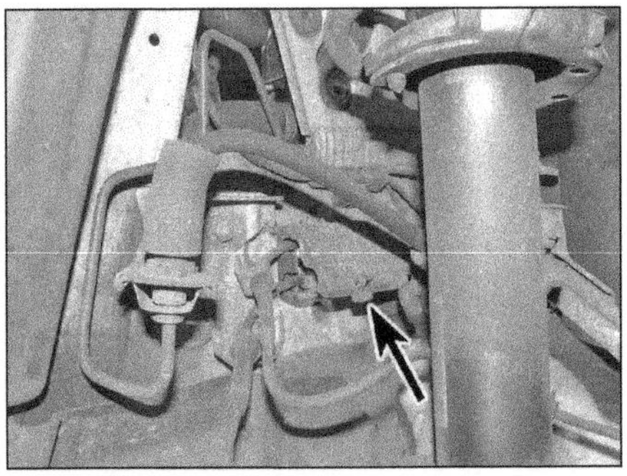

4.2d Öppna kopplingsdosan (markerad med pil). . .

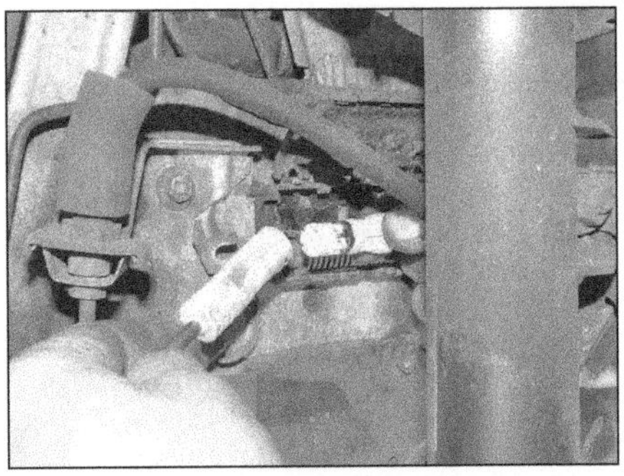

4.2e . . . och lossa slitagegivarens anslutningskontakt

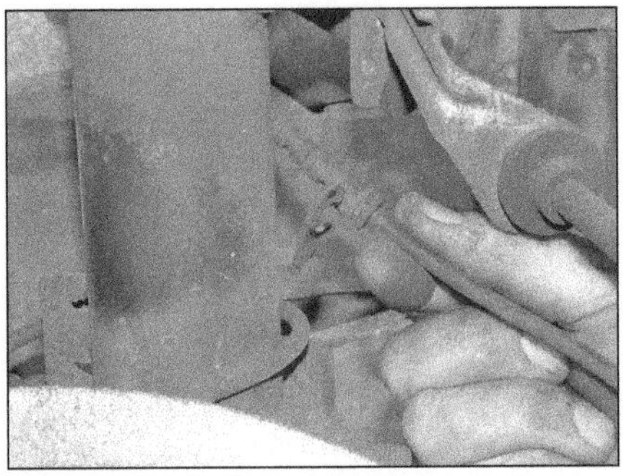

4.2f Dra bort kablaget från fästbygeln på fjädringsbenet

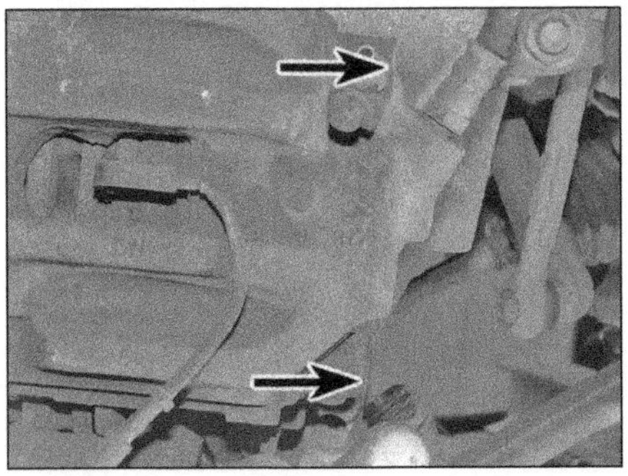

4.2g Bänd ut gummikåporna (markerade med pilar). . .

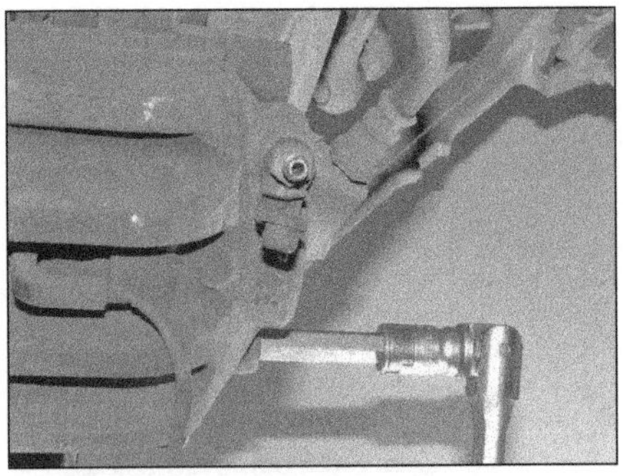

4.2h . . . och skruva loss bromsokets styrsprintar

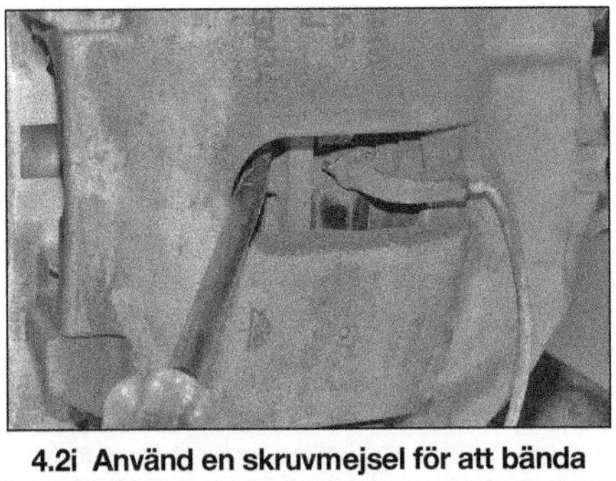

4.2i Använd en skruvmejsel för att bända bromsoket mot utsidan (och trycka in kolven i bromsoket på detta sätt) på ATE-bromsok

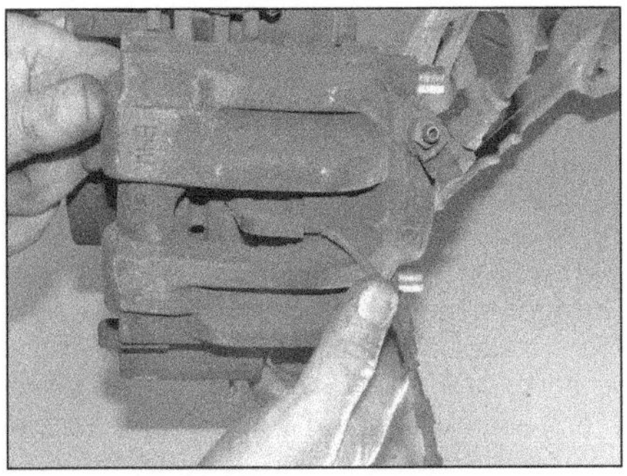

4.2j Dra bromsoket uppåt

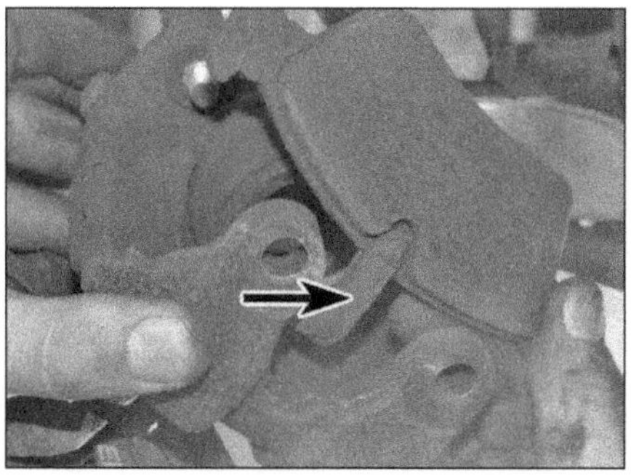

4.2k Dra bort det inre belägget från kolven. Dra av slitagegivaren från belägget på alla bromsok (markerade med pil)

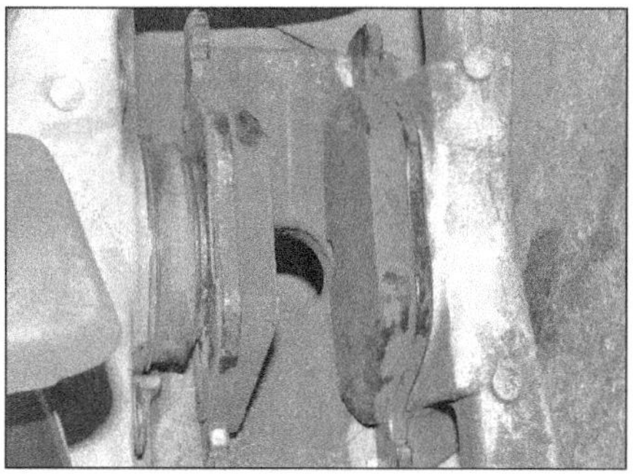

4.2l Båda beläggen är fastklämda i bromsoket på ATE bromsok

4.2m Häng bromsoket i fjädern så att den böjliga slangen inte utsätts för några påfrestningar

4.2n Ta bort det yttre belägget från bromsokets fästbygel

4.2o Om nya belägg monteras ska du tvinga tillbaka kolven in i bromsoket med ett kolvintryckningsverktyg

4.2p Använd en stålborste för att rengöra beläggets fästytor – endast Teves bromsok

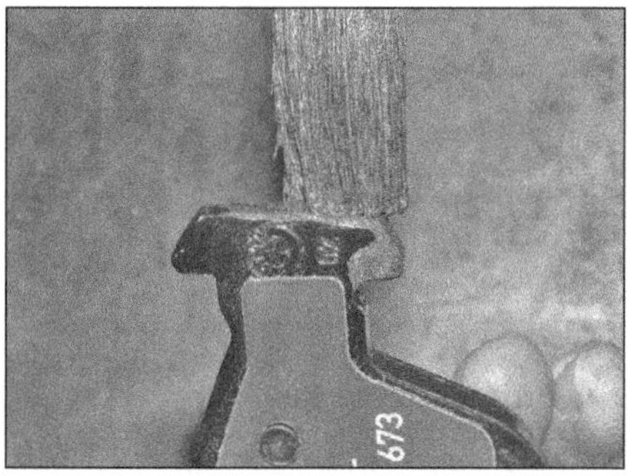

4.2q Applicera lite antikärvningsfett på beläggets fästytor – se till att inget hamnar på friktionsytorna

4.2r Tryck in det inre belägget i bromsokets kolv – Teves bromsok

4.2s Montera det yttre belägget på fästbygeln på Teves bromsok – se till att friktionsmaterialet ligger mot skivan. . .

4.2t . . . och för bromsoket på plats över det yttre belägget

4.2u Kläm fast det inre belägget på kolven på ATE bromsok. . .

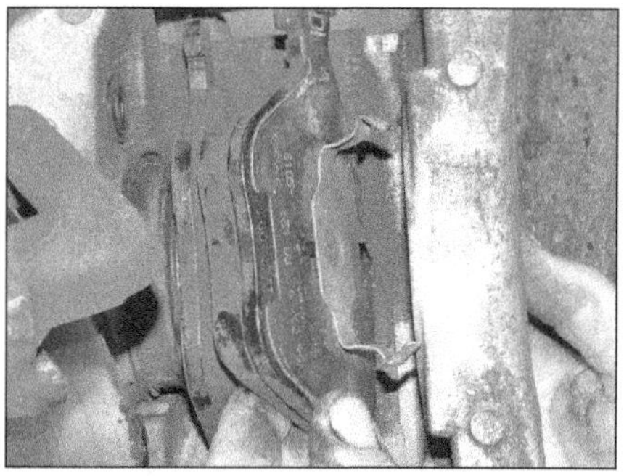

4.2v . . . och det yttre belägget på bromsoket. . .

4.2w . . . för sedan bromsoket på plats

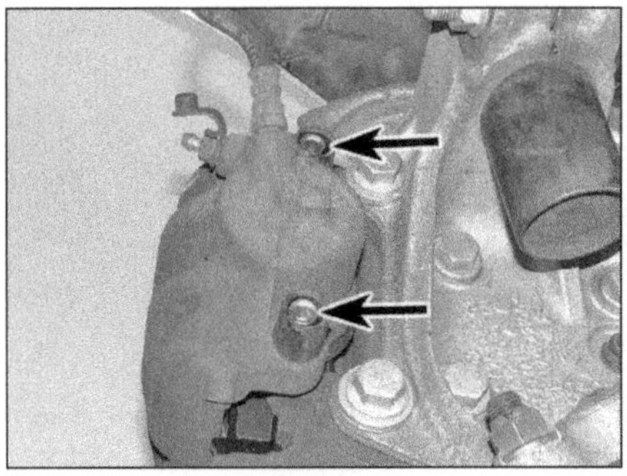

4.2x Tryck bromsokets styrsprintar (markerade med pilar) på plats och dra åt dem till angivet moment

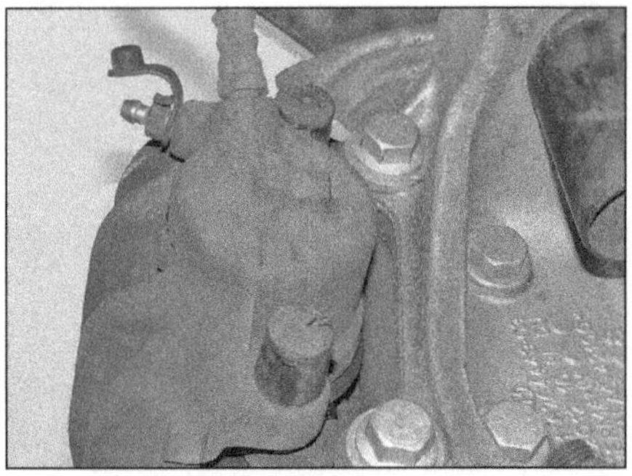

4.2y Montera tillbaka gummikåporna över styrsprintarna

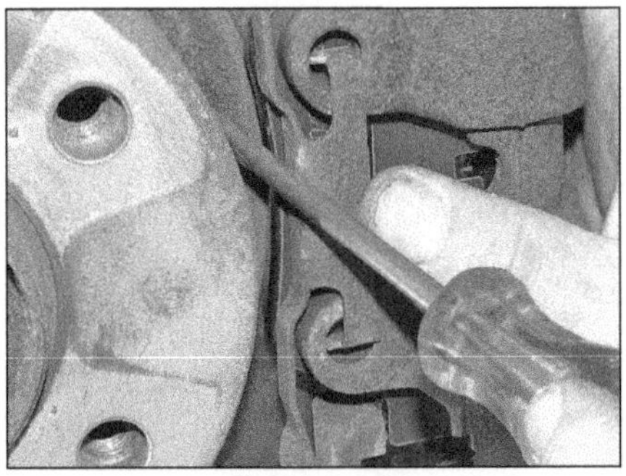

4.2z Placera fjädern, bänd bort den från navet och tryck in den i bromsokets hål – Teves bromsok

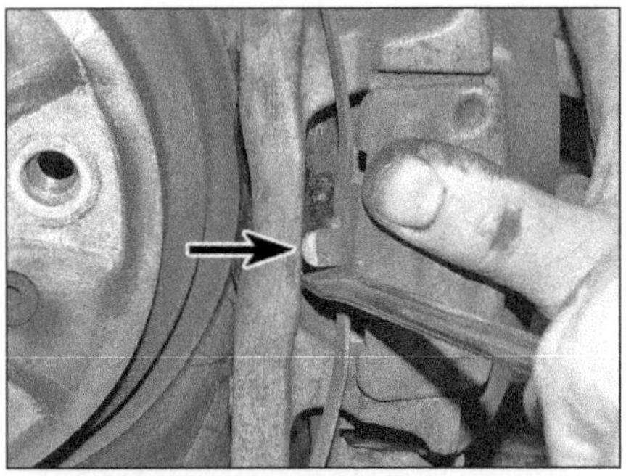

4.2aa Med två ändar av fjädern på plats bänder du bort fjädern från navet och lägger i fliken (markerad med pil) i hålet – ATE bromsok

4.2bb Tryck på den nya slitagegivaren. . .

4.2cc . . . på plats i det inre belägget

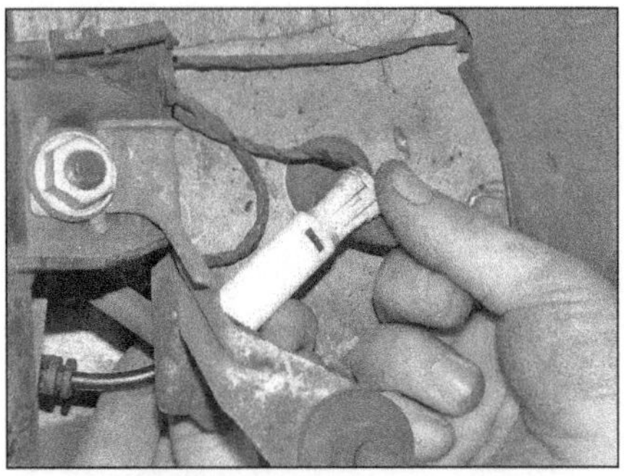

4.2dd Återanslut slitagegivarens anslutningskontakt och montera tillbaka den i kopplingsdosan på innerskärmen. Glöm inte att fästa kablaget

3 Tryck ner bromspedalen upprepade gånger tills bromsklossarna pressas tätt mot bromsskivan och normalt pedaltryck uppstår (utan hjälp).

4 Upprepa ovanstående procedur med det andra bakre bromsoket.

5 Använd en stålborste eller ett lätt slipande tyg (Scotchbrite etc.) för att rengöra navets och hjulets fogytor före återmonteringen av hjulen. Applicera lite antikärvningsfett (Copperslip) på navets och hjulets yta före återmonteringen **(se bilder)**.

6 Montera tillbaka hjulen, sänk ner bilen och dra åt hjulbultarna till angivet moment.

7 Kontrollera hydrauloljenivån enligt beskrivningen i *Veckokontroller*.

Varning: Nya bromsklossar ger inte full bromseffekt förrän de har körts in. Var beredd på detta och undvik hårda inbromsningar i möjligaste mån i ungefär 160 km efter att bromsklossarna bytts ut.

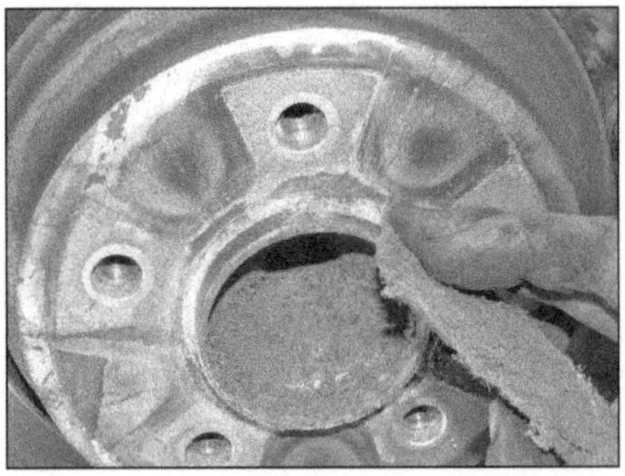

4.5a Ta bort korrosionen från navets yta. . .

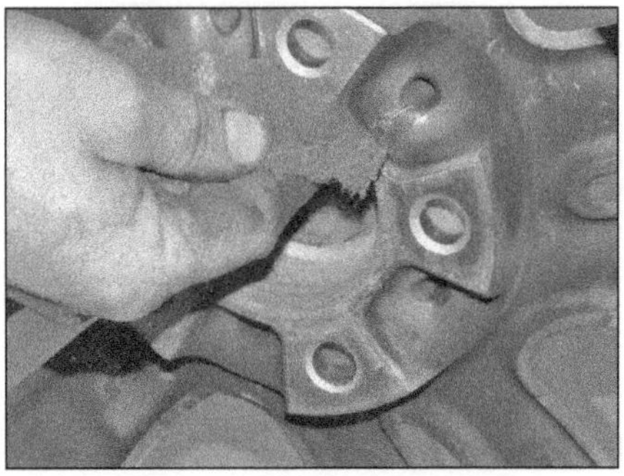

4.5b . . . och hjulets mitt

4.5c Applicera lite antikärvningsfett på navet

5 Bakre bromsklossar - byte

***Varning:** Byt ut båda bakre bromsklossuppsättningarna på en gång - byt aldrig bromsklossar bara på ena hjulet eftersom det kan ge ojämn bromsverkan. Notera att dammet från bromsklossarnas slitage kan innehålla asbest vilket är hälsovådligt. Blås inte bort dammet med tryckluft och andas inte in det. En godkänd ansiktsmask bör bäras vid arbete med bromsarna. Använd inte bensin eller bensinbaserade lösningsmedel för att rengöra bromskomponenter. använd endast bromsrengöringsmedel eller T-sprit.*

1 Dra åt handbromsen, lossa sedan bakhjulens bultar. Lyft upp bakvagnen och ställ den på pallbockar (se *Lyftning och stödpunkter*). Demontera båda bakhjulen.

2 Följ de understödjande fotografierna **(bilder 5.2a till 5.2p)** för det faktiska tillvägagångssättet vid byte av belägg. Följ den rekommenderade ordningen och läs texten under varje bild och notera följande:

a) Nya klossar kan ha klisterfolie på baksidan. Ta bort folien före monteringen.

b) Rengör bromsokets styrningsytor

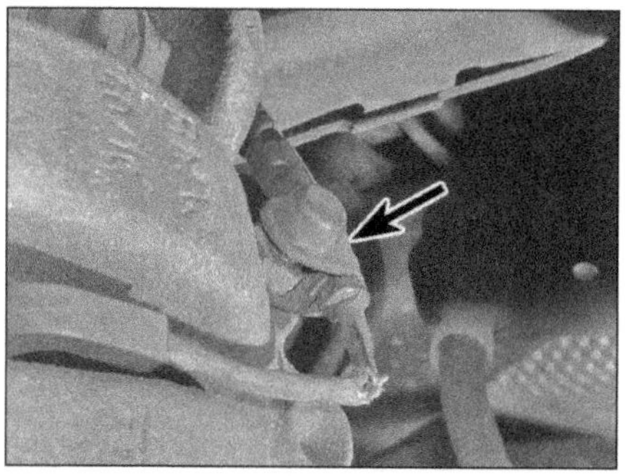

5.2a Lossa slitagegivarens kablage från gummistroppen som är fäst på luftningsnippeln (markerad med pil)

5.2b Dra bort slitagegivaren från det inre belägget. BMW insisterar på att givaren måste bytas när den har demonterats

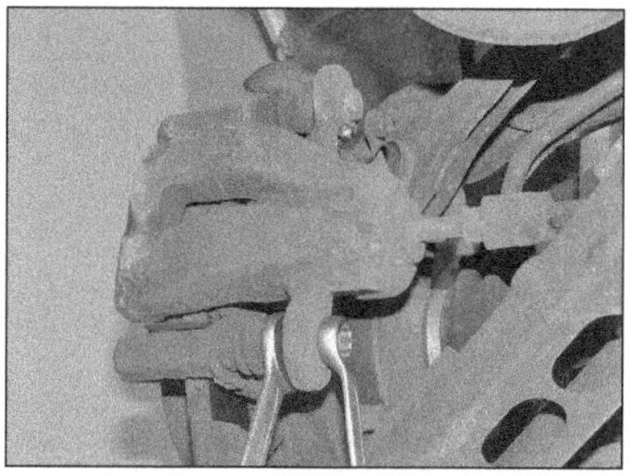

5.2c Skruva loss bromsokets nedre styrsprintsbult. Håll emot hylsan med en andra skiftnyckel

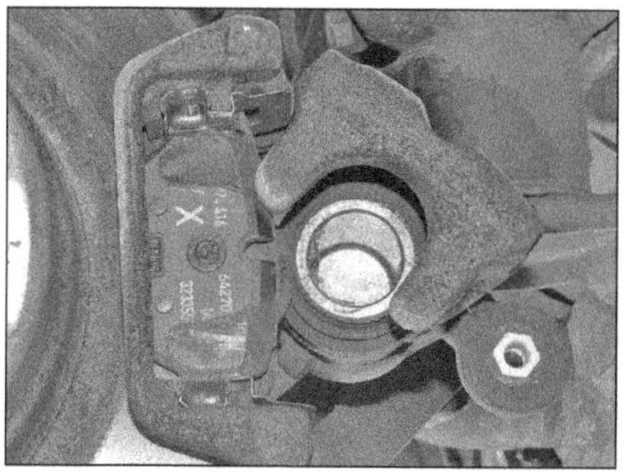

5.2d Vrid bromsoket uppåt för att komma åt beläggen

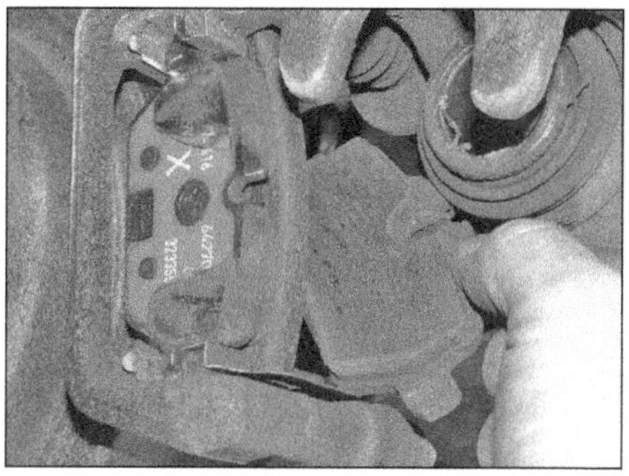

5.2e Dra bort det inre belägget från sin placering. . .

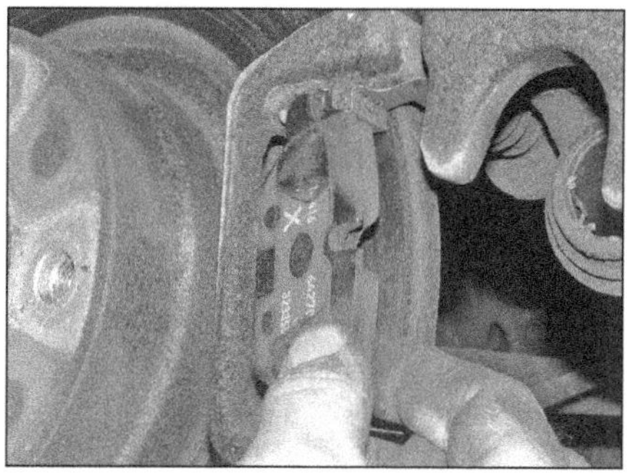

5.2f . . . följt av det yttre belägget

5.2g Ta bort de övre och nedre mellanläggen. . .

5.2h . . . och rengör ytorna med en stålborste

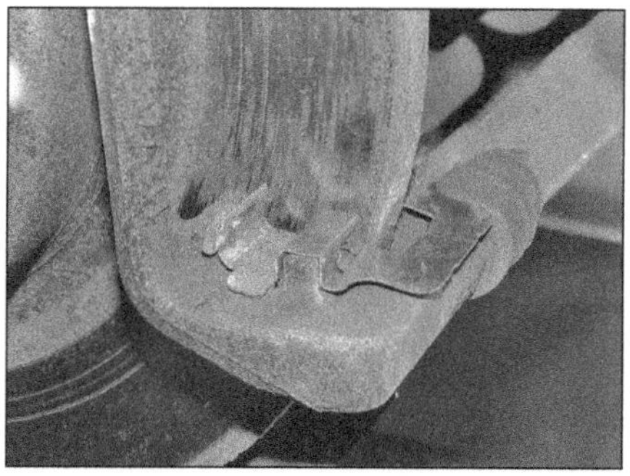

5.2i Montera tillbaka de övre och nedre mellanläggen

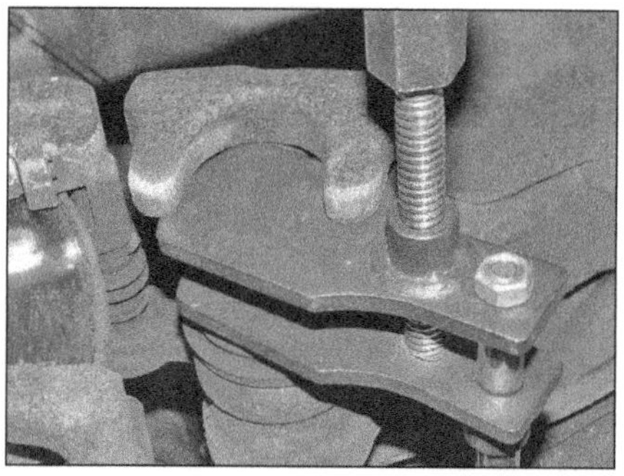

5.2j Tryck tillbaka kolven in i bromsoket med ett kolvintryckningsverktyg om nya belägg ska användas

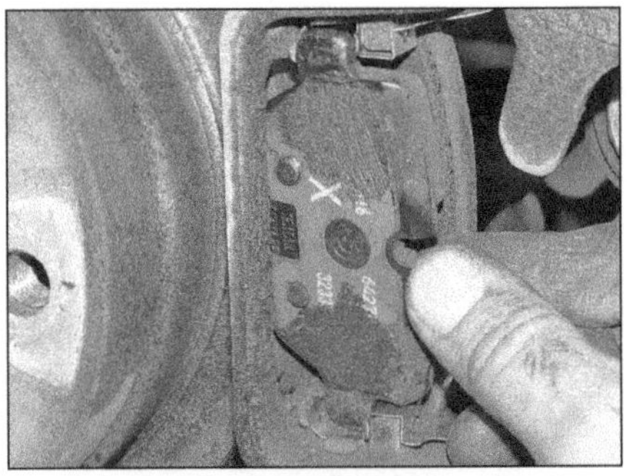

5.2k Montera det yttre belägget på fästbygeln. Se till att friktionsmaterialet ligger mot skivan

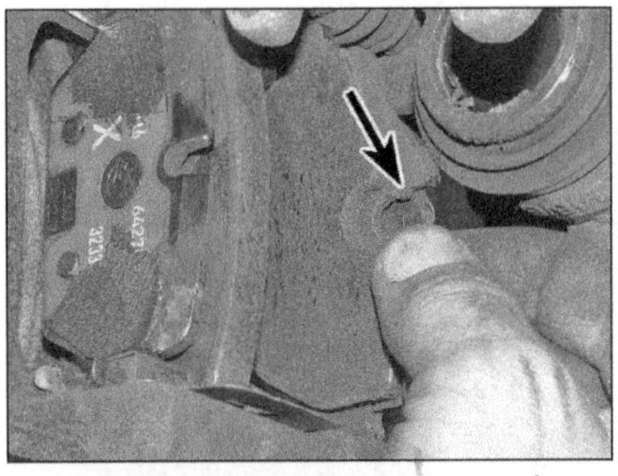

5.2l Montera det inre belägget på fästbygeln. Observera att stödplåten har en monteringsskåra för slitagegivare

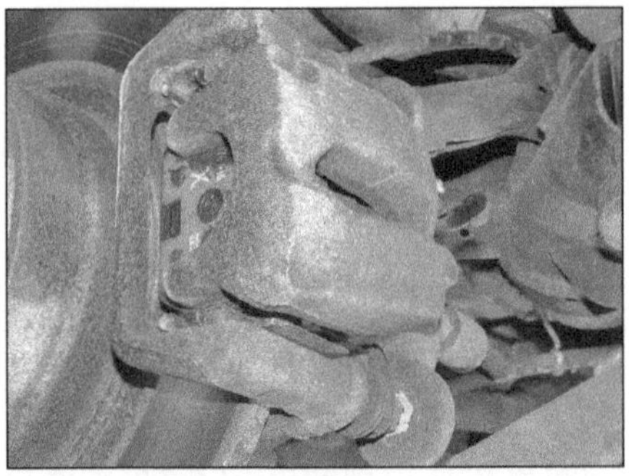

5.2m Sväng tillbaka bromsoket nedåt över beläggen

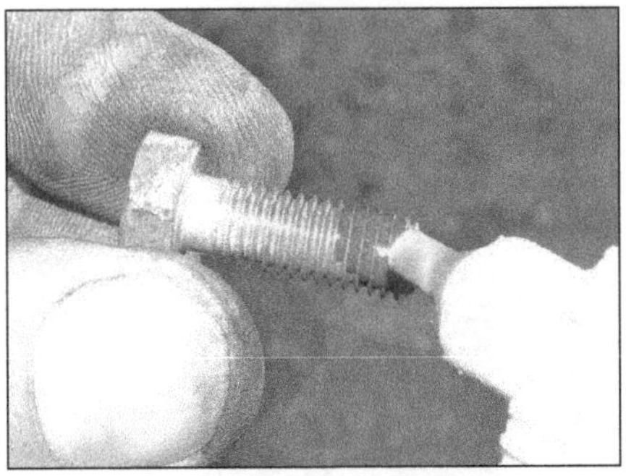

5.2n Applicera lite gänglåsningsmedel . . .

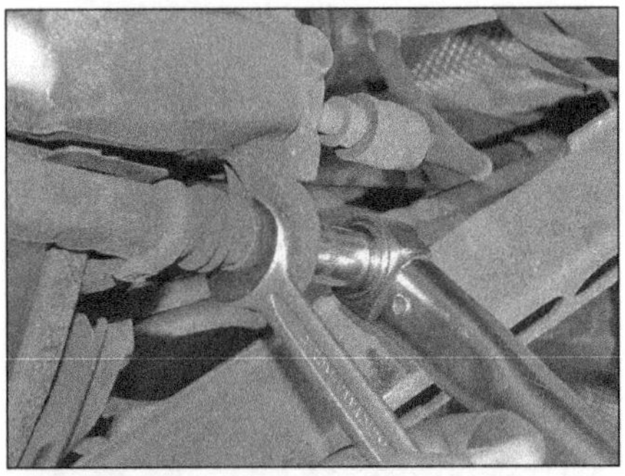

5.2o . . . sätt sedan in den nedre styrsprintsbulten och dra åt den till angivet moment

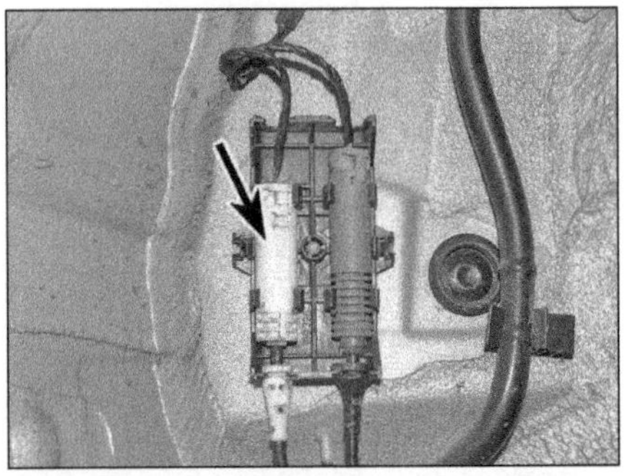

5.2p Öppna kopplingsdosan och byt den gamla givarens kontakt (markerad med pil) mot en ny

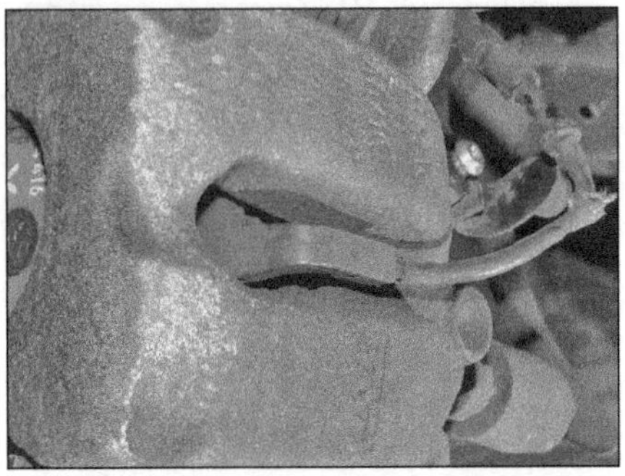

5.2q Tryck in slitagegivaren i det inre beläggets stödplåt och fäst kablaget med gummistroppen

grundligt och applicera lite bromsmonteringsfett (BMW beläggpasta 83 23 9 407 830 eller Copperslip).

c) *När man skjuter tillbaka bromsokskolven för att ge plats åt de nya klossarna måste man hålla ett öga på vätskenivån i behållaren.*

d) *BMW insisterar på att bromskloss slitagegivaren måste bytas om den har tagits bort.*

3 Tryck ner bromspedalen upprepade gånger tills bromsklossarna pressas tätt mot bromsskivan och normalt pedaltryck uppstår (utan hjälp).

4 Upprepa ovanstående procedur med det andra främre bromsoket.

5 Montera tillbaka hjulen (se avsnitt 4), sänk sedan ner bilen på marken och dra åt hjulbultarna till angivet moment.

6 Kontrollera hydrauloljenivån enligt beskrivningen i *Veckokontroller*.

Varning: Nya bromsklossar ger inte full bromseffekt förrän de har körts in. Var beredd på detta och undvik hårda inbromsningar i möjligaste mån i ungefär 160 km efter att bromsklossarna bytts ut.

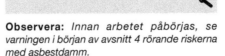

6 Främre bromsskiva – kontroll, demontering och montering

Observera: *Innan arbetet påbörjas, se varningen i början av avsnitt 4 rörande riskerna med asbestdamm.*

Kontroll

Observera: *Om någon av skivorna behöver bytas ut ska båda skivorna bytas ut samtidigt, så att bromsarna verkar jämnt på båda sidor. Nya bromsklossar ska också monteras.*

1 Dra åt handbromsen, hissa upp framvagnen och ställ den på pallbockar. Demontera relevant framhjul.

2 Vrid bromsskivan långsamt så att du kan kontrollera båda sidorna fullständigt, ta bort bromsbeläggen om du behöver komma åt den invändiga ytan bättre (se avsnitt 4). Viss spårning är normalt i det område som kommer i kontakt med bromsklossarna, men om kraftiga spår eller sprickor förekommer måste skivan bytas ut.

3 Det är normalt att det förekommer en kant av rost och bromsdamm runt om skivans omkrets. Denna kan skrapas bort om så önskas. Men om det har bildats en kant på grund av för stort slitage på den del som kommer i kontakt med bromsbelägget, måste du mäta skivans tjocklek med en mikrometer **(se bild)**. Ta måtten på flera ställen runt skivan, på insidan och utsidan av det område som bromsklossen sveper över. Om skivan är nedsliten till minimigränsen, eller ännu längre, måste den bytas.

4 Om du misstänker att skivan är skev kan du kontrollera detta. Antingen använder du en mätklocka, fäst på lämplig plats, samtidigt som skivan långsamt roteras, eller bladmått för att mäta (på flera ställen runt om skivan) spelet mellan skivan och en bestämd punkt, t.ex. bromsokets fästbygel. Om mätningarna ligger på eller över maxgränsen är skivan mycket

6.3 Mät skivans tjocklek med hjälp av en mikrometer

skev och måste bytas ut, men det kan vara en god idé att först kontrollera att navlagret är i gott skick (kapitel 1A eller 1B och/eller 10). Om skivan fortfarande är märkbart skev ska den bytas ut.

5 Kontrollera om skivan har sprickor, framförallt runt hjulbultshålen, och om det förekommer andra tecken på slitage eller skador, och byt den vid behov.

Demontering

6 Skruva loss de två bultar som håller fast bromsokets fästbygel på navhållaren, för sedan av bromsok från skivan **(se bild)**. Bind upp oket i spiralfjädern så att inte bromsslangen belastas.

7 Använd krita eller färg för att markera förhållandet mellan skivan och navet. Ta sedan bort skruven som håller fast bromsskivan på navet och ta bort skivan **(se bild)**. Sitter den hårt, knacka lätt på baksidan av skivan med en mjuk klubba.

Montering

8 Montera i omvänd ordningsföljd mot demonteringen. Tänk på följande:

a) Se till att skivans och navets fogytor är rena och flata.

b) Rikta in märkena som gjordes vid demonteringen (om tillämpligt) dra åt skivans bult till angivet moment.

c) Om en ny skiva har monterats, använd ett lämpligt lösningsmedel för att få bort skyddslagret från skivan innan bromsoket återmonteras.

d) Skjut bromsoket på plats över skivan och se till att bromsbeläggen får plats på skivans båda sidor. Dra åt bromsokets fästbultar till angivet moment.

e) Montera hjulet, sänk ner bilen och dra åt hjulbultarna till angivet moment. Avsluta med att trycka ner bromspedalen flera gånger tills bromstrycket åter är normalt (utan hjälp).

7 Bakre bromsskiva - kontroll, demontering och montering

Observera: *Innan arbetet påbörjas, läs varningen i början av avsnitt 5 rörande riskerna med asbestdamm.*

Kontroll

Observera: *Om någon av skivorna behöver bytas ut ska båda skivorna bytas ut samtidigt, så att bromsarna verkar jämnt på båda sidor. Nya bromsklossar ska också monteras.*

1 Klossa framhjulen ordentligt, hissa upp bakvagnen och ställ den på pallbockar. Demontera det relevanta bakhjulet. Lossa handbromsen

2 Undersök skivan enligt beskrivningen i avsnitt 6.

Demontering

3 Demontera bromsklossarna enligt beskrivningen i avsnitt 5.

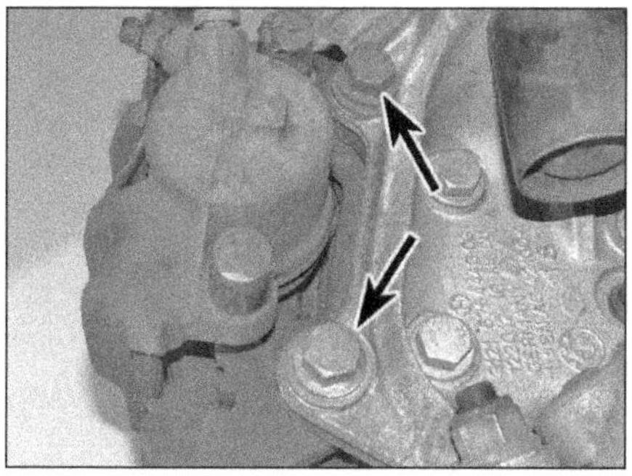

6.6 Bultar till bromsokets fästbygel (markerade med pilar)

4 Skruva loss de två bultarna och ta bort bromsokets fästbygel. Kasta bultarna och använd nya vid återmonteringen.

5 Lossa och ta bort bromsskivans fästskruv **(se bild 6.7)**.

6 Du ska nu kunna ta bort bromsskivan från axeltappen för hand. Sitter den hårt, knacka lätt på baksidan av skivan med en mjuk klubba. Om handbromsbackarna kärvar, kontrollera först att handbromsen är helt lossad, och fortsätt sedan enligt anvisningarna nedan.

7 Se avsnitt 14 för mer information. Lossa handbromsjusteraren helt för att få maximalt fritt spel i vajern.

8 Sätt in en skruvmejsel genom hjulbulthålen i bromsskivan och vrid den räfflade justeringsratten på den övre styrbulten för att dra tillbaka beläggen **(se bild 14.6)**. Sedan kan bromsskivan tas bort.

Montering

9 Om du ska sätta dit en ny skiva, använd ett lämpligt lösningsmedel för att torka bort eventuell skyddande beläggning från skivan. Se till att skivans fästyta på navet är fri från smuts och korrosion.

10 Rikta in (om det är tillämpligt) de markeringar som gjordes vid demonteringen, montera sedan skivan och dra åt fästbulten till angivet moment.

11 Montera tillbaka bromsokets fäste, och dra åt de nya bultar till angivet moment.

12 Justera handbromsbackarna och vajern enligt beskrivningen i avsnitt 14.

13 Montera hjulet, sänk ner bilen och dra åt hjulbultarna till angivet moment. Avsluta med

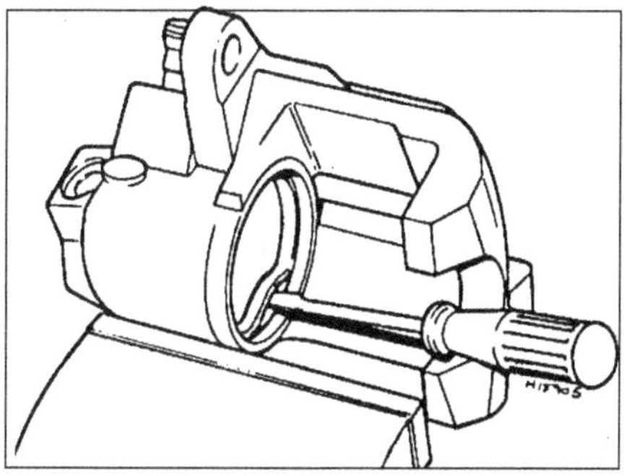

8.8 Ta bort kolvtätningen – var försiktig så att du inte repar loppets yta

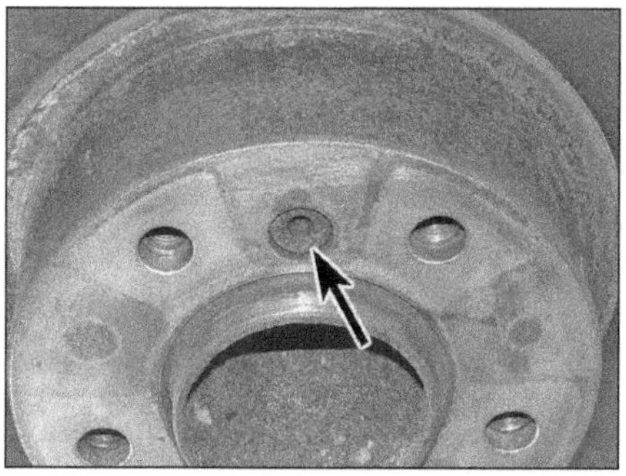

6.7 Skivans fästbult (markerad med pil)

att trycka ner bromspedalen flera gånger tills bromstrycket åter är normalt (utan hjälp). Kontrollera handbromsens inställning igen.

8 Främre bromsok - demontering, renovering och återmontering

Observera: *Innan arbetet påbörjas, läs varningen i början av avsnitt 2 angående farorna med hydraulolja, och varningen i början av avsnitt 4 angående farorna med asbestdamm.*

Demontering

1 Dra åt handbromsen, hissa upp framvagnen och ställ den på pallbockar. Demontera det relevanta hjulet.

2 Minimera vätskeförlusten genom att använda en bromsslangklämma, en G-klämma eller liknande verktyg för att klämma av slangen.

3 Rengör området runt anslutningen och lossa sedan bromsslangens anslutningsmutter.

4 Ta bort bromsbeläggen (se avsnitt 4).

5 Skruva loss bromsoket från bromsslangens ände och ta bort det från bilen.

Översyn

6 När bromsoket ligger på arbetsbänken, torka bort alla spår av damm och smuts, men *undvik att andas in dammet, det är hälsofarligt.*

7 Ta bort den delvis utskjutna kolven från bromsokshuset och ta bort dammtätningen.

> HAYNES TiPS
>
> ***Om kolven inte kan dras ut för hand kan den tryckas ut med hjälp av tryckluft som kopplas till bromsslangens anslutningshål. Det tryck man får från en fotpump bör räcka för att få bort kolven. Var försiktig så du inte klämmer fingrarna mellan kolven och bromsoket när kolven skjuts ut.***

8 Använd en liten skruvmejsel och ta ut kolvens hydrauliska tätning. Var mycket försiktig så att du inte skadar bromsoks lopp **(se bild)**.

9 Rengör alla komponenter noggrant. Använd

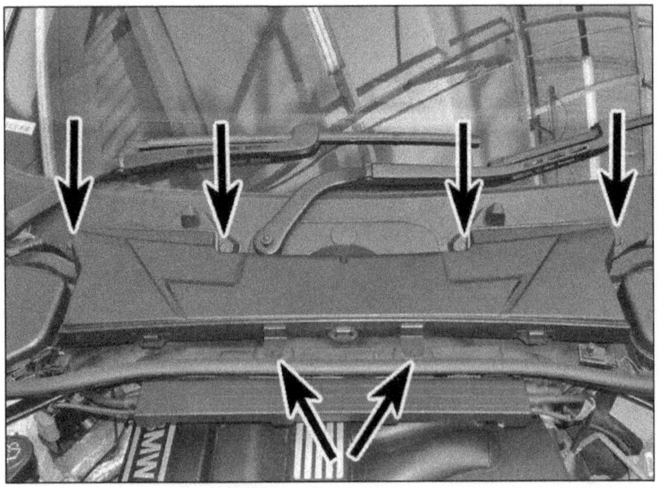

10.1 Skruva loss bultarna (markerad med pilar) och ta bort pollenfiltrets kåpa

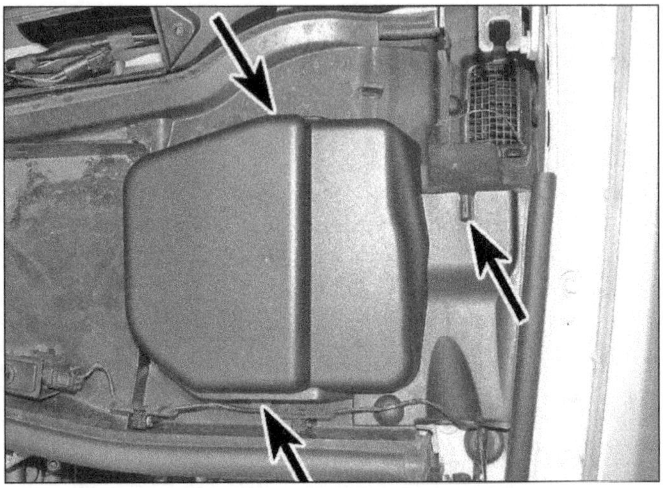

10.2 Lossa klämmorna (markerade med pilar) och ta bort plastkåpan på varje sida bakom fjädertornen

enbart T-sprit, isopropylalkohol eller ren hydraulvätska som rengöringsmedel. Använd aldrig mineralbaserade lösningsmedel som bensin eller fotogen, eftersom de kommer att angripa hydraulsystemets gummikomponenter. Torka omedelbart av delarna med tryckluft eller en ren, luddfri trasa. Använd tryckluft för att blåsa rent oljepassagerna.

10 Kontrollera alla komponenter och byt eventuella skadade eller slitna delar. Kontrollera särskilt cylinderloppet och kolven. Dessa komponenter ska bytas ut (observera att det gäller byte av hela enheten) om de är repade, slitna eller korroderade. Kontrollera även styrsprintarna och deras bussningar. Båda sprintarna ska vara oskadda och (efter rengöring) sitta relativt hårt i bussningarna. Om det råder minsta tvekan om en komponents skick ska den bytas.

11 Om du bedömer att enheten kan användas, införskaffa lämplig renoveringssats. Komponenter finns hos BMW-återförsäljare, i flera olika kombinationer. Alla gummitätningar ska bytas, dessa får aldrig återanvändas.

12 Vid ihopsättningen är det viktig att alla komponenter är rena och torra.

13 Dränk kolven och den nya kolvtätningen i ren hydraulvätska. Smörj ren olja på cylinderloppets yta.

14 Sätt dit den nya kolvtätningen. Använd enbart fingrarna (inga verktyg) för att få in den i cylinderloppets spår.

15 Sätt dit den nya dammtätningen på kolven. Passa in tätningens bakre del i urholkningen på bromsokshuset, och sätt tillbaka kolven i cylinderloppet med en vridrörelse. Se till att kolven kommer vinkelrätt in i loppet, och tryck in den helt i loppet.

Montering

16 Skruva på bromsoket helt på slanganslutningen.

17 Montera bromsbeläggen (se avsnitt 4).

18 Dra åt bromsrörets anslutningsmutter ordentligt.

19 Ta bort bromsslangklämman, och lufta hydraulsystemet enligt beskrivningen i avsnitt 2. Observera att om angivna åtgärder vidtogs för att förhindra förlust av bromsvätska behöver man bara lufta den relevanta frambromsen.

20 Sätt tillbaka hjulet. Sänk sedan ner bilen och dra åt hjulbultarna till angivet moment. Avsluta med att kontrollera hydraulvätskenivån enligt beskrivningen i *Veckokontroller.*

9 Bakre bromsok – demontering, renovering och återmontering

Observera: *Läs varningen i början av avsnitt 2 angående farorna med hydraulolja, och varningen i början av avsnitt 5 angående farorna med asbestdamm innan arbetet påbörjas.*

Demontering

1 Klossa framhjulen, hissa sedan upp bilens bakvagn och stöd den på pallbockar. Demontera relevant bakhjul.

2 Minimera vätskeförlusten genom att använda en bromsslangklämma, en G-klämma eller liknande verktyg för att klämma av slangen.

3 Rengör området runt anslutningen och lossa sedan bromsslangens anslutningsmutter.

4 Ta bort bromsklossarna enligt beskrivningen i avsnitt 5.

5 Skruva loss bromsoket från bromsslangens ände och ta bort det från bilen.

Översyn

6 Se avsnitt 8.

Montering

7 Skruva på bromsoket helt på slanganslutningen.

8 Montera bromsbeläggen (se avsnitt 5).

9 Dra åt bromsrörets anslutningsmutter ordentligt.

10 Ta bort bromsslangklämman och lufta hydraulsystemet enligt beskrivningen i avsnitt 2. Observera att om angivna åtgärder vidtogs för att förhindra förlust av bromsvätska behöver man bara lufta den relevanta bakbromsen.

11 Sätt tillbaka hjulet. Sänk sedan ner bilen och dra åt hjulbultarna till angivet moment. Avsluta med att kontrollera hydraulvätskenivån enligt beskrivningen i *Veckokontroller.*

10 Huvudcylinder – demontering, översyn och återmontering

Demontering

Observera: *Även om det är möjligt för en hemmamekaniker att ta bort huvudcylindern, om hydraulanslutningarna har lossats från cylindern kommer luft att komma in i högtrycks hydraulsystemet som kopplar ihop huvudcylindern och hydraulenheten. Luftning av högtryckssystemet kan endast utföras på ett säkert sätt av en BMW-verkstad eller annan specialist som har tillgång till testverktyget (se avsnitt 2). Följaktligen måste bilen forslas på ett släp eller transportbil till en BMW-verkstad eller annan lämplig specialist när huvudcylindern har återmonterats.*

Observera: *Se varningen i början av avsnitt 2 angående farorna med hydraulolja, innan arbetet påbörjas.*

Observera: *Det krävs nya fästmuttrar till huvudcylindern vid återmonteringen.*

1 Arbeta i bakre delen av motorrummet, skruva loss bultarna och ta bort pollenfilterkåpan **(se bild)**. Skjut bort filtret från huset. Om det behövs, se kapitel 1A eller 1B.

2 Lossa spärrarna och ta bort vänster och höger plastkåpa bakom fjädertornet på varje sida av motorrummet. Lossa kablaget om tillämpligt **(se bild)**.

3 Tryck in klämmorna och dra kabelstyrningen

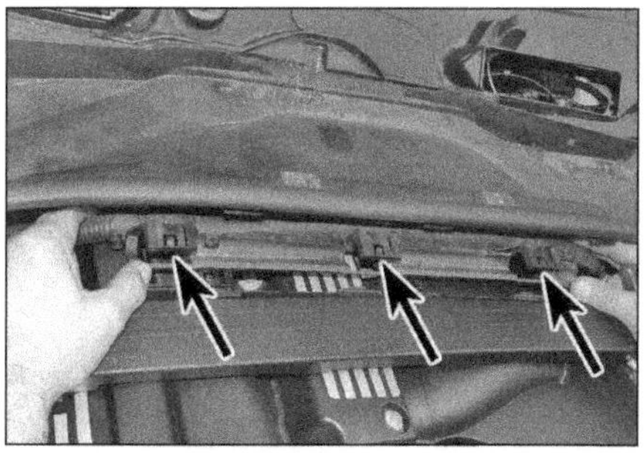

10.3 Tryck in klämmorna (markerade med pilar) och skjut kabelstyrningen (kabelstyrningarna) framåt

10.4a Vrid temperaturgivaren moturs och dra bort den från fästbygeln på pollenfiltrets nedre kåpa

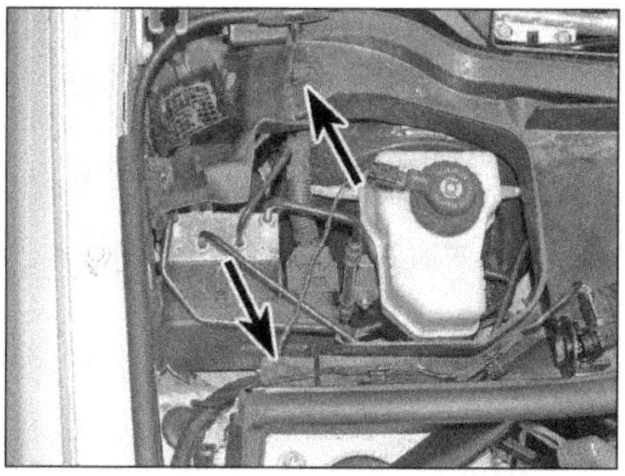

10.4b Lossa spärren och skruva loss bulten på varje sida (markerade med pilar). . .

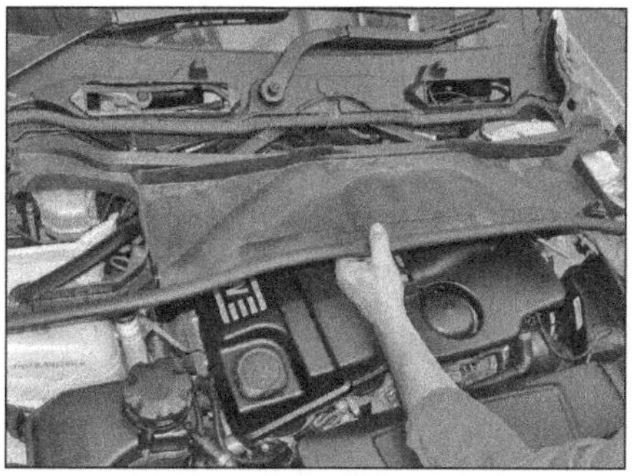

10.4c . . . och dra det nedre pollenfilterhuset framåt

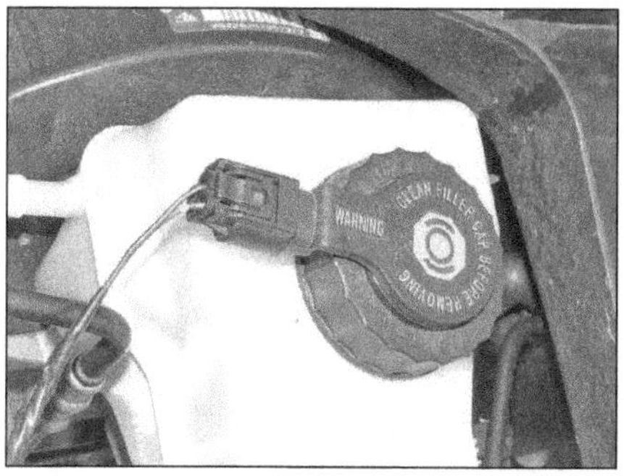

10.5 Lossa anslutningskontakten från vätskenivågivaren

framåt från den nedre delen av pollenfilterhuset **(se bild)**.

4 Lossa spärren och skruva loss bulten på varje sida, för sedan den nedre delen av pollenfilterhuset framåt och för bort den från platsen **(se bilder)**.

5 Ta bort huvudcylinderbehållarens lock och sug ut hydraulvätskan från behållaren. **Observera:** *Sug inte vätskan med munnen eftersom den är giftig. Använd en bollspruta eller en handvakuumpump.* Du kan också öppna valfri lämpligt belägen luftningsskruv i systemet och försiktigt trycka ner bromspedalen några gånger för att pumpa ut vätskan genom ett plaströr som är anslutet till skruven, tills vätskenivån sjunker under nivån i behållaren (se avsnitt 2). Koppla loss kontaktdonet(en) från bromsvätskebehållaren **(se bild)**.

6 Koppla loss vätskeslangen(slangarna) från behållarens sida och plugga igen slangänden(ändarna) för att minimera vätskeförlusten.

7 Lossa och dra ut huvudcylinderbehållarens låssprint.

8 Lossa försiktigt vätskebehållaren från huvudcylinderns ovansida. Ta loss behållarens tätningar och plugga igen cylinderöppningarna för att förhindra att det tränger in smuts.

9 Arbeta under instrumentbrädan, skruva loss de tre bultarna och ta bort klädselpanelen över förarens pedaler. Koppla loss eventuella anslutningskontakter innan du tar bort panelen.

10 Bänd bort klämman och ta bort den sprint som fäster servons stötstång på bromspedalen **(se bild 11.8)**. Servon måste lossas så att huvudcylindern kan demonteras och monteras.

11 Skruva loss servons fästmuttrar. Observera att det måste användas nya muttrar

12 Torka rent området runt bromsrörsanslutningarna på rör från huvudcylindern till ABS-modulatorn/ABS-hydraulenheten och placera absorberande trasor under röranslutningarna för att samla upp överflödig vätska. Notera hur anslutningarna sitter monterade, och skruva sedan bort anslutningsmuttrarna och dra försiktigt ut rören. Rören får inte vara böjda. Plugga igen eller tejpa över rörändarna och huvudcylinderns öppningar för att minimera bromsvätskeförlusten och förhindra att det kommer in smuts i systemet. Tvätta bort eventuell utspilld vätska omedelbart med kallt vatten.

13 Skruva loss de båda muttrarna och brickorna som fäster huvudcylindern på vakuumservoenheten och ta sedan bort enheten från motorrummet. Ta bort O-ringen från huvudcylinderns baksida . Kasta fästmuttrarna, du måste använda nya vid återmonteringen.

Översyn

14 Om huvudcylindern är defekt måste den bytas ut. Det finns inga renoveringssatser att köpa från BMW-återförsäljare, så cylindern måste hanteras som en förseglad enhet. Byt huvudcylinderns O-ringstätning och behållarens tätningar oavsett i vilket skick de verkar vara.

Montering

15 Ta bort alla spår av smuts från huvudcylinderns och servoenhetens fogytor, och sätt dit en ny O-ring i spåret på huvudcylinderhuset.

16 Montera huvudcylindern på servoenheten. Se till att servoenhetens tryckstång kommer in mitt i huvudcylinderloppet. Sätt dit huvudcylinderns nya fästmuttrar och brickor och dra åt dem till angivet moment.

17 Torka rent bromsrörsanslutningarna, montera sedan tillbaka dem på huvudcylinderns/hydraulenhetens öppningar och dra åt dem ordentligt.

18 Tryck in de nya behållartätningarna ordentligt i huvudcylinderöppningarna och passa sedan in behållaren på plats. Montera tillbaka behållarens låssprint ordentligt. Återanslut vätskeslangen(slangarna) till behållaren och återanslut kontaktdonet (donen).

19 Återstoden av monteringen utförs i omvänd ordning mot demonteringen. Tänk på följande:

a) *Dra åt alla hållare till angivet moment (där sådant angetts).*

b) *Luftning av högtryckssystemet kan endast utföras på ett säkert sätt av en BMW-verkstad eller annan specialist som har tillgång till testverktyget (se avsnitt 2).*

11 Bromspedalbrytaren – demontering och montering

Demontering

Manuell växellåda

1 Ta bort kopplingspedalen enligt beskrivningen i kapitel 6.

2 Skruva loss de två bultarna och flytta kopplingshuvudcylindern åt ena sidan.

3 Ta bort bromsljuskontakten enligt beskrivningen i avsnitt 21.

4 För av fästklämman och ta bort gaffelbulten som håller fast bromspedalen på servoenhetens tryckstång.

5 Skruva loss de tre muttrarna och för bromspedalens fästbygelenhet under

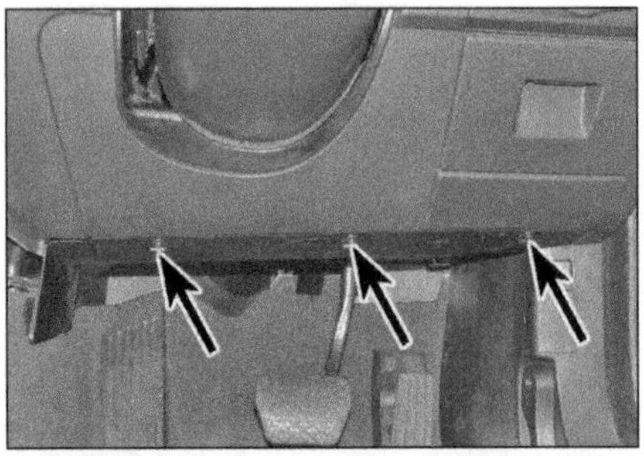

11.7 Skruva loss de tre skruvar som håller fast panelen över pedalerna (markerade med pilar)

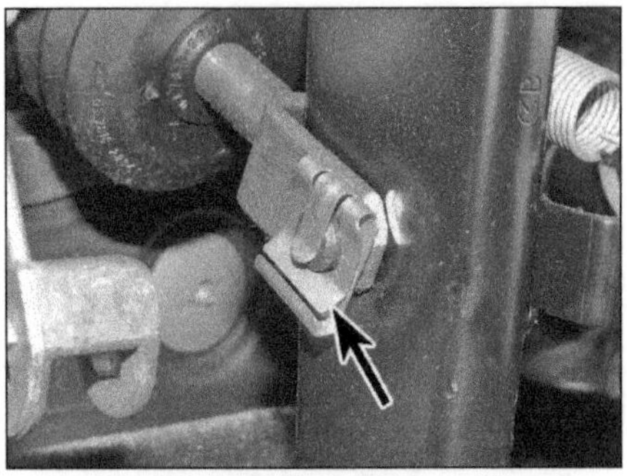

11.8 Fästklämma tryckstångsbult (markerad med pil)

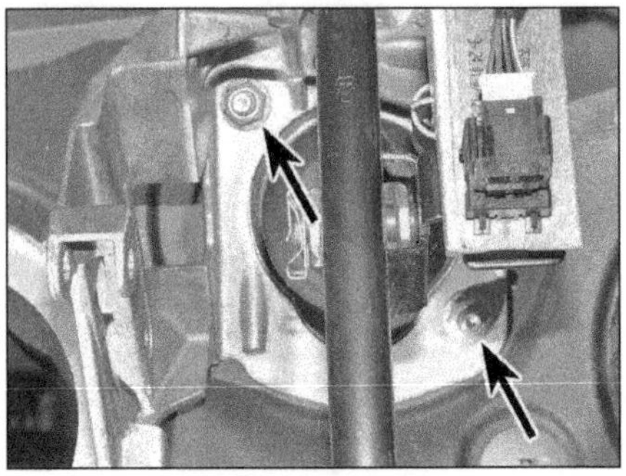

11.10a Pedalbygelns nedre muttrar (markerade med pilar) . . .

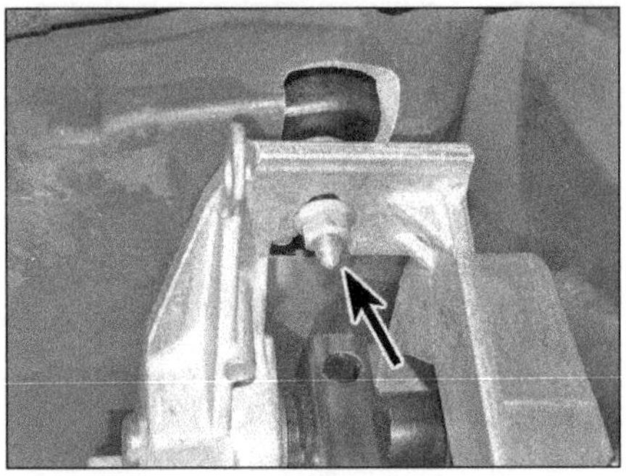

11.10b . . . och övre mutter (markerad med pil)

instrumentbrädan. Kasta de självlåsande muttrarna, du måste sätta dit nya.

6 Haka loss returfjädern och för pedalen bort från styrbulten.

Automatväxellåda

7 Arbeta under instrumentbrädan, skruva loss de tre bultarna och ta bort klädselpanelen över förarens pedaler **(se bild)**. Koppla loss eventuella anslutningskontakter innan du tar bort panelen.

8 Bänd bort klämman och ta bort den sprint som håller fast servons stötstång på bromspedalen **(se bild)**.

9 Ta bort bromsljuskontakten enligt beskrivningen i avsnitt 21.

10 Skruva loss muttrarna och för pedalen och fästenheten underifrån instrumentbrädan **(se bilder)**. Kasta de självlåsande muttrarna, du måste sätta dit nya. Observera att i skrivande stund var pedalen endast tillgänglig som en del av hela fästbygelenheten. Kontakta närmaste BMW-verkstad.

Montering

11 Montera i omvänd ordningsföljd mot demonteringen. Smörj på lite flerfunktionsfett på pedaltappen och gaffelbulten.

12 Vakuumservoenhet - kontroll

1 När du ska testa servoenhetens funktion, tryck ner fotbromsen flera gånger för att ta bort vakuumet och starta sedan motorn samtidigt som du håller pedalen ordentligt nedtryckt. När motorn startar ska pedalen ge efter märkbart medan vakuumet byggs upp. Låt motorn gå i minst två minuter och stäng sedan av den. Om bromspedalen nu trycks ner ska den kännas normal men vid ytterligare nedtryckningar ska den kännas fastare. Pedalvägen ska bli allt kortare för varje nedtryckning.

2 Om servoenheten fortfarande inte fungerar som den ska, är det fel på själva enheten. Om servoenheten är defekt måste den bytas ut, den går inte att reparera. **Observera:** *Demontering av servoenheten innebär demontering av ABS-/DSC modulatorn/hydraulenheten. Eftersom det behövs speciell felsökningsutrustning ska denna uppgift utföras av en BMW-verkstad eller annan specialist med lämplig utrustning.*

13 Vakuumservons backventil - demontering, kontroll och montering

Demontering av servoenhetens backventil kräver demontering av ABS-/DSC modulatorn/hydraulenheten. Eftersom det behövs speciell felsökningsutrustning ska denna uppgift utföras av en BMW-verkstad eller annan specialist med lämplig utrustning.

14 Handbroms - justering

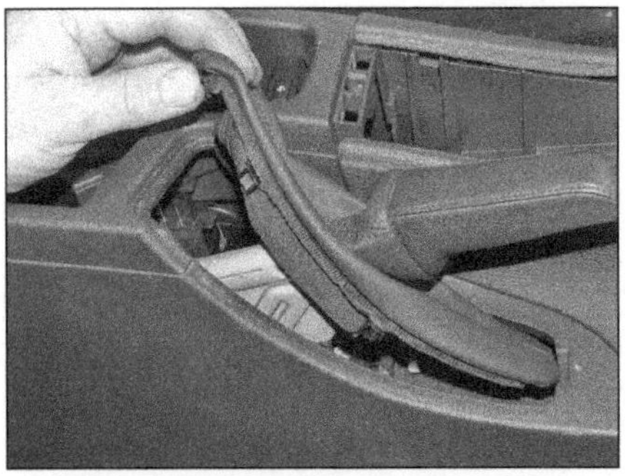

14.3 Tryck ihop sidorna och ta bort handbromsspakens damask från mittkonsolen

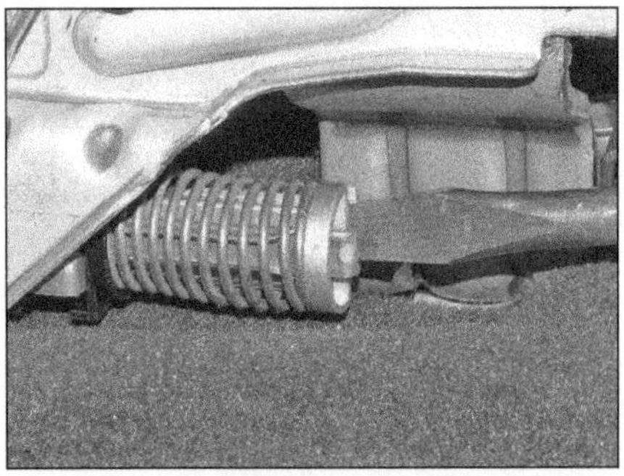

14.4 Tryck fjäderstoppet bakåt tills det går i ingrepp med kroken

1 Använd normal kraft och dra åt handbromsspaken till helt åtdraget läge. Räkna antalet klickljud som handbromsens kuggmekanism avger. Om inställningen är korrekt ska du höra 7 eller 8 klick innan handbromsen är helt åtdragen. Om du hör fler än 10 klick, utför följande justering.

2 Skruva loss en hjulbult från varje bakhjul. Klossa sedan framhjulen, hissa upp bilens bakvagn och ställ den på pallbockar.

3 Det går att komma åt handbromsvajerns justerare genom att handbromsspakens damask tas bort från mittkonsolen **(se bild)**. Om du behöver mer utrymme kan du ta bort mittkonsolens bakre del (kapitel 11).

4 Lossa handbromsen, använd sedan en skruvmejsel för att trycka tillbaka fjäderstoppet tills fästhaken går i ingrepp med stoppet **(se bild)**.

5 Börja med höger bakhjul, vrid hjulet så att den räfflade justeringsringen är synlig genom hålet.

6 Sätt in en skruvmejsel genom bulthålet och expandera handbromsbeläggen helt genom att vrida den räfflade justeringsringen. När det inte längre går att vrida hjulet backar du av den räfflade ringen åtta hack (trumma med 185 mm diameter) eller 9 hack (trumma

14.6 Vrid justerarens räfflade ring (visas med skivan borttagen)

14.8 Bänd upp fästhaken från kabelstoppet

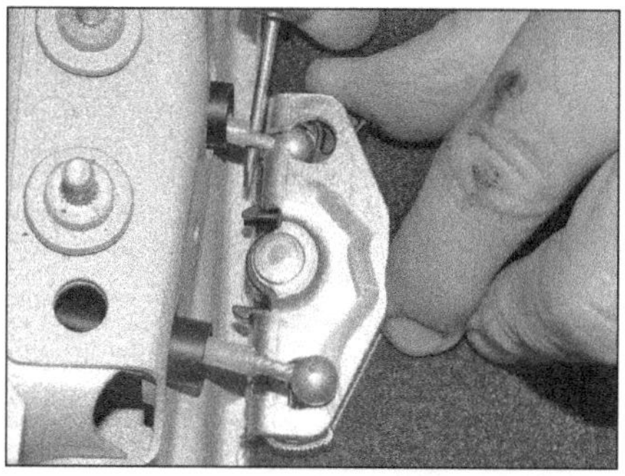

15.4 För upp vajerändens beslag från balansarmen

på 160 mm) så att hjulet kan vridas fritt **(se bild)**.

7 Upprepa punkt 5 och 6 på det vänstra hjulet.

8 Lås upp kabeljusteringsenheten genom att bända ut fästhaken från fjäderstoppet med en skruvmejsel **(se bild)**.

9 Lossa handbromsspaken helt och kontrollera att hjulen roterar fritt. Dra åt handbromsen långsamt och kontrollera att bromsbacken börjar få kontakt med trummorna när handbromsen sätts i den tredje skåran i spärrmekanismen. Kontrollera inställningen genom att dra åt handbromsen helt och räkna antalet klickljud som handbromsens kuggning avger, och justera om den om det behövs.

10 När väl justeringen är korrekt kontrollerar du handbromsvarningslampans brytare, monterar sedan tillbaka mittkonsolsektionens/handbromsspakens damask (efter tillämplighet). Montera hjulen, sänk sedan ner bilen och dra åt hjulbultarna till angivet moment.

15 Handbromsspak – demontering och montering

Demontering

1 Ta bort mittkonsolen enligt beskrivningen i kapitel 11, ta sedan bort krockkuddestyrenheten enligt beskrivningen i kapitel 12.

2 Lossa handbromsen, använd sedan en skruvmejsel för att trycka tillbaka fjäderstoppet tills fästhaken går i ingrepp med stoppet **(se bild 14.4)**.

3 Lossa handbromsvarningsbrytaren, lossa sedan klämmorna och flytta kabelstyrningen/fästbygeln till ena sidan.

4 Tryck kabelhållaren på varje sida framåt och för handbromsvajrarnas ändar uppåt från balansarmen **(se bild)**.

5 Skruva loss de tre fästmuttrarna och ta bort spaken från bilen **(se bild)**.

Montering

6 Monteringen utförs i omvänd ordningsföljd mot demonteringen. Innan du sätter tillbaka mittkonsolen, justera handbromsen enligt beskrivningen i avsnitt 14.

16 Handbromsvajrar – demontering och montering

Demontering

1 Lossa kablarnas frontändar från spakens balansarm enligt beskrivningen i avsnitt 15.

2 Ta bort bromsskivorna bak enligt beskrivningen i avsnitt 7.

3 Skruva loss bulten och ta bort kabelfästbygeln från navhållarens inre yta **(se bild)**.

4 Skjut vajern så långt det går i riktning mot expanderlåset, tryck ner nippeln och dra ut vajern från expandern **(se bilder)**

5 Arbeta dig bakåt, längs med vajern. Observera hur den är dragen och lossa den från alla berörda fästklämmor.

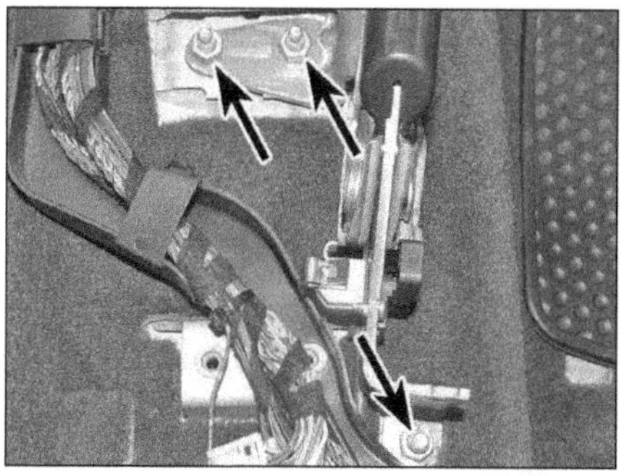

15.5 Handbromsspakens fästmuttrar (markerade med pilar)

Montering

6 Sätt in vajern i bromsskölden/fästplattan och tryck in den, upp till stoppläget på vajerhöljets hylsa.

7 Ta tag i vajerändens hylsa och tryck in den i expandern tills den snäpps fast.

8 Monteringen utförs i omvänd ordningsföljd mot demonteringen. Innan du sätter tillbaka mittkonsolen, justera handbromsen enligt beskrivningen i avsnitt 14.

17 Handbromsbackar – demontering och montering

Demontering

1 Bänd försiktigt upp handbromsspakens damask från mittkonsolen. Om du behöver

16.3 Skruva loss bulten (markerade med pil) och ta bort fästbygeln

16.4a Vik ut expandern, ta sedan bort stiftet (se pil) . . .

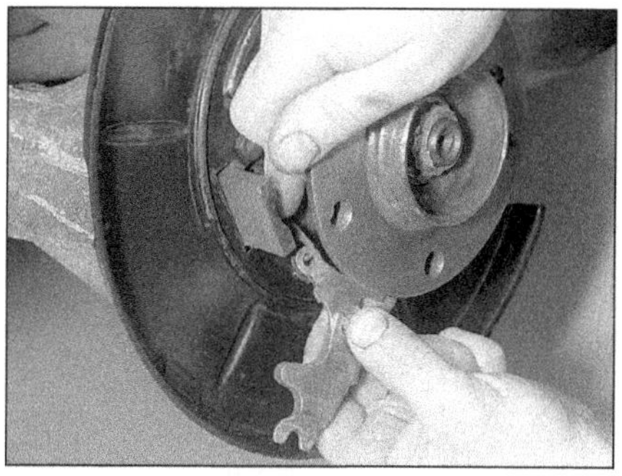

16.4b . . . och lossa expandern från handbromsvajeränden

17.4a Använd en tång och haka loss och ta bort handbromsbackens främre . . .

17.4b . . . och bakre returfjädrar

17.5a Vrid fäststiften 90° . . .

17.5b . . . ta sedan bort sprintarna, fjädrarna . . .

mer utrymme kan du ta bort mittkonsolens bakre del (kapitel 11).

2 Dra åt handbromsen, använd sedan en skruvmejsel för att trycka tillbaka fjäderstoppet tills fästhaken går i ingrepp med stoppet **(se bild 14.4)**.

3 Ta bort den bakre bromsskivan enligt beskrivningen i avsnitt 7, och anteckna var alla komponenter sitter.

4 Använd en tång och haka försiktigt loss och ta bort handbromsbackens returfjädrar **(se bilder)**.

5 Lossa bromsbackens fäststift med hjälp av en tång, tryck ner dem och vrid dem mer än 90°, ta sedan bort stiften och fjädrarna **(se bilder)**.

6 Ta bort båda bromsbackarna och ta bort backjusteringsmekanismen. Notera hur den är monterad **(se bild)**.

7 Se efter om handbromsbackarna är slitna eller smutsiga och byt dem vid behov. Rekommendationen är att du alltid byter returfjädrarna.

8 När bromsbackarna är borttagna, rengör och kontrollera bromsbacksjusterar- och expandermekanismerna och byt dem om de visar tecken på slitage eller skador. Om allt är bra, stryk på ett nytt lager bromsfett (BMW rekommenderar Molykote G-pasta) på justerarens gängor och expandermekanismens glidytor **(se bild)**. Låt inte fettet komma i kontakt med bromsbackens belägg.

Montering

9 Före installationen, rengör fästplattan och stryk på ett tunt lager högtemperaturbromsfett eller antikärvmedel på alla fästplattans ytor som ligger an mot bromsbackarna. Låt inte smörjmedlet komma i kontakt med belägget.

10 Passa in handbromsbackarna och fäst dem med fästsprintar och fjädrar.

11 Se till att bromsbackarnas nedre ändar hakar i expandern som de ska och skjut sedan justermekanismen på plats mellan bromsbackarnas övre ändar **(se bild)**.

12 Kontrollera att alla komponenter sitter korrekt och montera de övre och nedre returfjädrarna med en tång.

13 Centrera handbromsbackarna och sätt tillbaka bromsskivan enligt beskrivningen i avsnitt 7.

14 Innan du sätter tillbaka hjulet, justera handbromsen enligt beskrivningen i avsnitt 14.

17.6 . . . och handbromsbackarna

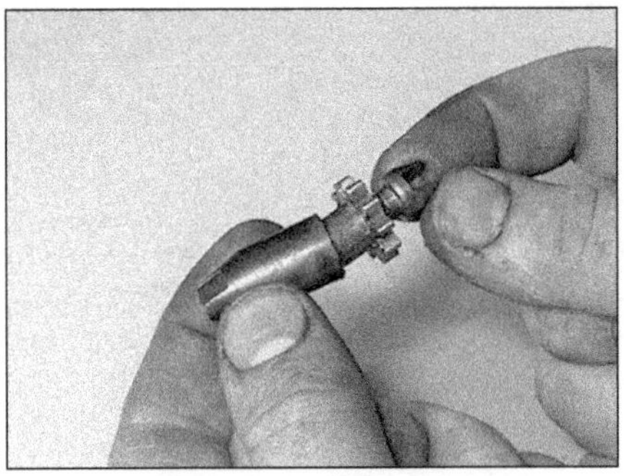

17.8 Rengör justeringsenheten och bestryk den med färskt bromsmonteringsfett

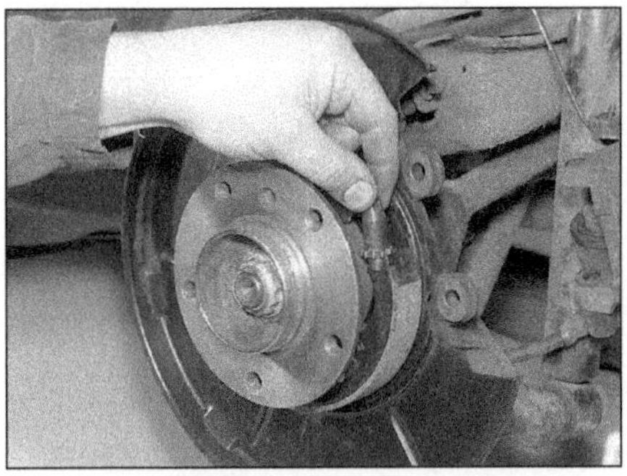

17.11 Montera tillbaka justeringsenheten och se till att den går korrekt i ingrepp med båda handbromsbeläggen

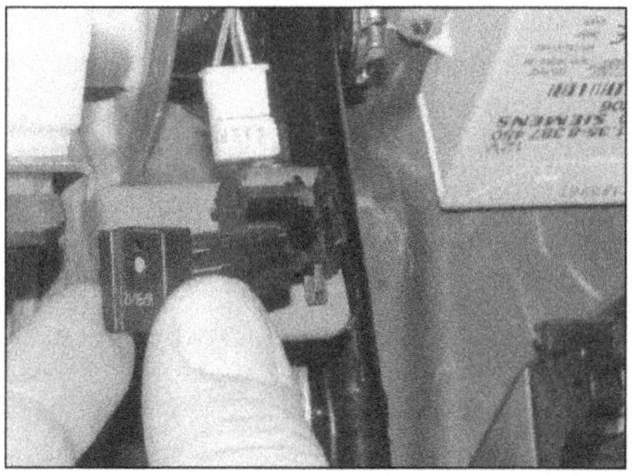

18.4a Dra loss kontakten från fästet

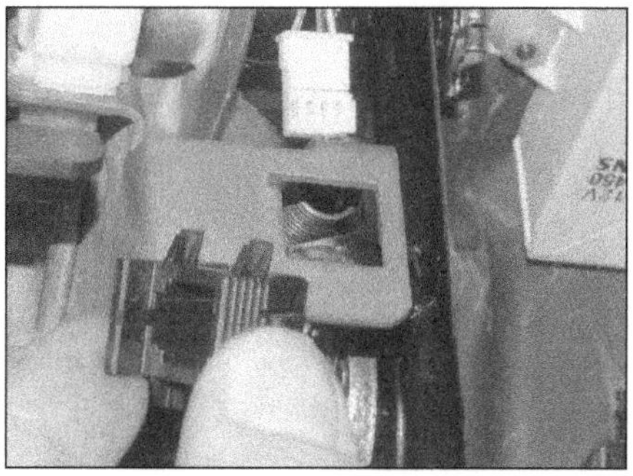

18.4b Tryck ihop fästklämmorna och ta bort kontaktens fäste

18 Bromsljuskontakt – demontering och montering

Demontering

1 Bromsljuskontakten sitter på pedalfästbygeln, bakom instrumentbrädan.
2 Skruva loss och ta bort de fästskruvar som håller fast den nedre delen av förarsidans instrumentbrädspanel. Lossa panelen och ta bort den från bilen. Koppla loss eventuella anslutningskontakter innan du tar bort panelen.
3 Sträck in handen bakom instrumentbrädan och lossa kontaktdonet från kontakten.
4 Dra loss kontakten från fästet. Om det behövs, tryck ihop klämman och ta bort kontaktens fäste från pedalfästbygeln **(se bilder)**.

Montering

5 Trampa ner bromspedalen helt och håll den nertrampad, montera tillbaka fästet och för sedan brytaren på plats. Håll kontakten på plats och släpp sedan **långsamt** bromspedalen och låt den gå till ändläget. Detta justerar automatiskt bromsljuskontakten. **Observera:** *Om du släpper pedalen för snabbt kommer kontakten att justeras felaktigt.*
6 Återanslut kontaktdonet och kontrollera att bromsljusen fungerar som de ska. Bromsljusen bör tändas när bromspedalen har trampats ner ungefär 5 mm. Om brytaren inte fungerar korrekt är den defekt och kanske måste bytas. Man kan inte utföra några andra justeringar.
7 Avsluta med att sätta tillbaka den nedre instrumentbrädespanelen på förarsidan.

19 Låsningsfria bromsar (ABS) – allmän information

Observera: *ABS-enheten är en enhet med dubbla funktioner i alla modeller och den driver både det låsningsfria bromssystemet (ABS) och antispinnsystemet (DSC).*
1 ABS är monterat som standard på alla modeller. Systemet består av en hydraulisk spärr som innehåller de hydrauliska magnetventilerna och den eldrivna returpumpen, de fyra hjulgivarna (en på varje hjul), och den elektroniska styrenheten (ECM). Syftet med systemet är att förhindra att hjulen låser sig vid hård inbromsning. Detta uppnås genom att bromsen på relevant hjul släpps upp för att sedan åter läggas an.
2 Magnetventilerna styrs av styrmodulen som i sin tur tar emot signaler från de fyra hjulgivarna (en på varje nav) som övervakar varje hjuls rotationshastighet. Genom att jämföra dessa signaler kan ECM:n avgöra med vilken hastighet bilen färdas. Med utgångspunkt från denna hastighet kan styrmodulen avgöra om ett hjul bromsas onormalt i förhållande till bilens hastighet, och på så sätt förutsäga när ett hjul är på väg att låsa sig. Under normala förhållanden fungerar systemet som ett bromssystem utan ABS. Dessutom informerar bromspedalens lägesgivare (som sitter på vakuumservoenheten) också ECM:n om hur hårt bromspedalen trycks ner.
3 Om styrmodulen känner att ett hjul kommer att låsas aktiverar den berörda magnetventilen i hydraulenheten som sedan isolerar bromsoket på det hjul som precis ska låsas från huvudcylindern vilket effektivt stänger in det hydrauliska trycket.
4 Om hjulets rotationshastighet fortsätter att sjunka med en onormal takt slår styrmodulen på den eldrivna returpumpen som då pumpar hydraulvätska tillbaka in i huvudcylindern, vilket lättar trycket på bromsoket så att bromsen släpps. När hjulen återfår en acceptabel hastighet stannar pumpen. Magnetventilen öppnas, vilket gör att den hydrauliska huvudcylinderns tryck kan återgå till bromsoket, som sedan lägger an bromsen igen. Denna cykel kan utföras upp till 10 gånger i sekunden.
5 Magnetventilernas och returpumpens aktiviteter skapar pulser i hydraulkretsen. När ABS-systemet arbetar kan dessa pulser kännas i bromspedalen.
6 ABS-systemets funktion är helt beroende av elektriska signaler. För att förhindra att systemet svarar på eventuella felaktiga signaler finns en inbyggd säkerhetskrets som övervakar alla signaler som ECM:n tar emot. Om en felaktig signal eller låg batterispänning registreras stängs ABS-systemet automatiskt av, och varningslampan på instrumentpanelen tänds för att informera föraren om att ABS-systemet inte fungerar. Normal bromseffekt ska dock finnas kvar.
7 Om det uppstår ett fel i ABS-systemet måste bilen lämnas in till en BMW-verkstad eller annan lämplig specialist för feldiagnos och reparation.
8 En ackumulator är dessutom inbyggd i hydraulsystemet. Förutom att utföra ABS-funktionen enligt ovanstående beskrivning styr hydraulenheten även antispinndelen i DSC-systemet. Om ECM:n känner att hjulen håller på att förlora greppet under acceleration applicerar hydraulenheten tillfälligt bakbromsarna för att förhindra att hjulen spinner. Om systemet känner att bilens sidoacceleration/kursstabilitet håller på att överskrida den förutbestämda tröskeln, vilket leder till överstyrning eller understyrning, kan systemet bromsa med respektive hjuls enskilda broms för att upprätthålla stabiliteten och förhindra/kontrollera en sladd.
9 DSC-systemet kan dessutom reglera bilens styrning för att upprätthålla stabiliteten vid en överstyrnings- eller understyrningssituation – systemet kallas aktiv styrning. Med konventionella system måste föraren styra bilen aktivt i en rak linje om bromsarna läggs på en vägyta med varierande dragnivåer. I dessa situationer beräknar DSC-styrenheten kursstabiliteten med bromstrycksgivarna på framaxeln, sedan överför DSC-styrenheten den korrigeringsvinkel för kursmomentkompensation som krävs för stabilisering.
10 Om ett fel utvecklas inom ABS/DCS systemet måste bilen tas till en BMW-verkstad eller en lämpligt utrustad specialist som kan undersöka systemets självdiagnosförmåga och identifiera felet.

20 Låsningsfria bromsar (ABS) komponenter – demontering och montering

Ackumulator/modulator/ hydraulenhet

1 Även om hemmamekanikern kan ta bort hydraulenheten måste dess självdiagnossystem gås igenom med ett särskilt testverktyg före och efter demonteringen och enheten måste luftas med BMW:s servicetestutrustning. Följaktligen rekommenderar vi att demontering och montering av hydraulenheten ska utföras av en BMW-verkstad eller annan lämplig specialist.

Elektronisk styrmodul (ECM)

2 För att ta bort styrmodulen måste hydraulenheten först tas bort eftersom styrmodulen är fastskruvad på hydraulenhetens sida. Följaktligen rekommenderar vi att demontering och montering av styrmodulen ska utföras av en BMW-verkstad eller en lämpligt utrustad specialist.

20.3 Öppna kopplingsdosan på innerskärmen och lossa ABS-givarens anslutningskontakt (markerad med pil)

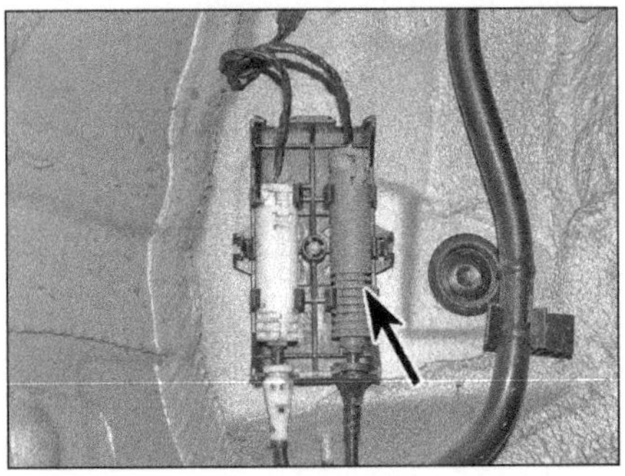

20.10 Vik tillbaka hjulhusfodret, öppna kopplingsdosan och lossa ABS-givarens anslutningskontakt (markerad med pil)

Främre hjulsensor

Demontering

3 Klossa bakhjulen, dra åt handbromsen ordentligt, hissa upp framvagnen och ställ den på pallbockar. Demontera relevant framhjul. Följ kablaget bakåt från givaren till anslutningen, som sitter i en skyddande plastlåda. Lossa locket, lossa kontaktdonet och koppla loss det från huvudkablaget **(se bild)**.

4 Skruva loss bulten som fäster givaren på hjulspindeln och ta bort givar- och ledningsenheten från bilen **(se bild)**.

Montering

5 Före monteringen applicerar du ett tunt lager flerfunktionsfett på givarens spets (BMW rekommenderar användning av Staborax NBU 12/k).

6 Se till att givarens och hjulspindelns

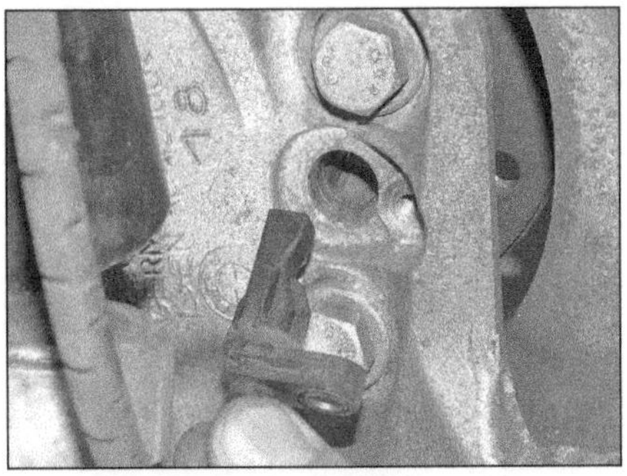

20.4 Skruva loss bulten och dra ABS-sensorn från navhållaren

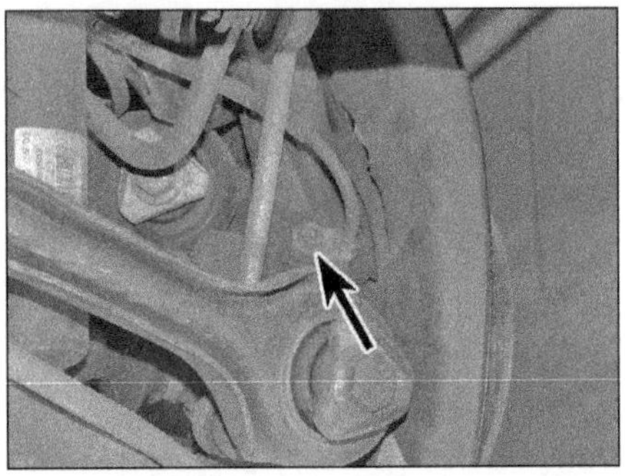

20.11 Skruva loss bulten (markerad med pil) och dra bort givaren från navhållaren

tätningsytor är rena, och montera sedan givaren på navet. Skruva i bulten och dra åt den till angivet moment.

7 Se till att givarens kablage är korrekt draget och att det hålls fast med klämmor, och återanslut det till dess kontaktdon. Sätt tillbaka givarens anslutning i lådan och fäst locket ordentligt med klämmorna.

8 Sätt tillbaka hjulet. Sänk sedan ner bilen och dra åt hjulbultarna till angivet moment.

Bakre hjulsensor

Demontering

9 Klossa framhjulen, hissa sedan upp bilens bakvagn och stöd den på pallbockar. Demontera det relevanta hjulet.

10 Ta bort givaren enligt beskrivningen i punkt 3 och 4. Observera att givarens kablagekontaktdon är placerat bakom hjulhusfodret. Skruva loss bultarna och dra den bakre delen av fodret framåt för att komma åt kontaktdonet **(se bild)**.

Montering

11 Sätt tillbaka givaren enligt beskrivningen ovan i punkterna 5 till 8 **(se bild)**.

Främre magnetmotståndsringar

13 De främre magnetmotståndsringarna är fästa på baksidan av hjulnaven. Undersök om ringarna är skadade, flisade eller saknar kuggar. Om de måste bytas måste hela navenheten tas isär och lagren bytas ut, enligt beskrivningen i kapitel 10.

Bakre magnetmotståndsringar

14 De bakre motståndsringarna är intryckta i drivaxelns yttre drivknutar. Undersök om ringarna visar tecken på skador, t.ex. urflisning eller kuggar som saknas, och byt efter behov. Om de måste bytas, måste du byta drivaxelenheten (se kapitel 8).

21 Vakuumpump – demontering och montering

4-cylindriga bensinmotorer

1 En vakuumpump är nödvändig eftersom väldigt lite vakuum genereras till bromsservon i insugsgrenröret på grund Valvetronic-systemet. Vakuumpumpen sitter på baksidan av topplocket och drivs av avgaskamaxeln.

Modeller med fjädertornstöd

2 Ta bort plastkåpan från mitten av klädselpanelen. Två olika typer av lock är monterade: en med ett centralt spår som tas bort genom att det vrids 45° moturs och en utan centralt spår som bänds upp från sin placering **(se bild)**. Observera om kåpan eller tätningen är skadad, de måste bytas. Underlåtenhet att göra detta kan leda till att vatten tränger in.

3 Skruva loss bulten i mitten av torpedplåten som exponeras vid demonteringen av kåpan **(se bild)**. Kasta bulten – eftersom en ny en måste användas.

4 Skruva loss bulten på stödens respektive ytterände, håll sedan gummigenomföringen på plats och för stöden utåt från platsen **(se bild)**. Låt inte genomföringen rubbas. Kasta bultarna och använd nya vid återmonteringen.

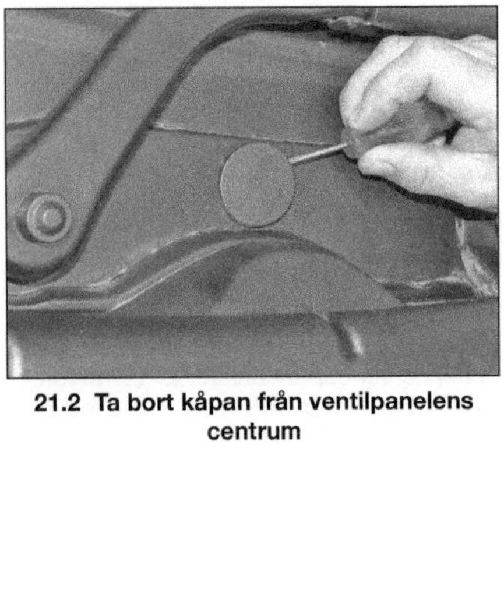

21.2 Ta bort kåpan från ventilpanelens centrum

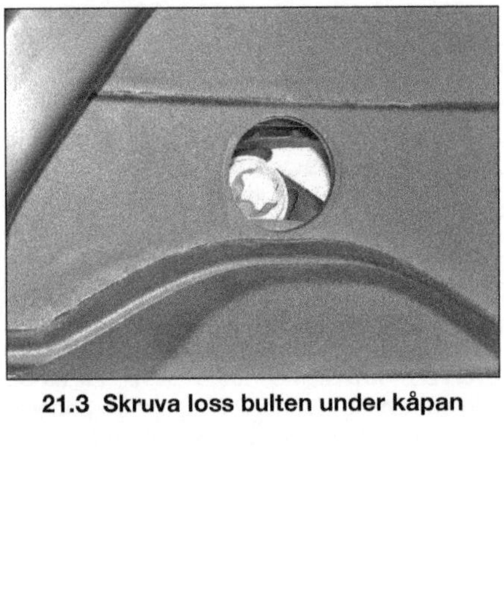

21.3 Skruva loss bulten under kåpan

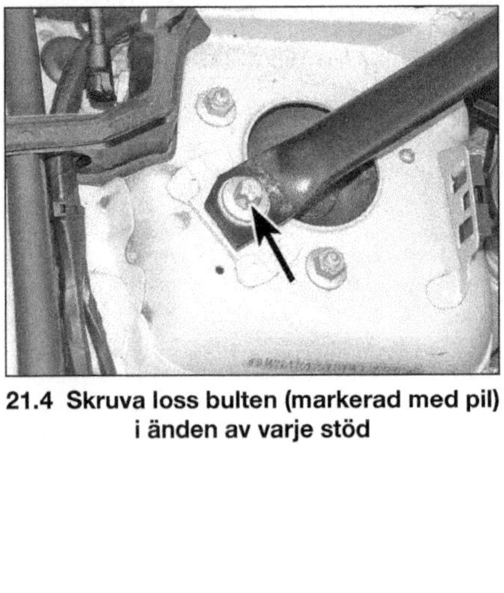

21.4 Skruva loss bulten (markerad med pil) i änden av varje stöd

Alla modeller

5 Arbeta i bakre delen av motorrummet och skruva loss bultarna och ta bort pollenfilterkåpan **(se bild 10.1)**. Skjut bort filtret från huset. Om det behövs, se kapitel 1A eller 1B.

6 Lossa spärrarna och ta bort vänster och höger plastkåpa bakom fjädertornet på varje sida av motorrummet. Lossa slangen från vänster kåpa **(se bild 10.2)**.

7 Tryck in klämmorna och dra bort kabelstyrningen framåt från pollenfilterhusets nedre del **(se bild 10.3)**.

8 Lossa spärren och skruva loss bulten på varje sida, för sedan den nedre delen av pollenfilterhuset framåt och för bort den från platsen **(se bilder 10.4a och 10.4b)**.

9 Dra bort tändspolens plastkåpa från hållarmuffarna av gummi.

10 Koppla loss vakuumslangen från pumpen, skruva loss de tre bultarna och ta bort pumpen **(se bild)**. Kasta O-ringstätningen, du måste sätta dit en ny.

11 Monteringen utförs i omvänd ordningsföljd mot demonteringen. Se till att pumpens drivtappar hakar i spåret i kamaxeln ordentligt **(se bild)**. Dra åt pumpens fästbultar ordentligt.

6-cylindriga bensinmotorer

12 En vakuumpump är nödvändig eftersom väldigt lite vakuum genereras till bromsservon i insugsgrenröret på grund Valvetronic-systemet. Vakuumpumpen sitter på topplocket vänstra sida, och drivs av en kedja från vevaxeldrevet.

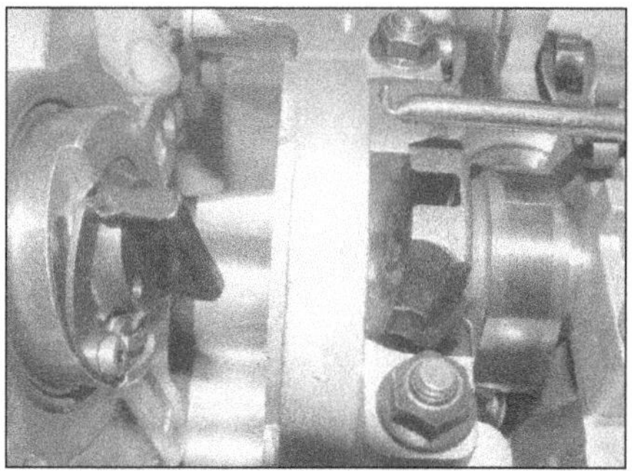

21.11 Se till att pumpdrivningen går i ingrepp med spåret i kamaxelns ände

13 Demontera drivremmen enligt beskrivningen i kapitel 1A.

14 Skruva loss bulten och ta bort drivremssträckaren.

15 Vakuumpumpens tätningskåpa måste nu tas bort. BMW specificerar användning av flera specialverktyg (nr 11 9 200, 11 4 362, 11 4 361 och 11 4 364) för demontering och montering av kåpan. Det går dock att försiktigt bända upp kåpan från platsen med en skruvmejsel och montera en ny kåpa utan att använda specialverktyg.

16 Demontera insugsgrenröret enligt beskrivningen i kapitel 4A.

17 Vrid vevaxelremskivans bult medurs tills de tre hålen i vakuumpumpens drev är inriktade mot pumpens fästbultar.

18 Pumpens drev måste nu fästas på plats innan fästbulten tas bort. BMW specificerar

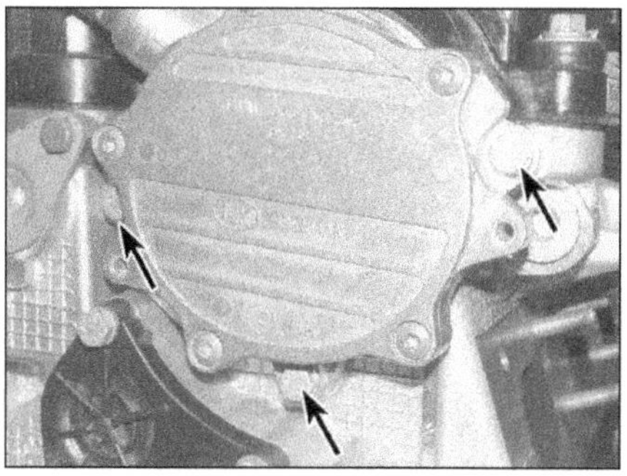

21.10 Skruva loss bultarna (markerade med pilar) och ta bort vakuumpumpen

användning av verktyg nr 11 4 362 och 11 0 290 **(se bild)**.

19 Lossa drevets fästbult och de tre bultar som håller fast vakuumpumpen.

20 Använd en skruvmejsel för att trycka drivkedjesträckaren mot höger sida och lås den i denna position med en 4,0 mm stång eller ett borrbit **(se bild)**.

21 Skruva loss drevets bult helt samt pumpens fästskruvar och dra bort pumpen från dess placering. Byt packningen mellan pumpen och huset.

22 Monteringen utförs i omvänd ordningsföljd mot demonteringen. Se till att drevet kommer korrekt i ingrepp med pumpaxeln. Dra åt pumpens fästbultar ordentligt.

4-cylindriga dieselmotorer

M47T2 motor

23 Skruva loss bultarna och ta bort plastkåpan från motorns överdel.

24 Vakuumpumpen är placerad framtill på motorn och drivs av kamaxeln.

25 Ta bort EGR rör/kylaren enligt beskrivningen i kapitel 4C. Det finns inget behov av att tappa ur kylvätska eller lossa kylvätskeledningarna - dra röret/kylaren framåt en aning för att underlätta demontering av vakuumpumpen.

Observera: *Om vakuumpumpen tas bort som en del av tillvägagångssättet för demontering av kamaxeln måste EGR-röret/kylaren tas bort helt.*

26 Skruva loss bulten och lossa

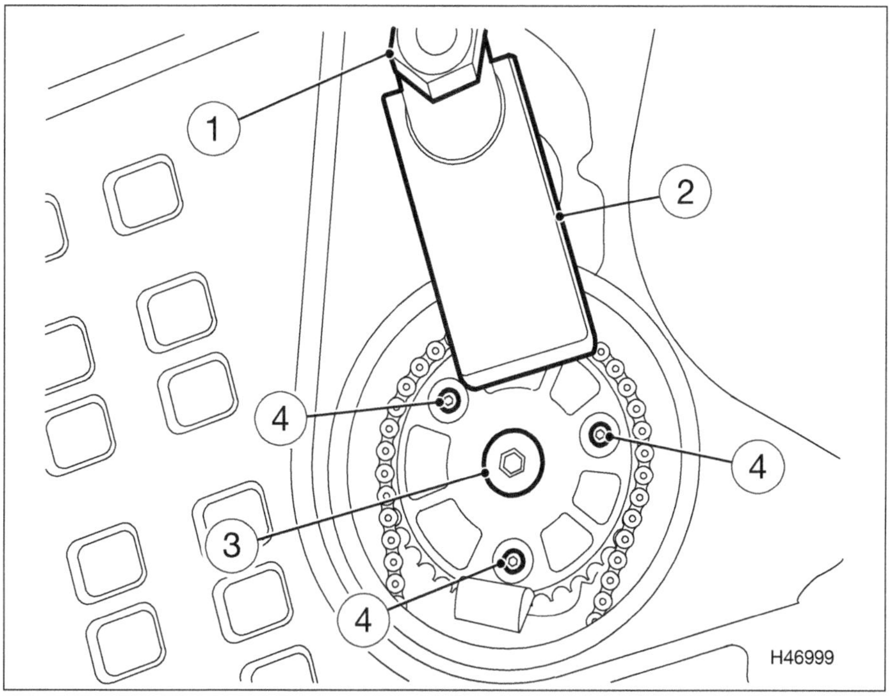

21.18 Vakuumpump monteringsdetaljer

1 BMW verktyg No 11 4 362
2 BMW verktyg nr 11 0 290
3 Drevets fästbult
4 Pumpens fästbultar

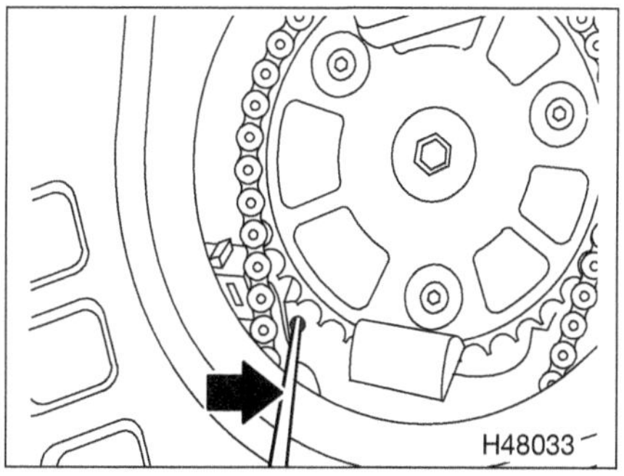

21.20 Tryck kedjespännaren mot höger sida och sätt in ett borrbit eller en stav på 4,0 mm (markerad med pil)

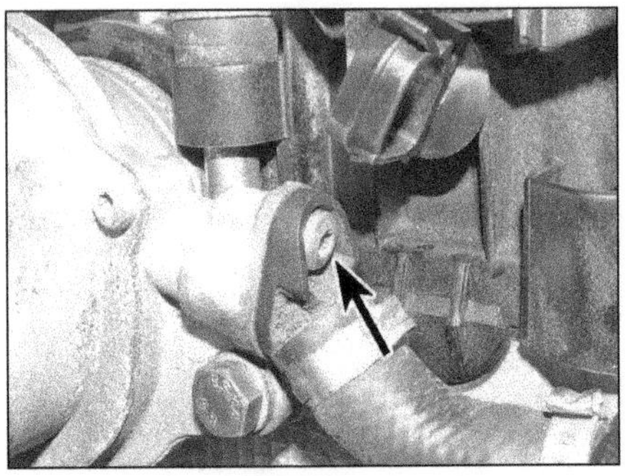

21.26 Skruva loss bulten (markerad med pil) och dra av slanganslutningen från pumpen

21.27a Skruva loss bulten (markerad med pil) och dra bort pumpens från topplocket

21.27b Byt pumpens O-ringstätning

21.28 Pumpdrivningen är inriktad mot spåret i kamaxelns ände

slanganslutningen från vakuumpumpen **(se bild)**. Byt anslutningens O-ringstätning.

27 Skruva loss bulten och ta bort vakuumpumpen. Byt O-ringstätningarna **(se bilder)**.

28 Monteringen utförs i omvänd ordningsföljd mot demonteringen. Se till att pumpens drivtappar hakar i spåret i kamaxeln ordentligt **(se bild)**. Dra åt pumpens fästbultar ordentligt.

N47-motorer

29 På dessa motorer är vakuumpumpen inbyggd i oljepumpen. Se kapitel 2D för anvisningar om demontering av oljepumpen

6-cylindriga dieselmotorer

M57T2 motorer

30 Demonteringen och monteringen är identisk med vad som beskrivs för motorerna M47T2 i punkt 24 till 28 i detta avsnitt.

N57-motorer

31 På dessa motorer är vakuumpumpen inbyggd i oljepumpen. Se kapitel 2D för anvisningar om demontering av oljepumpen

Kapitel 10
Fjädring och styrning

Innehåll

Svårighetsgrad

Enkelt, passar novisen med lite erfarenhet	**Ganska enkelt,** passar nybörjaren med viss erfarenhet	**Ganska svårt,** passar kompetent hemmamekaniker	**Svårt,** passar hemmamekaniker med erfarenhet	**Mycket svårt,** för professionell mekaniker

Specifikationer

Framfjädring

Typ	Oberoende, med MacPherson-fjäderben med spiralfjädrar och teleskopiska stötdämpare. Krängningshämmare finns på alla modeller

Bakfjädring

Typ	Oberoende, hjulinställningsarmar med övre och nedre länkarmar med spiralfjädrar och stötdämpare. Krängningshämmare finns på alla modeller

Styrning

Typ	Kuggstångsstyrning. Servostyrning är standard på alla modeller.

Hjulinställning och styrningsvinklar

Observera: *Bilen måste vara lastad med vikt motsvarande passagerare fram och bak, och ha en full bränsletank.*

Framhjul:	
Cambervinkel:	
Standardfjädring	-18' ± 25'
Sportfjädring	-33' ± 30'
Maximal skillnad mellan sidorna	30'
Castervinkel:	
Standardfjädring	Uppgift saknas
Sportfjädring	Uppgift saknas
Maximal skillnad mellan sidorna	30'
Hjulinställning (toe) (total)	0° 14' ± 12'
Bakhjul:	
Cambervinkel:	
Standardfjädring	-1° 30' ± 25'
Sportfjädring	-1° 50' ± 25'
Maximal skillnad mellan sidorna	30'
Toe-inställning (totalt)	0° 18' ± 12'

Åtdragningsmoment

Observera: *På vissa fästen kan bultar av olika klasser användas: klassen är graverad på bultskallarna. Se till att varje bult dras åt till korrekt moment för dess klass.*

	Nm
Framfjädring	
DSC givarens bultar	8
Hjulnav/lager*	110
Krängningshämmarens anslutningslänkmuttrar*	58
Krängningshämmarens fästklämmuttrar*	22
Mutter ben på navhållare:*	
M10	45
M12	81
Mutter kolvstång*	64
Mutter kulled spännben*	165
Mutter spännben på hjälpram:*	
M12:	
8.8:	
Steg 1	68
Steg 2	Vinkeldra ytterligare 90°
10.9:	
Steg 1	100
Steg 2	Vinkeldra ytterligare 90°
Mutter styrarm på hjälpram:*	
M12:	
8.8:	
Steg 1	68
Steg 2	Vinkeldra ytterligare 90°
12.9:	
Steg 1	100
Steg 2	Vinkeldra ytterligare 90°
Mutter till styrarmens kulled *	165
Muttrar benfäste på kaross*	34
Bakfjädring	
Bult dragben på navhållare:*	
Steg 1	100
Steg 2	Vinkeldra ytterligare 90°
Bult styrarm på navhållare:*	
Steg 1	100
Steg 2	Vinkeldra ytterligare 90°
Hjulinställningsarm (toe) på navhållare	100
Kryssrambalk	100
Krängningshämmarens fästen	21
Krängningshämmarlänk:	
Bult	21
Mutter*	58
Mutter dragben på hjälpram*	100
Mutter hjulinställningsarm (camber) på hjälpram*	165
Mutter hjulinställningsarm (camber) på navhållare*	165
Mutter hjulinställningsarm (toe) på hjälpram*	100
Mutter länkarm på hjälpram*	100
Mutter länkarm på navhållare*	100
Mutter styrarm på hjälpram*	100
Stötdämparens nedre fästmutter*	37
Stötdämparens nedre fästmuttrar:*	
M10	60
M12	100
Stötdämparens övre fästmutter:*	
M10	27
M14	37
Styrning	
Fästbult styrstagsände*	40
Fästbultar/fästmuttrar till kuggstången:*	
Steg 1	56
Steg 2	Vinkeldra ytterligare 90°
Givare för acceleration i sidled	8
Klämma/klämbult till rattstångens universalled*	22
Kulledsfästmutter styrstagsände*	165

Kylvätskepump på servostyrningspump (4-cylindriga bensinmotorer)	32
Parallellstag på kuggstång	110
Ratt	63
Rattstångens bultar	22
Servostyrningspumpens bultar:	
Alla utom 6-cylindriga bensinmotorer	22
6-cylindriga bensinmotorer:*	
Steg 1	20
Steg 2	Vinkeldra ytterligare 90°
Servostyrningsrörets anslutningsmuttrar:	
M10-anslutningsbult	12
M14-anslutningsbult	35
M16-anslutningsbult	40
M18-anslutningsbult	45
Hjul	
Hjulbultar	120

** Återanvänds inte*

1 Allmän information

Den oberoende framfjädringen är av MacPherson-bentyp, med spiralfjädrar och inbyggda teleskopiska stötdämpare. MacPherson-fjäderbenen hålls fast av tvärgående nedre fjädringsarmar, som använder inre fästbussningar av gummi, och har en spindelled i ytterändarna. De främre hjulspindlarna, som bär upp bromsoken och nav-/skivenheterna, är fästa på MacPherson-fjäderbenen och är anslutna till länkarmarna med spindelleder. En främre krängningshämmare finns på alla modeller. Krängningshämmaren är fäst med gummifästen och är ansluten till båda fjäderbenen/länkarmarna (efter tillämplighet) med anslutningslänkar **(se bild)**.

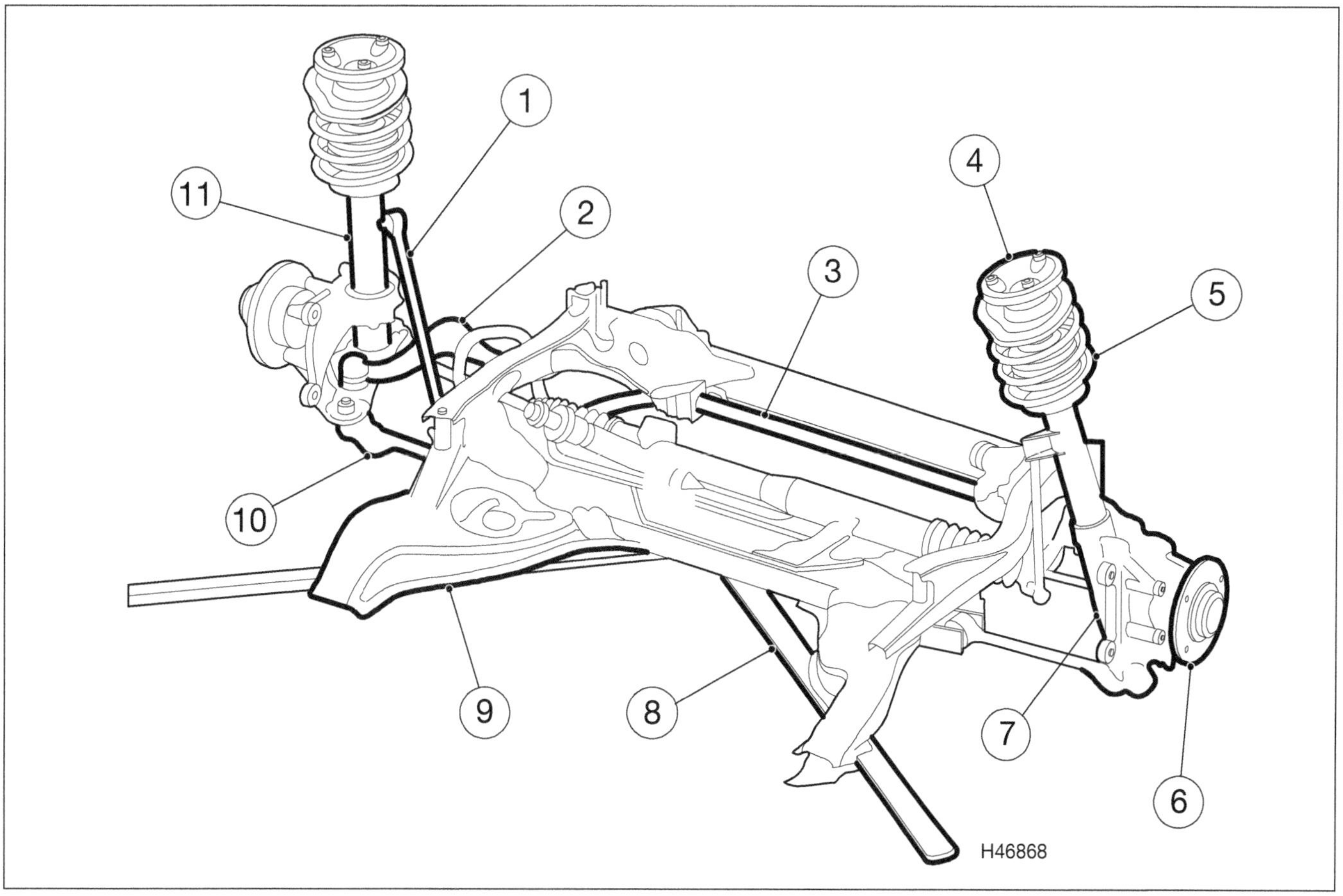

1.1 Information om framaxeln

1 Krängningshämmarlänk
2 Spänningsben
3 Främre krängningshämmare
4 Fäste benets överdel
5 Spiralfjäder
6 Hjullager
7 Navhållare
8 Förstärkningsben/stöd
9 Främre hjälpram
10 Styrarm
11 Stötdämparbenet

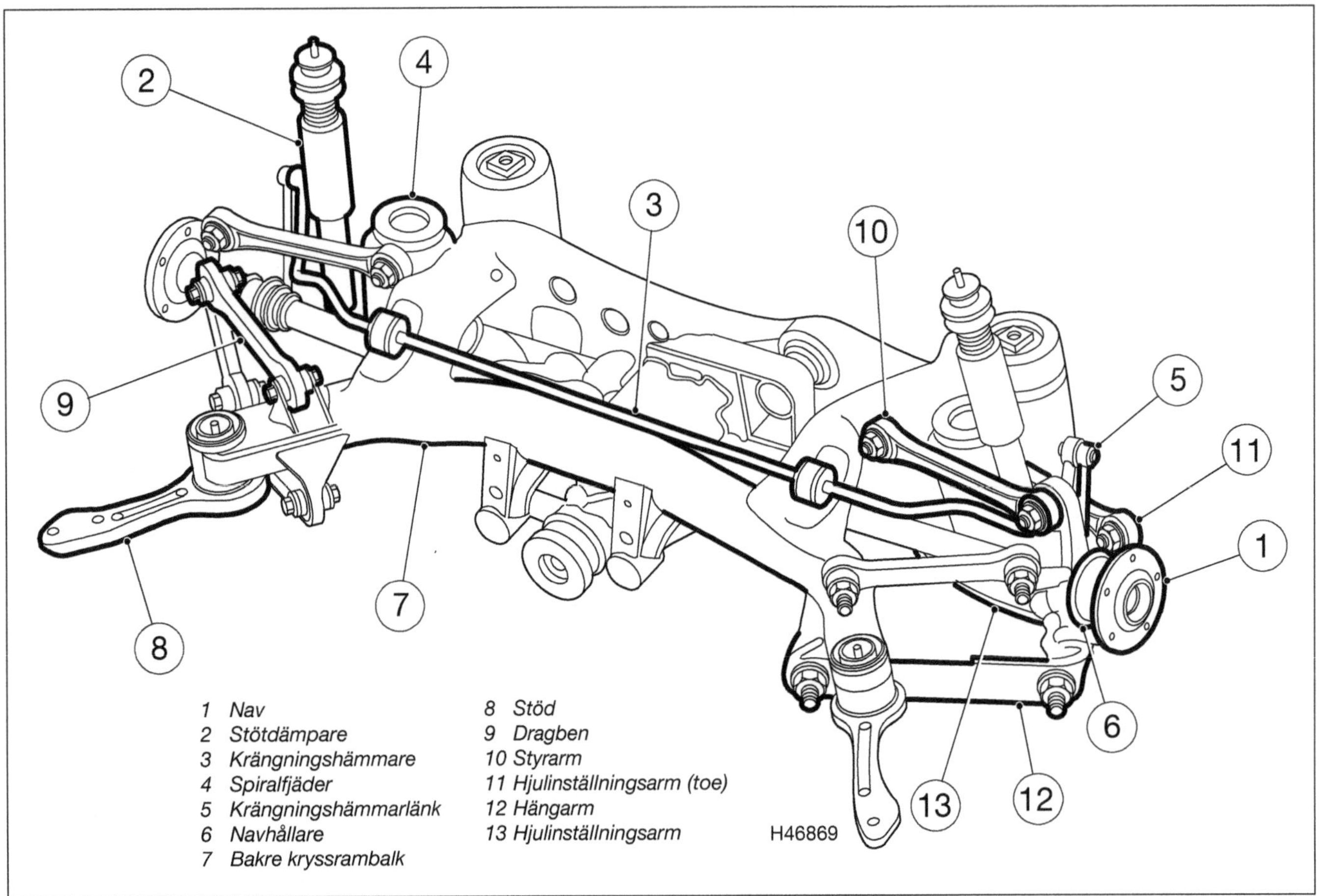

1.2 Information om bakaxeln

Bakfjädringen är helt oberoende och består av länkarmar, som är kopplade till bakaxelns spindel med övre och nedre länkarmar. Det sitter spiralfjädrar mellan de övre länkarmarna och bilens kaross, och stötdämparna är kopplade till karossen och hjulinställningsarmarna. En bakre krängningshämmare finns på alla modeller. Krängningshämmaren är fäst med gummifästen, och är ansluten till de övre länkarmarna med anslutningslänkar (se bild).

Rattstången är ansluten till kuggstången med en mellanaxel, som innehåller en universalknut.

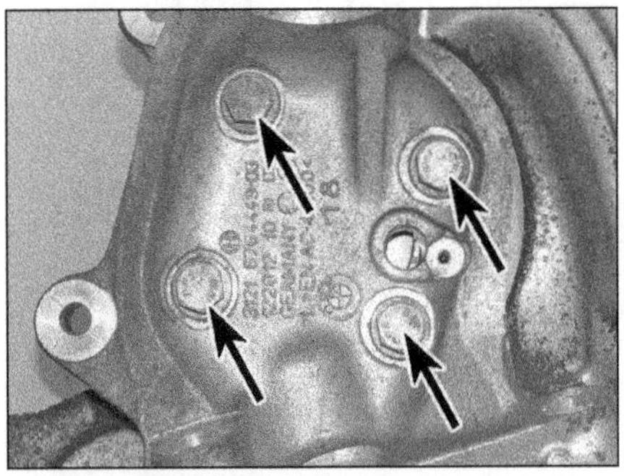

2.2 Främre navets fästbultar (markerade med pilar)

Kuggstången är monterad på den främre hjälpramen och den är ansluten till styrarmarna med två parallellstag som sticker ut framåt från navhållarna. Styrstagsändarna är gängade för att möjliggöra justering.

Servostyrning är standard på alla modeller. Det hydrauliska styrsystemet drivs av en remdriven pump som drivs av vevaxelns remskiva medan en del modeller har ett helt elektroniskt system som har en elektrisk motor monterad på kuggstången som ger servoassistans.

Observera: *Informationen i detta kapitel gäller standardversionen av fjädringen. På modeller med sportfjädringen M-Technic finns det mindre skillnader.*

2 Framnav – demontering och montering

Demontering

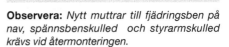

1 Ta bort den främre bromsskivan (kapitel 9).

2 Skruva loss fästbultarna och ta bort navet och lagerenheten **(se bild)**. Kasta bultarna och använd nya vid återmonteringen. Observera att navet och lagret endast kan erhållas som en komplett enhet.

Montering

3 Se till att navets och navhållarens fogytor är rena, placera sedan navet på hållaren.

4 Montera de nya fästbultarna och dra åt dem till angivet moment.

5 Montera tillbaka bromsskivan enligt beskrivningen i kapitel 9.

3 Främre navhållare – demontering och montering

Observera: *Nytt muttrar till fjädringsben på nav, spännsbenskulled och styrarmskulled krävs vid återmonteringen.*

Demontering

1 Dra åt handbromsen ordentligt, hissa upp framvagnen och ställ den på pallbockar. Ta bort framhjulet, lossa skruvarna och ta bort motorns undre skyddskåpa **(se bild)**.

2 Om hjulspindeln ska bytas, ta bort navenheten (se avsnitt 2).

3 Om navhållarenheten ska monteras tillbaka tar du bort bromsskivan och ABS-hjulhastighetsgivaren enligt beskrivningen i kapitel 9.

4 Lossa klämman och lossa

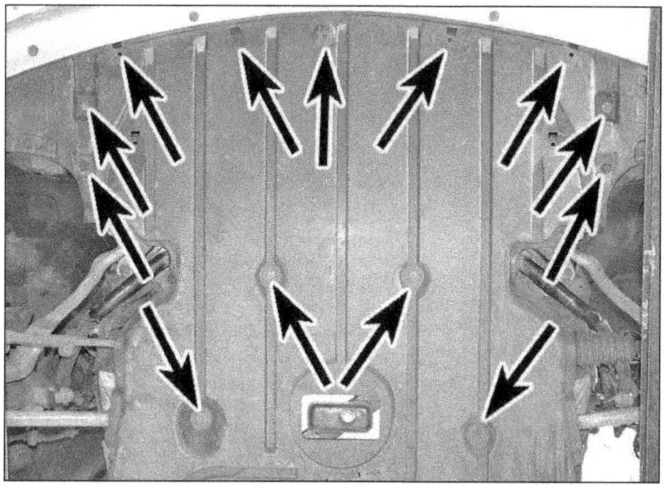

3.1 Skruva loss bultarna (markerade med pilar) och ta bort motorns undre skyddskåpa

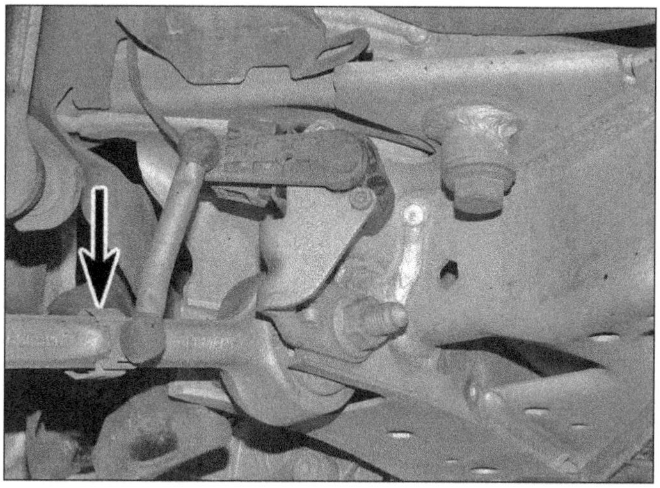

3.4 Lossa klämman (markerad med pil) och lossa givarstången

markhöjdsgivarens stång från styrarmen i modeller med xenonstrålkastare **(se bild)**.

5 Lossa den bult som håller fast styrarmen på den främre hjälpramen **(se bild)**. Detta är avsett att förhindra skador på fästbussningen när navhållaren tas bort.

6 Lossa styrarmen och spännbenet från navhållaren enligt beskrivningen i avsnitt 5 **(se bilder 5.3 och 5.6)**.

7 Skruva loss muttern och lossa styrstagsänden från navhållaren enligt beskrivningen i avsnitt 25.

8 Skruva loss bulten som håller fast fjäderbenet på hjulspindeln. Observera att bulten ska föras in från framsidan. Skjut hjulspindeln nedåt och loss från fjäderbenets ände. Kasta muttern, eftersom en ny en måste användas. För att underlätta borttagningen kan du sätta in en stor skruvmejsel i spåret på baksidan av hjulspindeln och dela försiktigt på hjulspindelns klämma **(se bilder)**. Var försiktig så att du endast delar på spindelklämman precis så mycket som behövs, eftersom för stor kraft orsakar skador.

9 Undersök om hjulspindeln verkar skadad eller sliten, och byt den vid behov.

Montering

10 Före återmonteringen rengör du gängorna på bulten mellan fjäderbenet och hjulspindeln med hjälp av en gängtapp med rätt gängstorlek och stigning.

HAYNES HiNT ***Om du inte har tillgång till en lämplig tapp, rengör hålen med den gamla bulten, med spår skurna i dess gängor.***

11 Placera navhållaren korrekt med fjädringsbenet och se till att styrsprintarna på benets sida förs in i spåret i navhållarens klämma **(se bild)**. Skjut hjulspindeln uppåt tills den tar i "stoppet" på fjäderbenet. Montera bulten från den främre delen och dra åt den nya muttern till angivet moment.

12 Låt navhållaren gå i ingrepp med styrarmens kulledsbult och montera den nya fästmuttern. Dra åt muttern till angivet moment.

13 Låt spännbenets kulled gå i ingrepp med navhållaren, montera den nya muttern och dra åt den till angivet moment.

14 Haka i styrstagets kulled i hjulspindeln. Sätt sedan dit en ny fästmutter och dra åt den till angivet moment.

15 Montera den nya navenheten (se avsnitt 2) om tillämpligt.

16 Montera tillbaka ABS-hjulhastighetssensorn och skivan i modeller där navet inte har rubbats (se kapitel 9).

17 Montera tillbaka hjulet och underskyddet, sänk sedan ner bilen på marken och dra åt hjulbultarna till angivet moment.

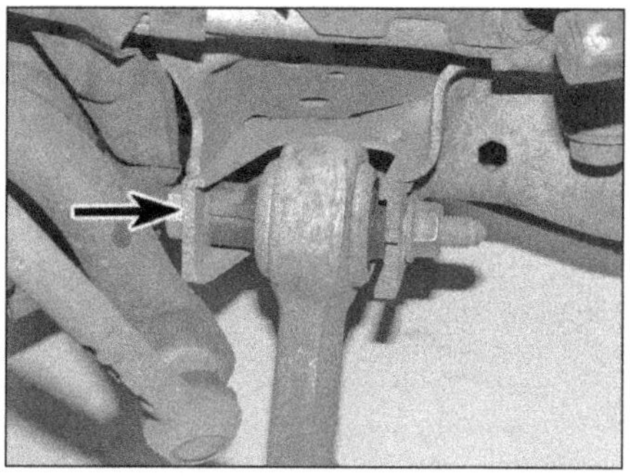

3.5 Bult styrarm på hjälpram (markerad med pil)

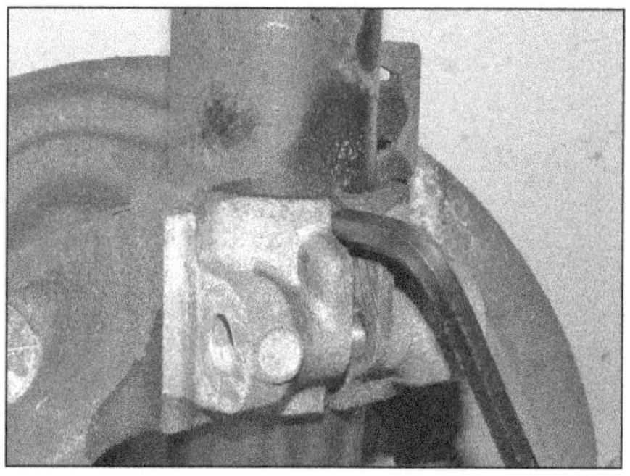

3.8b Använd en insexnyckel för att öppna navhållarens fäste något

4 Främre fjäderben – demontering, renovering och återmontering

Demontering

1 Klossa bakhjulen, dra åt handbromsen ordentligt, hissa upp framvagnen och ställ den på pallbockar. Demontera det relevanta hjulet. Skruva loss hållarna och ta bort motorns undre skyddskåpa.

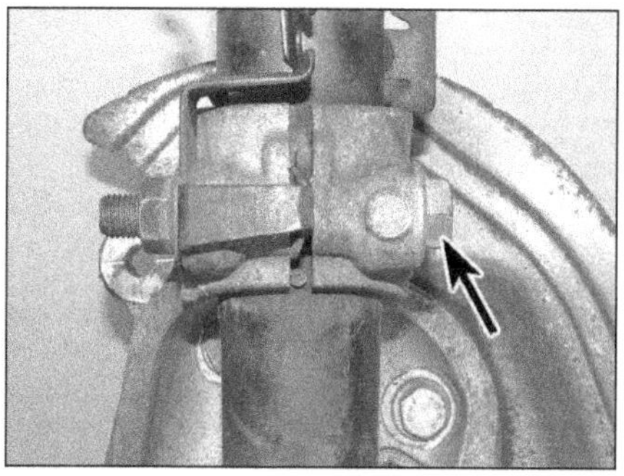

3.8a Observera att bulten (markerad med pil) sätts in framifrån

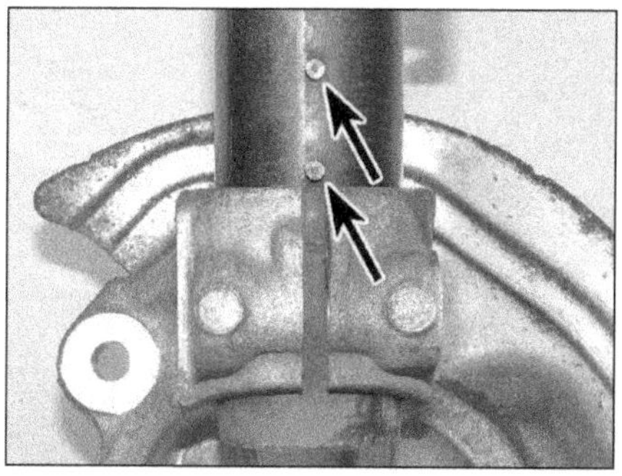

3.11 Se till att styrsprintarna (markerade med pilar) förs in i spåret

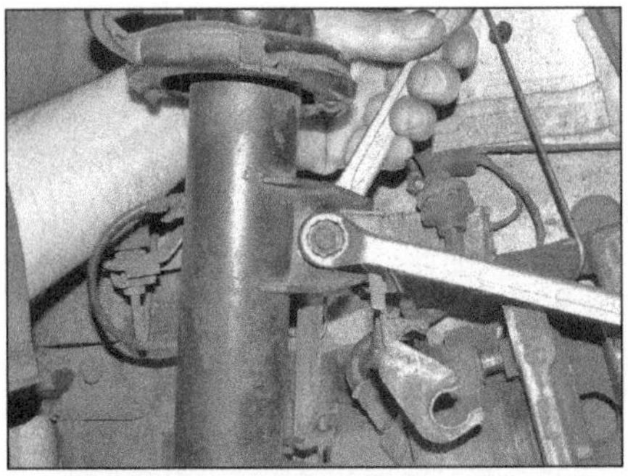

4.8 Håll emot kulleden och skruva loss krängningshämmarlänkens mutter

4.11 . . . skruva sedan loss bulten

2 Ta bort bromsskivan enligt beskrivningen i kapitel 9.

3 Spåra kablaget tillbaka till kontaktdonen och lossa ABS-hjulhastighetsgivarens bromskloss slitagegivaren. Lossa kablaget från eventuella fästklämmor.

4 Lossa klämman och lossa markhöjdsgivarens stång från styrarmen i modeller med xenonstrålkastare **(se bild 3.4)**.

5 Lossa den bult/mutter som håller fast styrarmen på den främre hjälpramen **(se bild 3.5)**. Detta är avsett att förhindra skador på fästbussningen när navhållaren tas bort.

6 Lossa styrarmen och spännbenet från navhållaren enligt beskrivningen i avsnitt 5 **(se bilder 5.3 och 5.6)**.

7 Skruva loss muttern och lossa styrstagsänden från navhållaren enligt beskrivningen i avsnitt 25.

8 Håll emot med hjälp av de platta ytorna på kulledsstången, skruva sedan loss den mutter

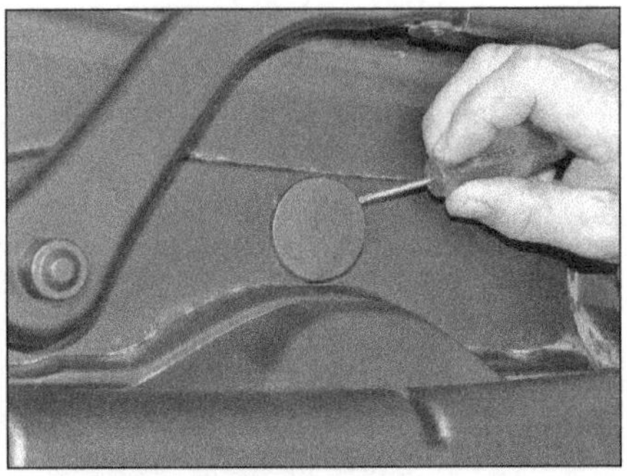

4.10 Ta bort kåpan från mitten av klädselpanelen. . .

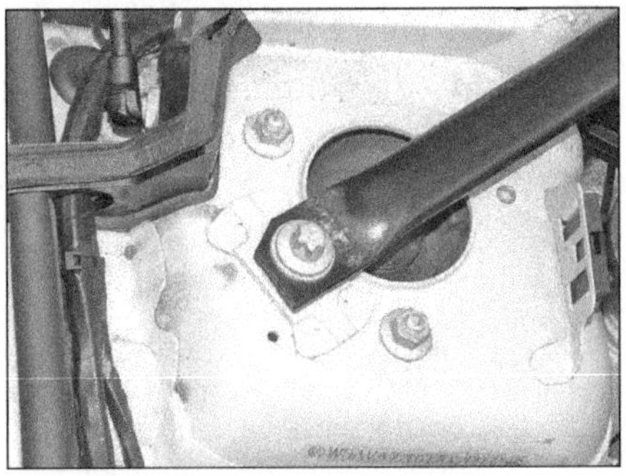

4.12 Skruva loss bultarna på varje sida av stödens ände

som håller fast krängningshämmarlänken på benet **(se bild)**. Kasta muttern – eftersom en ny en måste användas. Observera att bromsslangens fästbygel också hålls fast av muttern.

9 Placera en garagedomkraft under navhållaren för att förhindra att den faller när de övre fästmuttrarna tas bort.

Modeller med fjädertornstöd

10 Ta bort plastkåpan från mitten av klädselpanelen. Två olika typer av lock är monterade: en med ett centralt spår som tas bort genom att det vrids 45° moturs och en utan centralt spår som bänds upp från sin placering **(se bild)**. Observera om kåpan eller tätningen är skadad, de måste bytas. Underlåtenhet att göra detta kan leda till att vatten tränger in.

11 Skruva loss bulten i mitten av torpedplåten som exponeras vid demonteringen av kåpan **(se bild)**. Kasta bulten – eftersom en ny en måste användas.

12 Skruva loss bulten på stödets respektive ytterände, håll sedan gummigenomföringen på plats och för stöden utåt från platsen **(se bild)**. Låt inte genomföringen rubbas. Kasta bultarna och använd nya vid återmonteringen.

Alla modeller

13 Arbeta inifrån motorrummet och skruva loss fjäderbenets övre fästmuttrar. Sänk sedan försiktigt ner fjäderbensenheten från skärmens undersida. **Observera:** *I en del modeller är ett centreringsstift som är fäst på benets övre fästplatta inriktat mot ett motsvarande hål i fordonets kaross* **(se bild)**. *På modeller som inte har någon centrumsprint gör du inställningsmarkeringar mellan fästplattan och karossen. Det är mycket viktigt att fästplattan monteras på sin ursprungliga plats för att fjäderbenets cambervinkel ska bevaras. Ta loss tätningsbrickan och fästmellanlägget mellan benet och skärmen* **(se bild)**.

Översyn

Varning: Innan det främre fjäderbenet kan demonteras måste ett passande verktyg för komprimering av spiralfjädern anskaffas. Det finns justerbara fjäderspännare, och de rekommenderas för detta arbete. Alla försök att ta isär fjäderbenet utan ett sådant verktyg innebär stora risker för materiella skador och/eller personskador.

14 Ta ut fjäderbenet från bilen, ta bort all smuts och placera sedan fjäderbenet upprätt i ett skruvstäd.

15 Skruva loss bulten som håller fast fjäderbenet på hjulspindeln. Ta bort kablagets fästbygel till bromsens ABS-givare, för sedan navhållaren neråt och av från benets ände. Kasta muttern, eftersom en ny en måste användas. För att underlätta borttagningen kan du sätta in en skruvmejsel i spåret på baksidan av hjulspindeln och dela försiktigt på hjulspindelns klämma **(se bilder 3.8a och 3.8b)**. Var försiktig så att du endast delar på spindelklämman precis så mycket som behövs, eftersom för stor kraft orsakar skador.

16 Sätt dit fjäderkompressorn och tryck ihop spiralfjädern tills all spänning försvinner från det övre fjädersätet **(se bild)**.

17 Ta bort locket från fjäderbenets ovansida för att komma åt fästmuttern till fjäderbenets övre fäste. Lossa muttern samtidigt som

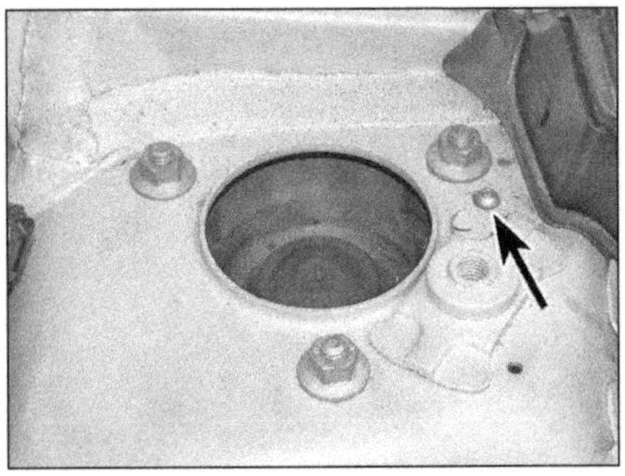

4.13a Observera centreringsstiftet (markerat med pil)

4.13b Ta loss tätningsbrickan . . .

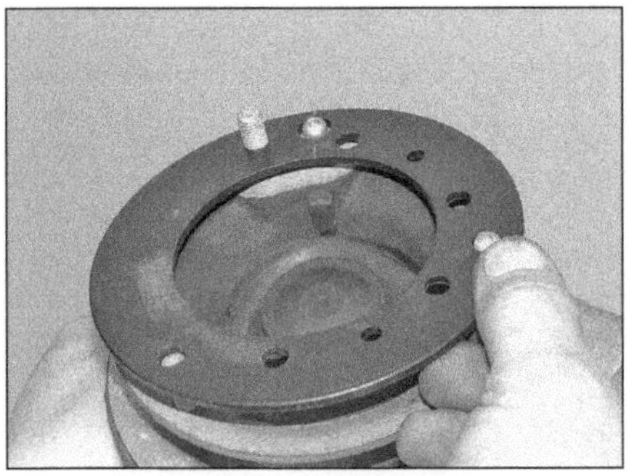

4.13c . . . och fästmellanlägg

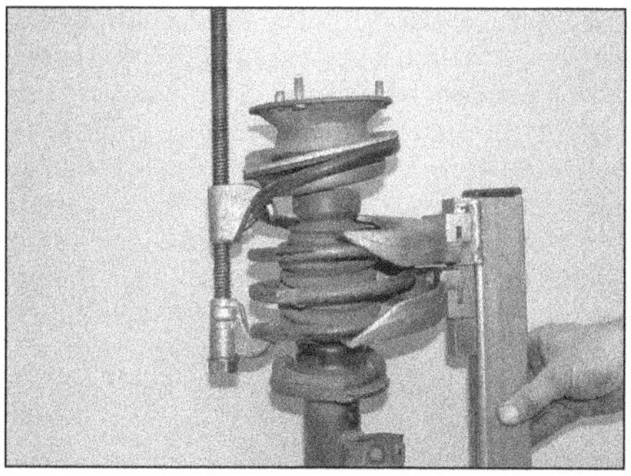

4.16 Tryck ihop fjädern tills det övre sätet inte längre har någon spänning

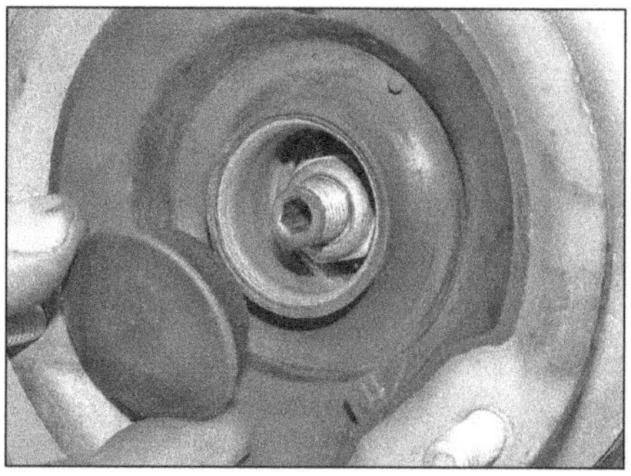

4.17a Bänd av kåpan

4.17b Använd ett insexbit för att förhindra att kolvstången roterar. . .

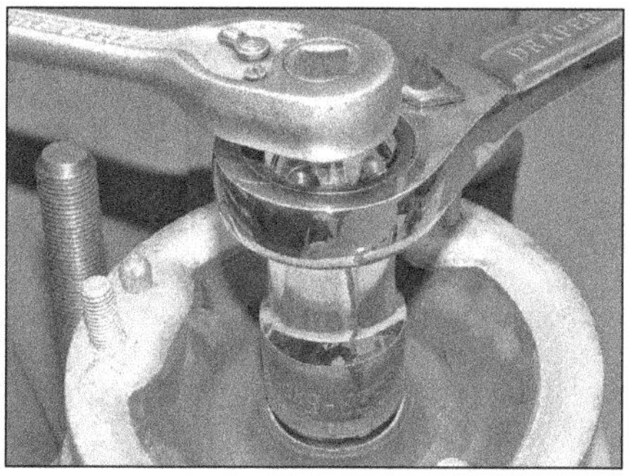

4.17c . . . lossa sedan muttern med en hylsa och en ihålig spärranordning

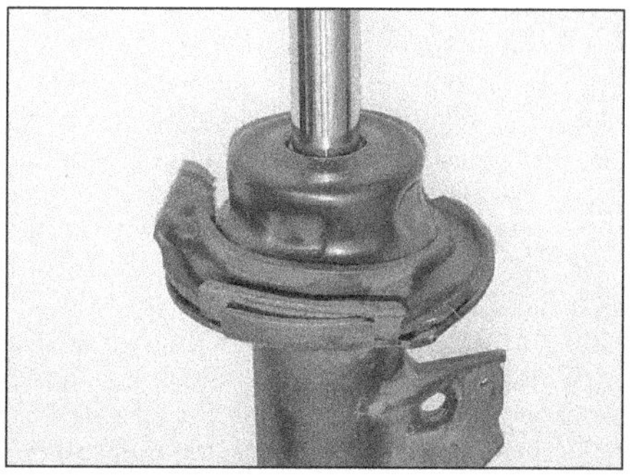

4.24a Montera tillbaka det nedre fjädersätet. . .

4.24b . . . följt av damasken och stoppklacken

benets kolv hålls fast med en lämplig sexkantsbit **(se bilder)**.

18 Ta bort fästmuttern och lyft av fästplattan helt med trycklagret, mellanlägget, brickan och stödringen/sätet.

19 Lyft bort spiralfjädern, följt av stoppklacken, damasken och det nedre fjädersätet.

20 När fjäderbensenheten är helt isärtagen, undersök alla komponenter och kontrollera om de är slitna, skadade eller deformerade, och kontrollera att det övre fästlagret fungerar smidigt. Byt alla delar som behöver bytas.

21 Undersök fjäderbenet och leta efter tecken på vätskeläckage. Kontrollera hela fjäderbenskolven och undersök om den visar tecken på gropbildning eller om fjäderbenet verkar skadat.

22 Om du är osäker på spiralfjäderns skick kan du försiktigt lossa fjäderkompressorerna och kontrollera eventuella förändringar eller tecken på sprickbildning hos fjädern. Byt fjädern om den är skadad eller deformerad, eller om det föreligger några tveksamheter om dess kondition.

23Undersök om det finns tecken på skada eller åldrande på någon av de andra delarna och byt ut alla delar där du misstänker fel.

24 Sätt tillbaka det nedre fjädersätet, och skjut stoppklacken och damasken på fjäderbenskolven **(se bilder)**.

25 Sätt dit spiralfjädern på fjäderbenet. Se till att gummisätet och fjädern sitter rätt **(se bild)**.

26 Montera stödringen/sätet, mellanlägget, brickan och den övre fästplattan så att fjäderänden ligger mot sätesstoppet **(se bilder)**.

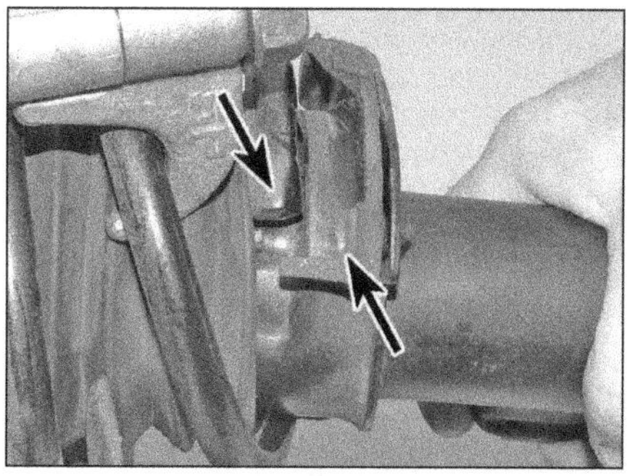

4.25 Se till att fjäderänden och sätet (markerade med pilar) placeras korrekt

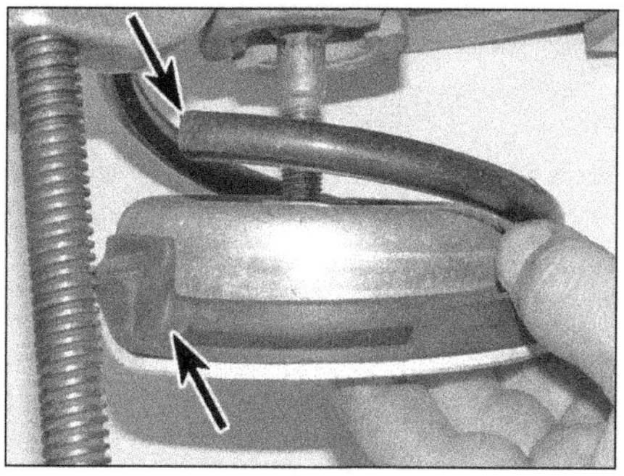

4.26a Montera stödringen/sätet, rikta in fjäderänden mot sätet (markerat med pilar)

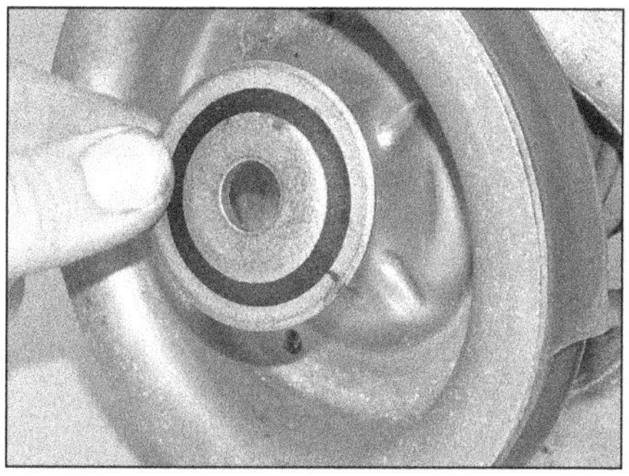

4.26b Montera tillbaka mellanlägget. . .

4.26c . . . bricka . . .

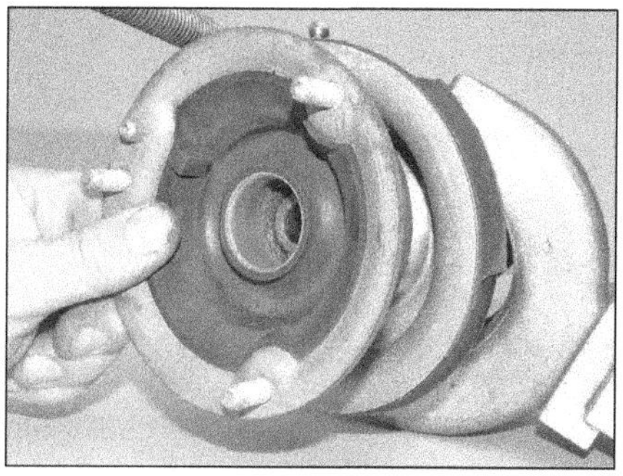

4.26d . . . och övre fästplatta

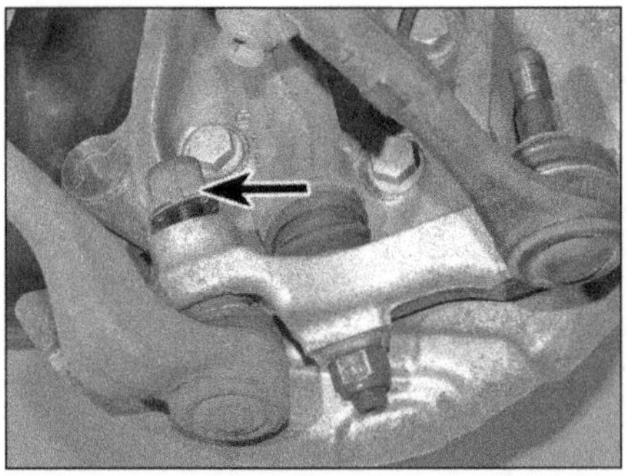

5.3a Skruva loss styrarmens kulledsmutter (markerad med pil). . .

27 Montera en ny mutter och dra åt den till angivet moment.

28 Se till att fjäderändarna och sätena sitter rätt och lossa sedan försiktigt kompressorn och ta bort den från fjäderbenet. Sätt tillbaka locket på fjäderbenets ovansida.

Montering

29 Monteringen sker i omvänd ordningsföljd mot demonteringen. Tänk på följande:

a) Dra åt alla hållare till angivet moment (där sådant angetts).

b) Byt alla självlåsande muttrar.

c) Vi rekommenderar att framhjulsinställningen kontrolleras så snart som möjligt. Kontrollera styrvinkelsensorn med BMW:s diagnostiska utrustning i modeller med aktiv styrning. Låt en BMW-verkstad eller annan specialist utföra denna uppgift.

5 Främre armar/ben – demontering, renovering och återmontering

Observera: *Det krävs nya främre kulledsmuttrar till länkarmen vid återmonteringen.*

Demontering

1 Klossa bakhjulen, dra åt handbromsen ordentligt, hissa upp framvagnen och ställ den på pallbockar. Demontera relevant framhjul. Lossa fästanordningarna och ta bort motorns undre skyddskåpa **(se bild 3.1)**.

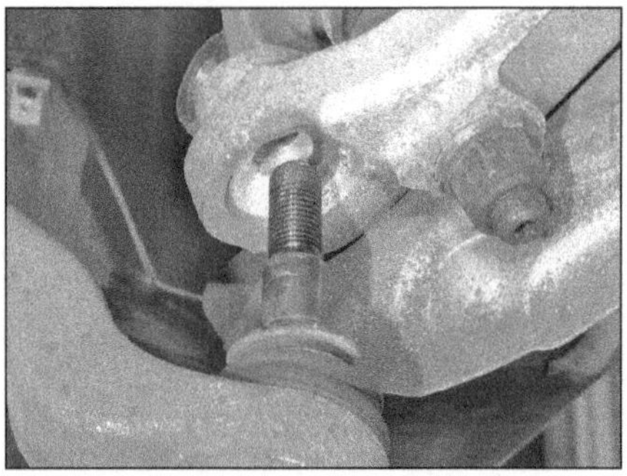

5.3b . . . och knacka kulleden från navhållaren

Styrarm

2 Lossa klämman och lossa givarlänkens fästbygel från armen i modeller som är utrustade med markhöjdsgivare för fjädringen.

3 Skruva loss styrarmens kulledsmutter till den punkt där mutterns kant är i jämnhöjd med kulledsstångens ände, lossa sedan armen från navhållaren genom att knacka försiktigt på kulledsstångens ände med en mjuk hammare **(se bilder)**. Det finns ingen anledning att använda en kulledsavdragare.

4 Skruva loss den inre fästbulten och ta bort benet från hjälpramen **(se bild 3.5)**. Observera att bulten ska föras in från baksidan. Kasta muttern – eftersom en ny en måste användas.

5 Ta bort länkarmsenheten under bilen. Observera att kulleden kan sitta hårt fast i tvärbalken och kan behöva knackas loss.

Spännben

6 Skruva loss spännbenets kulledsmutter. Använd ett Torxbit i änden av kulledsstången för att hålla emot muttern, lossa sedan armen från navhållaren genom att knacka försiktigt på kulledstångens ände med en mjuk hammare om det behövs (se bild). Det finns ingen anledning att använda en kulledsavdragare.

7 Skruva loss den inre fästbulten och ta bort benet från hjälpramen **(se bild)**. Kasta muttern – eftersom en ny en måste användas.

Översyn

8 Rengör länkarmen eller benet och området runt fästena noggrant, ta bort alla spår av smuts och underredsbehandling om det behövs. Kontrollera sedan noggrant att det inte finns sprickor, vridningar eller andra tecken på slitage eller skador. Var särskilt uppmärksam på fästbussningarna och kulleden. Observera att kullederna är integrerade med både armen och fjäderbenet. Om bussningen behöver bytas ska länkarmen lämnas in till en BMW-verkstad eller annan lämplig verkstad. Det behövs en hydraulisk press och lämpliga mellanläggsbrickor för att trycka loss bussningen och montera en ny en.

Montering

Styrarm

9 Placera styrarmens innerände på hjälpramen, sätt in bulten bakifrån, montera sedan den nya muttern – dra inte åt muttern på det här stadiet. I modeller med höjdgivare monterar du tillbaka fästbygeln innan du monterar fästmuttern.

10 Se till att kulledspinnbultarna och fästhålen är rena och torra, passa sedan in styrarmen och låt kulleden gå i ingrepp med navhållaren. Tryck den inre kulledsbulten på plats med en domkraft placerad under armen om det behövs.

11 Sätt dit en ny mutter på den yttre kulledsbulten och dra åt den till angivet moment.

12 I modeller som är utrustade med markhöjdsgivare för fjädringen monterar du tillbaka givarlänkens fästbygel på styrarmen och fäster klämman.

13 Sätt tillbaka hjulet och sänk sedan ner bilen och dra åt hjulbultarna till angivet moment.

14 Dra åt benets inre bult/mutter till angivet moment med bilens vikt på hjulen.

15 Montera motorns undre skyddskåpa.

16 I modeller med aktiv styrning kan det vara nödvändigt att få kalibreringen av styrvinkelsensorn utförd med BMW:s diagnosutrustning. Låt en BMW-verkstad eller annan specialist utföra denna uppgift.

17 Vi rekommenderar att framhjulsinställningen kontrolleras så snart som möjligt. Kontrollera styrvinkelsensorn med BMW:s diagnostiska utrustning i modeller med aktiv styrning. Låt en BMW-verkstad eller annan specialist utföra denna uppgift.

Spännben

18 Placera benets innerände i hjälprams fäste, sätt sedan in bulten och montera den nya muttern. Dra inte åt muttern på det här stadiet.

19 Låt benets kulled gå i ingrepp med navhållaren, montera den nya muttern och dra åt den till angivet moment.

20 Sätt tillbaka hjulet och sänk sedan ner bilen och dra åt hjulbultarna till angivet moment.

21 Dra åt benets inre bult/mutter till angivet moment med bilens vikt på hjulen.

22 Montera tillbaka motorns undre skyddskåpa.

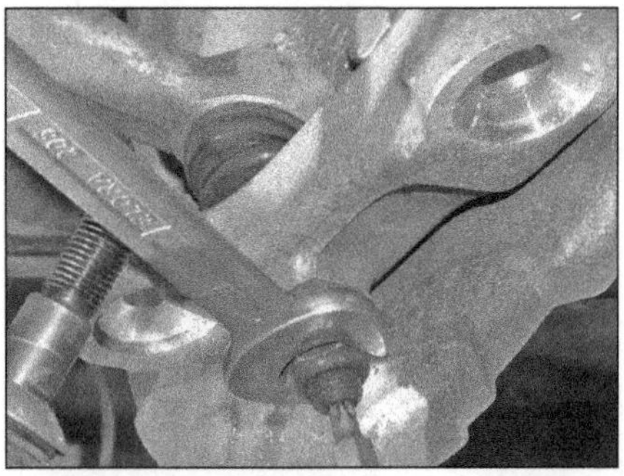

5.6 Använd ett Torxbit för att hålla emot muttern till spännbenets kulledstång

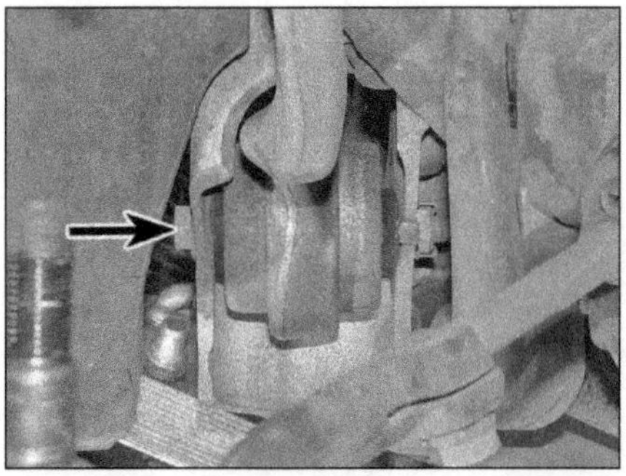

5.7 Bult spännben på hjälpram (markerad med pil)

6 Främre armens kulled - byte

Kullederna på spännbenet och länkarmen är inbyggda och går inte att bytas separat. Om defekt måste den kompletta armen/det kompletta fjäderbenet bytas enligt beskrivningen i avsnitt 5.

7 Främre krängningshämmare - demontering och montering

Demontering

1 Klossa bakhjulen, dra åt handbromsen, hissa upp framvagnen och ställ den på pallbockar. Lossa fästanordningarna och ta bort motorns undre skyddskåpa, ta sedan bort båda framhjulen.
2 Skruva loss fästmuttrarna och lossa anslutningslänken från krängningshämmarens båda ändar med hjälp av en andra nyckel som håller emot kulledsbulten **(se bild)**.
3 Gör inställningsmarkeringar mellan fästbussningarna och krängningshämmaren, och lossa sedan fästmuttrarna till krängningshämmarens fästklämma **(se bild)**.
4 Skruva loss muttrarna och ta bort båda klämmorna från hjälpramen och för ut krängningshämmaren under bilen. Ta bort fästbussningarna från bilen. Kasta de självlåsande muttrarna, du måste sätta dit nya.
5 Undersök krängningshämmarens komponenter noggrant och leta efter tecken på slitage, skador och liknande. Var särskilt noga med fästbussningarna. Byt ut slitna komponenter.

Montering

6 Sätt dit gummifästbussningarna på krängningshämmaren och linjera dem med markeringarna som du gjorde före demonteringen. Vrid varje bussning så att dess platta yta är överst, och den kluvna sidan bakerst.
7 Passa in krängningshämmaren. Montera tillbaka fästklämmorna och montera de nya fästmuttrarna. Se till att bussningens markeringar fortfarande är linjerade med markeringarna på stagen, och dra sedan åt fästklämmans fästmuttrar till angivet moment.
8 Haka i krängningshämmarens anslutningslänkar med staget. Se till att de plana ytorna på bulten är korrekt placerade mot tapparna på staget. Sätt sedan dit de nya fästmuttrarna och dra åt till angivet moment.
9 Montera tillbaka fästbyglarna på krängningshämmaren och dra åt bultarna ordentligt.
10 Sätt tillbaka hjulen och motorns under skyddskåpa, sänk sedan ner bilen och dra åt hjulbultarna till angivet moment.

7.2 Använd en andra skiftnyckel för att hålla emot krängningshämmarens kulledsbult

8 Främre krängningshämmarens anslutningslänk - demontering och montering

Observera: *Vid återmonteringen krävs nya muttrar till anslutningslänkarna.*

Demontering

1 Dra åt handbromsen ordentligt, hissa upp framvagnen och ställ den på pallbockar.
2 Skruva loss fästmuttern och lossa anslutningslänken från krängningshämmaren med hjälp av en andra nyckel som du använder för att hålla emot länkens kulledsmutter.
3 Skruva loss muttern som håller fast länken på fjäderbenet och använd en andra skiftnyckel för att hålla emot länkens kulledsbult **(se bild 4.8)**.
4 Kontrollera om anslutningslänkens kulleder verkar slitna. Kontrollera att alla kulleder kan röra sig fritt, och att gummidamaskerna är hela. Om det behövs ska du byta anslutningslänken.

Montering

5 Monteringen utförs i omvänd ordning mot demonteringen. Använd nya muttrar och dra åt dem till angivet moment.

9 Bakre navenhet - demontering och montering

Observera: *Navenheten ska endast tas bort om det, eller navlagret, ska bytas. Navet är presspassat i lagrets inre lagerbana och demontering av navet skadar lagren. Om du ska ta bort navet, var beredd på att samtidigt få byta navlagret.*
Observera: *Det behövs en lång bult/bit gängat stag och lämpliga brickor vid återmonteringen.*

Demontering

1 Ta bort den berörda drivaxeln enligt beskrivningen i kapitel 8.
2 Ta bort bromsskivan enligt beskrivningen i kapitel 9.
3 Fäst en glidhammare på navet och använd hammaren för att dra loss navet från lagret.

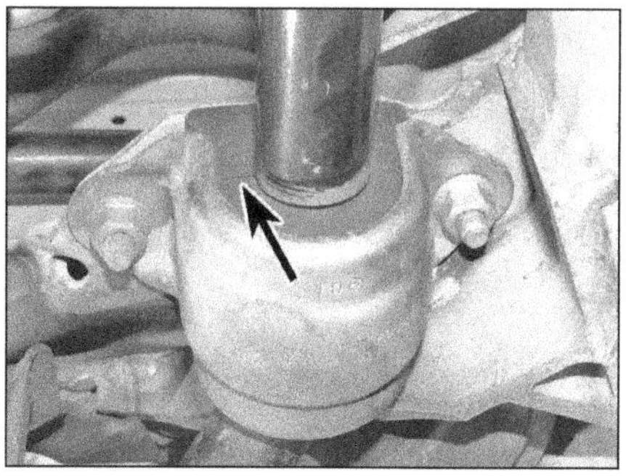

7.3 Observera att krängningshämmarbussningens delade sida är baktill (markerad med pil)

Om lagrets inre lagerbana är kvar på navet behövs det en avdragare för att få bort den.
4 Byt lagret enligt beskrivningen i avsnitt 10 med navet demonterat.

Montering

5 Stryk på ett lager olja på navets yta och passa in det i lagrets inre lagerbana.
6 Dra navet på plats med hjälp av en lång bult eller en bit gängstag och två muttrar. Sätt dit en stor bricka i var ände av bulten/staget så att den inre ligger mot lagrets inre lagerbana, och den yttre mot navet. Dra långsamt åt muttern/muttrarna tills navet är draget helt på plats. **Observera:** *Frestas inte att knacka navet på plats med en hammare och dorn, eftersom detta med största sannolikhet skadar lagret.*
7 Ta bort bulten/gängstaget och brickorna (efter tillämplighet) och kontrollera att navlagret roterar mjukt och lätt.
8 Montera tillbaka bromsskivan enligt beskrivningen i kapitel 9.
9 Sätt tillbaka drivaxeln enligt instruktionerna i kapitel 8.

10 Baknavs lager - byte

1 Ta bort det bakre navet enligt beskrivningen i avsnitt 9.
2 Ta bort navlagrets fästlåsring från hjulinställningsarmen.
3 Knacka ut navlagret från navhållaren med en hammare och en lämplig stans.
4 Rengör navhållarhålet och ta bort alla spår av smuts och fett samt putsa bort eventuella grader eller kanter som sticker upp och som kan hindra återmonteringen. Byt ut låsringen vid minsta tvivel om dess skick.
5 Vid återmonteringen, stryk på ett tunt lager ren motorolja på lagrets yttre lagerbana för att underlätta monteringen.
6 Passa in lagret navhållaren och knacka det helt på plats. Se till att det går in rakt med hjälp av en lämplig rörformig distans som endast ligger an mot lagrets yttre lagerbana.
7 Fäst lagret på plats med låsringen, se till att det sitter rätt i navhållarens spår.
8 Montera det bakre navet enligt beskrivningen i avsnitt 9.

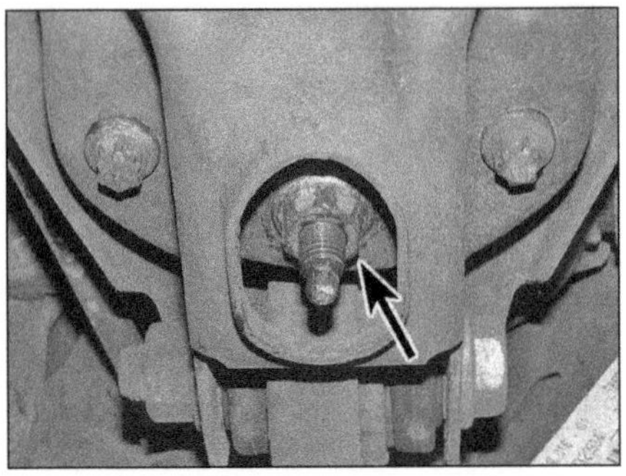

11.4 Stötdämparens nedre fästmutter (markerad med pil)

11 Bakre stötdämpare – demontering, renovering och återmontering

Demontering

1 Klossa framhjulen, hissa upp bakvagnen och ställ den på pallbockar. För att förbättra åtkomligheten, ta bort bakhjulet.

2 Ta bort bagageutrymmets sidopanel enligt beskrivningen i avsnitt 11.

3 Placera en domkraft under navhållaren och lyft upp domkraften så att den stöttar upp hållarens vikt. Detta förhindrar att navhållaren ramlar ner när stötdämparen skruvas loss.

4 Lossa och ta bort den mutter som håller fast stötdämparen på det nedre fästet **(se bild)**. Håll emot stötdämparen med en skiftnyckel.

5 Bänd upp gummilocket, skruva sedan loss den övre fästmuttern och håll emot stötdämparen med en skiftnyckel inifrån bagageutrymmet **(se bilder)**. Sänk ner stötdämparen under bilen.

6 Skruva loss de två bultarna och ta bort fästet från fjädringsarmen om det behövs **(se bilder)**.

Översyn

7 Ta bort klädselpanelens kåpa, stoppklack och skyddsrör.

8 Undersök om stötdämparen uppvisar tecken på vätskeläckage. Kontrollera hela kolven och undersök om den visar tecken på gropbildning eller om karossen verkar skadad. Kontrollera stötdämparens funktion genom att hålla den upprätt och först röra kolven ett fullt slag, och sedan flera korta slag på 50 till 100 mm. I bägge fallen ska motståndet vara jämnt och kontinuerligt. Om motståndet är hoppigt eller ojämnt, eller om det finns synliga tecken på slitage eller skada, måste stötdämparen bytas ut.

9 Undersök övriga komponenter efter tecken på skador eller åldrande och byt ut alla misstänkta komponenter.

10 För på röret, stoppklacken och kåpan på stötdämparen.

Montering

11 Om det nedre fästet på fjäderarmen har tagits bort ska det monteras tillbaka och bultarna dras åt till angivet moment.

12 Se till att kontaktytorna mellan det övre fästet och karossen är rena och torra.

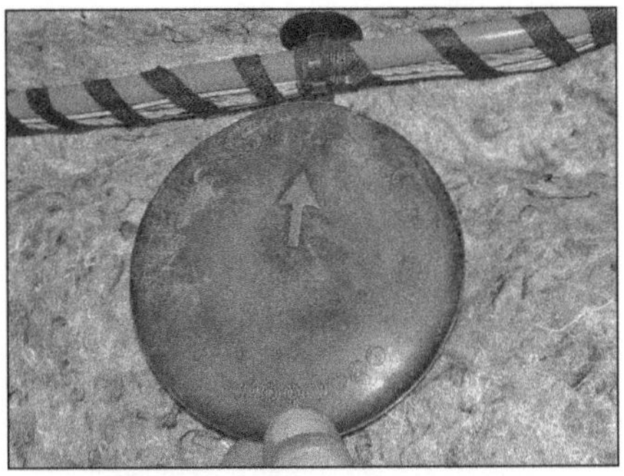

11.5a Vid återmontering av gummilocket över stötdämparens fäste måste pilen peka uppåt

11.5b Övre fästmutter stötdämpare bak (markerad med pil)

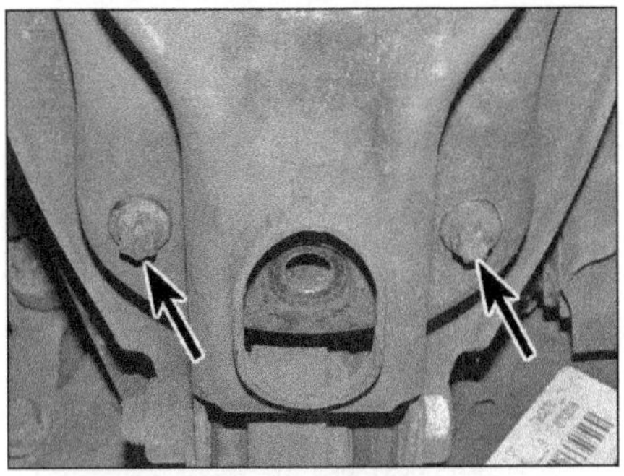

11.6a Skruva loss stötdämparens fästbultar (markerade med pilar) . . .

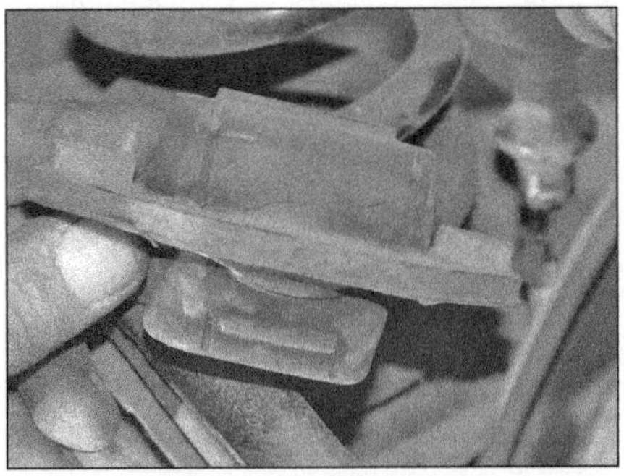

11.6b . . . och ta bort fästet

13 För stötdämparen på plats och montera den nya övre fästmuttern.

14 Låt stötdämparens nedre ände gå i ingrepp med fästet, montera sedan muttern och dra åt den till angivet moment.

15 Dra åt den övre fästmuttern till angiven momentinställning, montera sedan tillbaka gummikåpan över det övre fästet och observera att pilen måste peka uppåt.

16 Montera tillbaka bagageutrymmets klädselpanel.

17 Sätt tillbaka hjulet och sänk ner bilen.

12 Bakre spiralfjäder – demontering och montering

Demontering

1 Klossa framhjulen, hissa upp bakvagnen och ställ den på pallbockar. Demontera det relevanta hjulet.

2 Spiralfjädern måste tas bort med ett speciellt BMW-verktyg nr 33 5 011/012/013/014/015/016. Försök inte ta bort spiralfjädern utan verktyget.

3 Sätt in den nedre kragen på specialverktyget (nr 33 5 012) över fjäderns nedersta spiral och se till att den har maximal kontakt med fjädern och hamnar rätt.

4 Sätt in styrspindlarna (nr 33 5 013, 33 5 014 och 33 5 015) genom fjäderns bas och upp genom den nedre kragen.

5 Sätt in specialverktygets övre krage (nr 33 5 011) under fjäderns översta spiral, se till att det får maximal kontakt med fjädern och placeras korrekt mot styrspindlarnas övre ände.

6 Montera verktyg nr 33 5 016 över styrspindlarnas nedre ände, dra sedan åt spindlarna och tryck ihop fjädern så mycket att det precis går att ta bort den. Tryck inte ihop fjädern helt eftersom den då kan skadas.

7 Undersök fjädern noga och leta efter tecken på skador, t.ex. sprickbildning, och kontrollera om fjädersätena är slitna. Byt ut slitna komponenter.

Montering

8 För den hoptryckta fjädern på plats och se till att spiralernas ändar och säten är korrekt inriktade.

9 Lossa spänningen på fjädern gradvis och se till att den placeras korrekt i fjädersätena när den sträcks ut.

10 Sätt tillbaka hjulet och sänk sedan ner bilen. Dra åt hjulbultarna till angivet moment.

13 Bakre navhållare – demontering, renovering och återmontering

Demontering

1 Klossa framhjulen, hissa upp bakvagnen och ställ den på pallbockar. Demontera det relevanta hjulet.

13.8 Krängningshämmarlänk bult (markerad med pil)

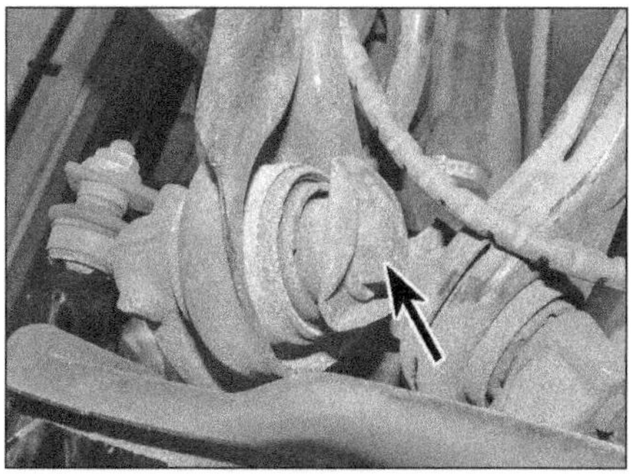

14.2 Bult som håller fast styrarmen på navhållaren (markerad med pil)

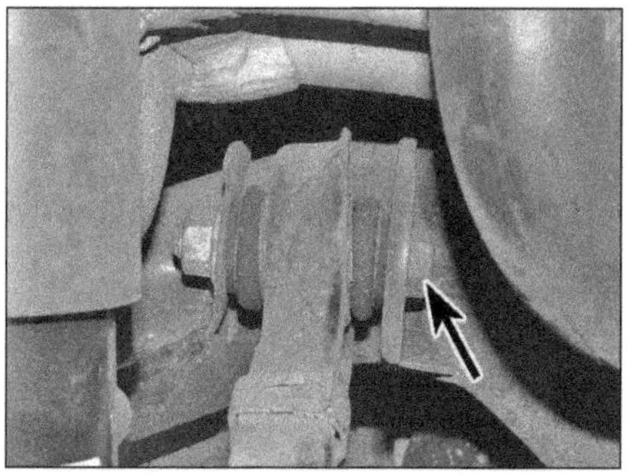

14.3 Bult som håller fast styrarmen på hjälpramen (markerad med pil)

2 Ta bort den berörda drivaxeln (se kapitel 8).

3 Ta bort bromsskivan och ABS-hjulhastighetsgivaren enligt beskrivningen i kapitel 9.

4 Koppla loss handbromsvajern från bakhjulet enligt instruktionerna i kapitel 9.

5 Ta bort spiralfjädern enligt beskrivningen i avsnitt 12.

6 Placera en domkraft under navhållaren och stötta upp armens vikt.

7 Lossa och ta bort stötdämparens nedre fästmutter, skruva sedan loss de två bultarna och ta bort stötdämparens fäste – se avsnitt 11.

8 Skruva loss bulten och lossa krängningshämmarlänken från navhållaren **(se bild)**.

9 Lossa länkarmen, dragbenet, släparmen och hjulinställningsarmen (camber) från navhållaren enligt beskrivningen i avsnitt 14, ta sedan bort navhållaren.

Översyn

10 Rengör navhållaren och området runt navfästena ordentligt, ta bort alla eventuella spår av smuts och underredsbehandling. Leta noggrant efter sprickor, vridningar eller andra tecken på slitage eller skador. Var särskilt noga med fästbussningarna och kulleden. Om bussningen eller kulleden behöver bytas ska navhållaren lämnas in till en BMW-verkstad eller annan lämplig verkstad. Det behövs en hydraulisk press och lämpliga mellanläggsbrickor för att trycka loss bussningarna/kulleden och montera nya. Undersök om styrbultarna är slitna eller skadade, och byt dem vid behov.

Montering

11 Montering sker i omvänd ordningsföljd, men observera följande:

a) Byt alla självlåsande muttrar.

b) Dra inte åt länkarmens, dragbenets, hjulinställningsarmens (toe), styrarmens och hjulinställningsarmens (camber) bultar/muttrar förrän bilens vikt är tillbaka på hjulen.

c) Dra åt alla hållare till angivet moment (där sådant angetts).

d) Kontrollera bakhjulsinställningen och ställ in den så snart som möjligt.

14 Bakre armar/ben – demontering, renovering och återmontering

Demontering

1 Klossa framhjulen, lyft sedan upp bakvagnen med hjälp av en domkraft och stötta den på pallbockar (se *Lyftning och stödpunkter*). Demontera det relevanta hjulet.

Styrarm

2 Skruva loss bulten som håller fast kontrollarmen till navhållaren **(se bild)**. Kasta bulten – eftersom en ny en måste användas.

3 Skruva loss muttern och dra ut den bult som håller fast armen på den bakre hjälpramen **(se bild)**. Observera att bulten ska föras in från framsidan. Kasta muttern – eftersom en ny en måste användas.

Länkarm

4 Skruva loss bultarna och lossa länkarmen från navhållaren och hjälpramen **(se bild)**. Observera att den inre bulten sätts in bakifrån och den yttre bulten sätts in framifrån. Kasta muttrarna – använd nya vid återmonteringen.

Hjulinställningsarm

5 Ta bort den bakre spiralfjädern enligt beskrivningen i avsnitt 12.

6 Skruva loss de två bultarna och ta bort stötdämparen från hjulinställningsarmen (camber) **(se bild 11.6a)**. Observera att det måste användas nya muttrar

7 Stötta upp navhållaren med en garagedomkraft.

8 Gör inställningsmärken mellan hjulinställningsarmen (camber) och den inre excentriska bultskallen, skruva sedan loss muttrarna och ta bort armens fästbultar **(se bilder)**. Observera att den inre bulten sätts in framifrån och den yttre bulten sätts in bakifrån. Byt alla självlåsande muttrar.

9 För hjulinställningsarmen (camber) från dess plats.

Dragben

10 Skruva loss bulten och lossa krängningshämmarlänken från navhållaren **(se bild 13.8)**.

11 Skruva loss den bult som håller fast

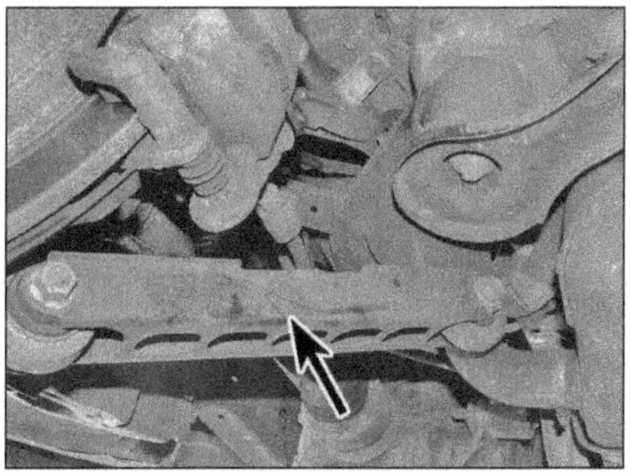

14.4 Skruva loss bultarna och ta bort länkarmen (markerad med pil)

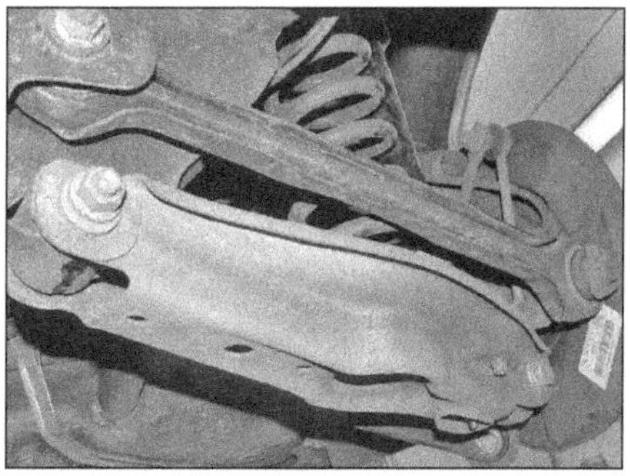

14.8a Hjulinställningsarm

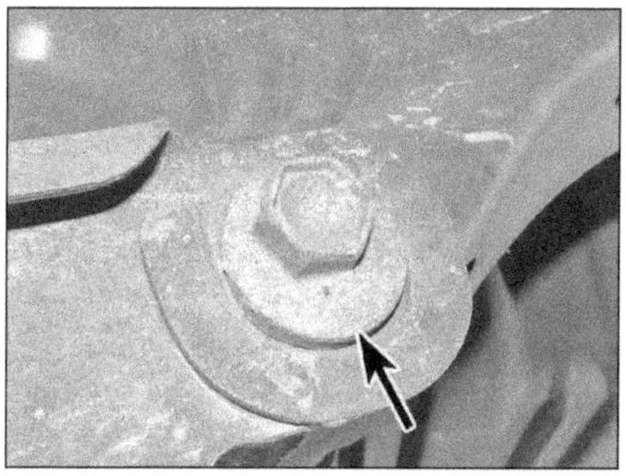

14.8b Sätt ut inställningsmärken mellan det excentriska bulthuvudet (markerat med pil) och armen

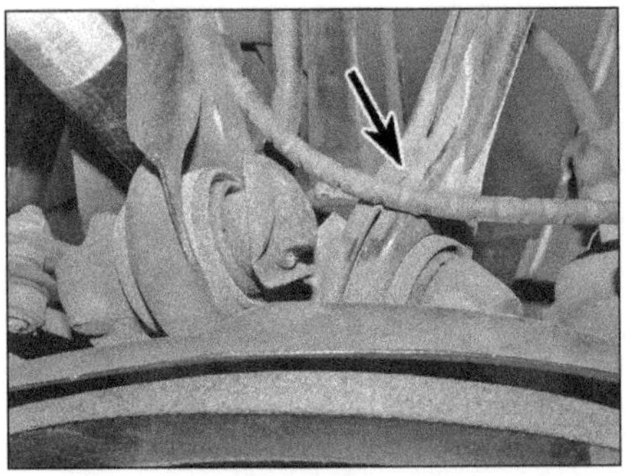

14.11 Navhållaränden av dragbenet (markerad med pil)

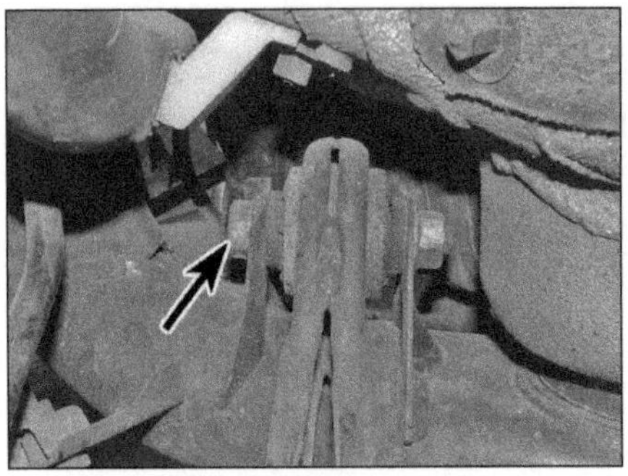

14.12 Bult som håller fast dagbenet på hjälpramen (markerad med pil)

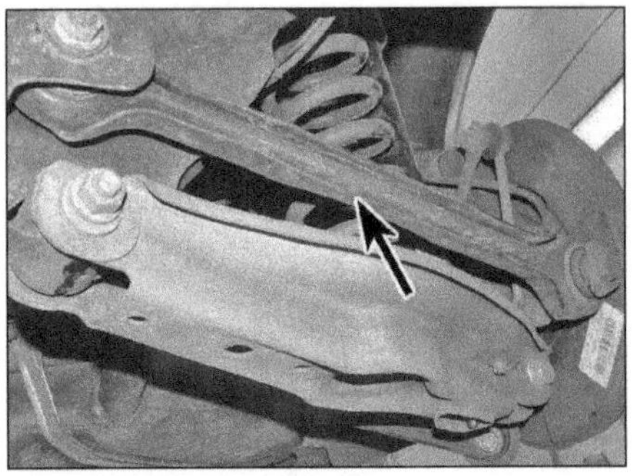

14.15 Hjulinställningsarm (markerad med pil)

dragbenet på navhållaren **(se bild)**. Kasta bulten – eftersom en ny en måste användas. Observera att den koniska sidan av benets bussning måste passa mot navhållaren.

12 Skruva loss den inre fästbulten från fästet **(se bild)**. Kasta muttern – eftersom en ny en måste användas.

13 För dragbenet från dess plats.

Hjulinställningsarm

14 Gör inriktningsmärken mellan hjulinställningsarmens (toe) inre excentriska bult och hjälpramen.

15 Skruva loss den bult som håller fast hjulinställningsarmen (toe) på navhållaren **(se bild)**.

16 Skruva loss muttern, dra sedan bort den inre excentriska bulten från hjälpramen. I en del modeller är det nödvändigt att lossa plastkåpan från bultens skalle. Observera att bulten ska föras in från framsidan. Kasta den självlåsande mutter – eftersom en ny en måste användas.

Översyn

17 Rengör armarna/benen och området runt fästena ordentligt och ta bort alla spår av smuts och rostskydd om det behövs. Leta efter sprickor, vridningar eller andra tecken på slitage eller skador. Var särskilt noga med fästbussningarna. Om bussningen behöver bytas ska länkarmen lämnas in till en BMW-verkstad eller annan lämplig verkstad. Det behövs en hydraulisk press och lämpliga mellanläggsbrickor för att trycka loss bussningarna och montera nya.

18 Undersök om styrbultarna är slitna eller skadade, och byt dem vid behov.

Montering

19 Monteringen sker i omvänd ordningsföljd mot demonteringen. Tänk på följande:

a) Byt alla självlåsande muttrar.

b) Dra inte åt länkarmens, dragbenets, hjulinställningsarmens (toe), styrarmens och hjulinställningsarmens (camber) bultar/muttrar förrän bilens vikt är tillbaka på hjulen.

c) Dra åt alla hållare till angivet moment (där sådant angetts).

d) Kontrollera bakhjulsinställningen och ställ in den så snart som möjligt.

15 Bakre krängningshämmar – demontering och montering

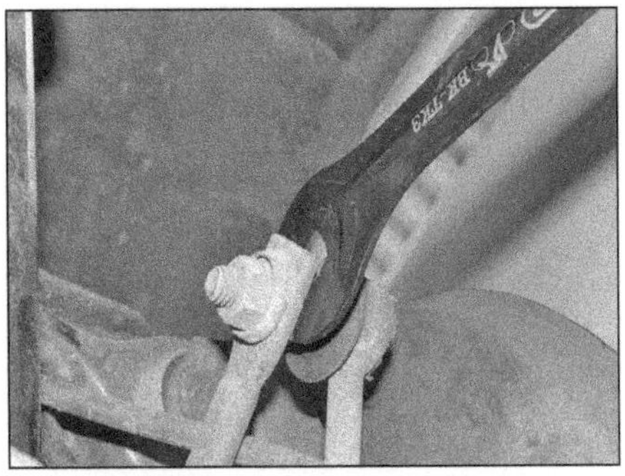

15.3 Använd en lång och smal skiftnyckel för att hålla emot krängningshämmarlänkens kulledstång

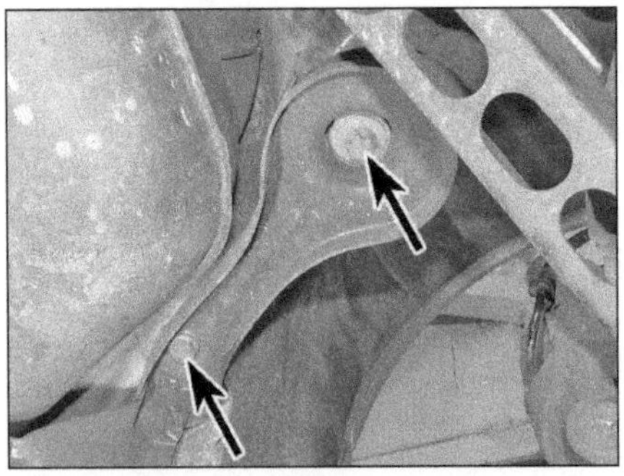

15.6 Skruva loss bultarna (markerade med pilar) och ta bort stödet på varje sida

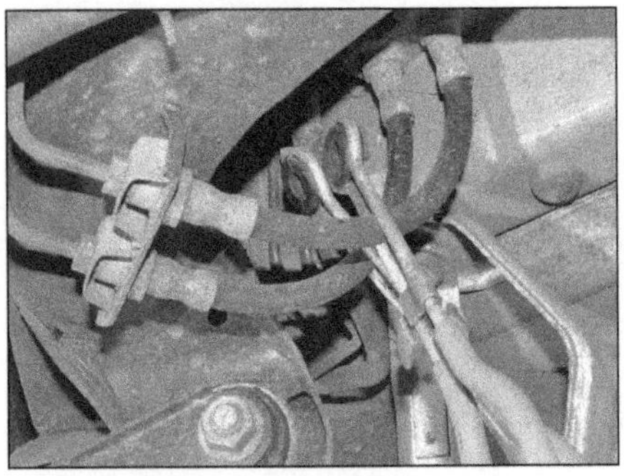

15.7 Fäst de böjliga slangarna

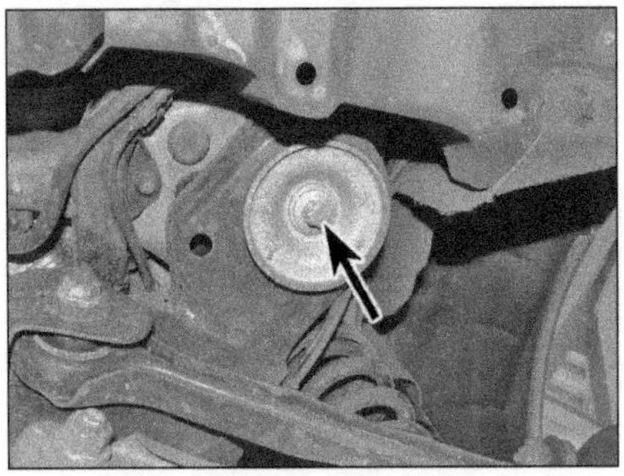

15.8 Kryssrambalkens fästbultar (markerade med pil)

Demontering

1 Ta bort båda bakre spiralfjädrar enligt beskrivningen i avsnitt 12.

2 Ta bort kontrollarmen från vänster sida och båda ben enligt beskrivningen i avsnitt 14.

3 Skruva loss muttrarna och lossa båda krängningshämmarlänkarna från krängningshämmaren **(se bild)**.

4 Det är nu nödvändigt att sänka ner hjälpramen något så att det går att ta bort krängningshämmaren. Börja med att skruva loss fästena till den bakre delen av avgassystemet och värmeskyddet.

5 Lossa kablaget till de bakre ABS-givarna och bromskloss slitagegivare på anslutningen på den bakre hjälpramen.

6 Skruva loss de bultar som håller fast stöden på varje sida på hjälpramens främre del på bilens kaross **(se bild)**.

7 Använd klämmor på de bakre böjliga slangarna, lossa sedan slangarna från de fasta rören **(se bild)**.

8 Stötta upp den bakre hjälpramen med en garagedomkraft och lämpliga träbitar, lossa sedan hjälpramens fästbultar och sänk ner hjälpramen så mycket som möjligt utan att belasta bromsslangarna **(se bild)**.

9 Gör inställningsmarkeringar mellan fästbussningarna och krängningshämmaren och lossa sedan fästmuttrarna till

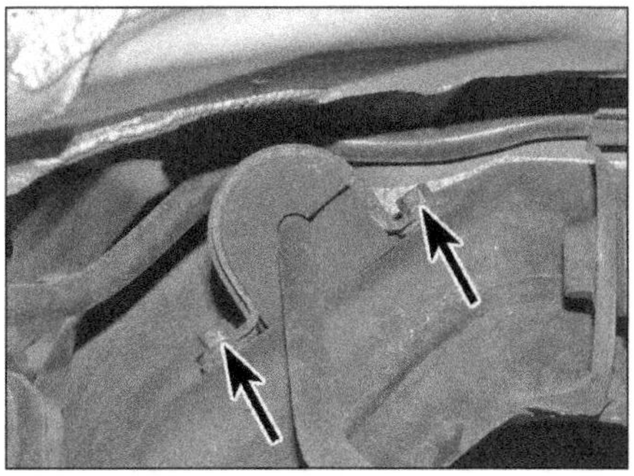

15.9 Krängningshämmarens klämbultar (markerade med pilar)

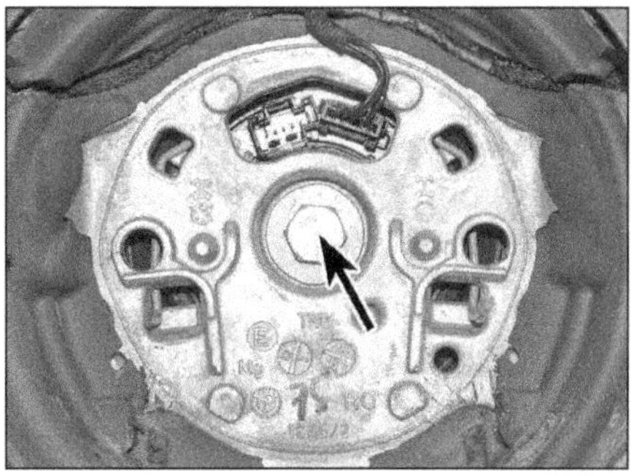

16.3 Skruva loss rattens fästbult (markerad med pil)

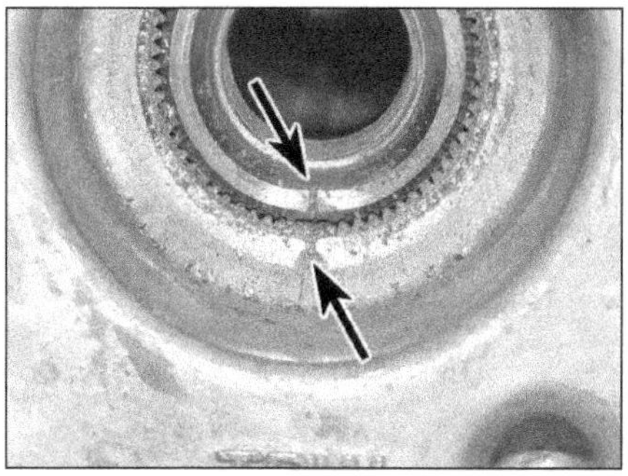

16.4 Gör inställningsmärken (markerade med pilar) mellan ratten och axeln

krängningshämmarens fästklämma **(se bild)**.

10 Ta bort de båda klämmorna från kryssrambalken och ta bort krängningshämmaren från bilens undersida. Ta bort fästbussningarna från bilen.

11 Undersök krängningshämmarens komponenter noggrant och leta efter tecken på slitage, skador och liknande. Var särskilt noga med fästbussningarna. Byt ut slitna komponenter om det behövs.

Montering

12 Sätt dit gummifästbussningarna på krängningshämmaren och linjera dem med markeringarna som du gjorde före demonteringen.

13 Passa in krängningshämmaren.

14 Montera tillbaka fästklämmorna och montera bultarna. Se till att bussningens markeringar fortfarande är linjerade med markeringar på stagen, och dra sedan åt fästklämmans bultar ordentligt.

15 Monteringen sker i omvänd ordningsföljd mot demonteringen. Tänk på följande:

a) Byt alla självlåsande muttrar.

b) Dra inte åt dragbenets och styrarmens bultar/muttrar förrän bilens vikt är tillbaka på hjulen.

c) Dra åt alla hållare till angivet moment (där sådant angetts).

d) Återanslut bromsslangarna och lufta hydraulsystemet enligt beskrivningen i kapitel 9.

e) Kontrollera bakhjulsinställningen och ställ in den så snart som möjligt.

16 Ratt - demontering och montering

Demontering

1 Placera framhjulen i rakt fram-läge och ställ in rattlåset.

2 Ta bort krockkuddsenheten från rattens mitt, se kapitel 12.

3 Skruva loss rattens fästbult. Koppla loss rattens anslutningskontakt/kontakter **(se bild)**.

4 Markera hur ratten och rattstången sitter i förhållande till varandra och lyft sedan bort ratten från rattstångens spår. Om den sitter hårt, knacka upp den nära mitten med handflatan, eller vrid den från sida till sidan, samtidigt som du drar den uppåt för att lossa den från axelspåren **(se bild)**. Krockkuddens kontaktenhet låses automatiskt på plats när ratten tas bort. Försök inte att vrida på den när du tar bort ratten.

Montering

5 Monteringen utförs i omvänd ordningsföljd mot demonteringen, men observera följande.

a) Om kontaktenheten har vridits när ratten är borttagen så centrerar du den genom att trycka ner kontaktenheten och rotera dess centrum helt moturs. Från detta läge vrider du centrumdelen bakåt tre hela varv, medurs.

b) Haka i ratten i rattstångens räfflor, linjera markeringarna som du gjorde vid borttagningen och dra åt rattens fästbult till angivet moment.

c) Sätt tillbaka krockkuddsenheten (se kapitel 12).

17 Rattstång - demontering, kontroll och återmontering

Observera: *Det behövs nya brytbultar till rattstången och en ny klämbult/mutter till mellanaxeln vid återmonteringen.*

Demontering

1 Koppla loss batteriets minusdelare (se kapitel 5A).

2 Skruva loss torxbulten och ta bort den nedre instrumentbrädan över pedalerna **(se bild)**. Koppla loss eventuella anslutningskontakter innan du tar bort panelen.

3 Sträck dig upp bakom instrumentbrädan och dra fotutrymmets värmekanal neråt från instrumentbrädans nedre del på förarsidan och lossa den från fördelarhuset **(se bild)**. Lossa kabelhärvan från kanalen när du tar bort den.

4 Dra ut det helt och ställ hjulet i den lägsta positionen. Demontera ratten enligt beskrivning i avsnitt 16.

5 Använd ett trubbigt verktyg med platt blad, bänd försiktigt upp rattstångens övre kåpa från den nedre kåpan, ställ rattstången i sitt övre läge, tryck sedan fästklämman lite utåt på varje sida och dra rattstångens nedre kåpa neråt. Lossa den övre kåpan från kåpan över gapet om det behövs **(se bilder)**.

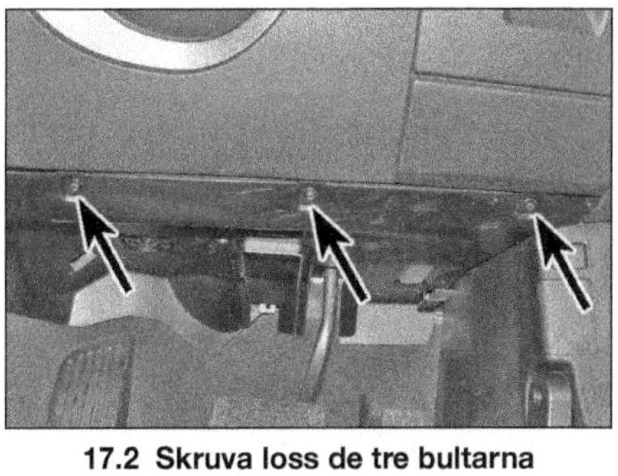

17.2 Skruva loss de tre bultarna (markerade med pilar) och ta bort panelen ovanför pedalerna

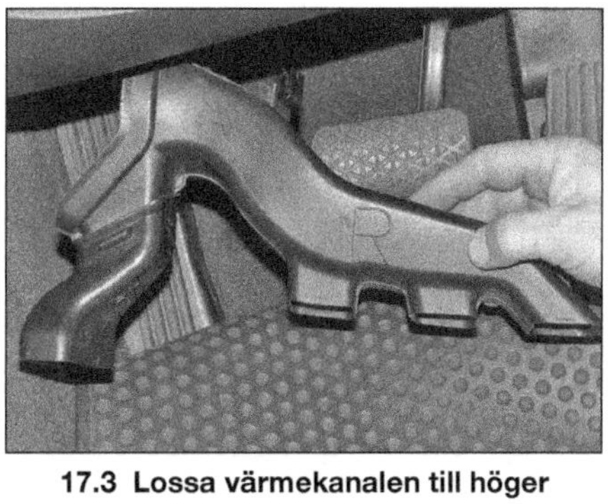

17.3 Lossa värmekanalen till höger fotutrymme

17.5a Lossa stångens övre kåpa

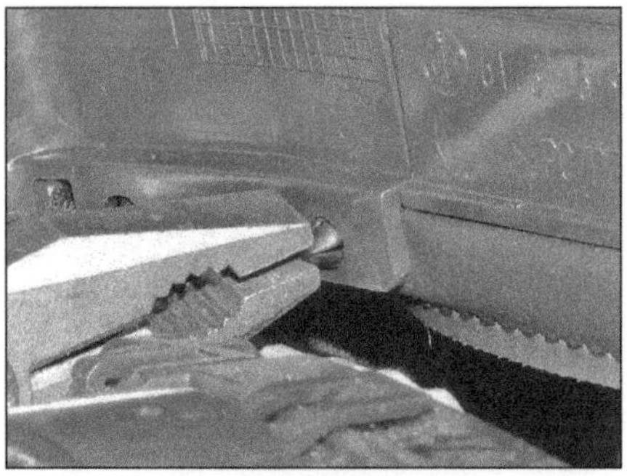

17.5b Tryck ihop klämmorna och lossa den övre kåpan från damasken

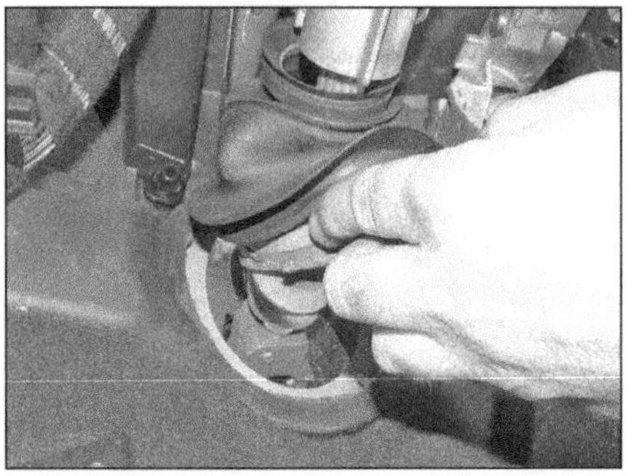

17.7 Dra upp damasken från stångens bas

6 Lossa kontaktdonen från rattstångsbrytarna och frigör kabelknippet från dess fästklämmor på rattstången **(se bilder)**. Observera kontaktdonet på sidan på rattstångens överdel.

7 För upp gummidamasken på rattstångens bas **(se bild)**.

8 Lossa och ta bort fästbulten och lossa axeln från rattstången **(se bild)**. Kasta bulten - eftersom en ny en måste användas.

9 Skruva loss de fyra fästbultarna och dra rattstången bakåt **(se bilder)**.

Kontroll

10 Rattstången har en teleskop-säkerhetsfunktion. Vid en frontalkrock trycks rattstången ihop och hindrar ratten från att skada föraren. Innan du sätter tillbaka ratten, undersök rattstång och fästen och kontrollera om de är skadade eller deformerade. Byt ut dem vid behov.

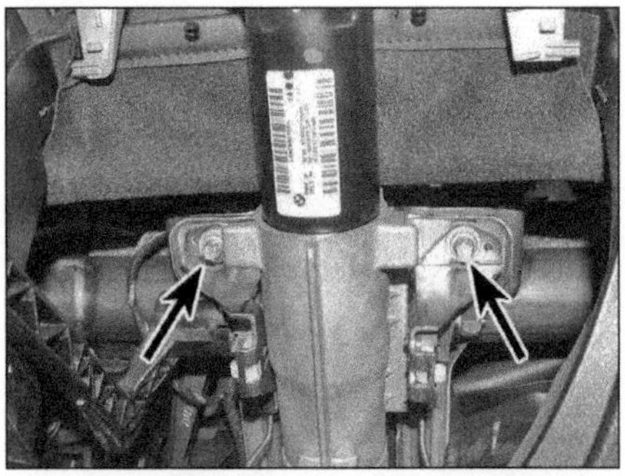

17.9a Skruva loss de övre fästbultar (markerade med pilar) . . .

17.6a Lossa brytardrevets anslutningskontakter. . .

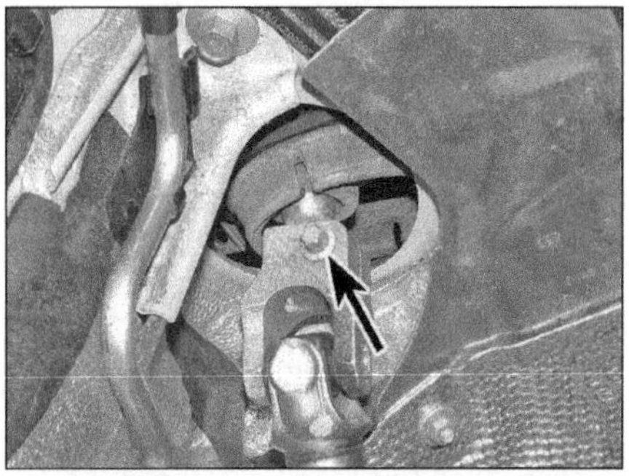

17.8 Skruva loss fästbulten (markerad med pil - ses från motorrummet)

11 Kontrollera om styrstången verkar ha fritt spel i rattstångsbussningarna. Om du hittar skador eller slitage på rattstångsbussningarna ska rattstången renoveras. Att renovera rattstången är en svår uppgift som kräver flera specialverktyg och bör överlåtas till en BMW-verkstad.

Montering

12 För rattstången på plats och låt den gå i ingrepp med mellanaxelns räfflor och rikta in de märken som gjordes före demonteringen.

13 Placera rattstången på plats och skruva in fästbulten. Dra åt dem till angivet moment.

14 Återanslut kontaktdonen till tändningslåset samt brytarna på rattstången och fäst kablaget på rattstången. Se till att det är rätt draget.

15 Se till att mellanaxelns och rattstångens markeringar är korrekt linjerade och sätt in stången i axeln. Sätt dit den nya klämbultsmuttern och dra åt den till angivet moment.

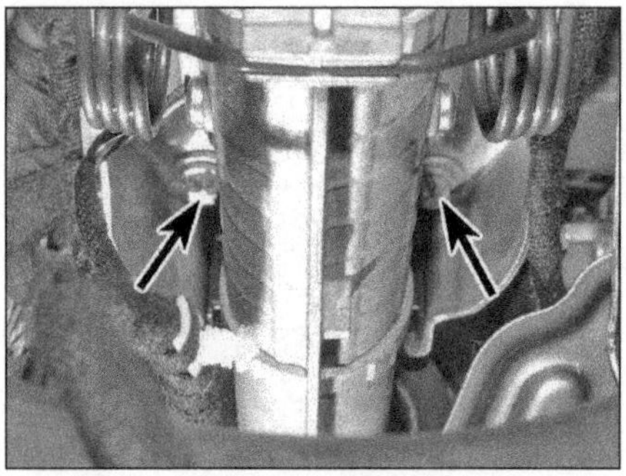

17.9b . . . och nedre fästbultar (markerad med pilar) . . .

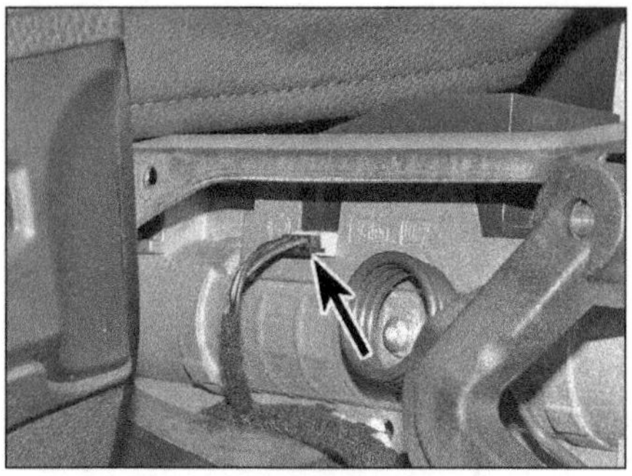

17.6b . . . och pluggen på stångens överdel (markerad med pil)

16 Montera tillbaka gummidamasken på mellanväggen vid rattstångens bas.

17 Montera tillbaka rattstångens nedre och övre kåpor.

18 Sätt tillbaka ratten enligt beskrivningen i avsnitt 16.

19 Montera tillbaka fotutrymmens luftkanal.

20 Återanslut batteriets minusdelare enligt beskrivningen i kapitel 5A.

21 Om en ny rattstång har monterats är det nödvändigt att kalibrera om styrvinkelsensorn med hjälp av BMW:s diagnosutrustning. Låt en BMW-verkstad eller annan specialist utföra denna uppgift.

18 Rattstångslås - allmän information

1 I skrivande stund verkar det som om det elektriskt drivna rattlåset endast kan erhållas som en komplett enhet tillsammans med rattstången. Kontakta en BMW-verkstad eller specialist.

19 Rattstångens mellanaxel - demontering och montering

Demontering

1 Klossa bakhjulen, dra åt handbromsen ordentligt, hissa upp framvagnen och ställ den på pallbockar. Placera framhjulen rakt framåt. Skruva loss bultarna och ta bort motorns undre skyddskåpa **(se bild 3.1)**.

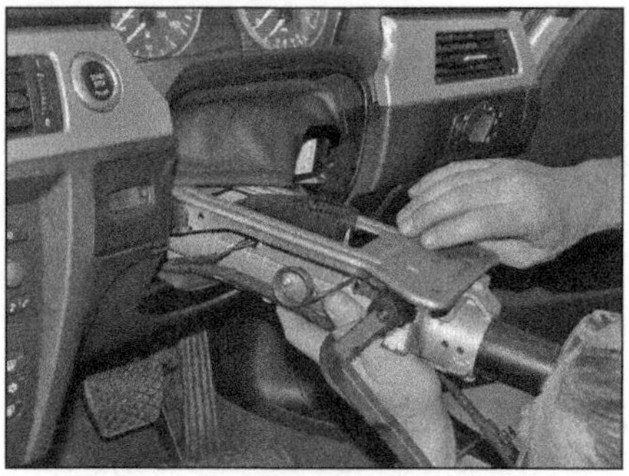

17.9c . . . och för stången bakåt

20.3a Håll emot dragstångsändens kulledsstång med ett Torxbit. Skruva loss muttern . . .

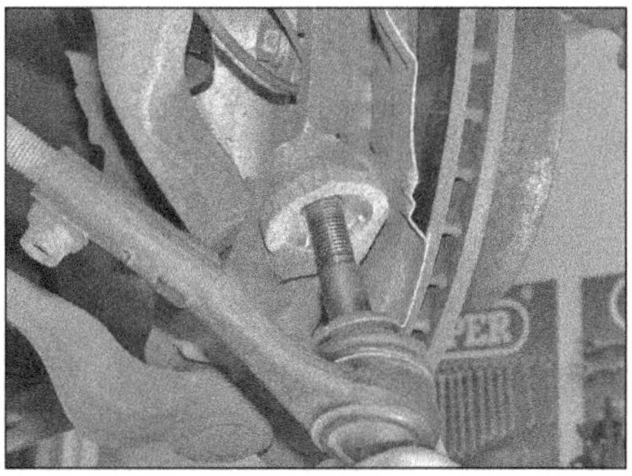

20.3b . . . och knacka kulleden från navhållaren

20.5 Klämbult till kuggstångens kugghjulskoppling (markerad med pil)

2 Skruva loss fästena och ta bort den nedre instrumentbrädan över pedalerna **(se bild 17.2)**.

3 Bänd ut gummidamasken uppåt från rattstångens bas **(se bild 17.7)**.

4 Använd färg eller en lämplig märkpenna för att göra inställningsmärken mellan mellanaxelns universalled och rattstången, axeln och den flexibla kopplingen samt kuggstångens kugghjul **(se bild 17.8)**.

5 Lossa fästskruvarna, för sedan ihop de båda halvorna av axeln och ta bort axelenheten från bilen.

6 Undersök mellanaxelns universalknut och leta efter tecken på ojämnhet på dess lager, och se hur lätt den rör sig. Undersök även axelns gummikoppling och leta efter tecken på skador, och kontrollera att gummit är säkert sammanfogat med flänsarna. Om du är tveksam till universalknutens eller gummikopplingens skick ska hela mellanaxeln bytas.

Montering

7 Kontrollera att framhjulen fortfarande står rakt framåt och att ratten är i rätt läge.

8 Linjera markeringarna som gjordes vid demonteringen och haka i mellanaxelns fog i rattstången, och kopplingen med kuggstången.

9 Sätt i de nya klämbultarna och dra åt dem till angivet moment.

10 Resten av monteringen sker i omvänd ordningsföljd mot demonteringen. Om en ny axel har monterats är det nödvändigt att kalibrera om styrvinkelsensorn med BMW:s diagnosutrustning. Låt en BMW-verkstad eller annan specialist utföra denna uppgift.

20 Kuggstång - demontering, renovering och återmontering

Demontering

1 Klossa bakhjulen, dra åt handbromsen ordentligt, hissa upp framvagnen och ställ den på pallbockar. Ta bort båda framhjulen, skruva loss skruvarna och ta bort motorns undre skyddskåpa.

2 Ställ styrningen i rakt fram-läge och lås rattlåset. På modeller med elektrisk servostyrning, koppla loss batteriets minusdelare enligt beskrivningen i kapitel 5A.

3 Skruva loss de muttrar som håller fast kullederna till kuggstångens parallellstag på navhållarna och skruva loss dem tills muttrarnas kant är i jämnhöjd med kulledsstängerna. Lossa kullederna genom att knacka lätt på skaftets ändar med en mjuk hammare **(se bilder)**. Det finns ingen anledning att använda en kulledsavdragare.

4 Använd färg eller en lämplig märkpenna och gör inställningsmärken mellan mellanaxelns koppling och kuggstångens kugghjul. **Observera:** *I en del modeller finns det redan ett inställningsmärke på drevets fläns som är inriktat mot ett märke i* drevhuset.

5 Lossa och ta bort kopplingens klämbult **(se bild)**.

Konventionell servostyrning

6 Använd bromsslangklämmor och kläm av båda matnings- och returslangarna nära servostyrningsvätskebehållaren. Detta minimerar vätskeförlusten. Märk anslutningarna för att säkerställa att de placeras korrekt vid hopsättningen, lossa sedan och ta bort matningens och returrörets anslutningsbultare från kuggstångens drevhus och ta loss tätningsbrickorna - ta bort värmeskyddet om det behövs. Var beredd på vätskespill, och ställ ett lämpligt kärl under rören när du ska skruva loss bultarna **(se bild)**. Plugga igen rörändarna och kuggstångens öppningar för att förhindra vätskeläckage och förhindra att det kommer in smuts i hydraulsystemet.

7 Lossa servostyrningens rör från fästklämmorna på kuggstången.

Elektrisk servostyrning

8 Lossa kuggstångens kabelhärva från kabelklämmorna, lossa sedan anslutningskontakten från kuggstångsmotorn **(se bild)**.

Alla typer

9 Lossa och ta bort kuggstångens fästbultar och ta bort kuggstången under bilen **(se bild)**. Kasta muttrarna och bultarna – använd nya vid återmonteringen.

Översyn

10 Undersök styrväxeln efter tecken på slitage eller skada, och kontrollera att kuggstången kan röra sig fritt i hela sin längd,

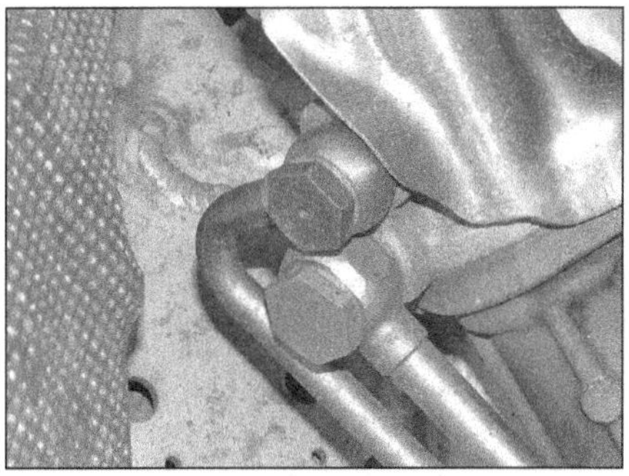

20.6 Skruva loss bultarna och lossa rören från kuggstångskugghjulet

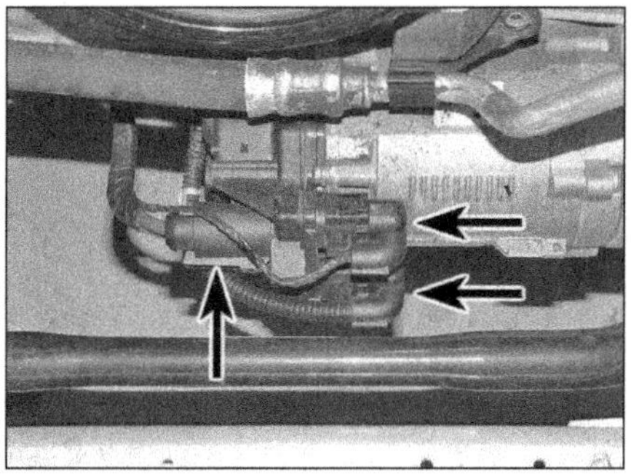

20.8 Lossa anslutningskontakterna från den elektriska servostyrningens kuggstång (markerad med pilar)

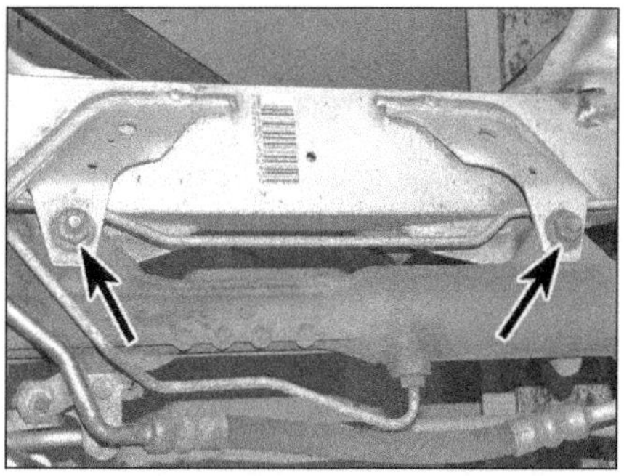

20.9 Kuggstångens fästbultar (markerade med pilar)

utan tecken på grovhet eller för stort fritt spel mellan styrväxeldrevet och kuggstången. Det går inte att renovera komponenterna i kuggstångsenhetens hus. Om dessa är defekta måste hela enheten bytas. De enda komponenter som kan bytas ut separat är kuggstångsdamaskerna, styrstagets kulleder och styrstagen. Vi återkommer till dessa arbeten senare i detta kapitel.

Montering

11 Passa in kuggstången och sätt in fästbultarna. Sätt dit nya muttrar och bultar och dra åt dem till angivet moment.

Konventionell servostyrning

12 Sätt dit en ny tätningsbricka på var sida om röranslutningarna och sätt tillbaka anslutningsbultarna. Dra åt anslutningsbultarna till angivet moment.

Elektrisk servostyrning

13 Återanslut motorns anslutningskontakt och fäst kabelknippet på dess ursprungliga plats med kabelklämmor.

Alla typer

14 Linjera markeringarna som du gjorde vid demonteringen och anslut mellanaxelns koppling till kuggstången. Sätt i den nya klämbulten och dra sedan åt den till angivet moment.

15 Sätt på styrstagens kulleder i hjulspindlarna och sätt sedan på nya muttrar och dra åt dem till angivet moment.

16 Sätt tillbaka hjulen och motorns under skyddskåpa, sänk sedan ner bilen och dra åt hjulbultarna till angivet moment.

Konventionell servostyrning

17 Lufta hydraulsystemet enligt beskrivningen i avsnitt 22.

18 Vi rekommenderar att framhjulsinställningen kontrolleras så snart som möjligt. Kontrollera styrvinkelsensorn med BMW:s diagnostiska utrustning i modeller med aktiv styrning. Låt en BMW-verkstad eller annan specialist utföra denna uppgift.

Elektrisk servostyrning

19 Om en ny kuggstång har monterats måste den programmeras/kalibreras med hjälp av BMW:s diagnosutrustning. Låt en BMW-verkstad eller annan specialist utföra denna uppgift.

20 Vi rekommenderar att framhjulsinställningen kontrolleras så snart som möjligt. Kontrollera styrvinkelsensorn med BMW:s diagnostiska utrustning i modeller med aktiv styrning. Låt en BMW-verkstad eller annan specialist utföra denna uppgift.

21 Servostyrningspump – demontering och montering

Observera: *Detta tillvägagångssätt gäller endast för modeller med konventionell servostyrning. I modeller med elektronisk styrning är motorn inbyggd i kuggstångsenheten. Rådfråga en BMW-verkstad eller en reservdelsspecialist när det gäller tillgången till delar.*

Demontering

1 Klossa bakhjulen, lyft sedan upp framvagnen med hjälp av en domkraft och stötta den på pallbockar (se *Lyftning och stödpunkter*). Skruva loss hållarna och ta bort motorns undre skyddskåpa.

2 På 6-cylindriga motorer, montera tillbaka luftrenaren enligt beskrivningen i kapitel 4A eller 4B.

3 Arbeta enligt beskrivningen i kapitel 1A eller 1B, lossa drivremmens spänning och haka loss drivremmen från pumpens remskiva. Observera att på fyrcylindriga motorer ska fästbultarna till styrningspumpens remskiva lossas innan spänningen släpps.

4 På 4-cylindriga motorer skruvar du loss fästbultarna och tar bort remskivan från servostyrningspumpen, observera hur den är monterad.

5 På alla modeller, använd bromsslangklämmor och kläm av båda matnings- och returslangarna nära servostyrningsvätskebehållaren. Detta minimerar vätskeförlust under följande åtgärder.

6 Märk anslutningarna för att se till att de placeras korrekt vid återmonteringen, skruva sedan loss matnings- och returrörens anslutningsbultar och ta bort tätningsbrickorna. Var beredd på vätskespill, och ställ ett lämpligt kärl under rören när du ska skruva loss bultarna. Plugga igen rörändarna och pumpens öppningar för att förhindra vätskeläckage och förhindra att det kommer in smuts i hydraulsystemet.

7 Skruva loss de båda bultarna på pumpens framsida som håller fast den på kylvätskepumpen på fyrcylindriga bensinmotorer. Skruva loss de fyra bultarna som håller fast servostyrningspumpen på motorblocket och ta bort pumpen **(se bilder)**.

8 På alla andra modeller lossar du fästbultarna och tar bort dem, och tar bort pumpen **(se bild)**. Observera att fästbultarna är av aluminium och måste bytas på 6-cylindriga motorer.

9 Om det är fel på servostyrningspumpen, rådfråga din BMW-verkstad om möjligheten att införskaffa reservdelar. Om det finns reservdelar att köpa kan en lämplig specialist renovera pumpen, eller införskaffa en ersättningsenhet. Om så inte är fallet måste pumpen bytas.

Montering

10 Flytta vid behov över den bakre fästbygeln till den nya pumpen och dra åt dess fästbultar ordentligt.

11 Före återmonteringen ska du se till att pumpen har flödats genom att spruta in angiven typ av vätska genom matningsslangans-lutningen och vrida på pumpaxeln.

12 Passa in pumpen på plats och sätt tillbaka styrbultarna, dra åt dem till angivet moment. På fyrcylindriga motorer måste du se till att pumpens drivtappar är inriktade mot kylvätskepumpens tappar och sedan sätta tillbaka de båda bultarna och fästa ihop de båda pumparna. Se till att kylvätskepumpens anslutning fortfarande hakar i motsvarande öppning i motorblocket, sätt sedan tillbaka och dra åt pumpens fästbultar **(se bild)**. Dra

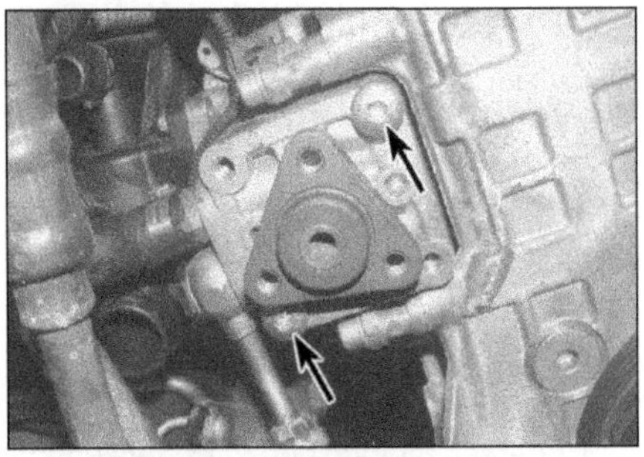

21.7a Skruva loss de båda bultarna (se pilar) som håller fast servostyrningspumpen på kylvätskepumpen . . .

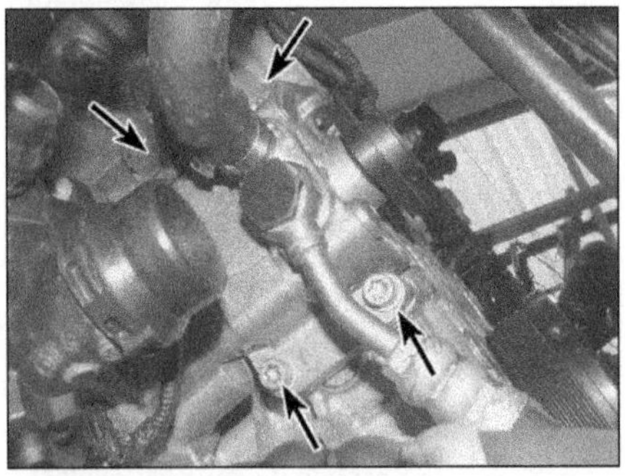

21.7b . . . sedan servostyrningspumpens fyra fästbultar (markerade med pilar)

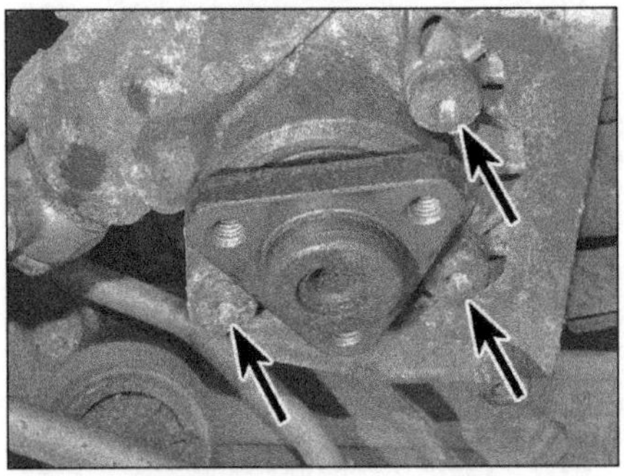

21.8 Servostyrningspumpens fästbultar (markerade med pilar)

21.12 Se till att servostyrningspumpens drivtappar hakar i kylvätskepumpens tappar

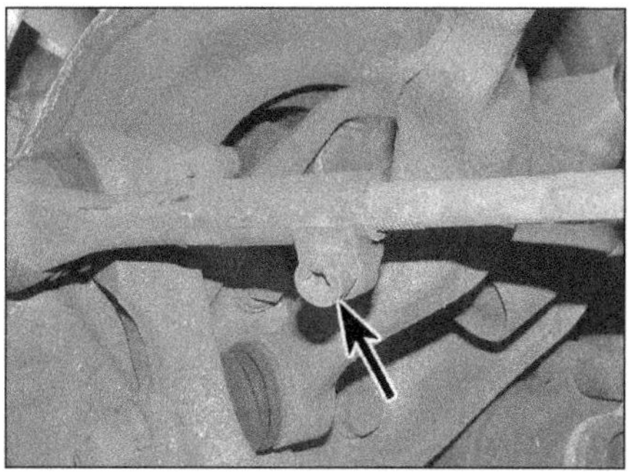

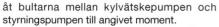

24.2 Skruva loss styrstagsändens fästbult (markerad med pil)

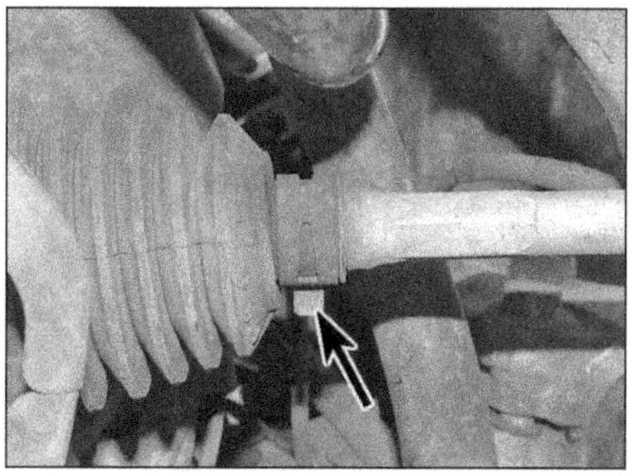

24.3 Lossa damaskens yttre klämma (markerad med pil)

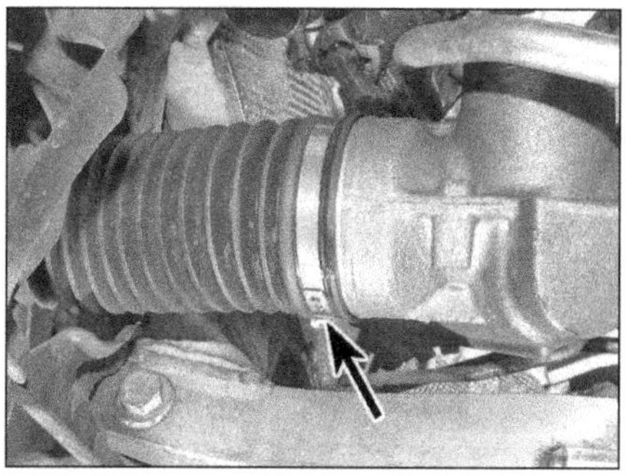

24.5 Lossa klämman (markerad med pil) som håller fast damasken på kuggstången

åt bultarna mellan kylvätskepumpen och styrningspumpen till angivet moment.

13 Sätt dit en ny tätningsbricka på var sida om röranslutningarna och sätt tillbaka anslutningsbultarna. Dra åt anslutningsbultarna till angivet moment.

14 Ta bort slangklämmorna och sätt tillbaka pumpens remskiva (i förekommande fall). Se till att remskivan är rättvänd och dra åt dess fästbultar ordentligt.

15 Sätt tillbaka drivremmen och spänn den enligt beskrivningen i kapitel 1A eller 1B.

16 På 6-cylindriga motorer, montera tillbaka luftrenaren enligt beskrivningen i kapitel 4A eller 4B.

17 Avsluta med att sänka ner bilen och lufta hydraulsystemet enligt beskrivningen i avsnitt 22.

22 Servostyrningssystem – luftning

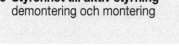

1 Med stillastående motor, fyll på vätskebehållaren ända upp med angiven vätsketyp.

2 Med motorn igång, flytta långsamt ratten från ändläge till ändläge två gånger för att får bort instängd luft. Stanna sedan motorn och fyll på vätska i behållaren. Upprepa proceduren tills oljenivån i behållaren inte sjunker mer.

3 Om du när du vrider på ratten hör ett onormalt ljud från vätskerören, tyder detta på att det fortfarande finns kvar luft i systemet. Kontrollera detta genom att vrida hjulen så att de står rakt framåt och stänga av motorn. Om vätskenivån i behållaren stiger finns det luft i systemet, och det behöver luftas mera.

23 Styrenhet till aktiv styrning – demontering och montering

1 Koppla loss batteriets minusdelare enligt beskrivningen i kapitel 5A.

2 Lossa fästanordningarna och ta bort den bakre delen av vänster hjulhusfoder fram.

3 Skruva loss och lossa jordkabeln från fästbygeln, lossa sedan anslutningskontakterna från styrenheten.

4 Skruva loss fästmuttern, för sedan bort styrenheten från dess plats.

5 Återmonteringen utförs i omvänd ordningsföljd jämfört med demonteringen men observera att om en ny enhet monteras måste den programmeras/kodas med BMW:s diagnosutrustning Låt en BMW-verkstad eller annan specialist utföra denna uppgift.

24 Kuggstångens gummidamasker – byte

1 Ställ framvagnen på pallbockar (se Lyftning och stödpunkter). Skruva loss hållarna och ta bort motorns undre skyddskåpa.

2 Skruva loss styrstagsändens bult **(se bild)**. Kasta bulten – eftersom en ny en måste användas.

3 Lossa den klämma som håller fast gummidamasken på parallellstaget **(se bild)**. Observera damaskens placering på parallellstaget.

4 Markera styrstagsändens position på den gängade delen av parallellstaget eller räkna antalet varv och skruva loss parallellstaget från styrstagsänden.

5 Lossa den klämma som håller fast damasken på kuggstången och dra bort damasken över parallellstaget **(se bild)**.

6 Rengör styrstaget och kuggstångshuset noggrant och använd finkornigt slippapper för att polera bort eventuell korrosion, grader eller vassa kanter som kan skada den nya damaskens tätningsläppar vid monteringen. Skrapa bort allt fett från den gamla damasken och applicera det på styrstagets inre kulled. (Under förutsättning att fettet inte har förorenats som ett resultat av skada på den gamla damasken. Använd färskt fett om du är osäker – konsultera en BMW-verkstad eller en reservdelsspecialist).

7 Applicera lite fett på parallellstaget så att damasken kan glida, för sedan försiktigt den nya damasken (med fästklämmorna på plats) över parallellstaget och placera den på kuggstångshuset. Placera damaskens ytterkant på parallellstaget.

8 Fäst damasken på kuggstången med fästklämman.

9 Gänga in parallellstaget i styrstagsänden, rikta in de märken som gjorts tidigare eller räkna antalet varv så att parallellstaget och styrstagsänden är på sina ursprungsplatser.

10 Sätt in den nya styrstagsändens fästbult och dra åt den till angivet moment.

11 Se till att damaskens ytterände fortfarande är i korrekt läge, fäst den sedan med fästklämman.

12 Montera tillbaka motorns undre skyddskåpa, och sänk ner bilen.

13 Det är lämpligt att framhjulsinställningen kontrolleras så snart som möjligt när arbetet har slutförts. Kontrollera styrvinkelsensorn med BMW:s diagnostiska utrustning i modeller med aktiv styrning. Låt en BMW-verkstad eller annan specialist utföra denna uppgift.

25 Styrstagsände – demontering och montering

Demontering

1 Dra åt handbromsen. Lyft sedan upp framvagnen och ställ den på pallbockar (se *Lyftning och stödpunkter*). Demontera relevant framhjul.

2 Gör ett märke på parallellstaget och mät avståndet från märket till kulledens mitt. Anteckna måttet eftersom du kommer att behöva det för att se till att hjulinställningen förblir korrekt när kulleden monteras.

3 Skruva loss styrstagsändens fästbult **(se bild 24.2)**. Kasta bulten – eftersom en ny en måste användas.

4 Skruva loss den mutter som håller fast parallellstagets kulled på navhållaren och skruva loss den tills mutterns kant är i jämnhöjd med kulledstångens ände. Lossa kulleden genom att knacka lätt på skaftets ändar med en mjuk hammare **(se bilder 20.3a och 20.3b)**. Det finns ingen anledning att använda en kulledsavdragare – en ny måste monteras.

5 Räkna **exakt** antal varv medan du skruvar av styrstagsänden från styrstaget.

6 Rengör kulleden och gängorna noggrant. Byt kulleden om den är slapp eller för stel, mycket sliten eller om den är skadad på något sätt. Kontrollera noggrant pinnbultstapparna och gängorna. Om kulledens damask är skada

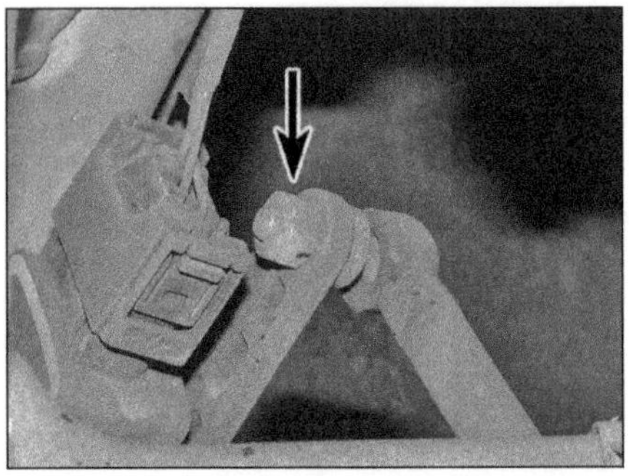

27.3 Skruva loss den mutter (markerad med pil) som håller fast stången i armen

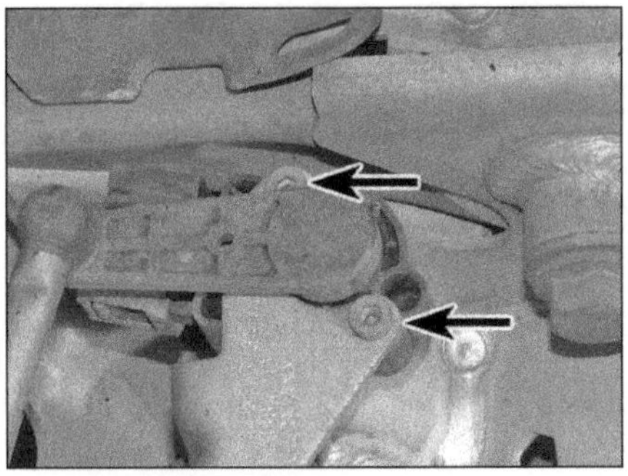

27.4 Markhöjdgivarens fästbultar (markerade med pilar)

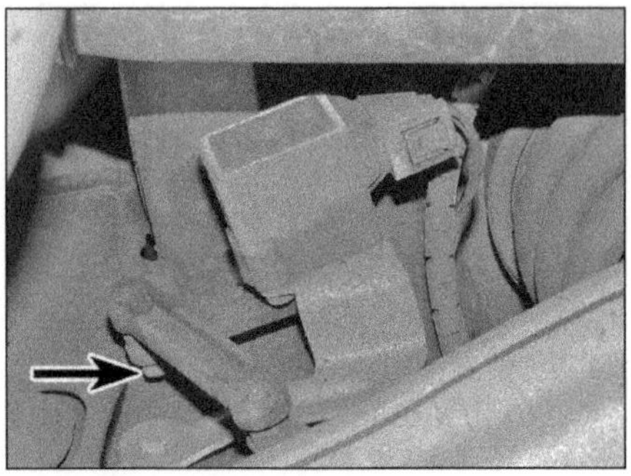

27.6 En mutter (markerad med pil) håller fast stången i givarens arm

måste hela kulledsenheten bytas. Det går inte att skaffa en ny damask separat.

Montering

7 Skruva på kulleden på styrstaget med det antal varv som du antecknade vid demonteringen. Detta ska placera kulleden på rätt avstånd från styrstagets markering som gjordes före demonteringen.

8 Sätt tillbaka kulledsaxeln på hjulspindeln, sätt sedan dit en ny fästmutter och dra åt den till angivet moment.

9 Sätt in den nya styrstagsändens fästbult och dra åt den till angivet moment.

10 Montera hjulet, sänk ner bilen och dra åt hjulbultarna till angivet moment.

11 Det är lämpligt att framhjulsinställningen kontrolleras så snart som möjligt när arbetet har slutförts. Kontrollera styrvinkelsensorn med BMW:s diagnostiska utrustning i modeller med aktiv styrning. Låt en BMW-verkstad eller annan specialist utföra denna uppgift.

26 Styrstag - byte

1 Ta bort kuggstångsdamasken enligt beskrivningen i avsnitt 24.

2 Flytta in kuggstången så långt som möjligt, skruva sedan loss parallellstagets mutter från kuggstångens ände.

3 Placera parallellstaget på stagets ände och dra åt fästmuttern till angivet moment.

4 Sätt tillbaka styrningsdamasken enligt beskrivningen i avsnitt 24.

27 Dynamisk stabilitetskontroll - allmän information och byte av komponenter

Allmän information

1 Dynamisk stabilitetskontroll (DSC) är standard på de flesta modeller, och finns som tillval på alla andra modeller. Egentligen ingår ABS-systemet och antispinnsystemet i DSC, men detta avsnitt tar endast upp stabiliseringskontroll vid bromsning i kurva (Cornering Brake Control - CBC). Genom att övervaka rattens rörelser, fjädringens markhöjd, hastigheten och accelerationen i sidled, styr systemet trycket i bromsledningarna till vart och ett av de fyra bromsoken vid inbromsning, vilket minskar risken för under- och överstyrning.

Byte

Rattvinkelgivare

2 Styrvinkelsensorn är inbyggd i rattstångens brytarmodul - se kapitel 12.

Främre markhöjdsgivare

3 Skruva loss styrstaven till givararmen **(se bild)**.

4 Ta bort de två fästbultarna och ta bort körgivaren **(se bild)**. Koppla loss anslutningskontakten när givaren tas bort.

5 Montera tillbaka i omvänd ordningsföljd mot demonteringen. Låt kontrollera strålkastarinställningen när arbetet är slutfört.

Bakre markhöjdsgivare

6 Skruva loss den mutter som håller fast den ledade stången på givaren **(se bild)**.

7 Skruva loss den bult som håller fast givarens fäststödbygel på hjälpramen och lossa givarens anslutningskontakt.

8 Skruva loss de två bultarna och separera givaren från fästbygeln om det behövs.

9 Monteringen sker i omvänd ordningsföljd mot demonteringen.

DSC-styrenhet

10 DSC-styrenheten är ihopbyggd med ABS-styrenheten och ska endast bytas av en BMW-verkstad eller annan lämplig specialist - se kapitel 9.

28 Hjulinställning och styrvinklar - allmän information

Definitioner

1 En bils styrnings- och fjädringsgeometri definieras i fyra grundläggande inställningar - alla vinklar uttrycks vanligtvis i grader. styraxeln definieras som en tänkt linje som dras genom fjäderbenets axel, och som vid behov utökas för att komma i kontakt med marken.

2 Camber är vinkeln mellan varje hjul och en vertikal linje dragen genom dess centrum och däckets kontaktyta, sedd framifrån eller bakifrån bilen. Positiv camber är när hjulens överdel är utåtvinklad från den vertikala linjen, negativ camber är när de är vinklade inåt.

3 Den främre cambervinkeln går inte att ställa in utan anges endast för referens. Den bakre cambervinkeln kan justeras med hjälp av en cambervinkelmätare.

4 Caster är vinkeln mellan styraxeln och en vertikal linje som dras genom varje hjuls mitt och hjulets kontaktyta, sett från bilens sida. Positiv caster är när styraxeln är vinklad så att den kommer i kontakt med marken framför den vertikala linjen. Negativ caster är när den kommer i kontakt med marken bakom den vertikala linjen.

5 Castervinkeln kan inte justeras och ges endast som referens. Den kan kontrolleras med en castermätare. Om det värde som uppmäts skiljer sig mycket från det som har angivits, måste bilens lämnas in för en noggrann kontroll hos en professionell servicetekniker, eftersom felet endast kan bero på slitage eller skador på karossen eller fjädringskomponenter.

6 Toe är skillnaden, sett ovanifrån, mellan de linjer som dras genom hjulens mitt och bilens mittlinje. 'Toe-in' föreligger när hjulen pekar inåt mot varandra i framkanten, och toe-out föreligger om de pekar utåt från varandra.

7 Framhjulens toe-inställning justeras genom att man skruvar höger styrstag in i eller ut ur dess kulled, för att på så sätt ändra styrstagsenhetens faktiska längd.

8 Bakhjulens toe-inställning kan också justeras. Toe-inställningen justeras genom att man lossar hjulinställningsarmens fästbygelbultar och flyttar på fästbygeln.

Kontroll och justering

9 På grund av den särskilda mätutrustning som krävs för att kontrollera hjulinställningen, och de kunskaper som behövs för att använda den på rätt sätt, är det bäst att överlåta kontroll och justering av dessa inställningar till en BMW-verkstad eller liknande specialist. Observera att de flesta däckverkstäder nu för tiden har sofistikerad kontrollutrustning.

Kapitel 11
Kaross och detaljer

Innehåll

Svårighetsgrad

Enkelt, passar novisen med lite erfarenhet	**Ganska enkelt,** passar nybörjaren med viss erfarenhet	**Ganska svårt,** passar kompetent hemmamekaniker	**Svårt,** passar hemmamekaniker med erfarenhet	**Mycket svårt,** för professionell mekaniker

Specifikationer

Åtdragningsmoment	**Nm**
Säkerhetsbälte:	
Fästbultar främre förankring	44
Alla andra fästen	36
Sätets fästbultar	40

1 Allmän information

Ytterkarossen är tillverkad av delar i pressat stål. De flesta komponenter är sammansvetsade, men ibland används fästmedel.

Motorhuven, dörrarna och vissa ömtåliga paneler är gjorda i zinkbelagd metall och skyddas ytterligare av ett grundfärgslager före lackering.

Plastmaterial används mycket, framför allt till de inre detaljerna men även till vissa yttre komponenter. Stötfångarna och den främre grillen är sprutformade av ett syntetiskt material som är väldigt starkt och samtidigt lätt. Plastdelar som hjulhusfoder är monterade på bilens undersida för att bättre skydda karossen mot korrosion.

2 Underhåll – kaross och underrede

Karossens allmänna skick påverkar bilens värde väsentligt. Underhållet är enkelt men måste vara regelbundet. Försummat underhåll, speciellt efter smärre skador, kan snabbt leda till värre skador och dyra reparationer. Det är även viktigt att hålla ett öga på de delar som inte är direkt synliga, exempelvis underredet, under hjulhusen och de nedre delarna av motorrummet.

Tvättning utgör grundläggande underhåll av karossen – helst med stora mängder vatten från en slang. Detta tar bort all lös smuts som har fastnat på bilen. Det är viktigt att smutsen spolas bort på ett sätt som förhindrar att lacken skadas. Hjulhusen och underredet behöver också spolas rent från lera som håller kvar fukt, vilken i sin tur kan leda till rostskador. Paradoxalt nog är det bäst att tvätta av underredet och hjulhuset när det regnar eftersom leran då är blöt och mjuk. Vid körning i mycket våt väderlek spolas vanligen underredet av automatiskt vilket ger ett lämpligt tillfälle för kontroll.

Med undantag för bilar med vaxade underreden är det bra att periodvis rengöra hela undersidan av bilen, inklusive motorrummet, med ångtvätt så att en grundlig kontroll kan utföras för att se vilka åtgärder och mindre reparationer som behövs. Ångtvättar finns att få tag på hos bensinstationer och verkstäder och behövs när man ska ta bort de ansamlingar av oljeblandad smuts som ibland lägger sig tjockt i vissa utrymmen. Om en ångtvätt inte finns tillgänglig finns det ett par utmärkta avfettningsmedel som man stryker på med borste för att sedan spola bort smutsen. Observera att ingen av ovanstående metoder ska användas på bilar med vaxade underreden, eftersom de tar bort vaxet. Bilar med vaxade underreden ska kontrolleras årligen, helst på senhösten. Underredet ska då tvättas av så att skador i vaxbestrykningen kan hittas och åtgärdas. Helst ska ett helt nytt lager vax läggas på. Överväg även att spruta in vaxbaserat skydd i dörrpaneler, trösklar, balkar och liknande som ett extra rostskydd där tillverkaren inte redan åtgärdat den saken.

Torka av lacken med sämskskinn efter tvätten så att den får en fin yta. Ett lager med genomskinligt skyddsvax ger förbättrat skydd mot kemiska föroreningar i luften. Om lacken mattats eller oxiderats kan ett kombinerat rengörings-/polermedel återställa glansen. Detta kräver lite arbete, men sådan mattning orsakas vanligen av slarv med regelbundenheten i tvättningen. Metalliclacker kräver extra försiktighet och speciella slipmedelsfria rengörings-/polermedel krävs för att inte skada ytan. Kontrollera alltid att dräneringshål och rör i dörrar och ventilation är öppna så att vatten kan rinna ut. Kromade ytor ska behandlas på samma sätt som lackerade. Fönster och vindrutor ska hållas fria från fett och smuts med hjälp av fönsterputs. Vax eller andra medel för polering av lack eller krom ska inte användas på glas.

3 Underhåll – klädsel och mattor

Mattorna ska borstas eller dammsugas med jämna mellanrum så att de hålls rena. Om de är svårt nedsmutsade kan de tas ut ur bilen och skrubbas. Se i så fall till att de är helt torra innan de läggs tillbaka i bilen. Säten och klädselpaneler kan torkas rena med fuktig trasa. Om de smutsas ner (syns ofta bäst i ljusa inredningar) kan lite flytande tvättmedel och en mjuk nagelborste användas för att skrubba ut smutsen ur materialet. Glöm inte takets insida. Håll det rent på samma sätt som klädseln. När flytande rengöringsmedel används inne i en bil får de tvättade ytorna inte överfuktas. För mycket fukt kan tränga in i sömmar och stoppning och framkalla fläckar, störande lukter och till och med röta. Om insidan av bilen blir mycket blöt är det mödan värt att torka ur den ordentligt, speciellt mattorna. *Lämna inte olje- eller eldrivna värmare i bilen för detta ändamål.*

4 Mindre karosskador – reparation

Mindre repor

Om en repa är mycket ytlig och inte har trängt ner till karossmetallen är reparationen mycket enkel att utföra. Gnugga det skadade området helt lätt med lackrenoveringsmedel eller en mycket finkornig slippasta så att lös lack tas bort från repan och det omgivande området befrias från vax. Skölj med rent vatten.

Lägg bättringslack på skråman med en fin pensel. Lägg på i många tunna lager till dess att ytan i skråman är i jämnhöjd med den omgivande lacken. Låt den nya lacken härda i minst två veckor och jämna sedan ut den mot omgivande lack genom att gnugga hela området kring repan med lackrenoveringsmedel eller en mycket finkornig slippasta. Avsluta med en vaxpolering.

Om repan gått ner till karossmetallen och denna börjat rosta krävs en annan teknik. Ta bort lös rost från botten av repan med ett vasst föremål och lägg sedan på rostskyddsfärg så att framtida rostbildning förhindras. Använd sedan ett spackel av gummi eller nylon och fyll upp repan med spackelmassa. Vid behov kan spacklet tunnas ut med thinner så att det blir mycket tunt vilket är idealiskt för smala repor. Innan spacklet härdar, linda ett stycke mjuk bomullstrasa runt en fingertopp. Doppa fingret i cellulosaförtunning och stryk snabbt över fyllningen i repan. Detta ser till att spackelytan blir något ihålig. Lacka sedan över repan enligt tidigare anvisningar.

Bucklor

När en djup buckla uppstått i bilens kaross blir den första uppgiften att räta ut den så att karossen i det närmaste återfår ursprungsformen. Det finns ingen anledning att försöka återställa formen helt eftersom metallen i det skadade området sträckt sig vid skadans uppkomst och aldrig helt kommer att återta sin gamla form. Det är bättre att försöka ta bucklans nivå upp till ca 3 mm under den omgivande karossens nivå. Om bucklan är mycket grund är det inte värt besväret att räta ut den. Om undersidan av bucklan är åtkomlig kan den knackas ut med en träklubba eller plasthammare. När detta görs ska mothåll användas på plåtens utsida så att inte större delar knackas ut.

Skulle bucklan finnas i en del av karossen som har dubbel plåt, eller om den av någon annan anledning är oåtkomlig från insidan, krävs en annan teknik. Borra ett flertal hål genom metallen i bucklan – speciellt i de djupare delarna. Skruva därefter in långa plåtskruvar precis så långt att de får ett fast grepp i metallen. Dra sedan ut bucklan genom att dra i skruvskallarna med en tång.

Nästa steg är att ta bort lacken från det skadade området och ca 3 cm runt den omgivande oskadade plåten. Detta görs enklast med stålborste eller slipskiva monterad på borrmaskin, men det kan även göras för hand med slippapper. Fullborda underarbetet genom att repa den nakna plåten med en skruvmejsel eller filspets, eller genom att borra små hål i det område som ska spacklas. Detta gör att spacklet fäster bättre.

Se avsnittet om spackling och sprutning för att avsluta reparationen.

Rosthål och revor

Ta bort lacken från det drabbade området och ca 30 mm av den omgivande oskadade plåten med en sliptrissa eller stålborste monterad i en borrmaskin. Om sådana verktyg inte finns tillgängliga kan ett antal ark slippapper göra jobbet lika effektivt. När lacken är borttagen kan rostskadans omfattning uppskattas mer exakt och därmed kan man avgöra om hela panelen (om möjligt) ska bytas ut eller om rostskadan ska repareras. Nya plåtdelar är inte så dyra som de flesta tror och det går ofta snabbare och ger bättre resultat med plåtbyte än att försöka reparera större rostskador.

Ta bort all dekor från det drabbade området, utom den som styr den ursprungliga formen av det drabbade området, exempelvis lyktsarger. Ta sedan bort lös eller rostig metall med plåtsax eller bågfil. Knacka kanterna något inåt så att du får en grop för spacklingsmassan.

Borsta av det drabbade området med en stålborste så att rostdamm tas bort från ytan av kvarvarande metall. Lacka det berörda området med rostskyddsfärg om baksidan på det rostiga området går att komma åt behandlar du även det.

Före spacklingen måste hålet blockeras på något sätt. Detta kan göras med nät av plast eller aluminium eller med aluminiumtejp.

Nät av plast eller aluminium eller glasfiberväv är antagligen det bästa materialet för ett stort hål. Skär ut en bit som är ungefär lika stor som det hål som ska fyllas och placera den i hålet så att kanterna är under nivån för den omgivande plåten. Ett antal klickar spackelmassa runt hålet fäster materialet.

Aluminiumtejp bör användas till små eller mycket smala hål. Dra av en bit tejp från rullen och klipp till den storlek och form som behövs. Dra bort eventuellt skyddspapper och fäst tejpen över hålet. Flera remsor kan läggas bredvid varandra om bredden på en inte räcker till. Tryck ner tejpkanterna med ett skruvmejselhandtag eller liknande så att tejpen fäster ordentligt på metallen.

Spackling och sprutning

Se tidigare anvisningar beträffande reparation av bucklor, repor, rosthål och andra hål innan beskrivningarna i det här avsnittet följs.

Det finns många typer av spackelmassa. Generellt sett är de som består av grundmassa och härdare bäst vid den här typen av reparationer. Ett bred och följsamt spackel av nylon eller gummi är ett ovärderligt verktyg för att skapa en väl formad spackling med fin yta.

Blanda lite massa och härdare på en skiva av exempelvis kartong eller masonit. Följ tillverkarens instruktioner och mät härdaren noga, i annat fall härdar spacklingen för snabbt eller för långsamt. Bred ut massan på det förberedda området med spackeln; dra applikatorn över massans yta för att forma den och göra den jämn. Sluta bearbeta massan så snart den börjar anta rätt form. Om du arbetar för länge kommer massan att bli klibbig och fastna på spackeln. Fortsätt lägga på tunna lager med ca 20 minuters mellanrum till dess att massan är något högre än den omgivande plåten.

När massan härdat kan överskottet tas bort med hyvel eller fil. Börja med nr 40 och avsluta med nr 400 våt- och torrpapper. Linda alltid papperet runt en slipkloss, i annat fall blir inte den slipade ytan plan. Vid slutpoleringen med torr- och våtpapper ska papperet då och då sköljas med vatten. Detta skapar en mycket slät yta på massan i slutskedet.

På det här stadiet bör bucklan vara omgiven av en ring med ren metall, som i sin tur omges av den ruggade kanten av den "friska" lacken. Skölj av reparationsområdet med rent vatten tills allt slipdamm har försvunnit.

Spruta ett tunt lager grundfärg på hela reparationsområdet. Då avslöjas mindre ytfel i spacklingen. Laga dessa med ny spackelmassa eller filler och slipa av ytan igen. Massa kan tunnas ut med thinner så att den blir mer lämpad för riktigt små gropar. Upprepa denna sprutning och reparation till dess att du är nöjd med spackelytan och den ruggade lacken. Rengör reparationsytan med rent vatten och låt den torka helt.

Reparationsytan är nu klar för lackering. Färgsprutning måste utföras i ett varmt, torrt, drag- och dammfritt utrymme. Detta kan åstadkommas inomhus om det finns tillgång till ett större arbetsområde. Om arbetet måste äga rum utomhus är valet av dag av stor betydelse. Om arbetet utförs inomhus kan golvet spolas av med vatten eftersom detta binder damm som annars skulle finnas i luften. Om reparationsområdet begränsas till en karosspanel täcker du över omgivande paneler. Då kommer inte mindre nyansskillnader i lacken att synas lika tydligt. Dekorer och detaljer (kromlister, handtag med mera) ska även de maskeras. Använd riktig maskeringstejp och flera lager tidningspapper för att göra detta.

Före sprutning, skaka burken ordentligt och spruta på en provbit, exempelvis en konservburk, tills tekniken behärskas. Täck reparationsområdet med ett tjockt lager grundfärg. Tjockleken ska byggas upp med flera tunna färglager, inte ett enda tjockt lager. Slipa ner grundfärgen med nr 400 slippapper tills den är riktigt slät. Medan detta utförs ska ytan hållas våt och pappret ska periodvis sköljas i vatten. Låt torka innan mer färg läggs på.

Spruta på färglagret och bygg upp tjockleken med flera tunna lager färg. Börja spruta i ena kanten och arbeta med sidledes rörelser till dess att hela reparationsytan och ca 5 cm av den omgivande lackeringen täckts. Ta bort maskeringen 10 – 15 minuter efter att det sista färglagret sprutats på.

Låt den nya lacken härda i minst två veckor innan den nya lackens kanter jämnas ut mot den gamla med en lackrenoverare eller mycket fin slippasta. Avsluta med en vaxpolering.

Plastdetaljer

Eftersom biltillverkarna använder mer och mer plast i karosskomponenterna (t.ex. i stötfångare, spoilrar och i vissa fall även i de större karosspanelerna), har reparationer av allvarligare skador på sådana komponenter blivit fall för specialister eller så får hela komponenterna bytas ut. Gör-det-självreparationer av sådana skador lönar sig inte på grund av kostnaden för den specialutrustning och de speciella material som krävs. Principen för dessa reparationer är dock att en skåra tas upp längs med skadan med en roterande rasp i en borrmaskin. Den skadade delen svetsas sedan ihop med en varmluftspistol och en plaststav i skåran. Plastöverskott tas bort och ytan slipas ner. Det är viktigt att rätt typ av plastlod används. Plasttypen i karossdelar varierar och kan bestå av exempelvis PCB, ABS eller PPP.

Mindre allvarliga skador (skrapningar, små sprickor etc.) kan lagas av en hemmamekaniker med hjälp av en tvåkomponents epoxymassa. Den blandas i lika delar och används sedan på ungefär samma sätt som spackelmassa på plåt. Epoxyn härdar i regel inom 30 minuter och kan sedan slipas och målas.

Om ägaren har bytt en komponent på egen hand eller reparerat med epoxymassa, återstår svårigheten att hitta en färg som lämpar sig för den aktuella plasten. Tidigare fanns ingen universalfärg som kunde användas, på grund av det breda utbudet av plaster i karossdelar. Generellt sett fastnar inte standardfärger på plast och gummi, men det finns färger och kompletta färgsatser för plast- och gummilackering och att köpa. Numera finns det dock satser för plastlackering att köpa. Dessa består i princip av förprimer, grundfärg och färglager. Kompletta instruktioner finns i satserna, men grundmetoden är att först lägga på förprimern på den aktuella delen och låta den torka i 30 minuter. Sedan ska grundfärgen läggas på och lämnas att torka i ungefär en timme innan det färgade ytlacket läggs på. Resultatet blir en korrekt färgad del där lacken kan röra sig med materialet, något de flesta standardfärger inte klarar.

5 Större karosskador – reparation

Om helt nya paneler måste svetsas fast på grund av större skador eller bristande underhåll, bör arbetet överlåtas till professionella mekaniker. Om det är frågan om en allvarlig krockskada måste en professionell mekaniker med uppriktningsriggar utföra arbetet för att det ska bli framgångsrikt. Förvridna delar kan även orsaka stora belastningar på komponenter i styrning och fjädring och möjligen kraftöverföringen med åtföljande slitage och förtida haveri, i synnerhet då däcken.

6 Främre stötfångare – demontering och montering

Demontering

1 Dra åt handbromsen. Lyft sedan upp framvagnen och ställ den på pallbockar (se *Lyftning och stödpunkter*).

2 Dra spolarmunstyckens kåpor framåt, dra sedan försiktigt tillbaka fästklämmorna något och ta bort kåporna i modeller med strålkastarspolare **(se bild)**.

3 Skruva loss de fyra bultarna från stötfångarens överkant och dra upp gummitätningslisten **(se bilder)**.

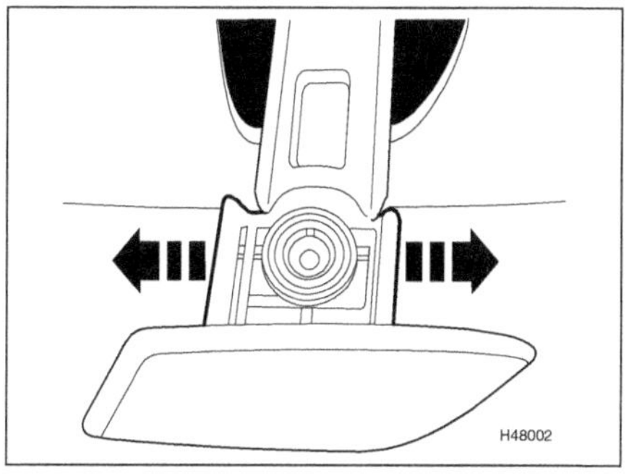

6.2 Dra ut fästklämmorna och ta bort kåpan

6.3a Skruva loss de 4 bultarna (markerade med pilar) . . .

6.3b . . . och ta bort gummitätningsremsan

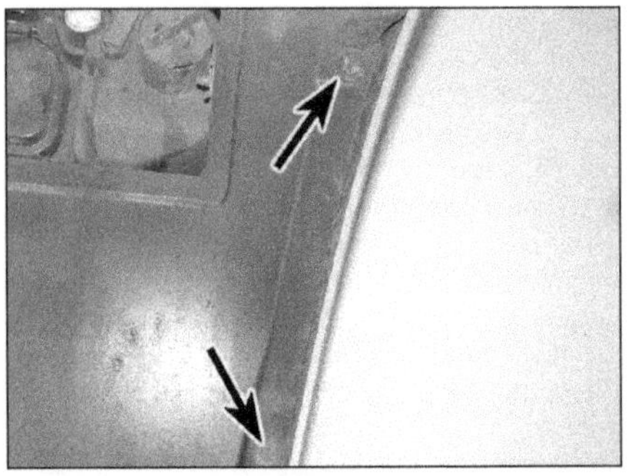
6.4 Skruva loss de 2 bultar som håller fast hjulhusfodret (markerade med pilar)

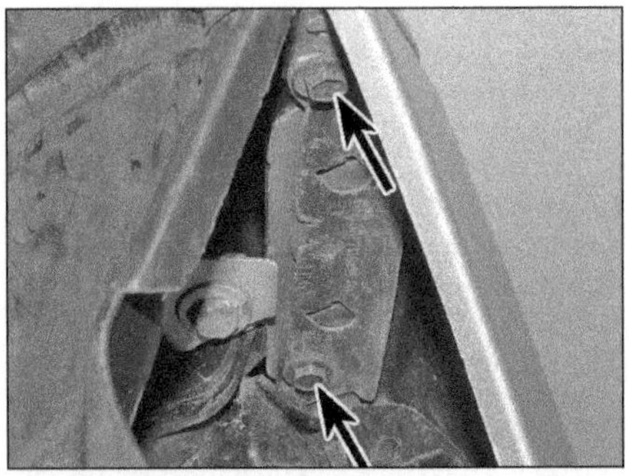
6.5 Skruva loss de två bultar som håller fast stötfångaren på skärmen på varje sida (markerade med pilar)

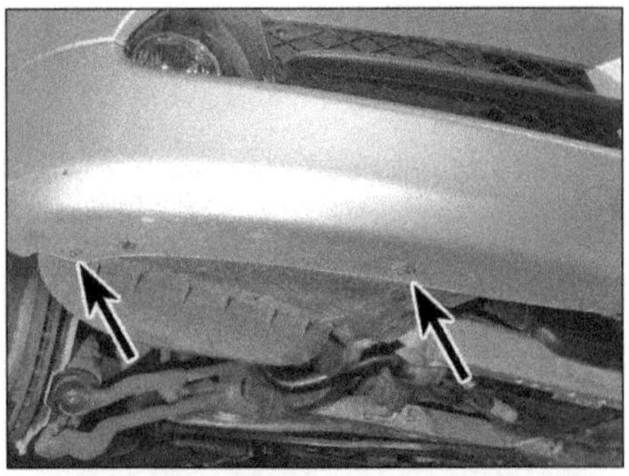
6.6 Skruva loss bultarna på stötfångarens nederkant (bultarna på höger sida är markerade med pilar)

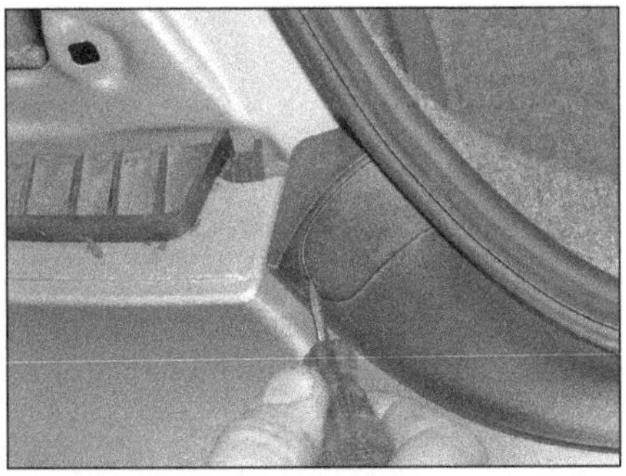
7.3a Bänd ut kåpan. . .

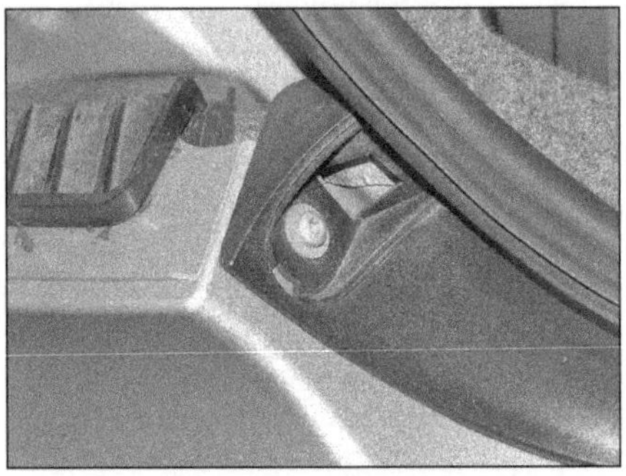
7.3b . . . och skruva loss bulten på varje sida av bakluckan/bakrutans öppning

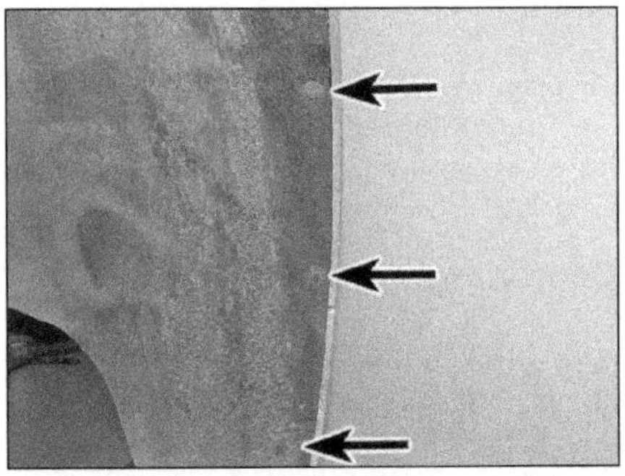
7.4 Skruva loss de bultar (markerade med pilar) som håller fast hjulhusfodret på stötfångaren

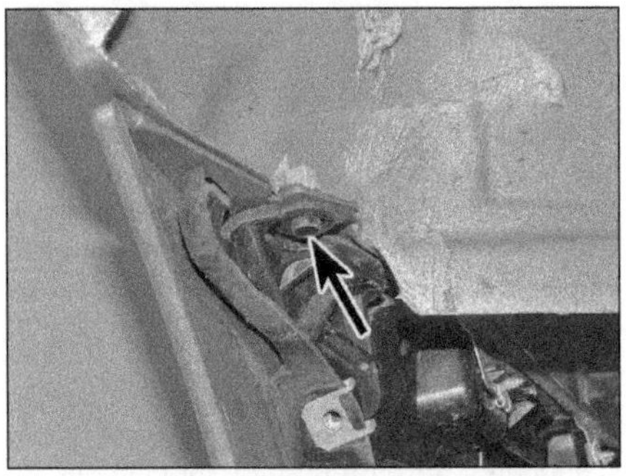
7.5 Skruva loss den bult på varje sida som håller fast stötfångaren på skärmen (markerad med pil)

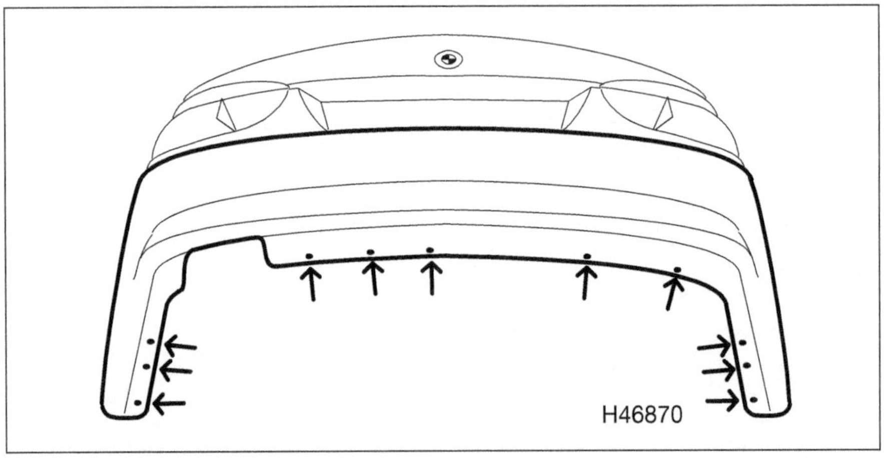

7.6 Skruva loss bultarna på stötfångarens nederkant (markerade med pilar)

4 Skruva loss de två bultarna på varje sida som håller fast hjulhusfodret på stötfångaren **(se bild)**.
5 Dra hjulhusfodret bakåt och skruva loss de två bultarna på varje sida som håller fast stötfångaren på skärmen **(se bild)**.
6 Skruva loss de sju bultarna på stötfångarens undersida **(se bild)**.
7 Dra ut stötfångarens bakre kanter en aning, dra sedan stötfångaren något framåt, observera hur de olika anslutningskontakterna är monterade och lossa dem.
8 Ta bort stötfångaren framåt och bort från bilen med hjälp av en medhjälpare.

Montering

9 Montera i omvänd ordningsföljd mot demonteringen.

7 Bakre stötfångare – demontering och montering

Demontering

1 För bättre åtkomst, klossa framhjulen och hissa sedan upp bakvagnen och stötta den på pallbockar (se *Lyftning och stödpunkter*).
2 Ta bort bakljusenheten enligt beskrivningen i kapitel 12.
3 Bänd ut locken och ta bort bulten på varje sida i hörnet av bakluckans/bakrutans öppning **(se bilder)**.
4 Skruva loss bultarna på varje sida som håller fast hjulhusfodret på stötfångaren **(se bild)**.
5 Dra bort hjulhusfodret framåt och skruva loss den bult på varje sidan som håller fast stötfångaren **(se bild)**.
6 Skruva loss bultarna från stötfångarens nederkanter **(se bild)**.
7 Bänd försiktigt upp de svarta plasthållarna i de bakre lampöppningarna och tryck stötfångaren bakåt för att lossa fästklämmorna med hjälp av en medhjälpare. Slå på stötfångarens framkant med handflatan på varje sida för att underlätta att lossa klämmorna. Lossa parkeringshjälpens

anslutningskontakter (om tillämpligt) när stötfångaren är borttagen **(se bilder)**.

Montering

8 Monteringen utförs i omvänd ordning mot demonteringen, se till att stötfångarens ändar sitter rätt i spåren. Applicera gänglåsningsmedel på stötfångarens fästbultar och dra åt dem ordentligt.

8 Motorhuv – demontering, återmontering och justering

Demontering

1 Öppna motorhuven och be någon att hålla den öppen. Märk ut hur motorhuvens gångjärn sitter i förhållande till motorhuven med en penna inför återmonteringen.

2 Ta hjälp av en medhjälpare och stötta motorhuven så att den hålls öppen. Ta sedan loss fästklämmorna och lossa stödbenen från motorhuven **(se bild)**.

3 Lossa och ta bort de bakre bultarna vänster och höger gångjärn på motorhuv och lossa de främre bultarna **(se bild)**. För motorhuven framåt tills den lossnar från gångjärnen och ta bort den från bilen. Ta vara på eventuella mellanlägg mellan gångjärnen och motorhuven.

4 Undersök om det finns tecken på slitage och fritt spel vid styrbultarna, byt ut dem vid behov. Gångjärnen är fästa vid karossen med två bultar vardera. Märk ut hur gångjärnet sitter på karossen och skruva sedan loss fästbultarna och ta loss gångjärnet. Vid montering, placera det nya gångjärnet enligt markeringarna och dra åt fästbultarna ordentligt.

Montering och justering

5 Sätt dit mellanläggen (om sådana finns) på gångjärnet. Ta hjälp av någon och haka fast motorhuven på gångjärnen. Montera de bakre bultarna och dra åt dem för hand. Rikta in gångjärnen med de märken som gjordes vid demonteringen. Dra sedan åt fästbultarna ordentligt. Observera jordledningen som är ansluten till foten av vänster gångjärn.

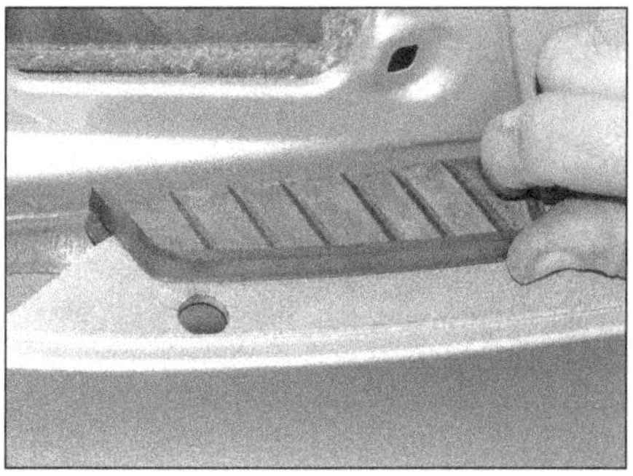

7.7a Bänd upp plasthållarna . . .

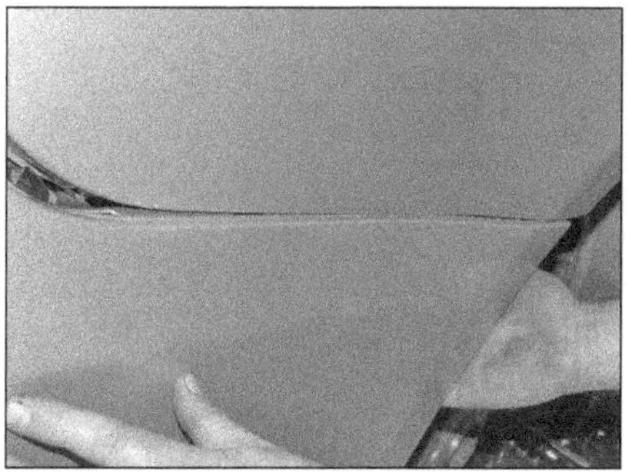

7.7b . . . knacka sedan varje stötfångares framände åt ena sidan för att lossa klämmorna

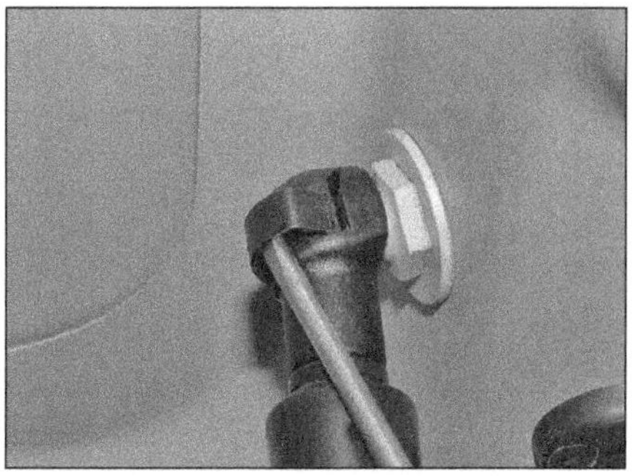

8.2 Bänd ut den klämma som håller fast motorhuvens stödben

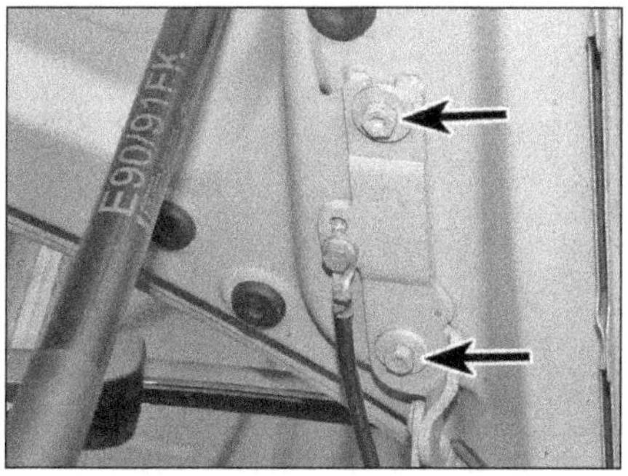

8.3 Ta bort den nedre gångjärnsbult, och lossa den övre (markerad med pilar)

6 Stäng motorhuven och se till att den hamnar rätt i förhållande till omgivande paneler. Lossa gångjärnens bultar och justera motorhuven om det behövs. När motorhuven sitter rätt, dra åt gångjärnsbultarna ordentligt. När motorhuven sitter rätt, kontrollera att den kan låsas och öppnas utan problem.

9 Motorhuvslåsvajer – demontering och montering

Demontering

1 Motorhuvens låsvajer består av tre delar, huvudvajern från låsspaken till anslutningen på höger innerskärm (bredvid vindrutans spolarbehållare), en andra vajer från anslutningen till motorhuvslåset på höger sida och en tredje vajer som kopplar samman de två motorhuvslåsen.

Vajern mellan låsspaken och anslutningen

2 Öppna förardörren och dra försiktigt loss dörrtröskelns klädselpanel uppåt.

3 Lossa fästena och ta bort instrumentbrädans nedre panel ovanför pedalerna. Koppla loss eventuella anslutningskontakter innan du tar bort panelen.

4 Skruva loss bulten och ta bort motorhuvens öppningshandtag, skruva sedan loss bulten och ta bort stänkskyddspanelen i fotutrymmet **(se bilder)**.

5 Skruva loss bultarna och dra bort

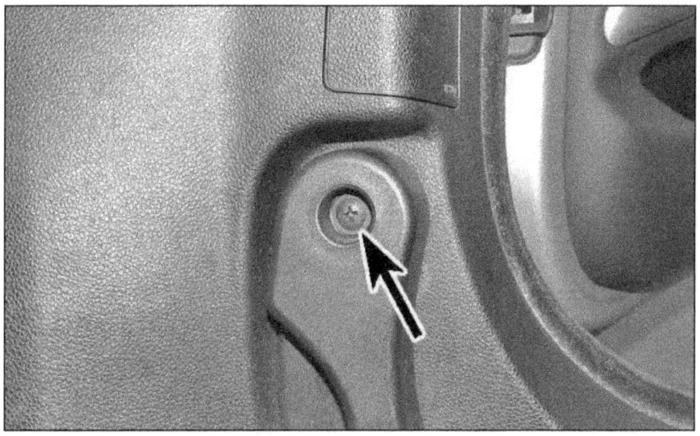

9.4a Skruva loss frigöringshandtagets bult (markerad med pil). . .

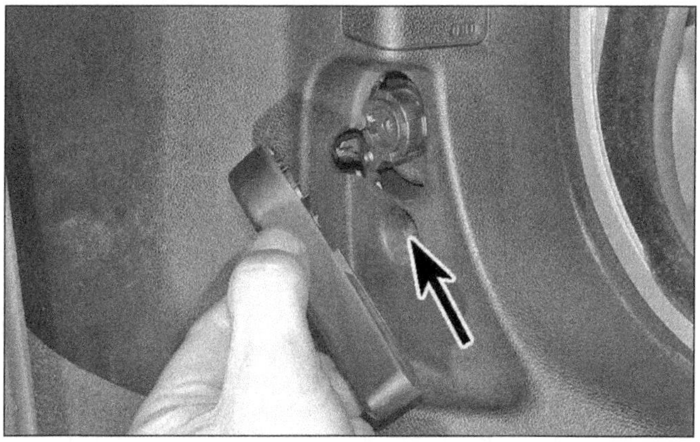

9.4b . . . skruva sedan loss bulten (markerad med pil)

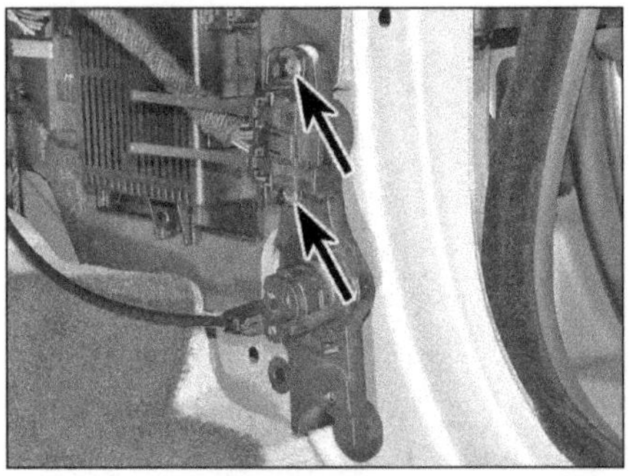

9.5a Skruva loss bultarna (markerade med pilar). . .

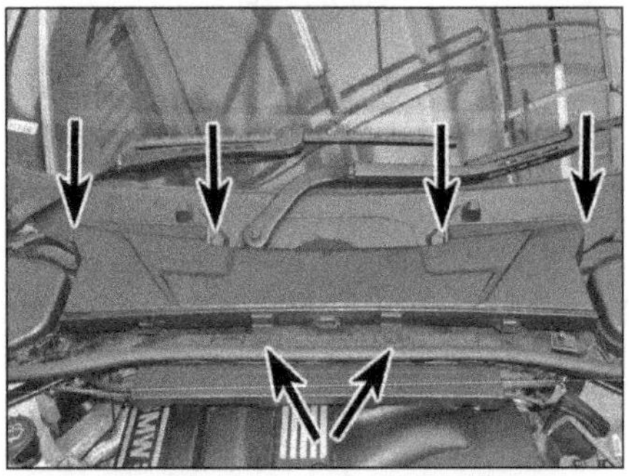

9.6 Skruva loss pollenfilterhusets övre bultar (markerade med pilar)

urtrampningsarmen från A-stolpen, separera sedan vajerns innerände från urtrampningsarmen **(se bilder)**.

6 Skruva loss bultarna och ta bort den övre delen av pollenfilterhuset **(se bild)**.

7 Lossa spärrarna och ta bort vänster och

9.5b . . . och lossa kabeln från spaken

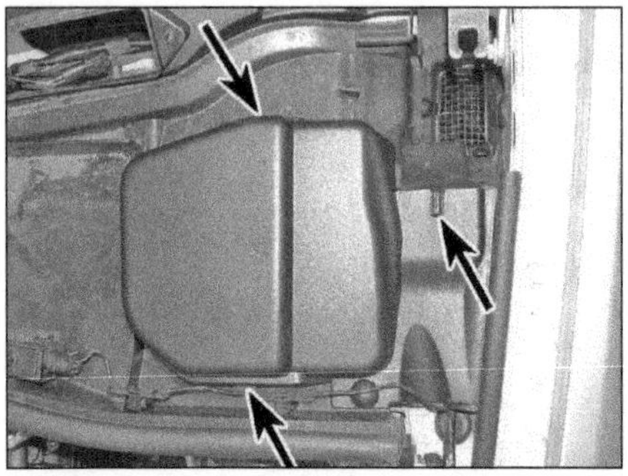

9.7 Lossa klämmorna (markerade med pilar) och ta bort plastkåpan på varje sida

höger plastkåpa bakom fjädertornet på varje sida av motorrummet. Lossa slangen från vänster kåpa **(se bild)**.

8 Tryck in klämmorna och dra kabelstyrningen framåt från den nedre delen av pollenfilterhuset **(se bild)**.

9 Lossa spärren och skruva loss bulten på varje sida, för sedan den nedre delen av pollenfilterhuset framåt och för bort den från platsen **(se bilder)**.

10 Ta bort expanderniten och muttern av plast, ta sedan bort vattenkanalen på höger sida.

11 Tryck/dra låsvajerns yttre ändbeslag från motorrummets mellanvägg och dra vajern in i motorrummet.

12 Lossa anslutningshuset från innerskärmen. Bänd upp anslutningshuset och koppla loss de inre och yttre vajrarna **(se bilder)**.

Vajern mellan anslutningen och motorhuvslåset

13 Lossa anslutningshuset från innerskärmen. Bänd upp huset och koppla loss de inre och yttre vajrarna **(se bilder 9.12a och 9.12b)**.

14 Ta bort baklucksläset enligt beskrivningen i avsnitt 10. För att förbättra åtkomligheten, ta bort luftintagskåpan på motorhuvens stötpanel.

Montering

15 Monteringen utförs i omvänd ordning mot demonteringen, se till att du drar vajern rätt och fäster den i alla relevanta fästklämmor. Kontrollera att motorhuvslåset fungerar utan problem innan du stänger motorhuven.

10 Motorhuvslås – demontering och montering

Demontering

1 Lossa anslutningshuset från innerskärmen.

9.8 Lossa klämmorna (markerade med pilar) och dra kabelstyrningen framåt

9.9a Vrid temperaturgivaren moturs och lossa den från fästbygeln

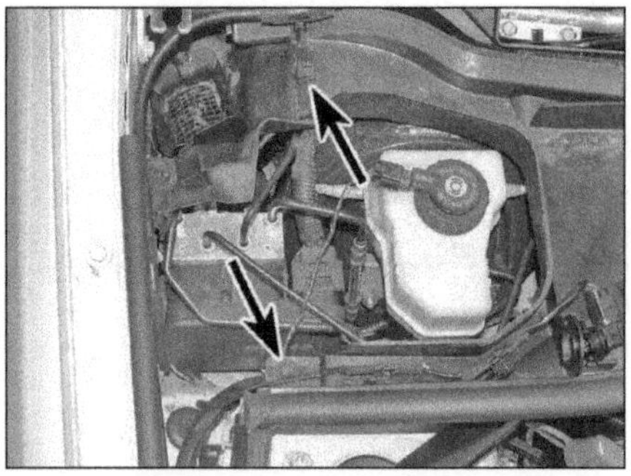

9.9b Skruva loss bulten och lossa klämman på varje sida (markerad med pilar). . .

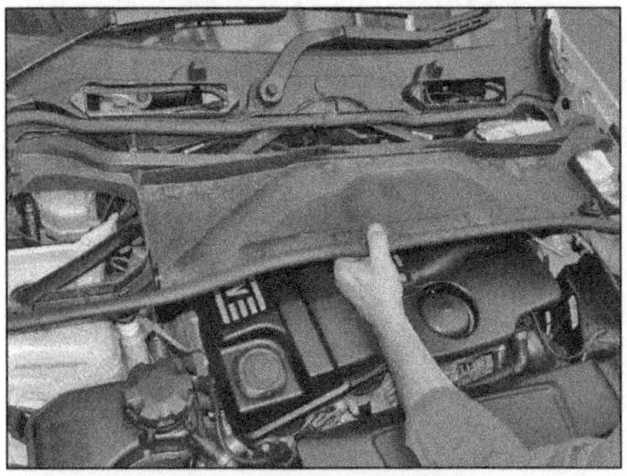

9.9c . . . för sedan pollenfiltrets nedre hus framåt

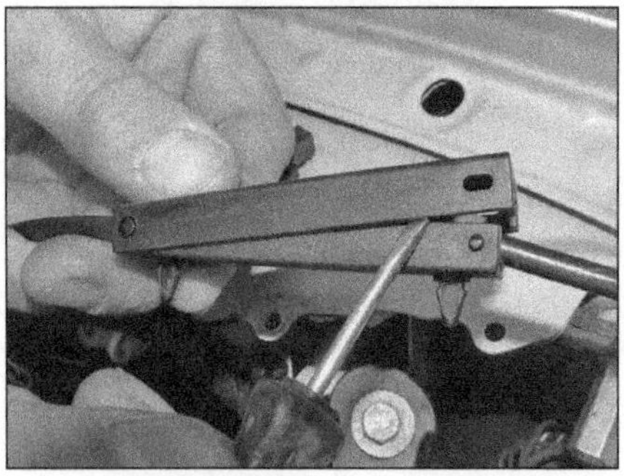

9.12a Bänd upp huset. . .

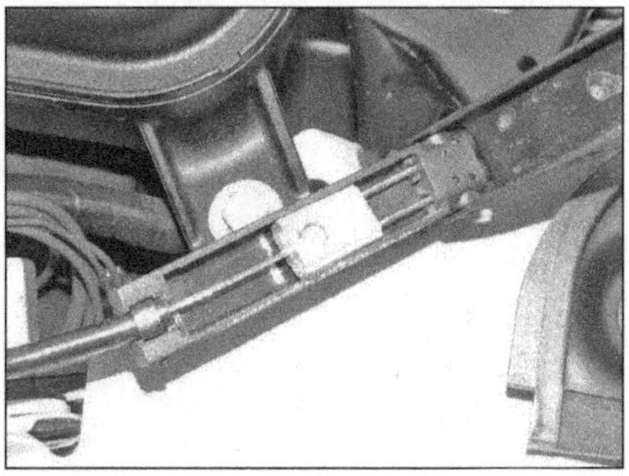

9.12b . . . och lossa kablarna

10.4 Skruva loss bultarna (markerade med pilar) som håller fast motorhuvslåset

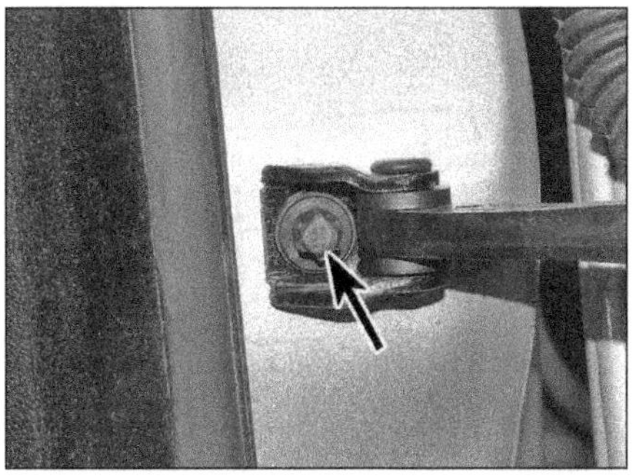

11.2 Torxbult dörrkontrollänk (markerad med pil)

11.3 Skruva loss gångjärnsmuttrarna

Bänd upp huset och koppla loss de inre och yttre vajrarna **(se bilder 9.12a och 9.12b)**.

2 Skruva loss bultarna på stötfångarens överdel **(se bild 6.3a)**.

3 Gör inställningsmärken mellan låset (låsen) och tvärbalken för att underlätta återmonteringen.

4 Lossa och ta bort låsets fästbultar, lyft sedan bort låset från dess plats. Frigör den yttre frigöringskabeln från låset, lossa sedan den inre kabeln från låset **(se bild)**. Ta ur låset ur bilen.

Montering

5 Placera motorhuvens inre öppningsvajer i låset och återanslut den yttre vajern till spaken. Placera låset på tvärbalken.

6 Placera låset enligt märkena du gjorde före demonteringen och sätt sedan dit bultarna och dra åt dem ordentligt.

7 Kontrollera att låset fungerar utan problem när du flyttar låsspaken, utan att det går onödigt trögt. Kontrollera att motorhuven kan låsas och öppnas utan problem.

8 Montera tillbaka stötfångarnas bultar när låsen fungerar korrekt.

11 Dörr – demontering, återmontering och justering

Demontering

1 Koppla loss batteriets minusdelare (se kapitel 5A).

2 Skruva loss torxbulten som håller fast dörrens öppningsbegränsare vid stolpen **(se bild)**.

3 Skruva loss gångjärnsmuttrarna från både de övre och nedre dörrgångjärnen **(se bild)**.

4 Be någon att stötta upp dörren, skruva loss fästbulten och ta bort dörrens kontaktdon från stolpen. Dra ut låsdelen och koppla loss anslutningen när du tar bort dörren. Om det behövs kan gångjärnssprintarna skruvas loss från gångjärnen.

Montering

5 Placera dörren i rätt läge och återanslut anslutningskontakten. Tryck in kontaktdonet i stolpen och fäst den med bulten.

6 Haka fast gångjärnen på dörrens pinnbultar och dra åt muttrarna ordentligt. Observera att dörrens läge kan justeras vid behov genom att lägga till eller ta bort mellanlägg mellan gångjärnet och dörren (finns hos BMW-verkstäder).

7 Placera öppningsbegränsaren i linje med stolpen, sätt dit och dra åt fästbulten.

Justering

8 Stäng dörren och kontrollera att den sitter rätt i förhållande till omgivande karosspaneler. Om det behövs kan du justera dörrens läge något genom att lossa gångjärnens fästmuttrar och flytta dörren/gångjärnen till rätt position. När dörren sitter rätt, dra åt gångjärnsmuttrarna ordentligt. Om lacken kring gångjärnen har skadats, lackera det skadade området med en lämplig pensel för att förebygga korrosion.

12.1 Bänd försiktigt bort dekorklädselpanelen från panelen

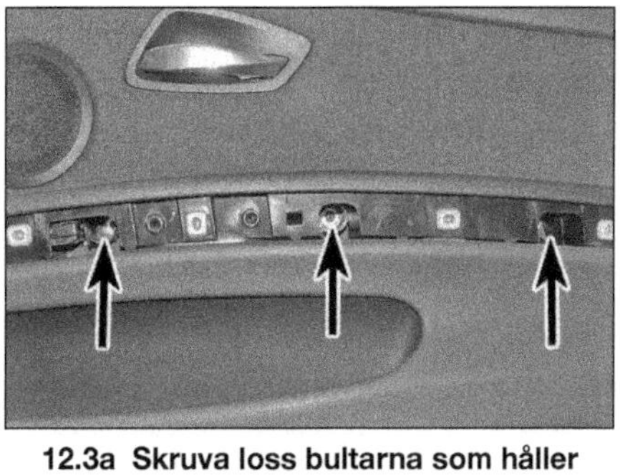

12.3a Skruva loss bultarna som håller fast dörrpanelen (markerad med pilar) – förarsidan. . .

12 Dörrens inre klädselpanel – demontering och montering

Demontering

Framdörr

1 Börja bakifrån och bänd försiktigt loss klädselpanelen från dörrpanelen med ett specialverktyg eller en spårskruvmejsel **(se bild)**.

2 Om passagerardörrens klädselpanel tas bort med början från den nedre kanten ska det inre dörrhandtagets klädselpanel bändas upp försiktigt från sin placering **(se bild)**.

3 Skruva loss de Torxbultar som håller fast dörrens klädselpanel **(se bilder)**.

4 Lossa klämmorna till dörrens klädselpanel genom att försiktigt bända ut panelen från

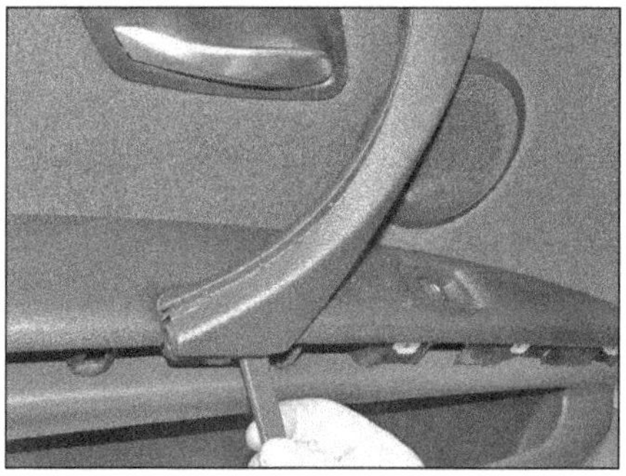

12.2 Bänd upp det invändiga dörrhandtaget från passagerardörrens panel

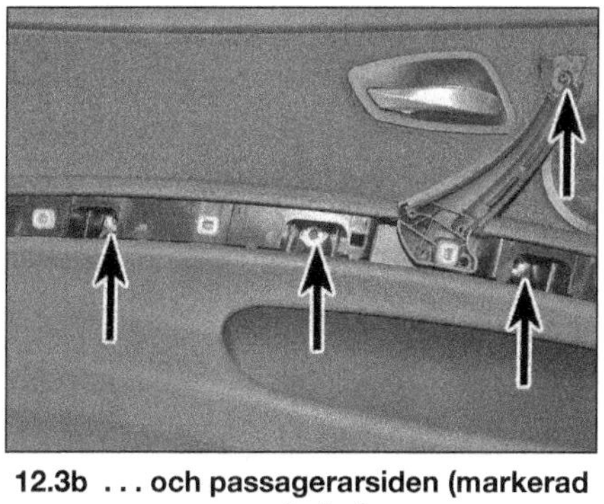

12.3b . . . och passagerarsiden (markerad med pilar)

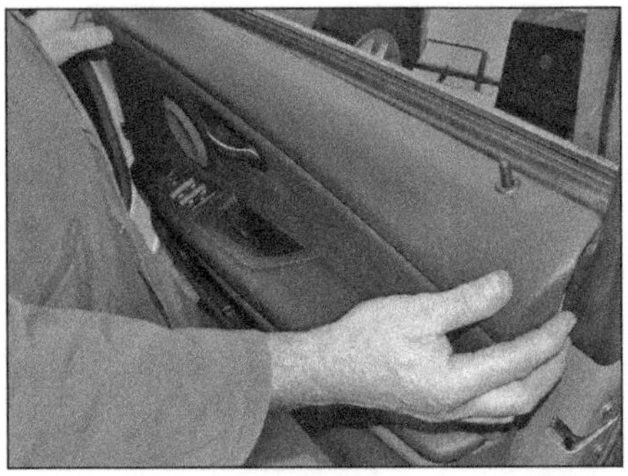

12.4 Dra panelen inåt innan du lyfter den över låsknoppen

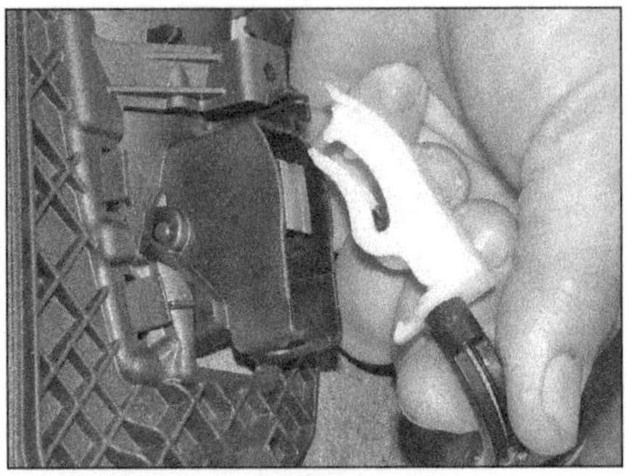

12.5 Lossa bakkanten och lossa frigöringshandtagets kabel

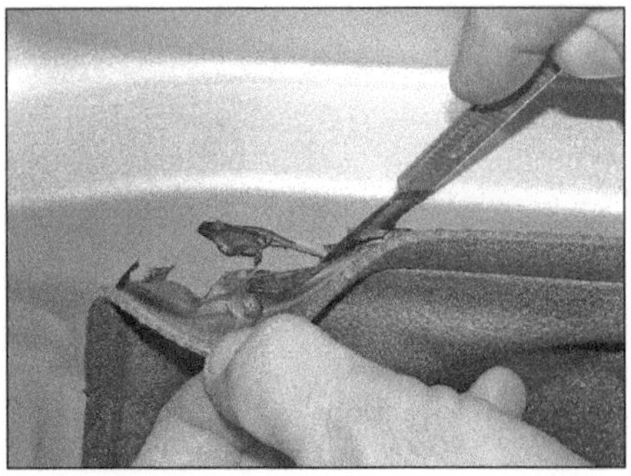

12.7 Använd en vass kniv för att skära genom dörrens tätningspanels tätningsmedel

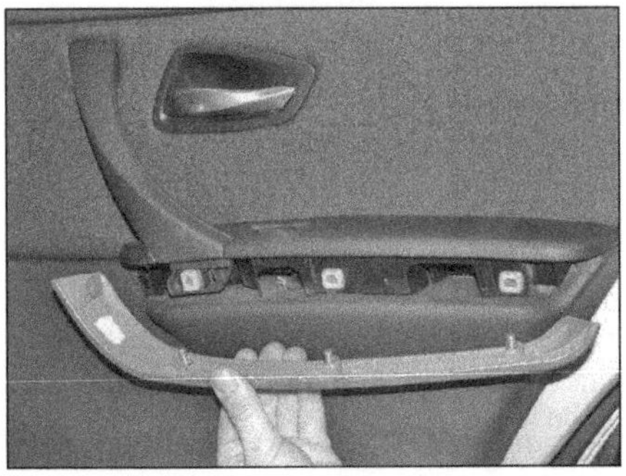

12.8 Bänd upp dekorklädselpanelen från panelen

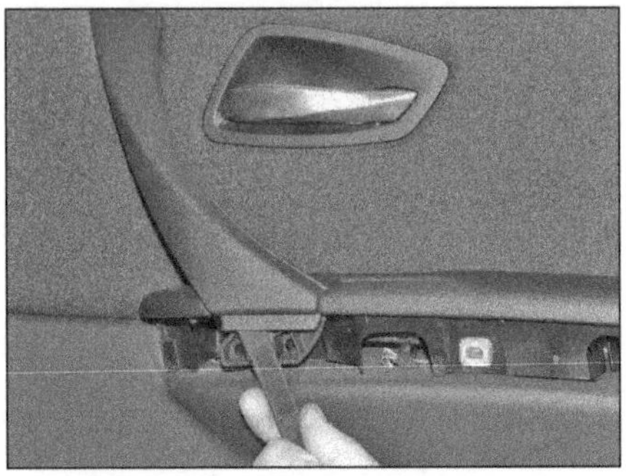

12.9 Bänd upp kåpan från handtaget . . .

dörren med en spårskruvmejsel. Arbeta kring panelens utsida och när du har lossat alla pinnbultar tar du loss panelen från dörrens ovansida och lyfter den över låsknappen **(se bild)**.

5 Håll panelen borta från dörren, lossa det inre handtagets låsvajer från dörrlåset **(se bild)**.

6 Lossa de olika anslutningskontakterna när panelen tas bort.

7 Bänd försiktigt upp ljudisoleringspanelen från dörren med ett verktyg med platt blad för att skära igenom tätningsmedlet om det behövs **(se bild)**.

Bakdörr

8 Börja bakifrån och bänd försiktigt bort dekorklädselpanelen från framdörrens panel, haka sedan loss den från den främre delen **(se bild)**.

9 Starta vid klädselpanelens bas, använd ett lossningsverktyg för klädselpanelklämmor eller en flatbladig skruvmejsel och bänd försiktigt bort kåpan från dörren **(se bild)**.

10 Skruva loss panelens Torxbultar **(se bild)**.

11 Lossa klämmorna till dörrens klädselpanel genom att försiktigt bända ut panelen från dörren med en spårskruvmejsel. Arbeta kring panelens utsida och när du har lossat alla pinnbultar tar du loss panelen från dörrens ovansida och lyfter den över låsknappen **(se bild)**.

12 Håll panelen borta från dörren, lossa det inre handtagets låsvajer från dörrlåset **(se bild 12.5)**.

13 Lossa de olika anslutningskontakterna när panelen tas bort.

14 Om det behövs, bänd försiktigt loss den hela isoleringspanelen från dörren genom att skära genom tätningsmedlet med ett plattbladigt verktyg.

Montering

15 Monteringen av klädselpanelen utförs i omvänd ordning mot demonteringen. Före monteringen, kontrollera om någon av klädselpanelens fästklämmor har skadats vid demonteringen. Byt ut dem vid behov. Se till att den hela isoleringspanelen fäster i ursprungsläget där du har tagit bort den. Om den hela isoleringspanelen har skadats vid demonteringen måste den bytas ut.

13 Dörrhandtag och låskomponenter – demontering och montering

Demontering

Inre handtag

1 Ta bort dörrens inre klädselpanel enligt beskrivningen i avsnitt 12.

2 Manövrera den inre handtags spak, bänd ut låsklämman och lossa vajern från handtaget **(se bild 12.5)**.

3 Skruva loss fästbulten, lossa sedan klämmorna och ta bort handtaget från dörrens klädselpanel **(se bild)**.

Framdörrens låsenhet

4 Demontera fönsterregulatorn enligt beskrivningen i avsnitt 14. Observera att det inte är nödvändigt att ta bort fönstret helt – för det till kanalens överdel och fäst det på plats med tejp.

5 Om du arbetar med förardörren, demontera

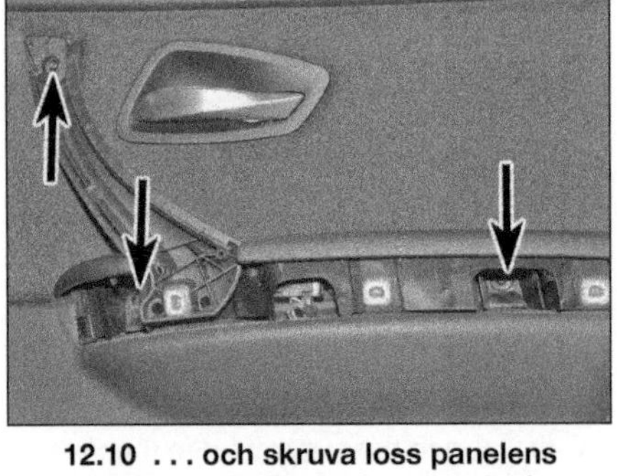

12.10 . . . och skruva loss panelens fästbultar (markerade med pilar)

12.11 Bänd mellan panelen och dörren med ett trubbigt verktyg med platt blad för att lossa klämmorna

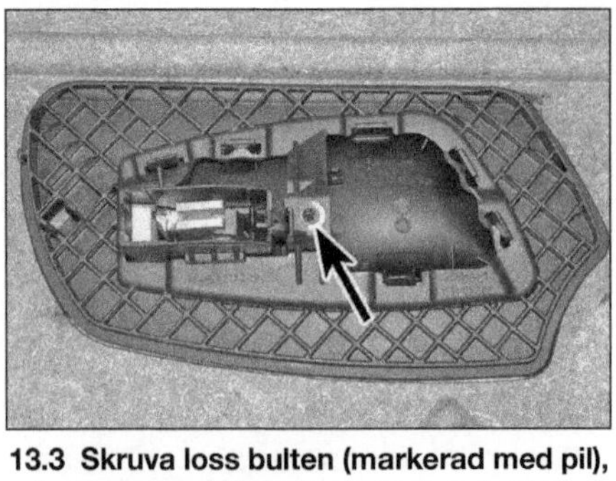

13.3 Skruva loss bulten (markerad med pil), lossa sedan klämmorna runt omkretsen och dra bort handtaget från panelen

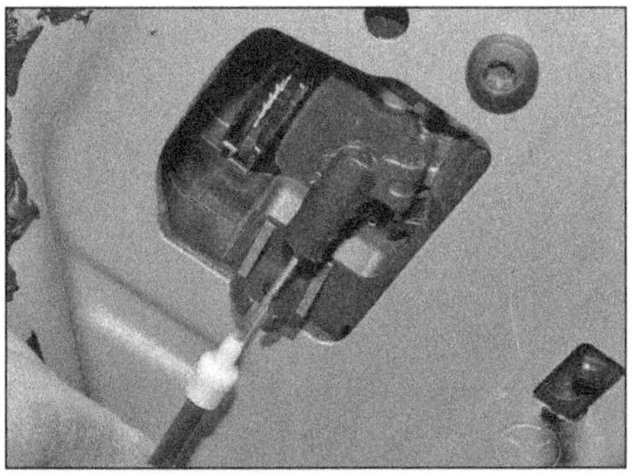
13.7a Dra den yttre kabeln från fästet och lossa den inre kabeln

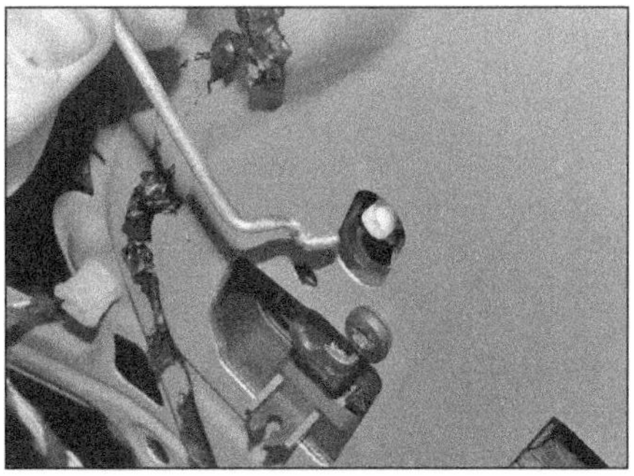
13.7b Dra bort låsknappens styrstav från låset

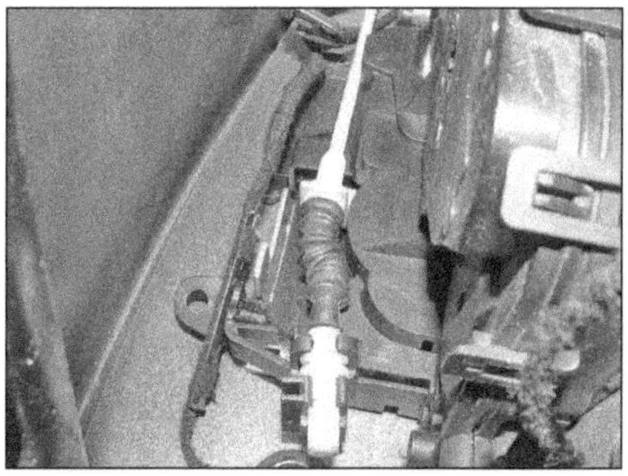
13.8 Dra bort frigöringskabeln från dörrlåset

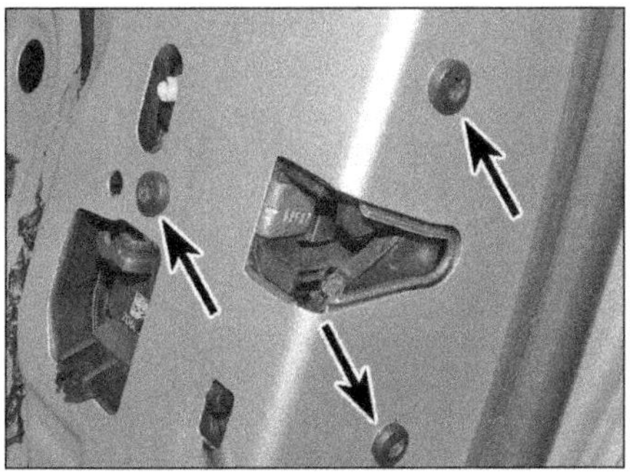
13.9a Skruva loss dörrlåsets bultar (markerade med pilar) . . .

13.9b . . . och ta bort den från dörran

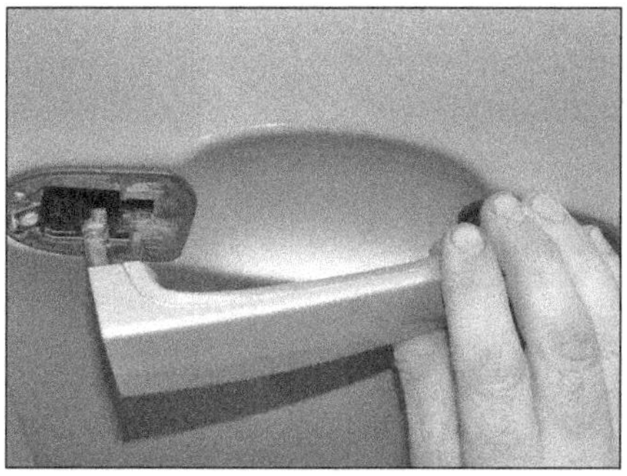
13.11 Dra bort handtaget bakåt, sedan utåt

låscylindern enligt beskrivningen i punkt 13 och 14.

6 Lossa fästklämmorna till låsenhetens vajrar och koppla loss anslutningskontakten/ kontakterna.

7 Lossa den inre låsvajern från låset, lossa sedan låsknappens styrstång från låset **(se bilder)**.

8 Lossa lossningsvajern från dörrlåset genom att dra bort kabeln från klämmorna. Observera kabelns dragning - den måste monteras tillbaka i den ursprungliga placeringen **(se bild)**.

9 Lossa och ta bort låsenhetens fästskruvar, för sedan bort det från dörren **(se bilder)**.

13.12a Ta bort gummipackningarna. . .

13.12b . . . och skruva loss fästbulten (markerad med pil)

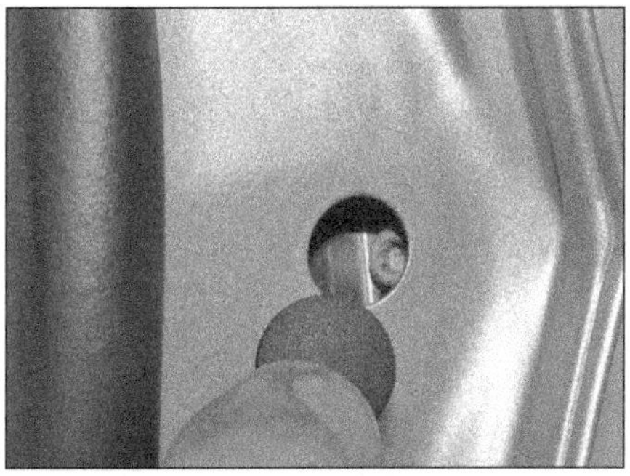
13.13 Ta bort gummigenomföringen och skruva loss bulten

13.14 Dra bort låscylindern

Framdörrens ytterhandtag

10 Om du arbetar med förardörren, demontera låscylindern enligt beskrivningen i punkt 13 och 14. Om du arbetar på passagerardörren bänder du ut genomföringen i dörrens slutpanel för att exponera fästbulten till ytterhandtagets bakre kåpa – ta bort bulten och dra ut kåpan. **Observera:** *I modeller med handtagsbelysning lyfter du lampdelen från dess plats i handtagsöppningen för att förhindra skador av misstag när handtaget tas bort.*

11 Dra det yttre handtaget bakåt, sedan utåt för att lossa den främre styrningen **(se bild)**.

12 För att ta bort handtagets manövreringsram tar du bort dörrlåset enligt beskrivningen i detta avsnitt, ta sedan bort gummipackningen från det främre handtagets fäste, skruva loss torxbulten och dra bort ramen från dess plats framåt. Lossa alla anslutningskontakter när ramen tas bort **(se bilder)**.

Framdörrens låscylinder

13 Bänd ut genomföringen i dörrens ändpanel för att komma åt låscylinderns fästbult **(se bild)**.

14 Skruva loss fästbulten, sätt in nyckeln och dra ut låscylindern från dörren **(se bild)**.

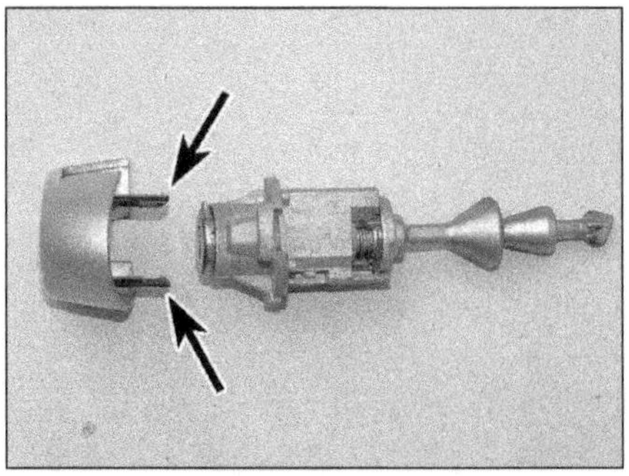

13.15 Lossa de två klämmorna (markerade med pilar) och separera kåpan från cylindern

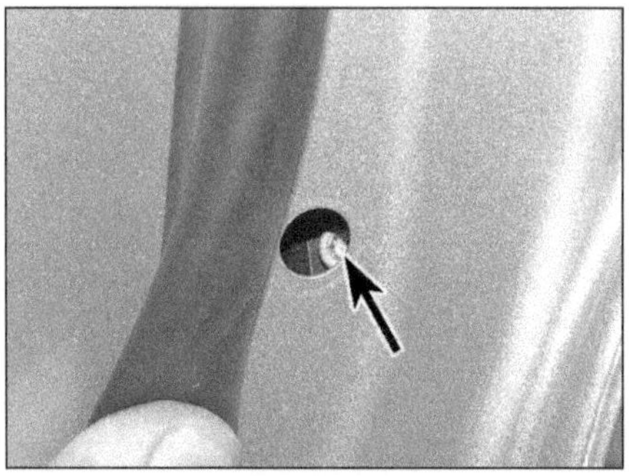

13.20a Skruva loss fästbulten (se pil) . . .

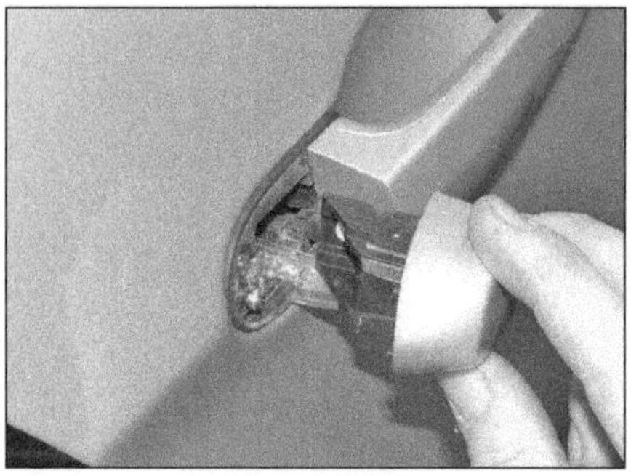

13.20b . . . och dra bort den bakre kåpan

15 Vid behov, lossa de två fästklämmorna och skilj cylindern från plastkåpan **(se bild)**.

Bakdörrens lås

16 Demontera dörrens inre klädselpanel och ljudisoleringspanel enligt beskrivningen i avsnitt 12. Lossa dörrlåsets anslutningskontakt (anslutningskontakter).

17 Lossa låsvajern från låset, lossa sedan låsknappens styrstång **(se bilder 13.7a och 13.7b)**.

18 Lossa det yttre handtagets låsvajer från dörrlåset genom att dra bort vajern från klämmorna. Observera kabelns dragning – det är ytterst viktigt att den monteras tillbaka på den ursprungliga placeringen **(se bild 13.8)**.

19 Lossa och ta bort låsenhetens fästskruvar, lossa kabelhärvan från fästklämmorna, för sedan bort den från dörren **(se bilder 13.9a och 13.9b)**.

Bakdörrens ytterhandtag

20 Bänd ut genomföringen i dörrens ändpanel så att du kommer åt fästbulten till ytterhandtagets bakre kåpa. Skruva loss bulten och ta bort bakkåpan från ytterhandtaget **(se bilder)**.

21 Dra det yttre handtaget bakåt, sedan utåt för att lossa den främre styrningen **(se bild)**. **Observera:** *I modeller med handtagsbelysning lyfter du lampdelen från dess plats i handtagsöppningen för att förhindra skador av misstag när handtaget tas bort.*

22 För att ta bort handtagets manövreringsram tar du bort dörrlåset enligt beskrivningen i detta avsnitt, ta sedan bort gummipackningen från det främre handtagets fäste, skruva loss torxbulten och dra bort ramen från dess plats framåt. Lossa alla anslutningskontakter när ramen tas bort **(se bilder 13.12a och 13.12b)**.

Montering

Inre handtag

23 Kläm in dörrhandtaget i klädselpanelen och montera tillbaka fästbulten.

24 Återanslut låsvajern till handtaget.

25 Montera tillbaka klädselpanelen enligt beskrivningen i avsnitt 12.

Framdörrens låsenhet

26 Se till att tätningen på dörrlåset är oskadad.

27 För låsenheten på plats, montera tillbaka bultarna men dra inte åt dem på det här stadiet.

28 Tvinga in låset helt i dörramens hörn. Låstätningen måste vara helt i kontakt med dörramen för att förhindra vatteninträng. Dra åt fästbultarna ordentligt.

29 Återanslut låsvajern och anslutningskontakten till låset.

30 Kläm låsknappens styrstav och den inre låsvajern på plats i låset.

31 Montera låscylindern på förardörren enligt beskrivningen i punkt 39 och 40.

32 Montera tillbaka fönster regulatorenheten enligt beskrivningen i avsnitt 14.

33 Stäng **inte** dörren förrän du har installerat låset och kontrollerat dess funktion enligt följande:

a) Stäng dörrlåset med en skruvmejsel genom att trycka på låsspaken.
b) Lås upp dörren med nyckeln.
c) Använd ytterhandtaget och "öppna" låset.

Framdörrens ytterhandtag

34 Se till att låsspaken är placerad på det sätt som visas **(se bild)**. Om inte drar du spaken utåt tills den går i ingrepp med fästklämman.

35 Sätt i framdelen av handtaget i hålet i dörrplåten. Sätt sedan i bakdelen av handtaget. Håll handtaget lätt mot dörren och tryck det framåt tills det "klickar i".

36 Om du monterar tillbaka förarens dörrhandtag ska du montera tillbaka låscylindern enligt beskrivningen i punkt 39 och 40. Vid återmontering av handtaget på passagerarsidan monterar du ytterhandtagets bakre kåpa och drar åt fästskruven ordentligt. Sätt tillbaka genomföringen på dörrens ändpanel.

37 Stäng **inte** dörren förrän du har installerat låset och kontrollerat dess funktion enligt beskrivningen i punkt 33.

Framdörrens låscylinder

38 Om du har tagit loss plastkåpan, kläm fast den på cylindern.

39 Smörj låscylinderns utsida med lämpligt fett.

40 Montera tillbaka låscylindern i dörrlåset och dra åt fästskruven ordentligt. Sätt tillbaka genomföringen i dörrens ändpanel. Innan du stänger dörren, kontrollera låsets funktion enligt beskrivningen i punkt 33.

Bakdörrens lås

41 Se till att tätningen på dörrlåset är oskadad.

42 För låsenheten på plats, montera tillbaka bultarna men dra inte åt dem på det här stadiet.

43 Tvinga in låset helt i dörramens hörn. Låstätningen måste vara helt i kontakt med dörramen för att förhindra vatteninträng. Dra åt fästbultarna ordentligt.

44 Återanslut låsvajern och anslutningskontakten till låset.

45 Kläm låsknappens styrstav på plats i låset.

46 Stäng **inte** dörren förrän du har installerat låset och kontrollerat dess funktion enligt följande:

a) Stäng dörrlåset med en skruvmejsel genom att trycka på låsspaken.
b) Lås upp dörren med nyckeln.
c) Använd ytterhandtaget och "öppna" låset.

13.21 Placera handtagets belysningselement i öppningen för att förhindra skada

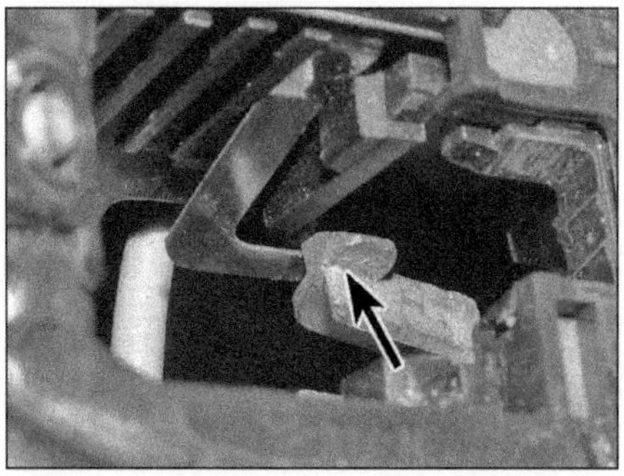

13.34 Placera låsspaken (markerad med pil) så att fästklämman håller den utåt

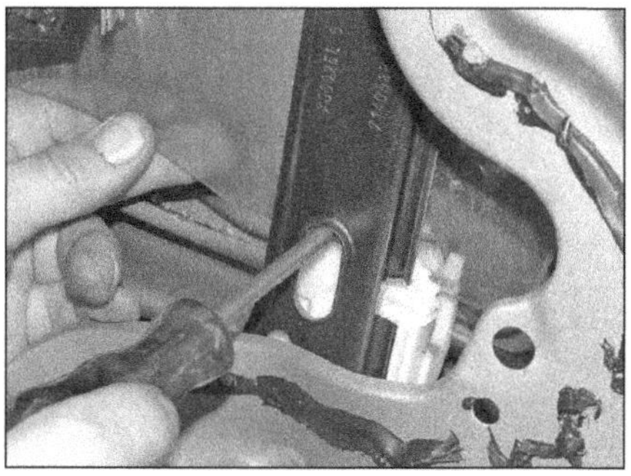

14.5a Använd en skruvmejsel . . .

14.5b . . . för att trycka ut fönstrets fästhake (markerad med pil)

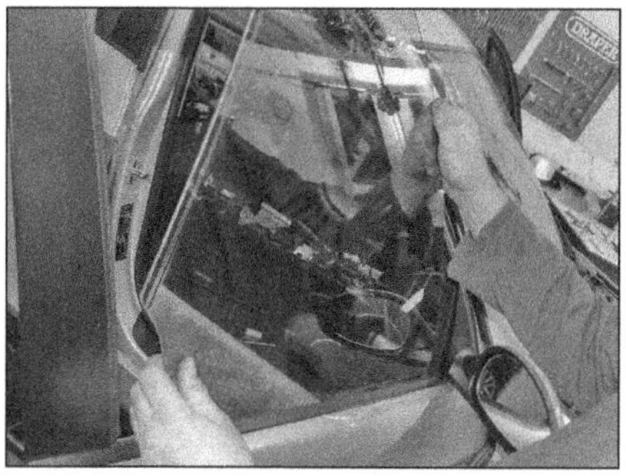

14.6 Lyft av den bakre delen först och ta bort rutan

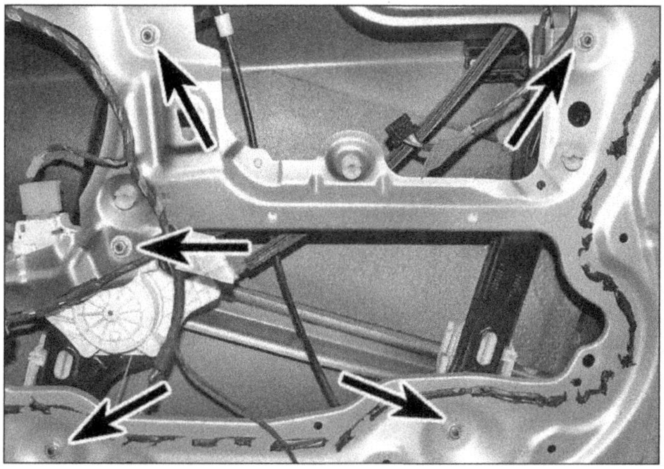

14.9a Skruva loss regulatorns fästmuttrar (markerade med pilar) . . .

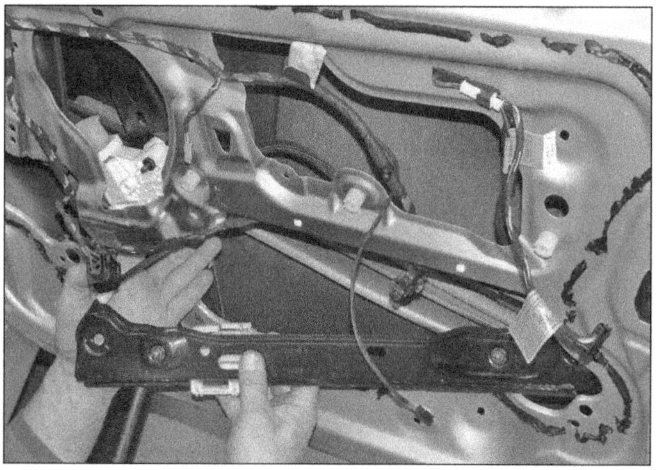

14.9b . . . och för regulatorn från dörren

47 Fäst ljudisoleringspanelen på dörren. Montera klädselpanelen enligt beskrivningen i avsnitt 12.

Bakdörrens ytterhandtag

48 Se till att låsspaken är placerad på det sätt som visas **(se bild 13.34)**. Om inte drar du spaken utåt tills den går i ingrepp med fästklämman.

49 Sätt i framdelen av handtaget i hålet i dörrplåten. Sätt sedan i bakdelen av handtaget. Håll handtaget lätt mot dörren och tryck det framåt tills det "klickar i".

50 Sätt ytterhandtagets bakre kåpa på plats och dra åt fästbulten ordentligt. Sätt tillbaka genomföringen på dörrens ändpanel.

51 Stäng **inte** dörren förrän du har installerat låset och kontrollerat dess funktion enligt beskrivningen i punkt 33.

14 Fönsterglas och fönsterhiss - demontering och montering

Demontering

Framdörrens fönster

1 Öppna fönstret helt och stäng det sedan ungefär 105 mm (uppmät baktill på rutan) för att komma åt fönsterspärrarna.

2 Koppla loss batteriets minusdelare (se kapitel 5A).

3 Ta bort den inre klädselpanelen och ljudisoleringspanelen (avsnitt 12).

4 Börja baktill och använd ett brett verktyg med platt blad för att försiktigt bända upp fönstrets inre tätningslist från fönstrets bas.

5 Bänd ut fönstrets klämspärrar och för fönstret uppåt **(se bilder)**.

6 Ta loss fönstret från bilen, lyft upp bakdelen först **(se bild)**.

Framdörrens fönsterhiss

7 Lossa dörrutan från fästspärrarna enligt beskrivningen tidigare i detta avsnitt. Observera att du inte behöver ta loss fönstret från dörren, fäst det bara i stängt läge med tejp eller gummikilar.

8 Lossa fönstermotorns anslutningskontakt.

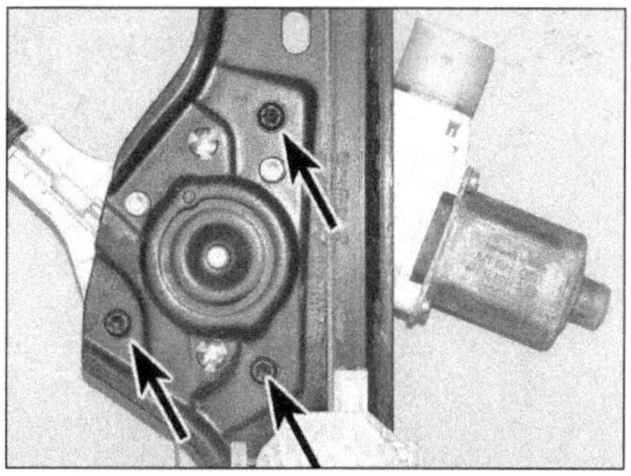

14.10 Fönstermotorns fästbultar (markerade med pilar)

9 Skruva loss regulatorns fem fästskruvar, lossa eventuella fästklämmor och för bort regulatorn från dörren **(se bilder)**.

10 Skruva loss fästbultarna och separera om tillämpligt motorn från regulatorn **(se bild)**.

Ruta bakdörr

11 Dra ner rutan helt, ta sedan bort dörrens invändiga klädselpanel och ljudisoleringspanelen enligt beskrivningen i avsnitt 12.

12 Använd ett brett verktyg med platt blad för att försiktigt bända upp fönstrets inre tätningslist från dörrplåten **(se bild)**.

13 Dra försiktigt bort gummilisten från framkanten på dörrutans ram, dra bort rutramens klädesplagg av plast från ramens

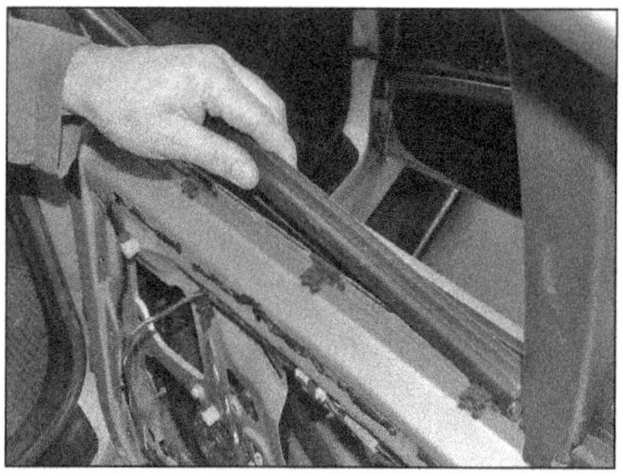

14.12 Bänd upp den inre tätningsremsan från dörren

14.13a Dra gummiremsan (markerad med pil) från dörrens framkant

14.13b Dra plastpanelen från ramens främre del

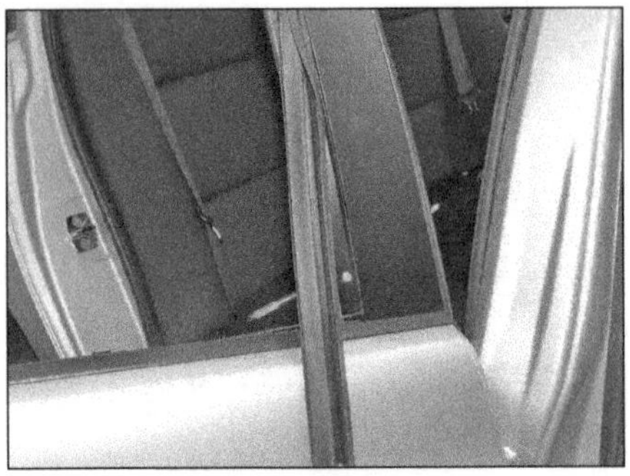

14.13c Bänd upp tätningsremsan från fönsteröppningens främre del

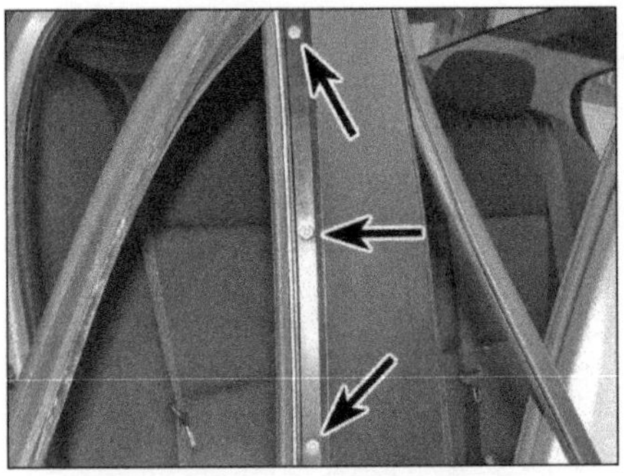

14.13d Skruva loss de 3 bultarna (markerade med pilar) . . .

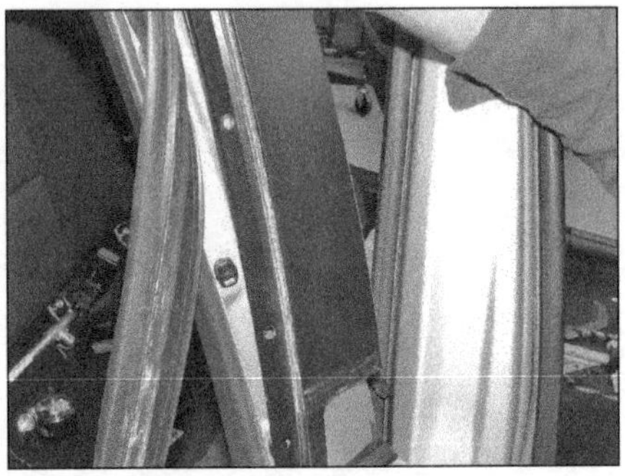

14.13e . . . och ta bort panelen

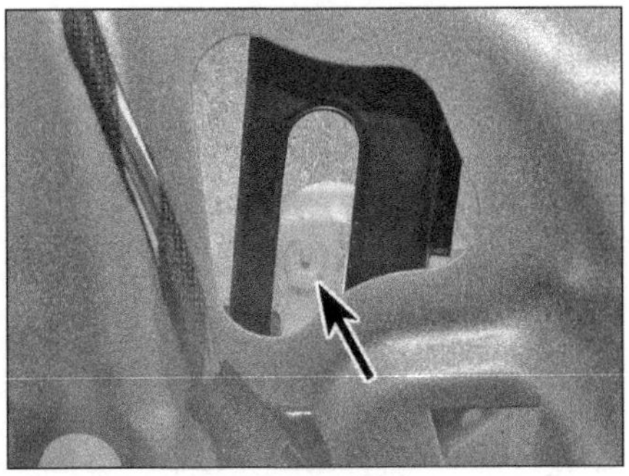

14.15 Tryck fönstrets fästspärr utåt (markerad med pil). . .

främre del och skala bort fönsterlisten bakåt från fönsteröppningens främre kant för att komma åt bultarna till fönstrets klädselöverdrag. Skruva loss fästbultarna och lyft av panelen från dörren **(se bilder)**.

14 Stäng fönstret helt, sänk sedan ner det ungefär 120 mm, mätt från kanten.

15 Tryck fönsterklämmans spärr utåt och för fönstret uppåt **(se bild)**.

16 Ta loss fönstret från bilen, lyft upp bakdelen först **(se bild)**.

Fast ruta bakdörr

17 Eftersom bakdörrens fasta fönster sitter fast, bör detta fönster endast bytas av en BMW-verkstad eller en bilrutespecialist.

Bakdörrens fönsterhiss

18 Lossa dörrutan från klämspärrarna enligt beskrivningen tidigare i detta avsnitt, för den uppåt och fäst den på plats med tejp.

19 Koppla loss batteriets minusdelare enligt beskrivningen i kapitel 5A.

20 Lossa anslutningskontakten till regulatorn och lossa kabelknippet från eventuella fästklämmor.

21 Skruva loss regulatorns fästmuttrar, lossa eventuella fästklämmor, lyft ut enhetens nedre ände och för den från dörren **(se bild)**.

22 Om tillämpligt, skruva loss fästbultarna, och ta bort motorn från regulatorn **(se bild)**.

Fast sidobakruta

23 Eftersom det fasta bakre sidofönstret sitter fast, bör det endast bytas av en BMW-verkstad eller en bilrutespecialist.

Montering

Framdörrens fönster

24 Monteringen utförs i omvänd ordningsföljd mot demonteringen. Byt fönsterklämmans spärrar om de är skadade.

Framdörrens fönsterhiss

25 Monteringen utförs i omvänd ordningsföljd mot demonteringen. Tryck på knappen för att stänga fönstret helt, fortsätt sedan att hålla knappen intryckt under minst en sekund för att normalisera säkerhetsstoppfunktionen när regulatorn har monterats tillbaka.

Bakdörrens fönsterglas

26 Monteringen utförs i omvänd ordningsföljd mot demonteringen. Byt fönsterklämmans spärr om den är skadad.

Bakdörrens fönsterhiss

27 Monteringen utförs i omvänd ordningsföljd mot demonteringen. Tryck på knappen för att stänga fönstret helt, fortsätt sedan att hålla knappen intryckt under minst en sekund för att normalisera säkerhetsstoppfunktionen när regulatorn har monterats tillbaka.

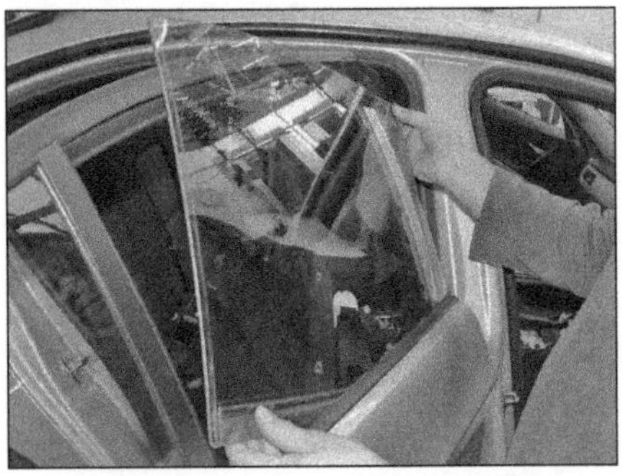

14.16 . . . och lyft av rutan från dörren

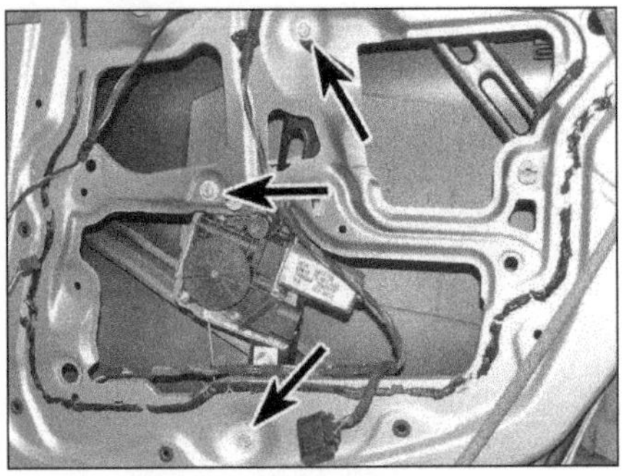

14.21 Fönsterregulatorns fästmuttrar (markerade med pilar)

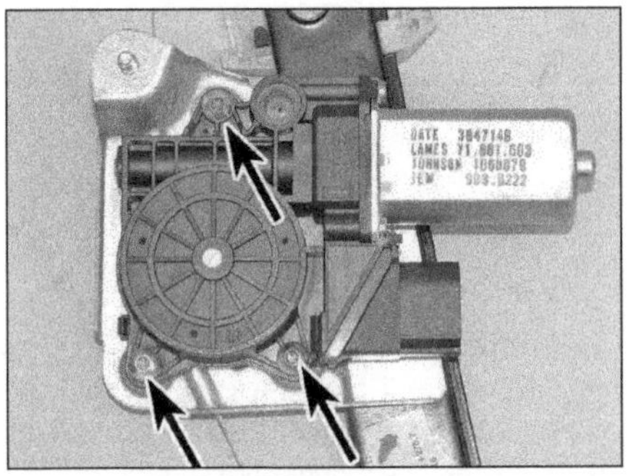

14.22 Motorns fästbultar (markerade med pilar)

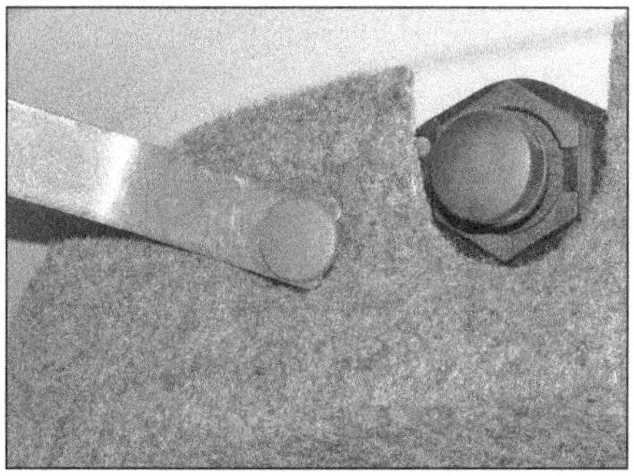

15.1a Bänd upp centrumsprintarna och bänd ut expandernitarna . . .

15 Baklucka och stödben – demontering och montering

Demontering

Baklucka

1 Öppna bakluckan, bänd upp de mittre sprintarna och ta bort plastnitarna, ta sedan bort klädselpanelen från bakluckan **(se bilder)**.

2 Lossa kontaktdonen från nummerplåtsbelysningen och bakluckans lås och bind en bit snöre på kablagets ände. Notera hur kablaget är draget och lossa sedan gummigenomföringarna till kablaget från bakluckan och ta bort kablaget. När kablagets ände kommer fram, knyt loss snöret och lämna det i bakluckan, det kan användas senare för att dra kablaget på plats.

3 Rita runt varje gångjärn med en lämplig märkpenna, lossa sedan den övre gångjärnsbulten och ta bort bakluckan från bilen.

4 Se efter om det finns tecken på slitage eller skador på gångjärnen. Byt ut dem vid behov. Gångjärnen är fästa vid bilen med bultar.

Baklucka

5 För demontering och montering av bakluckan krävs det speciella BMW karossverktyg och erfarenhet av att använda dem. Följaktligen rekommenderar vi att du överlåter arbetet till en BMW-verkstad eller specialist med rätt utrustning.

Stödben

6 Stötta bakluckan så att den hålls öppen. Bänd upp fjäderklämman med en liten spårskruvmejsel och dra loss stödbenet från

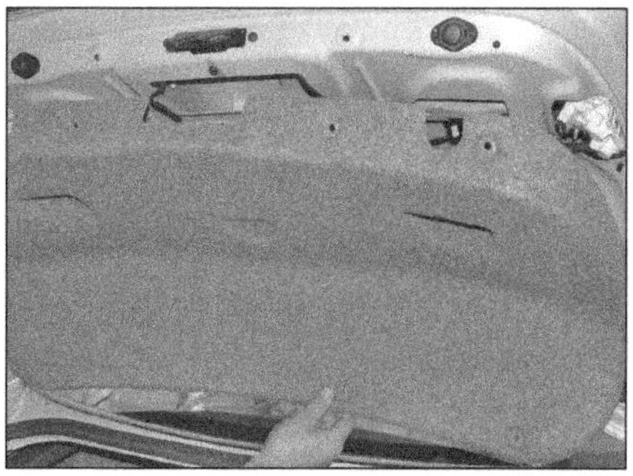

15.1b . . . och ta bort bakluckans klädselpanel

dess övre fäste **(se bild)**. Upprepa detta för det nedre fästet och ta loss fjäderbenet från bilen.

Montering

Baklucka

7 Monteringen utförs i omvänd ordningsföljd mot demonteringen, se till att gångjärnen placeras enligt markeringarna du gjorde innan demonteringen.

8 Avsluta med att stänga bakluckan och kontrollera att den sitter rätt i förhållande till omgivande paneler. Om det behövs kan mindre justeringar göras genom att lossa fästbultarna och ändra bakluckans läge på gångjärnen. Om lacken kring gångjärnen har skadats, lackera det skadade området med en lämplig pensel för att förebygga korrosion.

Stödben

9 Monteringen utförs i omvänd ordning mot demonteringen, se till att fjäderbenet sitter fast ordentligt med fästklämmorna.

16.3a Fästbultar till bakluckan

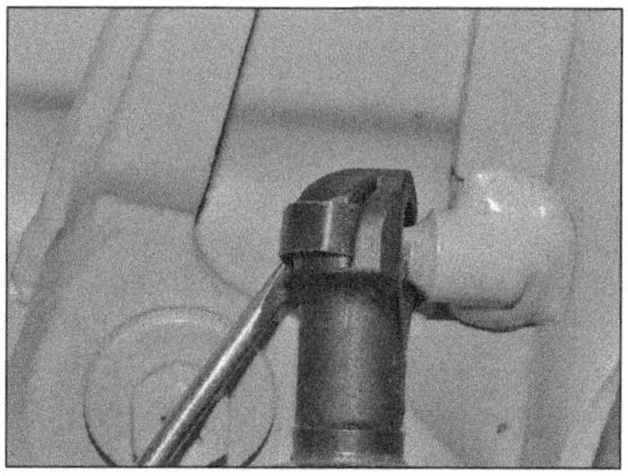

15.6 Lyft fjäderklämman och dra benet från fästet

16 Bakluckans låskomponenter – demontering och montering

Demontering

Bakluckans lås

1 Öppna bakluckan, bänd upp de mittre sprintarna och ta bort plastnitarna, ta sedan bort klädselpanelen från bakluckan – se avsnitt 15.

2 Koppla loss anslutningskontakten till låset.

3 Skruva loss de tre skruvarna och för låset från bakluckan. Lossa kabeln från låscylindern när låset är borttaget **(se bilder)**.

4 Lossa klämman från det yttre kabelbeslaget av plast, bänd sedan upp den mittre sprinten och lossa den inre kabelns ändbeslag för att lossa manöverkabeln **(se bilder)**.

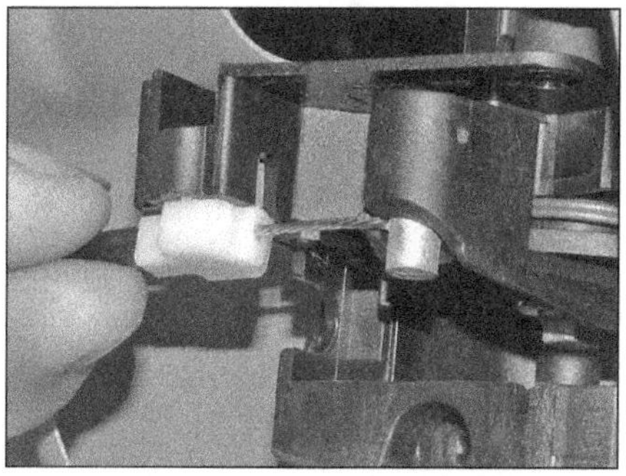

16.3b För det yttre beslaget från fästbygeln och för ändbeslaget från spaken

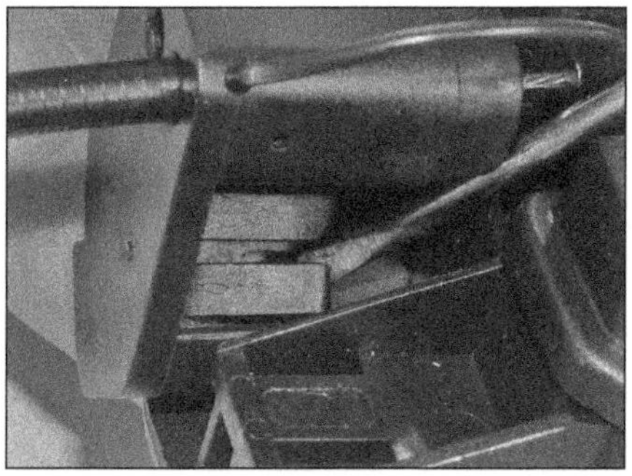

16.4a Lossa klämman och för av det yttre kabelbeslaget. . .

16.4b . . . bänd ut det mittre stiftet. . .

16.4c . . . och bänd lossa kabelns inre ändbeslag från spaken

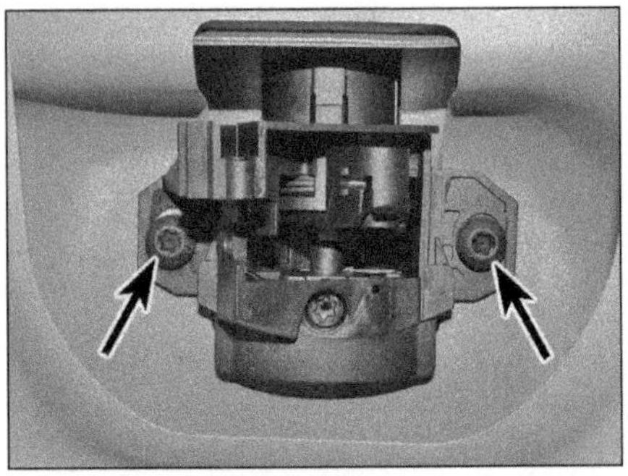

16.7 Låscylinderns fästbultar (markerade med pilar)

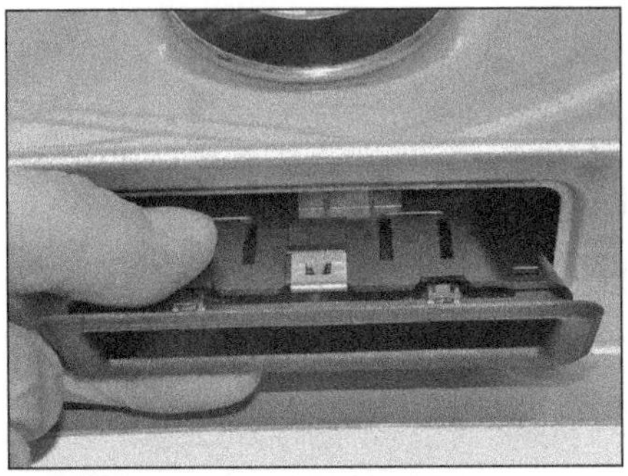

16.9 Tryck ihop sidorna och tryck bort knappen från locket

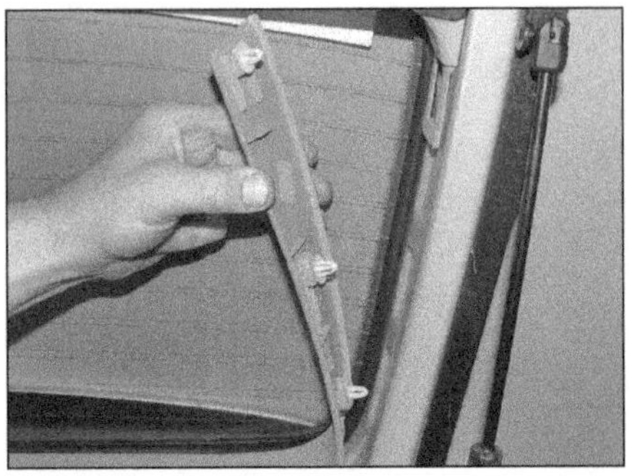

16.10 Dra sidoklädselpanelen inåt för att lossa klämmorna

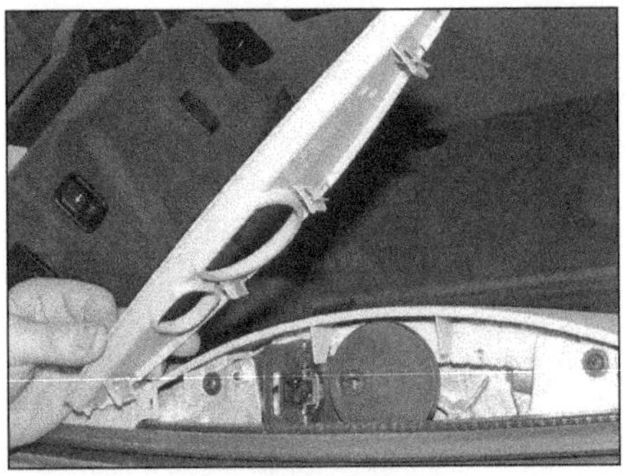

16.12a Dra klädselpanelen av plast bakåt. . .

Bakluckans låscylinder

5 Ta bort klädselpanelen från bakluckan enligt beskrivningen i avsnitt 15.

6 Lossa manövervajern från låscylindern **(se bild 16.3b)**.

16.13 Bänd ut kåpan och lossa bulten på varje sida

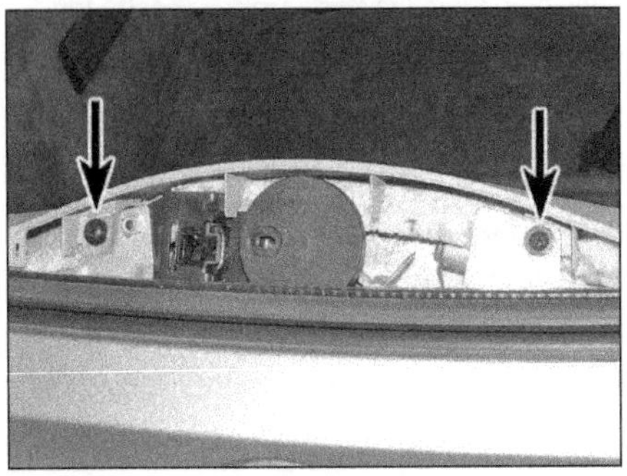

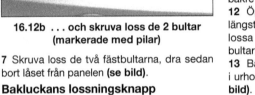

16.12b . . . och skruva loss de 2 bultar (markerade med pilar)

7 Skruva loss de två fästbultarna, dra sedan bort låset från panelen **(se bild)**.

Bakluckans lossningsknapp

8 Ta bort klädselpanelen enligt beskrivningen i avsnitt 15.

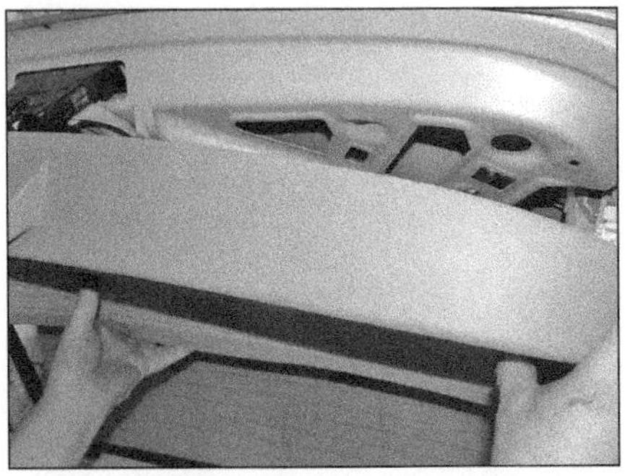

16.14 Dra bort panelen från bakrutan

9 Sträck upp handen bakom knappen, tryck ihop sidorna och tryck bort enheten från dess placering **(se bild)**. Koppla från anslutningskontakten när knappen tas bort.

Bakluckans lås

10 Dra bakrutans sidoklädselpanel inåt för att lossa fästklämmorna och lossa dem från den övre klädselpanelen **(se bild)**.

11 Lossa de tre klämmorna, vik sedan ner och ta bort klädselpanelinsatsen på bakrutans bakre panel.

12 Öppna bakrutan, dra plastklädselpanelen längst upp på den bakre panelen bakåt för att lossa klämmorna, skruva sedan loss de två bultarna längst upp på panelen **(se bilder)**.

13 Bänd ut kåpan, skruva sedan loss bulten i urholkningen för handtaget på varje sida **(se bild)**.

14 Dra klädselpanelens nedre kant inåt för att lossa fästklämmorna **(se bild)**. Lossa bagageutrymmets lampa när panelen är borttagen.

15 Skruva loss fästbultarna och för bort låset **(se bild)**.

16 Lossa vajern och anslutningskontakten när låset tas bort **(se bild)**.

Bakrutans lås

17 Ta bort bakrutans nedre klädselpanel enligt beskrivningen i punkt 10 till 14 i detta avsnitt.

18 Koppla loss anslutningskontakten till låset.

19 Skruva loss fästbultarna och för bort låset **(se bild)**.

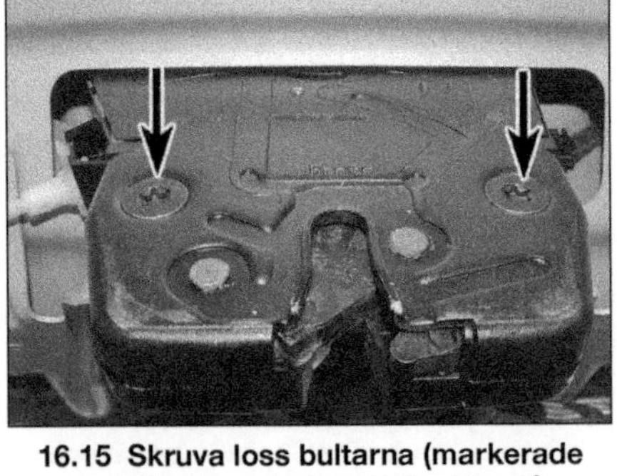

16.15 Skruva loss bultarna (markerade med pilar) och ta bort bakrutans lås

16.16 För det yttre kabelbeslaget från fästet och lossa frigöringskabeln

16.19 Låsbultar till bakrutan (markerade med pilar)

Montering

20 Monteringen sker i omvänd ordningsföljd mot demonteringen. Tänk på följande:

a) Återanslut alla anslutningskontakter och fäst kablaget med fästklämmorna (i förekommande fall).

b) Se till att allt hamnar rätt enligt de markeringar du gjort.

c) Kontrollera låsets/cylindrarnas funktion innan du monterar klädselpanelerna.

d) Dra åt alla fästen ordentligt.

17 Centrallåsets komponenter – demontering och montering

Observera: *Centrallåssystemet är mycket komplext och är utrustat med en avancerad självdiagnosfunktion. Innan du demonterar någon av centrallåsets delar bör du låta en BMW-verkstad eller en specialist med rätt utrustning läsa av var felet finns.*

Demontering

Elektronisk styrmodul (ECM)

1 Centrallåssystemet regleras av fotutrymmesmodulen och bilåtkomstsystemet (Car Access System – CAS) styrmodul. Demontering av fotutrymmesmodulen beskrivs i nästa avsnitt. CAS-styrmodulen sitter bakom handskfacket på passagerarsidan. För att komma åt styrmodulen skruvar du loss de tre bultarna och tar bort klädselpanelen ovanför förens pedaler **(se bild)**. Koppla loss eventuella anslutningskontakter innan du tar bort panelen.

2 Lossa försiktigt bandkabelkontakten och anslutningskontakten från styrmodulen **(se bild)**.

3 Skruva loss fästbultarna och för modulen från platsen. **Observera:** *Om en ny styrmodul monteras måste den programmeras och initieras med speciell diagnosutrustning. Låt en BMW-verkstad eller annan specialist utföra denna uppgift.*

Dörrlåsets manöverdon

4 Manöverdonet är inbyggt i dörrens låsenhet. Demontera dörrlåset enligt beskrivningen i avsnitt 13.

Manöverdon till bagageutrymmets lås

5 Bakluckans manöverdon är inbyggt i låsenheten till bagageutrymmet. Ta bort bakluckan enligt beskrivningen i avsnitt 16.

Manöverdon till bakluckans lås

6 Demontera bakluckelåset enligt beskrivningen i avsnitt 16.

7 Skruva loss de två fästskruvarna och ta loss manöverdonet från låset.

Tankluckans magnetventil

8 Öppna påfyllningslocket, skala sedan bort gummigenomföringen från manöverdonets stång.

9 Tryck ihop fästklämmorna och dra bort magnetventilen från dess plats.

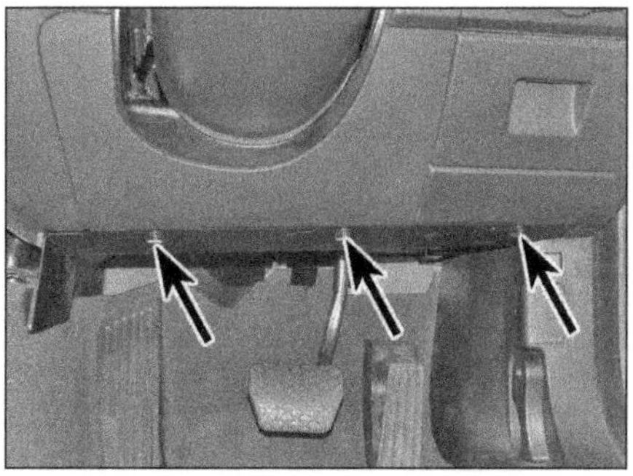

17.1 Skruva loss de tre bultarna (markerade med pilar) och ta bort klädselpanelen ovanför pedalerna

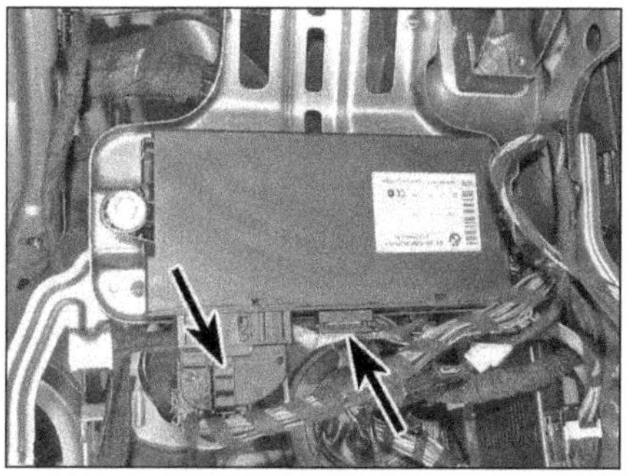

17.2 Lossa bandkabeln, bänd sedan över spärren och lossa anslutningskontakten (markerad med pilar)

10 Lossa kablagekontaktdonet när magnetventilen tas bort.

Montering

11 Montera i omvänd ordningsföljd mot demonteringen. Innan du sätter tillbaka någon av de klädselpaneler du har tagit bort för att komma åt, kontrollera centrallåssystemets funktion.

18 Elfönstrens delar – demontering och montering

Observera: *Elfönstersystemet är utrustat med en avancerad självdiagnosfunktion. Om ett fel inträffar, låt en BMW-verkstad eller en specialist med rätt utrustning läsa av felet innan du demonterar någon av elfönstrens elektriska delar.*

Fönstrets brytare

1 Se kapitel 12.

Fönstrens motorer

2 Demontera fönsterhissen enligt beskrivningen i avsnitt 14.

3 Lossa och ta bort fästbultarna och ta bort motorn från regulatorn.

4 Sätt fast motorn på regulatorn och dra åt fästskruvarna ordentligt vid monteringen.

5 Montera fönsterhissenheten enligt beskrivningen i avsnitt 14.

Elektronisk styrmodul (ECM)

6 Koppla loss batteriets minusdelare enligt beskrivningen i kapitel 5A.

7 Elfönstersystemet styrs av modulen i fotutrymmet som är placerad bakom sidoklädselpanelen i förarens fotutrymme. För att komma åt styrmodulen tar du bort klädselpanelen på fotutrymmets sida enligt beskrivningen i avsnitt 26.

8 Lossa styrmodulens anslutningskontakter **(se bild)**.

9 Skruva loss de övre och nedre fästmuttrarna, ta sedan bort styrmodulen.

10 Monteringen sker i omvänd ordningsföljd mot demonteringen. **Observera:** *Om en ny styrmodul monteras måste den programmeras och initieras med speciell diagnosutrustning. Låt en BMW-verkstad eller annan specialist utföra denna uppgift.*

19 Speglar och tillhörande komponenter – demontering och montering

Utvändiga speglar

1 Ta bort dörrens inre klädselpanel enligt beskrivningen i avsnitt 12.

2 Dra försiktigt bort klädselpanelen av plast från dörramens främre innerkant **(se bild)**.

3 Lossa spegelns anslutningskontakt, lossa sedan fästbultarna och ta bort spegeln från dörren. Ta vara på gummitätningen som sitter

18.8 Fotutrymmesmodulen är placerad till höger om pedalerna

19.2 Dra bort plastklädselpanelen från dörrens främre innerkant

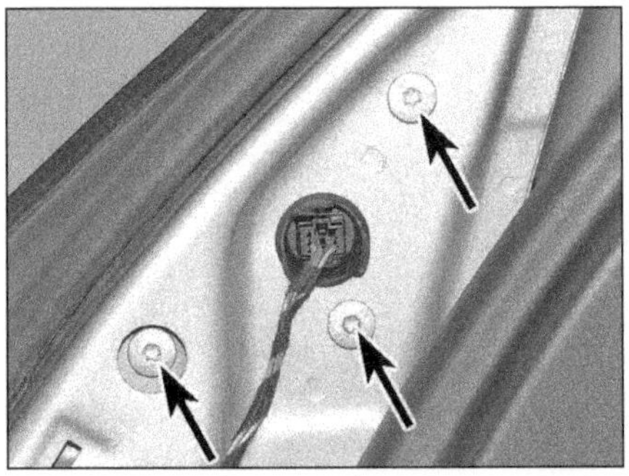

19.3 Ytterspegelns fästbultar (markerade med pilar)

19.6 Bänd försiktigt bort spegeln från dess plats

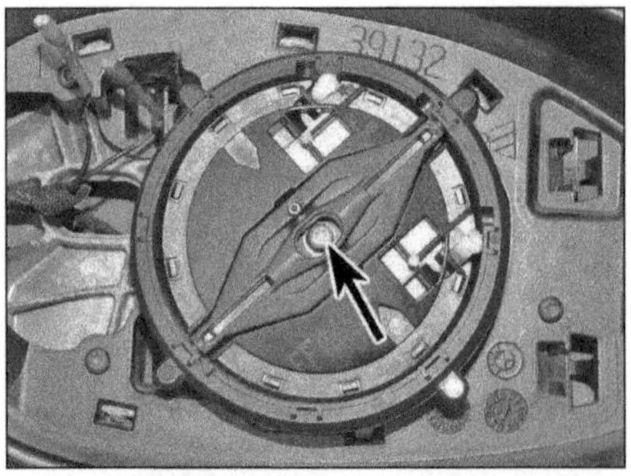

19.11 Skruva loss bulten (markerad med pil) och ta bort motorn

mellan dörren och spegeln. Om tätningen är skadad måste den bytas ut **(se bild)**.

4 Återmonteringen görs i omvänd ordning jämfört med demonteringen och spegelns bultar ska dras åt ordentligt.

Utvändigt spegelglas

Observera: *Om spegelglaset tas loss när spegeln är kall kommer glasets fästklämmor troligen att gå sönder.*

5 Luta spegelglaset helt inåt.

6 Stick in en plast- eller träkil mellan ytterkanten på spegelglaset och spegelhuset. Bänd försiktigt loss glaset från motorn **(se bild)**. Var mycket försiktig när du tar bort glaset, ta inte i för hårt - glaset går lätt sönder.

7 Ta loss glaset från spegeln och koppla loss anslutningskontakterna från spegelns värmeelement där det behövs.

8 Vid montering, återanslut kablarna till glaset och kläm fast glaset på motorn. Var försiktig så att det inte går sönder.

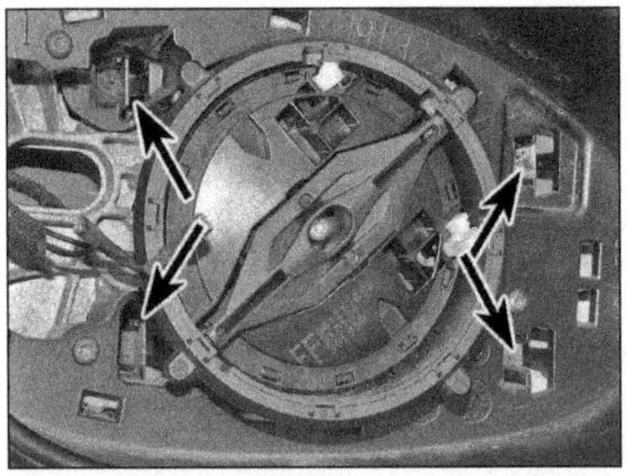

19.14a Lossa klämmorna (markerade med pilar) . . .

19.19 Bänd isär kåpans två halvor

Ytterspegelns brytare

9 Se kapitel 12.

Ytterspegelns motor

10 Ta bort spegelglaset enligt beskrivningen ovan.

11 Skruva loss fästbulten och dra motorn från dess plats **(se bild)**. Koppla loss anslutningskontakten när motorn tas bort.

12 Monteringen utförs i omvänd ordningsföljd mot demonteringen.

Kåpan till yttre spegelhuset

13 Ta bort spegelglaset enligt beskrivningen ovan.

14 Lossa de fyra fästklämmorna och ta loss spegelhusets kåpa framåt **(se bilder)**.

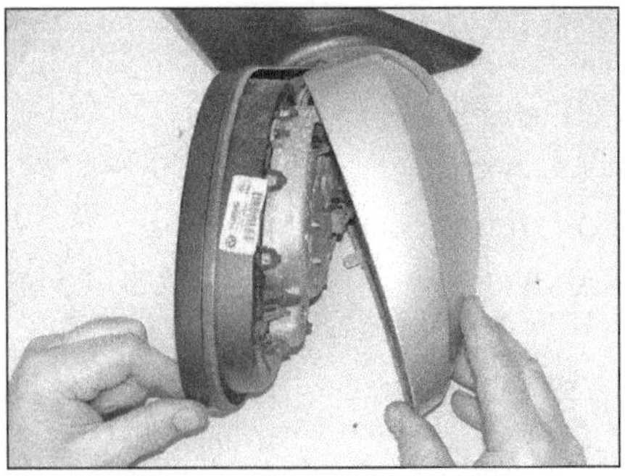

19.14b . . . och ta bort kåpan

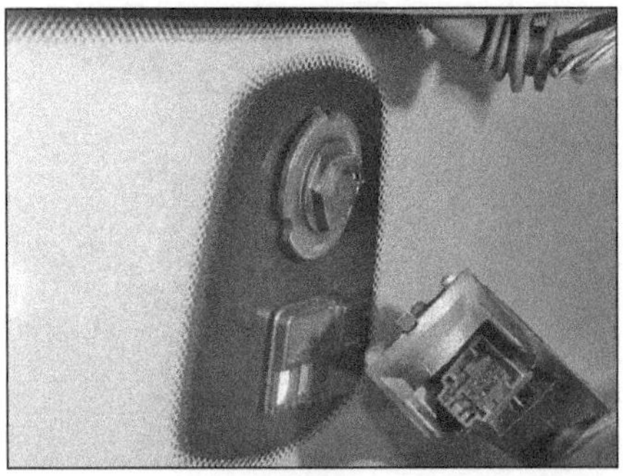

19.21 Vrid spegelarmen 60° moturs

15 Monteringen sker i omvänd ordningsföljd mot demonteringen.

Innerspegel

16 Det finns två huvudsakliga typer av spegelarmar och fästen. På den ena typen sitter en plastkåpa över kontakten och på den andra går spegelarmen att dela för att komma åt anslutningskontakten.

Arm med plastkåpa

17 Bänd försiktigt ut plastkåpan och koppla loss spegelns anslutningskontakt (i förekommande fall).

18 Knacka nederdelen av spegeln framåt med handen så att armen lossnar från fästet.

Varning: Vrid inte armen när du tar loss den, då går klämman sönder. Dra inte heller armen bakåt, då kan vindrutan skadas.

Spegelarm med delad kåpa

19 Bänd isär de två sidorna på spegelns baskåpa **(se bild)**.

20 Observera hur de är monterade, lossa sedan de olika anslutningskontakterna från spegeln och regnsensorn (om en sådan finns,).

21 Vrid spegelarmen 60° moturs och ta bort den **(se bild)**.

Alla typer

22 Placera spegelarmen över fästet i en vinkel på 60° mot lodrätt för att montera tillbaka spegeln. Tryck armen mot vertikalen och kontrollera att den hakat i rätt. I förekommande fall, sätt tillbaka kåporna och återanslut anslutningskontakten.

20 Vindruta och bakrutans/ bakluckans ruta - allmän information

Vindruta och bakruta sedan

1 Dessa rutor är fästa i karossöppningen med tättslutande tätningsremsor och sitter på plats med ett särskilt fästmedel. Det är svårt, besvärligt och tidsödande att byta sådana fasta fönster och arbetet lämpar sig därför inte för hemmamekaniker. Det är svårt, om man inte har avsevärd erfarenhet, att fästa dem säkert och vattentätt. Dessutom innebär arbetet stor risk för att glaset går sönder. Detta gäller särskilt den laminerade glasvindrutan. Vi rekommenderar alltså starkt att du låter en specialist utföra allt arbete av denna typ.

Bakruta på Touring

2 Även om bakrutan öppnas separat från bakluckan på dessa modeller måste bakspoilern demonteras för att rutan ska kunna tas bort. Detta är komplicerat och kräver specialverktyg och erfarenhet. Alla försök att demontera spoilern utan rätt utrustning kommer troligen leda till att något går sönder. Följaktligen rekommenderar vi att du överlåter arbetet till en BMW-verkstad eller specialist med rätt utrustning.

21 Taklucka - allmän information, motorbyte och initiering

Allmän information

På grund av att taklucksmekanismen är så avancerad krävs stor expertis för att lyckas reparera, byta ut eller justera takluckans delar. För att ta bort taket måste först den inre takklädseln tas bort. Detta är svårt och tidsödande. Därför bör eventuella problem med takluckan (utom att byta ut motor) överlåtas till en BMW-verkstad eller specialist.

På modeller med elektrisk taklucka kontrollerar du först aktuell säkring om takluckans motor inte fungerar. Om felet inte kan spåras och åtgärdas kan takluckan stängas manuellt genom att vrida motoraxeln med en insexnyckel (en lämplig nyckel följer med bilens verktygssats). För att komma åt motorn, lossa kåpan från den inre takklädseln. Ta loss insexnyckeln från verktygssatsen och sätt i den i motoraxeln. Lossa motorns kablagekontaktdon och vrid nyckeln för att flytta takluckan till önskad position.

Motorbyte

1 Koppla loss batteriets minusdelare enligt beskrivningen i kapitel 5A.
2 Börja i framkanten och bänd försiktigt upp innerbelysningens lampglasenhet mellan solskydden.
3 Lossa klämmorna på framkanten och ta bort innerbelysningen från takklädseln mellan solskydden **(se bilder)**. Koppla loss anslutningskontakten/kontakterna när du tar loss enheten.
4 Skruva loss de tre fästskruvarna och dra bort motorn från dess placering. Koppla loss anslutningskontakten när motorn tas bort **(se bild)**.
5 Monteringen utförs i omvänd ordningsföljd mot demonteringen, men utför initieringsproceduren enligt beskrivningen nedan.

Initiering

6 Initiera takluckan på följande sätt när arbetet slutförs:

a) Tryck och håll brytaren i "lutat" läge.
b) När läget "slut på lutning" har uppnåtts håller du brytaren intryckt under ytterligare 30 sekunder. "Normaliseringen" är slutförd när takluckans bakre ände lyfts upp kortvarigt.
c) Håll brytaren intryckt i "lutad position" så flyttas takluckan till stängt läge efter ungefär 5 sekunder, tillbaka till det öppna läget och sedan slutligen tillbaka till det stängda läget.
d) Lossa brytaren.

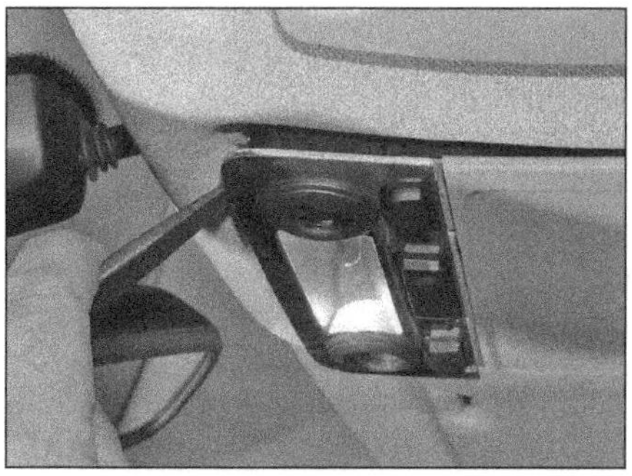

21.3a Använd ett verktyg med platt blad för att lossa klämmorna. . .

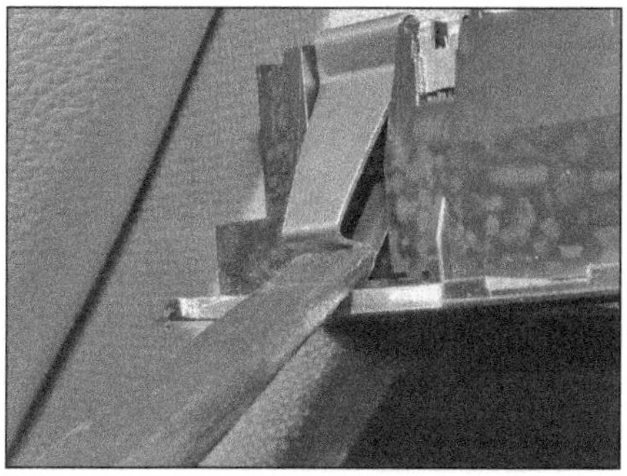

21.3b . . . på innerbelysningsenhetens främre kant

22 Karossens yttre detaljer - demontering och montering

Hjulhusfodren och karossens underpaneler

1 De olika plastkåporna under bilen är fästa med olika bultar, muttrar och fästklämmor. Det är lätt att se hur de ska demonteras. Arbeta metodiskt runtom, ta bort fästbultarna och lossa fästklämmorna tills panelen sitter löst och kan tas bort underifrån bilen. De flesta klämmorna kan enkelt bändas loss. Vissa klämmor lossas genom att skruva loss/bända ut centrumsprintarna och sedan ta bort klämman.
2 Om en sådan finns, ska du lossa däcktryckssändarens anslutningskontakt när hjulhusfodret tas bort.
3 Vid återmontering ska de fästklämmor som har skadats vid demonteringen bytas ut och en kontroll göras för att se att panelen sitter fast ordentligt med alla relevanta klämmor och bultar.

Karossens dekorremsor och modellbeteckningar

4 Karosspanelens olika lister och plattor är fästa med en särskild tejp. Vid demontering måste dekoren/modellbeteckningen värmas upp så att fästmedlet mjuknar, och sedan skäras bort från ytan. På grund av den överhängande risken att lacken skadas under operationen rekommenderar vi att åtgärden överlåts till en BMW-verkstad eller en specialist med rätt utrustning.

Bakspoiler

5 Detta är en komplex uppgift som kräver speciella karossverktyg och specialistkunskaper. Alla försök att demontera spoilern utan rätt utrustning kommer troligen leda till att något går sönder. Följaktligen rekommenderar vi att du överlåter arbetet till en BMW-verkstad eller specialist med rätt utrustning.

23 Säten - demontering och montering

Framsäte, demontering

1 Skjut sätet framåt så långt det går och höj sätesdynan helt.

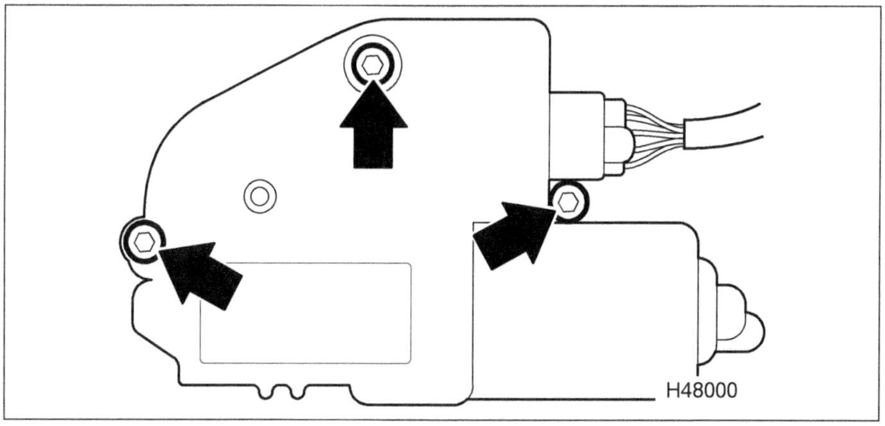

21.4 Takluckans motor fästbultar (markerade med pilar)

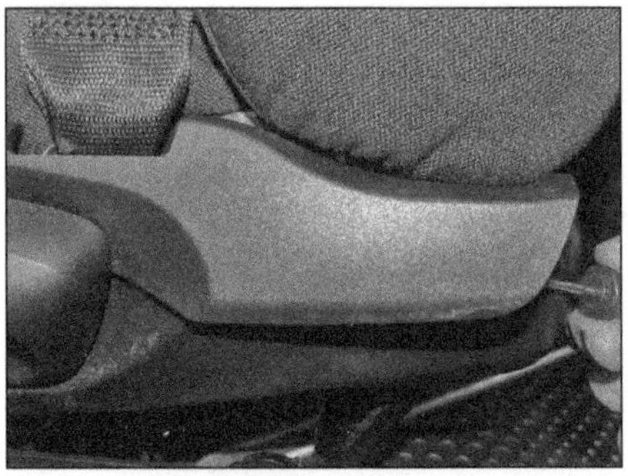

23.3 Lossa klämman i framkanten och ta bort klädselpanelen

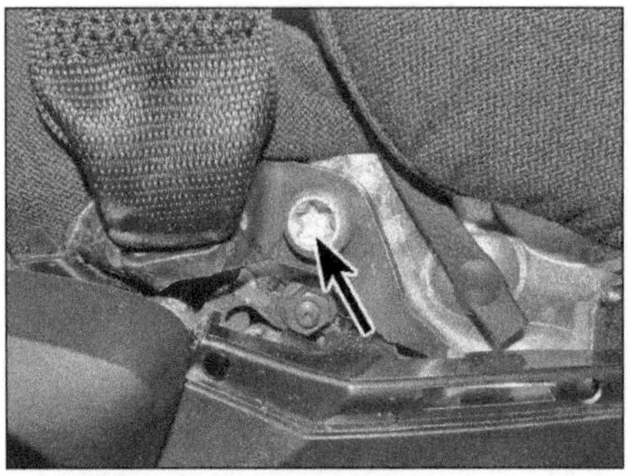

23.4 Skruva loss säkerhetsbältets fästbult (markerade med pil)

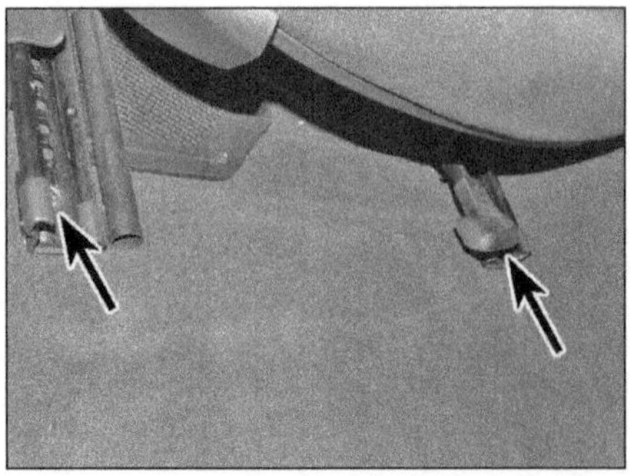

23.6 Skruva loss bultarna på framsidan (markerade med pilar)

2 Koppla loss batteriets minusdelare enligt beskrivningen i kapitel 5A.

3 Börja bakifrån och bänd försiktigt ut klädselpanelen till säkerhetsbältets förankring från sätesdynans sida **(se bild)**.

4 Skruva loss fästbulten och lossa säkerhetsbältet från sätet **(se bild)**.

5 Skruva loss och ta bort de bultar som håller fast den bakre änden av sätesskenorna på golvet.

6 För sätet helt bakåt, lossa sedan och ta bort bultarna framtill **(se bild)**.

7 Arbeta under sätets framdel, dra ut spärren och koppla loss sätets anslutningskontakt **(se bild)**.

8 Lyft ut sätet från bilen.

Fällbara baksäten, demontering

Sedanmodeller

9 Klädselpanelen mellan sätets ryggstöd och dörröppningen måste demonteras. Dra överdelen av panelen framåt så att fästklämman lossnar. Dra sedan klädselpanelen uppåt och ta bort den. Upprepa denna procedur på klädselpanelen på andra sidan.

10 Dra framdelen av sätesdynan uppåt så att fästklämmorna på vänster och höger sida lossnar. Ta loss sätesdynan framåt och ta ut den ur bilen. Koppla loss kontaktdonen till stolsvärmen (i förekommande fall) när du tar loss sittdynan.

11 Lossa baksätets ryggstöd och fäll fram det.

12 Skruva loss bulten på varje sida av de yttre gångjärnen, dra sedan bort ryggstöden från de mittre fästena.

Touring modeller

13 Dra upp främre delen av sätesdynan för att lossa de vänstra och högra fästklämmorna och ta bort det framåt.

14 Skruva loss mittbältets nedre förankringsbult och lyft ut dynan från bilen. Koppla loss kontaktdonen till stolsvärmen (i förekommande fall) när du tar loss sittdynan.

15 Lossa baksätets ryggstöd och fäll fram det.

16 Klädselpanelen mellan sätets ryggstöd och dörröppningen måste demonteras. Dra överdelen av panelen framåt så att fästklämman lossnar. Dra sedan klädselpanelen uppåt och ta bort den **(se bild)**. Upprepa denna procedur på klädselpanelen på andra sidan.

17 Skruva loss den bult på varje sida som håller fast ryggstödets yttre fästbyglar på bilens **(se bild)**.

18 Lyft av varje ryggstödsenhet i ytterkanterna och dra dem utåt för att lossa mittfästet **(se bild)**. Ta ut sätena ur bilen.

Fast baksäte, demontering

19 Dra sätets nedre dyna uppåt så att fästklämmorna på vänster och höger sida lossnar och ta ut sätesdynan ur bilen.

20 Skruva loss de två fästbultarna från ryggstödets mittre, nedre kant **(se bild)**.

21 Arbeta i bagageutrymmet och använd en stor flatbladig skruvmejsel för att lossa spärrarna, för sedan sätet uppåt för att lossa dess nedre fäststift och ta bort det från bilen **(se bild)**.

Montering

Framsäte

22 Monteringen utförs i omvänd ordningsföljd mot demonteringen, men observera följande.

a) På säten med manuell justering, sätt tillbaka sätets fästbultar och dra åt dem för hand. Skjut sätet framåt så långt det

23.7 Dra ut spärren (se pil) och koppla loss anslutningskontakten

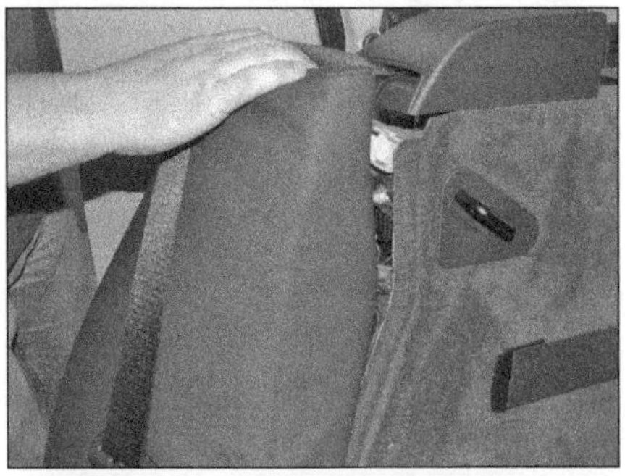

23.16 Dra den främre kanten framåt, lyft sedan av klädselpanelen uppåt

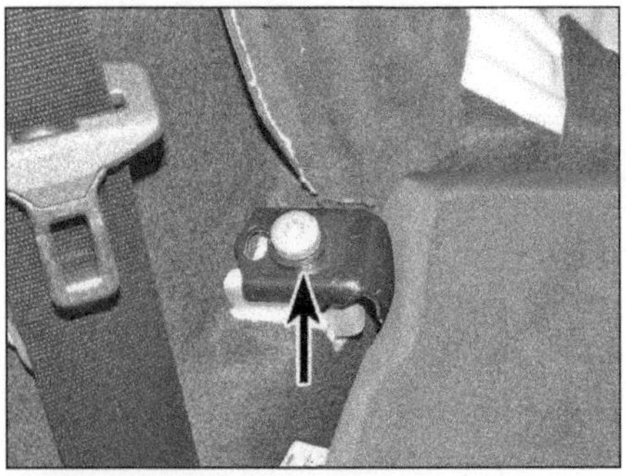

23.17 Skruva loss bulten på varje sida (markerad med pil). . .

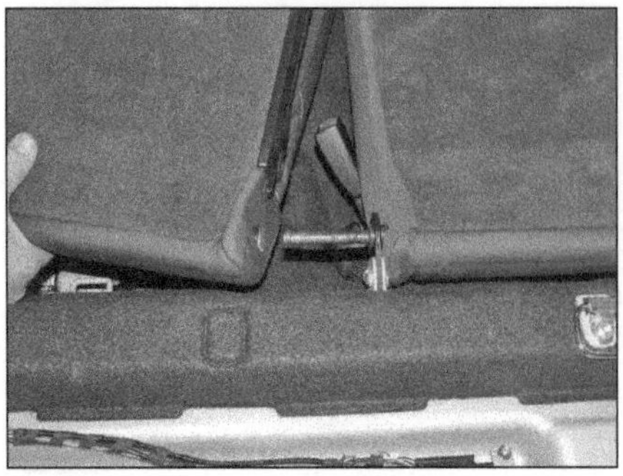

23.18 . . . dra sedan ryggstöden utåt för att lossa mittfästet

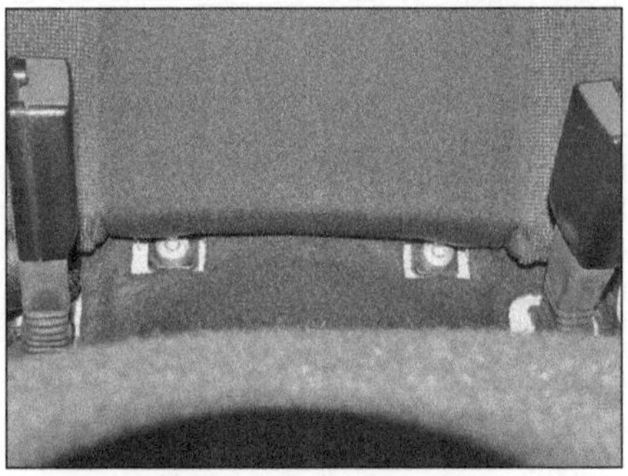

23.20 Skruva loss de två bultarna i mitten på ryggstödets nedre kant

går och sedan bakåt två steg enligt sätets spärrmekanism. Rucka på sätet för att kontrollera att spärrmekanismen hakat i och dra sedan åt bultarna ordentligt.

b) På säten med elektrisk justering, se till att kablaget är anslutet och rätt draget. Dra sedan åt sätets fästbultar ordentligt.

c) Dra åt säkerhetsbältenas fästbult till angivet moment.

d) Återanslut batteriets jordledning enligt beskrivningen i kapitel 5A.

Fällbart baksäte

23 Monteringen utförs i omvänd ordningsföljd mot demonteringen. Dra åt säkerhetsbältets nedre fästbultar till angivet moment.

Fast baksäte

24 Monteringen utförs i omvänd ordningsföljd mot demonteringen, se till att ryggstödets nedre styrstift hakar i karossen ordentligt och att bältesspännena och midjebältet matas genom rätt öppningar.

24 Säkerhetsbältets spännmekanism - allmän information

1 Alla modeller är utrustade med ett bältessträckarsystem. Systemet är utformat för att omedelbart fånga upp spelrum i säkerhetsbältet vid en plötslig frontalkrock, vilket minskar risken för att personerna i sätet blir skadade. Varje framsäte är utrustat med en sträckare på insidan av sätesdynan medan baksätets sträckare är monterade på de yttre förankringarna.

2 Bältessträckaren utlöses av frontalkrockar över en angiven styrka. Mindre krockar, inklusive påkörningar bakifrån, utlöser inte systemet.

3 När systemet löses ut detoneras en pyroteknisk enhet som påverkar säkerhetsbältets förankring och håller den åkande på plats i sätet. När spännaren har utlösts kommer säkerhetsbältet att vara permanent spänt och enheten måste bytas ut.

4 Om systemet utlöses oavsiktligt när du arbetar med bilen finns risk för skador. Om du ska arbeta med sätet/säkerhetsbältet, avaktivera sträckaren genom att koppla loss batteriets minusdelare (se kapitel 5A) och vänta minst 60 sekunder innan du fortsätter.

5 Observera även följande varningar innan något arbete utförs på framsätet.

Varning: Om du tappar sträckarmekanismen måste den bytas ut, även om den inte har synliga skador.

- ***Låt inga lösningsmedel komma i kontakt med sträckarmekanismen.***
- ***Utsätt inte sätet för någon form av stötar, eftersom bältessträckaren då kan aktiveras.***
- ***Undersök om sträckaren i bältesstammen eller förankringsbyglarna har deformerats. Byt ut dem om de skadats.***

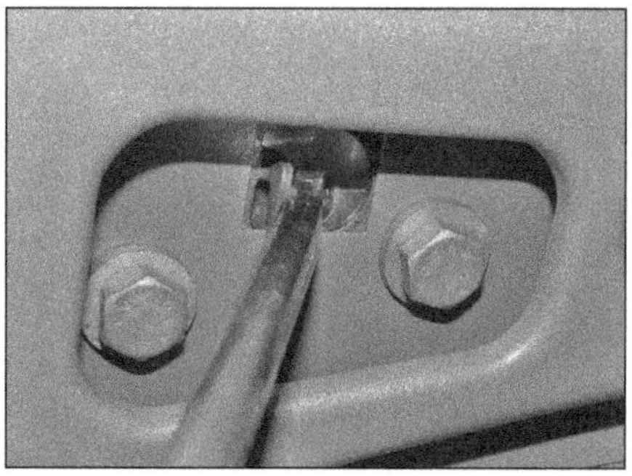

23.21 Använd en skruvmejsel för att lossa spärrarna i bagageutrymmet

25 Säkerhetsbältets komponenter - demontering och montering

Varning: Läs avsnitt 24 innan du fortsätter.

Demontering främre rem

1 Demontera B-stolpens panel enligt beskrivningen i avsnitt 26.

2 Bänd upp bältesförankringens klädselpanel från sätet **(se bild 23.4)**.

3 Skruva loss bältets förankringsbult från sätesramen och lossa bältet.

4 Skruva loss skruvarna och ta bort bältesstyrningen från stolpen.

5 Skruva loss den bult som håller fast det övre sätesbältesfästet **(se bild)**.

6 Skruva loss bältesrullens fästbult och ta loss säkerhetsbältet från dörrstolpen **(se bild)**.

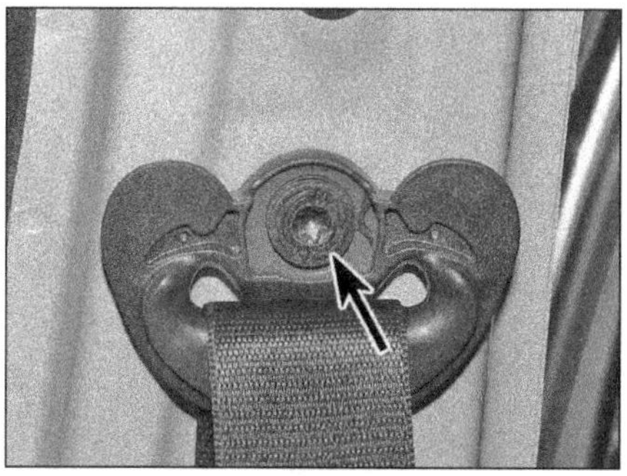

25.5 Säkerhetsbältets övre fästbult (markerad med pil)

7 Om det behövs skruvar du loss fästbultarna och tar bort höjdinställningsmekanismen (om en sådan finns) från dörrstolpen.

Demontering av främre tapp

8 Ta bort sätet enligt beskrivningen i avsnitt 23.

9 Lossa sträckarens kabelhärva från fästklämmorna, för bort kontaktdonet från fästbygeln,lossasedanklämmorna/buntbandet och bänd ut anslutningskontakterna en i sänder tills relevant kontakt har lossats **(se bilder)**.

10 Lossa och ta bort tappenhetens fästbult och ta bort enheten från sätets sida **(se bild)**. Observera att bulten måste bytas.

Demontering av bakre sidobälte

Sedanmodeller

11 Demontera baksätet enligt beskrivningen i avsnitt 23.

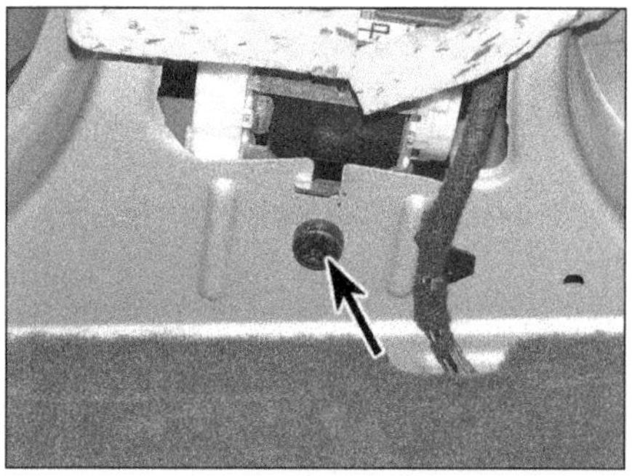

25.6 Fästbult till säkerhetsbältets bältesrulle (markerad med pil)

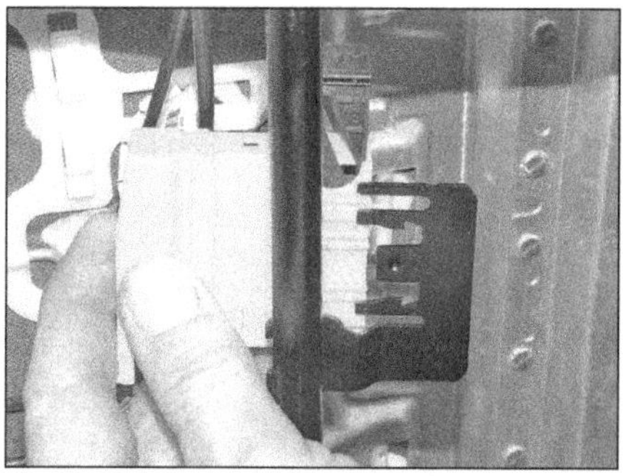

25.9a För kontaktdonet från fästbygeln. . .

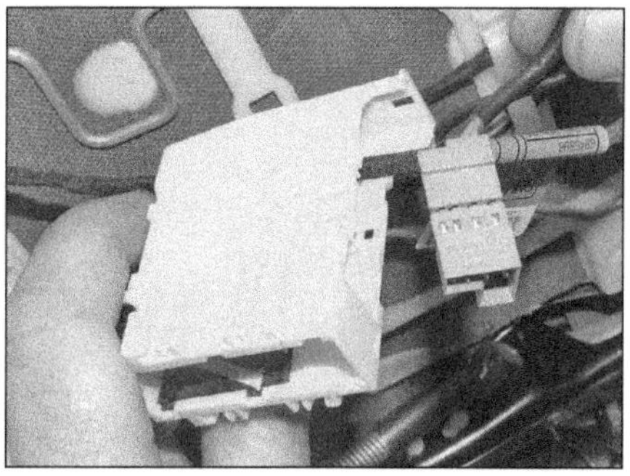

25.9b . . . och bänd ut anslutningskontakterna tills pluggen lossas

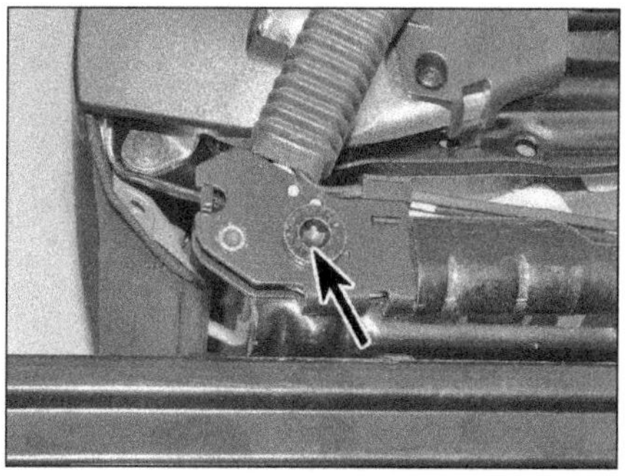

25.10 Ta bort tappenhetens fästbult (markerad med pil)

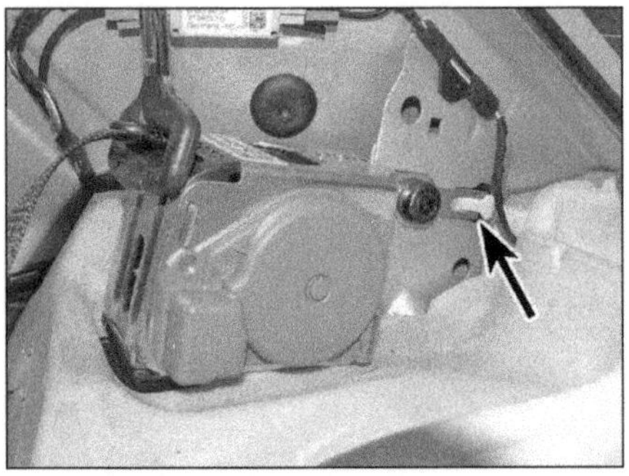

25.13 Observera tappen (markerad med pil) baktill på bältesrullens fästbygel

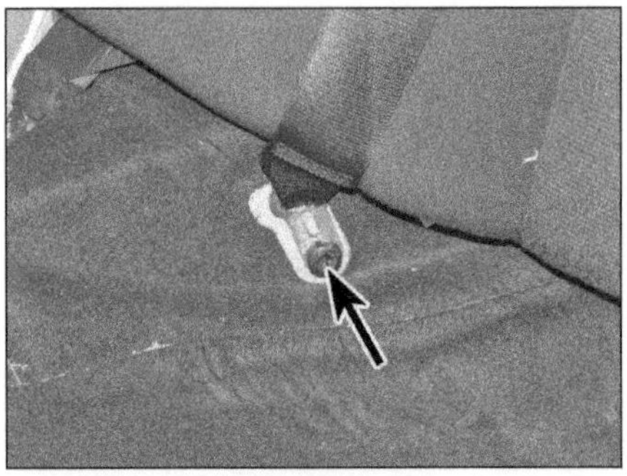

25.14 Nedre fästbult till det bakre säkerhetsbältet på sidan (markerad med bult)

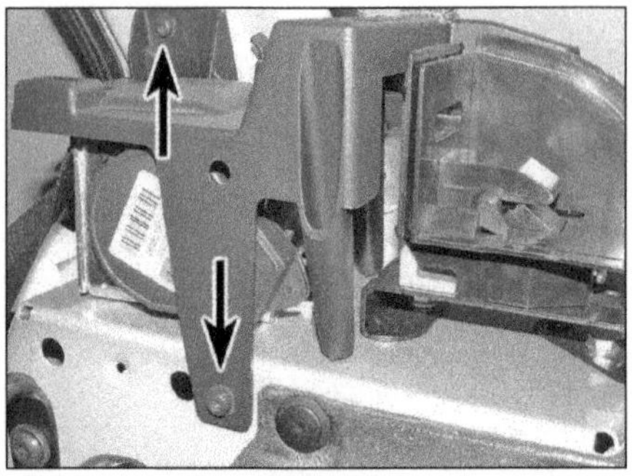

25.18a Skruva loss bultarna på framsidan (markerad med pilar) . . .

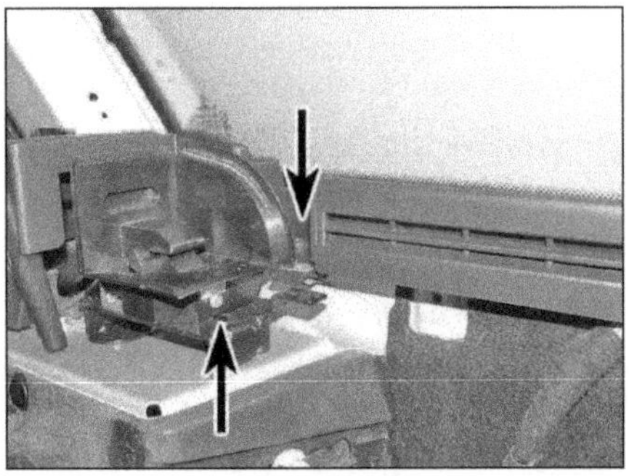

25.18b . . . och de 2 längst bak (markerade med pilar)

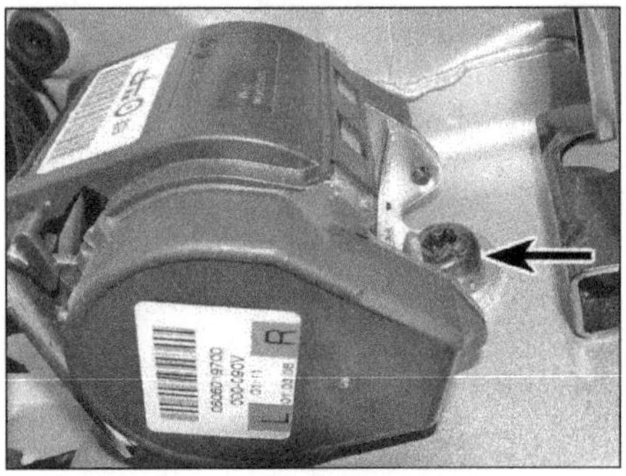

25.19 Bältesrullens fästbult (markerad med pil)

25.23a Bänd upp låsspärren och lossa anslutningskontakten

12 Ta bort hyllan enligt beskrivningen i avsnitt 26.
13 Skruva loss fästbulten och ta bort bältesrullenheten. Observera hur fästbygeln går i ingrepp med tappen på stolpen **(se bild)**.
14 Skruva loss säkerhetsbältets nedre fästbult **(se bild)**.

Touring modeller

15 Demontera baksätet enligt beskrivningen i avsnitt 23.
16 Demontera D-stolpens panel enligt beskrivningen i avsnitt 26.
17 Ta bort bagageutrymmets sidopanel enligt beskrivningen i avsnitt 26.
18 Skruva loss de fyra bultarna och ta bort kåpan över bältesrullen **(se bilder)**.
19 Skruva loss torxbulten som håller fast bältets nedre ände vid karossen **(se bild)**.
20 Bältesrullen är fäst med en Torxbult. Skruva loss bulten och ta bort brickan.
21 Ta loss enheten från fästbygeln och ta ut den ur bilen.

Demontering av bakre tapp

22 Ta bort dynan i baksätet enligt beskrivningen i avsnitt 23
23 Lossa anslutningskontakten (om tillämpligt), lossa sedan och ta bort bulten och brickan samt ta bort tappen från bilen. Observera fästets styrsprint **(se bilder)**.

Mittbälte bak och demontering av bälteslås

Sedanmodeller

24 Demontera baksätet enligt beskrivningen i avsnitt 23.
25 Skruva loss fästbulten och ta bort bältesrullenheten **(se bild)**.
26 Skruva loss säkerhetsbältets nedre fästbult **(se bild)**.

Touring modeller

27 Mittbältets bältesrulle kan inte erhållas separat från ryggstödet. Kontakta en BMW-verkstad eller specialist.

Montering

28 Återmonteringen görs i omvänd ordning jämfört med demonteringen samtidigt som man ser till att alla fästanordningar dras åt till angivet moment om det är tillämpligt. Applicera lite gänglåsningsmedel på fästbultarna.

26 Inre dekor – demontering och montering

Allmänt

1 De inre klädselpanelerna är antingen fästa med bultar eller olika typer av fästanordningar vanligtvis pinnbultar eller klämmor.

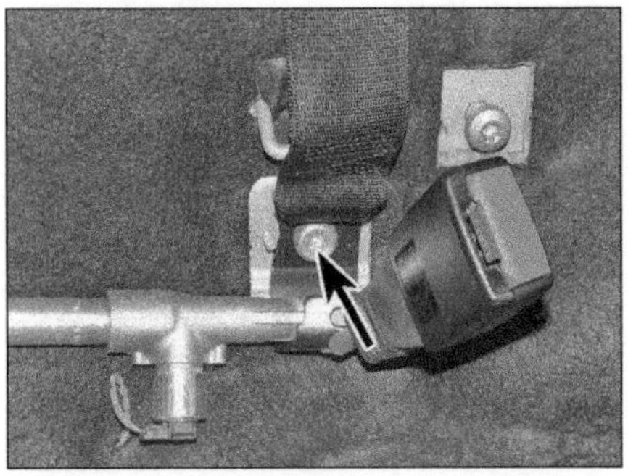

25.23b Fästbult till säkerhetsbältets tapp (markerad med pil)

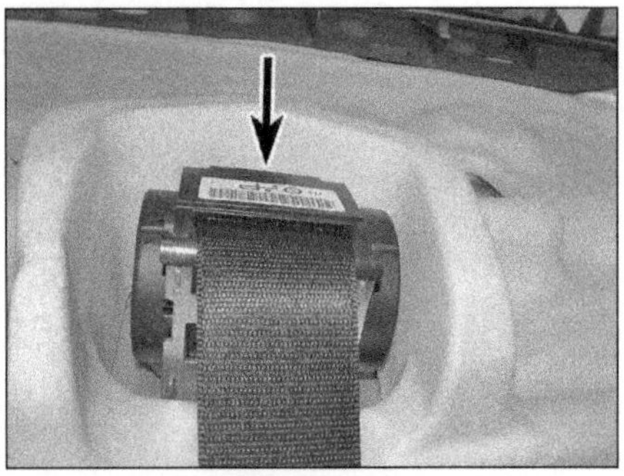

25.25 Bult till bältesrullen till mittbältet bak (markerad med pil)

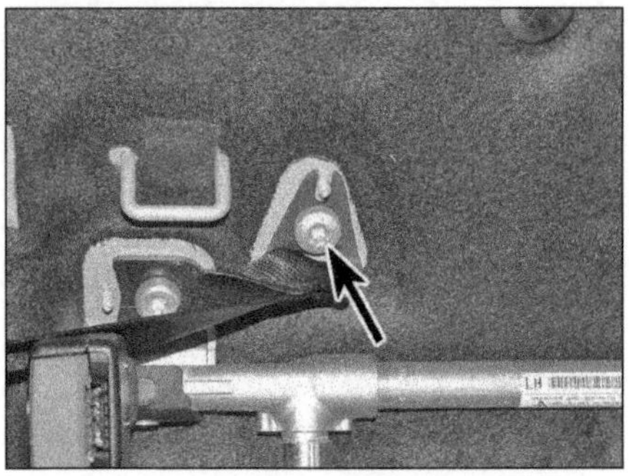

25.26 Nedre fästbult till mittbältet bak (markerad med pil)

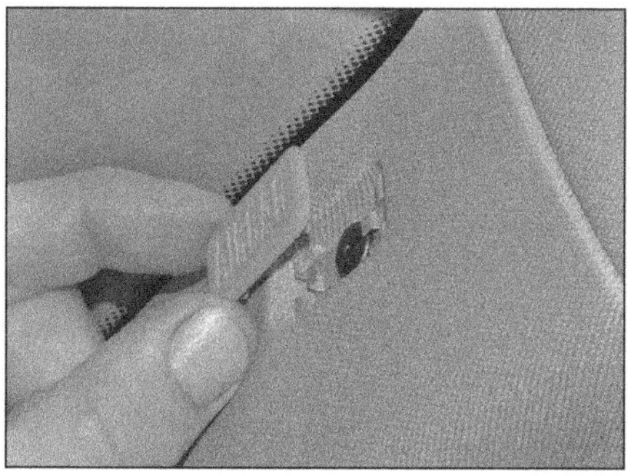

26.8 Bänd ut inlägget och skruva loss bulten

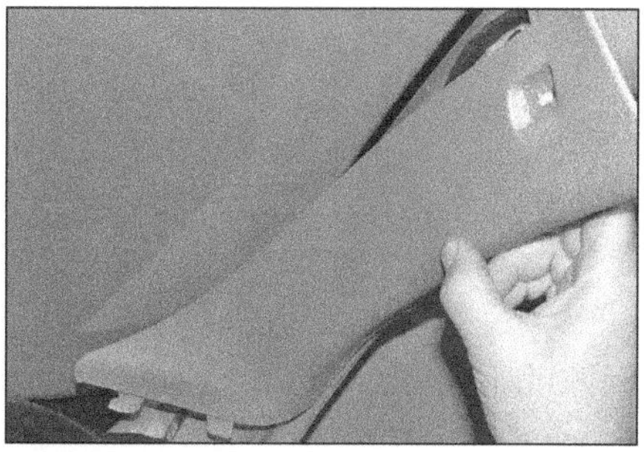

26.9 Observera hur basen på A-stolpens klädselpanel går i ingrepp med instrumentpanelen

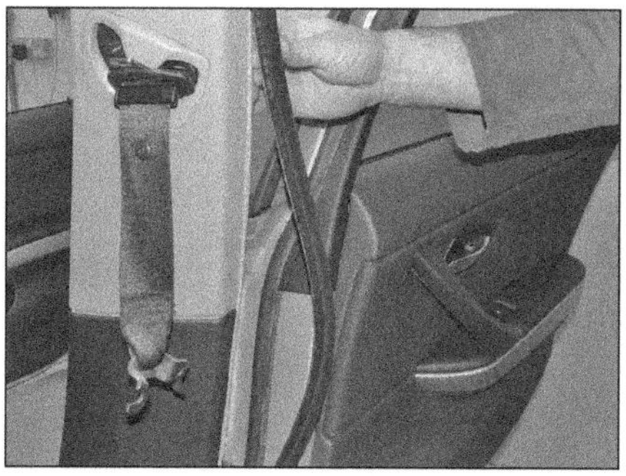

26.12 Dra bort gummilisten på varje sida av B-stolpen

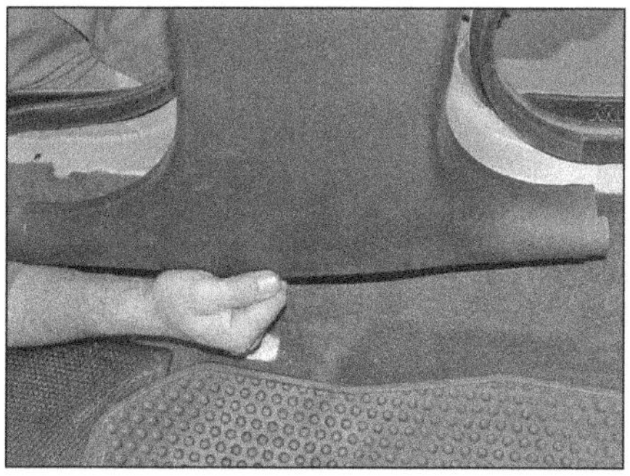

26.13 Dra klädselpanelens nedre kant inåt

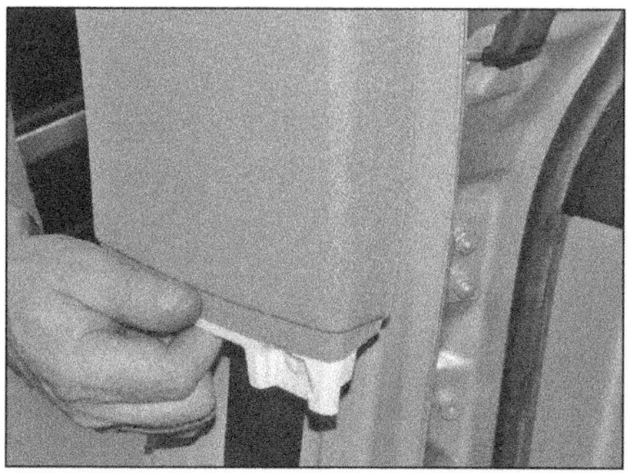

26.14a Dra klädselpanelens nedre kant inåt för att lossa klämmorna

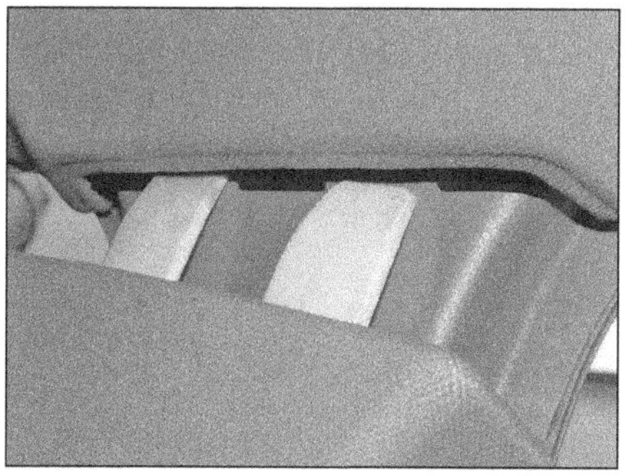

26.14b Den övre klädselpanelens två tappar är i ingrepp med takklädseln

2 Kontrollera att det inte finns andra paneler som ligger över den som ska tas bort Vanligtvis finns det en ordningsföljd som måste följas och som är tydlig vid närmare undersökning.

3 Ta bort alla synliga fästanordningar, t.ex. bultar. Om panelen inte lossnar sitter den fast med klämmor eller hållare. Dessa sitter vanligtvis runt kanten på panelen och kan bändas loss. observera dock att de kan gå sönder mycket lätt, så nya fästen ska finnas tillgängliga. Det bästa sättet att lossa sådana klämmor, utan rätt typ av verktyg, är med en spårskruvmejsel. Observera att vissa paneler är fästa med expandernitar i plast, där centrumsprintarna måste bändas upp innan niten kan avlägsnas. Observera att den intilliggande tätningsremsan ofta måste bändas loss för att panelen ska gå att ta bort.

4 När du tar bort en panel ska du **aldrig** använda överdriven kraft eftersom panelen kan skadas. Kontrollera alltid noggrant att alla hållare har tagits bort eller lossats innan du försöker ta bort en panel.

5 Återmonteringen utförs i omvänd ordningsföljd mot demonteringen; Fäst alla hållare genom att trycka fast dem ordentligt. Se till att alla komponenter som rubbats är korrekt fastsatta för att förhindra skallrande ljud.

Klädselpanel på A-stolpen

6 Här sitter krockkudden för huvudet monterad, koppla därför loss batteriet enligt beskrivningen i kapitel 5A.

7 Dra bort gummilisterna från dörrstolpens klädselpanel.

8 Bänd försiktigt ut panelinsatsen från A-stolpens panel med en plattbladig hävarm av trä eller plast **(se bild)**.

9 Skruva loss fästbulten och dra bort klädselpanelen mot mitten av bilen och börja längst upp **(se bild)**.

10 Återmonteringen utförs i omvänd ordningsföljd mot demonteringen; Fäst alla hållare genom att trycka fast dem ordentligt. Se till att alla komponenter som rubbats är korrekt fastsatta för att förhindra skallrande ljud.

Klädselpanel på B-stolpen

11 Börja genom att försiktigt bända upp framdörrströskelns klädselpanel från dess fästklämmor.

12 Dra bort gummilisten på varje sida av B-stolpen **(se bild)**.

13 Den nedre panelens nederkant är fäst med två expandernitar i plast. Dra klädselpanelens nedre kant inåt, dra den sedan nedåt för att lossa den från den övre klädselpanelen **(se bild)**. Observera hur klädselpanelen går i ingrepp med bakdörrens tröskelklädselpanel.

14 Dra klädselpanelens nedre kant inåt för att lossa fästklämmorna. Observera hur panelens överkant hakar i listen på den inre takklädseln **(se bilder)**. Mata säkerhetsbältet genom klädselpanelen när det tas bort.

15 Montera i omvänd ordningsföljd mot demonteringen. Fäst alla hållare genom att trycka fast dem ordentligt. Se till att alla komponenter som rubbats är korrekt fastsatta för att förhindra skallrande ljud. Bänd upp fästklämmorna från dörrens tröskel och montera tillbaka dem på tröskelns klädselpanel före återmonteringen.

Klädselpanel på C-stolpen

Sedanmodeller

16 Dra loss dörrens tätningsremsa invid stolpens panel.

17 Bänd ut kåpan på klädselpanelens överkant och lossa torxbulten under **(se bild)**.

18 Dra upp stolpens klädselpanel från platsen (se bild)

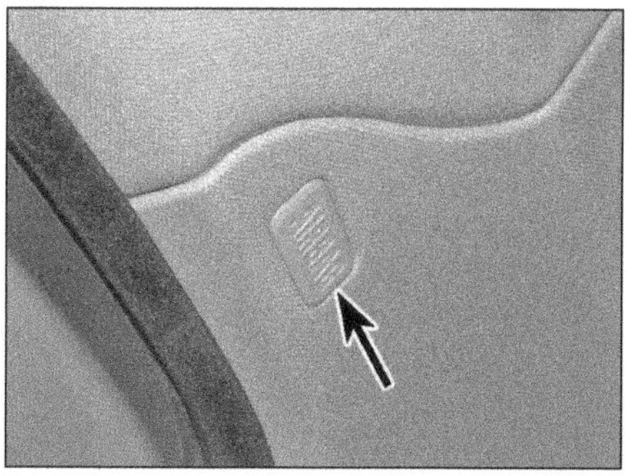

26.17 Bänd ut kåpan (markerad med pil) och ta bort bulten

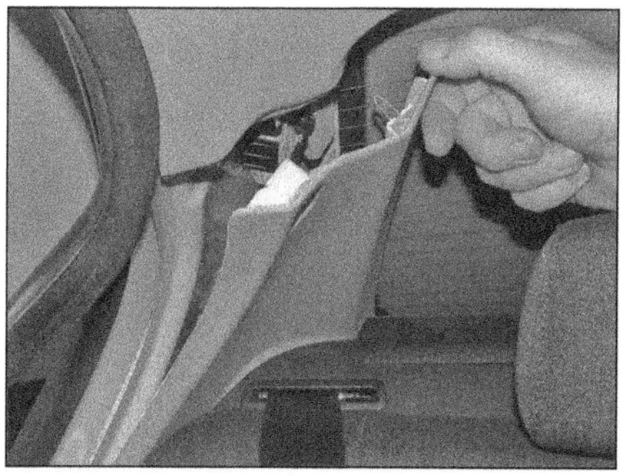

26.18 Dra C-stolpens klädselpanel inåt för att lossa klämmorna

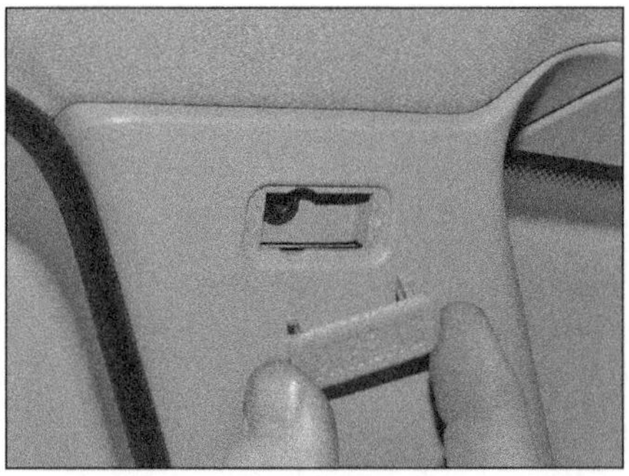
26.20 Bänd ut kåpan och skruva loss bulten

26.21 Ta bort C-stolpens klädselpanel

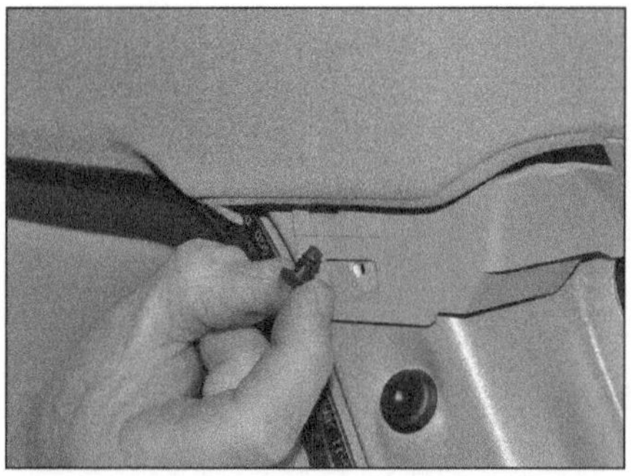
26.25 Bänd ut klämman vid stolpens övre klädselpanels främre kant

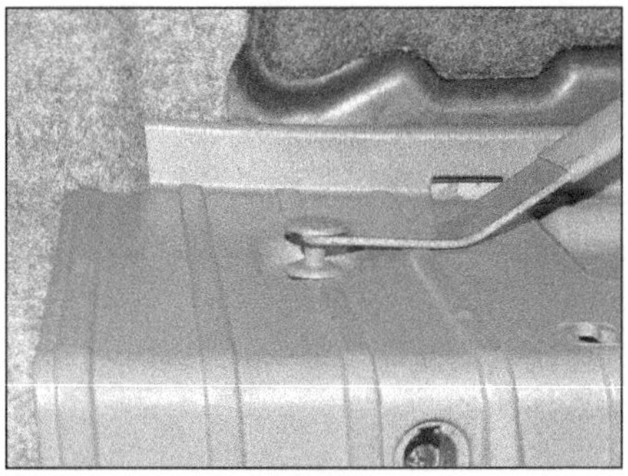
26.28a Bänd upp de mittre sprintarna och ta bort plastexpandernitarna

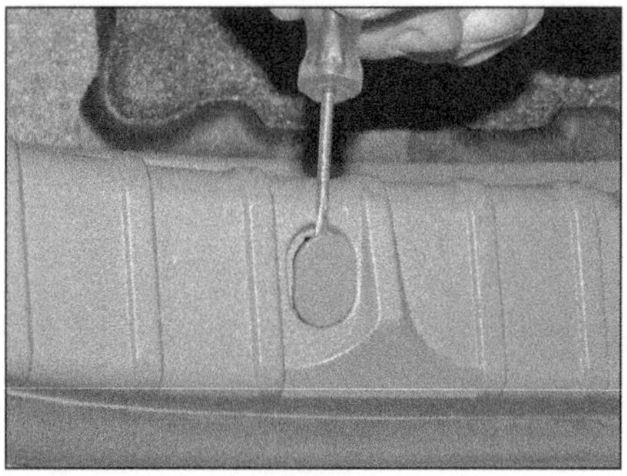
26.28b Bänd upp kåporna och ta bort bultarna under

19 Återmonteringen utförs i omvänd ordningsföljd mot demonteringen; Fäst alla hållare genom att trycka fast dem ordentligt. Se till att alla komponenter som rubbats är korrekt fastsatta för att förhindra skallrande ljud.

Touring modeller

20 Bänd ut locket och skruva loss bulten under **(se bild)**.

21 Dra klädselpanelen uppåt och inåt för att lossa klämmorna **(se bild)**.

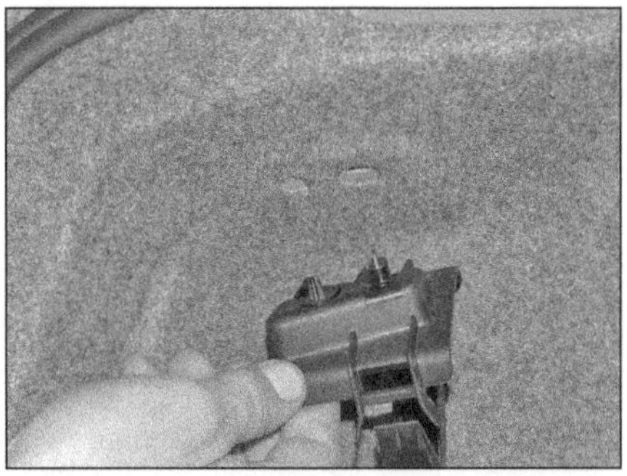
26.29 Ta bort varningstriangelns hållare

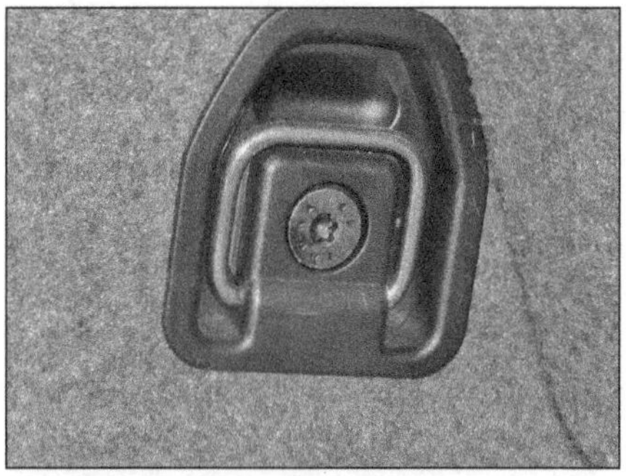
26.30 Skruva loss den Torxbult som håller fast lastningsfästet

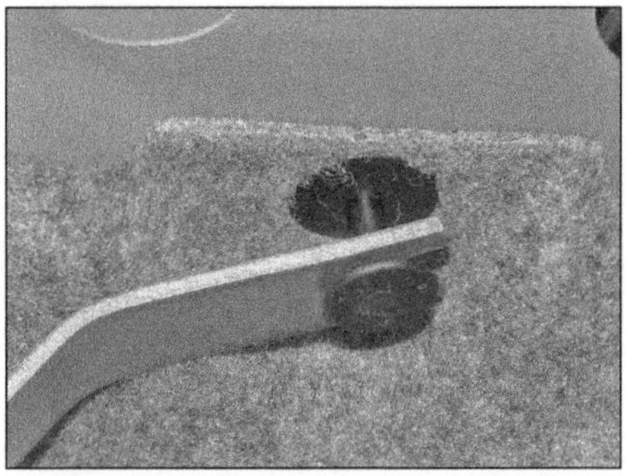
26.31a Bänd upp de mittre sprintarna. . .

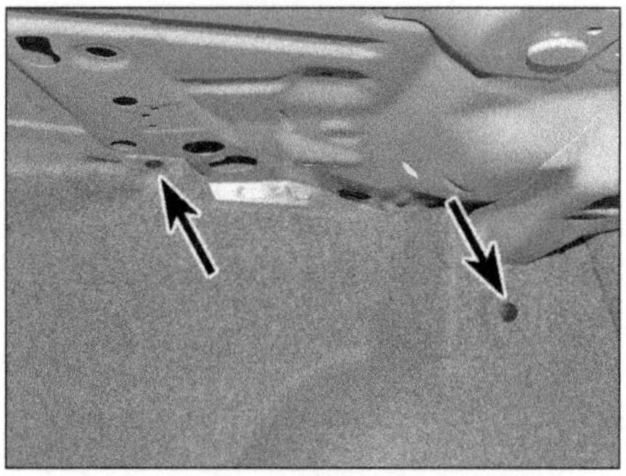
26.31b . . . och ta bort plastexpansionsnitarna (markerad med pilar)

22 Monteringen sker i omvänd ordningsföljd mot demonteringen.

Klädselpanel på D-stolpen

23 Lyft ut bagageutrymmets golvpanel, vrid sedan hållaren moturs och lyft ut sidopanelen ovanför batteriet.

24 Ta bort C-stolpen enligt beskrivningen i detta avsnitt.

25 Bänd upp klämman på framkanten och dra den övre stolpens klädselpanel neråt för att lossa fästklämmorna **(se bild)**.

26 Skruva loss fästbultarna, dra sedan bort den nedre klädselpanelen inåt för att lossa fästklämmorna. Koppla ifrån alla eventuella anslutningskontakter när klädselpanelen tas bort.

27 Montering sker i omvänd ordningsföljd.

Bagageområdets klädselpanel – Sedan modeller

28 Lyft ut bagageutrymmets golvpanel, bänd upp de mittre sprintarna, bänd ut de fyra expandernitarna, bänd sedan ut locken, skruva loss de två bultarna och ta bort bakluckans tröskelklädselpanel **(se bilder)**.

29 Ta bort varningstriangeln från hållarna (om tillämpligt), vrid sedan hållarna moturs och ta bort dem **(se bild)**.

30 Skruva loss den Torxbult som håller fast bagagelastningsfästet **(se bild)**.

31 Bänd upp den mittre sprinten och bänd ut fästklämmorna **(se bilder)**.

32 Ta bort panelen.

33 Monteringen sker i omvänd ordningsföljd mot demonteringen.

Bagageområdets klädselpanel – Touring-modeller

34 Fäll baksätets ryggstöd framåt.

35 Ta bort bagageutrymmets golvpanel.

36 Dra upp plastkåpan över säkerhetsbältets bältesrulle och mata säkerhetsbältet genom spåret **(se bild)**.

Vänster panel

37 Använd frigöringshandtaget, öppna åtkomstpanelen framför bakljusen och lyft bort den från dess plats.

38 Ta bort de två bultarna och bänd

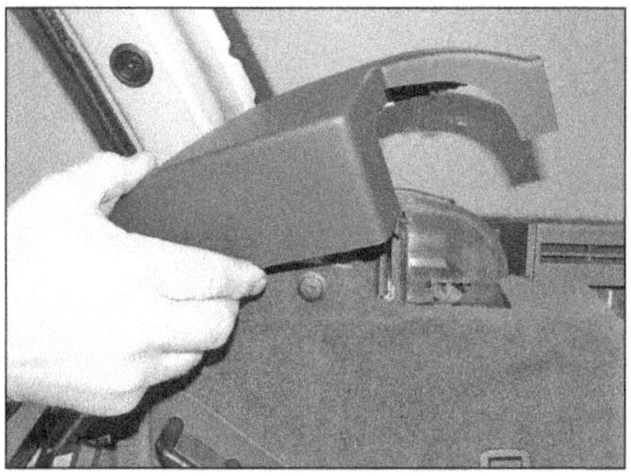

26.36 Dra upp kåpan över bältesrullen

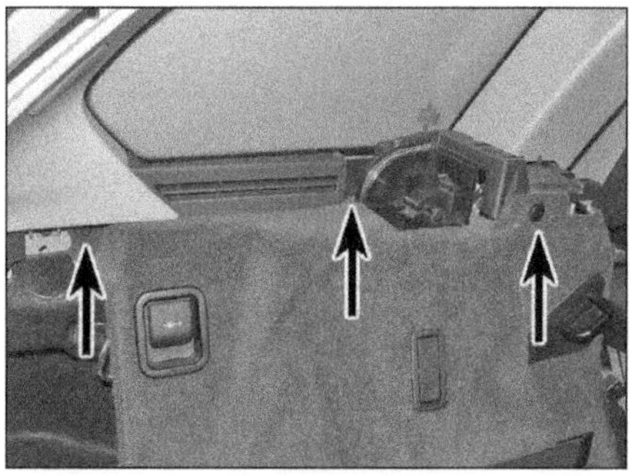

26.38 Skruva loss de två bultarna och bänd ut plastexpanderniten (markerad med pilar)

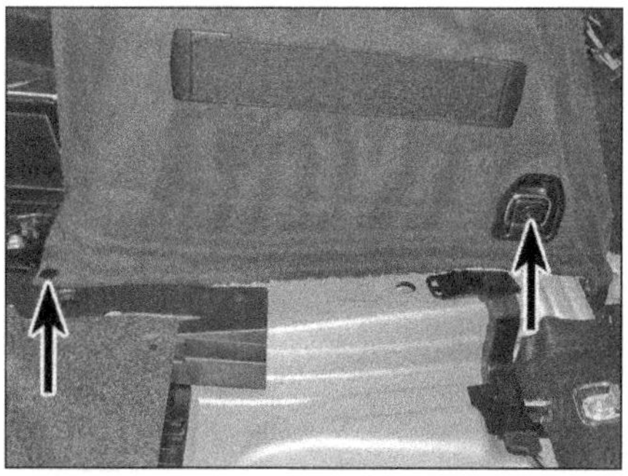

26.39 Skruva loss lastningskroken och bänd ut plastexpanderniten (markerad med pilar)

26.41 Bänd ut expansionsnitarna och skruva loss lastningskrokens bult (markerad med pilar)

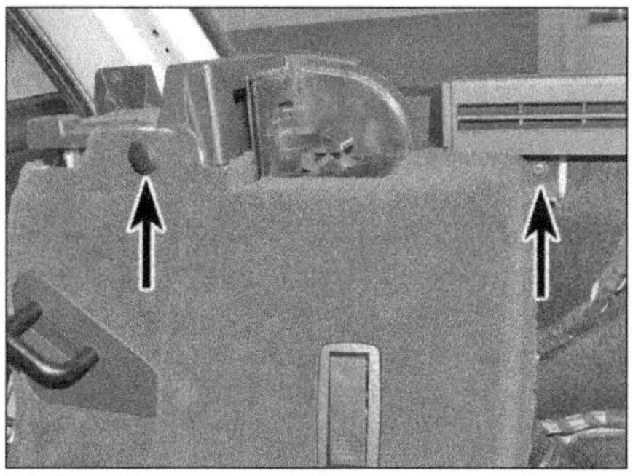

26.42 Skruva loss bulten och ta bort expanderniten (markerad med pilar)

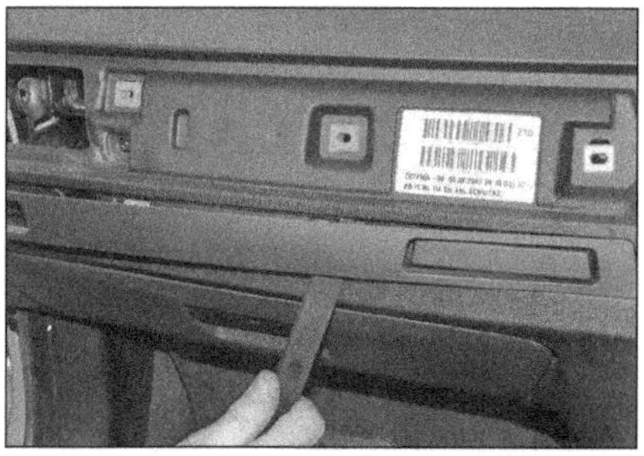

26.45 Använd ett trubbigt verktyg med platt blad för att försiktigt bända loss mugghållarens infattningspanel från instrumentbrädan

ut expanderniten från överkanten på bagageutrymmets sidklädselpanel **(se bild)**.

39 Lossa eluttagets anslutningskontakt (om tillämpligt), bänd ut expanderniten och lossa den bult som håller fast lastningskroken **(se bild)**. Lyft bort panelen.

Höger panel

40 Vrid fästanordningarna moturs och lyft ut panelen över batteriet.

41 Bänd upp den mittre sprinten, ta bort plastexpanderniten, skruva sedan loss lastningskrokens Torxbult på sidopanelens nedre del **(se bild)**.

42 Skruva loss de två bultarna ovanpå panelen, bänd upp den mittre sprinten och ta bort plastexpanderniten **(se bild)**.

43 Lyft bort sidopanelen från dess plats.

Båda sidor

44 Monteringen sker i omvänd ordningsföljd mot demonteringen.

Handskfack

45 Använd ett trubbigt verktyg med platt blad för att försiktigt bända upp mugghållarnas infattningsklädselpanel från dess plats **(se bild)**.

46 Skruva loss fästbultarna och ta bort mugghållarenheterna över handskfacket **(se bild)**.

47 Öppna handskfacket, skruva loss fästbultarna och ta bort handskfacket komplett med gångjärn och fästbygel **(se bild)**. Koppla ifrån eventuella anslutningskontakter när handskfacket tas bort.

48 Återmonteringen utförs i omvänd ordningsföljd mot demonteringen.

Handskfackets lås

49 Öppna handskfackets lock, skruva loss de två fästskruvarna och ta bort låset.

Mattor

50 Golvmattan på passagerarsidan är i ett enda stycke och hålls fast längs kanterna med skruvar eller klämmor, vanligtvis samma fästanordningar som används för att hålla fast de olika omgivande klädselpanelerna.

51 Det är ganska enkelt men tidskrävande att demontera och montera mattan eftersom alla angränsande klädselpaneler måste tas bort först, liksom sätena, mittkonsolen och säkerhetsbältets nedre förankringar.

Inre takklädsel

52 Den inre takklädseln sitter fastklämd vid taket och kan tas bort först när alla detaljer som handtag, solskydd, taklucka (om sådan finns), vindruta, bakre sidofönster och intilliggande klädselpaneler har demonterats och tätningslisterna till dörren, bakluckan och taklucksöppningen har bänts loss.

53 Observera att demontering av den inre takklädseln kräver avsevärd expertis och erfarenhet om det ska kunna utföras utan att något skadas, därför är det bättre att överlåta uppgiften till en expert.

Mugghållare

54 Använd ett trubbigt verktyg med platt blad för att försiktigt bända lupp dekorlisten över handskfacket från instrumentbrädan **(se bild 26.45)**.

55 Skruva loss de två fästskruvarna och ta

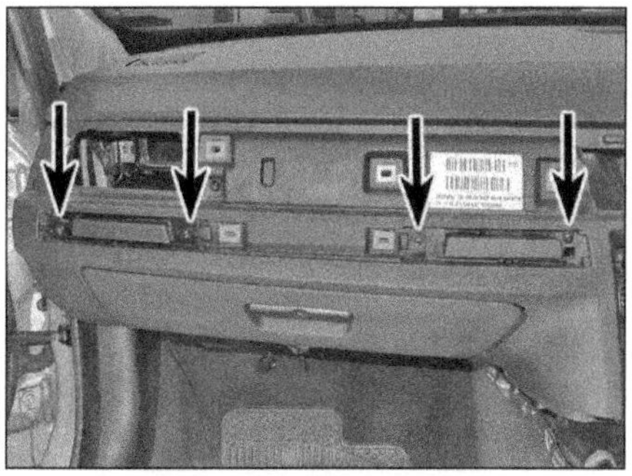

26.46 Mugghållarens fästbultar (markerade med pilar)

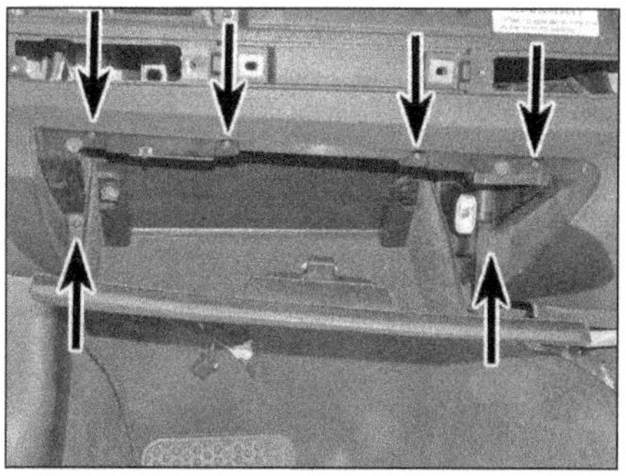

26.47 Skruva loss bultarna (markerade med pilar) och ta bort handskfacket

26.59 Bänd upp högtalargallret

bort mugghållarenheten över handskfacket **(se bild 26.46)**.

56 Monteringen sker i omvänd ordningsföljd mot demonteringen.

Hylla

57 Ta bort baksätena (se avsnitt 23).

58 Ta bort båda C-stolparnas klädselpanel enligt beskrivningen i detta avsnitt.

59 Bänd upp gallret, skruva sedan loss bultarna och ta bort högtalarna från den bakre hyllan **(se bild)**. Lossa högtalarnas anslutningskontakter när de är borttagna.

60 Skruva loss bultarna och lossa säkerhetsbältets nedre förankringar enligt beskrivningen i avsnitt 25.

61 Bänd upp de mittre sprintarna och ta bort plastexpansionsnitarna på hyllans framkant **(se bild)**.

62 Ta bort sidokudden på varje sida genom att dra den övre kanten framåt och sedan lyfta bort den från dess plats i modeller med fällbara baksäten.

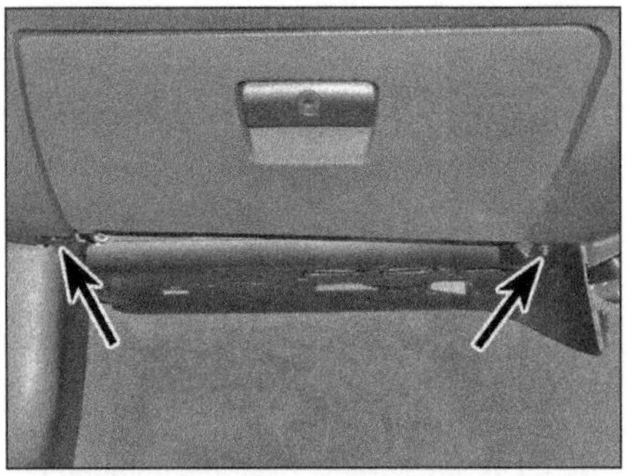

26.68 Skruva loss bultarna (markerade med pilar) och dra bort klädselpanelen

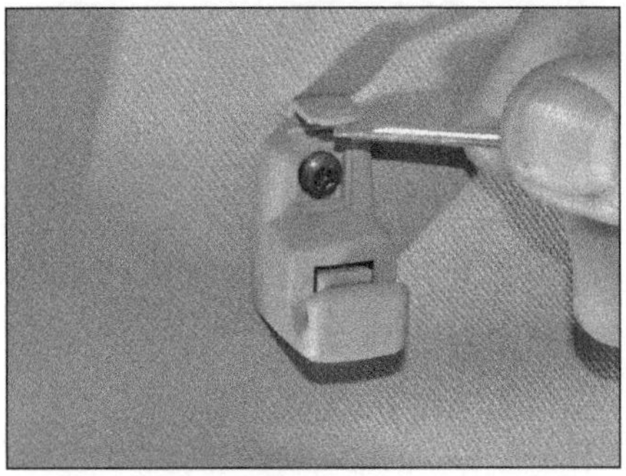

26.75 Bänd upp kåpan och skruva loss den inre fästbulten

26.61 Bänd upp de mittre sprintarna och ta bort plastexpandernitarna (markerade med pilar)

63 Bänd upp klädselpanelerna runt säkerhetsbältena där de passerar genom hyllan.

64 Dra paketet framåt och ta bort det **(se bild)**. Mata säkerhetsbältena genom hatthyllan när de tas bort.

65 Monteringen sker i omvänd ordningsföljd mot demonteringen.

Klädselpanel på fotutrymmets sida

66 Dra bort gummilisten vid klädselpanelen.

67 Dra bort dörrtröskelns klädselpanel uppåt för att lossa klämmorna framtill.

Passagerarsidan

68 Skruva loss de två bultarna och dra den nedre delen av instrumentbrädan neråt **(se bild)**. När panelen är borttagen, lossa anslutningskontakterna.

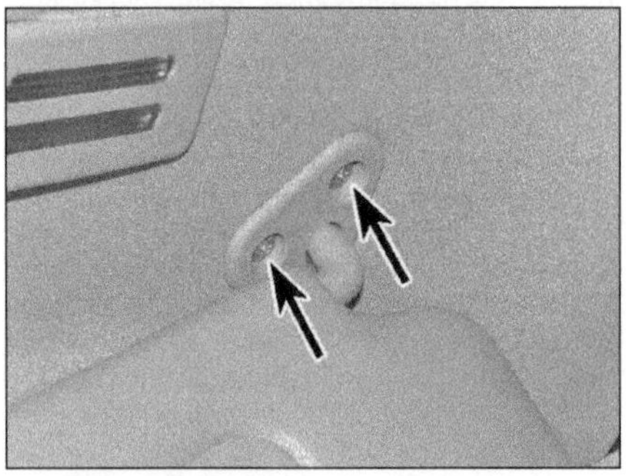

26.74 Solskyddets yttre fästbultar (markerade med pilar)

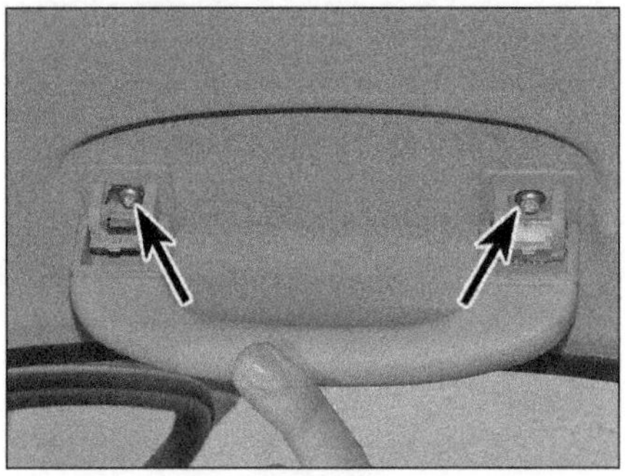

26.77 Kurvhandtagets bultar (markerade med pilar)

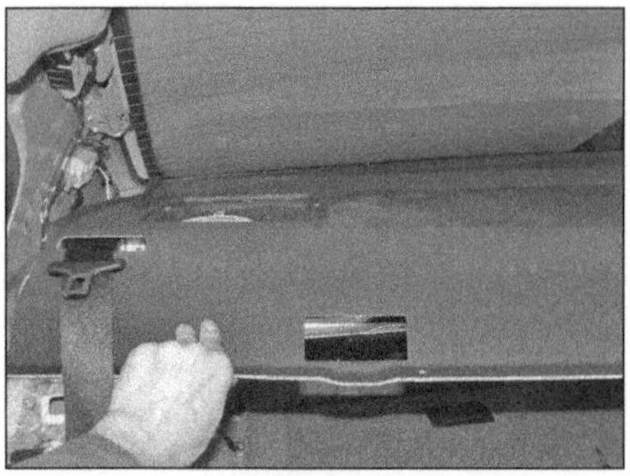

26.64 Dra hatthyllan framåt och mata igenom säkerhetsbältena

69 Dra fotutrymmets sidoklädselpanel inåt för att lossa fästklämmorna.

Förarsidan

70 Skruva loss bultarna och ta bort panelen över pedalerna **(se bild 17.1)**. Koppla loss eventuella anslutningskontakter innan du tar bort panelen.

71 Skruva loss bulten och dra bort motorhuvens låshandtag från dess plats **(se bild 9.4a)**.

72 Skruva loss fästbulten, dra sedan fotutrymmespanelen inåt/bakåt för att lossa fästklämmorna **(se bild 9.4b)**. Koppla loss eventuella anslutningskontakter innan du tar bort panelen.

Båda sidor

73 Monteringen sker i omvänd ordningsföljd mot demonteringen.

Solskydd

74 Skruva loss de två Torxbultar som håller fast det yttre fästet och sänk ner det från dess plats **(se bild)**. Lossa anslutningskontakten till sminkspegelns brytare när solskyddet är borttaget.

75 Bänd upp plastkåpan och skruva loss fästbulten för att ta bort det inre fästet **(se bild)**.

76 Monteringen sker i omvänd ordningsföljd mot demonteringen.

Handtag

77 Bänd ner plastkåporna och skruva loss fästbultarna **(se bild)**.

78 Monteringen sker i omvänd ordningsföljd mot demonteringen.

27 Mittkonsol – demontering och montering

Demontering

1 Tryck försiktigt sidorna av växelspaksdamasken inåt, dra den sedan uppåt från mittkonsolens klädselpanel

27.1 Tryck ihop sidorna och dra upp växelspakens damask

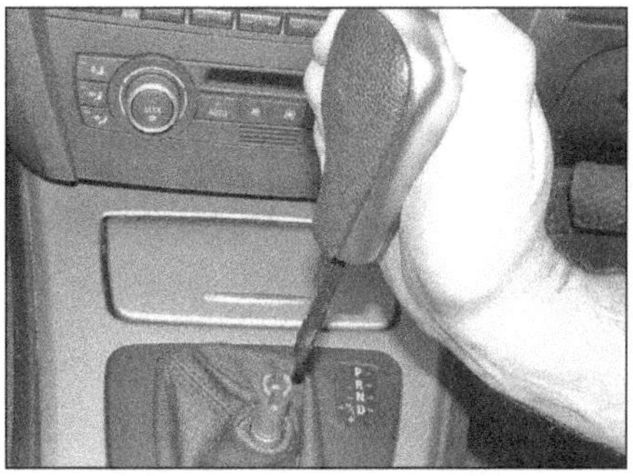

27.2a Dra växelväljarens knopp kraftigt uppåt

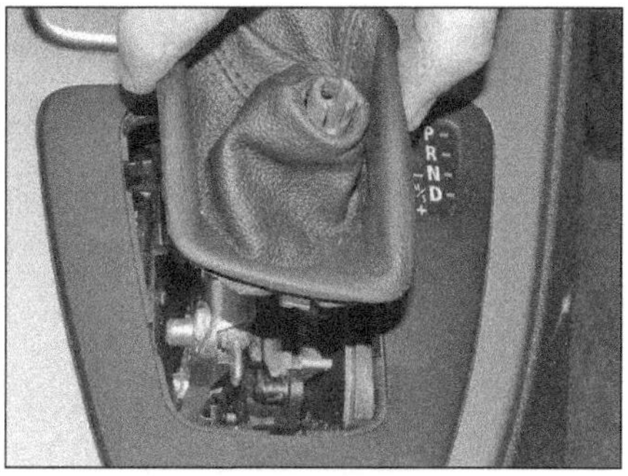

27.2b Tryck ihop sidorna och dra damasken uppåt

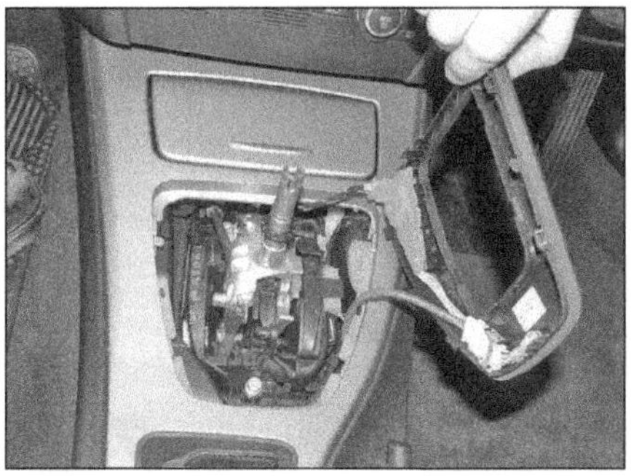

27.2c Bänd upp damaskens klädselpanel

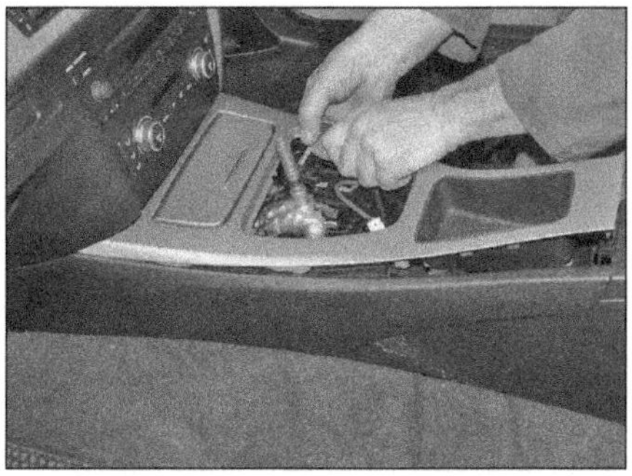

27.3 Bänd upp klädselpanelen från mittkonsolens överdel

27.4a Ta bort kåporna. . .

i modeller med manuell växellåda **(se bild)**.

2 Dra bort växelväljarens knopp från sin placering med ett kraftigt drag uppåt i modeller med automatväxellåda. Vrid inte knoppen eftersom mekanismen då kan skadas. Tryck sidorna på växelspakens damask inåt, dra den sedan uppåt från mittkonsolens klädselpanel, bänd sedan upp damaskens infattnings klädselpanel. Koppla loss anslutningskontakten när panelen tas bort **(se bilder)**.

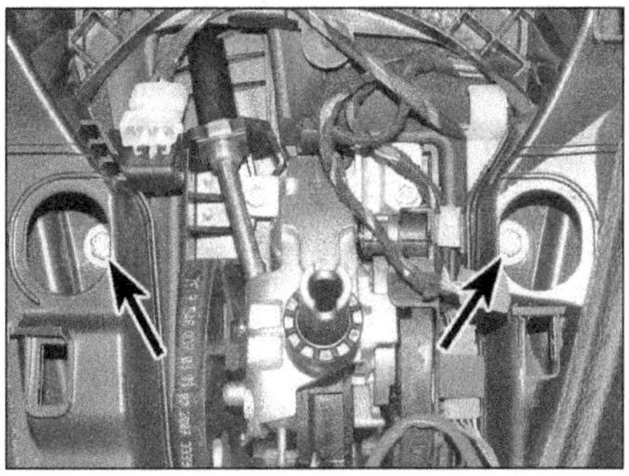

27.4b . . . och skruva loss de två bultarna (markerad med pilar)

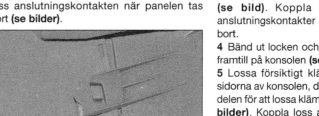

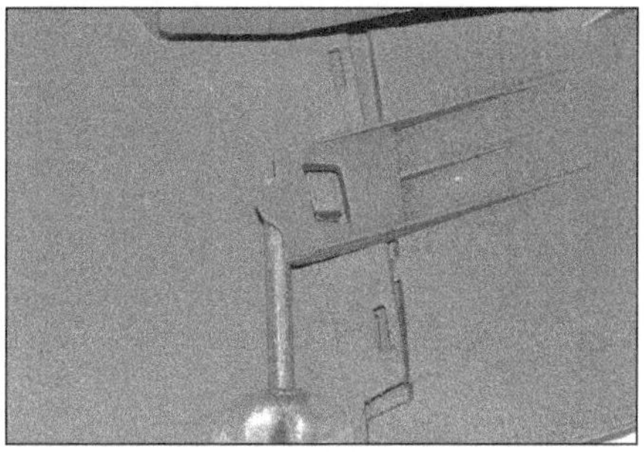

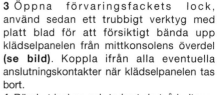

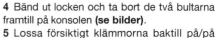

27.5a Lossa klämmorna på varje sida av den nedre delen av det bakre avsnittet (visas från konsolens insida). . .

3 Öppna förvaringsfackets lock, använd sedan ett trubbigt verktyg med platt blad för att försiktigt bända upp klädselpanelen från mittkonsolens överdel **(se bild)**. Koppla ifrån alla eventuella anslutningskontakter när klädselpanelen tas bort.

4 Bänd ut locken och ta bort de två bultarna framtill på konsolen **(se bilder)**.

5 Lossa försiktigt klämmorna baktill på/på sidorna av konsolen, dra sedan bort den bakre delen för att lossa klämmorna på överdelen **(se bilder)**. Koppla loss anslutningskontakterna när du tar bort dem.

6 Skruva loss de två muttrar som håller fast konsolens bakre del **(se bilder)**. Lossa anslutningskontakter som går att komma åt genom det bakre avsnittet.

7 Bänd försiktigt upp handbromsspakens damask från konsolen och lossa de anslutningskontakter som exponeras i

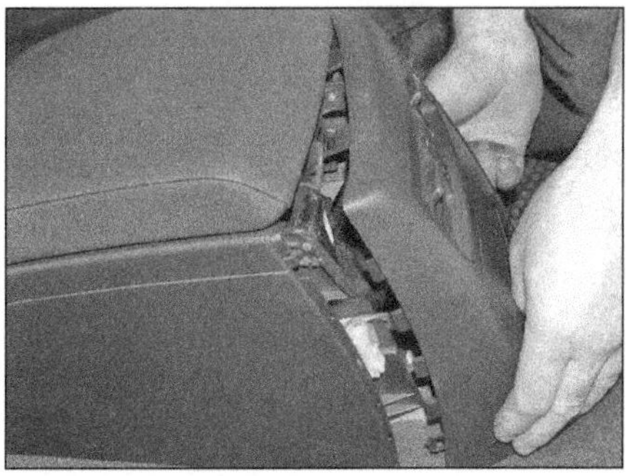

27.5b . . . och dra bort den bakre delen

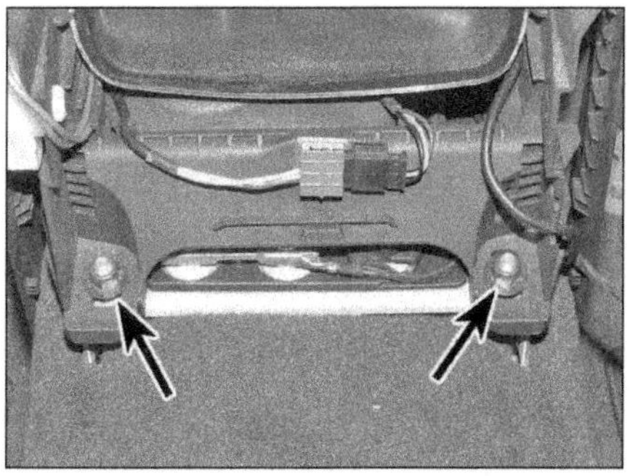

27.6a Skruva loss muttrarna (markerade med pilar). . .

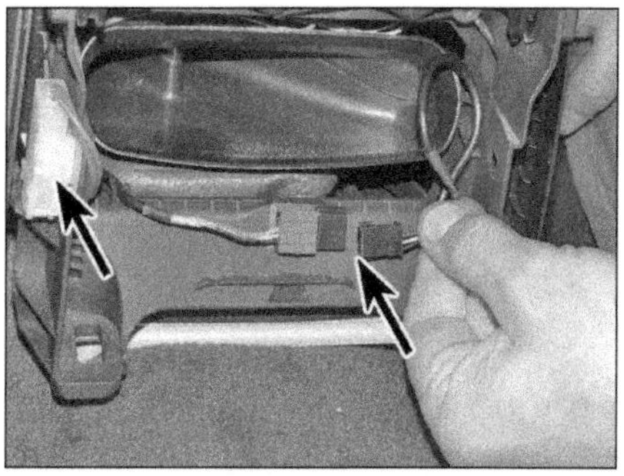

27.6b . . . och lossa anslutningskontakterna (markerade med pilar)

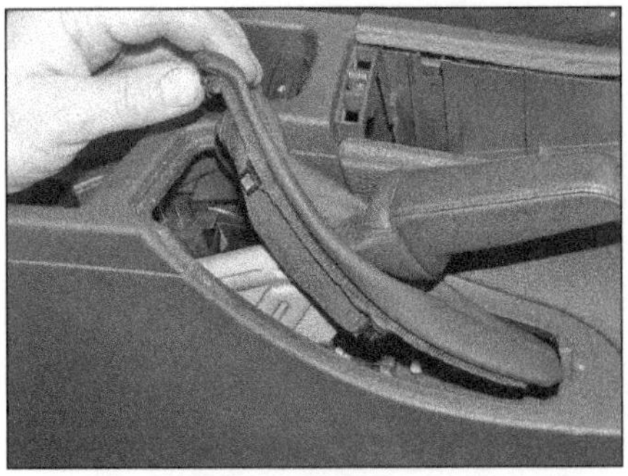

27.7a Tryck in sidorna och ta bort handbromsspakens damask från konsolen

27.7b Vrid låsspaken och lossa anslutningskontakten (markerad med pil) i öppningen

27.8 Lyft konsolens bakre del och för den över handbromsspaken

öppningen **(se bilder)**. För att förbättra åtkomligheten, ta loss buntbandet och dra bort damasken från spaken. Se till att handbromsspaken är helt upplyft.

8 Lyft upp konsolens bakre del, dra den sedan bakåt något för att lossa styrningarna framtill **(se bild)**. Notera hur anslutningskontakterna sitter monterade och koppla sedan loss dem när du tar bort konsolen. Lyft mittkonsolen över handbromsspaken.

Montering

9 För mittkonsolen över handbromsspaken och se till att de främre styrningarna och ventilerna går i ingrepp korrekt. Resten av monteringen utförs i omvänd ordningsföljd mot demonteringen, se till att alla hållare dras åt ordentligt.

28.8 Bänd försiktigt bort dekorklädselpanelen från instrumentbrädan

28 Instrumentbrädesenheten – demontering och montering

Demontering

1 Demontera mittkonsolen enligt beskrivningen i avsnitt 27.

2 Koppla loss batteriets minusdelare enligt beskrivningen i kapitel 5A.

3 Ta bort ratten enligt beskrivningen i kapitel 10.

4 Ta bort båda A-stolpens klädselpaneler enligt beskrivningen i avsnitt 26.

5 Skruva loss bultarna och ta bort den nedre klädselpanelen från instrumentbrädan på passagerarsidan **(se bild 26.68)**. Koppla loss eventuella anslutningskontakter innan du tar bort panelen.

28.10a Bänd upp klädselpanelinfattningen. . .

6 Ta bort instrumentpanelen enligt beskrivningen i kapitel 12.

7 Ta bort ljusstyrenheten/brytaren enligt beskrivningen i kapitel 12.

8 Använd ett trubbigt verktyg med platt blad och bänd försiktigt upp dekorklädselpanelen från instrumentbrädan på passagerarsidan **(se bild)**. Koppla loss eventuella anslutningskontakter innan du tar bort panelen.

9 Ta bort värmesystemets/luftkonditioneringens kontrollpanel enligt beskrivningen i kapitel 3.

10 Använd ett trubbigt verktyg med platt blad för att försiktigt bända upp infattningens klädselpanel från förarsidan av instrumentbrädan, lossa sedan de två bultarna och ta bort **tändningsbrytaren (se bilder)**. Koppla loss eventuella anslutningskontakter innan du tar bort brytaren.

11 Ta bort ljudenheten som är monterad på instrumentbrädan enligt beskrivningen i kapitel 12.

12 Ta bort handskfacket på passagerarsidan enligt beskrivningen i avsnitt 26.

13 Lossa sidokrockkuddens anslutningskontakter, enligt beskrivningen i kapitel 12. Lossa den bult som håller fast krockkuddens stödfästbygel på instrumentbrädan **(se bild)**.

14 Ta bort mitthögtalaren från

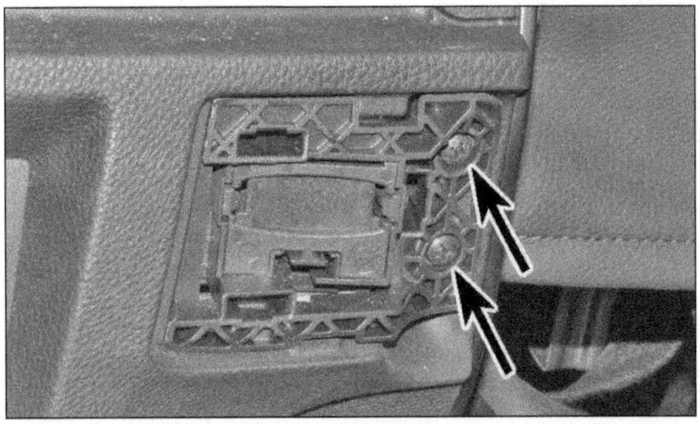

28.10b . . . och skruva loss tändnings-brytarens bultar (markerade med pilar)

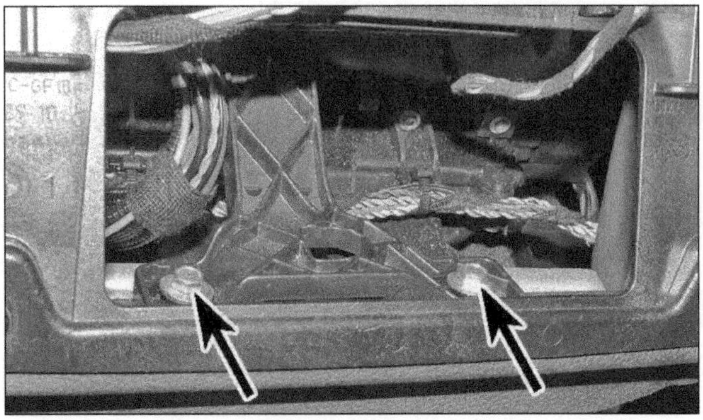

28.13 Bultar till krockkuddens stödfäste (markerade med pilar)

instrumentbrädan enligt beskrivningen i kapitel 12. I modeller utan en högtalare bänder du upp ventilationsgallret och skruvar loss de bultar som syns **(se bilder)**.

15 Bänd försiktigt upp solgivaren från instrumentbrädans mitt och lossa anslutningskontakten **(se bild)**.

16 Dra bort den bakre mittre ventilationskanalen från instrumentbrädans nedre del.

17 Instrumentbrädan är nu fäst med tre bultar i mitten och två i vardera änden. Skruva loss bultarna och dra instrumentbrädan bakåt med hjälp av en medhjälpare och notera deras monterade placering och lossa eventuella anslutningskontakter om det är nödvändigt. För instrumentbrädan från passagerarutrymmet **(se bilder)**.

HAYNES TIPS ***Märk alla kontaktdon när du kopplar loss dem från komponenterna. Etiketterna är till stor hjälp vid återmonteringen när du ska dra och mata ut kablaget genom öppningarna i instrumentbrädan.***

Montering

18 Monteringen sker i omvänd ordningsföljd mot demonteringen. Tänk på följande:

a) För instrumentbrädan på plats och se till att kablaget är korrekt draget och ordentligt fäst med instrumentbrädsklämmorna.

b) Kläm fast instrumentbrädan på plats, se till att styrsprinten i mitten på instrumentbrädans främre kant hakar i ordentligt och att alla kontaktdon matas ut genom rätt öppningar. Sätt sedan tillbaka alla instrumentbrädans fästen och dra åt dem ordentligt.

c) Avsluta med att återansluta batteriet och kontrollera att alla elektriska komponenter och brytare fungerar.

28.14a Bänd upp den mittre grillen. . .

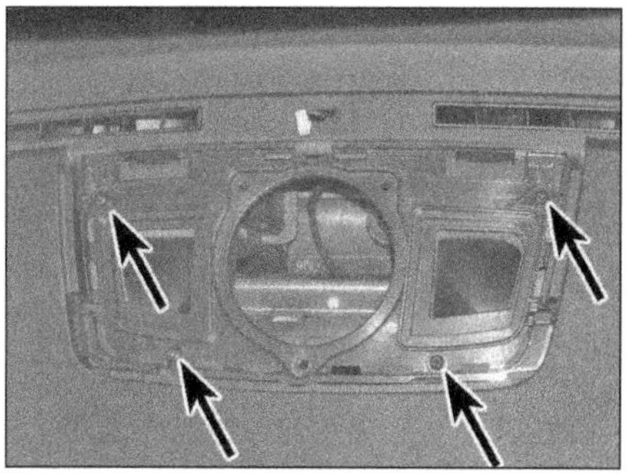

28.14b . . . och skruva loss bultarna (markerade med pilar)

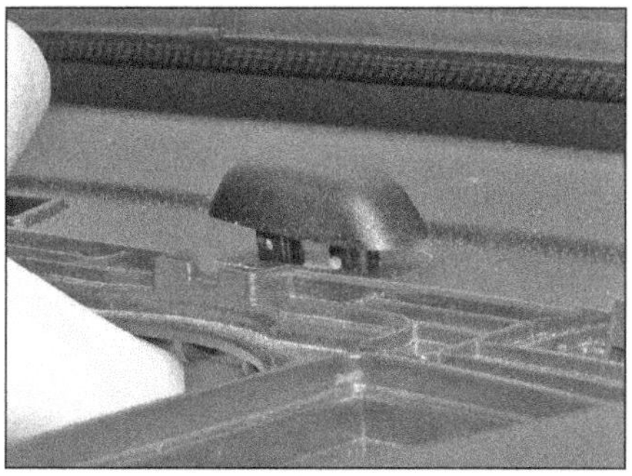

28.15 Tryck bort solgivaren från instrumentbrädan

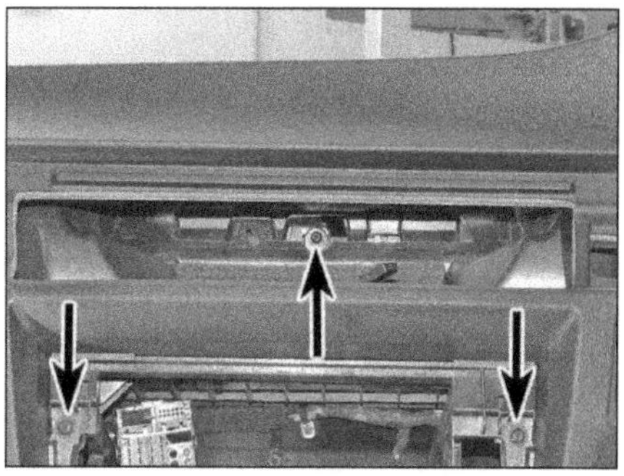

28.17a Instrumentbrädan är fäst med tre bultar i mitten (markerade med pilar). . .

28.17b . . . Två bultar på passagerarsidan (markerade med pilar). . .

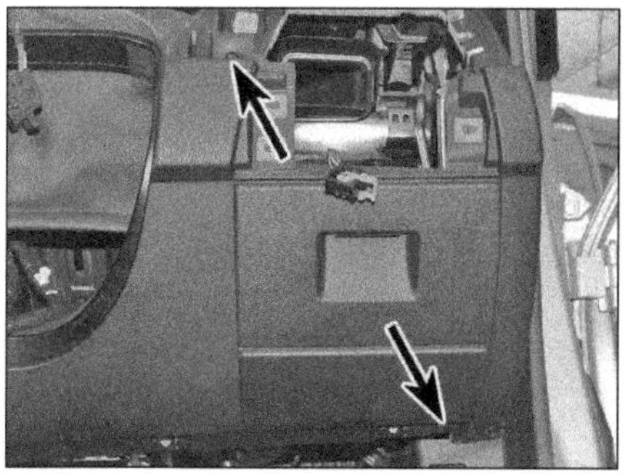

28.17c . . . och två bultar på förarsidan (markerade med pilar)

Kapitel 12
Karossens elsystem

Innehåll

Svårighetsgrad

Enkelt, passar novisen med lite erfarenhet	**Ganska enkelt,** passar nybörjaren med viss erfarenhet	**Ganska svårt,** passar kompetent hemmamekaniker	**Svårt,** passar hemmamekaniker med erfarenhet	**Mycket svårt,** för professionell mekaniker

Specifikationer

Systemtyp	12 volt, negativ jord
Glödlampor	**Watt**
Ytterbelysning	
Backljus	21
Bakljus	21
Bromsljus	21
Dimstrålkastare:	
Bak	H21
Fram	55 (H11 typ)
Högt bromsljus	lysdiod
Körriktningsvisare	21 PY
Körriktningsvisare	5 WY eller ST
Registreringsskyltsbelysning	5
Sidoljus	5
Strålkastare:	
Halogen (halv- och helljus)	55 (H7 typ)
Xenon	DS1
Innerbelysning	
Bagageutrymmets belysning	10
Fotbrunnsbelysning	5
Handskfacksbelysning	5
Kupélampor	6
Sminkspegel	10

Åtdragningsmoment

	Nm
Axelmutter mellan torkararm och torkare	30
Fjädertornstöd:*	
M10:	
Steg 1	40
Steg 2	Vinkeldra ytterligare 60°
M12:	
Steg 1	100
Steg 2	Vinkeldra ytterligare 100°
Krockkuddssystemets fästen:	
Passagerarkrockkuddens fästmuttrar	7
Stötgivarens fästbultar	8
Torxbult däcktryckssändare	4

* *Återanvänds inte*

1 Allmän information och föreskrifter

Varning: Innan något arbete utförs på elsystemet, läs föreskrifterna i Säkerheten främst! i början av den här handboken och kapitel 5A.

Elsystemet är av typen 12 V negativ jord. Strömmen till lamporna och alla elektriska tillbehör kommer från ett bly-/syrabatteri som laddas av generatorn.

Detta kapitel omfattar reparations- och servicearbeten för de elkomponenter som inte hör till motorn. Information om batteriet, generatorn och startmotorn finns i kapitel 5A.

Det bör observeras att innan arbeten i elsystemet påbörjas bör batteriets minuspol först lossas för att förhindra elektriska kortslutningar och/eller bränder.

2 Felsökning av elsystemet – allmän information

Observera: *Se föreskrifterna i Säkerheten främst! och i avsnitt 1 i detta kapitel innan arbetet påbörjas. Följande test gäller huvudelkretsarna och ska inte användas för att testa känsliga elektriska kretsar (t.ex. de låsningsfria bromsarna), speciellt där en elektronisk styrmodul (ECM) finns inkopplad.*

Varning: Elsystemet i BMW 3-serien är mycket komplext. Många av styrmodulerna är anslutna via ett databussystem där de kan dela information från de olika givarna och kommunicera med varandra. När till exempel automatväxellådan når en växlingspunkt signalerar den motorstyrningensstyrmodulviadatabussen. När växlingen utförs av växellådans styrmodul fördröjer motorstyrningens styrmodul tändningsinställningen och minskar tillfälligt motorns uteffekt för att ge en mjukare övergång från ett utväxlingsförhållande till ett annat. På grund av Databussystemets uppbyggnad rekommenderas det inte att bakåtsöka styrmodulerna med en multimeter på traditionellt vis. Elsystemen är istället utrustade med ett sofistikerat självdiagnossystem som kan undersöka om det finns felkoder lagrade i de olika styrmodulerna och hjälpa till att identifiera fel. För att kunna komma åt självdiagnossystemet måste man använda speciell testutrustning (felkodsläsare).

Allmänt

1 En typisk elkrets består av en elektrisk komponent, alla brytare, reläer, motorer, säkringar, smältinsatser eller kretsbrytare som rör den komponenten, samt det kablage och de kontaktdon som länkar komponenten till batteriet och karossen. För att underlätta felsökningen i elkretsarna finns kopplingsscheman i slutet av det här kapitlet.

2 Studera relevant kopplingsschema för att förstå den aktuella kretsens olika komponenter, innan du försöker diagnostisera ett elfel. De möjliga felkällorna kan reduceras genom att man undersöker om andra komponenter som hör till kretsen fungerar som de ska. Om flera komponenter eller kretsar slutar fungera samtidigt, rör felet antagligen en delad säkring eller jordanslutning.

3 Elektriska problem har ofta enkla orsaker, som lösa eller korroderade anslutningar, defekta jordanslutningar, trasiga säkringar eller defekta reläer (i avsnitt 3 finns information om hur man testar reläer). Se över skicket på alla säkringar, kablar och anslutningar i en felaktig krets innan komponenterna kontrolleras. Använd kopplingsscheman för att se vilka kabelanslutningar som behöver testas för att hitta felet.

4 I den nödvändiga basutrustningen för elektrisk felsökning ingår en kretstestare eller voltmeter (en 12-volts glödlampa med testkablar kan användas till vissa kontroller), en ohmmätare (för att mäta motstånd och kontrollera kontinuitet), ett batteri och en uppsättning testkablar, samt en extrakabel, helst med en kretsbrytare eller säkring, som kan användas till att koppla förbi misstänkta kablar eller elektriska komponenter. Innan felsökning med hjälp av testinstrument påbörjas, använd kopplingsschemat för att bestämma var kopplingarna ska göras.

5 För att hitta källan till ett periodiskt återkommande kabelfel (vanligen på grund av en felaktig eller smutsig anslutning eller skadad isolering), kan ett vicktest göras på kabeln. Det innebär att man vickar på kabeln för hand för att se om felet uppstår när den rubbas. Det ska därmed vara möjligt att ringa in felet till en speciell kabelsträcka. Denna testmetod kan användas tillsammans med vilken annan testmetod som helst i de följande underavsnitten.

6 Förutom problem som uppstår på grund av dåliga anslutningar kan två typer av fel uppstå i en elkrets – kretsavbrott eller kortslutning.

7 Kretsavbrott orsakas av ett brott någonstans i kretsen, vilket hindrar strömflödet. Ett kretsbrott gör att komponenten inte fungerar, men utlöser inte säkringen.

8 Kortslutningar orsakas av att ledarna går ihop någonstans i kretsen, vilket medför att strömmen tar ett alternativ, lättare väg (med mindre motstånd), vanligtvis till jordningen. Kortslutning orsakas oftast av att isoleringen nötts, varvid en ledare kan komma åt en annan ledare eller jordningen, t.ex. karossen. En kortslutning bränner i regel kretsens säkring.

Hitta ett kretsbrott

9 Koppla ena ledaren på en kretsprovare eller en voltmeters negativa ledning till antingen batteriets negativa pol eller en annan känd jord för att kontrollera om en krets är bruten.

10 Anslut den andra ledaren till ett skarvdon i kretsen som ska testas, helst närmast batteriet eller säkringen.

11 Slå på kretsen, men tänk på att vissa kretsar bara är strömförande med tändningslåset i ett visst läge.

12 Om spänning ligger på (visas antingen genom att testlampan lyser eller genom ett utslag från voltmetern, beroende på vilket verktyg som används), betyder det att delen mellan kontakten och brytaren är felfri.

13 Fortsätt kontrollera resten av kretsen på samma sätt.

14 När en punkt nås där ingen ström finns tillgänglig måste problemet ligga mellan den punkt som nu testas och den föregående med ström. De flesta fel kan härledas till en trasig, korroderad eller lös anslutning.

Hitta en kortslutning

15 Koppla bort strömförbrukarna från kretsen för att leta efter en eventuell kortslutning (strömförbrukare är delar som

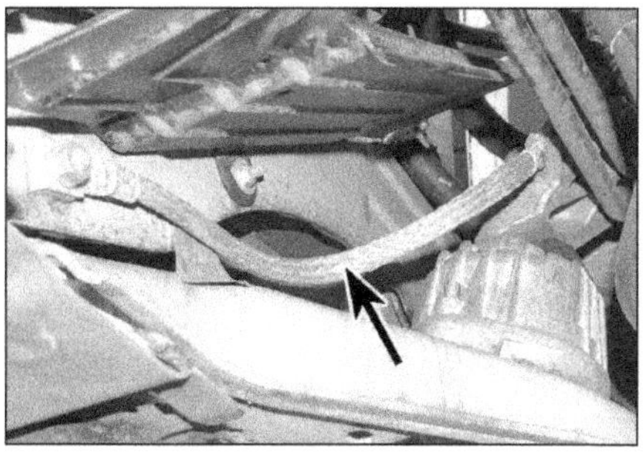

2.20a Typiska jordningsanslutningar: mellan vänster motorfäste och karossen (markerad med pil). . .

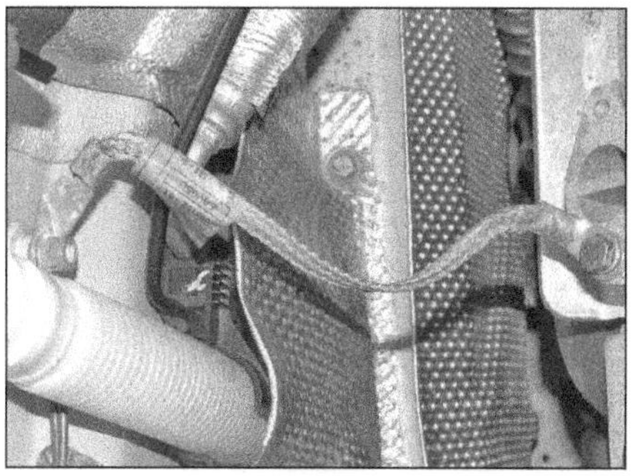

2.20b . . . topplock till innerskärmen (bensinmodeller) . . .

2.20c . . . främre innerskärm (markerad med pil) – båda sidor . . .

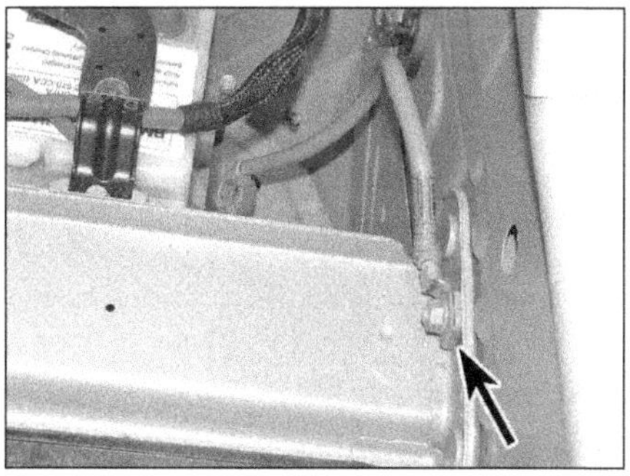

2.20d . . . höger sida av bakpanelen (markerad med pil) . . .

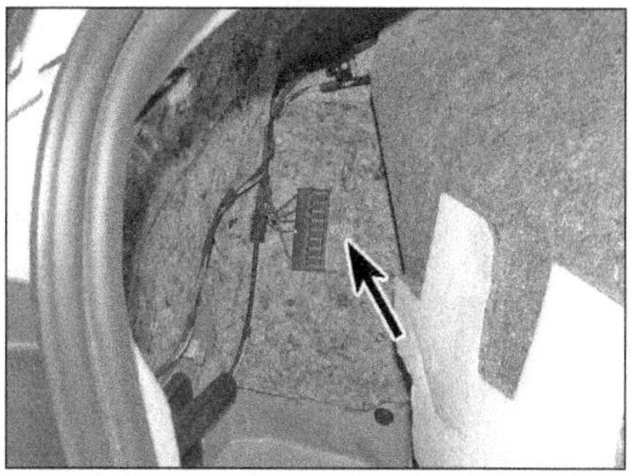

2.20e . . . vänster sida av bagageutrymmet (markerad med pil) . . .

2.20f . . . bakom baksätena (markerade med pil)

drar ström i en krets, t.ex. lampor, motorer och värmeelement).

16 Ta bort den aktuella säkringen från kretsen och anslut en kretsprovare eller voltmeter till säkringens anslutningar.

17 Slå på kretsen, men tänk på att vissa kretsar bara är strömförande med tändningslåset i ett visst läge.

18 Om spänning ligger på (indikerat antingen genom att testlampan lyser eller ett voltmätarutslag, beroende på vad som används), betyder det att en kortslutning föreligger.

19 Om det inte finns någon spänning vid kontrollen, men säkringarna fortsätter att gå sönder när strömförbrukarna är påkopplade är det ett tecken på ett internt fel i någon av strömförbrukarna.

Hitta ett jordfel

20 Batteriets minuspol är kopplad till jord – metallen i motorn/växellådan och karossen. Många system är kopplade så att de bara tar emot en positiv matning och strömmen leds tillbaka genom metallen i karossen **(se bilder)**. Det innebär att komponentfästet och karossen utgör en del av kretsen. Lösa eller korroderade fästen kan därför orsaka flera olika elfel, allt ifrån totalt haveri till svårfångade, partiella fel. Vanligast är att lampor lyser svagt (särskilt när en annan krets som delar samma jordpunkt används samtidigt) och att motorer (t.ex. torkarmotorerna eller kylarens fläktmotor) går långsamt. En krets kan påverka en annan, till synes orelaterad, krets. Observera att på många fordon används särskilda jordningsband mellan vissa komponenter, såsom motorn/växellådan och karossen, vanligtvis där det inte finns någon direkt metallkontakt mellan komponenterna på grund av gummiupphängningar etc.

21 Koppla bort batteriet och anslut den ena ledaren på en ohmmätare till en känd, god jordpunkt för att kontrollera om en komponent är korrekt jordad. Koppla den andra ledaren till den kabel eller jordkoppling som ska kontrolleras. Resistansen ska vara noll. Om inte kontrollerar du anslutningen enligt följande.

22 Om en jordanslutning misstänks vara defekt, koppla isär anslutningen och rengör den ner till ren metall både på karossen och kabelanslutningen eller fogytan på komponentens jordanslutning. Se till att ta bort alla spår av rost och smuts och skrapa sedan bort lacken med en kniv för att få fram en ren metallyta. Dra åt kopplingsfästena ordentligt vid monteringen; om en kabelterminal monteras, använd låsbrickor mellan anslutning och karossen för att vara säker på att en ren och säker koppling uppstår. När kopplingen återansluts, rostskydda ytorna med ett lager vaselin, silikonfett eller genom att regelbundet spraya på fuktdrivande aerosol eller vattenavstötande smörjmedel.

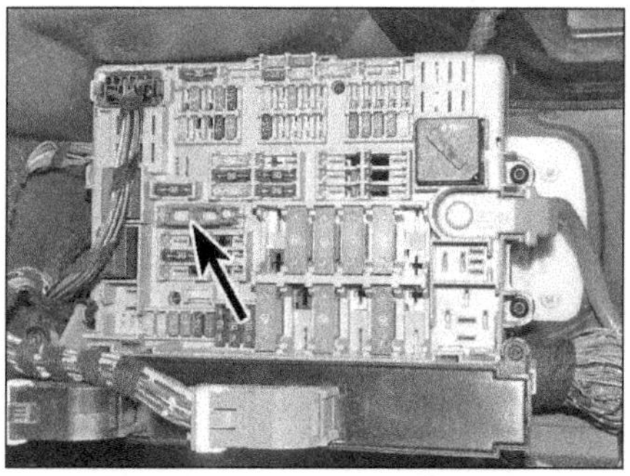

3.3 Säkringsdosan sitter bakom handskfacket på passagerarsidan. Observera pincetterna för borttagning av säkringarna (markerade med pil)

3 Säkringar och reläer – allmän information

Huvudsäkringar

1 Säkringarna är placerade bakom passagerarsidans handskfack.

2 Öppna handskfacket, vrid de två snabbfästanordningarna och dra ner locket för att lossa säkringshållarens lock.

3 En lista över vilken säkring som gäller vilken krets finns på etiketten som sitter på insidan av huvudsäkringsdosans kåpa. På säkringsdosan finns även en pincett som används för att ta bort säkringarna. Observera att vertikala säkringar är aktiva och horisontella säkringar är reservsäkringar. ”Smältsäkringar” med högt amperetal är placerade på säkringsdosans ovansida **(se bild)**.

4 Stäng först av den berörda kretsen (eller tändningen), dra sedan ut säkringen från

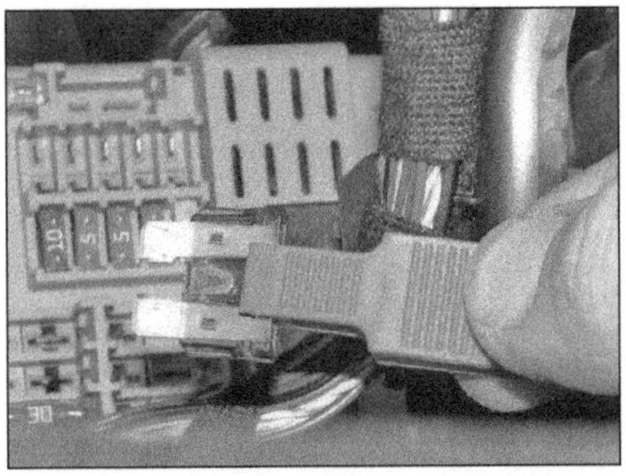

3.4 Använd den medföljande pincetten för att dra ut relevant säkring

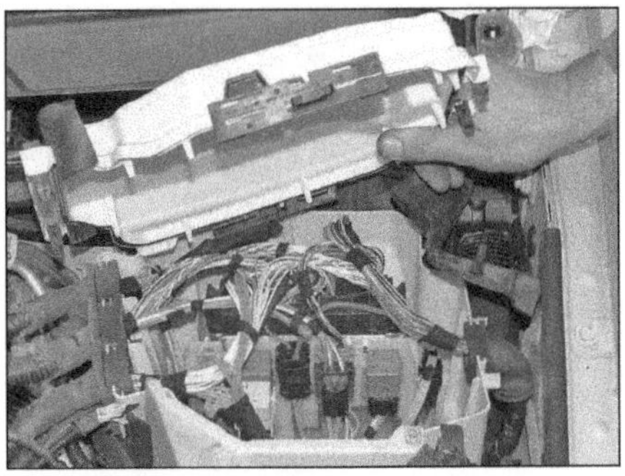

3.7 En del reläer är placerade i kopplingsdosan i motorrummets vänstra hörn

dess poler med den pincett som är fastklämd på säkringsdosan för att ta bort en säkring **(se bild)**. Tråden i säkringen ska synas. Om säkringen är bränd är kabeln trasig eller smält.

5 Byt alltid ut en säkring mot en som har samma kapacitet. Använd aldrig en säkring med en annan märkström än originalsäkringen, och byt inte ut den mot något annat. Byt aldrig en säkring mer än en gång utan att spåra orsaken till felet. På säkringens överdel finns kapaciteten inpräglad; Notera att säkringarna även är färgkodade så att du lätt ska känna igen dem.

6 Om en ny säkring går sönder på en gång, ta reda på varför detta inträffar innan du byter den igen: den troligaste orsaken är en kortslutning mot jord på grund av dålig isolering. Om en säkring skyddar fler än en krets, försök att isolera problemet genom att slå på varje krets i tur och ordning (om möjligt) tills säkringen går sönder igen. Ha alltid ett antal reservsäkringar med relevant kapacitet i bilen. En reservsäkring för varje kapacitet ska sitta längst ner i säkringsdosan.

Reläer

7 De flesta reläer sitter bakom passagerarsidans handskfack **(se bild)** medan andra sitter i eldosan i motorrummets vänstra hörn.

8 Om ett fel uppstår i en krets eller ett system som styrs av ett relä och du misstänker att felet beror på reläet, aktivera systemet. Om reläet fungerar ska du kunna höra ett klickljud när det aktiveras. Om så är fallet finns felet i systemets komponenter eller kablage. Om reläet inte aktiveras får det antingen ingen huvudström eller kopplingsspänning eller så är själva reläet defekt. Testa med hjälp av en bevisat fungerande enhet, men var försiktig: Även om vissa reläer är identiska utseendemässig och funktionsmässigt, kan andra likna varandra men utföra olika funktioner.

9 Innan ett relä byts ut, se först till att tändningen är avslagen. Sedan kan du helt enkelt dra loss reläet från hylsan och sätta dit ett nytt.

4 Brytare/reglage – demontering och montering

Observera: *Koppla loss batteriets minusdelare (se kapitel 5A) innan du tar bort någon brytare. Återanslut ledaren när du har satt tillbaka brytaren.*

Tändningslås

1 Bänd försiktigt upp brytarens infattning från dess placering **(se bild)**.

2 Skruva loss de två bultarna och dra bort brytaren från instrumentbrädan **(se bild)**. Koppla loss anslutningskontakten när brytaren tas bort.

3 Monteringen sker i omvänd ordningsföljd mot demonteringen.

Motorstartbrytare

4 Använd ett trubbigt verktyg med platt blad och bänd försiktigt upp dekorlisten/luftutsläppen från instrumentbrädan **(se bild)**. Koppla ifrån alla eventuella anslutningskontakter när klädselpanelen tas bort.

5 Tryck ihop klämmorna och tryck bort motorns startbrytare från klädselpanelen **(se bild)**.

6 Monteringen sker i omvänd ordning.

Brytarmodul rattstång

7 Sänk och skjut ut rattstången så långt det går. Demontera ratten enligt beskrivningen i kapitel 10.

8 Observera att när ratten är demonterad låses krockkuddens roterande kontaktenhet automatiskt för att förhindra rotation av misstag.

9 Lossa den övre och nedre delen av rattstångskåpan **(se bilder)**.

10 Skruva loss bultarna och ta modulen från rattstången **(se bild)**.

11 Lossa de olika plastpluggarna från modulen när den tas bort. **Observera:** *Rattstångens brytarmodul har väldigt få mekaniska delar eftersom de verksamman komponenterna*

4.1 Bänd upp brytarens infattning från instrumentpanelen

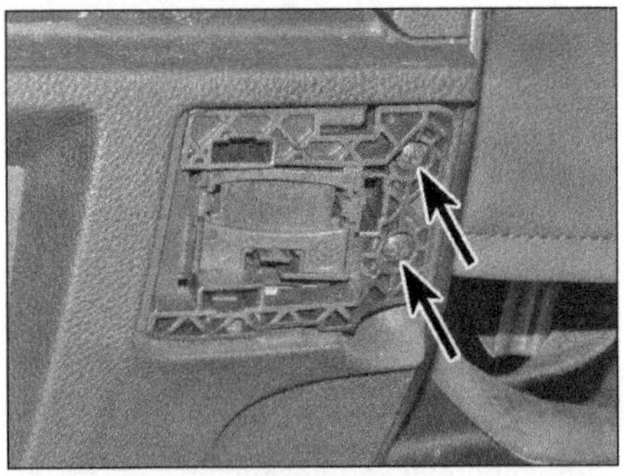

4.2 Brytarens fästbultar (markerade med pilar)

4.4 Bänd försiktigt upp dekorpanelremsan från instrumentbrädan

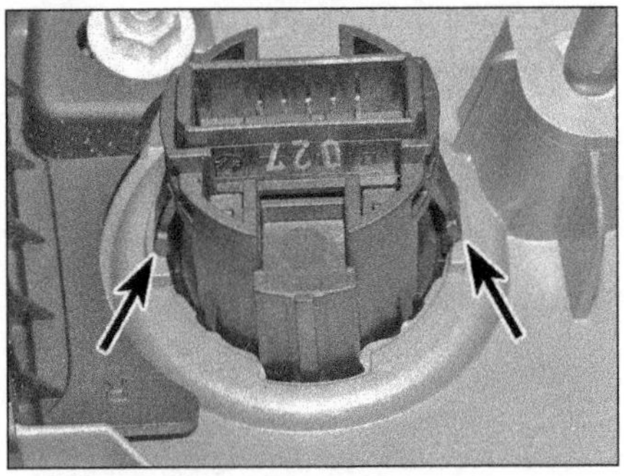

4.5 Tryck ihop klämmorna (markerade med pilar) och tryck bort startbrytaren från klädselpanelen

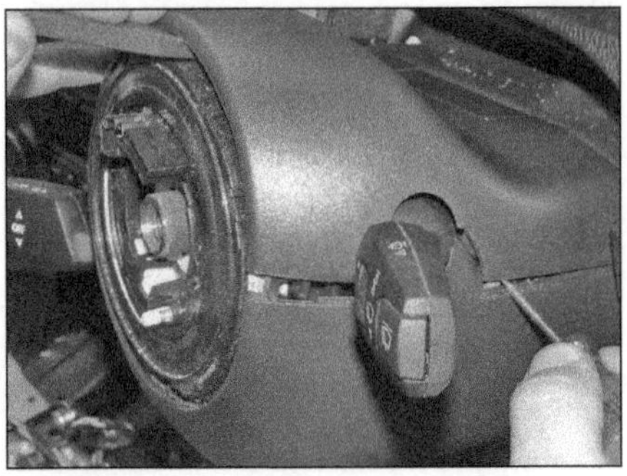

4.9a Lossa stångens övre kåpa. . .

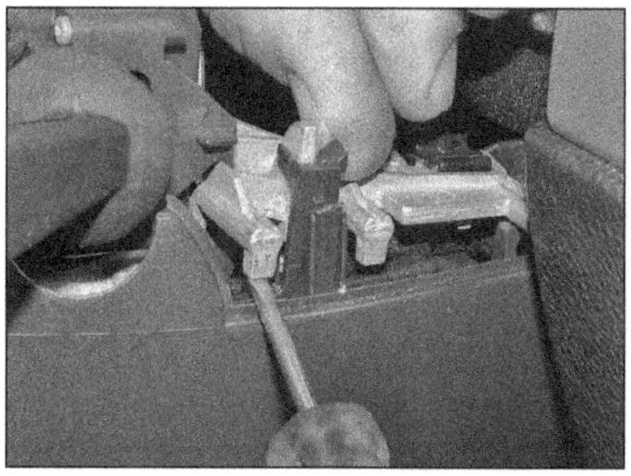
4.9b . . . och sänk ner stångens kåpa . . .

är optiska brytare. Modulen har även en styrvinkelsensor. Hantera modulen försiktigt.

12 Lossa klämmorna och separera krockkuddens vridbara kontaktenhet om det behövs **(se bild)**. Ingen ytterligare isärtagning av enheten rekommenderas.

13 Monteringen utförs i omvänd ordning mot demonteringen, se till att kablaget dras rätt. Om du monterar en ny modul måste den programmeras med särskild diagnosutrustning från BMW. Låt en BMW-verkstad eller annan specialist utföra denna uppgift.

Ljusbrytare

14 Använd ett trubbigt verktyg med platt kant och bänd försiktigt upp dekorlisten/luftventilen från instrumentbrädans högra sida **(se bild)**. Koppla ifrån alla eventuella anslutningskontakter när klädselpanelen tas bort.

15 Bänd försiktigt upp brytaren

4.15a Dra loss brytaren och infattningen från platsen. . .

4.16 Lossa klämmorna (markerade med pilar) och lossa brytaren från infattningen

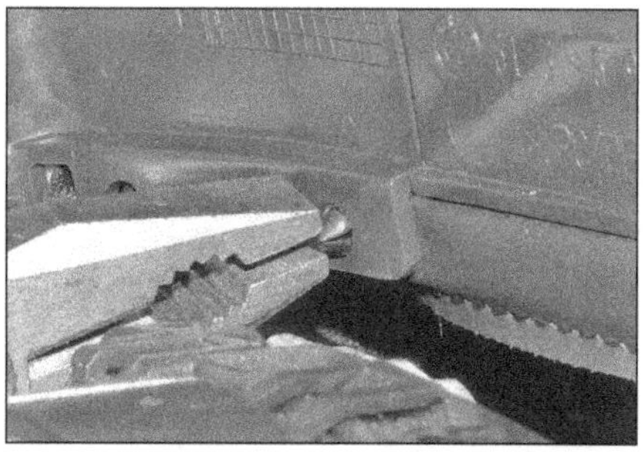
4.9c . . . kläm ihop klämmorna och lossa den övre kåpan från damasken om det behövs

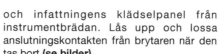

4.12 Lossa klämmorna runt kontaktenhetens ytterkant (de övre klämmorna är markerade med pilar)

och infattningens klädselpanel från instrumentbrädan. Lås upp och lossa anslutningskontakten från brytaren när den tas bort **(se bilder)**.

16 Lossa spärrarna och lossa brytaren från

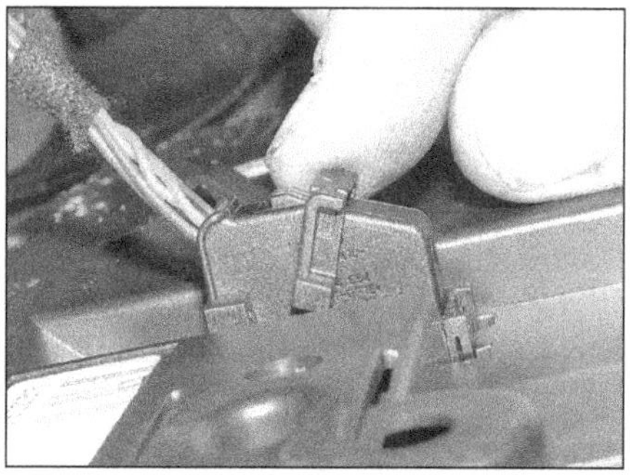
4.15b . . . bänd sedan över låsspärren och lossa anslutningskontakten

4.19 Tryck bort brytarblocket från dess plats

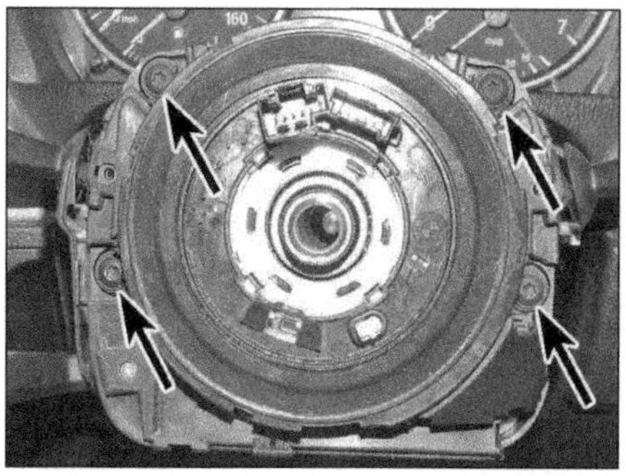
4.10 Skruva loss brytarmodulens fästbultar (markerade med pilar)

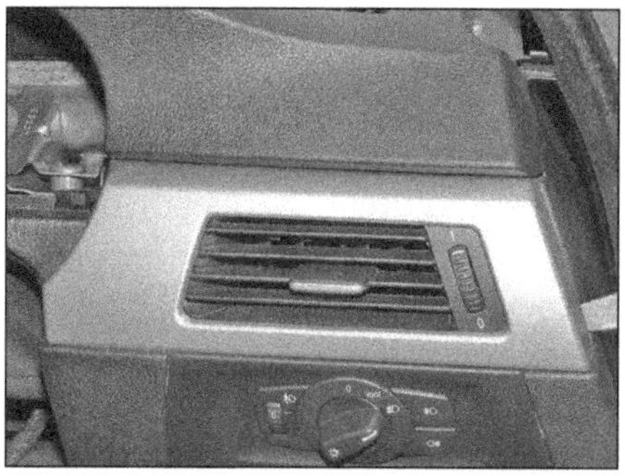
4.14 Bänd upp dekorpanelremsan/luftventilen från instrumentbrädan

infattningens klädselpanel om det behövs **(se bild)**.

17 Monteringen utförs i omvänd ordningsföljd mot demonteringen.

Varningsblinkers/centrallås/DTC-brytare

18 Använd ett trubbigt verktyg med platt blad och bänd försiktigt upp dekorlisten/luftutsläppen från instrumentbrädan **(se bild 4.4)**. Koppla ifrån alla eventuella anslutningskontakter när klädselpanelen tas bort.

19 Tryck bort brytarlocket från remsan **(se bild)**.

20 Monteringen utförs i omvänd ordningsföljd mot demonteringen.

Elfönstrens brytare

21 Använd ett trubbigt verktyg med platt blad för att försiktigt bända loss brytarpanelen från armstödet **(se bild)**. Använd en bit kartong

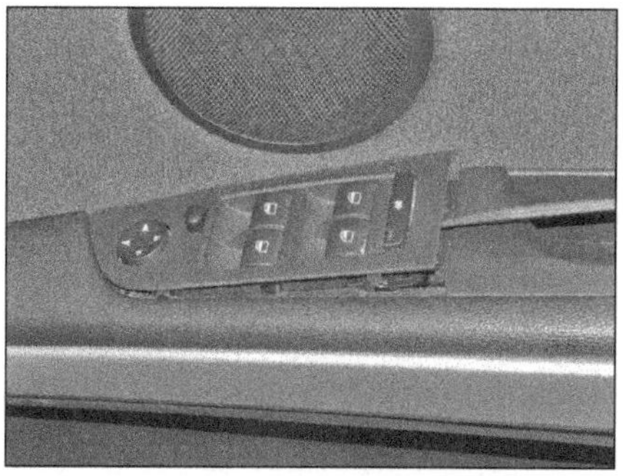
4.21 Bänd försiktigt den elektriska fönsterbrytarens panel från armstödet

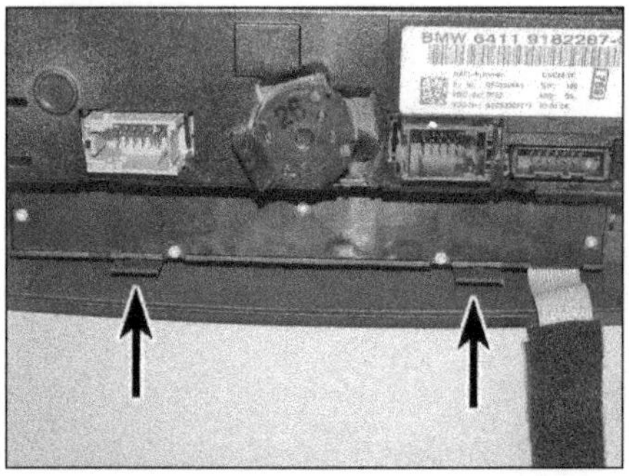

4.30 Lossa klämmorna (markerade med pilar) och lossa brytarsamlingen

för att skydda materialet i armstödet om det behövs.

22 Lossa de olika anslutningskontakterna när panelen tas bort.

23 Monteringen utförs i omvänd ordningsföljd mot demonteringen.

Ytterspegel brytare

24 Spegeljusteringsbrytaren är inbyggd i den elektriska fönsterbrytaren. Ta bort brytarenheten enligt tidigare beskrivning i detta avsnitt.

Kopplingspedalens lägesbrytare

25 Skruva loss fästbultarna till instrumentbrädans nedre panel, lossa sedan panelen och ta ut den ur bilen. Notera hur anslutningskontakterna sitter monterade och koppla loss dem när du tar bort panelen.

26 Koppla loss anslutningskontakten från brytaren.

27 Använd en skruvmejsel för att lossa brytaren från huvudcylinderns sida.

28 Monteringen sker i omvänd ordningsföljd mot demonteringen.

Central brytargrupp på instrumentbrädan

29 Ta bort kontrollpanelen för värme/luftkonditionering/klimat enligt beskrivningen i kapitel 3.

30 Lossa anslutningskontakten, lossa sedan klämmorna och lossa brytarklustret (om ett sådant finns) från kontrollpanelen **(se bild)**.

31 Monteringen sker i omvänd ordningsföljd mot demonteringen.

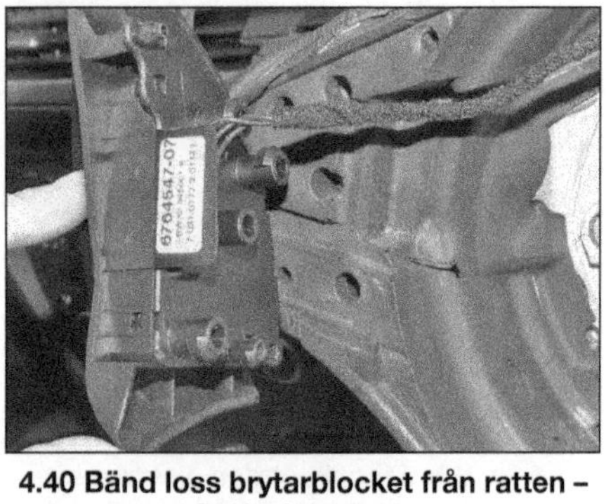

4.40 Bänd loss brytarblocket från ratten – flerfunktionsratt

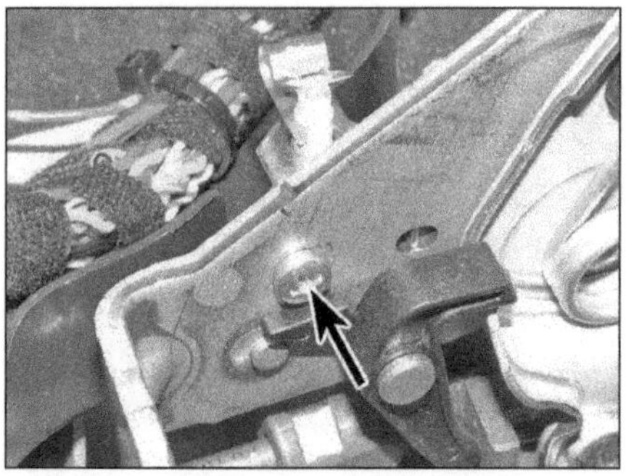

4.34 Bult till handbromsvarningslampans brytare (markerad med pil)

Uppvärmd bakruta/fläkt/luftkonditioneringsbrytare

32 Brytarna är en integrerad del av styrenheten och går inte att byta. Om brytaren är defekt, rådfråga en BMW-verkstad.

Brytare till handbromsens varningslampa

33 Ta bort mittkonsolen enligt beskrivningen i kapitel 11 för att komma åt handbromsspaken.

34 Lossa anslutningskontakten från varningslampans brytare, skruva sedan loss bulten och ta bort brytaren **(se bild)**.

35 Monteringen utförs i omvänd ordningsföljd mot demonteringen. Kontrollera att brytaren fungerar innan du sätter tillbaka mittkonsolen. Varningslampan ska tändas mellan kugghjulsmekanismens första och andra hack.

Bromsljusbrytare

36 Se kapitel 9.

Kupébelysningens brytare

37 Kupélampans brytare är integrerade i låsenheten till dörrarna/bakluckan. För demontering av aktuellt lås, se kapitel 11.

Rattens brytare

38 Två olika typer av rattar är monterade i 3-seriens modeller. En flerfunktionsratt och en sportratt. För att ta bort brytarna, demontera förarkrockkudden enligt beskrivningen i avsnitt 25, fortsätt sedan under relevant rubrik.

Flerfunktionsratt

39 Lossa brytarnas anslutningskontakt

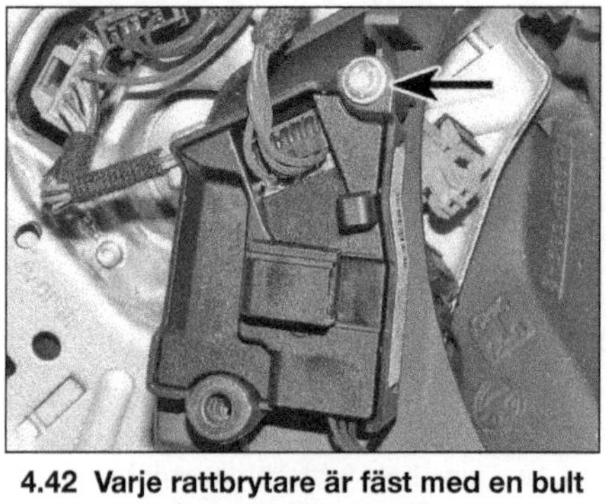

4.42 Varje rattbrytare är fäst med en bult (markerad med pil)

från rattens mitt. Observera att brytarna är kopplade tillsammans.

40 Bänd försiktigt bort brytarna från ratten **(se bild)**. Observera att signalhornets brytare är integrerad i krockkuddsenheten.

Sportratt

41 Skruva loss de tre fästbultarna på rattens främre yta (två som håller fast den övre delen och två som håller fast den nedre delen) och lossa brytarhållarpanelen från ratten. Koppla loss anslutningskontakten när du tar bort panelen.

42 Om det behövs skruvar du loss bultarna och lossar brytarna från panelen **(se bild)**.

Brytare taklucka/innerbelysning

43 Använd ett trubbigt verktyg med platt blad för att försiktigt bända upp innerbelysningens glas från dess plats **(se bild 6.4)**.

44 Lossa klämmorna och bänd upp brytar-/panelenheten från takklädseln **(se bilder 6.5a och 6.5b)**. När panelen är borttagen, lossa anslutningskontakterna.

45 Ingen ytterligare isärtagning av enheten rekommenderas. Brytarna kan inte erhållas separat. Kontakta en BMW-verkstad eller specialist.

46 Monteringen utförs i omvänd ordningsföljd mot demonteringen. Om en ny brytar-/panelenhet har monterats måste brytarmodulen till takluckan programmeras med BMW:s diagnosutrustning. Låt en BMW-verkstad eller annan specialist utföra denna uppgift.

47 Initiera takluckan på följande sätt när arbetet slutförs:

a) Tryck och håll brytaren i "lutat" läge.

b) När läget "slut på lutning" har uppnåtts håller du brytaren intryckt under ytterligare 30 sekunder. "Normaliseringen" är slutförd när takluckans bakre ände lyfts upp kortvarigt.

c) Håll brytaren intryckt i "lutad position" så flyttas takluckan till stängt läge efter ungefär 5 sekunder, tillbaka till det öppna läget och sedan slutligen tillbaka till det stängda läget.

d) Lossa brytaren.

Frånkopplingskontakter till bakluckan/bakrutan

48 Lossa diagnosuttagets kåpa på fotutrymmets panel på förarsidan.

49 Tryck bort frånkopplingskontakten från panelen. Koppla loss anslutningskontakten när brytaren tas bort.

50 Monteringen sker i omvänd ordningsföljd mot demonteringen.

iDrive controller

51 Ta bort mittkonsolen enligt beskrivningen i kapitel 11.

52 Bänd försiktigt upp vridreglaget från enheten.

53 Skruva loss de fyra fästbultarna och lossa reglaget från konsolen.

54 Monteringen sker i omvänd ordningsföljd mot demonteringen.

5.2 Dra kåpans innerkant bakåt för att lossa den

Automatväxellåda växlingspaddlar

55 Demontera krockkudden på förarsidan enligt beskrivningen i avsnitt 25.

56 Lossa växlingspaddlarnas anslutningskontakter, skruva sedan loss de två bultarna och dra bort paddlarna från ratten.

57 Monteringen sker i omvänd ordningsföljd mot demonteringen.

5 Glödlampor (ytterbelysning) - byte

Allmänt

1 Tänk på följande när en glödlampa ska bytas:

a) Kom ihåg att om lampan nyligen har varit tänd kan glödlampan vara mycket het.

b) Kontrollera alltid lampans sockel och kontaktytor. Se till att kontaktytorna mellan lampan och ledaren och lampan och jorden är rena. Avlägsna all korrosion och smuts innan en ny lampa sätts i.

c) Om lampor med bajonettfattning används, se till att kontakterna har god kontakt med glödlampan.

d) Se alltid till att den nya lampan har rätt specifikationer och att den är helt ren innan den monteras. detta gäller särskilt strålkastaren/dimljuslamporna (se nedan).

Halogenstrålkastare

Helljus

2 Lossa kåpan från strålkastarens bakre del **(se bild)**.

3 Dra bort anslutningskontakten från glödlampan.

4 Lossa fästklämman och dra bort glödlampan från reflektorn **(se bild)**.

5 När du handskas med den nya glödlampan, använd en tygbit eller en ren trasa så att fingrarna inte kommer i kontakt med glaset. Även mycket små mängder fett eller fukt från fingrarna leder till mörka fläckar och orsakar att lampan går sönder i förtid. Om glaset råkar vidröras, torka av det med T-sprit.

6 Tryck in den nya glödlampan i reflektorn och se till att glödlampans placeringstappar är inriktade mot motsvarande spår i reflektorn.

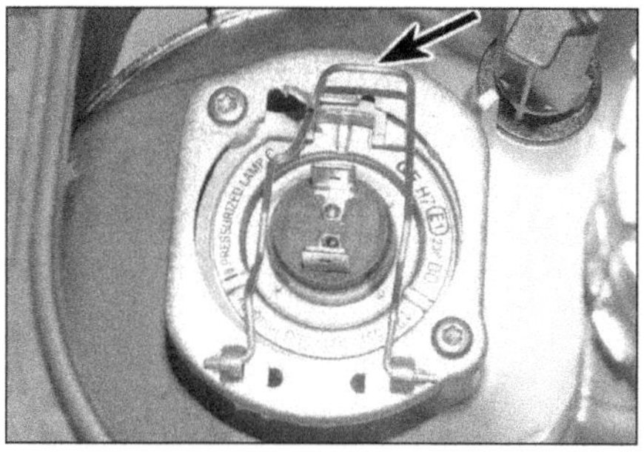

5.4 Tryck klämmans överdel (markerad med pil) uppåt, flytta den sedan åt sidan för att lossa den

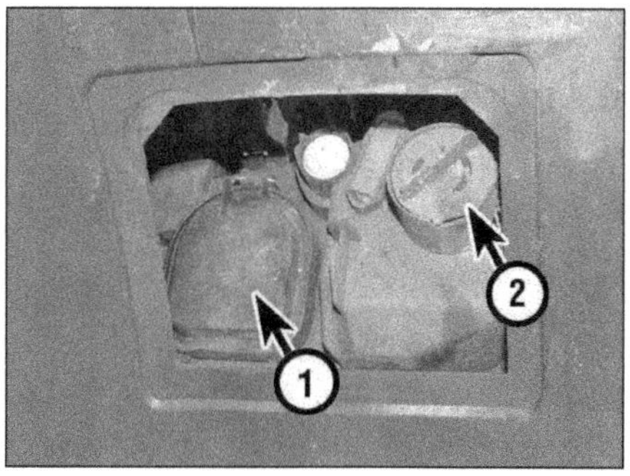

5.9b . . . och ta bort fliken för att komma åt halvljuskåpan (1) eller blinkerslamphållaren (2)

7 Fäst glödlampan på plats med fästklämman och återanslut anslutningskontakten.

8 Montera tillbaka kåpan på motorns baksida.

Halvljus

9 Halvljusglödlampan går att komma åt genom en lucka i hjulhusfodret. Vrid hjulet inåt, använd sedan ett mynt för att vrida fästanordningarna moturs och öppna luckan **(se bilder)**.

10 Två olika typer av kåpor är monterade baktill på strålkastaren för att komma åt halvljuset. Lossa antingen kåpan eller vrid den moturs för att ta bort den **(se bild)**.

11 Fortsätt enligt beskrivningen i punkt 3 till 8.

12 Stäng hjulhusfodret och vrid hållaren medurs för att fästa den.

Xenon-strålkastare

Halvljus

13 På modeller utrustade med ljusstarka xenonlampor till halvljuset finns risk för höga spänningar, koppla därför loss batteriets minusdelare enligt beskrivningen i kapitel 5A.

14 Ta bort hjulhusfodret enligt beskrivningen i kapitel 11 eller ta bort strålkastaren enligt beskrivningen i avsnitt 7.

15 Lossa plastkåpan från strålkastarens bakre del.

16 Lossa anslutningskontakten.

17 Lossa fästtrådklämman och vik den neråt **(se bild)**.

18 Dra bort tändaren och glödlampan från reflektorn.

19 Monteringen sker i omvänd ordningsföljd mot demonteringen.

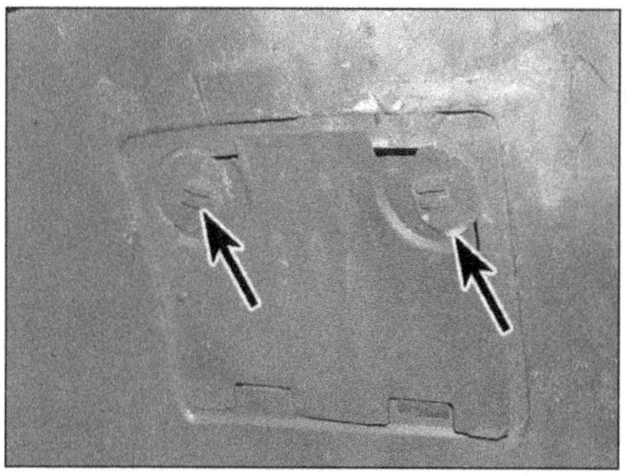

5.9a Vrid fästanordningarna (markerade med pilar). . .

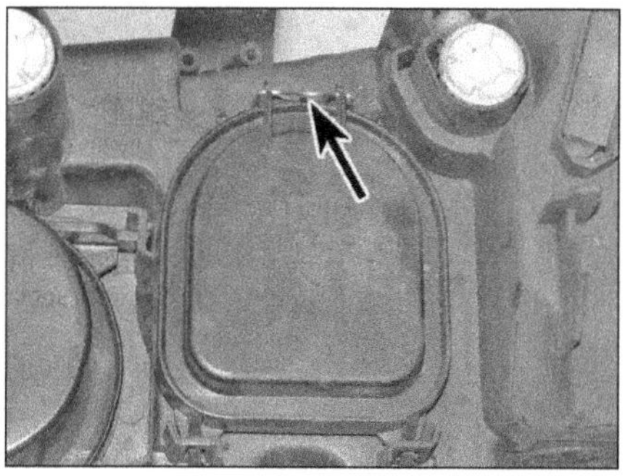

5.10 Lossa klämman (markerad med pil) ovanpå halvljuskåpan

Helljus

20 Fortsätt enligt beskrivningen i punkt 13 till 15 i detta avsnitt.

21 Dra bort anslutningskontakten från glödlampan.

22 Lossa fästklämman och dra bort glödlampan från reflektorn.

23 Vidrör inte glaset på den nya glödlampan med fingrarna. Håll den med en näsduk eller en ren trasa; även mycket små mängder fett eller fukt från fingrarna leder till mörka fläckar och orsakar att lampan går sönder i förtid. Om glaset råkar vidröras, torka av det med T-sprit.

24 Tryck in den nya glödlampan i reflektorn

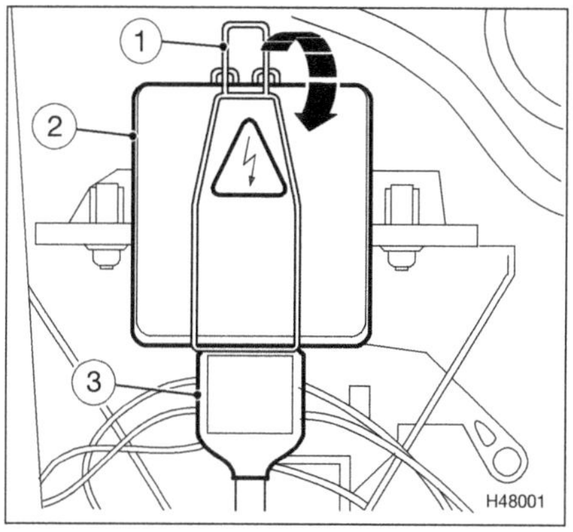

5.17 Detaljerad information om xenonstrålkastarens tändare

1 Fästklämma
2 Tändare
3 Anslutningskontakt

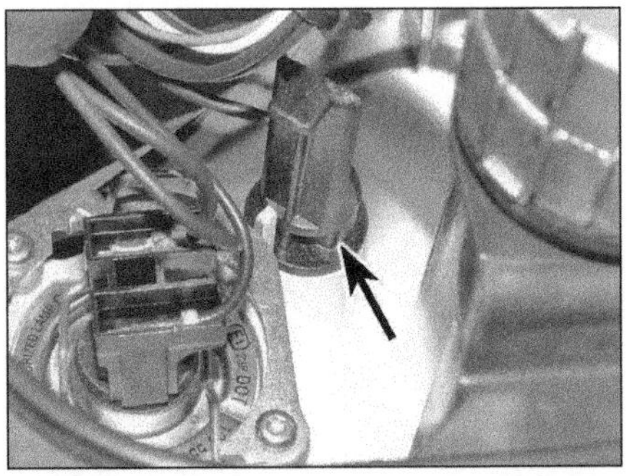

5.28a Dra bort sidoljusets lamphållare (markerad med pil) från dess placering. . .

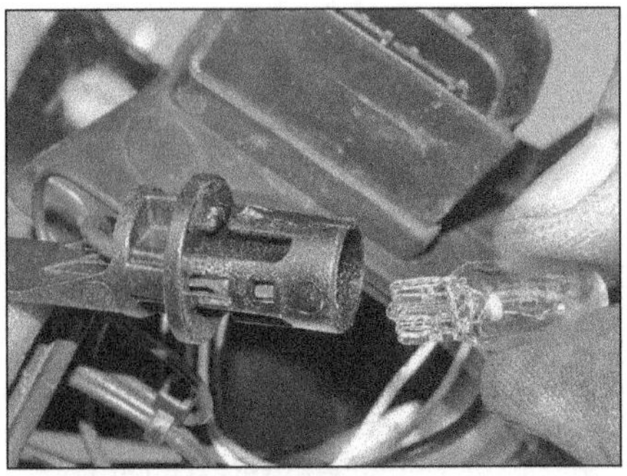

5.28b . . . dra sedan bort glödlampan från hållaren

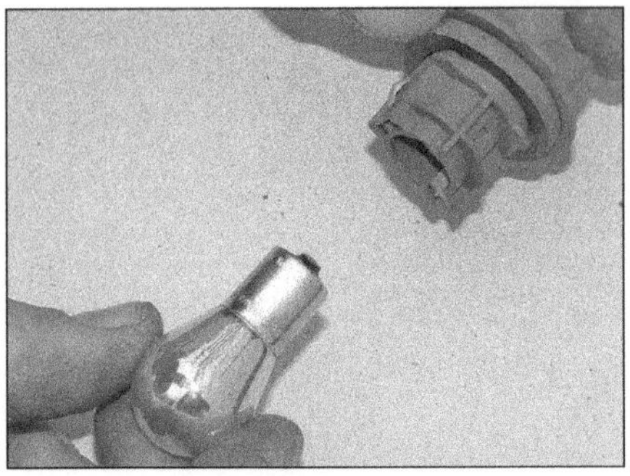

5.32 Tryck in indikeringslampan något, vrid den sedan moturs

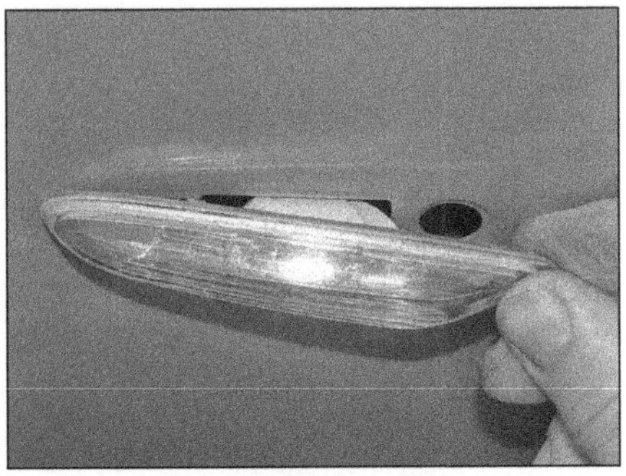

5.34 Tryck sidoblinker bakåt och dra ut framkanten

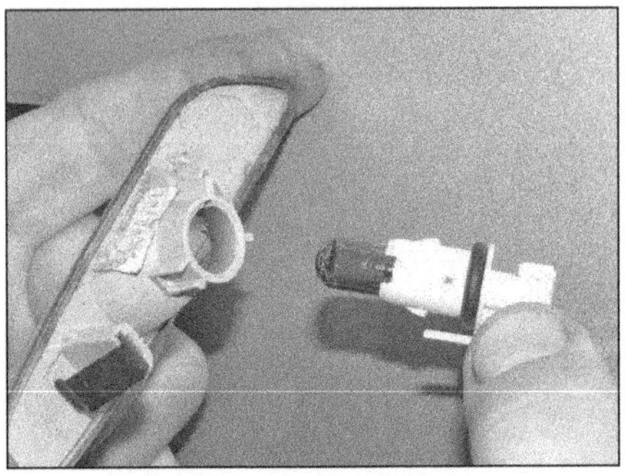

5.35 Vrid lamphållaren moturs

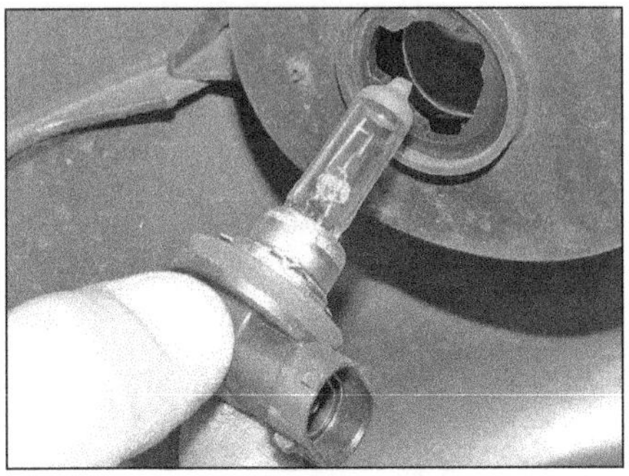

5.39 Glödlamporna är i ett stycke med sina hållare.

och se till att glödlampans placeringstappar är inriktade mot motsvarande spår i reflektorn.

25 Fäst glödlampan på plats med fästklämman och återanslut anslutningskontakten.

26 Resten av monteringen utförs i omvänd ordningsföljd mot demonteringen.

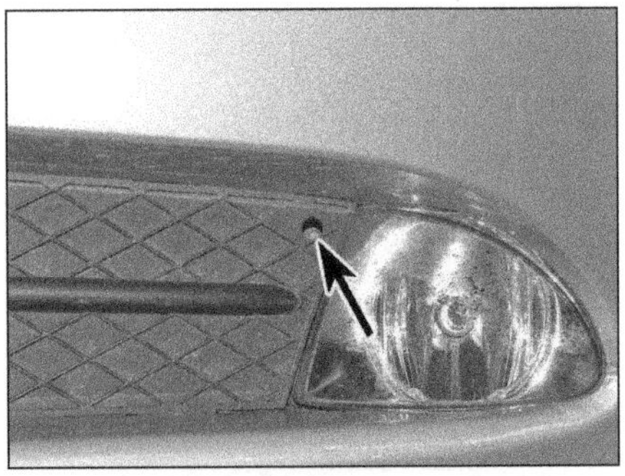

5.41 Justeringsbult för dimstrålkastar-inställningen (markerad med pil)

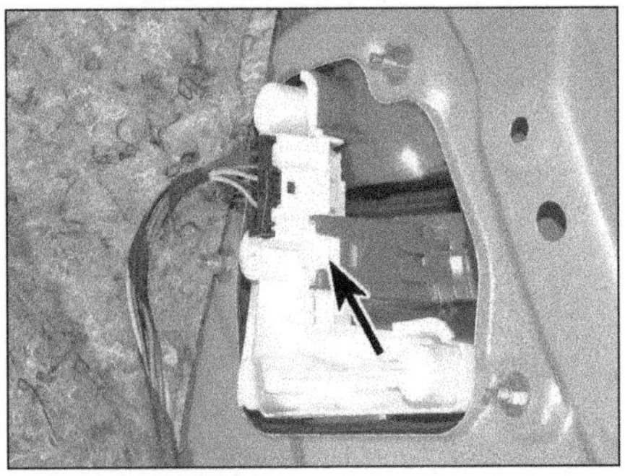

5.43a Tryck fästklämman (markerad med pil) utåt. . .

Främre parkeringsljus

27 Lossa plastkåpan från helljusglödlampan **(se bild 5.2)**.

28 Dra bort lamphållaren från strålkastarenheten. Glödlampan är sockellös och trycks på plats i hållaren **(se bilder)**.

29 Återmonteringen utförs i omvänd ordningsföljd mot demonteringen.

Körriktningsvisare

30 Du kommer åt blinkerslampan genom en lucka i hjulhusfodret. Vrid hjulet inåt, använd sedan ett mynt för att vrida fästanordningarna moturs och öppna luckan **(se bilder 5.9a och 5.9b)**.

31 Vrid lamphållaren moturs för att ta bort den från lampenheten.

32 Glödlampan fäster med bajonettfäste i hållaren. Tryck in lampan lätt, vrid den moturs och ta loss den från hållaren **(se bild)**.

33 Återmonteringen utförs i omvänd ordningsföljd jämfört med demonteringen.

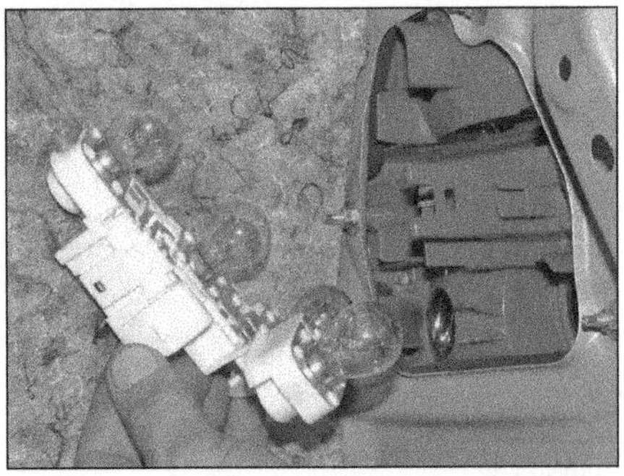

5.43b . . . och dra bort lamphållaren från ljusenheten

Körriktningsvisarens sidoblinkers

34 Tryck sidoblinkers glas försiktigt bakåt med fingrarna. Dra glasets främre kant utåt och ta loss det från skärmen **(se bild)**.

35 Vrid lamphållaren moturs och ta loss den från glaset. Ta loss den sockellösa glödlampan från hållaren **(se bild)**.

36 Montera i omvänd ordningsföljd mot demonteringen.

Främre dimljus

37 Ta bort den främre delen av hjulhusfodret.

38 Lossa anslutningskontakten, vrid sedan lamphållaren moturs och ta bort den från lampan.

39 Lampan är inbyggd i lamphållaren **(se bild)**.

40 När du handskas med den nya glödlampan, använd en tygbit eller en ren trasa så att fingrarna inte kommer i kontakt med glaset. Även mycket små mängder fett eller fukt från fingrarna leder till mörka fläckar och orsakar att lampan går sönder i förtid. Om glaset råkar vidröras, torka av det med T-sprit.

41 Monteringen sker i omvänd ordningsföljd mot demonteringen. Om det behövs, justera ljusets riktning genom att vrida justerskruven som sitter invid glaset **(se bild)**.

Karossmonterade bakljus

Sedanmodeller

42 Lossa fästklämman eller skruva loss fästanordningen och öppna åtkomstluckan bakom lampenheten från insidan av bagageutrymmet.

43 Lossa fästklämman och dra bort

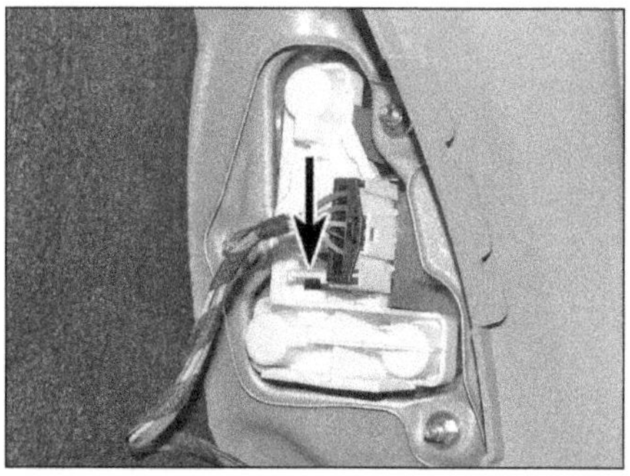

5.47a Tryck ner klämman (markerad med pil) och dra bort lamphållaren från ljusenheten

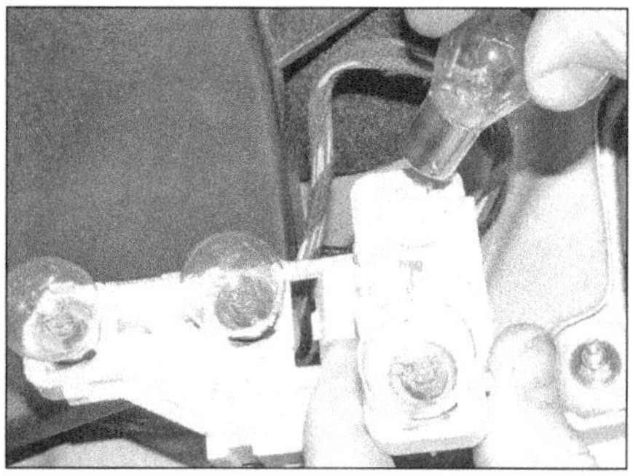

5.47b Tryck in glödlampan, vrid den moturs och ta bort den

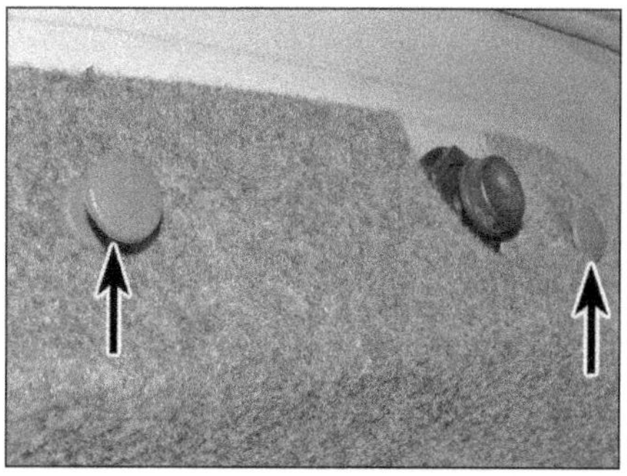

5.50 Bänd upp sprintarna i mitten (markerade med pilar) från expanderklämmorna

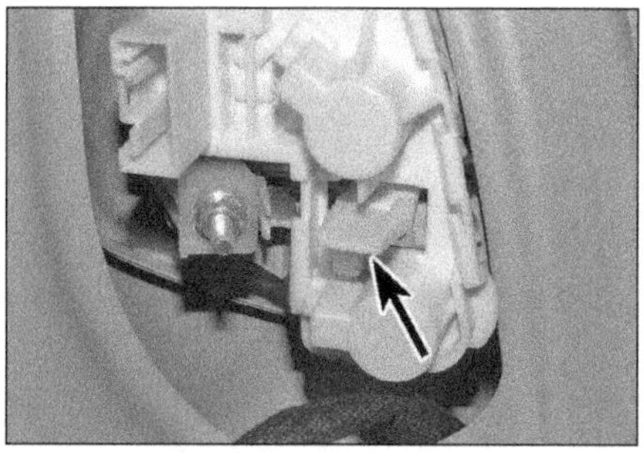

5.51 Tryck fästklämman (markerad med pil) uppåt och dra bort lamphållaren från bakluckan

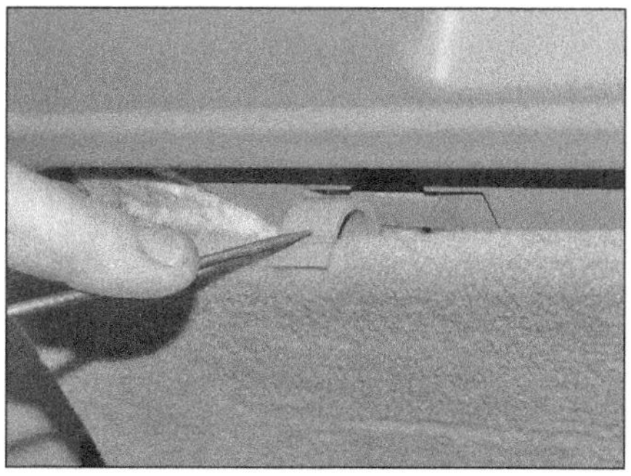

5.54 Lossa de tre klämmorna och vik ned bakrutans panel

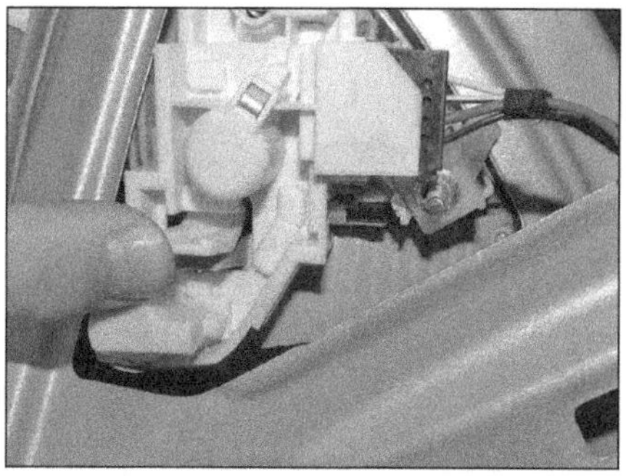

5.55 Lyft av fästklämman och dra bort lamphållaren från bakrutan

lamphållaren från lampenhetens bakre del **(se bilder)**.

44 Tryck lampan något inåt, vrid den moturs och ta loss den från lamphållaren.

45 Monteringen sker i omvänd ordningsföljd mot demonteringen.

Touring modeller

46 Öppna luckan i bagageutrymmet för att exponera lamphållaren (de vänstra lamporna) eller lyft ut golvpanelen, skruva loss de två fästanordningarna och lyft ut sidopanelen (de högra lamporna).

47 Lossa fästklämman och dra bort lamphållarenheten från lampans bakre del **(se bilder)**.

48 Tryck lampan något inåt, vrid den moturs och ta loss den från lamphållaren.

49 Monteringen sker i omvänd ordningsföljd mot demonteringen.

Bakljus monterade på bakluckan

50 Bänd ut de mittre sprintarna, bänd ut expanderklämmorna och lossa bakluckans klädselpanel bakom lampklustret delvis **(se bild)**.

51 Lossa fästklämmorna och ta bort lamphållaren från bakluckan **(se bild)**.

52 Tryck lampan något inåt, vrid den moturs och ta loss den från lamphållaren.

53 Monteringen sker i omvänd ordningsföljd mot demonteringen.

Bakljus monterade i bakrutan

54 Öppna bakluckan. Lossa försiktigt de tre fästklämmorna från bakrutans klädselpanel och vik panelen nedåt **(se bild)**.

55 Lossa fästklämman och ta bort lamphållaren från bakrutan **(se bild)**.

56 Tryck lampan något inåt, vrid den moturs och ta loss den från lamphållaren.

57 Monteringen sker i omvänd ordningsföljd mot demonteringen.

Övre bromsljus

58 Det höga bromsljuset är en lysdiodremsa. Om den går sönder, rådfråga din lokala BMW-verkstad eller en specialist.

Registreringsskyltsbelysning

59 Använd en liten skruvmejsel i det spår som finns, tryck lampenheten åt höger sida och dra bort enheten från dess plats **(se bild)**.

60 Glödlampan är en rörglödlampa och kan bändas loss från kontakterna. Observera att senare modeller är utrustade med nummerskyltsbelysning av LED-typ (Light Emitting Diode) – inga utbytbara delar är monterade **(se bilder)**. I dessa modeller måste hela lampenheten bytas om den är felaktig.

61 Monteringen utförs i omvänd ordningsföljd mot demonteringen, se till att lampan sitter ordentligt fast i kontakterna.

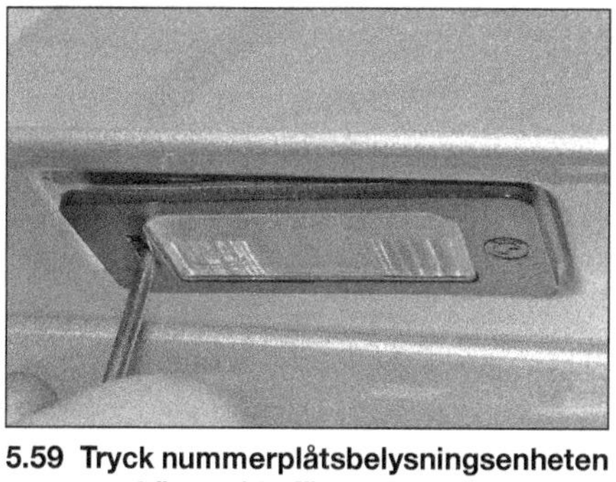

5.59 Tryck nummerplåtsbelysningsenheten mot höger sida för att trycka ihop klämman. . .

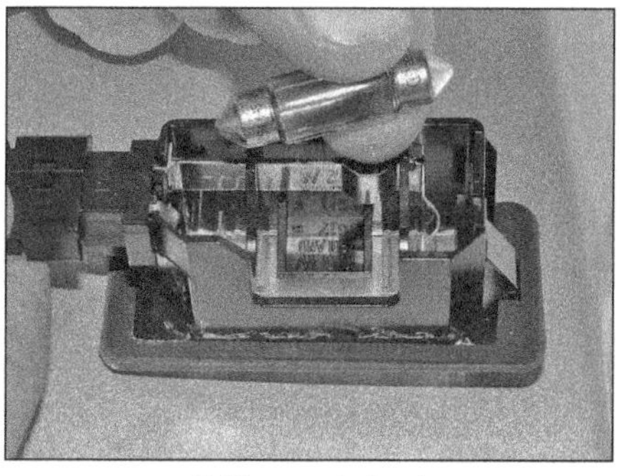

5.60a . . . ta bort nummerplåtsbelysningens glödlampa

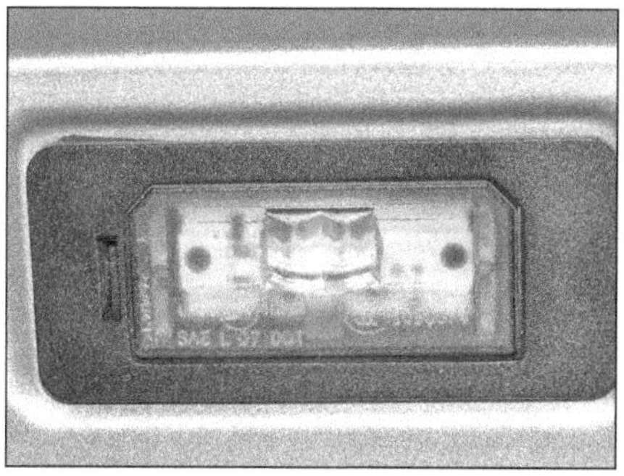

5.60b Nummerplåtsbelysning av LED-typ

6.2a Tryck lampenheten bakåt och dra ned framkanten

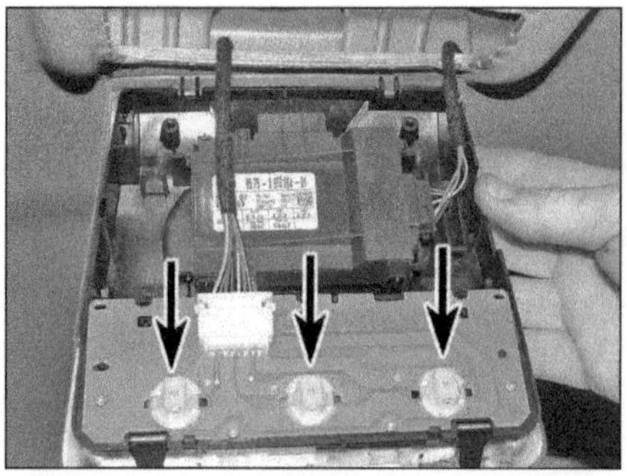

6.2b Vrid lamphållare (markerade med pilar) moturs . . .

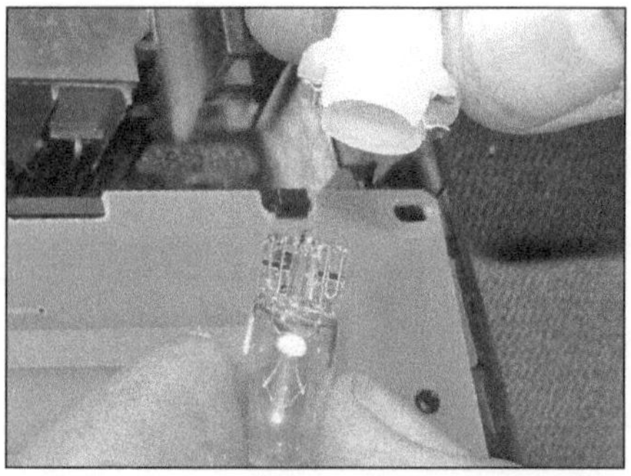

6.2c . . . och dra loss den sockellösa glödlampan från hållaren

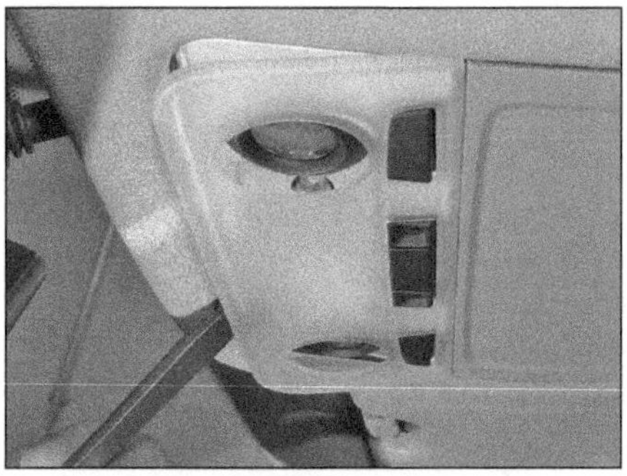

6.4 Bänd försiktigt upp glaset från lampenheten

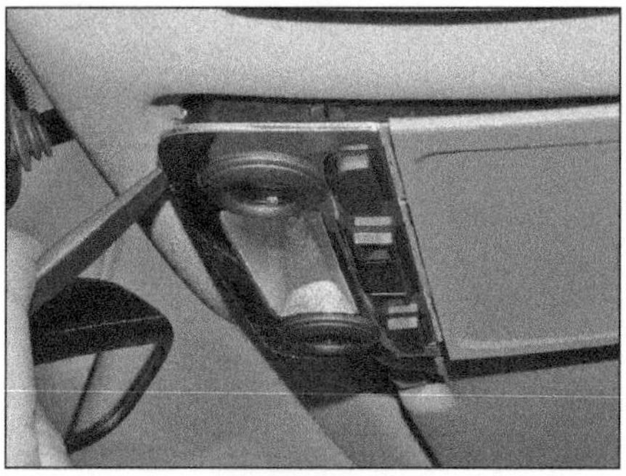

6.5a Tryck in klämmorna på lampenhetens framkant

6.5b Använd ett trubbigt verktyg för att trycka klämmorna bakåt

6 Glödlampor (innerbelysning) - byte

Allmänt

1 Se avsnitt 5, punkt 1.

Kupé-/innerbelysning

Lampgrupp i mitten

2 Tryck lampenheten bakåt, dra sedan ner framkanten. Vrid lamphållaren och dra loss den sockellösa glödlampan från hållarna **(se bilder)**.

3 Tryck in den nya glödlampan/de nya glödlamporna i hållaren/hållarna och sätt tillbaka dem i armaturen. Montera armaturen. Observera att vid montering av den armaturen måste framkanten sättas i först, sedan kan bakkanten tryckas på plats.

Främre ljusenhet

4 Använd ett trubbigt verktyg med platt blad för att försiktigt bända upp lampglaset från dess plats **(se bild)**.

5 Använd samma verktyg för att trycka in klämmorna på framkanten och dra enheten neråt. Klämmorna är exakt i linje med varje läslampas centrumlinje **(se bilder)**.

6 Vrid lamphållaren moturs och dra ut den sockellösa glödlampan ur hållaren.

7 Tryck in den nya glödlampan/de nya glödlamporna i hållaren/hållarna och sätt tillbaka dem i armaturen. Kläm tillbaka lampglaset på plats före återmonteringen av lampenheten. Observera att lampenhetens bakkant måste monteras först, tryck sedan framkanten på plats.

Fotbrunnens belysning

8 Bänd försiktigt ut lampan från panelen. Koppla från anslutningskontakten när enheten tas bort.

9 Lossa spärren, ta bort kåpan och ta bort glödlampan.

10 Montera den nya glödlampan på plats, montera tillbaka kåpan och montera tillbaka lampan på panelen.

Bagageutrymmets belysning

11 Bänd försiktigt ut lampan från panelen **(se bild)**. Koppla från anslutningskontakten när enheten tas bort.

12 För glaskåpan från dess plats och dra bort glödlampan med slingfäste från kontakterna **(se bild)**.

Varning/instrumentpanellampor

13 Instrumentbrädan lyses upp av ett antal diodlampor som inte går att byta ut.

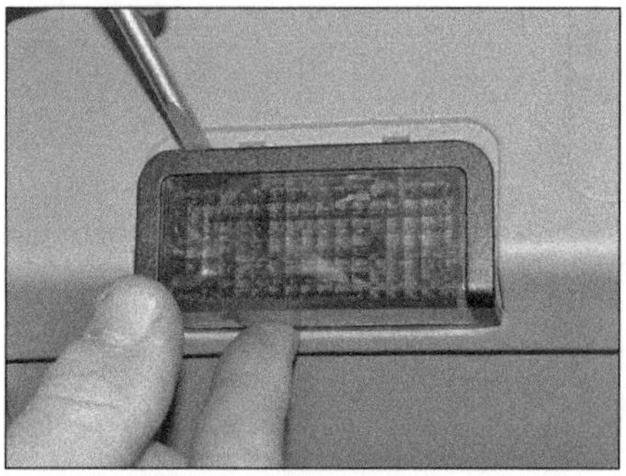

6.11 Bänd försiktigt lampan från dess plats

Handskfacksbelysningens glödlampa

14 Öppna handskfacket. Bänd försiktigt loss ovansidan av armaturen med en liten spårskruvmejsel och ta bort den. Ta loss glödlampan från kontakterna.

15 Sätt dit den nya glödlampan, se till att den sitter ordentligt i kontakterna och kläm fast armaturen på sin plats.

Belysning kontrollpanel värme/ luftkonditionering

16 Kontrollpanelen är belyst med lysdioder som inte går att åtgärda. Om ett fel uppstår, låt en BMW-verkstad eller en specialist med rätt utrustning undersöka systemet.

Brytarbelysningens glödlampor

17 Alla brytare är utrustade med lysdioder. Vissa har även en diodlampa som visar när

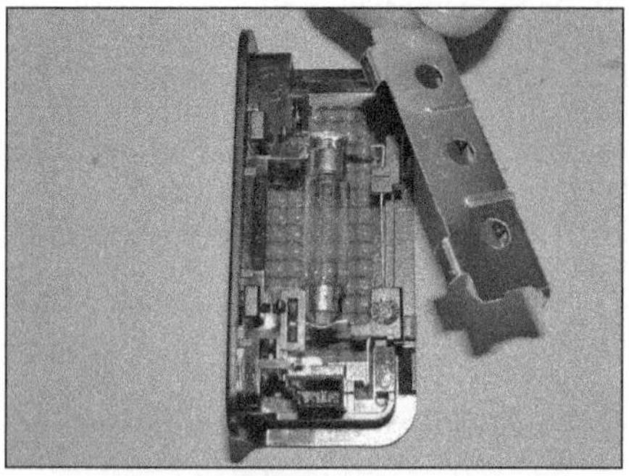

6.12 Ta bort kåpan för att komma åt glödlampan

den aktuella kretsen är aktiv. Dessa lysdioder är en integrerad del av brytarenheten på alla brytare och de kan inte erhållas separat. Om diodlampan måste bytas måste därför hela brytarenheten bytas.

Sminkspegelsbelysning

18 Bänd ner lampenhetens framkant och dra bort lampan med slingfäste från kontakterna **(se bilder)**.

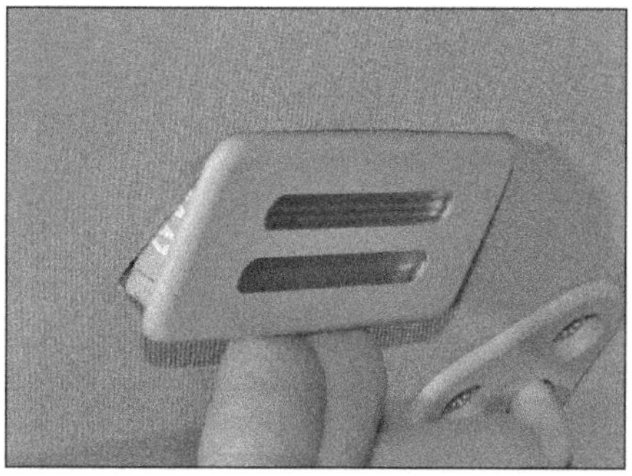

6.18a Dra bort sminkbelysningens framkant nedåt

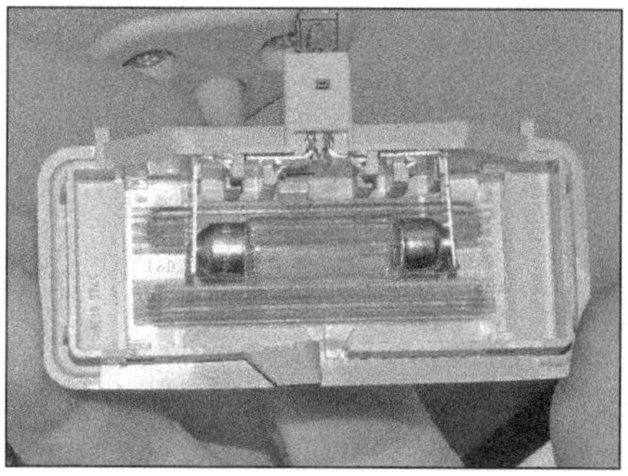

6.18b Dra bort rörglödlampan från kontakterna

7 Yttre armaturer – demontering och montering

Strålkastare

1 Demontera den främre stötfångaren enligt beskrivningen i kapitel 11.
2 Bänd i förekommande fall ut strålkastar spolarmunstycket från panelen under strålkastaren och dra ut den tills det tar stopp. Dra loss munstycket från spolarslangen med ett kraftigt ryck.
3 Skruva loss de fem bultarna och dra strålkastaren något framåt **(se bilder)**.
4 Notera hur de sitter monterade och koppla sedan loss alla anslutningskontakter från strålkastarens baksida.
5 Ta loss strålkastararmaturen från bilen.
6 Monteringen utförs i omvänd ordning mot demonteringen. Dra åt fästbultarna och kontrollera strålkastarinställningen med hjälp av den information som ges i avsnitt 8 när lampenheten är korrekt placerad.

Xenonstrålkastarnas styrenhet

7 Demontera aktuell strålkastare enligt beskrivningen tidigare i detta avsnitt.
8 Skruva loss de tre fästbultarna, för styrenheten mot strålkastarens bakre del och ta bort den.
9 Lossa anslutningskontakterna när enheten tas bort.
10 Monteringen sker i omvänd ordningsföljd mot demonteringen.

Styrenhet adaptiv strålkastare

11 Ta bort hjulhusfodret till vänster framhjul enligt beskrivningen i kapitel 11.
12 Skruva loss de tre bultar och ta bort styrenheten från strålkastaren.
13 Monteringen sker i omvänd ordningsföljd mot demonteringen. Om du monterar en ny styrenhet måste den programmeras med särskild diagnosutrustning från BMW. Låt en BMW-verkstad eller annan specialist utföra denna uppgift.

Körriktningsvisare

14 De främre körriktningsvisarna är inbyggda i strålkastarna.

Körriktningsvisarens sidoblinkers

15 Tryck sidoblinkers glas försiktigt bakåt med fingrarna. Dra glasets främre kant utåt och ta loss det från skärmen **(se bild 5.34)**. Koppla från anslutningskontakten när enheten tas bort.
16 Montera i omvänd ordningsföljd mot demonteringen.

Främre dimljus

17 Skruva loss fästanordningarna och dra tillbaka hjulhusfodrets främre del.
18 Lossa dimstrålkastarens anslutningskontakt.
19 Skruva loss bultarna och dra bort dimstrålkastaren från stötfångaren **(se bild)**.
20 Monteringen sker i omvänd ordningsföljd mot demonteringen.

Karossmonterade bakljus

Sedanmodeller

21 Bänd upp åtkomstpanelen bakom bakljusen inifrån bagageutrymmet.
22 Lossa anslutningskontakten och klämman och dra bort lamphållaren från bakljuset **(se bilder 5.43a och 5.43b)**.
23 Skruva loss de tre fästmuttrarna och ta loss armaturen från skärmen **(se bild)**.

7.3a Skruva loss bultarna ovanpå strålkastaren (markerade med pilar)...

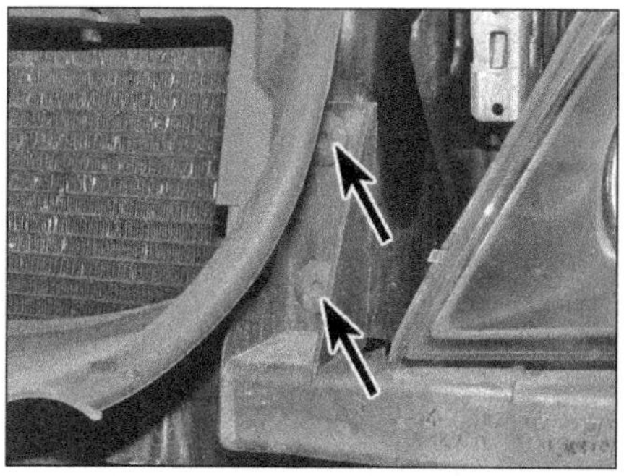

7.3b ... två bultar på innerkanten (markerade med pilar)...

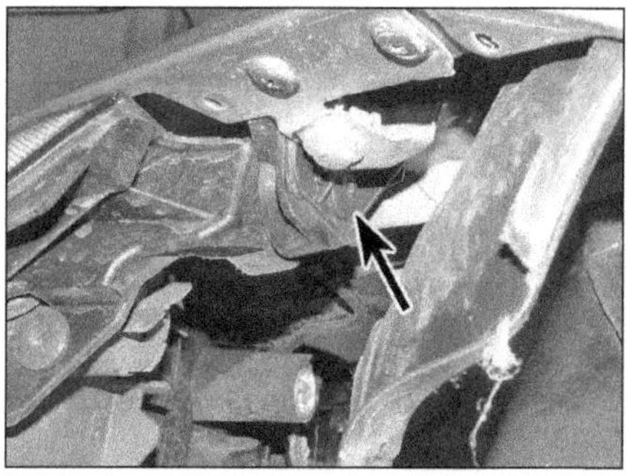

7.3c ... och en bakom strålkastaren (markerad med pil)

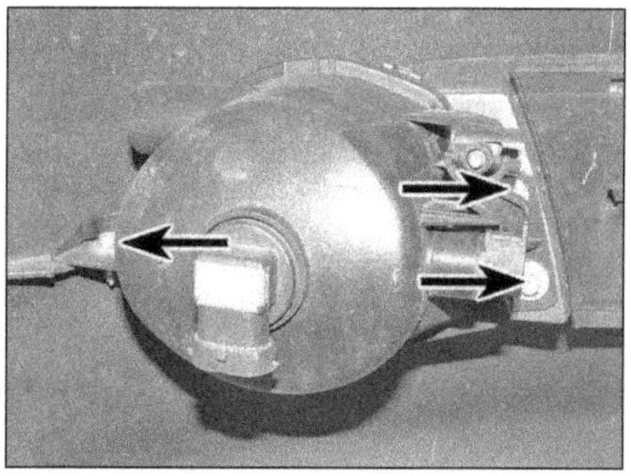

7.19 Dimstrålkastarnas fästbultar (markerade med pilar)

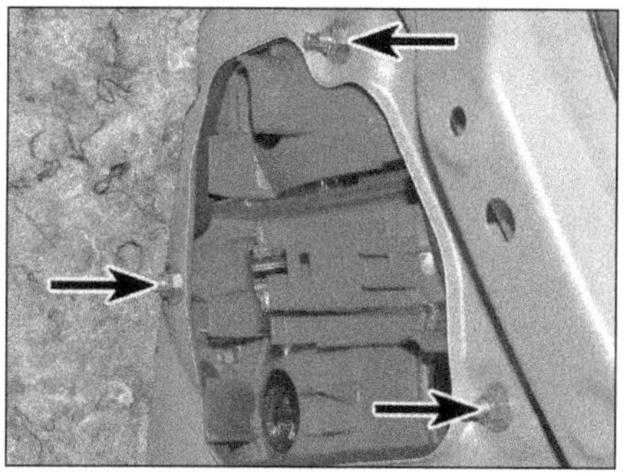

7.23 Bakljusets fästmuttrar (markerade med pilar) – sedanmodeller

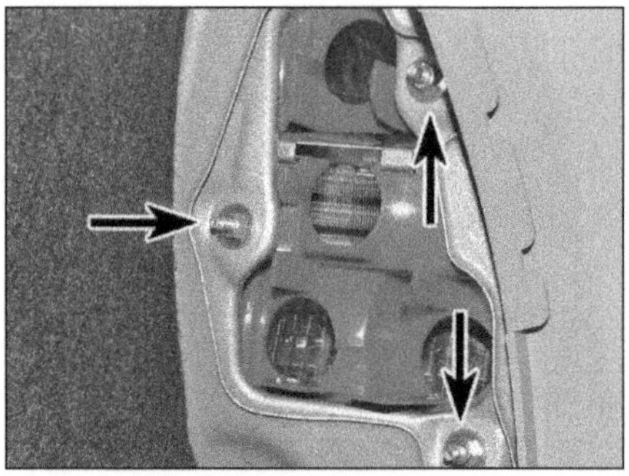

7.27 Bakljusets fästmuttrar (markerade med pilar) - Tourer-modeller

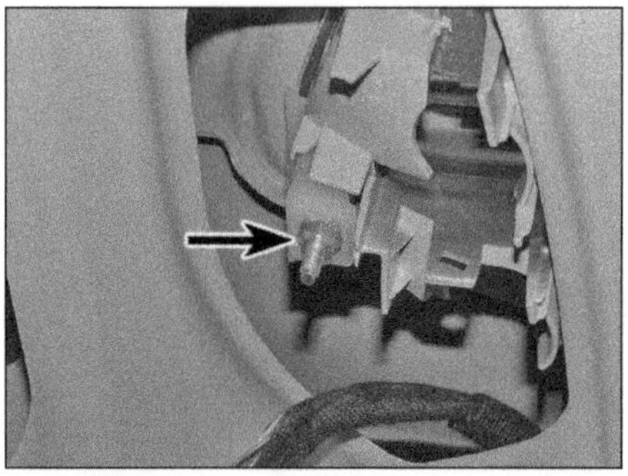

7.31 Skruva loss muttern (markerad med pil) och ta bort hållaren av plast

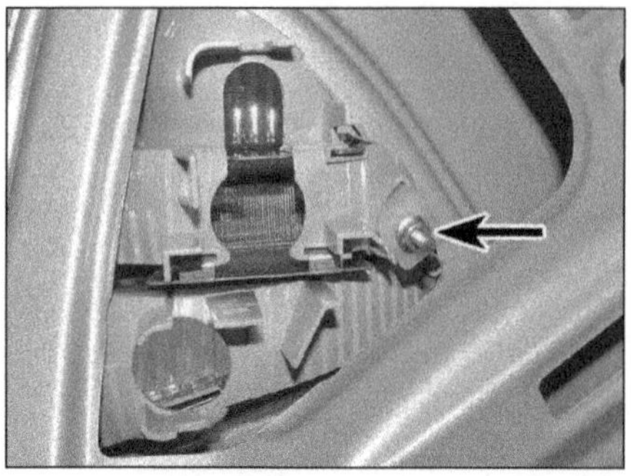

7.36 Lossa fästmuttern (markerad med pil)

7.38 Dra ned bromsljuskåpans nederkant

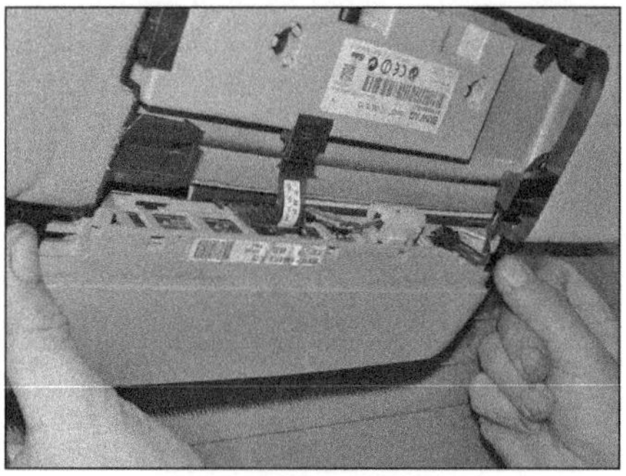

7.39 För ut spärrarna och ta bort lampenheten

24 Monteringen sker i omvänd ordningsföljd mot demonteringen.

Touring modeller

25 Manövrera frigöringsspärren och lyft ut åtkomstpanelen (vänster bakljus) eller lyft ut golvpanelen, skruva loss de två fästanordningarna och lyft ut panelen framför bakljusen (höger bakljus). För ökad åtkomst till vänster lampa, ta loss varningstriangeln.

26 Lossa anslutningskontakten, lossa fästklämman och dra bort lamphållarenheten från bakljuset **(se bild 5.47a)**.

27 Skruva loss de tre fästmuttrarna och ta loss armaturen **(se bild)**.

28 Monteringen sker i omvänd ordningsföljd mot demonteringen. Observera hur ytterlampenhetens styrning går i ingrepp med stiftet på bilens kaross.

Bakljus monterade på bakluckan

29 Bänd upp de mittre sprintarna, bänd sedan ut klämmorna och lossa delvis bakluckans klädselpanel bakom lampklustret **(se bild 5.50)**.

30 Lossa anslutningskontakten, lossa fästklämman och ta bort lamphållaren från bakluckan **(se bild 5.51)**.

31 Skruva loss fästmuttern, ta loss plasthållaren och ta bort armaturen **(se bild)**. Observera att kanten på armaturen sitter runt kanten på bakluckan.

32 Monteringen sker i omvänd ordningsföljd mot demonteringen.

Bakljus monterade i bakrutan

33 Lossa de tre klämmorna och fäll ner bakrutans klädselpanel bakom bakljusen **(se bild 5.54)**.

34 Dra bort avsnittet med isolering bakom bakljusen.

35 Koppla loss bakljusarmaturens anslutningskontakt, lossa fästklämman och ta loss lamphållaren **(se bild 5.55)**.

36 Lossa fästmuttern, tryck ner klämspaken i riktning mot lampklustret och ta bort det **(se bild)**.

37 Monteringen sker i omvänd ordningsföljd mot demonteringen.

Övre bromsljus

Sedanmodeller

38 Dra ner kåpans bakkant framför det höga bromsljuset **(se bild)**.

39 Lossa anslutningskontakten, dra ut låsspärrarna och ta bort lampenheten **(se bild)**.

40 Monteringen sker i omvänd ordningsföljd mot demonteringen.

Touring modeller

41 Demontering av det höga bromsljuset innebär demontering av den bakre spoilern. Detta är komplicerat och kräver specialverktyg och erfarenhet. Alla försök att demontera spoilern utan rätt utrustning kommer troligen leda till att något går sönder. Följaktligen rekommenderar vi att du överlåter arbetet till en BMW-verkstad eller specialist med rätt utrustning.

Registreringsskyltsbelysning

42 Ta bort lampenheten enligt beskrivningen i avsnitt 5 **(se bild 5.59)**. Koppla från anslutningskontakten när enheten tas bort.

43 Monteringen utförs i omvänd ordningsföljd mot demonteringen.

8 Strålkastarinställning - allmän information

Korrekt inställning av strålkastarna kan endast utföras med optisk utrustning och ska därför överlåtas till en BMW-verkstad eller en annan lämpligt utrustad verkstad.

Upplysningsvis kan nämnas att strålkastarna justeras genom att vrida justerskruvarna på ovansidan av strålkastararmaturen **(se bild)**. Den yttre justeraren ändrar ljusstrålens horisontalläge medan justeraren i mitten ändrar ljusstrålens vertikala riktning.

Vissa modeller är utrustade med ett elstyrt system för strålkastarinställning som styrs med brytaren på instrumentbrädan. På dessa modeller måste du se till att brytaren är i "av" läge innan du justerar strålkastarens riktning.

9 Instrumentbräda - demontering och montering

Demontering

1 Koppla loss batteriets minusdelare (se kapitel 5A).

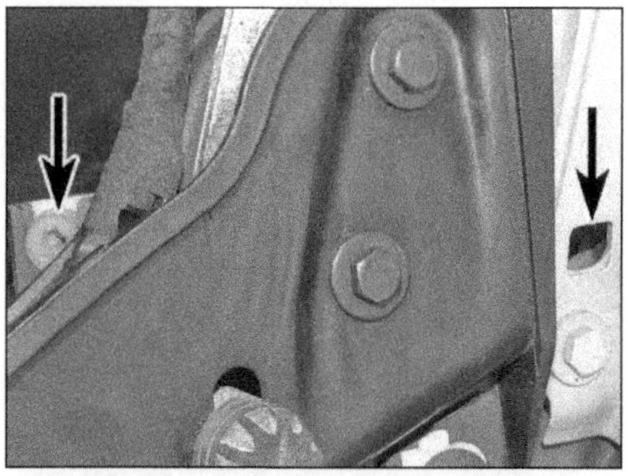

8.2 Strålkastarens lodräta justeringsskruv går att komma åt bakom strålkastaren medan man kommer åt den vågräta skruven genom ett hål i innerskärmen (markerade med pilar)

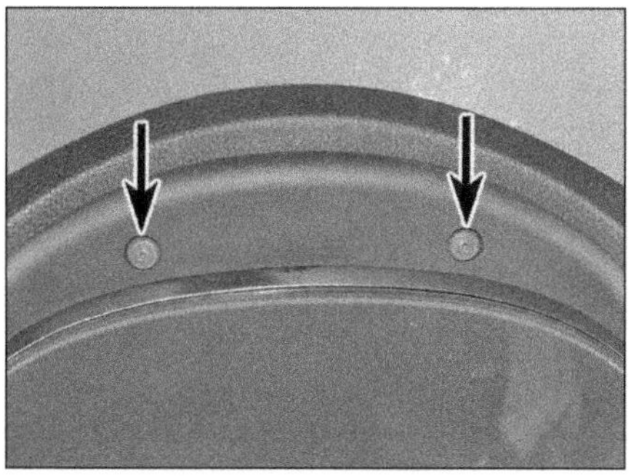

9.3a Skruva loss de två bultarna (markerade med pilar) . . .

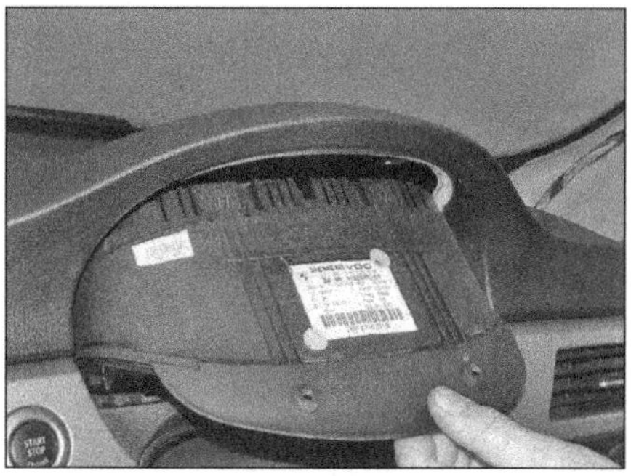

9.3b . . . och dra instrumentklustrets överdel bakåt

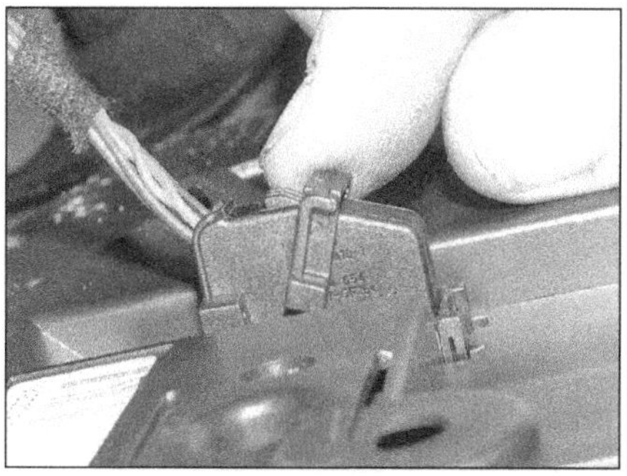

9.4 Bänd över fästhakarna för att lossa anslutningskontakterna

2 Flytta rattstången så långt ner det går och förläng den maximalt.

3 Lossa och ta bort de två fästskruvarna på ovansidan av instrumentpanelen och dra försiktigt loss ovandelen av panelen från instrumentbrädan **(se bilder)**.

4 Bänd över fästspärrarna, lossa sedan kontaktdonen och ta bort instrumentpanelen från bilen **(se bild)**.

Montering

5 Monteringen utförs i omvänd ordningsföljd mot demonteringen, se till att instrumentpanelens kablage återanslutits korrekt och att det sitter ordentligt fast med hjälp av eventuella fästklämmor. Avsluta med att återansluta batteriet och kontrollera att panelens varningslampor fungerar korrekt. **Observera:** *Om instrumentenheten bytts ut måste den nya enheten kodas så att den passar bilen. Detta kan endast utföras av en BMW-verkstad eller annan specialist med rätt utrustning.*

10 Instrumentpanelens komponenter – demontering och montering

I skrivande stund finns inga av instrumentpanelens komponenter tillgängliga separat och panelen måste därför betraktas som en odelbar enhet. Om ett fel uppstår i något av instrumenten, demontera panelen enligt beskrivningen i avsnitt 9 och låt din lokala BMW-verkstad undersöka den. De har ett särskilt testverktyg som kan lokalisera felet och kan sedan upplysa dig om hur du bör gå till väga för att åtgärda det.

11 Regnsensor – demontering och montering

1 Regnsensorn är inbyggd på framsidan av foten till innerspegelns fäste. Tryck nederkanten på fästets panel uppåt. Tryck isär panelens två halvor vid foten och lossa panelens fästklämmor **(se bild)**.

2 När du har tagit bort panelen, koppla loss sensorns anslutningskontakt

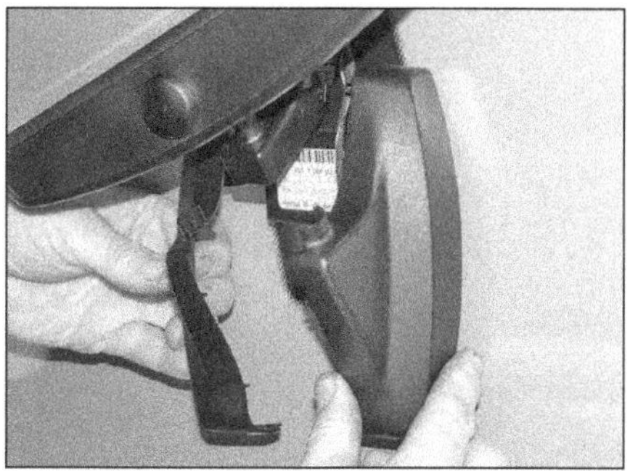

11.1 Bänd isär klädselpanelens två halvor

3 Dra ner givarens två fästklämmor och dra den bakåt **(se bild)**.

4 Montering sker i omvänd ordningsföljd.

12 Fjädringens höjdgivare – demontering och montering

Fordon utrustade med xenonstrålkastare är även utrustade med automatisk strålkastarinställning. Markhöjdsgivare på fram- och bakfjädring ger information om fjädringens markhöjd, medan motorerna till strålkastarens nivåreglering ändrar ljusstrålens vinkel så mycket som behövs. Givarna sitter mellan fjädringens kryssrambalkar och länkarmar. Demontering och montering av givare beskrivs i avsnitt 27 i kapitel 10.

13 Punkteringsindikeringssystem – allmän information

Detta system övervakar trycket it däcken när bilen körs. När ett däck punkteras får bilens vikt däckets stomme att deformeras vilket leder till en minskning av däckets omkrets och en ökning av hjulets rotationshastighet jämfört med de övriga hjulen. Systemet övervakar trycken genom att jämföra hjulens varvtal och varnar föraren om trycket sjunker under ungefär 30 %.

Programvaran till systemet finns i ABS/DSC-styrenheten. Hjulvarvtalsdata tillhandahålls av de givare som används av ABS/DSC-systemet

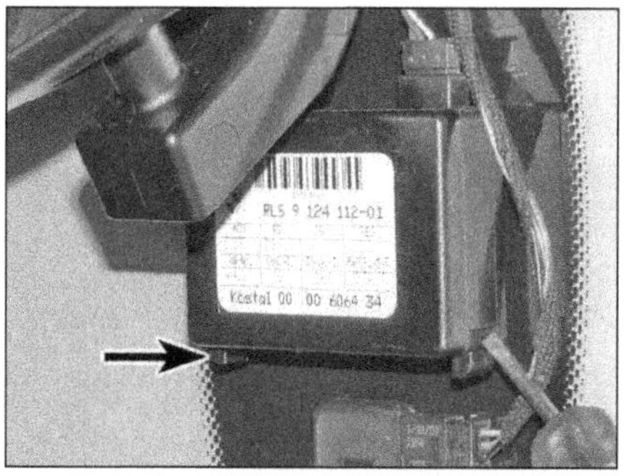

11.3 Dra givarens fästklämmor nedåt (markerade med pil)

– se kapitel 9 för information om dessa komponenter.

14 Signalhorn – demontering och montering

Demontering

1 Signalhornet/signalhornen sitter bakom stötfångarens vänstra och högra ändar.

2 För att komma åt signalhornet/signalhornen underifrån, dra åt handbromsen och lyft sedan upp framvagnen och ställ den på pallbockar (se *Lyftning och stödpunkter*). Skruva loss fästbultarna och ta loss hjulhusfodrets nedre framdel. Lossa och ta bort bromsskivans kylkanal (om tillämpligt).

3 Skruva loss fästmuttern och ta bort signalhornet, lossa dess kontaktdon när de går att komma åt **(se bild)**.

14.3 Signalhornets fästmutter (markerad med pil)

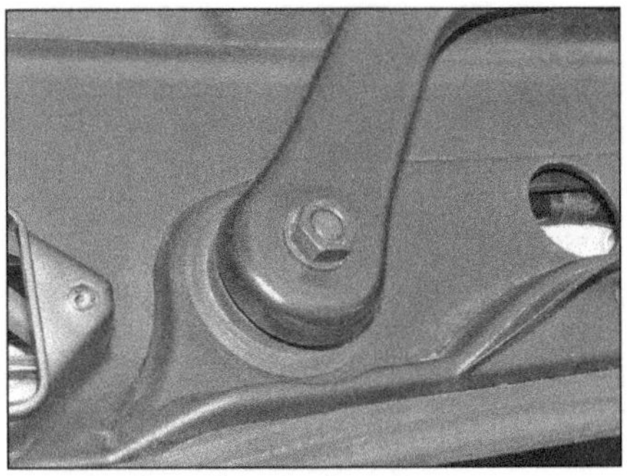

15.3a Skruva loss torkararmens spindelmutter

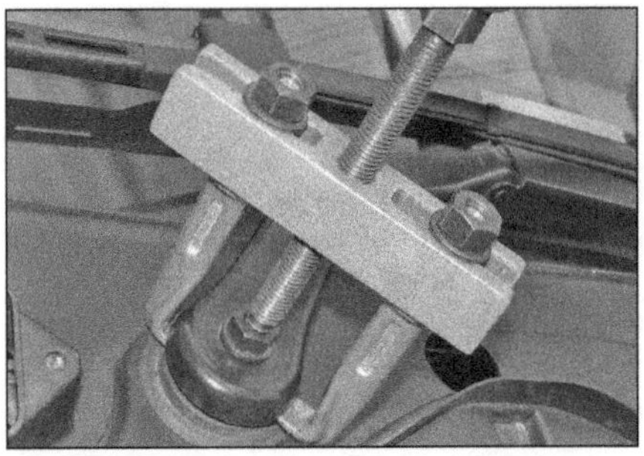

15.3b Om en avdragare används etermonterar du muttern så att den är i plan med spindelns ände för att förhindra skador på gängorna

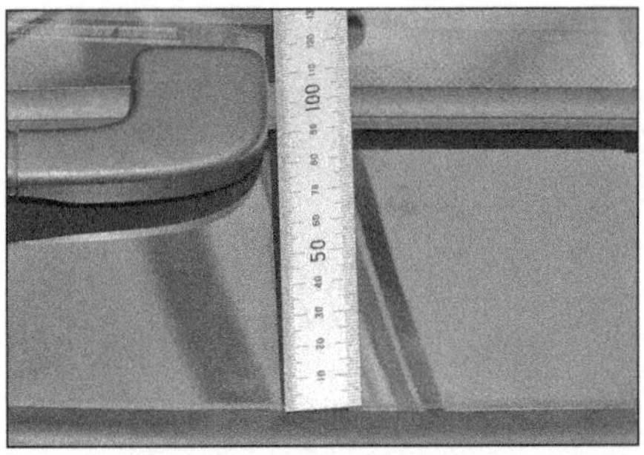

15.4 Avståndet från vindrutans infattningspanel till nederkanten på styrpunkten arm till blad är 88 ± 3 mm (förarsidan) eller 95 ± 3 mm (passagerarsidan)

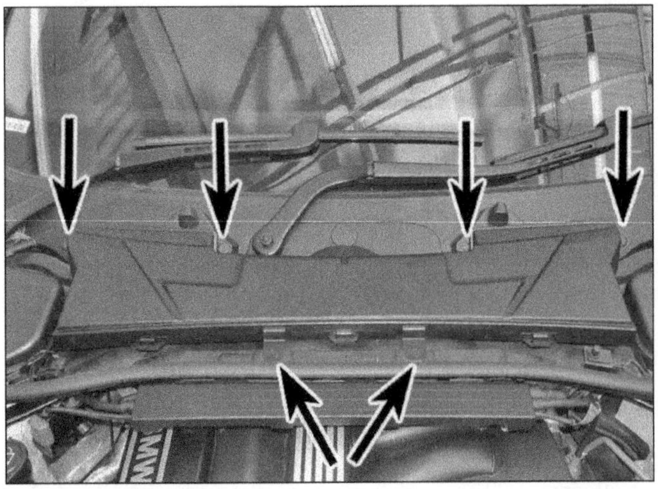

16.1 Övre bultar till pollenfilterhuset (markerade med pilar)

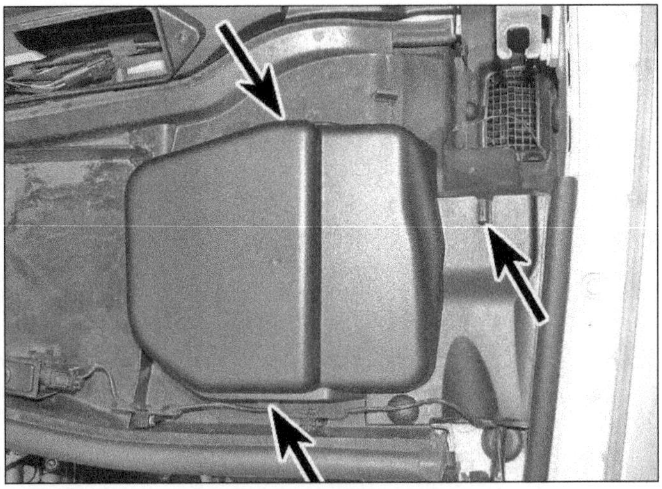

16.2 Lossa klämmorna (markerade med pilar) och ta bort plastkåporna bakom fjädertornen

Montering

4 Monteringen utförs i omvänd ordningsföljd mot demonteringen.

15 Torkararm – demontering och montering

Demontering

1 Aktivera torkarmotorn, stäng sedan av den så att torkararmen återgår till viloläget.

2 Fäst en bit maskeringstejp runt kanten på torkarbladet som hjälp vid återmonteringen.

3 Bänd loss kåpan på torkararmens axelmutter, skruva sedan loss axelmuttern. Lyft bladet från rutan och dra loss torkararmen från axeln. Om det behövs kan armen bändas loss från axeln med en lämplig spårskruvmejsel eller avdragare **(se bilder)**. **Observera:** *Om bägge vindrutetorkarna ska tas bort samtidigt, märk ut dem så att du kan skilja dem åt, armarna är inte likadana.*

Montering

4 Se till att torkararmen och axelns spårning är rena och torra, sätt sedan tillbaka armen på axeln. Se till att sätta fast torkarbladet enligt maskeringstejpen du satte dit vid demonteringen. Observera att om de räfflade, fasade hylsorna som sitter på armarna är lösa måste de bytas ut. Sätt tillbaka axelmuttern, dra åt den till angivet moment och kläm fast mutterkåpan på plats. Om torkarna monteras på en ny vindruta, placera torkararmarna enligt illustrationen **(se bild)**.

16 Vindrutetorkarens motor och länksystem – demontering och montering

Demontering

Främre torkarmotor

1 Arbeta i bakre delen av motorrummet, skruva loss bultarna och ta bort pollenfilterkåpan **(se bild)**. Skjut bort filtret från huset.

2 Lossa spärrarna och ta bort vänster och höger plastkåpa bakom fjädertornet på varje sida av motorrummet. Lossa slangen från vänster kåpa **(se bild)**.

3 Tryck in klämmorna och dra kabelstyrningen framåt från den nedre delen av pollenfilterhuset **(se bild)**.

4 Lossa spärren och skruva loss bulten på varje sida, för sedan den nedre delen av pollenfilterhuset framåt och för bort den från platsen **(se bilder)**.

5 Ta bort torkararmarna enligt beskrivningen i föregående avsnitt.

6 Lossa spolarslangen, dra bort tätningslisten och dra klädselpanelen uppåt från vindrutans bas. För klädselpanelen från

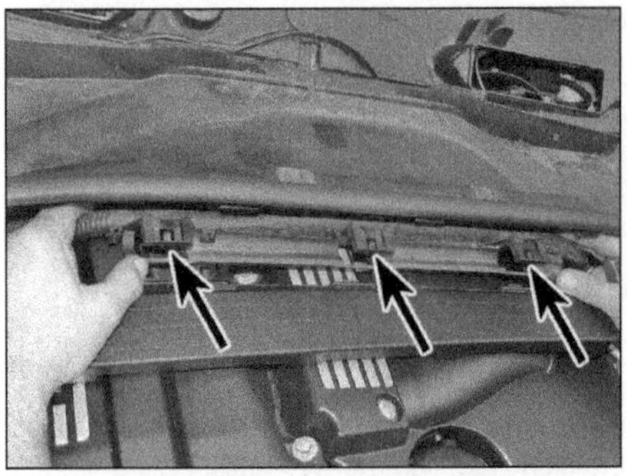

16.3 Lossa klämmorna (markerade med pilar) och dra kabelstyrningen framåt

16.4a Vrid temperaturgivaren och lossa den från panelen på förarsidan. Lossa motorhuvsbrytaren på passagerarsidan

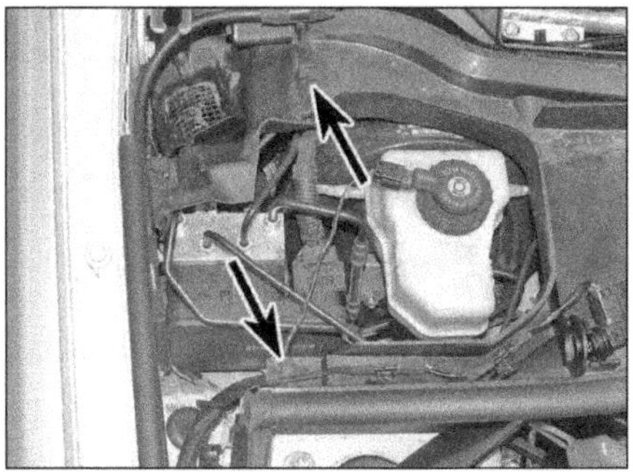

16.4b Lossa bulten och lossa klämman (markerad med pilar) på varje sida...

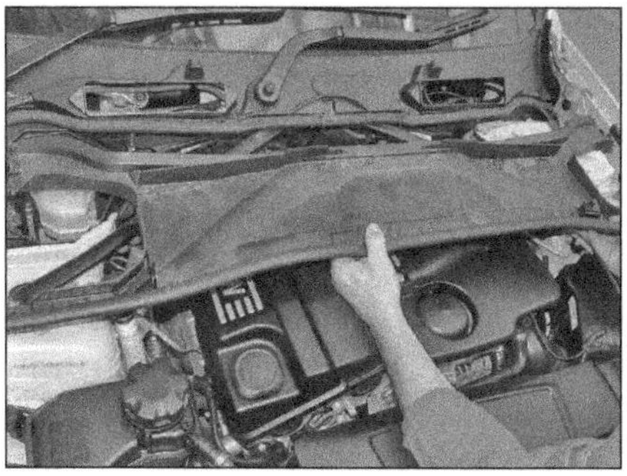

16.4c ... och dra det nedre pollenfilterhuset framåt

platsen **(se bilder)**. Lossa det uppvärmda spolarmunstyckets anslutningskontakter när panelen är borttagen.

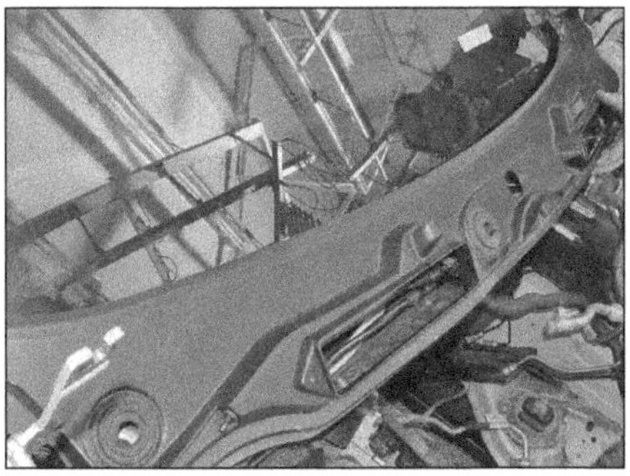

16.6a Dra klädselpanelen uppåt från vindrutans bas

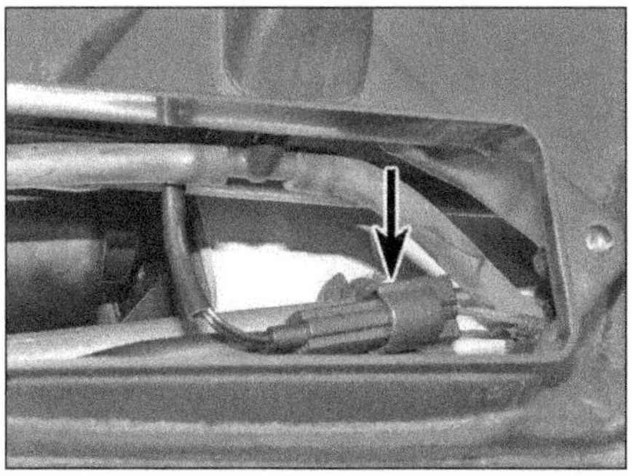

16.6b Lossa anslutningskontakten till det uppvärmda spolarmunstycket (markerad med pil)

7 Lossa den mittre bulten, skruva loss de yttre bultarna och dra försiktigt bort båda benen från sina platser i modeller med benstöd. Observera att nya bultar måste monteras vid hopsättningen **(se bild)**. Var försiktig så att inte stödens genomföringar rubbas.

8 Skruva loss bultarna och ta bort den övre delen av värmehuset **(se bilder)**.

9 Lossa kabelhärvan från länksystemets fästbygel.

10 Skruva loss torkarlänksystemets fästbultar, och lyft av länksystemet **(se bild)**. Koppla loss torkarmotorns anslutningskontakt när du tar bort den.

11 Ingen ytterligare isärtagning rekommenderas. Motorn kan endast erhållas som en komplett enhet med länksystemet.

Bakre torkarmotor

12 Dra bakrutans sidoklädselpaneler inåt för att lossa klämmorna och lossa dem från den övre klädselpanelen **(se bild)**.

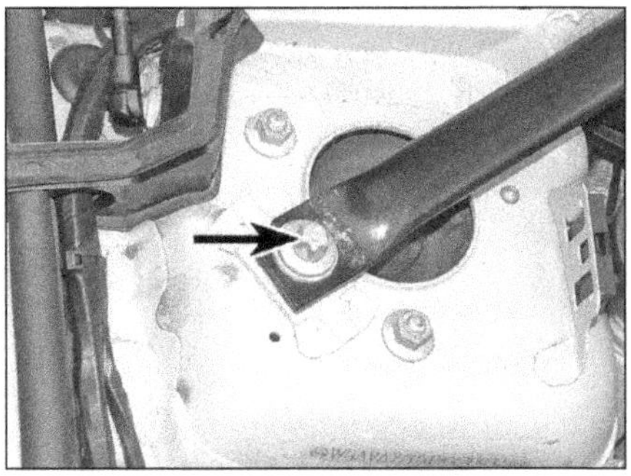

16.7 Skruva loss mittbulten (markerad med pil) och de yttre bultarna, ta sedan bort benets stöd

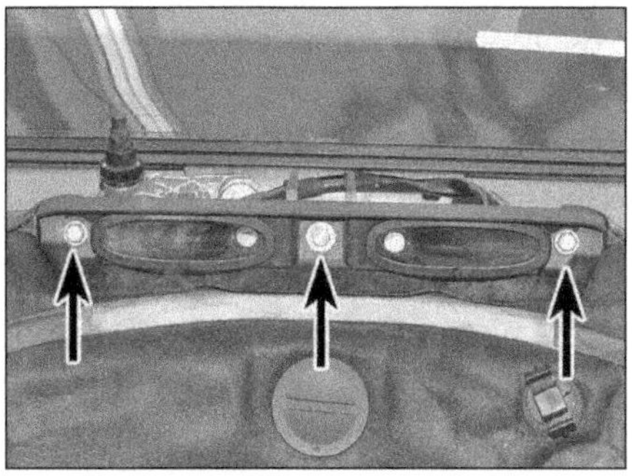

16.8a Skruva loss bultarna (markerade med pil) och ta bort mellanväggens mittenpanel

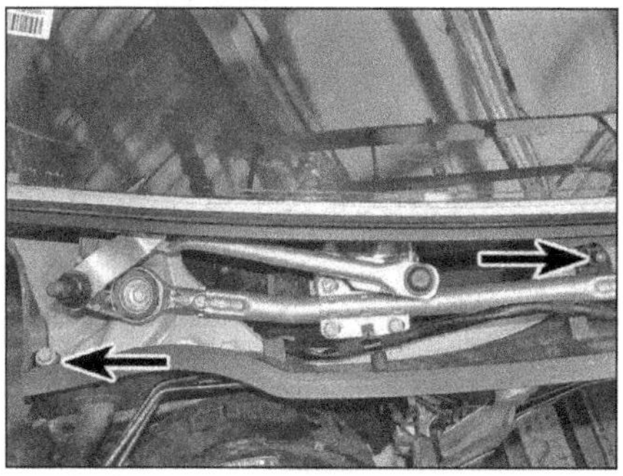

16.8b Skruva loss muttern/bulten (markerade med pilar) ...

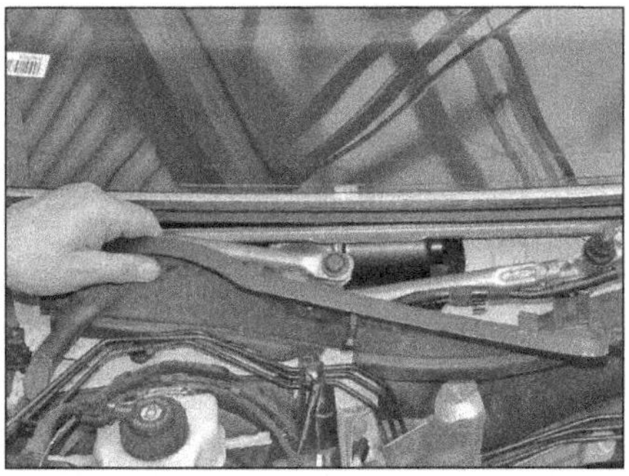

16.8c ... och ta bort den högra panelen

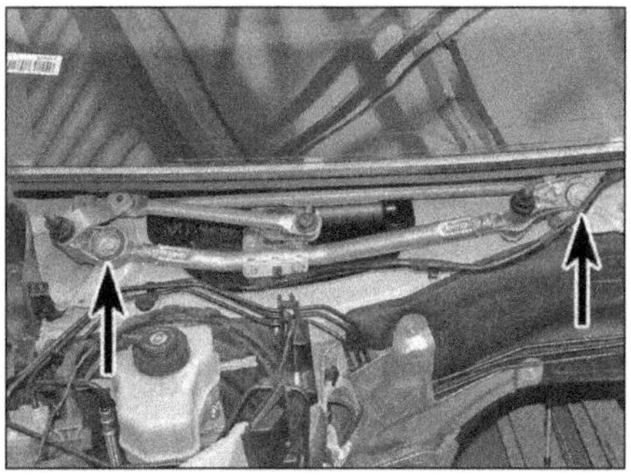

16.10 Fästbultar till torkarnas länksystem (markerade med pilar)

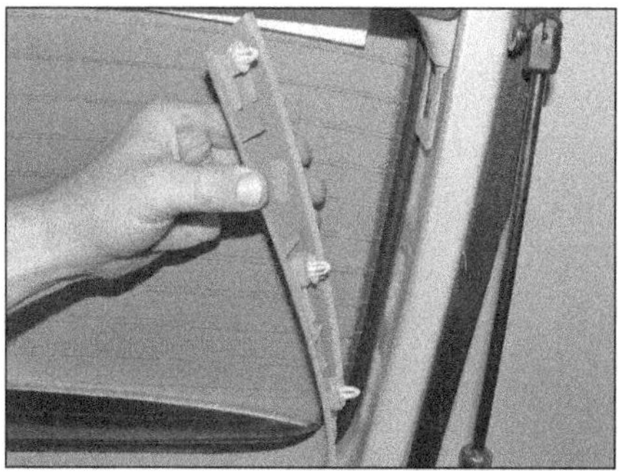

16.12 Dra rutans sidoklädselpanel inåt för att lossa klämmorna

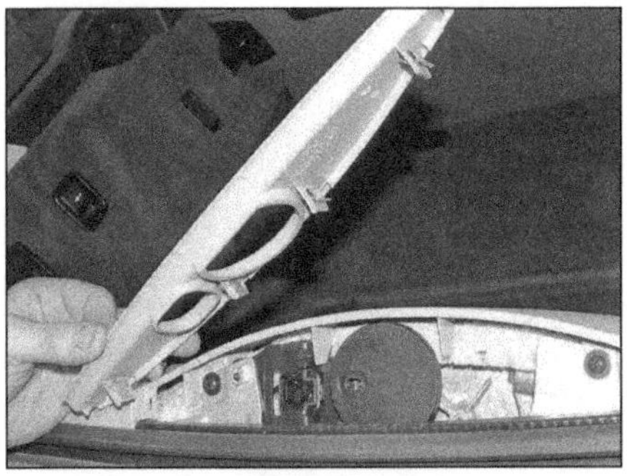

16.14a Dra klädselpanelen av plast bakåt. . .

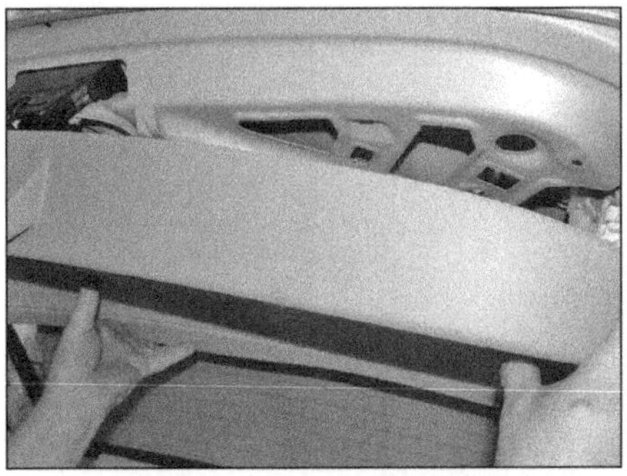

16.16 Dra bort panelen från bakrutan

13 Lossa de tre klämmorna, fäll sedan ner och ta bort klädselpanelinlägget på bakrutans bakre panel **(se bild 5.54)**.

14 Öppna bakrutan, dra bort klädselpanelen av plast ovanpå den bakre panelen bakåt för att lossa klämmorna, skruva sedan loss de två bultarna ovanpå panelen **(se bilder)**.

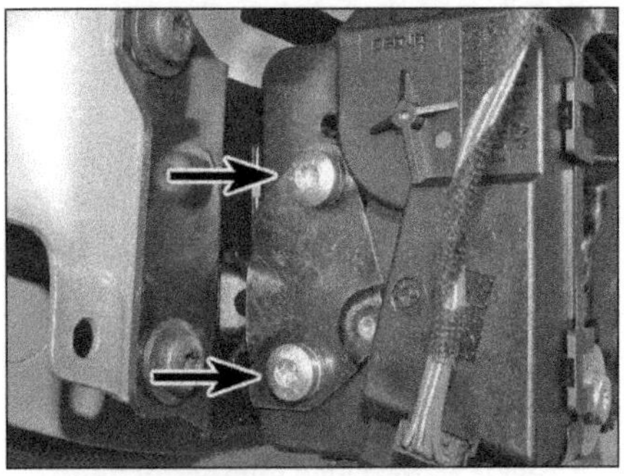

16.19 Låsbultar till bakrutan (markerade med pilar)

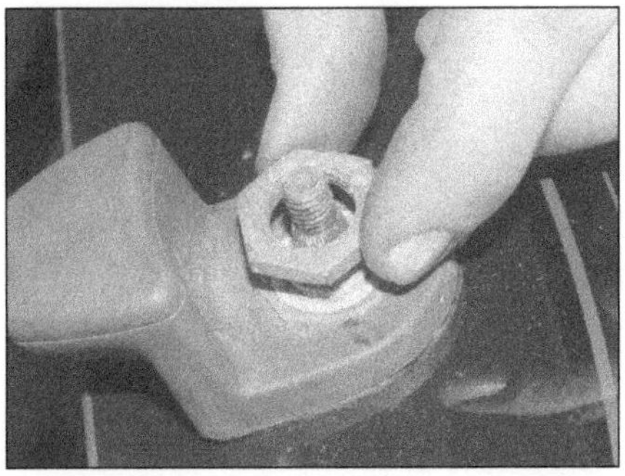

16.22 Skruva loss torkarens axelmutter

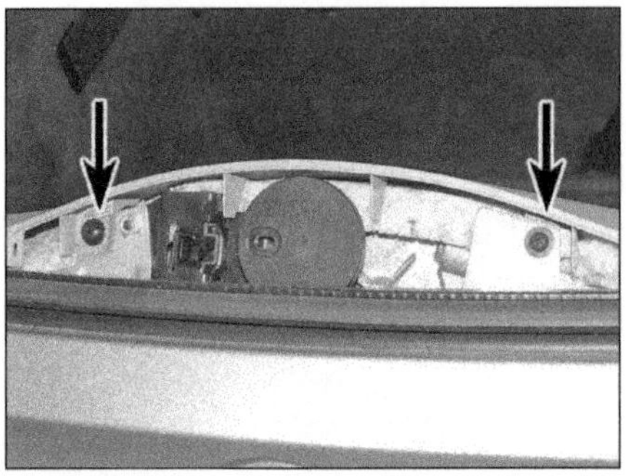

16.14b . . . skruva sedan loss de 2 bultarna (markerade med pilar)

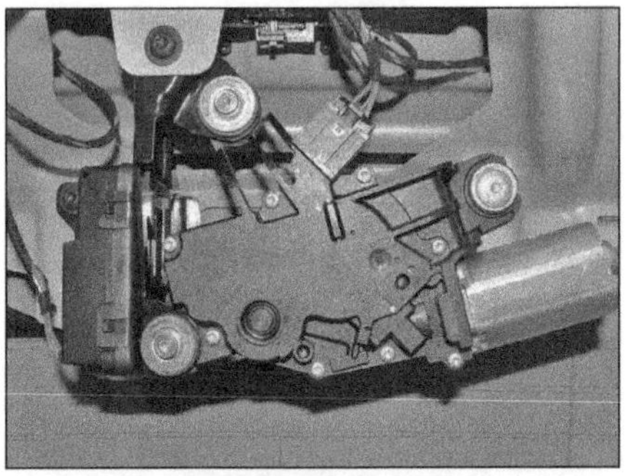

16.18 Skruva loss bultarna och ta bort torkarmotorn

15 Bänd ut kåpan, skruva sedan loss bulten i urholkningen för handtaget på varje sida **(se bild)**.

16 Dra bort den bakre klädselpanelen från bakluckan för att lossa fästklämmorna **(se bild)**. Lossa bagageutrymmets lampa när panelen är borttagen.

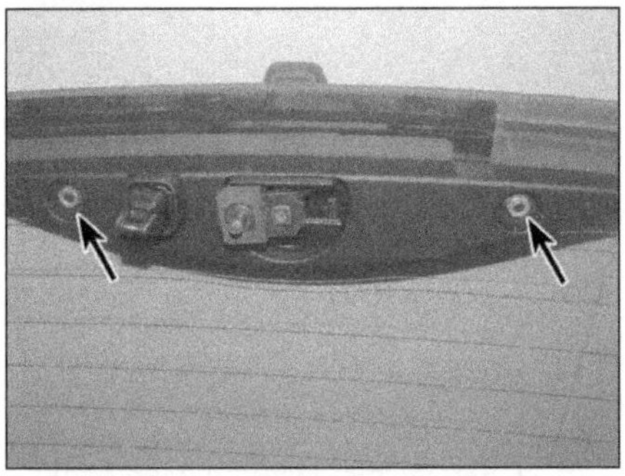

16.21 Bänd ut plastkåporna och skruva loss muttrarna (markerade med pilar)

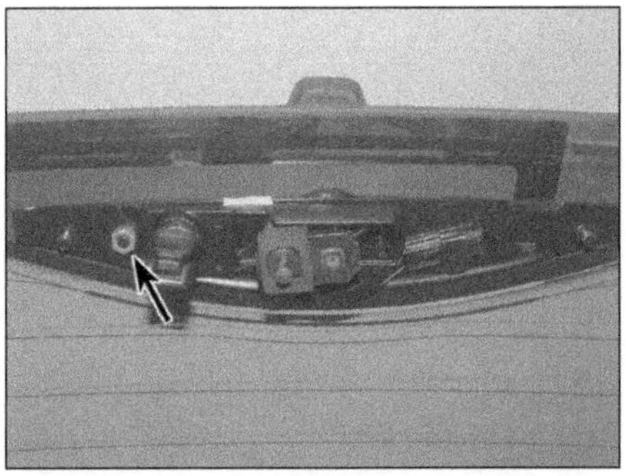

16.23 Skruva loss muttern (markerad med pil) och ta bort huset komplett med spindeln

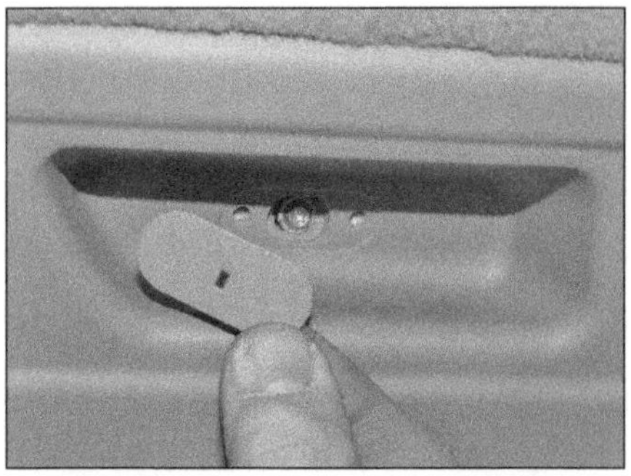

16.15 Bänd ut kåpan i varje handtags urholkning och skruva loss bulten

17 Koppla loss torkarmotorns anslutningskontakt.

18 Skruva loss de fem fästskruvarna och ta bort torkarmotorn (se bild**)**.

19 Om det behövs, kan fönsterlåset separeras från torkarmotorn genom att de två fästbultarna skruvas loss **(se bild)**.

Bakre torkararmens axel och hus

20 Ta bort den bakre torkararmen enligt beskrivningen i föregående avsnitt.

21 Öppna bakluckan, bänd ut de två plastkåporna och skruva loss de två muttrarna som håller fast plastkåpan över axeln **(se bild)**. Ta bort kåpan.

22 Lossa och ta bort torkararmens axelmutter på vindrutans utsida. Ta bort eventuella brickor **(se bild)**.

23 Lossa bakruteknappens anslutningskontakt på rutans insida, skruva loss fästmuttern och för huset och spindeln från deras plats **(se bild)**. Vi rekommenderar ingen vidare isärtagning.

Montering

24 Monteringen utförs i omvänd ordningsföljd mot demonteringen. Avsluta med att montera torkararmarna enligt beskrivningen i avsnitt 15.

17 Vindrute-/strålkastarspolarsystemets komponenter – demontering och montering

Spolarvätskebehållare

1 Behållaren är placerad bakom det främre högra hjulhuset. Ta bort hjulhusfodret enligt beskrivningen i kapitel 11.

2 Lossa kabelhärvan och slangen från behållarens klämmor, lossa sedan påfyllningslangen **(se bild)**. Var beredd på spill.

3 Skruva loss bulten och för behållaren från dess plats **(se bild)**. Notera hur anslutningskontakterna och kablaget sitter monterade och koppla loss dem från huset.

4 Montering sker i omvänd ordningsföljd. Se till att styrtapparna längst ner på behållaren hakar i spåren i innerskärmen ordentligt. Fyll

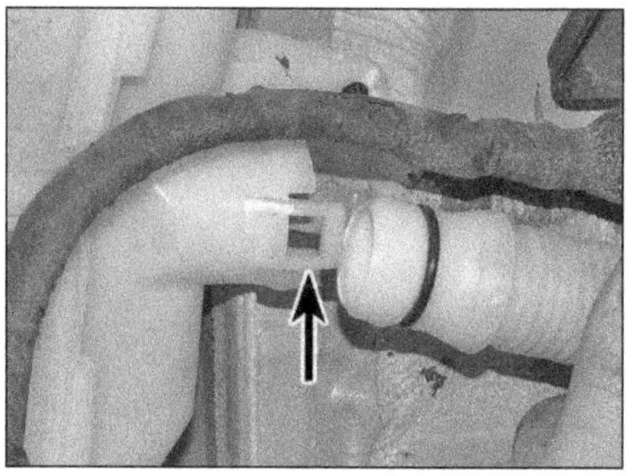

17.2 Lossa klämmorna (markerade med pil) och lossa påfyllningsslangen

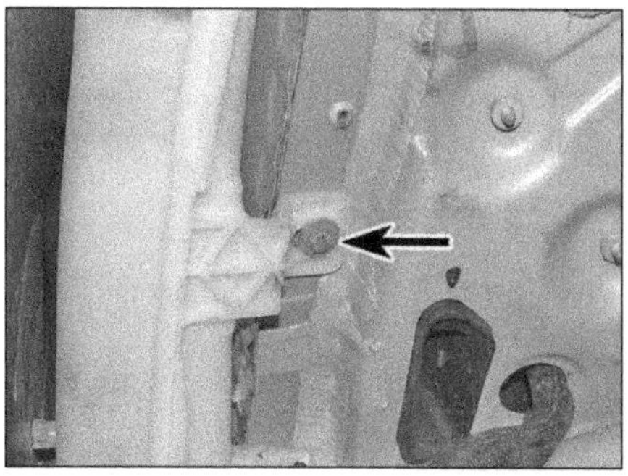

17.3 Spolarvätskebehållarens fästbult (markerad med pil)

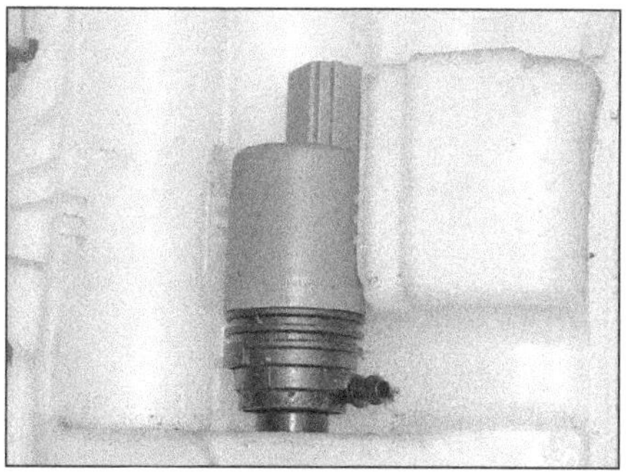

17.6 Vrid pumpen medurs och dra upp den från behållaren

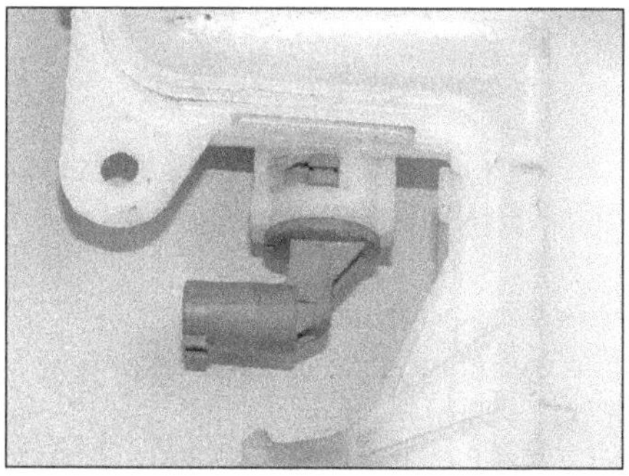

17.9 Vrid nivåbrytaren moturs och dra bort den från behållaren

17.13 Tryck munstycket bakåt, dra sedan upp framkanten

på behållaren och kontrollera så att den inte läcker.

Spolarpump

5 Ta bort behållaren enligt beskrivningen tidigare i detta avsnitt. I Touring-modeller är två pumpar monterade – en för vindrutan och en för bakrutan.

6 Lossa kontaktdonet (kontaktdonen) och slangen (slangarna) från spolarpumpen (spolarpumparna). Vrid försiktigt pumpen/pumparna medurs och dra upp dem från behållaren. Undersök om det finns tecken på skada eller åldrande på pumpens tätningsmuff(ar), byt ut den/dem om det behövs **(se bild)**.

7 Monteringen utförs i omvänd ordningsföljd mot demonteringen, använd en ny tätningsmuff om den gamla visar tecken på skada eller åldrande. Fyll på behållaren och kontrollera så att pumpmuffen inte läcker.

Spolarbehållarens nivåkontakt

8 Ta bort behållaren enligt beskrivningen tidigare i detta avsnitt.

9 Vrid nivåkontakten moturs och ta loss den från behållaren **(se bild)**.

10 Monteringen utförs i omvänd ordningsföljd mot demonteringen, använd en ny tätningsmuff om den gamla visar tecken på skada eller åldrande. Fyll på behållaren och sök efter läckor.

Spolarmunstycken

Vindruta

11 Arbeta i bakre delen av motorrummet, skruva loss bultarna och ta bort pollenfilterkåpan. För filtret från huset **(se bild 16.1)**.

12 Var precis jämte öppningarna, lossa slangarna och anslutningskontakterna till de uppvärmda munstyckena om tillämpligt **(se bild 16.6b)**.

13 Tryck spolarmunstycket bakåt, dra upp framkanten och för den bort från panelen **(se bild)**.

14 Monteringen sker i omvänd ordningsföljd mot demonteringen.

Strålkastare

15 Bänd försiktigt ut spolarmunstyckets kåpa under strålkastaren med en hävarm av trä eller plast och dra ut den tills det tar stopp.

16 Dra ut klämmorna och lossa kåpan från munstycket **(se bild)**.

17 Demontera den främre stötfångaren enligt beskrivningen i kapitel 11.

18 I förekommande fall, koppla loss anslutningskontakten till munstyckets värmeenhet.

19 Lossa slangen från munstycket. Var beredd på spill.

20 Lossa de två klämmorna och för bort munstycket från platsen **(se bild)**.

21 Montering sker i omvänd ordningsföljd.

Bakruta

22 Ta bort det höga bromsljuset enligt beskrivningen i avsnitt 7.

23 Lossa klämman, lossa slangen och dra bort munstycket från det höga bromsljuset.

24 Monteringen sker i omvänd ordningsföljd mot demonteringen. Rikta munstycket mot ett område 100 mm från överkanten och 320 mm från sidokanten på fönstret.

Spolnings-/torkningssystem styrmodul

25 Spolnings-/torkningssystemet styrs av den centrala styrmodulenheten som är inbyggd i huvudsäkringsdosan enligt beskrivningen i avsnitt 3.

18 Ljudanläggning – demontering och montering

Observera: *Följande tillvägagångssätt för demontering och montering är avsett för den uppsättning ljudenheter som BMW monterar som standardutrustning. Demonterings- och monteringsproceduren för icke-standardutrustning skiljer sig något.*

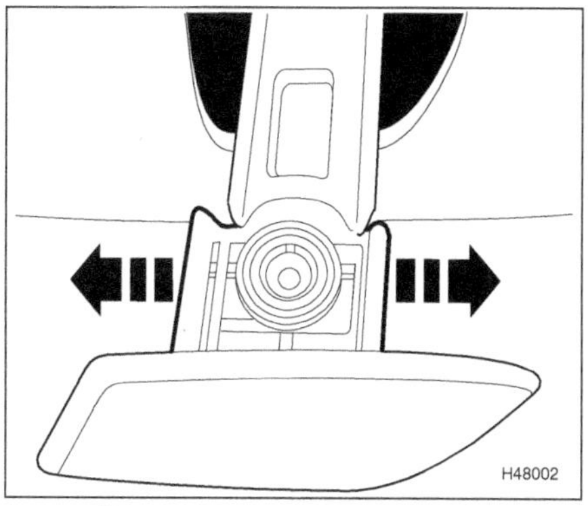

17.16 Öppna klämmorna (markerade med pilar) och lossa kåpan

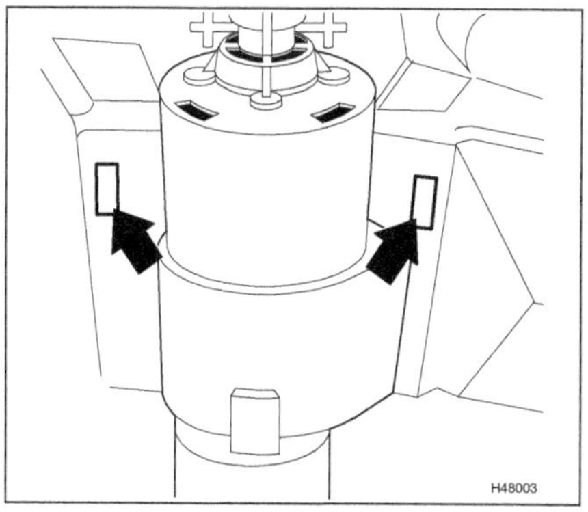

17.20 Lossa klämmorna (markerade med pilar) på munstyckets undersida

18.1a Bänd försiktigt dekorklädselpanelen . . .

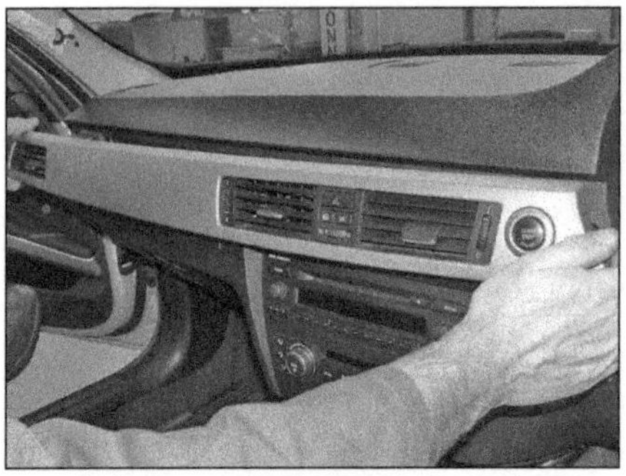

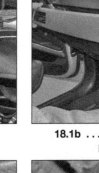

18.1b . . . från instrumentbrädans passagerarsida

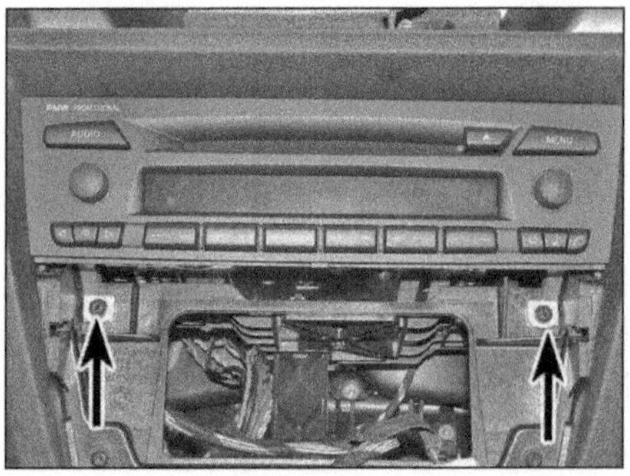

18.3 Fästbultar till ljudenheten (markerade med pilar)

18.4a Bänd över låsspärren och lossa huvudanslutningskontakten. . .

18.4b . . . följt av anslutning av antennen

Demontering

Enhet monterad på instrumentbrädan

1 Använd ett trubbigt verktyg med platt blad för att försiktigt bända loss dekorklädselpanelen från passagerarsidan av instrumentbrädan **(se bilder)**. Koppla ifrån alla eventuella anslutningskontakter när klädselpanelen tas bort. Byt eventuellt skadade klämmor till klädselpanelen.

2 Ta bort kontrollpanelen för värme/luftkonditionering/klimat enligt beskrivningen i kapitel 3.

3 Skruva loss de två bultarna och dra bort enheten något från instrumentbrädan **(se bild)**.

4 Notera hur anslutningskontakterna sitter och lossa dem från anläggningens baksida (skjut ut spärren på huvudkontakten) **(se bilder)**.

CD-växlare

5 Koppla loss batteriets minusdelare enligt beskrivningen i kapitel 5A.

6 Ta bort klädselpanelen från bagageutrymmets vänstra sida enligt beskrivningen i kapitel 11.

7 Skruva loss de fyra fästbultarna och lyft bort enheten från dess plats. När enheten är borttagen, lossa anslutningskontakterna.

Förstärkare

8 Koppla loss batteriets minusdelare enligt beskrivningen i kapitel 5A.

9 Förstärkaren (om sådan finns) sitter bakom klädselpanelen på bagageutrymmets vänstra sida. Öppna luckan och lyft ut förvaringsutrymmet.

10 Koppla loss förstärkarens anslutningskontakter, skruva loss fästbultarna och ta loss enheten. Observera att i sedanmodeller är förstärkaren placerad under CD-växlaren (om en sådan finns).

Montering

11 Monteringen sker i omvänd ordningsföljd mot demonteringen.

19 Högtalare - demontering och montering

Observera: *Inte alla komponenter finns på alla modeller.*

Högtalare i dörrpanelen

1 Ta bort dörrklädseln enligt beskrivningen i kapitel 11.

2 Skruva loss muttrarna och ta bort högtalaren från dörrpanelen **(se bild)**.

3 Om en sådan finns, ska den stora fästkragen skruvas loss och den lilla högtalaren ska tas bort från klädselpanelen.

4 Monteringen utförs i omvänd ordningsföljd mot demonteringen.

Dörrens övre högtalare

5 Ta bort dörrklädseln enligt beskrivningen i kapitel 11.

6 Lossa försiktigt plastpanelen från dörrens inre framkant.

7 Ta bort skumkilen från dörramen.

8 Lossa högtalarens anslutningskontakt, lossa spärrarna och ta bort högtalaren.

9 Monteringen sker i omvänd ordningsföljd mot demonteringen.

Högtalare på instrumentbrädan

10 Bänd försiktigt upp högtalargallret från instrumentbrädan **(se bild)**.

11 Skruva loss fästbultarna, dra bort högtalaren från dess plats och lossa anslutningskontakten.

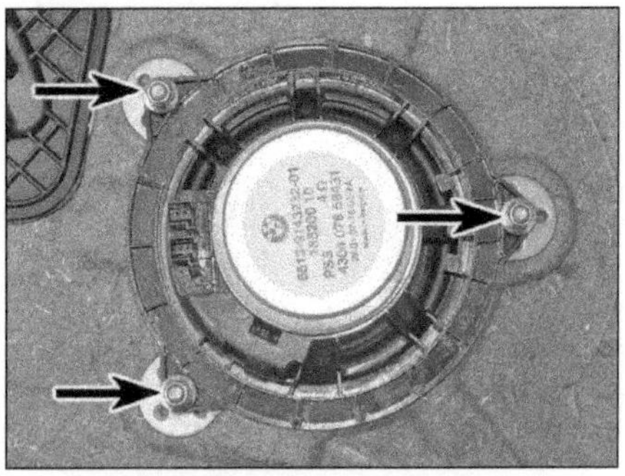

19.2 Fästmuttrar till dörr högtalaren (markerade med pilar)

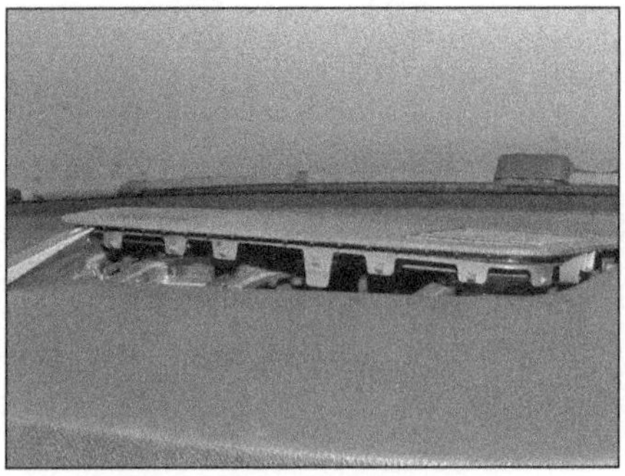

19.10 Bänd upp högtalargallret från instrumentbrädan

19.13 Bänd upp högtalargallret från hatthyllan

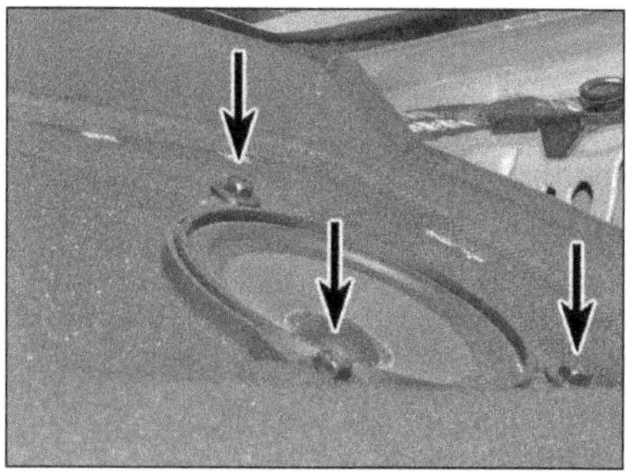

19.14 Skruva loss högtalarens fästbultar (markerade med pilar)

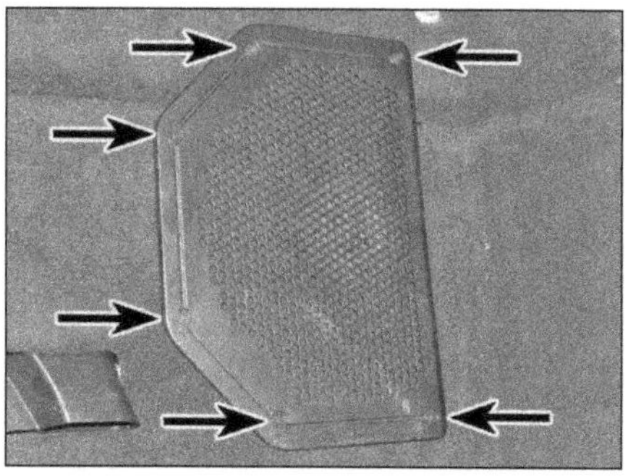

19.18 Skruva loss bultarna (markerade med pilar) och ta bort högtalargallret

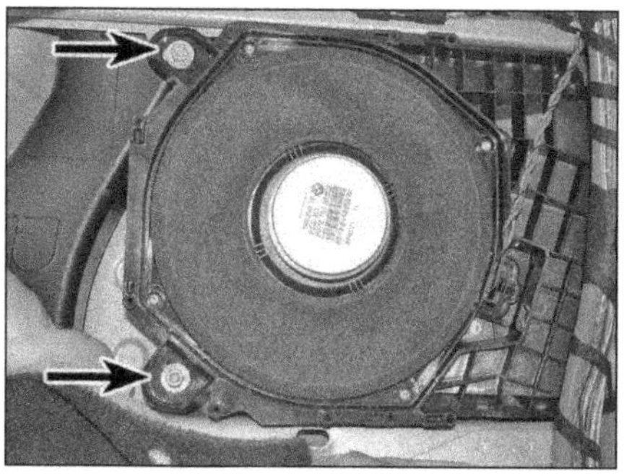

19.19 Fästmuttrar till högtalarenheten (markerade med pilar)

12 Monteringen sker i omvänd ordningsföljd mot demonteringen.

Bakre högtalare

13 Bänd försiktigt ut högtalargallret från den bakre bagagehyllan **(se bild)**.

14 Skruva loss fästbultarna och lyft av högtalaren **(se bild)**. Koppla loss anslutningskontakten när du tar bort högtalaren.

15 Monteringen utförs i omvänd ordningsföljd mot demonteringen.

Golv högtalare

16 Golv högtalarna är placerade under framsätena. Ta bort det berörda framsätet enligt beskrivningen i kapitel 11.

17 Dra framdörrens tröskeltätningspanel uppåt för att lossa fästklämmorna.

18 Skruva loss bultarna och ta bort högtalargallret **(se bild)**.

19 Vik tillbaka mattan, lossa anslutningskontakten, skruva loss de två muttrarna och lyft bort högtalarenheten från platsen **(se bild)**.

20 Skruva loss bultarna och lossa högtalaren från huset om det behövs.

21 Montering sker i omvänd ordningsföljd. Bänd upp fästklämmorna från dörrens tröskel och montera tillbaka dem på tröskelns klädselpanel före återmonteringen.

20 Radioantenn – allmän information

Antenn i bakrutan

Radioantennen är inbyggd i bakrutan. För att förbättra mottagningen är en förstärkare (monterad framför det höga bromsljuset) monterad som förstärker signalen till radioenheten.

Takmonterad antenn

Den takmonterade antennen är fäst på panelen. Ett lyckat byte kräver specialverktyg och erfarenhet av att använda dem. Följaktligen rekommenderar vi att denna uppgift överlåts åt en BMW-verkstad eller åt en specialist.

För att förbättra mottagningen finns en förstärkare som förstärker signalen till radioenheten. I sedanmodeller är förstärkaren monterad över det höga bromsljuset – ta bort bromsljuset enligt beskrivningen i avsnitt 7. I Touring-modeller är förstärkaren monterad under den bakre spoilern.

Koppla från antennsladden och kablaget, skruva sedan loss fästskruvarna och ta bort förstärkaren **(se bild)**. Monteringen utförs i omvänd ordningsföljd mot demonteringen.

21 Farthållarsystem – information och byte av komponenter

Information

1 Farthållarfunktionen är inbyggd i motorstyrningens styrmodul. De enda utbytbara externa komponenterna är kopplingspedalkontakten.

Byte av kopplingspedalkontakt

2 Byte av brytaren beskrivs i avsnitt 4 i detta kapitel.

22 Larmsystem – allmän information

E90 3-seriens modeller är utrustade med ett avancerat stöldskyddslarm och motorlåsningssystem. Om ett fel uppstår ska systemets självdiagnossystem läsas av med särskild testutrustning. Rådfråga din BMW-verkstad eller en specialist med lämplig utrustning.

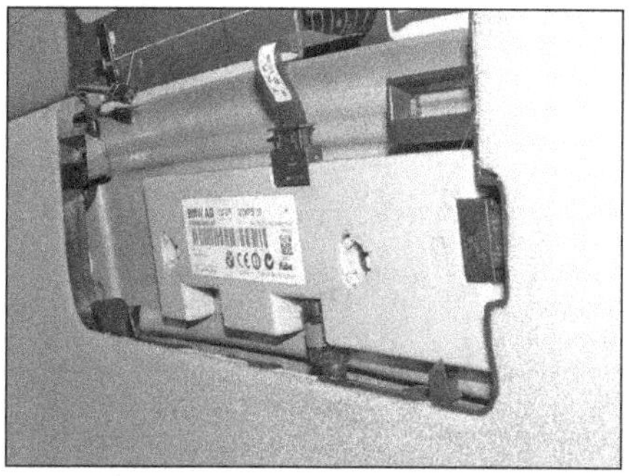

20.4 Takmonterad antennförstärkare

23 Uppvärmda framsätets komponenter – demontering och montering

Värmemattor

På modeller med uppvärmda framsäten sitter en värmedyna monterad på både ryggstödet och sätesdynan. För att byta ut värmemattorna ska klädseln tas loss, den gamla mattan tas bort, den nya fästas på plats och klädseln sättas tillbaka. Observera att det krävs omfattande kunskap och erfarenhet för att kunna demontera och montera klädseln utan att skador uppkommer. Det är därför bättre att låta en BMW-verkstad eller specialist utföra detta. Det är i själva verket mycket svårt för hemmamekanikern att utföra uppgiften utan att klädseln förstörs.

Uppvärmda sätets brytare

Se avsnitt 4, *Centralt brytarkluster på instrumentbrädan*.

24 Krockkuddssystemet – allmän information och föreskrifter

De modeller som täcks i denna handbok har en förarkrockkudde som är monterad i mitten av ratten, en passagerarkrockkudde som är placerad bakom instrumentbrädan, två huvudkrockkuddar som är placerade i varje A-stolpe/takklädseln och två krockkuddar som är placerade i varje framsäte. Krockkuddssystemet består av krockkuddsenheten/enheterna, stötgivare, styrenhet och en varningslampa på instrumentpanelen.

Krockkuddssystemet aktiveras vid en kraftig front- eller sidokollision som överstiger en viss kraft, beroende på kollisionens riktning. Krockkudden/kuddarna blåses upp inom några millisekunder, fungerar som ett skydd mellan passagerarna och kupéns insida och minskar därför skaderisken avsevärt. Krockkudden töms nästan omedelbart.

Varje gång tändningen slås på utför krockkuddens styrenhet ett test av sig själv. Testet tar mellan 2 och 6 sekunder, under denna tid lyser krockkuddens varningslampa på instrumentbrädan. När testet har avslutats ska

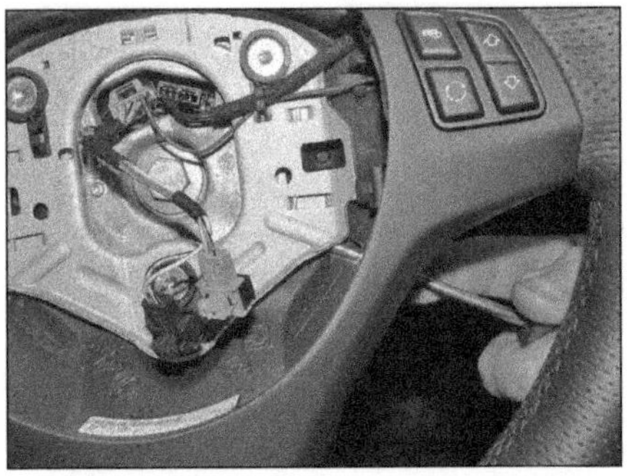

25.3a Sätt in en skruvmejsel i hålet/ fördjupningen på rattens främre del. . .

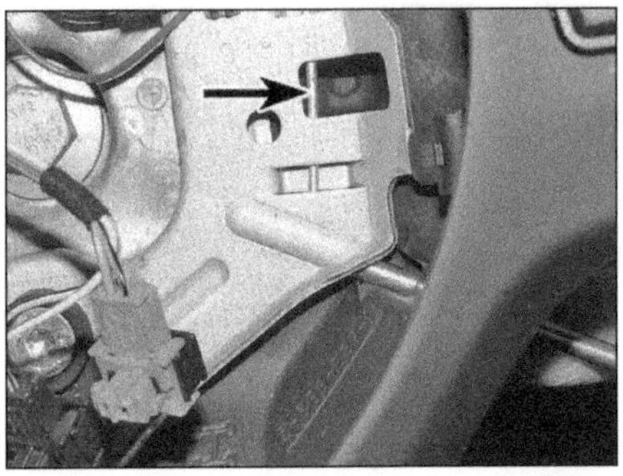

25.3b . . . och tryck in klämman (markerad med pil) för att lossa krockkudden

varningslampan slockna. Om varningslampan inte tänds, fortsätter att lysa efter testtiden eller tänds när bilen körs är det fel på krockkuddssystemet. Bilen måste köras till en BMW-verkstad för att undersökas så snart som möjligt.

Varning: Innan du utför någon åtgärd på krockkuddssystemet, koppla loss batteriets minusdelare och vänta i 1 minut. Då kan systemets kondensatorer ladda ur. När åtgärderna har slutförts, se till att ingen befinner sig inuti bilen när batteriet ansluts igen.

- *Observera att krockkudden/krockkuddarna inte får utsättas för temperaturer över 75°C. När krockkudden demonteras, förvara den med rätt sida upp för att förhindra att den blåses upp av misstag.*
- *Låt inga lösningsmedel eller rengöringsmedel komma i kontakt med krockkudden. De får endast rengöras med en fuktig trasa.*
- *Krockkuddarna och styrenheten är känsliga för stötar. Om de tappas eller skadas måste de bytas ut.*
- *Koppla loss anslutningskontakten till krockkuddens styrenhet innan någon svetsning utförs på bilen.*

25 Krockkuddssystemets komponenter - demontering och montering

Observera: *Läs varningarna i avsnitt 24 innan följande åtgärder utförs.*

1 Koppla loss batteriets minusdelare (se kapitel 5A), fortsätt sedan enligt beskrivningen under relevant rubrik.

Sidokrockkudde på förarsidan

2 Två olika typer av förarkrockkuddar kan vara monterade. Krockkudde till sportratt och krockkudde till vanlig ratt.

Sportratt

3 Rikta ratten rakt fram, stick in en Torx skruvmejsel T25 genom hålet på rattens framsida med 90 graders vinkel i förhållande till rattstången, lossa fjäderklämman och dra loss denna del av krockkudden från ratten **(se bilder)**. Upprepa detta på andra sidan ratten.

Normal ratt

4 Rikta ratten rakt fram, stick in en Torx skruvmejsel T25 genom hålet i rattens bas med 90 graders vinkel i förhållande till rattstången, lossa fjäderklämman och dra loss denna sida av krockkudden från ratten **(se bilder)**. Upprepa detta på andra sidan ratten.

Båda styrhjulen

5 Lossa krockkuddens anslutningskontakt (anslutningskontakter) **(se bilder)**. Observera att krockkudden inte får utsättas för stötar eller tappas, och måste förvaras med den stoppade sidan uppåt.

6 Vid montering, återanslut anslutningskontakterna och se till att alla kontaktdon sitter fast där de ska. Observera att kontaktdonen är färgkodade för korrekt återmontering. En kontakt ska anslutas till det uttag som har samma färg. Placera krockkudden på ratten och tryck in enheten så att den hakar fast. Återanslut batteriets minusdelare.

Passagerarkrockkudde

7 Ta bort handskfacket på passagerarsidan enligt beskrivningen i kapitel 11.

8 Bänd upp låsspärren och lossa krockkuddens anslutningskontakt (anslutningskontakter) **(se bild)**. Observera att i modeller fr.o.m. 03/2006

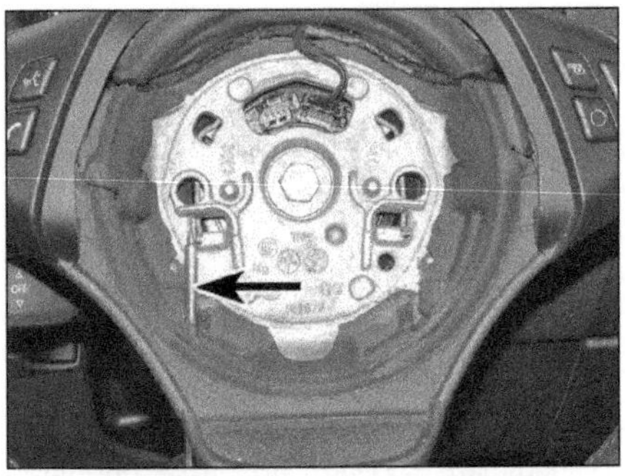

25.4a Sätt in en Torx skruvmejsel (markerad med pil) i hålet på rattens bas. . .

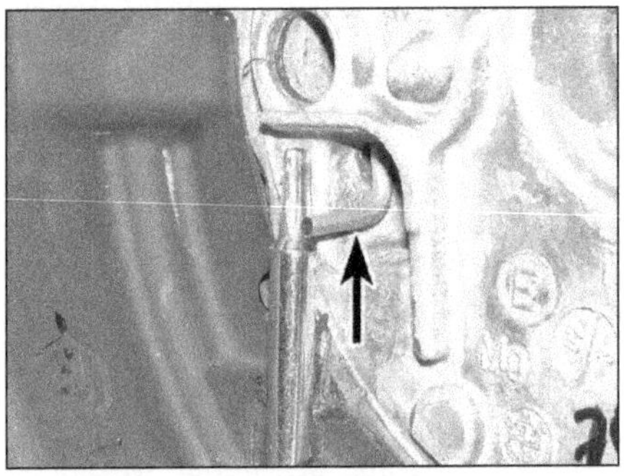

25.4b . . . och tryck fjäderklämman (markerad med pil) mot hjulets mitt

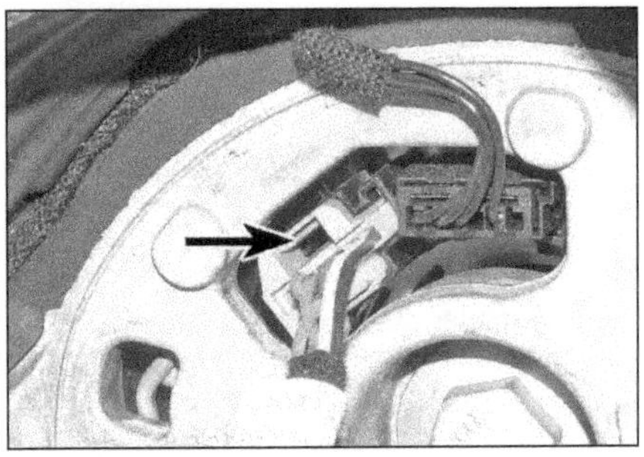

25.5a Bänd ned klämman (markerad med pil) och lossa krockkuddens anslutningskontakt - standardratt

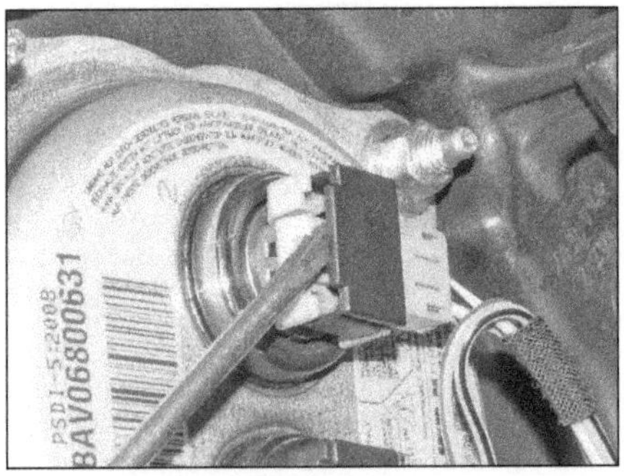

25.5b Bänd upp låsklämman. . .

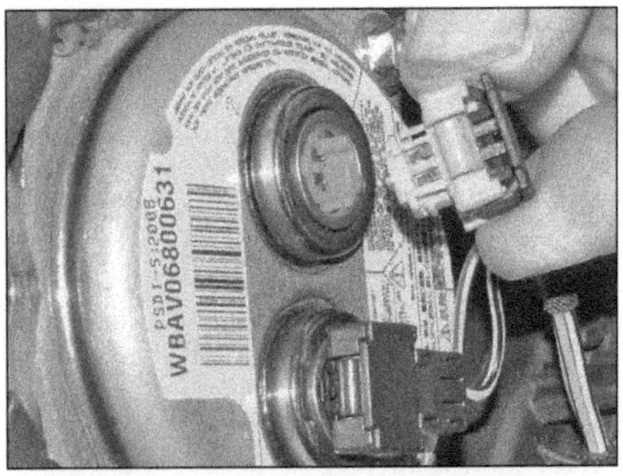

25.5c . . . och lossa krockkuddens anslutningskontakt - sportratt

25.8 Bänd upp låsspärren (markerad med pil) och lossa anslutningskontakten (anslutningskontakterna) till passagerarsidans krockkudde

25.9 Fästmuttrar till passagerarsidans krockkudde (markerade med pilar)

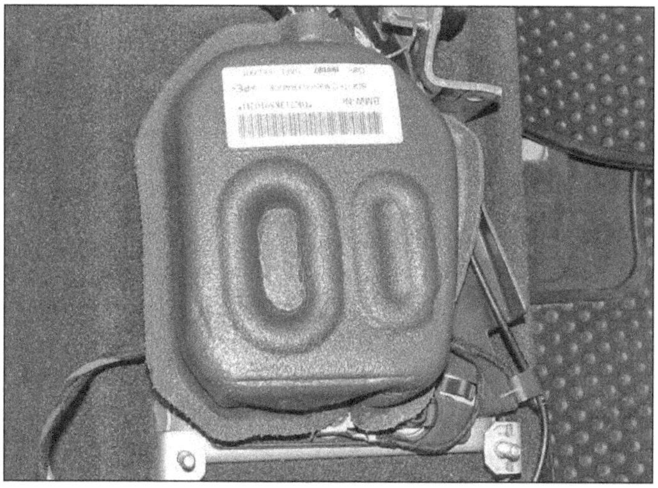

25.14a Ta bort isoleringskåpan . . .

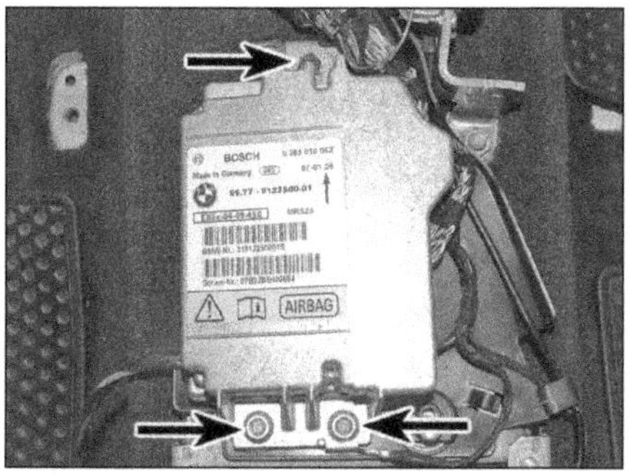

25.14b . . . skruva sedan loss muttrarna/bultarna (markerade med pilar) och ta bort krockkuddestyrenheten

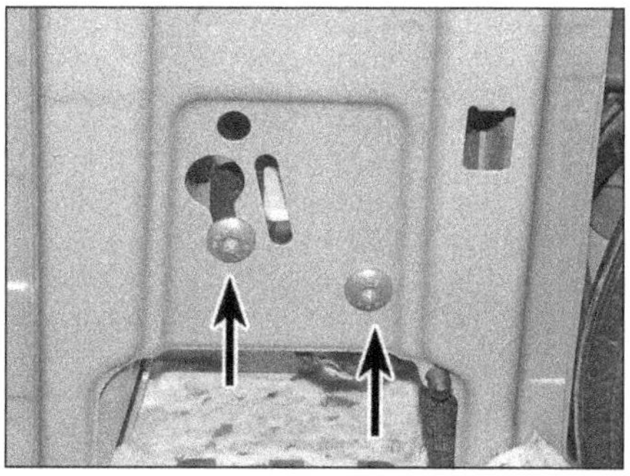

25.20a Lossa den övre bulten och skruva loss den nedre bulten (markerad med pilar)

25.20b Tryck in klämman (markerad med pil) och lossa givarens anslutningskontakt

finns det en anslutningskontakt i varje ände av krockkudden.

9 Skruva loss fästmuttrarna och ta bort krockkudden **(se bild)**.

10 Monteringen sker i omvänd ordningsföljd mot demonteringen. Dra åt krockkuddens fästskruvar till angivet moment och återanslut sedan batteriets minuspol enligt beskrivningen i kapitel 5A.

Sidokrockkuddar

11 Sidokrockkuddarna är inbyggda i fram- och baksätenas sida. Demontering av enheterna kräver att sätenas klädsel tas bort. Följaktligen rekommenderar vi att denna uppgift överlåts åt en BMW-verkstad eller åt en specialist.

Huvudkrockkuddar/överliggande sidokrockgardiner

12 Byte av huvudkrockkuddarna/krockskyddsgardinerna kräver demontering av takklädseln. Följaktligen rekommenderar vi att denna uppgift överlåts åt en BMW-verkstad eller åt en specialist.

Krockkuddens styrenhet

13 Ta bort mittkonsolen enligt beskrivningen i kapitel 11.

14 Ta bort isoleringskåpan, skruva loss fästmuttrarna och fästbultarna och lyft sedan av modulen. Observera jordledningen som sitter under en av fästmuttrarna. Koppla loss anslutningskontakten när enheten tas bort **(se bilder)**.

15 Monteringen utförs i omvänd ordningsföljd mot demonteringen. Observera att styrenheten måste monteras så att pilen pekar mot bilens framvagn och att jordledningen sitter under en av modulens fästmuttrar. Om du monterar en ny styrmodul måste den programmeras med särskild testutrustning från BMW. Låt en BMW-verkstad eller annan specialist utföra denna uppgift.

Stötgivare

16 Det kan finnas två krockgivare på varje sida av bilen – en i varje framdörr, en på B-stolparnas bas och en givare som är inbyggd i styrenheten.

Dörrgivare

Observera: *Inte monterad på alla modeller*

17 Demontera dörrens inre klädselpanel och ljudisoleringspanel enligt beskrivningen i kapitel 11.

18 Skruva loss fästbultarna, och ta bort givaren. Koppla från anslutningskontakten när givaren tas bort.

Givare i B-stolpen

19 Demontera B-stolpens panel enligt beskrivningen i kapitel 11.

20 Lossa den övre bulten och ta bort den nedre bulten, för sedan givaren från dess plats. Koppla loss anslutningskontakten när givaren tas bort **(se bilder)**.

Alla givare

21 Montering sker i omvänd ordningsföljd. Dra åt fästanordningarna till angivet moment.

26 Parkeringshjälp – information samt demontering och montering av komponenter

Allmän information

1 För att underlätta parkering alla modeller kan blir utrustade med ett system som informerar föraren om avståndet mellan bilens front eller bakdel och en eventuellt annan bil/hinder bakom eller framför bilen under parkeringen. Systemet består av flera ultraljudsgivare som sitter monterade i stötfångaren och mäter avståndet mellan sig själva och närmsta föremål. Avståndet indikeras genom en ljudsignal i passagerarutrymmet. Ju närmre föremålet befinner sig, desto kortare mellanrum mellan signalerna. När föremålet är närmare än 30 cm blir signalen kontinuerlig.

Demontering och montering av komponenter

Elektronisk styrmodul

2 Ta bort sidopanelen från bagageutrymmets högra sida enligt beskrivningen i kapitel 11.

3 Lossa kabelhärvan och ta bort isoleringsmattan.

4 Observera hur de är monterade och lossa enhetens anslutningskontakter. Lossa klämman och lyft ut styrenheten **(se bild)**.

5 Montera tillbaka i omvänd ordningsföljd mot demonteringen.

Ultraljudsgivare

6 Ta bort stötfångaren enligt beskrivningen i kapitel 11.

7 Lossa givarens anslutningskontakter, lossa fästklämmorna och ta bort givarna från stötfångaren **(se bild)**.

8 Monteringen utförs i omvänd ordningsföljd mot demonteringen.

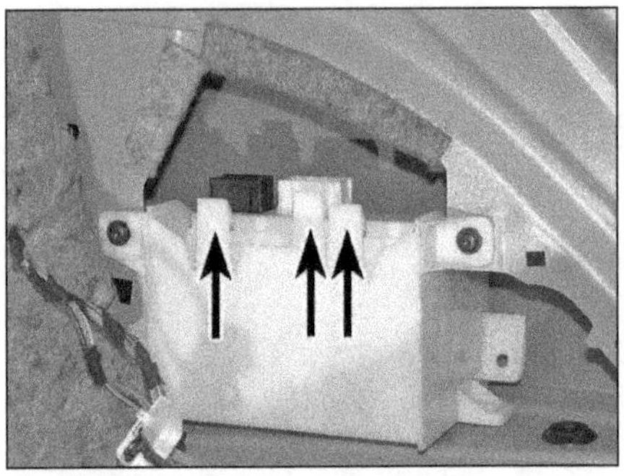

26.4 Fästklämmor till styrenheten till parkeringshjälpen (markerade med pilar)

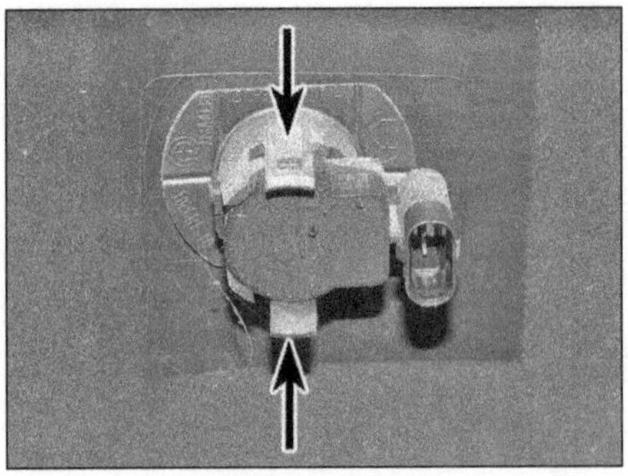

26.7 Lossa givarens klämmor (markerade med pilar)

27 Kopplingsscheman – allmän information

1 Följande kopplingsscheman omfattar bara delar av elsystemen hos E90 BMW 3-serie.

2 I skrivande stund fanns inga fler kopplingsscheman tillgängliga från BMW, så det har inte gått att lägga till ytterligare information.

3 Tänk på att medan kopplingsscheman kan vara en användbar guide till bilens elsystem går det ändå att spåra fel och kontrollera strömtillförsel och jordanslutningar med en enkel multimeter. Se de metoder för allmän felsökning som beskrivs i avsnitt 2 i detta kapitel (ignorera hänvisningarna till kopplingsscheman om sådant inte finns för det aktuella systemet).

BMW 3 Series kopplingsscheman

Schema 1

Varning: Bilen är utrustad med ett supplemental restraint system (SRS) som består av en kombination av förar- (och passagerare) krockkudde(ar), sidokrockkuddar och bältesförsträckare. Användning av elektrisk testutrustning på SRS kablagesystemen kan orsaka att bältesförsträckaren rullas tillbaka abrupt och att krockkudden löses ut med en risk för personskador. Extrem försiktighet bör vidtas för att korrekt identifiera alla kretsar som ska testas för att undvika att välja någon av SRS kablage av misstag.
Se föreskrifterna för krockkuddssystemet i Karossens elsystem kapitlet för mer information .
Observera: SRS kabelhärvan identifieras genom gul och/eller orange färg på kabelknippet eller kontaktdonen.

Förklaringar till symboler

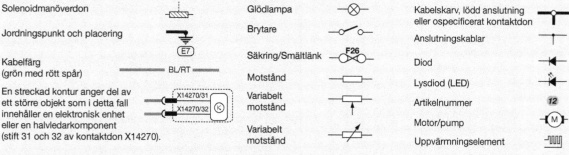

Solenoidmanöverdon

Jordningspunkt och placering (E7)

Kabelfärg (grön med rött spår) BL/RT

En streckad kontur anger del av ett större objekt som i detta fall innehåller en elektronisk enhet eller en halvledarkomponent (stift 31 och 32 av kontaktdon X14270). X14270/31 X14270/32

Glödlampa

Brytare

Säkring/Smältlänk F26

Motstånd

Variabelt motstånd

Variabelt motstånd

Kabelskarv, lödd anslutning eller ospecificerat kontaktdon

Anslutningskablar

Diod

Lysdiod (LED)

Artikelnummer 12

Motor/pump

Uppvärmningselement

Normal bagageutrymme säkringsdosa 7

(modeller upp till 03/2007)

Säkring	Kapacitet	Kretsar
F104	-	Batterigivare
F105	100A	Elektrisk servostyrning
F106	100A	Extravärmare
F107	100A	Elektrisk extravärmare
F108	250A	Kopplingsdosa
F203	100A	B+ terminal, startmotor, batteri

(modeller från 03/2007)

Säkring	Kapacitet	Kretsar
F101	250A	Junction box
F102	100A	B+ terminal, starter, battery
F103	100A	Electric power steering
F104	100A	Auxiliary heater
F105		Intelligent battery sensor
F106	100A	Electric auxiliary heater

Normal motorrum säkringsdosa 29

Säkring	Kapacitet	Kretsar
F01	30A	Tändspolar
F02	30A	Kylvätsketermostat, kylvätskepump, kamaxelgivare, VANOS magnetventiler
F03	20A	Vevaxelgivare, motorstyrenhet, luftflödesmätare, bränsletankens luftningsventil, oljekvalitetsgivare, variabel insugsgrenrör kontroll
F04	30A	Lambdasonde värmare, vevhusventilationsvärmare
F05	30A	Bränsleinsprutningsrelä
F06	10A	EAC sensor, motorrum säkringsdosa fläkt, avgasfläkt, passagerarutrymmets säkringsdosa, sekundär luftinsprutning luftflödesgivare, avgasklaff
F07	40A	Valvetronic relä
F09	30A	Elektrisk kylpump
F010	5A	Vevhusventilation uppvärmningsrelä

Jordpunkter

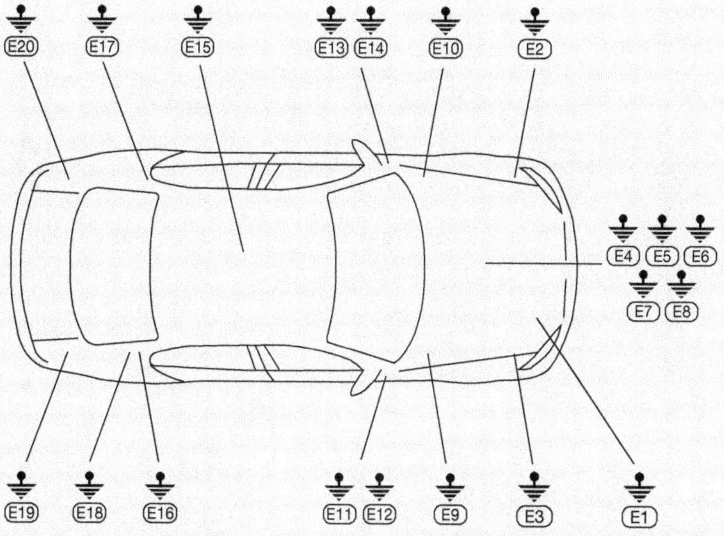

- E1 Motorrum, höger nedre motorblock
- E2 Motorrum, höger främre innerskärm
- E3 Motorrum, höger främre innerskärm
- E4 Motorrum, topplockets övre del
- E5 Motorrum, topplockets övre del
- E6 Motorrum, topplockets övre del
- E7 Motorrum, topplockets övre del
- E8 Motorrum, topplockets övre del
- E9 Motorrum, höger fjäderben
- E10 Motorrum, vänster bak
- E11 Passagerarutrymme, höger fotutrymme
- E12 Passagerarutrymme, höger fotutrymme
- E13 Passagerarutrymme, vänster fotutrymme
- E14 Passagerarutrymme, vänster fotutrymme
- E15 Passagerarutrymme, under mittkonsolen
- E16 Passagerarutrymme, under höger bakre kudde
- E17 Passagerarutrymme, under vänster bakre säteskudde vid C-stolpen
- E18 Passagerarutrymme, under baksätets ryggstöd, nedre höger sida
- E19 Bagageutrymme, höger sida
- E20 Bagageutrymme, vänster sida

H47330

BMW 3 Series kopplingsscheman — Schema 2

Normal passagerarutrymme säkringsdosa 18

(modeller upp till 03/2007)

Säkring	Kapacitet	Kretsar
F1	-	Används ej
F2	5A	Antenn
F3	20A	Uppvärmd passagerarsäte
F4	5A	Car access system
F5	7.5A	Takfunktionsstyrenhet
F6	15A	Växellådans styrenhet
F7	20A	Extravärmare styrenhet
F8	5A	CD-växlare, antenn
F9	10A	Farthållare
F10	-	Används ej
F11	10A	Ljudsystem
F12	20A	Cabriolettak/taklucka, takfunktionsstyrenhet
F13	5A	iDrive kontroll
F14	-	Används ej
F15	5A	Automatisk luftkonditioneringssensor
F16	15A	Signalhorn
F17	5A	Telefon
F18	5A	CD-växlare
F19	7.5A	Komfortåtkomst styrenhet, framdörr ytterhandtag styrenheter, larm
F20	5A	Dynamisk stabilitetskontroll, fördelningsväxellåda styrenhet
F21	7.5A	Brytare på förarsidan
F22	10A	Längsgående dynamik ledningen, dragkrok frånkopplingssignal
F23	10A	Digital tuner, satellit radio
F24	5A	Däcktryckskontroll
F25	10A	Framsätesbalt positioneringsstyrenheter
F26	10A	Växlingsbelysning, telefon
F27	5A	Brytare på förarsidan, telefon
F28	5A	Takfunktionsstyrenhet, parkeringsavståndskontroll
F29	5A	Automatisk luftkonditioneringssensor, främre sätesvärmare styrenheter
F30	20A	12v uttag, främre cigarrettändare
F31	20A	Bilkommunikation styrenhet/ljudsystem styrenhet
F32	30A	Förarsäte värmestyrningsenhet, förarsäte styrenhet
F33	30A	Framsäte styrenhet
F34	30A	Ljudsystem förstärkare
F35	30A	Dynamisk stabilitetskontroll
F36	30A	Fotutrymmesstyrenhet
F37	30A	Förarsäte styrenhet
F38	30A	Fördelningsväxellåda styrenhet
F39	30A	Vindrutetorkare
F40	20A	Bränslepump
F41	30A	Fotutrymmesstyrenhet
F42	30A	Släpvagnsstyrenhet
F43	30A	Strålkastarspolarpump
F44	30A	Släpvagnsstyrenhet
F45	40A	Aktiv styrsystem
F46	30A	Uppvärmd bakruta

Säkring	Kapacitet	Kretsar
F47	20A	Släpvagnsuttag
F48	20A	Bakre spolare/torkarstyrenhet
F49	30A	Uppvärmd passagerarsäte
F50	40A	Aktiv styrsystem
F51	50A	Bil passersystem
F52	50A	Fotutrymmesstyrenhet
F53	50A	Fotutrymmesstyrenhet
F54	60A	B+ potential fördelare
F55	-	Används ej
F56	15A	Centrallås
F57	15A	Centrallås
F58	5A	Instrumentbräda, diagnosuttag (OBDII)
F59	5A	Rattstång kontaktsamling
F60	7.5A	Luftkonditionering och värmesystem
F61	10A	Bagagerumsbelysning, central informationsdisplay, handskfacksbelysning
F62	30A	Elektriska fönsterhissar
F63	30A	Elektriska fönsterhissar
F64	30A	Elektriska fönsterhissar
F65	40A	Dynamisk stabilitetskontroll
F66	50A	Dieselbränslevärmare
F67	50A	Fläktreglering
F68	50A	Vakuumpump relä
F69	50A	Motorns kylfläkt
F70	50A	Sekundär luftinsprutningspump
F71	20A	Släpvagnsuttag
F72	-	Används ej
F73	-	Används ej
F74	-	Används ej
F75	-	Används ej
F76	-	Används ej
F77	30A	Bränsleinjektorer, tändspolar
F78	-	Används ej
F79	-	Används ej
F80	-	Används ej
F81	-	Används ej
F82	-	Används ej
F83	-	Används ej
F84	-	Används ej
F85	-	Används ej
F86	-	Används ej
F87	-	Används ej
F88	-	Används ej

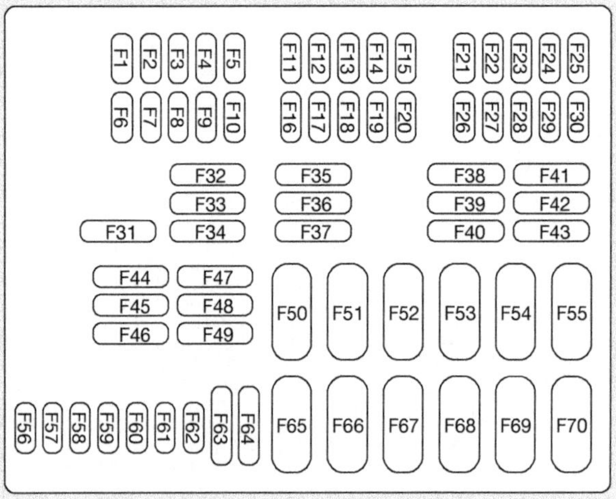

H47331

BMW 3 Series kopplingsscheman

Schema 3

Normal passagerarutrymme säkringsdosa 18

(modeller 03/2007 till 09/2007)

Säkring	Kapacitet	Kretsar
F1	10A	Välta skydd styrenhet
F2	5A	Instrumentbräda, on board diagnostics (OBDII)
F3	20A	Uppvärmd passagerarsäte
F4	5A	Bil passersystem
F5	-	Används ej
F6	15A	Växellådans styrenhet
F7	20A	Extravärmare styrenhet
F8	20A	Ljudförstärkare
F9	10A	Farthållare
F10	15A	Släpvagn styrenhet
F11	10A	Ljudsystem
F12	20A	Cabriolettak/taklucka, takfunktionsstyrenhet
F13	5A	iDrive kontroll, däcktryckskontroll
F14	-	Används ej
F15	5A	Automatisk luftkonditioneringssensor
F16	15A	Signalhorn
F17	5A	Telefon
F18	5A	Antenn (cabriolet), backspegel (ej cabriolet), väljarspaksbelysning
F19	7.5A	Larm
F20	5A	Dynamisk stabilitetskontroll, fördelningsväxellåda styrenhet
F21	7.5A	Brytare på förarsidan, elektriska speglar
F22	10A	Längsgående dynamik ledningen
F23	10A	Digital tuner, satellit radio
F24	5A	DC omvandlare, fläktavbrottsrelä
F25	10A	Framsätesbalt positioneringsstyrenheter
F26	10A	Telefon
F27	5A	Brytare på förarsidan, telefon
F28	5A	Takfunktionsstyrenhet, parkeringsavståndskontroll
F29	5A	Främre sätesvärmare styrenheter
F30	20A	12v uttag, främre cigarrettändare
F31	20A	Bilkommunikation styrenhet/ljudsystem styrenhet
F32	30A	Förarsäte styrenhet
F33	5A	Komfortåtkomst styrenhet, framdörr ytterhandtag styrenheter
F34	5A	CD-växlare, antenn
F35	30A	Dynamisk stabilitetskontroll
F36	30A	Fotutrymmesstyrenhet
F37	10A	Förarsäte styrenhet
F38	30A	Fördelningsväxellåda styrenhet
F39	30A	Vindrutetorkare
F40	7.5A	Takfunktionsstyrenhet
F41	30A	Fotutrymmesstyrenhet
F42	40A	Fotutrymmesstyrenhet
F43	-	Används ej
F44	30A	Släpvagnsstyrenhet
F45	40A	Aktiv styrsystem
F46	30A	Uppvärmd bakruta
F47	20A	Släpvagnsuttag
F48	20A	Bakre spolare/torkarstyrenhet
F49	30A	Uppvärmd passagerarsäte
F50	10A	Motorstyrenhet
F51	40A	Car access system
F52	20A	Uppvärmd förarsäte
F53	20A	Uppvärmd passagerarsäte
F54	30A	Släpvagnsstyrenhet
F55	-	Används ej
F56	15A	Centrallås
F57	15A	Centrallås
F58	5A	Instrumentbräda
F59	5A	Rattstång kontaktsamling
F60	5A	Central informationsdisplay
F61	10A	Bagagerumsbelysning, central informationsdisplay, handskfacksbelysning
F62	30A	Elektriska fönsterhissar
F63	30A	Elektriska fönsterhissar
F64	30A	Elektriska fönsterhissar, diagnosuttag (OBDII)
F65	10A	Väljarspaksbelysning, längsgående dynamik ledningen
F66	50A	Dieselbränslevärmare
F67	40A	Fläktreglering
F68	40A	Fotutrymmesstyrenhet
F69	50/60A	Motorns kylfläkt
F70	40A	Sekundär luftinsprutningspump
F71	20A	Släpvagnsuttag
F72	-	Används ej
F73	-	Används ej
F74	10A	Motorstyrenhet, avgasklaff, bränsletankläckage diagnosenhet, NOx sensor
F75	10A	EAC sensor, motor säkringsdosa fläkt, motorstyrenhet, sekundär luftpumprelä
F76	30A	Vevaxelgivare, bränsletankens luftningsventil, luftflödesmätare, oljekvalitetsgivare, variabel insugsgrenrör kontroll, volymkontrollventil
F77	30A	Bränsleinjektorer, tändspolar
F78	30A	Kamaxelgivare, termostat, kylvätskepump, motorstyrenhet, VANOS ventiler, wastegate
F79	30A	Vevhusventilationsvärmare, lambdasonde värmare
F80	40A	Elektrisk kylvätskepump (non turbo)
F81	30A	Släpvagnsstyrenhet
F82	-	Används ej
F83	40A	Fotutrymmesstyrenhet
F84	-	Används ej
F85	-	Används ej
F86	-	Används ej
F87	-	Används ej
F88	20A	Bränslepump

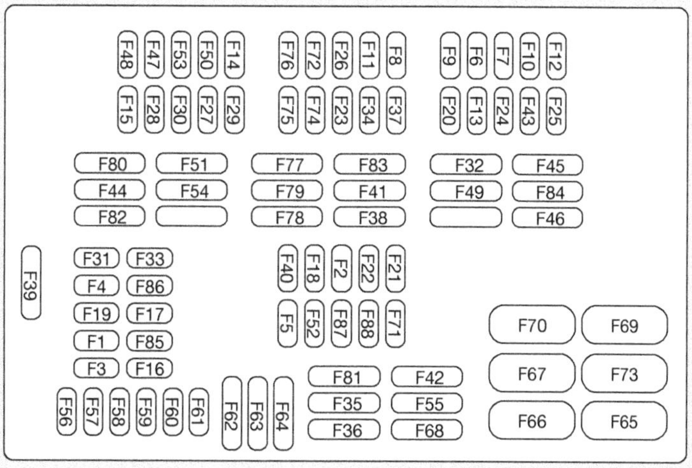

H47332

BMW 3 Series kopplingsscheman — Schema 4

Normal passagerarutrymme säkringsdosa 18

(modeller från 09/2007)

Säkring	Kapacitet	Kretsar
F1	10A	Bakre spolare/torkare
F2	5A	Instrumentbräda, on board diagnostics (OBDII)
F3	20A	Uppvärmd passagerarsäte
F4	10A	Motorstyrenhet
F5	-	Används ej
F6	5A	Automatisk luftkonditioneringssensor, DC-omvandlare
F7	20A	Takfunktionsstyrenhet, parkeringsavståndskontroll
F8	20A	Cigarrettändare, 12 volt uttag
F9	5A	Brytare på förarsidan, telefon
F10	5A	Främre sätesvärmare
F11	20A	Vevaxelgivare, motorstyrenhet, bränsletankens luftningsventil, luftflödesmätare, oljekvalitetsgivare, variabel insugsgrenrör kontroll, bränslevolym styrventil
F12	15A	Vakuumpump relä
F13	5A	Telefon, USB anslutning
F14	10A	Audio
F15	20A	Audio förstärkare
F16	10A	EAC sensor, motorsäkringsdosa fläkt, motorstyrenhet, kylarlamell kontroll, sekundär luftpump relä
F17	10A	Motorstyrenhet, avgassystem flat, bränsletankläckage diagnosstyrenhet
F18	10A	Digital tuner, satellit radio
F19	5A	CD-växlare, antenn (cabriolet)
F20	10A	Säteskontroll
F21	10A	Farthållare
F22	15A	Automatisk växellåda styrenhet
F23	20A	Extravärmare kontroll
F24	15A	Dragkrok styrenhet
F25	20A	Cabriolettak styrenhet, takstyrenhet
F26	5A	Dynamisk stabilitetskontroll, fördelningsväxellåda styrenhet
F27	5A	iDrive kontroll, däcktryckskontroll
F28	5A	Kylfläkt avbrottsrelä, DC-omvandlare
F29	5A	Taklucka
F30	10A	Säkerhetsbalt positionskontroll
F31	30A	Släpvagnsstyrenhet
F32	30A	Släpvagnsstyrenhet
F33	40A	Elektrisk kylvätskepump
F34	5A	CD-växlare, antenn
F35	30A	Dynamisk stabilitetskontroll
F36	40A	Car access system
F37	10A	Kamaxelgivare, termostat, kylvätskepump, motorstyrenhet, VANOS ventiler, wastegate
F38	30A	Vevhusventilationsvärmare, motorstyrenhet, lambdasonde värmare
F39	30A	Bränsleinjektorer, tändspolar
F40	30A	Fördelningsväxellåda styrenhet
F41	30A	Fotutrymmesstyrenhet
F42	40A	Fotutrymmesstyrenhet
F43	30A	Strålkastarspolarpump
F44	30A	Släpvagnsstyrenhet

Säkring	Kapacitet	Kretsar
F45	30A	Passagerarsäte styrenhet
F46	30A	Förarsäte styrenhet
F47	30A	Uppvärmd bakruta
F48	30A	Strålkastarspolare, bakre spolare/torkarstyrning
F49	40A	Passagerarsäte styrenhet
F50	30A	Vindrutetorkare
F51	40A	Car access system
F52	-	Används ej
F53	10A	Välta skydds styrenhet
F54	7.5A	Larm
F55	5A	Car access system
F56	20A	Bilkommunikation styrenhet/ljudsystem styrenhet
F57	15A	Signalhorn
F58	5A	Instrumentbräda, diagnosuttag (OBDII)
F59	5A	Telefon
F60	5A	Central informationsdisplay
F61	5A	Komfortåtkomst styrenhet, dubbel fjärrkontroll mottagare, framdörr ytterhandtag styrenhet
F62	7.5A	Takfunktionsstyrenhet
F63	5A	Antenn, elektrokromisk backspegel, väljarspaksbelysning
F64	5A	Diagnosuttag (OBDII)
F65	10A	Väljarspaksbelysning, Längsgående dynamik ledningen
F66	7.5A	Brytare på förarsidan, elektrisk spegel på passagerarsidan
F67	20A	Dynamisk stabilitetskontroll
F68	20A	Förarsäte värmestyrenhet
F69	-	Används ej
F70	20A	Bränslepump
F71	20A	Släpvagnsstyrenhet
F72	15A	Centrallås
F73	15A	Centrallås
F74	5A	Instrumentbräda
F75	5A	Passagerarsäte styrenhet
F76	5A	Audio
F77	10A	Handskfacksbelysning, värme och luftkonditionering, bagagerumsbelysning
F78	30A	Fönsterkontroll
F79	30A	Torkarkontroll
F80	30A	Fönsterkontroll
F81	30A	Fotutrymmesstyrenhet
F82	30A	Dynamisk stabilitetskontroll styrenhet
F83	40A	Fotutrymmesstyrenhet
F84	40A	Fotutrymmesstyrenhet
F85	30A	Car access system
F86	40A	Fotutrymmesstyrenhet
F87	-	Används ej
F88	40A	Fläkt
F89	40A	Sekundär luftpump relä
F90	40A	Dynamisk stabilitetskontroll styrenhet
F91	-	Används ej
F92	50/60A	Motorns kylfläkt

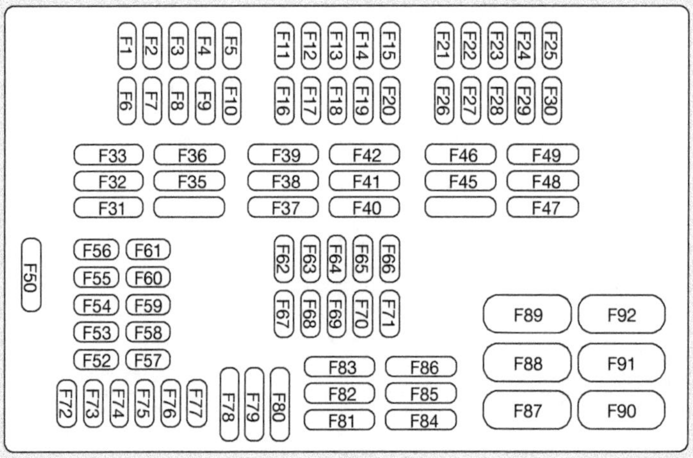

H47333

Färgkoder

WS	Vit	**RT**	Röd
BL	Blå	**GN**	Grön
GR	Grå	**VI**	Violett
GE	Gul	**SW**	Svart
BR	Brun	**OR**	Orange

* Från 03/2007
** Från 09/2007

Teckenförklaring

Schema 5

1 Batteri
2 B+ terminal bagageutrymme
3 Starthjälp anslutning
4 Startmotor
5 Generator
6 Batterisensor
7 Säkringsdosa i bagageutrymmet
8 Motorstyrenhet
9 Bil passersystem
10 Glidande fack
11 Stop-start knapp
12 Elektrisk rattlås
13 Bromsljusbrytare
14 Kopplingskontakt styrenhet
15 Automatväxellåda styrenhet
16 Växelindikatorbelysning
17 Dynamisk stabilitetskontroll säkringsdosa
18 Passagerarutrymmets säkringsdosa
19 Däcktrycksstyrenhet
20 Hjulmodul vänster fram
21 Hjulmodul höger fram
22 Hjulmodul vänster bak
23 Hjulmodul höger bak
24 Hjulsensor vänster fram
25 Hjulsensor höger fram
26 Hjulsensor vänster bak
27 Hjulsensor höger bak
28 Diagnostikkontaktdon

H47334

Normal start och laddning

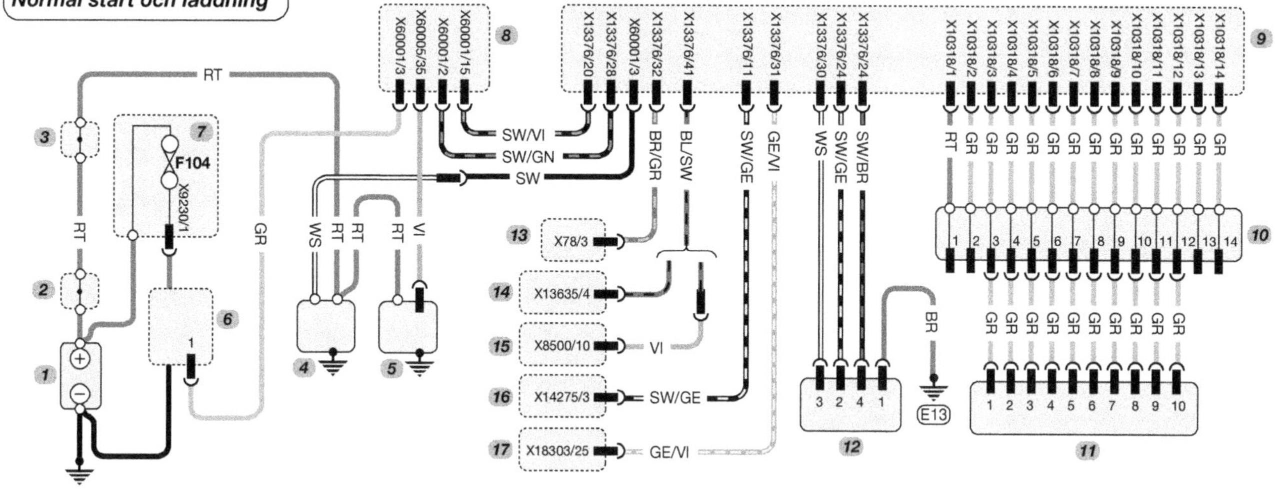

Normal däcktryckskontroll

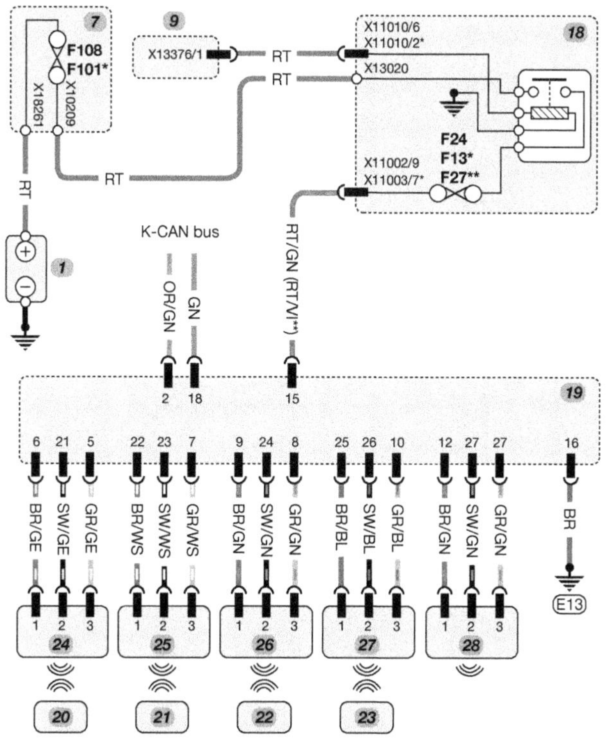

Normalt diagnosuttag (OBDII) (upp till 03/2007)

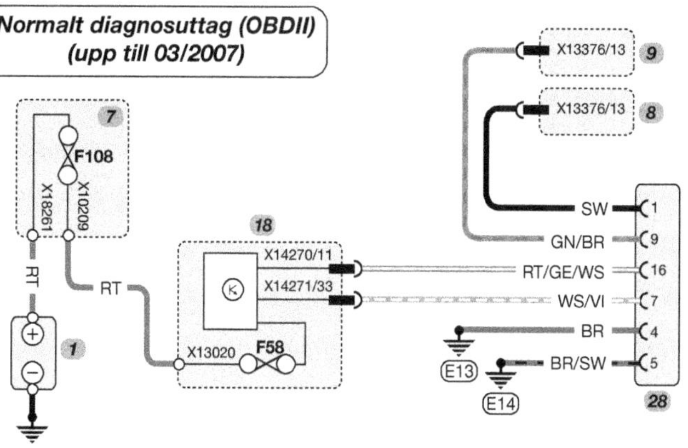

Normalt diagnosuttag (OBDII) (från 03/2007)

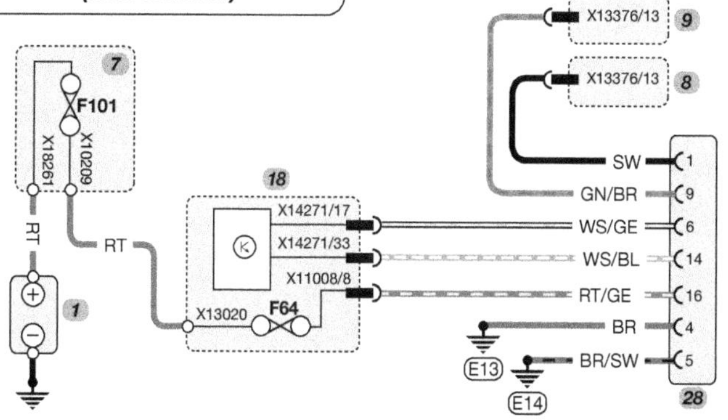

Färgkoder

WS	Vit	**RT**	Röd
BL	Blå	**GN**	Grön
GR	Grå	**VI**	Violett
GE	Gul	**SW**	Svart
BR	Brun	**OR**	Orange

* Från 03/2007
** Från 09/2007

Teckenförklaring

1 Batteri
7 Säkringsdosa i bagageutrymmet
8 Motorstyrenhet
9 Car access system
18 Passagerarutrymmets säkringsdosa
29 Säkringsdosa i motorrummet
30 Motorstyrningsrelä
31 Motorkylfläkt
32 Kylvätskepump
33 Kylarens utgångstemperatursensor
34 Kylvätsketemperaturgivare
35 Termostat
36 B+ potential fördelare
37 Kylarlamell motor
38 Kylarlamell magnetventil
39 Motorkylfläkt avbrottsrelä

Schema 6

H47335

Normal motorkylningsfläkt (upp till 03/2007)

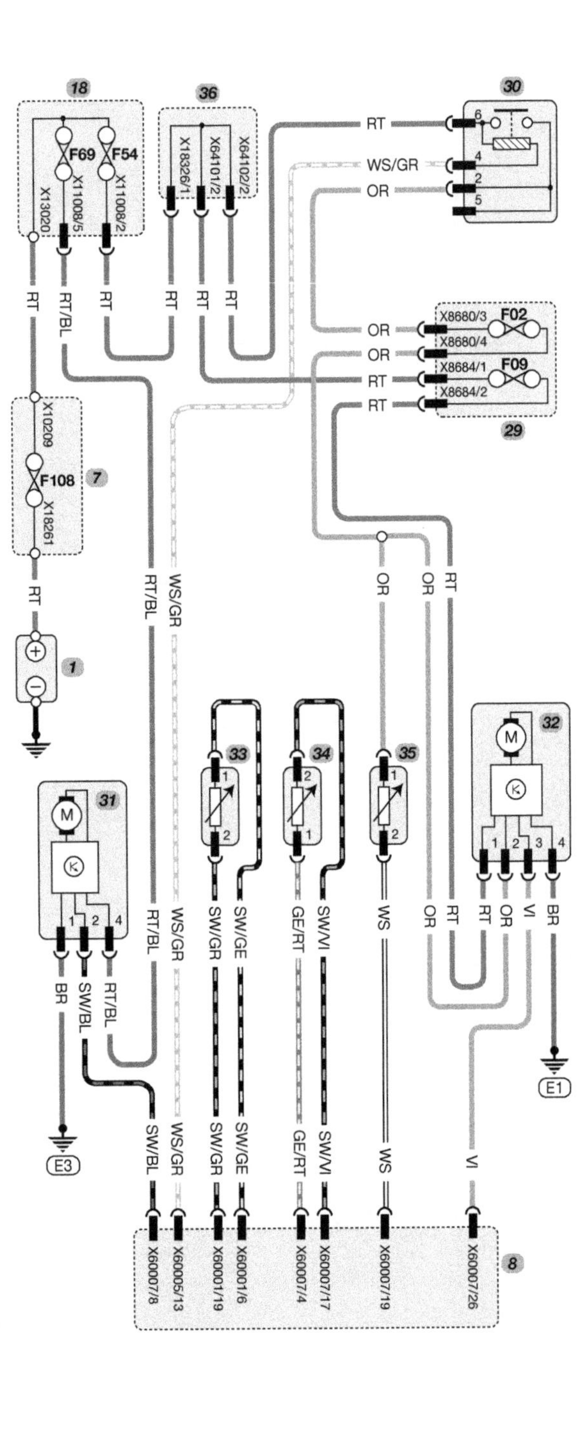

Normal motorkylningsfläkt (från 03/2007)

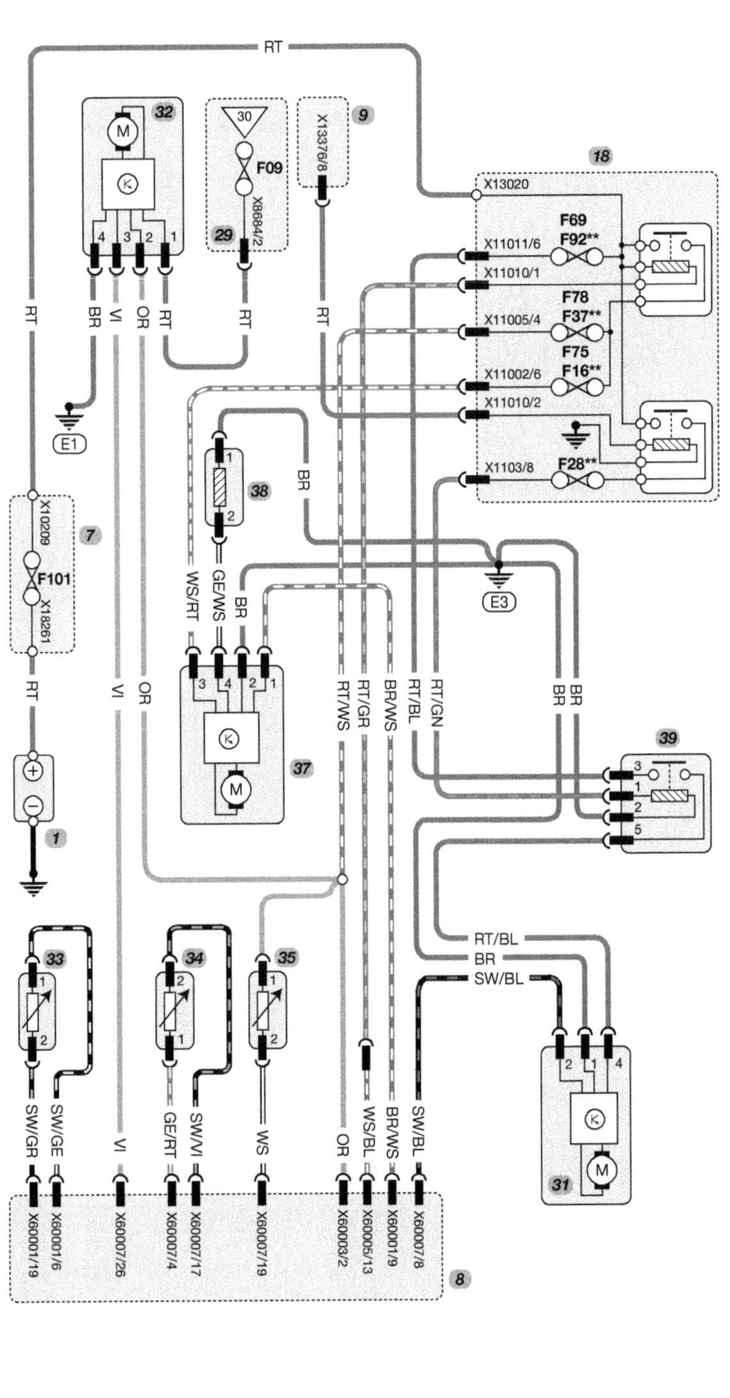

Färgkoder

WS	Vit	**RT**	Röd
BL	Blå	**GN**	Grön
GR	Grå	**VI**	Violett
GE	Gul	**SW**	Svart
BR	Brun	**OR**	Orange

Teckenförklaring

Schema 7

8 Motorstyrenhet
9 Car access system
13 Bromsljusbrytare
18 Passagerarutrymmets säkringsdosa
42 Fotutrymmesstyrenhet
43 Ljuskontakt styrenhet
44 Rattstång kontaktsamling
45 Registreringsskyltsbelysning
46 Vänster strålkastarenhet
- a = sidoljus
- b = halvljus
- c = helljus
- d = körriktningsvisare
- e = xenonljusenhet
- f = xenonstyrenhet

47 Höger strålkastarenhet
- a = sidoljus
- b = halvljus
- c = helljus
- d = körriktningsvisare
- e = xenonljusenhet
- f = xenon styrenhet

48 Vänster yttre bakljusenhet
- a = bakljus
- b = bromsljus
- c = körriktningsvisare

49 Vänster inre bakljusenhet
- a = bakljus
- b = backljus
- c = dimljus

50 Höger yttre bakljusenhet
- a = bakljus
- b = bromsljus
- c = körriktningsvisare

51 Höger inre bakljusenhet
- a = bakljus
- b = backljus
- c = dimljus

52 Strömspik
53 Högt bromsljus
54 Vänster dimstrålkastare fram
55 Höger dimstrålkastare fram
56 Vänster körriktningsvisare
57 Höger körriktningsvisare
58 Backljuskontakt
59 Varningsblinkerkontakt/centrallåskontakt

H47336

Normal ytterbelysning

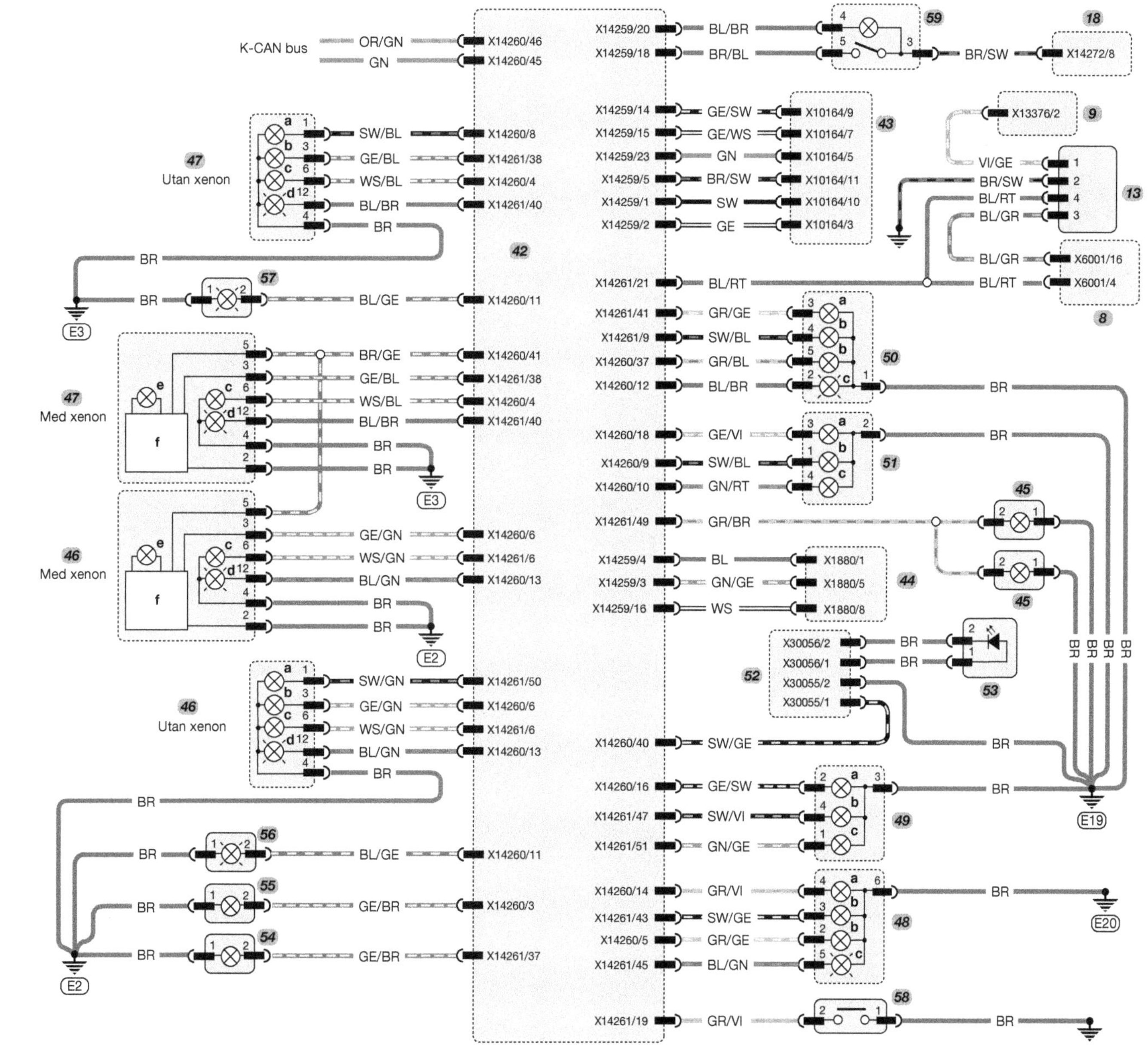

Färgkoder

WS	Vit	**RT**	Röd
BL	Blå	**GN**	Grön
GR	Grå	**VI**	Violett
GE	Gul	**SW**	Svart
BR	Brun	**OR**	Orange

* Från 03/2007
** Från 09/2007

Teckenförklaring

1 Batteri
7 Säkringsdosa i bagageutrymmet
9 Bil passersystem
18 Passagerarutrymmets säkringsdosa
42 Fotutrymmesstyrenhet
65 Förardörrlampa
66 Höger bakdörrlampa
67 Passagerardörrlampa
68 Vänster bakdörrlampa
69 Fotutrymmeslampa på förarsidan
70 Fotutrymmeslampa på passagerarsidan
71 Utgång ljus på förarsidan
72 Utgång ljus på passagerarsidan
73 Takfunktionsstyrenhet
74 Bakre innerbelysning
75 Vänster sminkspegelsbelysning
76 Vänster sminkspegelsbelysning kontakt
77 Höger sminkspegelsbelysning
78 Höger sminkspegelsbelysning kontakt
79 Handskfacksbelysning
80 Bagageutrymmets belysning
81 Bakrutans låsmotor

Schema 8

H47337

Vanlig innerbelysning

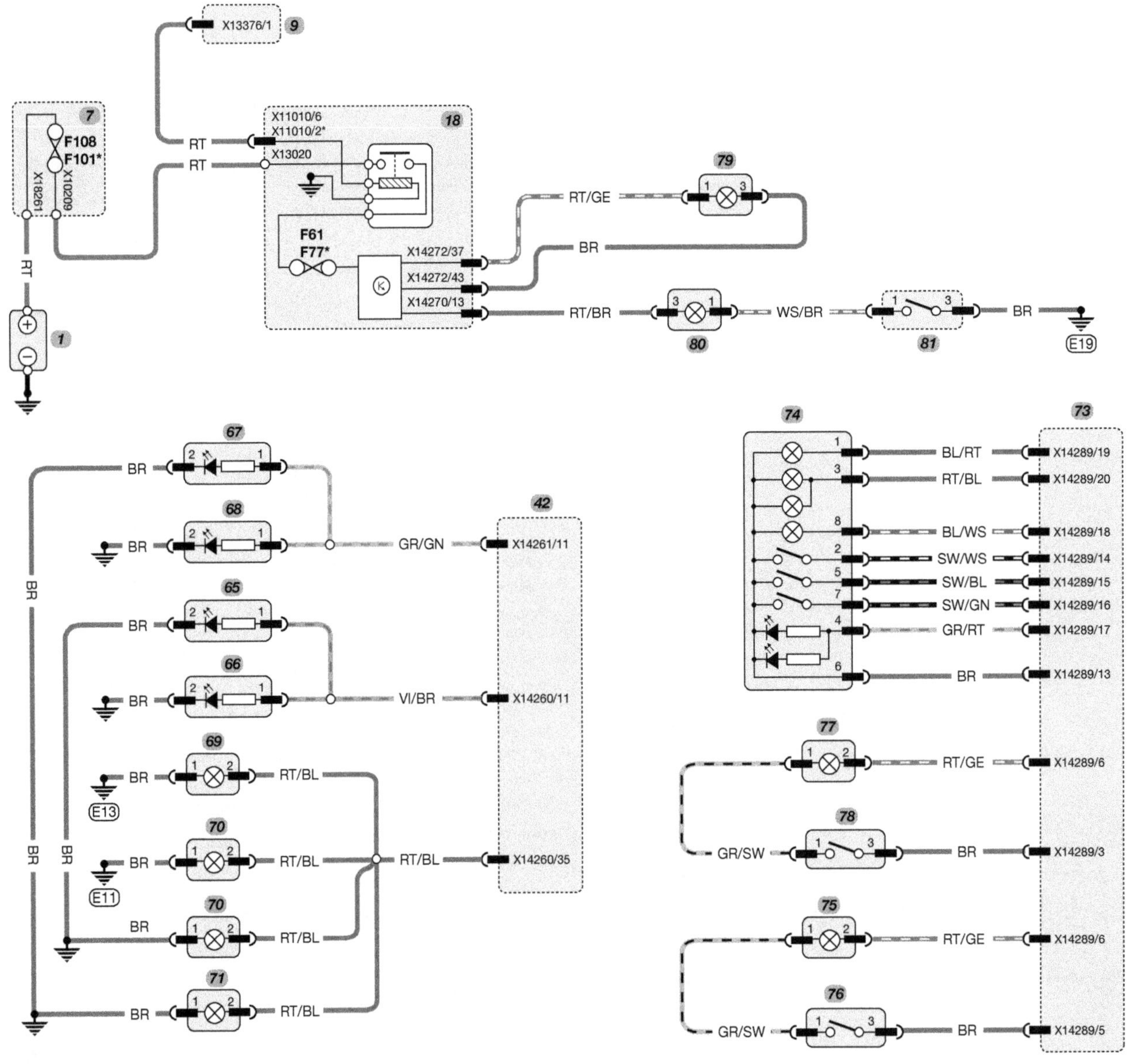

Schema 9

Färgkoder

WS	Vit	**RT**	Röd
BL	Blå	**GN**	Grön
GR	Grå	**VI**	Violett
GE	Gul	**SW**	Svart
BR	Brun	**OR**	Orange

* Från 03/2007
** Från 09/2007

Teckenförklaring

1 Batteri
7 Säkringsdosa i bagageutrymmet
18 Passagerarutrymmets säkringsdosa
73 Takfunktionsstyrenhet
85 Regn/ljussensor
87 Främre torkarmotor
88 Bakre torkarmotor
89 Främre spolarpump
90 Bakre spolarpump
91 Pump strålkastarspolare
92 Yttertemperaturgivare
93 Vänster uppvärmt spolarmunstycke
94 Höger uppvärmt spolarmunstycke

H47338

Normal spolare/torkare

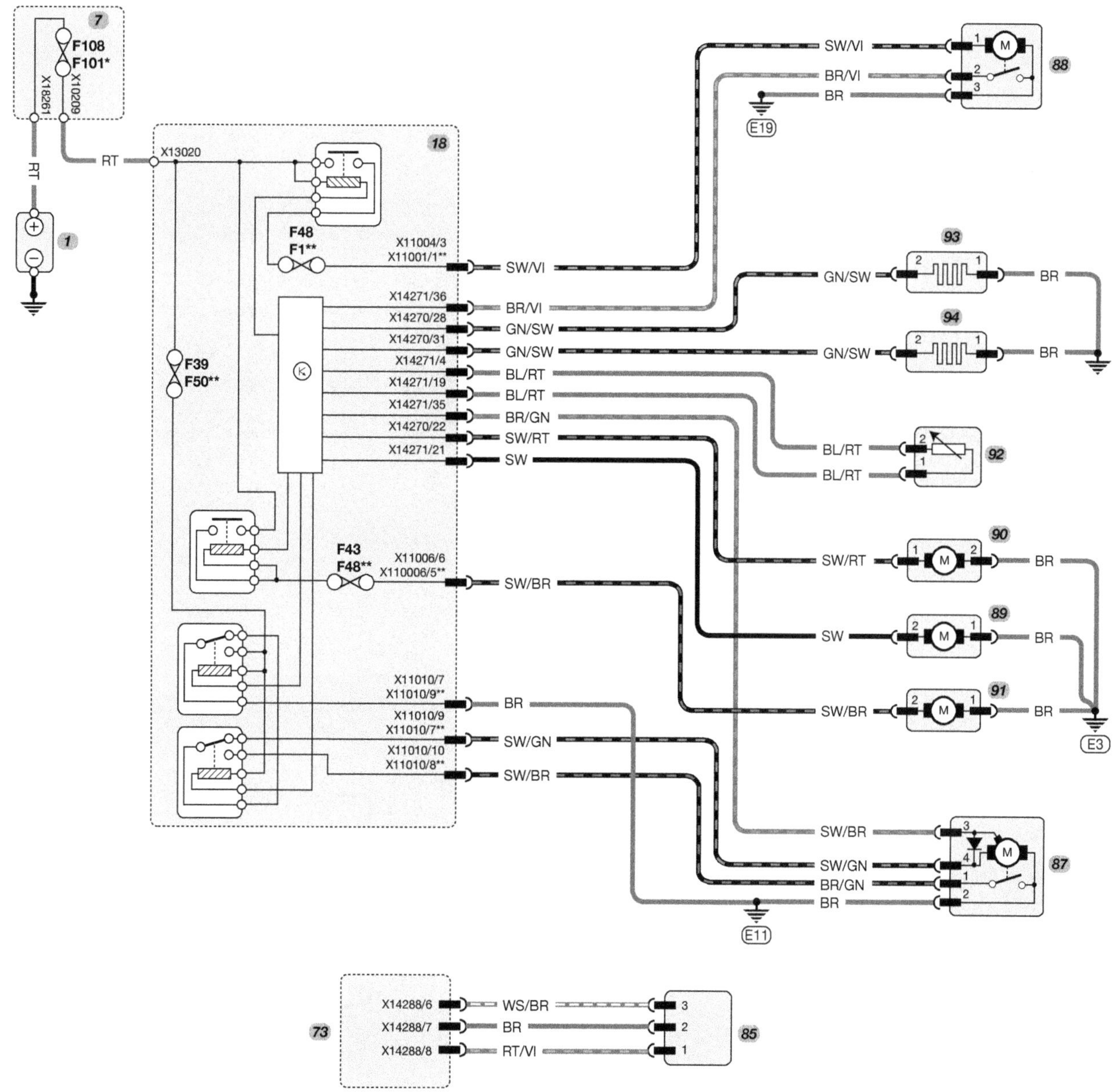

Schema 10

Färgkoder

WS	Vit	**RT**	Röd
BL	Blå	**GN**	Grön
GR	Grå	**VI**	Violett
GE	Gul	**SW**	Svart
BR	Brun	**OR**	Orange

* Från 03/2007
** Från 09/2007

Teckenförklaring

1 Batteri
7 Säkringsdosa i bagageutrymmet
9 Bil passersystem
18 Passagerarutrymmets säkringsdosa
97 Instrumentbräda styrenhet
98 Ytterlufttemperatursensor
99 Vänster bränsletanksensor
100 Höger bränsletanksensor
101 Spolarvätskenivåkontakt
102 Handbromskontakt
103 Kylvätskenivåkontakt
104 Värme- och luftkonditioneringsstyrenhet
105 Värmefläkt utgångssteg
106 Värmefläkt
107 Uppvärmd bakruta
108 Uppvärmd bakruta säkerhetskrets

H47339

Normal instrumentbelysning och blinkers

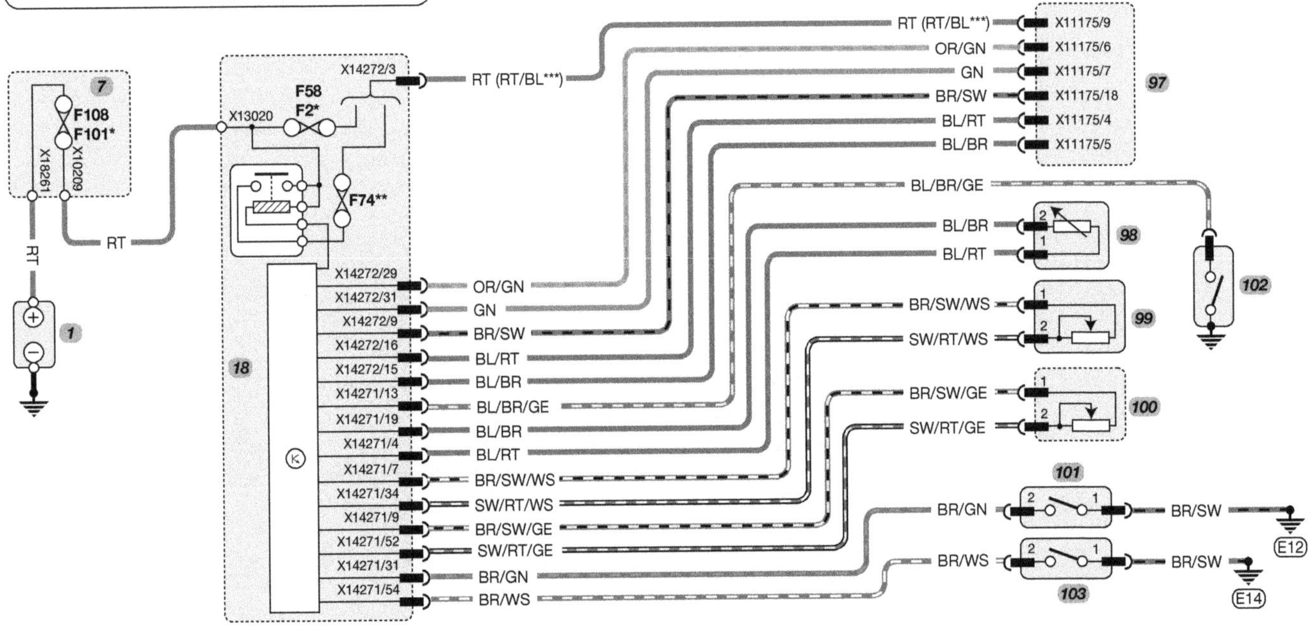

Vanlig värmefläkt

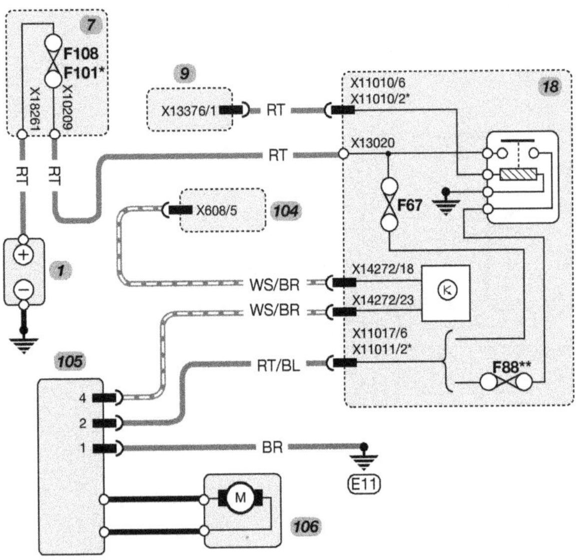

Vanlig uppvärmd bakruta

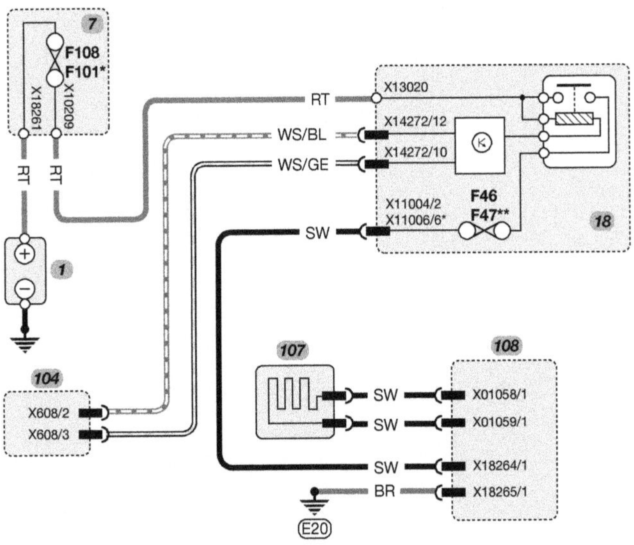

Färgkoder

WS	Vit	**RT**	Röd
BL	Blå	**GN**	Grön
GR	Grå	**VI**	Violett
GE	Gul	**SW**	Svart
BR	Brun	**OR**	Orange

* Från 03/2007
** Från 09/2007

Teckenförklaring

1 Batteri
7 Säkringsdosa i bagageutrymmet
9 Bil passersystem
18 Passagerarutrymmets säkringsdosa
42 Fotutrymmesstyrenhet
109 Förarsidans dörrlås
110 Passagerarsidans dörrlås
111 Brytare på förarsidan
112 Förarsidans fönstermotor
113 Passagerarsidans fönstermotor
114 Vänster fönstermotor bak
115 Höger fönstermotor bak
116 Passagerarsidans fönsterbrytare
117 Vänster fönsterbrytare bak
118 Höger fönsterbrytare bak

Schema 11

H47340

Vanliga elektriska fönsterhissar

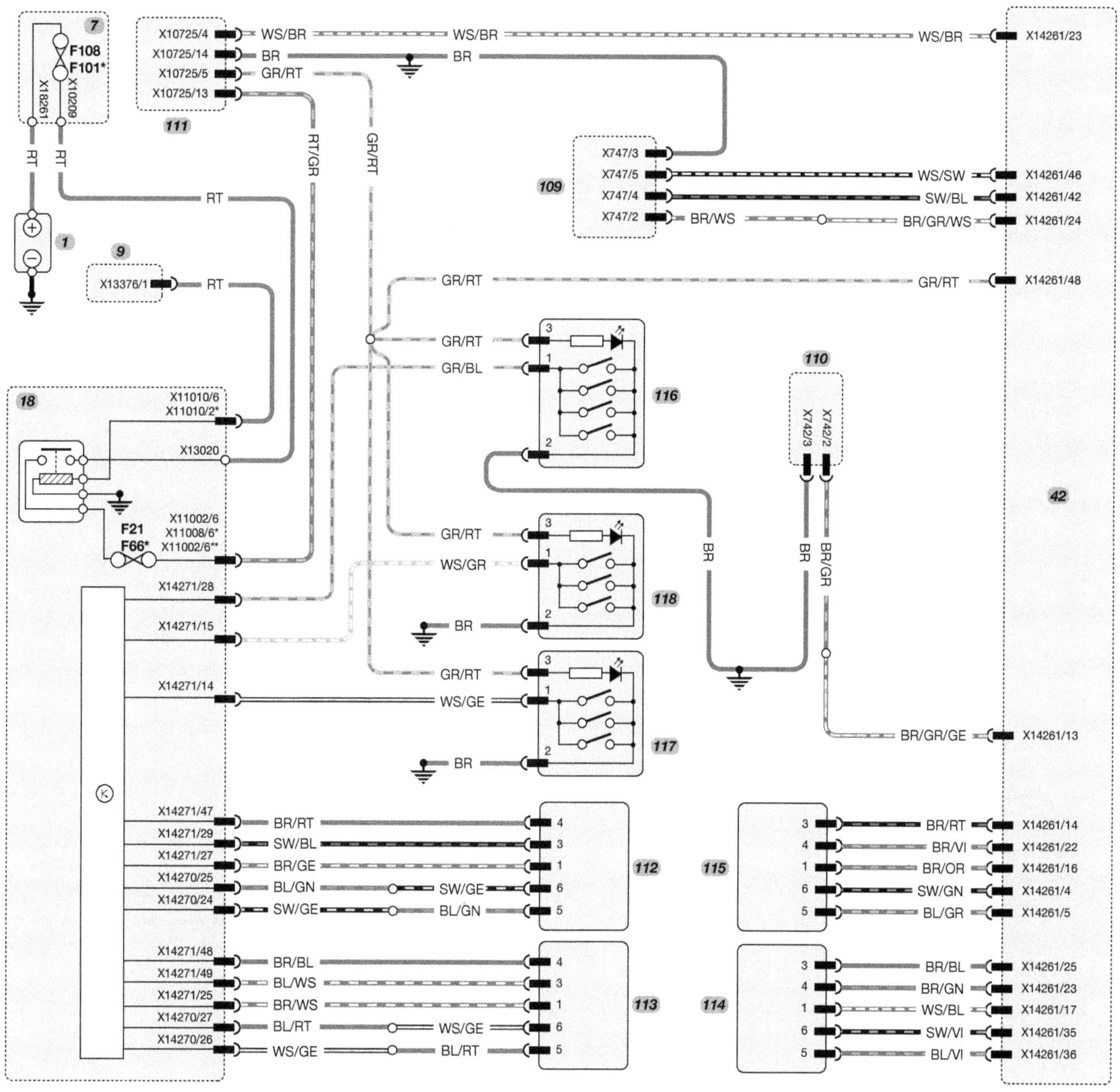

Färgkoder

WS	Vit	**RT**	Röd
BL	Blå	**GN**	Grön
GR	Grå	**VI**	Violett
GE	Gul	**SW**	Svart
BR	Brun	**OR**	Orange

Teckenförklaring

9 Bil passersystem
18 Passagerarutrymmets säkringsdosa
42 Fotutrymmesstyrenhet
59 Varningsblinkerkontakt / centrallåskontakt
81 Bakrutans låsmotor
109 Förarsidans dörrlås
110 Passagerarsidans dörrlås
120 Baklucka / bakrutan knapp
121 Bränslefilterspjäll lås
122 Antennmodul
123 Baklucka / bakruta frånkopplingskontakt
124 Vänster dörrlåsenhet bak
125 Höger dörrlåsenhet bak

Schema 12

H47341

Vanligt centrallås

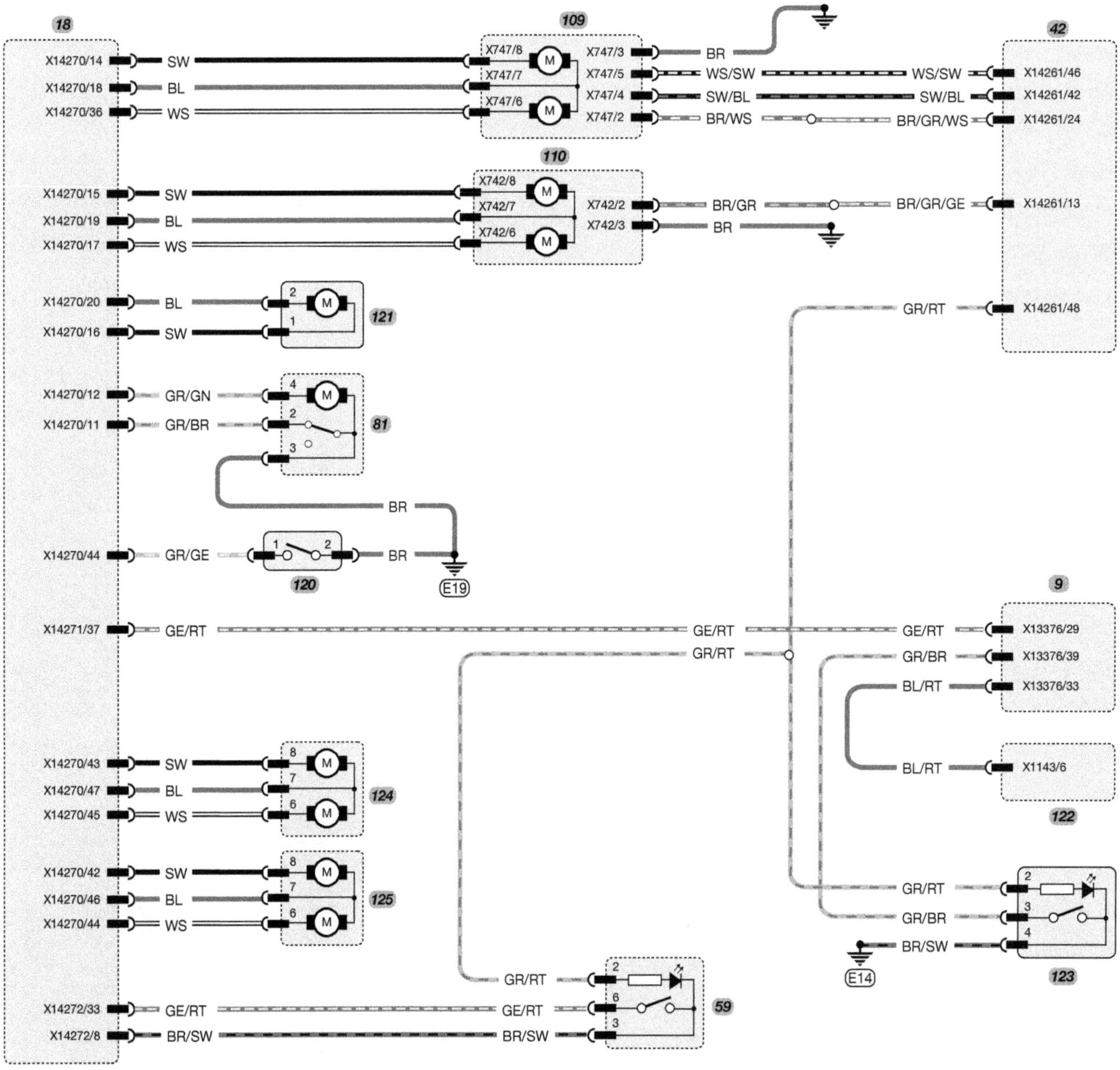

Mått och vikter

Observera: *Alla siffror är ungefärliga och kan variera beroende på modell. Se tillverkarens uppgifter för exakta mått.*

Dimensioner

Total längd:	
Sedan	4520 mm
Touring	4520 mm
Total bredd (ink. speglar):	
Sedan	2013 mm
Touring	2013 mm
Total höjd:	
Sedan	1421 mm
Touring	1418 mm
Axelavstånd:	
Sedan	2760 mm
Touring	2760 mm

Vikter

Fordonets vikt utan förare och last (beroende på modell)	1395 kg to 1690 kg
Maximal taklast	75 kg

På grund av höga oljepriser, minskande reserver och ökat medvetande om avgasutsläpp har alternativa bränslen kommit i fokus de senaste åren. De tre huvudtyperna av alternativa bränslen i Europa är etanol, biodiesel och gasol (LPG). Etanol och biodiesel används vanligen i blandningar med bensin respektive konventionell diesel. Fordon som kan växla mellan alternativa och konventionella bränslen utan några modifieringar eller återställning från förarens sida kallas FFV (flexible fuel vehicle).

Etanol

Etanol (etylalkohol) är samma ämne som alkoholen i öl, vin och sprit. Precis som sprit framställs den oftast genom jäsning av vegetabiliska råvaror följt av destillation. Efter destillationen avlägsnas vattnet, och alkoholen blandas med bensin i förhållandet upp till 85 % (därför kallas bränslet E85). Blandningar med upp till 5 % etanol (10 % i USA) kan användas till alla bensindrivna fordon utan ändringar och har redan fått stor spridning eftersom etanolen höjer oktantalet. Blandningar med högre andel etanol kan endast användas i specialbyggda fordon.

Det går att göra motorer som går på 100 % etanol men det kräver mekaniska modifieringar och ökade kompressionstal. Sådana fordon finns i princip bara i länder som t.ex. Brasilien där man har beslutat att ersätta bensinen med etanol. I de flesta fall kan dessa fordon inte köras på bensin med gott resultat.

Etanol förgasas inte lika lätt som bensin under kalla förhållanden. Tidiga FFV-fordon var tvungna att ha en separat tank med ren bensin för kallstarter. I länder med kallt klimat som exempelvis Sverige, minskar man andelen etanol i E85-bränslet till 70 % eller 75 % på vintern. Med vinterblandningen måste man dock fortfarande använda motorblocksvärmare vid temperaturer under -10°C. En del insprutningssystem har en uppvärmd bränslefördelarskena för bättre resultat vid kallstart.

En annan nackdel med etanol är att den innehåller betydligt mindre energi än samma mängd bensin och därför ökar bränsleförbrukningen. Ofta vägs det upp av lägre skatt på etanol. Uteffekten påverkas dock inte nämnvärt eftersom motorstyrningssystemet kompenserar med ökad bränslemängd.

Modifiering av motorer

En FFV-motor går lika bra med E85, bensin eller en blandning av dessa. Den har ett motorstyrningssystem som känner av andelen alkohol i bränslet och justerar bränslemängden och tändläget därefter. Komponenter som kolvringar, oljetätningar på ventiler och andra delar som kommer i kontakt med bränsle, med start från bränsletanken, är gjorda av material som är beständiga mot alkoholens korrosiva verkan. Tändstift med högre värmetal kan också krävas.

För de flesta moderna bensinmotorer finns det ombyggnadssatser på eftermarknaden. Det bör dock påpekas att om man endast ändrar motorstyrningens mjukvara ('chipping') kan det leda till problem om komponenterna i bränslesystemet inte är avsedda för alkohol.

Biodiesel

Biodiesel framställs från grödor som exempelvis raps och från kasserad vegetabilisk olja. Oljan modifieras kemiskt för att få liknande egenskaper som hos vanlig diesel. Allt dieselbränsle som säljs i EU kommer att innehålla 5 % biodiesel under 2010, och alla dieselbilar kommer att kunna använda denna blandning ('B5') utan problem.

En bränsleblandning med 30 % biodiesel ('B30') börjar dyka upp på tankställen även om den inte är allmänt spridd i skrivande stund. Detta bränsle har inte godkänts av alla fordonstillverkare och det är därför klokt att kontrollera med tillverkaren innan användning, särskilt om fordonets garanti fortfarande gäller. Äldre fordon med mekaniskt insprutningssystem påverkas troligen inte negativt. Men common rail-systemen som sitter i moderna fordon är känsliga och kan skadas redan vid mycket små förändringar i bränslets viskositet eller smörjegenskaper.

Det går att göra hemmagjord biodiesel av kasserad olja från restaurangkök; det finns många utrustningar på marknaden för detta syfte. Bränsle som tillverkats på detta sätt är naturligtvis inte certifierat enligt någon norm och ska användas på egen risk. I en del länder beskattas sådant bränsle.

Ren vegetabilisk olja (SVO) kan inte användas i de flesta dieselmotorer utan modifiering av bränslesystemet.

Modifiering av motorer

Precis som med etanol kan biodiesel angripa gummislangar och packningar i bränslesystemet. Det är därför viktigt att dessa hålls i gott skick och att de är gjorda av rätt material. I övrigt behöver inga större ändringar göras. Det kan dock vara klokt att byta bränslefiltret oftare. Biodiesel är något trögflytande när den är kall, vilket gör att ett smutsigt filter kan vålla problem när det är kallt.

När man använder ren vegetabilisk olja (SVO) måste bränsleledningarna utrustas med en värmeväxlare och ett system för att kunna starta fordonet med konventionellt bränsle. Det finns ombyggnadssatser, men det är något för de verkliga entusiasterna. Precis som med hemmagjord biodiesel, kan användningen vara belagd med skatt.

Modifiering av typisk FFV-motorns komponenter

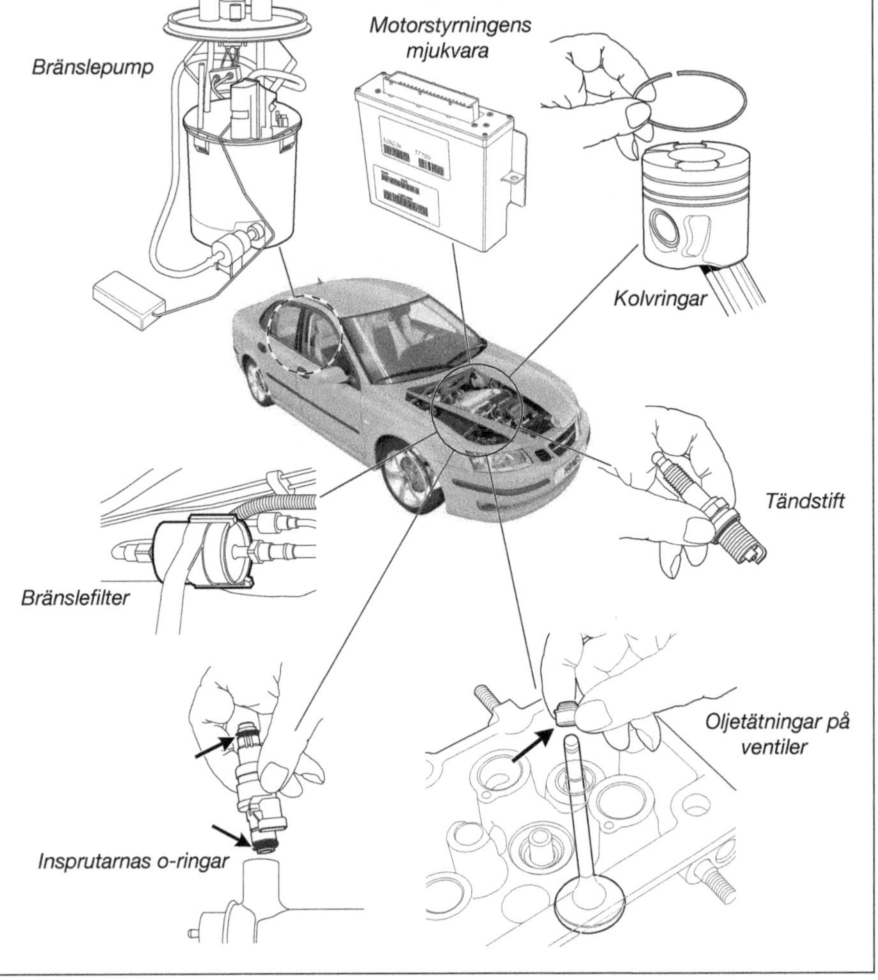

Reservdelar finns att köpa från ett antal olika ställen, t.ex. BMWverkstäder, tillbehörsbutiker och motorspecialister. För att säkert få rätt del krävs ibland att bilens chassinummer uppges. Ta om möjligt med den gamla delen för säker identifiering. Många delar, t.ex. startmotor och generator, finns att få som fabriksrenoverade utbytesdelar – delar som returneras ska alltid vara rena.

Våra råd när det gäller inköp av reservdelar är följande.

Auktoriserade märkesverkstäder

Det här är det bästa stället för inköp av reservdelar som är specifika för just din bil och inte allmänt tillgängliga (t.ex. märken, klädsel, vissa karosspaneler etc). Det är även det enda ställe man bör köpa reservdelar från om bilens garanti fortfarande gäller.

Tillbehörsbutiker

Dessa är ofta bra ställen för inköp av underhållsmaterial (olje-, luft- och bränslefilter, glödlampor, drivremmar, fett, bromsklossar, bättringslack etc.). Tillbehör av detta slag som säljs av välkända butiker håller ofta samma standard som de som används av biltillverkaren.

Förutom delar säljer dessa butiker även verktyg och allmänna tillbehör. De har ofta bra öppettider och något lägre priser. Vissa tillbehörsbutiker har reservdelsdiskar där så gott som alla typer av komponenter kan köpas eller beställas.

Grossister

Bra grossister lagerhåller alla viktigare komponenter som slits ut relativt snabbt. De kan ibland också tillhandahålla enskilda komponenter som behövs för renovering av större enheter (t.ex. bromstätningar och hydrauldelar, lagerskålar, kolvar och ventiler). Grossister kan i vissa fall också ta hand om arbeten som omborrning av motorblocket, omslipning av vevaxlar etc.

Specialister på däck och avgassystem

Dessa kan vara oberoende återförsäljare eller ingå i större kedjor. De har ofta bra priser jämfört med märkesverkstäder, men det lönar sig alltid att jämföra priser hos flera försäljare. Kontrollera även vad som ingår vid priskontrollen – ibland ingår t.ex. inte ventiler och balansering vid köp av ett nytt däck.

Andra inköpsställen

Var misstänksam när det gäller delar som säljs på loppmarknader och liknande. De är inte alltid av usel kvalitet, men det blir svårt att reklamera köpet om de är otillfredsställande. Köper man komponenter som är avgörande för säkerheten, som bromsklossar, på ett sådant ställe riskerar man inte bara sina pengar utan även sin egen och andras säkerhet.

Begagnade delar eller delar från en bildemontering kan i vissa fall vara prisvärda, men sådana inköp bör endast göras av en mycket erfaren hemmamekaniker.

Identifikationsnummer

För biltillverkning sker modifieringar av modeller fortlöpande och det är endast de större modelländringarna som publiceras. Reservdelskataloger och listor sammanställs på numerisk bas, så bilens chassinummer är nödvändigt för att få rätt reservdel.

Lämna alltid så mycket information som möjligt vid beställning av reservdelar. Ange fordonstyp och årsmodell, VIN och motornummer.

Bilens identifikationsnummer (VIN) är instansat i höger fjädertorn i motorrummet och upprepas på den modellplatta som är fäst längst ner på mittstolpen vid förardörren **(se bilder)**. Modellplattan anger även bilens lastuppgifter, motortyp och olika klädsel- och färgkoder. VIN finns dessutom på en plastflik som är fäst på passagerarsidan av instrumentbrädan som syns genom vindrutan.

Motornumret är instansat på den högra änden av motorblocket.

Växellådans ID-nummer sitter på en platta som är fäst ovanpå växellådshuset eller ingjutet i själva huset.

VIN är instansad på höger fjädertorn i motorrummet

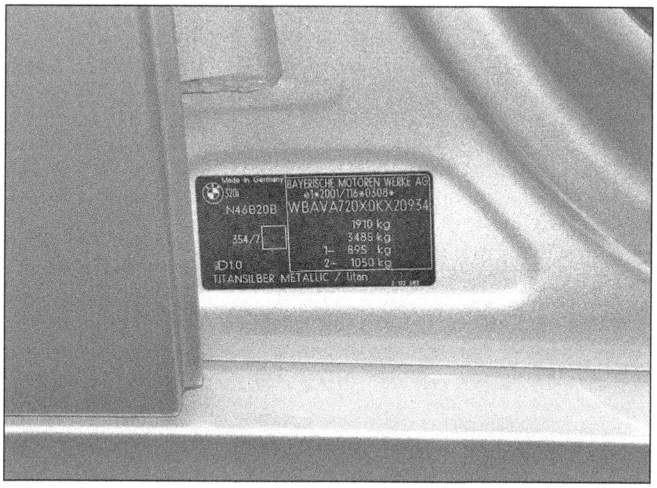

Modellplatta är fastnitat längst ner på förardörrens mittstolpe

När service, reparationer och renoveringar utförs på en bil eller bildel bör följande beskrivningar och instruktioner följas. Detta för att reparationen ska utföras så effektivt och fackmannamässigt som möjligt.

Tätningsytor och packningar

Vid isärtagande av delar vid deras tätningsytor ska dessa aldrig bändas isär med skruvmejsel eller liknande. Detta kan orsaka allvarliga skador som resulterar i oljeläckage, kylvätskeläckage etc. efter montering. Delarna tas vanligen isär genom att man knackar längs fogen med en mjuk klubba. Lägg dock märke till att denna metod kanske inte är lämplig i de fall styrstift används för exakt placering av delar.

Där en packning används mellan två ytor måste den bytas vid ihopsättning. Såvida inte annat anges i den aktuella arbetsbeskrivningen ska den monteras torr. Se till att tätningsytorna är rena och torra och att alla spår av den gamla packningen är borttagna. Vid rengöring av en tätningsyta ska sådana verktyg användas som inte skadar den. Små grader och repor tas bort med bryne eller en finskuren fil.

Rensa gängade hål med piprensare och håll dem fria från tätningsmedel då sådant används, såvida inte annat direkt specificeras.

Se till att alla öppningar, hål och kanaler är rena och blås ur dem, helst med tryckluft.

Oljetätningar

Oljetätningar kan tas ut genom att de bänds ut med en bred spårskruvmejsel eller liknande. Alternativt kan ett antal självgängande skruvar dras in i tätningen och användas som dragpunkter för en tång, så att den kan dras rakt ut.

När en oljetätning tas bort från sin plats, ensam eller som en del av en enhet, ska den alltid kasseras och bytas ut mot en ny.

Tätningsläpparna är tunna och skadas lätt och de tätar inte annat än om kontaktytan är fullständigt ren och oskadad. Om den ursprungliga tätningsytan på delen inte kan återställas till perfekt skick och tillverkaren inte gett utrymme för en viss omplacering av tätningen på kontaktytan, måste delen i fråga bytas ut. Tätningarna bör alltid bytas ut när de har demonterats.

Skydda tätningsläpparna från ytor som kan skada dem under monteringen. Använd tejp eller konisk hylsa där så är möjligt. Smörj läpparna med olja innan monteringen. Om oljetätningen har dubbla läppar ska utrymmet mellan dessa fyllas med fett.

Såvida inte annat anges ska oljetätningar monteras med tätningsläpparna mot det smörjmedel som de ska täta för.

Använd en rörformad dorn eller en träbit i lämplig storlek till att knacka tätningarna på plats. Om sätet är försedd med skuldra, driv tätningen mot den. Om sätet saknar skuldra bör tätningen monteras så att den går jäms med sätets yta (såvida inte annat uttryckligen anges).

Skruvgängor och infästningar

Muttrar, bultar och skruvar som kärvar är ett vanligt förekommande problem när en komponent har börjat rosta. Bruk av rostupplösningsolja och andra krypsmörjmedel löser ofta detta om man dränker in delen som kärvar en stund innan man försöker lossa den. Slagskruvmejsel kan ibland lossa envist fastsittande infästningar när de används tillsammans med rätt mejselhuvud eller hylsa. Om inget av detta fungerar kan försiktig värmning eller i värsta fall bågfil eller mutterspräckare användas.

Pinnbultar tas vanligen ut genom att två muttrar låses vid varandra på den gängade delen och att en blocknyckel sedan vrider den undre muttern så att pinnbulten kan skruvas ut. Bultar som brutits av under fästytan kan ibland avlägsnas med en lämplig bultutdragare. Se alltid till att gängade bottenhål är helt fria från olja, fett, vatten eller andra vätskor innan bulten monteras. Underlåtenhet att göra detta kan spräcka den del som skruven dras in i, tack vare det hydrauliska tryck som uppstår när en bult dras in i ett vätskefyllt hål

Vid åtdragning av en kronmutter där en saxsprint ska monteras ska muttern dras till specificerat moment om sådant anges, och därefter dras till nästa sprinthål. Lossa inte muttern för att passa in saxsprinten, såvida inte detta förfarande särskilt anges i anvisningarna.

Vid kontroll eller omdragning av mutter eller bult till ett specificerat åtdragningsmoment, ska muttern eller bulten lossas ett kvarts varv och sedan dras åt till angivet moment. Detta ska dock inte göras när vinkelåtdragning använts.

För vissa gängade infästningar, speciellt topplocksbultar/muttrar anges inte åtdragningsmoment för de sista stegen. Istället anges en vinkel för åtdragning. Vanligtvis anges ett relativt lågt åtdragningsmoment för bultar/muttrar som dras i specificerad turordning. Detta följs sedan av ett eller flera steg åtdragning med specificerade vinklar.

Låsmuttrar, låsbleck och brickor

Varje infästning som kommer att rotera mot en komponent eller en kåpa under åtdragningen ska alltid ha en bricka mellan åtdragningsdelen och kontaktytan.

Fjäderbrickor ska alltid bytas ut när de använts till att låsa viktiga delar som exempelvis lageröverfall. Låsbleck som viks över för att låsa bult eller mutter ska alltid byts ut vid ihopsättning.

Självlåsande muttrar kan återanvändas på mindre viktiga detaljer, under förutsättning att motstånd känns vid dragning över gängen. Kom dock ihåg att självlåsande muttrar förlorar låseffekt med tiden och därför alltid bör bytas ut som en rutinåtgärd.

Saxsprintar ska alltid bytas mot nya i rätt storlek för hålet.

När gänglåsmedel påträffas på gängor på en komponent som ska återanvändas bör man göra ren den med en stålborste och lösningsmedel. Applicera nytt gänglåsningsmedel vid montering.

Specialverktyg

Vissa arbeten i denna handbok förutsätter användning av specialverktyg som pressar, avdragare, fjäderkompressorer med mera. Där så är möjligt beskrivs lämpliga lättillgängliga alternativ till tillverkarens specialverktyg och hur dessa används. I vissa fall, där inga alternativ finns, har det varit nödvändigt att använda tillverkarens specialverktyg. Detta har gjorts av säkerhetsskäl, likväl som för att reparationerna ska utföras så effektivt och bra som möjligt. Såvida du inte är mycket kunnig och har stora kunskaper om det arbetsmoment som beskrivs, ska du aldrig försöka använda annat än specialverktyg när sådana anges i anvisningarna. Det föreligger inte bara stor risk för personskador, utan kostbara skador kan också uppstå på komponenterna.

Miljöhänsyn

Vid sluthantering av förbrukad motorolja, bromsvätska, frostskydd etc. ska all vederbörlig hänsyn tas för att skydda miljön. Ingen av ovan nämnda vätskor får hällas ut i avloppet eller direkt på marken. Kommunernas avfallshantering har kapacitet för hantering av miljöfarligt avfall liksom vissa verkstäder. Om inga av dessa finns tillgängliga i din närhet, fråga hälsoskyddskontoret i din kommun om råd.

I och med de allt strängare miljöskyddslagarna beträffande utsläpp av miljöfarliga ämnen från motorfordon har alltfler bilar numera justersäkringar monterade på de mest avgörande justeringspunkterna för bränslesystemet. Dessa är i första hand avsedda att förhindra okvalificerade personer från att justera bränsle/luftblandningen och därmed riskerar en ökning av giftiga utsläpp. Om sådana justersäkringar påträffas under service eller reparationsarbete ska de, närhelst möjligt, bytas eller sättas tillbaka i enlighet med tillverkarens rekommendationer eller aktuell lagstiftning.

Domkraften som följer med bilens verktygslåda bör **endast** användas för att byta hjul i nödfall – se *Hjulbyte* i början av den här handboken. Vid alla andra arbeten ska bilen lyftas med en kraftig hydraulisk domkraft (eller garagedomkraft), som alltid ska kompletteras med pallbockar under bilens stödpunkter. Om hjulen inte behöver demonteras kan hjulramper användas. Dessa placeras under hjulen när bilen har hissats upp med en hydraulisk domkraft och sedan sänks bilen ner på ramperna så att den vilar på hjulen.

Lyft bara upp bilen med domkraft när den står parkerad på ett stadigt plant underlag. Vid minsta lutning måste du vara mycket noga med att se till att bilen inte kan röra sig med hjulen ovan mark. Att lyfta med domkraft på ojämnt underlag eller grus rekommenderas inte eftersom bilens vikt inte kommer att fördelas jämnt och domkraften kan glida när bilen är upplyft.

Undvik i möjligaste mån att lämna bilen obevakad när den är upplyft, i synnerhet i närheten av barn.

Se till att handbromsen är ordentligt åtdragen innan bilens framvagn lyfts upp. Spärra framhjulen genom att lägga träklossar framför hjulen och lägg i ettans växel (eller P) innan bakvagnen lyfts upp.

När du använder en hydraulisk domkraft eller pallbockar, placera alltid domkraftens eller pallbockarnas lyftsadel under de aktuella lyftblocken av gummi. Dessa är placerade direkt under bilens domkraftshål i tröskeln – bilen kan dessutom lyftas upp med en garagedomkraft som placeras under lyftpunkten på det främre förstärkningsbenet och under den bakre differentialen (inte ändkåpan) **(se bild)**.

Domkraften som levereras med bilen passar i hålen i tröskelplåten. Se till att domkraftens huvud sitter korrekt innan du börjar lyfta bilen.

Arbeta **aldrig** under, runt eller i närheten av en lyft bil om den inte har ordentligt stöd på minst två punkter.

När man lyfter eller stöder fordonet vid de här punkterna ska man alltid placera en träbit mellan domkraftshuvudet eller pallbocken och karossen. Det rekommenderas även att man använder en stor träbit när man lyfter under andra områden för att sprida belastningen över ett större område och minska risken för skador på bilens underrede (det hjälper även till att hindra att underredets lack skadas av domkraften eller pallbockarna). **Lyft inte** bilen med domkraften under någon annan del av karmunderstycket, motorn, sumpen, golvplåten, kryssrambalken eller direkt under någon av styrningens eller fjädringens komponenter.

Arbeta aldrig under, runt eller i närheten av en lyft bil om den inte stöds ordentligt av pallbockar. Lita inte på att bilen kan hållas uppe med bara domkraftens stöd. Även hydrauliska domkrafter kan ge vika under belastning. Provisoriska metoder skall inte användas för att lyfta och stödja bilen under servicearbeten.

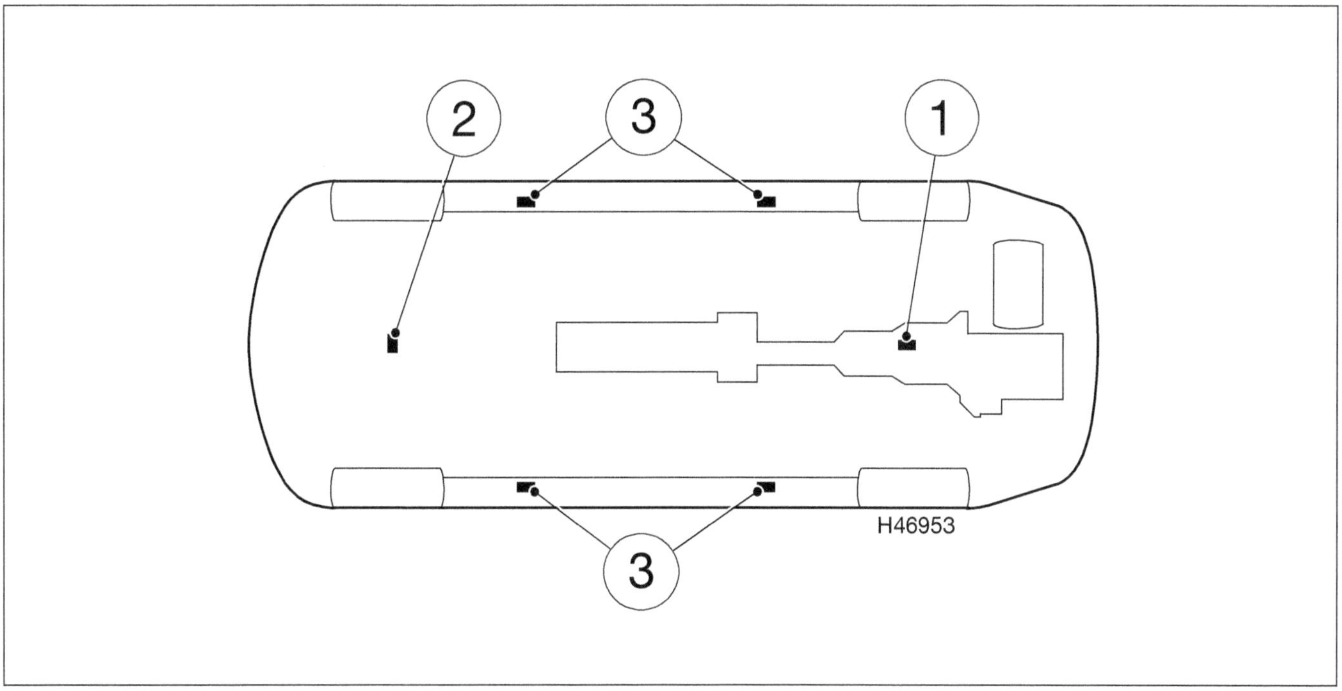

Bilens lyftpunkter

1 Bakre differential   2 Lyftpunkt på det främre förstärkningsbenet   3 Lyftpunkter på sidan

Inledning

En uppsättning bra verktyg är ett grundläggande krav för var och en som överväger att underhålla och reparera ett motorfordon. För de ägare som saknar sådana kan inköpet av dessa bli en märkbar utgift, som dock uppvägs till en viss del av de besparingar som görs i och med det egna arbetet. Om de anskaffade verktygen uppfyller grundläggande säkerhets- och kvalitetskrav kommer de att hålla i många år och visa sig vara en värdefull investering.

För att hjälpa bilägaren att avgöra vilka verktyg som behövs för att utföra de arbeten som beskrivs i denna handbok har vi sammanställt tre listor med följande rubriker: *Underhåll och mindre reparationer, Reparation och renovering* samt *Specialverktyg*. Nybörjaren bör starta med det första sortimentet och begränsa sig till enklare arbeten på fordonet. Allt eftersom erfarenhet och självförtroende växer kan man sedan prova svårare uppgifter och köpa fler verktyg när och om det behövs. På detta sätt kan den grundläggande verktygssatsen med tiden utvidgas till en reparations- och renoveringssats utan några större enskilda kontantutlägg. Den erfarne hemmamekanikern har redan en verktygssats som räcker till de flesta reparationer och renoveringar och kommer att välja verktyg från specialkategorin när han känner att utgiften är berättigad för den användning verktyget kan ha.

Underhåll och mindre reparationer

Verktygen i den här listan ska betraktas som ett minimum av vad som behövs för rutinmässigt underhåll, service och mindre reparationsarbeten. Vi rekommenderar att man köper blocknycklar (ring i ena änden och öppen i den andra), även om de är dyrare än de med öppen ände, eftersom man får båda sorternas fördelar.

- ☐ *Blocknycklar - 8, 9, 10, 11, 12, 13, 14, 15, 17 och 19 mm*
- ☐ *Skiftnyckel - 35 mm gap (ca.)*
- ☐ *Tändstiftsnyckel (med gummifoder)*
- ☐ *Verktyg för justering av tändstiftens elektrodavstånd*
- ☐ *Sats med bladmått*
- ☐ *Nyckel för avluftning av bromsar*
- ☐ *Skruvmejslar:*
  Spårmejsel - 100 mm lång x 6 mm diameter
  Stjärnmejsel - 100 mm lång x 6 mm diameter
- ☐ *Kombinationstång*
- ☐ *Bågfil (liten)*
- ☐ *Däckpump*
- ☐ *Däcktrycksmätare*
- ☐ *Oljekanna*
- ☐ *Verktyg för demontering av oljefilter*
- ☐ *Fin slipduk*
- ☐ *Stålborste (liten)*
- ☐ *Tratt (medelstor)*

Reparation och renovering

Dessa verktyg är ovärderliga för alla som utför större reparationer på ett motorfordon och tillkommer till de som angivits för *Underhåll och mindre reparationer*. I denna lista ingår en grundläggande sats hylsor. Även om dessa är dyra, är de oumbärliga i och med sin mångsidighet - speciellt om satsen innehåller olika typer av drivenheter. Vi rekommenderar 1/2-tums fattning på hylsorna eftersom de flesta momentnycklar har denna fattning.

Verktygen i denna lista kan ibland behöva kompletteras med verktyg från listan för *Specialverktyg*.

- ☐ *Hylsor, dimensioner enligt föregående lista* ***(se bild)***
- ☐ *Spärrskaft med vändbar riktning (för användning med hylsor)* ***(se bild)***
- ☐ *Förlängare, 250 mm (för användning med hylsor)*
- ☐ *Universalknut (för användning med hylsor)*
- ☐ *Momentnyckel (för användning med hylsor)*
- ☐ *Självlåsande tänger*
- ☐ *Kulhammare*
- ☐ *Mjuk klubba (plast/aluminium eller gummi)*
- ☐ *Skruvmejslar:*
  Spårmejsel - en lång och kraftig, en kort (knubbig) och en smal (elektrikertyp)
  Stjärnmejsel - en lång och kraftig och en kort (knubbig)
- ☐ *Tänger:*
  Spetsnostång/plattång
  Sidavbitare (elektrikertyp)
  Låsringstång (inre och yttre)
- ☐ *Huggmejsel - 25 mm*
- ☐ *Ritspets*
- ☐ *Skrapa*
- ☐ *Körnare*
- ☐ *Purr*
- ☐ *Bågfil*
- ☐ *Bromsslangklämma*
- ☐ *Avluftningssats för bromsar/koppling*
- ☐ *Urval av borrar*
- ☐ *Stållinjal*
- ☐ *Insexnycklar (inkl Torxtyp/med splines)* ***(se bild)***
- ☐ *Sats med filar*
- ☐ *Stor stålborste*
- ☐ *Pallbockar*
- ☐ *Domkraft (garagedomkraft eller en stabil pelarmodell)*
- ☐ *Arbetslampa med förlängningssladd*

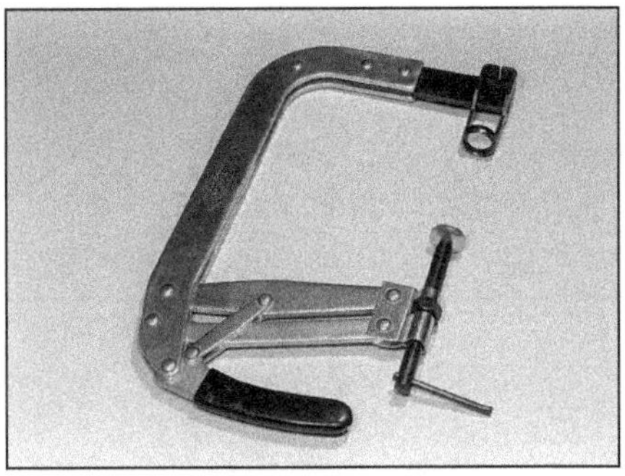

Ventilfjäderkompressor (ventilbåge)

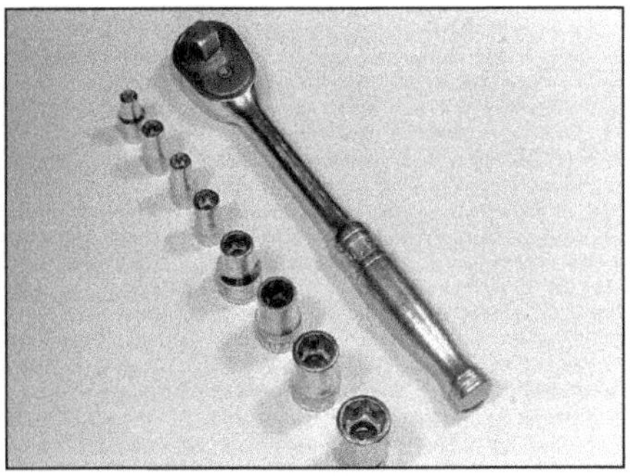

Hylsor och spärrskaft

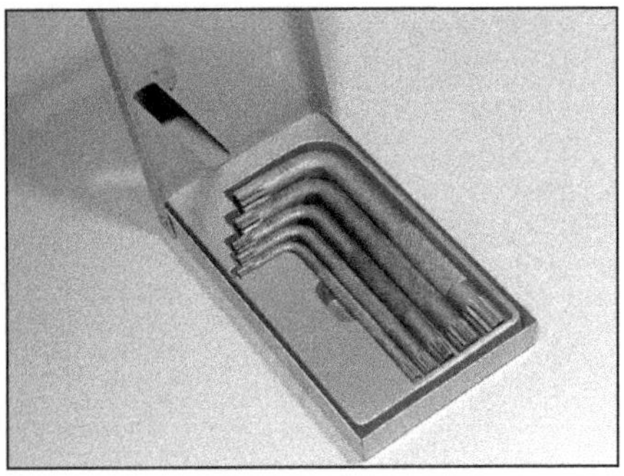

Nycklar med splines

Kolvringskompressor

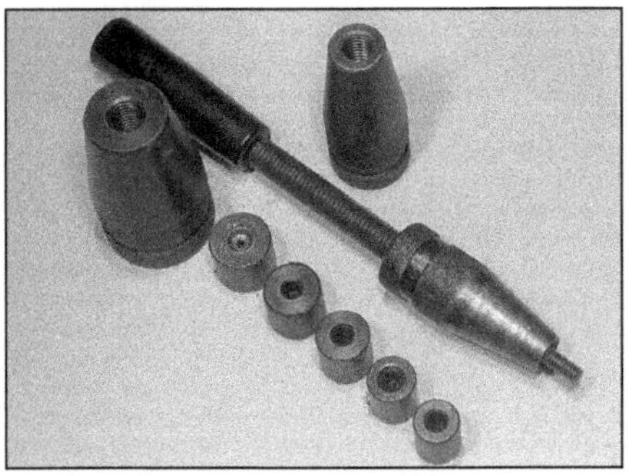

Centreringsverktyg för koppling

Specialverktyg

Verktygen i denna lista är de som inte används regelbundet, är dyra i inköp eller som måste användas enligt tillverkarens anvisningar. Det är bara om du relativt ofta kommer att utföra tämligen svåra jobb som många av dessa verktyg är lönsamma att köpa. Du kan också överväga att gå samman med någon vän (eller gå med i en motorklubb) och göra ett gemensamt inköp, hyra eller låna verktyg om så är möjligt.

Följande lista upptar endast verktyg och instrument som är allmänt tillgängliga och inte sådana som framställs av biltillverkaren speciellt för auktoriserade verkstäder. Ibland nämns dock sådana verktyg i texten. I allmänhet anges en alternativ metod att utföra arbetet utan specialverktyg. Ibland finns emellertid inget alternativ till tillverkarens specialverktyg. När så är fallet och relevant verktyg inte kan köpas, hyras eller lånas har du inget annat val än att lämna bilen till en auktoriserad verkstad.

- ☐ *Ventilfjäderkompressor* ***(se bild)***
- ☐ *Ventilslipningsverktyg*
- ☐ *Kolvringskompressor* ***(se bild)***
- ☐ *Verktyg för demontering/montering av kolvringar*
- ☐ *Honingsverktyg*
- ☐ *Kulledsavdragare*
- ☐ *Spiralfjäderkompressor (där tillämplig)*
- ☐ *Nav/lageravdragare, två/tre ben*
- ☐ *Slagskruvmejsel*
- ☐ *Mikrometer och/eller skjutmått* ***(se bild)***
- ☐ *Indikatorklocka* ***(se bild)***
- ☐ *Stroboskoplampa* ***(se bild)***
- ☐ *Kamvinkelmätare/varvräknare*
- ☐ *Multimeter*
- ☐ *Kompressionsmätare* ***(se bild)***
- ☐ *Handmanövrerad vakuumpump och mätare*
- ☐ *Centreringsverktyg för koppling* ***(se bild)***
- ☐ *Verktyg för demontering av bromsbackarnas fjäderskålar*
- ☐ *Sats för montering/demontering av bussningar och lager*
- ☐ *Bultutdragare* ***(se bild)***
- ☐ *Gängningssats*
- ☐ *Lyftblock*
- ☐ *Garagedomkraft*

Inköp av verktyg

När det gäller inköp av verktyg är det i regel bättre att vända sig till en specialist som har ett större sortiment än t ex tillbehörsbutiker och bensinmackar. Tillbehörsbutiker och andra försöljningsställen kan dock erbjuda utmärkta verktyg till låga priser, så det kan löna sig att söka.

Det finns gott om bra verktyg till låga priser, men se till att verktygen uppfyller grundläggande krav på funktion och säkerhet. Fråga gärna någon kunnig person om råd före inköpet.

Vård och underhåll av verktyg

Efter inköp av ett antal verktyg är det nödvändigt att hålla verktygen rena och i fullgott skick. Efter användning, rengör alltid verktygen innan de läggs undan. Låt dem inte ligga framme sedan de använts. En enkel upphängningsanordning på väggen för t ex skruvmejslar och tänger är en bra idé. Nycklar och hylsor bör förvaras i metalllådor. Mätinstrument av skilda slag ska förvaras på platser där de inte kan komma till skada eller börja rosta.

Lägg ner lite omsorg på de verktyg som används. Hammarhuvuden får märken och skruvmejslar slits i spetsen med tiden. Lite polering med slippapper eller en fil återställer snabbt sådana verktyg till gott skick igen.

Arbetsutrymmen

När man diskuterar verktyg får man inte glömma själva arbetsplatsen. Om mer än rutinunderhåll ska utföras bör man skaffa en lämplig arbetsplats.

Vi är medvetna om att många bilägare/hemmamekaniker av omständigheterna tvingas att lyfta ur motor eller liknande utan tillgång till garage eller verkstad. Men när detta är gjort ska fortsättningen av arbetet göras inomhus.

Närhelst möjligt ska isärtagning ske på en ren, plan arbetsbänk eller ett bord med passande arbetshöjd.

En arbetsbänk behöver ett skruvstycke. En käftöppning om 100 mm räcker väl till för de flesta arbeten. Som tidigare sagts, ett rent och torrt förvaringsutrymme krävs för verktyg liksom för smörjmedel, rengöringsmedel, bättringslack (som också måste förvaras frostfritt) och liknande.

Ett annat verktyg som kan behövas och som har en mycket bred användning är en elektrisk borrmaskin med en chuckstorlek om minst 8 mm. Denna, tillsammans med en sats spiralborrar, är i praktiken oumbärlig för montering av tillbehör.

Sist, men inte minst, ha alltid ett förråd med gamla tidningar och rena luddfria trasor tillgängliga och håll arbetsplatsen så ren som möjligt.

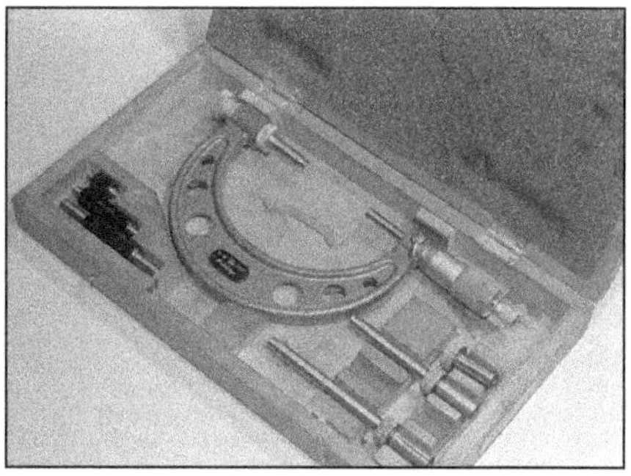

Mikrometerset

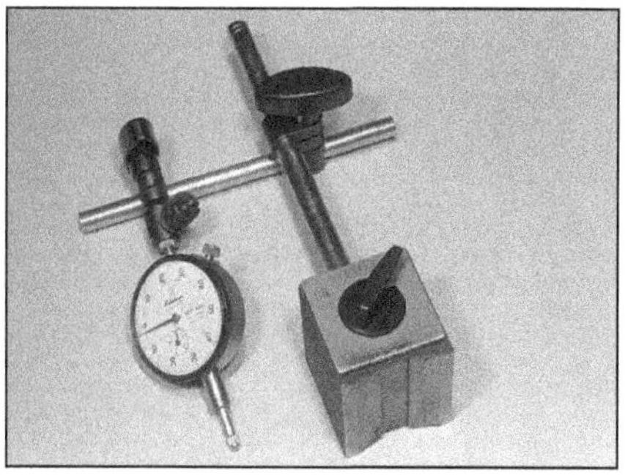

Indikatorklocka med magnetstativ

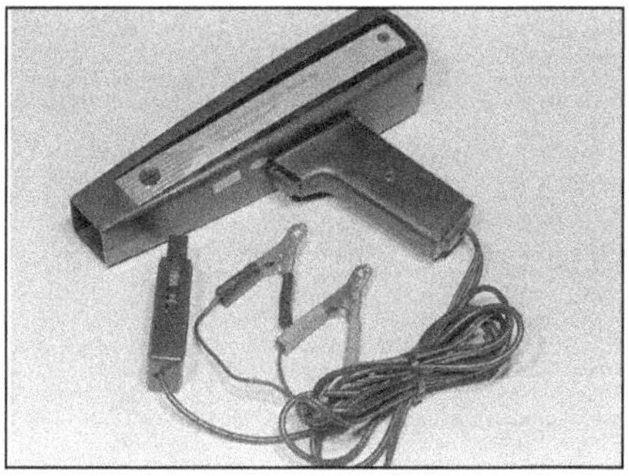

Stroboskoplampa

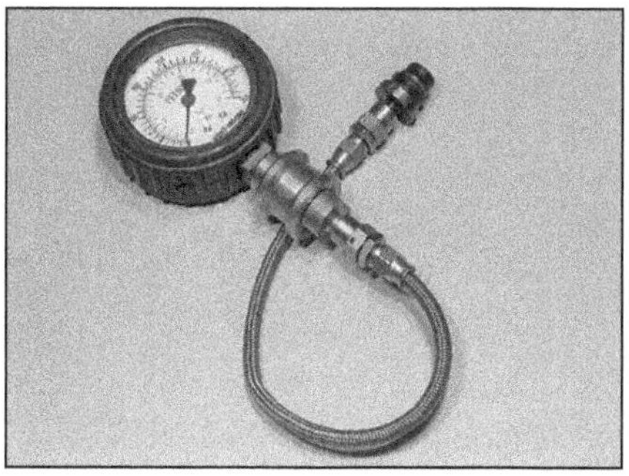

Kompressionsmätare

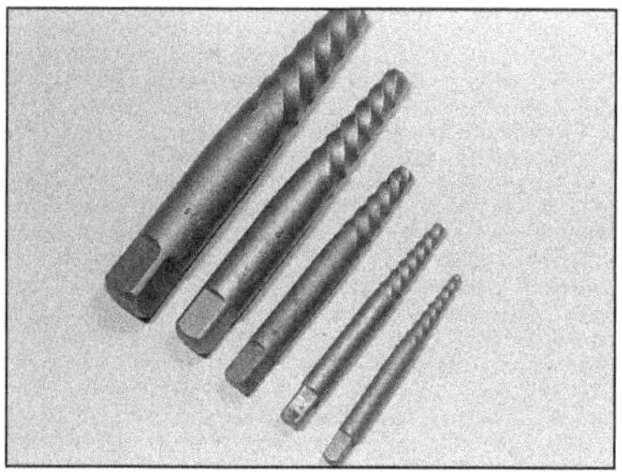

Bultutdragare

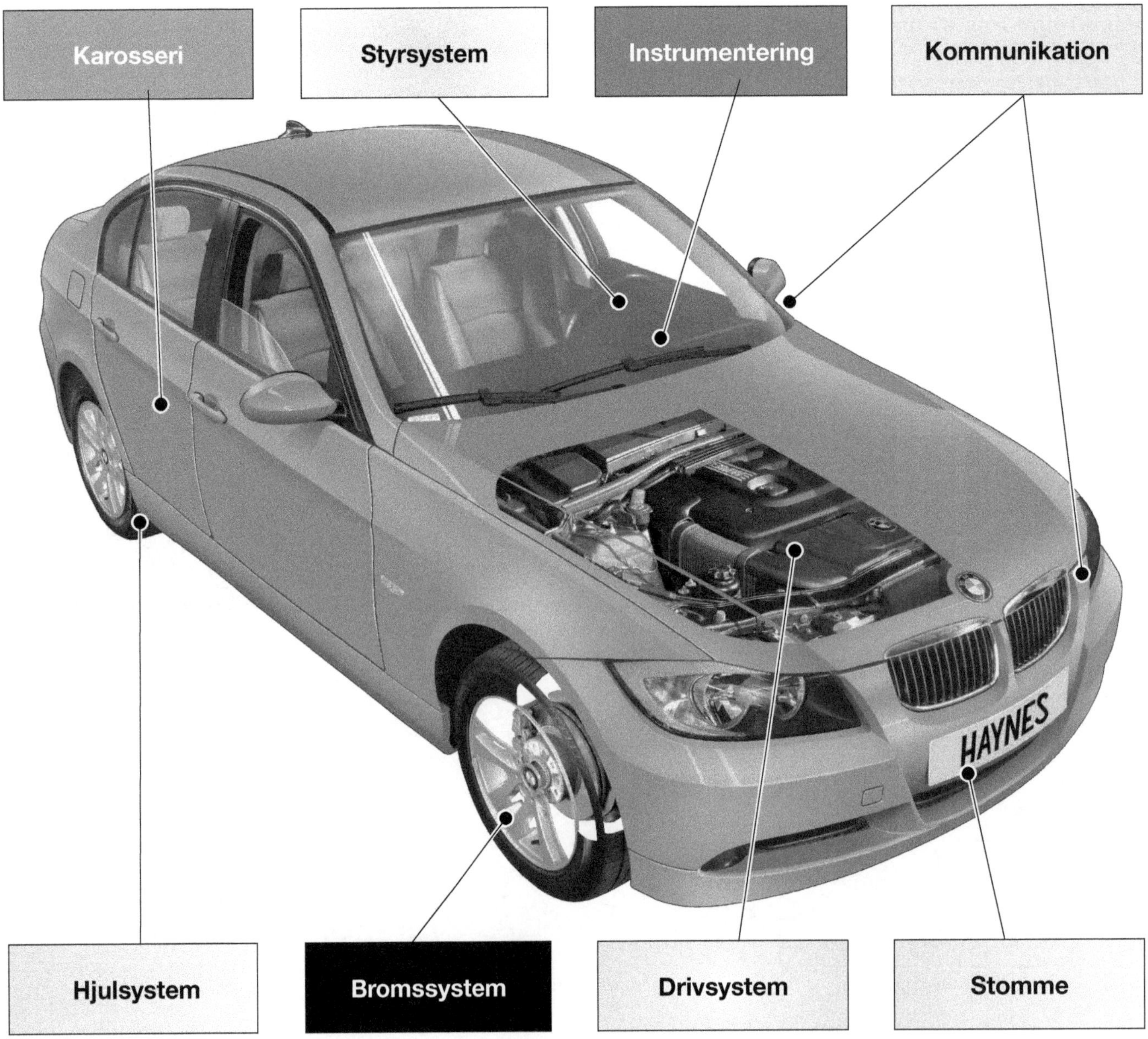
Karosseri
Styrsystem
Instrumentering
Kommunikation
HAYNES
Hjulsystem
Bromssystem
Drivsystem
Stomme

Vanliga personbilar kontrollbesiktigas första gången efter tre år, andra gången två år senare och därefter varje år. Åldern på bilen räknas från det att den tas i bruk, oberoende av årsmodell, och den måste genomgå besiktning inom fem månader.

Tiden på året då fordonet kallas till besiktning bestäms av sista siffran i registreringsnumret, enligt tabellen nedan.

Slutsiffra	Besiktningsperiod
1	*november t.o.m. mars*
2	*december t.o.m. april*
3	*januari t.o.m. maj*
4	*februari t.o.m. juni*
5	*maj t.o.m. september*
6	*juni t.o.m. oktober*
7	*juli t.o.m. november*
8	*augusti t.o.m. december*
9	*september t.o.m. januari*
0	*oktober t.o.m. februari*

Om fordonet har ändrats, byggts om eller om särskild utrustning har monterats eller demonterats, måste du som fordonsägare göra en registreringsbesiktning inom en månad. I vissa fall räcker det med en begränsad registreringsbesiktning, t.ex. för draganordning, taklucka, taxiutrustning etc.

Efter besiktningen

Nedan visas de system och komponenter som kontrolleras och bedöms av besiktaren på Svensk Bilprovning. Efter besiktningen erhåller du ett protokoll där eventuella anmärkningar noterats.

Har du fått en 2x i protokollet (man kan ha max 3 st 2x) behöver du inte ombesiktiga bilen, men är skyldig att själv åtgärda felet snarast möjligt. Om du inte åtgärdar felen utan återkommer till Svensk Bilprovning året därpå med samma fel, blir dessa automatiskt 2:or som då måste ombesiktigas. Har du en eller flera 2x som ej är åtgärdade och du blir intagen i en flygande besiktning av polisen, blir dessa automatiskt 2:or som måste ombesiktigas. I detta läge får du även böta.

Om du har fått en tvåa i protokollet är fordonet alltså inte godkänt. Felet ska åtgärdas och bilen ombesiktigas inom en månad.

En trea innebär att fordonet har så stora brister att det anses mycket trafikfarligt. Körförbud inträder omedelbart.

Karosseri

- **Dörr**
- **Skärm**
- **Vindruta**
- **Säkerhetsbälten**
- **Lastutrymme**
- **Övrigt**

Vanliga anmärkningar:
Skadad vindruta
Vassa kanter
Glappa gångjärn

Styrsystem

- **Styrled**
- **Styrväxel**
- **Hjälpstyrarm**
- **Övrigt**

Vanliga anmärkningar:
Glapp i styrleder
Skadade styrväxeldamasker

Instrumentering

- **Hastighetsmätare**
- **Taxameter**
- **Varningslampor**
- **Övrigt**

Kommunikation

- **Vindrutetorkare**
- **Vindrutespolare**
- **Backspegel**
- **Strålkastarinställning**
- **Strålkastare**
- **Signalhorn**
- **Sidoblinkers**
- **Parkeringsljus fram**
  bak
- **Blinkers**
- **Bromsljus**
- **Reflex**
- **Nummerplåts-belysning**
- **Övrigt**

Vanliga anmärkningar:
Felaktig ljusbild
Skadad strålkastare
Ej fungerande parkeringsljus
Ej fungerande bromsljus

Hjulsystem

- **Däck**
- **Stötdämpare**
- **Hjullager**
- **Spindelleder**
- **Länkarm fram**
  bak
- **Fjäder**
- **Fjädersäte**
- **Övrigt**

Vanliga anmärkningar:
Glapp i spindelleder
Utslitna däck
Dåliga stötdämpare
Rostskadade fjädersäten
Brustna fjädrar
Rostskadade länkarms-infästningar

Bromssystem

- **Fotbroms fram**
  bak
  rörelseres.
- **Bromsrör**
- **Bromsslang**
- **Handbroms**
- **Övrigt**

Vanliga anmärkningar:
Otillräcklig bromsverkan på handbromsen
Ojämn bromsverkan på fotbromsen
Anliggande bromsar på fotbromsen
Rostskadade bromsrör
Skadade bromsslangar

Drivsystem

- **Avgasrening, EGR-system (-88)**
- **Avgasrening**
- **Bränslesystem**
- **Avgassystem**
- **Avgaser (CO, HC)**
- **Kraftöverföring**
- **Drivknut**
- **Elförsörjning**
- **Batteri**
- **Övrigt**

Vanliga anmärkningar:
Höga halter av CO
Höga halter av HC
Läckage i avgassystemet
Ej fungerande EGR-ventil
Skadade drivknutsdamasker
Löst batteri

Stomme

- **Sidobalk**
- **Tvärbalk**
- **Golv**
- **Hjulhus**
- **Övrigt**

Vanliga anmärkningar:
Rostskador i sidobalkar, golv och hjulhus

1 Kontroller som utförs från förarsätet

Handbroms

☐ Kontrollera att handbromsen fungerar ordentligt utan för stort spel i spaken. För stort spel tyder på att bromsen eller bromsvajern är felaktigt justerad.

☐ Kontrollera att handbromsen inte kan läggas ur genom att spaken förs åt sidan. Kontrollera även att handbromsspaken är ordentligt monterad.

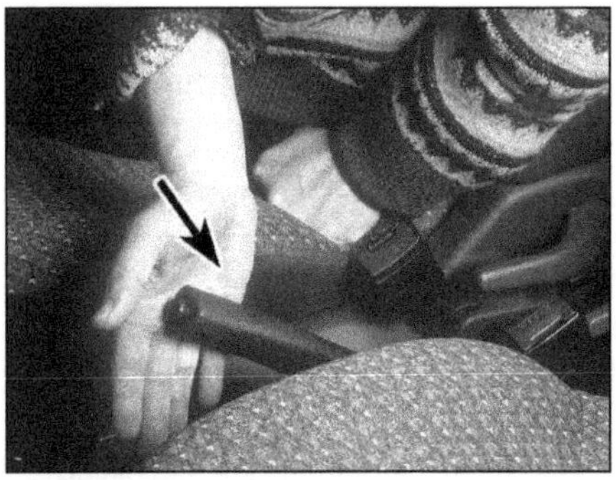

Fotbroms

☐ Tryck ner bromspedalen och håll den nedtryckt i ca 30 sek. Kontrollera att den inte sjunker ner mot golvet, vilket tyder på fel på huvudcylindern. Släpp pedalen, vänta ett par sekunder och tryck sedan ner den igen. Om pedalen tar långt ner måste broms-arna justeras eller repareras. Om pedalens rörelse känns "svampig" finns det luft i bromssystemet som då måste luftas.

☐ Kontrollera att bromspedalen sitter fast ordentligt och att den är i bra skick. Kontrollera även om det finns tecken på oljeläckage på bromspedalen, golvet eller mattan eftersom det kan betyda att packningen i huvudcylindern är trasig.

☐ Om bilen har bromsservo kontrolleras denna genom att man upprepade gånger trycker ner bromspedalen och sedan startar motorn med pedalen nertryckt. När motorn startar skall pedalen sjunka något. Om inte kan vakuumslangen eller själva servoenheten vara trasig.

Ratt och rattstång

☐ Känn efter att ratten sitter fast. Undersök om det finns några sprickor i ratten eller om några delar på den sitter löst.

☐ Rör på ratten uppåt, nedåt och i sidled. Fortsätt att röra på ratten samtidigt som du vrider lite på den från vänster till höger.

☐ Kontrollera att ratten sitter fast ordentligt på rattstången, vilket annars kan tyda på slitage eller att fästmuttern sitter löst. Om ratten går att röra onaturligt kan det tyda på att rattstångens bärlager eller kopplingar är slitna.

Rutor och backspeglar

☐ Vindrutan måste vara fri från sprickor och andra skador som kan vara irriterande eller hindra sikten i förarens synfält. Sikten får inte heller hindras av t.ex. ett färgat eller reflekterande skikt. Samma regler gäller även för de främre sidorutorna.

☐ Backspeglarna måste sitta fast ordentligt och vara hela och ställbara.

Säkerhetsbälten och säten

Observera: *Kom ihåg att alla säkerhetsbälten måste kontrolleras - både fram och bak.*

☐ Kontrollera att säkerhetsbältena inte är slitna, fransiga eller trasiga i väven och att alla låsmekanismer och rullmekanismer fungerar obehindrat. Se även till att alla infästningar till säkerhetsbältena sitter säkert.

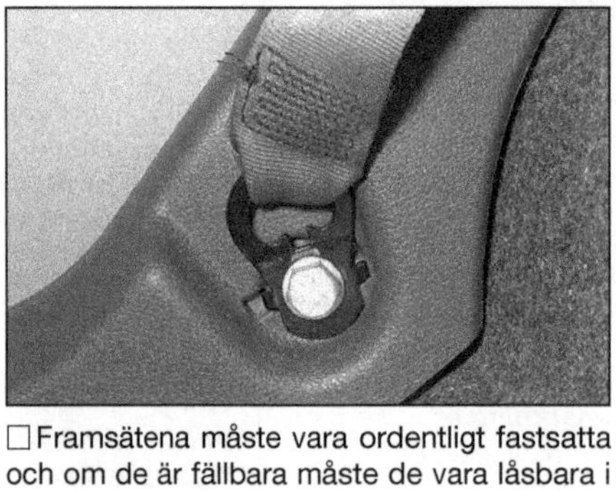

☐ Framsätena måste vara ordentligt fastsatta och om de är fällbara måste de vara låsbara i uppfällt läge.

Dörrar

☐ Framdörrarna måste gå att öppna och stänga från både ut- och insidan och de måste gå ordentligt i lås när de är stängda. Gångjärnen ska sitta säkert och inte glappa eller kärva onormalt.

2 Kontroller som utförs med bilen på marken

Registreringsskyltar

☐ Registreringsskyltarna måste vara väl synliga och lätta att läsa av, d v s om bilen är mycket smutsig kan det ge en anmärkning.

Elektrisk utrustning

☐ Slå på tändningen och kontrollera att signalhornet fungerar och att det avger en jämn ton.

☐ Kontrollera vindrutetorkarna och vindrutespolningen. Svephastigheten får inte vara extremt låg, svepytan får inte vara för liten och torkarnas viloläge ska inte vara inom förarens synfält. Byt ut gamla och skadade torkarblad.

☐ Kontrollera att strålkastarna fungerar och att de är rätt inställda. Reflektorerna får inte vara skadade, lampglasen måste vara hela och lamporna måste vara ordentligt fastsatta. Kontrollera även att bromsljusen fungerar och att det inte krävs högt pedaltryck för att tända dem. (Om du inte har någon medhjälpare kan du kontrollera bromsljusen genom att backa upp bilen mot en garageport, vägg eller liknande reflekterande yta.)

☐ Kontrollera att blinkers och varningsblinkers fungerar och att de blinkar i normal hastighet. Parkeringsljus och bromsljus får inte påverkas av blinkers. Om de påverkas beror detta oftast på jordfel. Se också till att alla övriga lampor på bilen är hela och fungerar som de ska och att t.ex. extraljus inte är placerade så att de skymmer föreskriven belysning.

☐ Se även till att batteri, elledningar, reläer och liknande sitter fast ordentligt och att det inte föreligger någon risk för kortslutning

Fotbroms

☐ Undersök huvudbromscylindern, bromsrören och servoenheten. Leta efter läckage, rost och andra skador.

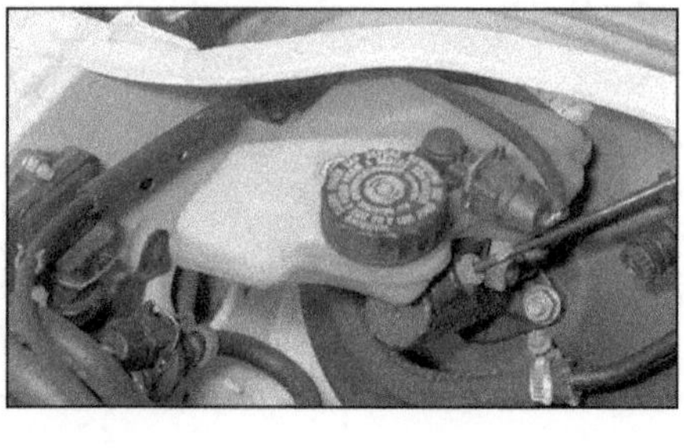

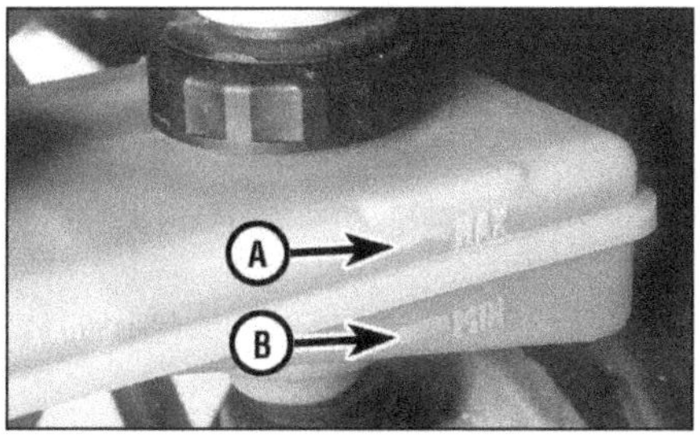

☐ Bromsvätskebehållaren måste sitta fast ordentligt och vätskenivån skall vara mellan max- (A) och min- (B) markeringarna.

☐ Undersök båda främre bromsslangarna efter sprickor och förslitningar. Vrid på ratten till fullt rattutslag och se till att bromsslangarna inte tar i någon del av styrningen eller upphängningen. Tryck sedan ner bromspedalen och se till att det inte finns några läckor eller blåsor på slangarna under tryck.

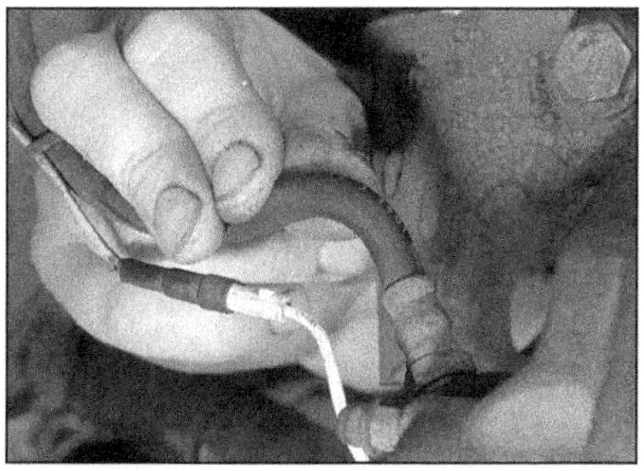

Styrning

☐ Be någon vrida på ratten så att hjulen vrids något. Kontrollera att det inte är för stort spel mellan rattutslaget och styrväxeln vilket kan tyda på att rattstångslederna, kopplingen mellan rattstången och styrväxeln eller själva styrväxeln är sliten eller glappar.

☐ Vrid sedan ratten kraftfullt åt båda hållen så att hjulen vrids något. Undersök då alla damasker, styrleder, länksystem, rörkopplingar och anslutningar/fästen. Byt ut alla delar som verkar utslitna eller skadade. På bilar med servostyrning skall servopumpen, drivremmen och slangarna kontrolleras.

Stötdämpare

☐ Tryck ned hörnen på bilen i tur och ordning och släpp upp. Bilen skall gunga upp och sedan gå tillbaka till ursprungsläget. Om bilen

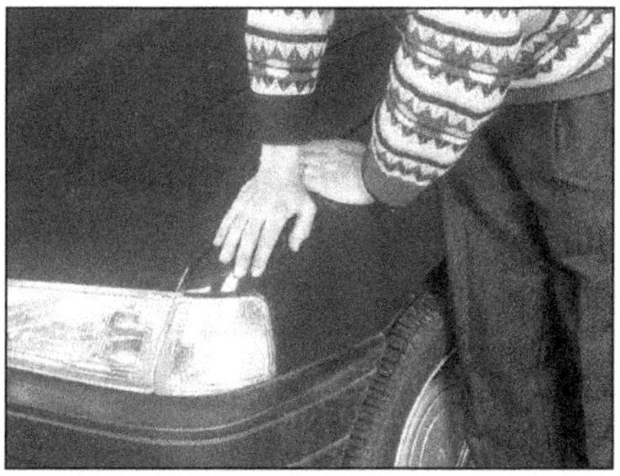

fortsätter att gunga är stötdämparna dåliga. Stötdämpare som kärvar påtagligt gör också att bilen inte klarar besiktningen. (Observera att stötdämpare kan saknas på vissa fjädersystem.)

☐ Kontrollera också att bilen står rakt och ungefär i rätt höjd.

Avgassystem

☐ Starta motorn medan någon håller en trasa över avgasröret och kontrollera sedan att avgassystemet inte läcker. Reparera eller byt ut de delar som läcker.

Kaross

☐ Skador eller korrosion/rost som utgörs av vassa eller i övrigt farliga kanter med risk för personskada medför vanligtvis att bilen måste repareras och ombesiktas. Det får inte heller finnas delar som sitter påtagligt löst.

☐ Det är inte tillåtet att ha utskjutande detaljer och anordningar med olämplig utformning eller placering (prydnadsföremål, antennfästen, viltfångare och liknande).

☐ Kontrollera att huvlås och säkerhetsspärr fungerar och att gångjärnen inte sitter löst eller på något vis är skadade.

☐ Se också till att stänkskydden täcker hela däckets bredd.

3 Kontroller som utförs med bilen upphissad och med fria hjul

Lyft upp både fram- och bakvagnen och ställ bilen på pallbockar. Placera pallbockarna så att de inte tar i fjäderupphängningen. Se till att hjulen inte tar i marken och att de går att vrida till fullt rattutslag. Om du har begränsad utrustning går det naturligtvis bra att lyfta upp en ände i taget.

Styrsystem

☐ Be någon vrida på ratten till fullt rattutslag. Kontrollera att alla delar i styrningen går mjukt och att ingen del av styrsystemet tar i någonstans.

☐ Undersök kuggstångsdamaskerna så att de inte är skadade eller att metallklämmorna glappar. Om bilen är utrustad med servostyrning ska slangar, rör och kopplingar kontrolleras så att de inte är skadade eller

läcker. Kontrollera också att styrningen inte är onormalt trög eller kärvar. Undersök länkarmar, krängningshämmare, styrstag och styrleder och leta efter glapp och rost.

☐ Se även till att ingen saxpinne eller liknande låsmekanism saknas och att det inte finns gravrost i närheten av någon av styrmekanismens fästpunkter.

Upphängning och hjullager

☐ Börja vid höger framhjul. Ta tag på sidorna av hjulet och skaka det kraftigt. Se till att det inte glappar vid hjullager, spindelleder eller vid upphängningens infästningar och leder.

☐ Ta nu tag upptill och nedtill på hjulet och upprepa ovanstående. Snurra på hjulet och undersök hjullagret angående missljud och glapp.

☐ Om du misstänker att det är för stort spel vid en komponents led kan man kontrollera detta genom att använda en stor skruvmejsel eller liknande och bända mellan infästningen och komponentens fäste. Detta visar om det är bussningen, fästskruven eller själva infästningen som är sliten (bulthålen kan ofta bli uttänjda).

☐ Kontrollera alla fyra hjulen.

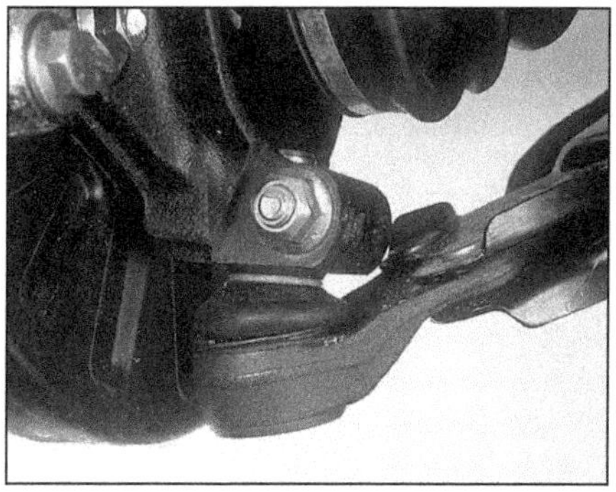

Fjädrar och stötdämpare

□ Undersök fjäderbenen (där så är tillämpligt) angående större läckor, korrosion eller skador i godset. Kontrollera också att fästena sitter säkert.

□ Om bilen har spiralfjädrar, kontrollera att dessa sitter korrekt i fjädersätena och att de inte är utmattade, rostiga, spruckna eller av.

□ Om bilen har bladfjädrar, kontrollera att alla bladen är hela, att axeln är ordentligt fastsatt mot fjädrarna och att fjäderöglorna, bussningarna och upphängningarna inte är slitna.

□ Liknande kontroll utförs på bilar som har annan typ av upphängning såsom torsionfjädrar, hydraulisk fjädring etc. Se till att alla infästningar och anslutningar är säkra och inte utslitna, rostiga eller skadade och att den hydrauliska fjädringen inte läcker olja eller på annat sätt är skadad.

□ Kontrollera att stötdämparna inte läcker och att de är hela och oskadade i övrigt samt se till att bussningar och fästen inte är utslitna.

Drivning

□ Snurra på varje hjul i tur och ordning. Kontrollera att driv-/kardanknutar inte är lösa, glappa, spruckna eller skadade. Kontrollera också att skyddsbälgarna är intakta och att driv-/kardanaxlar är ordentligt fastsatta, raka och oskadade. Se även till att inga andra detaljer i kraftöverföringen är glappa, lösa, skadade eller slitna.

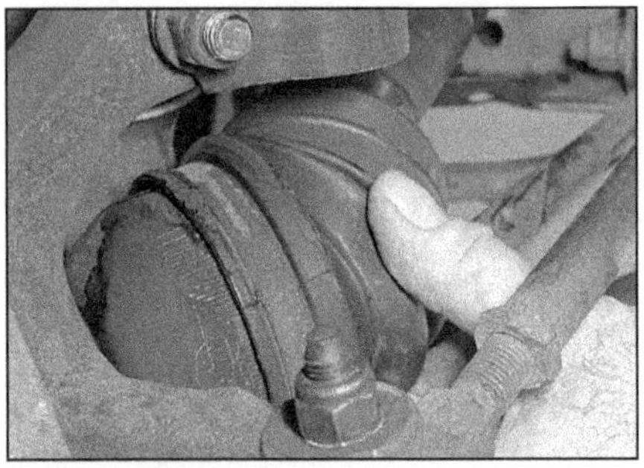

Bromssystem

□ Om det är möjligt utan isärtagning, kontrollera hur bromsklossar och bromsskivor ser ut. Se till att friktionsmaterialet på bromsbeläggen (A) inte är slitet under 2 mm och att bromsskivorna (B) inte är spruckna, gropiga, repiga eller utslitna.

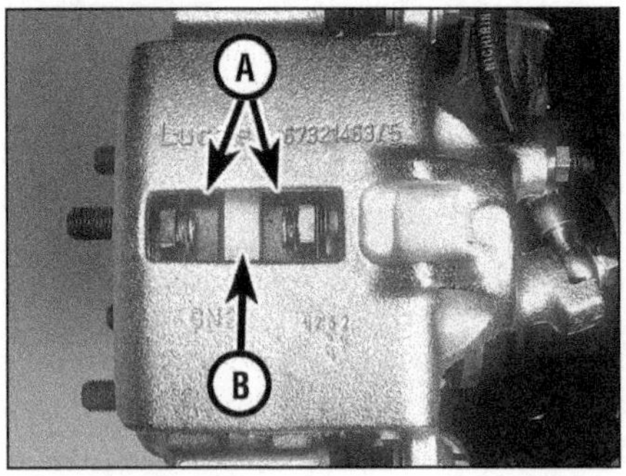

□ Undersök alla bromsrör under bilen och bromsslangarna bak. Leta efter rost, skavning och övriga skador på ledningarna och efter tecken på blåsor under tryck, skavning, sprickor och förslitning på slangarna. (Det kan vara enklare att upptäcka eventuella sprickor på en slang om den böjs något.)

□ Leta efter tecken på läckage vid bromsoken och på bromssköldarna. Reparera eller byt ut delar som läcker.

□ Snurra sakta på varje hjul medan någon trycker ned och släpper upp bromspedalen. Se till att bromsen fungerar och inte ligger an när pedalen inte är nedtryckt.

□ Undersök handbromsmekanismen och kontrollera att vajern inte har fransat sig, är av eller väldigt rostig eller att länksystemet är utslitet eller glappar. Se till att handbromsen fungerar på båda hjulen och inte ligger an när den läggs ur.

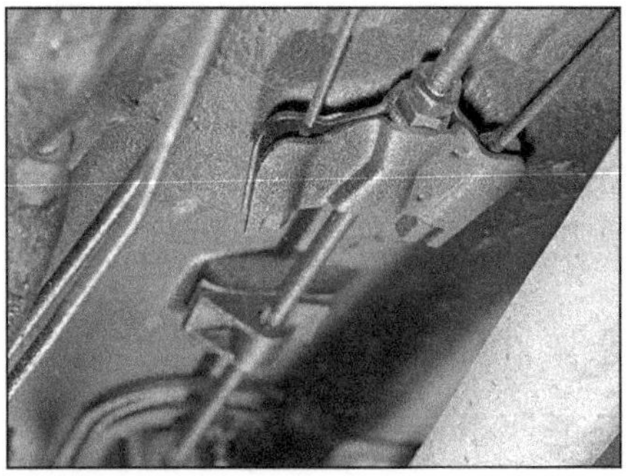

□ Det är inte möjligt att prova bromsverkan utan specialutrustning, men man kan göra ett körtest och prova att bilen inte drar åt något håll vid en kraftig inbromsning.

Bränsle- och avgassystem

□ Undersök bränsletanken (inklusive tanklock och påfyllningshals), fastsättning, bränsleledningar, slangar och anslutningar. Alla delar måste sitta fast ordentligt och får inte läcka.

□ Granska avgassystemet i hela dess längd beträffande skadade, avbrutna eller saknade upphängningar. Kontrollera systemets skick beträffande rost och se till att rörklämmorna är säkert monterade. Svarta sotavlagringar på avgassystemet tyder på ett annalkande läckage.

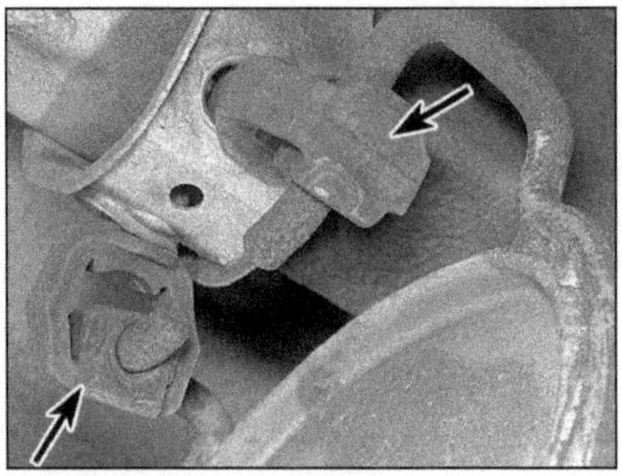

Hjul och däck

□ Undersök i tur och ordning däcksidorna och slitbanorna på alla däcken. Kontrollera att det inte finns några skärskador, revor eller bulor och att korden inte syns p g a utslitning eller skador. Kontrollera att däcket är korrekt monterat på fälgen och att hjulet inte är deformerat eller skadat.

□ Se till att det är rätt storlek på däcken för bilen, att det är samma storlek och däcktyp på samma axel och att det är rätt lufttryck i däcken. Se också till att inte ha dubbade och odubbade däck blandat. (Dubbade däck får användas under vinterhalvåret, från 1 oktober till första måndagen efter påsk.)

□ Kontrollera mönsterdjupet på däcken – minsta tillåtna mönsterdjup är 1,6 mm. Onormalt däckslitage kan tyda på felaktig framhjulsinställning.

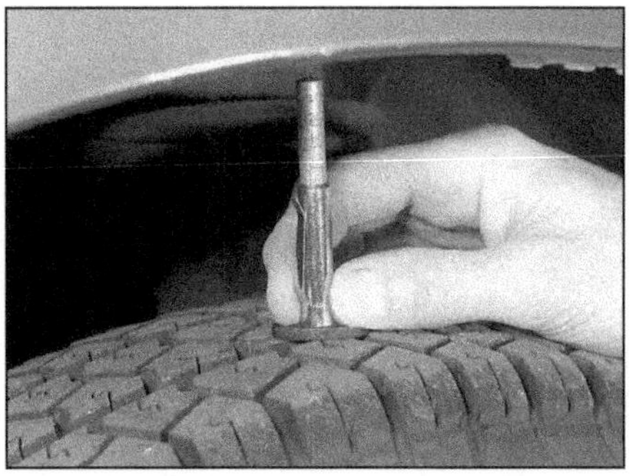

Korrosion

□ Undersök alla bilens bärande delar efter rost. (Bärande delar innefattar underrede, tröskellådor, tvärbalkar, stolpar och all upphängning, styrsystemet, bromssystemet samt bältesinfästningarna.) Rost som avsevärt har reducerat tjockleken på en bärande yta medför troligtvis en tvåa i besiktningsprotokollet. Sådana skador kan ofta vara svåra att reparera själv.

□ Var extra noga med att kontrollera att inte rost har gjort det möjligt för avgaser att tränga in i kupén. Om så är fallet kommer fordonet ovillkorligen inte att klara besiktningen och dessutom utgör det en stor trafik- och hälsofara för dig och dina passagerare.

4 Kontroller som utförs på bilens avgassystem

Bensindrivna modeller

□ Starta motorn och låt den bli varm. Se till att tändningen är rätt inställd, att luftfiltret är rent och att motorn går bra i övrigt.

□ Varva först upp motorn till ca 2500 varv/min och håll den där i ca 20 sekunder. Låt den sedan gå ner till tomgång och iaktta avgasutsläppen från avgasröret. Om tomgången är onaturligt hög eller om tät blå eller klart synlig svart rök kommer ut med avgaserna i mer än 5 sekunder så kommer bilen antagligen inte att klara besiktningen. I regel tyder blå rök på att motorn är sliten och förbränner olja medan svart rök tyder på att motorn inte förbränner bränslet ordentligt (smutsigt luftfilter eller annat förgasar- eller bränslesystemfel).

☐ Vad som då behövs är ett instrument som kan mäta koloxid (CO) och kolväten (HC). Om du inte har möjlighet att låna eller hyra ett dylikt instrument kan du få hjälp med det på en verkstad för en mindre kostnad.

CO- och HC-utsläpp

☐ För närvarande är högsta tillåtna gränsvärde för CO- och HC-utsläpp för bilar av årsmodell 1989 och senare (d v s bilar med katalysator enligt lag) 0,5% CO och 100 ppm HC.

På tidigare årsmodeller testas endast CO-halten och följande gränsvärden gäller:

årsmodell 1985-88	3,5% CO
årsmodell 1971-84	4,5% CO
årsmodell -1970	5,5% CO.

Bilar av årsmodell 1987-88 med frivilligt monterad katalysator bedöms enligt 1989 års komponentkrav men 1985 års utsläppskrav.

☐ Om CO-halten inte kan reduceras tillräckligt för att klara besiktningen (och bränsle- och tändningssystemet är i bra skick i övrigt) ligger problemet antagligen hos förgasaren/bränsleinsprutningsystemet eller katalysatorn (om monterad).

☐ Höga halter av HC kan orsakas av att motorn förbränner olja men troligare är att motorn inte förbränner bränslet ordentligt.

Dieseldrivna modeller

☐ Det enda testet för avgasutsläpp på dieseldrivna bilar är att man mäter röktätheten. Testet innebär att man varvar motorn kraftigt upprepade gånger.

Observera: *Det är oerhört viktigt att motorn är rätt inställd innan provet genomförs.*

☐ Mycket rök kan orsakas av ett smutsigt luftfilter. Om luftfiltret inte är smutsigt men bilen ändå avger mycket rök kan det vara nödvändigt att söka experthjälp för att hitta orsaken.

5 Körtest

☐ Slutligen, provkör bilen. Var extra uppmärksam på eventuella missljud, vibrationer och liknande.

☐ Om bilen har automatväxellåda, kontrollera att den endast går att starta i lägena P och N. Om bilen går att starta i andra växellägen måste växelväljarmekanismen justeras.

☐ Kontrollera också att hastighetsmätaren fungerar och inte är missvisande.

☐ Se till att ingen extrautrustning i kupén, t ex biltelefon och liknande, är placerad så att den vid en eventuell kollision innebär ökad risk för personskada.

☐ Bilen får inte dra åt något håll vid normal körning. Gör också en hastig inbromsning och kontrollera att bilen inte då drar åt något håll. Om kraftiga vibrationer känns vid inbromsning kan det tyda på att bromsskivorna är skeva och bör bytas eller fräsas om. (Inte att förväxlas med de låsningsfria bromsarnas karakteristiska vibrationer.)

☐ Om vibrationer känns vid acceleration, hastighetsminskning, vid vissa hastigheter eller hela tiden, kan det tyda på att drivknutar eller drivaxlar är slitna eller defekta, att hjulen eller däcken är felaktiga eller skadade, att hjulen är obalanserade eller att styrleder, upphängningens leder, bussningar eller andra komponenter är slitna.

Motor

- ☐ Motorn går inte runt vid startförsök
- ☐ Motorn går runt, men startar inte
- ☐ Motorn är svårstartad när den är kall
- ☐ Motorn är svårstartad när den är varm
- ☐ Startmotorn ger i från sig oljud eller kärvar
- ☐ Motorn startar, men stannar omedelbart
- ☐ Ojämn tomgång
- ☐ Motorn feltänder vid tomgång
- ☐ Motorn feltänder vid alla varvtal
- ☐ Långsam acceleration
- ☐ Motorstopp
- ☐ Låg motorkapacitet
- ☐ Motorn feltänder
- ☐ Varningslampan för oljetryck lyser när motorn är igång
- ☐ Glödtändning
- ☐ Motorljud

Kylsystem

- ☐ Överhettning
- ☐ Alltför stark avkylning
- ☐ Yttre kylvätskeläckage
- ☐ Inre kylvätskeläckage
- ☐ Korrosion

Bränsle- och avgassystem

- ☐ Överdriven bränsleförbrukning
- ☐ Bränsleläckage och/eller bränslelukt
- ☐ Störande oljud eller för mycket avgaser från avgassystemet

Koppling

- ☐ Pedalen går i golvet – inget tryck eller mycket lite motstånd
- ☐ Frikopplar inte (det går inte att lägga i växlar)
- ☐ Kopplingen slirar (motorvarvtalet ökar utan att hastigheten ökar)
- ☐ Skakningar vid frikoppling
- ☐ Missljud när kopplingspedalen trycks ner eller släpps upp

Manuell växellåda

- ☐ Missljud i friläge när motorn går
- ☐ Missljud när en viss växel ligger i
- ☐ Svårt att lägga i växlar
- ☐ Växeln hoppar ur
- ☐ Vibrationer
- ☐ Smörjmedelsläckage

Automatväxellåda

- ☐ Oljeläckage
- ☐ Växellådsoljan är brun eller luktar bränt
- ☐ Allmänna problem med växlingen
- ☐ Växellådan växlar inte ner (kickdown) när gaspedalen är helt nedtryckt
- ☐ Motorn startar inte på någon växel, eller startar i andra lägen än Park och Neutral
- ☐ Växellådan slirar, växlar trögt, låter illa eller är utan drift i framväxlarna eller backen

Differential- och kardanaxel

- ☐ Vibrationer vid acceleration eller inbromsning
- ☐ Dovt missljud tilltar när farten ökar

Bromssystem

- ☐ Bilen drar åt ena sidan vid inbromsning
- ☐ Missljud (skrapljud eller högt gnisslande) vid inbromsning
- ☐ Överdriven pedalväg
- ☐ Bromspedalen känns svampig vid nedtryckning
- ☐ Överdriven pedalkraft krävs för att stanna bilen
- ☐ Skakningar i bromspedal eller ratt vid inbromsning
- ☐ Bromsarna kärvar
- ☐ Bakhjulen låser sig vid normal inbromsning

Fjädring och styrning

- ☐ Bilen drar åt ena sidan
- ☐ Hjulen vinglar och skakar
- ☐ Kraftiga nigningar och/eller krängningar runt hörn eller vid inbromsning
- ☐ Vandrande eller allmän instabilitet
- ☐ Överdrivet stel styrning
- ☐ Överdrivet spel i styrningen
- ☐ Bristande servoeffekt
- ☐ Överdrivet däckslitage

Elsystem

- ☐ Batteriet laddar ur på bara ett par dagar
- ☐ Tändningslampan fortsätter lysa när motorn går
- ☐ Tändningslampan tänds inte
- ☐ Ljusen fungerar inte
- ☐ Instrumentvärdena missvisande eller ryckiga
- ☐ Signalhornet fungerar dåligt eller inte alls
- ☐ Vindrutetorkarna fungerar dåligt eller inte alls
- ☐ Vindrutespolarna fungerar dåligt eller inte alls
- ☐ De elektriska fönsterhissarna fungerar dåligt eller inte alls
- ☐ Centrallåset fungerar dåligt eller inte alls

Inledning

De fordonsägare som underhåller sina bilar med rekommenderad regelbundenhet kommer inte att behöva använda den här delen av handboken ofta. Idag är bilens delar så pålitliga att om de inspekteras eller byts med rekommenderade mellanrum är plötsliga haverier tämligen sällsynta. Fel uppstår vanligen inte plötsligt, de utvecklas med tiden. Speciellt större mekaniska haverier föregås vanligen av karakteristiska symptom under hundra- eller tusentals kilometer. De komponenter som ibland går sönder utan varning är ofta små och transporteras lätt i bilen.

Vid all felsökning är det första steget att bestämma var man ska börja söka. Ibland är detta uppenbart, men ibland behövs lite detektivarbete. En bilägare som gör ett halvdussin slumpvisa justeringar eller komponentbyten kan lyckas åtgärda ett fel (eller dess symptom), men han eller hon kommer inte veta vad felet beror på om det uppstår igen. Till sist kommer bilägaren att ha lagt ner mer tid eller pengar än vad som var nödvändigt. Ett lugnt och metodiskt tillvägagångssätt är bättre i det långa loppet. Försök alltid tänka på vilka varningstecken eller avvikelser från det normala som förekommit tiden före felet – strömförlust, höga eller låga mätaravläsningar, ovanliga lukter etc. Kom ihåg att defekta komponenter som säkringar eller tändstift kanske bara är tecken på ett bakomliggande fel.

Följande sidor fungerar som en enkel guide till de vanligaste problemen som kan uppstå med bilen. Problemen och deras möjliga orsaker grupperas under rubriker för olika komponenter eller system som Motorn, Kylsystemet etc. Kapitel och/eller avsnitt som tar upp detta problem visas inom parentes. Se den aktuella delen i kapitlet för systemspecifik information. Oavsett fel finns vissa grundläggande principer. Dessa är:

Bekräfta felet. Detta görs helt enkelt för att kontrollera att symptomen är kända innan arbetet påbörjas. Detta är extra viktigt om du undersöker ett fel åt någon annan som kanske inte har beskrivit problemet korrekt.

Förbise inte det självklara. Om bilen t.ex. inte startar, finns det verkligen bensin i tanken? (Ta inte någon annans ord för givet på denna punkt och lita inte heller på bränslemätaren!) Om ett elektriskt fel indikeras, leta efter lösa eller brutna ledningar innan testutrustningen tas fram.

Bota sjukdomen, inte symptomen. Att byta ett urladdat batteri mot ett fulladdat tar dig från vägkanten, men om orsaken inte åtgärdas kommer det nya batteriet snart att vara urladdat. Byts nedoljade tändstift ut mot nya rullar bilen, men orsaken till nedsmutsningen måste fortfarande fastställas och åtgärdas (om den inte berodde att tändstiften hade fel värmetal).

Ta inte någonting för givet. Glöm inte att även "nya" delar kan vara defekta (särskilt om de skakat runt i bagageutrymmet månader i sträck). Utelämna inte några komponenter vid en felsökning bara för att de är nya eller nymonterade. När felet slutligen upptäcks inser du antagligen att det fanns tecken på felet från början.

Tänk över om några åtgärder utförts nyligen, och i så fall vilka. Många fel uppstår på grund av slarvigt eller hastigt utförda arbeten. Om något arbete utförts under motorhuven kanske en del av kablaget lossnat eller dragits felaktigt, eller kanske en slang har hamnat i kläm? Har alla hållare dragits åt ordentligt? Användes nya originaldelar och nya packningar? Det krävs ofta en del detektivarbete för att komma tillrätta med problemet eftersom en till synes ovidkommande åtgärd kan få stora konsekvenser.

Motor

Motorn går inte runt vid startförsök

- ☐ Batterianslutningarna sitter löst eller är korroderade (se Veckokontroller)
- ☐ Batteriet urladdat eller defekt (kapitel 5A)
- ☐ Brutna, lösa eller urkopplade ledningar i startmotorkretsen (kapitel 5A)
- ☐ Defekt solenoid eller tändningslås (kapitel 5A eller 12)
- ☐ Defekt startmotor (kapitel 5A)
- ☐ Lösa eller skadade kuggar på startdrevet eller svänghjulets krondrev (kapitel 2A, 2B, 2C, 2D eller 5A)
- ☐ Motorns jordfläta trasig eller losskopplad (kapitel 12)
- ☐ Motorn har hydraulspärr (t.ex. på grund av att det kommit in vatten efter körning på en översvämmad väg, eller på grund av en allvarlig intern kylvätskeläcka) – kontakta en BMW-verkstad eller en specialist för att få råd
- ☐ Automatväxellådan står inte i läge P eller N (kapitel 7B)

Motorn går runt, men startar inte

- ☐ Bränsletanken tom
- ☐ Batteriet urladdat (motorn roterar långsamt) (kapitel 5A)
- ☐ Batterianslutningarna sitter löst eller är korroderade (se Veckokontroller)
- ☐ Tändningskomponenterna fuktiga eller skadade – bensinmodeller (kapitel 1A eller 5B)
- ☐ Motorlåsningssystemet defekt, eller tändningsnyckeln som används är inte kodad (kapitel 12 eller *Reparationer vid vägkanten*)
- ☐ Fel på vevaxelgivare (kapitel 4A eller 4B)
- ☐ Brutna, lösa eller urkopplade ledningar i tändningskretsen – bensinmodeller (kapitel 1A eller 5B)
- ☐ Slitna, defekta eller felaktigt justerade tändstift – bensinmodeller (kapitel 1A)
- ☐ Förvärmningssystemet defekt – dieselmodeller (kapitel 5A)
- ☐ Bränsleinsprutningssystemet defekt (kapitel 4A eller 4B)
- ☐ Luft i bränslesystemet – dieselmodeller (kapitel 4B)
- ☐ Större mekaniskt fel (t.ex. brott på kamremmen) (kapitel 2A, 2B, 2C, 2D eller 2E)

Motorn är svårstartad när den är kall

- ☐ Batteriet urladdat (kapitel 5A)
- ☐ Batterianslutningarna sitter löst eller är korroderade (se Veckokontroller)
- ☐ Slitna, defekta eller felaktigt justerade tändstift – bensinmodeller (kapitel 1A)
- ☐ Andra tändsystemet fel – bensinmodeller (kapitel 1A eller 5B)
- ☐ Förvärmningssystemet defekt – dieselmodeller (kapitel 5A)
- ☐ Bränsleinsprutningssystemet defekt (kapitel 4A eller 4B)
- ☐ Fel kvalitet av motorolja används (Veckokontroller, kapitel 1A eller 1B)
- ☐ Låg cylinderkompression (kapitel 2A, 2B, 2C eller 2D)

Motorn svårstartad när den är varm

- ☐ Smutsigt eller igensatt luftfilter (kapitel 1A eller 1B)
- ☐ Bränsleinsprutningssystemet defekt (kapitel 4A eller 4B)
- ☐ Låg cylinderkompression (kapitel 2A, 2B, 2C eller 2D)

Startmotorn ger oljud ifrån sig eller går väldigt ojämnt

- ☐ Lösa eller skadade kuggar på startdrevet eller svänghjulets krondrev (kapitel 2A, 2B, 2C, 2D eller 5A)
- ☐ Startmotorns fästbultar lösa eller saknas (kapitel 5A)
- ☐ Startmotorns invändiga delar slitna eller skadade (kapitel 5A)

Motor startar, men stannar omedelbart

- ☐ Lösa eller defekta elektriska anslutningar i tändningskretsen – bensinmodeller (kapitel 1A eller 5B)
- ☐ Vakuumläckage i gasspjällshuset eller insugningsgrenröret – bensinmodeller (kapitel 4A)
- ☐ Igentäppt insprutningsventiler/bränsleinsprutningssystem fel (kapitel 4A eller 4B)
- ☐ Luft i bränslet, möjligen p.g.a. lösa bränsleledningar – dieselmodeller (kapitel 4B)

Ojämn tomgång

- ☐ Igensatt luftfilter (kapitel 1A eller 1B)
- ☐ Vakuumläckage i gasspjällshuset, insugsgrenröret eller tillhörande slangar – bensinmodeller (kapitel 4A)
- ☐ Slitna, defekta eller felaktigt justerade tändstift – bensinmodeller (kapitel 1A)
- ☐ Ojämn eller låg cylinderkompression (kapitel 2A, 2B, 2C eller 2D)
- ☐ Slitna kamlober (kapitel 2A, 2B, 2C eller 2D)
- ☐ Igentäppt insprutningsventiler/bränsleinsprutningssystem fel (kapitel 4A eller 4B)
- ☐ Luft i bränslet, möjligen p.g.a. lösa bränsleledningar – dieselmodeller (kapitel 4B)

Motor (forts.)

Feltändning vid tomgång

- ☐ Slitna, defekta eller felaktigt justerade tändstift – bensinmodeller (kapitel 1A)
- ☐ Vakuumläckage i gasspjällshuset, insugsgrenröret eller tillhörande slangar – bensinmodeller (kapitel 4A)
- ☐ Igentäppt insprutningsventiler/bränsleinsprutningssystem fel (kapitel 4A eller 4B)
- ☐ Defekt(a) bränsleinsprutare – dieselmodeller (kapitel 4B)
- ☐ Ojämn eller låg cylinderkompression (kapitel 2A, 2B, 2C eller 2D)
- ☐ Lösa, läckande eller trasiga slangar i vevhusventilationen (kapitel 4C)

Feltändning vid alla varvtal

- ☐ Bränslefiltret igensatt (kapitel 1A eller 1B)
- ☐ Defekt bränslepump eller lågt tillförseltryck – (kapitel 4A eller 4B)
- ☐ Blockerad bensintanksventil eller delvis igentäppta bränslerör (kapitel 4A eller 4B)
- ☐ Vakuumläckage i gasspjällshuset, insugsgrenröret eller tillhörande slangar – bensinmodeller (kapitel 4A)
- ☐ Slitna, defekta eller felaktigt justerade tändstift – bensinmodeller (kapitel 1A)
- ☐ Defekt(a) bränsleinsprutare – dieselmodeller (kapitel 4B)
- ☐ Defekt tändspole – bensinmodeller (kapitel 5B)
- ☐ Ojämn eller låg cylinderkompression (kapitel 2A, 2B, 2C eller 2D)
- ☐ Igentäppt insprutningsventil/bränsleinsprutningssystemet defekt (kapitel 4A eller 4B)
- ☐ Igentäppt katalysator (kapitel 4C)
- ☐ Överhettad motor – bensinmodeller (kapitel 3)
- ☐ Bränsletanken tom

Långsam acceleration

- ☐ Slitna, defekta eller felaktigt justerade tändstift – bensinmodeller (kapitel 1A)
- ☐ Vakuumläckage i gasspjällshuset, insugsgrenröret eller tillhörande slangar – bensinmodeller (kapitel 4A)
- ☐ Igentäppt insprutningsventiler/bränsleinsprutningssystem fel (kapitel 4A eller 4B)
- ☐ Defekt(a) bränsleinsprutare – dieselmodeller (kapitel 4B)
- ☐ Defekt kopplingspedalkontakt (kapitel 6)

Överstegring av motorn

- ☐ Vakuumläckage i gasspjällshuset, insugsgrenröret eller tillhörande slangar – bensinmodeller (kapitel 4A)
- ☐ Bränslefiltret igensatt (kapitel 1A eller 1B)
- ☐ Defekt bränslepump eller lågt tillförseltryck (kapitel 4A eller 4B)
- ☐ Blockerad bensintanksventil eller delvis igentäppta bränslerör (kapitel 4A eller 4B)
- ☐ Igentäppt insprutningsventiler/bränsleinsprutningssystem fel (kapitel 4A eller 4B)
- ☐ Defekt(a) bränsleinsprutare – dieselmodeller (kapitel 4B)

Låg motorkapacitet

- ☐ Igensatt luftfilter (kapitel 1A eller 1B)
- ☐ Bränslefiltret igensatt (kapitel 1A eller 1B)
- ☐ Bränslerör blockerad eller igentäppt (kapitel 4A eller 4B)
- ☐ Slitna, defekta eller felaktigt justerade tändstift – bensinmodeller (kapitel 1A)
- ☐ Överhettad motor – bensinmodeller (kapitel 4A)
- ☐ Låg nivå i bränsletanken – dieselmodeller (kapitel 4B)
- ☐ Fel på gaspedalens lägesgivare (kapitel 4A eller 4B)
- ☐ Vakuumläckage i gasspjällshuset, insugsgrenröret eller tillhörande slangar – bensinmodeller (kapitel 4A)
- ☐ Igentäppt insprutningsventiler/bränsleinsprutningssystem fel (kapitel 4A eller 4B)
- ☐ Defekt(a) bränsleinsprutare – dieselmodeller (kapitel 4B)
- ☐ Defekt bränslepump eller lågt matningstryck – bensinmodeller (kapitel 4A)
- ☐ Ojämn eller låg cylinderkompression (kapitel 2A, 2B, 2C eller 2D)
- ☐ Igentäppt katalysator (kapitel 4C)
- ☐ Kärvande bromsar (kapitel 1A, 1B eller 9)
- ☐ Kopplingen slirar (kapitel 6)

Motorn misständer

- ☐ Vakuumläckage i gasspjällshuset, insugsgrenröret eller tillhörande slangar – bensinmodeller (kapitel 4A)
- ☐ Igentäppt insprutningsventiler/bränsleinsprutningssystem fel (kapitel 4A eller 4B)
- ☐ Igentäppt katalysator (kapitel 4C)
- ☐ Defekt tändspole – bensinmodeller (kapitel 5B)

Varningslampan för oljetryck lyser när motorn är igång

- ☐ Låg oljenivå eller felaktigt oljekvalitet (se *Veckokontroller*)
- ☐ Defekt oljetryckgivare, eller skadade kablar (kapitel 12)
- ☐ Slitna motorlager och/eller sliten oljepump (kapitel 2A, 2B, 2C eller 2D)
- ☐ Motorns arbetstemperatur hög (kapitel 3)
- ☐ Fel på oljeövertrycksventil (kapitel 2A, 2B, 2C eller 2D)
- ☐ Igentäppt oljeupptagarsil (kapitel 2A, 2B, 2C eller 2D)

Glödtändning

- ☐ För mycket sotavlagringar i motorn (kapitel 2A, 2B, 2C or 2D)
- ☐ Motorns arbetstemperatur hög (kapitel 3)
- ☐ Bränsleinsprutningssystemet defekt (kapitel 4A eller 4B)

Motorljud

Förtändning (spikning) eller knackning under acceleration eller belastning

- ☐ Felaktig tändningsinställning/fel på tändsystemet – bensinmodeller (kapitel 1A eller 5B)
- ☐ Fel värmetal på tändstift – bensinmodeller (kapitel 1A)
- ☐ Fel bränslekvalitet
- ☐ Defekt knackgivare – bensinmodeller (kapitel 4A)
- ☐ Vakuumläckage i gasspjällshuset, insugsgrenröret eller tillhörande slangar – bensinmodeller (kapitel 4A)
- ☐ För mycket sotavlagringar i motorn (kapitel 2A, 2B, 2C or 2D)
- ☐ Igentäppt insprutningsventil/bränsleinsprutningssystemet defekt (kapitel 4A eller 4B)
- ☐ Defekt(a) bränsleinsprutare – dieselmodeller (kapitel 4B)

Visslande eller väsande ljud

- ☐ Läckage i insugningsgrenröret eller gasspjällshusets packning – bensinmodeller (kapitel 4A)
- ☐ Läckande avgasgrenrörspackning eller skarv mellan rör och grenrör (kapitel 4A eller 4B)
- ☐ Läckande vakuumslang (kapitel 4A, 4B, 5B eller 9)
- ☐ Läckande topplockspackning (kapitel 2A, 2B, 2C eller 2D)
- ☐ Delvis igensatt eller läckande vevhusventilationssystem (kapitel 4C)

Knackande eller skallrande ljud

- ☐ Sliten ventilstyrning eller kamaxel (kapitel 2A, 2B, 2C eller 2D)
- ☐ Defekt hjälpaggregat (kylvätskepump, generator etc.) (kapitel 3, 5A etc.)

Knackande ljud eller slag

- ☐ Slitna vevstakslager (regelbundna hårda knackningar som eventuellt minskar vid belastning) (kapitel 2E)
- ☐ Slitna ramlager (muller och knackningar som eventuellt tilltar vid belastning) (kapitel 2E)
- ☐ Kolvslammer – mest märkbart när motorn är kall, orsakat av slitna kolvar/cylinderlopp (kapitel 2E)
- ☐ Defekt hjälpaggregat (kylvätskepump, generator etc.) (kapitel 3, 5A etc.)
- ☐ Motorfästen slitna eller defekta (kapitel 2A, 2B, 2C eller 2D)
- ☐ Slitna komponenter i framfjädringen eller styrningen (kapitel 10)

Kylsystem

Överhettning

- För lite kylvätska i systemet (se *Veckokontroller*)
- Defekt termostat (kapitel 3)
- Igensatt kylare eller grill (kapitel 3)
- Defekt kylfläkt (kapitel 3)
- Defekt temperaturgivare för kylvätska (kapitel 3)
- Luftbubbla i kylsystemet (kapitel 3)
- Defekt expansionskärlslock (kapitel 3)
- Motorstyrningssystemet defekt (kapitel 4A eller 4B)

För stark avkylning

- Defekt termostat (kapitel 3)
- Defekt temperaturgivare för kylvätska (kapitel 3)
- Defekt kylfläkt (kapitel 3)
- Motorstyrningssystemet defekt (kapitel 4A eller 4B)

Yttre kylvätskeläckage

- Åldrade eller skadade slangar eller slangklämmor (kapitel 1A eller 1B)
- Läckage i kylare eller värmepaket (kapitel 3)
- Defekt expansionskärlslock (kapitel 1A eller 1B)
- Kylvätskepumpens inre tätning läcker (kapitel 3)
- Kylvätskepumpens packning läcker (kapitel 3)
- Kokning på grund av överhettning (kapitel 3)
- Motorblockets hylsplugg läcker (kapitel 2E)

Inre kylvätskeläckage

- Läckande topplockspackning (kapitel 2A, 2B, 2C eller 2D)
- Sprucket topplock eller motorblock (kapitel 2E)

Korrosion

- Bristfällig avtappning och spolning (kapitel 1A eller 1B)
- Felaktig kylvätskeblandning eller fel typ av kylvätska (se *Veckokontroller*)

Bränsle- och avgassystem

Överdriven bränsleförbrukning

- Smutsigt eller igensatt luftfilter (kapitel 1A eller 1B)
- Bränsleinsprutningssystemet defekt (kapitel 4A eller 4B)
- Motorstyrningssystemet defekt (kapitel 4A eller 4B)
- Vevhusventilationssystemet igensatt (kapitel 4C)
- För lite luft i däcken (se *Veckokontroller*)
- Kärvande bromsar (kapitel 1A, 1B eller 9)
- Bränsleläckage som orsakar tydligt hög förbrukning (kapitel 1A, 1B, 4A eller 4B)

Bränsleläckage och/eller bränslelukt

- Skadad eller korroderad bränsletank, rör eller anslutningar (kapitel 4A eller 4B)
- Fel på avdunstningsregleringssystemet – bensinmodeller (kapitel 4C)

Överdriven ljudnivå eller för mycket avgaser från avgassystemet

- Läckande avgassystem eller grenörsanslutningar (kapitel 1A, 1B, 4A eller 4B)
- Läckande, korroderade eller skadade ljuddämpare eller rör (kapitel 1A, 1B, 4A eller 4B)
- Trasiga fästen som orsakar kontakt med karossen eller fjädringen (kapitel 1A eller 1B)

Koppling

Pedalen går i golvet – inget tryck eller mycket lite motstånd

- Luft i hydraulsystemet/defekt huvud- eller slavcylinder (kapitel 6)
- Det hydrauliska urkopplingssystemet är defekt (kapitel 6)
- Kopplingspedalens returfjäder losskopplad eller trasig (kapitel 6)
- Defekt urtrampningslager eller gaffel (kapitel 6)
- Trasig tallriksfjäder i kopplingens tryckplatta (kapitel 6)

Frikopplar inte (går ej att lägga i växlar)

- Luft i hydraulsystemet/defekt huvud- eller slavcylinder (kapitel 6)
- Det hydrauliska urkopplingssystemet är defekt (kapitel 6)
- Lamellen har fastnat på räfflorna på växellådans ingående axel (kapitel 6)
- Lamellen har fastnat på svänghjulet eller tryckplattan (kapitel 6)
- Defekt tryckplatta (kapitel 6)
- Urkopplingsmekanismen sliten eller felaktigt ihopsatt (kapitel 6)

Kopplingen slirar (motorns varvtal ökar men inte bilens hastighet)

- Det hydrauliska urkopplingssystemet är defekt (kapitel 6)
- Lamellbeläggen är mycket slitna (kapitel 6)
- Lamellbeläggen nedsmutsade med fett eller olja (kapitel 6)
- Defekt tryckplatta eller svag tallriksfjäder (kapitel 6)

Skakningar vid frikoppling

- Lamellbeläggen nedsmutsade med fett eller olja (kapitel 6)
- Lamellbeläggen är mycket slitna (kapitel 6)
- Defekt eller skev tryckplatta eller tallriksfjäder (kapitel 6).
- Slitna eller lösa fästen till motor eller växellåda (kapitel 2A, 2B, 2C eller 2D)
- Lamellnavet eller räfflorna på växellådans ingående axel slitna (kapitel 6)

Missljud när kopplingspedalen trycks ner eller släpps upp

- Slitet urtrampningslager (kapitel 6)
- Kopplingspedalens bussningar slitna eller torra (kapitel 6)
- Sliten eller torr kolv i kopplingens huvudcylinder (kapitel 6)
- Defekt tryckplatta (kapitel 6)
- Tryckplattans tallriksfjäder trasig (kapitel 6)
- Trasiga lamellfjädrar (kapitel 6)

Manuell växellåda

Missljud i friläge när motorn går

- ☐ För lite olja (kapitel 7A)
- ☐ Ingående axelns lager slitna (missljud när kopplingspedalen är uppsläppt men inte när den är nedtryckt) (kapitel 7A)*
- ☐ Slitet urtrampningslager (missljud när kopplingspedalen är nedtryckt, missljuden minskar möjligen när den släpps upp) (kapitel 6)

Missljud när en specifik växel ligger i

- ☐ Slitna eller skadade kuggar på växellådsdreven (kapitel 7A)*

Svårt att lägga i växlar

- ☐ Defekt koppling (kapitel 6)
- ☐ Växlingsdelar slitet eller skadat (kapitel 7A)
- ☐ För lite olja (kapitel 7A)
- ☐ Slitna synkroniseringsenheter (kapitel 7A)*

Växeln hoppar ur

- ☐ Växlingsdelar slitet eller skadat (kapitel 7A)
- ☐ Slitna synkroniseringsenheter (kapitel 7A)*
- ☐ Slitna väljargafflar (kapitel 7A)*

Vibrationer

- ☐ För lite olja (kapitel 7A)
- ☐ Slitna lager (kapitel 7A)*

Smörjmedelsläckage

- ☐ Läckande oljetätning till drivaxel eller växlingsarm (kapitel 7A)
- ☐ Läckande husfog (kapitel 7A)*
- ☐ Läckage i ingående axelns packbox (kapitel 7A)*

**Även om de åtgärder som krävs för att åtgärda symptomen är för svåra för en hemmamekaniker kan den ovanstående informationen vara till hjälp när orsaken till felet ska fastställas, så att ägaren kan uttrycka sig klart vid samråd med en professionell mekaniker.*

Automatväxellåda

Observera: *På grund av automatväxelns komplicerade sammansättning är det svårt för hemmamekanikerna att ställa riktiga diagnoser och serva enheten. Om andra problem än följande uppstår ska bilen tas till en verkstad eller till en specialist på växellådor. Var inte för snabb med att ta bort växellådan om ett fel misstänks. De flesta kontroller ska utföras med växellådan monterad. Kom ihåg att förutom de sensorer som är specifika för växellådan är många av motorstyrningssystemets sensorer som beskrivs i kapitel 4 väsentliga för att växellådan ska fungera korrekt.*

Oljeläckage

- ☐ Automatväxellådans olja är ofta brun till färgen. Vätskeläckage ska inte blandas ihop med motorolja, som lätt kan stänka på växellådan av luftflödet.
- ☐ För att hitta läckan, använd avfettningsmedel eller en ångtvätt och rengör växelhuset och områdena runt omkring från smuts och avlagringar. Kör bilen långsamt så att inte luftflödet blåser den läckande oljan långt från källan. Hissa upp bilen och stöd den på pallbockar, och fastställ varifrån läckan kommer. Läckor uppstår ofta i följande områden:
  a) Vätsketråg.
  b) Dräneringsplugg.
  c) Påfyllnings-/nivåplugg.
  d) Anslutningarna mellan växellådan och oljekylaren (kapitel 7B).

Växellådsoljan luktar bränt

- ☐ Låg oljenivå i växellådan (kapitel 7B)

Allmänna problem med att växla

- ☐ I kapitel 7B behandlas kontroll av växelvajern på automatväxellådor. Följande problem är vanliga och kan orsakas av felaktiga kablar eller sensorer:
  a) Motorn startar i andra växlar än Park eller Neutral.
  b) Indikatorpanelen anger en annan växel än den som faktiskt används.
  c) Bilen rör sig när växlarna Park eller Neutral ligger i.
  d) Dålig eller felaktig utväxling.

Växellådan växlar inte ner (kickdown) när gaspedalen är helt nedtryckt

- ☐ Låg oljenivå i växellådan (kapitel 7B)
- ☐ Defekt motorstyrningssystem (kapitel 4)
- ☐ Fel på växellådans givare eller kablage (kapitel 7B)
- ☐ Defekt växelvajer (kapitel 7B)

Motorn startar inte i någon växel, eller startar i andra växlar än Park eller Neutral

- ☐ Fel på växellådans givare eller kablage (kapitel 7B)
- ☐ Defekt motorstyrningssystem (kapitel 4)
- ☐ Defekt växelvajer (kapitel 7B)

Växellådan slirar, växlar trögt, låter illa eller är utan drift i framväxlarna eller backen

- ☐ Låg oljenivå i växellådan (kapitel 7B)
- ☐ Fel på växellådans givare eller kablage (kapitel 7B)
- ☐ Defekt motorstyrningssystem (kapitel 4)

Observera: *Det finns många troliga orsaker till ovanstående problem, men felsökning och åtgärdande av dem ligger utanför den här handbokens område. Om vätskenivån och alla kablar har kontrollerats så långt det är möjligt och problemet kvarstår ska en verkstad eller växellådsspecialist kontaktas.*

Differential- och kardanaxel

Vibrationer vid acceleration eller inbromsning

- ☐ Sliten kardanknut (kapitel 8)
- ☐ Böjd eller skev kardanaxel (kapitel 8)

Dovt missljud, tilltar när farten ökar

- ☐ Sliten differential (kapitel 8)

Bromssystem

Observera: *Kontrollera däckens skick och lufttryck, framvagnens inställning samt att bilen inte är ojämnt belastad innan bromsarna antas vara defekta. Alla åtgärder på ABS-systemet, utom kontroll av rör- och slanganslutningar, ska utföras av en BMW-verkstad eller en specialist.*

Bilen drar åt ena sidan vid inbromsning

- ☐ Slitna, defekta, skadade eller förorenade bromsklossar/bromsbackar på en sida (kapitel 1A, 1B eller 9)
- ☐ Skuren eller delvis skuren bromsokskolv (kapitel 1A, 1B eller 9)
- ☐ En blandning av friktionsmaterial från bromsklossar mellan sidorna (kapitel 1A, 1B eller 9)
- ☐ Bromsokets fästbultar sitter löst (kapitel 9)
- ☐ Slitna eller skadade komponenter i styrning eller fjädring (kapitel 1A, 1B eller 10)

Oljud (slipljud eller högt gnisslande) vid inbromsning

- ☐ Bromsklossarnas friktionsbelägg nedslitet till metallen (kapitel 1A, 1B eller 9)
- ☐ Kraftig korrosion på bromsskivan (kan visa sig efter att bilen har stått oanvänd en längre tid (kapitel 1A, 1B eller 9)
- ☐ Främmande föremål (grus etc.) fast mellan bromsskivan och bromssköldsplåten (kapitel 1A, 1B eller 9)

Överdriven pedalväg

- ☐ Defekt huvudcylinder (kapitel 9)
- ☐ Luft i hydraulsystemet (kapitel 1A, 1B, 6 eller 9)
- ☐ Defekt vakuumservo (kapitel 9)

Bromspedalen känns svampig vid nedtryckning

- ☐ Luft i hydraulsystemet (kapitel 1A, 1B, 6 eller 9)
- ☐ Åldrade gummibromsslangar (kapitel 1A, 1B eller 9)
- ☐ Huvudcylinderns fästmuttrar sitter löst (kapitel 9)
- ☐ Defekt huvudcylinder (kapitel 9)

Överdriven pedalkraft krävs för att stanna bilen

- ☐ Defekt vakuumservo (kapitel 9)
- ☐ Defekt vakuumpump – dieselmodeller (kapitel 9)
- ☐ Bromsservons vakuumslang är frånkopplad, skadad eller lös (kapitel 9)
- ☐ Defekt primär- eller sekundärkrets (kapitel 9)
- ☐ Anfrätt bromsokskolv (kapitel 9)
- ☐ Bromsklossarna felmonterade (kapitel 9)
- ☐ Fel typ av klossar monterade (kapitel 9)
- ☐ Bromsklossbeläggen förorenade (kapitel 1A, 1B eller 9)

Skakningar i bromspedal eller ratt vid inbromsning

Observera: *Vid kraftig bromsning på modeller med ABS-system kan vibrationer kännas i bromspedalen. Det här är normalt vid användning av ABS-systemet och är inte ett fel*

- ☐ Skivor eller trummor kraftigt skeva (kapitel 1A, 1B eller 9)
- ☐ Bromsklossbeläggen slitna (kapitel 1A, 1B eller 9)
- ☐ Bromsokets fästbultar sitter löst (kapitel 9)
- ☐ Slitage i fjädringens eller styrningens komponenter eller fästen (kapitel 1A, 1B eller 10)
- ☐ Obalanserade framhjul (se *Veckokontroller*)

Bromsarna kärvar

- ☐ Anfrätt bromsokskolv (kapitel 9)
- ☐ Feljusterad handbromsmekanism (kapitel 9)
- ☐ Defekt huvudcylinder (kapitel 9)

Bakhjulen låser sig vid normal inbromsning

- ☐ Bromsklossbeläggen förorenade eller skadade (kapitel 1A, 1B eller 9)
- ☐ Bakbromsarnas skivor skeva (kapitel 1A, 1B eller 9)

Fjädring och styrning

Observera: *Kontrollera att felet inte beror på fel lufttryck i däcken, blandade däcktyper eller kärvande bromsar innan fjädringen eller styrningen fastställs som defekta.*

Bilen drar åt ena sidan

- ☐ Defekt däck (se *Veckokontroller*)
- ☐ Slitage i fjädringens eller styrningens komponenter (kapitel 1A, 1B eller 10)
- ☐ Felaktig framhjulsinställning (kapitel 10)
- ☐ Skada på styrning eller fjädringsdelar (kapitel 1A eller 1B)

Hjulen vinglar och skakar

- ☐ Framhjulen obalanserade (vibrationer känns huvudsakligen i ratten) (se *Veckokontroller*)
- ☐ Bakhjulen obalanserade (vibration känns i hela bilen) (se Veckokontroller)
- ☐ Hjulen skadade eller skeva (se *Veckokontroller*)
- ☐ Defekt eller skadat däck (se *Veckokontroller*)
- ☐ Slitna styrnings- eller fjädringsleder, bussningar eller komponenter (kapitel 1A, 1B eller 10)
- ☐ Lösa hjulbultar (kapitel 1A eller 1B)

Kraftiga skakningar och/eller krängningar vid kurvtagning eller inbromsning

- ☐ Defekta stötdämpare (kapitel 1A, 1B eller 10)
- ☐ Trasig eller svag fjäder/fjädringskomponent (kapitel 1A, 1B or 10)
- ☐ Sliten eller skadad krängningshämmare eller fäste (kapitel 1A, 1B eller 10)

Vandrande eller allmän instabilitet

- ☐ Felaktig framhjulsinställning (kapitel 10)
- ☐ Slitna styrnings- eller fjädringsleder, bussningar eller komponenter (kapitel 1A, 1B eller 10)
- ☐ Hjulen obalanserade (se *Veckokontroller*)
- ☐ Defekt eller skadat däck (se *Veckokontroller*)
- ☐ Hjulbultar lösa
- ☐ Defekta stötdämpare (kapitel 1A, 1B eller 10)

Överdrivet stel styrning

- ☐ Fastkärvad spindelled i styrning eller fjädring (kapitel 1A, 1B eller 10)
- ☐ Trasig eller felaktigt justerad drivrem (kapitel 1A eller 1B)
- ☐ Felaktig framhjulsinställning (kapitel 10)
- ☐ Defekt kuggstång (kapitel 10)

Fjädring och styrning (forts.)

Överdrivet spel i styrningen

- ☐ Slitna leder i rattstången/mellanaxeln (kapitel 10)
- ☐ Slitna parallellstagskulleder (kapitel 1A, 1B eller 10)
- ☐ Sliten kuggstång (kapitel 10)
- ☐ Slitna styrnings- eller fjädringsleder, bussningar eller komponenter (kapitel 1A, 1B eller 10)

Bristande servoeffekt

- ☐ Trasig eller felaktigt justerad drivrem (kapitel 1A eller 1B)
- ☐ För hög eller låg nivå av servoolja (se *Veckokontroller*)
- ☐ Igensatt slang till styrservon (kapitel 1A eller 1B)
- ☐ Defekt servostyrningspump (kapitel 10)
- ☐ Defekt kuggstång (kapitel 10)

Överdrivet däckslitage

Däcken slitna på inner- eller ytterkanten

- ☐ För lite luft i däcken (slitage på båda kanterna) (se *Veckokontroller*)
- ☐ Felaktiga camber- eller castervinklar (slitage på en kant) (kapitel 10)
- ☐ Slitna styrnings- eller fjädringsleder, bussningar eller komponenter (kapitel 1A, 1B eller 10)
- ☐ Överdrivet hård kurvtagning eller inbromsning
- ☐ Skada efter olycka

Däckmönster har fransiga kanter

- ☐ Felaktig toe-inställning (kapitel 10)

Slitage i mitten av däckmönstret

- ☐ För mycket luft i däcken (se *Veckokontroller*)

Däcken slitna på inner- och ytterkanten

- ☐ För lite luft i däcken (se *Veckokontroller*)

Ojämnt däckslitage

- ☐ Obalanserade hjul (se *Veckokontroller*)
- ☐ Hjulen eller däcken skeva
- ☐ Defekta stötdämpare (kapitel 1A, 1B eller 10)
- ☐ Defekt däck (se *Veckokontroller*)

Elsystem

Observera: *Vid problem med start, se felen under Motor tidigare i detta avsnitt.*

Batteriet laddar ur på bara ett par dagar

- ☐ Batteriet defekt invändigt (kapitel 5A)
- ☐ Batterianslutningarna sitter löst eller är korroderade (se Veckokontroller)
- ☐ Sliten eller felaktigt justerad drivrem (kapitel 1A eller 1B)
- ☐ Generatorn laddar inte vid korrekt effekt (kapitel 5A)
- ☐ Generatorn eller spänningsregulatorn defekt (kapitel 5A)
- ☐ Kortslutning ger kontinuerlig urladdning av batteriet (kapitel 5A eller 12)

Tändningslampan fortsätter att lysa när motorn går

- ☐ Sliten eller felaktigt justerad drivrem (kapitel 1A eller 1B)
- ☐ Internt fel i generatorn eller spänningsregulatorn (kapitel 5A)
- ☐ Trasigt, bortkopplat eller löst sittande kablage i laddningskretsen (kapitel 5A eller 12)

Tändningslampan tänds inte

- ☐ Trasigt, bortkopplat eller löst sittande kablage i varningslamans krets (kapitel 5A eller 12)
- ☐ Defekt generator (kapitel 5A)

Ljusen fungerar inte

- ☐ Trasig glödlampa (kapitel 12)
- ☐ Korrosion på glödlampa eller sockel (kapitel 12)
- ☐ Trasig säkring (kapitel 12)
- ☐ Defekt relä (kapitel 12)
- ☐ Trasigt, löst eller urkopplat kablage (kapitel 12)
- ☐ Defekt brytare (kapitel 12)

Instrumentavläsningarna missvisande eller ryckiga

Bränsle- eller temperaturmätaren ger inget utslag

- ☐ Defekt givarenhet (kapitel 3, 4A eller 4B)
- ☐ Kretsavbrott (kapitel 12)
- ☐ Defekt instrumentkluster (kapitel 12)

Bränsle- eller temperaturmätaren ger kontinuerligt maximalt utslag

- ☐ Defekt givarenhet (kapitel 3, 4A eller 4B)
- ☐ Kortslutning (kapitel 12)
- ☐ Defekt instrumentkluster (kapitel 12)

Elsystem (forts.)

Signalhornet fungerar dåligt eller inte alls

Signalhornet tjuter hela tiden

- ☐ Signalhornets knapp har antingen kortslutits eller fastnat (kapitel 12)
- ☐ Knappen mellan signalhornet och signalhornskabeln kortsluten (kapitel 12)

Signalhornet fungerar inte

- ☐ Trasig säkring (kapitel 12)
- ☐ Kabel eller anslutningar lösa, trasiga eller urkopplade (kapitel 12)
- ☐ Defekt signalhorn (kapitel 12)

Signalhornet avger ryckigt eller otillfredsställande ljud

- ☐ Lösa kabelanslutningar (kapitel 12)
- ☐ Signalhornets fästen sitter löst (kapitel 12)
- ☐ Defekt signalhorn (kapitel 12)

Vindrutetorkarna fungerar dåligt eller inte alls

Torkarna fungerar inte eller går mycket långsamt

- ☐ Torkarbladen fastnar vid rutan, eller länksystemet har skurit ihop eller kärvar (kapitel 12)
- ☐ Trasig säkring (kapitel 12)
- ☐ Batteriet urladdat (kapitel 5A)
- ☐ Kabel eller anslutningar lösa, trasiga eller urkopplade (kapitel 12)
- ☐ Defekt torkarmotor (kapitel 12)

Torkarbladen sveper över för stor eller för liten yta av rutan

- ☐ Torkarblad är felmonterade eller har fel storlek (se *Veckokontroller*)
- ☐ Torkararmarna felaktigt placerade på spindlarna (kapitel 12)
- ☐ Påtagligt slitage i torkarnas länksystem (kapitel 12)
- ☐ Torkarmotorns eller länksystemets fästen sitter löst (kapitel 12)

Torkarbladen rengör inte rutan effektivt

- ☐ Torkarbladens gummi är smutsigt, slitet eller saknas (se *Veckokontroller*)
- ☐ Torkarblad är felmonterade eller har fel storlek (se *Veckokontroller*)
- ☐ Trasig torkarfjäder eller skurna armtappar (kapitel 12)
- ☐ Spolarvätskan har för låg koncentration för att beläggningen ska kunna tvättas bort (se *Veckokontroller*)

Vindrutespolarna fungerar dåligt eller inte alls

Ett eller flera spolarmunstycken sprutar inte

- ☐ Blockerat spolarmunstycke
- ☐ Urkopplad, veckad eller igensatt spolarslang (kapitel 12)
- ☐ För lite spolarvätska i spolarbehållaren (se *Veckokontroller*)

Spolarpumpen fungerar inte

- ☐ Trasiga eller lösa kablar eller anslutningar (kapitel 12)
- ☐ Trasig säkring (kapitel 12)
- ☐ Defekt spolarbrytare (kapitel 12)
- ☐ Defekt spolarpump (kapitel 12)

Spolarpumpen går ett tag innan vätskan sprutas ut från munstyckena

- ☐ Defekt envägsventil i vätskematarslangen (kapitel 12)

De elektriska fönsterhissarna fungerar dåligt eller inte alls

Fönsterrutan rör sig bara i en riktning

- ☐ Defekt brytare (kapitel 12)

Fönsterrutan rör sig långsamt

- ☐ Batteriet urladdat (kapitel 5A)
- ☐ Fönsterhissen har kärvat fast, är skadad, eller behöver smörjas (kapitel 11)
- ☐ Dörrens inre komponenter eller klädsel hindrar fönsterhissen (kapitel 11)
- ☐ Defekt motor (kapitel 11)

Fönsterrutan rör sig inte

- ☐ Trasig säkring (kapitel 12)
- ☐ Defekt relä (kapitel 12)
- ☐ Trasiga eller lösa kablar eller anslutningar (kapitel 12)
- ☐ Defekt motor (kapitel 11)
- ☐ Defekt styrmodul (kapitel 11)

Centrallåset fungerar dåligt eller inte alls

Totalt systemhaveri

- ☐ Fjärrkontrollens batteri är urladdat, där sådant finns
- ☐ Trasig säkring (kapitel 12)
- ☐ Defekt styrmodul (kapitel 12)
- ☐ Trasiga eller lösa kablar eller anslutningar (kapitel 12)
- ☐ Defekt motor (kapitel 11)

Regeln låser men låser inte upp, eller låser upp men låser inte

- ☐ Fjärrkontrollens batteri är urladdat, där sådant finns
- ☐ Defekt huvudbrytare (kapitel 12)
- ☐ Regelns reglagespakar eller reglagestag är trasiga (kapitel 11)
- ☐ Defekt styrmodul (kapitel 12)
- ☐ Defekt motor (kapitel 11)

En solenoid/motor arbetar inte

- ☐ Trasiga eller lösa kablar eller anslutningar (kapitel 12)
- ☐ Defekt styrenhet (kapitel 11)
- ☐ Regelns manöverstänger eller -spakar kärvar, är trasiga eller urkopplade (kapitel 11)
- ☐ Defekt dörregel (kapitel 11)

A

ABS (Anti-lock brake system) Låsningsfria bromsar. Ett system, vanligen elektroniskt styrt, som känner av påbörjande låsning av hjul vid inbromsning och lättar på hydraultrycket på hjul som ska till att låsa.
Air bag (krockkudde) En uppblåsbar kudde dold i ratten (på förarsidan) eller instrumentbrädan eller handskfacket (på passagerarsidan) Vid kollision blåses kuddarna upp vilket hindrar att förare och framsätespassagerare kastas in i ratt eller vindruta.
Ampere (A) En måttenhet för elektrisk ström. 1 A är den ström som produceras av 1 volt gående genom ett motstånd om 1 ohm.
Anaerobisk tätning En massa som används som gänglås. Anaerobisk innebär att den inte kräver syre för att fungera.
Antikärvningsmedel En pasta som minskar risk för kärvning i infästningar som utsätts för höga temperaturer, som t.ex. skruvar och muttrar till avgasrenrör. Kallas även gängskydd.

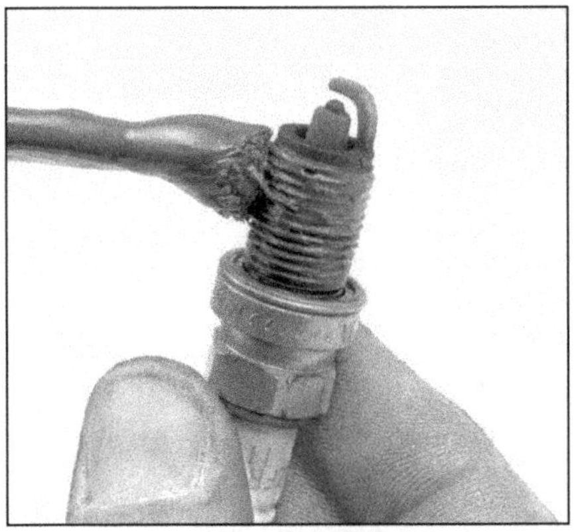

Antikärvningsmedel

Asbest Ett naturligt fibröst material med stor värmetolerans som vanligen används i bromsbelägg. Asbest är en hälsorisk och damm som alstras i bromsar ska aldrig inandas eller sväljas.
Avgasgrenrör En del med flera passager genom vilka avgaserna lämnar förbränningskamrarna och går in i avgasröret.

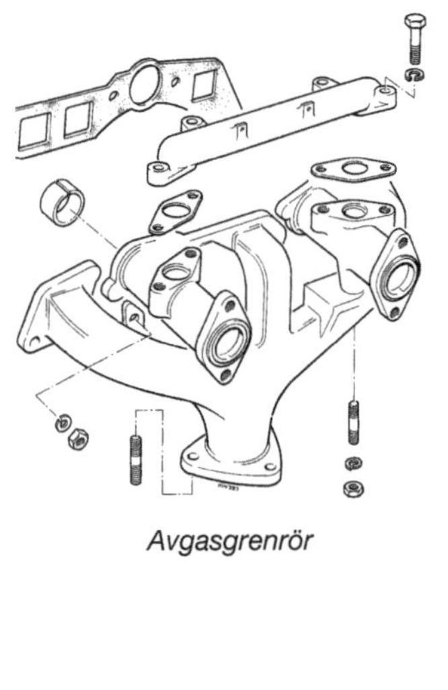

Avgasgrenrör

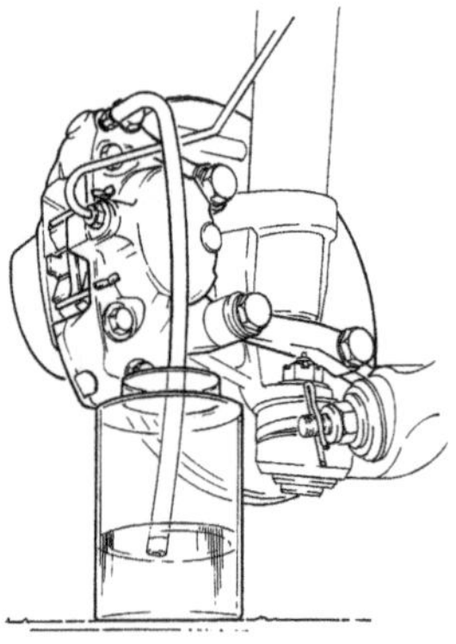

Avluftning av bromsarna

Avluftning av bromsar Avlägsnande av luft från hydrauliskt bromssystem.
Avluftningsnippel En ventil på ett bromsok, hydraulcylinder eller annan hydraulisk del som öppnas för att tappa ur luften i systemet.
Axel En stång som ett hjul roterar på, eller som roterar inuti ett hjul. Även en massiv balk som håller samman två hjul i bilens ena ände. En axel som även överför kraft till hjul kallas drivaxel.
Axialspel Rörelse i längdled mellan två delar. För vevaxeln är det den distans den kan röra sig framåt och bakåt i motorblocket.

B

Belastningskänslig fördelningsventil En styrventil i bromshydrauliken som fördelar bromseffekten, med hänsyn till bakaxelbelastningen.
Bladmått Ett tunt blad av härdat stål, slipat till exakt tjocklek, som används till att mäta spel mellan delar.

Bladmått

Bromsback Halvmåneformad hållare med fastsatt bromsbelägg som tvingar ut beläggen i kontakt med den roterande bromstrumman under inbromsning.
Bromsbelägg Det friktionsmaterial som kommer i kontakt med bromsskiva eller bromstrumma för att minska bilens hastighet. Beläggen är limmade eller nitade på bromsklossar eller bromsbackar.
Bromsklossar Utbytbara friktionsklossar som nyper i bromsskivan när pedalen trycks ned. Bromsklossar består av bromsbelägg som limmats eller nitats på en styv bottenplatta.
Bromsok Den icke roterande delen av en skivbromsanordning. Det grenslar skivan och håller bromsklossarna. Oket innehåller även de hydrauliska delar som tvingar klossarna att nypa skivan när pedalen trycks ned.
Bromsskiva Den del i en skivbromsanordning som roterar med hjulet.
Bromstrumma Den del i en trumbromsanordning som roterar med hjulet.

C

Caster I samband med hjulinställning, lutningen framåt eller bakåt av styrningens axialled. Caster är positiv när styrningens axialled lutar bakåt i överkanten.
CV-knut En typ av universalknut som upphäver vibrationer orsakade av att drivkraft förmedlas genom en vinkel.

D

Diagnostikkod Kodsiffror som kan tas fram genom att gå till diagnosläget i motorstyrningens centralenhet. Koden kan användas till att bestämma i vilken del av systemet en felfunktion kan förekomma.
Draghammare Ett speciellt verktyg som skruvas in i eller på annat sätt fästes vid en del som ska dras ut, exempelvis en axel. Ett tungt glidande handtag dras utmed verktygsaxeln mot ett stopp i änden vilket rycker avsedd del fri.
Drivaxel En roterande axel på endera sidan differentialen som ger kraft från slutväxeln till drivhjulen. Även varje axel som används att överföra rörelse.
Drivrem(mar) Rem(mar) som används till att driva tillbehörsutrustning som generator, vattenpump, servostyrning, luftkonditioneringskompressor mm, från vevaxelns remskiva.

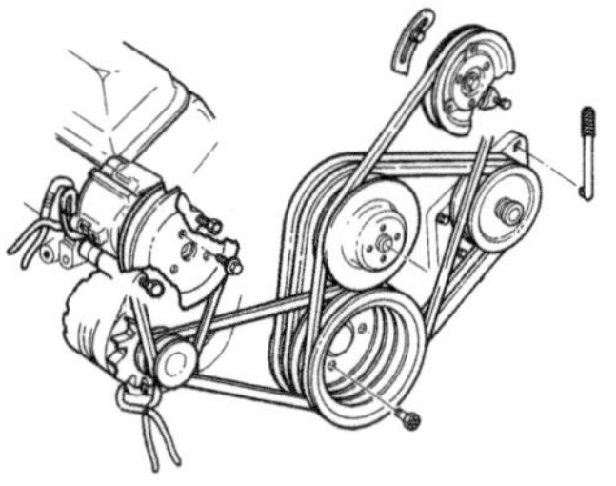

Drivremmar till extrautrustning

Dubbla överliggande kamaxlar (DOHC) En motor försedd med två överliggande kamaxlar, vanligen en för insugsventilerna och en för avgasventilerna.

E

EGR-ventil Avgasåtercirkulationsventil. En ventil som för in avgaser i insugsluften.
Elektrodavstånd Den distans en gnista har att överbrygga från centrumelektroden till sidoelektroden i ett tändstift.

Justering av elektrodavståndet

Elektronisk bränsleinsprutning (EFI) Ett datorstyrt system som fördelar bränsle till förbränningskamrarna via insprutare i varje insugsport i motorn.

Elektronisk styrenhet En dator som exempelvis styr tändning, bränsleinsprutning eller låsningsfria bromsar.

F

Finjustering En process där noggranna justeringar och byten av delar optimerar en motors prestanda.

Fjäderben Se MacPherson-ben.

Fläktkoppling En viskös drivkoppling som medger variabel kylarfläkthastighet i förhållande till motorhastigheten.

Frostplugg En skiv- eller koppformad metallbricka som monterats i ett hål i en gjutning där kärnan avlägsnats.

Frostskydd Ett ämne, vanligen etylenglykol, som blandas med vatten och fylls i bilens kylsystem för att förhindra att kylvätskan fryser vintertid. Frostskyddet innehåller även kemikalier som förhindrar korrosion och rost och andra avlagringar som skulle kunna blockera kylare och kylkanaler och därmed minska effektiviteten.

Fördelningsventil En hydraulisk styrventil som begränsar trycket till bakbromsarna vid panikbromsning så att hjulen inte låser sig.

Förgasare En enhet som blandar bränsle med luft till korrekta proportioner för önskad effekt från en gnistantänd förbränningsmotor.

G

Generator En del i det elektriska systemet som förvandlar mekanisk energi från drivremmen till elektrisk energi som laddar batteriet, som i sin tur driver startsystem, tändning och elektrisk utrustning.

Glidlager Den krökta ytan på en axel eller i ett lopp, eller den del monterad i endera, som medger rörelse mellan dem med ett minimum av slitage och friktion.

Gängskydd Ett täckmedel som minskar risken för gängskärning i bultförband som utsätts för stor hetta, exempelvis grenrörets bultar och muttrar. Kallas även antikärvningsmedel.

H

Handbroms Ett bromssystem som är oberoende av huvudbromsarnas hydraulikkrets. Kan användas till att stoppa bilen om huvudbromsarna slås ut, eller till att hålla bilen stilla utan att bromspedalen trycks ned. Den består vanligen av en spak som aktiverar främre eller bakre bromsar mekaniskt via vajrar och länkar. Kallas även parkeringsbroms.

Harmonibalanserare En enhet avsedd att minska fjädring eller vridande vibrationer i vevaxeln. Kan vara integrerad i vevaxelns remskiva. Även kallad vibrationsdämpare.

Hjälpstart Start av motorn på en bil med urladdat eller svagt batteri genom koppling av startkablar mellan det svaga batteriet och ett laddat hjälpbatteri.

Honare Ett slipverktyg för korrigering av smärre ojämnheter eller diameterskillnader i ett cylinderlopp.

Hydraulisk ventiltryckare En mekanism som använder hydrauliskt tryck från motorns smörjsystem till att upprätthålla noll ventilspel (konstant kontakt med både kamlob och ventilskaft). Justeras automatiskt för variation i ventilskaftslängder. Minskar även ventilljudet.

I

Insexnyckel En sexkantig nyckel som passar i ett försänkt sexkantigt hål.

Insugsrör Rör eller kåpa med kanaler genom vilka bränsle/luftblandningen leds till insugsportarna.

K

Kamaxel En roterande axel på vilken en serie lober trycker ned ventilerna. En kamaxel kan drivas med drev, kedja eller tandrem med kugghjul.

Kamkedja En kedja som driver kamaxeln.

Kamrem En tandrem som driver kamaxeln. Allvarliga motorskador kan uppstå om kamremmen brister vid körning.

Kanister En behållare i avdunstningsbegränsningen, innehåller aktivt kol för att fånga upp bensinångor från bränslesystemet.

Kanister

Kardanaxel Ett långt rör med universalknutar i bägge ändar som överför kraft från växellådan till differentialen på bilar med motorn fram och drivande bakhjul.

Kast Hur mycket ett hjul eller drev slår i sidled vid rotering. Det spel en axel roterar med. Orundhet i en roterande del.

Katalysator En ljuddämparliknande enhet i avgassystemet som omvandlar vissa föroreningar till mindre hälsovådliga substanser.

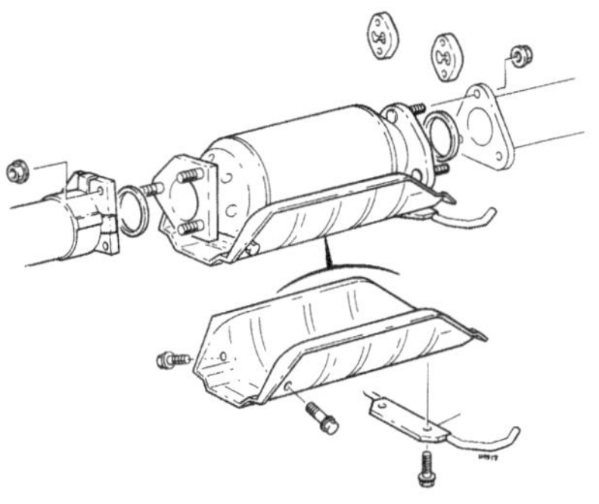

Katalysator

Kompression Minskning i volym och ökning av tryck och värme hos en gas, orsakas av att den kläms in i ett mindre utrymme.

Kompressionsförhållande Skillnaden i cylinderns volymer mellan kolvens ändlägen.

Kopplingsschema En ritning över komponenter och ledningar i ett fordons elsystem som använder standardiserade symboler.

Krockkudde (Airbag) En uppblåsbar kudde dold i ratten (på förarsidan) eller instrumentbrädan eller handskfacket (på passagerarsidan) Vid kollision blåses kuddarna upp vilket hindrar att förare och framsätespassagerare kastas in i ratt eller vindruta.

Krokodilklämma Ett långkäftat fjäderbelastat clips med ingreppande tänder som används till tillfälliga elektriska kopplingar.

Kronmutter En mutter som vagt liknar kreneleringen på en slottsmur. Används tillsammans med saxsprint för att låsa bultförband extra väl.

Krysskruv Se Phillips-skruv

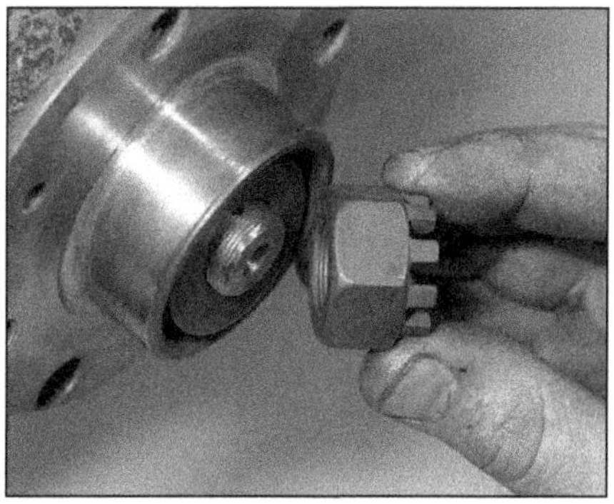

Kronmutter

Kugghjul Ett hjul med tänder eller utskott på omkretsen, formade för att greppa in i en kedja eller rem.

Kuggstångsstyrning Ett styrsystem där en pinjong i rattstångens ände går i ingrepp med en kuggstång. När ratten vrids, vrids även pinjongen vilket flyttar kuggstången till höger eller vänster. Denna rörelse överförs via styrstagen till hjulets styrleder.

Kullager Ett friktionsmotverkande lager som består av härdade inner- och ytterbanor och har härdade stålkulor mellan banorna.

Kylare En värmeväxlare som använder flytande kylmedium, kylt av fartvinden/fläkten till att minska temperaturen på kylvätskan i en förbränningsmotors kylsystem.

Kylmedia Varje substans som används till värmeöverföring i en anläggning för luftkonditionering. R-12 har länge varit det huvudsakliga kylmediet men tillverkare har nyligen börjat använda R-134a, en CFC-fri substans som anses vara mindre skadlig för ozonet i den övre atmosfären.

L

Lager Den böjda ytan på en axel eller i ett lopp, eller den del som monterad i någon av dessa tillåter rörelse mellan dem med minimal slitage och friktion.

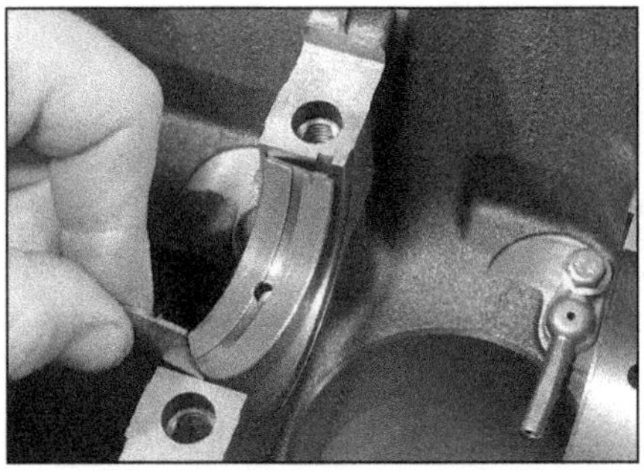

Lager

Lambdasond En enhet i motorns grenrör som känner av syrehalten i avgaserna och omvandlar denna information till elektricitet som bär information till styrelektroniken. Även kalla syresensor.

Luftfilter Filtret i luftrenaren, vanligen tillverkat av veckat papper. Kräver byte med regelbundna intervaller.

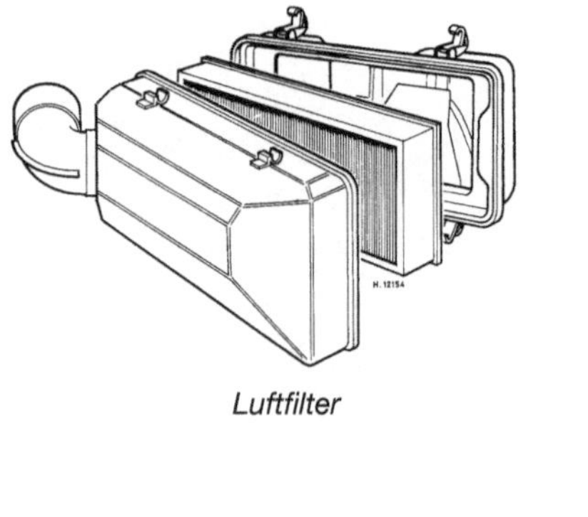

Luftfilter

Luftrenare En kåpa av plast eller metall, innehållande ett filter som tar undan damm och smuts från luft som sugs in i motorn.

Låsbricka En typ av bricka konstruerad för att förhindra att en ansluten mutter lossnar.

Låsmutter En mutter som låser en justermutter, eller annan gängad del, på plats. Exempelvis används låsmutter till att hålla justermuttern på vipparmen i läge.

Låsring Ett ringformat clips som förhindrar längsgående rörelser av cylindriska delar och axlar. En invändig låsring monteras i en skåra i ett hölje, en yttre låsring monteras i en utvändig skåra på en cylindrisk del som exempelvis en axel eller tapp.

M

MacPherson-ben Ett system för framhjulsfjädring uppfunnet av Earle MacPherson vid Ford i England. I sin ursprungliga version skapas den nedre bärarmen av en enkel lateral länk till krängningshämmaren. Ett fjäderben - en integrerad spiralfjäder och stötdämpare - finns monterad mellan karossen och styrknogen. Många moderna MacPherson-ben använder en vanlig nedre A-arm och inte krängningshämmaren som nedre fäste.

Markör En remsa med en andra färg i en ledningsisolering för att skilja ledningar åt.

Motor med överliggande kamaxel (OHC) En motor där kamaxeln finns i topplocket.

Motorstyrning Ett datorstyrt system som integrerat styr bränsle och tändning.

Multimätare Ett elektriskt testinstrument som mäter spänning, strömstyrka och motstånd.

Mätare En instrumentpanelvisare som används till att ange motortillstånd. En mätare med en rörlig pekare på en tavla eller skala är analog. En mätare som visar siffror är digital.

N

NOx Kväveoxider. En vanlig giftig förorening utsläppt av förbränningsmotorer vid högre temperaturer.

O

O-ring En typ av tätningsring gjord av ett speciellt gummiliknande material. O-ringen fungerar så att den trycks ihop i en skåra och därmed utgör tätningen.

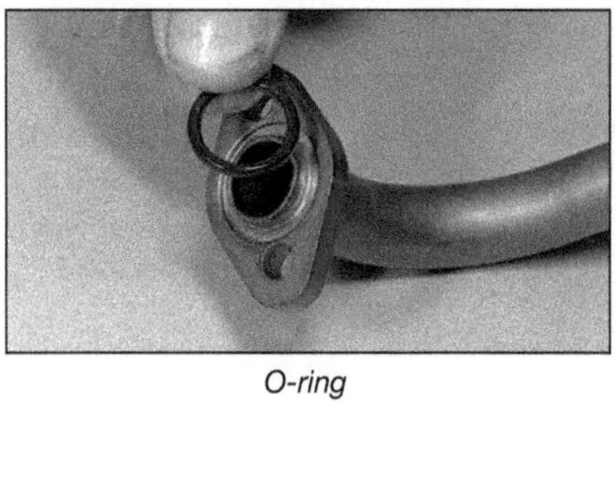

O-ring

Ohm Enhet för elektriskt motstånd. 1 volt genom ett motstånd av 1 ohm ger en strömstyrka om 1 ampere.

Ohmmätare Ett instrument för uppmätning av elektriskt motstånd.

P

Packning Mjukt material - vanligen kork, papp, asbest eller mjuk metall - som monteras mellan två metallytor för att erhålla god tätning. Exempelvis tätar topplockspackningen fogen mellan motorblocket och topplocket.

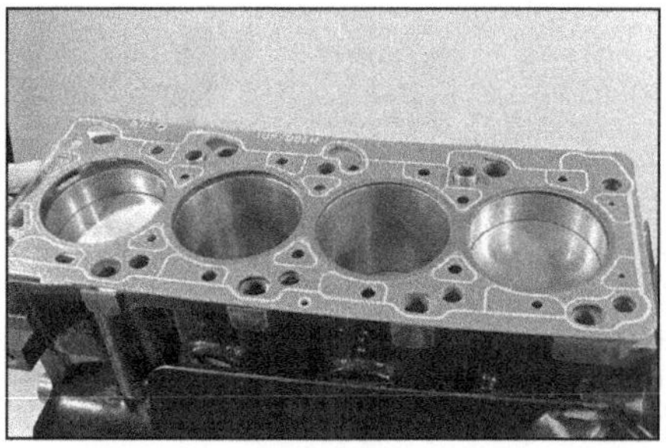

Packning

Phillips-skruv En typ av skruv med ett korsspår, istället för ett rakt, för motsvarande skruvmejsel. Vanligen kallad krysskruv.

Plastigage En tunn plasttråd, tillgänglig i olika storlekar, som används till att mäta toleranser. Exempelvis så läggs en remsa Plastigage tvärs över en lagertapp. Delarna sätts ihop och tas isär. Bredden på den klämda remsan anger spelrummet mellan lager och tapp.

Plastigage

R

Rotor I en fördelare, den roterande enhet inuti fördelardosan som kopplar samman centrumelektroden med de yttre kontakterna vartefter den roterar, så att högspänningen från tändspolens sekundärlindning leds till rätt tändstift. Även den del av generatorn som roterar inuti statorn. Även de roterande delarna av ett turboaggregat, inkluderande kompressorhjulet, axeln och turbinhjulet.

S

Sealed-beam strålkastare En äldre typ av strålkastare som integrerar reflektor, lins och glödtrådar till en hermetiskt försluten enhet. När glödtråden går av eller linsen spricker byts hela enheten.

Shims Tunn distansbricka, vanligen använd till att justera inbördes lägen mellan två delar. Exempelvis sticks shims in i eller under ventiltryckarhylsor för att justera ventilspelet. Spelet justeras genom byte till shims av annan tjocklek.

Skivbroms En bromskonstruktion med en roterande skiva som kläms mellan bromsklossar. Den friktion som uppstår omvandlar bilens rörelseenergi till värme.

Skjutmått Ett precisionsmätinstrument som mäter inre och yttre dimensioner. Inte riktigt lika exakt som en mikrometer men lättare att använda.

Smältsäkring Ett kretsskydd som består av en ledare omgiven av värmetålig isolering. Ledaren är tunnare än den ledning den skyddar och är därmed den svagaste länken i kretsen. Till skillnad från en bränd säkring måste vanligen en smältsäkring skäras bort från ledningen vid byte.

Spel Den sträcka en del färdas innan något inträffar. "Luften" i ett länksystem eller ett montage mellan första ansatsen av kraft och verklig rörelse. Exempel, den sträcka bromspedalen färdas innan kolvarna i huvudcylindern rör på sig. Även utrymmet mellan två delar, exempelvis kolv och cylinderlopp.

Spiralfjäder En spiral av elastiskt stål som förekommer i olika storlekar på många platser i en bil, bland annat i fjädringen och ventilerna i topplocket.

Startspärr På bilar med automatväxellåda förhindrar denna kontakt att motorn startas annat än om växelväljaren är i N eller P.

Storändslager Lagret i den ände av vevstaken som är kopplad till vevaxeln.

Svetsning Olika processer som används för att sammanfoga metallföremål genom att hetta upp dem till smältning och sammanföra dem.

Svänghjul Ett tungt roterande hjul vars energi tas upp och sparas via moment. På bilar finns svänghjulet monterat på vevaxeln för att utjämna kraftpulserna från arbetstakterna.

Syresensor En enhet i motorns grenrör som känner av syrehalten i avgaserna och omvandlar denna information till elektricitet som bär information till styrelektroniken. Även kalla Lambdasond.

Säkring En elektrisk enhet som skyddar en krets mot överbelastning. En typisk säkring innehåller en mjuk metallbit kalibrerad att smälta vid en förbestämd strömstyrka, angiven i ampere, och därmed bryta kretsen.

T

Termostat En värmestyrd ventil som reglerar kylvätskans flöde mellan blocket och kylaren vilket håller motorn vid optimal arbetstemperatur. En termostat används även i vissa luftrenare där temperaturen är reglerad.

Toe-in Den distans som framhjulens framkanter är närmare varandra än bak-kanterna. På bakhjulsdrivna bilar specificeras vanligen ett litet toe-in för att hålla framhjulen parallella på vägen, genom att motverka de krafter som annars tenderar att vilja dra isär framhjulen.

Toe-ut Den distans som framhjulens bakkanter är närmare varandra än framkanterna. På bilar med framhjulsdrift specificeras vanligen ett litet toe-ut.

Toppventilsmotor (OHV) En motortyp där ventilerna finns i topplocket medan kamaxeln finns i motorblocket.

Torpedplåten Den isolerade avbalkningen mellan motorn och passagerarutrymmet.

Trumbroms En bromsanordning där en trumformad metallcylinder monteras inuti ett hjul. När bromspedalen trycks ned pressas böjda bromsbackar försedda med bromsbelägg mot trummans insida så att bilen saktar in eller stannar.

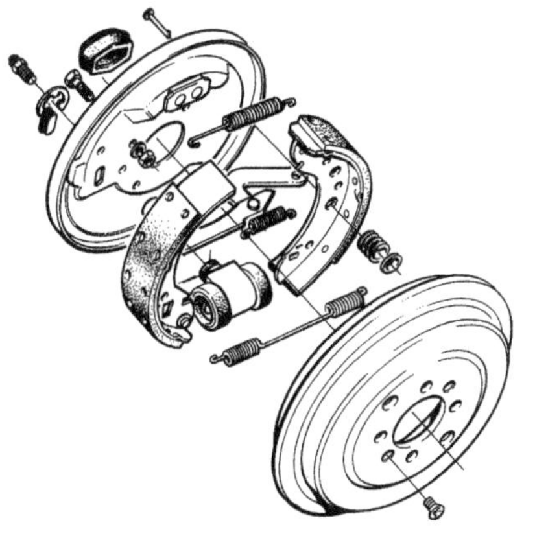

Trumbroms, montage

Turboaggregat En roterande enhet, driven av avgastrycket, som komprimerar insugsluften. Används vanligen till att öka motoreffekten från en given cylindervolym, men kan även primäranvändas till att minska avgasutsläpp.

Tändföljd Turordning i vilken cylindrarnas arbetstakter sker, börjar med nr 1.

Tändläge Det ögonblick då tändstiftet ger gnista. Anges vanligen som antalet vevaxelgrader för kolvens övre dödpunkt.

Tätningsmassa Vätska eller pasta som används att täta fogar. Används ibland tillsammans med en packning.

U

Universalknut En koppling med dubbla pivåer som överför kraft från en drivande till en driven axel genom en vinkel. En universalknut består av två Y-formade ok och en korsformig del kallad spindeln.

Urtrampningslager Det lager i kopplingen som flyttas inåt till frigöringsarmen när kopplingspedalen trycks ned för frikoppling.

V

Ventil En enhet som startar, stoppar eller styr ett flöde av vätska, gas, vakuum eller löst material via en rörlig del som öppnas, stängs eller delvis maskerar en eller flera portar eller kanaler. En ventil är även den rörliga delen av en sådan anordning.

Ventilspel Spelet mellan ventilskaftets övre ände och ventiltryckaren. Spelet mäts med stängd ventil.

Ventiltryckare En cylindrisk del som överför rörelsen från kammen till ventilskaftet, antingen direkt eller via stötstång och vipparm. Även kallad kamsläpa eller kamföljare.

Vevaxel Den roterande axel som går längs med vevhuset och är försedd med utstickande vevtappar på vilka vevstakarna är monterade.

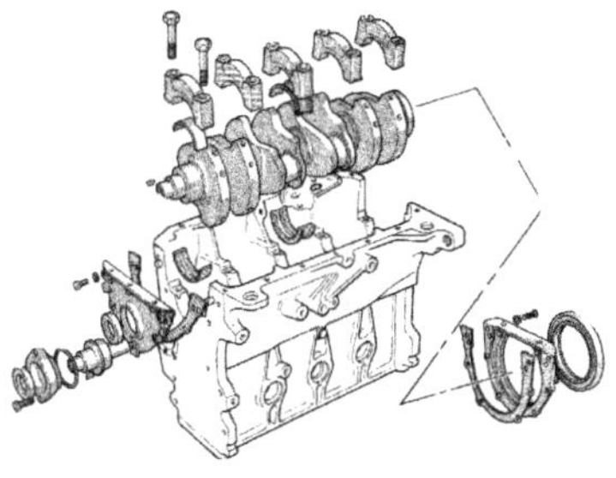

Vevaxel, montage

Vevhus Den nedre delen av ett motorblock där vevaxeln roterar.

Vibrationsdämpare En enhet som är avsedd att minska fjädring eller vridande vibrationer i vevaxeln. Enheten kan vara integrerad i vevaxelns remskiva. Kallas även harmonibalanserare.

Vipparm En arm som gungar på en axel eller tapp. I en toppventilsmotor överför vipparmen stötstångens uppåtgående rörelse till en nedåtgående rörelse som öppnar ventilen.

Viskositet Tjockleken av en vätska eller dess flödesmotstånd.

Volt Enhet för elektrisk spänning i en krets 1 volt genom ett motstånd av 1 ohm ger en strömstyrka om 1 ampere.

Observera: *Hänvisningarna i sakregistret är i formen "Kapitelnummer" • "Sidnummer".*

Observera: *Hänvisningarna i sakregistret är i formen "Kapitelnummer" • "Sidnummer".*

Observera: *Hänvisningarna i sakregistret är i formen "Kapitelnummer" • "Sidnummer".*